KB037739

십익

The Ten Wings

일러두기

역력삼고(易歷三古)라는 술어(術語)가 있다. 삼고(三古)란 상고(上古) 복희씨(伏羲氏)로부터 중고(中古) 문왕(文王)과 주공(周公)을 지나 하고(下古) 공자(孔子)를 말함이니, 이 삼고(三古)를 거쳐 역(易)이 전해왔음[歷]을 뜻하는 것이 역력삼고(易歷三古)이다. 복희씨(伏羲氏)가 팔괘(八卦)를 지었다는 것이 역(易)의 상고(上古)이고, 문왕(文王)이 64괘(卦)에 괘사(卦辭)를 붙였으며, 주공(周公)이 64괘(卦)의 각 효(各爻)에 효사(爻辭)를 붙였다는 것이 역(易)의 중고(中古)이다. 이 중고(中古)의 역(易)을 일러 『주역(周易)』이라 한다. 『주역(周易)』에 공자(孔子)가 「십익(十翼)」을 붙인 것이 역(易)의 하고(下古)이다.

복희씨(伏羲氏)의 팔괘(八卦)와 창힐(倉頡)의 고문(古文)은 서로 표리(表裏)가 된다고 한다. 고문(古文)의 덕으로 문왕(文王)과 주공(周公)이 『주역(周易)』을 세상에 펴낼 수 있었으니, 팔괘(八卦)와 고문(古文)은 표리(表裏)의 관계이다. 팔괘(八卦)를 지었다는 삼황(三皇)의 한 분인 복희씨도 전설 속 인물이고, 황제(黃帝)의 사관(史官)으로 고문(古文)을 지었다는 창힐도 전설 속 인물이다. 복희씨는 앙천부지(仰天俯地)하여 팔괘(八卦)를 지었고, 창힐도 하늘을[天] 우러러 살피고[仰] 땅을

[地] 굽어 살펴[俯] 고문(古文)을 지었다고 전한다. 고문(古文)이란 한자(漢字)의 원조(元祖)이고, 이는 팔괘(八卦)와 서로 표리(表裏) 즉 겉[表]과 속[裏]을 이룬다는 의미를 잘 새겨야, 「계사전상(繫辭傳上)」 2단락(段落)에 나오는 〈관기상(觀其象)-완기사(玩其辭)〉가 품은 뜻을 저마다 새김질하고, 문왕과 주공이 붙여둔 『주역(周易)』의 경문(經文)을 나름대로 사귈 수 있다. 『주역(周易)』과의 이러한 사귐으로써 『맹자(孟子)』도 『논어(論語)』도 비롯하였다고 생각해도 된다. 우리가 물려받은 온갖 사유(思惟)의 원천(源泉)이 『주역(周易)』이라고 믿어도 되고, 그 원천을 가장 잘 풀이한 것이 『주역(周易)』의 「십익(十翼)」이라고 믿어도 된다. 「십익(十翼)」의 말씀들 중에서 〈관기상(觀其象)-완기사(玩其辭)〉가 『주역(周易)』을 저마다 직접 만나볼 수 있게 해주는 열쇠라고 생각하면 된다.

〈관기상(觀其象)〉은 64괘(卦)가 암시하는 생생(生生)의 온갖 짓들을[象] 스스로 살펴보라[觀] 함이고, 〈완기사(玩其辭)〉는 그 온갖 짓들을[象] 암시하는 말을[辭] 새김질하라[玩]는 말이다. 새김질은 오로지 스스로 할 수밖에 없다. 〈관기상(觀其象)의 상(象)〉 즉 짓들[象]로 천하(天下)가 감추고 있는 변화(變化)의 조짐(兆朕)을 저마다 정성껏 찾아내야 한다. 때문에 「계사전상(繫辭傳上)」 8단락(段落)에 〈성인유이견천하지색(聖人有以見天下之賾)〉이라는 내용이 나온다. 성인(聖人)이 64괘(卦)가 암시하는 짓들[象]로 온 세상이 감추고 있는 것들[賾]을 찾아냈다[見]는 말씀을 명심하면서 64괘(卦)의 괘효사(卦爻辭)를 새김질하여 지래(知來) 즉 앞일을[來] 알고자[知] 정성을 다해야 한다.

「설괘전(說卦傳)」 3단락(段落)에 〈팔괘가[八卦] 서로[相] 섞인다[錯]. 간 것을[往] 헤아리는[數] 것은[者] 따름이고[順] 올 것을[來] 안다는[知] 것은[者] (그 따름을) 거스름이다[逆]. 이렇기[是] 때문에[故] 역은[易] 거슬러 미리미리[逆] 헤아려보는 것[數]이다[也].〉라는 내용이 나온다. 〈팔괘가[八卦] 서로[相] 섞인다[錯]〉는 것은 64괘(卦)를 말한다. 64괘(卦)에는 『주역(周易)』을 만나는 사람들에게 저마다의 미래사(未來事)를 알아볼 수 있게 하는 짓[象]이 〈색(賾)〉 즉 감추어져 있다[賾]. 〈색(賾)〉을 어떻게 하면 저마다 잘 찾아낼 수 있을지 길잡이를 하고자 수많은 주해서

(註解書)가 『주역(周易)』「십익(十翼)」 이후 끊임없이 이어지고 있다. 『주역(周易)』에 관한 온갖 주해서(註解書)의 근거가 바로 공자(孔子)가 남겼다는 『주역(周易)』「십익(十翼)」이다.

〈역이[易之] 글로[書] 됨이란[爲] 멀리할[遠] 수 없다[不可]〉라는 내용이 「계사전하(繫辭傳下)」 8단락(段落)에 나온다. 그러나 「십익(十翼)」에는 〈읽을 독(讀)〉 자(字)가 한 번도 나오지 않는다. 「십익(十翼)」은 『주역(周易)』이란 경전(經典)이지 독서(讀書) 즉 읽을[讀]거리 책[書]이 아님을 암시한다. 이는 곧 『주역(周易)』의 64괘(卦)가 암시하는 짓[象]으로 온 세상이 감추고 있는 것[賾]을 찾아냈다[見]는 말씀을 명심하면서, 64괘(卦) 괘효사(卦爻辭)를 저마다 새김질하여 지래(知來)하고자 정성을 다해야 함을 말한다. 이에 「십익(十翼)」은 『주역(周易)』을 정성껏 만나는 데 피할 수 없는 지남(指南) 즉 길잡이가 된다.

- 『십익(十翼)』의 「단전(彖傳) 상하(上下)」 : 64괘(卦)의 괘사(卦辭)가 품고 있는 〈상(象)〉 즉 짓[象]을 감추고 있는 〈색(賾)〉을 저마다 스스로 찾게 해주는 지남(指南)이다.
- 『십익(十翼)』의 「상전(象傳) 상하(上下)」 : 64괘(卦)의 괘사(卦辭)를 포함해서 육효(六爻)의 효사(爻辭)가 품고 있는 〈상(象)〉 즉 짓[象]을 감추고 있는 〈색(賾)〉을 저마다 스스로 찾게 해주는 지남(指南)이다.
- 『십익(十翼)』의 「계사전(繫辭傳) 상하(上下)」 : 『주역(周易)』의 경문(經文)을 만날 수 있는 온갖 도리(道理)를 살펴 새김질함에 피할 수 없는 지남(指南)이다. 이런 까닭으로 본문(本文)의 역문(譯文) 외에 단락(段落)마다 〈탐독(探讀)〉을 더하여 본문을 읽어볼 수 있도록 하였다.
- 『십익(十翼)』의 「설괘전(說卦傳)」 : 성인(聖人)의 작역(作易)을 밝히고, 천도(天道)-지도(地道)-인도(人道)를 짓[象]하는 64괘(卦)를 이루어주는 소성괘(小成卦) 즉 팔괘(八卦)를 상설(詳說)하는 지남(指南)이다. 「설괘전(說卦傳)」의 괘(卦)는 소성괘(小成卦)를 뜻한다.
- 『십익(十翼)』의 「문언전(文言傳)」 : 건괘(乾卦)와 곤괘(坤卦)의 괘효사(卦爻辭)를

상설(詳說)하여 나머지 62괘(卦)의 근간(根幹)이 되는 까닭을 깨우치게 하는 지남(指南)이다.

- 『십익(十翼)』의 「서괘전(序卦傳)」: 『주역(周易)』의 상하경(上下經)을 이루는 64괘(卦)의 차순(次順)이 갖는 뜻과 까닭을 밝혀주는 지남(指南)이다. 「서괘전(序卦傳)」의 괘(卦)는 대성괘(大成卦)를 뜻한다.
- 『십익(十翼)』의 「잡괘전(雜卦傳)」: 64괘(卦)의 차순(次順)을 무시하고 두 괘(卦)의 괘성(卦性)을 상동(相同)-상이(相異)로 나누어 각괘(各卦)의 요지(要旨)를 밝혀주는 지남(指南)이다.

The
Ten Wings

단전상
彖傳上

1 건괘(乾卦 : ䷀) 단사(彖辭)

건하건상(乾下乾上) : 아래도[下] 건(乾 : ☰), 위도[上] 건(乾 : ☰).

건위천(乾爲天) : 건은[乾] 하늘[天]이다[爲].

大哉乾元이다 萬物資始하니 乃統天한다 雲行雨施하여 品物流形한다 大明終始하면 六位時成하고 時乘六龍하여 以御天한다 乾道變化하고 各正性命하니 保合大和하여 乃利貞한다 首出庶物하니 萬國咸寧한다

(대재건원 만물자시 내통천 운행우시 품물류형 대명종시 육위시성 시승륙룡 이어천 건도변화 각정성명 보합대화 내리정 수출서물 만국함령)

건괘의[乾] 사덕은[元] 크도다[大哉]! 만물은[萬物] 살아갈 정기를[始] 얻으니[資], 이에[乃] (건괘는) 천덕을[天] 주간한다[統]. 구름이[雲] 떠가고[行] 비가[雨] 내려[施], 저마다[品] 온갖 것들이[物] 형체를[形] 유전한다[流]. 나중도[終] 처음도[始] 크게[大] 밝히면[明] 육효의[六] 자리가[位] 제때에[時] 이루어지고[成], 때를 따라[時] {성인(聖人)은} 여섯[六] 용들을[龍] 탄다[乘]. 그리하여[以] (성인은) 하늘을[天] 난다[御]. 건괘의[乾] 이치가[道] 점점 변해서[變] 새로움을 이루고[化], 만물은 저마다[各] 하늘로부터 받은 천성과[性] 하늘이 준 명령을[命] 바르게 하니[正], 크나큰[大] 어울림을[和] 안전히 하고[保] 회합한다[合]. 이에[乃] 곧고 발라[貞] 이롭다[利]. {건도(乾道)의 변화가} 온갖 것들에[庶物] 먼저[首] 드러나니[出] 온 세상이[萬國] 다[咸] 평안하다[寧].

【지남(指南)】

大哉乾元(대재건원)

〈대재건원(大哉乾元)의 대(大)〉는 〈건원(乾元)〉을 풀이함이고 대덕(大德)으로

새겨도 된다. 여기서 〈대(大)〉는 천덕(天德)을 암시하기 때문이다. 물론 〈대재건원(大哉乾元)의 원(元)〉은 건괘(乾卦)의 사덕(四德) 즉 원형리정(元亨利貞)을 묶어서 밝힌다. 〈건원(乾元)의 건(乾)〉은 건괘(乾卦 : ䷀)의 본(本) 즉 바로 그것[本]을 말한다. 〈건원(乾元)의 원(元)〉은 〈으뜸-처음 초(初)-시(始)〉와 같고, 사계(四季)로서는 춘(春)이고 작용(作用)으로 보면 춘작(春作)이다. 춘작(春作)은 곧 천덕(天德)으로, 봄에[春] 싹틈[作]이니 건원(乾元)으로써 보면 생기(生氣)를 얻음[資]이다. 생기를 주는 천덕의 으뜸을 일러 〈원(元)〉이라 한다.

註 원형리정(元亨利貞)을 사계(四季)로 풀이하여 원(元)은 춘작(春作) 즉 봄에[春] 싹트고[作], 형(亨)은 하장(夏長) 즉 여름에는[夏] 자라고[長], 이(利)는 추렴(秋斂) 즉 가을에는[秋] 거두어들이고[斂], 정(貞)은 동장(冬藏) 즉 겨울에는[冬] 간직한다[藏]고 풀이해도 된다. 춘작(春作)-하장(夏長)-추렴(秋斂)-동장(冬藏), 이는 천지지덕(天地之德) 즉 하늘땅의[天地之] 덕(德)을 밝힌다. 천덕(天德)은 덕시생(德始生) 즉 덕은[德] 목숨임[始生]을 말한다.

萬物資始(만물자시)

〈대재건원(大哉乾元)의 대(大)〉를 풀이한다. 〈만물자시(萬物資始)의 자시(資始)〉가 앞서 밝힌 〈대재건원(大哉乾元)의 대(大)〉를 밝힌다. 〈만물자시(萬物資始)〉 즉 만물이[萬物] 살아갈 정기를[始] 얻음[資]은 『장자(莊子)』에 나오는 〈천지자만물지모(天地者萬物之母)〉를 연상시킨다. 여기 〈자시(資始)〉는 〈자생(資生)〉과 같고 〈의천덕이생(依天德以生)〉 즉 천덕에[天德] 의지함[依]으로써[以] 살아가는 것[生]을 뜻한다. 〈자(資)〉는 〈얻을 취(取), 잡을 조(操)〉 등과 같고, 〈시(始)〉는 〈태어날 생(生)〉과 같고 동시에 생명의 생기(生氣) 즉 정기(精氣)를 뜻해, 〈자시(資始)〉는 〈취생기(取生氣)〉 즉 살아가는[生] 기운을[氣] 얻는다[取]는 뜻이다.

註 천지자만물지모야(天地者萬物之母也) 합즉성체(合則成體) 산즉성시(散則成始) 형정불휴(形精不虧) 시위능이(是謂能移) : 하늘땅이란[天地] 것은[者] 만물의[萬物之] 어머니[母]이다[也]. (천지가) 합하면[合] 곧[則] 형체를[體] 이루고[成], 흩어지면[散] 곧[則] 만물의 시원을[始] 이룬다[成]. {땅이 생(生)하는} 형체와[形] {하늘이 시(施)하는} 정기는[精] {합(合)하고 산(散)하되} 이지러지지 않는다[不虧]. 이를[是] 자연의 조화에 순응해 일을 변하여 옮겨감이라[能移] 한다[謂].

『장자(莊子)』「달생(達生)」1절(節)

乃統天(내통천)

〈통(統)〉은 여기선 〈주간(主幹)할 본(本)〉과 같다. 따라서 〈통천(統天)〉은 〈본천덕(本天德)〉을 말한다. 천덕을[天德] 주간(主幹) 즉 주장하여[主] 맡아 처리함[幹]을 밝힘이 〈통천(統天)〉이다. 따라서 〈통천(統天)〉은 건괘(乾卦 : ☰)가 천덕(天德) 즉 원형리정(元亨利貞)을 주간(主幹)함을 밝힌다.

雲行雨施(운행우시)

앞의 〈통천(統天)〉을 구체적으로 풀이한다. 〈운행(雲行)〉 즉 하늘에 둥둥 오고 가는[行] 구름[雲]도 〈통천덕(統天德)〉을 실례로 듦이고, 〈우시(雨施)〉 즉 비가[雨] 내려 베풂[施]도 하늘의[天] 덕을[德] 주간함[統]을 실례를 들어 밝힘이 〈운행우시(雲行雨施)〉이다.

品物流形(품물류형)

〈품물(品物)〉은 만물(萬物) 개개(箇箇)를 말한다. 사람은 사람의 형체를 유전(流轉)하여 대(代)를 이어가고, 온갖 조수(鳥獸)도 저마다 형체를 대대(代代)로 전해주고[流], 온갖 초목(草木)도 초충(草蟲)도 어류(魚類)도 저들마다 형체를 대대로 전해줌[流] 역시 건괘(乾卦 : ☰)의 〈통천(統天)〉임을 밝힌 것이 〈품물류형(品物流形)〉이다. 〈유형(流形)〉의 〈유(流)〉는 〈전할 전(轉)〉과 같아 유전(流轉)의 줄임말로 여기면 되고, 〈형(形)〉은 〈몸 체(體)〉와 같아 형체(形體)의 줄임말로 여기면 된다.

大明終始(대명종시) 六位時成(육위시성) 時乘六龍(시승룩룡) 以御天(이어천)

〈종시(終始)의 종(終)〉은 〈천덕지종(天德之終)〉 즉 건덕지종(乾德之終)을 말하고, 〈종시(終始)의 시(始)〉는 〈천덕지시(天德之始)〉를 말한다. 천덕(天德)이란 건지사덕(乾之四德) 즉 원형리정(元亨利貞)인지라, 그 천덕(天德)의 끝[終]은 〈정(貞)〉을 나타내고 그 천덕(天德)의 처음[始]은 〈원(元)〉을 나타낸다. 〈시(始)〉가 없으면 〈종(終)〉도 없고 〈종(終)〉이 없으면 〈시(始)〉도 없는지라, 정(貞)이 없으면 원(元)이 없고 원(元)이 없으면 정(貞)이 없음을 크게[大] 밝힘[明]이 〈대명종시(大明終始)〉

이다. 〈만물자시(萬物資始)〉 즉 온갖 것이[萬物] 생을[始] 얻음[資]을 크게[大] 밝혀[明], 성인(聖人)이 천덕(天德)의 이러한 종시(終始)의 대명(大明)을 본받는다. 연이어 천덕(天德)의 종시(終始)를 대명(大明)하면, 성인(聖人)은 〈육위(六位)〉 즉 건괘(乾卦 : ䷀)의 육효(六爻)가 제때에[時] 이루어짐[成]을 크게[大] 밝힌다[明]. 그리고 성인(聖人)은 건괘(乾卦 : ䷀)의 육효(六爻)가 제때에[時] 육룡(六龍)을 탐[乘]을 본받는다. 그리하여[以] 성인(聖人)은 〈어천(御天)〉 즉 천공을[天] 날아가는[御] 건괘(乾卦 : ䷀)의 모습을 본받는다.

성인(聖人)이 본받아 〈승룡(乘龍)-어천(御天)〉 즉 성인(聖人)도 용을[龍] 탄다[乘]거나 하늘을[天] 난다[御]고 함은 지극한 은유일 뿐이다. 성인(聖人)의 〈승룡(乘龍)〉과 〈어천(御天)〉은 『노자(老子)』에 나오는 〈상족(常足)〉을 환기하고, 나아가 『장자(莊子)』에 나오는 〈무기(無己)〉를 떠올리면, 〈승룡(乘龍)-어천(御天)〉이 숨기고 있는 뜻을 헤아려볼 수 있다. 〈유무기상족(由無己常足)〉 즉 자기가[己] 없음으로[無] 말미암아[由] 항상[常] 만족한다[足]고 함은 〈여천화자(與天和者)〉 즉 자연과[與天] 어울리는[和] 것[者]을 말한다. 〈여천화(與天和)〉란 〈여천일(與天一)〉 즉 자연과[與天] 하나가 됨[一]이다. 그러므로 〈대명종시(大明終始) 육위시성(六位時成) 시승륙룡(時乘六龍) 이어천(以御天)〉은 성인(聖人)이 천덕(天德)의 종시(終始) 즉 정(貞)을 그대로 본받아 행(行)하고[終] 원(元)을 그대로 본받아 행함[始]을 밝혀, 건지사덕(乾之四德)인 〈원형리정(元亨利貞)〉을 본받아 행하는 성덕(聖德)임을 밝힌다. 〈승륙룡(乘六龍)의 승(乘)〉은 〈오를 등(登)〉과 같고, 〈육룡(六龍)〉은 건괘(乾卦 : ䷀)의 육효(六爻)가 조짐해 주는 용(龍)을 말하며, 〈어천(御天)의 어(御)〉는 〈비행(飛行)〉을 뜻하고, 〈천(天)〉은 〈천공(天空)〉 즉 하늘[天空]을 뜻한다.

註 지족지족상족의(知足之足常足矣) : 만족할 줄[足] 아는 이의[知之] 만족은[足] 항상[常] 만족함[足]이다[矣]. 『노자(老子)』 46장(章)

註 지인무기(至人無己) 신인무공(神人無功) 성인무명(聖人無名) : 지인께는[至人] 사심(私心)이[己] 없고[無], 신인께는[神人] 공적(功績)이[功] 없으며[無], 성인께는[聖人] 명예(名譽)가[名] 없다[無]. 지인(至人)-신인(神人)-성인(聖人)은 같은 술어(術語)이다.

『장자(莊子)』「소요유(逍遙遊)」 2절(節)

乾道變化(건도변화)

〈건도변화(乾道變化)〉는 건도(乾道)의 역(易)을 밝힌다. 〈변화(變化)〉를 〈역(易)〉이라 한다. 이 〈역(易)〉을 「계사전상(繫辭傳上)」에서 공자(孔子)가 〈개물성무(開物成務)〉 즉 온갖 것을[物] 열어서[開] 일을[務] 이룸[成]이라고 풀이한다. 개물(開物)하여 성무(成務)함을 한 자(字)로 〈역(易)〉이라 하고, 이 〈역(易)〉을 두 자(字)로는 〈변화(變化)〉라고 한다. 〈변화(變化)〉의 〈변(變)〉은 개물(開物)이고, 〈화(化)〉는 성무(成務)이다. 〈개물(開物)의 개(開)〉란 헌것에서 새것으로 옮겨감인지라 〈변(變)〉이라 하고, 이 〈변(變)〉을 풀이하여 〈점화(漸化)〉 즉 서서히[漸] 새것으로 되어 감[化]이라고 한다. 점화(漸化)가 끝남을 〈성화(成化)〉라 하고, 줄여서 그냥 〈화(化)〉라고 한다. 그러므로 역(易) 즉 변화(變化)란 음양의 화합으로써 변화의 왕래를 끊임없이 행함을 일러 〈건도변화(乾道變化)〉라고 밝힌다.

註 부역개물성무(夫易開物成務) 모천하지도(冒天下之道) : 무릇[夫] 역이란[易] 온갖 것을[物] 열어서[開] 일을[務] 이루고[成] 온 세상의[天下之] 이치를[道] 덮어둔다[冒].

「계사전상(繫辭傳上)」 18단락(段落)

各正性命(각정성명)

〈건도변화(乾道變化)〉를 앞서 살핀 〈만물자시(萬物資始)〉의 〈품물(品物)〉 쪽에서 밝힌다. 〈각정성명(各正性命)의 각(各)〉은 〈품물(品物)〉 즉 〈만물(萬物)〉이다. 품물(品物)은 물물(物物) 하나하나를 뜻하니 〈각(各)〉이라 한 것이다. 그리고 〈정성명(正性命)〉은 〈건도변화(乾道變化)〉를 바르게 한다[正]는 것이다. 〈성명(性命)〉이란 곧 건도(乾道)의 변화(變化)를 주는 쪽이 〈천(天)〉이고 받는 쪽이 만물(萬物)의 〈각(各)〉임을 밝힌다. 소부변화(所賦變化) 즉 변화를[變化] 준[賦] 것[所]을 〈명(命)〉이라 하고, 변화를[變化] 받은[受] 것[所]을 〈성(性)〉이라 하니, 주고 받은 목숨을[性命] 만물은 저마다[各] 바르게 함[正]을 밝힌 것이 〈각정성명(各正性命)〉이다.

保合大和(보합대화)

〈보합대화(保合大和)〉는 바로 앞에서 살핀 〈각정성명(各正性命)〉을 풀이한다. 〈각정성명(各正性命)의 정(正)〉을 〈보합(保合)〉이라 풀이하고, 〈각정성명(各正性

命)의 성명(性命)〉을 〈대화(大和)〉라고 풀이한다. 온갖 목숨 즉 〈성명(性命)〉이란 천지만물(天地萬物)의 〈대화(大和)〉이다. 성명(性命)-대화(大和)-목숨은 한 말씀이다. 대화(大和)를 태화(太和)라고도 한다. 대화(大和)를 보합(保合)함이란 말은 『노자(老子)』에 나오는 〈충기(冲氣)〉를 환기시킨다. 여기 〈보합대화(保合大和)의 대화(大和)〉는 음양(陰陽)의 화합(和合)인 충화지기(冲和之氣)이기 때문이다. 〈보합대동(保合大同)〉이 아니고 〈보합대화(保合大和)〉임을 주목해야 한다. 〈대화(大和)의 대(大)〉는 『장자(莊子)』에 나오는 〈부동동지(不同同之)〉를 상기시킨다. 같지 않음[不同] 그것을[之] 같게 함[同]을 말한다. 〈대화(大和)〉는 이류(異類)의 어울림[和]이고 동화(同和)는 동류(同類)의 어울림[和]이다. 음양(陰陽)의 어울림[和]이란 오로지 〈대화(大和)〉일 뿐이고, 따라서 천지(天地)의 조화(調和)도 오로지 〈대화(大和)〉일 뿐이다. 그래서 화합(和合)은 군자(君子)가 누리는 어울림이라 하고, 동화(同和)는 소인(小人)이 한패로서만 누리는 어울림이라 한다. 『논어(論語)』에 나오는 〈군자는[君子] 어울리되[和而] 패거리짓지 않고[不同] 소인은[小人] 패거리짓되[同而] 어울리지 않는다[不和]〉는 내용을 〈대화(大和)〉가 상기시킨다. 따라서 〈대화(大和)〉란 천균(天均) 즉 천지(天地)의 조화(調和)인지라 동류(同類)끼리 패거리지어 누리는 어울림[和]이 아니고, 만물(萬物)이 저마다 〈대화(大和)〉를 보안하고[保] 화합하여[合] 목숨의 생사(生死)를 누리는 것임을 밝힌 것이 〈보합대화(保合大和)〉이다.

註 만물부음이포양(萬物負陰而抱陽) 충기이위화(冲氣以爲和) : 온갖[萬] 것은[物] 음기를[陰] 지고[負而] 양기를[陽] 안고[抱], {음양(陰陽)은} 충기(沖氣)로써[以] 화기를[和] 삼는다[爲].

『노자(老子)』 42장(章)

註 무위위지지위천(无爲爲之之謂天) 무위언지지위덕(无爲言之之謂德) 애인리물지위인(愛人利物之謂仁) 부동동지지위대(不同同之之謂大) : 무위(无爲) 그것을[之] 행함[爲] 그것을[之] 자연이라[天] 하고[謂], 무위(无爲) 그것을[之] 말하여 행함[言] 그것을[之] 덕이라[德] 하고[謂], 사람을[人] 아끼고[愛] 만물을[物] 이롭게 함[利] 그것을[之] 인이라[仁] 하고[謂], 같지 않음[不同] 그것을[之] 같이 함[同] 그것을[之] 큼이라[大] 한다[謂]. 『장자(莊子)』「천지(天地)」 1절(節)

註 군자화이부동(君子和而不同) 소인동이불화(小人同而不和) : 군자는[君子] 어울리되[和而] 패거리짓지 않고[不同], 소인은[小人] 패거리짓되[同而] 어울리지 않는다[不和].

『논어(論語)』「자로(子路)」 23장(章)

乃利貞(내리정)

〈내리정(乃利貞)의 내(乃)〉는 〈원형즉(元亨則)〉을 대신한다. 따라서 〈내리정(乃利貞)〉은 〈원형즉리정(元亨則利貞)〉으로 여기고 새김이 마땅하다. 『주역(周易)』의 경문(經文)에서 자주 나타나는 말씀 중의 하나가 〈이정(利貞)〉이다. 〈이정(利貞)의 이(利)〉는 〈이해(利害)의 이(利)〉가 아니다. 여기 〈이정(利貞)의 이(利)〉는 『장자(莊子)』에 나오는 〈이해불통(利害不通) 비군자(非君子)〉를 환기시킨다. 이와[利] 해가[害] 불통하면[不通] 군자가[君子] 아닌 것[非]이다. 둘 사이가 불통(不通)이면 그 사이는 궁색(窮塞) 즉 막힌 것이라 덕(德)일 수가 없다. 불통(不通)은 분별(分別)로 이어진다. 분별(分別)로써 제 몫이 나누어지는 〈이(利)〉란 곧 이해(利害)의 이(利)이다. 〈원형리정(元亨利貞)의 이(利)〉는 그런 이해(利害)의 이(利)가 아니라, 천덕(天德) 즉 건덕(乾德)의 이(利), 불해(不害)-부쟁(不爭)의 이로움[利]이고 동시에 성덕(聖德)의 이로움[利]이다. 해로운 것이 없고[不害] 다툴 것이 없는[不爭] 이로움[利]이란 〈내리정(乃利貞)의 이(利)〉 즉 〈정(貞)〉을 전제로 하는 〈이(利)〉임을 항상 마음에 두고, 『주역(周易)』의 경문(經文)에 나오는 〈이정(利貞)〉이라는 계사(繫辭)를 새겨야 한다. 그래서 〈이정(利貞)〉을 〈이로우면[利] 진실로 미덥다[貞]〉고 새기지 않고 〈진실로 미더우면[貞] 이롭다[利]〉고 새기는 것이다.

여기 〈이정(利貞)의 정(貞)〉은 『대학(大學)』에 나오는 〈정기심(正其心)〉을 상기시키고, 나아가 『장자(莊子)』에 나오는 〈성수반덕(性脩反德)〉 즉 본성이[性] 닦이면[脩] 덕으로[德] 돌아간다[反]는 말을 떠올리게 한다. 제[其] 마음을[心] 바르게 함[正]이란 반덕(反德) 즉 덕(德)으로 돌아감[反]이다. 여기서 덕(德)이란 천덕(天德)을 말하고, 천덕(天德)이란 대화(大和)를 말한다. 이는 곧 온갖 욕망을 뿌리쳐 허심(虛心) 즉 마음을[心] 비움[虛]이다. 그러므로 여기 〈이정(利貞)의 정(貞)〉은 『노자(老子)』에 나오는 〈소사과욕(少私寡欲)〉 즉 남보다 사사로움을[私] 줄이고[少] 남보다 욕심을[欲] 적게 함[寡]을 좇는 마음가짐이고, 『예기(禮記)』에 나오는 〈삼무사(三無私)〉를 정성껏 본받는 마음가짐이다. 제 몫을[私] 적게 하여[少] 욕심을[欲] 줄이고[寡] 천지일월(天地日月)의 무사(無私)를 본받는 마음가짐[貞]이라면, 〈보합대화(保合大和)〉의 뜻[志]인지라 언제 어디서든 이로울 뿐이라는 것이 〈내리정(乃利貞)〉이다.

註 소위수신재정기심자(所謂修身在正其心者) 신유소분치즉부득기정(身有所忿懥則不得其正) 유소공구즉부득기정(有所恐懼則不得其正) 유소호락즉부득기정(有所好樂則不得其正) 유소우환즉부득기정(有所憂患則不得其正) : 이른바[所謂] 몸을[身] 닦음이[修] 제[其] 마음을[心] 바르게 함에[正] 있다는[在] 것은[者] 자신에게[身] 노여워하는[忿懥] 바가[所] 있다면[有則] 마음의[其] 바름을[正] 할 수 없고[不得], 두려워하는[恐懼] 바가[所] 있다면[有則] 마음의[其] 바름을[正] 할 수 없으며[不得], 좋아하는[好樂] 바가[所] 있다면[有則] 마음의[其] 바름을[正] 할 수 없고[不得], 걱정되는[憂患] 바가[所] 있다면[有則] 마음의[其] 바름을[正] 할 수 없다[不得].

『대학(大學)』「각론(各論)」 5단락(段落)

註 성수반덕(性脩反德) 덕지동어초(德至同於初) 동내허(同乃虛) 허내대(虛乃大) : 본성이[性] 닦이면[脩] 현덕으로[德] 돌아가고[反] 현덕은[德] 시초에[於初] 이르러[至] {시초 즉 도(道)와} 하나가 된다[同]. {도(道)와} 하나가 되면[同] 이내[乃] 비고[虛] 비면[虛] 이내[乃] 대도와 같다[大].

『장자(莊子)』「천지(天地)」 8절(節)

註 견소포박(見素抱樸) 소사과욕(少私寡欲) : 그냥 그대로를[素] 살피고[見] 그냥 그대로를[樸] 지킨다면[抱], 제 몫을[私] 적게 하여[少] 욕심을[欲] 적게 한다[寡]. 『노자(老子)』 19장(章)

註 자하왈(子夏曰) 감문하위삼무사(敢問何謂三無私) 공자왈(孔子曰) 천무사복(天無私覆) 지무사재(地無私載) 일월무사조(日月無私照) : 자하가[子夏] 말했다[曰]. 무엇을[何] 세 가지[三] 무사함이라[無私] 하는지[謂] 감히[敢] 묻겠습니다[問]. 공자가[孔子] 말했다[曰]. 하늘에는[天] 사사로이[私] (만물을) 덮어줌이[覆] 없고[無], 땅에는[地] 사사로이[私] (만물을) 실어줌이[載] 없으며[無], 해와 달은[日月] 사사로이[私] (만물을) 비춰줌이[照] 없다[無].

『예기(禮記)』「공자한거(孔子閒居)」 7단락(段落)

首出庶物(수출서물) 萬國咸寧(만국함령)

앞서 살핀 〈건도변화(乾道變化)〉를 실례(實例)로 들어 풀이한 것이 〈수출서물(首出庶物)〉이다. 〈수출서물(首出庶物)의 수출(首出)〉은 건지사덕(乾之四德) 즉 원형리정(元亨利貞)이 온갖 목숨들에[庶物] 드러남[出]이다. 〈원(元)〉은 서물(庶物)의 시생(始生) 즉 태어남[始生]이고, 〈형(亨)〉은 창무(暢茂) 즉 무럭무럭 자라나 무성함[暢茂]이며, 〈이(利)〉는 향실(向實) 즉 열매를[實] 향함[向]이고, 〈정(貞)〉은 성실(成實) 즉 열매를[實] 맺음[成]이다. 기성실(既成實) 즉 이미[既] 영근[成] 열매[實]는 땅으로 떨어져 원형리정(元亨利貞)의 사덕(四德)으로 거듭해 이어지니, 〈수출서물(首出庶物)의 수출(首出)〉은 『장자(莊子)』에 나오는 〈시졸약환(始卒若環)〉 즉 시작과[始] 끝은[卒] 원둘레와[環] 같다[若]는 내용을 환기시킨다. 만물[庶物]은 모두 제 씨를 낳아 대(代)를 잇는다. 저마다 저 나름의 형태를 간직해 다른 것들과 같지 않은 모습으로써 상선(相禪) 즉 서로[相] 물려준다[禪]. 이렇게 물려주고 물려받음이 처음과[始] 끝이[卒] 원둘레[環] 같음[若]을 살펴 헤아리게 하는 것이 〈수출(首出)〉이다. 성인(聖人)은 〈서물(庶物)〉에 수출(首出)하는 원형리정(元亨利貞)을 본받아 〈통천덕(統天德)〉 즉 천덕을[天德] 주간하여[統], 〈만국(萬國)〉 즉 온 세상이[萬國] 〈함령(咸寧)〉 즉 모두[咸] 화평(和平)을 누림[寧]을 밝힌 것이 〈수출서물(首出庶物) 만국함령(萬國咸寧)〉이다. 〈수(首)〉는 〈처음 시(始)〉와 같고, 〈출(出)〉은 〈드러날 현(現)〉과 같고, 〈서(庶)〉는 〈많을(무리) 중(衆)〉과 같다.

註 만물개종야(萬物皆種也) 이부동형상선(以不同形相禪) 시졸약환(始卒若環) 막득기륜(莫得其倫) 시위천균(是謂天均) 천균자천예야(天均者天倪也) : 만물은[萬物] 모두[皆] 제 씨를 낳는 것[種]이다[也]. 같지 않은[不同] 형태[形]로써[以] 서로[相] 물려준다[禪]. 처음과[始] 끝이[卒] 원둘레[環] 같아[若], 그[其] 선후 순서를[倫] 알 수가[得] 없다[莫]. 이를[是] 자연의 어울림이라[天均] 한다[謂]. 천균이란[天均] 것은[者] 시비를 떠난 자연의 나눔[天倪]이다[也]. 천균(天均)은 자연지조화(自然之調和)를 뜻하고, 천예(天倪)는 자연지분(自然之分)을 뜻한다.

『장자(莊子)』「우언(寓言)」 1절(節)

2 곤괘(坤卦 : ䷁) 단사(彖辭)

곤하곤상(坤下坤上) : 아래도[下] 곤(坤 : ☷), 위도[上] 곤(坤 : ☷).

곤위지(坤爲地) : 곤은[坤] 땅[地]이다[爲].

至哉坤元이다 萬物資生하니 乃順承天한다 坤厚載物
지 재 곤 원　만 물 자 생　내 순 승 천　곤 후 재 물

하고 德合无疆하며 含弘光大하여 品物咸亨한다 牝馬地
덕 합 무 강　함 홍 광 대　품 물 함 형　빈 마 지

類이니 行地无疆하다 柔順利貞은 君子攸行이다 先迷
류　행 지 무 강　유 순 리 정　군 자 유 행　선 미

失道하고 後順得常한다 西南得朋하여 乃與類行하고 東
실 도　후 순 득 상　서 남 득 붕　내 여 류 행　동

北喪朋하여 乃終有慶하다 安貞之吉이 應地无疆이다
북 상 붕　내 종 유 경　안 정 지 길　응 지 무 강

곤괘의[坤] 사덕은[元] 지극하도다[至哉]! 만물은[萬物] {곤원(坤元)의 사덕을} 얻어서[資] 태어나니[生], 이에[乃] {곤원(坤元)은} 건원을[天] 따르고[順] 이어받는다[承]. 곤원은[坤] 두텁고 넓어[厚] 만물을[物] 실어주고[載] (만물과) 지덕의[德] 화합에는[合] 경계가[疆] 없으며[无], (지덕이 만물을) 품고[含] 넓히고[弘] 빛내며[光] 크게 하여[大] 물물마다[品物] 모두 다[咸] 통한다[亨]. 암말이란[牝馬] 땅의[地] 무리이니[類] 지덕을[地] 행함에는[行] 한계가[疆] 없다[无]. 부드럽고[柔] 순응하고[順] 곧고 발라야[貞] 이로움은[利] 군자가[君子] 행하는[行] 것이다[攸]. 앞서면[先] 헷갈려[迷] 길을[道] 잃고[失], 뒤서서[後] 따르면[順] 변함없는 길을[常] 얻는다[得]. 서남에서[西南] 벗을[朋] 얻어[得] 이에[乃] 벗의 무리와[類] 더불어[與] 행하고[行], 동북에서는[東北] 벗을[朋] 잃지만[喪] 이에[乃] 마침내는[終] 경사가[慶] 있다[有]. (마음이) 편안하고[安] 바르고 곧은[貞之] 행복이[吉] 지덕에[地] 한계가[疆] 없음을[无] 따름이다[應].

【지남(指南)】

至哉坤元(지재곤원)

〈곤(坤)〉은 곤괘(坤卦 : ☷)를 말하고, 〈지재(至哉)의 지(至)〉는 〈곤원(坤元)의 원(元)〉을 풀이하고, 〈곤원(坤元)의 원(元)〉 역시 곤괘(坤卦)의 사덕(四德) 즉 〈지지사덕(地之四德)〉인 원형리빈마지정(元亨利牝馬之貞)을 묶어서 밝힌다. 〈곤원(坤元)의 원(元)〉도 〈건원(乾元)의 원(元)〉과 같이 사계(四季)로서는 춘(春)이고 작용(作用)으로 보면 춘작(春作)이고, 춘작(春作)은 곧 지덕(地德)이다. 춘작(春作)이란 봄에[春] 싹틈[作]이니 곤원(坤元)으로써 보면 생체(生體)를 얻음[資]이다. 생체(生體)를 주는 지덕(地德)의 으뜸을 일러 〈원(元)〉이라 한다. 〈곤괘의[坤卦之] 사덕은[元亨利牝馬之貞] 지극하도다[至哉].〉

萬物資生(만물자생)

〈자생(資生)〉은 〈성형(成形)〉 즉 형체를[形] 이룸[成]을 뜻한다. 〈자(資)〉는 여기선 〈취할(얻을) 취(取)〉와 같고, 〈생(生)〉은 여기선 〈몸 체(體)〉와 같아 생체(生體)의 줄임말과 같고, 형이하(形而下) 즉 감촉(感觸)될 수 있는 것을 말한다. 〈만물은[萬物] 곤원(坤元)으로써[以] 생체를[生] 얻는다[資].〉

乃順承天(내순승천)

〈순승천(順承天)의 순(順)〉은 〈따를 응(應)〉과 같아 순응(順應)의 줄임말과 같고, 〈순승천(順承天)의 승(承)〉은 〈이을 계(繼)〉와 같아 계승(繼承)의 줄임말과 같고, 〈순승천(順承天)의 천(天)〉은 건원(乾元)을 뜻한다. 〈이에[乃] 곤원은[坤元] 건원을[天] 따른다[順]. 그리고[而] 곤원은[坤元] 건원을[天] 계승한다[承].〉

坤厚載物(곤후재물)

〈곤후(坤厚)〉는 〈지후(地厚)〉 즉 땅이[地] 두터움[厚]을 말한다. 〈곤(坤)〉은 〈지(地)〉 즉 땅[地]이다. 〈후(厚)〉는 〈광(廣)〉 즉 넓음[廣]을 포함한다. 이에 〈곤후(坤厚)〉는 땅은[坤] 두텁고 넓다[厚] 함이다. 땅[坤]이 온갖 것을[物] 실어줌[載]을 일러 〈재물(載物)〉이라 한다. 〈재물(載物)의 것[物]〉은 모든 생물(生物) 즉 목숨이 있는[生] 모든 것[物]을 말하고, 〈곤(坤)〉 즉 땅[地]은 무생물(無生物) 즉 목숨이[生] 없는[無] 모든 것들[物]을 말한다. 이에 〈곤후재물(坤厚載物)〉을 풀이하여 〈지후초목생(地厚草木生)〉 즉 〈땅이[地] 두텁고 넓어[厚] 풀들과[草] 나무들이[木] 산다[生]〉는 말씀이 생겼다.

德合无疆(덕합무강)

〈덕합(德合)〉은 〈지덕화합(地德和合)〉 즉 땅의[地] 덕이[德] 어울림[和合]의 줄임이다. 이는 지덕(地德)은 천덕(天德)과 어울림[合]을 말한다. 〈재물(載物)〉 즉 온갖 생물을[物] 실어준다[載] 함은 〈덕합(德合)〉 즉 천덕(天德)과 지덕(地德)이 어울려[合], 조화의 공용(功用) 즉 보람과[功] 쓰임[用]에 무한하고 귀천이 없음을 일러 〈덕합무강(德合无疆)〉이라 한다.

含弘光大(함홍광대)

〈함홍광대(含弘光大)〉는 앞에 나온 〈덕합무강(德合无疆)의 덕합(德合)〉 즉 지덕(地德)의 화합(和合)을 풀이한다. 〈함(含)〉은 〈안을 포(抱)〉와 같고, 〈홍(弘)〉은 〈넓힐 광(廣)〉과 같으며, 〈광(光)〉은 〈빛낼 휘(輝)〉와 같고, 〈대(大)〉는 〈많을 다(多)〉와 같다. 〈지덕은[地德] 만물을[萬物] 품어준다[含]. 그리고[而] 지덕은[地德] 만물을[萬物] 넓힌다[弘]. 그리고[而] 지덕이[地德] 만물을[萬物] 빛낸다[光]. 그리고[而] 지덕이[地德] 만물을[萬物] 크게 한다[大].〉

品物咸亨(품물함형)

〈품물(品物)〉은 만물(萬物)을 말한다. 지덕(地德)은 만물(萬物)을 차별하지 않음을 〈함형(咸亨)의 함(咸)〉이 암시한다. 여기 〈함(咸)〉은 〈모두 개(皆)〉와 같다. 〈만물일야(萬物一也)〉 즉 〈온갖[萬] 것들은[物] 하나[一]이다[也]〉라는 말씀이 〈함형(咸亨)〉이다. 왜 목숨이 있는 만물(萬物)은 하나인가? 모든 목숨이란 사람이든 지렁이든 다[咸] 같이 지덕(地德)과 천덕(天德)을 품고[亨] 있는지라 덕합무강(德合无疆)이고 함홍광대(含弘光大)이다.

牝馬地類(빈마지류)

〈빈마(牝馬)의 빈(牝)〉은 〈암컷 자(雌)〉와 같고 〈수컷 모(牡)〉의 반대말이고, 건괘(乾卦)의 용(龍)을 천류(天類)로 삼듯 〈빈마(牝馬)〉는 지류(地類)로 삼는다. 〈지류(地類)〉는 〈지지류(地之類)〉로서 땅의[地之] 무리[類]를 뜻한다. 여기 〈유(類)〉는 〈무리 중(衆)〉과 같다.

行地无疆(행지무강)

〈행지(行地)〉는 〈행지덕(行地德)〉 즉 〈행곤괘지사덕(行坤卦之四德)〉의 줄임이다. 곤괘(坤卦)의 사덕(四德) 즉 지덕(地德) 역시 〈원형리빈마지정(元亨利牝馬之貞)〉이다. 〈무강(无疆)〉은 〈무경계(無境界)〉 즉 경계가[境界] 없음[無]과 같다. 〈무(无)〉는 〈없을 무(無)〉의 고자(古字)이다. 〈곤괘의[坤卦之] 지덕을[地德] 행함에는[行] 한계가[疆] 없다[无].〉

柔順利貞(유순리정)

앞서 나온 〈행지(行地)〉를 구체적으로 밝힌다. 지덕을[地德] 행함은[行] 부드러움을[柔] 행함이고[行], 순응함을[順] 행함이며[行], 마음이 곧고 발라[貞] 이로움을[利] 행함[行]이 곧 〈행지(行地)〉임을 밝힌다.

君子攸行(군자유행)

이는 〈군자유행유여순(君子攸行柔與順)〉 즉 〈군자는[君子] 부드러움[柔]과[與] 순응함을[順] 행하는[行] 바[攸]〉라는 것이다. 군자(君子)는 천명(天命)을 두려워하고[畏] 소인(小人)은 천명(天命)을 몰라서[不知] 두려워하지 않음[不畏]을, 군자(君子)는 〈유순(柔順)〉을 행함이 천지(天地)의 명(命)임을 깨달음이고, 소인(小人)은 그 명(命)을 깨닫지 못해 〈유행유순(攸行柔順)〉을 업신여김을 여기 〈유행(攸行)〉이 살펴보게 한다.

先迷失道(선미실도)

〈선미(先迷)의 선(先)〉은 곤도(坤道)를 어김인지라 〈미(迷)〉라 한 것이다. 여기 〈미(迷)〉란 길을 잃고 헤맴이다. 건도(乾道)에서도 무수(无首) 즉 우두머리가[首] 없어야[无] 길(吉)함인데, 하물며 곤도(坤道)에서 앞서려[先] 함은 미혹(迷惑)해질 수밖에 없다. 여기 〈선(先)〉은 미혹(迷惑)해져 곤도(坤道)를 잃게 됨을 밝힌다. 〈실도(失道)의 도(道)〉는 곤도(坤道)의 줄임이다.

後順得常(후순득상)

〈후순(後順)의 후(後)〉는 곤도(坤道)를 지킴이다. 여기 〈순(順)〉은 앞서 나온 〈유순리정(柔順利貞)〉을 묶어 밝히고, 〈득상(得常)의 상(常)〉은 변함없이 행지(行地) 즉 지덕을[地] 행사하는[行] 곤도(坤道)를 밝힌다. 〈후(後)〉는 〈순(順)〉이고 〈순(順)〉은 앞서 나온 〈순승천(順承天)〉을 상기시킨다.

西南得朋(서남득붕)

〈서남(西南)〉은 주(周)나라 문왕(文王)의 쪽을 말한다. 〈득붕(得朋)〉은 득우(得友) 즉 벗을[友] 얻음[得]이니 서남(西南) 쪽으로 가면 길(吉)함을 밝힌다. 문왕(文王)은 성인(聖人)을 뜻한다.

乃與類行(내여류행)

〈여류(與類)의 유(類)〉는 모든 생물(生物)을 말한다. 인간도 그 생물 중의 하나일 뿐이다. 앞의 〈득붕(得朋)〉이 목숨 있는 온갖 것들이 사람과 아울러 벗을[朋] 얻음[得]인지라, 천하가 태평함을 〈여류행(與類行)〉이 암시한다.

東北喪朋(동북상붕)

〈동북(東北)〉은 상(商)나라 주왕(紂王)의 쪽을 말한다. 〈상붕(喪朋)〉은 실우(失友) 즉 벗을[友] 잃음[失]이니 동북(東北) 쪽으로 가면 흉(凶)함을 밝힌다. 주왕(紂王)은 폭군(暴君)을 뜻한다.

乃終有慶(내종유경)

〈상붕(喪朋)〉의 흉(凶)함이 오히려 길(吉)함을 밝힌다. 앞의 〈상붕(喪朋)〉은 폭군(暴君)을 피한 꼴이므로 길(吉)을 누림으로 드러날 터이니 〈유경(有慶)〉 즉 경사(慶事)가 생긴다[有]는 것이다.

安貞之吉(안정지길)

〈안정의(安貞之) 길(吉)〉은 앞서 살핀 〈유순리정(柔順利貞)〉의 지덕(地德)으로 말미암은 행복이고, 군자(君子)가 그 지덕(地德)을 유행(攸行) 즉 행한[行] 바[攸]로 말미암은 행복이다.

應地无疆(응지무강)

〈안정지길(安貞之吉)의 길(吉)〉을 풀이한다. 그 길(吉)이란 〈지무강(地无疆)〉을 따름[應]으로써 누리는 행복[吉]임을 밝힌다. 〈응지무강(應地无疆)의 지(地)〉는 지덕(地德)이고, 〈무강(无疆)〉은 무경계(无境界) 즉 한계가 없음을 뜻하며, 〈무(无)〉는 〈없을 무(無)〉의 고자(古字)이고, 〈강(疆)〉은 〈지경 계(界)〉와 같아 무한(無限)의 뜻이다.

3 준괘(屯卦 : ䷂) 단사(彖辭)

진하감상(震下坎上) : 아래는[下] 진(震 : ☳), 위는[上] 감(坎) : ☵).

수뢰준(水雷屯) : 물과[水] 우레는[雷] 준이다[屯].

屯剛柔始交而難生하고 動乎險中하니 大亨貞하다 雷雨之動滿盈하니 天造草昧에는 宜建侯而不寧이다
준강유시교이난생 동호험중 대형정 뇌우지동만영 천조초매 의건후이불령

준괘는[屯] 굳셈이[剛] 부드러움과[柔] 비로소[始] 사귀어서[交而] 어려움이[難] 생기고[生], 험한[險] 가운데에서[中乎] 움직이니[動] (준괘는) 크게[大] 통하여[亨] 곧고 바르다[貞]. 우레와[雷] 비의[雨之] 움직임이[動] (허공을) 가득[滿] 채우니[盈] 하늘의[天] 조화가[造] 창조되기 시작인지라[草] 새벽처럼 어두컴컴함에[昧], 마땅히[宜] 임금을[侯] 세워야 하지만[建而] {세상은 초창기(草創期)인지라} 안녕하지 못하다[不寧].

【지남(指南)】

屯剛柔始交而難生(준강유시교이난생)

〈준(屯)〉은 준괘(屯卦 : ䷂)를 말하고, 〈강유시교이난생(剛柔始交而難生)〉은 준괘(屯卦 : ䷂)의 괘상(卦象)을 암시한다. 〈강유시교(剛柔始交)의 강(剛)〉은 준괘(屯卦 : ䷂)의 초구(初九) 양효(陽爻 : ─)를 말하고, 〈강유시교(剛柔始交)의 유(柔)〉는 준괘(屯卦 : ䷂)의 육이(六二) 음효(陰爻 : --)를 말한다. 〈강(剛)〉은 양(陽 : ─)을 말하고 〈유(柔)〉는 음(陰 : --)을 말한다. 〈강유시교(剛柔始交)의 시교(始交)〉는 준괘(屯卦 : ䷂) 초구(初九)의 양기(陽氣 : ─)가 육이(六二)의 음기(陰氣 : --)와 〈비(比)〉를 누림을 말한다. 이러한 〈시교(始交)〉로써 곤(坤 : ☷)이 상효(上爻 : --)의 음기(陰氣)가 물러나고 양기(陽氣)가 초효(初爻 : ─)로 들어와 진(震 : ☳)으로 변화하여, 감(坎 : ☵)의 이래에 있게 됨이 준괘(屯卦 : ䷂)임을 밝히는 것이 〈강유시교(剛柔始交)〉이

다. 〈준(屯)〉은 땅을 뚫고 올라오는 새싹 즉 초생(初生)을 뜻해 〈어려울 난(難)〉과 같다. 초생(初生)은 음양지화(陰陽之和)의 시작이니 〈시교(始交)〉이고, 비로소[始] 사귐[交]은 조화(造化)의 시작 즉 초창(初創)인지라, 이는 곧 〈난생(難生)〉이다. 〈난생(難生)〉은 〈시교(始交)〉를 거듭 풀이함이고, 동시에 만물이 태어나니 만물이 영(盈) 즉 가득함[盈]을 뜻하기도 한다. 〈난(難)〉은 〈어려운 간(艱)-험(險)〉과 같아 간난(艱難)-험난(險難)의 줄임말과 같다. 따라서 〈준강유시교이난생(屯剛柔始交而難生)〉은 준괘(屯卦 : ䷂)를 통해서 천지조화(天地造化)의 시작을 밝히고자 건괘(乾卦)와 곤괘(坤卦)를 바로 뒤잇고 있다. 〈부드러움과[柔] 함께[與] 굳셈이[剛] 비로소[始] 사귀면서[交而] 그[其] 시교에[於始交] 어려움이[難] 생긴다[生].〉

動乎險中(동호험중)

〈동호험중(動乎險中)〉도 이어서 준괘(屯卦 : ䷂)의 괘상(卦象)을 암시한다. 준괘(屯卦 : ䷂) 상체(上體)의 감(坎 : ☵)은 물[水]이고, 하체(下體)의 진(震 : ☳)은 우레[雷]이니, 물 아래 우레의 상황이란 바로 〈험중(險中)〉 즉 험난한[險] 속[中]이다. 그 험중(險中)에 물[☵]도 움직이고[動] 우레[☳]도 움직이니[動] 이 역시 〈험중(險中)〉이다. 시교(始交)로서의 조화란 험중(險中)의 변동(變動)이다.

大亨貞(대형정)

〈동호험중(動乎險中)의 동(動)〉을 풀이하여 준괘(屯卦 : ䷂)의 덕(德)을 밝힌다. 움직임[動]은 〈대형(大亨)〉 즉 크게[大] 형통하는[亨] 움직임[動]이고 곧고 바른[貞] 움직임[動]이라는 것이다. 〈형(亨)〉은 〈통할 통(通)〉과 같아 형통(亨通)의 줄임말과 같다.

雷雨之動滿盈(뇌우지동만영)

〈동호험중(動乎險中)의 동(動)〉이 〈뇌우지동(雷雨之動〉으로써 구체적으로 풀이되고, 동시에 준괘(屯卦 : ䷂)의 괘상(卦象)도 구체적으로 암시된다. 〈뇌우지동(雷雨之動)의 뇌지동(雷之動)〉은 진(震 : ☳)의 모습[象]이고, 〈뇌우지동(雷雨之動)의 우지동(雨之動)〉은 감(坎 : ☵)의 모습[象]이다. 비가 내림이 우지동(雨之動)이고 우레가 침이 뇌지동(雷之動)이다. 여기서 〈동호험중(動乎險中)의 동(動)〉이 구체적으로 밝혀지고, 〈만영(滿盈)〉으로써 〈대형정(大亨貞)〉도 구체적으로 밝혀진다. 우레가 치고 비가 내려 천공(天空)과 지상(地上)을 모두 적시는지라 〈만영(滿盈)〉 즉 가득히[滿] 채움[盈]이다. 우레가 치고[雷之動] 비가 내림[雨之動]의 〈만영(滿盈)〉이 준괘(屯卦 : ䷂)의 〈시교(始交)〉임이 여기서 구체적으로 풀이된다.

天造草昧(천조초매)

〈천조초(天造草)〉는 앞의 〈뇌우지동(雷雨之動)〉을 풀이한다. 〈천조초매(天造草昧)의 천조(天造)〉는 천운(天運)과 같고, 〈천조초매(天造草昧)의 초매(草昧)〉는 조화의 시작을 말한다. 여기 〈초매(草昧)〉는 초창명매(草創冥昧)의 줄임이다. 창조의 시작인지라[草創] 새벽처럼 어두컴컴함[冥昧]을 초매(草昧)라 한다. 〈천조초매(天造草昧)〉는 천운(天運)의 시초를 일컬음이다. 여기 〈초(草)〉는 〈비롯할(만들) 숙(俶)-창(創)〉과 같고, 〈매(昧)〉는 〈어두울 명(冥)〉과 같아, 〈초매(草昧)〉는 창조의 시초를 말하고, 아직은 혼잡하고 혼란하여 미개화(未開化)함을 밝힌다.

宜建侯(의건후)

준괘(屯卦 : ䷂)의 괘상(卦象)을 닮은 미개화(未開化)의 세상을 개화(開化)하게 함을 〈건후(建侯)〉로써 밝힌다. 임금을[侯] 세워[建] 초매(草昧)의 미개(未開)를 개화(開化)로 이끌어감이 마땅하다[宜]는 것이다. 〈의(宜)〉는 〈마땅할 당(當)〉과 같아 의당(宜當)의 줄임말과 같고, 〈건(建)〉은 〈세울 입(立)〉과 같아 건립(建立)의 줄임말과 같으며, 〈후(侯)〉는 〈임금 후(侯)〉이다.

而不寧(이불령)

앞에서 지적한 〈동호험중(動乎險中)〉 즉 〈험한[險] 가운데에서[中乎] 움직임[動]〉이란 시작부터 화평(和平)함을 누리지 못함을 일러 〈불령(不寧)〉이라고 밝힌다. 시교(始交) 즉 조화의[交] 시작[始]부터 화평(和平)함을 누리는 것이 아니라, 험중(險中) 즉 험난한[險] 가운데[中] 변동(變動)을 거쳐서 화평(和平)을 누릴 수 있는 세상이 열린 것이다. 조화(造化)의 시작이란 〈불령(不寧)〉 즉 〈안정하지 못함[不寧]〉을 준괘(屯卦 : ䷂)의 괘상(卦象)이 간직함을 암시한다. 〈영(寧)〉은 〈안정할 안(安)〉과 같다.

4 몽괘(蒙卦 : ䷃) 단사(彖辭)

감하간상(坎下艮上) : 아래는[下] 감(坎 : ☵), 위는[上] 간(艮 : ☶).

산수몽(山水蒙) : 산과[山] 물은[水] 몽이다[蒙].

蒙山下有險하고 險而止蒙이다 蒙亨以亨行時中也이다
몽산하유험 험이지몽 몽형이형행시중야
匪我求童蒙하고 童蒙求我이니 志應也이다 初筮告以
비아구동몽 동몽구아 지응야 초서곡이
剛中也이고 再三瀆瀆하면 則不告함은 瀆蒙也이다 蒙以
강중야 재삼독독 즉불곡 독몽야 몽이
養正聖功也이다
양정성공야

몽괘는[蒙] 산(山) 아래에[下] 험함이[險] 있고[有], 험해서[險而] 발길을 멈춤이[止] 몽이다[蒙]. 그 몽을[蒙] 통하게 함[亨]으로써[以] 발길을[行] 통하게 함은[亨] 제때에[時] (발길을) 맞춤[中]이다[也]. 내가[我] 몽매함에[童蒙] 구함이[求] 아니고[匪] 몽매함이[童蒙] 나에게[我] 구함이니[求], {동몽(童蒙)의} 뜻이[志] (나를) 따름[應]이다[也]. 처음[初] 산가지로 점쳐 달라면[筮] 보여줌은[告] 굳센[剛] 시중(時中)을[中] 이용함[以]이고[也], 여러 번 가르쳤으나[再三] 흐리멍덩하면[瀆瀆] 곧장[則] 경고하지 않음은[不告] 우매함을[蒙] 흐리기 때문이다[瀆也]. 우매함[蒙]으로써[以] (우매함을) 없앰을[正] 이루어냄은[養] 성인의[聖] 공덕[功]이다[也].

【지남(指南)】

蒙山下有險(몽산하유험)

〈몽(蒙)〉은 몽괘(蒙卦 : ䷃)를 말한다. 〈산하유험(山下有險)〉은 몽괘(蒙卦 : ䷃)의 괘상(卦象)을 풀이한다. 몽괘(蒙卦 : ䷃)의 상체(上體) 간(艮 : ☶)은 산(山)이고 하체(下體) 감(坎 : ☵)은 물[水]이니, 산 아래에 깊은 물이 있어 갈 길이 막혀 있음을 〈몽(蒙)〉이라 한다. 〈몽(蒙)〉은 사리(事理)를 밝히지 못하는 유아(幼兒)의 마음인지라, 몽매함[蒙]은 양기(陽氣)가 있어야 할 첫 자리에 있는 몽괘(蒙卦 : ䷃) 초륙(初六 : ⚋)의 음효(陰爻)와 같은 처지이다. 다만 몽괘(蒙卦 : ䷃)의 초륙(初六 : ⚋)이 주효(主爻)인 구이(九二 : ⚊)와 이웃하여 〈비(比)〉 즉 이웃의 사귐[比]을 누림으로써 몽매함에서 벗어날 수 있다. 왜냐하면 몽괘(蒙卦 : ䷃)에서 네 음효(陰爻)들과 함께하는 구이(九二 : ⚊)는 몽매한 무리들을 총명함으로 이끌어줄 선생이 될 수 있는 중위(中位)에 있기 때문이다.

險而止蒙(험이지몽)

몽괘(蒙卦 : ䷃)의 괘상(卦象)이 〈산하유험(山下有險)〉인 까닭을 암시한다. 〈험이지(險而止)의 험(險)〉은 몽괘(蒙卦 : ䷃)의 하괘(下卦)인 감(坎 : ☵)을 밝히고, 〈험이지(險而止)의 지(止)〉는 몽괘(蒙卦 : ䷃)의 상체(上體)인 간(艮 : ☶)을 밝힌다. 감(坎 : ☵)의 형태는 물[水]이고 성질은 험(險)이며, 간(艮 : ☶)의 형태는 산(山)이고 성질은 멈춤[止]이다. 그래서 몽괘(蒙卦 : ䷃)의 괘상(卦象)을 성질로 풀이하여 험하면서[險而] 멈춤[止]이라고 말한다.

蒙亨以亨行時中也(몽형이형행시중야)

여기 〈몽형(蒙亨)〉은 몽괘(蒙卦 : ䷃) 구이(九二 : ⚊)의 효상(爻象)을 밝힌다. 내버려 둔 무리는 몽매(蒙昧)하지만 가르침을 받는 무리는 총명(聰明)해진다. 몽괘(蒙卦 : ䷃)의 구이(九二 : ⚊)는 네 음효(陰爻 : ⚋)들의 무리를 가르쳐 몽매함[蒙]으로부터 벗어나게 해주어야 하는 자리에 있음을 밝힘이 〈몽형(蒙亨)〉이다. 〈몽형(蒙亨)〉은 〈몽지형(蒙之亨)〉이다. 몽매함이[蒙之] 형통함[亨]이 여기 〈몽형(蒙亨)〉인지라, 이는 곧 몽매함이[蒙] 밝음으로[明] 형통함[亨]이다. 따라서 〈험이지(險而止)의 몽(蒙)〉은 몽괘(蒙卦 : ䷃) 구이(九二 : ⚊)의 교육으로써 제거되어, 음효(陰爻 : ⚋)의 네 무리도 험해서[險而] 멈추지[止] 않고 〈행시중(行時中)〉 즉 시중을[時中] 행하는[行] 것이다. 〈행시중(行時中)〉은 몽매함[蒙]이 극복되었음이다. 〈시중(時中)〉이란 합호시의(合乎時宜) 즉 알맞은 때와[乎時宜] 합침[合]인지라, 무과무불급(無過無不及) 즉 지나침도 없고[無過] 모자람도 없이[無不及] 행(行)함이다.

〈행시중(行時中)〉은 구이(九二 : ⚊)의 가르침으로 네 음효(陰爻 : ⚋)들의 몽매함[蒙]이 총명함으로 돌아섰음을 살펴 헤아리게 한다.

匪我求童蒙(비아구동몽)

〈아구동몽(我求童蒙)의 아(我)〉는 몽괘(蒙卦 : ䷃)의 구이(九二 : ⚊)를 풀이해서 말하고, 〈아구동몽(我求童蒙)의 동몽(童蒙)〉은 몽괘(蒙卦 : ䷃)의 초륙(初六 : ⚋)-육삼(六三 : ⚋)-육사(六四 : ⚋)-육오(六五 : ⚋) 등의 네 음효(陰爻 : ⚋)를 풀이해서 말한다. 하나가 여럿을 가르침이 순리(順理)임을 밝힌다. 〈비(匪)〉는 〈아닐 비(非)〉와 같고, 〈구(求)〉는 여기선 〈구할 요(要)〉와 같아 요구(要求)의 줄임말과 같다. 〈내가[我] 몽매함에[童蒙] 구함이[求] 아니다[匪].〉

童蒙求我(동몽구아)

여기 〈동몽(童蒙)〉 역시 몽괘(蒙卦 : ䷃)의 네 음효(陰爻 : ⚋)를 풀이해서 말하고, 〈아(我)〉 역시 몽괘(蒙卦 : ䷃)의 구이(九二 : ⚊)를 풀이해서 말한다.

志應也(지응야)

〈지응야(志應也)의 야(也)〉는 〈비아구동몽(匪我求童蒙) 동몽구아(童蒙求我) 지응(志應)〉이 하나로 이어지는 한 구문임을 밝혀준다. 〈지응(志應)의 응(應)〉은 〈따를 순(順)〉과 같아 몽괘(蒙卦 : ䷃)의 네 음효(陰爻 : ⚋)가 구이(九二 : ⚊)를 따름[應]을 풀이해서 말한다. 〈동몽의[童蒙之] 뜻이[志] 나를[我] 따름[應]이다[也].〉

初筮告以剛中也(초서곡이강중야)

〈초서곡(初筮告)〉은 〈동몽구아(童蒙求我)〉가 〈동몽구서대아(童蒙求筮對我)〉를 뜻함을 알려준다. 주역(周易)의 시대에서 〈서(筮)〉는 〈교(教)〉 즉 가르침[教]을 뜻한다. 〈초서(初筮)의 서(筮)〉 즉 점치기[筮]란 교(教) 즉 가르침[教]을 말한다. 〈이강중(以剛中)의 이(以)〉는 여기선 〈써 용(用)〉과 같고, 〈이강중(以剛中)의 강중(剛中)〉은 〈강시중(剛時中)〉 즉 굳센[剛] 시중(時中)으로 여기고 새김이 마땅하다. 〈처음[初] 산가지로 점쳐 달라면[筮] 보여줌은[告] 굳센[剛] 시중을[中] 이용함[以]이다[也].〉

再三瀆瀆(재삼독독) 則不告(즉불곡)

여기 〈불곡(不告)〉은 몽괘(蒙卦 : ䷃)의 구이(九二 : ⚊)가 초륙(初六 : ⚋)-육삼(六三 : ⚋)과 이웃하여 〈비(比)〉를 누려 길(吉)하고, 구이(九二 : ⚊)와 육오(六五 : ⚋)는 서로 정위(正位)가 아니어서 비록 〈중정(中正)〉을 누리지 못하지만 〈정응(正應)〉만은 누리고 있어 불화(不和)를 겪지 않음을 암시한다. 몽괘(蒙卦 : ䷃)의 구이(九二 : ⚊)가 초륙(初六 : ⚋)-육삼(六三 : ⚋)-육사(六四 : ⚋) 등과 마치 사제(師弟)의 사이처럼 어울려 있음을 암시한다. 〈여러 번[再三] (가르쳤으나[筮]) 흐리멍덩해도[瀆瀆] 곧장[則] (흐리멍덩하다고[瀆瀆]) 경고하지 않는다[不告].〉

瀆蒙也(독몽야)

〈독몽야(瀆蒙也)의 야(也)〉는 〈재삼독독(再三瀆瀆) 즉불곡(則不告) 독몽(瀆蒙)〉이 한 구문임을 밝혀준다. 〈독몽(瀆蒙)〉은 몽매함을[蒙] 흐리게 함[瀆]을 뜻한다. 몽매함을 두고 몽매하다고 타박하지 않음이 〈독몽(瀆蒙)〉이다. 〈독몽(瀆蒙)의 독(瀆)〉은 〈흐릴 탁(濁)〉과 같다.

蒙以養正聖功也(몽이양정성공야)

〈몽이(蒙以)의 이(以)〉는 〈써 용(用)〉과 같고, 〈양정(養正)의 양(養)〉은 〈이룰 성(成)〉과 같아 양성(養成)의 줄임말과 같으며, 〈양정(養正)의 정(正)〉은 〈제거할 결(決)〉과 같아 여기 〈양정(養正)〉은 (몽매함을) 없앰을[正] 이루어냄[養]을 뜻한다. 〈정몽(正蒙)의 정(正)〉은 〈고칠 개(改), 다스릴 치(治), 멈출 지(止)〉 등의 뜻으로 새겨도 마땅하다. 〈성공(聖功)〉은 성인지공덕(聖人之功德)의 줄임으로 여기고, 성인의[聖人之] 공덕(功德)으로 새김이 마땅하다.

註 정(正)과 중정(中正) : 양효(陽爻)가 양위(陽位) 즉 초효(初爻)-삼효(三爻)-오효(五爻)의 홀수 자리에 있고, 음효(陰爻)가 음위(陰位) 즉 이효(二爻)-사효(四爻)-상효(上爻)의 짝수 자리에 있음을 〈정(正)〉이라 하고, 특히 하괘(下卦)의 중위(中位)에 음효(陰爻)가 있고 상체(上體)의 중위(中位)에 양효(陽爻)가 있을 때 이를 〈중정(中正)〉이라 하여 길(吉)하고 그렇지 못하면 흉(凶)하다.

註 정응(正應)과 불응(不應) : 하괘(下卦)의 초효(初爻)와 상괘(上卦)의 초효(初爻), 하괘의 이효(二爻)와 상괘의 이효(二爻), 하괘의 삼효(三爻)와 상괘의 삼효(三爻)는 상응(相應)함이나, 그

두 효(爻)가 음(陰)과 양(陽)이면 〈정응(正應)〉이라 하고, 둘 다 음(陰)이거나 양(陽)이면 〈불응(不應)〉이라 하는데, 〈정응(正應)〉은 길(吉)하고 〈불응(不應)〉은 흉(凶)하다.

註 비(比) : 초효(初爻)와 이효(二爻), 이효와 삼효(三爻), 삼효와 사효(四爻), 사효와 오효(五爻), 오효와 상효(上爻)가 음(陰)과 양(陽)으로 이웃하고 있을 때 〈비(比)〉라 한다. 〈비(比)〉 역시 길(吉)하고 〈불비(不比)〉면 흉(凶)하다.

5 수괘(需卦 : ䷄) 단사(彖辭)

건하감상(乾下坎上) : 아래는[下] 건(乾 : ☰), 위는[上] 감(坎 : ☵).

수천수(水天需) : 물과[水] 하늘은[天] 수이다[需].

需須也이고 險在前也이다 剛健而不陷은 其義不困窮矣이다 需有孚하고 光亨하고 貞吉함은 位乎天位以正中也이다 利涉大川이니 往有功也이다

(수수야 험재전야 강건이불함 기의불곤궁의 수유부 광형 정길 위호천위이정중야 이섭대천 왕유공야)

수괘는[需] (비를) 기다림[須]이고[也] 험함이[險] 앞에[前] 있음[在]이다[也]. 굳세고[剛] 튼튼해서[健而] 무너지지 않음은[不陷] 그[其] 올바름이[義] 곤궁하지 않음[不困窮]이다[矣]. 기다림에[需] 정성스러움이[孚] 있고[有], (그런 기다림은) 밝고[光] 통하고[亨] 곧고 발라[貞] 길함은[吉] 임금의 자리[天位]에[乎] 자리 잡음이[位] 정당한[正] 가운데 자리이기[中] 때문[以]이다[也]. 큰 내를[大川] 건너도[涉] 이로우니[利] 가면[往] 보람이[功] 있음[有]이다[也].

【지남(指南)】

需須也(수수야)

〈수(需)〉는 수괘(需卦 : ䷄)를 말하고, 〈수수(需須)의 수(須)〉는 수괘(需卦 : ䷄)의 괘상(卦象)을 풀이한다. 〈수수(需須)의 수(須)〉는 비가 내리기를 빌면서 기다림을 뜻한다. 〈수(須)〉는 〈기다릴 대(待)〉와 같다.

險在前也(험재전야)

이 또한 수괘(需卦 : ䷄)의 괘상(卦象)을 밝힌다. 〈험재전(險在前)의 험(險)〉은

수괘(需卦：☵☰)의 상체(上體)인 감(坎：☵)을 말한다. 건(乾：☰) 즉 하늘[天] 위에 감(坎：☵) 즉 물[水]이 있으니 땅 위로 비가 내리지 않고, 물이 습기(濕氣)가 되어 하늘 위로 올라가버림을 〈험재전(險在前)〉이 암시하고 동시에 비가 내리기를 빌면서 기다리는[須] 까닭이 드러난다. 〈험(險)〉은 〈위태할 위(危)〉와 같아 위험(危險)의 줄임말과 같다. 농부에게 비가 내리지 않을 위험보다 더한 위험은 없다.

剛健而不陷(강건이불함)

여기 〈강건(剛健)〉은 수괘(需卦：☵☰)의 상체(上體) 감(坎：☵)의 중효(中爻)인 구오(九五：⚊)를 밝힌다. 하늘[☰] 위의 연약한 물방울들[⚋]이 굳세고[剛] 튼튼한[健] 구오(九五：⚊)와 이웃하여 〈비(比)〉를 누려서 결코 무너지지 않아[不陷] 하늘[乾：☰] 위에서 감(坎：☵)은 비가 되어 내리게 마련이다. 그러므로 조바심 낼 것 없이 비가 내리기를 기다림[須]이 여기 수괘(需卦：☵☰)의 가르침이다. 〈강건(剛健)〉은 강견강건(剛堅强健)의 줄임으로 여기면 되고, 〈함(陷)〉은 여기선 〈무너질 낙(落)〉과 같아 함락(陷落)의 줄임말과 같다.

其義不困窮矣(기의불곤궁의)

무너지지 않는[不陷之] 뜻이[義] 곤궁하지 않다[不困窮] 함은, 수괘(需卦：☵☰)의 상체(上體) 감(坎：☵)의 중효(中爻)인 구오(九五：⚊)가 하괘(下卦)의 중효(中爻)가 음효(陰爻：⚋)가 아니라 양효(陽爻：⚊)이어서 중정(中正)의 길(吉)을 누리지는 못하지만, 하괘(下卦)의 초구(初九：⚊)-삼구(三九：⚊)와 〈정응(正應)〉을 누리는 상체(上體)의 육사(六四：⚋)-상륙(上六：⚋)의 가운데에서 이웃한 두 음효(陰爻：⚋)와 〈비(比)〉를 누려 길(吉)함을 밝힌다. 길(吉)하면 곤궁하지 않고[不困窮] 흉(凶)하면 곤궁(困窮)하다.

需有孚(수유부)

〈수괘지수유부(需卦之需有孚)〉로 여기고 새김이 마땅하다. 〈수괘의[需卦之] 기다림에는[需] 진실한 믿음이[孚] 있다[有]〉 함은 다시금 수괘(需卦：☵☰)의 괘상(卦象)을 풀이함이다. 〈부(孚)〉는 〈믿을 신(信)〉과 같아 부신(孚信)의 줄임말과 같다.

光亨(광형)

〈광형(光亨)〉은 비를 기다림의[需] 뜻[義]이 강건(剛健)하여 불함(不陷)하고, 진실한 믿어줌[孚]을 수괘(需卦 : ䷄)의 구오(九五 : ⚊)가 간직함을 풀이한다. 〈그[其] 기다림이[需] 빛난다[光]. 그리고[而] 그[其] 기다림이[需] 형통한다[亨].〉

貞吉(정길)

〈정(貞)〉 역시 비를 기다림의[需] 뜻[義]이 강건(剛健)하여 불함(不陷)하고, 진실한 믿어줌[孚]을 수괘(需卦 : ䷄)의 구오(九五 : ⚊)가 간직함을 풀이한다. 〈길(吉)〉이란 기다리던 비가 드디어 내림이다. 수괘(需卦 : ䷄)의 가르침처럼 인간사도 메마를수록 단비 같은 덕을 베풀면 촉촉해져 길(吉)을 누린다. 〈그[其] 기다림의[需之] 곧고 바름이[貞] 길하다[吉].〉

位乎天位以正中也(위호천위이정중야)

수괘(需卦 : ䷄)의 구오(九五 : ⚊)가 〈길(吉)〉한 까닭을 밝힌다. 〈천위(天位)〉는 왕위(王位)를 뜻하며, 이는 수괘(需卦 : ䷄) 구오(九五 : ⚊)의 자리[位]를 말하고, 구오(九五 : ⚊)의 위(位)가 정중(正中)이라는 것이다. 〈정중(正中)의 정(正)〉은 양효(陽爻)가 있어야 할 자리에 있음을 밝히고, 〈정중(正中)의 중(中)〉은 중위(中位)를 뜻한다. 수괘(需卦 : ䷄)의 구오(九五 : ⚊)가 정당한[正] 가운데 자리에 있음[中]을 〈정중(正中)〉이라고 밝힌다. 여기 〈위호천위이정중야(位乎天位以正中也)〉는 〈A以B也〉 즉 〈A所以B也〉의 상용구문이다. 〈A는 B 때문[以]이다[也].〉

利涉大川(이섭대천)

〈대천(大川)〉은 기다린 비가 충분히 내렸음을 암시한다. 〈이섭대천(利涉大川)〉은 단비를 기다리고 기다리는 농부를 상기시킨다. 〈섭대천(涉大川)〉은 기다린 비로 농사를 잘 짓게 될 것임을 또한 연상시킨다. 〈섭(涉)〉은 〈물을 건널 도(渡)〉와 같다.

往有功也(왕유공야)

〈왕유공(往有功)의 왕(往)〉은 〈섭대천(涉大川)〉 즉 어려운 일[涉大川]일지라도 회피하지 않고 정성을 다하여 헤쳐 나아감을 암시한다. 인생이 험난하다 하여 그 인생을 회피한다면 삶의 보람을 찾아 누릴 길이 없다. 큰[大] 물을[川] 건넘[涉]이란 지난(至難) 즉 몹시[至] 어려운[難] 일이다. 대천(大川)이 위험하다고 건너기를 포기하지 말라 함이 〈왕유공(往有功)의 왕(往)〉이다. 험난할수록 〈정중(正中)〉 즉 정도를[正] 따르면서[中] 헤쳐 나아가면 보람이[功] 있게[有] 마련임을 암시한다.

6 송괘(訟卦 : ䷅) 단사(彖辭)

감하건상(坎下乾上) : 아래는[下] 감(坎 : ☵), 위는[上] 건(乾 : ☰).

천수송(天水訟) : 하늘과[天] 물은[水] 송이다[訟].

訟上剛下險하다 險而健訟이다 訟有孚窒惕中吉은 剛來而得中也이다 終凶訟不可成也이다 利見大人은 尙中正也이며 不利涉大川은 入于淵也이다

(송상강하험 험이건송 송유부질척중길 강래이득중야 종흉송불가성야 이견대인 상중정야 불리섭대천 입우연야)

송괘는[訟] 위는[上] 굳세고[剛] 아래는[下] 험하다[險]. 험하면서[險而] 강건함이[健] 송사이다[訟]. 송괘에는[訟] 믿어줌의[孚] 막힘이[窒] 있어[有] 두려워하고[惕] 중정해야[中] 길함은[吉] 굳셈이[剛] 와서[來而] 중정을[中] 얻기 때문[得]이다[也]. 끝내[終] 흉하여[凶] 송사는[訟] 성공할[成] 수 없는 것[不可]이다[也]. 대인을[大人] 뵈면[見] 이롭다 함은[利] 중정을[中正] 받들기 때문[尙]이며[也], 큰[大] 내를[川] 건너면[涉] 이롭지 못함은[不利] 깊은 물로[于淵] 들기 때문[入]이다[也].

【지남(指南)】

訟上剛下險(송상강하험)

〈송(訟)〉은 송괘(訟卦 : ䷅)를 말하고, 〈상강하험(上剛下險)〉은 송괘(訟卦 : ䷅)의 괘상(卦象)을 풀이한다. 상강(上剛)〉은 송괘(訟卦 : ䷅)의 상체(上體) 건(乾 : ☰)을 뜻하고, 〈하험(下險)〉은 송괘(訟卦 : ䷅)의 하괘(下卦) 감(坎 : ☵)을 뜻한다. 〈강(剛)〉은 〈굳셀 견(堅)〉과 같고, 〈험(險)〉은 〈위험할 위(危)〉와 같다.

險而健訟(험이건송)

송괘(訟卦 : ䷅)의 괘상(卦象)이 〈상강하험(上剛下險)〉인 까닭을 풀이한다. 〈험이건(險而健)의 험(險)〉은 송괘(訟卦 : ䷅)의 하체(下體)인 감(坎 : ☵)을 밝히고, 〈험이건(險而健)의 건(健)〉은 송괘(訟卦 : ䷅)의 상체(上體)인 건(乾 : ☰)을 밝힌다. 〈감(坎 : ☵)〉의 형태는 물[水]이고 성질은 험(險)이며, 〈건(乾 : ☰)〉의 형태는 천(天)이고 성질은 강건[健]이다. 그래서 송괘(訟卦 : ䷅)의 모습을 성질로 풀이하여 험하면서[險而] 강건하다[健]고 말한다. 송사(訟事)를 벌이는 마음이란 깊은 물처럼 험(險)하면서 강건(剛健)함을 밝힘이 〈험이건송(險而健訟)〉이다.

訟有孚窒惕中吉(송유부질척중길)

송사(訟事)라는 것은 모두가 다 〈험이건(險而健)〉한 까닭을 〈부질(孚窒)〉로써 밝힌다. 송사에 얽혀든 갑을(甲乙) 사이에는 〈부질(孚窒)〉 즉 진실로 믿어줌이[孚] 막혀[窒] 있다. 〈갑(甲)〉은 〈을(乙)〉을 의심하고 〈을(乙)〉은 〈갑(甲)〉을 의심하니 갑을 사이에 믿어줌이[孚] 막혀[窒] 송사가 빚어진다. 만약 갑을 사이에 〈유부(有孚)〉 즉 진실한 믿어줌이[孚] 있다면[有] 송사가 빚어지지 않음을 여기 〈척(惕)과 중(中)〉이 암시한다. 〈척중길(惕中吉)〉은 송괘(訟卦 : ䷅)의 하체(下體) 구이(九二 : ⚊)를 밝힌다. 송사란 불길(不吉)한 것이지만 송괘(訟卦 : ䷅)의 구이(九二 : ⚊)로써 길(吉)할 수 있음을 밝힘이 〈척중길(惕中吉)〉 즉 구이(九二 : ⚊)의 효상(爻象)을 풀이한 것이다. 〈척(惕)〉은 〈척부지질(惕孚之窒)〉 즉 진실한 믿어줌의[孚之] 막힘을[窒] 두려워함[惕]이고, 〈중(中)〉은 〈중부(中孚)〉 즉 진실한 믿어줌을[孚] 따름[中]의 줄임말과 같으며, 〈질(窒)〉은 〈막힐 색(塞)〉과 같아 질색(窒塞)의 줄임말과 같다. 〈척(惕)〉은 〈두려워할 외(畏)〉와 같아 외척(畏惕)의 줄임말과 같고, 〈중(中)〉은 〈따를 순(順)〉과 같다. 〈송괘에는[訟卦] 믿어줌의[孚] 막힘이[窒] 있다[有]. 그러나[然而] 송괘에는[訟卦] 믿어줌의[孚] 막힘을[窒] 두려워함이[惕] 있다[有]. 그래서[因此] 송괘에는[訟卦] 길함이[吉] 있다[有].〉

剛來而得中也(강래이득중야)

〈강래(剛來)〉와 〈득중(得中)〉은 거듭해 송괘(訟卦 : ䷅)의 하체(下體) 구이(九二

: ⚊)의 효상(爻象)을 밝힌다. 감(坎 : ☵)의 중효(中爻)인 구이(九二 : ⚊)는 곤(坤 : ☷)으로 내입(來入) 즉 밖에서 들어오고[來入] 뒤이어 음(陰 : ⚋)이 따라와, 곤(坤 : ☷)의 육이(六二 : ⚋)와 육삼(六三 : ⚋)이 밀려나고, 곤(坤 : ☷)의 초륙(初六 : ⚋)이 육삼(六三 : ⚋)의 자리로 옮겨가 감(坎 : ☵)으로 변화한 것임을 〈강래이득중(剛來而得中)〉이 밝힌다. 소성괘(小成卦)에서든 대성괘(大成卦)에서든 중효(中爻)가 괘상(卦象)의 역할을 주도한다. 그래서 송괘(訟卦 : ䷅)에서 구이(九二 : ⚊)를 제어하는 구오(九五 : ⚊)가 주효(主爻)가 된다. 〈강이[剛] 곤에[於坤] 들어왔다[來]. 그리고[而] 그[其] 강이[剛] 가운데[中] 자리를[位] 얻었다[得].〉

終凶訟不可成(종흉송불가성)

송사(訟事)란 선사(善事) 즉 자연의 규율을 따른[善] 일[事]이 아닌지라 종흉지사(終凶之事) 즉 끝내[終] 흉한[凶之] 일[事]임을 〈종흉(終凶)〉이 밝힌다. 따라서 송사[訟]는 길함[吉]을 이룰 수 없음이 〈불가성(不可成)〉이다. 송사(訟事)에서 설령 이긴다 한들 송괘(訟卦 : ䷅)의 상체(上體) 중효(中爻)인 구오(九五 : ⚊)의 입장에서 본다면 흉(凶)하다. 구오(九五 : ⚊)는 임금의 자리인지라 어떠한 송사(訟事)이든 흉(凶)하다. 흉(凶)은 불길(不吉)인지라 〈불가성(不可成)〉으로써 송괘(訟卦 : ䷅) 상체(上體)의 구오(九五 : ⚊)가 하체(下體)의 구이(九二 : ⚊)를 제어함을 풀이한다.

利見大人(이견대인) 尙中正(상중정)

〈견대인(見大人)〉은 시비지변(是非之辯)을 구(求)함을 뜻한다. 본래 송사(訟事)란 시시비비(是是非非)를 가려 밝힘[辯]이니 그 가려 밝힘[辯]이 정당(正當)함이 여기 〈중정(中正)〉이다. 정당함을[正] 따라[中] 시시비비를 가려 밝히는[辯] 자가 곧 대인(大人)이다. 그러니 송사에서 대인을[大人] 만남은[見] 이롭다[利]. 〈상중정(尙中正)〉 즉 정당함을[正] 따름을[中] 받들기[尙] 때문에 〈견대인(見大人)〉 즉 대인을[大人] 만나는[見] 것이다. 말하자면 송괘(訟卦 : ䷅)의 구이(九二 : ⚊)가 구오(九五 : ⚊)의 제어를 받듦[尙]이 〈상중정(尙中正)〉이다. 〈상(尙)〉은 여기선 〈받들 숭(崇)〉과 같아 숭상(崇尙)의 줄임말과 같고, 〈중(中)〉은 여기선 〈따를 순(順)〉과 같다.

不利涉大川(불리섭대천)

송괘(訟卦 : ䷅)를 풀이한다. 더없는 강건함[☰] 밑에 깊은 물[☵]이 있는 괘상(卦象)을 〈상강하험(上剛下險)〉이라고 이미 풀이했으니, 〈섭대천(涉大川)〉이 왜 〈불리(不利)〉 즉 이로울 것이[利] 없는지[不] 간파할 수 있다. 〈섭대천(涉大川)〉은 송사(訟事)를 벌이지 말라는 말씀이고, 이어서 그 까닭을 〈입우연(入于淵)〉으로써 암시한다. 〈섭(涉)〉은 〈물을 건널 도(渡)〉와 같아 도섭(渡涉)의 줄임말과 같다.

入于淵(입우연)

〈불리섭대천(不利涉大川)〉의 까닭을 밝힌다. 〈섭대천(涉大川)〉 즉 송사(訟事)를 벌이는 짓이란 〈입우연(入于淵)〉 즉 깊은 물로[于淵] 들어가는[入] 꼴이라는 것이다. 〈입우연(入于淵)〉은 송사(訟事)를 끝내야 함을 풀이한다. 〈연(淵)〉은 여기선 〈깊은 물 연(淵)〉이다.

7 사괘(師卦 : ䷆) 단사(彖辭)

감하곤상(坎下坤上) : 아래는[下] 감(坎 : ☵), 위는[上] 곤(坤 : ☷).

지수사(地水師) : 땅과[地] 물은[水] 사이다[師].

師衆也이다 貞正也이다 能以衆正하고 可以王矣이다 剛
사 중 야 정 정 야 능 이 중 정 가 이 왕 의 강
中而應하면 行險而順하다 以此毒天下해도 而民從之
중 이 응 행 험 이 순 이 차 독 천 하 이 민 종 지
吉하니 又何咎矣이다
길 우 하 구 의

사괘는[師] 무리[衆]이다[也]. 진실로 미더움이란[貞] 정도[正]이다[也]. {정정(貞正)}으로써[以] 무리를[衆] 바로잡을[正] 수 있고[能], {정중(正衆)}으로써[以] 임금 노릇을 할 수 있는 것[可王]이다[矣]. 굳세고[剛] 가운데 있어서[中而] {정정(貞正)을} 따르면[應] 위험을[險] 행해도[行而] (백성은) 따른다[順]. 이[此]로써[以] 세상을[天下] 해롭게 해도[毒而] 백성이[民] 따르면[從之] 길하니[吉], 또[又] 무엇을[何] 허물할 것[咎]인가[矣].

【지남(指南)】

師衆也(사중야)

〈사(師)〉는 사괘(師卦 : ䷆)를 말하고, 〈중(衆)〉은 사괘(師卦 : ䷆)의 괘상(卦象)을 풀이한다. 〈중(衆)〉은 〈무리 군(羣)〉과 같아 군중(羣衆)의 줄임말과 같지만, 사괘(師卦 : ䷆)의 괘상(卦象)으로써 보면 〈중(衆)〉은 음효(陰爻 : --)들을 말한다. 〈사(師)〉는 본래 〈무리 중(衆)〉 즉 백성[民]을 뜻한다.

貞正也(정정야)

〈정자정도야(貞者正道也)〉로 여기고 새김이 마땅하다. 여기 〈정정(貞正)〉은 사

괘(師卦 : ䷆) 구이(九二 : ━)의 효상(爻象)을 풀이한다. 사괘(師卦 : ䷆)의 구이(九二 : ━)는 양효(陽爻)의 자리가 아니어서 육오(六五 : --)와 중정(中正)을 누리지는 못하지만 정응(正應)을 누리고, 동시에 초륙(初六 : --)-육삼(六三 : --)과 이웃하여 〈비(比)〉를 누리므로, 정도(正道)의 자리에 있는지라 사괘(師卦 : ䷆)의 주효(主爻) 노릇을 한다. 물론 여기 〈정(貞)〉은 천지지사덕(天地之四德)의 하나이다. 〈정정(貞正)〉은 항상 길(吉)로 이어진다. 〈마음이 진실로 미더움이란[貞] 것은[者] 올바른[正] 도리[道]이다[也].〉

能以衆正(능이중정)

사괘(師卦 : ䷆)의 주효(主爻)인 구이(九二 : ━)가 〈정중(正衆)〉 즉 다섯의 음효(陰爻 : --)를[衆] 바르게 할 수 있는[能正] 자리에 있음을 암시한다. 〈이(以)〉는 〈써 용(用)〉과 같다. 〈사괘의[師之] 구이(九二)는 정정(貞正)으로써[以] 무리를[衆] 바로잡을 수 있다[能正].〉

可以王矣(가이왕의)

〈가이왕의(可以王矣)〉는 〈이구이륙오가왕의(以九二六五可王矣)〉의 줄임으로 여기고 〈구이(九二)로써[以] 육오는[六五] 왕 노릇을[王] 할 수 있다[可矣]〉라고 새겨볼 것이다. 〈이(以)〉는 〈써 용(用)〉과 같고, 〈가이왕(可以王)의 왕(王)〉은 사괘(師卦 : ䷆)의 육오(六五 : --)를 말한다. 〈왕(王)〉은 여기선 〈왕 노릇할 왕(王)〉이다.

剛中而應(강중이응)

〈강중(剛中)〉은 사괘(師卦 : ䷆)의 구이(九二 : ━)를 밝히고, 〈이응(而應)의 응(應)〉은 구이(九二 : ━)가 육오(六五 : --)와 〈정응(正應)〉을 누리고 초륙(初六 : --)-육삼(六三 : --)의 음효(陰爻)들과 〈비(比)〉를 누려, 구이(九二 : ━)가 앞에서 살핀 대로 〈정정(貞正)〉으로써 음효(陰爻 : --)들과 응(應)함을 밝힌다. 〈정응(正應)〉과 〈비(比)〉는 길(吉)로 드러난다. 〈응(應)〉은 〈따를 순(順)〉과 같아 순응(順應)의 줄임말과 같다.

行險而順(행험이순)

〈행험(行險)〉은 사괘(師卦 : ䷆)의 구이(九二 : ─)가 위험을[險] 행함[行]을 말하고, 〈이순(而順)의 순(順)〉은 사괘(師卦 : ䷆)의 음효(陰爻 : --)들 즉 백성이 구이(九二 : ─)의 〈행험(行險)〉을 따라줌[順]을 말한다.

以此毒天下(이차독천하)

〈이차(以此)의 차(此)〉는 앞의 〈행험(行險)〉을 말하고, 〈독천하(毒天下)〉는 해천하(害天下) 즉 전쟁 따위로 세상을 해롭게 함을 뜻한다. 〈독(毒)〉은 여기선 〈해칠 해(害)〉와 같아 해독(害毒)의 줄임말과 같고, 〈이차(以此)의 차(此)〉는 앞에 나온 〈행험(行險)〉을 대신하는 지시어이다.

而民從之(이민종지) 吉(길)

〈민종지(民從之)의 지(之)〉는 앞의 〈행험(行險)〉을 나타내는 지시어로서 〈그것 지(之)〉이다. 백성은 폭군(暴君)의 〈행험(行險)〉은 미워하지만, 성군(聖君)의 〈행험(行險)〉은 힘들어도 좋아한다. 폭군이 험난한 짓을[險] 부림[行]은 저 자신을 위함이지만, 성군의 〈행험(行險)〉은 백성을 위함이기 때문임을 여기 〈길(吉)〉이 암시한다.

又何咎矣(우하구의)

왕(王)의 〈행험(行險)〉 즉 〈독천하(毒天下)〉를 백성이 마다않고 따라주니[順] 천하를 해롭게 하는 왕(王)일지라도 백성을 위하여 〈행험(行險)〉을 감수하는지라 허물할 수 없음을 밝힌다. 〈구(咎)〉는 〈허물할 건(愆)〉과 같아 구건(咎愆)의 줄임말과 같다.

8 비괘(比卦 : ䷇) 단사(彖辭)

곤하감상(坤下坎上) : 아래는[下] 곤(坤 : ☷), 위는[上] 감(坎 : ☵).

수지비(水地比) : 물[水]과 땅은[地] 비이다[比].

比吉也(비길야)이고 比輔也(비보야)이며 下順從也(하순종야)이다 原筮元永貞无咎(원서원영정무구)는 以剛中也(이강중야)이다 不寧方來(불령방래)는 上下應也(상하응야)이다 後夫凶(후부흉)은 其道窮也(기도궁야)이다

비괘는[比] 길함[吉]이고[也], 비괘는[比] 서로 도움[輔]이며[也], {비(比)란} 아래가[下] 순종함[順從]이다[也]. 예언을[筮] 거듭 살피며[原] 더없이 선하고[元] 변함없으며[永] 진실로 미더우니[貞] 허물이[咎] 없음은[无] 굳셈[剛]으로써[以] 가운데 있음[中]이다[也]. 편안하지 않음에도[不寧] 곧장[方] 찾아오는 것은[來] 위아래가[上下] 상응함[應]이다[也]. 뒤에 있는[後] 사내가[夫] 불운함은[凶] 그[其] 도리가[道] 궁색함[窮]이다[也].

【지남(指南)】

比吉也(비길야)

〈비(比)〉는 비괘(比卦 : ䷇)를 말하고, 〈길(吉)〉은 비괘(比卦 : ䷇)의 괘상(卦象)을 풀이한다. 비괘(比卦 : ䷇)의 육이(六二 : --)와 구오(九五 : —)가 〈중정(中正)〉을 누리니 〈길(吉)〉하다. 본래 〈비(比)〉는 다섯 집을 한 단위로 묶어 서로 친밀하게 삶을 일구어가게 하는 단위였고, 여기에서 결합(結合)의 뜻을 간직하게 돼 이웃의 사귐[比]으로 풀이된다.

比輔也(비보야)

거듭해 비괘(比卦 : ䷇)의 괘상(卦象)을 〈보(輔)〉라고 풀이한다. 비괘(比卦 : ䷇)의 하괘(下卦) 곤(坤 : ☷)은 음기(陰氣)로 순일(純一)하여 상체(上體)의 감(坎 : ☵)을 그냥 그대로 도와준다[輔]. 동시에 비괘(比卦 : ䷇)의 육이(六二 : --)와 구오(九五 : ㅡ)가 서로 정위(正位)에서 〈중정(中正)〉을 누리니 하괘(下卦)가 상체(上體)를 따라 돕고[輔], 동시에 육사(六四 : --)와 상륙(上六 : --)이 구오(九五 : ㅡ)와 서로 이웃하여 비(比)를 누려 오순도순 돕는다[輔]. 여기 〈보(輔)〉는 〈도울 좌(佐)〉와 같아 보좌(輔佐)의 줄임말과 같다.

下順從也(하순종야)

비괘(比卦 : ䷇)의 괘상(卦象)으로써 앞의 〈비보(比輔)의 보(輔)〉를 풀이한다. 비괘(比卦 : ䷇)의 구오(九五 : ㅡ)가 존위(尊位)에 거(居)하여 아래[下] 즉 초륙(初六 : --)-육이(六二 : --)-육삼(六三 : --)-육사(六四 : --) 등이 구오(九五 : ㅡ)를 순종(順從)함을 〈보(輔)〉라고 풀이한다. 〈하순종(下順從)의 하(下)〉를 아랫사람이라고 새겨도 마땅하다.

原筮元永貞无咎(원서원영정무구)

〈원서(原筮)〉는 비괘(比卦 : ䷇)의 구오(九五 : ㅡ)가 존위(尊位)에 머물러서 중정(中正)을 누림을 풀이하고, 〈원영정(元永貞)〉은 비괘(比卦 : ䷇)의 구오(九五 : ㅡ)가 중정(中正)을 누림을 밝힌다. 중정(中正)이란 중효이정위(中爻而正位)의 줄임으로, 중효이면서[中爻而] 바른 자리에 있음[正位]을 말한다. 이에 원(元)하고 영정(永貞)하여 길(吉)하다. 〈원서(原筮)〉 즉 예언을[筮] 거듭 살핌은[原] 더없이 선하고[元] 변함없으며[永] 진실로 미더워서[貞] 〈무구(无咎)〉 즉 허물이[咎] 없음[无]을 밝힌다.

以剛中也(이강중야)

비괘(比卦 : ䷇)의 구오(九五 : ㅡ)가 중정(中正)을 누림에 무구(无咎) 즉 허물이[咎] 없는[无] 까닭을 풀이한다. 구오(九五 : ㅡ)가 굳셈[剛]으로써[以] 가운데 자리

[中]에서 비괘(比卦 : ䷇)의 구이(九二 : - -)와 중정(中正)을 누림을 거듭 밝힌다. 여기 〈이(以)〉는 〈써 용(用)〉과 같다.

不寧方來(불령방래) 上下應也(상하응야)

삶이 안녕(安寧)치 못하면 상하(上下)가 상응(相應)하여 돕는[輔] 비괘(比卦 : ䷇)와 같은 세상이 찾아오는[來] 까닭을 밝힌다. 〈상하응(上下應)〉은 앞의 〈하순종(下順從)〉을 거듭 풀이한다. 비괘(比卦 : ䷇)의 구오(九五 : ─)가 〈원영정(元永貞)〉으로써 허물 없이 중정(中正)을 누림을 〈상하응(上下應)〉이라고 풀이한다. 〈방래(方來)의 방(方)〉은 〈곧〉이란 뜻이다.

後夫凶(후부흉) 其道窮也(기도궁야)

〈후부(後夫)〉란 비괘(比卦 : ䷇)를 앞서서 본받지 않는 인간을 밝힌다. 언제 어디서든 상비(相比) 즉 서로[相] 도와야[比] 인간의 삶이 이루어진다. 이 세상은 상비(相比)하지 않고 삶을 이룰 수 없음을 〈기도궁(其道窮)〉으로써 밝힌다. 여기 〈기도(其道)〉는 〈비지도(比之道)〉이다. 돕는[比之] 도리가[道] 궁색하면[窮] 흉(凶)할 수밖에 없다.

9 소축괘(小畜卦 : ䷈) 단사(彖辭)

건하손상(乾下巽上) : 아래는[下] 건(乾 : ☰), 위는[上] 손(巽 : ☴).

풍천소축(風天小畜) : 바람과[風] 하늘은[天] 소축이다[小畜].

小畜柔得位이고 而上下應之曰小畜이다 建而巽하고 剛中而志行하여 乃亨한다 密雲不雨해도 尚往也이다 自我西郊로 施未行也이다
소축유득위 이상하응지왈소축 건이손 강중이지행 내형 밀운불우 상왕야 자아서교 시미행야

소축괘는[小畜] 부드러움이[柔] 제자리를[位] 얻음이고[得], 그래서[而] 위아래가[上下] 그 부드러움과[之] 순응함을[應] 소축이라[小畜] 한다[曰]. 굳세면서도[健而] 자기를 낮추어 따르고[巽] 굳세게[剛] 정도를 따르면서[中而] (그 중정의) 뜻이[志] 행해져[行], 이에 곧[乃] 통한다[亨]. 짙은[密] 구름에도[雲] 비는 오지 않아도[不雨] 오히려[尚] (그 곳으로) 가는 것[往]이다[也]. 우리의[我] 서쪽[西] 교외[郊]로부터[自] (구름이 짙어 가지만 비를 내리는) 베풂이[施] 아직 행해지지 않음[未行]이다[也].

【지남(指南)】

小畜柔得位(소축유득위)

〈소축(小畜)〉은 소축괘(小畜卦 : ䷈)를 말하고, 〈유득위(柔得位)〉는 소축괘(小畜卦 : ䷈)의 괘상(卦象)을 풀이한다. 〈유득위(柔得位)의 유(柔)〉는 소축괘(小畜卦 : ䷈)의 육사(六四 : ⚋)를 말하고, 〈유득위(柔得位)의 득위(得位)〉는 육사(六四 : ⚋)가 초구(初九 : ⚊)와 정응(正應)을 누리면서 구삼(九三 : ⚊)-구오(九五 : ⚊)와 비(比)를 누림을 풀이한다. 소축괘(小畜卦 : ䷈)에서 〈소축(小畜)〉은 살아갈 양식(糧食)을 축적(蓄積)함을 뜻한다. 소축괘(小畜卦 : ䷈)의 소축(小畜)은 26번째 대

축괘(大畜卦 : ☶)의 대축(大畜)을 떠올리게 한다. 대축괘(大畜卦 : ☶)에서 〈대축(大畜)〉은 삶을 통하게 하는 덕(德)을 축적함을 뜻한다.

而上下應之曰小畜(이상하응지왈소축)

〈상하(上下)의 상(上)〉은 구오(九五 : ⚊)를 밝히고, 〈상하(上下)의 하(下)〉는 구삼(九三 : ⚊)과 육사(六四 : ⚋)가 서로 이웃하여[比] 큰 것이[陽氣] 작은 것[陰氣]을 응(應)해줌을 소축(小畜)이라 풀이한다.

健而巽(건이손)

앞에 나온 〈상하응지(上下應之)〉를 풀이한다. 굳센[健] 구삼(九三 : ⚊)-구오(九五 : ⚊)가 육사(六四 : ⚋)를 공손히 따름[巽]을 밝힌다. 여기서 〈손(巽)〉은 〈따를 순(順)-엎드릴 복(伏)-공손할 공(恭)〉 등과 같다.

剛中而志行(강중이지행) 乃亨(내형)

〈강중(剛中)〉은 소축괘(小畜卦 : ☴)에서 중위(中位)를 차지한 효(爻)가 모두 양효(陽爻 : ⚊)임을 밝히고, 〈지행(志行)〉은 육사(六四 : ⚋)와 응(應)하는 뜻을 행동으로 옮김을 밝힌다. 이러한 지행(志行)으로써 소축괘(小畜卦 : ☴)의 상체(上體)인 손(巽 : ☴)이 점점 더 강해짐을 뜻한다.

密雲不雨(밀운불우)

〈밀운(密雲)〉은 바람[☴]이 점점 강해짐을 암시한다. 팔괘(八卦) 중에서 손(巽 : ☴)은 바람이다. 강한 바람에 구름이 모여드는 중인지라 불우(不雨) 즉 비는 내리지 않지만, 종내 비가 올 것임을 〈밀운(密雲)〉이 암시한다. 밀운(密雲)은 짙은[密] 구름[雲]을 말한다.

尙往也(상왕야)

곧 비가 내려 가뭄이 풀리게 될 것임을 암시한다. 곧 비가 내릴 터이니 가뭄 쪽으로 오히려[尙] 가는[往] 까닭은 뒤이어 나온다.

自我西郊(자아서교)

〈서교(西郊)〉는 주(周)나라 문왕(文王)이 있는 곳을 암시한다. 여기 〈자(自)〉는 〈~부터 종(從)-유(由)〉와 같고, 〈아(我)〉는 소유격으로 〈우리의 아(我)〉이다.

施未行也(시미행야)

앞서 밝힌 〈밀운불우(密雲不雨)〉를 거듭해 밝힌다. 여기 〈시(施)〉는 〈시우(施雨)〉의 줄임으로 여기고 새기면 된다. 아직 비가 내리지 않지만 결국 서교(西郊)로부터 시우(施雨) 즉 비를[雨] 내려줄[施] 것임을 암시한다.

10 이괘(履卦 : ䷉) 단사(彖辭)

태하건상(兌下乾上) : 아래는[下] 태(兌 : ☱), 위는[上] 건(乾 : ☰).

천택리(天澤履) : 하늘과[天] 못은[澤] 이이다[履].

履柔履剛也이다 說而應乎乾한다 是以履虎尾라도 不咥人이라 亨하리라 剛中正이니 履帝位하여 而不疚하고 光明也이다
(이유리강야 열이응호건 시이리호미 부절인 형 강중정 이제위 이불구 광명야)

이괘는[履] 부드러움이[柔] 굳셈을[剛] 이룩하는 것[履]이다[也]. (부드러움은) 즐거워하면서[說而] 건괘에[乎乾] 응한다[應]. 이렇기[是] 때문에[以] 호랑이의[虎] 꼬리를[尾] 밟아도[履] 사람을[人] 물지 않아[不咥], 형통하리라[亨]. {구오(九五)는} 굳세면서[剛] 정도를[正] 따르니[中] 임금의[帝] 자리를[位] 차지하여[履而] 병이 되지 않고[不疚] 겉도 밝고[光] 안도 밝음[明]이다[也].

【지남(指南)】

履柔履剛(이유리강)

〈이(履)〉는 이괘(履卦 : ䷉)를 말하고, 〈유리강(柔履剛)〉은 이괘(履卦 : ䷉)의 괘상(卦象)을 풀이한다. 〈유리강(柔履剛)의 유(柔)〉는 이괘(履卦 : ䷉)의 육삼(六三 : --)을 말하고, 〈유리강(柔履剛)의 이강(履剛)〉은 육삼(六三 : --)이 음기(陰氣)의 자리는 아니지만 구이(九二 : ━)-구사(九四 : ━)와 서로 이웃하여 〈비(比)〉를 누림을 풀이한다. 〈이(履)〉는 〈밟을(실천할) 천(踐)-적(籍)-도(蹈)〉 등과 같지만, 여기선 예(禮)를 실행하기를 다함을 말한다. 『주역(周易)』에서 〈유리강(柔履剛)〉은 여기서 딱 한 번 나오지만 〈강리유(剛履柔)〉란 말은 어디에도 나오지 않음을 주목하

게 된다. 예(禮)란 유(柔)함이 강(剛)함을 실행함이다.

說而應乎乾(열이응호건)

이괘(履卦 : ䷉)의 괘상(卦象)이 〈유리강(柔履剛)〉인 까닭을 풀이한다. 〈열이응(說而應)〉은 이괘(履卦 : ䷉)의 하괘(下卦)인 태(兌 : ☱)를 밝힌다. 태(兌 : ☱)의 형태는 못[澤]이고 성질은 열(說) 즉 기쁨[說]이다. 이괘(履卦 : ䷉)의 하괘(下卦)로서 태(兌 : ☱)가 상체(上體)인 건(乾 : ☰)을 기꺼이 따름을 〈응호건(應乎乾)〉이라 밝힌다. 그래서 이괘(履卦 : ䷉)의 괘상을 성질로 풀이하여 기쁘면서[說而] 강건한[健] 건(乾 : ☰)에 응(應)한다고 이괘(履卦 : ䷉)의 괘상(卦象)을 거듭해 밝힌다. 나아가 하늘[乾 : ☰] 아래 연못[兌 : ☱]이 있음은 위아래의 분별과 존비(尊卑)의 이치가 당연하니 이괘(履卦 : ䷉)로써 예(禮)를 밝힘이기도 하다. 바로 앞 괘(卦)가 소축괘(小畜卦 : ䷈)로써 작은 음(陰 : --)의 축양(畜養)을 밝혔으니, 그 축양(畜養)을 골고루 나누자면 의(義)를 추구하는 예(禮)로써 행해야 함을 〈열이응(說而應)〉이 암시한다고 헤아려도 된다. 〈열(說)〉은 〈기뻐할 열(悅)〉과 같고, 〈응(應)〉은 〈따를 순(順)〉과 같아 순응(順應)의 줄임말과 같다.

履虎尾(이호미) 不咥人(부절인)

〈유리강(柔履剛)의 이강(履剛)〉을 〈이호미(履虎尾)〉를 들어 비유해 밝힌다. 〈이호미(履虎尾)의 호미(虎尾)〉는 〈이강(履剛)의 강(剛)〉을 비유한다. 호랑이 꼬리를 밟으면 의당 호랑이는 그 사람을 물어야 하는데 사람을 물지 않는 경우도 있다는 것이다. 음양(陰陽)의 정응(正應)과 비(比)야말로 천지(天地)의 순리(順理)이다. 그 순리를 좇아 따르면 꼬리 밟힌 호랑이도 사람을 물지 않는다고 밝혀, 이괘(履卦 : ䷉)의 괘상(卦象)이 형통함을 밝힌다. 〈절(咥)〉은 〈물을(씹을) 저(咀)〉와 같아 저절(咀咥)의 줄임말과 같다.

剛中正(강중정)

이괘(履卦 : ䷉)의 구오(九五 : —)로써 괘상(卦象)을 밝힌다. 〈강중정(剛中正)의 강(剛)〉은 구오(九五 : —)를 밝히고, 〈중정(中正)〉은 구오(九五 : —)가 양기(陽氣)가 있어야 할 홀수 자리 즉 정위(正位)에 있음을 밝힌다. 중정(中正)은 중효이정위

(中爻而正位)의 줄임으로 중효이면서[中爻而] 바른 자리에 있음[正位]을 뜻한다.

履帝位(이제위)

이괘(履卦 : ☰)의 구오(九五 : ⚊)가 이괘(履卦 : ☰)의 상체(上體) 건(乾 : ☰)의 가운데 자리임을 뜻한다. 대성괘(大成卦)에서 오위(五位)는 제왕(帝王)의 자리이다. 구오(九五 : ⚊)의 자리는 임금의 자리를 나타낸다. 〈이제위(履帝位)의 이(履)〉는 〈지킬 도(蹈)〉와 같다.

不疚(불구)

〈제위불구(帝位不疚)〉로 여기고 〈임금의 자리는[帝位] 병이 되지[疚] 않는다[不]〉라고 새겨볼 것이다. 임금이 굳세기만 하면서[剛] 득중(得中) 즉 정도를 따름을[中] 취하지[得] 않는다면 그런 임금의 자리는 병[疚]이 되는 것임을 암시한다. 〈구(疚)〉는 〈병들 질(疾)〉과 같아 구질(疚疾)의 줄임말과 같다.

光明(광명)

〈제위광명(帝位光明)〉으로 여기고 〈임금의 자리는[帝位] 안팎으로 밝다[光明]〉라고 새겨볼 것이다. 이 역시 강중정(剛中正)의 제위(帝位)를 밝힌다. 굳세면서도[剛] 정도를 따름을[中] 취하는[得] 제왕의[帝] 자리[位]는 밖으로도 밝고[光] 안으로도 밝음[明]을 밝히면서, 동시에 구오(九五 : ⚊)의 정위(正位)를 밝혀 이괘(履卦 : ☰)의 괘상(卦象)을 결론적으로 밝힌다. 〈광(光)〉은 밖으로 빛남이고, 〈명(明)〉은 안으로 밝음을 뜻한다.

11 태괘(泰卦 : ䷊) 단사(彖辭)

건하곤상(乾下坤上) : 아래는[下] 건(乾 : ☰), 위는[上] 곤(坤 : ☷).

지천태(地天泰) : 땅과[地] 하늘은[天] 태이다[泰].

泰小往大來이다 吉亨하다 則是天地交이다 而萬物通也이다 上下交하다 而其志同也이다 內陽而外陰이고 內健而外順하며 內君子而外小人이라 君子道長하고 小人道消也이다
태소왕대래 길형 즉시천지교 이만물통야 상하교 이기지동야 내양이외음 내건이외순 내군자이외소인 군자도장 소인도소야

태괘는[泰] 작은 것이[小] (큰 것으로) 가고[往] 큰 것이[大] (작은 것으로) 옴이다[來]. 길하여[吉] 통한다[亨]. 이는[是] 곧[則] 하늘땅의[天地] 사귐이다[交]. 그래서[而] 만물이[萬物] 통하는 것[通]이다[也]. 위아래가[上下] 통한다[交]. 그리고[而] 위아래의[其] 뜻이[志] 하나[同]이다[也]. 안은[內] 양기이고[陽] 그리고[而] 밖은[外] 음기이며[陰], 안은[內] 굳세고[健] 그리고[而] 밖은[外] 유순하며[順], 안은[內] 군자이고[君子] 그리고[而] 밖은[外] 소인이라[小人], 군자의[君子] 도는[道] 펼쳐지고[長] 소인의[小人] 도는[道] 사라짐[消]이다[也].

【지남(指南)】

泰小往大來(태소왕대래)

〈태(泰)〉는 태괘(泰卦 : ䷊)를 말하고, 〈소왕대래(小往大來)〉는 태괘(泰卦 : ䷊)의 괘상(卦象)을 말한다. 〈태(泰)〉는 가장 상서로운 자(字)로서 평화-안녕-건강-진보-발전 등을 묶어서 나타내 지금보다 좋아지고 나아짐을 뜻하고, 이를 태화

(太和)라 한다. 〈소왕(小往)〉은 태괘(泰卦 : ䷊)의 상체(上體)인 곤(坤 : ☷)을 풀이하고, 〈대래(大來)〉는 태괘(泰卦 : ䷊)의 하체(下體)인 건(乾 : ☰)을 풀이한다. 대성괘(大成卦)의 상체(上體)를 외괘(外卦)라 하고, 가는[往] 괘(卦)이고 회괘(悔卦)라 한다. 하체(下體)를 내괘(內卦)라 하고, 오는[來] 괘(卦)이고 정괘(貞卦)라 한다. 〈소왕(小往)의 소(小)〉는 음기(陰氣)를 말하고, 〈대래(大來)의 대(大)〉는 양기(陽氣)를 말한다. 음(陰 : --) 즉 작은 것은[小] 가고[往] 양(陽 : —) 즉 큰 것이[大] 옴[來]이 곧 태괘(泰卦 : ䷊)의 괘상(卦象)이다. 〈소왕대래(小往大來)〉는 〈음왕양래(陰往陽來)〉와 같다. 음양(陰陽)의 왕래(往來)가 〈태(泰)〉 즉 태화(太和)로서 더없는[太] 어울림[和]이다.

吉亨(길형)

〈태길(泰吉) 이태형(而泰亨)〉으로 여기고 〈더없이[泰] 행운을 누린다[吉] 그리고[而] 더없이[泰] 통한다[亨]〉고 새겨볼 것이다. 태괘(泰卦 : ䷊)의 괘상(卦象)인 〈소왕대래(小往大來)〉를 〈길(吉)-형(亨)〉이라고 풀이한다. 소(小) 즉 음(陰 : --)이 대(大) 즉 양(陽 : —)을 만나러 가고[往], 대(大) 즉 양(陽 : —)이 소(小) 즉 음(陰 : --)을 만나러 오니[來], 음양(陰陽)의 왕래(往來) 즉 상화(相和)는 행복하고[吉] 통함[亨]이다.

是天地交(시천지교)

〈길형시천지지교야(吉亨是天地之交也)〉의 줄임으로 여기고 〈길형(吉亨) 이는[是] 하늘땅의[天地之] 사귐[交]이다[也]〉라고 새겨볼 것이다. 〈시(是)〉는 〈태괘(泰卦)〉를 밝힘도 되고 〈소왕대래(小往大來)〉를 밝힘도 되며 〈길형(吉亨)〉을 밝힘도 되니, 앞에 나온 말씀을 묶어서 밝힌다. 〈태괘(泰卦)의 태(泰)-소왕대래(小往大來)의 길(吉)-형(亨)〉이 〈천지교(天地交)〉 즉 음양(陰陽)의 사귐[交]이다.

萬物通(만물통)

〈만물통기교(萬物通其交)〉로 여기고 〈만물은[萬物] 그[其] 사귐을[交] 실행한다[通]〉라고 새겨볼 것이다. 〈만물통(萬物通)〉은 앞서 밝힌 〈천지교(天地交)의 교(交)〉를 풀이한다. 〈통(通)〉은 음양(陰陽)의 사귐[交]을 추진하여 그 사귐을 형통

(亨通)함이다. 여기 〈통(通)〉은 〈행할 행(行)〉과 같아 통행(通行)의 줄임말과 같다.

上下交(상하교) 而其志同(이기지동)

〈상하(上下)〉는 〈상천여하지(上天與下地)〉 즉 〈아래의[下] 땅[地]과[與] 위의[上] 하늘[天]〉의 줄임이니, 앞서 밝힌 〈천지교(天地交)의 교(交)〉를 〈기지동(其志同)〉이라고 풀이한다. 뜻함이[志] 하나이어야[同] 교통(交通)한다.

內陽而外陰(내양이외음)

앞의 〈상하교(上下交)의 상하(上下)〉를 풀이한다. 〈상하(上下)의 상(上)〉을 외음(外陰)이라 밝히고, 〈상하(上下)의 하(下)〉를 〈내양(內陽)〉이라고 밝힌다. 〈내양(內陽)〉은 태괘(泰卦 : ䷊)의 하체(下體) 즉 내괘(內卦)인 건(乾 : ☰)을 말하고, 〈외음(外陰)〉은 태괘(泰卦 : ䷊)의 상체(上體) 즉 외괘(外卦)인 곤(坤 : ☷)을 말한다. 태괘(泰卦 : ䷊)의 하체(下體)로서 건(乾 : ☰)은 양(陽)이므로 〈내양(內陽)〉이라 하고, 태괘(泰卦 : ䷊)의 상체(上體)로서 곤(坤 : ☷)은 음(陰)이므로 〈외음(外陰)〉이라 한다. 소성괘(小成卦)에서 양(陽 : ⚊)이 홀수이면 양괘(陽卦)이고 음(陰 : ⚋)이 홀수이면 음괘(陰卦)이다.

內乾而外順(내건이외순)

〈내건(內乾)〉은 태괘(泰卦 : ䷊)의 하체(下體) 즉 내괘(內卦)인 건(乾 : ☰)을 말하고, 〈외순(外順)〉은 대괘(泰卦 : ䷊)의 상체(上體) 즉 외괘(外卦)인 곤(坤 : ☷)을 말한다. 〈내양(內陽)의 양(陽 : ⚊)〉은 건(健)하므로 〈내건(內健)〉이라 하고, 〈외음(外陰)의 음(陰 : ⚋)〉은 〈순(順)〉하므로 〈외순(外順)〉이라 한다. 〈내건(內健)〉은 〈내강(內剛)〉과 같고, 〈외순(外順)〉은 〈외유(外柔)〉와 같다. 양(陽 : ⚊)은 강건(剛健)하다 하고, 음(陰 : ⚋)은 유순(柔順)하다 한다.

內君子而外小人(내군자이외소인)

태괘(泰卦 : ䷊)의 하체(下體) 즉 내괘(內卦)인 건(乾 : ☰)을 〈내군자(內君子)〉라 풀이하고, 태괘(泰卦 : ䷊)의 상체(上體) 즉 외괘(外卦)인 곤(坤 : ☷)을 〈외소인(外小人)〉이라고 풀이한다. 건(乾 : ☰)을 군자(君子)라 하고 곤(坤 : ☷)을 소인(小人)

으로 풀이하는 것은 유가(儒家)의 견해이다. 물론 군자(君子)와 소인(小人)을『논어(論語)』에서처럼 대(對) 지으면 〈천지교(天地交)의 태(泰)〉가 이루어질 수 없으므로, 여기선 군자가 〈천지교(天地交)〉를 본받고, 소인도 군자를 본받아 군자도(君子道)를 행하게 됨을 〈태괘(泰卦 : ䷊)의 태(泰)〉가 암시한다.

君子道長(군자도장)

〈군자지도신장(君子之道伸長)〉의 줄임으로 여기고 〈군자의[君子之] 도리는[道] 펼쳐진다[伸長]〉라고 새겨볼 것이다. 〈태(泰)〉의 의의(意義)를 밝힌다. 군자도(君子道)의 신장(伸長) 즉 길이길이 뻗어남[伸長]이야말로 〈내건(內健)-외순(外順)〉으로써 이루어 누리는 〈태(泰)〉 즉 태화(太和)이다. 여기 〈장(長)〉은 〈펼칠 신(伸)〉과 같아 신장(伸長)의 줄임말과 같다.

小人道消(소인도소)

〈소인지도소멸(小人之道消滅)〉의 줄임으로 여기고 〈소인의[小人之] 도리는[道] 사라진다[消滅]〉라고 새겨볼 것이다. 태괘(泰卦 : ䷊)의 〈태(泰)〉가 이루어지는 의의(意義)를 밝힌다. 소인도(小人道)의 소멸(消滅) 즉 사라져버림[消滅]이야말로 〈내건(內健)-외순(外順)〉으로써 이루어 누리는 〈태(泰)〉 즉 태화(太和)이다. 여기 〈소(消)〉는 〈없어질 멸(滅)〉과 같아 소멸(消滅)의 줄임말과 같다.

12 비괘(否卦 : ䷋) 단사(彖辭)

곤하건상(坤下乾上) : 아래는[下] 곤(坤 : ☷), 위는[上] 건(乾 : ☰).

천지비(天地否) : 하늘과[天] 땅은[地] 비이다[否].

否之匪人이다 不利君子貞하고 大往小來하니 則是天地不交이고 而萬物不通也이다 上下不交하고 而天下无邦也이다 內陰而外陽이고 內柔而外剛하며 內小人而外君子라 小人道長하고 君子道消也이다

(비지비인 불리군자정 대왕소래 즉시천지불교 이만물불통야 상하불교 이천하무방야 내음이외양 내유이외강 내소인이외군자 소인도장 군자도소야)

통하지 않고 막힘은[否之] 인간이[人] 아닌 것이다[匪]. 군자의[君子] 곧고 바름을[貞] 이롭지 못하게 하고[不利], 큰 것은[大] 가고[往] 작은 것이[小] 오니[來], 곧[則] 이것은[是] 하늘땅이[天地] 사귀지 않음이고[不交] 그래서[而] 만물이[萬物] 통하지 않음[不通]이다[也]. 위아래가[上下] 통하지 않고[不交], 그래서[而] 천하에[天下] 벗이 되는 나라가[邦] 없음[无]이다[也]. 안으로[內] 음기이고[陰] 그리고[而] 밖으로[外] 양기이며[陽], 안은[內] 부드럽고[柔] 그리고[而] 밖은[外] 굳세며[剛], 안은[內] 소인이고[小人] 그리고[而] 밖은[外] 군자라[君子], 소인의[小人] 도는[道] 펼쳐지고[長] 군자의[君子] 도는[道] 사라짐[消]이다[也].

【지남(指南)】

否之匪人(비지비인)

〈비(否)〉는 비괘(否卦 : ䷋)를 말하고, 비괘(否卦 : ䷋)는 앞 태괘(泰卦 : ䷊)의 도괘(倒卦) 즉 뒤집힌[倒] 괘(卦)이다. 〈비인(匪人)〉은 비괘(否卦 : ䷋)의 괘상(卦

象)을 밝힌다. 〈비지비인(否之匪人)의 비(否)〉는 〈않을 부(否)〉가 아니라, 〈가릴 격(隔), 막힐 색(塞), 닫을 폐(閉), 나쁠 악(惡)〉 등과 같은 뜻을 내고, 〈태(泰)〉를 부정(否定)한다. 〈비인(匪人)〉은 〈비인여만물(匪人與萬物)〉로 여기고 새김이 마땅하다. 〈비(否)〉는 〈비인(匪人)〉 즉 인간이[人] 아닌 것[匪]뿐 아니라 〈비만물(匪萬物)〉 즉 만물이[萬物] 아닌 것[匪]이기 때문이다. 〈비인(匪人)〉을 〈비인도(非人道)〉 즉 사람의[人] 도리가[道] 아닌 것[非]으로 여기고 새김이 마땅하다. 〈비(匪)〉는 여기선 〈아닌 것 비(非)〉와 같다.

不利君子貞(불리군자정)

〈비인(匪人)〉을 풀이한다. 〈군자정(君子貞)〉은 군자도(君子道)를 밝히고 실행하는 군자(君子)의 진실한 미더움[貞]의 마음가짐이다. 군자(君子)의 이러한 〈정(貞)〉이 이로우면[利] 〈태(泰)〉로 이어지고, 이롭지 않거나 못하다면[不利] 〈비(否)〉이다. 〈비(否)〉란 군자도(君子道)를 가리고[隔] 막고[塞] 닫고[閉] 나쁘게[惡] 하니 〈군자정(君子貞)〉이 이롭게 펼쳐지지 못함이 〈불리(不利)〉이다.

大往小來(대왕소래)

비괘(否卦 : ䷋)의 괘상(卦象)을 거듭 밝힌다. 〈대왕(大往)〉은 비괘(否卦 : ䷋)의 상체(上體)인 건(乾 : ☰)을 말하고, 〈소래(小來)〉는 비괘(否卦 : ䷋)의 하체(下體)인 곤(坤 : ☷)을 말한다. 건(乾 : ☰)은 양(陽 : ⚊)의 괘(卦)로 크고[大] 굳세고[剛] 강하다[强]. 곤(坤 : ☷)은 음(陰 : ⚋)의 괘(卦)로 작고[小] 부드럽고[柔] 약하다[弱]. 상체(上體)는 가는[往] 괘(卦)인지라 대(大)가 사라져가고[消], 하체(下體)는 오는[來] 괘(卦)인지라 소(小)가 펼쳐짐[長]이 곧 〈비(否)〉이다.

天地不交(천지불교) 而萬物不通(이만물불통)

〈대왕소래(大往小來)〉가 뜻하는 바를 밝힌다. 하늘땅이[天地] 사귀지 않음[不交]을 〈대왕소래(大往小來)〉가 뜻한다. 하늘은[天] 크고[大] 땅은[地] 작다[小]. 작은 것이 큰 것을 순응하여 사귀어야[交] 인간과 함께 만물이 창생(創生)한다. 천지음양(天地陰陽)이 불교(不交)하면 창생(創生)이 이루어지지 않음을 밝힘이 〈만물불통(萬物不通)〉이고, 이러함을 밝히는 괘(卦)가 비괘(否卦 : ䷋)이다.

上下不交(상하불교) 而天下无邦(이천하무방)

〈비지비인(否之匪人)의 비인(匪人)〉을 살피고 헤아려 〈비인(匪人)〉이 뜻하는 바를 깨우치게 한다. 상하(上下) 즉 천지(天地)-양음(陽陰)이 불교(不交)함을 인간이 따라함이 곧 〈천하무방(天下无邦)〉이다. 세상에[天下] 우방(友邦) 즉 벗의[友] 나라가[邦] 없음[无]이란 난세(亂世)를 밝힌다. 제왕(帝王)의 상(上)과 백성의 하(下)가 상교(相交)하여 태평의 삶을 누리게 하는 것이 〈방(邦)〉이다. 여기 〈방(邦)〉은 우방(友邦)의 줄임으로 여기면 된다. 그러나 〈상하불교(上下不交)〉하면 난세가 빚어짐을 밝힘이 〈무방(无邦)〉이다.

內陰而外陽(내음이외양)

앞의 〈상하불교(上下不交)의 상하(上下)〉를 풀이한다. 〈상하(上下)의 상(上)〉을 〈외양(外陽)〉이라 밝히고, 〈상하(上下)의 하(下)〉를 〈내음(內陰)〉이라 밝힌다. 〈내음(內陰)〉은 비괘(否卦 : ䷋)의 하체(下體) 즉 내괘(內卦)인 곤(坤 : ☷)을 말하고, 〈외양(外陽)〉은 비괘(否卦 : ䷋)의 상체(上體) 즉 외괘(外卦)인 건(乾 : ☰)을 말한다. 비괘(否卦 : ䷋)의 하체(下體)로서 곤(坤 : ☷)은 음(陰 : --)이므로 〈내음(內陰)〉이라 하고, 비괘(否卦 : ䷋)의 상체(上體)로서 건(乾 : ☰)은 양(陽 : —)이므로 〈외음(外陰)〉이라 한다.

內柔而外剛(내유이외강)

앞의 〈내음(內陰)〉을 〈내유(內柔)〉라고 풀이하고, 〈외양(外陽)〉을 〈외강(外剛)〉이라고 풀이한다. 〈내음(內陰)의 음(陰)〉은 유(柔)하므로 〈내유(內柔)〉라 하고, 〈외양(外陽)의 양(陽)〉은 강(剛)하므로 〈외강(外剛)〉이라 한다. 〈외강(外剛)〉은 〈외건(外健)〉과 같고 〈내유(內柔)〉는 〈내순(內順)〉과 같다. 양(陽 : —)은 강건(剛健)하다 하고 음(陰 : --)은 유순(柔順)하다 한다.

內小人而外君子(내소인이외군자)

비괘(否卦 : ䷋)의 하체(下體) 즉 내괘(內卦)인 곤(坤 : ☷)을 〈내소인(內小人)〉이라고 풀이하고, 비괘(否卦 : ䷋)의 상체(上體) 즉 외괘(外卦)인 건(乾 : ☰)을 〈외

군자(外君子)〉라고 풀이한다. 건(乾 : ☰)을 군자(君子)라 하고 곤(坤 : ☷)을 소인(小人)으로 풀이하는 것은 유가(儒家)의 견해이지 도가(道家)의 견해는 아니다. 군자와 소인을 『논어(論語)』에서처럼 대(對) 지으면 〈천지불교(天地不交)의 비(否)〉가 이루어질 수 있다. 소인이 군자를 모압(侮狎) 즉 업신여기고[侮] 가볍게[狎] 봄을 〈비괘(否卦 : ䷋)의 비(否)〉가 밝힌다.

小人道長(소인도장)

〈소인지도신장(小人之道伸長)〉의 줄임으로 여기고 〈소인의[小人之] 도리는[道] 펼쳐진다[伸長]〉라고 새겨볼 것이다. 비괘(否卦 : ䷋)의 〈비(否)〉가 뜻하는 바를 밝힌다. 소인도(小人道)의 신장(伸長) 즉 길이길이 뻗어남[伸長]이야말로 〈내유(內柔)-외강(外剛)〉으로써 빚어지는 〈비(否)〉 즉 군자도(君子道)를 가리고[隔] 막고[塞] 닫고[閉] 나쁘게[惡] 하는 비인(匪人)이다. 여기 〈비인(匪人)〉이란 인간의 길이 아니라는 것이다. 〈소인도장(小人道長)의 장(長)〉은 〈펼칠 신(伸)〉과 같아 신장(伸長)의 줄임말과 같다.

君子道消(군자도소)

〈군자지도소멸(君子之道消滅)〉의 줄임으로 여기고 〈군자의[君子之] 도리는[道] 사라진다[消滅]〉라고 새겨볼 것이다. 비괘(否卦 : ䷋)의 〈비(否)〉가 뜻하는 바를 밝힌다. 군자도(君子道)의 소멸(消滅) 즉 사라져버림[消滅]이야말로 〈내유(內柔)-외강(外剛)〉으로써 빚어지는 〈비(否)〉 즉 군자도(君子道)를 가리고[隔] 막고[塞] 닫고[閉] 나쁘게[惡] 하는 비인(匪人)이다. 〈군자도소(君子道消)의 소(消)〉는 〈없어질 멸(滅)〉과 같아 소멸(消滅)의 줄임말과 같다.

13 동인괘(同人卦 : ䷌) 단사(彖辭)

이하건상(離下乾上) : 아래는[下] 이(離 : ☲), 위는[上] 건(乾 : ☰).

천화동인(天火同人) : 하늘과[天] 불은[火] 동인이다[同人].

同人柔得位한다 得中而應乎乾하니 曰同人이다 同人曰
동인유득위 득중이응호건 왈동인 동인왈

同人于野亨이고 利涉大川은 乾行也이다 文明以健하고
동인우야형 이섭대천 건행야 문명이건

中正而應이 君子正也이다 唯君子爲能通天下之志이다
중정이응 군자정야 유군자위능통천하지지

동인괘는[同人] 부드러움이[柔] 자리를[位] 얻는다[得]. {부드러운 음(陰)이} 가운데를[中] 얻어서[得而] 다섯째 양효에[乎乾] 응합을[應] 동인괘라[同人] 한다[曰]. 동인괘가[同人] 밝힌다[曰]. 벌판에서[于野] 사람들과[人] 협동함은[同] 형통함이고[亨], 큰[大] 내를[川] 건너도[涉] 이로움은[利] 다섯째 양효의[乾] 행함[行]이다[也]. {구오(九五)는} 문장과[文] 광명[明]으로써[以] 강건하고[健] {육이(六二)는} 정도를[正] 따라서[中而] 응합이[應] 군자의[君子] 정도[正]이다[也]. 오로지[唯] 군자만이[君子] 온 세상의[天下之] 뜻을[志] 위하면서[爲] 통하게 할 수 있다[能通].

【지남(指南)】

同人柔得位(동인유득위)

〈동인(同人)〉은 동인괘(同人卦 : ䷌)를 말하고, 〈유득위(柔得位)〉는 동인괘(同人卦 : ䷌)의 괘상(卦象)을 밝힌다. 〈동인(同人)〉은 〈동인덕(同人德)〉의 줄임으로 여기고 새김이 마땅하다. 인덕(人德)을 함께 행함[同]이 〈동인(同人)〉이다. 〈유득위(柔得位)〉는 동인괘(同人卦 : ䷌)의 하체(下體) 이(離 : ☲)의 중효(中爻)인 음(陰 : --)을 들어 동인괘(同人卦 : ䷌)의 괘상(卦象)을 밝힌다. 〈유득위(柔得位)의 유

(柔)〉는 동인괘(同人卦 : ☰)의 하체(下體) 이(離 : ☲)의 중효(中爻)인 육이(六二 : --)를 말한다. 그리고 〈유득위(柔得位)〉는 〈유득중위(柔得中位)〉로 여기고 〈부드러움이[柔] 가운데[中] 자리를[位] 얻는다[得]〉라고 새겨볼 것이다.

得中而應乎乾(득중이응호건)

〈유득중위(柔得中位) 이유응호건(而柔應乎乾)〉의 줄임으로 여기고 〈부드러움이[柔] 가운데[中] 자리를[位] 얻는다[得] 그리고[而] 부드러움이[柔] 건(乾)과[乎] 호응한다[應]〉라고 새겨볼 것이다. 여기 〈득중이응호건(得中而應乎乾)〉은 동인괘(同人卦 : ☰)의 하체(下體) 이(離 : ☲)의 중효(中爻)인 육이(六二 : --)를 들어 동인괘(同人卦 : ☰)의 괘상(卦象)을 밝힌다. 동인괘(同人卦 : ☰)의 하체(下體)인 이(離 : ☲)는 내자(來者) 즉 오는[來] 것[者]이다. 〈응호건(應乎乾)의 응(應)〉은 내자(來者)로서 하체(下體) 이(離 : ☲)의 중효(中爻)인 육이(六二 : --)가 상체(上體) 건(乾 : ☰)의 중효(中爻)인 구오(九五 : ─)와 중정(中正)을 누림을 밝힌다. 대성괘(大成卦)에서 상하(上下)의 중효(中爻)들이 정위(正位)에 있을 때 이를 중정(中正)이라 하여 길(吉)하다. 동인괘(同人卦 : ☰)의 이효(二爻)인 육이(六二 : --)는 음(陰 : --)의 자리이니 정위(正位)이고, 오효(五爻)인 구오(九五 : ─)는 양(陽 : ─)의 자리이니 정위(正位)인지라, 육이(六二 : --)와 구오(九五 : ─)가 중정(中正)을 누려 동인괘(同人卦 : ☰)의 괘상(卦象)이 길(吉)함을 〈득중이응호건(得中而應乎乾)〉이 밝힌 다. 여기 〈응호건(應乎乾)의 건(乾)〉은 동인괘(同人卦 : ☰)의 상체(上體)인 건(乾 : ☰)을 말하고 특히 구오(九五 : ─)를 밝힌다.

曰同人(왈동인)

〈득중이응호건(得中而應乎乾)〉을 인간이 본받아 따름을 〈동인(同人)〉이라고 풀이하여 밝힌다. 동인괘(同人卦 : ☰)의 육이(六二 : --)는 유순(柔順)의 득중(得中) 즉 정도를 따름을[中] 취하고[得] 구오(九五 : ─)는 강건(剛健)의 득중(得中)으로써 음양(陰陽)의 덕(德)이 동일(同一)한지라, 천덕(天德)의 동일함을 인간이 본받음이 〈동인(同人)〉 즉 인덕(人德)을 사람들이 같이함[同]을 밝힌다.

同人曰(동인왈) 同人于野亨(동인우야형) 利涉大川(이섭대천) 乾行(건행)

〈동인왈(同人曰)〉을 연문(衍文) 즉 끼어든 말[衍文]로 보는 정자(程子)의 지적이 타당하므로 무시함이 마땅하다. 〈동인우야(同人于野)의 우야(于野)〉는 험난한 경우를 취상(取象)한 것이다. 험난할수록[野] 인간을[人] 협동하게[同] 하여 헤쳐 나감이 여기 〈건행(乾行)〉이 누리게 하는 형통함[亨]이다. 〈이섭대천(利涉大川)의 섭대천(涉大川)〉 역시 험난한 경우를 취상(取象)한 것이다. 대천(大川)을 건넘[涉]은 험난한 일인지라, 〈섭대천(涉大川)〉 역시 〈건행(乾行)〉이 누리게 하는 이로움[利]이다. 험난한 일을 헤쳐 나가 통하게[亨] 하고 이롭게[利] 함이 동인괘(同人卦 : ䷌) 상체(上體)의 중효(中爻)인 구오(九五 : ⚊)의 몫임을 밝힘이 〈건행(乾行)〉이다.

文明以健(문명이건)

〈문명이건(文明以健)〉은 구오(九五 : ⚊)의 양효(陽爻)가 누리는 중정(中正)을 풀이한다. 〈문명이건(文明以健)〉을 〈천문지명이구오건(天文之明以九五健)〉으로 여기고 〈천문지명(天文之明)으로써[以] 구오는[九五] 강건하다[健]〉라고 새겨볼 것이다. 여기 〈문명(文明)〉은 앞서 밝힌 〈건행(乾行)〉을 풀이한다. 〈문명(文明)〉은 〈문장이광명(文章而光明)〉의 줄임이고, 〈문명(文明)〉을 〈천문(天文)〉이라고도 한다. 천문(天文)이란 천지(天地)가 〈시생만물(始生萬物)〉 즉 만물을[萬物] 낳기[生] 시작해[始] 온 세상에[天下] 문장(文章) 즉 찬란한 모습[文章]이 광명(光明) 즉 안팎으로 밝음[光明]이 있다는 것이다. 〈문장(文章)의 문(文)〉은 적청(赤靑)의 빛깔을 말하고, 〈문장(文章)의 장(章)〉은 적백(赤白)의 빛깔을 말하면서 장엄(莊嚴)함을 뜻한다. 그 문장(文章)을 줄여 문(文)이라 하고 그 광명(光明)을 명(明)이라 하여, 묶어 〈문명(文明)〉이라 한다. 그러므로 〈문명(文明)〉이라는 술어(術語)는 〈civilization〉을 번역한 〈문명(文明)〉과는 전혀 다른 것이다.

中正而應(중정이응)

〈중정이응(中正而應)〉은 육이(六二 : ⚋)가 누리는 중정(中正)을 풀이한다. 〈중정이응(中正而應)〉을 〈육이중정(六二中正) 이륙이응호구오(而六二應乎九五)〉로 여기고 〈육이는[六二] 중효이면서[中] 정위에 있다[正] 그리고[而] 육이는[六二] 구오(九五)에[乎] 순응한다[應]〉라고 새겨볼 것이다. 〈중정(中正)〉은 〈중효이정위(中爻而正位)〉의 줄임이다. 중효이면서[中爻而] 바른[正] 자리에 있음[位]을 중정(中正)이라 한다. 육이(六二 : --)가 행하는 정도(正道)란 〈유약(柔弱)〉 즉 부드러움과[柔] 약함[弱]이다. 그 유약(柔弱)을 좇아 구오(九五 : —)의 강건(剛健)함을 순응(順應)함이 〈중정이응(中正而應)〉이다. 〈응(應)〉은 〈따를 순(順)〉과 같아 순응(順應)의 줄임말과 같다.

君子正(군자정)

〈군자지정도(君子之正道)〉로 여기고 〈군자의[君子之] 바른[正] 도리[道]〉라고 새겨볼 것이다. 앞의 〈문명이건(文明以健)〉과 〈중정이응(中正而應)〉이 군자(君子)에게 정도(正道) 즉 올바른[正] 도리[道]가 됨을 밝힌다. 군자(君子)의 정도(正道) 역시 중정도(中正道) 즉 정도를[正道] 따름[中]인지라 통하여[亨] 이로운[利] 것이다.

唯君子爲能通天下之志(유군자위능통천하지지)

〈유군자위천하지지(唯君子爲天下之志) 이유군자능통천하지지(而唯君子能通天下之志)〉로 여기고 〈군자만이[唯君子] 온 세상의[天下之] 뜻을[志] 위한다[爲] 그리고[而] 군자만이[唯君子] 온 세상의[天下之] 뜻을[志] 통하게 할 수 있다[能通]〉라고 새겨볼 것이다. 앞의 〈군자정(君子正)〉 즉 군자(君子)의 정도(正道)를 밝혀 풀이한다. 군자(君子)의 정도(正道) 즉 올바른[正] 도리[道]란 온 세상의[天下之] 뜻을[志] 위함[爲]이고, 따라서 온 세상의[天下之] 뜻을[志] 통할 수 있게 하는[能通] 이치임을 밝힌다. 〈천하지지(天下之志)〉는 〈백성지심(百姓之心)〉, 〈민지(民志)〉와 같은 말이다. 성인(聖人)이 천지(天地)를 본받음이 〈성인무상심(聖人無常心)〉 즉 〈성인에게는[聖人] 자기를 고집하는[常] 마음이[心] 없음[無]〉이고, 군자(君子) 역시 이 〈무상심(無常心)〉을 본받아 〈문명이건(文明以健)-중정이응(中正而應)〉을 자신의 정도(正道)로 삼는다. 〈무상심(無常心)의 상심(常心)〉은 아집(我執)을 말한다. 성인(聖人)을 본받는 군자(君子)도 자신의 아집(我執)을 버리고 〈천하지지(天下之志)〉 즉 백성의[百姓之] 마음[心]을 기심[己心] 즉 자신의[己] 마음[心]으로 삼는다.

14 대유괘(大有卦 : ䷍) 단사(彖辭)

건하이상(乾下離上) : 아래는[下] 건(乾 : ☰), 위는[上] 이(離 : ☲).

화천대유(火天大有) : 불과[火] 하늘은[天] 대유이다[大有].

大有柔得尊位이다 大中而上下應之라 曰大有이다 其德剛健而文明하고 應乎天而時行한다 是以元亨한다
(대유유득존위 대중이상하응지 왈대유 기덕강건이문명 응호천이시행 시이원형)

대유괘는[大有] 부드러워[柔] 높은[尊] 자리를[位] 얻음이다[得]. 크나큼이[大] 가운데 자리에 있어서[中而] 위아래가[上下] 가운데 자리를[之] 순응함이라[應] 크나큼을[大] 가짐이라[有] 한다[曰]. 그[其] 덕은[德] 굳세고[剛] 건실해서[健而] 문장을 이루고[文] 광명을 이루며[明], 하늘에[乎天] 응해서[應而] 때맞춰[時] 행한다[行]. 이러하므로[是以] 크게[元] 통한다[亨].

【지남(指南)】

大有柔得尊位(대유유득존위)

〈대유(大有)〉는 대유괘(大有卦 : ䷍)를 말하고, 〈유득존위(柔得尊位)〉는 대유괘(大有卦 : ䷍) 상체(上體)의 중효(中爻)인 육오(六五 : --)의 효상(爻象)으로써 괘상(卦象)을 밝힌다. 〈유득존위(柔得尊位)의 유(柔)〉는 상체(上體)의 중효(中爻) 육오(六五 : --)를 말하고, 〈존위(尊位)〉는 대성괘(大成卦)에서 오효(五爻)의 자리[位]가 제위(帝位) 즉 임금의[帝] 자리[位]임을 말한다. 대유괘(大有卦 : ䷍)의 육오(六五 : --)는 구이(九二 : ―)와 정응(正應)을 누려서 육오(六五 : --)의 자리가 음효(陰爻)의 자리가 아님에도 제위(帝位)를 누림을 〈유득존위(柔得尊位)〉라고 밝힌다.

大中(대중)

〈대득중위(大得中位)〉로 여기고 〈큼이[大] 가운데[中] 자리를[位] 취한다[得]〉라고 새겨볼 것이다. 〈대중(大中)의 대(大)〉는 대유괘(大有卦 : ䷍)의 하체(下體) 건(乾 : ☰)의 중효(中爻)인 구이(九二 : ⚊)를 말한다. 양기(陽氣)는 크다[大] 하고 음기(陰氣)는 작다[小] 한다. 대유괘(大有卦 : ䷍)의 구이(九二 : ⚊)를 〈대(大)〉라 한다. 〈대중(大中)의 중(中)〉은 〈득중위(得中位)〉의 줄임이다. 구이(九二 : ⚊)가 중위(中位)를 얻음을 밝힘이 여기 〈대중(大中)의 중(中)〉이다.

上下應之(상하응지)

〈상하(上下)의 상(上)〉은 대유괘(大有卦 : ䷍)의 상체(上體) 이(離 : ☲)의 중효(中爻)인 육오(六五 : ⚋)를 밝히고, 〈상하(上下)의 하(下)〉는 대유괘(大有卦 : ䷍)의 하체(下體) 건(乾 : ☰)의 중효(中爻)인 구이(九二 : ⚊)를 밝힌다. 이(離 : ☲)는 음(陰 : ⚋)이고 건(乾 : ☰)은 양(陽 : ⚊)인지라, 〈상하응지(上下應之)〉는 〈음양응지(陰陽應之)〉로 여기고 헤아려도 된다. 〈상하응지(上下應之)의 지(之)〉는 육오(六五 : ⚋)와 구이(九二 : ⚊)가 함께 누리는 중위(中位)를 밝힌다. 음효(陰爻)와 양효(陽爻)가 중위(中位)를 함께 누림을 중정(中正)이라 하고 길(吉)하니, 〈상하응지(上下應之)〉는 대유괘(大有卦 : ䷍)의 괘상(卦象)이 크게 길(吉)함을 암시한다.

曰大有(왈대유)

〈유득존위(柔得尊位) 대중(大中) 상하응지(上下應之)〉가 대유괘(大有卦 : ䷍)의 괘상(卦象)임을 밝힌다. 여기 〈대유(大有)〉는 추수(秋收) 즉 가을걷이를 하게 됨을 뜻해 풍년(豊年)을 암시하기도 한다.

其德(기덕)

〈기덕(其德)〉은 〈대유괘지덕(大有卦之德)〉으로 여기고 〈대유괘의[大有卦之] 덕(德)〉이라고 새겨볼 것이다.

剛健而文明(강건이문명)

〈강건(剛健)〉은 대유괘(大有卦 : ䷍)의 덕(德)을 하체(下體) 건(乾 : ☰)의 중효

(中爻)인 구이(九二 : ⚊)로써 밝힌다. 〈문명(文明)〉은 천덕(天德)인 〈시생만물(始生萬物)〉을 밝힌다. 시생만물(始生萬物)의 천덕(天德)을 풀이하여 〈문명(文明)〉이라 한다. 만물을[萬物] 낳기[生] 시작해[始] 온 세상에[天下] 문장(文章) 즉 찬란한 모습[文章]과 광명(光明) 즉 안팎으로 밝음[光明]이 있음이 곧 천덕(天德)이요, 동시에 대유괘(大有卦 : ䷍) 구이(九二 : ⚊)가 누리는 중정(中正)의 덕(德)을 풀이하여 〈문명(文明)〉이라 한다.

應乎天而時行(응호천이시행)

〈응호천(應乎天)〉은 대유괘(大有卦 : ䷍)의 덕(德)을 상체(上體) 이(離 : ☲)의 중효(中爻)인 육오(六五 : ⚋)로써 밝힌다. 〈시행(時行)〉은 지덕(地德)인 〈시생만물(始生萬物)〉을 밝힌다. 시생만물(始生萬物)의 지덕(地德)을 풀이하여 〈시행(時行)〉이라 한다. 만물을[萬物] 낳기[生] 시작해[始] 〈시행(時行)〉 즉 때맞춰[時] 행함[行]이 지덕(地德)이요, 동시에 대유괘(大有卦 : ䷍)의 육오(六五 : ⚋)가 누리는 중정(中正)의 덕(德)이고, 그 덕(德)을 풀이하여 〈시행(時行)〉이라 한다. 여기 〈시행(時行)〉이란 〈춘작하장(春作夏長) 추렴동장(秋斂冬藏)〉 즉 〈봄에[春] 싹트고[作] 여름에[夏] 자라며[長] 가을에[秋] 거두어들이고[斂] 겨울에[冬] 저장함[藏]〉이 곧 지덕(地德)의 〈시행(時行)〉이고 동시에 〈응호천(應乎天)〉이다. 〈시행(時行)〉은 적시지행(適時之行) 즉 때를[時] 맞춰[適之] 행함[行]을 뜻한다.

是以元亨(시이원형)

대유괘(大有卦 : ䷍)의 괘상(卦象)을 정리하여 〈원형(元亨)〉이라고 풀이한다. 여기 〈원(元)-형(亨)〉은 천덕(天德)과 지덕(地德)을 함께 밝힌다. 천덕(天德)도 원-형(元-亨) 즉 으뜸의[元] 덕(德)이고 통하는[亨] 덕(德)이며, 지덕(地德)도 원-형(元-亨) 즉 으뜸의[元] 덕(德)이고 통하는[亨] 덕(德)이다. 대유괘(大有卦 : ䷍)의 괘상(卦象)은 〈대유(大有)〉 즉 대덕을[大] 갖춘[有] 모습[象]임을 결론적으로 밝힌다.

15 겸괘(謙卦 : ䷎) 단사(彖辭)

간하곤상(艮下坤上) : 아래는[下] 간(艮 : ☶), 위는[上] 곤(坤 : ☷).

지산겸(地山謙) : 땅과[地] 산은[山] 겸이다[謙].

謙亨이다 天道下濟而光明하고 地道卑而上行한다 天道虧盈而益謙하고 地道變盈而流謙하며 鬼神害盈而福謙하고 人道惡盈而好謙한다 謙尊而光하고 卑而不可踰하니 君子之終也라
(겸형 천도하제이광명 지도비이상행 천도휴영이익겸 지도변영이류겸 귀신해영이복겸 인도오영이호겸 겸존이광 비이불가유 군자지종야)

겸괘는[謙] 형통한다[亨]. 천도는[天道] 아래로[下] 사귀어서[濟而] 안팎으로 밝고[光明] 지도는[地道] 낮아서[卑而] 위로[上] 올라간다[行]. 천도는[天道] 가득함을[盈] 덜어서[虧而] 겸손함에[謙] 보태주고[益], 지도는[地道] 가득함을[盈] 바꾸어서[變而] 겸손함에게로[謙] 흐르게 하며[流], 귀신은[鬼神] 가득함을[盈] 방해해서[害而] 겸손함을[謙] 복되게 하고[福], 인도는[人道] 가득함을[盈] 싫어해서[惡而] 겸손을[謙] 좋아한다[好]. 겸손은[謙] 높여서[尊而] 빛나고[光] 낮추되[卑而] 넘을[踰] 수 없으니[不可] 군자의[君子之] 끝맺음[終]이다[也].

【지남(指南)】

謙亨(겸형)

〈겸(謙)〉은 겸괘(謙卦 : ䷎)를 말하고, 〈형(亨)〉은 겸괘(謙卦 : ䷎)의 괘상(卦象)을 풀이한다. 〈겸(謙)〉은 〈낮출 비(卑)〉와 같고, 자겸(自謙)-자비(自卑) 등은 같은 말이다. 〈자기를[自] 낮춤[卑]〉이 바로 〈겸(謙)〉이다. 〈겸(謙)〉을 떠난 예(禮)란 위

선이다. 왜냐하면 〈자비존인(自卑尊人)〉 즉 〈자기를[己] 낮추고[卑] 남을[人] 높임[尊]〉이 예(禮)이기 때문이다.

天道下濟而光明(천도하제이광명)

겸괘(謙卦 : ䷎)의 하체(下體) 간(艮 : ☶)의 상효(上爻)인 양효(陽爻 : ⚊)로써 천도(天道)의 〈겸(謙)〉을 풀이한다. 〈천도(天道)〉는 간(艮 : ☶)의 삼효(三爻)인 양효(陽爻 : ⚊)를 말한다. 따라서 여기 〈천도(天道)〉는 삼재(三才)로서 〈천도(天道)-인도(人道)-지도(地道)의 천도(天道)〉가 아니라, 양(陽 : ⚊)의 이치를 밝히는 천도(天道)로서 겸괘(謙卦 : ䷎)의 구삼(九三 : ⚊)을 가리킨다. 이에 따라서 〈천도하제(天道下濟)의 하(下)〉는 양기(陽氣)가 위에서[上] 아래로[下] 내려옴이 양기(陽氣)의 이치[道]임을 밝힌다. 〈천도하제(天道下濟)의 제(濟)〉는 삼효(三爻)의 양효(陽爻 : ⚊)가 양기(陽氣)를 따라주는[順] 육이(六二 : ⚋)-육사(六四 : ⚋)와 비(比)로써 사귐을 말하고, 동시에 상륙(上六 : ⚋)과 정응(正應)으로써 사귐[濟]을 말한다. 음양(陰陽)이 사귀어야[濟] 시생만물(始生萬物) 즉 비로소[始] 만물을[萬物] 낳는[生] 천덕(天德)이 비롯하므로 〈광명(光明)〉이다. 밖으로 빛남이 광(光)이고 안으로 밝음이 명(明)인지라 〈광명(光明)〉은 진실로 빛나고 밝음이다. 〈천도하제(天道下濟)의 제(濟)〉는 양기(陽氣)가 음기(陰氣)와 사귐[濟]이 진실로[光明] 겸(謙)함을 밝힌다. 여기 〈제(濟)〉는 〈사귈 교(交)〉와 같고, 〈광명(光明)의 광(光)〉은 밖으로 빛남을 뜻하고, 〈광명(光明)의 명(明)〉은 안으로 밝음을 뜻한다.

地道卑而上行(지도비이상행)

겸괘(謙卦 : ䷎)의 상체(上體) 곤(坤 : ☷)의 음효(陰爻 : ⚋)들로써 지도(地道)의 〈겸(謙)〉을 풀이한다. 〈지도(地道)〉는 곤(坤 : ☷)의 음효(陰爻 : ⚋)들을 말한다. 따라서 여기 〈지도(地道)〉 역시 삼재(三才)로서 〈천도(天道)-인도(人道)-지도(地道)의 지도(地道)〉가 아니라, 음(陰 : ⚋)의 이치를 밝히는 지도(地道)로서 겸괘(謙卦 : ䷎)의 상괘(上卦 : ☷)를 가리킨다. 이에 따라서 〈지도비(地道卑)의 비(卑)〉는 음기(陰氣)의 이치인 유약(柔弱)을 나타냄이지, 비굴(卑屈)의 비(卑)가 아님은 뒤이어 나오는 〈상행(上行)〉이 밝혀준다. 〈지도비이상행(地道卑而上行)의 상행(上行)〉은 밑에서[卑] 위로 올라감이 음기(陰氣)의 이치[道]임을 밝히고, 동시에 겸괘(謙卦 : ䷎) 에서 하체(下體)로서 양괘(陽卦)인 간(艮 : ☶)은 크고[大] 상체(上體)로서 음괘(陰卦)인 곤(坤 : ☷)은 작음[小]을 나타내, 간(艮 : ☶) 위에 곤(坤 : ☷)이 자리함을 밝혀 겸괘(謙卦 : ䷎)의 괘상(卦象)을 밝힌다. 〈지도비(地道卑)의 비(卑)〉는 존비(尊卑)의 비(卑)로서 〈아래 하(下)〉와 같다. 겸괘(謙卦 : ䷎)의 겸(謙)이란 존비(尊卑)의 겸(謙)을 말한다. 자비존인(自卑尊人) 즉 자기를[自] 낮추고[卑] 남을[人] 높여주면[尊] 곧장 그 남도[人] 자기를[自] 낮추고[卑] 나를 높여주는[尊] 상비상존(相卑相尊) 즉 서로[相] 낮추고[卑] 서로[相] 높임[尊]이 겸(謙)이다. 그러므로 〈지도비(地道卑)〉는 〈지도겸(地道謙)〉과 같다. 소성괘(小成卦)에서 양효(陽爻)가 홀수이면 그 소성괘를 양괘(陽卦)라 하고, 음효(陰爻)가 홀수이면 음괘(陰卦)라 한다.

天道虧盈而益謙(천도휴영이익겸)

천도(天道)의 〈제(濟)와 광명(光明)〉을 풀이한다. 천도(天道)가 지도(地道)와 사귐[濟]을 〈휴영(虧盈)〉으로써 밝히고, 천도(天道)가 지도(地道)에 〈익겸(益謙)〉 즉 겸허함을[謙] 더해줌[益]으로써 천도(天道)가 진실로 빛나고[光] 밝아짐[明]을 밝힌다. 〈휴영(虧盈)의 휴(虧)〉는 〈덜어낼(줄일) 손(損)-감(減)〉과 같고, 〈휴영(虧盈)의 영(盈)〉은 〈채울 만(滿)〉과 같아, 〈휴영(虧盈)〉은 사욕(私慾)을 줄임을 뜻한다. 〈익겸(益謙)〉은 〈휴영(虧盈)〉을 풀이하여 밝힌다. 휴영(虧盈)이란 곧 자겸(自謙)으로 이어지고, 진실로 자겸(自謙)하면 절로 〈익겸(益謙)〉 즉 겸허(謙虛)가 불어난다[益]. 따라서 〈휴영이익겸(虧盈而益謙)〉은 『노자(老子)』에 나오는 〈삼보(三寶)〉를 상기시킨다.

註 아유삼보(我有三寶) 지이보지(持而保之) 일왈자(一曰慈) 이왈검(二曰儉) 삼왈불감위천하선(三曰不敢爲天下先) 부자고(夫慈故) 능용(能勇) 검고(儉故) 능광(能廣) 불감위천하선고(不敢爲天下先故) 능성기장(能成器長) : 나에게[我] 세 가지[三] 보배가[寶] 있어[有], 그것을[之] 간직하고서[持而] 지킨다[保]. 첫째를[一] 자애라[慈] 하고[曰], 둘째를[二] 검소라[儉] 하며[曰], 셋째를[三] 감히[敢] 세상에서[天下] 나서지 않음이라[不爲先] 한다[曰]. 무릇[夫] {성인(聖人)은} 자애롭다[慈]. 그러므로[故] 능히[能] 용감하고[勇] 검박하다[儉]. 그러므로[故] 능히[能] 넉넉하다[廣]. {무릇 성인(聖人)은} 감히[敢] 세상 사람들의[天下] 앞에[先] 나서지 않는다[不爲]. 그러므로[故] 능히[能] 온갖 것의[器] 어른이[長] 된다[成]. 『노자(老子)』 67장(章)

地道變盈而流謙(지도변영이류겸)

지도(地道)의 〈비(卑)와 상행(上行)〉을 풀이한다. 지도(地道)가 천도(天道)에 낮춤[卑]을 〈변영(變盈)〉으로써 밝히고, 지도(地道)가 천도(天道)에게로 〈유겸(流謙)〉 즉 겸허함을[謙] 흘러가게 함[流]으로써 지도(地道)가 상행(上行) 즉 진실로 위로[上] 행해서[行] 높임[尊]을 밝힌다. 〈유겸(流謙)〉은 〈상행(上行)〉을 풀이하여 밝힌다. 변영(變盈)이란 개영(改盈) 즉 채움을[盈] 고침[改]이니 이 역시 곧 자겸(自謙)으로 이어지고, 진실로 자겸(自謙)하면 절로 〈유겸(流謙)〉 즉 상대편으로 겸허(謙虛)가 옮겨간다[流]. 따라서 〈변영이류겸(變盈而流謙)〉 역시 『노자(老子)』에 나오는 〈삼보(三寶)〉를 상기시킨다.

鬼神害盈而福謙(귀신해영이복겸)

천도(天道)와 지도(地道)의 자겸(自謙)을 묶어서 밝힌다. 여기 〈귀신(鬼神)〉은 지도여천도(地道與天道) 즉 천도와[與天道] 지도(地道)를 말하고, 〈해영(害盈)〉은 앞서 나온 〈휴영(虧盈)과 변영(變盈)〉을 묶어서 밝히며, 〈복겸(福謙)〉 역시 앞서 나온 〈익겸(益謙)과 유겸(流謙)〉을 묶어서 밝힌다. 따라서 천도(天道)와 지도(地道)가 상비상존(相卑相尊)의 겸(謙)으로써 천덕(天德)-지덕(地德)이 베풀어짐을 살펴 헤아리게 한다.

人道惡盈而好謙(인도오영이호겸)

인도(人道)는 천도(天道)-지도(地道)를 본받아야 함을 밝힌다. 〈인도오영(人道惡盈)의 오영(惡盈)〉은 천도(天道)의 휴영(虧盈)과 지도(地道)의 변영(變盈)을 좋아함[好]을 밝힌다. 천지지상겸(天地之相謙)을 인간이 본받기 위함이 곧 여기 〈오영(惡盈)〉이다. 그리고 〈호겸(好謙)〉은 〈오영(惡盈)〉의 까닭을 밝힌다. 여기 인도(人道)를 노자(老子)로써 풀이하면 〈삼보(三寶)〉를 실행함이고, 공자(孔子)로써 풀이하면 〈인의(仁義)〉일 터이다. 물론 대성괘(大成卦)의 육효(六爻) 역시 천인지지도(天人地之道)를 밝히기도 한다. 대성괘(大成卦)의 초효(初爻)-이효(二爻)의 자리[位]는 지위(地位)이고 지도(地道)이며, 삼효(三爻)-사효(四爻)의 자리[位]는 인위(人位)이고 인도(人道)이며, 오효(五爻)-상효(上爻)의 자리[位]는 천위(天位)이고 천도(天道)이다. 그러나 여기 인도(人道)는 겸괘(謙卦 : ䷎)의 삼효(三爻 : ⚊)-사효(四爻 : ⚋)를 말하는 것이 아니고, 앞서 밝힌 천도(天道)의 익겸(益謙)과 지도(地道)의 유겸(流謙)을 본받아 호겸(好謙) 즉 겸(謙)을 좋아함[好]을 암시한다.

謙尊而光(겸존이광)

〈겸괘지겸시천지지상존(謙卦之謙是天地之相尊) 이겸괘지겸시천지지상광(而謙卦之謙是天地之相光)〉으로 여기고 〈겸괘의[謙卦之] 겸은[謙] 천지가[天地之] 서로[相] 높임[尊]이다[是] 그리고[而] 겸괘의[謙卦之] 겸은[謙] 천지가[天地之] 서로[相] 빛남[光]이다[是]〉라고 새겨볼 것이다. 〈겸존(謙尊)의 겸(謙)〉은 겸괘(謙卦 : ䷎)가 밝히는 겸양(謙讓)을 뜻한다. 천도(天道)는 지도(地道)에 겸양(謙讓)함이 〈휴영(虧盈)〉이고, 지도(地道)는 천도(天道)에 겸양(謙讓)함이 〈변영(變盈)〉이며, 이러한 휴영(虧盈)과 변영(變盈)을 아울러 본받아 겸양(謙讓)함이 〈오영(惡盈)〉임을 〈겸존(謙尊)의 겸(謙)〉이 밝힌다. 그러므로 〈겸존(謙尊)의 존(尊)〉은 천지가[天地之] 서로[相] 높임[尊]이고, 〈광(光)〉 역시 천지가[天地之] 서로[相] 빛남[光]이다. 이러한 천지(天地)의 상존(相尊)과 상광(相光)을 본받아 인간도 상존하고 상광함이 인도(人道)의 〈복겸(福謙)〉이다.

卑而不可踰(비이불가유)

〈겸괘지겸시천지지상비(謙卦之謙是天地之相卑) 이겸괘지겸시천지지불가상유(而謙卦之謙是天地之不可相踰)〉로 여기고 〈겸괘의[謙卦之] 겸은[謙] 천지가[天地之] 서로[相] 낮춤[卑]이다[是] 그리고[而] 겸괘의[謙卦之] 겸은[謙] 천지가[天地之] 서로[相] {상비(相卑)를} 넘을[踰] 수 없음[不可]이다[是]〉라고 새겨볼 것이다. 여기 〈비(卑)〉는 〈겸비(謙卑)〉의 줄임이다. 따라서 〈비(卑)〉 역시 〈천지지상비(天地之相卑)〉를 밝힌다. 천도(天道)는 지도(地道)에 겸양(謙讓)하는 〈휴영(虧盈)〉이 〈비(卑)〉이고, 지도(地道)는 천도(天道)에 겸양(謙讓)하는 〈변영(變盈)〉이 〈비(卑)〉이다. 이러한 〈상비(相卑)〉 즉 서로[相] 낮춤[卑]은 〈불가유(不可踰)〉 즉 상비(相卑)를 어길[踰] 수 없음[不可]을 여기 〈비(卑)〉가 밝힌다. 그러므로 〈비(卑)〉는 천지가[天地之] 서로[相] 낮춤[卑]이고, 그리하여 천지(天地)가 서로 낮춤을 어길 수 없음이 천도

(天道)의 〈익겸(益謙)〉이고 지도(地道)의 〈유겸(流謙)〉임을 헤아려 깨우치게 한다. 이러한 천지(天地)의 상비(相卑)를 본받아 인간도 상비함이 인도(人道)의 〈복겸(福謙)〉이다. 여기서 〈유(踰)〉는 〈넘어갈 월(越), 이겨낼 승(勝)〉 등과 같다.

君子之終(군자지종)

인도(人道)가 완성됨을 밝힌다. 군자도(君子道)는 천지지도(天地之道)를 그냥 그대로 본받는 도(道)이니, 인도(人道)는 곧 군자도(君子道)로써 완성되고, 그 완성은 천지지상존(天地之相尊)과 천지지상비(天地之相卑)를 그냥 그대로 본받음임을 밝힌다.

16 예괘(豫卦 : ☳☷) 단사(彖辭)

곤하진상(坤下震上) : 아래는[下] 곤(坤 : ☷), 위는[上] 진(震 : ☳).

뇌지예(雷地豫) : 우레와[雷] 땅은[地] 예이다[豫].

豫剛應而志行한다 順以動豫라 豫順以動故로 天地如之인데 而況建侯行師乎라 天地以順動故로 日月不過하고 而四時不忒하다 聖人以順動이면 則刑罰淸而民服한다 豫之時義大矣哉이다

(예강응이지행 순이동예 예순이동고 천지여지 이황건후행사호 천지이순동고 일월불과 이사시불특 성인이순동 즉형벌청이민복 예지시의대의재)

예괘는[豫] 강하게[剛] 응하면서[應而] 뜻이[志] 행한다[行]. 순응[順]으로써[以] 움직임이[動] 예괘이다[豫]. 예괘는[豫] 순응[順]으로써[以] 움직임이므로[動故] 하늘땅도[天地] 이와[之] 같은데[如] 하물며[而況] 제후를[侯] 세우면서[建] 군사를[師] 움직임[行]이야[乎]! 하늘땅도[天地] 순응[順]으로써[以] 움직이므로[動故] 해달도[日月] 어긋나지 않고[不過而] 사철도[四時] 어긋나지 않는다[不忒]. 성인도[聖人] 순응[順]으로써[以] 움직이면[動] 곧[則] 형벌도[刑罰] 투명하여서[淸而] 백성도[民] 순복한다[服]. 예괘의[豫之] 때와[時] 뜻은[義] 크도다[大矣哉].

【지남(指南)】

豫剛應而志行(예강응이지행)

〈예(豫)〉는 예괘(豫卦 : ☳☷)를 말하고, 〈강응이지행(剛應而志行)〉은 예괘(豫卦 : ☳☷)의 괘상(卦象)을 풀이한다. 〈강응(剛應)의 강(剛)〉은 예괘(豫卦 : ☳☷)의 구사(九四 : ⚊)를 칭하기도 하고, 동시에 예괘(豫卦 : ☳☷)의 상체(上體)인 진(震 : ☳)

을 칭한다고 여겨도 된다. 진(震 : ☳)은 양괘(陽卦)로서 강건[剛]하기 때문이다.

〈강응(剛應)의 응(應)〉은 예괘(豫卦 : ䷏) 상체(上體)의 초효(初爻)인 구사(九四 : ━)와 예괘(豫卦 : ䷏) 하체(下體)의 초효(初爻)인 초륙(初六 : --)이 정응(正應)을 누림을 밝히면서, 동시에 다른 군음(群陰)들과도 상응(相應)함을 밝힌다. 또한 예괘(豫卦 : ䷏)에서 상체(上體)는 양괘(陽卦)로서 하체(下體)는 음괘(陰卦)로서 상하괘(上下卦)가 상응(相應)함을 밝힌다. 정응(正應)은 음양(陰陽)의 지순(至順)함이다. 따라서 예괘(豫卦 : ䷏)에서 상체(上體)는 하체(下體)를 지극하게[至] 따르고[順], 하체(下體)는 상체(上體)를 지순(至順)함을 밝힘이 여기 〈강응(剛應)의 응(應)〉이다.

〈지행(志行)〉은 〈강행응지지(剛行應之志)〉로 여기고 새김이 마땅하다. 응하는[應之] 뜻[志]을 상체(上體)가 기꺼이 행(行)함이지 하체(下體)가 응(應)하기를 강요하지 않음을 암시한다. 일양(一陽)이 군음(群陰)을 따르고[順] 군음(群陰)은 일양(一陽)을 따르니[順], 화락(和樂) 즉 어울려[和] 즐거움[樂]이 〈예괘(豫卦 : ䷏)의 예(豫)〉이다. 상겸(相謙) 즉 서로[相] 겸손하면[謙] 서로 화락(和樂)을 누리니 예괘(豫卦 : ䷏)가 겸괘(謙卦 : ䷎)를 뒤따른다. 예괘(豫卦 : ䷏)는 겸괘(謙卦 : ䷎)를 도치(倒置)한 괘(卦)이다.

順以動豫(순이동예)

〈순군음이강지동시예괘(順群陰以剛之動是豫卦)〉의 줄임으로 여기고 〈다섯 음효들을[群陰] 따름[順]으로써[以] 양기의[剛之] 움직임이[動] 예괘(豫卦)이다[是]〉라고 새겨볼 것이다. 예괘(豫卦 : ䷏)에서 하나의 양효(陽爻 : ━)가 군음(群陰)을 따름[順]으로써[以] 움직이는[動] 짓[象]이 예괘(豫卦 : ䷏)의 괘상(卦象)임을 밝힌다. 〈순이동(順以動)의 동(動)〉은 앞서 밝힌 〈지행(志行)〉을 말한다. 군음(群陰)을 따라야[順] 강(剛) 즉 양기(陽氣)도 뜻하는 바를 행할 수 있음이 예괘(豫卦 : ䷏)의 상(象)이다. 굳센[剛] 양(陽 : ━)이 유순한[柔] 군음(群陰)을 따라[順] 움직이고[動], 군음(群陰)도 일양(一陽)을 따라[順] 움직여[動] 음양(陰陽)이 삼가 화락(和樂)함이, 여기 〈순이동(順以動)〉 바로 예괘(豫卦 : ䷏)의 상(象)이다. 이 〈순이동(順以動)〉은 시생(始生)을 뜻한다. 시생(始生) 즉 태어나는[始] 삶[生]보다 더한 화락(和樂)

은 없다. 〈순이동예(順以動豫)의 예(豫)〉가 낙(樂) 즉 즐거움을 뜻하지만, 예괘(豫卦 : ䷏)의 괘효사(卦爻辭)에는 즐겁다는 말은 없다. 예괘(豫卦 : ䷏)의 목적은 낙여화(樂與和) 즉 어울림과[與和] 즐거움[樂]의 원칙을 밝히고자 하기 때문이다. 낙여화(樂與和)의 원칙이 바로 여기 〈순이동(順以動)〉이다. 따름[順]으로써[以] 움직여야[動] 비로소 즐거움[樂]이 어울림[和]으로 이어짐을 일깨워 깨우치게 하는 것이 〈순이동예(順以動豫)〉이다. 예괘(豫卦 : ䷏)의 괘상(卦象)을 풀이한 〈순이동(順以動)의 순(順)〉은 예괘(豫卦 : ䷏)의 하체(下體)인 곤(坤 : ☷)을 말하고, 〈순이동(順以動)의 동(動)〉은 상체(上體)인 진(震 : ☳)을 말한다. 곤(坤)은 순(順) 즉 유순하고, 진(震)은 동(動) 즉 움직인다.

豫順以動故(예순이동고) 天地如之(천지여지)

천지(天地)도 〈순이동(順以動)〉 즉 따름[順]으로써[以] 움직여[動] 화락(和樂)한다. 하늘[天] 즉 양(陽 : ⚊)은 땅[地] 즉 음(陰 : ⚋)을 따라[順] 운행하고[動], 땅도 하늘을 따라[順] 운행하여[動] 천지(天地)가 화락(和樂)한다. 〈순이동(順以動)〉을 떠나서는 하늘과 땅도 화락(和樂)할 수 없다. 따라서 여기 〈천지여지(天地如之)〉를 〈천지지동이순여예지동이순(天地之動以順如豫之動以順)〉으로 여기고 〈천지가[天地之] 따름[順]으로써[以] 움직임은[動] 예괘가[豫之] 따름[順]으로써[以] 움직임과[動] 같다[如]〉라고 새겨볼 것이다.

而況建侯行師乎(이황건후행사호)

〈이황불순이건후호(而況不順以建侯乎) 이황불순이행사호(而況不順以行師乎)〉로 여기고 〈하물며[而況] {천자(天子)와 제후(諸侯)가} 서로 따르지 않음[不順]으로써[以] 제후를[侯] 세울 것[建]인가[乎]? 하물며[而況] {천자(天子)와 제후(諸侯)가} 서로 따르지 않음[不順]으로써[以] 군사를[師] 움직일 것[行]인가[乎]?〉라고 새겨볼 것이다. 천자(天子)가 제후(諸侯)를 세움[建]도 예괘(豫卦 : ䷏)의 〈순이동(順以動)〉을 본받아야 하고, 천자(天子)나 제후(諸侯)가 행사(行師) 즉 군사를[師] 행사함[行]도 예괘(豫卦 : ䷏)의 〈순이동(順以動)〉을 본받아야, 천자(天子)와 제후(諸侯)가 화락(和樂)한다는 것이다. 〈이황(而況)〉은 〈하물며 황차(況且)〉와 같고, 〈건(建)〉은

〈세울 입(立)〉과 같으며, 〈후(侯)〉는 〈임금 군(君)〉과 같아 군후(君侯)의 준말과 같다. 〈행사(行師)〉는 출행군사(出行軍師)의 줄임으로 〈군사를[軍師] 움직임[出行]〉을 뜻한다.

天地以順動故(천지이순동고) 日月不過(일월불과)

하늘땅[天地]은 음양(陰陽)의 〈순이동(順以動)〉을 본받고, 일월(日月)은 천지(天地)의 〈순이동(順以動)〉을 본받아 일월(日月)이 잘못되지 않음[不過]을 밝힌다. 일(日)은 월(月)을 따르고[順], 월(月)은 일(日)을 순(順)하여 움직이므로[動] 일월(日月)이 어울림[和]을 누린다. 상화(相和) 즉 서로[相] 어울림[和]을 누림이 곧 즐거움[樂]이다. 화락(和樂) 즉 어울림의[和] 즐거움[樂]이 〈예(豫)〉이다. 서로서로 따라야[順] 서로 〈예(豫)〉를 누리지, 어느 쪽에서든 따름[順]을 요구해서는 〈예(豫)〉를 누릴 수 없음을 천지(天地)-일월(日月)의 〈순이동(順以動)〉을 들어서 밝힌다.

四時不忒(사시불특)

〈일월순이동고(日月順以動故) 사시불특(四時不忒)〉으로 여기고 〈일월이[日月] 따름[順]으로써[以] 움직이기[動] 때문에[故] 사철이[四時] 어긋나지 않는다[不忒]〉라고 새겨볼 것이다. 일월(日月)은 하늘땅[天地]의 〈순이동(順以動)〉을 본받고, 사시(四時)는 일월(日月)의 〈순이동(順以動)〉을 본받아, 사시(四時)가 어긋나지 않음[不忒]을 밝힌다. 사시(四時) 즉 춘하추동(春夏秋冬)이 어긋나지 않아[不忒] 온갖 목숨이 한해살이를 누린다. 사철이 서로 순(順)하여 움직이므로[動] 사시(四時)도 어울림[和]을 누림 또한 사시(四時)의 〈예(豫)〉이다. 서로서로 따라야[順] 서로 〈예(豫)〉 즉 화락(和樂)을 누리지, 어느 쪽에서든 따름[順]을 요구해서는 〈예(豫)〉를 누릴 수 없음을 일월(日月)-사시(四時)의 〈순이동(順以動)〉을 들어서 밝힌다. 〈특(忒)〉은 〈어긋날 과(過)〉와 같다.

聖人以順動(성인이순동) 則刑罰淸而民服(즉형벌청이민복)

〈성인이순동(聖人以順動)〉은 〈성인동이순민(聖人動以順民)〉으로 여기고 〈성인은[聖人] 백성을[民] 따름[順]으로써[以] 움직인다[動]〉라고 새겨볼 것이다. 성인(聖人)은 천지음양(天地陰陽)의 〈순이동(順以動)〉을 본받아 움직임[動]을 밝힌다.

여기 〈동(動)〉은 〈지행(志行)〉이니, 성인(聖人)은 순민(順民) 즉 백성을[民] 따르는[順] 뜻[志]을 행할 뿐이지 자기의 뜻을 행하지 않음이 〈성인이순동(聖人以順動)의 이순동(以順動)〉이다. 따라서 성인(聖人)의 〈이순동(以順動)〉은 『노자(老子)』에 나오는 〈성인무상심(聖人無常心)〉을 상기시킨다. 성인(聖人)에게는 사심(私心)이 없기 때문에 순민(順民)한다. 순민(順民)하므로 성인(聖人)이 가하는 형벌은 〈청(淸)〉 즉 맑다[淸]. 여기 〈맑음[淸]〉이란 〈공평무사(公平無私)〉함이다. 치민(治民)이 공평무사하면 백성은 자신들에게 가해지는 형벌일지라도 성복(誠服) 즉 진심으로[誠] 복종한다[服]. 여기 〈민복(民服)의 복(服)〉은 굴복(屈服)이나 항복(降服)이 아니고 상순(相順) 즉 서로[相] 따름[順]을 밝힌다. 상순(相順)의 성복(誠服)이야말로 〈예(豫)〉 즉 화락(和樂)이다.

註 성인무상심(聖人無常心) 이백성지심위심(以百姓之心爲心) : 성인에게는[聖人] 고집하는 마음이[常心] 없고[無], {성인(聖人)은} 백성의[百姓之] 마음[心]으로써[以] (당신의) 마음을[心] 삼는다[爲].
『노자(老子)』 49장(章)

豫之時義大矣哉(예지시의대의재)

〈예괘지시대의재(豫卦之時大矣哉) 이예괘지의대의재(而豫卦之義大矣哉)〉로 여기고 새김이 마땅하다. 예괘(豫卦 : ䷏)의 때[時]가 음력으로 3~4월임을 떠올리면 〈예지시(豫之時)의 시(時)〉는 춘작(春作)의 때[時]임을 알 수 있다. 온갖 초목(草木)이 싹트는 때가 곧 예괘(豫卦 : ䷏)의 시(時)이니 시생(始生)의 때이다. 시생(始生)보다 더한 화락(和樂)은 없다. 삶을[生] 시작함[始]이 곧 천덕(天德)이고, 이 춘작(春作)의 천덕(天德)을 따름이 〈인(仁)〉이다. 천덕(天德)은 크고 따라서 〈인(仁)〉도 크다[大]. 그러므로 예지시(豫之時) 즉 예괘의[豫之] 때[時]는 크다[大]. 천덕(天德)이 지덕(地德)을 따름인지라 춘작(春作)이 지덕(地德)을 따름이 〈의(義)〉이다. 예괘(豫卦 : ䷏)의 시절(時節)과 의의(意義)는 시생(始生)의 화락(和樂)이니 크나크도다[大矣哉].

17 수괘(隨卦 : ䷐) 단사(彖辭)

진하태상(震下兌上) : 아래는[下] 진(震 : ☳), 위는[上] 태(兌 : ☱).

택뢰수(澤雷隨) : 못과[澤] 우레는[雷] 수이다[隨].

隨剛來而下柔이다 動而說隨이다 大亨貞无咎하여 而天下隨時한다 隨時之義大矣哉이다
(수강래이하유 동이열수 대형정무구 이천하수시 수시지의대의재)

수괘는[隨] 굳셈이[剛] 와서[來而] 부드러움[柔] 아래에 있다[下]. 움직여서[動而] 기쁨이[說] 수괘이다[隨]. {수괘(隨卦)는} 크게[大] 통하고[亨] 곧고 바르며[貞] 허물이[咎] 없다[无]. 그래서[而] 온 세상이[天下] 시운을[時] 따른다[隨]. 시운을[時] 따르는[隨之] 뜻은[義] 크나큼[大]이로다[矣哉].

【지남(指南)】

隨剛來而下柔(수강래이하유)

〈수(隨)〉는 수괘(隨卦 : ䷐)를 말하고, 〈강래이하유(剛來而下柔)〉는 수괘(隨卦 : ䷐)의 괘상(卦象)을 밝힌다. 앞서 밝힌 예괘(豫卦 : ䷏)의 〈순이동(順以動)〉은 더 없는 화락(和樂)이고, 그 화락(和樂)은 반드시 따름으로[隨] 이어지니 수괘(隨卦 : ䷐)가 예괘(豫卦 : ䷏)를 뒤따름은 당연하다. 〈강래이하유(剛來而下柔)〉에서 〈강래(剛來)의 강(剛)〉은 수괘(隨卦 : ䷐)의 하체(下體)인 진(震 : ☳)의 초구(初九 : ⚊)를 말하고, 〈하유(下柔)의 유(柔)〉는 수괘(隨卦 : ䷐)의 육이(六二 : ⚋)를 말한다. 〈강래이하유(剛來而下柔)〉에서 〈강래(剛來)의 내(來)〉는 양(陽 : ⚊)이 들어와서 수괘(隨卦 : ䷐)의 초구(初九 : ⚊)가 되었음을 말하고, 〈하유(下柔)의 하(下)〉는 초구(初九 : ⚊)가 육이(六二 : ⚋)의 아래에 있게 됨을 말한다. 나아가 수괘(隨卦 : ䷐)에서 모든 양효(陽爻 : ⚊)가 음효(陰爻 : ⚋) 아래에 있음을 밝혀 수괘(隨卦

: ䷐)의 괘상(卦象)을 밝힌 것이 〈강래이하유(剛來而下柔)〉이다. 동시에 〈강래이하유(剛來而下柔)〉는 앞 예괘(豫卦 : ䷏)의 괘상(卦象)인 〈순이동(順以動)〉을 환기시킨다. 왜냐하면 강건(剛健)한 양(陽)이 유약(柔弱)한 음(陰)을 따름[隨]은 예괘(豫卦 : ䷏)의 예(豫) 즉 화락(和樂)과 통하기 때문이다.

動而說隨(동이열수)

앞서 밝힌 〈강래이하유(剛來而下柔)〉를 수괘(隨卦 : ䷐) 상하체(上下體)의 성질로써 풀이한 것이 〈동이열수(動而說隨)〉이다. 〈동이열(動而說)의 동(動)〉은 수괘(隨卦 : ䷐)의 하체(下體)인 진(震 : ☳)을 말하고, 〈동이열(動而說)의 열(說)〉은 수괘(隨卦 : ䷐)의 상체(上體)인 태(兌 : ☱)를 말한다. 수괘(隨卦 : ䷐)의 하체(下體)로서 진(震 : ☳)은 양괘(陽卦)이고 그 성질은 동(動)이고, 수괘(隨卦 : ䷐)의 상체(上體)로서 태(兌 : ☱)는 음괘(陰卦)이고 그 성질은 기쁨[說]이다. 수괘(隨卦 : ䷐)의 이러한 괘상(卦象)에서 초구(初九 : ━)가 육이(二六 : --)를 따름[隨] 역시 〈동이열(動而說)〉이다. 이 〈동이열(動而說)〉을 〈수(隨)〉 즉 따름[隨]이라고 밝힌다. 부드럽고 약한[柔弱] 음(陰 : --)이 굳세고 강한[剛强] 양(陽 : ━)을 따라감이 아니라, 강강(剛强)의 양(陽 : ━)이 유약(柔弱)의 음(陰 : --)을 따라감이 수괘(隨卦 : ䷐)의 따름[隨]이다. 수괘(隨卦 : ䷐)에서 구오(九五 : ━)의 강한 양(陽 : ━)이 육이(六二 : --)의 약한 음(陰 : --)을 따름[隨]이란 강강(剛强)함이 기꺼이 유약(柔弱)함을 따름이지[隨] 억지로 따름이 아님을 밝힘 또한 〈동이열(動而說)〉이다. 수괘(需卦 : ䷐)의 〈동이열(動而說)〉은 앞 예괘(豫卦 : ䷏)의 〈순이동(順以動)〉과 다를 것이 없다. 상화(相和) 즉 서로[相] 어울림[和]은 상수(相隨) 즉 서로[相] 따라감[隨]과 같다. 여기 〈열(說)〉은 〈기뻐할 열(悅)〉과 같다.

大亨貞无咎(대형정무구)

〈수괘지대형무구(隨卦之大亨无咎) 이수괘지정무구(而隨卦之貞无咎)〉로 여기고 〈수괘의[隨卦之] 대형에는[大亨] 허물이[咎] 없다[无] 그리고[而] 수괘의[隨卦之] 진실한 미더움에도[貞] 허물이[咎] 없다[无]〉라고 새겨볼 것이다. 수괘(隨卦 : ䷐)에서 양(陽 : ━)이 음(陰 : --)에게 와서[來] 아래에 머묾[下] 곧 양(陽 : ━)의 〈동이열(動而說)〉이란 양(陽 : ━)이 움직여서[動而] 음(陰 : --)과 즐거워함[說]이니 음양(陰陽)이 상화(相和)하여 상열(相說)함이다. 서로[相] 어울려[和] 서로[相] 즐거워함[說]이 여기 〈대형(大亨)〉이고 〈정(貞)〉이다. 크게[大] 통함과[亨] 진실로 미더움[貞]은 수괘(隨卦 : ䷐)의 〈동이열(動而說)〉을 풀이하여 밝힌다. 〈대형무구(大亨无咎)〉 즉 크게[大] 통함에도[亨] 허물이[咎] 없음[无]이고, 〈정무구(貞无咎)〉 즉 곧고 바름에도[貞] 허물이[咎] 없음[无]이 곧 수괘(隨卦)의 〈동이열(動而說)〉이라는 수시(隋時) 즉 시운(時運)을 따름[隨]이다.

天下隨時(천하수시)

〈천하지만물수수괘지시운(天下之萬物隨隨卦之時運)〉의 줄임으로 여기고 〈온 세상[天下之] 온갖 것들이[萬物] 수괘의[隨卦之] 시운을[時運] 따른다[隨]〉라고 새겨볼 것이다. 여기 〈수시(隋時)의 시(時)〉는 수괘지시(隨卦之時) 즉 수괘(隨卦 : ䷐)의 시운(時運)을 말한다. 수괘(隨卦 : ䷐)의 시운은 음력 2~3월로 양기(陽氣)가 천(天)에서 하강(下降)하여 지중(地中)의 음기(陰氣)와 함께하는 시운임을 상기한다면, 수괘(隨卦 : ䷐)에서 음양(陰陽)이 누리는 대형정(大亨貞)의 〈동이열(動而說)〉을 알아챌 수가 있다. 대형(大亨)하여 무구(无咎)하고 정(貞)한 시운을[時] 온 세상이[天下] 따름[隨]이란, 만물(萬物) 역시 수괘(隨卦 : ䷐)의 〈동이열(動而說)〉을 본받아 대형(大亨)하여 무구(无咎)하고 정(貞)함을 밝힌다.

隨時之義大(수시지의대)

〈수괘지시운지의대(隨卦之時運之義大)〉의 줄임으로 여기고 〈수괘의[隨卦之] 시운의[時運之] 뜻은[義] 크다[大]〉라고 새겨볼 것이다. 수괘(隨卦 : ䷐)의 시운(時運)은 〈강래이하유(剛來而下柔)〉로써 풀이된다. 그리고 그 시운의 뜻[義]은 〈동이열(動而說)〉로서 대형(大亨)하고 정(貞)하여 무구(无咎)하다고 풀이된다. 시운이 크게[大] 통하고[亨] 진실로 미더워[貞] 허물이[咎] 없음[无]은 천덕(天德)-지덕(地德)을 본받음과 같아 수괘[隨]의 시운을[時] 따름이[隨] 갖춘 의의는[義] 크다[大]. 수괘(隨卦 : ䷐)의 시운인 2~3월의 시운은 춘작(春作)의 시동(始動)인지라, 그 시운은 크게[大] 통하여[亨] 진실로 미더워[貞] 천덕(天德)이고 지덕(地德)으로서 크다[大]. 그러므로 〈수시지의대(隨時之義大)의 대(大)〉는 천덕(天德)의 양기(陽氣)-지덕(地德)의 음기(陰氣)를 따름이니 크다[大]고 한 것이다.

18 고괘(蠱卦 : ䷑) 단사(彖辭)

손하간상(巽下艮上) : 아래는[下] 손(巽 : ☴), 위는[上] 간(艮 : ☶).

산풍고(山風蠱) : 산과[山] 바람은[風] 고이다[蠱].

蠱剛上而柔下이다 巽而止蠱이다 蠱元亨而天下治也이다 利涉大川은 往有事也이다 先甲三日이고 後甲三日이라 終則有始니 天行也이다
고강상이유하 손이지고 고원형이천하치야 이섭대천 왕유사야 선갑삼일 후갑삼일 종즉유시 천행야

고괘는[蠱] 양기가[剛] 올라가고[上而] 음기가[柔] 내려옴이다[下]. 낮추어 따르면서[巽而] 머묾이[止] 고괘이다[蠱]. 고괘는[蠱] 으뜸이고[元] 통하여[亨而] 온 세상이[天下] 다스려짐[治]이다[也]. 큰[大] 냇물을[川] 건넘이[涉] 이로움은[利] 가서[往] 할 일이[事] 있음[有]이다[也]. 갑일에[甲] 앞선[先] 셋째[三] 날이고[日] 갑일[甲] 뒤로[後] 셋째[三] 날이라[日] (이는) 그치면[終] 곧[則] 시작이[始] 있음이니[有], (이는) 하늘의[天] 운행[行]이다[也].

【지남(指南)】

蠱剛上而柔下(고강상이유하)

〈고(蠱)〉는 고괘(蠱卦 : ䷑)를 말하고, 〈강상이유하(剛上而柔下)〉는 고괘(蠱卦 : ䷑)의 괘상(卦象)을 밝힌다. 〈강상이유하(剛上而柔下)의 강상(剛上)〉은 고괘(蠱卦 : ䷑)의 상구(上九 : ⚊)를 말하고, 〈강상이유하(剛上而柔下)의 유하(柔下)〉는 고괘(蠱卦 : ䷑)의 초륙(初六 : ⚋)을 말한다. 여기 〈강상(剛上)〉이란 건(乾 : ☰)의 초구(初九 : ⚊)가 곤(坤 : ☷)의 상륙(上六 : ⚋) 자리로 올라가[上] 간(艮 : ☶)이 되었음을 밝힌다. 여기 〈유하(柔下)〉란 곤(坤 : ☷)의 상륙(上六 : ⚋)이 건(乾 : ☰)의 초구(初九 : ⚊) 자리로 내려와[下] 손(巽 : ☴)이 되었음을 밝힌다. 간(艮 : ☶)

은 산(山)이고 손(巽 : ☴)은 바람[風]이니, 〈강상이유하(剛上而柔下)〉를 양(陽 : ⚊)의 산[艮 : ☶] 아래 음(陰 : ⚋)의 바람[巽 : ☴]이 분다고 풀어서 생각해도 된다. 〈고(蠱)〉는 〈병 질(疾), 헷갈릴 혹(惑), 해독 독(毒)〉 등의 뜻을 내는 자(字)이지만 여기선 〈썩어서 일어나는 변고(變故)〉 따위를 뜻한다.

註 건(乾 : ☰)에게로 곤(坤 : ☷)의 초륙(初六 : ⚋)이 오면[來] 건(乾 : ☰)의 상구(上九 : ⚊)는 가고[往] 건(乾 : ☰)은 손(巽 : ☴)으로 변(變)한다. 이 손(巽 : ☴)에게로 곤(坤 : ☷)의 초륙(初六 : ⚋)이 오면[來] 손(巽 : ☴)의 상구(上九 : ⚊)는 가고[往] 손(巽 : ☴)은 간(艮 : ☶)으로 변(變)한다. 오는[來] 자리는 초효(初爻)의 자리이고 가는[往] 자리는 상효(上爻)의 자리이다. 내자(來者) 즉 오는 것은 화(化)이고 가는 것은 변(變)이다. 헌것이[變] 물러가고[往] 새것이[化] 오는[來] 것을 일러 변화(變化)라 한다. 괘(卦)는 멈춘 모습이 아니라 쉼 없이 변화(變化)하는 모습이다. 음양(陰陽)의 짓을 변화(變化)라고 할 때, 팔괘(八卦)의 초효(初爻) 자리에 음(陰 : ⚋)이 와서 변화(變化)가 일기도 하고 양(陽 : ⚊)이 와서 변화(變化)가 일기도 한다. 이처럼 괘(卦)의 변화(變化)를 두고 〈변괘(變卦)〉 또는 〈지괘(之卦)〉라고 한다.

巽而止蠱(손이지고)

고괘(蠱卦 : ䷑)의 괘상(卦象)을 거듭해 밝힌다. 여기 〈손이지(巽而止)의 손(巽)〉은 고괘(蠱卦 : ䷑)의 하체(下體)인 손(巽 : ☴)을 밝히고, 〈손이지(巽而止)의 지(止)〉는 고괘(蠱卦 : ䷑)의 상체(上體)인 간(艮 : ☶)을 밝힌다. 손(巽 : ☴)의 형태는 바람[風]이고 성질은 순종(順從)이며, 간(艮 : ☶)의 형태는 산(山)이고 성질은 멈춤[止]이다. 그래서 고괘(蠱卦 : ䷑)의 모습을 성질로 풀이하여 순종하면서[巽而] 멈춤[止]이라고 말한다. 〈손(巽)〉은 〈따를 순(順), 엎드릴 복(伏), 삼갈 공(恭)〉 등과 같지만 여기 〈손(巽)〉은 〈비순(卑順)〉 즉 낮추어[卑] 따름[順]을 뜻한다.

蠱元亨而天下治(고원형이천하치)

강건(剛健)한 양(陽 : ⚊)은 존이재상자(尊而在上者) 즉 높아서[尊而] 위에[上] 있는[在] 것[者]인데, 고괘(蠱卦 : ䷑)에서 〈간(艮 : ☶)〉은 양괘(陽卦)로서 상체(上體)이니 바른 자리[正位]에 있다. 유약(柔弱)한 음(陰 : ⚋)은 비이재하자(卑而在下者) 즉 낮아서[卑而] 아래에[下] 있는[在] 것[者]인데, 고괘(蠱卦 : ䷑)에서 〈손(巽 : ☴)〉은 음괘(陰卦)로서 하체(下體)이니 바른 자리[正位]에 있다. 고괘(蠱卦 : ䷑)의 상하체(上下體)가 다 정위(正位)를 얻어 존비(尊卑)가 득정(得正) 즉 정도(正道)를 얻었으니[得], 고괘(蠱卦 : ䷑)는 〈원형(元亨)〉 즉 으뜸이고[元] 통하는[亨] 괘(卦)임을 밝힌 것이 〈고원형(蠱元亨)〉이다. 나아가 고괘(蠱卦 : ䷑)의 상하(上下)가 이처럼 순리(順理) 즉 정도의 이치를[理] 따름[順]이니, 이는 곧 치고(治蠱) 즉 변고를[蠱] 다스림[治]을 뜻한다. 따라서 고괘(蠱卦 : ䷑)를 본받으면 온 세상이[天下] 다스려진다[治]는 것이 〈천하치(天下治)〉이다.

利涉大川(이섭대천) 往有事(왕유사)

〈왕유사(往有事)〉는 〈섭대천(涉大川)〉의 까닭을 밝힌다. 가서[往] 할 일이[事] 있기[有] 때문에 큰물을[大川] 건너는[涉] 위험을 무릅써야 한다. 〈섭대천(涉大川)〉이란 위험을 무릅쓰고 행함이다. 위험을 무릅쓰고[涉大川] 가서[往] 행한 일[事]이 잘 다스려졌음을 〈이섭대천(利涉大川)의 이(利)〉가 암시한다. 그러므로 〈이섭대천(利涉大川) 왕유사(往有事)〉는 고괘(蠱卦 : ䷑)의 〈손이지(巽而止)〉가 밝히는 득정(得正)을 본받아 순리(順理)로써 처사(處事)하여 할 일이 이루어졌음을 밝힌다. 여기 〈섭(涉)〉은 〈건널 도(渡)〉와 같다.

先甲三日(선갑삼일) 後甲三日(후갑삼일) 終則有始(종즉유시)

〈선갑(先甲)의 갑(甲)〉은 십간(十干) 즉 천간(天干)으로써 날짜를 셈한다면 갑일(甲日)로서 일순(一旬)이 시작되는 첫째 날이다. 갑(甲)이란 천간(天干) 즉 십간(十干)의 시작인지라 〈선갑삼일(先甲三日)〉 즉 갑일[甲] 앞의[先] 셋째[三] 날[日]이란 곧 정일(丁日)을 뜻한다. 그러나 여기 〈선갑삼일(先甲三日) 후갑삼일(後甲三日)〉은 날짜 셈하기를 말함이 아니라, 모든 〈유사(有事)의 사(事)〉에는 시종(始終) 즉 처음[始]이 있고 끝[終]이 있음을 암시한다. 따라서 〈종즉유시(終則有始)〉라고 밝힌다. 〈선갑삼일(先甲三日)〉은 일의 시(始)를 암시하고, 〈후갑삼일(後甲三日)〉은 일의 종(終)을 암시한다. 여기 〈선갑삼일(先甲三日) 후갑삼일(後甲三日)〉은 매사에서 시종일관(始終一貫) 고괘(蠱卦 : ䷑)의 〈손이지(巽而止)〉가 밝히는 득정(得正)의 순리(順理)를 본받아 처사(處事) 즉 일을[事] 처리하면[處], 치고(治蠱) 즉 변고(變故)를

[蠱] 다스려[治] 〈이섭대천(利涉大川)의 원형(元亨)〉을 누릴 수 있음을 밝힌다.

註 천간(天干)이란 〈갑을병정무기경신임계(甲乙丙丁戊己庚辛壬癸)〉로써 날짜를 셈함을 〈순(旬)〉이라 한다. 그래서 한 달을 〈초순(初旬)-중순(中旬)-하순(下旬)〉이라 한다.

註 천간(天干)으로 날짜를 셈하는 것은 〈갑자(甲子)-을축(乙丑)-병인(丙寅)-정묘(丁卯)-무진(戊辰)-기사(己巳)-경오(庚午)-신미(辛未)-임신(壬申)-계유(癸酉)-갑술(甲戌)-을해(乙亥)-병자(丙子)-정축(丁丑)-무인(戊寅)-기묘(己卯) ……〉 등으로 끊어짐 없이 이어짐이 십간(十干)-십이지(十二支)로써 날짜를 셈하는 것이다.

天行(천행)

〈종즉유시시천행(終則有始是天行)〉으로 여기고 〈종즉유시가[終則有始] 천행(天行)이다[是]〉라고 새겨볼 것이다. 〈천행(天行)〉은 천지운행(天之運行) 즉 하늘의[天之] 운행(運行)은 종(終)과 시(始)가 둘로 나누어져 있음이 아니라 하나로 이어져 있다. 그래서 〈시졸약환(始卒若環)〉이라 한다. 처음[始]-끝이[卒] 원둘레와[環] 같다[若] 함은 시졸(始卒) 즉 선후(先後)를 둘로 나눌 수 없음을 말한다. 〈천행(天行)〉이란 참으로 시종(始終)이 약환(若環) 즉 원둘레[環] 같아[若] 앞뒤를 나누어 생각하지 말라 한다. 시(始)가 있으면 반드시 종(終)이 따르고 끝[終]이 있으면 반드시 시작[始]이 있음이 곧 〈천행(天行)〉임을 밝혀, 시종(始終) 득정(得正)의 순리(順理)를 결코 벗어나지 않는 〈천행(天行)〉을 들어 고괘(蠱卦 : ䷑)의 괘상(卦象)을 밝힌다.

19 임괘(臨卦 : ䷒) 단사(彖辭)

태하곤상(兌下坤上) : 아래는[下] 태(兌 : ☱), 위는[上] 곤(坤 : ☷).

지택림(地澤臨) : 땅과[地] 못은[澤] 임이다[臨].

臨剛浸而長하고 說而順하며 剛中而應한다 大亨以正하니 天之道也이다 至于八月有凶은 消不久也이다
임강침이장 열이순 강중이응 대형이정 천지도야 지우팔월유흉 소불구야

임괘는[臨] 굳셈이[剛] 스며들어서[浸而] 오래가고[長] 기뻐서[說而] 따름이며[順] 굳셈이[剛] 가운데 있으면서[中而] 순응한다[應]. {그 중응(中應)은} 크게[大] 통함[亨]으로써[以] 바르니[正] (이는) 하늘의[天之] 규율[道]이다[也]. 팔월에[于八月] 이르러[至] 나쁨이[凶] 있다는 것은[有] 사라져도[消] 오래가지 못함[不久]이다[也].

【지남(指南)】

臨剛浸而長(임강침이장)

〈임(臨)〉은 임괘(臨卦 : ䷒)를 말하고, 〈강침이장(剛浸而長)〉은 임괘(臨卦)의 괘상(卦象)을 밝힌다. 〈강침이장(剛浸而長)〉은 임괘(臨卦 : ䷒)의 하체(下體)인 태(兌 : ☱)를 밝힌다. 곤(坤 : ☷)에 건(乾 : ☰)의 상구(上九 : ⚊)가 거듭해 와서[來] 화(化)한 것이 태(兌 : ☱)이다. 〈강침이장(剛浸而長)의 강침(剛浸)〉은 곤(坤 : ☷)의 상륙(上六 : ⚋)이 거듭해 물러가고[往], 건(乾 : ☰)의 상구(上九 : ⚊)가 거듭해 와서[來] 초효(初爻)-중효(中爻)의 자리를 잡아 곤(坤 : ☷)이 태(兌 : ☱)로 변괘(變卦)되었음을 밝힌다. 그리하여 곤(坤 : ☷)이 변(變)하여 태(兌 : ☱)로 화(化)함을 〈침(浸)〉 즉 스며듦[浸]이라고 밝힌다. 이 스며듦[浸]이란 양기(陽氣)가 숨는 것이 아니라 드러날 것임을 말한다. 태(兌 : ☱)의 상륙(上六 : ⚋)이 가고 건(乾 :

☱)의 상구(上九 : ⚊)가 거듭해 오면[來] 음력으로 12월의 임괘(臨卦 : ䷒)는 1월의 태괘(泰卦 : ䷊)와 가까워지니, 묘월(卯月) 즉 2월에 양기(陽氣)가 드러나게 스며[浸] 있음을 여기 〈강침(剛浸)〉이 암시한다. 〈강침이장(剛浸而長)의 장(長)〉은 임괘(臨卦 : ䷒)에서 초구(初九 : ⚊)-구이(九二 : ⚊)의 자리가 오래가는[長] 자리임을 밝히고, 그 자리에 양효(陽爻 : ⚊) 둘이 있으니 〈강침이장(剛浸而長)〉이라 한 것이다. 스밈[浸]은 점진(漸進)이니 아래 자리에 오래 머묾이 여기 〈장(長)〉이다. 상효(上爻)에 가까워질수록 사라져감[往]이 가까워지는 것이 효(爻)의 변(變)이다. 그러므로 〈강침이장(剛浸而長)〉은 임괘(臨卦 : ䷒)의 하체(下體)를 빌려서 임괘(臨卦 : ䷒)의 괘상(卦象)을 밝힌다. 〈임괘(臨卦 : ䷒)의 임(臨)〉은 땅[☷] 아래 연못[☱]이라 땅과 연못이 만남이니 호반(湖畔)의 반(畔)을 연상하면 되고, 〈임(臨)〉은 〈가까이 다가갈 핍(逼)〉과 같아 마주함을 뜻한다.

說而順(열이순)

임괘(臨卦 : ䷒)의 괘상(卦象)을 상하괘(上下卦)의 성질을 통해서 거듭해 밝힌다. 〈열이순(說而順)의 열(說)〉은 임괘(臨卦 : ䷒)의 하체(下體)인 태(兌 : ☱)를 밝히고, 〈열이순(說而順)의 순(順)〉은 임괘(臨卦 : ䷒)의 상체(上體)인 곤(坤 : ☷)을 밝힌다. 태(兌 : ☱)의 형태는 못[澤]이고 성질은 기쁨[說]이며, 곤(坤 : ☷)의 형태는 땅[地]이고 성질은 순응[順]이다. 그래서 임괘(臨卦 : ䷒)의 모습을 성질로 풀이하여 양(陽 : ⚊)이 기뻐하면서[說而] 음(陰 : ⚋)에 순응함[順]이라고 말한다.

剛中而應(강중이응)

〈강중(剛中) 이강응유(而剛應柔)〉로 여기고 〈양기가[剛] 가운데 있다[中] 그리고[而] 양기가[剛] 음기에[柔] 순응한다[應]〉라고 새겨볼 것이다. 〈강중이응(剛中而應)〉은 임괘(臨卦 : ䷒) 구이(九二 : ⚊)의 효상(爻象)을 밝힌다. 임괘(臨卦 : ䷒)의 구이(九二 : ⚊)가 하체(下體)의 중효(中爻)임을 밝힘이 〈강중이응(剛中而應)의 중(中)〉이다. 임괘(臨卦 : ䷒) 구이(九二 : ⚊)의 자리가 양효(陽爻)의 정위(正位)가 아니고 육오(六五 : ⚋)의 자리 역시 음효(陰爻)의 바른 자리가 아니어서, 중정(中正)을 누리지는 못하지만 정응(正應)만은 누림을 밝힌 것이 〈강중이응(剛中而應)

의 응(應)〉이다. 따라서 〈강중이응(剛中而應)〉은 이미 밝힌 〈침이장(浸而長)〉을 거듭해 풀이한다.

大亨以正(대형이정) 天之道(천지도)

앞의 〈침이장(浸而長)-열이순(說而順)-강중이응(剛中而應)〉 등을 묶어서 〈대형이정(大亨以正)〉이라고 밝힌다. 침(浸) 즉 점진(漸進)하여 오래 머물면서[長], 강(剛) 즉 양기(陽氣)가 화열(和說)하고 음기(陰氣)는 순응(順應)하는지라 이는 곧 대형(大亨)이다. 크게[大] 통함[亨]으로써[以] 양기(陽氣)가 정도(正道)를 누림이 곧 임괘(臨卦 : ䷒)의 괘상(卦象)이고, 그 괘상(卦象)은 곧 천도(天道) 즉 양기(陽氣)의 이치[道]를 밝힌다.

至于八月有凶(지우팔월유흉) 消不久(소불구)

〈일월지우팔월(一月至于八月) 즉유흉(則有凶)〉으로 여기고 〈일월이[一月] 팔월에[于八月] 이르면[至] 곧장[則] 흉함이 있다[有凶]〉라고 새겨볼 것이다. 여기 〈지우팔월(至于八月)〉은 음양(陰陽)의 성쇠(盛衰)를 밝힌다. 양(陽)이 와서[來] 성하면[盛] 음(陰)은 가서[往] 쇠하고[衰], 음(陰)이 와서[來] 차면[盛] 양(陽)은 가서[往] 이지러짐[衰]이 음양(陰陽)의 성쇠(盛衰)이고 변화(變化)이다. 24번째 복괘(復卦 : ䷗)에서 양기(陽氣)가 성(盛)하기 시작한다. 복괘(復卦 : ䷗)의 초구(初九 : ⚊)가 바로 그 시작이다. 복괘(復卦 : ䷗)는 음력으로 11월이다. 복괘(復卦 : ䷗)를 이어서 임괘(臨卦 : ䷒)는 초구(初九 : ⚊)-구이(九二 : ⚊)로써 12월이 된다. 이렇게 달을 거듭해 음력으로 팔월(八月)이 오면 관괘(觀卦 : ䷓)가 되어 양기(陽氣)의 성(盛)함은 그치고 물러가게[往] 되어 쇠(衰)하기 시작함을 밝힌 것이 〈지우팔월유흉(至于八月有凶)〉이다. 여기 〈유흉(有凶)〉이란 성(盛)이 변(變)하여 쇠(衰)로 화(化)함이다. 성(盛)은 길(吉)이고 쇠(衰)는 흉(凶)이지만 이 길흉(吉凶)은 오고가고[往來] 하는 것이니 다시 섣달-정월이 곧 돌아올 터이니, 10월의 곤괘(坤卦 : ䷁)가 되어 양기(陽氣)가 없어진다[消] 할지라도 11월이 되면 양기(陽氣)가 와서 복괘(復卦 : ䷗)가 되고 복괘(復卦 : ䷗)는 또 임괘(臨卦 : ䷒)로 이어지니 〈소불구(消不久)〉 즉 사라짐은[消] 오래가지 않는다[不久]고 밝힌다.

20 관괘(觀卦 : ䷓) 단사(彖辭)

곤하손상(坤下巽上) : 아래는[下] 곤(坤 : ☷), 위는[上] 손(巽 : ☴).

풍지관(風地觀) : 바람과[風] 땅은[地] 관이다[觀].

大觀在上이다 順而巽하고 中正以觀天下한다 觀盥而不薦有孚顒若은 下觀而化也이다 觀天之神道而四時不忒한다 聖人以神道設教한다 而天下服矣이다
대관재상 순이손 중정이관천하 관관이 불천유부옹약 하관이화야 관천지신도이사시 불특 성인이신도설교 이천하복의

크게[大] 살핌이[觀] 위에[上] 있다[在]. 순응하면서[順而] 공손하고[巽] 정도를[正] 따름[中]으로써[以] 세상을[天下] 살핀다[觀]. 살피면서[觀] 손과 낯을 씻고서[盥而] 제사를 올리지는 않으나[不薦] 진실한 믿어줌이[孚] 있어서[有] 우러러봄과[顒] 같음은[若] 아래를[下] 살펴서[觀而] 감화시킴[化]이다[也]. 하늘의[天之] 신묘한[神] 이치를[道] 살피면서[觀而] 네 계절이[四時] 어긋나지 않음을[不忒] (살핀다). 성인도[聖人] 신묘한[神] 이치[道]로써[以] 가르침을[教] 베푼다[設]. 그래서[而] 온 세상이[天下] 순복하는 것[服]이다[矣].

【지남(指南)】

大觀在上(대관재상)

〈관괘대관군음재상위(觀卦大觀群陰在上位)〉의 줄임으로 여기고 〈관괘는[觀卦] 군음을[群陰] 크게[大] 살피는[觀] {두 양효(陽爻)가} 윗[上] 자리에[位] 있음이다[在]〉라고 새겨볼 것이다. 〈대관(大觀)의 대(大)〉는 관괘(觀卦 : ䷓)의 구오(九五 : ⚊)와 상구(上九 : ⚊)의 두 양효(陽爻)를 말한다. 양(陽 : ⚊)을 대(大) 즉 큼[大]이라 하고, 음(陰 : ⚋)을 소(小) 즉 작음[小]이라 한다. 관괘(觀卦 : ䷓)에서 구오

(九五 : ━)와 상구(上九 : ━) 두 양효(陽爻)에게는 재하소관(在下所觀) 즉 아래에서 위로 살피는[觀] 아래[下] 것들이[所] 있음[在]을 암시하는 것이 〈대관(大觀)〉이다. 아래에서 위로 살피는[觀] 아래의[下] 것들이[所] 있음[在]이란 두 양효(陽爻) 아래로 군음(群陰)이 있다는 것이다. 이를 밝힌 것이 〈대관재상(大觀在上)〉이다. 특히 관괘(觀卦 : ䷓)의 구오(九五 : ━)는 음효(陰爻)의 바른 자리에 있는 육이(六二 : ╍)와 중정(中正)과 정응(正應)을 누린다. 중정(中正) 즉 중효로서[中] 정위에 있음[正]은 대덕(大德)으로 통하고, 동시에 정도를 따라 바르게[正] 호응함[應]도 대덕(大德)인지라 구오(九五 : ━)는 크고[大], 상구(上九 : ━) 역시 위세(威勢)는 없지만 상왕(上王)인지라 크다[大]. 그 구오(九五 : ━)와 상구(上九 : ━)가 위에서[在上] 육사(六四 : ╍)-육삼(六三 : ╍)-육이(六二 : ╍)-초륙(初六 : ╍) 등의 군음(群陰)을 중정(中正)의 덕(德)으로써 관찰(觀察)함을 〈대관재상(大觀在上)〉이라고 관괘(觀卦 : ䷓)의 모습을 밝힌다. 여기 〈관(觀)〉은 〈살필 찰(察)〉과 같다.

順而巽(순이손)

〈순이손(順以巽)의 순(順)〉은 관괘(觀卦 : ䷓)의 하체(下體) 곤(坤 : ☷)의 성질을 밝히고, 〈순이손(順而巽)의 손(巽)〉은 관괘(觀卦 : ䷓)의 상체(上體) 손(巽 : ☴)을 밝힌다. 손(巽 : ☴)의 형태는 바람[風]이고 성질은 순종(順從)인지라 땅[☷] 위의 모든 것들을 스치면서 부는 바람[☴]을 〈관(觀)〉 즉 살핌[觀]이라고 풀이한다.

中正以觀天下(중정이관천하)

앞서 밝힌 〈대관(大觀)〉과 〈순이손(順而巽)〉을 묶어서 중정(中正) 즉 중효로서[中] 정위에 있음[正]으로써[以] 온 세상을[天下] 살핌[觀]이라고 풀이한다. 여기 〈중정(中正)〉이란 구오(九五 : ━)가 강양(剛陽) 즉 굳센[剛] 양(陽 : ━)이로되 육이(六二 : ╍)와 중정(中正) 즉 중효로서[中] 정위에 있음[正]으로써, 〈관천하(觀天下)〉 즉 온 세상을[天下] 살핌[觀]이 관괘(觀卦 : ䷓)의 모습이다. 이는 대덕(大德) 즉 천덕(天德)으로써 치천하(治天下)하는 왕(王)은 관괘(觀卦 : ䷓)를 본받아 왕 노릇 함을 밝힌다.

觀盥而不薦有孚顒若(관관이불천유부옹약) 下觀而化(하관이화)

〈관관(觀盥)〉은 〈관이관(觀而盥)〉으로 여기고 새김이 마땅하다. 중정(中正)으로써[以] 온 세상을 관찰(觀察)함이란 〈관이불천(盥而不薦)〉하되 〈유부옹(有孚顒)〉하다는 것이다. 〈관(盥)〉은 양치질로 입을 깨끗이 하고 세숫대야에 맑은 물을 담아 두 손과 얼굴을 깨끗이 씻어 재계(齋戒)함을 말하고, 〈불천(不薦)〉은 제상(祭床)에 제물(祭物)을 아직 진설(陳設)하지 않음을 밝힘인지라, 〈관이불천(盥而不薦)〉은 제사를 올리기 전의 마음가짐을 말한다. 제사를 올리기 전의 마음가짐을 일러 〈부옹(孚顒)〉이라 한다. 천지조상(天地祖上)이 진실로 믿어주므로[孚] 천지조상(天地祖上)을 받들어 모시는 마음가짐을 〈옹(顒)〉이라 한다. 이러한 〈부옹(孚顒)〉이란 지극한 순천(順天)-순명(順命)을 밝히고, 이는 곧 득중(得中) 즉 정도를 따름을[中] 취함[得]과 같다. 그러므로 〈하관이화(下觀而化)〉 즉 제사를 올리는 마음가짐[孚顒]으로 〈하관(下觀)〉 즉 관천하(觀天下)하여 온 세상을[天下] 교화(敎化)한다[化]는 것이 관괘(觀卦 : ䷓)의 모습을 밝히는 〈대관(大觀)〉이고, 여기서 〈대관(大觀)〉이 왕(王)이 치세(治世)하는 천도(天道)임을 알아차리게 된다. 〈관(盥)〉은 세면(洗面)-세수(洗手)를 뜻하지만 여기선 제사를 올리기 전 재계(齋戒)를 뜻하고, 〈천(薦)〉은 여기선 〈올릴 진(進)〉과 같아 천제(薦祭)의 줄임으로 여기고 새김이 마땅하며, 〈옹(顒)〉은 〈우러러볼 앙(仰)〉과 같다.

觀天之神道而四時不忒(관천지신도이사시불특)

〈성인관천지신도(聖人觀天之神道) 이성인관사시지불특(而聖人觀四時之不忒)〉으로 여기고 〈성인은[聖人] 하늘의[天之] 신묘한[神] 규율을[道] 살핀다[觀] 그리고[而] 성인은[聖人] 사시가[四時之] 어긋나지 않음을[不忒] 살핀다[觀]〉라고 새겨볼 것이다. 앞서 밝힌 〈하관(下觀)〉 즉 〈관천하(觀天下)〉를 성인(聖人)이 본받아 살핌[觀]이다. 관괘(觀卦 : ䷓) 구오(九五 : ⚊)의 자리[位]는 성왕(聖王)의 자리[位]가 되기도 한다. 임금으로서 성인(聖人)이 부옹(孚顒) 즉 천지조상(天地祖上)이 진실로 믿어주므로[孚] 우러러[顒] 〈천지신도(天之神道)〉를 살펴[觀] 본받는 것이다. 〈천지신도(天之神道)〉는 천지도(天之道) 즉 천도(天道)를 밝힌다. 천도(天道) 즉 자연의[天] 이치[道]가 신묘(神妙)하므로 〈천지신도(天之神道)〉라고 한다. 천도(天道)는 여기 〈사시(四時)〉로써 드러난다. 춘하추동(春夏秋冬) 사시(四時)란 천운(天運)이고, 하늘의 운행은 곧 하늘의[天] 이치[道]가 드러남이다. 사시가[四時] 어긋나지 않음[不忒]이란 천지신도(天之神道)가 그러함을 밝힌다. 천도(天道)를 살펴[觀] 어긋나지 않음을[不忒] 살핌[觀]이, 바로 성인(聖人)이 관괘(觀卦 : ䷓)의 〈대관(大觀)〉을 본받는 것임을 밝힌다. 여기 〈특(忒)〉은 〈어긋날 차(差)〉와 같아 특차(忒差)의 줄임말과 같다.

聖人以神道設教(성인이신도설교) 而天下服(이천하복)

〈이천지신도성인설교천하(以天之神道聖人設教天下) 이천하복성인지교(而天下服聖人之教)〉로 여기고 〈하늘의[天之] 신묘한[神] 규율을[道] 본받아[以] 성인은[聖人] 온 세상에[天下] 교화를[教] 베푼다[設] 그리고[而] 온 세상은[天下] 성인의[聖人之] 가르침을[教] 순복한다[服]〉라고 새겨볼 것이다. 성인(聖人)이 〈천지신도(天之神道)〉와 〈사시불특(四時不忒)〉을 관찰하는[觀] 까닭을 밝힌다. 천하(天下)의 교화(教化)를 베풀기 위하여 천도(天道)의 운행(運行)을 살피고, 온 세상이 순복(順服)할 수 있는 교화(教化)를 본받기[以] 위하여 관천도(觀天道)함을 밝힌다. 〈설(設)〉은 여기선 〈베풀 시(施)〉와 같아 시설(施設)의 줄임말과 같고, 〈복(服)〉은 〈따를 순(順)〉과 같아 순복(順服)의 줄임말과 같다.

21 서합괘(噬嗑卦 : ☲☳) 단사(彖辭)

진하이상(震下離上) : 아래는[下] 진(震 : ☳), 위는[上] 이(離 : ☲).

화뢰서합(火雷噬嗑) : 불과[火] 우레는[雷] 서합이다[噬嗑].

頤中有物曰噬嗑한다 噬嗑而亨하다 剛柔分하고 動而明하다 雷電合而章하고 柔得中而上行하니 雖不當位여도 利用獄也이다
(이중유물왈서합 서합이형 강유분 동이명 뇌전합이장 유득중이상행 수부당위 이용옥야)

턱[頤] 가운데에[中] 물건이[物] 있음을[有] 서합이라[噬嗑] 한다[曰]. 씹어[噬] 합한다[嗑]면[而] 통한다[亨]. 굳셈과[剛] 부드러움이[柔] 나뉘어 있고[分], 움직여서[動而] 밝다[明]. 우레와[雷] 번개가[電] 합해서[合而] 빛나고[章] 부드러움이[柔] 가운데를[中] 얻어서[得而] 위로[上] 행하니[行], 비록[雖] 자리가[位] 마땅치 않아도[不當] 감옥을[獄] 이용하면[用] 이로움[利]이다[也].

【지남(指南)】

頤中有物曰噬嗑(이중유물왈서합)

〈이중유물(頤中有物)〉은 서합괘(噬嗑卦 : ☲☳)의 괘상(卦象)을 밝히고, 〈왈서합(曰噬嗑)의 서합(噬嗑)〉은 턱[頤] 안에[中] 있는[有] 것들을[物] 씹어서[噬] 합함[嗑]을 밝힌다. 〈이중유물(頤中有物)의 이중(頤中)〉은 서합괘(噬嗑卦 : ☲☳)의 초구(初九 : ━)와 상구(上九 : ━) 사이를 밝혀 턱의[頤] 속[中]과 같다고 서합괘(噬嗑卦 : ☲☳)의 괘상(卦象)을 밝힌 셈이다. 〈이중유물(頤中有物)의 유물(有物)〉은 〈육이(六二 : --)-육삼(六三 : --)-구사(九四 : ━)-육오(六五 : --)〉의 세 음효(陰爻 : --)와 한 양효(陽爻 : ━)를 말하지만, 특히 구사(九四 : ━)의 양효(陽爻)를 주

목해서 밝힌다. 이중(頤中)의 유물(有物)을 인후(咽喉) 즉 목구멍[咽喉]으로 넘겨 턱[頤]이 제구실을 다하여 목숨을 봉양할 수 있다. 턱[頤]이 구중(口中) 즉 입속의 〈유물(有物)〉을 목구멍으로 넘기자면 그 유물(有物)을 서(噬)하여 합(嗑)해야 한다. 여기서 서합괘(噬嗑卦 : ䷔)가 관괘(觀卦 : ䷓) 바로 뒤에 오는 까닭이 밝혀진다. 이중(頤中)의 〈유물(有物 : -- -- — --)〉을 〈대관(大觀)〉을 본받아 살핀 뒤라야 〈합(嗑)〉할 수 있다. 〈이중유물(頤中有物)의 유물(有物)〉은 〈음(陰 : --)-음(陰 : --)-양(陽 : —)-음(陰 : --)〉인지라 같지가 않다. 턱[頤] 안에[中] 있는[有] 같지 않은 것들을[物] 씹어서[噬] 합침[嗑]이 바로 〈대관(大觀)의 대(大)〉를 본받음이다. 크게[大] 살핌[觀]이란 같지 않은 것들과 함께하여 합하고자 살핌이다. 『장자(莊子)』에도 〈부동동지지위대(不同同之之謂大)〉라는 말이 나온다. 턱 안에 있는 음식은 밥-국-반찬 등으로 여러 가지이다. 이 여러 가지를 씹어[噬] 합쳐서[嗑] 목구멍으로 넘겨야 드디어 〈이(頤)〉 즉 턱은 〈양(養)〉의 구실을 다하는 것이다. 그러므로 〈서합(噬嗑)〉은 대화(大和)이다. 같지 않은 것들을[-- -- — --] 씹어서[噬] 합함[嗑]이란 곧 대화(大和) 즉 천지음양(天地陰陽)의 합(合)을 본받음이다. 〈이(頤)〉는 여기선 〈위턱과 아래턱〉을 묶어 뜻하고, 동시에 〈봉양할 양(養)〉과 같음을 상기시킨다. 〈서합(噬嗑)의 서(噬)〉는 〈씹을 설(齧)〉과 같고, 〈서합(噬嗑)의 합(嗑)〉은 〈합할 합(合)〉과 같다.

註 무위위지지위천(无爲爲之之謂天) 무위언지지위덕(无爲言之之謂德) 애인리물지위인(愛人利物之謂仁) 부동동지지위대(不同同之之謂大) : 무위(无爲) 그것을[之] 행함[爲] 그것을[之] 자연이라[天] 하고[謂], 무위(无爲) 그것을[之] 말하여 행함[言] 그것을[之] 덕이라[德] 하며[謂], 사람을[人] 아끼고[愛] 만물을[物] 이롭게 함[利] 그것을[之] 인이라[仁] 하고[謂], 같지 않음[不同] 그것을[之] 같이함[同] 그것을[之] 큼이라[大] 한다[謂]. 『장자(莊子)』「천지(天地)」 1절(節)

噬嗑而亨(서합이형)

〈서합(噬嗑)〉을 〈형(亨)〉 즉 사덕(四德)의 하나라고 풀이한다. 〈서합(噬嗑)의 서(噬)〉는 〈형(亨)〉 즉 통하기를 바라고 씹음[噬]이지 해치려고[害] 씹는[噬] 짓이 아님을 밝힌다. 아이가 밥을 허겁지겁 먹으면 어머니가 꼭꼭 씹어 차근차근 먹으라고 주의를 준다. 먹은 것이 소화가 잘 되자면 꼭꼭 씹어 먹어야 한다. 그래야 이런

저런 먹은 것들이 잘 합해져 생기(生氣)가 된다. 여기 〈서합(噬嗑)의 합(嗑)〉이란 합해져 생기가 되고자 합함[合]이다. 이러한 〈합(嗑)〉이야말로 〈형(亨)〉 즉 통함이다. 따라서 〈서합괘(噬嗑卦 : ䷔)의 서합(噬嗑)〉이 모두 〈형(亨)〉으로서 덕선(德善)임을 밝힌다. 불형(不亨) 즉 통하지 않음[不亨]이란 부덕(不德)-불선(不善)인지라 색(塞) 즉 막힘[塞]이고 해(害)임을 새삼 환기시킨다.

剛柔分(강유분)

앞서 살핀 〈이중유물(頤中有物)의 유물(有物)〉을 밝힌다. 〈강유분(剛柔分)의 강유(剛柔)〉는 육이(六二 : --)-육삼(六三 : --)-구사(九四 : —)-육오(六五 : --) 등을 밝힌다. 〈강유(剛柔)의 강(剛)〉은 서합괘(噬嗑卦 : ䷔)의 구사(九四 : —)를 밝히고, 〈강유(剛柔)의 유(柔)〉는 서합괘(噬嗑卦 : ䷔)의 육이(六二 : --)-육삼(六三 : --)-육오(六五 : --) 등을 밝힌다. 그리고 〈강유분(剛柔分)의 분(分)〉은 하나의 양효(陽爻 : —)와 셋의 음효(陰爻 : --)로 나누어져 있음을 밝히고, 동시에 강유(剛柔) 즉 음양(陰陽)이 상잡(相雜)하지 않음을 밝히기도 한다. 따라서 〈강유분(剛柔分)〉 역시 서합괘(噬嗑卦 : ䷔)의 괘상(卦象)을 밝힌다.

動而明(동이명)

서합괘(噬嗑卦 : ䷔)의 상하체(上下體)를 밝힌다. 〈동이명(動而明)의 동(動)과 명(明)〉은 모두 서합괘(噬嗑卦 : ䷔) 상하체(上下體)의 성질을 밝힌다. 하체(下體)인 진(震 : ☳)의 뇌명(雷鳴) 즉 우렛소리[雷鳴]는 움직이고[動] 밝고[明], 상체(上體)인 이(離 : ☲)의 전광(電光) 즉 번개의 빛도 움직이고[動] 밝다[明]. 따라서 서합괘(噬嗑卦 : ䷔)의 괘상(卦象)인 움직이고[動] 밝음[明]은 명변(明辨)의 상(象)인지라, 부덕(不德)-불선(不善)을 다스리는 근본을 서합괘(噬嗑卦 : ䷔)가 밝힌다. 형정(刑政)의 근본은 명변(明辨)이다.

雷電合而章(뇌전합이장)

서합괘(噬嗑卦 : ䷔)의 괘상(卦象)을 풀이한 〈동이명(動而明)〉을 다시 들어 풀이한다. 〈뇌전(雷電)〉은 뇌진전약(雷震電躍)의 줄임이다. 따라서 〈뇌전(雷電)의 뇌(雷)〉는 서합괘(噬嗑卦 : ䷔)의 하체(下體)인 진(震 : ☳)의 우레[雷]를 밝히고, 〈뇌전(雷電)의 전(電)〉은 서합괘(噬嗑卦 : ䷔)의 상체(上體)인 이(離 : ☲)의 번개[電]를 밝힌다. 〈뇌전(雷電)〉의 두 밝음이[明] 합쳤으니[合] 빛난다[章]고 한다. 여기 〈장(章)〉은 〈빛날 창(彰)〉과 같고, 창(彰)이란 위엄(威嚴) 있는 조명(照明)이다. 서합괘(噬嗑卦 : ䷔) 진-이(震-離)의 〈장(章)〉으로써 형정(刑政)을 베푼다면 바로 선정(善政)으로 이어지니 이 역시 〈서합(噬嗑)의 형(亨)〉이다.

柔得中而上行(유득중이상행)

서합괘(噬嗑卦 : ䷔)의 육이(六二 : --)와 육오(六五 : --)를 함께 밝힌다. 〈유득중(柔得中)의 유(柔)〉는 육이(六二 : --)와 육오(六五 : --)를 밝힌다. 양기(陽氣)는 강(剛)하고 음기(陰氣)는 유(柔)하다. 〈유득중(柔得中)의 득중(得中)〉이란 서합괘(噬嗑卦 : ䷔)에서 육이(六二 : --)는 하체(下體)의 중효(中爻)로서 신하의 자리이고, 육오(六五 : --)는 상체(上體)의 중효(中爻)로서 군왕(君王)의 자리인지라, 육이(六二 : --)가 상행(上行) 즉 위로[上] 행하여[行] 합덕(合德)함을 밝힌다. 특히 〈상행(上行)〉은 진괘(晉卦 : ䷢)에 나오는 〈유진이상행(柔進而上行)의 상행(上行)〉과 규괘(睽卦 : ䷥)에 나오는 〈유진이상행(柔進而上行)의 상행(上行)〉 그리고 정괘(鼎卦 : ䷱)에 나오는 〈유진이상행(柔進而上行)의 상행(上行)〉 등과 같이 군위(君位) 즉 임금의 자리에 있는 이(離 : ☲)의 유(柔 : --)를 뒤따라붙어 올라감[上行]을 밝힌다.

雖不當位(수부당위)

서합괘(噬嗑卦 : ䷔) 육오(六五 : --)의 자리[位]를 밝힌다. 대성괘(大成卦)에서 〈초(初)-삼(三)-오(五)〉 즉 홀수의 자리[位]는 양효(陽爻)의 위(位)이고, 〈이(二)-사(四)-상(上)〉 즉 짝수의 위(位)는 음효(陰爻)의 자리[位]이다. 대성괘(大成卦)에서 오효(五爻)의 자리는 양효(陽爻)의 자리인데 음효(陰爻)인 육오(六五 : --)가 거(居) 즉 자리를 차지하고 있음[居]을 〈부당위(不當位)〉라고 밝힌 것이다. 비록 마땅치 않은[不當] 자리[位]에 육오(六五 : --)가 거(居)하지만 상행(上行)하므로 군왕(君王) 노릇을 할 수 있다. 홀수의 자리에 양효(陽爻)가 있고 짝수의 자리에 음효(陰爻)가 있으면 당위(當位) 즉 마땅한[當] 자리[位]라 하고, 홀수의 자리에 음효(陰

爻)가 있거나 짝수의 자리에 양효(陽爻)가 있으면 부당위(不當位) 즉 마땅치 않은 [不當] 자리[位]라 한다.

利用獄(이용옥)

왕자(王者)의 용옥(用獄)은 이천하(利天下) 즉 온 세상을[天下] 이롭게[利] 함이고, 폭군(暴君)의 용옥(用獄)은 해천하(害天下) 즉 온 세상을[天下] 해롭게[害] 함이다. 여기 〈용옥(用獄)〉은 치옥(治獄)을 밝히고, 치옥(治獄)은 치천하(治天下)로 이어진다. 앞서 밝힌 〈뇌전합(雷電合)의 장(章)〉을 본받아 상벌(賞罰)이 명백(明白)하게 행해지면, 용옥(用獄)은 이천하(利天下)로 이어짐을 살펴 헤아리게 하는 말씀이다.

22 비괘(賁卦 : ䷕) 단사(彖辭)

이하간상(離下艮上) : 아래는[下] 이(離 : ☲), 위는[上] 간(艮 : ☶).

산화비(山火賁) : 산과[山] 불은[火] 비이다[賁].

賁亨한다 柔來而文剛故로 亨한다 分剛이 上而文柔故로 小利有攸往이 天文也이다 文明以止가 人文也이다 觀乎天文以察時變하고 觀乎人文以化成天下한다
비형 유래이문강고 형 분강 상이문유고 소리유유왕 천문야 문명이지 인문야 관호천문이찰시변 관호인문이화성천하

비괘는[賁] 통한다[亨]. 부드러움이[柔] 와서[來而] 굳셈을[剛] 꾸민다[文]. 그러므로[故] (비괘는) 통한다[亨]. 나눠진[分] 굳셈이[剛] 위에서[上而] 부드러움을[柔] 꾸민다[文]. 그러므로[故] 갈[往] 바가[攸] 있으면[有] 음기(陰氣)에게[小] 이로움이[利] 하늘의[天] 꾸밈[文]이다[也]. (하늘의) 꾸밈과[文] 밝힘[明]으로써[以] 머물러 삶이[止] 사람의[人] 꾸밈[文]이다[也]. 하늘의[天] 문장[文]을[乎] 살핌[觀]으로써[以] 사시의[時] 바뀜을[變] 살피고[察], 사람의[人] 문장[文]을[乎] 살핌[觀]으로써[以] 온 세상을[天下] 새롭게[化] 이룩한다[成].

【지남(指南)】

賁亨(비형)

〈비(賁)〉는 비괘(賁卦 : ䷕)를 말하고, 〈형(亨)〉은 비괘(賁卦 : ䷕)의 괘상(卦象)을 풀이한다. 〈비형(賁亨)의 형(亨)〉은 연문(衍文) 즉 쓸데없이 끼어든[衍] 글자[文]로 의심된다고 주자(朱子)가 밝혔는데 그 주장이 마땅하게 보인다. 〈비유래이문강(賁柔來而文剛)〉이라고 해야 단사(彖辭)의 수사(修辭) 같기 때문이다. 다른 것들을 씹어서[噬] 합쳤으면[嗑] 그 합친 것이 조화(調和)를 누리게 꾸며주어야 한다.

입이 씹어서 목구멍으로 넘어가 위에서 소화를 시켜 생기(生氣)를 얻어냄보다 더 한 문식(文飾)은 없다. 다른 것들을 합치게 했으면 그 합친 것을 꾸며서 조화를 누리게 해야 함을 상기한다면, 비괘(賁卦 : ䷕)가 서합괘(噬嗑卦 : ䷔)를 이어받음은 참으로 마땅하다. 여기 〈비(賁)〉는 〈꾸밀 식(飾), 큰 대(大)〉 등과 같고, 〈분(賁)〉으로 발음하면 〈날랠 용(勇)〉과 같다.

柔來而文剛故(유래이문강고) 亨(형)

비괘(賁卦 : ䷕)의 하체(下體)인 이(離 : ☲)의 모습[象]으로서 비괘(賁卦 : ䷕)가 〈형(亨)〉 즉 형통하는[亨] 괘(卦)라는 까닭을 밝힌다. 비괘(賁卦 : ䷕)의 하체(下體)인 이(離 : ☲)는 41번째 손괘(損卦 : ䷨)의 하체(下體)인 태(兌 : ☱)의 셋째 효(爻 : --)와 둘째 효(爻 : ―)의 자리가 바뀌어 이루어짐을 상기시킨다. 왜냐하면 손괘(損卦 : ䷨)의 하체(下體)인 태(兌 : ☱)가 이(離 : ☲)로 지괘(之卦)되어야 손괘(損卦 : ䷨)가 비괘(賁卦 : ䷕)로 바뀌기 때문이다. 지괘(之卦)란 변효(變爻) 즉 효(爻)가 바뀌어서[變] 새로 얻어진 대성괘(大成卦)를 말한다. 이러한 지괘(之卦)를 떠올린다면 〈유래이문강(柔來而文剛)〉이 비괘(賁卦 : ䷕)의 하체(下體)인 이(離 : ☲)가 태(兌 : ☱)의 지괘(之卦)임을 말해준다. 대성괘(大成卦)에서 효(爻)들은 위로 상행(上行)하고 그 상행(上行)을 왕(往) 즉 가는 것[往]이라 하고, 초효(初爻)의 자리를 입래(入來) 즉 들어[入]오는[來] 자리라 한다. 〈유래이문강(柔來而文剛)〉에서 〈유래(柔來)의 유(柔)〉는 비괘(賁卦 : ䷕)의 하체(下體)인 이(離 : ☲)의 둘째 효(爻 : --)가 와서[來] 중위(中位)를 차지함을 말하고, 〈문강(文剛)의 강(剛)〉은 비괘(賁卦 : ䷕)의 하체(下體)인 이(離 : ☲)의 첫째 효(爻 : ―)와 셋째 효(爻 : ―)를 말한다.

〈유래이문강(柔來而文剛)의 문강(文剛)〉은 〈유문강(柔文剛)〉의 줄임이니 음기가[柔] 와서[來] 중효(中爻)가 되어 두 양기[剛]와 비(比)를 누림을 문(文)이라고 밝힌 것이다. 〈문강(文剛)〉은 〈문장강(文章剛)〉의 줄임이라 여기고 새김이 마땅하다. 따라서 〈유문강(柔文剛)〉은 비괘(賁卦 : ䷕)의 하체(下體)인 이(離 : ☲)의 음효(陰爻 : --)가 두 양효(陽爻 : ―)와 비(比) 즉 이웃하여 누리는 사귐[比]을 밝힌다. 음양(陰陽)의 합(合)은 화(和) 즉 어울림[和]이고 그 화(和)를 밝힘이 〈문(文)〉 즉 문장(文章)이다. 〈문(文)〉을 꾸밈[文]이라 함은 문장(文章)을 말한다. 그러므로 〈유래이문강

(柔來而文剛)〉을 〈음기가[柔] 와서[來而] 두 양기와[剛] 비(比)한다[文]〉라고 새겨도 된다. 합이화(嗑而和) 즉 합화(合和)보다 더한 꾸밈[文]이란 없음을 밝힌다. 문장(文章)의 문(文)은 식(飾) 즉 꾸밈[飾]이다. 〈유래이문강(柔來而文剛)〉이란 음양(陰陽)의 합화(合和)를 천문(天文) 즉 하늘 곧 양기의[天] 꾸밈[文]이라 한 것이다. 천문(天文)이란 원형(元亨)인지라 불통(不通)이란 없음을 밝힘이 〈유래이문강고(柔來而文剛故) 형(亨)〉이다. 〈문강(文剛)〉에서 〈문(文)〉은 〈문장(文章)〉의 줄임이고, 여기 〈문(文)〉이 뜻함은 〈생만물(生萬物)〉로써 천하(天下)를 꾸민다는 것이지 보게 좋게 문식(文飾)한다는 〈문(紋)-식(飾)〉 등과 같은 것은 아니다. 온갖 것들을[萬物] 낳아[生] 온 세상을[天下] 꾸밈[文]보다 더한 문장(文章)이란 없다.

註 비괘(賁卦 : ䷕)의 본래(本來)는 11번째 태괘(泰卦 : ䷊)라고도 한다. 태괘(泰卦 : ䷊)로 말미암거나 비괘(賁卦 : ䷕)로 말미암는 이(理)가 있다. 비괘(賁卦 : ䷕)의 하체(下體)인 이(離 : ☲)는 본래 건괘(乾卦 : ☰)의 중효(中爻)가 음효(陰爻 : --)로 변효(變爻)한 것을 〈유래(柔來)〉라 한 것이고, 상체(上體)인 간(艮 : ☶)은 곤(坤 : ☷)의 상효(上爻)가 양효(陽爻 : ─)로 변효(變爻)한 것을 〈강상(剛上)〉이라 한 것이다. 이렇게 비괘(賁卦 : ䷕)에서의 〈유래(柔來)〉와 〈강상(剛上)〉을 풀이할 수도 있다.

分剛(분강) 上而文柔故(상이문유고) 小利有攸往(소리유유왕) 天文(천문)

비괘(賁卦 : ䷕)의 하체(下體)인 이(離 : ☲)의 상(象)으로써 비괘(賁卦 : ䷕)가 〈소리유유왕(小利有攸往)〉 즉 갈[往] 바가[攸] 있어[有] 작은 것이[小] 이로운[利] 괘(卦)라는 까닭을 밝힌다. 〈소리(小利)의 소(小)〉는 작다는 뜻의 소(小)가 아니라 음(陰 : --)을 뜻하는 소(小)이다. 비괘(賁卦 : ䷕)에서 이(離 : ☲)의 양효(陽爻)들은 서로 떨어져 있기 때문에 〈분강(分剛)〉이라 한다. 비괘(賁卦 : ䷕) 이(離 : ☲)의 상(象)은 〈분강(分剛)〉 바로 그것이다. 이(離 : ☲)의 두 양효(陽爻 : ─)가 중효(中爻)인 음효(陰爻 : --)의 상하(上下)에 있음을 〈분강(分剛)〉이라고 밝힌다.

〈상이문유(上而文柔)의 문(文)〉은 중효(中爻)로서 육이(六二 : --)가 두 양효(陽爻 : ─)와 비(比) 즉 이웃으로 사귀어[比] 상화(相和)하여 음양의 도(道)를 문장(文章)함을 말한다. 〈상이문유(上而文柔)〉에서 〈문유(文柔)〉는 〈강문유(剛文柔)〉의 줄임이니 굳셈의[剛] 양(陽 : ─)이 부드러운[柔] 음(陰 : --)을 꾸밈[文]을 밝힌다. 여기 〈문유(文柔)의 문(文)〉은 문장(文章)이다. 따라서 〈강문유(剛文柔)의 문(文)〉은 「계사전하(繫辭傳下)」에 나오는 〈물상잡(物相雜)〉을 상기시킨다. 왜냐하면 강(剛) 즉 양(陽 : ─)이 유(柔) 즉 음(陰 : --)을 꾸민다[文]고 함은 음양(陰陽)의 효(爻)들이 서로[相] 섞임[雜]을 일러, 꾸며서[文] 완전히 함[章]을 밝히는 것이기 때문이다. 〈물상잡(物相雜)의 물(物)〉은 음양지물(陰陽之物)의 줄임으로서 음양지효(陰陽之爻)를 물(物)이라고 한 것이고, 〈상잡(相雜)〉은 음양(陰陽)의 상합(相合)-상화(相和)를 말한다. 그러므로 〈강문유(剛文柔)의 문(文)〉이란 음양(陰陽)이 상합(相合)해야 이루어지지, 양(陽) 또는 음(陰)만으로는 꾸밈[文]이 이루어지지 않는다. 그러므로 여기 〈문(文)〉은 음양(陰陽)의 합(合)이 화(和) 즉 어울림[和]을 밝히고, 나아가 음양(陰陽)의 합화(合和)란 만물화생(萬物化生)의 천지조화(天地造化)인지라, 〈상이문유(上而文柔)〉 즉 비괘(賁卦 : ䷕)에서 상구(上九 : ─)가 육오(六五 : --)를 위에서[上] 꾸며주고[文] 구삼(九三 : ─)이 육이(六二 : --)를 꾸며줌을 음양상잡(陰陽相雜)이라 하는 것이다. 물론 여기서도 합이화(嗑而和) 즉 합화(合和)보다 더한 문(文) 즉 문장(文章)이란 없음을 밝힌다. 문장(文章)이란 식(飾) 즉 꾸밈[飾]이다.

〈상이문유(上而文柔)〉 즉 〈강상이강문유(剛上而剛文柔)〉를 〈천문(天文)〉이라고 밝힌다. 음양상문(陰陽相文) 즉 음양이[陰陽] 서로[相] 꾸며줌[文]이 곧 〈천문(天文)〉이니 천하만물(天下萬物)이 〈천문(天文)〉 즉 하늘이[天] 꾸민[文] 것들이다. 〈천문(天文)의 천(天)〉은 양(陽 : ─)을 말한다. 이러한 〈천(天)〉이 꾸민다[文]고 함은 〈생만물(生萬物)〉 즉 온갖 것들을[萬物] 낳음[生]이지 그냥 보기 좋게 꾸미는 짓이 아니다. 이렇기 때문에 〈천문(天文)의 문(文)〉을 〈덕시보(德施普)〉 즉 덕을[德] 널리[普] 베풂[施]이라고 풀이한다. 이러한 〈천문(天文)〉은 굳센[剛] 양(陽 : ─)이 위에서[上而] 아래의 부드러운[柔] 음(陰 : --)을 꾸며줌[文]이라는 음양(陰陽)의 합화(合和)를 밝힌다. 음양(陰陽)이 합하여[合] 어울림[和]을 곧 〈천문(天文)〉 즉 하늘의[天] 꾸밈[文]이라 하고, 그 꾸밈[文]을 문장(文章)이라 하고 동시에 광명(光明)이라 한다. 이 〈천문(天文)〉은 원형(元亨)인지라 불통(不通) 즉 막힘[塞]이란 없다.

〈유유왕(有攸往)〉은 형통함[亨]을 밝힌다. 왜냐하면 〈유유왕(有攸往)〉은 변화가 있어 새로운 시작이 일어나 무구(无咎) 즉 허물이[咎] 없음[无]이라 형통(亨通)하여 길(吉)하다. 갈[往] 바가[攸] 있다[有]는 것은 유유래(有攸來) 즉 올[來] 바가[攸] 있음[有]이다. 그러니 〈유유왕(有攸往)〉은 〈유왕래(有往來)〉를 암시한다. 말하자면 대성괘(大成卦)에서 변화가 끝난 상효(上爻)는 가고[往] 초효(初爻)의 자리로 음(陰)이든 양(陽)이든 오는[來] 것이 바로 역지도(易之道)의 〈유유왕(有攸往)〉이다. 따라서 〈소리유유왕(小利有攸往)의 소리(小利)〉는 〈문유(文柔)〉 즉 음기를[柔] 꾸며줌[文]을 밝힌다. 물론 〈대리(大利)〉란 〈문강(文剛)〉을 밝힌다. 그러므로 〈상이문유고(上而文柔故) 소리유유왕(小利有攸往)〉이라고 한 것이다.

註 도유변동(道有變動) 고왈효(故曰爻) 효유등(爻有等) 고왈물(故曰物) 물상잡(物相雜) 고왈문(故曰文) 문부당(文不當) 고(故) 길흉생언(吉凶生焉) : 역(易)의 도에는[道] 변동이[變動] 있다[有]. 그래서[故] 효라고[爻] 한다[曰]. 효에는[爻] 등급이[等] 있다[有]. 그래서[故] 어떤 것들이라[物] 한다[曰]. 어떤 것들은[物] 서로[相] 섞인다[雜]. 그래서[故] 꾸밈(무늬)이라[文] 한다[曰]. 꾸밈은[文] 마땅치가 않다[不當]. 그래서[故] 좋고[吉] 나쁨이[凶] 생기는 것[生]이다[焉].

「계사전하(繫辭傳下)」 10단락(段落)

文明以止(문명이지) 人文(인문)

천문(天文)을 본받아[以] 살아감이 〈인문(人文)〉임을 밝힌다. 〈인지이천지문명기덕(人止以天之文明其德)〉이 〈인문(人文)〉임을 밝힌다. 하늘이[天之] 그[其] 덕을[德] 꾸미고[文] 밝힘을[明] 인간이[人] 본받아[以] 머물러 삶[止]이 〈인문(人文)〉이다. 인간이 하늘의[天之] 문명(文明)에서 떠나지 않고 머물러 삶[止]이 〈인문(人文)〉 즉 인간의[人] 문장[文]이고 광명[明]이라는 것이다. 여기 〈인문(人文)의 문(文)〉 역시 〈천문(天文)의 문(文)〉을 그대로 본받아 따름[以]이다. 거듭 말하지만 〈천문(天文)〉은 천지문명(天之文明)의 줄임이고, 천지문명(天之文明)은 천지문장광명(天之文章光明)〉이며 나아가 〈천지문장기덕(天之文章其德) 이천지광명기덕(而天之光明其德)〉의 줄임이다. 그러므로 〈인문(人文)〉은 〈인지문장기덕(人之文章其德) 이인지광명기덕(而人之光明其德)〉으로 여기고 새김이 마땅하다.

천지(天地) 즉 음양(陰陽)이 상합(相合)하고 상화(相和)하여 생만물(生萬物)함을 꾸미고[文] 밝히듯[明] 인간도[人] 그냥 그대로 본받아 인간의 세상을 꾸미고[文]

밝힘[明]이 〈인문(人文)〉이다. 그 천문(天文)을 본받고 따라[以] 머물러 살아감[止]이 곧 인문(人文)임을 〈문명이지(文明以止)〉라고 밝힌다. 여기 〈문명(文明)〉은 〈천지문장(天之文章) 이천지광명(而天之光明)〉의 줄임으로 여기고 새김이 마땅하다. 따라서 천지만물(天地萬物)이 〈천문(天文)〉이듯 천하만사(天下萬事)가 〈인문(人文)〉 아닌 것이 없음을 살펴 깨닫자면, 〈천문(天文)〉을 본받아 따름[以]이 〈인문(人文)〉임을 궁구(窮究)해야 한다. 천문(天文) 즉 천지문장광명(天之文章光明)이란 천지조화(天地造化)인 만물화생(萬物化生)을 꾸미고[文章] 밝힘[光明]을 말한다. 〈문명이지(文明以止)의 이(以)〉는 여기선 〈본받을 법(法), 따를 순(順)〉 등을 묶어 뜻하고, 〈문명이지(文明以止)의 지(止)〉는 〈머물러 살 처(處)〉와 같다.

註 여기 〈문명(文明)〉은 〈문장이광명(文章而光明)〉을 줄임이고, 〈문명(文明)〉을 〈천문(天文)〉이라고도 한다. 천문(天文)이란 만물화생(萬物化生) 즉 온갖 것들이[萬物] 태어나[化] 살아감[生]을 말한다. 화생(化生) 즉 태어나[化] 살아감[生]을 문(文) 즉 꾸미고[文] 그 화생(化生)을 밝게 함[明]을 문명(文明)이라고 한다. 그래서 문명(文明) 즉 문장광명(文章光明)을 〈덕시보(德施普)〉라고 풀이한다. 덕을[德] 널리[普] 베풂[施]을 〈일신(日新)〉이라 하고, 〈일신(日新)〉은 끊임없이 성덕(盛德) 즉 덕(德)을 쌓음[盛]이다. 그 성덕(盛德)을 꾸미고[文] 밝게 하는[明] 뜻을 간직하는 말씀이 〈문명(文明)〉이다. 천지(天地)의 만물화생(萬物化生)을 하늘의 문장(文章)이고 광명(光明)이라 한다. 온 세상에[天下] 문장(文章) 즉 찬란한 모습[文章]과 광명(光明) 즉 안팎으로 밝음[光明]이 천지(天地)가 화생(化生)한 만물(萬物)이다. 〈문장(文章)의 문(文)〉은 적청(赤靑)의 빛깔을 말하고, 〈문장(文章)의 장(章)〉은 적백(赤白)의 빛깔을 말해 유만물(有萬物) 즉 만물이[萬物] 있음[有]을 밝힌다. 그 문장(文章)을 줄여 〈문(文)〉이라 하고 그 광명(光明)을 〈명(明)〉이라 하여, 묶어 〈문명(文明)〉이라 한다. 그러므로 〈문명(文明)〉이라는 술어(術語)는 〈civilization〉을 번역한 일식조어(日式造語)인 〈문명(文明)〉과 전혀 상관 없는 술어이다. 양(陽 : ━)이 음(陰 : --)과 상합(相合)하고 상화(相和)하여 만물화생(萬物化生)을 밝히는 술어가 여기 〈문명(文明)〉이다. 따라서 〈문명(文明)〉을 〈덕시보(德施普)〉라고 풀이한다. 〈덕시보(德施普)의 덕(德)〉은 〈시생만물(始生萬物)〉 즉 온갖 것들이[萬物] 태어남을[生] 열어주는[始] 천지(天地)의 짓을 말한다.

觀乎天文以察時變(관호천문이찰시변)

〈찰시변(察時變)의 시변(時變)〉은 사시지변화(四時之變化)이다. 따라서 〈시변(時變)의 시(時)〉는 춘하추동(春夏秋冬)을 말하고, 〈시변(時變)의 변(變)〉은 춘작하장(春作夏長)과 추렴동장(秋斂冬藏)을 말한다. 춘작(春作) 즉 봄이면[春] 싹트고

[作], 하장(夏長) 즉 여름이면[夏] 자라고[長], 추렴(秋斂) 즉 가을이면[秋] 거두어들이고[斂], 동장(冬藏) 즉 겨울이면[冬] 저장함[藏] 등이 〈시변(時變)〉이다. 천문(天文)을 살핌[觀]으로써[以] 춘하추동(春夏秋冬)을 알아챌 수 있다. 봄을 살피면 싹틈을 살피고, 여름을 살피면 자람을 살피고, 가을을 살피면 거두어들임을 살피고, 겨울을 살피면 저장함을 살필 수 있음이 인간이 할 수 있는 〈문명(文明)〉임을 밝힌다. 〈관호천문이(觀乎天文以)의 이(以)〉는 〈써 용(用)〉과 같다.

觀乎人文以化成天下(관호인문이화성천하)

〈화성천하(化成天下)〉는 〈교화천하(敎化天下) 이성취기천하(而成取其天下)〉의 줄임이다. 천문(天文)을 본받는 인문(人文)으로써 온 세상을[天下] 가르쳐[敎] 변화시키고[化] 그리하여[而] 교화된[其] 온 세상을[天下] 이룩할[成就] 수 있음도 비괘(賁卦 : ䷕)의 통함[亨]을 본받은 것임을 밝힌다.

23 박괘(剝卦 : ䷖) 단사(彖辭)

곤하간상(坤下艮上) : 아래는[下] 곤(坤 : ☷), 위는[上] 간(艮 : ☶).

산지박(山地剝) : 산과[山] 땅은[地] 박이다[剝].

剝剝也이다 柔變剛也이다 不利有攸往은 小人長也이다
박 박 야 유 변 강 야 불 리 유 유 왕 소 인 장 야

順而止之는 觀象也이다 君子尚消息盈虛함은 天行也이다
순 이 지 지 관 상 야 군 자 상 소 식 영 허 천 행 야

박괘는[剝] 박탈함[剝]이다[也]. 부드러움이[柔] 굳셈을[剛] 변하게 함[變]이다[也]. 갈[往] 곳이[攸] 있어도[有] 이롭지 않음은[不利] 소인이[小人] 펼쳐나기[長] 때문이다[也]. 순응해서[順而] 그 순응에[之] 멈춤은[止] {괘(卦)의} 짓을[象] 살핌[觀]이다[也]. 군자가[君子] 사라지고[消] 생겨나고[息] 차고[盈] 빔을[虛] 받듦은[尚] 자연의[天] 운행[行]이다[也].

【지남(指南)】

剝剝也(박박야)

앞의 〈박(剝)〉은 박괘(剝卦 : ䷖)를 말하고, 뒤의 〈박(剝)〉은 박괘(剝卦 : ䷖)의 하괘(下卦 : ☷)로써 박괘(剝卦 : ䷖)의 괘상(卦象)을 풀이한다. 박괘(剝卦 : ䷖)에는 상구(上九 : ⚊)의 양효(陽爻) 하나만 있을 뿐 초륙(初六 : ⚋)에서 생(生)하여 점점 성장하여 성극(盛極) 즉 군왕(君王)의 자리인 오위(五位)까지 이르니 오음(五陰)에 일양(一陽)이 되어버려, 음양상합(陰陽相合)의 문(文)이 다해진 것이 박괘(剝卦 : ䷖)의 괘상(卦象)임을 〈박(剝)〉이라고 풀이한다. 말하자면 서합괘(噬嗑卦 : ䷔)의 음양상합(陰陽相合)도 박탈되고[剝], 비괘(賁卦 : ䷕)의 꾸밈[文]은 지문(至文) 즉 지극한[至] 꾸밈[文]이다. 지문(至文)이면 필반(必反)한다. 꾸밈이[文] 지극하면[至] 반드시 없어짐을 필반(必反)이라 한다. 말하자면 서합괘(噬嗑卦 : ䷔)

의 필반(必反)이 여기 박괘(剝卦 : ䷖)이다. 역(易)이란 천도(天道)의 반자(反者)를 그대로 따름이다. 본래 역(易)이란 오로지 천도(天道)를 따르는 변화일 뿐이다. 자연의[天] 규율[道]은 반자(反者) 즉 되돌아오는[反] 것[者]이니 무엇이든 있음이[有] 지극하면[至] 반드시 없음이[無] 온다[反]. 따라서 비괘(賁卦 : ䷕)를 뒤따라 박괘(剝卦 : ䷖)가 온다. 여기 〈박(剝)〉은 〈벗겨낼 탈(脫)〉과 같아 박탈(剝脫)의 줄임말과 같다.

柔變剛(유변강)

박괘(剝卦 : ䷖)의 괘상(卦象)을 풀이한다. 비괘(賁卦 : ䷕)의 하체(下體)인 이(離 : ☲)가 곤(坤 : ☷)으로 변괘(變卦)하여 박괘(剝卦 : ䷖)의 하체(下體)가 되었음을 〈유변강(柔變剛)〉이라고 한 것이다. 그리하여 비괘(賁卦 : ䷕)에서 삼음삼양(三陰三陽)의 상화(相和)로 말미암은 〈문(文)〉 즉 꾸밈[文]을 오음일양(五陰一陽)으로써 박탈했음[剝]을 밝힘이 여기 〈유변강(柔變剛)〉이기도 하다. 비괘(賁卦 : ䷕)의 하체(下體)인 이(離 : ☲)의 초구(初九 : ⚊)와 구삼(九三 : ⚊)이 초륙(初六 : ⚋)과 육삼(六三 : ⚋)으로 변효(變爻)하여, 음양상합(陰陽相合) 즉 음기와[陰] 양기가[陽] 서로[相] 합하여[合] 꾸민[文] 상화(相和)가 박탈됨[剝]이 〈유변강(柔變剛)〉이다. 이 〈유변강(柔變剛)〉은 지문(至文) 즉 지극한[至] 꾸밈[文]은 필진(必盡) 즉 반드시[必] 다하여[盡] 없어짐이 역지도(易之道)임을 밝힌다. 역의[易之] 규율[道]도 도지동(道之動) 즉 자연 규율의[道之] 움직임[動]인 반자(反者)일 뿐이다.

註 반자도지동(反者道之動) 약자도지용(弱者道之用) 천하만물생어유(天下萬物生於有) 유생어무(有生於無) : 되돌아오는[反] 것은[者] 상도(常道)의[道之] 움직임이다[動]. 약한[弱] 것은[者] 상도(常道)의[道之] 씀이다[用]. 온 세상(天下) 온갖[萬] 것은[物] 있음에[有] 의해[於] 생기고[生], 있음은[有] 없음에[無] 의해[於] 생긴다[生]. 『노자(老子)』 40장(章)

不利有攸往(불리유유왕) 小人長(소인장)

박괘(剝卦 : ䷖)의 괘상(卦象)은 온통 음효(陰爻 : ⚋)에게만 〈유유왕(有攸往)〉 즉 갈[往] 데가[攸] 있다[有]. 물론 박괘(剝卦 : ䷖)에 상구(上九 : ⚊)의 양효(陽爻) 하나가 있지만, 상효(上爻)란 이미 왕자(往者) 즉 가버린[往] 것[者]인지라 박괘(剝

卦 : ䷖)를 떠난 것과 같아 다른 효(爻)들과 상교(相交)하지 않는다. 그래서 상효(上爻)의 자리를 은자(隱者)의 것이라 한다. 따라서 박괘(剝卦 : ䷖)에는 음기(陰氣)만 한패가 되어 있음이 바로 박괘(剝卦 : ䷖)의 괘상(卦象)이다.

〈불리유유왕(不利有攸往)의 유왕(攸往)〉은 동이불화(同而不和)의 곳[攸]인지라 〈불리(不利)〉 즉 이롭지 않다[不利]. 끼리끼리 패거리 짓기만 하면서[同而] 어울리지 못하는[不和] 곳[攸]에 이로울[利] 것이 있을 리 없다. 박괘(剝卦 : ䷖)의 효(爻)들을 인간의 신분(身分)으로 말하자면 초륙(初六 : --)은 서인(庶人) 무리가 패거리를 짓고, 육이(六二 : --)는 사인(士人) 무리가 패거리를 짓고, 육삼(六三 : --)은 대부(大夫)의 무리가 패거리를 짓고, 육사(六四 : --)는 공경(公卿)의 무리가 패거리를 짓고, 육오(六五 : --)는 여왕(女王)이 패거리를 짓기만 하는 괘상(卦象)인지라 하유왕(何攸往) 즉 가는[往] 데가[攸] 어디든[何] 패거리만 생기니, 가는 데가 어디든 〈불리(不利)〉 즉 이롭지 않음[不利]을 밝힌 것이 〈소인장(小人長)〉이다. 여기 〈소인장(小人長)〉은『논어(論語)』에 나오는 〈소인동이불화(小人同而不和)〉를 상기시킨다. 〈소인장(小人長)〉 즉 소인이[小人] 펼쳐남[長]이란 패거리 짓는[同] 일들이 득세를 하여 상화(相和) 즉 서로[相] 어울림[和]을 누리지 못함을 암시한다. 〈소인장(小人長)의 장(長)〉은 여기선 〈펼칠 신(伸)〉과 같아 신장(伸長)의 줄임말과 같다.

註 군자화이부동(君子和而不同) 소인동이불화(小人同而不和) : 군자는[君子] 어울리되[和而] 패거리 짓지 않고[不同], 소인은[小人] 패거리 짓되[同而] 어울리지 않는다[不和].

『논어(論語)』「자로(子路)」 23장(章)

順而止之(순이지지) 觀象(관상)

〈순괘지상이지어기상(順卦之象而止於其象)〉으로 여기고 〈괘의[卦之] 짓을[象] 따라서[順而] 그[其] 짓에[象於] 멈춘다[止]〉라고 새겨볼 것이다. 어느 대성괘(大成卦)나 어느 소성괘(小成卦)나 모두 다 역지도(易之道) 즉 일음일양(一陰一陽)의 규율[道]을 따라 짓을 한다. 이를 괘상(卦象) 즉 괘의[卦] 짓[象]이라고 한다. 괘상(卦象)이란 괘지상(卦之象)의 줄임이다. 괘의[卦之] 상(象)은 어떤 모양을 본뜸이 아니라 어떤 동작을 본뜸이다. 따라서 괘상(卦象)은 괘(卦)가 어떤 것의 꼴이 아니라 어떤 것의 짓을 말한다. 그러므로 박괘(剝卦 : ䷖)의 괘상(卦象)을 따라[順] 그 괘상에[之] 멈춤[止]이란 박괘(剝卦 : ䷖)의 괘상(卦象)을 주목하라 함이 곧 관상(觀象)이다. 박괘(剝卦 : ䷖)를 관상(觀象)하자면 바로 앞 괘(卦)의 상(象)을 참고한다. 비괘(賁卦 : ䷕)의 괘상(卦象)과 박괘(剝卦 : ䷖)의 괘상(卦象)을 견주어 보면, 비괘(賁卦 : ䷕)의 하체(下體)인 이(離 : ☲)가 곤(坤 : ☷)으로 변괘(變卦)하여 박괘(剝卦 : ䷖)의 하체(下體)가 되었음을 살필 수 있다. 이에 〈유변강(柔變剛)〉이라고 앞서 밝힌 것이 이(離 : ☲)에 유(柔) 즉 음(陰 : ⚋)이 진출하여, 변강위유(變剛爲柔) 즉 굳셈[剛] 곧 양(陽 : ⚊)을 변화시켜[變] 부드러움[柔] 즉 음(陰 : ⚋)이 되어[爲] 박괘(剝卦 : ䷖)의 괘상(卦象)이 이루어졌음을 밝힌 것이 〈순이지지(順而止之) 관상(觀象)〉이다.

註 일음일양지위도(一陰一陽之謂道) 계지자선야(繼之者善也) 성지자성야(成之者性也) : 한번은[一] 음기이고[陰] 한번은[一] 양기임[陽]을[之] 도라고[道] 한다[謂]. 그 도를[之] 계승하는[繼] 것이[者] 선(善)이고[也], 그 도를[之] 이룩하는[成] 것이[者] 성(性)이다[也].

「계사전상(繫辭傳上)」 5단락(段落)

君子尙消息盈虛(군자상소식영허) 天行(천행)

군자(君子)가 관상(觀象) 즉 괘의[卦之] 짓[象]을 살펴 받드는[尙] 까닭을 밝힌다. 군자(君子)가 비괘(賁卦 : ䷕)의 하체(下體)인 이(離 : ☲)가 박괘(剝卦 : ䷖)의 하체(下體)인 곤(坤 : ☷)으로의 변괘(變卦)를 살핌[觀]으로써 소식(消息)을 받들고[尙] 영허(盈虛)를 받드는[尙] 이치를 깨닫게 되었음을 밝힌다. 즉 모든 사물은 소식(消息)이 왕래(往來)하고 영허(盈虛)가 왕래하는 천행(天行)을 따름을 살펴 깨닫게 됨을 밝힘이 〈상소식영허(尙消息盈虛)〉이다. 〈소식(消息)〉은 〈소멸식생(消滅息生)〉의 줄임이고, 〈영허(盈虛)〉는 〈영만공허(盈滿空虛)〉의 줄임이다. 없어지면[消] 생겨나고[息] 생겨나면[息] 없어지고[消] 이것이 소식(消息)이 왕래(往來)하는 천행(天行)이다. 채워지면[盈] 비워지고[虛] 비워지면[虛] 채워지고[盈] 이것이 영허(盈虛)가 왕래(往來)하는 천행(天行)이다.

〈천행(天行)〉이란 천도운행(天道運行)의 줄임이다. 이 〈천행(天行)〉을 〈도지동(道之動)〉으로 살펴 들어도 된다. 도지동(道之動)-천행(天行) 이를 일러 반자(反者)

라고 하는 것은 모든 사물이 〈소식영허(消息盈虛)〉의 왕래(往來)를 따르기 때문이다. 군자(君子)는 이(離 : ☲)가 곤(坤 : ☷)으로 변화함을 살핌으로써 〈유변강(柔變剛)〉을 깨우쳐 음양상합(陰陽相合)의 꾸밈[文]도 지극해지면 〈소식영허(消息盈虛)〉의 왕래를 거칠 수밖에 없음을, 박괘(剝卦 : ䷖)의 괘상(卦象)을 살펴[觀] 〈소식영허(消息盈虛)의 천행(天行)〉을 받드는 이치를 깨닫게 됨이 〈군자상소식영허(君子尙消息盈虛) 천행(天行)〉이다. 군자(君子)의 〈상소식영허(尙消息盈虛)〉라는 말씀은 『논어(論語)』에 나오는 〈외천명(畏天命)〉이란 말씀을 상기시킨다.

註 군자유삼외(君子有三畏) 외천명(畏天命) 외대인(畏大人) 외성인지언(畏聖人之言) 소인부지천명이불외야(小人不知天命而不畏也) 압대인(狎大人) 모성인지언(侮聖人之言) : 군자에게는[君子] 세 가지의[三] 두려움이[畏] 있다[有]. 천명을[天命] 두려워하고[畏] 대인을[大人] 두려워하며[畏] 성인의[聖人之] 말씀을[言] 두려워한다[畏]. 소인은[小人] 천명을[天命] 알지 못해서[不知而] (천명을) 두려워하지 않는 것[不畏]이고[也], 대인을[大人] 얕보며[狎] 성인의[聖人之] 말씀을[言] 업신여긴다[侮].

『논어(論語)』「계씨(季氏)」 8장(章)

24 복괘(復卦 : ☷☳) 단사(彖辭)

진하곤상(震下坤上) : 아래는[下] 진(震 : ☳), 위는[上] 곤(坤 : ☷).

지뢰복(地雷復) : 땅과[地] 우레는[雷] 복이다[復].

復亨이고 剛反이다 動而以順行한다 是以出入无疾이고 朋來无咎이다 反復其道해 七日來復天行也이다 利有攸往은 剛長也이다 復其見天地之心乎로다

복괘는[復] 통함이고[亨] 굳셈이[剛] 돌아옴이다[反]. 움직여서[動而] {유(柔)를} 따름[順]으로써[以] 행한다[行]. 이[是] 때문에[以] 나들이해도[出入] 병들 것이[疾] 없고[无] 벗들이[朋] 와도[來] 허물이[咎] 없다[无]. 그[其] 길을[道] 되풀이해서[反復] 이레 만에[七日] 되돌아옴은[來復] 자연의[天] 운행[行]이다[也]. 갈[往] 바가[攸] 있어[有] 이로움은[利] 굳셈이[剛] 펼쳐남[長]이다[也]. 복괘[復] 그것은[其] 천지의[天地之] 마음을[心] 살핌[見]이로다[乎].

【지남(指南)】

復亨(복형)

〈복(復)〉은 복괘(復卦 : ☷☳)를 말하고, 〈형(亨)〉은 복괘(復卦 : ☷☳)의 괘상(卦象)을 풀이한다. 복괘(復卦 : ☷☳)의 괘상(卦象)은 진하곤상(震下坤上)이니 지중(地中)에서 일양(一陽)이 복생(復生) 즉 다시[復] 생김이니[生] 복괘(復卦 : ☷☳)라고 칭한다. 복괘(復卦 : ☷☳)의 괘상(卦象)은 바로 앞 박괘(剝卦 : ☶☷)의 도괘(倒卦) 즉 뒤집혀진[倒] 괘(卦)이다. 〈복(復)〉은 재시(再始) 즉 다시[再] 시작됨[始]을 말한다. 따라서 여기 〈복형(復亨)의 복(復)〉이란 곤괘(坤卦 : ☷☷)의 초효(初爻) 자리로 양강(陽

剛) 즉 양기(陽氣 : ⚊)가 내반(來反) 즉 되돌아왔음[來反]을 뜻하고, 여기 〈복(復)〉은 〈복어천도(復於天道)〉의 줄임으로 여김이 마땅하다. 자연의[天] 규율로[於道] 돌아옴[復]을 일러 지성(至誠)이라 한다. 〈복형(復亨)의 형(亨)〉은 〈통할 통(通)〉과 같아 형통(亨通)의 줄임말과 같다.

剛反(강반)

〈강(剛)〉 즉 양(陽 : ⚊)이 소극(消極) 즉 다하면[消極] 내반(來反) 즉 돌아옴[來反]을 밝힌다. 소극(消極)이란 무(無)가 다함[極]을 풀이한 말이고, 식극(息極)이란 유(有)가 다함[極]을 풀이한 말이다. 〈강반(剛反)의 강(剛)〉은 복괘(復卦 : ䷗)의 초구(初九 : ⚊)를 밝힌다. 물론 복괘(復卦 : ䷗)의 하체(下體)인 진(震 : ☳)의 초효(初爻 : ⚊)를 밝힌다고 보아도 된다. 곤괘(坤卦 : ䷁)에서 초효(初爻)의 자리로 〈강(剛)〉 곧 양기(陽氣 : ⚊)가 내반(來反) 즉 돌아옴[來反]으로써 곤괘(坤卦 : ䷁)의 상륙(上六 : ⚋)이 물러가, 곤괘(坤卦 : ䷁)가 복괘(復卦 : ䷗)로 변괘(變卦)되었음을 밝힘이 또한 〈강반(剛反)〉이다. 초효(初爻)는 상행(上行)하려는 움직임이 매우 강렬하다. 음기(陰氣)만으로는 변화가 일어나지 못하고 양기(陽氣)만으로도 변화가 일어나지 못한다. 음양(陰陽)이 상합(相合)해야 변화가 일어남이 〈일음일양(一陰一陽)〉이라는 역지도(易之道) 즉 변화의[易之] 규율[道]이고 이치[道]이다. 말하자면 곤괘(坤卦 : ䷁)는 양기(陽氣)가 소극(消極)하여 음기(陰氣)만이라 순일(純一)할 뿐 변화하지 못한다. 곤괘(坤卦 : ䷁)에 양기(陽氣 : ⚊)가 돌아와야 변화가 일어나고, 첫 번째 건괘(乾卦 : ䷀)에도 음기(陰氣 : ⚋)가 돌아와야 변화가 일어난다. 그래서 곤괘(坤卦 : ䷁)의 초륙(初六 : ⚋)이 초구(初九 : ⚊)로 변효(變爻)되면 변화가 다시 일어나 복괘(復卦 : ䷗)가 된다.

복괘(復卦 : ䷗) 이것은 변화가 시작하는 괘상(卦象)이다. 그래서 복괘(復卦 : ䷗)를 음력으로 11번째 달인 섣달 괘(卦)라 한다. 섣달은 세시(歲始)의 달로서 복괘(復卦 : ䷗)의 달이라 한다. 음력으로 정월은 12번째 달이고 2월이 첫 번째 달이 되어 동짓달은 열 번째 달이 된다. 변화의 시작은 수(數)로는 〈십유일(十有一)〉이고, 세(歲)로는 섣달 즉 복괘(復卦 : ䷗)의 달이다. 그러므로 여기 〈강반(剛反)〉은 앞의 〈복형(復亨)의 형(亨)〉을 풀이한 말씀이 된다. 통함[亨]이란 변화의 시작으로 이루어지기 때문이다. 〈강반(剛反)의 반(反)〉은 〈돌아올 반(返)〉과 같다.

動而以順行(동이이순행)

〈강상동(剛上動) 이강상행이순유(而剛上行以順柔)〉로 여기고 〈굳셈이[剛] 위로[上] 움직인다[動] 그래서[而] 굳셈이[剛] 올라감[上行]으로써[以] 부드러움을[柔] 따른다[順]〉라고 새겨볼 것이다. 복괘(復卦 : ䷗)가 형통(亨通)하는 이(理) 즉 이치[理]를 밝힌다. 〈동이이순행(動而以順行)의 동(動)〉은 복괘(復卦 : ䷗)의 초효(初爻)인 초구(初九 : ⚊)가 상동(上動) 즉 위로[上] 움직이기[動] 시작하는 자리에 있음을 말한다. 대성괘(大成卦)에서 육효(六爻)가 멈춰 있는 것이 아니라 위로[上] 순행(順行)함이 역지도(易之道)이다. 그래서 도유변동(道有變動)을 효(爻)라고 한다. 역의[易之] 규율[道]에는 변동이[變動] 있고[有], 그 변동을 실행함을 일러 효(爻)라고 한다. 복괘(復卦 : ䷗)의 초효(初爻)인 양효(陽爻 : ⚊)는 육이(六二 : ⚋)인 음효(陰爻)를 따라 상행(上行)하여 구이(九二 : ⚊)가 될 것이고, 육이(六二 : ⚋)는 육삼(六三 : ⚋)이 될 것이며, 육삼(六三 : ⚋)은 육사(六四 : ⚋)가 될 것이고, 육사(六四 : ⚋)는 육오(六五 : ⚋)가 될 것이며, 육오(六五 : ⚋)는 상륙(上六 : ⚋)이 되므로, 있던 상륙(上六 : ⚋)은 복괘(復卦 : ䷗)에서 가버리는[往] 효(爻)가 된다. 이렇게 상행하여 변화를 짓는 변동을 밝힘이 〈동이이순행(動而以順行)〉이다. 그러므로 〈동이이순행(動而以順行)의 동(動)〉은 복괘(復卦 : ䷗)의 초구(初九 : ⚊)를 뒤따라 또 양기(陽氣 : ⚊)가 온다면[來] 복괘(復卦 : ䷗)는 19번째 임괘(臨卦 : ䷒)로 변괘(變卦)할 것이고, 음기(陰氣 : ⚋)가 온다면 7번째 사괘(師卦 : ䷆)로 변괘(變卦)할 것임을 암시한다.

是以出入无疾(시이출입무질)

〈시이(是以)〉는 〈동이이순행고(動而以順行故)〉와 같다. 들고남에[出入] 나쁠 것이[疾] 없음[无]은 양강(陽剛)이 움직여서[動而] {음유(陰柔)를} 따름[順]으로써[以] 행함[行]을 본받아 들고나기[出入] 때문이다. 〈출입무질(出入无疾)〉이란 앞서 박괘(剝卦 : ䷖)의 괘상(卦象)이 드러내는 〈소인장(小人長)〉 같은 병질(病疾) 따위를 암시한다. 소인(小人)의 득세(得勢)가 빚어내는 사욕(私慾)의 병폐보다 더한 흉은 없다. 앞서 살핀 〈동이이순행(動而以順行)〉은 〈무질(无疾)〉의 동행(動行)이다.

朋來无咎(붕래무구)

〈시이붕래무구(是以朋來无咎)〉로 여기고 새김이 마땅하다. 벗이[朋] 와도[來] 허물이[咎] 없음[无]도 역시 양강(陽剛)이 움직여서[動而] {음유(陰柔)를} 따름[順]으로써[以] 행함[行]을 본받기 때문에 군자(君子)의 도(道)가 넓혀진다. 찾아오는[來] 벗[朋]은 저의(底意)를 갖고 패거리 짓는 동이불화(同而不和)의 소인(小人)이 아니라, 음양상합(陰陽相合)의 상화(相和)를 그냥 그대로 본받는 화이부동(和而不同)의 군자(君子)가 오기 때문에 허물이[咎] 없다[无]는 것이다. 앞서 살핀 〈동이이순행(動而以順行)〉은 〈무구(无咎)〉의 동행(動行)이다.

反復其道(반복기도) 七日來復天行(칠일래복천행)

〈반복역지도천행(反復易之道天行) 이칠일래복천행(而七日來復天行)〉으로 여기고 〈반복은[反復] 역지도이며[易之道] 천행이다[天行] 그래서[而] 칠일이면[七日] 천행이[天行] 내복한다[來復]〉라고 새겨볼 것이다. 변화의[易之] 규율[道]은 반복(反復)한다. 여기 〈반복(反復)〉은 왕래(往來)와 같다. 오면[來] 가고[往] 가면[往] 오고[來] 이런 왕래(往來)가 반복(反復)이다. 이런 〈반복(反復)〉을 풀이하여 소식(消息)이나 영허(盈虛)라 한다. 달도 차면 기운다는 말이 바로 반복(反復)이고 왕래(往來)이고 소식(消息)이고 영허(盈虛)이다. 이처럼 〈기도(其道)〉 즉 역지도(易之道)를 끊임없이 반복(反復)하는 것을 〈천행(天行)〉이라고 밝힌 것이 〈반복기도(反復其道)〉이다. 여기 〈칠일래복(七日來復)〉은 〈천행(天行)〉을 구체적으로 풀이한다. 대성괘(大成卦)의 한 효(爻)를 하루로 친다면 초효(初爻)가 상효(上爻)까지 상행(上行)하는 데 육일(六日)이 걸리니 초효(初爻) 자리로 다시[復] 돌아오자면[反] 칠일(七日)이 걸림을 〈칠일래복(七日來復)〉이라고 밝혀, 〈천행(天行)〉을 구체적으로 풀이한다.

利有攸往(이유유왕) 剛長(강장)

갈[往] 바가[攸] 있으면[有] 이롭다[利] 함은 음양상합(陰陽相合)이 박탈(剝脫)된 데가 아니라, 그 상합(相合)이 상화(相和)를 누리는 곳인지라 이롭다[利]고 한 것이다. 이로운 데란 곧 〈무질(无疾)〉의 곳인지라 〈강장(剛長)〉이라고 밝힌다. 〈강장(剛長)〉은 〈소인장(小人長)〉이 아니라 〈군자장(君子長)〉으로 이어지는 까닭이다. 〈강장(剛長)〉이란 양강신장(陽剛伸長) 즉 굳센 양기가[陽剛] 펼쳐남[伸長]이니 군자(君子)의 도(道)가 펼쳐남[長]이다. 그러니 갈[往] 바가[攸] 있을수록[有] 이롭다[利]. 군자(君子)가 있는 곳이면 어디든 이로운 것이다.

復其見天地之心(복기견천지지심)

복괘(復卦 : ䷗)를 관상(觀象) 즉 짓을[象] 살핀다면[觀] 천지의[天地之] 마음을[心] 살필[見] 수 있음을 밝힌다. 〈천지지심(天地之心)〉은 천지(天地)의 운행(運行)을 밝힌다. 천지지심(天地之心)-천심(天心)-천행(天行)-천운(天運) 등은 모두 한 말씀이다. 복괘(復卦 : ䷗)에서 하늘땅의[天地之] 마음을[心] 살핀다[見]고 함은 그 〈강반(剛反)〉을 살핌[見]과 같다. 천지(天地)의 운행(運行)이 쉼 없이 반복됨을 양효(陽爻 : ⚊)가 내복(來復)한 짓을[象] 살핀다면[見], 쉼 없이 반복하는 천행(天行)을 살펴볼 수 있다. 일년(一年)의 천행(天行)을 살필 때 복괘(復卦 : ䷗)에서 한해가 시작됨을 살필 수 있음은 곧 복괘(復卦 : ䷗)의 초효(初爻)인 양효(陽爻 : ⚊)를 살펴보라 함이다. 복괘(復卦 : ䷗)의 초효(初爻 : ⚊)가 내복(來復)함을 동지(冬至)라 하여 한해의 시작으로 보는 것이 음력(陰曆)의 천행(天行)이다. 그래서 동지시덕(冬至始德) 즉 동지가[冬至] 덕을[德] 시작한다[始]고 한다. 시덕(始德)이란 시생(始生)과 같고 시춘(始春)을 뜻하기도 한다. 태어나기[生] 시작하는[始] 봄의[春] 시작[始]이 덕(德)의 모습이다. 이러한 시덕(始德)이야말로 곧 천지지심(天地之心)이다. 봄을[春] 시작하면[始] 만물이 생(生)을 시작한다. 이러한 시덕(始德)-시생(始生)-시춘(始春)의 천지심(天地心)을 복괘(復卦 : ䷗)의 초구(初九 : ⚊)인 강양(剛陽)의 내복(來復)으로써 살필 수 있다.

25 무망괘(无妄卦 : ䷘) 단사(彖辭)

진하건상(震下乾上) : 아래는[下] 진(震 : ☳), 위는[上] 건(乾 : ☰).

천뢰무망(天雷无妄) : 하늘과[天] 우레는[雷] 무망이다[无妄].

无妄剛自外來而爲主於內한다 動而健하고 剛中而應하니 大亨以正하고 天之命也이다 其匪正有眚이라 不利有攸往이니 无妄之往이 何之矣리오 天命不祐를 行矣哉리오
무망강자외래이위주어내 동이건 강중이응 대형이정 천지명야 기비정유생 불리유유왕 무망지왕 하지의 천명불우 행의재

무망괘는[无妄] 굳셈이[剛] 밖[外]으로부터[自] 와서[來而] 안에서[於內] 주체가[主] 된다[爲]. 움직이되[動而] 건실하고[健] 굳셈이[剛] 가운데 있어서[中而] 응하니[應] 크게[大] 통함[亨]으로써[以] 바름이고[正] 하늘의[天之] 명령[命]이다[也]. 그[其] (천명을 따르는) 정도가[正] 아닌 것에[匪] 재앙이[眚] 있어서[有] 갈[往] 바가[攸] 있어도[有] 이롭지 않으니[不利] 무망괘를[无妄之] 떠나가서[往] 어디로[何] 갈 것[之]인가[矣]. 천명이[天命] 돕지 않음을[不祐] 행할 것[行]인가[矣哉].

【지남(指南)】

无妄剛自外來而爲主於內(무망강자외래이위주어내)

〈무망(无妄)〉은 무망괘(无妄卦 : ䷘)를 말하고, 〈강자외래이위주어내(剛自外來而爲主於內)〉는 무망괘(无妄卦 : ䷘)의 초구(初九 : ⚊)를 밝힌다. 앞 복괘(復卦 : ䷗)의 초구(初九 : ⚊)를 〈강반(剛反)〉 즉 〈양기가[剛] 돌아왔다[反]〉라고 풀이했다. 그 〈강반(剛反)의 반(反)〉을 자세하게 풀이한 것이 〈강자외래이위주어내(剛自外來而爲主於內)〉이다. 〈강자외래(剛自外來)〉는 곤(坤 : ☷)의 초륙(初六 : ⚋)이 초구(初九 : ⚊)로 변(變)하여 진(震 : ☳)이 됨을 밝힌다. 양기가[剛] 밖[外]으로부

터[自] 와서[來] 무망괘(无妄卦 : ䷘) 안에서[於內] 주효(主爻)가 되어[爲] 변화(變化)를 주도(主導)하는 효(爻)임을 밝힘이 〈위주어내(爲主於內)〉이다. 이 〈위주어내(爲主於內)〉는 〈초구위주효어무망괘지내(初九爲主爻於无妄卦之內)〉의 줄임으로 여기고 〈초구가[初九] 무망괘의[无妄卦之] 안에서[於內] 주효가[主爻] 된다[爲]〉라고 새겨볼 것이다. 주효(主爻)란 대성괘(大成卦) 안에서 동(動) 즉 변동(變動)을 주도(主導)하는 효(爻)를 말한다.

무망괘(无妄卦 : ䷘)의 괘상(卦象)은 진하건상(震下乾上)이다. 진(震 : ☳)의 성질이 동(動)인지라, 건(乾 : ☰) 아래 진(震 : ☳)의 동(動)이란 〈동이천(動以天)〉 즉 하늘을[天] 본받아[以] 움직임[動]이다. 이천(以天) 즉 하늘을[天] 본받아[以] 움직임[動]에는 망념[妄]이 없지만, 이인욕(以人欲) 즉 인욕을[人欲] 본받아[以] 움직임[動]에는 망념[妄]이 끼어든다. 천도(天道)를 본받아 움직임을 일러 지성(至誠)이라 한다. 따라서 〈무망(无妄)〉은 지성(至誠)을 뜻한다. 망념이[妄] 없고[无], 허망함도[妄] 없고[无], 성실하지 않음도[妄] 없고[无], 속임도[妄] 없음[无]이 〈무망(无妄)〉이다. 〈무망(无妄)의 망(妄)〉은 〈망령될 탄(誕), 속일 망(罔), 성실치 않음[不誠實], 어긋나기 위(違)〉 등의 뜻이 있으므로, 〈무망(无妄)〉은 곧 지성(至誠) 즉 지극한[至] 정성[誠]으로 새겨도 되고, 『노자(老子)』에 나오는 〈수중(守中)〉 즉 상도를 따름을[中] 지킴[守]으로 새겨도 된다.

註 허이불굴(虛而不屈) 동이유출(動而愈出) 다언삭궁(多言數窮) 불여수중(不如守中) : (풀무는) 비어서[虛而] 다하지 않고[不屈], 움직이면[動而] 더욱더[愈] 낸다[出]. {치민(治民)하면서 정령(政令)을 밝히는} 말이[言] 많아질수록[多] (백성을 다스림은) 그만큼 빨리[數] 궁색해지니[窮], 상도를 따라[中] 지킴만[守] 못하다[不如]. 『노자(老子)』 4장(章)

動而健(동이건)

〈동이건(動而健) 대형이정(大亨以正) 천지명야(天之命也)〉로 여기고 〈동이건은[動而健] 크게[大] 통함[亨]으로써[以] 바름이고[正] 하늘의[天之] 명령[命]이다[也]〉라고 새겨볼 것이다. 무망괘(无妄卦 : ䷘)의 본체(本體) 곧 진하건상(震下乾上)을 성질(性質)로써 풀이한다. 진(震 : ☳)의 성질은 움직임[動]이고, 건(乾 : ☰)의 성질은 굳셈[健]이다. 아래에서 움직이고[動] 위에서 굳셈[健]이야말로 강건(剛健)함이다. 무망괘(无妄卦 : ䷘)의 본체(本體)가 바로 이 〈강건(剛健)〉임을 〈동이건(動而健)〉이라고 밝힌다. 이러한 〈동이건(動而健)〉을 〈대형이정(大亨以正)〉이라고 풀이한다. 〈대형(大亨)의 대(大)〉는 〈부동동지(不同同之)〉 즉 같지 않은 것[不同] 그것을[之] 같게 함[同]이니, 음양상합(陰陽相合)의 상화(相和)로써 통함[亨]이 곧 〈대형(大亨)〉이고, 그 대형(大亨)으로써[以] 올바름[正]이 다름 아닌 천명(天命)을 따름임을 밝힌다. 〈대형이정(大亨以正)의 정(正)〉은 순천명(順天命)으로써 누리는 〈자중정(自中正)〉이다. 스스로[自] 정도를[正] 따름[中]이 〈대형이정(大亨以正)의 정(正)〉이다. 그래서 이 〈대형이정(大亨以正)의 정(正)〉 즉 자정(自正)을 〈천지명(天之命)〉이라고 밝힌다. 〈대형이정(大亨以正)의 정(正)〉인 자정(自正)은 『노자(老子)』에 나오는 〈수중(守中)〉 즉 정도(正道)를 따름을[中] 지킴[守]을 환기시킨다. 자정(自正)이 곧 무망(无妄)이다. 망념이[妄] 없고[无], 허망함도[妄] 없고[无], 성실하지 않음도[妄] 없고[无], 속임도[妄] 없다[无]는 무망(无妄)을 행함이 〈대형이정(大亨以正)〉이다. 따라서 〈대형이정(大亨以正)〉은 곧 〈천지명(天之命)〉이다. 천지명(天之命) 즉 천명(天命)이란 천지지사명(天地之使命)의 줄임으로 하늘땅의[天地之] 시킴[使命]이다.

剛中而應(강중이응)

〈강중이응(剛中而應) 대형이정(大亨以正) 천지명야(天之命也)〉로 여기고 〈강중이응은[剛中而應] 크게[大] 통함[亨]으로써[以] 바름이고[正] 하늘의[天之] 명령[命]이다[也]〉라고 새겨볼 것이다. 무망괘(无妄卦 : ䷘)의 상하체(上下體)가 상합(相合)하여 상화(相和)함을 밝힌다. 여기 〈강중(剛中)〉은 무망괘(无妄卦 : ䷘)의 구오(九五 : ⚊)가 중정(中正) 즉 중효로서[中] 정위에 있음[正]을 밝히고, 〈이응(而應)의 응(應)〉은 그 구오(九五 : ⚊)가 육이(六二 : ⚋)와 함께 중정(中正)을 누림을 밝힌다. 이러한 중정(中正)을 일컬어 〈대형(大亨)〉이라 한다. 중정(中正)이란 순리(順理) 즉 천명(天命)이라는 도리를[理] 따르는[順] 지성(至誠) 즉 지극한[至] 정성[誠]이다. 지성(至誠)은 곧 순천명(順天命)이고 천명(天命)을 따르면[順] 그것이 곧 무망(无妄)이다. 그러므로 〈강중이응(剛中而應)〉 역시 대형(大亨) 즉 크게[大] 형통함[亨]이니 자정(自正) 즉 스스로[自] 바름[正]이다. 이 자정(自正)을 무망괘(无妄卦 : ䷘)의 괘상(卦象)으로 풀이한다면, 구오(九五 : ⚊)와 육이(六二 : ⚋)가 서로 정위(正位) 즉 바른[正] 자리[位]에서 득중(得中) 즉 정도를 따름을[中] 취함[得]을 들어 무망(无妄)의 자정(自正)이라고 풀이한다. 자정(自正)이야말로 지성(至誠)이니 무망(无妄)이고 곧 순천명(順天命)이다. 〈강중(剛中)〉은 〈견강중위(堅剛中位)〉의 줄임으로 여기면 되고, 〈응(應)〉은 〈따를 순(順)〉과 같아 순응(順應)의 줄임말과 같다.

其匪正有眚(기비정유생) 不利有攸往(불리유유왕) 无妄之往(무망지왕) 何之矣(하지의)

무망괘(无妄卦 : ䷘)의 상구(上九 : ⚊)는 극위(極位) 즉 더 오를 데가 없는[極] 자리[位]인지라 상구(上九 : ⚊)의 떠나감[往]이 〈비정(匪正)〉이라고 밝힌다. 대성괘(大成卦)에서 초효(初爻)의 자리[位]는 내(來) 즉 들어오는[來] 자리이고, 상효(上爻)의 자리[位]는 왕(往) 즉 물러가는[往] 자리이다. 여기 〈비정(匪正)〉은 곧 〈비정(非正)〉이다. 〈비정(匪正)〉은 〈비정도(匪正道)〉의 줄임으로 여기고 새김이 마땅하다. 따라서 〈기비정(其匪正)〉을 〈상구지비정(上九之匪正)〉 즉 상구의[上九之] 비정(匪正)으로 여기고 새기면, 〈기비정(其匪正)〉이 뜻하는 바를 간파할 수 있다. 그러면 무망괘(无妄卦 : ䷘)의 상효(上爻)인 상구(上九 : ⚊)가 무망괘(无妄卦 : ䷘)에서 나감[往]을 일러 〈비정(匪正)〉 즉 정도가[正] 아닌 것[匪]이라고 밝힘을 알 수 있다. 여기 〈비정(匪正)〉은 곧 역천명(逆天命) 즉 천명을[天命] 어김[逆]으로 이어진다. 〈비정(匪正)〉 즉 천명(天命)을 어긴다면 필유생(必有眚) 즉 반드시[必] 재앙이[眚] 일어난다[有]. 이런 연유로 〈불리유유왕(不利有攸往)〉이라고 밝힌다. 가는 것[往]이 〈비정(匪正)〉이라면 어디를 간들 〈유생(有眚)〉 즉 재앙이[眚] 생기니[有] 〈불리(不利)〉 즉 이롭지 않다[不利]는 것이다.

왜 불리(不利)하다는 것인가? 이에 대한 해답이 〈무망지왕(无妄之往)〉이다. 〈무망지왕(无妄之往)〉은 무망괘(无妄卦 : ䷘) 상구(上九 : ⚊)의 효상(爻象)을 밝히는지라 〈왕어무망괘(往於无妄卦)〉로 여기고 새기면 된다. 무망괘(无妄卦)에서[於] 나감[往]이 〈무망지왕(无妄之往)〉이다. 이는 곧 지성(至誠)이라는 천도(天道)를 저버림이다. 이런 연유로 〈하지의(何之矣)〉란 반문(反問)으로 점사(占辭)하고 있다. 점사(占辭)란 길흉(吉凶)을 판단해주는 말씀이다. 어디로[何] 갈 것[之]인가[矣]? 〈비정(匪正)〉의 왕(往)인지라 하지(何之) 즉 어디로[何] 간들[之] 정도가[正] 아니게[匪] 가는 것[往]이므로 〈유생(有眚)〉의 불리(不利)를 밝힌다. 그 무엇도 천명(天命)을 벗어나 다른 데로 갈 수 없음을 밝히고, 동시에 지성(至誠) 즉 무망(无妄)을 떠나면 필유생(必有眚)임을 단언한 점사(占辭)이다. 〈유생(有眚)의 생(眚)〉은 〈재앙 재(災)〉와 같고, 〈하지(何之)의 지(之)〉는 〈갈 지(之)〉이다.

天命不祐行(천명불우행)

〈행천명지불우(行天命之不祐)〉로 여기고 새김이 마땅하다. 〈천명불우(天命不祐)〉를 전치(前置)하여 강조하는 어투로 여기면 된다. 앞의 〈기비정(其匪正)의 비정(匪正)〉을 거듭해 풀이한다. 〈천명불우(天命不祐)〉는 〈천명지불우(天命之不祐)〉이다. 천명이[天命之] 돕지 않음[不祐]을 행(行)함이라면 그 무엇이든 〈비정(匪正)〉이다. 왜 지성감천(至誠感天)이라 하는가? 지극한[至] 정성으로[誠] 하늘을[天] 감동시켜야[感] 천우(天祐) 즉 하늘이[天] 도와줌[祐]이 곧 무망괘(无妄卦 : ䷘)의 괘상(卦象)임을 결어(結語) 즉 결론 삼아[結] 말하고[語] 있다. 여기 〈우(祐)〉는 〈도울 조(助)〉와 같다. 〈천명불우(天命不祐)〉는 『시경(詩經)』에 나오는 〈각경이의(各敬爾儀) 천명불우(天命不又)〉 즉 〈저마다[各] 제[爾] 몸가짐을[儀] 삼가야지[敬] 하늘의[天] 명이[命] 돕지 않을 터라[不又]〉의 천명불우(天命不又)와 같다.

26 대축괘(大畜卦 : ䷙) 단사(彖辭)

건하간상(乾下艮上) : 아래는[下] 건(乾 : ☰), 위는[上] 간(艮 : ☶).

산천대축(山天大畜) : 산과[山] 하늘은[天] 대축이다[大畜].

大畜剛健篤實하며 輝光日新其德한다 剛上而尚賢하고 能止健이 大正也이다 不家食吉은 養賢也이다 利涉大川은 應乎天也이다
(대축강건독실 휘광일신기덕 강상이상현 능지건 대정야 불가식길 양현야 이섭대천 응호천야)

대축괘는[大畜] 강건하고[剛健] 독실하며[篤實] 빛나고[輝] 영광스러워[光] 그[其] 덕을[德] 날마다[日] 쌓는다[新]. 굳세게[剛] 올라가서[上而] 현자를[賢] 받들고[尚] 능히[能] 머물러[止] 건실함이[健] 크나큰[大] 정도[正]이다[也]. 집에서[家] 먹지 않음이[不食] 좋다 함은[吉] 현자를[賢] 길러냄[養]이다[也]. 큰[大] 내를[川] 건넘이[涉] 이롭다 함은[利] 천명에[乎天] 순응함[應]이다[也].

【지남(指南)】

大畜剛健篤實(대축강건독실) 輝光日新其德(휘광일신기덕)

〈대축(大畜)〉은 대축괘(大畜卦 : ䷙)를 말하고, 〈강건(剛健)〉은 대축괘(大畜卦 : ䷙)의 하체(下體) 건(乾 : ☰)의 괘상(卦象)을 밝히며, 〈독실(篤實)〉은 대축괘(大畜卦 : ䷙)의 상체(上體) 간(艮 : ☶)의 괘상(卦象)을 밝힌다. 〈휘광(輝光)〉은 〈강건(剛健)〉을 풀이하고, 〈일신기덕(日新其德)〉은 〈독실(篤實)〉을 풀이한다.

대축괘(大畜卦 : ䷙)의 하체(下體)로서 건(乾 : ☰)은 천일(天日)로서 그 동(動)함이 강건(剛健)하다. 그 강건(剛健)한 움직임[動]이 곧 생기(生氣)이고, 그 생기(生氣)의 〈휘광(輝光)〉으로써 온갖 목숨이 살아간다. 이 얼마나 눈부시게 하는[輝]

빛남[光]인가! 〈휘광(輝光)〉은 휘요광영(輝耀光榮)의 줄임이다. 이는 더없이 빛남이 지극함인지라, 현구(眩懼) 즉 바라봄을 어리둥절케 하여[眩] 두렵게 하는[懼], 광요(光耀) 즉 눈부신 빛남[光耀]이라는 찬사로써 건(乾 : ☰)의 괘상(卦象)을 밝힌다.

대축괘(大畜卦 : ䷙)의 상체(上體) 간(艮 : ☶)은 산(山)으로서 움직임 없이[止] 건(乾 : ☰)의 강건(剛健)한 움직임[動]을 받아들임이 곧 〈독실(篤實)〉이다. 〈독실(篤實)〉은 〈독후박실(篤厚樸實)〉의 줄임이다. 간(艮 : ☶)의 멈춤[止]을 풀이하여 두텁고[篤厚] 꾸밈없이 그냥 그대로[樸實] 즉 자연(自然)이 곧 산(山)이라는 지(止)이다. 산(山 : ☶)은 그대로 건(乾 : ☰)의 강건(剛健)한 움직임[動]인 생기(生氣)를 받아들이니 대축(大畜) 즉 큰 것을[大] 간직함[畜]이다. 여기 〈대축(大畜)의 대(大)〉는 바로 〈건덕(乾德)〉인지라 산(山)은 건덕(乾德)을 그대로 간직하는지라 온갖 초목금수(草木禽獸)의 삶터가 된다. 따라서 간(艮 : ☶)의 〈독실(篤實)〉을 〈일신기덕(日新其德)〉이라고 찬양(讚揚)한 것이다. 〈일신(日新)〉은 끊임없이 성덕(盛德) 즉 덕(德)을 쌓음인데, 날마다 쌓는[盛] 덕(德)이 바로 〈기덕(其德)〉 즉 건지덕(乾之德)이다. 간(艮 : ☶)은 산(山)으로서 온갖 초목금수(草木禽獸)의 삶터인지라 〈일신기덕(日新其德)〉 즉 그[其] 건덕을[德] 날마다[日] 쌓아간다[新]고 대축괘(大畜卦 : ䷙)의 괘상(卦象)을 밝힌다. 여기 〈일신(日新)〉은 성덕(盛德) 즉 덕(德)을 끊임없이 쌓아감[盛]을 뜻한다.

나아가 대축괘(大畜卦 : ䷙)의 〈대축(大畜)〉은 삶을 통하게 하는 건덕(乾德)을 축적(蓄積)함을 뜻하고, 9번째 소축괘(小畜卦 : ䷈)의 〈소축(小畜)〉은 살아갈 양식(糧食)을 축적(蓄積)함을 뜻함을 새삼 견주어 살펴보게 한다.

剛上而尙賢(강상이상현) 能止健(능지건) 大正也(대정야)

〈강상거이상현대정야(剛上居而尙賢大正也) 이기강능지이건대정야(而其剛能止而健大正也)〉로 여기고 〈상구(上九)가[剛] 윗자리에[上] 머물러서[居而] 현자를[賢] 받듦은[尙] 대덕을[大] 바르게 함[正]이다[也] 그리고[而] 그[其] 상구(上九)가[剛] 머물러서[止而] 강건할 수 있음이[能健] 대덕을[大] 바르게 함[正]이다[也]〉라고 새겨볼 것이다. 여기 〈강상(剛上)〉은 대축괘(大畜卦 : ䷙)의 상구(上九 : ⚊)를 밝힌다. 양기(陽氣 : ㅡ)가 상효(上爻)의 자리[位]에 있으니 〈강상(剛上)〉이라고 밝힌다. 대성괘(大成卦)에서 상효(上爻)의 위(位)는 상왕(上王)의 자리이고, 동시에 은자(隱者)의 자리로서 지극(至極)하다. 〈강상(剛上)〉 즉 대축괘(大畜卦 : ䷙) 상구(上九 : ㅡ)의[剛] 윗자리는[上] 〈일신기덕(日新其德)〉이 지극(至極)하다. 성덕(盛德)이 지극(至極)하다면 그 쌓은[成] 덕(德)을 베풀어야 하고 그 베풂을 일러 〈상현(尙賢)〉이라고 한다. 현자를[賢] 숭상함[尙]을 〈대정(大正)〉이라고 밝힘이 〈강상이 상현(剛上而尙賢) 대정야(大正也)〉이다. 천덕(天德)을 베풂으로써 현자를[賢] 받듦[尙]이 곧 〈대정(大正)〉이다. 따라서 〈대정(大正)의 대(大)〉는 천덕(天德)이며 그 천덕(天德)을 바르게 함이 〈대정(大正)〉이다. 〈대정(大正)〉이란 수중(守中) 즉 정도를 따름을[中] 지킴[守]이니 여기 〈상현(尙賢)〉은 천도(天道)라는 정도를 따름을[中] 지킴[守]이다. 물러가는 상효(上爻)의 자리일지라도 대축괘(大畜卦 : ䷙)의 상구(上九 : ㅡ)는 〈대축(大畜)〉이 지극하므로 간직한[畜] 대덕[大]을 베풀어 〈상현(尙賢)〉을 행함이 〈대정(大正)〉이니 〈능지건(能止健)〉이다. 역지도(易之道) 즉 변화의[易之] 규율[道]에 어긋남이 아니다. 그러므로 대축괘(大畜卦 : ䷙)의 상구(上九 : ㅡ)는 능히[能] 머물러[止] 강건함[健]을 밝힌다.

不家食吉(불가식길) 養賢也(양현야)

〈불가식길(不家食吉)〉은 〈불가식지길(不家食之吉)〉로 여기고 〈자기만 즐기지 않는[不家食之] 행복[吉]〉이라고 새겨볼 것이다. 〈상현(尙賢)〉의 짓[象]을 본받기를 밝힌다. 〈가식(家食)〉이란 낙어신(樂於身) 즉 자기만을[於身] 즐김[樂]이니 소인(小人)의 짓이고 흉(凶)하다. 소인(小人)의 짓을 결코 범하지 않음이 〈불가식(不家食)〉이다. 여기 〈불가식(不家食)〉은 『노자(老子)』에 나오는 〈봉천하(奉天下)〉라는 말씀을 상기시키고, 『논어(論語)』에 나오는 〈군자가대수(君子可大受)〉를 떠올려준다. 앞서 살핀 〈능지건(能止健)〉을 본받는 사람 즉 〈대축(大畜)〉을 본받는 사람은 〈불가식(不家食)〉으로써 행복[吉]을 누릴 수 있다. 〈불가식(不家食)〉은 집 안에서 맴돌지 않고 세상을[天下] 받들기[奉] 위해서이고 큰 일을[大] 맡기[受] 위해서이다. 따라서 〈불가식(不家食)〉은 〈양현(養賢)〉 즉 현자를[賢] 양성하는[養] 일로 이어지게 마련이다. 〈불가식(不家食) 양현(養賢)〉은 대수(大受)이고 봉천하(奉天下)

이다.

註 숙능이유여봉천하(孰能以有餘奉天下) 유유도자(唯有道者) : 누가[孰] 남음이[餘] 있는 것[有]으로써[以] 온 세상을[天下] 봉양할[奉] 수 있을까[能]? 오로지[唯] (그럴 수 있는 분은) 천도를[道] 갖춘[有] 분이다[者]. 『노자(老子)』 77장(章)

註 자왈(子曰) 군자불가소지(君子不可小知) 이가대수(而可大受) 소인불가대수(小人不可大受) 이가소지야(而可小知也) : 공자가[子] 말했다[曰]. 군자는[君子] 작은 일을[小] 몰라도[不可知而] 큰 일을[大] 맡을 수 있다[可受]. 소인은[小人] 큰 일을[大] 맡을 수 없어도[不可受而] 작은 일을[小] 알 수 있는 것[可知]이다[也]. 『논어(論語)』「위령공(衛靈公)」 33장(章)

利涉大川(이섭대천) 應乎天也(응호천야)

대축괘(大畜卦 : ䷙)의 〈일신기덕(日新其德)〉을 본받아 성덕(盛德)하는 사람은 〈섭대천(涉大川)〉을 마다하지 않는다. 큰[大] 내를[川] 건넘[涉]이란 어려운 일을 피하지 않고 마주하여 행함을 뜻한다. 말하자면 봉천하(奉天下)하고 대수(大受)를 마다하지 않음이 〈섭대천(涉大川)〉이다. 성덕(盛德)하는 군자(君子)가 〈섭대천(涉大川)〉 즉 어려운 일을 마다 않고 마주하여 행할수록 길(吉)한 까닭은 다름 아닌 〈응호천(應乎天)〉 때문이다. 〈응호천(應乎天)〉은 대축괘(大畜卦 : ䷙)의 건하간상(乾下艮上)의 괘상(卦象)을 그대로 밝힌다. 건(乾 : ☰) 즉 하늘[天] 위에 있는 간(艮 : ☶) 즉 산(山)의 모습이야말로 〈응호천(應乎天)〉이다. 〈불가식(不家食)〉의 군자(君子)가 〈섭대천(涉大川)〉 즉 어려운 일을 마주하고 해결해갈수록 복[吉]을 누림은 〈응호천(應乎天)〉 즉 천명에[乎天] 순응하는[應] 대축괘(大畜卦 : ䷙)의 상체(上體) 간(艮 : ☶)을 그대로 본받기 때문이고, 나아가 〈일신기덕(日新其德)〉 즉 천덕을[其德] 날마다[日] 쌓아가기[新] 때문임을 〈이섭대천(利涉大川)〉으로써 밝힌다. 〈섭(涉)〉은 〈건널 도(渡)〉와 같아 도섭(渡涉)의 줄임말과 같다.

27 이괘(頤卦 : ☶☳) 단사(彖辭)

진하간상(震下艮上) : 아래는[下] 진(震 : ☳), 위는[上] 간(艮 : ☶).

산뢰이(山雷頤) : 산과[山] 우레는[雷] 이이다[頤].

頤貞吉은 養正則吉也이다 觀頤는 觀其所養也이다 自求口實은 觀其自養也이다 天地養萬物하고 聖人養賢하여 以及萬民한다 頤之時大矣哉로다

이정길 양정즉길야 관이 관기소양야 자구구실 관기자양야 천지양만물 성인양현 이급만민 이지시대의재

이괘가[頤] 진실로 미더워[貞] 좋음은[吉] 길러냄이[養] 곧고 바르면[正] 곧[則] 좋다는 것[吉]이다[也]. 입의 턱을[頤] 살핌은[觀] 그것이[其] 길러내는[養] 바를[所] 살핌[觀]이다[也]. 입 안의[口] 실물을[實] 스스로[自] 구함은[求] 저마다[其] 스스로[自] 길러냄을[養] 살핌[觀]이다[也]. 천지가[天地] 만물을[萬物] 길러내고[養] 성인은[聖人] 현인을[賢] 길러냄[養]으로써[以] 만민에게[萬民] 미친다[及]. 이괘의[頤之] 때는[時] 크도다[大矣哉].

【지남(指南)】

頤貞吉(이정길) 養正則吉(양정즉길)

〈이(頤)〉는 이괘(頤卦 : ☶☳)를 말하고, 〈정길(貞吉)〉은 이괘(頤卦 : ☶☳)의 괘상(卦象)을 풀이하고, 〈양정즉길(養正則吉)〉은 〈정길(貞吉)의 정(貞)〉을 이어서 풀이한다. 대덕(大德)을 쌓아 간직함은 반드시 온갖 목숨을 길러냄으로 이어지니, 대축괘(大畜卦 : ☶☰) 다음에 이괘(頤卦 : ☶☳)의 〈양정(養正)〉으로 이어진다. 이괘(頤卦 : ☶☳)의 〈정(貞)〉은 곧 〈양정(養正)〉으로 풀이된다. 젖먹이를 품에 안고 젖 먹이는 어머니의 마음 같음이 〈정(貞)〉 즉 진실한 미더움[貞]이다. 그런 모정(母貞)보다 더한 천심(天心)은 없다. 천심(天心)을 본받아 베풂이 바로 〈정(貞)〉이다. 이러

한 〈정(貞)〉이 〈양정(養正)〉 즉 길러냄이[養] 바름[正]은 오로지 순명(順命) 즉 천명(天命)을 따름[順]이다. 그러니 〈양정(養正)〉이란 앞서 살핀 대축괘(大畜卦 : ䷙)의 〈양현(養賢)〉을 능가하고도 남는 터라 길(吉)할 수밖에 없다. 여기 〈이(頤)〉는 입의 턱을 뜻한다.

觀頤(관이) 觀其所養(관기소양)

〈관이(觀頤)의 이(頤)〉를 〈기소양(其所養)〉이라고 밝힌다. 〈기소양(其所養)〉은 〈이지소양(頤之所養)〉 즉 턱이[頤之] 길러내는[養] 것[所]의 줄임이다. 턱[頤]을 관찰하지 말고 그 턱[頤]이 하는 짓인 소양(所養) 즉 길러내는[養] 바[所]를 관찰하라 함이다. 턱[頤]이 하는 짓을 〈소양(所養)〉 즉 길러내는[養] 것[所]이라 밝히고, 그 〈소양(所養)〉을 관찰하라는 것이 〈관이(觀頤)〉이다. 그러므로 〈관이(觀頤)의 이(頤)〉는 길러내는[養] 것[所]의 절묘한 표상(表象)이다.

自求口實(자구구실) 觀其自養(관기자양)

앞서 살핀 〈기소양(其所養)〉을 〈자구구실(自求口實)〉이라 풀이하고, 이어서 그 〈자구구실(自求口實)〉을 〈기자양(其自養)〉이라고 밝혀, 〈기소양(其所養)의 소양(所養)〉이 〈자구(自求)〉이지 〈타구(他求)〉가 아님을 살펴보라고 한다. 여기 〈자구구실(自求口實)〉은 이괘(頤卦 : ䷚)의 괘상(卦象)을 사실적으로 묘사한다. 진(震 : ☳)의 초구(初九 : ⚊)와 간(艮 : ☶)의 상구(上九 : ⚊)의 상(象)을 〈자구(自求)〉라 풀이한다. 〈자구(自求)〉는 턱[頤]이 씹음을 뜻한다. 턱이 〈구실(口實)〉 즉 입속의[口] 먹이[實]를 〈자구(自求)〉 즉 스스로[自] 구하자면[求], 상이(上頤)는 멈춰 있고 하이(下頤)가 움직여야 한다. 위턱으로서[上頤] 상구(上九 : ⚊)는 멈춰 있고[止] 아래턱으로서[下頤] 초구(初九 : ⚊)가 움직임[動]이 〈자구(自求)〉이다. 진(震 : ☳)의 성질은 동(動)인지라 초구(初九 : ⚊)로서 하이(下頤)는 움직이고[動], 간(艮 : ☶)의 성질은 지(止)인지라 상구(上九 : ⚊)로서 상이(上頤)는 멈춰 있음[止]이 〈자구(自求)〉이다. 그리고 육이(六二 : ⚋)-육삼(六三 : ⚋)-육사(六四 : ⚋)-육오(六五 : ⚋)들을 입안의 실물들이라고 묘사한 것이 〈구실(口實)〉이다. 말하자면 갓난애에게 젖을 먹인다고 하지만 사실은 갓난애 스스로 젖을 빨아먹음이 〈자구구실

(自求口實)〉이다. 젖 먹는 갓난애에게 〈구실(口實)〉은 입속의 젖이고, 그 〈구실(口實)〉을 갓난애 스스로 빨아먹음이 〈자구(自求)〉이다. 그러므로 〈자구구실(自求口實) 기자양(其自養)〉이란 바로 자양신(自養身) 즉 스스로[自] 자신을[身] 길러가는[養] 것임을 밝히고 살펴보라는 것이 곧 이괘(頤卦 : ䷚)의 가르침이다.

天地養萬物(천지양만물)

앞서 살핀 〈관기자양(觀其自養)〉 즉 저마다[其] 스스로[自] 길러냄을[養] 살펴야 하는[觀] 까닭을 밝힌다. 여기 〈천지양만물(天地養萬物)〉은 『장자(莊子)』에 나오는 〈수사어천(受食於天)〉을 환기시킨다. 왜냐하면 〈양만물(養萬物)〉은 곧 〈자연으로부터[於天] 먹을거리를[食] 받아[受]〉 온갖 목숨[萬物]들이 살아가기 때문이다. 천지(天地) 즉 하늘땅[天地]은 수명(授命)하되 결코 수양(授養)하지 않는다. 수양(授養)하지 않음 곧 만물(萬物)로 하여금 저마다 스스로 먹어 힘을 얻어 살아가게 함이 〈양만물(養萬物)〉이다. 말하자면 목동이 소를 물가로 끌어다주되 물은 소 자신이 마셔야 함이 〈천지양만물(天地養萬物)의 양만물(養萬物)〉이다. 그러므로 〈양만물(養萬物)〉은 앞서 살핀 〈관기자양(觀其自養)〉의 까닭을 거듭해 밝힌다.

註 천륙야자(天鬻也者) 천사야(天食也) 기수사어천(旣受食於天) 우오용인(又惡用人) : 천륙(天鬻)이라는[也] 것은[者] 자연의[天] 먹을거리[食]이다[也]. 이미[旣] 자연[天]으로부터[於] 먹을거리를[食] 받았는데[受] 또[又] 어찌[惡] 인위를[人] 쓰겠는가[用]?

『장자(莊子)』「덕충부(德充符)」 5절(節)

聖人養賢(성인양현) 以及萬民(이급만민)

성인(聖人)이란 유도자(有道者)를 말하고 집덕자(執德者)를 말한다. 이를 줄여서 법천자(法天者)라고 한다. 하늘땅의 도리를[道] 간직하고[有] 하늘땅의 짓인 덕을[德] 지키는[執] 사람[者]을 일러 성인(聖人)이라 한다. 따라서 성인(聖人)을 자연을[天] 본받는[法] 사람[者]이라고 한다. 성인(聖人)이 법천(法天) 즉 자연을[天] 본받음[法]이란 그 무엇보다 먼저 천지(天地)의 〈양만물(養萬物)〉을 본받아 행함이 바로 〈성인양현(聖人養賢)의 양현(養賢)〉이다. 물론 이러한 성인(聖人)의 양현(養賢)은 이미 대축괘(大畜卦 : ䷙)에서 살핀 〈불가식(不家食)의 양현(養賢)〉 바로 그

것이다. 대축괘(大畜卦 : ䷙)의 〈대축(大畜)〉 역시 이괘(頤卦 : ䷚)의 〈천지양만물(天地養萬物)〉과 다름 아니다. 대축괘(大畜卦 : ䷙)에서 살핀 〈불가식(不家食)〉이란 말씀도 여기 이괘(頤卦 : ䷚)의 〈급만민(及萬民)〉과 다를 바가 없다.

성인(聖人)의 〈양현(養賢)〉은 자기를 위함이 아니라 현명함[賢]이 만인(萬人)에게 두루 미치게[及] 하고자 〈양현(養賢)〉 즉 현자를[賢] 길러낸다[養]. 물론 성인(聖人)에 따라 〈양현(養賢)의 급만민(及萬民)〉이 다 같은 것은 아니다. 공자(孔子)의 〈양현(養賢)〉은 삼천제자(三千弟子)를 통하여 〈급만민(及萬民)〉을 이루려 했고, 노자(老子)는 백성 모두가 현자(賢者)가 되게 하고자 〈소사과욕(少私寡欲)〉 즉 제 몫을[私] 적게 하고[少] 욕망을[欲] 적게 하라[寡] 하여 온 세상 사람들에게[萬民] 곧장 미치게 했다[及]. 이처럼 성인(聖人)은 〈기자양(其自養)〉을 본받아 〈양현(養賢)〉을 행했다. 공자(孔子)가 삼천제자(三千弟子)를 현자(賢者)가 되게 이끌었고, 노자(老子) 역시 백성(百姓)이 현자(賢者)가 되게 이끌었을 뿐, 현자(賢者)가 되고 안 되고는 천도(天道) 즉 자연의[天] 규율[道]인 〈기자양(其自養)〉을 오로지 본받는 성인(聖人)의 〈양현(養賢)〉임을 밝힌 것이 〈성인양현(聖人養賢) 이급만민(以及萬民)〉이다. 〈급만민(及萬民)의 급(及)〉은 〈미칠 지(至)〉와 같아 급지(及至)의 줄임말과 같다.

註 견소포박(見素抱樸) 소사과욕(少私寡欲) : (백성이) 그냥 그대로를[素] 살피고[見] 그냥 그대로를[樸] 지킨다면[抱], (백성은) 제 몫을[私] 적게 하고[少] 욕망을[欲] 적게 한다[寡].

『노자(老子)』 19장(章)

頤之時大(이지시대)

이괘(頤卦 : ䷚)의 때[時]가 음력으로 11월 즉 동짓달임을 떠올리면 〈이지시(頤之時)의 시(時)〉를 〈대(大)〉라고 함을 알아챌 수 있다. 〈이지시(頤之時)의 시(時)〉는 동지(冬至)라는 절기(節氣) 즉 〈동지시덕(冬至始德)〉을 상기시킨다. 시덕(始德)은 시생(始生)과 같고 춘작(春作)으로 이어진다. 덕(德)을 시작함[始]이란 태어남을[生] 시작함[始]이고 동시에 봄에[春] 싹틈[作]을 시작함이다. 양기(陽氣)만으로써 시덕(始德)할 수 없고 음기(陰氣)만으로도 시덕(始德)할 수 없다. 그래서 〈충기이위화(沖氣以爲和)〉 즉 〈충기(沖氣)로써[以] 어울림을[和] 삼는다[爲]〉라고 한다.

충기(沖氣)란 음양상합(陰陽相合)의 생기(生氣)를 말하고, 그 생기(生氣)란 음양상화(陰陽相和) 즉 음양(陰陽)이 서로[相] 어울림[和]으로써 이루어진다. 이러한 음양(陰陽)의 상화(相和)를 〈대(大)〉라고 한다. 본래 〈대(大)〉란 부동동지(不同同之) 즉 같지 않은[不同] 그것들과[之] 함께하는 것[同]이니, 여기 〈대(大)〉는 화(和) 즉 어울림[和]이다. 〈화(和)〉는 다른 것들과 함께 어울림을 뜻하고, 〈동(同)〉은 같은 것끼리 한패가 됨을 뜻한다. 음양(陰陽)은 상이(相異)하지만 상합(相合)하고 상화(相和)하여 생기(生氣)를 발휘해 생만물(生萬物)하는 대화(大和)를 이룬다. 그 생기(生氣)의 시작(始作) 즉 시덕(始德)의 때[時]가 〈이지시(頤之時)〉이다. 이괘의[頤之] 시절[時]은 시덕(始德)의 동짓달인지라 〈대(大)〉 즉 크나크다[大]고 밝힌다.

註 만물부음이포양(萬物負陰而抱陽) 충기이위화(沖氣以爲和) : 온갖[萬] 것은[物] 음기를[陰] 지고[負而] 양기를[陽] 안고[抱], {음양(陰陽)은} 충기(沖氣)로써[以] 화기를[和] 삼는다[爲].

『노자(老子)』 42장(章)

28 대과괘(大過卦 : ䷛) 단사(彖辭)

손하태상(巽下兌上) : 아래는[下] 손(巽 : ☴), 위는[上] 태(兌 : ☱).

택풍대과(澤風大過) : 못과[澤] 바람은[風] 대과이다[大過].

大過는 大者過也이다 棟橈는 本末弱也이다 剛過而中하고 巽而說行한다 利有攸往하여 乃亨하다 大過之時는 大矣哉로다

대과 대자과야 동요 본말약야 강과이중 손이열행 이유유왕 내형 대과지시 대의재

대과괘는[大過] 큰[大] 것이[者] 많음[過]이다[也]. 마룻대가[棟] 꺾임은[橈] 본과[本] 말이[末] 약함[弱]이다[也]. 굳셈이[剛] 많으나[過而] 가운데 있고[中], 공손함[巽]과[而] 기쁨이[說] 행한다[行]. 갈[往] 데가[攸] 있으면[有] 이로워[利] 이내[乃] 통한다[亨]. 대과의[大過之] 때는[時] 크도다[大矣哉].

【지남(指南)】

大過(대과) 大者過也(대자과야)

〈대과(大過)〉는 대과괘(大過卦 : ䷛)를 말하고, 〈대자과(大者過)〉는 대과괘(大過卦 : ䷛)의 괘상(卦象)을 밝힌다. 〈대과(大過) 대자과야(大者過也)〉는 〈대과괘(大過卦) 대자과어소자야(大者過於小者也)〉로 여기고 〈대과괘에는[大過卦] 큰[大] 것이[者] 작은[小] 것[者]보다 더[於] 많음[過]이다[也]〉라고 새겨볼 것이다. 음양(陰陽)의 음(陰)을 소(小), 양(陽)을 대(大)라 한다. 물론 양음(陽陰)을 동정(動靜)-고하(高下)-강약(强弱)-강유(剛柔) 등으로 서로 빗대어 말하기도 한다. 〈대자과(大者過)의 대자(大者)〉는 대과괘(大過卦 : ䷛)의 양효(陽爻)를 밝힌다. 대과괘(大過卦 : ䷛)의 육효(六爻) 중에서 양효(陽爻)가 넷이나 되기에 괘명(卦名)을 〈대과(大過)〉의 괘(卦)라고 한다. 따라서 〈대자과(大者過)〉는 대과괘(大過卦 : ䷛)에서 강양(剛陽)의

효(爻 : ─)가 과다(過多)함을 밝히니, 〈대자과(大者過)의 과(過)〉는 중용(中庸)을 뜻하는 〈과유불급(過猶不及)의 과(過)〉가 아니고 소(小) 즉 음(陰 : --)보다 대(大) 즉 양(陽 : ─)이 곱으로 많다는 것이다. 이에 〈대자과(大者過)의 과(過)〉는 〈많을 과(過)〉이지 〈지나칠 과(過)〉는 아니다. 그리고 대과괘(大過卦 : ䷛)의 괘상(卦象)은 앞의 이괘(頤卦 : ䷚)와는 정반대이다. 이괘(頤卦 : ䷚)의 양효(陽爻 : ─)는 대과괘(大過卦 : ䷛)에서는 모두 음효(陰爻 : --)로 바뀌었고, 이괘(頤卦 : ䷚)의 음효(陰爻 : --)는 모두 양효(陽爻 : ─)로 바뀌어 있다. 천지(天地)가 양물(養物)함은 곧 동물(動物)함으로 이어지는 것이 천도(天道) 즉 자연의[天] 이치[道]이다. 양물(養物)이란 생물(生物) 즉 살아가는[生] 것들[物]이니 동물(動物) 즉 움직이는[動] 것들[物]이다. 양물(養物)-생물(生物)-동물(動物)이란 모든 목숨들이 법천(法天) 즉 자연을[天] 본받아[法] 따름이다. 어떤 목숨이든 길러짐[養]은 능자성(能自成) 즉 능히[能] 스스로[自] 성장하고[成], 성장하면 능동(能動)하고 능동할수록 양지과(陽之過) 즉 양기가[陽之] 많음[過]은 필연이다. 따라서 이괘(頤卦 : ䷚) 다음에 대과괘(大過卦 : ䷛)가 온 것임을 밝힘이 〈대자과(大者過)〉이다.

棟橈(동요) 本末弱(본말약)

대과괘(大過卦 : ䷛)의 경문(經文)에 나오는 구삼(九三 : ─)의 효사(爻辭)인 〈동요(棟橈) 흉(凶)〉을 풀이하여 대과괘(大過卦 : ䷛)의 괘상(卦象)을 거듭해 밝힌다. 〈본말약(本末弱)〉은 효사(爻辭)인 〈동요(棟橈) 흉(凶)〉에서 〈흉(凶)〉을 풀이한 것이다. 대과괘(大過卦 : ䷛)의 구삼(九三 : ─)은 여섯 효(爻) 중에서 불행한 처지에 놓인 효(爻)이다. 초효(初爻 : --)와 구사(九四 : ─)는 상응(相應)을 누리고, 구이(九二 : ─)와 구오(九五 : ─)는 둘 다 양(陽 : ─)인지라 중정(中正)-정응(正應)을 누리지 못한다. 그러나 구삼(九三 : ─)은 상륙(上六 : --)과 상응(相應)하지만 상륙(上六 : --)은 떠나갈 상효(上爻)인지라 구삼(九三 : ─)에게 힘을 실어주지 못한다. 따라서 대과괘(大過卦 : ䷛)에서 삼효(三爻)의 자리에 있는지라 구삼(九三 : ─)은 〈동(棟)〉 즉 마룻대[棟] 노릇을 할 효상(爻象)이지만, 상륙(上六 : --)으로부터 도움을 얻지 못해 〈요(橈)〉 즉 꺾인[橈] 모습이다.

기둥[柱] 위에 횡량(橫樑) 즉 들보를 얹고 그 들보 위에 마룻대[棟]를 얹고 그 마룻대 위에 상량(上樑)을 얹고 그 상량에 서까래들을 달아내야 튼튼한 지붕이 이루어진다. 기둥[柱]과 들보[橫樑]가 아무리 튼튼하다 해도 마룻대[棟]가 꺾이면[橈] 상량도 꺾이고 그러면 서까래들도 내려앉아 지붕이 무너지니, 대과괘(大過卦 : ䷛)의 구삼(九三 : ⚊)이 〈흉(凶)하다〉고 계사(繫辭)한 것이다. 이 계사(繫辭)의 〈흉(凶)〉을 〈본말약(本末弱)〉이라고 풀이한 것이다. 마룻대가[棟] 꺾이면[橈] 약하고, 약한 마룻대 위에 얹히는 상량도 약해진다. 동(棟) 위에 상량이 얹히니 마룻대[棟]는 상량의 본(本)이고 상량은 마룻대의 말(末)인 셈이니 이를 풀이하여 〈본말약(本末弱)〉이라고 한 것이다.

剛過而中(강과이중)

〈강과이중(剛過而中)의 강과(剛過)〉는 대과괘(大過卦 : ䷛)에 있는 모든 양효(陽爻 : ⚊)를 말함을 쉽사리 간파할 수 있다. 그러나 〈강과이중(剛過而中)의 중(中)〉은 대과괘(大過卦 : ䷛)의 구이(九二 : ⚊)와 구오(九五 : ⚊)의 양효(陽爻)를 나타낸다고 말하기가 어렵다. 왜냐하면 여기 〈중(中)〉이 대과괘(大過卦 : ䷛)의 구이(九二 : ⚊)와 구오(九五 : ⚊)를 밝힘이라면 구이(九二 : ⚊)와 구오(九五 : ⚊)가 중정(中正)을 누려야 하기 때문이다. 그러나 대과괘(大過卦 : ䷛)의 구오(九五 : ⚊)가 중정(中正)을 누리자면 하체(下體)의 중위(中位)에 음효(陰爻 : ⚋)가 있어야 한다. 그러나 대과괘(大過卦 : ䷛) 상하체(上下體)의 중효(中爻)는 아래위가 모두 양(陽 : ⚊)인지라, 〈강과이중(剛過而中)의 중(中)〉은 대과괘(大過卦 : ䷛)의 중앙(中央)인 구삼(九三 : ⚊)과 구사(九四 : ⚊)를 나타낸다.

구삼(九三 : ⚊)은 떠나갈 상륙(上六 : ⚋)과 상응(上應)하기에 그 상응(相應)은 〈동(棟)〉의 강화에 도움이 되지 못하지만, 구사(九四 : ⚊)와 초륙(初六 : ⚋)의 상응(相應)은 마룻대[棟]를 강화시킨다. 이에 대과괘(大過卦 : ䷛)에서 구사(九四 : ⚊)가 주효(主爻) 노릇을 하게 된다. 왜냐하면 대과괘(大過卦 : ䷛)에서 오직 구사(九四 : ⚊)만이 초륙(初六 : ⚋)과 상응(相應)하여 중앙에서 강하고 튼튼한 마룻대[棟] 노릇을 하기 때문이다. 물론 짝수 자리는 음(陰)의 자리이고 홀수 자리는 양(陽)의 자리이다. 대과괘(大過卦 : ䷛)에서 구이(九二 : ⚊)와 구오(九五 : ⚊)가 중정(中正)-상응(相應)을 누리지 못하므로 구이(九二 : ⚊)는 하체(下體)에서

만 맴돌면서 바로 위의 구삼(九三 : ⚊)과도 비(比) 즉 서로 이웃하지 못하고, 구오(九五 : ⚊) 역시 구사(九四 : ⚊)와 비(比)를 누리지 못하고 상륙(上六 : ⚋) 바로 밑에 있어서 열악(劣惡)한 처지인지라 대과괘(大過卦 : ䷛)에서 주효(主爻) 노릇을 할 수 없다. 이런 연유로 〈강과이중(剛過而中)의 중(中)〉은 대과괘(大過卦 : ䷛)의 구이(九二 : ⚊)와 구오(九五 : ⚊)를 밝힘이 아니라 대과괘(大過卦 : ䷛)의 구사(九四 : ⚊)를 밝힘을 간파할 수 있다.

巽而說行(손이열행)

대과괘(大過卦 : ䷛)의 초륙(初六 : ⚋)과 상륙(上六 : ⚋)의 상(象) 즉 모습[象]을 빌려 대과괘(大過卦 : ䷛)의 괘상(卦象)을 밝힌다. 〈손이열(巽而說)의 손(巽)〉은 대과괘(大過卦 : ䷛) 하체(下體)인 손(巽 : ☴)의 초효(初爻 : ⚋)를 나타내고, 〈손이열(巽而說)의 열(說)〉은 대과괘(大過卦 : ䷛) 상체(上體)인 태(兌 : ☱)의 상효(上爻 : ⚋)를 나타낸다. 따라서 대과괘(大過卦 : ䷛)의 초륙(初六 : ⚋)은 구사(九四 : ⚊)를 공손히 따르고[巽], 상륙(上六 : ⚋)도 구삼(九三 : ⚊)을 기꺼이 응함[說]이 〈손이열행(巽而說行)의 행(行)〉이다. 〈손이열행(巽而說行)의 행(行)〉은 〈대과(大過)〉 즉 양(陽 : ⚊)이[大] 과(過)하지만, 가운데의[中] 마룻대[棟]로서 든든하고 강하게 상행(上行)하는 구사(九四 : ⚊)를 음(陰 : ⚋)이 순응(順應)함을 밝힌다. 이는 음양(陰陽)이 상화(相和)하여 과소(過少)의 위기를 조정해갈 수 있음을 밝힌다. 〈손이열(巽而說)의 손(巽)〉은 〈공손할 손(遜)〉과 같고, 〈손이열(巽而說)의 열(說)〉은 〈기꺼워할 열(悅)〉과 같다.

註 무릇 소성괘(小成卦)에서 음(陰 : ⚋)이 삼효(三爻)로서 상(上)에 있으면 기쁨[說]의 상(象)이고, 이효(二爻)로서 중(中)에 있으면 고움[麗]의 상(象)이며, 초효(初爻)로서 하(下)에 있으면 공손함[巽]의 상(象)이 된다.

利有攸往(이유유왕) 乃亨(내형)

앞의 〈손이열행(巽而說行)〉을 거듭 풀이한다. 〈유왕(攸往)〉 즉 갈[往] 곳[攸]은 아래는[巽 : ☴] 공손하며[巽] 그리고[而] 위는[兌 : ☱] 기꺼이[說] 행(行)하는 그런 곳[攸]이다. 따라서 행할 일이 있다면 그 일을 행하라 함이다. 일을 행해서 이롭다면[利] 그 일을 행하고 일을 행해서 불리(不利) 즉 이롭지 않다면[不利] 그런 일은 하지 않음이 바로 중도(中道) 즉 정도를[道] 따르는[中] 행(行)이다. 정도를[道] 따라[中] 일을 행한다면 언제 어디서든 이롭다[利]. 이러함이 곧 천도(天道) 즉 자연의[天] 이치[道]이다. 〈내형(乃亨)의 내(乃)〉는 앞서 살핀 〈손이열행(巽而說行)〉을 되받고 있다. 이내[乃] 통한다[亨] 함은 〈손이열(巽而說)〉과 같은 상화(相和)의 행(行)이라면 통한다[亨]는 것이다. 순천(順天) 즉 자연을[天] 따르면[順] 언제 어디서든 불형(不亨) 즉 통하지 않음[不亨]이란 없다는 것이 〈내형(乃亨)〉이다.

大過之時(대과지시) 大矣哉(대의재)

대과괘(大過卦 : ䷛)에는 과소(過少) 즉 많음과[過] 적음[少] 그리고 강함과[强] 약함[弱]이 함께하고 있음이 결함(缺陷)이다. 결함을 시정(是正)함이 중대(重大)하지만 결함을 방치(放置)함도 중대하다. 대과괘(大過卦 : ䷛)의 괘상(卦象)을 마룻대[棟]를 빌려 풀이함도 강약(强弱)의 조정이 필연임을 암시한다. 상량을 받쳐주고 있는 마룻대[棟]가 너무 강해도 부러지기 쉽고 너무 약하면 꺾이기 쉽다. 무쇠는 강해서 부러진다. 마룻대가 부러지거나 꺾이면 상량이 내려앉고 그러면 지붕은 무너지므로, 강약(强弱)의 조정이 필요하고 과소(過少)의 조정 또한 필요한 것임을 대과괘(大過卦 : ䷛)가 보여준다. 강하고 약함이 많고 적음의 조정의 원칙을 수립해 원칙대로 조정해 간다면, 어려운 상황일지라도 해결될 수 있다는 것이 또한 대과괘(大過卦 : ䷛)의 가르침이다. 강하고 약함이 많고 적음의 조정은 음(陰 : ╍)과 양(陽 : ─)을 상화(相和) 즉 서로[相] 어울리게[和] 함을 본받아야 한다. 강약(强弱)-과소(過少)의 조정과 균형을 때맞춰야 함을 밝힘이 〈대과지시(大過之時)〉인지라, 그 〈시(時)〉는 오로지 결함(缺陷)을 시정하는 적시(適時) 즉 알맞은[適] 때[時]를 잃지 말아야 하므로 〈대(大)〉 즉 중대하다[大].

29 습감괘(習坎卦 : ䷜) 단사(彖辭)

감하감상(坎下坎上) : 아래도[下] 감(坎 : ☵), 위도[上] 감(坎 : ☵).

감위수(坎爲水) : 감은[坎] 물[水]이다[爲].

習坎重險也이다 水流而不盈하여 行險하다 而不失其
습 감 중 험 야 　 수 류 이 불 영 　 항 험 　 이 불 실 기

信이니 維心亨은 乃以剛中也이다 行有尙은 往有功也
신 　 유 심 형 　 내 이 강 중 야 　 항 유 상 　 왕 유 공 야

이다 天險不可升也이고 地險山川丘陵也이다 王公設
천 험 불 가 승 야 　 지 험 산 천 구 릉 야 　 왕 공 설

險하여 以守其國하니 險之時用은 大矣哉로다
험 　 이 수 기 국 　 험 지 시 용 　 대 의 재

습감괘는[習坎] 거듭되는[重] 험함[險]이다[也]. 물은[水] 흘러도[流而] (구덩이[坎]를) 채우지 못해[不盈] 위험을[險] 더욱 강하게 한다[行]. 그러나[而] 제[其] 믿음을[信] 잃지 않으니[不失], 오직[維] 마음이[心] 통함은[亨] 곧[乃] 굳셈이[剛] 정도를 따르기[中] 때문[以]이다[也]. {수류(水流)가 험함[險]을} 강하게 해도[行] {그 항(行)을} 받듦이[尙] 있음은[有] 가면[往] 보람이[功] 있음[有]이다[也]. 하늘의[天] 험함은[險] 오를[升] 수 없음[不可]이고[也] 땅의[地] 험함은[險] 산천이요[山川] 구릉(丘陵)이다[也]. 왕공이[王公] 험한 것을[險] 설치하여[設] 그로써[以] 제[其] 나라를[國] 지키니[守], 험함의[險之] 때맞춰[時] 씀은[用] 크도다[大矣哉].

【지남(指南)】

習坎重險(습감중험)

〈습감(習坎)〉은 습감괘(習坎卦 : ䷜)를 말하고, 〈중험(重險)〉은 습감괘(習坎卦 : ䷜)의 괘상(卦象)을 말한다. 습감괘(習坎卦 : ䷜)는 상하괘(上下卦)가 모두 감(坎 :

☵)인지라 괘명(卦名)을 〈습감괘(習坎卦)〉라고 한다. 그러나 그냥 감괘(坎卦 : ䷜) 라고도 한다. 〈중험(重險)〉은 습감괘(習坎卦 : ䷜)에서 감(坎 : ☵)이 중첩됨을 밝힌다. 감(坎 : ☵)은 물[水]이고 어둠[暗]이다. 하나의 양(陽 : ⚊)이 두 음(陰 : ⚋) 사이에 있는 모습이 함(陷)이다. 함(陷)이란 구덩이[陷]이다. 구덩이에는 추락(墜落) 즉 떨어져[墜] 빠질[落] 위험이 있다. 그래서 감(坎 : ☵)을 〈험(險)〉이라 한다. 함(陷)은 험(險) 즉 어려움[險]이다. 습감괘(習坎卦 : ䷜)의 〈중험(重險)〉이란 어둠이 어둠을 뒤따르고 어려움이 어려움을 뒤따르며 위험이 위험을 뒤따름이 습감괘(習坎卦 : ䷜)의 괘상(卦象)임을 밝힌다. 습감괘(習坎卦 : ䷜)에서 〈험(險)〉이 거듭되므로[重] 〈중험(重險)〉이라 한다. 〈중험(重險)〉은 거듭해 상하(上下)의 음(陰) 사이에 양(陽)이 빠져 있음[陷]을 밝힌다. 나아가 〈중험(重險)〉은 무엇이든 많으면[過] 이러한 중험(重險)이 뒤따름을 암시한다. 이런 연유로 대과괘(大過卦 : ䷛)를 뒤따라 습감괘(習坎卦 : ䷜)가 온 것이다. 뿐만 아니라 습감괘(習坎卦 : ䷜)에서 거듭되는[重] 감(坎 : ☵)은 건(乾 : ☰)-곤(坤 : ☷)-이(離 : ☲) 등과 함께 『주역(周易)』에서 가장 중요한 괘(卦)임을 항상 주목하게 된다. 이런 연유로 64괘(卦) 중에서 1-2번째에 건괘(乾卦 : ䷀)와 곤괘(坤卦 : ䷁)를 두고, 마지막 63-64번째에 수화(水火)의 기제괘(旣濟卦 : ䷾)와 화수(火水)의 미제괘(未濟卦 : ䷿)를 둔 것이다. 〈습감(習坎)의 감(坎)〉은 〈빠질 함(陷)〉과 같다.

註 양(陽)이 음중(陰中)에 있으면 함(陷)이 되고, 음(陰)이 양중(陽中)에 있으면 여(麗)가 된다. 무릇 소성괘(小成卦)에서 양(陽 : ⚊)이 삼효(三爻)로서 상(上)에 있으면 멈춤[止]의 모습이고, 이효(二爻)로서 중(中)에 있으면 빠짐[陷]의 모습이며, 초효(初爻)로서 하(下)에 있으면 움직임[動]의 모습이 된다. 앞 대과괘(大過卦 : ䷛)에서 이미 밝혔듯이, 무릇 소성괘(小成卦)에서 음(陰 : ⚋)이 삼효(三爻)로서 상(上)에 있으면 기쁨[說]의 상(象)이고, 이효(二爻)로서 중(中)에 있으면 고움[麗]의 상(象)이며, 초효(初爻)로서 하(下)에 있으면 공손함[巽]의 상(象)이다.

水流而不盈(수류이불영) 行險(항험)

〈수류이불영감(水流而不盈坎) 이수류항험(而水流行險)〉으로 여기고 〈물이[水] 흘러도[流而] 구덩이를[坎] 채우지 못한다[不盈] 그래서[而] 물의[水] 흐름은[流] 위험을[險] 더욱 강하게 한다[行]〉라고 새겨볼 것이다. 〈수류이불영(水流而不盈)〉은 습감괘(習坎卦 : ䷜)의 괘상(卦象)이 어려움에 어려움이 뒤잇고 위험에 위험이 뒤이으며 어둠에 어둠이 뒤이음을 밝힌다. 물이 흘러 감(坎 : ☵) 즉 구덩이[坎]를 채우면[盈] 구덩이에 빠져 있는 구이(九二 : ⚊)와 구오(九五 : ⚊)가 감(坎 : ☵)에서 빠져나와 방험(放險) 즉 위험을[險] 벗어난다[放]. 그러나 물이 흘러 흘러도 구덩이[坎]를 채우지 못해[不盈] 물의 흐름은[水流] 항험(行險) 즉 위험을[險] 더욱 강하게 해[行] 구덩이에 빠진 양(陽 : ⚊)이 빠져나오지 못하는 모습이 습감괘(習坎卦 : ䷜)의 괘상(卦象)임을 밝힌다. 여기 〈항험(行險)〉은 두 음(陰 : ⚋) 사이에 든 양(陽 : ⚊)의 모습을 말한다. 습감괘(習坎卦 : ䷜)의 양효(陽爻) 즉 양기(陽氣)가 깊은 구덩이[陷]에 빠진 모습임을 밝힌 것이 〈항험(行險)〉이다. 두 음효(陰爻) 사이에 있는 양(陽 : ⚊)의 중효(中爻)가 〈함(陷)〉이다. 〈항험(行險)의 험(險)〉은 조난(阻難) 즉 막혀서[阻] 겪는 어려움[難]인지라 험(險)하면 흉(凶)한 일들이 닥침을 암시한다. 〈항험(行險)의 항(行)〉은 〈강하게 할 강(强)〉과 같다.

而不失其信(이불실기신)

〈구오불실기신(九五不失其信)〉으로 여기고 〈구오는[九五] 제[其] 믿음을[信] 잃지 않는다[不失]〉라고 새겨볼 것이다. 습감괘(習坎卦 : ䷜)에는 구이(九二 : ⚊)와 구오(九五 : ⚊)의 양기(陽氣)가 둘이 있지만, 구이(九二 : ⚊)는 음위(陰位)에 있기 때문에 양위(陽位)에 있는 구오(九五 : ⚊)가 습감괘(習坎卦 : ䷜)의 주효(主爻)가 된다. 주효(主爻)란 역지도(易之道)를 따라 지키고 실행하는 효(爻)이다. 역의[易之] 이치[道]는 어떤 일에서든 흉(凶)으로부터 그 일을 구해내는 데 있다. 이러한 구함이 곧 역정신(易精神)의 핵(核)이다. 〈불실기신(不失其信)〉은 역지도(易之道)를 믿고[信] 역(易)의 정신(精神)을 잃지 않음[不失]이다. 따라서 〈기신(其信)〉이란 수류(水流)의 항험(行險)에서 방험(放險) 즉 위험을[險] 벗어난다[放]는 믿음[信]이다. 어렵고 위험할수록 냉정하게 마주하여 극복하라 함이 곧 역(易)의 말씀이다. 습감괘(習坎卦 : ䷜)에서 구오(九五 : ⚊)가 역지도(易之道)의 역정신(易精神)을 따라 역(易)의 믿음[信]을 감당해야 하는 주효(主爻)임을 밝히는 것이 〈불실기신(不失其信)〉이다.

維心亨(유심형) 乃以剛中(내이강중)

〈유심형(維心亨)〉을 〈유기신지심형(維其信之心亨)〉으로 여기고 〈오직[維] 그[其] 믿음의[信之] 마음은[心] 통한다[亨]〉라고 새겨볼 것이다. 〈유심형(維心亨)의 심(心)〉은 역지도(易之道) 즉 역의[易之] 이치[道]를 믿는[信] 마음[心]이다. 역(易)의 도(道)를 믿는 마음은[心] 오로지[維] 통한다[亨]. 역지도(易之道)는 오로지 순천도(順天道)하기 때문이다. 자연의[天] 이치를[道] 따르면[順] 그 무엇이든 통하고[亨] 그 규율을 어긋나면 그 무엇이든 막힘[窮]이 역(易)의 이치[道]다. 따라서 〈심형(心亨)〉은 앞서 살핀 〈불실기신(不失其信)〉의 마음을 거듭해 밝힌다. 그리고 〈강중(剛中)〉은 〈구오지중위(九五之中位)〉의 줄임으로 여기고 새김이 마땅하다. 〈강중(剛中)의 강(剛)〉은 구오(九五 : ━)이고 〈강중(剛中)의 중(中)〉은 중정(中正)을 나타낸다. 왜냐하면 구이(九二 : ━)는 부정위(不正位)에 있지만 구오(九五 : ━)는 중정(中正) 즉 중효로서[中] 바른 자리에 있기[正] 때문이다. 이에 정위(正位)의 가운데[中] 자리[位]에 있는 구오(九五 : ━)가 주효(主爻)로서 중험(重險) 즉 거듭되는[重] 어려움[險]을 극복해갈 수 있음을 밝힌다.

行有尙(항유상) 往有功(왕유공)

〈항유상(行有尙)〉을 〈항험유상기항(行險有尙其行)〉으로 여기고 〈험함을[險] 강하게 함에도[行] 그[其] 강하게 함을[行] 받듦이[尙] 있다[有]〉라고 새겨볼 것이다. 어려움이[險] 강함에도[行] 그 강함을 원망하지 않고 받들면서[尙] 간다면[往] 보람이[功] 있다[有] 함은 앞서 살핀 〈강중(剛中)〉을 살펴 밝힌다. 여기 〈항유상(行有尙)의 상(尙)〉은 『예기(禮記)』「악기(樂記)」에 나오는 〈이직자량지심(易直子諒之心)〉을 상기시킨다. 왜냐하면 〈상(尙)〉은 치심(治心) 즉 마음을[心] 다스림[治]으로 이어지기 때문이다. 여기 〈상(尙)〉이란 서로 어울리고[易] 정직하며[直] 자애롭고[子] 순량(順良)하는[諒] 마음으로써 앞서 살핀 〈항험(行險)〉을 받듦[尙]을 암시하기 때문이다. 구오(九五 : ━)가 〈강(剛)〉 즉 굳셈[剛]은 〈항유상(行有尙)〉으로써 〈왕(往)〉 즉 (그 받듦을) 실행하기[往] 때문이다. 간다[往]고 함은 괘효사(卦爻辭)를 실행한다는 것이다. 방험(放險)을 확신하고 항험(行險)을 원망하거나 피하지 않고 받든다면[尙] 그 강해지는[行] 어려움에서[險] 벗어남[放]을 밝힘이 〈유공(有功)〉이다. 따라서 앞서 살핀 〈항험(行險)〉을 받들어야[尙] 막힌 어려움[險]을 헤치고 나올 길을 찾아내 흉함[凶]을 길함[吉]으로 바꿀[易之] 수 있다. 이러한 역지(易之)야말로 역(易)의 가르침이고, 그 가르침을 따라 믿고 실행함[往]으로써 누림을 여기 〈유공(有功)의 공(功)〉이 밝힌다.

註 이직자량지심생(易直子諒之心生) 즉악(則樂) 악즉안(樂則安) 안즉구(安則久) 구즉천(久則天) 천즉불언이신(天則不言而信) 신즉불로이위(神則不怒而威) 치악이치심자야(致樂以治心者也) : 어울리고[易] 정직하며[直] 자애롭고[子] 순량한[諒之] 마음이[心] 생기면[生] 곧장[則] 악(樂)을 즐기고[樂], 악(樂)을 즐기면[樂] 곧[則] (몸이) 편안하며[安], (몸이) 편안하면[安] 곧[則] (마음도) 변함없고[久], (마음이) 변함없으면[久] 곧[則] (그 마음은) 하늘이며[天], (마음이) 하늘이면[天] 곧[則] 말하지 않아도[不言而] 믿어주고[信], 하늘의 짓이면[神] 곧[則] 성내지 않아도[不怒而] 위엄이 서서[威], 악을[樂] 누림[致]으로써[以] 마음을[心] 다스리는[治] 것[者]이다[也]. 이직자량(易直子諒)은 화이(和易)-정직(正直)-자애(慈愛)-순량(順良)을 뜻한다.

『예기(禮記)』「악기(樂記)」 66단락(段落)

天險不可升也(천험불가승야)

앞서 살핀 〈항유상(行有尙)〉을 실례로 들어 풀이한다. 하늘의[天] 험함은[險] 오를[升] 수 없다는 것[不可]이다[也]. 이 때문에 천험(天險)은 받들어야[尙] 한다. 이러한 숭상(崇尙)의 믿음[信]에서 순천(順天)하고 순명(順命)하며 외천명(畏天命) 즉 하늘의[天] 부림을[命] 두려워하는[畏] 것이다. 군자(君子)는 〈천험(天險)〉은 올라갈 수 없는 것임[不可升]을 깨쳤기 때문에 외천명(畏天命)하지만, 소인(小人)은 그러함을 깨치지 못했기 때문에 천명(天命)을 두려워할[畏] 줄 모른다. 〈불가승(不可升)의 승(升)〉을 잘 살펴 헤아리자면 『논어(論語)』에 나오는 〈군자유삼외(君子有三畏)〉란 말씀보다 더 좋은 지남(指南) 즉 길잡이[指南]는 없을 터이다. 여기 〈승(升)〉은 〈오를 고(高)-등(登)〉과 같다.

註 자왈(子曰) 군자유삼외(君子有三畏) 외천명(畏天命) 외대인(畏大人) 외성인지언(畏聖人之言) 소인부지천명이불외야(小人不知天命而不畏也) 압대인(狎大人) 모성인지언(侮聖人之言) : 공자가[子] 말했다[曰]. 군자에게는[君子] 세 가지[三] 두려움이[畏] 있다[有]. 천명을[天命] 두려워하고[畏], 대인을[大人] 두려워하며[畏], 성인의[聖人之] 말씀을[言] 두려워한다[畏]. 소인은[小人] 천명을[天命] 몰라서[不知而] (천명을) 두려워하지 않는 것[不畏]이고[也], 대인을[大人] 얕보고

[狎], 성인의[聖人之] 말씀을[言] 업신여긴다[侮]. 『논어(論語)』「계씨(季氏)」 8장(章)

地險山川丘陵(지험산천구릉)

이 역시 〈항유상(行有尙)〉을 실례로 들어 풀이한다. 산과[山] 물[川] 그리고 언덕[丘陵] 등을 받들어야지[尙] 결코 모압(侮狎) 즉 업신여기거나[侮] 얕보지[狎] 말라 함이다. 등산(登山)하듯이 산천(山川)과 구릉(丘陵)을 마주하지 말라 함이다. 등산은 서양에서 들어온 풍속이지 우리의 본래 습속이 아니다. 천험(天險)이나 지험(地險)을 받드는[尙] 마음은 결코 오만(傲慢)하지 않고, 산천(山川)-구릉(丘陵) 앞에 항상 겸허(謙虛)하라 함이다. 하늘에 제사(祭祀)를 올리고 산천(山川)에 제(祭)를 올리던 것도 습감괘(習坎卦 : ䷜)의 〈항험(行險)〉을 받드는[尙] 마음이다.

王公設險(왕공설험) 以守其國(이수기국)

왕공(王公)의 〈설험(設險)〉은 습감괘(習坎卦 : ䷜)의 괘상(卦象)인 〈항험(行險)〉을 〈항유상(行有尙)〉으로써 본받은 것임을 밝힌다. 왕공(王公)이 〈항험(行險)의 험(險)〉을 받듦[尙]은 그 험함[險]이 〈수기국(守其國)〉 즉 제[其] 나라를[國] 지켜주기[守] 때문이다. 왕공(王公)이 쌓은 성벽(城壁)과 해자(垓字) 즉 성곽 밖을 둘러싼 연못[垓字] 등은 습감괘(習坎卦 : ䷜)의 괘상(卦象)인 〈항험(行險)〉을 본뜬 것임을 밝힌다. 여기 〈왕공(王公)〉을 주(周)나라 무왕(武王)을 들어 풀이하는 경우도 있지만 그럴 필요는 없다. 무왕(武王)만이 아니라 현명한 왕공(王公)이라면 제 나라를 지키기 위하여 〈설험(設險)〉을 단행하게 마련이고, 필부(匹夫)가 노후(老後)를 생각해서 연금(年金)을 드는 것도 〈설험(設險)〉과 같기 때문이다. 사람은 누구나 저마다의 인생을 안정하게 하려고 설험(設險)한다. 그러자면 〈항유상(行有尙)의 상(尙)〉을 잊어서는 안 되는 것이 또한 역리(易理)일 터이다.

險之時用大(험지시용대)

〈험지시대(險之時大) 이험지용대(而險之用大)〉로 여기고 〈험한[險之] 때는[時] 중대하다[大] 그리고[而] 험함을[險之] 활용함은[用] 중대하다[大]〉라고 새겨볼 것이다. 습감괘(習坎卦 : ䷜)의 때[時]가 동지(冬至)이다. 동지위덕(冬至爲德) 즉 동지(冬至)는 곧 덕(德)이라는[爲] 것이다. 덕(德)은 시생(始生)이니 〈험지시(險之時)

의 시(時)〉가 곧 시생(始生) 즉 태어남을[生] 시작하는[始] 때[時]임을 살펴 헤아리게 된다. 그러므로 〈험지시(險之時)〉 즉 험한[險之] 때[時]일수록 〈항험(行險)〉을 외면하지 말고 숭상(崇尙)하면 위덕(爲德) 즉 덕이[德] 되는[爲] 동지(冬至)를 맞이할 수 있음을 살펴 헤아리게 하는 말씀이 〈험지시(險之時)〉이니, 험난의[險之] 때[時]를 마주함은 중대한 것[大]이다. 여기 〈험지시(險之時)〉란 습감괘(習坎卦 : ䷜)의 시(時)와 같으니 동지(冬至)로 살펴진다. 그러므로 습감괘(習坎卦 : ䷜)의 〈항험(行險)〉을 숭상(崇尙)하면서 활용함[用]은 〈험지시(險之時)〉와 더불어 중대함[大]을 밝힌다.

30 이괘(離卦 : ䷝) 단사(彖辭)

이하이상(離下離上) : 아래도[下] 이(離 : ☲), 위도[上] 이(離 : ☲).

이위화(離爲火) : 이는[離] 불[火]이다[爲].

離麗也이다 日月麗乎天하고 百穀草木麗乎土하다 重明以麗乎正하여 乃化成天下한다 柔麗乎中正이다 故로 亨하다 是以畜牝牛면 吉也이다
(이려야 일월려호천 백곡초목려호토 중명이려호정 내화성천하 유려호중정 고 형 시이휵빈우 길야)

이괘는[離] 붙어 드러남[麗]이다[也]. 해달은[日月] 하늘에[乎天] 붙어 드러나고[麗] 온갖 곡식과[百穀] 초목은[草木] 땅에[乎土] 붙어 드러난다[麗]. 중첩된[重] 밝음[明]으로써[以] 바른 자리에[乎正] 붙어 있어[麗] 이내[乃] 천하를[天下] 새롭게[化] 이루어낸다[成]. 부드러움이[柔] 가운데[中] 바른 자리에[乎正] 붙어 드러난다[麗]. 그러므로[故] 통한다[亨]. 이렇기[是] 때문에[以] 암소를[牝牛] 키우면[畜] 길할 것[吉]이다[也].

【지남(指南)】

離麗也(이려야)

〈이(離)〉는 이괘(離卦 : ䷝)를 말한다. 이괘(離卦 : ䷝)는 습감괘(習坎卦 : ䷜)의 각효(各爻)와 상반(相反)된다. 이(離 : ☲)는 불[火]이고 밝음[明]이다. 〈이려(離麗)의 여(麗)〉는 이괘(離卦 : ䷝)의 괘상(卦象)을 말한다. 〈이려(離麗)의 여(麗)〉는 이괘(離卦 : ䷝)의 상하체(上下體) 이(離 : ☲)에서 양(陽 : ⚊) 사이에 음(陰 : ⚋)이 걸려 드러난[麗] 모습이라고 다산(茶山)이 지적하였다. 따라서 〈이려(離麗)의 여(麗)〉는 〈부저(附著)〉 즉 붙어서[附] 드러남[著]으로 여기고 새김이 마땅하다.

日月麗乎天(일월려호천)

〈일월(日月)〉은 이괘(離卦 : ䷝)의 이(離 : ☲)에서 양기(陽氣)를 나타내는 양효(陽爻)를 밝힌다. 소성괘(小成卦)로서 이(離 : ☲)가 마치 하늘에[乎天] 붙어 있는[麗] 일월(日月) 같다는 것이다. 이(離 : ☲)의 하효(下爻 : ⚊)를 달[月]로 상효(上爻 : ⚊)를 해[日]로 비유하여, 이(離 : ☲)의 모습을 통하여 하늘에 있는 〈일월(日月)〉을 밝힌 것이 〈일월려호천(日月麗乎天)〉이다. 어찌 일월(日月)만이겠는가? 어느 것 하나 하늘에 붙어서 드러나지 않는 것이 없다. 따라서 삼라만상려호천(森羅萬象麗乎天)이라 해도 된다. 여기 〈일월려호천(日月麗乎天)〉으로써 천덕(天德)을 밝힌다.

百穀草木麗乎土(백곡초목려호토)

〈백곡초목(百穀草木)〉은 우리가 사는 세상[天下]에 있는 만물(萬物)을 말한다. 이 천하(天下)를 지금은 지구(地球)라고 한다. 식물(植物)만 땅에[乎土] 붙어 드러나는[麗] 것들이 아니다. 동물(動物)도 마찬가지로 땅에 붙어 드러나는 것들이다. 따라서 천하만물려호토(天下萬物麗乎土)라 해도 된다. 여기 〈백곡초목려호토(百穀草木麗乎土)〉로써 지덕(地德)을 밝힌다.

重明以麗乎正(중명이려호정)

〈중명이음기려호정(重明以陰氣麗乎正)〉으로 여기고 〈거듭된[重] 밝음[明]으로써[以] 음기가[陰氣] 가운데 자리에[乎正] 붙어 드러난다[麗]〉라고 새겨볼 것이다. 〈중명(重明)〉은 이괘(離卦 : ䷝)의 상하체(上下體)를 밝힌다. 이괘(離卦 : ䷝)의 상하체(上下體)는 모두 이(離 : ☲)이다. 불[火]이고 밝음[明]인 이(離 : ☲)가 중첩(重疊)된 대성괘(大成卦)가 곧 이괘(離卦 : ䷝)인지라 이를 〈중명(重明)〉이라 한다. 그리고 〈여호정(麗乎正)의 호정(乎正)〉은 이괘(離卦 : ䷝)에서 육이(六二 : ⚋)와 육오(六五 : ⚋)가 각각 두 양(陽 : ⚊) 사이에 〈여(麗)〉 즉 붙어 드러남[麗]을 밝힌다. 〈정(正)〉은 〈중(中)〉으로도 통하기 때문이다. 여기 〈정(正)〉은 가운데 자리[中位]이면서 정위(正位)에 있음을 뜻한다. 따라서 〈여호정(麗乎正)〉을 〈여호중위(麗乎中位)〉로 여기고 새겨도 된다. 이괘(離卦 : ䷝)에서 음기(陰氣)가 중위(中位)에 있지만 두 음기(陰氣)의 효(爻)가 다같이 중정(中正)을 누릴 수는 없다. 이괘(離卦 : ䷝)에서 육이(六二 : --)는 중정(中正)을 누리지만, 육오(六五 : --)는 중위(中位)에 있지만 양효(陽爻)의 자리에 있기 때문에 중정(中正)을 누리지 못한다. 따라서 〈여호정(麗乎正)〉은 하나의 음(陰 : --)이 두 양(陽 : —) 사이에서 치우침 없이 바르게[正] 붙어 드러남[麗]을 밝혀, 이괘(離卦 : ䷝)의 괘상(卦象)을 거듭 밝힘이 〈중명이려호정(重明以麗乎正)〉이다. 양기(陽氣)가 두 음기(陰氣) 사이에 있으면 〈함(陷)〉 즉 구덩이에 빠짐[陷]이라 하고, 음기(陰氣)가 두 양기(陽氣) 사이에 있으면 〈여(麗)〉 즉 붙어 드러나 고움[麗]이라 한다. 따라서 〈여호정(麗乎正)의 여(麗)〉는 이괘(離卦 : ䷝)에서 음효(陰爻)의 모습[象]을 말한다.

乃化成天下(내화성천하)

〈여호정이왕공화천하(麗乎正以王公化天下) 이려호정이왕공성천하(而麗乎正以王公成天下)〉로 여기고 〈가운데 자리에[乎正] 붙어 드러남을[麗] 본받아[以] 왕공은[王公] 세상을[天下] 새롭게 한다[化] 그리고[而] 가운데 자리에[乎正] 붙어 드러남을[麗] 본받아[以] 왕공은[王公] 세상을[天下] 이룩한다[成]〉라고 새겨볼 것이다. 〈내화성천하(乃化成天下)의 내(乃)〉는 〈여호정이(麗乎正以)〉의 줄임이다. 여호정을[麗乎正] 본받음[以]을 〈이에 내(乃)〉로 줄임이다. 〈화성천하(化成天下)〉는 어떤 왕공(王公)이든 이괘(離卦 : ䷝)에서 음기(陰氣)의 〈여호정(麗乎正)〉을 본받음[以]을 구민(救民)하고 치세(治世)하는 법도(法道)로 삼아야 함을 밝힌다. 따지고 보면 군신(君臣)이란 만백성(萬百姓)에 바르게[正] 붙어 드러나야[麗] 한다. 백성이 임금에게 붙어 드러나는[麗] 것이 아니라 임금이 백성에게 붙어 드러나는[麗] 것임을 〈화성천하(化成天下)〉가 암시한다. 즉 백성을 천지(天地)로 여기고 임세(臨世) 즉 세상을[世] 마주해야[臨] 어느 왕공(王公)이든 나라를 이끌어갈 수 있다. 백성이 없는 나라는 없기 때문이다.

이괘(離卦 : ䷝)의 괘상(卦象)을 진실로 본받는[以] 왕공(王公)은 〈화성천하(化成天下)〉의 치세(治世)를 누려 백성 사이에 붙어 드러나는 고운[麗] 치자(治者)가 된다는 것이 천리(天理) 즉 자연의[天] 이치[理]이다. 소를 물가로 끌어다주고 소가 절로 물을 마시게 내버려두는 목동(牧童)은 소떼를 데리고 돌아오지만, 억지로

물을 먹이려고 덤비는 목동은 소떼를 잃어버리고 마는 천리(天理)를, 왕공(王公)도 이와 다를 바 없으니 잊어서는 안 된다. 왕공(王公)은 신하에게 붙어 드러나서는[麗] 폭군(暴君) 노릇밖에 못한다. 백성에게 붙어 드러나야[麗] 〈화천하(化天下)〉 즉 백성이 바라는 세상을[天下] 새롭게 해주고[化], 그리하여 〈성천하(成天下)〉 즉 백성이 바라는 세상을[天下] 이룸[成]을 밝힌 말씀이 〈화성천하(化成天下)〉이다.

柔麗乎中正(유려호중정) 故(고) 亨(형)

〈유려호중정(柔麗乎中正)의 유(柔)〉는 음효(陰爻)를 말하고, 〈유려호중정(柔麗乎中正)의 중정(中正)〉은 육이(六二 : --)와 육오(六五 : --)가 이괘(離卦 : ䷝)의 상하체(上下體)에서 두 양효(陽爻) 사이의 〈가운데[中]〉에 있음을 말한다. 〈유려호중정(柔麗乎中正)의 중정(中正)〉은 대성괘(大成卦)에서 육효(六爻)의 정위(正位)를 밝히는 〈중정(中正)〉은 아니다. 육효(六爻)의 상호관계에서 〈중정(中正)〉이란 이효(二爻)의 자리에 음기(陰氣 : --)가 있고 오효(五爻)의 자리에 양기(陽氣 : ―)가 있어야 하는데, 오효(五爻)의 자리에 육오(六五 : --)가 있어 정위(正位)로서의 중정(中正)을 누리지는 못한다. 따라서 〈유려호중정(柔麗乎中正)의 중정(中正)〉은 육이(六二 : --)를 밝힌다. 물론 이괘(離卦 : ䷝)는 〈여(麗)〉를 주(主)로 삼기 때문에 육오(六五 : --)가 비록 정위(正位)에 있지 않다고 한들 육오(六五 : --)는 두 양(陽 : ―) 가운데 있는 〈여(麗)〉인지라 음(陰 : --)으로서 양(陽 : ―)의 자리에 있어도 가운데[中]라 하여, 육이(六二 : --)와 마찬가지로 중정(中正)을 누린다는 주장이 성립되지 않는 것은 아니다. 그러나 음(陰 : --)이 두 양(陽 : ―) 사이에 붙어 드러남을 〈여(麗)〉라고 함은 음양(陰陽)이 서로 이웃하여 비(比)를 누리기 때문이다.

음양(陰陽)이 이웃하여 누리는 비(比)란 음양(陰陽)의 상합(相合)-상화(相和)를 누림이다. 이괘(離卦 : ䷝)에서 육이(六二 : --)는 초구(初九 : ―)와 비(比)를 누리고 구삼(九三 : ―)과도 비(比)를 누려 음양(陰陽)이 상합(相合)하고 상화(相和)하여 길(吉)하고, 육오(六五 : --) 역시 비록 정위(正位)에 있지는 않을지라도 구사(九四 : ―)와 비(比)를 누리고 상구(上九 : ―)와도 비(比)를 누려 음양(陰陽)이 상합(相合)하고 상화(相和)하여 길(吉)하다. 음양(陰陽)이 이웃하여 비(比)를 누림은 늘 길(吉)하다. 흉(凶)하면 막히지만 길(吉)하면 열린다. 이괘(離卦 : ䷝)에서 〈유(柔)〉 즉 음기(陰氣 : --)가 치우침 없이 두 양(陽 : ㅡ) 사이에 이웃하여 드러나[麗] 음양(陰陽)이 서로 상합(相合)하고 상화(相和)함을 누리기 때문에[故] 막힘없이 통함을 밝혀 〈형(亨)〉이라고 한다.

註 〈중정(中正) 부중정(不中正)〉은 대성괘(大成卦)에서 육효(六爻)의 정위(正位)를 밝히는 술어이다. 양(陽 : ㅡ)의 자리를 홀수의 위(位)라 하고, 음(陰 : --)의 자리를 짝수의 자리[位]라 한다. 대성괘(大成卦)에서 이효(二爻)를 내괘(內卦)의 〈중(中)〉이라 하고, 오효(五爻)를 외괘(外卦)의 〈중(中)〉이라 한다. 그리고 대성괘(大成卦)에서 양효(陽爻)가 양위(陽位) 즉 양(陽 : ㅡ)의 자리[位]인 초삼오(初三五)에 있고, 음효(陰爻)가 음위(陰位) 즉 음(陰 : --)의 자리[位]인 이사상(二四上)에 있음을 〈정(正)〉이라고 한다. 특히 대성괘(大成卦)의 상하괘(上下卦)에서 하체(下體)의 중효(中爻)인 이효(二爻) 자리에 음(陰 : --)이 있고, 상체(上體)의 중효(中爻)인 오효(五爻) 자리에 양(陽 : ㅡ)이 있을 때 이를 〈중정(中正)〉이라 하고, 육이(六二 : --)와 구오(九五 : ㅡ)가 각각 〈중정(中正)〉을 누린다고 한다. 〈중정(中正)〉은 길(吉)한 것을 나타내고 그렇지 못할 때는 흉(凶)한 것을 나타낸다. 〈중(中)과 정(正)〉을 모두 만족시키는 괘(卦)는 63번째 대성괘(大成卦)인 기제괘(旣濟卦 : ䷾)이다.

〈응(應)〉은 대성괘(大成卦)에서 육효(六爻) 상호간(相互間)의 관계를 밝히는 술어이다. 하체(下體)의 초효(初爻)와 상체(上體)의 초효(初爻), 하괘의 이효(二爻)와 상괘의 이효(二爻), 그리고 하괘의 상효(上爻)와 상체(上體)의 상효(上爻)는 〈상응(相應)한다〉라고 한다. 상응하는 두 효(爻)가 각각 음(陰)과 양(陽)이면 〈정응(正應)〉이라 하고, 두 효(爻)가 다 음(陰)이거나 양(陽)이면 〈불응(不應)〉이라 한다. 〈정응(正應)〉은 길(吉)한 것이고 〈불응(不應)〉은 흉(凶)한 것이다.

〈비(比)〉는 이웃하는 두 효(爻)가 서로 음양관계(陰陽關係)에 있을 때를 밝히는 술어이다. 초효(初爻)와 이효(二爻), 이효(二爻)와 삼효(三爻), 삼효(三爻)와 사효(四爻), 사효(四爻)와 오효(五爻), 오효(五爻)와 상효(上爻)가 음양(陰陽)으로 이웃하고 있을 때 이를 〈비(比)〉라고 한다. 〈비(比)〉는 길(吉)한 것이다.

是以畜牝牛(시이휵빈우) 吉(길)

〈시이(是以)〉는 〈유려호중정(柔麗乎中正)〉을 줄임이다. 부드러움이[柔] 가운데[中] 바른 자리에[乎正] 붙어 드러난다[麗]라고 함은 이괘(離卦 : ䷝)에서 양효(陽爻)는 드러나지 않음을 뜻한다. 양효(陽爻) 즉 양(陽 : ㅡ)이 뒤로 물러나고 음효(陰爻) 즉 음(陰 : --)이 드러남이 이괘(離卦 : ䷝)의 괘상(卦象)이다. 양(陽 : ㅡ)이 들어가고[入] 음(陰 : --)이 드러남[出]이 이괘(離卦 : ䷝)의 괘상(卦象)인지라,

〈휵빈우(畜牝牛)〉는 양(陽 : ⚊)에 붙어 드러나는[麗] 음(陰 : ⚋)을 길러냄[畜]을 밝힌다. 빈우(牝牛)는 음(陰 : ⚋)을 비유하고, 모우(牡牛)는 양(陽 : ⚊)을 비유한다. 빈모(牝牡)는 자웅(雌雄)을 뜻하고 암수[雌雄]는 음양(陰陽)을 비유하는지라, 〈휵빈우(畜牝牛)〉는 〈휵음기(畜陰氣)〉와 같아 이괘지시(離卦之時)를 환기시킨다. 앞의 습감괘(習坎卦 : ䷜)의 때가 동지(冬至)이고, 이괘(離卦 : ䷝)의 때는 하지(夏至)이다. 동지(冬至)에는 음기(陰氣)가 들어가고[入] 양기(陽氣)가 드러나며[出], 하지(夏至)에는 양기(陽氣)가 입(入)하고 음기(陰氣)가 출(出)한다. 들어가 숨는 양기(陽氣)를 상기시키고, 드러나 나타나는 음기(陰氣)를 떠올리는 〈빈우(牝牛)〉는 이괘(離卦 : ䷝)의 음기(陰氣 : ⚋)를 비유한다. 가을이 오고 겨울이 다가옴을 환기시키기도 하고, 동시에 음(陰 : ⚋)을 마음 깊이 살펴두라 함이 〈휵빈우(畜牝牛)의 휵(畜)〉이다. 길러냄[畜]이란 세심한 주의와 보살핌을 요구하기 때문이다. 세심하게 마음을 쏟아 길러냄[畜]은 항상 길(吉)하다.

단전하
彖傳下

31 함괘(咸卦 : ䷞) 단사(彖辭)

간하태상(艮下兌上) : 아래는[下] 간(艮 : ☶), 위는[上] 태(兌 : ☱).

택산함(澤山咸) : 못과[澤] 산은[山] 함이다[咸].

咸感也이다 柔上而剛下하여 二氣感應以相與한다 止而說하고 男下女한다 是以亨利貞하고 取女吉也이다 天地感하여 而萬物化生하며 聖人感人心하여 而天下和平하니 觀其所感하여 而天地萬物之情可見矣이다

함감야 유상이강하 이기감응이상여 지이열 남하녀 시이형리정 취녀길야 천지감 이만물화생 성인감인심 이천하화평 관기소감 이천지만물지정가견의

함괘는[咸] 감응함[感]이다[也]. 부드러움이[柔] 올라가고[上] 그리고[而] 굳셈이[剛] 내려오고 있어[下] 두[二] 기운이[氣] 감응함[感應]으로써[以] 서로[相] 함께한다[與]. 머물러서[止而] 기뻐하고[說] 사내가[男] 여자에게로[女] 내려온다[下]. 이렇기[是] 때문에[以] 형통하니[亨] 진실로 미더워[貞] 이롭고[利] 장가듦이[取女] 좋은 것[吉]이다[也]. 하늘땅이[天地] 감응하여[感而] 만물이[萬物] 새롭게[化] 태어나며[生], 성인이[聖人] 인심을[人心] 감응시켜[感而] 세상이[天下] 화평하니[和平], 그[基] 감응하는[感] 바를[所] 관찰하여[觀而] 천지만물의[天地萬物之] 실정을[情] 살펴볼[見] 수 있음[可]이다[矣].

【지남(指南)】

咸感也(함감야)

〈함(咸)〉은 함괘(咸卦 : ䷞)를 말하고, 〈감(感)〉은 함괘(咸卦 : ䷞)의 괘상(卦象)을 풀이한다. 〈감(感)〉은 〈느낄 정(情)-응할 응(應)〉과 같아 〈감응(感應)-정감(情

感)〉의 줄임말과 같다. 그러니 여기 〈감(感)〉은 음양(陰陽)이 서로 감응(感應)함이다. 따라서 천지(天地)의 감응(感應)도 〈함(咸)〉이고, 남녀(男女)의 감응(感應)도 〈함(咸)〉이며, 온갖 자웅(雌雄)의 교감(交感)도 〈함(咸)〉이다.

柔上而剛下(유상이강하)

함괘(咸卦 : ䷞)의 괘상(卦象)인 〈감(感)〉을 풀이한다. 〈유상이강하(柔上而剛下)〉에서 〈유상(柔上)의 유(柔)〉는 함괘(咸卦 : ䷞)의 초륙(初六 : --)과 육이(六二 : --)의 음효(陰爻)를 말하고, 〈유상이강하(柔上而剛下)〉에서 〈강하(剛下)의 강(剛)〉은 함괘(咸卦 : ䷞)의 구사(九四 : ―)와 구오(九五 : ―)의 양효(陽爻)를 말한다. 초륙(初六 : --)과 구사(九四 : ―)가 상응(相應)하여 정응(正應)을 누리려고 초륙(初六 : --)은 올라가고[上] 구사(九四 : ―)는 내려옴[下]이 앞서 살핀 〈함감(咸感)의 감(感)〉이고, 육이(六二 : --)와 구오(九五 : ―)가 상응(相應)하여 정응(正應)을 누리려고 육이(六二 : --)는 올라가고[上] 구오(九五 : ―)는 내려옴[下]이 또한 〈함감(咸感)의 감(感)〉임을 〈유상이강하(柔上而剛下)〉라고 거듭 함괘(咸卦 : ䷞)의 괘상(卦象)을 풀이한다.

이런 풀이와는 달리 〈유상이강하(柔上而剛下)〉의 〈유상(柔上)〉과 〈강하(剛下)〉를 함괘(咸卦 : ䷞)가 여괘(旅卦 : ䷷)로부터 왔음을 밝힌 것이라고 풀이하기도 한다. 여괘(旅卦 : ䷷)의 육오(六五 : --)가 육위(六位)에 있고 상구(上九 : ―)가 오위(五位)에 있어 여괘(旅卦 : ䷷)가 함괘(咸卦 : ䷞)로 변괘(變卦)되었음을 밝힘이 〈유상이강하(柔上而剛下)〉이다. 그러나 대성괘(大成卦)에서 육효(六爻) 상호관계를 밝히는 〈응(應)〉을 들어서 함괘(咸卦 : ䷞)의 〈유상(柔上)-강하(剛下)〉를 살펴 풀이함이 더 마땅하다.

註 〈응(應)〉은 대성괘(大成卦)에서 육효(六爻)의 상호관계를 밝히는 술어(術語)이다. 하체(下體)의 초효(初爻)와 상체(上體)의 초효(初爻), 하괘(下卦)의 이효(二爻)와 상괘(上卦)의 이효(二爻), 그리고 하괘의 상효(上爻)와 상괘의 상효(上爻)는 〈상응(相應)한다〉라고 한다. 상응(相應)하는 두 효(爻)가 각각 음(陰)과 양(陽)이면 〈정응(正應)〉이라 하고, 두 효(爻)가 다 음(陰)이거나 양(陽)이면 〈불응(不應)〉이라 한다. 〈정응(正應)〉은 길(吉)하고, 〈불응(不應)〉은 흉(凶)하다.

二氣感應以相與(이기감응이상여)

앞의 〈유상이강하(柔上而剛下)〉의 까닭을 풀이한다. 왜 음(陰 : --) 즉 〈유(柔)〉는 올라가고[上] 양(陽 : ㅡ) 즉 〈강(剛)〉이 내려오는가[下]? 유강(柔剛) 즉 음양(陰陽)의 이기(二氣)가 감응(感應)함으로써[以] 상여(相與) 즉 서로[相] 어울려 좋아하기[與] 때문이다. 여기 〈상여(相與)의 여(與)〉는 〈어울릴 화(和), 좋아할 선(善), 줄 시(施)〉 등의 뜻을 묶고 있다. 〈이기감응이상여(二氣感應以相與)〉는 『노자(老子)』에 나오는 〈충기(冲氣)〉를 환기시킨다. 충기(冲氣)란 음양(陰陽)이 감응(感應)하는 기운(氣運) 즉 화기(和氣)이다. 암수가 만나 감응(感應)하여 서로 함께해야 화기(和氣) 즉 생기(生氣)를 이룩함을 여기 〈상여(相與)〉가 살펴 헤아려 깨우치게 한다.

註 충기이위화(冲氣以爲和) : {음양(陰陽)은} 충기(冲氣)로써[以] 화기를[和] 삼는다[爲].
『노자(老子)』 42장(章)

止而說(지이열)

함괘(咸卦 : ䷞)의 구삼(九三 : ㅡ)과 정응(正應)하는 상륙(上六 : --)이 누리는 〈감응이상여(感應以相與)〉의 절정(絶頂)을 밝힌다. 함괘(咸卦 : ䷞)야말로 애정(愛情)을 누리는 단계를 말해주는 전범(典範) 노릇을 한다. 남녀가 감응(感應)하여 상여(相與)함은 함괘(咸卦 : ䷞)의 초륙(初六 : --)이 구사(九四 : ㅡ)와 정응(正應)하여 〈함기무(咸其拇)〉로써 시작한다. 초륙(初六 : --)은 구사(九四 : ㅡ)와 응(應)하여 서로의[其] 발가락에서[拇] 감응되기[咸] 시작한다. 발가락[拇]의 〈감(感)〉은 점점 더 증폭되어, 육이(二六 : --)는 구오(九五 : ㅡ)와 중정(中正)을 누리면서 정응(正應)하여 서로의 〈함(咸)〉 즉 감응[咸]이 〈비(腓)〉 즉 장딴지[腓]로 올라간다. 장딴지[腓]의 〈감(感)〉은 더욱 더 증폭되어, 구삼(九三 : ㅡ)은 상륙(上六 : --)과 상응(相應)하여 서로의 〈함(咸)〉이 〈고(股)〉 즉 넓적다리[股]로 올라간다. 넓적다리[股]의 〈감(感)〉은 더더욱 증폭되어, 구오(九五 : ㅡ)는 육이(六二 : --)와 중정(中正)을 누리면서 정응(正應)하여 서로의 〈함(咸)〉이 〈매(脢)〉 즉 등골[脢]로 올라가 감응되다가, 상륙(上六 : --)이 구오(九五 : ㅡ)와 이웃하여 〈비(比)〉를 누리면서 서로의 〈함(咸)〉이 음양이기(陰陽二氣) 즉 남녀의 〈상여(相與)〉가 절정에 이름이 〈함감(咸感)〉 즉 함괘(咸卦 : ䷞)의 감응[感]이다.

함괘(咸卦 : ䷞)가 밝히는 남녀가 누리는 〈상여(相與)〉 즉 서로[相] 함께하는[與] 절정(絶頂)은 〈함기보협설(咸其輔頰舌)〉 즉 음양이기(陰陽二氣)로서 남녀의 광대뼈와[輔] 볼[頰] 그리고 혀 끝[舌]까지 감응(感應)됨이다. 이러한 음양이기(陰陽二氣)가 감응(感應)하여 상여(相與)하는 절정인 함괘(咸卦 : ䷞) 상륙(上六 : --)의 효상(爻象)을 〈지이열(止而說)〉이라고 풀이한다. 육효(六爻)의 자리는 더 오를 데가 없으니 〈지(止)〉 즉 멈춤이고[止], 상효(上爻) 자리의 음(陰 : --)을 〈열(說)〉 즉 기쁨[說]이라 하는데, 함괘(咸卦 : ䷞)의 상륙(上六 : --)이 바로 그 〈지(止)〉이고 〈열(說)〉인지라, 음양이기(陰陽二氣) 즉 남녀가 누리는 감응(感應)과 상여(相與)의 절정(絶頂)을 〈지이열(止而說)〉이라고 밝힌다.

註 무릇 소성괘(小成卦)에서 음(陰 : --)이 삼효(三爻)로서 상(上)에 있으면 기쁨[說]의 상(象)이고, 이효(二爻)로서 중(中)에 있으면 고움[麗]의 상(象)이며, 초효(初爻)로서 하(下)에 있으면 따름[巽]의 상(象)이다.

男下女(남하녀)

함괘(咸卦 : ䷞)의 구사(九四 : —)가 초륙(初六 : --)과 상응(相應)하여 상여(相與)하고 구오(九五 : —)가 육이(六二 : --)와 상응(相應)하여 상여(相與)하려고, 양기(陽氣)인 남(男)이 음기(陰氣)인 여(女)에게로 내려옴을 〈하(下)〉라고 밝힌다. 양기(陽氣)는 동(動)이고 음기(陰氣)는 정(靜)인지라 음양이기(陰陽二氣) 즉 남녀(男女)가 상응(相應)하여 상여(相與)하자면, 양기(陽氣)인 사내[男]가 음기(陰氣)인 여자[女]에게로 찾아가는 것이 음양이기(陰陽二氣) 즉 남녀상화(男女相和)의 지극(至極)함이다. 지극한 음양상화(陰陽相和)를 밝히는 〈남하녀(男下女)〉가 천도(天道) 즉 자연의[天] 이치[道]가 짓는 조화를 헤아려 깨우치게 한다.

是以亨利貞(시이형리정)

〈남하녀(男下女)〉가 자연의[天] 이치[道]를 따라야 함을 밝힌다. 〈형리정(亨利貞)의 형(亨)〉은 자연의[天] 이치[道]를 따름 즉 순역(順易)함이 통함[亨]이다. 역리(易理) 즉 역(易)의 이치[理]를 따라야[順] 통하지[亨] 그렇지 않으면 막힌다[塞]. 형(亨)하면 길(吉)하고 색(塞)하면 흉(凶)하다. 〈남하녀(男下女)〉가 〈상감(相感)의 상여(相與)〉를 순역(順易)하면 형(亨)하여 길(吉)하고, 〈상감(相感)의 상여(相與)〉를 상음(相淫)하여 배역(背易)하면 색(塞)하여 흉(凶)하다. 역의[易之] 이치[道]를 따름이란 곧 순천도(順天道) 즉 자연의 이치를[天道] 따름[順]이다. 순천도(順天道)를 선(善)이라 하고, 선(善)하면 그 무엇이든 통한다[亨]. 따라서 〈남하녀(男下女)〉가 선(善)하여 상화(相和)하면 통하여[亨] 길(吉)하고, 불선(不善)하여 상음(相淫)하면 막혀[塞] 흉(凶)하다. 선(善)하여 통함[亨]은 마음이 진실한 미더움[貞]이다. 정(貞)하다면 매사가 이롭다[利]. 〈형리정(亨利貞)〉은 역리(易理)이고 천도(天道)이다.

取女吉(취녀길)

〈남하녀(男下女)〉 즉 사내가[男] 여자에게[女] 내려와[下] 통하여[亨] 진실로 미더워[貞] 이로움[利]이 곧 〈취녀(取女)〉이다. 사내가 장가들어 아내를 얻음이 〈취녀(取女)〉이다. 음양(陰陽)이 상응(相應)하여 상여(相與)함이 항구(恒久)하듯 〈남하녀(男下女)의 남하(男下)〉가 〈취녀(取女)〉로 이루어짐이란 그와 같아 길(吉)함을 밝힌다.

天地感(천지감) 而萬物化生(이만물화생)

〈천지상감(天地相感) 이만물화(而萬物化) 이만물생(而萬物生)〉으로 여기고 〈하늘땅이[天地] 서로[相] 감응한다[感] 그리고[而] 온갖 것이[萬物] 이루어진다[化] 그리고[而] 온갖 것이[萬物] 살아간다[生]〉라고 새겨볼 것이다. 〈천지감(天地感)〉이란 〈음양감(陰陽感)〉과 같다. 천(天)은 양(陽)이고 지(地)는 음(陰)이다. 음양(陰陽)을 천지(天地)로써 풀이할 때 강유(剛柔)라 하고, 음양(陰陽)을 인간으로써 풀이할 때 인의(仁義)라 한다. 모든 생물의 자웅(雌雄) 즉 암수[雌雄]가 〈감(感)〉 즉 상감(相感)하여 저마다 제 새끼를 낳는 조화(造化)가 곧 〈천지감(天地感)〉이다.

〈만물화생(萬物化生)〉은 〈천지감(天地感)〉을 풀이한다. 천지(天地)가 자웅(雌雄) 즉 암수[雌雄]로서 상감(相感)해야 만물이 태어나[化] 살아가는[生] 것이다. 만물이 태어남은 새로움이니 화(化)이고, 태어난 것은 살아가야 하니 생(生)이다. 그러니 여기 〈천지감(天地感)〉이란 음양상감(陰陽相感)이고 나아가 자웅상감(雌雄相感) 즉 남녀상감(男女相感)인지라, 〈천지감(天地感)〉은 곧 천지조화(天地造化)와 다름 아니다. 그 조화(造化)란 만물을 화생(化生)하는 것이다. 그래서 부모(父母)를 천지(天地)라고 한다. 부모는 남녀이다. 그 부모라는 남녀 사이에서 자녀가 태어나 자란다. 따라서 모든 생물은 제 아비[父]로부터 양(陽)을 받고 제 어미[母]로부터 음(陰)을 받아 부음포양(負陰抱陽)의 목숨으로 태어나[化] 살아가는[生] 것들이다. 물론 사람이라고 다를 게 없다. 그래서 『장자(莊子)』에도 〈천지자만물지모(天地者萬物之母)〉란 말이 나온다. 따라서 온갖 새끼들이[萬物] 이루어져[化] 살아가는[生] 것은 음양(陰陽)-천지(天地)-자웅(雌雄)의 상감(相感)임을 밝힌 것이 〈천지감이만물화생(天地感而萬物化生)〉이다.

註 천지자만물지부모야(天地者萬物之父母也) : 하늘땅이라는[天地] 것은[者] 온갖 것들의[萬物之] 부모(父母)이다[也]. 『장자(莊子)』「달생(達生)」1절(節)

聖人感人心(성인감인심) 而天下和平(이천하화평)

〈성인감인심(聖人感人心)〉은 성인(聖人)이 앞서 살핀 〈천지감(天地感)〉을 그냥 그대로 따름을 말한다. 하늘땅이[天地] 상감하여[感] 만물(萬物)을 화생(化生)하듯, 성인(聖人)도 천지(天地)의 상감(相感)을 그냥 그대로 따라 〈천지감(天地感)의 감(感)〉을 본받아 활용한 것이 〈천하화평(天下和平)〉이다. 〈성인감인심(聖人感人心)의 인심(人心)〉은 천하지인심(天下之人心) 즉 천지지심(天地之心)과 같고 나아가 백성지심(百姓之心)과 같다. 성인(聖人)은 백성의[百姓之] 마음[心]을 감응하여[感] 세상을 마주하지 당신의 마음으로 천하(天下)를 마주하지 않는다. 이렇기 때문에 〈성인무상심(聖人無常心)〉이라 한다. 성인(聖人)에게는 〈이념(理念, Ideology)〉이라는 것이 없으므로 진실로 온 세상의 인심(人心)과 감응(感應)하여 온 세상을 화평(和平)하게 한다. 여기 〈천하화평(天下和平)의 화평(和平)〉이 뜻하는 것을 나름 터득하자면 『노자(老子)』에 나오는 〈성인개해지(聖人皆孩之)〉라는 말씀을 천착(穿鑿)해 보면 된다. 〈해지(孩之)〉란 어린애가 되게 한다[孩之]는 말이다. 〈어린 것[孩]〉이란 천심(天心)의 표상(表象)이고 나아가 〈천지감(天地感)〉 바로 그것이다. 그러므로 〈천하화평(天下和平)〉을 〈성인화천하(聖人和天下) 이성인평천하(而聖人平天下)〉로 여기고 새기면 성인(聖人)이 오로지 감인심(感人心)하는 까닭을 헤아려 깨우칠 수 있고, 나아가 성인(聖人)이 〈천지감(天地感)〉을 그냥 그대로 따라 본받는 까닭을 헤아려 깨우칠 수 있다.

註 성인무상심(聖人無常心) 이백성지심위심(以百姓之心爲心) …… 성인개해지(聖人皆孩之) : 성인에게는[聖人] 고집하는 마음이[常心] 없고[無], {성인(聖人)은} 백성의[百姓之] 마음[心]으로써[以] (당신의) 마음을[心] 삼는다[爲]. …… 성인은[聖人] 백성을[之] 모두[皆] 어린애이게 한다[孩].
『노자(老子)』 49장(章)

觀其所感(관기소감) 而天地萬物之情可見(이천지만물지정가견)

〈관기소감(觀其所感)의 기소감(其所感)〉은 음양지소상감(陰陽之所相感)-천지지소상감(天地之所相感)-남녀지소상감(男女之所相感) 등을 묶어 놓은 말씀이다. 말하자면 음양지(陰陽之)-천지지(天地之)-남녀지(男女之) 등을 〈기(其)〉로 대신해 〈기소감(其所感)〉이라 줄인 것이다. 음양이[陰陽之] 서로[相] 감응하는[感] 바를[所] 관찰한다[觀]면[而], 천지가[天地之] 서로[相] 감응하는[感] 바를[所] 관찰한다[觀]면[而], 남녀가[男女之] 서로[相] 감응하는[感] 바를[所] 관찰한다[觀]면[而], 〈인인가견천지만물지정(人人可見天地萬物之情)〉 즉 누구나[人人] 천지만물의[天地萬物之] 참뜻을[情] 살필 수 있다[可見]는 것이다. 성인(聖人)만이 만물화생(萬物化生) 즉 천지(天地)가 조화하는 참뜻[情]을 살필 수 있는 것이 아니라, 남녀(男女)의 상감(相感)을 관찰(觀察)하면 자웅(雌雄) 즉 암수의 상감을 관찰할 수 있고 나아가 음양(陰陽)의 상감을 관찰할 수 있으며, 이는 곧 천지(天地)의 상감인 조화의 참모습[情]을 누구나 살펴볼 수 있다[可見]는 것이다. 〈정(情)〉은 〈참 진(眞)-실(實)〉과 같아 〈진정(眞情)-실정(實情)〉의 줄임말과 같고, 〈견(見)〉은 눈에 보이는 것만이 아니라 눈에 보이지 않는 것까지 살핀다는 뜻으로 〈살필 색(賾)〉과 같아 〈견색(見賾)〉의 줄임말과 같다.

32 항괘(恒卦 : ䷟) 단사(彖辭)

손하진상(巽下震上) : 아래는[下] 손(巽 : ☴), 위는[上] 진(震 : ☳).

뇌풍항(雷風恒) : 우레와[雷] 바람은[風] 항이다[恒].

恒久也이다 剛上而柔下하고 雷風相與하며 巽而動하고
항구야 강상이유하 뇌풍상여 손이동
剛柔皆應이 恒이다 恒亨은 无咎利貞이니 久於其道也
강유개응 항 항형 무구리정 구어기도야
이다 天地之道恒久而不已也이다 利有攸往은 終則有
천지지도항구이불이야 이유유왕 종즉유
始也이다 日月得天이면 而能久照하고 四時變化이면 而
시야 일월득천 이능구조 사시변화 이
能久成하며 聖人久於其道이면 而天下化成한다 觀其
능구성 성인구어기도 이천하화성 관기
所恒이면 而天地萬物之情可見矣로다
소항 이천지만물지정가견의

항괘는[恒] 장구함[久]이다[也]. 굳센 기운은[剛] 올라가고[上] 그리고[而] 부드러운 기운은[柔] 내려오고[下], 우레와[雷] 바람이[風] 서로[相] 함께하며[與] 공손하면서[巽而] 움직이고[動], 강한 기운과[剛] 부드러운 기운이[柔] 모두[皆] 응함이[應] 항괘이다[恒]. 항구함이[恒] 형통함은[亨] 허물이[咎] 없으며[无] 진실로 미더워[貞] 이로우니[利] 그[其] 도에[於道] 항구한 것[久]이다[也]. 하늘땅의[天地之] 이치도[道] 항구해서[恒久而] 그치거나 버려듬이[已] 없음[不]이다[也]. 갈[往] 곳이[攸] 있어[有] 이로움은[利] 끝나면[終] 곧[則] 시작이[始] 있음[有]이다[也]. 해와[日] 달이[月] 하늘을[天] 얻어서[得而] 장구하게[久] 비출 수 있고[能照], 봄 여름 가을 겨울이[四時] 변화해서[變化而] 장구하게[久] 이룰 수 있으며[能成], 성인도[聖人] 그[其] 규율에[於道] 장구해서[久而] 세상을[天下] 새롭게 하고[化] 이룬다[成]. 그[其] 항구한[恒] 바를[所] 살핀다면[觀而] 천지만물의[天地萬物之] 참모습을[情] 살필 수 있는 것[可見]이다[矣].

【지남(指南)】

恒久也(항구야)

〈항(恒)〉은 항괘(恒卦 : ䷟)를 말하고, 〈구(久)〉는 항괘(恒卦 : ䷟)의 괘상(卦象)을 풀이한다. 〈항괘(恒卦)의 항(恒)〉을 〈구(久)〉라고 밝힌다. 음효(陰爻 : --)와 양효(陽爻 : ─) 저마다 정응(正應)을 누리고 있어서 육효(六爻)가 개응(皆應) 즉 모두[皆] 상응(相應)하고 있는 항괘(恒卦 : ䷟)의 괘상(卦象)을 〈구(久)〉라고 밝힌다. 〈항(恒)-구(久)〉는 〈오랠 장(長)〉과 같다.

剛上而柔下(강상이유하)

항괘(恒卦 : ䷟)의 〈항(恒)〉을 풀이한다. 〈강상이유하(剛上而柔下)〉는 양상이음하(陽上而陰下)이고 천상이지하(天上而地下)이다. 이는 변함없는 정위(正位)인지라 항괘(恒卦 : ䷟)의 괘상(卦象)은 항구(恒久)하다. 항괘(恒卦 : ䷟)의 하체(下體)인 손(巽 : ☴)은 음괘(陰卦)인지라 〈유하(柔下)〉라고 풀이하고, 항괘(恒卦 : ䷟)의 상체(上體)인 진(震 : ☳)은 양괘(陽卦)인지라 〈강상(剛上)〉이라고 풀이한다. 따라서 항괘(恒卦 : ䷟)의 상하체(上下體)가 음하양상(陰下陽上)의 정위(正位)를 누림을 풀이한 말씀이 〈강상이유하(剛上而柔下)〉이다. 〈강상이유하(剛上而柔下)〉의 정위(正位)는 〈항(恒)〉 즉 항구(恒久)하다.

註 소성괘(小成卦)에서 음효(陰爻)가 하나이고 양효(陽爻)가 둘이면 그 소성괘(小成卦)는 음괘(陰卦)라 하고, 양효(陽爻)가 하나이고 음효(陰爻)가 둘이면 그 소성괘(小成卦)는 양괘(陽卦)라 한다. 항괘(恒卦 : ䷟)의 하체(下體)인 손(巽 : ☴)은 음괘(陰卦)이고, 항괘(恒卦 : ䷟)의 상체(上體)인 진(辰 : ☳)은 양괘(陽卦)이다.

雷風相與(뇌풍상여)

이 역시 항괘(恒卦 : ䷟)의 〈항(恒)〉을 풀이한다. 〈뇌풍상여(雷風相與)의 뇌풍(雷風)〉은 항괘(恒卦 : ䷟)의 상하체(上下體)를 밝힌다. 〈뇌(雷)〉는 항괘(恒卦 : ䷟)의 상체(上體)인 진(辰 : ☳)을 밝히고, 〈풍(風)〉은 항괘(恒卦 : ䷟)의 하체(下體)인 손(巽 : ☴)을 밝힌다. 진(辰 : ☳)의 형태는 우레[雷]이고, 손(巽 : ☴)의 형태는 바람[風]인지라 〈뇌풍상여(雷風相與)〉라 한다. 하늘에서 우레와[雷] 바람이[風] 서로

[相] 함께함[與] 역시 〈항(恒)〉 즉 항구(恒久)하다.

巽而動(손이동)

이 역시 항괘(恒卦 : ䷟)의 〈항(恒)〉을 풀이한다. 〈손이동(巽而動)〉을 〈하손순(下巽順) 이상진동(而上震動)〉으로 여기고 새김이 마땅하다. 천지조화(天地造化)가 항구(恒久)하다 함은 〈손이동(巽而動)〉 즉 〈순이동(順而動)〉하기 때문이다. 음양(陰陽)-천지(天地)를 따라[順] 움직이니[動], 〈손이동(巽而動)〉은 〈항(恒)〉의 도(道) 즉 항구(恒久)의 이치[道]이다. 그러니 〈손이동(巽而動)〉 역시 〈항(恒)〉 즉 항구(恒久)하다.

剛柔皆應(강유개응)

이 역시 항괘(恒卦 : ䷟)의 〈항(恒)〉을 풀이한다. 항괘(恒卦 : ䷟)의 육효(六爻)는 모두 정응(正應)을 누리니, 〈강유(剛柔)〉 즉 음양(陰陽)이 〈개응(皆應)〉 즉 모두[皆] 감응한다[應]. 항괘(恒卦 : ䷟)에서 초륙(初六 : --)과 구사(九四 : —)가 정응(正應)을 누리고, 구이(九二 : —)와 육오(六五 : --)가 정응(正應)을 누리며, 구삼(九三 : —)과 상륙(上六 : --)이 정응(正應)을 누린다. 이처럼 항괘(恒卦 : ䷟)의 음효(陰爻 : --)와 양효(陽爻 : —)들이 서로 정응(正應)을 누림을 풀이한 말씀이 〈강유개응(剛柔皆應)〉이다. 〈강유개응(剛柔皆應)〉 즉 음양(陰陽)으로서 강유가[剛柔] 모두[皆] 응함[應]도 〈항(恒)〉 즉 항구(恒久)하다.

恒亨(항형)

〈강상이유하(剛上而柔下)〉의 이치를 따르면 〈항(恒)〉 즉 항구(恒久)한 것은 정도(正道)를 따르는 것이므로 형통하고[亨], 〈뇌풍상여(雷風相與)〉의 이치를 따르면 이 역시 〈항(恒)〉 즉 항구(恒久)하여 정도(正道)를 따르는 것이므로 형통하다[亨]. 〈손이동(巽而動)〉의 이치를 따르면 이 역시 〈항(恒)〉 즉 항구(恒久)하여 정도(正道)를 따르는 것이므로 형통하고[亨], 〈강유개응(剛柔皆應)〉의 이치를 따르면 이 역시 〈항(恒)〉 즉 항구(恒久)하여 정도(正道)를 따르는 것이므로 형통하다[亨]는 것을 〈항형(恒亨)〉이라고 줄여 밝힌다.

无咎利貞(무구리정) 久於其道(구어기도)

〈항(恒)〉 즉 항구함[恒]이 〈형(亨)〉 즉 형통함[亨]을 〈무구리정(无咎利貞)〉이라고 풀이하여 밝힌다. 그 무엇이든 항구(恒久)하다면 그것은 정도(正道)를 따름인지라 사욕(私欲)이 끼어들 리 없으니 〈무구(无咎)〉 즉 허물이[咎] 없다[无]. 무사(無私) 즉 사욕이[私] 없음[無]이 곧 〈무구(无咎)〉이다. 이러한 〈무구(无咎)〉를 풀이한 것이 〈이정(利貞)〉이다. 사욕이 없다면 허물이[咎] 없음[无]이고, 허물이 없다면 곧 진실한 미더움[貞]이다. 정(貞)하면 언제 어디서든 자신에게 이롭다[利]는 것이 〈이정(利貞)〉이다. 무구(无咎)하여 이정(利貞)함은 〈구어기도(久於其道)〉 즉 천지지도(天地之道)에서[於] 항구하기[久] 때문이다. 항구하다[久] 함은 떠나지 않고 머묾을 뜻한다. 따라서 〈구어기도(久於其道)〉는 〈지어천지지도(止於天地之道)〉로 여기고 〈천지의[天地之] 이치에[於道] 머문다[止]〉라고 새겨볼 것이다.

天地之道恒久而不已(천지지도항구이불이)

앞서 살핀 〈구어기도(久於其道)〉를 거듭해 풀이한다. 〈구어기도(久於其道)의 기도(其道)〉를 〈천지지도(天地之道)〉라고 분명히 하고, 〈구어기도(久於其道)의 구(久)〉를 〈항구(恒久)〉라고 분명히 하며, 나아가 〈항구(恒久)〉는 곧 〈불이(不已)〉임을 밝힌다. 여기 〈천지지도(天地之道)〉란 〈천지감(天地感)〉 즉 천지가[天地] 감응하는[感] 도(道) 즉 이치이면서 규율[道]이고, 나아가 〈만물화생(萬物化生)〉 즉 {천지(天地)가} 만물을[萬物] 태어나게[化] 하여 살아가게[生] 하는 이치[道]이다. 천지(天地)의 이러한 이치[道]는 〈불이(不已)〉 즉 멈추거나 버려두거나 끝냄이[已] 없다[不]. 따라서 변화하지 않고 그냥 가만히 멈춰 있는 것은 천하(天下)에 없다. 〈천지지도(天地之道)〉의 〈항구(恒久)〉란 조화가 항구함이다. 조화가 항구하다 함은 조화가 항동(恒動)하다는 것이다. 여기 〈불이(不已)의 이(已)〉는 〈멈출 지(止), 버릴 기(棄), 끝낼 필(畢)〉 등의 뜻을 품고 있으며, 〈불이(不已)의 불(不)〉은 〈없을 무(無)〉와 같다.

利有攸往(이유유왕) 終則有始(종즉유시)

앞서 살핀 〈항구이불이(恒久而不已)〉를 풀이한다. 항구(恒久)하되 불이(不已)

하다 함은 가만히 멈춰 있음이 항구(恒久)하다는 것이 아니라 만물화생(萬物化生) 즉 조화가 항구(恒久)하다는 것이다. 만물(萬物)이 태어남은 새로움이니 화(化)이고, 태어난 것은 살아가야 하니 생(生)이다. 이러한 천지조화(天地造化)는 만물화생(萬物化生)으로써 항동(恒動)한다. 이러한 항동(恒動)은 천도(天道) 즉 자연의[天] 이치[道]를 따르는[順] 움직임[動]인지라 움직여도 허물이[咎] 없다[无]. 천도(天道)를 따라하는 행동(行動)은 항상 새로운 시작이 뒤따라오는지라[來] 무구(无咎)하다는 것을 일러 〈이유유왕(利有攸往)〉이라 한다. 〈무유왕(無攸往)〉 즉 갈[往] 바가[攸] 없음[無]은 변화가 일지 않아 정체(停滯)해 있다. 따라서 〈무유왕(無攸往)〉은 불리(不利)하고 유구(有咎) 즉 허물이[咎] 있음[有]이라 흉(凶)하다. 그러나 〈유유왕(有攸往)〉은 변화가 있어 새로운 시작이 일어나 무구(无咎) 즉 허물이[咎] 없음[无]이라 이롭다[利].

〈종즉유시(終則有始)〉는 〈유유왕(有攸往)〉을 풀이한다. 〈유유왕(有攸往)〉 즉 갈[往] 바가[攸] 있음[有]이란 올[來] 바가[有] 있음[有]을 암시하는 것이 〈종즉유시(終則有始)〉이다. 〈종즉유시(終則有始)〉에는 선후(先後)가 없고 하염없이 〈불이(不已)〉인지라 『장자(莊子)』에 나오는 〈시졸약환(始卒若環)〉을 환기하면, 〈종즉유시(終則有始)〉가 〈불이(不已)〉 즉 멈추거나 버려두거나 끝냄이[已] 없음[不]을 밝힘을 살펴 헤아릴 수 있다.

註 만물개종야(萬物皆種也) 이부동형상선(以不同形相禪) 시졸약환(始卒若環) 막득기륜(莫得其倫) 시위천균(是謂天均) 천균자천예야(天均者天倪也) : 만물은[萬物] 모두[皆] 제 씨를 낳는 것[種]이다[也]. 같지 않은[不同] 형태[形]로써[以] 서로[相] 물려준다[禪]. 처음과[始] 끝이[卒] 원둘레[環] 같아[若], 그[其] 선후 순서를[倫] 알 수가[得] 없다[莫]. 이를[是] 자연의 조화라[天均] 한다[謂]. 천균이란[天均] 것은[者] 시비를 떠난 자연의 나눔[天倪]이다[也]. 천균(天均)은 자연지조화(自然之調和)를 뜻하고, 천예(天倪)는 자연지분(自然之分)을 뜻한다.

『장자(莊子)』「우언(寓言)」 1절(節)

日月得天(일월득천) 而能久照(이능구조)

일월(日月)을 실례(實例)로 들어 천도(天道)의 항구(恒久)함을 밝힌다. 천도(天道)의 항구(恒久)를 일러 상리(常理) 또는 천리(天理)라 한다. 만약 천리(天理)가 변덕을 부린다면 일월(日月)은 구조(久照) 즉 늘 같게[久] 비추어줄[照] 수 없다. 일월

(日月) 즉 음양(陰陽)이 하늘의 이치[理]인 항구(恒久)함을 얻어서 한결같이[久] 왕래(往來)하며 비추어줄 수 있음[能照]을 들어 천리(天理)가 〈종즉유시(終則有始)〉임을 밝힌다.

四時變化(사시변화) 而能久成(이능구성)

일월(日月)의 구조(久照)를 그냥 그대로 따라, 사시(四時)는 변화(變化)하고 사시(四時)가 변덕 없이 늘[久] 이루어짐[成]도 역시 〈종즉유시(終則有始)〉임을 밝힌다. 겨울이 가면 봄이 오고, 봄이 가면 여름이 오고, 여름이 가면 가을이 오고, 가을이 가면 겨울이 오고, 다시 겨울이 가면 봄이 오고, 일월(日月)이 왕래(往來)함에 따라 사시(四時)도 그 왕래를 늘[久] 성취함[成]도 천도(天道)의 항구(恒久)함을 따름이다.

聖人久於其道(성인구어기도) 而天下化成(이천하화성)

〈성인구어기도(聖人久於其道)〉는 성인(聖人)이 앞서 살핀 〈천지지도항구(天地之道恒久)〉를 그냥 그대로 따름을 말한다. 하늘땅의[天地之] 항구한[恒久] 이치[道]를 본받아 그냥 그대로 따름을 밝힌다. 천지지도(天地之道) 즉 하늘땅의[天地之] 이치[道]가 항구해서[恒久而] 일월(日月)이 구조(久照)하고 사시(四時)가 변화(變化)를 구성(久成)하듯이, 성인(聖人)도 천지(天地)의 항구(恒久)함을 그냥 그대로 따라 세상을[天下] 새롭게 하여[化] 이룩한다[成].

觀其所恒(관기소항) 而天地萬物之情可見(이천지만물지정가견)

〈관기소항(觀其所恒)의 기소항(其所恒)〉은 천지지소항(天地之所恒)을 밝힌 말씀이다. 말하자면 〈기소항(其所恒)〉은 천지(天地)의 조화(造化)가 항구(恒久)함을 밝힌다. 천지(天地)의 항구한 조화 즉 만물화생이[萬物化生] 항구한[恒] 바를[所] 관찰한다[觀]면[而], 〈인인가견천지만물지정(人人可見天地萬物之情)〉 즉 누구나[人人] 천지만물의[天地萬物之] 참뜻을[情] 살필 수 있다[可見]. 성인(聖人)만이 천지(天地)의 항구한 조화가 지닌 참뜻[情]을 살필 수 있는 것이 아니라, 천지(天地)의 조화가 항구함을 관찰하면 만물(萬物)의 참모습[情]을 누구나 살펴볼 수 있다

[可見]. 〈정(情)〉은 〈참 진(眞)-실(實)〉과 같아 〈진정(眞情)-실정(實情)〉의 줄임말과 같고, 〈견(見)〉은 눈에 보이는 것만이 아니라 눈에 보이지 않는 것까지 살핀다는 뜻으로 〈살필 색(賾)〉과 같아 〈견색(見賾)〉의 줄임말과 같다.

33 둔괘(遯卦 : ䷠) 단사(彖辭)

간하건상(艮下乾上) : 아래는[下] 간(艮 : ☶), 위는[上] 건(乾 : ☰).

천산둔(天山遯) : 하늘과[天] 산은[山] 둔이다[遯].

遯亨은 遯而亨也이다 剛當位而應이라 與時行也이다
둔형 둔이형야 강당위이응 여시행야

小利貞은 浸而長也이다 遯之時義는 大矣哉로다
소리정 침이장야 둔지시의 대의재

둔괘가[遯] 형통함은[亨] 물러가서[遯而] 형통함[亨]이다[也]. 굳센 기운이[剛] 자리를[位] 마땅히 해서[當而] 응해[應] 때맞춰[與時] 운행함[行]이다[也]. 작은 것이[小] 진실로 미더워[貞] 이롭다 함은[利] 스며들어서[浸而] 자라남[長]이다[也]. 둔괘의[遯之] 때와[時] 뜻은[義] 크나크도다[大矣哉].

【지남(指南)】

遯亨(둔형) 遯而亨(둔이형)

〈둔(遯)〉은 둔괘(遯卦 : ䷠)를 말하고, 〈형(亨)〉은 둔괘(遯卦 : ䷠)의 괘상(卦象)을 풀이한다. 앞 항괘(恒卦 : ䷟)의 〈항(恒)〉을 되짚어보게 하는 괘(卦)가 여기 둔괘(遯卦 : ䷠)이다. 항괘(恒卦 : ䷟)의 〈항(恒)〉이란 천도(天道)의 조화(造化)가 항구(恒久)하다 함이니, 이는 종시(終始)의 왕래(往來)가 항구하다는 것이다. 왕(往)하면 내(來)하니 항주(恒住) 즉 한자리에 영영[恒] 머무를[住] 수 없고 물러감[遯]이 천도(天道) 즉 자연의[天] 규율[道]이다. 할아버지는 물러가고[往] 손자가 오는[來] 것이 인생(人生)의 왕래(往來)이고 여기 〈둔(遯)〉의 천리(天理)이다. 그래서 만물화생(萬物化生)의 화생(化生)이란 필변(必變) 즉 반드시[必] 변하여[變] 새것이[化] 오는지라[來] 〈유유왕(有攸往)〉이다. 그래서 항괘(恒卦 : ䷟) 다음에 둔괘(遯卦 : ䷠)가 온다. 물러감[遯]은 오는 것을 받아들임으로 왕래(往來)가 상통(相通)하여 막힘이 없음을 밝혀 〈둔이형(遯而亨)〉이라고 한다. 대성괘(大成卦) 64괘(卦)의 모든 상효(上爻)는 둔효(遯爻)이고, 모든 초효(初爻)는 내효(來爻)라고 새겨 불러도 된다. 여기 〈둔(遯)〉은 그 무엇이든 항주(恒住)할 수 없음이 천도(天道)이니 물러날 때를 잃지 않아야 함을 뜻해 〈물러날 퇴(退)〉와 같다.

剛當位而應(강당위이응) 與時行(여시행)

둔괘(遯卦 : ䷠)의 구오(九五 : ─)로써 둔괘(遯卦 : ䷠)의 괘상(卦象)을 밝힌다. 〈강당위이응(剛當位而應)의 강(剛)〉은 구오(九五 : ─)의 양효(陽爻)를 밝히고, 그 구오(九五 : ─)가 양위(陽位)에 있음을 밝혀 〈당위(當位)〉라고 한다. 마땅하게 자리함이 〈당위(當位)〉이다. 대성괘(大成卦)에서 오효(五爻)의 자리에 양효(陽爻)가 있음을 당위(當位)라 한다. 따라서 〈강당위(剛當位)〉는 둔괘(遯卦 : ䷠)에서 구오(九五 : ─)가 정당한[當] 자리[位]에 있음을 밝힌다. 그리고 〈강당위이응(剛當位而應)의 응(應)〉은 구오(九五 : ─)가 당위(當位)의 육이(六二 : --)와 중정(中正)을 누리면서 동시에 정응(正應)을 누려, 구오(九五 : ─)와 육이(六二 : --)가 상화(相和)함을 〈응(應)〉이라고 밝힌다.

〈여시행(與時行)의 여시(與時)〉는 구오(九五 : ─)가 왕래(往來)의 천도(天道)를 따를 것임을 밝힌다. 상구(上九 : ─)의 바로 아래인지라 상구(上九 : ─)가 둔(遯)하면 구오(九五 : ─)가 천리(天理)에 따라 육효(六爻)의 자리[位]로 가서[往] 물러감[遯]을 〈여시행(與時行)〉이라고 밝힌다. 구오(九五 : ─)와 육이(六二 : --)가 서로 중정(中正)과 정응(正應)을 누림은 대길상(大吉象) 즉 크게[大] 길할[吉] 모습[象]이다. 이러한 구오(九五 : ─)의 위(位)를 성왕(聖王)의 자리[位]라고 점(占)쳐도 될 터이다. 역(易)에서 점(占)친다 함은 극수지래(極數知來)함이다. 극수(極數)의 수(數)란 수리(數理) 즉 이치를[理] 헤아림[數]을 말한다. 만물(萬物)의 온갖 정리(情理)를 남김없이 살펴 궁구(窮究)함이 극수(極數)의 극(極)이다. 이렇듯 극수(極數)하여 지래(知來) 즉 올 것을[來] 알아챔[知]이 역지점(易之占)이다. 때맞춰[與時] 즉 실기(失機)하지 않고 〈둔(遯)〉 즉 물러가기[遯]를 행한다[行]는 것, 곧 천리(天理)를 따라 행함[行]이 〈응(應)〉임을 밝힌 것이 〈여시행(與時行)〉이다.

小利貞(소리정) 浸而長(침이장)

둔괘(遯卦 : ䷠) 육이(六二 : --)의 효상(爻象)으로써 둔괘(遯卦 : ䷠)의 괘상(卦象)인 〈둔형(遯亨)〉을 밝힌다. 〈소리정(小利貞)의 소(小)〉는 둔괘(遯卦 : ䷠)의 육이(六二 : --)를 말한다. 양(陽 : ㅡ)을 대(大)라 하고 음(陰 : --)을 소(小)라 한다. 둔괘(遯卦 : ䷠)에는 음효(陰爻)가 둘이 있지만 〈침이장(浸而長)〉으로써 〈소리정(小利貞)의 소(小)〉가 초륙(初六 : --)이 아니라 육이(六二 : --)임을 간파할 수 있다. 대성괘(大成卦)의 육효(六爻) 중에서 이효(二爻)의 자리[位]는 그 괘(卦) 안으로 이미 〈침(浸)〉 즉 스며든[浸] 자리이다. 그 〈소(小)〉 즉 둔괘(遯卦 : ䷠)의 육이(六二 : --)가 〈이정(利貞)〉 즉 진실로 미더워[貞] 이롭다[利] 함은 정당(正當)한 자리에서 구삼(九三 : ㅡ)과 이웃하여 비(比)를 누리면서 구오(九五 : ㅡ)와는 정응(正應)과 중정(中正)을 누리기 때문이다. 비(比)-정응(正應)-중정(中正)을 누림은 매우 길(吉)함인지라 육이(六二 : --)를 〈이정(利貞)〉이라 한 것이다. 〈이정(利貞)〉은 길(吉)하다. 스며들어서[浸] 비(比)-정응(正應)-중정(中正)을 누리니 육이(六二 : --)는 〈장(長)〉 즉 자라난다[長]. 〈침(浸)〉은 〈번질 점(漸)〉과 같아 침점(浸漸)의 줄임말과 같고, 〈장(長)〉은 〈자랄 육(育)〉과 같아 장육(長育)의 줄임말과 같다.

遯之時義(둔지시의) 大(대)

〈둔지시의(遯之時義)〉는 〈둔괘지시이둔괘지의(遯卦之時而遯卦之義)〉의 줄임으로 여기고 〈둔괘의[遯卦之] 때와[時而] 둔괘의[遯卦之] 뜻[義]〉이라 새겨볼 것이다. 둔괘(遯卦 : ䷠)는 한해를 나타내는 12괘(卦) 중의 하나이다. 음력(陰曆) 6월(六月)을 나타내는 괘(卦)가 바로 둔괘(遯卦 : ䷠)이다. 음력(陰曆) 4월(四月)을 나타내는 괘(卦)는 건괘(乾卦 : ䷀)이다. 건괘(乾卦 : ䷀)는 양기(陽氣)가 찼으니[盈] 줄어들[虧] 수밖에 없다. 영(盈)하면 휴(虧)함이 천도(天道) 즉 자연의[天] 이치[道]이다. 건괘(乾卦 : ䷀)의 육효(六爻)인 상구(上九 : ㅡ)가 둔(遯) 즉 물러가니[遯] 초효(初爻)의 자리에 초륙(初六 : --)이 들어와[來] 구괘(姤卦 : ䷫)가 되고, 이 구괘(姤卦 : ䷫)가 음력(陰曆) 5월(五月)로 양기(陽氣)를 밀어내기 시작한다. 구괘(姤卦 : ䷫)의 육효(六爻)인 상구(上九 : ㅡ)가 둔(遯) 즉 물러가니[遯] 초효(初爻)의 자리에 다시 또 초륙(初六 : --)이 들어와[來] 둔괘(遯卦 : ䷠)가 되고, 이 둔괘(遯卦 : ䷠)가 음력(陰曆) 6월(六月)이 되어 양기(陽氣)를 더욱 세차게 밀어냄을 밝힌 것이 〈둔지시(遯之時)〉이다. 따라서 아래에 스며든[浸] 음효(陰爻) 둘 즉 초륙(初六 : ⚋)-육이(六二 : ⚋)가 위로 올라오니 양(陽 : ⚊)들은 물러날 수밖에 없는 지경이 바로 〈둔지시(遯之時)〉이다.

물러갈 때를 외면하거나 거부하면 스스로 비참해지고 흉(凶)해지고 만다. 물러가기[遯]를 서슴없이 행함은 물러가서 힘을 비축해 더욱더 펼쳐날 수 있는 기회를 잡을 수 있기 때문이다. 〈둔지의(遯之義)〉 즉 물러나는[遯之] 뜻[義] 역시 〈둔지시(遯之時)〉와 마찬가지로 중대(重大)하다. 그러므로 둔괘(遯卦 : ䷠)의 〈시(時)〉와 〈의(義)〉가 〈대(大)〉 즉 중대하다[大]고 밝힌다.

34 대장괘(大壯卦 : ䷡) 단사(彖辭)

건하진상(乾下震上) : 아래는[下] 건(乾 : ☰), 위는[上] 진(震 : ☳).

뇌천대장(雷天大壯) : 우레와[雷] 하늘은[天] 대장이다[大壯].

大壯大者壯也이다 剛以動故로 壯하다 大壯利貞하고
대 장 대 자 장 야 강 이 동 고 장 대 장 리 정

大者正也이다 正大而하여 天地之情可見矣리라
대 자 정 야 정 대 이 천 지 지 정 가 견 의

대장괘는[大壯] 큰[大] 것이[者] 힘참[壯]이다[也]. 굳셈[剛]으로써[以] 움직임이기[動] 때문에[故] (대장괘는) 장성하다[壯]. 크게[大] 장성함은[壯] 진실로 미더워[貞] 이롭고[利], 큰[大] 것은[者] 바름[正]이다[也]. (대장괘는) 바르고[正] 커서[大而] 천지의[天地之] 참모습을[情] 살펴볼 수 있는 것[可見]이리라[矣].

【지남(指南)】

大壯大者壯(대장대자장)

〈대장(大壯)〉은 대장괘(大壯卦 : ䷡)를 말하고, 〈대자장(大者壯)〉은 대장괘(大壯卦 : ䷡)의 괘상(卦象)을 밝힌다. 〈대자장(大者壯)의 대자(大者)〉는 여기선 양(陽 : ⚊)을 말한다. 소대(小大)로써 음양(陰陽)을 밝히기도 한다. 양(陽 : ⚊)을 대자(大者)니 강(剛)이니 장(壯)이라 일컫기도 하고, 음(陰 : ⚋)을 소자(小者)니 유(柔)니 약(弱)이라 일컫기도 한다. 양(陽 : ⚊)은 건장(健壯)하여 강(强)하고 음(陰 : ⚋)은 유순(柔順)하여 약(弱)하다. 따라서 음양(陰陽)을 강약(强弱)이라 일컫기도 한다. 음양(陰陽)의 강약(强弱)은 승패(勝敗)의 강약(强弱)이 아니다. 강(强)하면 이기고[勝] 약(弱)하면 진다[敗]는 것은 인간의 착각일 뿐 천도(天道)의 강약(强弱)은 오히려 〈약승강(弱勝强)〉 즉 약한 것이[弱] 강한 것을[剛] 이겨낸다[勝]. 수양버들

등걸은 태풍에 부러져도 연약한 가지는 태풍도 부러뜨리지 못한다. 그래서 『노자(老子)』에 〈유약승강강(柔弱勝剛强)〉이란 말이 나온다. 그러므로 〈대자장(大者壯)의 장(壯)〉이란 성쇠(盛衰)의 성(盛)을 일컬음이다. 음기(陰氣)가 성(盛)하고 양기(陽氣)가 쇠(衰)한 둔괘(遯卦 : ䷠)의 뒤를 양기(陽氣)가 성(盛)하고 음기(陰氣)가 쇠(衰)한 대장괘(大壯卦 : ䷡)가 잇는 것이다. 성쇠(盛衰)의 왕래(往來) 즉 쇠퇴(衰退)함이 가면[往] 왕성(旺盛)함이 오고[來], 왕성(旺盛)함이 가면[往] 쇠퇴(衰退)함이 옴[來]이 천도(天道) 즉 자연의[天] 이치[道]이다. 왕성(旺盛)함이 내(來)함을 일러 장(壯)하다고 한다.

註 약지승강(弱之勝强) 유지승강(柔之勝剛) 천하막부지(天下莫不知) 막능행(莫能行) : 약함이[弱之] 강함을[强] 무릅쓰고[勝] 부드러움이[柔之] 굳셈을[剛] 무릅씀을[勝] 알지 못함이[不知] 세상에[天下] 없지만[莫], (세상에서 그 앎을) 능히[能] 실행함은[行] 없다[莫]. 『노자(老子)』 78장(章)

剛以動故(강이동고) 壯(장)

〈강이동(剛以動)〉은 〈건이진(乾以震)〉과 같고, 이는 건하진상(乾下震上) 곧 대장괘(大壯卦 : ䷡)의 괘상(卦象)을 거듭해 풀이한다. 하늘[天] 위에 우레[雷]가 진동(振動)하기 때문에[故] 건(乾) 즉 양기(陽氣)는 장성(壯盛)하다. 대장괘(大壯卦 : ䷡)의 하체(下體)인 건(乾 : ☰)은 드러나지 않은 〈강(剛)〉 즉 굳셈[剛]이다. 드러나지 않은 굳셈[剛]이란 오는[來] 굳셈[剛]인지라 〈장(壯)〉 즉 장성(壯盛)하다. 그 장성(壯盛)함으로써 상체(上體)인 진(震 : ☳)도 움직이니[動] 비록 음(陰 : ⚋)이 물러가되 양(陽 : ⚊)의 장성(壯盛)함을 밝힌다.

註 대성괘(大成卦)에서 하체(下體)는 드러나지 않은 괘(卦)인지라 내괘(內卦)라 하고, 상체(上體)는 드러난 괘(卦)인지라 외괘(外卦)라 한다.

大壯利貞(대장리정) 大者正(대자정)

〈대장(大壯)〉이 〈이정(利貞)〉한 까닭을 밝힌다. 대장괘(大壯卦 : ䷡)에서 건(乾 : ☰)은 드러나서 가는[往] 양기(陽氣 : ⚊)가 아니라 드러나지 않고 오는[來] 양기(陽氣 : ⚊)이니 〈장(壯)〉 즉 장성(壯盛)하고, 구이(九二 : ⚊)와 육오(六五 : ⚋)가 비록 중정(中正)을 누리지는 못하지만 정응(正應)을 누리고, 나아가 구삼(九三

: ━)도 상륙(上六 : --)과 정응(正應)을 누리므로 길(吉)하다. 진실로 미더워야[貞] 길(吉)하고 길(吉)하면 이롭다[利]. 따라서 〈대장(大壯)〉은 진실로 미더워[貞] 이롭다[利]. 〈대장(大壯)의 대(大)〉가 진실로 미더워[貞] 이로움[利]은 그 〈대자(大者)〉 즉 건(乾 : ☰)의 구이(九二 : ━)-구삼(九三 : ━)이 육오(六五 : --)-상륙(上六 : --)과 정응(正應)을 누리기 때문이라고 밝힌 것이 〈대자정(大者正)〉이다. 〈대자정(大者正)의 대자(大者)〉는 대장괘(大壯卦 : ䷡)의 구이(九二 : ━)와 구삼(九三 : ━)의 두 양효(陽爻)를 밝히고, 〈대자정(大者正)의 정(正)〉은 대장괘(大壯卦 : ䷡)의 구이(九二 : ━)-구삼(九三 : ━)이 육오(六五 : --)-상륙(上六 : --)과 정응(正應)을 누림을 밝힌다.

正大而(정대이) 天地之情可見(천지지정가견)

대장괘(大壯卦 : ䷡)에서 만물화생(萬物化生)의 참모습을[情] 살필 수 있음[可見]을 밝힌다. 〈정대(正大)〉는 〈정응지대자(正應之大者)〉의 줄임으로 여기고 〈정응의[正應之] 큰[大] 것[者]〉이라 새겨볼 것이다. 구이(九二 : ━)-구삼(九三 : ━)이 육오(六五 : --)-상륙(上六 : --)과 정응(正應)을 누림을 묶어서 밝힌 말씀이다. 정응(正應)이란 음양(陰陽)이 상응(相應)하여 상합(相合)하고, 상합(相合)하여 상화(相和)함을 밝힌다. 이런 음양(陰陽)이 서로[相] 합해서[合] 서로[相] 어울려[和] 만물화생(萬物化生) 즉 온갖 것들이[萬物] 태어나[化] 살아가는[生] 것이다. 이를 천지조화(天地造化)라 한다. 따라서 〈천지지정(天地之情)〉이란 천지지조화(天地之造化)인 만물화생(萬物化生)의 정(情) 즉 참모습[情]을 대장괘(大壯卦 : ䷡)에서 견색(見賾)할 수 있다. 〈천지지정(天地之情)의 정(情)〉은 〈참 진(眞), 실질 실(實)〉 등의 뜻으로 〈진정(眞情)-실정(實情)〉 등의 줄임말과 같아 〈참모습 정(情)〉이고, 〈가견(可見)의 견(見)〉은 〈살필 색(賾)〉과 같아 견색(見賾)의 줄임말과 같다.

35 진괘(晉卦 : ䷢) 단사(彖辭)

곤하이상(坤下離上) : 아래는[下] 곤(坤 : ☷), 위는[上] 이(離 : ☲).

화지진(火地晉) : 불과[火] 땅은[地] 진이다[晉].

晉進也이다 明出地上한다 順而麗乎大明한다 柔進而上行한다 是以 康侯用錫馬蕃庶하고 晝日三接也이다
진진야 명출지상 순이려호대명 유진이상행 시이 강후용석마번서 주일삼접야

진괘는[晉] 나아감[進]이다[也]. 땅[地] 위로[上] 밝게[明] 나온다[出]. 순응해서[順而] 크게[大] 밝음[明]에[乎] 붙어 드러난다[麗]. 부드러운 기운이[柔] 나아가서[進而] 위로[上] 행한다[行]. {진괘(晉卦)가} 이렇기[是] 때문에[以] 강국이[康] 제후에게[侯] 말을[馬] 써서[用] 하사함이[錫] 잦았고[蕃庶], 하루에도[晝日] 세 번씩이나[三] {신하(臣下)들을} 접견하는 것[接]이다[也].

【지남(指南)】

晉進也(진진야)

〈진(晉)〉은 진괘(晉卦 : ䷢)를 말하고, 〈진(進)〉은 진괘(晉卦 : ䷢)의 괘상(卦象)을 풀이한다. 〈진(晉)〉은 〈나아갈 진(進)〉과 같다. 만물(萬物)은 화생(化生) 즉 태어나[化] 살아가면서[生] 장성(壯盛)하되 그 장성(壯盛)함에 마냥 머물지 못함이 천도(天道) 즉 자연의[天] 이치[道]이다. 장성(壯盛)하면 그 무엇이든 쇠진(衰盡)한다. 생로병사(生老病死)라는 것이 만물(萬物)이 따라야 하는 〈진(進)〉인 셈이다. 장(壯)하면 쇠(衰)함이 곧 나아감[進]이고 이 또한 천도(天道)이다. 따라서 대장괘(大壯卦 : ䷡) 다음에 진괘(晉卦 : ䷢)가 뒤따른다.

明出地上(명출지상)

거듭해 진괘(晉卦 : ䷢)의 괘상(卦象)을 밝힌다. 〈명출지상(明出地上)〉을 〈명출

어지지상(明出於地之上)〉의 줄임으로 여기고 새김이 마땅하다. 〈명(明)〉은 진괘(晉卦 : ䷢)의 상체(上體) 이(離 : ☲)를 밝히고, 〈지(地)〉는 하체(下體) 곤(坤 : ☷)을 밝힌다. 진괘(晉卦 : ䷢)의 상체(上體) 이(離 : ☲)를 〈명(明)〉이라 한 것은 이(離 : ☲)의 형태가 화(火) 즉 불[火]인 까닭이다. 불[火]은 밝음[明]이다.

順而麗乎大明(순이려호대명)

〈곤순대명이곤려호대명(坤順大明而坤麗乎大明)〉의 줄임으로 여기고 〈곤은[坤] 대명을[大明] 따른다[順] 그리고[而] 곤은[坤] 대명(大明)에[乎] 붙어 드러난다[麗]〉라고 새겨볼 것이다. 〈순이려호대명(順而麗乎大明)의 순(順)〉은 진괘(晉卦 : ䷢)의 하체(下體) 곤(坤 : ☷)을 밝히고, 동시에 이(離 : ☲)의 아래[下]에 있음을 풀이한다. 대성괘(大成卦)에서 상하(上下)는 선후(先後)로도 통하니 진괘(晉卦 : ䷢)에서 곤(坤 : ☷)은 이(離 : ☲)의 아래[下] 즉 뒤[後]에 있으니, 곤(坤 : ☷)의 성질인 온순(溫順)함에 맞는 자리에 있음을 밝힘이 여기 〈순(順)〉이다. 〈여호대명(麗乎大明)〉은 앞의 〈순(順)〉을 더욱 구체적으로 밝힌다. 〈대명(大明)〉 즉 이(離 : ☲)를 아래에서 따름[順]을 더없이 밝힌다. 왜냐하면 여기 〈여(麗)〉는 부저(附著) 즉 붙어서[附] 드러남[著]을 뜻하기 때문이다.

柔進而上行(유진이상행)

앞에서 살핀 〈순이려(順而麗)〉를 거듭 풀이한다. 〈유진(柔進)〉은 〈순이려호대명(順而麗乎大明)의 순(順)〉을 풀이하고, 〈상행(上行)〉은 〈여호대명(麗乎大明)〉을 풀이한다. 〈유진(柔進)〉은 진괘(晉卦 : ䷢)의 하체(下體) 곤(坤 : ☷)의 〈유(柔)〉가 육오(六五 : --)의 〈유(柔)〉와 바로 합덕(合德)함을 밝힌다. 진괘(晉卦 : ䷢)의 하체(下體)로서 곤(坤 : ☷)의 삼음(三陰 : --) 즉 삼유(三柔)는 육오(六五 : --)의 일유(一柔)와 합덕(合德)함을 〈상행(上行)〉이라고 밝힌다. 육오(六五 : --)는 군왕(君王)의 자리이고 하체(下體)인 곤(坤 : ☷)은 신하의 자리인지라, 당연히 곤(坤 : ☷)의 삼유(三柔)가 육오(六五 : --)의 일유(一柔)로 올라가는[上行] 것이다. 그리고 진괘(晉卦 : ䷢)의 상체(上體) 이(離 : ☲)를 그냥 〈명(明)〉이라 하지 않고 〈대명(大明)〉이라 함은 오효(五爻)의 자리가 군위(君位) 즉 임금의[君] 자리[位]인 까닭이다. 그 〈대명(大明)〉에 붙어 있음[麗]이란 상하체(上下體)가 군신(君臣)의 관계인 모습이다. 특히 여기 〈상행(上行)〉은 서합괘(噬嗑卦 : ䷔)에서 살핀 〈유득중이상행(柔得中而上行)의 상행(上行)〉과 규괘(睽卦 : ䷥)에 나오는 〈유진이상행(柔進而上行)의 상행(上行)〉 그리고 정괘(鼎卦 : ䷱)에 나오는 〈유진이상행(柔進而上行)의 상행(上行)〉 등과 다 같이 군위(君位) 즉 임금의 자리에 있는 이(離 : ☲)의 유(柔 : --)를 뒤따라 붙어 올라감[上行]을 밝힌다.

是以(시이) 康侯用錫馬蕃庶(강후용석마번서) 晝日三接(주일삼접)

진괘(晉卦 : ䷢)의 괘상(卦象)을 두 눈으로 보라는 듯이 밝힌다. 〈시이(是以)〉는 〈유진이상행고(柔進而上行故)〉를 줄인 말투이다. 〈강후(康侯)〉는 진괘(晉卦 : ䷢) 상체(上體)의 중효(中爻)인 육오(六五 : --)를 나타낸다. 나라를 평강(平康)하게 다스리는 천자(天子)를 〈강후(康侯)의 강(康)〉이라고 한다. 육오(六五 : --)가 〈유(柔)〉로써 임금 노릇을 하기 때문에 〈강후(康侯)의 강(康)〉이라고 한다. 대성괘(大成卦)에서 상체(上體)의 오효(五爻) 자리는 군왕(君王)의 자리이고 하체(下體)는 신하의 자리다. 육오(六五 : --)는 유(柔)로써 천자(天子) 노릇을 하는지라 신하 즉 제후(諸侯)들을 총우(寵遇) 즉 사랑으로[寵] 만나주고[遇] 친밀하게 맞이함을 〈용석마(用錫馬)〉 즉 말을[馬] 하사한다[用錫]라고 밝히고, 〈유진이상행(柔進而上行)〉의 신하가 진괘(晉卦 : ䷢)의 하체(下體) 곤(坤 : ☷)의 삼유(三柔)인지라 〈번서(蕃庶)〉라고 밝히며, 천자(天子)가 제후(諸侯)를 하루에 세 번 만나줌을 〈주일삼접(晝日三接)〉이라고 밝힌다. 〈삼접(三接)의 접(接)〉은 〈친히 만날 견(見)〉과 같아 천자(天子)가 제후(諸侯)를 하루 낮에 세 번 접견함을 〈주일삼접(晝日三接)〉이라 한 것이다.

註 대성괘(大成卦)에서 초효(初爻)는 무위(無位)인 서인(庶人)의 자리[位]이고, 이효(二爻)는 사(士)의 위(位)이며, 삼효(三爻)는 대부(大夫)의 위(位)이고, 사효(四爻)는 공경(公卿)의 위(位)이며, 오효(五爻)는 군왕(君王)의 위(位)이고, 상효(上爻)는 상왕(上王) 또는 은자(隱者)의 위(位)이다.

36 명이괘(明夷卦 : ䷣) 단사(彖辭)

이하곤상(離下坤上) : 아래는[下] 이(離 : ☲), 위는[上] 곤(坤 : ☷).

지화명이(地火明夷) : 땅과[地] 불은[火] 명이이다[明夷].

明入地中이 明夷이다 內文明하고 而外柔順한다 以蒙大難이니 文王以之했다 利艱貞은 晦其明也라 內難而能正其志이니 箕子以之했다

명입지중 명이 내문명 이외유순 이몽 대난 문왕이지 이간정 회기명야 내난이 능정기지 기자이지

밝음이[明] 땅속으로[地中] 들어감이[入] 명이괘이다[明夷]. 안으로[內] 꾸미고[文] 밝히며[明] 그리고[而] 밖으로는[外] 부드럽고[柔] 순응한다[順]. 그래서[以] 큰[大] 어려움을[難] 무릅쓰니[蒙], 문왕이[文王] 이를[之] 본받아 따랐다[以]. 어려워도[艱] 진실로 미더워[貞] 이로움은[利] 그[其] 밝음을[明] 안으로 간직하는 것[晦]이다[也]. 안으로[內] 어려워도[難而] 그[其] 마음 가는 바를[志] 능히[能] 바르게 함이니[正], 기자가[箕子] 이를[之] 본받아 따랐다[以].

【지남(指南)】

明入地中(명입지중) 明夷(명이)

〈명입지중(明入地中)〉은 명이괘(明夷卦 : ䷣)의 괘상(卦象)을 밝히고, 〈명이(明夷)〉는 명이괘(明夷卦 : ䷣)를 말한다. 명이괘(明夷卦 : ䷣)는 앞의 진괘(晉卦 : ䷢)가 도치(倒置) 즉 뒤집혀진[倒置] 괘(卦)이다. 진괘(晉卦 : ䷢)는 밝음[明] 즉 드러나 나아감[進]이다. 한번 진(進)이면 한번 퇴(退)함이 곧 일음일양(一陰一陽)의 천도(天道)이다. 이에 따라 〈명출지상(明出地上 : ䷢)의 명출(明出)〉이 가면[往] 〈명입지중(明入地中 : ䷣)의 명입(明入)〉이 옴[來]이 천도(天道) 즉 자연의[天] 이치[道]

이다. 따라서 명이괘(明夷卦 : ䷣)가 진괘(晉卦 : ䷢)를 뒤따른다. 〈명입지중(明入地中)의 명(明)〉은 명이괘(明夷卦 : ䷣)의 하체(下體)인 이(離 : ☲)를 밝히고, 〈명입지중(明入地中)의 지(地)〉는 상체(上體)인 곤(坤 : ☷)을 밝힌다. 〈명입지중(明入地中)〉을 〈이하어곤(離下於坤)〉으로 여기고 새기면 〈명이(明夷)〉가 왜 〈암(暗)〉 즉 어둠[暗]인지 간파된다. 명이괘(明夷卦 : ䷣)의 하체(下體)인 이(離 : ☲)의 형태는 불[火]이고 불은 밝다[明].

하체(下體)인 이(離 : ☲)가 상체(上體)인 곤(坤 : ☷)의 아래에 있음을 풀이하여 밝음이[明] 땅속으로[地中] 들어간다[入]고 밝혀, 명이괘(明夷卦 : ䷣)의 괘상(卦象)을 눈으로 보듯 풀이하는 것이 〈명입지중(明入地中)〉이다. 그리고 〈명입지중(明入地中)〉을 형이상(形而上)으로써 풀이한 것이 곧 괘명(卦名)인 〈명이(明夷)〉이다. 〈명이(明夷)〉는 형이하(形而下)이던 밝음[明]이 형이상(形而上)으로 사라짐[夷]이다. 〈명이(明夷)〉는 밝음이[明] 눈에 보이지 않음[夷]을 뜻한다. 명이(明夷)는 암(暗) 즉 어둠[暗]이다. 여기 〈명이(明夷)의 이(夷)〉는 『노자(老子)』에 나오는 〈이-희-미(夷-希-微)〉를 상기시킨다.

註 시지불견(視之不見) 명왈이(名曰夷) 청지불문(聽之不聞) 명왈희(名曰希) 박지부득(搏之不得) 명왈미(名曰微) : 그것을[之] 보려고 해도[視] 보이지 않음을[不見] 일컬어[名] 이라[夷] 하고[曰], 그것을[之] 들으려고 해도[聽] 들리지 않음을[不聞] 일컬어[名] 희라고[希] 하며[謂], 그것을[之] 잡으려고 해도[搏] 집히지 않음을[不得] 일컬어[名] 미라고[微] 한다[謂].

『노자(老子)』 14장(章)

內文明(내문명)

〈내문명(內文明)의 내(內)〉는 명이괘(明夷卦 : ䷣)의 하체(下體)인 이(離 : ☲)를 밝히고, 동시에 앞의 〈명입지중(明入地中)〉을 거듭해 풀이한다. 〈내문명(內文明)〉은 〈내문장(內文章) 이내광명(而內光明)〉으로 여기고 〈안으로[內] 모습을[章] 꾸민다[文] 그리고[而] 안으로[內] 밝음을[光] 밝힌다[明]〉라고 새겨볼 것이다. 왜냐하면 〈내문명(內文明)의 문명(文明)〉이 〈명(明)〉이 가면[往] 〈이(夷)〉가 오고[來], 〈이(夷)〉가 왕(往)하면 〈명(明)〉이 내(來)함이 바로 천도(天道) 즉 자연의[天] 이치[道]임을 암시하기 때문이다. 밝음이 가면 어둠이 오고 어둠이 가면 밝음이 오듯, 명암

(明暗)의 왕래(往來)가 천도(天道)이다. 만물화생(萬物化生) 즉 온갖 것들이[萬物] 태어나[化] 살아감[生]을 문장광명(文章光明)함을 줄여 〈문명(文明)〉이라고 한다. 〈문명(文明)의 문(文)〉은 만물(萬物)의 화생(化生)을 꾸밈[文]이고, 〈문명(文明)의 명(明)〉은 그 화생(化生)을 밝게 함[明]이다. 그래서 〈문명(文明)〉 즉 문장광명(文章光明)을 〈덕시보(德施普)〉라고 풀이한다. 덕을[德] 널리[普] 베풂[施]을 〈일신(日新)〉이라 하고, 〈일신(日新)〉은 끊임없이 성덕(盛德) 즉 덕을[德] 쌓음[盛]이고, 그 성덕(盛德)을 꾸미고[文] 밝게 하는[明] 뜻을 간직하는 말씀이 본래 〈문명(文明)〉이다. 여기 〈내문명(內文明)의 문명(文明)〉 역시 덕시보(德施普)를 꾸미고[文] 밝게 함[明]이다. 이러한 〈내문명(內文明)의 내(內)〉는 명이괘(明夷卦 : ䷣)의 하체(下體)인 이(離 : ☲)를 밝히면서 동시에 〈명입(明入)〉을 한 자(字)로써 밝힘도 된다.

명이괘(明夷卦 : ䷣)의 하체(下體)인 이(離 : ☲)는 〈명이(明夷)-명입(明入)〉의 상(象)이다. 밝음이[明] 사라지고[夷] 밝음이[明] 들어가[入] 이(離 : ☲)의 성질인 밝음[明]이 드러나지 않지만 더욱 꾸미고[文] 밝게 함[明]이 〈내문명(內文明)〉이다. 형이하(形而下)로써는 어두워[暗] 밝음이[明] 없는 듯하지만[夷] 다가올 〈명출(明出)〉 즉 밝음이[明] 드러나기[出]를 형이상(形而上)으로써 마련하고 있음을 〈문명(文明)〉이라고 밝힌다. 명이괘(明夷卦 : ䷣)의 하체(下體)인 이(離 : ☲)가 〈내문명(內文明)〉 즉 밖으로 드러나지 않고[內] 꾸미면서[文] 밝힘[明]이란 다가올 미래(未來)를 위함이다. 여기 〈내문명(內文明)〉이란 갈[往] 것을 위해 문장(文章)하고 광명(光明)함이 아니라 올[來] 것을 위해 꾸미고[文] 밝힌다[明]는 것이다. 〈문명(文明)의 문(文)〉은 문장(文章)의 줄임으로 여기고, 〈문명(文明)의 명(明)〉은 광명(光明)의 줄임으로 여기며, 〈문명(文明)〉이란 천도(天道)를 따라 미래(未來)를 마중하는 문장(文章)이고 광명(光明)이다.

註 〈문명(文明)〉은 〈문장이광명(文章而光明)〉을 줄임이고, 〈문명(文明)〉을 〈천문(天文)〉이라고도 한다. 천문(天文)이란 천지(天地)가 〈시생만물(始生萬物)〉 즉 만물을[萬物] 낳기[生] 시작해[始] 온 세상에[天下] 문장(文章) 즉 찬란한 모습[文章]과 광명(光明) 즉 안팎으로 밝음[光明]이 있는 것이다. 〈문장(文章)의 문(文)〉은 적청(赤青)의 빛깔을 말하고, 〈문장(文章)의 장(章)〉은 적백(赤白)의 빛깔을 말하면서 장엄(莊嚴)함을 뜻한다. 그 문장(文章)을 줄여 〈문(文)〉이라 하고 그 광명(光明)을 〈명(明)〉이라 하여 묶어 〈문명(文明)〉이라 한다. 그러므로 〈문명(文明)〉이란 술어(術

語)는 〈civilization〉을 번역한 〈문명(文明)〉과는 전혀 다르다. (천지의) 빛깔과[文章] 밝음[光明]으로써[以] 군자는[君子] 천지(天地)에[於] 머문다[止].

註 〈내문명(內文明)의 문명(文明)〉은 〈civilization〉을 번역한 일식조어(日式造語)인 〈문명(文明)〉과 상관 없는 술어(術語)이다. 양기(陽氣 : ⚊)가 음기(陰氣 : ⚋)와 상합(相合)하고 상화(相和)하여 생만물(生萬物) 즉 온갖 것들을[萬物] 낳아줌[生]을 밝히는 술어가 여기 〈문명(文明)〉이다. 따라서 〈문명(文明)〉은 〈덕시보(德施普)〉 즉 덕을[德] 널리[普] 베풂[施]을 밝히는 술어이다. 여기서 〈덕(德)〉이란 〈시생만물(始生萬物)〉 즉 온갖 것들을[萬物] 태어나게 함[始生]을 말한다.

外柔順(외유순)

〈외유순(外柔順)의 외(外)〉는 명이괘(明夷卦 : ䷣)의 상체(上體)인 곤(坤 : ☷)을 밝히고, 〈외유순(外柔順)의 유순(柔順)〉은 곤(坤 : ☷)의 성질대로 이(離 : ☲)의 〈내문명(內文明)〉을 부드럽게 하고[柔] 따라감[順]을 풀이한다. 대성괘(大成卦)의 상체(上體)를 외(外)라 하고 하체(下體)를 내(內)라 한다. 명이괘(明夷卦 : ䷣)에서 초구(初九 : ⚊)와 육사(六四 : ⚋)가 정응(正應)을 누리고 구삼(九三 : ⚊)과 상륙(上六 : ⚋)이 정응(正應)을 누리기 때문에, 여기 〈외유순(外柔順)〉은 〈내문명(內文明)〉의 이(離 : ☲)를 결코 방해하지 않고 도와줌을 살펴 헤아리게 한다. 〈지중(地中)〉에서 이(離 : ☲)가 밝음이[明] 드러나기[出]를 형이상(形而上)으로써 마련하고 있음을 암시한 것이, 곤(坤 : ☷)은 부드럽게[柔] 따라줌[順] 곧 〈외유순(外柔順)〉이다. 〈외유순(外柔順)〉은 〈곤유약이순종(坤柔弱而順從)〉의 줄임으로 여기고 새김이 마땅하다. 명이괘(明夷卦 : ䷣)에서 상체(上體)인 곤(坤 : ☷)은 하체(下體)인 이(離 : ☲)의 〈내문명(內文明)〉을 부드럽고[柔] 약하면서도[弱而] 순응하고[順] 따름[從]을 밝혀 음양(陰陽)의 상합(相合)-상화(相和)를 이르고 있다.

以蒙大難(이몽대난)

〈시이몽대난(是以蒙大難)〉으로 여기고 〈이렇기[是] 때문에[以] 크나큰[大] 어려움을[難] 무릅쓴다[蒙]〉라고 새겨볼 것이다. 〈시이(是以)의 시(是)〉는 앞에 나온 〈내문명(內文明)〉과 〈외유순(外柔順)〉을 묶어서 나타낸다. 이는 곧 명이괘(明夷卦 : ䷣)에서 〈내문명(內文明)〉의 이(離 : ☲)와 〈외유순(外柔順)〉의 곤(坤 : ☷)이 상화(相和)함인지라 명이괘(明夷卦 : ䷣)의 괘상(卦象)을 곧 〈몽대난(蒙大難)〉이라고 밝힌 것이다. 〈몽대난(蒙大難)의 대난(大難)〉이란 바로 〈명이(明夷)〉를 뜻한다. 밝음이[明] 사라짐[夷]보다 더 큰[大] 어려움[難]은 없다. 그러나 〈지중(地中)〉에서 〈문명(文明)〉 즉 밝음의 모습을[章] 꾸미고[文] 그 밝음을[光] 빛나게 할[明] 이(離 : ☲)를 곤(坤 : ☷)이 부드럽게 해주고[柔] 순응함[順]을 거듭해 밝힘이 〈몽대난(蒙大難)의 몽(蒙)〉이다. 〈몽대난(蒙大難)〉은 크나큰[大] 어려움을[難] 무릅쓴다[蒙]는 것이다. 무릅씀[蒙]이란 극복해냄이다. 〈명입(明入)〉으로써 겪는 〈명이(明夷)〉 즉 밝음의[明] 사라짐을[夷] 무릅써[蒙] 〈명출(明出)〉로써 내(來)하려고 이(離 : ☲)가 안에서[內] 문명(文明)하고 곤(坤 : ☷)이 밖에서[外] 유순(柔順)함을 〈몽대난(蒙大難)〉이라고 밝혀, 명이괘(明夷卦 : ䷣)의 괘상(卦象)이 암시하는 함의(含意)를 밝힌다. 여기서 〈몽(蒙)〉은 〈무릅쓸 모(冒)〉와 같아 모몽(冒蒙)의 줄임말과 같다.

文王以之(문왕이지)

〈문왕(文王)〉은 주(周)나라 문왕(文王)을 말한다. 주(周) 문왕(文王)이 명이괘(明夷卦 : ䷣)의 괘상(卦象)이 품고 있는 천도(天道)의 뜻을 본받아 따름[以]을 밝힌다. 명이괘(明夷卦 : ䷣)의 하체(下體)인 이(離 : ☲)는 문명(文明)의 상(象)이고, 상체(上體)인 곤(坤 : ☷)은 유순(柔順)의 상(象)이다. 〈문왕이지(文王以之)의 지(之)〉는 이(離 : ☲)의 문명(文明)과 곤(坤 : ☷)의 유순(柔順)을 함께 묶어서 나타내고, 〈문왕이지(文王以之)의 이(以)〉는 법순(法順) 즉 본받아[法] 따름[順]을 나타낸다. 따라서 밖으로는 유순(柔順)한 덕(德)을 갖추고 안으로는 문명(文明)의 덕(德)을 갖추었던 문왕(文王)을 본보기로 들어 명이괘(明夷卦 : ䷣)의 괘상(卦象)을 실감나게 밝힌다. 주(周) 문왕(文王)은 명이괘(明夷卦 : ䷣)를 본받고 따라 임천하(臨天下) 즉 온 세상을[天下] 마주했기[臨] 때문에, 상(商)나라 말왕(末王) 폭군(暴君) 주(紂)가 부리는 〈대난(大難)〉을 〈몽(蒙)〉 즉 무릅쓸[蒙] 수 있었던 주(周) 문왕(文王)의 고사(故事)는 명이괘(明夷卦 : ䷣)의 괘상(卦象)을 실례(實例)로써 풀이하는 데 안성맞춤이다. 〈문왕이지(文王以之)의 이(以)〉는 〈써 용(用)-본받을 법(法)-따를 종(從)〉 등의 뜻을 묶고 있고, 〈문왕이지(文王以之)의 지(之)〉는 〈명이괘(明夷卦 : ䷣)〉를 나타내는 지시어로 여김이 마땅하다.

利艱貞(이간정) 晦其明(회기명)

〈몽대난(蒙大難)의 몽(蒙)〉을 밝힌다. 〈이간정(利艱貞)의 간(艱)〉은 명이괘(明夷卦 : ䷣) 하체(下體)의 상(象)인 〈내문명(內文明)〉을 〈어려울 간(艱)〉 한 자(字)로써 밝힌다. 앞서 살핀 〈내문명(內文明)〉은 닥친 어려움을[艱] 무릅써[蒙] 어둠이[暗] 가고[往] 밝음이[明] 다가올[來] 천도(天道)를 따르는 것임을 〈이간정(利艱貞)의 간정(艱貞)〉이 암시하고 동시에 〈몽대난(蒙大難)의 몽(蒙)〉을 풀이한다. 나아가 어려움에도[艱] 진실로 미더워[貞] 이롭다[利]는 말을 〈회기명(晦其明)〉이 풀어준다.

〈회기명(晦其明)〉은 〈내문명(內文明)〉을 거듭 풀이하여 〈몽대난(蒙大難)의 몽(蒙)〉이 어떠한 무릅씀[蒙]인지 밝힌다. 안에서[內] 문장하고[文] 그 밝음을 빛냄[明]은 밝음을 드러내고자 함이 아니라, 그 밝음을 〈회(晦)〉 즉 드러나지 않게 간직하고자[晦] 함이 〈내문명(內文明)〉이고 〈몽대난(蒙大難)〉임을 밝히는 것이 〈회기명(晦其明)〉이다. 〈회기명(晦其明)〉은 〈회내문명지명(晦內文明之明)〉으로 여기고 〈내문명의[內文明之] 밝음을[明] 안으로 간직한다[晦]〉라고 새겨볼 것이다. 〈회기명(晦其明)의 기(其)〉는 〈내문명지(內文明之)〉를 대신한다. 〈회기명(晦其明)의 회(晦)〉는 〈안으로 간직할 장(藏)〉과 같아 회장(晦藏)의 줄임말로 여긴다. 따라서 〈회기명(晦其明)〉은 명이괘(明夷卦 : ䷣)의 괘명(卦名)인 〈명이(明夷)〉와 같다.

內難而能正其志(내난이능정기지)

앞서 살핀 〈몽대난(蒙大難)-내문명(內文明)-외유순(外柔順)〉 등으로 밝혔던 명이괘(明夷卦 : ䷣)의 괘상(卦象)을 거듭해 밝힌다. 곤(坤 : ☷) 아래의 이(離 : ☲)인지라 명이괘(明夷卦 : ䷣)의 괘상(卦象)을 〈내난(內難)〉이라 밝혀, 명이괘(明夷卦 : ䷣)의 괘명(卦名)인 〈명이(明夷)〉가 곧 〈내난(內難)〉임을 간파하게 한다. 하체(下體) 이(離 : ☲)의 〈내문명(內文明)〉을 〈내난(內難)〉이라 풀이하고, 상체(上體) 곤(坤 : ☷)의 〈외유순(外柔順)〉을 〈정기지(正其志)〉라고 풀이한다. 〈내난(內難)〉은 명이괘(明夷卦 : ䷣)의 하체(下體) 이(離 : ☲)의 상(象)을 〈난(難)〉 즉 어려움[難]이라고 밝히고, 이는 곧 앞서 살핀 〈내문명(內文明)의 문명(文明)〉을 〈난(難)〉 한 자(字)로써 거듭 풀이한다. 그리고 〈정기지(正其志)〉는 명이괘(明夷卦 : ䷣)의 상체(上體) 곤(坤 : ☷)의 상(象)인 〈외유순(外柔順)〉을 거듭 풀이한다. 〈외유순(外柔順)〉 즉 곤(坤 : ☷)의 유순(柔順)을 〈정기지(正其志)〉라고 밝힌다. 〈정기지(正其志)의 기지(其志)〉는 〈곤지지(坤之志)〉로 여기고 새김이 마땅하다. 곤의[坤之] 뜻[志]을 바르게 함[正]이 〈외유순(外柔順)의 유순(柔順)〉임을 밝힌다. 이런 〈정기지(正其志)〉 역시 명이괘(明夷卦 : ䷣)에서 초구(初九 : ⚊)와 육사(六四 : ⚋)가 정응(正應)을 누리고, 구삼(九三 : ⚊)과 상륙(上六 : ⚋)이 정응(正應)을 누리기 때문이다. 그러므로 상체(上體) 곤(坤 : ☷)이 〈유순(柔順)〉으로써 〈기지(其志)〉를 바르게 하여[正], 하체(下體) 이(離 : ☲)와 음양(陰陽)의 상합(相合)-상화(相和)를 누림을 밝힘이 〈능정기지(能正其志)〉이다.

箕子以之(기자이지)

〈기자(箕子)〉는 상(商)나라 주왕(紂王)을 섬긴 신하이다. 그 기자(箕子)가 명이괘(明夷卦 : ䷣)의 괘상(卦象)이 품고 있는 천도(天道)의 뜻을 본받아 따름[以]을 밝힌다. 명이괘(明夷卦 : ䷣)의 하체(下體)인 이(離 : ☲)의 상(象)인 〈난(難)〉을 기자(箕子)가 본받고 동시에 상체(上體)인 곤(坤 : ☷)의 상(象)인 〈정기지(正其志)〉를 본받음을 밝힌다. 〈기자이지(箕子以之)의 지(之)〉는 이(離 : ☲)의 〈난(難)〉과 곤(坤 : ☷)의 〈정기지(正其志)〉를 함께 묶어서 나타내고, 〈기자이지(箕子以之)의 이(以)〉는 법순(法順) 즉 본받아[法] 따름[順]을 나타낸다. 따라서 밖으로는 명이괘(明夷卦 : ䷣)의 상체(上體)인 곤(坤 : ☷)의 〈정기지(正其志)〉를 본받아 덕(德)을 갖추고, 안으로는 명이괘(明夷卦 : ䷣)의 하체(下體)인 이(離 : ☲)의 〈난(難)〉을 본받아 덕(德)을 갖추어, 폭군(暴君) 주(紂)였지만 슬기롭게 섬겼던 기자(箕子)를 본보기로 들어 명이괘(明夷卦 : ䷣)의 괘상(卦象)을 실감나게 밝힌다. 상(商)나라 주왕(紂王)의 신하였던 기자(箕子)는 명이괘(明夷卦 : ䷣)를 본받고 따라 신하로서 폭군(暴君)을 마주했기[臨] 때문에, 상(商)나라 말왕(末王) 폭군(暴君) 주(紂)가 부리는 〈대난(大難)〉을 〈몽(蒙)〉 즉 무릅쓸[蒙] 수 있었던 기자(箕子)의 고사(故事)는 명이괘(明夷卦 : ䷣)의 괘상(卦象)을 실례로써 풀이하는 데 안성맞춤이다.

37 가인괘(家人卦 : ䷤) 단사(彖辭)

이하손상(離下巽上) : 아래는[下] 이(離 : ☲), 위는[上] 손(巽 : ☴).

풍화가인(風火家人) : 바람과[風] 불은[火] 가인이다[家人].

家人은 女正位乎內하고 男正位乎外하니 男女正이 天地之大義也이다 家人有嚴君焉은 父母之謂也이다 父父 子子 兄兄 弟弟 夫夫 婦婦 而家道正이다 正家而天下定矣리라
(가인 여정위호내 남정위호외 남녀정 천지지대의야 가인유엄군언 부모지위야 부부 자자 형형 제제 부부 부부 이가도정 정가이천하정의)

가인괘는[家人] 아내는[女] 집안에서[乎內] 자리를[位] 바르게 하고[正], 남편은[男] 집 밖에서[乎外] 자리를[位] 바르게 하니[正], 남녀가[男女] 올바름이[正] 하늘땅의[天地之] 크나큰[大] 뜻[義]이다[也]. 가족에게는[家人] 받들고 존경할[嚴] 어른이[君] 있다는 것은[有焉] 부모를[父母之] 일컬음[謂]이다[也]. 부모는[父] 부모가 되고[父] 자녀는[子] 자녀가 되며[子] 형은[兄] 형이 되고[兄] 아우는[弟] 아우가 되며[弟] 남편은[夫] 남편이 되고[夫] 아내는[婦] 아내가 됨이[婦] 곧[而] 집안의[家] 규율이[道] 올바름이다[正]. 집안을[家] 올바르게 함이[正] 곧[而] 천하가[天下] 안정되는 것[定]이다[矣].

【지남(指南)】

家人(가인) 女正位乎內(여정위호내) 男正位乎外(남정위호외) 男女正(남녀정) 天地之大義(천지지대의)

〈가인(家人)〉은 가인괘(家人卦 : ䷤)를 말한다. 〈여정위호내(女正位乎內)〉에서

〈여정위(女正位)〉는 가인괘(家人卦 : ䷤)의 육이(六二 : ⚋)가 음효(陰爻)의 자리이면서, 동시에 초구(初九 : ⚊)-구삼(九三 : ⚊)과 비(比)를 누리고 구오(九五 : ⚊)와 중정(中正)-정응(正應)을 누림을 밝힌다. 〈여정위호내(女正位乎內)〉에서 〈호내(乎內)의 내(內)〉는 가인괘(家人卦 : ䷤)의 하체(下體)인 이(離 : ☲)를 밝히고 동시에 가내(家內) 즉 집안이라고 새긴다. 이-사-륙(二-四-六) 짝수 자리에 음효(陰爻)가 있거나 일-삼-오(一-三-五) 홀수 자리에 양효(陽爻)가 있음을 〈정위(正位)〉라고 하고, 그 정위(正位)란 천도(天道) 즉 자연의[天] 이치[道]를 따르는 자리인지라 길(吉)하다. 〈남정위호외(男正位乎外)〉에서 〈남정위(男正位)〉는 가인괘(家人卦 : ䷤)의 구오(九五 : ⚊)가 양효(陽爻)의 자리이면서, 동시에 육사(六四 : ⚋)와 비(比)를 누리고 육이(六二 : ⚋)와 중정(中正)-정응(正應)을 누림을 밝힌다. 〈남정위호외(男正位乎外)〉에서 〈호외(乎外)의 외(外)〉는 가인괘(家人卦 : ䷤)의 상체(上體)인 손(巽 : ☴)을 밝히고 동시에 가외(家外) 즉 집 밖이라고 새긴다. 〈여정위(女正位)의 여(女)〉는 여자로서 아내로서 어머니로서의 여(女)이다. 그 여(女)가 〈정위(正位)〉 즉 자리를[位] 바르게 하면[正] 그 집안은 천덕(天德)을 누려 길(吉)하다. 〈남정위(男正位)의 남(男)〉은 남자로서 남편으로서 아버지로서의 남(男)이다. 그 남(男)이 〈정위(正位)〉 즉 자리를[位] 바르게 하면[正] 역시 그 집안이 천도(天道)를 따르므로 길(吉)하다.

그러므로 한 가정에서 〈남녀정(男女正)〉은 곧 〈천지지대의(天地之大義)〉 바로 그것이라고 밝힌다. 〈남녀정(男女正)〉은 〈남녀지정위(男女之正位)〉로 여기고 새김이 마땅하고, 〈천지지대의(天地之大義)의 대의(大義)〉는 정도(正道)이니 한 가정에서 남녀(男女)의 정위(正位)는 곧 천지(天地)의 정도(正道)라는 것이다. 〈천지지대의(天地之大義)의 대의(大義)〉란 득중지의(得中之義) 즉 정도를 따름을[中] 취한다는[得之] 뜻[義]이다. 정도(正道)란 곧 천도(天道)이니 〈천지지대의(天地之大義)〉는 하늘땅이[天地] 자연의[天] 이치를[道] 따름[中]을 말한다. 가인괘(家人卦 : ䷤)의 구오(九五 : ⚊)가 중정(中正)을 누리고 육이(六二 : ⚋)가 중정(中正)을 누림이 곧 〈천지지대의(天地之大義)〉이다. 그러므로 가인괘(家人卦 : ䷤)의 육이(六二 : ⚋)와 구오(九五 : ⚊)가 중정(中正)을 누림을 들어 한 가정의 남녀가 중도(中道) 즉 정도를[道] 따름[中]을 말한다. 자연의[天] 이치를[道] 따름[中]이 곧 천지의[天地

之] 대의(大義)이고, 여기 〈남녀정(男女正)〉은 그 대의(大義)를 따르는 것임을 가인괘(家人卦 : ䷤)의 괘상(卦象)이 밝힌다.

家人有嚴君(가인유엄군) 父母之謂(부모지위)

〈가인유엄군(家人有嚴君)〉을 〈가인유엄정위지군(家人有嚴正位之君)〉으로 여기고 〈가인에는[家人] 엄하게[嚴] 바른[正] 위치에 있는[位之] 어른이[君] 있다[有]〉라고 새겨볼 것이다. 〈가인유엄군(家人有嚴君)〉에서 〈가인(家人)〉은 가족(家族) 즉 식솔(食率)이고, 〈엄군(嚴君)의 엄(嚴)〉은 〈받들 존(尊)-경(敬), 두려워할 외(畏)〉 등의 뜻이며, 〈엄군(嚴君)의 군(君)〉은 〈어른 장(長)-주인 주(主)〉 등의 뜻이다. 한 가정(家庭)에는 가족(家族)들이 받들면서 두려워할[嚴] 어른[君] 즉 〈엄군(嚴君)〉이 바로 〈부모(父母)〉이다. 가인괘(家人卦 : ䷤)의 구오(九五 : ⚊)와 육이(六二 : ⚋)가 중정(中正)을 누리는 〈엄군(嚴君)〉이 바로 〈부모(父母)〉이다. 남녀(男女)가 천지(天地)의 대의(大義)를 따라 지키자면 반드시 〈부모(父母)〉가 되어야 함을 밝힌다. 남(男)이 아버지[父]가 되고 여(女)가 어머니[母]가 되어야 〈천지지대의(天地之大義)〉를 품은 주인[君]이 되는 것이니, 남녀가 천지(天地)가 되자면 반드시 부모(父母)가 되어야 한다. 남녀가 만나 자녀(子女)를 낳고 길러 일군(一群)의 식솔(食率)을 이끌어가는 〈부모(父母)〉가 되어야 그 남녀가 곧 천지(天地)와 같다는 것이 〈가인유엄군(家人有嚴君)〉이다.

父父(부부) 子子(자자) 兄兄(형형) 弟弟(제제) 夫夫(부부) 婦婦(부부)

〈가인(家人)의 정위(正位)〉를 밝힌다. 물론 가인(家人)의 정위(正位)란 곧 가인괘(家人卦 : ䷤)의 구오(九五 : ⚊)와 육이(六二 : ⚋)의 〈정위(正位)〉를 본받아 비롯되는 하늘땅의[天地之] 〈대의(大義)〉를 그대로 〈가인(家人)〉으로서 따르라는 것이다.

〈부부(父父)〉는 부모가[父] 부모 되게 함[父]을 뜻한다. 〈부부(父父)〉에서 앞의 〈부(父)〉는 명사 노릇을 하고, 뒤의 〈부(父)〉는 〈아버지 되게 할 부(父)〉로 동사 노릇을 한다. 여기 〈부부(父父)의 부(父)〉는 〈부모(父母)〉의 줄임으로 여기고 새겨야 가인괘(家人卦 : ䷤)의 괘상(卦象)과 어긋남이 없다. 왜냐하면 가인괘(家人卦 : ䷤)의 구오(九五 : ⚊)가 누리는 정응(正應)-중정(中正)을 본받아 〈아버지 부(父)〉가 되고, 가인괘(家人卦 : ䷤)의 육이(六二 : ⚋)가 누리는 정응(正應)-중정(中正)을 본받아 〈어머니 모(母)〉가 되기 때문이다.

〈자자(子子)〉는 자녀가[子] 자녀 되게 함[子]을 뜻한다. 〈자자(子子)〉에서도 앞의 〈자(子)〉는 명사 노릇을 하고 뒤의 〈자(子)〉는 〈자녀 되게 할 자(子)〉로 동사 노릇을 한다. 여기 〈자자(子子)의 자(子)〉도 〈자녀(子女)〉의 줄임으로 여기고 새겨야 역시 가인괘(家人卦 : ䷤)의 괘상(卦象)과 어긋남이 없다. 왜냐하면 가인괘(家人卦)의 구오(九五 : ⚊)가 누리는 정응(正應)-중정(中正)을 본받아 〈아들 자(子)〉가 되고, 가인괘(家人卦 : ䷤)의 육이(六二 : ⚋)가 누리는 정응(正應)-중정(中正)을 본받아 〈딸 여(女)〉가 되기 때문이다.

〈형형(兄兄)〉에서도 앞의 〈형(兄)〉은 명사 노릇을 하고 뒤의 〈형(兄)〉은 〈형님 되게 할 형(兄)〉으로 동사 노릇을 한다. 여기 〈형님[兄]〉은 가인괘(家人卦)의 구오(九五 : ⚊)가 누리는 정응(正應)-중정(中正)을 본받아 〈형님 형(兄)〉이 된다.

〈제제(弟弟)〉에서도 앞의 〈제(弟)〉는 명사 노릇을 하고 뒤의 〈제(弟)〉는 〈아우 되게 할 제(弟)〉로 동사 노릇을 한다. 여기 〈아우[弟]〉도 가인괘(家人卦 : ䷤)의 구오(九五 : ⚊)가 누리는 정응(正應)-중정(中正)을 본받아 〈아우 제(弟)〉가 된다.

〈부부(夫夫)〉는 남편이[夫] 남편 되게 함[夫]을 뜻한다. 〈부부(夫夫)〉에서도 앞의 〈부(夫)〉는 명사 노릇을 하고 뒤의 〈부(夫)〉는 〈남편 되게 할 부(夫)〉로 동사 노릇을 한다. 따라서 여기 〈부(夫)〉는 가인괘(家人卦 : ䷤)의 구오(九五 : ⚊)가 누리는 정응(正應)-중정(中正)을 본받아 〈남편 부(夫)〉가 된다.

〈부부(婦婦)〉도 아내가[婦] 아내 되게 함[婦]을 뜻한다. 〈부부(婦婦)〉에서도 앞의 〈부(婦)〉는 명사 노릇을 하고 뒤의 〈부(婦)〉는 〈아내 되게 할 부(婦)〉로 동사 노릇을 한다. 따라서 여기 〈부(婦)〉 역시 가인괘(家人卦 : ䷤)의 육이(六二 : ⚋)가 누리는 정응(正應)-중정(中正)을 본받아 〈아내 부(婦)〉가 된다.

家道正(가도정)

〈가도(家道)〉를 〈가인지도리(家人之道理)〉로 여기고 새김이 마땅하다. 가족의[家人之] 도리(道理)란, 부모[父]는 부모로서 가인괘(家人卦 : ䷤)의 구오(九五 : ⚊)와 육이(六二 : ⚋)가 누리는 정응(正應)-중정(中正)을 본받아 따름이 부도정(父道正) 즉 부모의[父] 도리가[道] 올바름[正]이고, 자녀[子]는 자녀로서 가인괘(家人卦 : ䷤)의 구오(九五 : ⚊)와 육이(六二 : ⚋)가 누리는 정응(正應)-중정(中正)을 본받아 따름이 자도정(子道正) 즉 자녀의[子] 도리가[道] 올바름[正]이다. 형님[兄]은 형으로서 가인괘(家人卦 : ䷤)의 구오(九五 : ⚊)가 누리는 정응(正應)-중정(中正)을 본받아 따름이 형도정(兄道正) 즉 형님의[兄] 도리가[道] 올바름[正]이고, 아우[弟]는 아우로서 가인괘(家人卦 : ䷤)의 구오(九五 : ⚊)가 누리는 정응(正應)-중정(中正)을 본받아 따름이 제도정(弟道正) 즉 아우의[弟] 도리가[道] 올바름[正]이다. 남편[夫]은 남편으로서 가인괘(家人卦 : ䷤)의 구오(九五 : ⚊)가 누리는 정응(正應)-중정(中正)을 본받아 따름이 부도정(夫道正) 즉 남편의[夫] 도리가[道] 올바름[正]이고, 아내[婦]는 아내로서 가인괘(家人卦 : ䷤)의 육이(六二 : ⚋)가 누리는 정응(正應)-중정(中正)을 본받아 따름이 부도정(婦道正) 즉 아내의[婦] 도리가[道] 올바름[正]이다. 이 모두를 밝힌 것이 〈가도정(家道正)〉이다. 가인(家人) 저마다의 도리[道]를 엄수(嚴守)함을 밝히는 것이 〈가도정(家道正)〉 즉 가정의 도리가[家道] 바르다[正]는 것이다.

正家而天下定(정가이천하정)

〈정가(正家)〉를 〈정가도(正家道)〉의 줄임으로 여기고 새김이 마땅하다. 가도(家道)란 가족(家族) 저마다 지켜야 할 도리(道理)를 말한다. 가족이 저마다 그 도리를 바르게[正] 함이 〈정가(正家)〉이다. 이러한 〈정가(正家)〉의 도리를 밝힌 것들이 앞서 살핀 〈부부(父父)-자자(子子)-형형(兄兄)-제제(弟弟)-부부(夫夫)-부부(婦婦)〉이고, 이는 곧 『대학(大學)』에 나오는 〈제가(齊家)〉의 도리를 밝힌 것임을 간파할 수 있다. 나아가 천하가가(天下家家) 즉 온 세상의[天下] 모든 가정들[家家]이 〈정가이(正家而)〉 즉 가도를[家] 올바르게 한다면[正而] 절로 온 세상이[天下] 안정된다[定]는 것이 〈천하정(天下定)〉이다. 여기 〈천하정(天下定)〉은 『대학(大學)』에 나오는 〈천하평(天下平)〉과 같은 말이다.

註 신수이후가제(身修而后家齊) 가제이후국치(家齊而后國治) 국치이후천하평(國治而后天下平) : 몸이[身] 닦인[修] 뒤라야[而后] 집안이[家] 다져지고[齊], 집안이[家] 다져진[齊] 뒤라야[而后] 나라가[國] 다스려지고[治], 나라가[國] 다스려진[治] 뒤라야[而后] 온 세상이[天下] 평안해진다[平].

『대학(大學)』「본론(本論)」 2단락(段落)

38 규괘(睽卦 : ䷥) 단사(彖辭)

태하이상(兌下離上) : 아래는[下] 태(兌 : ☱), 위는[上] 이(離 : ☲).

화택규(火澤睽) : 불과[火] 못은[澤] 규이다[睽].

睽는 火動而上이고 澤動而下이다 二女同居하나 其志不同
규　화동이상　택동이하　이녀동거　기지부동
行한다 說而麗乎明하고 柔進而上行하며 得中而應乎剛한
행　열이려호명　유진이상행　득중이응호강
다 是以小事吉하다 天地睽而其事同也이고 男女睽而其
시이소사길　천지규이기사동야　남녀규이기
志通也이며 萬物睽而其事類也이니 睽之時用大矣哉로다
지통야　만물규이기사류야　규지시용대의재

규괘는[睽] 불이[火] 움직이면서[動而] 위에 있고[上], 못이[澤] 움직이면서[動而] 아래에 있음이다[下]. 두 여자가[二女] 한 무리로[同] 살지만[居] 그[其] 마음 가는 바를[志] 행함을[行] 같이하지 못한다[不同]. 기뻐서[說而] 밝음에[乎明] 붙고[麗], 부드러운 기운이[柔] 나아가서[進而] 위로[上] 행하며[行], 가운데 자리를[中] 얻어서[得而] 굳셈과[乎剛] 호응한다[應]. 이렇기[是] 때문에[以] 작은 것이[小] 하는 일은[事] 좋다[吉]. 하늘땅이[天地] 서로 떨어져서도[睽而] 그[其] 하는 일은[事] 같은 것[同]이고[也], 남녀가[男女] 서로 떨어져도[睽而] 그[其] 마음 가는 바는[志] 통하는 것[通]이며[也], 온갖 것들이[萬物] 서로 떨어져도[睽而] 그[其] 하는 일이[事] 끼리끼리 같은 것[類]이니[也], 규괘의[睽之] 때와[時] 씀이[用] 크도다[大矣哉].

【지남(指南)】

睽(규) 火動而上(화동이상) 澤動而下(택동이하)

〈규(睽)〉는 규괘(睽卦 : ䷥)를 말하고, 〈화동이상(火動而上)〉은 규괘(睽卦 : ䷥)의 상체(上體)인 이(離 : ☲)의 상(象)을 밝히고, 〈택동이하(澤動而下)〉는 규괘(睽

卦 : ䷥)의 하체(下體)인 태(兌 : ☱)의 상(象)을 밝힌다. 이처럼 규괘(睽卦 : ䷥) 상하체(上下體)의 상(象)을 각각 밝혀 규괘(睽卦 : ䷥)의 괘상(卦象)을 〈규(睽)〉라고 풀이한다. 〈규(睽)〉란 〈목불상시(目不相視)〉 즉 눈은[目] 서로를[相] 보지 못한다[不視]는 것이다. 얼굴의 두 눈은 모든 것들을 다 볼 수 있지만 두 눈이[目] 서로를[相] 보지 못함[不視]을 일러 〈규(睽)〉라 하고, 이런 탓으로 곧바로 바라보지 못하고 곁눈질로 본다는 뜻을 얻게 되었다. 따라서 규괘(睽卦 : ䷥)의 하체(下體)인 태(兌 : ☱)와 규괘(睽卦 : ䷥)의 상체(上體)인 이(離 : ☲)의 관계가 〈규(睽)〉 같다고 밝힌다. 〈규괘(睽卦)의 규(睽)〉는 아래의 태(兌 : ☱)와 위의 이(離 : ☲)가 괴이(乖異) 즉 떨어져[乖] 다름[異]을 밝힌다. 택화(澤火)는 동일(同一)하지 않으니 화동(和同)해야 함이 물불[水火]의 천도(天道)임을 〈규괘(睽卦)의 규(睽)〉가 암시한다.

〈화동이상(火動而上)의 화(火)〉는 규괘(睽卦 : ䷥)의 상체(上體)인 이(離 : ☲)의 형태를 밝히고, 〈화동이상(火動而上)의 동(動)〉은 이(離 : ☲)의 성질을 밝히며, 〈화동이상(火動而上)의 상(上)〉은 규괘(睽卦 : ䷥)에서 이(離 : ☲)가 상체(上體)로서 있는 자리[位]를 밝힌다. 〈택동이하(澤動而下)의 택(澤)〉은 규괘(睽卦 : ䷥)의 하체(下體)인 태(兌 : ☱)의 형태를 밝히고, 〈택동이하(澤動而下)의 동(動)〉은 규괘(睽卦 : ䷥)의 하체(下體)인 태(兌 : ☱)의 성질을 밝히며, 〈택동이하(澤動而下)의 하(下)〉는 규괘(睽卦 : ䷥)에서 태(兌 : ☱)가 하체(下體)로서 있는 자리[位]를 밝힌다. 〈규(睽)〉는 〈엿볼 규(睽)〉이지만 여기선 〈괴이(乖異)〉 즉 떨어져[乖] 다름[異]을 뜻한다.

二女同居(이녀동거) 其志不同行(기지부동행)

규괘(睽卦 : ䷥)의 하체(下體)인 태(兌 : ☱)의 상효(上爻 : --)가 소녀(小女) 즉 작은[小] 딸[女]을 나타내고, 규괘(睽卦 : ䷥)의 상체(上體)인 이(離 : ☲)의 중효(中爻 : --)가 중녀(中女) 즉 가운데[中] 딸[女]을 나타냄을 들어 규괘(睽卦 : ䷥)의 괘상(卦象)을 밝힌다. 〈이녀동거(二女同居)의 동거(同居)〉는 육삼(六三 : --)과 육오(六五 : --)가 규괘(睽卦 : ䷥)에서 한 무리로[同] 살고 있음[居]을 밝힌다. 〈기지부동행(其志不同行)〉은 육삼(六三 : --)과 육오(六五 : --)가 뜻을[志] 행함[行]을 〈부동(不同)〉 즉 한가지로 하지 않음[不同]을 밝힌다. 〈이녀동거(二女同居)의 동

(同)〉은 〈무리 배(輩)〉와 같아 동배(同輩)의 동(同)이고, 〈기지부동행(其志不同行)의 동(同)〉은 〈다 같이 공(共)〉과 같아 공동(共同)의 동(同)이다.

규괘(睽卦 : ䷥)의 육오(六五 : --) 즉 중녀(中女)와 육삼(六三 : --) 즉 소녀(小女)가 저마다의[其] 뜻을[志] 행함을[行] 다 같이하지 못함[不同]은 〈이녀(二女)〉의 자리가 공동(共同)의 자리[位]가 아니기 때문이다. 규괘(睽卦 : ䷥)는 앞의 가인괘(家人卦 : ䷤)가 도치(倒置) 즉 뒤집힌[倒置] 괘(卦)이다. 정연(整然)한 가정에서도 자녀(子女)들이 태어나면 한 동배(同輩)이되 저마다의 뜻이 공동(共同)의 것이 되지 않고 다양해진다. 제가(齊家) 즉 집안이[家] 가지런히 해도[齊] 그 가족은 저마다 뜻들이 다양해 한 가정(家庭)이란 제일(齊一)이면서도 동시에 상잡(相雜)이다. 가지런함[齊一]과 서로 섞임[相雜]의 왕래(往來)가 천도(天道) 즉 자연의[天] 규율[道]이다. 그래서 한 배에서 태어났지만 성질머리가 다른 것이다. 〈이녀(二女)〉 즉 두 딸은 각각 제 성질을 가질 뿐만 아니라 다른 집으로 시집갈 것을 생각한다면 〈기지부동행(其志不同行)〉이 암시하는 바를 간파할 수 있다. 물론 〈기지부동행(其志不同行)〉을 육오(六五 : --)와 육삼(六三 : --)이 서로의 자리[位]가 상이(相異) 즉 서로[相] 다름[異]을 풀이한 것이기도 하다.

육오(六五 : --)와 육삼(六三 : --)이 정위(正位)에 있지 않음은 서로 같다. 그러나 육오(六五 : --)는 구사(九四 : ─)-상구(上九 : ─)와 비(比)를 누리면서, 구이(九二 : ─)와 정위(正位)가 아닌지라 중정(中正)을 누리지는 못하지만 정응(正應)을 누리고 있어서, 육오(六五 : --)가 비정위(非正位)의 흉(凶)을 많이 감쇄(減殺) 받을 수 있는 자리[位]로써 육오(六五 : --)의 뜻[志]을 살필 수 있다. 육삼(六三 : --)은 구이(九二 : ─)-구사(九四 : ─)와 비(比)를 누리면서 상구(上九 : ─)와 정응(正應)을 누리지만, 육삼(六三 : --) 역시 비정위(非正位)의 흉(凶)을 조금 감쇄(減殺) 받을 수 있는 위(位)로써 육삼(六三 : --)의 뜻[志]을 살필 수 있다. 자리가 다르면 그에 따라 마음 가는 바[志]가 〈부동(不同)〉 즉 똑같지 않다[不同]. 뜻을[志] 행함을[行] 같지 않게 한다[不同] 해서 반드시 흉(凶)한 것은 아니다. 둘 사이의 뜻이 같지 않음을 서로 포용(抱容)하면 뜻이 〈부동행(不同行)〉일지라도 길(吉)할 수 있고 서로 배타(排他)하면 흉(凶)할 수 있음을 〈기지부동행(其志不同行)〉이 암시하면서 동시에 다양함 속에서 조화를 이룸이 바로 천도(天道)임을 암시한다.

說而麗乎明(열이려호명)

〈열이려호명(說而麗乎明)〉에서 〈열(說)〉은 태(兌 : ☱)의 성질로써 규괘(睽卦 : ䷥)의 하체(下體)인 태(兌 : ☱)를 밝힌다. 태(兌 : ☱)의 성질은 〈열(說)〉 즉 기쁨[說]이다. 〈열이려호명(說而麗乎明)〉에서 〈여호명(麗乎明)〉은 규괘(睽卦 : ䷥)의 상체(上體)인 이(離 : ☲)의 아래[下]에 태(兌 : ☱)가 있음을 밝힌다. 〈여호명(麗乎明)의 명(明)〉은 이(離 : ☲)의 성질로써 이(離 : ☲)를 나타낸다. 이(離 : ☲)의 성질은 밝음[明]이다. 대성괘(大成卦)에서 상하(上下)는 선후(先後)로도 통하니, 규괘(睽卦 : ䷥)에서 태(兌 : ☱)는 이(離 : ☲)의 아래[下] 즉 뒤[後]에 있고, 이(離 : ☲)는 태(兌 : ☱)의 위[上] 즉 앞[前]에 있다. 따라서 태(兌 : ☱)가 이(離 : ☲)의 아래에 있음을 〈여호명(麗乎大明)〉이라 밝힌다. 여기 〈여호명(麗乎明)의 여(麗)〉는 〈빛날 여(麗)〉가 아니라 부저(附著) 즉 붙어[附] 드러난다[著]는 뜻의 〈여(麗)〉이다.

柔進而上行(유진이상행)

규괘(睽卦 : ䷥) 육오(六五 : --)의 효상(爻象)을 들어 괘상(卦象)을 밝힌다. 규괘(睽卦 : ䷥) 육오(六五 : --)의 효상(爻象)을 〈유진이상행(柔進而上行)〉이라고 밝힌다. 대성괘(大成卦)에서 〈상행(上行)〉은 오위(五位)에 있는 효(爻)를 말한다. 오위(五位)에서 육위(六位)로 가면 물러갈 자리인지라 〈상행(上行)〉은 끝나고 만다. 오위(五位)까지가 상행(上行)할 자리이다. 〈유진(柔進)〉은 음기(陰氣 : --)가 초효(初爻)의 자리에서부터 나아감[進]을 밝히고, 〈상행(上行)〉은 그 음기(陰氣 : --)가 오위(五位) 군왕(君王)의 자리에 이르렀음을 밝힌다. 따라서 규괘(睽卦 : ䷥)의 육오(六五 : --)가 음기(陰氣)로서[柔] 나아가[進] 군왕(君王)의 자리로 올라왔음을 밝힌다. 이와 같은 뜻을 간직한 〈상행(上行)〉은 여러 괘(卦)에서 나타난다. 서합괘(噬嗑卦 : ䷔)에서 살핀 〈유득중이상행(柔得中而上行)의 상행(上行)〉과 진괘(晉卦 : ䷢)의 〈유진이상행(柔進而上行)의 상행(上行)〉 그리고 정괘(鼎卦 : ䷱)의 〈유진이상행(柔進而上行)의 상행(上行)〉 등은 다 같이 〈명(明)〉 즉 이(離 : ☲)를 뒤따라 붙어[麗] 올라감[上行]을 밝힌다.

得中而應乎剛(득중이응호강)

규괘(睽卦 : ䷥) 육오(六五 : --)의 효상(爻象)을 들어 거듭 괘상(卦象)을 밝힌다. 〈득중이응호강(得中而應乎剛)〉에서 〈득중(得中)〉은 〈유득중(柔得中)〉의 줄임으로, 〈응호강(應乎剛)〉은 〈유응호강(柔應乎剛)〉의 줄임으로 여기고 새김이 마땅하다. 〈득중(得中)〉은 육오(六五 : --)가 상체(上體)의 가운데 자리[中] 즉 군왕(君王)의 자리를 취득했음[得]을 밝힌다. 〈응호강(應乎剛)의 강(剛)〉은 규괘(睽卦 : ䷥)의 구이(九二 : —)를 밝힌다. 〈응호강(應乎剛)의 응(應)〉은 육오(六五 : --)가 구이(九二 : —)와 비록 중정(中正)을 누리지는 못하지만 정응(正應)을 누림을 밝힌다. 효(爻)끼리 정응(正應)을 누림은 길(吉)하다. 따라서 비록 육오(六五 : --)가 양위(陽位)에 있을지언정 구이(九二 : —)와 정응(正應)을 누림으로써 길(吉)한 군왕(君王)의 자리에 있음을 〈응호강(應乎剛)〉이 밝힌다.

是以小事吉(시이소사길)

〈시이(是以)의 시(是)〉는 바로 앞의 〈응호강(應乎剛)〉을 나타낸다. 그리고 〈소사길(小事吉)〉은 〈유지소사길(柔之小事吉)〉로 여기고 새김이 마땅하다. 규괘(睽卦 : ䷥)의 육오(六五 : --)가 구이(九二 : —)와 정응(正應)을 누리기 때문에, 나아가 규괘(睽卦 : ䷥)의 육오(六五 : --)가 구사(九四 : —)-상구(上九 : —)와 비(比)를 누리기 때문에, 규괘(睽卦 : ䷥) 육오(六五 : --)의 〈소사(小事)〉 즉 작은[小] 일[事]도 길(吉)하다. 〈소사(小事)〉는 규괘(睽卦 : ䷥)의 육오(六五 : --)가 하는 일임을 밝힌다. 따라서 여기 〈소사(小事)〉는 〈음지사(陰之事)〉 즉 음의[陰之] 일[事]을 뜻한다. 만일 대성괘(大成卦)의 오위(五位)에 양효(陽爻)가 득중(得中)한다면 〈대사(大事)〉라고 할 것이다. 음양(陰陽)을 소대(小大)로서 밝히기도 한다. 그러므로 〈시이소사길(是以小事吉)〉은 규괘(睽卦 : ䷥)의 육오(六五 : --)가 하는 일 즉 〈소사(小事)〉가 길(吉)하다는 것을 밝힌다. 이는 〈규(睽)〉의 실정(實情)에서도 〈소사(小事)〉면 길(吉)할 수 있음을 암시한다. 〈소사(小事)의 소(小)〉는 작다는 〈세소(細小)의 소(小)〉가 아니라 양음(陽陰)을 나타내는 〈대소(大小)의 소(小)〉이다.

天地睽(천지규) 而其事同(이기사동)

천지(天地)가 떨어져 다르다[睽] 함은 〈천양고대명(天陽高大明) 지음하소암(地陰下小暗)〉이라는 구절을 떠올리면, 하늘과[天] 땅이[地] 〈규(睽)〉 즉 괴이(乖異)하다 함을 간파할 수 있다. 하늘[天]은 양이고[陽 : ━] 높고[高] 크며[大] 밝다[明]. 땅[地]은 음이고[陰 : --] 아래이고[下] 작고[小] 어둡다[暗]. 이처럼 천지(天地)는 음양(陰陽)으로써 괴이(乖異) 즉 떨어져[乖] 다르고[異], 고하(高下)로써 괴이하며, 대소(大小)로써 괴이하고, 명암(明暗)으로써 괴이함을 밝힘이 〈천지규(天地睽)〉이다. 그러나 하늘과 땅이 하는 일[事]은 공동(共同)이라는 것이 〈기사동(其事同)〉이다. 여기 〈기사동(其事同)의 동(同)〉은 『노자(老子)』에 나오는 〈충기이위화(冲氣以爲和)의 화(和)〉이지, 『논어(論語)』에 나오는 〈소인동이불화(小人同而不和)의 동(同)〉이 아니다. 그리고 〈기사동(其事同)〉은 『장자(莊子)』에 나오는 〈부동동지(不同同之)-만물일부(萬物一府)-만물지부모(萬物之父母)〉 등을 환기시키기도 한다. 합동(合同)의 동(同)이 아니라 화동(和同)의 동(同)이 〈기사동(其事同)의 동(同)〉이다. 말하자면 물에다 물을 더하면 합동(合同)이고, 물에다 설탕을 섞어 설탕물이 되면 화동(和同)이다. 화동(和同)이란 같지 않은 것들이 어울려 하나가 되는 것이다. 따라서 〈기사동(其事同)의 기사(其事)〉는 천지지사(天地之事)이다. 하늘땅의[天地之] 일[事]을 일러 〈만물화생(萬物化生)〉이라 한다. 온갖 것들이[萬物] 태어나[化] 살아감[生]이 곧 하늘땅이 하는 일[事]이다. 사람이 이것저것 분별하여 귀천(貴賤)을 따져 일하지만 천지(天地)는 인간이 짓는 분별 같은 것으로 일하지 않음을 밝힘이 〈천지규(天地睽) 기사동(其事同)〉이다.

註 만물부음이포양(萬物負陰而抱陽) 충기이위화(冲氣以爲和) : 온갖[萬] 것은[物] 음기를[陰] 지고[負而] 양기를[陽] 안고[抱], {음양(陰陽)은} 충기(沖氣)로써[以] 화기를[和] 삼는다[爲].

『노자(老子)』 42장(章)

註 자왈(子曰) 군자화이부동(君子和而不同) 소인동이불화(小人同而不和) : 공자가[子] 말했다[曰]. 군자는[君子] 어울리되[和而] 패거리 짓지 않고[不同], 소인은[小人] 패거리 짓되[同而] 어울리지 못한다[不和]. 『논어(論語)』 「자로(子路)」 23장(章)

註 부동동지지위대(不同同之之謂大) …… 만물일부(萬物一府) 사생동상(死生同狀) : 같지 않음을[不同] 같게 함[同之] 그것을[之] 큼이라[大] 한다[謂]. …… 온갖 것들은[萬物] 한[一] 곳간이

고[府], 죽음과[死] 삶이[生] 한[同] 모양이다[狀]. 『장자(莊子)』「천지(天地)」 1절(節)

註 천지자만물지부모야(天地者萬物之父母也) 합즉성체(合則成體) 산즉성시(散則成始) 형정불휴(形精不虧) 시위능이(是謂能移) : 천지라는[天地] 것은[者] 만물의[萬物之] 어버이[父母]이다[也]. {천지음양(天地陰陽)이} 합치면[合] 곧[則] 몸을[體] 이루고[成], 흩어지면[散] 곧[則] 시원을[始] 이루어[成], 몸과[形] 정신은[精] 이지러지지 않음[不虧] 이를[是] 따라 옮겨감이라[能移] 한다[謂]. 『장자(莊子)』「달생(達生)」 1절(節)

男女睽(남녀규) 而其志通(이기지통)

〈남녀규(男女睽)〉는 〈천지규(天地睽)〉를 남녀(男女)를 들어 이어 살핌이다. 만물(萬物)은 모두 천지(天地)가 화생(化生) 즉 태어나게 하여[化] 살아가게 하는[生] 빈모(牝牡) 즉 암컷[牝]과 수컷[牡]이다. 인간이란 남녀(男女) 역시 그 빈모(牝牡)인지라 여기 〈남녀규(男女睽)〉는 〈천지규(天地睽)〉와 같다. 천지(天地)가 규(睽) 즉 괴이(乖異)해 남녀(男女)도 떨어져[乖] 다르지만[異], 〈기지(其志)〉 즉 남녀의[其] 뜻하는 바가[志] 통함[通]이란 이미 함괘(咸卦 : ䷞)에서 살핀 대로 함괘(咸卦 : ䷞) 초륙(初六 : ‑‑)의 〈함기무(咸其拇)〉에서 함괘(咸卦 : ䷞) 상륙(上六 : ‑‑)의 〈함기보협설(咸其輔頰舌)〉까지 통(通)함을 상기해보라 한다. 남녀(男女)의 애정(愛情)이 〈그[其] 발가락에서[拇] 감동되다가[咸] 급기야 그[其] 광대뼈와[輔] 볼[頰] 그리고 혀까지[舌] 감동하니[咸]〉, 〈기지통(其志通)의 기지(其志)〉는 떨어져 다른[睽] 남자와[男] 여자[女]지만 서로의 〈함(咸)〉 즉 감동(感動)이란 남녀 사이에서 하나같이[同] 통한다[通]는 것, 이 역시 천지(天地)의 〈기사동(其事同)〉과 다를 바 없음을 밝힌 것이 〈기지통(其志通)〉이다.

萬物睽(만물규) 而其事類(이기사류)

〈만물규(萬物睽)〉 역시 〈천지규(天地睽)〉를 이어 살핌이다. 만물(萬物) 저마다의 형상(形狀) 즉 드러나는[形] 모습[狀]은 〈규(睽)〉 즉 떨어져[乖] 다르지만[異], 저마다 부음포양(負陰抱陽) 즉 음기를[陰] 지고[負] 양기를[陽] 안아[抱] 음양(陰陽)의 기운을 품수(稟受) 즉 천지가[天地] 주어[稟] 온갖 것들이[萬物] 받아[受], 화생(化生) 즉 태어나고[化] 살아가는[生] 일[事]만큼은 만수(萬殊)의 만물(萬物)이지만 서로 같다. 천하생물(天下生物)은 생김새로 본다면 만수(萬殊) 즉 만 갈래로[萬] 다르다[殊]. 태어나면[化] 먹고[食] 마시고[飮] 숨질해야[呼吸] 살아갈[生] 수 있는 것은 사람이나 황소나 참새나 여치나 피라미나 모두 다 〈유(類)〉 즉 같다[類]는 것이 〈기사류(其事類)〉이다. 〈기사류(其事類)의 유(類)〉는 〈같을 사(似)〉와 같아 유사(類似)의 줄임말과 같다.

睽之時用大(규지시용대)

〈규지시대(睽之時大) 이규지용대(而睽之用大)〉로 여기고 새김이 마땅하다. 〈규지시(睽之時)의 시(時)〉는 시운(時運)이다. 춘하추동(春夏秋冬)의 왕래(往來) 즉 가고[往] 옴[來]이 시운이다. 겨울이[冬] 가면[往] 봄이[春] 오고[來], 봄이 왕(往)하면 여름이 내(來)하고, 여름이 왕(往)하면 가을이 내(來)하고, 가을이 왕(往)하면 겨울이 내(來)함이 시운이다. 〈규지시(睽之時)의 시(時)〉를 때[時]로 보면 음력 섣달이고 시운(時運)으로 보면 겨울이[冬] 봄으로 가는[往] 시운인지라, 〈규지시(睽之時)의 시(時)〉는 중대함[大]을 밝힌 것이 〈규지시대(睽之時大)〉이다.

〈규지용(睽之用)〉 즉 규의[睽之] 씀[用]이란 〈용규(用睽)〉 즉 규를[睽] 씀[用]이다. 떨어져 다름을[睽] 씀[用]은 앞서 살핀 〈기사동(其事同)의 기사(其事)〉를 뜻하고 〈기지통(其志通)의 기지(其志)〉를 뜻하며 〈기사류(其事類)의 기사(其事)〉를 뜻한다. 따라서 〈규(睽)〉 즉 떨어져 다름을[睽] 이용하는[用] 일[事]이란 〈기사동(其事同)의 동(同)〉을 이루어내는 일이고, 〈기지통(其志通)의 통(通)〉을 이루어내는 일이며, 〈기사류(其事類)의 유(類)〉를 이루어내는 일이다. 규(睽) 즉 괴이(乖異)한 것을 이용하여[用] 괴이한 것[睽]이 공동(共同)의 것-공통(共通)의 것-유사(類似)의 것 등으로 조화(調和)됨이 규괘(睽卦 : ䷥)의 응용(應用)인지라, 규괘(睽卦 : ䷥)를 본받아 따라하는 일[事]이 중대함을 밝힌 것이 〈규지용대(睽之用大)〉이다.

39 건괘(蹇卦 : ䷦) 단사(彖辭)

간하감상(艮下坎上) : 아래는[下] 간(艮 : ☶), 위는[上] 감(坎 : ☵).

수산건(水山蹇) : 물과[水] 산은[山] 건이다[蹇].

蹇難也이다 險在前也이다 見險而能止는 知矣哉로다
건 난 야 험 재 전 야 견 험 이 능 지 지 의 재
蹇利西南은 往得中也이고 不利東北은 其道窮也이다
건 리 서 남 왕 득 중 야 불 리 동 북 기 도 궁 야
利見大人은 往有功也이고 當位貞吉은 以正邦也이니
이 견 대 인 왕 유 공 야 당 위 정 길 이 정 방 야
蹇之時用이 大矣哉라
건 지 시 용 대 의 재

건괘는[蹇] 어려움[難]이다[也]. 험난함이[險] 앞에[前] 있음[在]이다[也]. 험난함을[險] 살펴서[見而] (그 험난함에 말려들지 않고) 멈출 수 있음은[能止] 총명해 사리에 밝음[知]이로다[矣哉]! 건괘에서[蹇] 서남쪽이[西南] 이롭다 함은[利] 거기로 가면[往] 정도를 따름을[中] 취함[得]이고[也], 동북쪽은[東北] 이롭지 않음이란[不利] 그[其] 길은[道] 막다름[窮]이다[也]. 대인을[大人] 만남이[見] 이로움은[利] 가서[往] 보람이[功] 있음[有]이고[也], 마땅한[當] 자리에서[位] 진실로 미더워[貞] 좋음은[吉] 그로써[以] 나라를[邦] 바로잡음[正]이니[也], 건괘의[蹇之] 때와[時] 씀이[用] 크도다[大矣哉]!

【지남(指南)】

蹇難也(건난야)

〈건(蹇)〉은 건괘(蹇卦 : ䷦)를 말하고, 〈난(難)〉은 건괘(蹇卦 : ䷦)의 괘상(卦象)을 밝힌다. 건괘(蹇卦 : ䷦)의 하체(下體)인 간(艮 : ☶)은 그 모습이 산(山)이고, 건괘(蹇卦 : ䷦)의 상체(上體)인 감(坎 : ☵)은 그 모습이 물[水]이다. 감(坎 : ☵)은

성질이 흐름[流]이고, 간(艮 : ☶)은 성질이 멈춤[止]이다. 유자(流者)와 지자(止者) 즉 흐르는[流] 것[者]과 멈추는[止] 것[者]은 〈규(睽)〉 즉 괴이자(乖異者)이다. 무릇 떨어져[乖] 다른[異] 것[者]이 앞 규괘(睽卦 : ䷥)의 가르침대로 〈기사동(其事同)-기지통(其志通)-기사류(其事類)〉를 본받지 않거나 못한다면 반드시 어려움[難]을 만날 수밖에 없는지라 규괘(睽卦 : ䷥)를 뒤따라 건괘(蹇卦 : ䷦)가 온 것이다. 건괘(蹇卦 : ䷦)의 괘상(卦象)은 물[☵] 아래 산[☶]이니 험난한 구덩이에 멈춰 있다. 멈추지 않고 나아가면 험난한 구덩이 속에 빠진다. 구덩이에 빠지면 그 무엇이든 어려움[難]을 면하기 어렵다. 건괘(蹇卦 : ䷦)의 괘상(卦象)은 〈난(難)〉 즉 어려움[難]이다. 〈건(蹇)〉은 〈어려울 난(難)〉과 같다.

險在前(험재전)

건괘(蹇卦 : ䷦)의 하체(下體)인 간(艮 : ☶)이 건괘(蹇卦 : ䷦)의 상체(上體)인 감(坎 : ☵)을 마주하고 있다고 건괘(蹇卦 : ䷦)의 괘상(卦象)을 거듭해 풀이한다. 〈험재전(險在前)의 험(險)〉은 건괘(蹇卦 : ䷦)의 상체(上體)인 감(坎 : ☵)을 밝히고, 〈험재전(險在前)의 전(前)〉은 건괘(蹇卦 : ䷦)에서 간(艮 : ☶)이 감(坎 : ☵)의 뒤[後]에 있음을 밝힌다. 대성괘(大成卦)에서 상하괘(上下卦)의 상하(上下)를 전후(前後)-출입(出入)이라고도 한다. 〈험재상(險在上)〉이라 않고 〈험재전(險在前)〉이라 함은 산[☶]이 물[☵]의 함(陷) 즉 구덩이 속에 있음이 아니라 그 구덩이 앞에 멈춤[止]을 암시해 건괘(蹇卦 : ䷦)의 괘상(卦象)을 거듭 풀이한다.

見險而能止(견험이능지) 知(지)

건괘(蹇卦 : ䷦)의 하체(下體)인 간(艮 : ☶)의 성질인 〈지(止)〉 즉 멈춤[止]을 빌려 건괘(蹇卦 : ䷦)의 가르침을 본받아야 하는 까닭을 밝힌다. 건괘(蹇卦 : ䷦)의 괘상(卦象)이 가르쳐주는 바란 〈견험(見險)〉 즉 위험을[險] 살핌[見]이다. 여기 〈견험(見險)〉은 『노자(老子)』에 나오는 〈예혜(豫兮) 유혜(猶兮)〉를 환기시킨다. 위험을[險] 살핌[見]을 코끼리[豫]와 개[猶]같이 하라 함이 여기 〈견험(見險)〉이다. 위험을[險] 살피자면[見] 코끼리[豫]가 겨울에 언 냇물을 건너가듯 하고, 개[猶]가 위험한 데가 있을세라 사방을 두리번거리듯 하라 함을 〈견험(見險)〉이 암시한다. 여기 〈견험(見險)〉은 앞서 살핀 〈험재전(險在前)〉을 살핌[見]이다. 이러한 〈견험(見險)〉은 〈능지(能止)〉로 이어진다. 견험(見險)하면 그 위험[險] 앞에서 멈추어[止] 그 험(險)에 빠지지 않고 벗어날 수 있는 길을 찾아내 그 덕으로 위험(危險)에 빠지지 않을 수 있음이 〈능지(能止)〉이다. 이러한 〈능지(能止)〉야말로 〈지(知)〉가 됨을 지극하게 밝힌다. 이러한 〈지(知)〉 즉 총명(聰明)하여 사리(事理)에 밝음[知]은 건괘(蹇卦 : ䷦)의 구오(九五 : ⚊)와 육이(六二 : ⚋)가 누리는 중정(中正)과 정응(正應)을 본받아 따르면 누릴 수 있는 복(福)이다. 여기 〈지(知)〉는 〈알 식(識)〉이기보다 〈총명하여 사리에 밝은 혜(慧)〉와 같다. 지혜(知慧)-지혜(智慧)는 같다.

註 예혜(豫兮) 약동섭천(若冬涉川) 유혜(猶兮) 약외사린(若畏四隣) : 예연(豫然)해서[豫兮], (코끼리[豫]가) 겨울에[冬] 내를[川] 건너는[涉] 듯하고[若], 유연(猶然)해서[猶兮], (개[猶]가) 사방을[四隣] 두려워하는[畏] 듯하다[若]. 『노자(老子)』 15장(章)

蹇利西南(건리서남) 往得中也(왕득중야)

앞서 살핀 〈견험이능지(見險而能止)〉를 실행하는 것을 밝힌다. 〈건리서남(蹇利西南)의 건(蹇)〉은 건괘(蹇卦 : ䷦)를 말한다. 건괘(蹇卦 : ䷦)의 괘상(卦象)은 〈난(難)〉 즉 어려움을[難] 살펴보라[見]는 모습임을 여기 〈건(蹇)〉이 암시한다. 따라서 〈건리서남(蹇利西南)의 건(蹇)〉은 위험에 처했을 때를 생각하게 한다. 위험에 처했을 때가 〈이서남(利西南)〉이다. 서남쪽이[西南] 이롭다[利] 함은 천도(天道) 즉 자연의[天] 규율[道]을 순복(順服)함을 암시한다. 서남(西南)이란 곤(坤 : ☷)의 방(方)이고, 그 곤(坤 : ☷)은 순복(順服) 즉 좇아 따름[順服]을 뜻한다. 무엇을 순복하라 하는가? 다름 아닌 천도(天道) 즉 자연의[天] 이치[道]를 순복함을 여기 〈서남(西南)〉이 암시한다. 이러한 〈서남(西南)〉을 인물로서 밝힐 때는 주(周)나라 문왕(文王)을 표상(表象)으로 삼는다. 그래서 〈이서남(利西南)의 서남(西南)〉을 주(周)의 문왕(文王)이 있는 방향이라고 풀이하기도 한다.

〈왕득중(往得中)〉은 〈왕서남(往西南) 득중(得中)〉으로 여기고 새김이 마땅하다. 서남으로[西南] 가면[往] 정도를 따름을[中] 취한다[得]는 것이다. 여기 〈득중(得中)〉이란 건괘(蹇卦 : ䷦)의 구오(九五 : ⚊)와 육이(六二 : ⚋)가 누리는 중정(中

正)과 정응(正應)을 성취함이다. 중정(中正)과 정응(正應)은 천도(天道)를 순복(順服)함이다. 천도(天道)를 좇아 따름은 난(難)하여 흉(凶)하다 할지라도 그 흉(凶)을 길(吉)이 되게 한다. 따라서 〈왕득중(往得中)〉은 길(吉)하게 됨을 나타낸다. 이롭다[利]함이 곧 길(吉)함을 밝힌 것이 〈건리서남(蹇利西南) 왕득중야(往得中也)〉이다.

不利東北(불리동북) 其道窮也(기도궁야)

앞서 살핀 〈견험이능지(見險而能止)〉를 외면함을 밝힌다. 위험에 처했을 때가 〈불리동북(不利東北)〉이다. 동북쪽이[東北] 이롭지 않다[不利]는 것은 천도(天道) 즉 자연의[天] 이치[道]를 거역함을 암시한다. 동북(東北)이란 곧 간(艮 : ☶)의 방(方)이고, 그 간(艮 : ☶)은 험조(險阻) 즉 험하고[險] 험함[阻]을 뜻한다. 간(艮 : ☶)의 험조(險阻)가 뜻하는 것은 무엇인가? 천도(天道) 즉 자연의[天] 이치[道]를 순복(順服)하면 험조(險阻)를 살펴[見] 위험을[險] 멈출 수 있지만[能止], 천도(天道)를 거역(拒逆)하면 〈견험(見險)〉을 외면하여 위험에 휩쓸림을 암시함이 〈불리동북(不利東北)〉 즉 〈건불리동북(蹇不利東北)〉이다. 건괘(蹇卦 : ䷦)의 괘상(卦象)에서 〈동북(東北)〉으로 가면 〈불리(不利)〉 즉 이롭지 않음[不利]이란 〈견험(見險)의 능지(能止)〉가 없음을 밝힌다. 이러한 〈동북(東北)〉을 인물로서 밝힐 때는 상(商)나라 말왕(末王)인 폭군(暴君) 주(紂)를 삼는다. 그래서 〈불리동북(不利東北)의 동북(東北)〉을 상(商)의 주왕(紂王)이 있는 쪽이라고 풀이하기도 한다. 〈기도궁(其道窮)〉은 〈득중지도궁(得中之道窮)〉으로 여기고 새김이 마땅하다. 동북으로[東北] 가면[往] 정도를 따름을[中] 취하는[得之] 이치가[道] 막힘[窮]을 밝힌 것이 〈불리동북(不利東北) 기도궁야(其道窮也)〉이다.

利見大人(이견대인) 往有功也(왕유공야)

〈이서남(利西南)〉의 까닭을 밝힌다. 서남쪽으로[西南] 가라[往]. 그러면 대인을[大人] 만나[見] 이로울[利] 것이다. 대인을[大人] 만나면[見] 왜 이롭다[利]는 것인가? 대인(大人)의 순명(順命)을 본받아 총명하여 사리(事理)에 밝은 길로 접어들 수 있기 때문이다. 『논어(論語)』에 나오는 〈대인(大人)〉은 곧 성인(聖人)이고, 『노자(老子)』에 나오는 〈대인(大人)〉은 군자(君子) 즉 성인(聖人)을 본받는 사람이다. 성인(聖人)이란 통천지인(通天之人) 즉 천도를[天] 통달한[通之] 사람[人]을 말한다. 〈이견대인(利見大人)〉이 암시하는 깊은 뜻을 헤아리면 『논어(論語)』에 나오는 〈군자삼외(君子三畏)〉를 환기시키고, 동시에 『노자(老子)』에 나오는 〈귀좌(貴左)〉를 환기시킨다. 귀좌(貴左)의 좌(左)는 동편(東便)을 뜻하고 동편은 삶[生]을 뜻하는지라, 귀좌(貴左)는 귀생(貴生) 즉 삶을[生] 받듦[貴]이다. 귀생(貴生)은 곧 천명(天命) 즉 천도지명(天道之命)을 두려워함[畏]으로 이어진다. 자연의 규율이[天道之] 가르쳐주는 바[命]를 두려워함[畏]은 저절로 귀좌(貴左) 즉 귀생(貴生)으로 이어진다. 본래부터 두려워함[畏]은 받듦[貴]이다. 따라서 〈견대인(見大人)〉은 삶을 받들게 함을 암시한다. 말하자면 문왕(文王) 같은 사람을 만나면 삶을 받들게 되고, 폭군주(紂) 같은 인간을 만나면 생죽음을 당한다. 여기 〈왕유공(往有功)〉은 〈왕대인(往大人) 유공(有功)〉이다. 대인에게로[大人] 가라[往]. 그러면 보람이[功] 있다[有]는 것이다. 〈왕유공(往有功)의 공(功)〉은 〈득중지공(得中之功)〉이다. 이는 난처(難處) 즉 어려움이[難] 닥쳐도[處] 건괘(蹇卦 : ䷦)의 구오(九五 : ⚊)와 육이(六二 : ⚋)가 누리는 중정(中正)과 정응(正應)을 본받아 〈능지(能止)〉하여 귀좌(貴左)의 보람을 누릴 수 있다. 이러한 보람[功]은 대인(大人)을 본받아 건괘(蹇卦 : ䷦)의 괘상(卦象)이 밝혀주는 〈건(蹇)〉 즉 어려움[蹇]을 극복할 수 있음을 밝힘이 〈이견대인(利見大人) 왕유공야(往有功也)〉이다.

註 자왈(子曰) 군자유삼외(君子有三畏) 외천명(畏天命) 외대인(畏大人) 외성인지언(畏聖人之言) 소인부지천명이불외야(小人不知天命而不畏也) 압대인(狎大人) 모성인지언(侮聖人之言) : 공자가[子] 말했다[曰]. 군자에게는[君子] 세 가지[三] 두려워함이[畏] 있다[有]. 천명을[天命] 두려워하고[畏], 대인을[大人] 두려워하며[畏], 성인의[聖人之] 말씀을[言] 두려워한다[畏]. 소인은[小人] 천명을[天命] 몰라서[不知而] 두려워하지 않는 것[不畏]이다[也]. 대인을[大人] 얕보고[狎], 성인의[聖人之] 말씀을[言] 업신여긴다[侮]. 『논어(論語)』「계씨(季氏)」 8장(章)

註 유도자불처(有道者不處) 군자거(君子居) 즉귀좌(則貴左) : 도가[道] 있는[有] 사람은[者] {병기(兵器)에} 머물지 않는다[不處]. 군자는[君子] 살아가면서[居] 곧[則] 왼쪽을[左] 소중히한다[貴]. 『노자(老子)』 31장(章)

當位貞吉(당위정길) 以正邦也(이정방야)

앞에서 살핀 〈왕득중(往得中)의 득중(得中)〉을 거듭해 풀이한다. 〈당위정길(當

位貞吉)의 당위(當位)〉란 건괘(蹇卦 : ䷦)의 구오(九五 : ━)와 육이(六二 : --)가 누리는 중정(中正)과 정응(正應)을 본받아 따라 행함을 밝힌다. 〈당위(當位)〉는 당중위(當中位) 즉 가운데[中] 자리를[位] 정당하게[當] 함이다. 물론 건괘(蹇卦 : ䷦)로써 〈당위(當位)〉란 구오(九五 : ━)와 육이(六二 : --)의 중위(中位)를 따라 행함을 말한다. 자리를[位] 정당하게 함[當]은 중정(中正)과 정응(正應)을 본받아 따라 행함인 까닭이다. 중정(中正)이란 중효이정위(中爻而正位) 즉 중효이면서[中爻而] 바른[正] 자리에 있음[位]이고, 정응(正應)이란 응정도(應正道)이다. 따라서 중정(中正)의 중(中)과 정응(正應)의 응(應)은 다 같이 〈따를 순(順)〉과 같아 여기 〈당위(當位)〉란 『노자(老子)』에 나오는 〈수중(守中)〉을 환기시킨다. 정도(正道)를 따름을[中] 지키면[守] 언제 어디서든 제난(濟難) 즉 어려움을[難] 구제할[濟] 수 있다. 이러한 〈당위(當位)〉는 〈정(貞)〉 즉 진실한 미더움[貞]의 보람이다. 이러한 〈정(貞)〉의 보람은 〈길(吉)〉인지라 〈정길(貞吉)〉이라고 밝힌다. 말하자면 건괘(蹇卦 : ䷦)의 구오(九五 : ━)와 육이(六二 : --)가 취한 중위(中位)는 길(吉)함이다. 이러한 〈당위(當位)의 정길(貞吉)〉로써[以] 나라를[邦] 바르게[正] 함을 밝힘이 〈당위정길(當位貞吉) 이정방야(以正邦也)〉이다.

註 다언삭궁(多言數窮) 불여수중(不如守中) : 말이[言] 많아질수록[多] 그만큼 빨리[數] 궁색해지니[窮], 상도를 따라[中] 지킴만[守] 못하다[不如]. 『노자(老子)』 5장(章)

蹇之時用(건지시용) 大(대)

〈건지시대(蹇之時大) 이건지용대(而蹇之用大)〉로 여기고 〈건괘의[蹇卦之] 때는[時] 중대하다[大] 그리고[而] 건괘의[蹇卦之] 쓰임도[用] 중대하다[大]〉라고 새겨 볼 것이다. 건괘(蹇卦 : ䷦)는 음력(陰曆)으로 11월 즉 동지가 든 달을 나타내는 괘(卦)임을 환기한다면, 〈건지시(蹇之時)〉 즉 건괘(蹇卦 : ䷦)의[蹇之] 때[時]가 처난(處難)의 때임을 살펴 헤아릴 수 있다. 동짓달은 동지시덕(冬至始德)인지라 천도(天道)가 덕 짓기[德]를 시작하는 달이다. 시덕(始德)은 곧 시생(始生)이다. 명출(明出) 즉 양기가[明] 나타나기[出] 시작하면 시생(始生) 즉 삶을[生] 시작한다[始]. 그러나 명출(明出)의 시작은 아직 음기(陰氣) 속에 끼어서 천하(天下)에 한기(寒氣)가 드셈이 동짓달이다. 솜옷을 입고 바깥출입을 하고 집안을 온돌로 온기를 유지하는 것은 인간의 처건(處蹇)이고 제건(濟蹇)이다. 어려움에[蹇] 처해서[處] 솜옷과 온돌이 그 어려움을[蹇] 구제해주는[濟] 것은 인간이 총명하여 사리(事理)에 밝음이다. 이러한 제건지지(濟蹇之知) 즉 어려움을[蹇] 구제하는[濟之] 총명[知]이야말로 건괘(蹇卦 : ䷦) 괘상(卦象)의 가르침을 건지시(蹇之時)를 따라 활용한 것이다. 이처럼 건괘(蹇卦 : ䷦)의 괘상(卦象)이 삶에 닥치는 처건(處蹇)의 때[時]를 마주하게 하고 그 어려움을[蹇] 활용하여[用] 구제하게[濟] 함이 중대함[大]을 밝힌 말씀이 〈건지시용(蹇之時用) 대의재(大矣哉)〉이다.

40 해괘(解卦 : ䷧) 단사(彖辭)

감하진상(坎下震上) : 아래는[下] 감(坎 : ☵), 위는[上] 진(震 : ☳).

뇌수해(雷水解) : 우레와[雷] 물은[水] 해이다[解].

解險以動이다 動而免乎險이 解이다 解利西南은 往得衆也이고 其來復吉은 乃得中也이며 有攸往夙吉은 往有功也이다 天地解하여 而雷雨作하고 雷雨作하여 而百果草木皆甲坼하니 解之時大矣哉라

해험이동 동이면호험 해 해리서남 왕득중야 기래복길 내득중야 유유왕숙길 왕유공야 천지해 이뇌우작 뇌우작 이백과초목개갑탁 해지시대의재

해괘는[解] 험하기[險] 때문에[以] 움직인다[動]. 움직여서[動而] 험난함[險]에서[乎] 벗어남이[免] 해괘이다[解]. 해괘에서[解] 서남이[西南] 이롭다 함은[利] (거기로) 가면[往] 무리를[衆] 얻음[得]이고[也], 그[其] 되돌아옴이[來復] 좋다 함은[吉] 곧장[乃] 중정을[中] 얻음[得]이며[也], 갈[往] 데가[攸] 있다면[有] 빠를수록[夙] 좋다 함은[吉] 가면[往] 보람이[功] 있음[有]이다[也]. 하늘땅이[天地] 풀려서[解而] 우레와[雷] 비가[雨] 합작하고[作], 우레와[雷] 비가[雨] 합작하여[作而] 온갖[百] 열매 씨앗과[果] 초목이[草木] 모두[皆] 껍질을[甲] 틔우니[坼], 해괘의[解之] 때는[時] 크도다[大矣哉]!

【지남(指南)】

解險以動(해험이동)

〈해(解)〉는 해괘(解卦 : ䷧)를 말하고, 〈험이동(險以動)〉은 해괘(解卦 : ䷧)의 괘상(卦象)을 풀이한다. 해괘(解卦 : ䷧)의 하체(下體)인 감(坎 : ☵)은 물[水]이고 어

둠[暗]이고 험(險)이다. 하나의 양(陽 : ⚊)이 두 음(陰 : ⚋) 사이에 있는 모습을 함(陷) 즉 구덩이[陷]라 한다. 하나의 음(陰 : ⚋)이 두 양(陽 : ⚊) 사이에 있으면 그 모습을 여(麗) 즉 붙어 있음[麗]이라 한다. 앞의 건괘(蹇卦 : ䷦)에서는 험(險 : ☵)이 앞에 있으니 마땅히 멈춰야[止] 하고, 해괘(解卦 : ䷧)에서는 험(險 : ☵)이 아래에 있으니 마땅히 움직여서[動] 면함이 시절(時節)의 인연(因緣)인지라, 천도(天道)를 따라야지 억지로 할 수 없다. 따라서 감(坎 : ☵) 위에 있는 진(震 : ☳)은 험(險)에서 빠져나온 모습을 〈험이동(險以動)〉이라고 풀이한다. 〈험이동(險以動)의 험(險)〉은 하체(下體)인 감(坎 : ☵)을 말하고, 〈험이동(險以動)의 동(動)〉은 상체(上體)인 진(震 : ☳)을 말한다. 이런 〈험이동(險以動)〉은 소나기가 내리고 진동(震動) 즉 우레가[震] 침[動]이다. 소나기가 그치면 파란 하늘이 드러나게 마련이듯, 해괘(解卦 : ䷧)의 〈해(解)〉는 험(險) 즉 어려움이[難] 풀림[解]을 말한다. 따라서 건괘(蹇卦 : ䷦) 다음에 해괘(解卦 : ䷧)가 온 것이다. 불험(不險) 즉 위태롭지 않다면[不險] 난(難) 즉 어려움[難]이 아니다. 난(難)을 마주해 부동(不動) 즉 무릅쓰고자 움직이지 않으면[不動] 제난(濟難) 즉 어려움을[難] 구제할[濟] 수 없다. 제난(濟難)하자면 움직여야[動] 함을 밝힘이 〈험이동(險以動)〉이다.

動而免乎險(동이면호험) 解(해)

앞서 살핀 〈험이동(險以動)의 동(動)〉을 풀이하여 해괘(解卦 : ䷧)의 괘상(卦象)을 풀이한다. 〈동이면호험(動而免乎險)〉은 해괘(解卦 : ䷧)의 상체(上體)인 진(震 : ☳)의 상(象) 즉 짓[象]을 밝힌다. 〈동이면호험(動而免乎險)의 동(動)〉은 해괘(解卦 : ䷧)의 상체(上體)인 진(震 : ☳)을 말하고, 〈동이면호험(動而免乎險)의 험(險)〉은 해괘(解卦 : ䷧)의 하체(下體)인 감(坎 : ☵)을 말한다. 대성괘(大成卦)의 상하체(上下體)에서 상체(上體)는 하체(下體)의 앞[前]이 되고 하체(下體)는 상체(上體)의 뒤[後]가 된다. 해괘(解卦 : ䷧)에서 진(震 : ☳)은 감(坎 : ☵) 앞에 있고 감(坎 : ☵)은 진(震 : ☳) 뒤에 있다. 감(坎 : ☵)은 위태함[險]이고 진(震 : ☳)은 움직임[動]이다. 위험[險]이 뒤에 있을 때는 그 험(險)에서 벗어나야[免] 한다. 따라서 진(震 : ☳)의 동(動) 즉 움직임[動]을 〈면호험(免乎險)〉 즉 위태함에서[乎險] 벗어나는[免] 것이라고 풀이한다. 위태함[險]이 앞에 있다면 멈추는[止] 것이 건괘(蹇卦 : ䷦)의

〈건(蹇)〉의 가르침이고, 위태함[險]이 뒤에 있다면 움직여[動] 벗어나는[免] 것이 해괘(解卦 : ䷧)의 〈해(解)〉의 가르침이다. 따라서 앞서 밝힌 〈험이동(險以動)〉을 더 자상하게 밝힌 말씀이 〈동이면호험(動而免乎險) 해(解)〉이다. 〈면호험(免乎險)의 면(免)〉은 〈벗어날 탈(脫)〉과 같아 면탈(免脫)의 줄임말과 같다.

解利西南(해리서남)

〈해리서남(解利西南)의 해(解)〉는 해괘(解卦 : ䷧)를 말한다. 해괘(解卦 : ䷧)의 괘상(卦象)은 〈면호험(免乎險)〉 즉 위태로움을[險] 벗어나는[免] 모습임을 여기 〈해(解)〉가 암시한다. 따라서 〈해리서남(解利西南)의 해(解)〉는 위험에서 벗어나는 때를 생각하게 한다. 위험에서 벗어나는 때 역시 앞 건괘(蹇卦 : ䷦)에서와 같이 해괘(解卦 : ䷧)에서도 〈이서남(利西南)〉이다. 서남쪽이[西南] 이롭다[利] 함은 특히 천도(天道) 즉 자연의[天] 규율[道]을 순복(順服)함을 암시한다. 서남(西南)이란 곧 곤(坤 : ☷)의 방위(方位)를 암시하고, 곤(坤 : ☷)의 계절인 만하(晩夏) 즉 늦여름을 암시하며, 곤(坤 : ☷)의 성질인 순복(順服) 즉 좇아 따름[順服]을 뜻한다. 무엇을 순복(順服)함인가? 다름 아닌 천도(天道) 즉 자연의[天] 이치[道]를 순복(順服)함이다. 곤(坤 : ☷)의 이러한 것들을 여기 〈서남(西南)〉이 암시한다.

이러한 〈서남(西南)〉을 인물로써 밝힐 때는 주(周)나라 문왕(文王)을 표상(表象)으로 삼는다. 그래서 〈이서남(利西南)의 서남(西南)〉을 주(周)의 문왕(文王)이 있는 쪽이라고 풀이하기도 한다. 주(周)나라 문왕(文王)이란 천도(天道)를 성순(誠順) 즉 진실로[誠] 따르는[順] 성왕(聖王)으로 여긴다. 성왕(聖王)이 있는 쪽이 곧 〈서남(西南)〉이다. 『주역(周易)』에서 〈서남(西南)〉은 문왕(文王) 쪽을 암시하고 〈동북(東北)〉은 상(商)나라 말왕(末王) 폭군(暴君) 주(紂)를 암시한다. 여기 〈이서남(利西南)〉도 성왕(聖王)이 있는 쪽은 이로움[利]을 암시하고, 동시에 천도(天道) 즉 자연의[天] 이치[道]를 순복(順服)함을 암시한다. 이렇듯 앞서 살핀 〈면호험(免乎險)의 면(免)〉을 구체적으로 살펴 헤아려보게 하는 말씀이 〈해리서남(解利西南)〉이다.

往得衆(왕득중)

앞에서 살핀 〈이서남(利西南)〉의 까닭을 밝힌다. 〈왕득중(往得衆)〉은 〈왕서남

(往西南) 득중(得衆)〉으로 여기고 새기면 서남쪽이[西南] 이롭다[利]는 까닭이 〈득중(得衆)〉임을 간파하게 된다. 서남쪽으로[西南] 가면[往] 무리를[衆] 얻는다[得] 함은 동장(冬藏)에서 춘작(春作)으로 조화(造化)하고 춘작(春作)에서 하장(夏長)으로 조화(造化)가 이어짐을 뜻하기도 한다. 봄이면[春] 온갖 초목이 싹이 트고[作] 여름이면[夏] 자라니[長] 더없는 〈득중(得衆)〉이다. 여기 〈득중(得衆)〉을 인간 쪽으로 좁힌다면 〈득중(得衆)〉은 곧 〈득중심(得衆心)〉인지라 백성의[衆] 마음을[心] 얻음[得]을 말한다. 이런 〈득중(得衆)〉보다 더한 이로움[利]이란 없다. 따라서 해괘(解卦 : ䷧)에서 〈서남(西南)〉이라는 〈면호험(免乎險)〉의 방편을 실례로 들어둔 것임을 〈왕득중(往得衆)〉이 밝힌다.

其來復吉(기래복길) 乃得中(내득중)

〈기래복길(其來復吉)〉을 〈내복서남길(來復西南吉)〉로 여기고 〈서남으로[西南] 되돌아옴이[來復] 길하다[吉]〉라고 새겨볼 것이다. 〈기래복길(其來復吉)의 내복(來復)〉은 내회(來回) 즉 돌아옴[來回]이다. 〈기래복(其來復)〉은 〈서남(西南)〉이 아니면 무소왕(無所往) 즉 갈[往] 곳이[所] 없음[無]을 살펴 헤아리게 한다. 〈서남(西南)〉은 곤(坤 : ☷)의 방위(方位)이다. 곤(坤 : ☷)의 성질은 순복(順服)이다. 천도(天道) 즉 자연의[天] 이치[道]를 순복(順服)함이 곤(坤 : ☷)의 성질이다. 이러한 〈서남(西南)〉은 천도(天道)를 따르고 좇아[順服] 치도(治道)를 폈다는 주(周)나라 문왕(文王)을 암시하기도 한다. 따라서 〈서남(西南)〉으로 되돌아오면[來復] 〈내득중(乃得中)〉 즉 정도를 따름을[中] 취한다[得]고 밝힌다. 여기 〈득중(得中)〉은 〈득중도(得中道)〉의 줄임이다. 정도를[道] 따름을[中] 취함[得]을 일러 〈득중(得中)〉이라 한다. 주(周) 문왕(文王)의 치도(治道)가 행해지는 곳으로 되돌아가면[來復] 복을 누리는[吉] 까닭이 〈득중(得中)〉에 있음을 밝힌 말씀이 〈기래복길(其來復吉) 내득중(乃得中)〉이다.

有攸往夙吉(유유왕숙길) 往有功(왕유공)

〈유유왕(有攸往)〉 즉 갈[往] 바가[攸] 있음[有]이란 유소위(有所爲) 즉 할[爲] 일이[所] 있음[有]을 말한다. 〈유왕(攸往)〉 즉 갈[往] 바[攸]는 다름 아닌 〈내복서남(來

復西南)〉인지라 서성거릴 것 없이 곧장 왕서남(往西南) 즉 서남으로[西南] 감[往]을 밝힌다. 〈면호험(免乎險)〉 즉 위태함에서[乎險] 벗어남[免]이란 서남으로[西南] 되돌아옴[來復]인지라, 그 〈내복(來復)〉은 〈숙길(夙吉)〉 즉 빠를수록[夙] 좋다[吉]. 그 길(吉)한 까닭을 밝힌 것이 〈왕유공(往有功)〉 즉 〈왕서남유공(往西南有功)〉이다. 왜 서남으로[西南] 가면[往] 보람이[功] 있다[有]는 것인가? 그 〈유공(有功)〉이란 다름 아닌 앞서 살핀 〈득중(得中)〉이다. 정도를[道] 따름을[中] 누리는[得] 치세(治世)보다 더한 치도(治道)의 보람은 없고, 득중(得中)의 삶보다 더한 인생의 보람은 없음을 밝힌 말씀이 〈왕유공(往有功)〉이다. 〈숙(夙)〉은 〈빠를 속(速)〉과 같다.

天地解(천지해) 而雷雨作(이뇌우작)

〈천지해(天地解)〉는 해괘(解卦 : ䷧)의 월력(月曆)을 환기시킨다. 해괘(解卦 : ䷧)의 월력(月曆)은 음력(陰曆)으로 2월(二月) 즉 묘월(卯月)이고 양력(陽曆)으로 3월(三月)이다. 묘월(卯月)은 양기(陽氣)가 시출(始出) 즉 나타나기[出] 시작하는[始] 달이다. 해괘(解卦 : ䷧)의 구사(九四 : ⚊) 즉 상체(上體) 진(震 : ☳)의 첫째 효(爻 : ⚊)가 양기(陽氣)의 시출(始出)을 뜻한다. 따라서 〈천지해(天地解)의 해(解)〉는 구사(九四 : ⚊)로써 해괘(解卦 : ䷧)의 괘상(卦象)을 풀이한다. 〈천지해(天地解)〉 즉 하늘땅이[天地] 풀림[解]이란 해괘(解卦 : ䷧)의 월력(月曆)인 음이월(陰二月) 즉 묘월(卯月)을 환기시켜 해동(解冬)의 달임을 일깨운다. 〈천지해(天地解)〉를 〈뇌우작(雷雨作)〉 즉 우레가[雷] 치고[作] 비가[雨] 옴[作]이라고 풀이한다. 〈뇌우작(雷雨作)의 작(作)〉은 합작(合作)인지라 우레[雷]와 비[雨]가 함께함이 여기 〈작(作)〉이다. 따라서 〈천지해(天地解)의 해(解)〉가 하늘땅이 한험(寒險) 즉 추위의[寒] 위태로움[險]에서 벗어나[免] 풀려남[解]을 밝힌 말씀이고, 동시에 그 풀려남[解]을 〈뇌우작(雷雨作)〉이라고 구체적으로 풀이한다.

雷雨作(뇌우작) 而百果草木皆甲坼(이백과초목개갑탁)

〈뇌우작(雷雨作)〉이 〈천지해(天地解)〉이고, 〈천지해(天地解)의 해(解)〉가 뜻하는 바가 무엇인지 밝힌다. 여기서 〈양기시출(陽氣始出)〉 즉 양기(陽氣 : ⚊)가 나오기[出] 시작함[始]을 깨닫게 해주는 〈뇌우작(雷雨作)〉이, 하늘땅이[天地] 풀림[解]이 춘작(春作)으로 드러남을 간명하게 밝힌다. 〈백과초목개갑탁(百果草木皆甲坼)〉이 바로 〈천지해(天地解)의 해(解)〉와 〈뇌우작(雷雨作)의 작(作)〉을 구체적으로 풀이한다. 백과(百果)의 갑(甲)은 온갖 열매 씨앗의 껍질이고, 초목(草木)의 갑(甲)은 싹을 감싸고 있는 껍질이다. 따라서 〈갑탁(甲坼)〉 즉 껍질이[甲] 터짐[坼]은 곧 춘작(春作)의 작(作) 즉 싹이 틈[作]을 밝힌다. 추위가 풀리고[解] 온갖 씨앗들의 껍질이 터져 새싹이 돋아남이 곧 〈면호험(免乎險)〉이고 〈천지해(天地解)〉이며 〈뇌우작(雷雨作)〉임을 밝혀서, 만물화생(萬物化生) 즉 만물이[萬物] 태어나[化] 살아가게[生] 함이 해괘(解卦 : ䷧)의 〈해(解)〉가 밝혀주는 천도(天道)의 가르침임을 구체적으로 밝히는 말씀이 〈백과초목개갑탁(百果草木皆甲坼)〉이다. 〈갑탁(甲坼)의 갑(甲)〉은 씨앗의 껍질이고, 〈탁(坼)〉은 〈갈라질 열(裂)〉과 같아 열탁(裂坼)의 줄임말과 같다.

解之時大(해지시대)

〈해괘지시대(解卦之時大)〉로 여기고 새김이 마땅하다. 해괘(解卦 : ䷧)의 때[時]가 음력(陰曆) 2월(二月) 즉 묘월(卯月)임을 상기한다면 해괘(解卦 : ䷧)의 시운(時運)이 왜 중대(重大)한가를 간파할 수 있다. 만물화생(萬物化生)이 시작되어 조화(造化)의 보람[功]이 드러나기 시작하는 〈천지해(天地解)〉의 시운(時運)-시절(時節)이야말로 중대하다[大]. 인간도 해괘(解卦 : ䷧)의 〈천지해(天地解)〉를 본받아 일신(日新) 즉 성덕(盛德)의 삶을 누리게 하는 이치를 밝혀주므로 해괘지시(解卦之時)는 중대하다[大].

41 손괘(損卦 : ䷨) 단사(彖辭)

태하간상(兌下艮上) : 아래는[下] 태(兌 : ☱), 위는[上] 간(艮 : ☶).

산택손(山澤損) : 산과[山] 못은[澤] 손이다[損].

損損下益上이니 其道上行이다 損而有孚면 元吉하고 无咎하며 可貞하여 利有攸往이다 曷之用인가 二簋可用享은 二簋應有時이고 損剛益柔有時이니 損益盈虛를 與時偕行한다

(손손하익상 기도상행 손이유부 원길 무구 가정 이유유왕 갈지용 이궤가용향 이궤응유시 손강익유유시 손익영허 여시해행)

손괘는[損] 아래를[下] 덜어서[損] 위를[上] 보탬이니[益] 그[其] 이치는[道] 올라감이다[上行]. 덜면서도[損而] 진실로 믿어줌이[孚] 있다면[有] 크게[元] 좋고[吉] 허물이[咎] 없으며[无] 진실로 미더워[貞] 좋아[可] 갈[往] 데가[攸] 있으면[有] 이롭다[利]. 어떻게[曷] 그것을[之] 쓸까[用]? 두 가지의[二] 대그릇을[簋] 써서[用] 제사지내면[享] 좋음은[可] 두 가지의[二] 대그릇을[簋] 응용함에[應] 때가[時] 있고[有], 굳셈을[剛] 덜어서[損] 부드러움에[柔] 보태줌에도[益] 때가[時] 있으니[有], 덜고[損] 보태고[益] 채우고[盈] 비움을[虛] 시운과[時] 더불어[與] 함께[偕] 행한다[行].

【지남(指南)】

損損下益上(손손하익상)

앞의 〈손(損)〉은 손괘(損卦 : ䷨)를 말하고, 〈손하익상(損下益上)〉은 손괘(損卦 : ䷨)의 괘상(卦象)을 밝힌다. 손괘(損卦 : ䷨)의 괘상(卦象)인 〈손하익상(損下益上)〉은 11번째 태괘(泰卦 : ䷊)의 괘상(卦象)인 〈소왕대래(小往大來)〉 즉 작은 것이[小]

가고[往] 큰 것이[大] 옴[來]을 돌이켜보게 하고, 46번째 승괘(升卦 : ䷭)의 괘상(卦象)인 〈유이시승(柔以時升)〉 즉 부드러움[柔]으로써[以] 때때로[時] 올라감[升]을 돌이켜보게 한다. 왜냐하면 손괘(損卦 : ䷨)의 육삼(六三 : --)은 초효(初爻)의 자리로 음기(陰氣 : --)가 오든 양기(陽氣 : —)가 오든, 사효(四爻)의 자리로 올라갈 효(爻)임을 밝힘이 〈손하(損下)〉이고 〈익상(益上)〉이다. 따라서 〈손하(損下)〉는 〈손음효어하괘(損陰爻於下卦)〉 즉 하괘에서[於下卦] 음효를[陰爻] 덜어냄[損]을 뜻하고, 〈익상(益上)〉은 〈익음효어상괘(益陰爻於上卦)〉 즉 상괘에[於上卦] 음효를[陰爻] 더해줌[益]을 뜻한다.

대성괘(大成卦)에서 각효(各爻)는 제자리를 잡고 멈춰 있지 않는다. 초효(初爻)가 이효(二爻) 자리로 올라가고, 이효(二爻)는 삼효(三爻) 자리로 올라가고, 삼효(三爻)는 사효(四爻) 자리로 올라가고, 사효(四爻)는 오효(五爻) 자리로 올라가고, 오효(五爻)는 상효(上爻) 자리로 올라가고, 상효(上爻)는 괘(卦)를 떠남이 곧 대성괘(大成卦)의 육효(六爻)가 왕래(往來)하는 역지도(易之道) 즉 바뀌는[易之] 이치[道]이다. 그래서 대성괘(大成卦)에서 하체(下體)를 오고[來] 드러나지 않는[隱] 소성괘(小成卦)라 일컫고, 상체(上體)를 가고[往] 드러나는[顯] 소성괘(小成卦)라 일컫기도 한다. 이처럼 변화지도(變化之道) 즉 헌것은 가고[變] 새것이 오는[化之] 이치[道]를 끊임없이 따름이 육효(六爻)의 왕래(往來)이고 육효(六爻)의 역지도(易之道) 즉 바뀌는[易之] 이치[道]이다. 역지도(易之道)란 곧 변화지도(變化之道)이다. 그래서 「계사전상(繫辭傳上)」에 〈변화의[變化之] 도리를[道] 알아채는[知] 사람[者] 그는[其] 천지의 짓이[神之] 하는[爲] 바를[所] 안다[知]〉라는 내용이 나온다. 이러한 변화지도(變化之道)를 알면[知] 하늘땅의 짓이[神之] 하는[爲] 바를[所] 알아내[知] 지래(知來) 즉 다가올 일을[來] 안다[知]. 말하자면 대성괘(大成卦)의 육효(六爻)가 짓는 변화지도(變化之道)를 깨치기 위해서 괘상(卦象)을 판단해 보라[斷] 함이 단사(彖辭)의 단(彖)이다.

육효(六爻)의 내왕(來往) 즉 오고[來] 감[往]이란 상효(上爻)는 대성괘(大成卦)에서 나가는[出往] 쪽이고, 초효(初爻)는 대성괘(大成卦)로 들어오는[入內] 쪽임을 말한다. 따라서 초효(初爻)의 자리로 음(陰 : --)이 올[來] 수도 있고 양(陽 : —)이 올[來] 수도 있다. 말하자면 손괘(損卦 : ䷨)의 초효(初爻) 자리로 양기(陽氣)가 입

내(入內)하면 손괘(損卦 : ䷨)는 태괘(泰卦 : ䷊)로 변괘(變卦)할 터이고, 음기(陰氣)가 들어오면[入內] 승괘(升卦 : ䷭)로 변괘(變卦)할 터이다. 이는 곧 손괘(損卦 : ䷨)의 육삼(六三 : ⚋)이 상행(上行) 즉 올라가고[上行] 상구(上九 : ⚊)는 물러가 손괘(損卦 : ䷨)의 상체(上體)인 간(艮 : ☶)이 곤(坤 : ☷)이 되는 역지도(易之道)를 밝히면서, 동시에 손괘(損卦 : ䷨)의 괘상(卦象)을 밝힘이 〈손하익상(損下益上)〉이다. 손괘(損卦 : ䷨)의 하체(下體)인 태(兌 : ☱)의 셋째 효(爻 : ⚋)는 상체(上體)의 넷째 효위(爻位)로 올라가는 역지도(易之道)를 따라야 함을 〈손하익상(損下益上)〉이라고 밝힌다. 그러므로 손괘(損卦 : ䷨)의 하체(下體)인 태(兌 : ☱)에서 셋째 효(爻 : ⚋)를 덜어내[損] 상체(上體)의 간(艮 : ☶)에 더해주어[益] 간(艮 : ☶)의 셋째 효(爻 : ⚊)는 나가고[往] 간(艮 : ☶)이 곤(坤 : ☷)이 되는 변괘(變卦)의 역지도(易之道)를 밝힘이 〈손하익상(損下益上)〉이다. 이러한 〈손하익상(損下益上)〉의 풀이는 역지도(易之道)를 따라 풀이한다.

그러나 손괘(損卦 : ䷨)의 괘상(卦象)인 〈손하익상(損下益上)〉을 인간사(人間事)로써 풀이한다면, 〈손하(損下)의 하(下)〉는 민서(民庶) 즉 백성 쪽으로 풀이될 수 있고, 〈익상(益上)의 상(上)〉은 군신(君臣) 즉 치자(治者) 쪽으로 풀이될 수 있다. 이와 같은 인간사에서 천도(天道)를 본받아 따르는 〈손(損)-익(益)〉이라면 〈손익무탈민(損益無奪民)〉 즉 덜어내서[損] 더함에[益] 백성의 것을[民] 빼앗음이[奪] 없는[無] 것이다. 그러나 〈손익유탈민(損益有奪民)〉의 〈손(損)-익(益)〉이라면 덜어내서[損] 더함에[益] 백성의 것을[民] 빼앗음이[奪] 있는지라[有], 이는 천도(天道)를 어기고 역지도(易之道)를 어기는 인간사로 풀이될 수 있음을 일깨우는 말씀으로, 손괘(損卦 : ䷨)의 괘상(卦象)인 〈손하익상(損下益上)〉을 살펴 헤아릴 수가 있다. 이런 탓으로 역지도(易之道) 즉 천도(天道)를 어기는 인간사의 〈손익(損益)〉은 『노자(老子)』에 나오는 〈모자란 데서[不足] 덜어내서[損而] 남는 데를[有餘] 봉양함[奉]〉을 환기시키는 〈손하익상(損下益上)〉이기도 하다. 〈손(損)〉은 〈덜어낼 감(減)〉과 같아 손감(損減)의 줄임말과 같고, 〈익(益)〉은 〈더할 증(增)-가(加)〉와 같아 증익(增益)의 줄임말과 같다.

註 자왈(子曰) 지변화지도자(知變化之道者) 기지신지소위호(其知神之所爲乎) : 공자가[子] 말

했다[曰]. 변화의[變化之] 도리를[道] 알아채는[知] 사람[者] 그는[其] 천지의 짓이[神之] 하는[爲] 바를[所] 앎[知]이다[乎]. 「계사전상(繫辭傳上)」 16단락(段落)

註 천지도기유장궁호(天之道其猶張弓乎) 고자억지(高者抑之) 하자거지(下者擧之) 유여자손지(有餘者損之) 부족자보지(不足者補之) 천지도손유여이보부족(天之道損有餘而補不足) 인지도즉불연(人之道則不然) 손부족이봉유여(損不足而奉有餘) : 자연의[天之] 규율[道] 그것은[其] 활[弓] 메우기와[張] 같구나[猶乎]. {궁장(弓匠)은} 높은[高] 것[者] 그것을[之] 눌러 내리고[抑] 낮은[下] 것[者] 그것을[之] 끌어올린다[擧]. {궁장(弓匠)은} 남아도는[有餘] 것[者] 그것을[之] 덜어내고[損] 모자라는[不足] 것[者] 그것을[之] 보태준다[補]. 자연의[天之] 규율은[道] 넉넉한 데서[有餘] 덜어내서[損而] 모자란 데를[不足] 보탠다[補]. (그러나) 인간 세상의[人之] 법칙[道]이란[則] 그렇지 않다[不然]. (오히려 인위의 규율은) 모자란 데서[不足] 덜어내서[損而] 남는 데를[有餘] 봉양한다[奉]. 『노자(老子)』 77장(章)

其道上行(기도상행)

〈손지도상행(損之道上行)〉으로 여기고 새김이 마땅하다. 덜어내는[損之] 이치[道]가 〈상행(上行)〉 즉 위로[上] 올라간다[行]고 함은 앞서 살핀 〈손하익상(損下益上)〉을 거듭해 풀이함이고, 동시에 손괘(損卦 : ䷨)의 육삼(六三 : --)이 올라가면[上行] 상구(上九 : ㅡ)가 손괘(損卦 : ䷨)에서 물러감을 말하기도 한다. 그리고 〈상행(上行)〉은 손괘(損卦 : ䷨)에서 초구(初九 : ㅡ)가 육사(六四 : --)로 올라가[上] 정응(正應)을 누리고, 구이(九二 : ㅡ)가 육오(六五 : --)로 올라가[上] 정응(正應)을 누리는 괘상(卦象)을 말하기도 한다. 양(陽 : ㅡ)은 동(動)하고 음(陰 : --)은 정(靜)한지라, 하체(下體)에 있는 두 양기(陽氣)가 상체(上體)에 있는 두 음기(陰氣)로 찾아 올라간다고[上行] 손괘(損卦 : ䷨)의 괘상(卦象)을 풀이할 수도 있다. 그렇지만 손괘(損卦 : ䷨)의 육삼(六三 : --)을 하체(下體)에서 덜어내[損] 상체(上體)에 보태줌[益]을 일러 〈손하익상(損下益上)〉 즉 아래의 것을[下] 덜어서[損] 위의 것에[上] 보태준다[益]고 손괘(損卦 : ䷨)의 괘상(卦象)을 풀이한 것이 〈기도상행(其道上行)〉이다.

損而有孚(손이유부) 元吉(원길) 无咎(무구)

〈손이유부(損而有孚)의 손(損)〉은 손괘(損卦 : ䷨)의 하체(下體)인 태(兌 : ☱)가 음(陰 : --)을 덜어주고[損], 양(陽 : ㅡ)이 들어와 건(乾 : ☰)으로 되거나, 음(陰 :

--)이 들어와 손(巽 : ☴)으로 된다는 역지도(易之道)를 암시한다. 그리고 〈손이유부(損而有孚)의 유부(有孚)〉는 역지도(易之道)란 오로지 천도(天道)일 뿐이니 누구나 믿어줌[孚]을 밝힌다. 〈손이유부(損而有孚)의 손(損)〉은 『노자(老子)』에 나오는 〈천지도손(天之道損)〉을 환기시키고, 〈손이유부(損而有孚)의 부(孚)〉는 『중용(中庸)』에 나오는 〈성지자(誠之者)〉를 떠올리게 한다. 천도(天道)의 〈손(損)〉 즉 덜어냄[損]은 무탈(無奪) 즉 빼앗음이[奪] 없는[無] 손(損)이다. 무탈(無奪)의 손(損)은 부쟁(不爭)-불해(不害)의 덜어냄[損]이다. 그러나 인도(人道)의 〈손(損)〉은 수탈(收奪)의 덜어냄[損]으로 이어지는 처사(處事)가 허다한지라 상쟁(相爭)-상해(相害)의 손(損)으로 드러나곤 한다. 폭군(暴君)의 학정(虐政)이란 것이 바로 탈민(奪民)의 손(損)이다. 백성의 것을[民] 빼앗아[奪] 군신(君臣)에게 보태주는 손(損)이 바로 부족한[不足] 쪽에서 덜어내[損] 남아도는[有餘] 쪽을 받드는[奉] 권문(權門)이 자행하는 손(損)이다. 그러나 〈손이유부(損而有孚)의 손(損)〉은 결코 탈민(奪民)의 손(損)일 수 없음을 〈손이유부(損而有孚)의 부(孚)〉가 밝힌다. 왜냐하면 〈손이유부(損而有孚)의 부(孚)〉란 오로지 순천(順天)하는 〈성지자(誠之者)〉이기 때문이다. 성지자(誠之者)의 성지(誠之)란 성천도(誠天道) 즉 자연의[天] 규율을[道] 공경함[誠]이다. 여기 〈손이유부(損而有孚)의 부(孚)〉는 『노자(老子)』에 나오는 〈존도이귀덕(尊道而貴德)〉을 그대로 행하려는 마음가짐[志]이다. 진실로 믿어줌[孚]을 자아내게 하는 〈손(損)〉 즉 덜어냄[損]은 분명 역지도(易之道) 즉 천도(天道)를 따르는 〈손(損)〉이다. 이러한 〈손(損)〉이란 〈봉유여(奉有餘)의 손(損)〉이 아니라 〈손유여(損有餘)〉로써 〈보부족(補不足)〉의 〈손(損)〉인지라 〈손이유부(損而有孚)〉라고 밝힌다. 따라서 천도(天道)를 더없이 공경하는[誠] 뜻[志]이 여기 〈유부(有孚)의 부(孚)〉이다. 성지(誠之)의 부(孚)로써 덜어냄[損]은 바로 천지도(天之道)의 손(損)이다.

자연의[天之] 이치[道]로써 덜어냄[損]은 〈원길(元吉)〉 즉 크고 으뜸으로[元] 행복한[吉] 덜어냄[損]이다. 〈손이유부(損而有孚)〉 즉 덜어냄에[損而] 진실로 믿어줌이[孚] 있음[有]을 누리는 〈원길(元吉)〉에는 〈무구(无咎)〉 즉 허물이[咎] 없다[无]고 하는 것은 〈손이유부(損而有孚)〉가 오로지 무사(無私)함을 밝힌 말씀이다. 말하자면 손괘(損卦 : ䷨)의 하체(下體) 태(兌 : ☱)에서 셋째 효(爻 : --)를 덜어내[損] 상체(上體) 간(艮 : ☶)이 곤(坤 : ☷)으로 화(化)함은 천도(天道)인 역지도(易之道)를 오로지 순종(順從)하는 덜어냄[損]일 뿐임을 살펴 헤아려 깨우치게 하는 말씀이 〈손이유부(損而有孚) 원길(元吉) 무구(无咎)〉이다.

註 천지도손유여이보부족(天之道損有餘而補不足) 인지도즉불연(人之道則不然) 손부족이봉유여(損不足而奉有餘) : 자연의[天之] 규율은[道] 넉넉한 데서[有餘] 덜어내서[損而] 모자란 데를[不足] 보탠다[補]. (그러나) 인간 세상의[人之] 법칙[道]이란[則] 그렇지 않다[不然]. (오히려 인위의 규율은) 모자란 데서[不足] 덜어내서[損而] 남는 데를[有餘] 봉양한다[奉]. 『노자(老子)』 77장(章)

註 성자천지도야(誠者天之道也) 성지자인지도야(誠之者人之道也) : 정성이라는[誠] 것은[者] 하늘의[天之] 도리[道]이고[也], 천지도를[之] 받듦이라는[誠] 것은[者] 인간의[人之] 도리[道]이다[也]. 『중용(中庸)』「주자장구(朱子章句)」 22장(章)

註 도생지(道生之) 덕휵지(德畜之) 물형지(物形之) 세성지(勢成之) 시이(是以) 만물막불존도이귀덕(萬物莫不尊道而貴德) : 상도가[道] (만물을) 낳아주고[生之], 상덕이[德] (만물을) 길러주며[畜之], (덕의 길러줌으로써) 만물이[物] (저마다) 몸을 갖추고[形之], (만물이 저마다 누리는) 환경이[勢] 이루어진다[成之]. 이렇기[是] 때문에[以] 온갖 것은[萬物] 상도를[道] 받들면서[尊而] 상덕을[德] 받들지[貴] 않을 수 없다[莫不]. 『노자(老子)』 51장(章)

可貞(가정) 利有攸往(이유유왕)

〈손이유부(損而有孚)의 부(孚)〉를 거듭하여 풀이한다. 〈부(孚)〉 즉 진실로 믿어줌[至誠]이란 가히[可] 진실한 미더움[貞]이다. 〈부(孚)〉는 〈정(貞)〉으로 말미암아 비롯되는 지성(至誠)이다. 말하자면 부정(不貞)이면 〈부(孚)〉란 없다. 그래서 지성(至誠)이면 감천(感天) 즉 하늘을[天] 감동시킨다[感]. 감천(感天)이란 천심(天心)을 얻음이다. 천심(天心)은 곧 백성지심(百姓之心)인지라 온 세상 마음을 얻을 수 있음이 곧 〈부(孚)〉의 〈가정(可貞)〉이다. 이러한 〈가정(可貞)〉으로써 세상을 마주하기만 한다면 언제 어디를 간들 이로울[利] 뿐임을 밝히는 말씀이 〈이유유왕(利有攸往)〉이다.

曷之用(갈지용) 二簋可用享(이궤가용향)

〈갈지용(曷之用)〉은 〈하용부지도(何用孚之道)〉로 여기고 새김이 마땅하다. 〈갈지용(曷之用)의 지(之)〉를 앞서 살핀 〈손이유부(損而有孚)의 부(孚)〉를 나타내는 〈그것 지(之)〉로 여기고 새김이 마땅하기 때문이다. 지성의[孚之] 이치를[道] 어떻게[曷] 쓸까[用]? 그 해답이 여기 〈이궤가용향(二簋可用享)〉이다. 왜 일궤(一簋)라 않고 이궤(二簋)라 한 것일까? 〈이궤가용향(二簋可用享)의 이궤(二簋)〉는 항상 손괘(損卦 : ䷨)에서처럼 음(陰 : --)만 손(損)하는 것이 아니고 양(陽 : —)도 덜어내기[損] 함을 암시한다. 제상(祭床)에는 천양(天陽)을 나타내는 원형(圓形)의 제기(祭器)도 있고 지음(地陰)을 나타내는 방형(方形)의 제기(祭器)가 있음이 여기 〈이궤(二簋)의 이(二)〉인지라 〈이궤(二簋)〉를 〈음양지궤(陰陽之簋)〉라고 새겨도 된다. 이러한 〈이궤(二簋)〉 즉 두 가지[二] 제기를[簋] 써서[用] 〈향(享)〉 즉 제사를 올릴 수 있다[可享] 함은 앞서 살핀 〈손이유부(損而有孚)의 부(孚)〉 즉 진실로 믿어줌[孚]을 일깨운다. 진실로 믿어줌의[孚之] 이치를[道] 어떻게[曷] 쓸 것인가[用]? 제사(祭祀)에서 〈이궤(二簋)〉 즉 음양(陰陽)을 나타내는 두 가지 제기(祭器)를 써서[用] 제사를 올리듯[享] 진실로 믿어줌[孚]으로써 덜어내는[損] 이치[道]를 밝힌 말씀이 〈갈지용(曷之用) 이궤가용향(二簋可用享)〉이다. 〈갈지용(曷之用)의 갈(曷)〉은 여기선 〈어떻게 하(何)〉와 같다.

二簋應有時(이궤응유시)

〈이궤응갈지용유시(二簋應曷之用有時)〉로 여기고 새김이 마땅하다. 〈이궤응갈지용(二簋應曷之用)〉에서 〈갈지용(曷之用)〉을 생략하고 〈이궤응(二簋應)〉으로 줄임은 〈갈지용(曷之用)〉이 되풀이되는 까닭이다. 거듭 말하지만 〈갈지용(曷之用)〉이란 〈어떻게[曷] 그것을[之] 쓸까[用]〉이다. 그리고 여기 〈그것[之]〉이란 손괘(損卦 : ䷨)의 계사(繫辭)에 나오는 〈유부(有孚)의 부(孚)〉 즉 〈진실로 믿어줌[孚]〉을 나타내는 지시대명사이다. 그러니 〈갈지용(曷之用)〉을 〈갈부용(曷孚用)〉 즉 〈어떻게[曷] 진실로 믿어줌을[孚] 쓸까[用]〉로 새겨도 된다. 〈이궤(二簋)〉가 응함[應]에는 함부로 함이 아니고 〈유시(有時)〉 즉 응(應)할 때[時]가 있고[有], 응(應)하지 말아야 할 때가 있음을 〈이궤응유시(二簋應有時)의 유시(有時)〉가 암시한다. 〈손영익허(損盈益虛)〉 즉 가득함을[盈] 덜어내[損] 비움을[虛] 더해주어[益] 손익(損益)이 상화(相和) 즉 서로[相] 어울림[和]을 응(應)하게 함이 〈이궤응유시(二簋應有時)〉이다. 천도(天道)를 어기는 인간사(人間事)의 〈손익(損益)〉이란 『노자(老子)』에 나오는 〈모자란 데서[不足] 덜어내서[損而] 남는 데를[有餘] 봉양함[奉]〉을 범하지 말아야 하는 〈손하익상(損下益上)〉임을 암시하는 말씀이기도 한 것이 〈이궤응유시(二簋應有時)〉이다.

損剛益柔有時(손강익유유시)

앞서 살핀 〈이궤(二簋)〉가 뜻하는 것을 밝힌다. 〈손강(損剛)의 강(剛)〉은 양기(陽氣)를 말하고 〈익유(益柔)의 유(柔)〉는 음기(陰氣)를 말한다. 따라서 〈손강익유(損剛益柔)〉는 〈손양익음(損陽益陰)〉과 같다. 굳셈[剛] 즉 양기(陽氣)를 덜어내고[損] 부드러움[柔] 즉 음기(陰氣)를 더해주는[益] 〈시(時)〉 즉 시운(時運)이 있다[有] 함은 〈손유익강(損柔益剛)〉의 시운도 있음이 역지도(易之道)이다. 말하자면 손괘(損卦 : ䷨)에서는 하체(下體)에서 덜어낼 효(爻)가 음효(陰爻 : --)인지라 〈손유(損柔)〉의 시운을 따라, 손괘(損卦 : ䷨)의 상체(上體)인 간(艮 : ☶)은 곤(坤 : ☷)으로 변괘(變卦)하는 시운을 따라야 한다. 물론 손괘(損卦 : ䷨)의 하체(下體)인 태(兌 : ☱)도 첫째 효(爻) 자리에 양기(陽氣 : —)가 오면[來] 손괘(損卦 : ䷨)의 하체(下體)는 건(乾 : ☰)이 되어 손괘(損卦 : ䷨)는 태괘(泰卦 : ䷊)로 변괘(變卦)할 시운을 따르고, 첫째 효(爻) 자리에 음기(陰氣 : --)가 오면[來] 손괘(損卦 : ䷨)의 하체(下體)는 손(巽 : ☴)이 되어 승괘(升卦 : ䷭)로 변괘(變卦)할 시운을 따름이 역지도(易之道)임을 밝힌 말씀이 〈손강익유유시(損剛益柔有時)〉이다.

損益盈虛(손익영허) 與時偕行(여시해행)

손괘(損卦 : ䷨)의 괘상(卦象)인 〈손하익상(損下益上)〉이 역지도(易之道)로서 천도(天道) 즉 자연의[天] 이치[道]임을 밝힌다. 손괘(損卦 : ䷨)만 〈여시(與時)〉 즉 시운과[時] 더불어[與] 〈손익영허(損益盈虛)〉를 행(行)하는 것이 아니라, 『주역(周易)』의 64괘(卦) 모두 다 〈손익영허(損益盈虛)〉를 행(行)함을 밝힘이 〈해행(偕行)〉이다. 〈손익영허(損益盈虛)〉를 행하지 않음이란 없음을 밝히기도 하는 것이 〈해행(偕行)〉이다. 〈해행(偕行)〉은 『노자(老子)』에 나오는 〈무엇이든[物] 한번[或] 줄면[損之] 곧[而] 불어나고[益] 한번[或] 불면[益之] 곧[而] 줄어든다[損]〉라는 내용을 환기시킨다. 시운과[時] 더불어[與] 무엇이든[物] 한번[或] 줄면[損之] 곧[而] 불어남[益]이 역지도(易之道)이다. 역지도(易之道)는 천도(天道) 즉 자연의[天] 이치[道]인지라 시운과 항상 함께한다. 말하자면 춘하추동(春夏秋冬) 일년(一年)이라는 시운이다. 묘월(卯月) 즉 음이월(陰二月)부터 음유월(陰六月)까지 양기(陽氣 : ⚊)가 음기(陰氣 : ⚋)보다 많다가, 음칠월(陰七月)이면 음기(陰氣)와 양기(陽氣)가 같아지고, 유월(酉月) 즉 음팔월(陰八月)부터 음력(陰曆) 섣달까지 음기(陰氣)가 많다가, 음력(陰曆) 정월(正月)이면 음기(陰氣)와 양기(陽氣)가 같아지고, 주역(周易) 64괘(卦)에서 이렇게 음양(陰陽)이 역지도(易之道)를 따라 오고간다[往來].

천도(天道)인 역지도(易之道)를 일러 〈일음일양(一陰一陽)〉이라 함은 음양(陰陽)의 〈손익영허(損益盈虛)〉를 밝힌다. 덜어내고[損] 더하고[益] 더하고[益] 덜어내고[損] 이처럼 〈손익(損益)〉이 왕래(往來)하고, 채워지면[盈] 비워지고[虛] 비워지면[虛] 채워지고[盈] 이처럼 〈영허(盈虛)〉가 왕래(往來)한다. 물론 〈손익(損益)〉과 〈영허(盈虛)〉가 서로 다른 뜻이 아니라 〈손(損)〉을 〈허(虛)〉라 한 것이고 〈익(益)〉을 〈영(盈)〉이라 풀이한 것이니 같은 말이다. 이처럼 천도(天道)인 역지도(易之道)에서 〈손(損)과 익(益)〉 즉 〈허(虛)와 영(盈)〉이 상리(相離) 즉 서로[相] 떨어진[離] 것이 아니라 상수(相隨) 즉 서로[相] 따르며[隨] 왕래(往來)함을 밝혀, 손괘(損卦 : ䷨)의 괘상(卦象)인 〈손하익상(損下益上)〉을 모아서 풀이한 말씀이 〈손익영허(損益盈虛) 여시해행(與時偕行)〉이다. 〈여시(與時)의 시(時)〉는 시운(時運)으로 새기고, 〈해행(偕行)의 해(偕)〉는 〈함께 구(俱)〉와 같다 여기고 새긴다.

註 물혹손지이익(物或損之而益) 혹익지이손(或益之而損) : 무엇이든[物] 한번[或] 줄면[損之] 곧[而] 불어나고[益] 한번[或] 불면[益之] 곧[而] 줄어든다[損]. 『노자(老子)』 39장(章)

42 익괘(益卦 : ䷩) 단사(彖辭)

진하손상(震下巽上) : 아래는[下] 진(震 : ☳), 위는[上] 손(巽 : ☴).

풍뢰익(風雷益) : 바람과[風] 우레는[雷] 익이다[益].

益損上益下하니 民說无疆이다 自上下下하니 其道大光한다 利有攸往은 中正有慶이고 利涉大川은 木道乃行이다 益動而巽하여 日進无疆하고 天施地生하여 其益无方하니 凡益之道를 與時偕行한다
익손상익하 민열무강 자상하하 기도대광 이유유왕 중정유경 이섭대천 목도내행 익동이손 일진무강 천시지생 기익무방 범익지도 여시해행

익괘는[益] 위를[上] 덜어서[損] 아래를[下] 보탬이니[益] 백성이[民] 기뻐함에[說] 한이[疆] 없다[无]. 위[上]에서[自] 아래로[下] 내려오니[下] 그[其] 도가[道] 크게[大] 빛난다[光]. 갈[往] 데가[攸] 있어[有] 이롭다 함은[利] 정도를[正] 따름에[中] 경사가[慶] 있음이고[有], 큰[大] 내를[川] 건넘이[涉] 이롭다 함은[利] 나뭇길이[木道] 바로[乃] 열림이다[行]. 익괘는[益] 움직이고[動而] 공손하여[巽] 날마다[日] 나아감에[進] 한이[疆] 없고[无], 하늘이[天] 베풀고[施] 땅은[地] 낳아[生] 그[其] 유익함은[益] 한정이[方] 없으니[无], 무릇[凡] 익괘의[益之] 도를[道] 시운과[時] 더불어[與] 함께[偕] 행한다[行].

【지남(指南)】

益損上益下(익손상익하)

〈익(益)〉은 익괘(益卦 : ䷩)를 말하고, 〈손상익하(損上益下)〉는 익괘(益卦 : ䷩)의 괘상(卦象)을 밝힌다. 〈손(損)〉이 가면 〈익(益)〉이 옴이 천도(天道)인지라 손괘(損卦 : ䷨) 다음에 익괘(益卦 : ䷩)가 오는 것이다. 비괘(否卦 : ䷋)의 괘상(卦象)

을 연상해보면 여기 익괘(益卦 : ䷩)의 괘상(卦象)을 〈손상익하(損上益下)〉라고 밝힌 연유를 살펴 새길 수 있다. 비괘(否卦 : ䷋)에서 육삼(六三 : ⚋)이 올라가고 상구(上九 : ⚊)는 물러가 비괘(否卦 : ䷋)의 상체(上體)인 건(乾 : ☰)이 손(巽 : ☴)으로 변괘(變卦)되고, 비괘(否卦 : ䷋)의 하체(下體)인 곤(坤 : ☷)의 초효(初爻) 자리로 양기(陽氣 : ⚊)가 들어와서 진(震 : ☳)으로 변괘(變卦)되어 비괘(否卦 : ䷋)가 역지도(易之道)를 따라 익괘(益卦 : ䷩)로 변괘(變卦)함을 살펴 헤아리는 것이 〈손상익하(損上益下)〉이다. 이처럼 〈손상익하(損上益下)〉를 역지도(易之道) 즉 바뀜의[易之] 이치[道]로 살펴 헤아릴 수 있다. 따라서 〈손상익하(損上益下)의 손상(損上)〉은 대성괘(大成卦)의 상체(上體)에서 셋째 효(爻)가 나감[出]을 밝히고, 〈손상익하(損上益下)의 익하(益下)〉는 대성괘(大成卦)의 하체(下體) 첫째 효(爻) 자리로 음기(陰氣)나 양기(陽氣)가 새로 들어옴[入]을 풀이한다고 여기며 〈손상익하(損上益下)〉를 살펴 헤아릴 수 있다.

이에 따라 익괘(益卦 : ䷩)의 괘상(卦象)인 〈손상익하(損上益下)〉를 인간사(人間事)로써 풀이하면, 〈손상(損上)의 상(上)〉은 군신(君臣) 즉 치자(治者) 쪽으로 풀이되고, 〈익하(益下)의 하(下)〉는 민서(民庶) 즉 백성 쪽으로 풀이된다. 군신 쪽에서 덜어내[損] 백성에 보태주는[益] 〈손(損)-익(益)〉이라면 천도(天道)를 본받아 따르는 〈손(損)-익(益)〉인지라, 〈손익무탈민(損益無奪民)〉 즉 덜어내서[損] 더함에[益] 백성의 것을[民] 빼앗음이[奪] 없는[無] 것이다. 따라서 〈손상익하(損上益下)〉는 천도(天道)를 받들고 역지도(易之道)를 따르는 인간사로 풀이될 수 있음을 일깨우는 말씀으로 익괘(益卦 : ䷩)의 괘상(卦象)을 살필 수 있다. 그러므로 역지도(易之道) 즉 천도(天道)를 따라 좇는 인간사의 〈손익(損益)〉은 『노자(老子)』에 나오는 〈천지도손유여이보부족(天之道損有餘而補不足)〉 즉 자연의[天之] 규율은[道] 넉넉한 데서[有餘] 덜어내서[損而] 모자란 데를[不足] 보탬[補]을 환기시키는 〈손상익하(損上益下)〉이기도 하다. 〈손(損)〉은 〈덜어낼 감(減)〉과 같아 손감(損減)의 줄임말과 같고, 〈익(益)〉은 〈더할 증(增)-가(加)〉와 같아 증익(增益)의 줄임말과 같다.

註 천지도손유여이보부족(天之道損有餘而補不足) 인지도즉불연(人之道則不然) 손부족이봉유여(損不足而奉有餘) : 자연의[天之] 규율은[道] 넉넉한 데서[有餘] 덜어내서[損而] 모자란 데를[不足] 보탠다[補]. (그러나) 인간 세상의[人之] 법칙[道]이란[則] 그렇지 않다[不然]. (오히려 인위의

규율은) 모자란 데서[不足] 덜어내서[損而] 남는 데를[有餘] 봉양한다[奉]. 『노자(老子)』 77장(章)

民說无疆(민열무강)

앞서 살핀 〈손상익하(損上益下)〉의 역지도(易之道)를 인간사(人間事)로써 풀이한 것이다. 말하자면 모름지기 군왕(君王)은 익괘(益卦 : ䷩)의 괘상(卦象)인 〈손상익하(損上益下)〉를 본받아 치민(治民)해야 함을 밝힌 것이기도 하다. 익괘(益卦 : ䷩)의 괘상(卦象)인 〈손상익하(損上益下)〉를 〈민열무강(民說无疆)〉이라고 풀이한다. 따라서 〈손상익하(損上益下)의 손상(損上)〉을 군왕(君王)이 백성을 위함으로 풀이하고, 〈손상익하(損上益下)의 익하(益下)〉를 군왕(君王)이 백성을 위함을 백성이 즐거워함[說]으로 풀이한다. 따라서 백성이 누리고자 하는 태평성대(太平聖代)란 익괘(益卦 : ䷩)의 괘상(卦象)인 〈손상익하(損上益下)〉의 역지도(易之道)를 군왕(君王)이 본받아 따라야 함을 살펴 헤아리게 하는 것이 〈민열무강(民說無疆)〉이다. 〈민열(民說)의 열(說)〉은 〈기뻐할 열(悅)〉과 같고, 〈무강(无疆)의 무(无)〉는 〈없을 무(無)〉의 고자(古字)이고, 〈강(疆)〉은 〈경계 계(界)〉와 같아 강계(疆界)의 줄임말과 같다.

自上下下(자상하하)

익괘(益卦 : ䷩)의 괘상(卦象)을 거듭 밝힌다. 〈자상하하(自上下下)〉를 〈자상상괘지양효하어하괘지음효(自上上卦之陽爻下於下卦之陰爻)〉로 여기고 새김이 마땅하다. 위[上]로부터[自] 상괘의[上卦之] 양효들이[陽爻] 하괘의[下卦之] 음효들에게로[於陰爻] 내려옴[下]이 익괘(益卦 : ䷩)의 괘상(卦象)이다. 익괘(益卦 : ䷩) 상괘(上卦 : ☴)의 상구(上九 : ━)가 하괘(下卦 : ☳)의 육삼(六三 : --)으로 내려와[下] 정응(正應)을 누리고, 익괘(益卦 : ䷩) 상괘(上卦 : ☴)의 구오(九五 : ━)가 하괘(下卦 : ☳)의 육이(六二 : --)로 내려와[下] 정응(正應)을 누림을 밝힘이 〈자상하하(自上下下)〉이다.

양기(陽氣)는 움직임[動]이고 음기(陰氣)는 머묾[靜]인지라, 익괘(益卦 : ䷩)에서 양효(陽爻 : ━)가 음효(陰爻 : --)로 하행(下行)하여 상구(上九 : ━)와 육삼(六三 : --)이 서로 정응(正應)을 누리고, 특히 구오(九五 : ━)와 육이(六二 : --)가 중정(中正)을 누림을 밝힌 것이 〈자상하하(自上下下)〉이다. 대성괘(大成卦)의 육효(六爻)가 서로 누리는 중정(中正)-정응(正應)은 성화(成和) 즉 어울림을[和] 이룩하는[成] 천도(天道) 즉 자연의[天] 이치[道]인지라 길(吉)하다.

其道大光(기도대광)

〈기도(其道)〉를 〈자상하하지도(自上下下之道)〉로 여기고 새김이 마땅하다. 위[上]로부터[自] 아래로[下] 내려오는[下之] 이치[道]가 〈대광(大光)〉이다. 여기 〈대광(大光)〉은 그냥 크게[大] 빛남[光]이 아니라 양기(陽氣 : --)가 드러남을 밝힌다. 따라서 〈대광(大光)의 대(大)〉는 양(陽 : ㅡ)을 나타낸다. 음양(陰陽)을 대소(大小)로써 밝혀 음(陰 : --)을 소(小)라 하고 양(陽 : ㅡ)을 대(大)라 한다. 〈대광(大光)의 광(光)〉은 광명(光明)의 광(光)이다. 〈광(光)〉은 밖으로 드러나는 빛남이고 〈명(明)〉은 안으로의 밝음이다. 대성괘(大成卦)에서 상체(上體)는 드러나는 괘(卦)인지라 상체(上體)의 양기(陽氣)가 하체(下體)로 내려와[下] 음기(陰氣)와 서로 중정(中正)-정응(正應)을 누림은 〈대광(大光)〉 즉 크게[大] 빛나는[光] 길(吉)이다.

利有攸往(이유유왕)

익괘(益卦 : ䷩)에서 상하괘(上下卦)의 중효(中爻)가 모두 정위(正位)에 있으므로 하괘(下卦)의 육이(六二 : --)와 상괘(上卦)의 구오(九五 : ㅡ)가 서로 중정(中正)을 누림을 암시함이 〈유왕(攸往)〉이다. 육이(六二 : --)와 구오(九五 : ㅡ)가 서로 왕래(往來) 즉 〈가고[往] 옴[來]〉을 누릴수록 이로움[利]을 누린다 함이 여기 〈이(利)〉이다. 중정(中正)이란 중효정위(中爻正位)의 줄임으로 중효로서[中] 정위에 있음[正]을 말한다. 이렇기 때문에 중정(中正)을 중정도(中正道) 즉 정도를[正] 따름[中]이라고 풀이해도 된다. 육이(六二 : --)는 하괘(下卦)의 중효(中爻)로서 음위(陰位) 즉 음(陰 : --)의 자리[位]에 있고, 구오(九五 : ㅡ)는 상괘(上卦)의 중효(中爻)로서 양위(陽位) 즉 양(陽 : ㅡ)의 자리[位]에 있어서, 상하괘(上下卦)의 중효(中爻)가 서로 왕래(往來)할수록 역지도(易之道) 즉 역의[易之] 도리[道]가 대광(大光) 즉 크게[大] 빛나[光] 이롭다[利] 함이 〈이유유왕(利有攸往)의 이(利)〉이다.

中正有慶(중정유경)

〈중정(中正)〉은 익괘(益卦 : ䷩)에서 구오(九五 : ⚊)와 육이(六二 : ⚋)가 서로 누리는 성화(成和)를 밝힌다. 〈중정(中正)〉은 중정도(中正道) 즉 바른[正] 이치를 [道] 따름[中]을 말한다. 대성괘(大成卦)의 여섯 효(爻)들이 누리는 음양지성화(陰陽之成和) 즉 음양이[陰陽之] 어울림을[和] 이루는[成] 길(吉)을 중정(中正)-정응(正應)-응(應)-비(比) 등이라 한다. 특히 중정(中正)과 정응(正應)은 음양(陰陽)이 제자리를 잡고 성화(成和)를 누리기 때문에 온갖 화생(化生) 즉 태어나[化] 살아가게[生] 하는 천도(天道)를 누리게 한다. 여기선 익괘(益卦 : ䷩)의 구오(九五 : ⚊)와 육이(六二 : ⚋)가 서로 누리는 〈중정(中正)〉을 〈유경(有慶)〉 즉 경사가[慶] 있다[有]고 일러 길(吉)함을 밝힌 것이 〈중정유경(中正有慶)〉이다.

利涉大川(이섭대천) 木道乃行(목도내행)

〈중정(中正)〉을 따른다면 〈이섭대천(利涉大川)〉 즉 큰[大] 내를[川] 건너도[涉] 이롭다[利]는 것이다. 〈섭대천(涉大川)의 대천(大川)〉은 간난(艱難) 즉 몹시 어려움[艱難]을 비유하고, 〈섭(涉)〉은 그 간난(艱難)을 무릅써 헤쳐나감을 밝힌다. 이런 〈섭대천(涉大川)〉을 〈목도(木道)〉로 건넌다[行] 함은 익괘(益卦 : ䷩)의 하체(下體) 진(震 : ☳)을 들어 암시한 것이다. 진(震 : ☳)은 나무[木]이고 움직임[動]이니, 익괘(益卦 : ䷩)의 하체(下體) 진(震 : ☳)을 들어 취상(取象)된 것이 〈목도내행(木道乃行)〉이다. 〈목도(木道)〉는 나무로 만든 배[舟]로써의 〈섭대천(涉大川)〉을 암시하고, 나무로 만든 다리[橋]로써의 〈섭대천(涉大川)〉을 암시하기도 한다.

益動而巽(익동이손) 日進无疆(일진무강)

익괘(益卦 : ䷩)의 괘재(卦才) 즉 괘의[卦] 바탕[才]으로써 위익(爲益) 즉 이익이[益] 되는[爲] 이치[道]를 밝힌다. 〈동이손(動而巽)〉은 〈하동이상손(下動而上巽)〉으로 여기고 새김이 마땅하다. 〈동이손(動而巽)의 동(動)〉이 익괘(益卦 : ䷩)의 하체(下體)인 진(震 : ☳)을 뜻함은 진(震 : ☳)이 양괘(陽卦)이고, 〈동이손(動而巽)의 손(巽)〉이 상체(上體)인 손(巽 : ☴)을 뜻함은 손(巽 : ☴)이 음괘(陰卦)임을 밝힌다. 소성괘(小成卦)의 삼효(三爻) 중에서 음효(陰爻)가 홀수이면 그 소성괘(小成卦)를 음괘(陰卦)라 하고, 양효(陽爻)가 홀수이면 양괘(陽卦)라 한다. 진(震 : ☳)은 양괘(陽卦)로서 움직이고[動] 손(巽 : ☴)은 음괘(陰卦)로서 공순(恭順)하다. 〈동이손(動而巽)〉 즉 움직여서[動而] 위익(爲益)의 이치[道]에 공순(恭順)하면 그 이로움[益]이 〈일진(日進)〉 즉 날로[日] 진력함[進]이 〈무강(无疆)〉 즉 한계가[疆] 없다[无]는 것이다. 이로움[益]을 날로 진력한다면 대익(大益)으로 이어지지만, 움직임[動]이 위익(爲益)의 이치[道]에 공순(恭順)하지 않다면 결코 대익(大益)을 이루어낼 수 없음을 밝힘이 〈일진무강(日進无疆)〉이다.

天施地生(천시지생) 其益无方(기익무방)

앞서 살핀 〈동이손(動而巽) 일진(日進)〉을 구체적으로 밝힌다. 〈동이손(動而巽)〉에서 〈동(動)의 일진(日進)〉이 〈천시(天施)〉로 살펴 헤아리게 하고, 〈손(巽)의 일진(日進)〉이 〈지생(地生)〉으로 살펴 헤아리게 한다. 〈천시(天施)〉는 〈천시덕(天施德)〉으로 여기고 새김이 마땅하고 건괘(乾卦 : ䷀) 단사(彖辭)에서 살핀 〈만물자시(萬物資始)〉 즉 만물이[萬物] 살아갈 정기를[始] 얻음[資]을 상기시키고, 〈지생(地生)〉은 곤괘(坤卦 : ䷁) 단사(彖辭)에서 살핀 〈만물자생(萬物資生)〉 즉 만물은[萬物] 살아갈 몸을[生] 얻음[資]을 상기시킨다. 따라서 〈천시(天施)〉는 〈천시만물지정기(天施萬物之精氣)〉로 여기고 새김이 마땅하고, 〈지생(地生)〉은 〈지생만물지형체(地生萬物之形體)〉로 여기고 새김이 마땅하다.

하늘은[天] 만물의[萬物之] 정기를[精氣] 베풀고[施], 땅은[地] 그 정기(精氣)를 따라 만물의[萬物之] 몸을[形體] 낳는다[生]. 그래서 앞서 살핀 〈동이손(動而巽)〉이 여기 〈천시지생(天施地生)〉을 뜻하기 때문에, 익괘(益卦 : ䷩)가 따르는 역지도(易之道)임이 밝혀진다. 따라서 〈천시지생(天施地生)〉은 『장자(莊子)』에 나오는 〈천지자만물지모(天地者萬物之母)〉라는 말과 더불어 〈능이(能移)〉를 환기시킨다. 〈천시지생(天施地生)의 동이손(動而巽)〉이 곧 〈능이(能移)〉 즉 자연의 조화를 순응해 온갖 일이 변하여[能] 옮겨가는[移] 〈기익(其益)〉 즉 그[其] 이로움[益]이란 〈무방(无方)〉 즉 한계가[方] 없다[无]는 것이다. 〈무방(无方)〉은 〈무강(无疆)〉과 같은 뜻이다.

註 천지자만물지모야(天地者萬物之母也) 합즉성체(合則成體) 산즉성시(散則成始) 형정불휴(形精不虧) 시위능이(是謂能移) : 하늘땅이란[天地] 것은[者] 만물의[萬物之] 어머니[母]이다[也].

(천지가) 합하면[合] 곧[則] 형체를[體] 이루고[成], 흩어지면[散] 곧[則] 만물의 시원을[始] 이룬다[成]. {땅이 생(生)하는} 형체와[形] {하늘이 시(施)하는} 정기는[精] {합(合)하고 산(散)하되} 이지러지지 않는다[不虧]. 이를[是] 자연의 조화를 순응해 일을 변하여 옮겨감이라[能移] 한다[謂].

『장자(莊子)』「달생(達生)」 1절(節)

凡益之道(범익지도) 與時偕行(여시해행)

익괘(益卦 : ䷩)의 역지도(易之道)인 〈천시지생(天施地生)〉을 시운과[時] 더불어[與] 함께[偕] 행함[行]을 밝힌다. 〈범익지도(凡益之道)〉는 앞서 살핀 〈천시지생(天施地生)〉을 말한다. 그리고 〈해행(偕行)〉은 천여지(天與地) 즉 땅과[與地] 하늘[天]이 함께[偕] 〈익지도(益之道)〉를 행(行)하는 것뿐만 아니라 〈익지도(益之道)〉를 성인(聖人)도 그대로 본받아 행(行)함을 뜻한다. 즉 만물(萬物)에게 정기(精氣)를 베푸는[施] 〈하늘의[天] 익지도(益之道)〉를 본받아 성인(聖人)도 여시(與時) 즉 시운과[時] 더불어[與] 〈천시(天施)〉를 받들고, 만물(萬物)에게 형체(形體)를 낳아주는[生] 〈땅의[地] 익지도(益之道)〉를 본받아 성인(聖人)도 시운과[時] 더불어[與] 〈지생(地生)〉을 받든다. 물론 〈여시(與時)〉는 〈여익괘지시운(與益卦之時運)〉으로 여기고 새김이 마땅하다. 익괘(益卦 : ䷩)의 시운이 음력(陰曆) 정월(正月)이다. 양기(陽氣)가 증진(增進)되기 시작하고 음기(陰氣)가 위축(萎縮)되기 시작하는 음력 이월(二月) 즉 묘월(卯月) 직전이 정월(正月)이다. 양기(陽氣)가 미동(微動)하여 음기(陰氣)는 비워가고 양기(陽氣)가 채워오는 달이 정월(正月)이다. 익괘(益卦 : ䷩)의 이러한 정월(正月) 시운이 구오(九五 : ⚊)와 육이(六二 : ⚋)가 중정(中正)을 누리고, 초구(初九 : ⚊)와 육사(六四 : ⚋)가 정응(正應)을 누리며, 상구(上九 : ⚊)와 육삼(六三 : ⚋)이 상응(相應)하여 〈천시(天施)〉의 시운과 〈지생(地生)〉의 시운이 〈해행(偕行)〉 즉 함께[偕] 행(行)해진다. 이를 성인(聖人)도 그대로 본받아 따름을 밝힘이 〈범익지도(凡益之道) 여시해행(與時偕行)〉이다.

43 쾌괘(夬卦 : ䷪) 단사(彖辭)

건하태상(乾下兌上) : 아래는[下] 건(乾 : ☰), 위는[上] 태(兌 : ☱).

택천쾌(澤天夬) : 못과[澤] 하늘은[天] 쾌이다[夬].

夬決也이니 剛決柔也이다 健而說하고 決而和한다 揚于王庭은 柔乘五剛也이고 孚號有厲는 其危乃光也이다 告自邑不利卽戎은 所尙乃窮也이다 利有攸往은 剛長乃終也이다

(쾌결야 강결유야 건이열 결이화 양우왕정 유승오강야 부호유려 기위내광야 고자읍불리즉융 소상내궁야 이유유왕 강장내종야)

쾌괘는[夬] 결정함[決]이니[也] 굳셈이[剛] 부드러움을[柔] 결정함[決]이다[也]. 강건하고[健而] 기뻐하고[說] 결정하고[決而] 화합한다[和]. 왕의[王] 뜰에서[于庭] 발양함은[揚] 부드러움이[柔] 다섯 개의[五] 굳셈을[剛] 탄다는 것[乘]이고[也], 진실로 믿어줌이[孚] 부르짖음에[號] 위태함이[厲] 있음은[有] 그[其] 위태함이[危] 곧[乃] 빛남[光]이다[也]. 고을[邑]로부터[自] 병장기를[戎] 씀이[卽] 이롭지 않음을[不利] 경고함은[告] 받들[尙] 바가[所] 바로[乃] 다함[窮]이다[也]. 갈[往] 데가[攸] 있어[有] 이롭다 함은[利] 굳센 기운의[剛] 성장함이[長] 이에[乃] 마침[終]이다[也].

【지남(指南)】

夬決也(쾌결야)

〈쾌(夬)〉는 쾌괘(夬卦 : ䷪)를 말하고, 〈결(決)〉은 쾌괘(夬卦 : ䷪)의 괘상(卦象)을 밝힌다. 괘상(卦象)이란 사람이 풀이한 것이지 천도(天道)가 풀이해주는 것은 아니다. 그러므로 괘상(卦象)을 밝히는 말은 인간의 것임을 감안해서 들어야 한

다. 천도(天道)는 부쟁(不爭) 즉 다투지 않고서도[不爭] 선승(善勝) 즉 무릅쓰기를[勝] 잘하며[善], 불언(不言) 즉 말하지 않고서도[不言] 선응(善應) 즉 응하기를[應] 잘하고[善], 불소(不召) 즉 불러 모으지 않아도[不召] 만물은 천도(天道)로 자래(自來) 즉 스스로[自] 돌아와[來], 자연의[天] 이치는[道] 더없이 너그럽고 크면서도[繟然] 도모하기를[謀] 잘한다[善]. 이러한 천도(天道)에는 〈쾌결(夬決)의 결(決)〉 같은 분결(分決)을 어떤 것에도 내리지 않는다. 따라서 〈쾌결(夬決)의 결(決)〉은 인간이 바라는 순일(純一) 탓으로 쾌괘(夬卦 : ䷪)의 다섯 양효(陽爻 : ⚊) 쪽이 단 하나인 음효(陰爻) 상륙(上六 : ⚋)을 분결(分決) 즉 나누어[分] 결단내고[決] 순양(純陽)의 강건(剛健)을 바란다고 해서 건괘(乾卦 : ䷀)의 사덕(四德)을 갖출 수는 없다. 건괘(乾卦 : ䷀)는 〈결(決)〉로써 순양(純陽)을 갖춤이 아니라 오로지 역지도(易之道)를 따른 순양(純陽)으로써 〈원형리정(元亨利貞)〉의 사덕(四德)을 누린다. 건괘(乾卦 : ䷀)에는 〈결(決)〉 즉 분결(分決)이라는 것이 없음을 헤아리면서 쾌괘(夬卦 : ䷪)의 〈결(決)〉을 살펴야 한다. 〈쾌(夬)〉는 〈쾌(叏)〉와 같고, 〈결(決)〉은 분결(分決) 즉 나누어[分] 결단함[決]이다.

註 『주역(周易)』의 경문(經文)은 어떤 명사(命辭)에 대한 점사(占辭) 즉 앞일을 헤아려 판단하는[占] 말[辭]과 같다. 점(占)쳐 묻는 핵심 내용을 명사(命辭)라 하고, 점(占)친 결과를 보고 길흉(吉凶)을 판단하는 단계(段階)를 점사(占辭)라 한다.

註 천지도부쟁이선승(天之道不爭而善勝) 불언이선응(不言而善應) 불소이자래(不召而自來) 천연이선모(繟然而善謀) 천망회회(天網恢恢) 소이불실(疏而不失) : 자연의[天之] 규율은[道] 다투지 않는다[不爭]. 그러나[而] {천지도(天之道)는} 무릅쓰기를[勝] 잘한다[善]. {천지도(天之道)는} 말하지 않는다[不言]. 그러나[而] {천지도(天之道)는} 응하기를[應] 잘한다[善]. {천지도(天之道)는 만물을} 불러 모으지 않는다[不召]. 그러나[而] {만물은 천지도(天之道)로} 스스로[自] 돌아온다[來]. {천지도(天之道)는} 더없이 너그럽고 크다[繟然]. 그러나[而] 도모하기를[謀] 잘한다[善]. 자연의[天] 그물은[網] 너그럽고 넓고 커서[恢恢] 성글다[疏]. 그러나[而] {천망(天網)은 무엇 하나} 잃지 않는다[不失]. 『노자(老子)』 73장(章)

剛決柔也(강결유야)

쾌괘(夬卦 : ䷪)의 괘상(卦象)인 〈결(決)〉을 풀이한다. 〈강결유(剛決柔)의 강(剛)〉은 쾌괘(夬卦 : ䷪)의 다섯 양효(陽爻 : ⚊)를 뜻하고, 〈강결유(剛決柔)의 유(柔)〉는 쾌괘(夬卦 : ䷪)에서 단 하나의 음효(陰爻)인 상륙(上六 : --)을 뜻한다. 이미 상륙(上六 : --)은 쾌괘(夬卦 : ䷪)에서 물러갈 자리인지라, 쾌괘(夬卦)의 역지도(易之道)를 떠나기에 무엇 하나 역(易) 즉 바꿀 일이 없는 효(爻)가 바로 쾌괘(夬卦 : ䷪)의 상륙(上六 : --)이다. 이러한 쾌괘(夬卦 : ䷪)의 상륙(上六 : --)을 결정함은 순양(純陽)을 탐(貪)하고자 상륙(上六 : --)을 결단(決斷)하여 내치지 않음을 암시한다. 천도(天道) 즉 자연의[天] 이치[道]에는 탐(貪)이 없다. 탐(貪)으로 말미암은 결단(決斷) 따위는 인간의 짓이지 천도(天道)에는 그 무엇을 탐(貪)으로써 내치는 결단(決斷)의 〈결(決)〉은 결코 없다. 『노자(老子)』에 나오는 〈천지불인(天地不仁)〉과 〈장이부재(長而不宰)〉를 환기한다면, 〈강결유(剛決柔)의 결(決)〉이 결정(決定)의 〈결(決)〉이지 결단(決斷)의 〈결(決)〉이 아님을 살펴 헤아릴 수 있다.

천지(天地)는 만물화생(萬物化生) 즉 온갖 것들이[萬物] 태어나[化] 살아가게[生] 해주는 주인이되[長] 이래라저래라 하지 않는다[不宰]. 따라서 천지(天地)는 만물이 짓는 〈강결유(剛決柔)의 결(決)〉을 오로지 부재(不宰) 즉 간섭하지 않고[不宰] 만물에게 맡겨둘 뿐이다. 따라서 동이(同異) 즉 끼리와[同] 다름[異]을 가려 귀천(貴賤)을 갈래지어 호오(好惡)하는 〈결(決)〉이란 하늘땅[天地]에는 없다는 말씀이 〈천지불인(天地不仁)〉이다. 이런 연유로 쾌괘(夬卦 : ䷪)의 〈강결유(剛決柔)〉는 23번째 박괘(剝卦 : ䷖)의 괘상(卦象)인 〈박(剝)〉을 풀이한 〈유변강(柔變剛)〉을 돌이켜 살펴보게 한다. 건괘(乾卦 : ䷀)의 순양(純陽)을 누리고자 쾌괘(夬卦 : ䷪)의 다섯 양효(陽爻 : ㅡ)들이 하나의 음효(陰爻)인 상륙(上六 : --)을 내치는 쪽으로 〈강결유(剛決柔)의 결(決)〉을 풀이할 수 없는 것이 역지도(易之道) 즉 천도(天道)이다. 따라서 〈강결유(剛決柔)의 결(決)〉은 쾌괘(夬卦 : ䷪)에서 상륙(上六 : --)이 구삼(九三 : ㅡ)과 상응(相應)을 누리고 구오(九五 : ㅡ)와 비(比)를 누리게 하는 결정(決定)으로 새김이 마땅하다. 자연의[天] 규율[道]에는 그 무엇도 내치라 간섭하는 결단(決斷)도 없고 결정(決定)도 없다.

〈원형리정(元亨利貞)〉의 사덕(四德)을 누리는 건괘(乾卦 : ䷀)의 순양(純陽)은 천균(天均)이지 음기(陰氣)를 내쳐서 누리는 순양(純陽)이 아니다. 천균(天均)이란 자연의[天] 이치[道]를 짓는 조화(調和)를 말한다. 쾌괘(夬卦 : ䷪)의 괘상(卦象)을 풀이한 〈강결유(剛決柔)의 결(決)〉 역시 천균(天均)의 〈결정(決定)〉이지 순양(純

陽)을 탐(貪)하려는 결단(決斷)은 아니다. 역지도(易之道)의 천균(天均) 즉 천도(天道)의 조화(調和)란 유강(柔剛) 즉 음양(陰陽)의 상화(相和) 즉 서로[相] 어울림[和]을 말한다. 쾌괘(夬卦 : ䷪)의 〈강결유(剛決柔)의 결(決)〉이 역지도(易之道)의 성화(成和)를 떠나서 도모(圖謀)될 수는 없다. 천도(天道)는 불모(不謀) 즉 그 무엇도 꾀하지 않는다[不謀]. 그러므로 쾌괘(夬卦 : ䷪)의 괘상(卦象)을 〈강결유(剛決柔)〉라고 함은 천도(天道)의 조화(調和)를 순응하여 쾌괘(夬卦 : ䷪)의 다섯 양효(陽爻 : ⚊)들이 단 하나의 음효(陰爻)인 상륙(上六 : ⚋)이 구삼(九三 : ⚊)과 상응(相應)을 누리고 동시에 구오(九五 : ⚊)와는 비(比)를 누림을 결정(決定)함이라 여기고 살펴 헤아림이 마땅하다. 쾌괘(夬卦 : ䷪)의 〈강결유(剛決柔)〉가 음효(陰爻)인 상륙(上六 : ⚋) 하나를 결단(決斷)한다고 해서 쾌괘(夬卦 : ䷪)가 순양(純陽)을 갖추어 건괘(乾卦 : ䷀)처럼 〈원형리정(元亨利貞)〉의 사덕(四德)을 누릴 수 있는 것은 결코 아니다. 건괘(乾卦 : ䷀)만이 역지도(易之道)의 순리(順理)로써 순양(純陽)을 누리지 여타(餘他)의 괘(卦)들은 결코 그런 순양(純陽)을 누릴 수 없는 것이 역지도(易之道)임을 환기한다면, 쾌괘(夬卦 : ䷪)의 〈강결유(剛決柔)의 결(決)〉이 순양(純陽)을 누리고자 함이 아니라 음양(陰陽)의 성화(成和) 즉 어울림을[和] 이루려[成] 함임을 깊이 헤아리게 하는 것이 〈강결유(剛決柔)〉이다.

註 천지불인(天地不仁) 이만물위추구(以萬物爲芻狗) 성인불인(聖人不仁) 이백성위추구(以百姓爲芻狗) : 천지에는[天地] 어짊이[仁] 없다[不]. (천지는) 만물(萬物)로써[以] 풀강아지로[芻狗] 삼는다[爲]. 성인에게도[聖人] 어짊이[仁] 없다[不]. {성인(聖人)도} 백성(百姓)으로써[以] 풀강아지로[芻狗] 삼는다[爲]. 『노자(老子)』 5장(章)

註 생이불유(生而不有) 위이불시(爲而不恃) 장이부재(長而不宰) 위지현덕(謂之玄德) : {상도(常道)는} 낳아주되[生而] 갖지 않고[不有], 위해주되[爲而] 바라지 않으며[不恃], 키워주되[長而] 이래라저래라 않는다[不宰]. 이를[之] 현덕이라[玄德] 한다[謂]. 『노자(老子)』 51장(章)

健而說(건이열)

쾌괘(夬卦 : ䷪)의 괘재(卦才) 즉 괘의[卦] 바탕[才]을 밝혀, 쾌괘(夬卦 : ䷪)의 〈강결유(剛決柔)〉를 거듭해 풀이한다. 〈건이열(健而說)의 건(健)〉은 쾌괘(夬卦 : ䷪)의 하체(下體)인 건(乾 : ☰)을 뜻하고, 여기 〈건(健)〉 즉 강건함[健]은 건(乾 : ☰)의 성질이다. 〈건이열(健而說)의 열(說)〉은 쾌괘(夬卦 : ䷪)의 상체(上體)인 태

(兌 : ☱)를 뜻하고, 여기 〈열(說)〉 즉 기뻐함[說]은 태(兌 : ☱)의 성질이다. 강건(剛健)해서[健而] 기뻐함[說]이란 쾌괘(夬卦 : ䷪)에서 태(兌 : ☱)의 단 하나 음기(陰氣 : --) 덕으로 양기(陽氣 : —)가 중정(中正)의 길(吉)을 누리고 비(比)의 길(吉)을 누리니, 상체(上體)인 태(兌 : ☱)가 하체(下體)인 건(乾 : ☰)을 기쁘게[說] 함을 밝힌 것이 〈건이열(健而說)〉이다. 여기 〈열(說)〉은 〈기뻐할 열(悅)-희(喜)〉 등과 같다.

決而和(결이화)

쾌괘(夬卦 : ䷪)의 괘재(卦才) 즉 괘의[卦] 바탕[才]을 거듭해 밝힌다. 〈결이화(決而和)의 결(決)〉은 〈건이열(健而說)의 건(健)〉 즉 쾌괘(夬卦 : ䷪)의 하체(下體)인 건(乾 : ☰)을 뜻하고, 〈결이화(決而和)의 화(和)〉는 〈건이열(健而說)의 열(說)〉 즉 쾌괘(夬卦 : ䷪)의 상체(上體)인 태(兌 : ☱)를 뜻한다. 건(乾 : ☰)의 성질인 〈건(健)〉을 〈결(決)〉이라 풀이하고, 태(兌 : ☱)의 성질(性質)인 〈열(說)〉을 〈화(和)〉라고 풀이한다. 대성괘(大成卦)에서 여섯 효(爻)들 역시 아래에서 위로 상행(上行)하지 어떤 효(爻)일지라도 뛰어넘지 않는다. 이는 춘하추동(春夏秋冬)이 결코 섞바뀌지 않듯이 대성괘(大成卦)의 여섯 효(爻)들도 천도(天道)의 운행(運行)을 그대로 본받아 따름이다. 바로 아래 효(爻)는 바로 위의 효(爻)를 항수(恒隨) 즉 항상[恒] 따라서[隨] 상행(上行)한다. 이에 쾌괘(夬卦 : ䷪)에서 건(乾 : ☰)의 〈결(決)〉은 태(兌 : ☱)의 〈화(和)〉를 따름이 쾌괘(夬卦 : ䷪)의 역지도(易之道)이다. 이는 쾌괘(夬卦 : ䷪)에서 〈건(健)의 결(決)〉이 〈열(說)의 화(和)〉를 따름이 쾌괘(夬卦 : ䷪)가 짓는 변화의[易之] 이치[道]임을 알 수 있다. 〈동(同)의 결정(決定)〉이 아니라 〈화(和)의 결정(決定)〉이 쾌괘(夬卦 : ䷪)의 〈쾌(夬)〉라는 역지도(易之道)임을 간파할 수 있다. 동(同)은 동류(同類)인지라 그 결정(決定)은 끼리를[類] 합동하는[同] 〈결(決)〉인지라 한패가 아닌 것을 내치는 결단(決斷)의 〈결(決)〉이다. 그러나 여기 〈화(和)〉는 화이(和異)인지라 다른 것들을[異] 성화(成和)하는 결정(決定)의 〈결(決)〉이다. 동류(同類)가 아닌 이류(異類)들과도 어울리는[和] 결정(決定)의 〈결(決)〉을 밝힘이 〈결이화(決而和)〉이다.

인간을 빼면 금수초목(禽獸草木)에는 〈결이화(決而和)의 결(決)〉이란 없다. 강자(强者)가 약자(弱者)를 결단(決斷)하여 내치는 〈결(決)〉밖에 없다. 사자의 무리는 동류(同類) 즉 한패가[同類] 아니면 동족(同族)이라도 물어 죽일 뿐만 아니라 수사자는 제 새끼가 아니면 물어 죽여 내치는 〈결(決)〉을 일삼는다. 초목(草木) 역시 다를 것이 없다. 잡초(雜草) 밭에 곡식은 자라지 못하고 죽림(竹林)에 여타의 나무는 뿌리를 내리지 못하며 잡목림(雜木林) 안에 소나무는 살지 못함 역시 이류(異類)이면 내치는 결단(決斷)의 〈결(決)〉을 일삼는다. 이러한 결단(決斷)의 〈결(決)〉을 천도(天道)는 결코 간섭하지 않는다. 그러나 인간세(人間世)에는 〈결이화(決而和)의 결(決)〉 즉 이류(異類)와 어울리는[和] 결정(決定)의 〈결(決)〉도 있고 〈결이동(決而同)의 결(決)〉 즉 이류(異類)를 내치는[斷] 결단(決斷)의 〈결(決)〉도 있다. 『논어(論語)』의 〈군자화이부동(君子和而不同) 소인동이불화(小人同而不和)〉를 환기한다면, 〈결이화(決而和)의 결(決)〉은 군자(君子)의 것이고 〈결이동(決而同)의 결(決)〉은 소인(小人)의 것임을 알아챌 수 있다. 이에 쾌괘(夬卦 : ䷪)의 〈강결유(剛決柔)의 결(決)〉이 다섯 양기(陽氣)가 하나의 음기(陰氣)를 내치는 결단(決斷)이 아니라, 다섯 양기(陽氣)와 하나의 음기(陰氣)가 성화(成和)를 누리는 결정(決定)임을 밝힌 것이 〈결이화(決而和)〉이다.

註 군자화이부동(君子和而不同) 소인동이불화(小人同而不和) : 군자는[君子] 어울리되[和而] 패거리 짓지 않고[不同], 소인은[小人] 패거리 짓되[同而] 어울리지 않는다[不和].

『논어(論語)』「자로(子路)」 23장(章)

揚于王庭(양우왕정) 柔乘五剛(유승오강)

하나의 음기(陰氣) 상륙(上六 : --)이 다섯 양효(陽爻 : —)들의 윗자리에 있음을 들어 앞에서 살핀 〈결이화(決而和)〉를 풀이한다. 〈양우왕정(揚于王庭)의 왕정(王庭)〉은 쾌괘(夬卦 : ䷪)에서 구오(九五 : —)의 자리[位]를 뜻한다. 구오(九五 : —)의 위(位)는 군왕(君王)의 자리인지라 그 자리는 곧 〈왕정(王庭)〉 즉 임금의 조정(朝庭)이다. 〈양우왕정(揚于王庭)의 양(揚)〉은 다섯 양효(陽爻 : —)들이 상륙(上六 : --)을 선양(宣揚) 즉 드러내어 널리 떨치게 함[宣揚]이다. 오강(五剛) 위에 일유(一柔)가 있음은 비리(非理) 즉 이치에 알맞음은[理] 아닌 것[非]이다. 이미 세(勢)를 다하여 물러갈 일유(一柔)인 상륙(上六 : --)을 발양(發揚)하여 천하(天下) 백성에게[民庶] 선악(善惡) 즉 좋고[善] 나쁨[惡]을 알림이 쾌괘(夬卦 : ䷪)의 괘상

(卦象)인 〈강결유(剛決柔)의 결(決)〉임이 여기서 분명하게 밝혀진다. 내치는 결단(決斷)의 〈결(決)〉이 아니라 성화(成和) 즉 화합(和合)을 피어내는[揚] 결정(決定)의 〈결(決)〉임이 분명해진다. 이렇기 때문에 〈강결유(剛決柔)의 결(決)〉이 성화(成和)의 결정(決定)임을 분명하게 하고자, 〈강결유(剛決柔)〉를 〈유승오강(柔乘五剛)〉 즉 하나의 음기(陰氣)가[柔] 다섯 양기(陽氣)를[五剛] 올라탔다[乘]고 〈강유(剛柔)〉를 〈유강(柔剛)〉으로 자리바꿈하여 밝힌다. 동시에 이는 군자(君子)가 화이(和異)를 이룩하는 결정(決定)의 〈결(決)〉이 소인(小人)이 동류(同類)를 취하는 결단(決斷)의 〈결(決)〉을 물리침을 밝혀주는 것 또한 〈유승오강(柔乘五剛)〉이다. 〈양(揚)〉은 여기선 〈피어날 발(發)〉과 같아 발양(發揚)의 줄임말과 같다.

註 대성괘(大成卦)에서 초효(初爻)의 위(位)는 민서(民庶)의 자리[位]이고, 이효(二爻)의 위(位)는 사(士)의 자리이며, 삼효(三爻)의 위(位)는 대부(大夫)의 자리이고, 사효(四爻)의 위(位)는 공경(公卿)의 자리이며, 오효(五爻)의 위(位)는 군왕(君王)의 자리이고, 상효(上爻)의 위(位)는 상왕(上王) 또는 은자(隱者)의 자리이다.

孚號有厲(부호유려) 其危乃光(기위내광)

쾌괘(夬卦 : ䷪)의 괘상(卦象)인 〈강결유(剛決柔)〉를 〈유승오강(柔乘五剛)〉이라고 한 연유를 밝힌다. 〈부호유려(孚號有厲)의 부호(孚號)〉가 〈유승오강(柔乘五剛)의 승오강(乘五剛)〉을 깊이 살펴 헤아리게 한다. 〈유(柔)〉는 음(陰 : --)이고 약(弱)이며 소(小)이다. 〈강(剛)〉은 양(陽 : ㅡ)이고 강(强)이며 대(大)이다. 작고 약한 음기(陰氣)인 〈유(柔)〉 즉 상륙(上六 : --)이 크고 강한 양기(陽氣)인 〈오강(五剛)〉 즉 다섯 양효(陽爻 : ㅡ)들을 탈[乘] 수 있음은 비록 음기(陰氣 : --)의 자리에 있을지언정 상효(上爻)의 자리가 상왕(上王)의 자리임을 〈오강(五剛)〉이 받듦이다. 상효(上爻)의 위(位)가 상왕(上王)의 자리임은 천도(天道)이고, 그 자리를 발양(發揚)함은 천도(天道)를 순응(順應)함이 바로 〈부호(孚號)〉이다. 〈부호(孚號)의 부(孚)〉는 진실한 미더움[貞]으로 비롯되는 진실로 믿어줌[孚]이다. 〈부호(孚號)의 호(號)〉는 〈대호(大呼)〉와 같다. 자연의[天] 이치[道]를 그냥 그대로 따르는 심지(心志)가 정(貞)이고 부(孚)이다. 진실한 미더움[貞]으로 비롯되는 성신(誠信)이 〈부호(孚號)의 부(孚)〉이다. 따라서 천도를 따라 믿어줌을[孚] 부르짖음[號]이 〈부호(孚號)〉이다. 앞에서 살핀 〈양우왕정(揚于王庭)의 양(揚)〉 즉 발양(發揚)이 뜻하는 바가 〈오강(五剛)의 부호(孚號)〉임을 여기서 알 수 있다.

그런데 왜 〈부호(孚號)〉 즉 천도(天道)를 믿어주는[孚] 부르짖음[號]에 〈유려(有厲)〉 즉 위태함이[厲] 있다[有]는 것인가? 상왕(上王)의 자리인 상효(上爻)에 강건(剛健)한 양기(陽氣)가 있어야 순리(順理)일 터이나 유약(柔弱)한 음기(陰氣)가 있어 비리(非理) 즉 이치에 알맞음이[理] 아닌 것[非]임에도, 쾌괘(夬卦 : ䷪)의 〈오강(五剛)〉이 하나의 〈유(柔)〉를 부호(孚號)하기 때문에 〈유려(有厲)〉 즉 위태함이[厲] 있다[有]고 한 것이다. 그러나 진실한 믿어줌의[孚] 부르짖음[號]은 처음은 위태롭다[厲] 할지라도 천도(天道)를 순응(順應)하는 〈부호(孚號)〉임이 천하에 드러나 민서(民庶) 즉 백성이 기뻐함[說]이 앞서 살핀 〈건이열(健而說)〉이고 〈결이화(決而和)〉이며, 나아가 〈유승오강(柔乘五剛)〉임을 묶어서 밝힘이 〈부호유려(孚號有厲) 기위내광(其危乃光)〉이다. 〈부(孚)〉는 〈믿어줄 신(信)〉과 같아 부신(孚信)의 줄임말과 같고, 〈호(號)〉는 〈부르짖을 호(呼)〉와 같아 호호(呼號)의 줄임말과 같으며, 〈여(厲)〉는 여기선 〈위태할 위(危)〉와 같아 위려(危厲)의 줄임말과 같고, 〈기위(其危)의 기(其)〉는 〈부호지(孚號之)〉를 대신한다.

告自邑不利卽戎(고자읍불리즉융) 所尙乃窮(소상내궁)

쾌괘(夬卦 : ䷪)의 괘상(卦象)인 〈강결유(剛決柔)의 결(決)〉이 다른 것[異]을 내치는 결단(決斷)이 아니라 이(異)와 성화(成和)하는 결정(決定)임을 비유로써 거듭 밝힌다. 말하자면 〈양우왕정(揚于王廷)의 양(揚)〉 즉 발양(發揚)이 〈부호(孚號)〉인 까닭을 구체적으로 밝힌다. 읍성[邑]으로부터[自] 무기를[戎] 취함은[卽] 이롭지 않다고[不利] 알림[告]이란 비유로써 쾌괘(夬卦 : ䷪)의 〈오강(五剛)〉이 하나의 〈유(柔)〉를 내치는 결단(決斷)은 이롭지 않음[不利]을 밝히고, 동시에 〈오강(五剛)의 부호(孚號)〉를 〈고자읍불리즉융(告自邑不利卽戎)〉이라는 비유로써 밝힌다. 쾌괘(夬卦 : ䷪)에서 상륙(上六 : ⚋)을 〈오강(五剛)〉이 결단(決斷)함은 이롭지 않다고[不利] 밝힘[告]은 앞서 살핀 〈부호(孚號)〉를 풀이하고 동시에 〈소상내궁(所尙乃窮)〉을 밝힌다[告].

〈소상내궁(所尙乃窮)의 소상(所尙)〉은 〈오강지소상(五剛之所尙)〉의 줄임이다.

오강이[五剛之] 받드는[尙] 바[所]란 〈유승오강(柔乘五剛)〉 즉 오강을[五剛] 타고 있는[乘] 〈유(柔)〉 즉 상륙(上六 : --)을 말한다. 이 상륙(上六 : --)을 결단(決斷)하지 않고 〈소상(所尙)〉 즉 받들[尙] 것[所]으로 결정(決定)함은 〈궁(窮)〉으로써 밝혀진다. 대성괘(大成卦)에서 상효(上爻)의 자리는 바로 〈궁(窮)〉이다. 더 이상 상향(上向)할 수 없으니 물러감이 〈궁(窮)〉이다. 여기 〈궁(窮)〉은 〈오강(五剛)〉이 궁위(窮位)에 있는 하나의 〈유(柔)〉를 내치는 결단(決斷)을 내릴 까닭이 없음을 밝히기도 한다. 동시에 변화가 막혀[窮] 쾌괘(夬卦 : ䷪)에서 나갈지언정 그 〈유(柔)〉 즉 상륙(上六 : --)의 자리는 상왕(上王)의 자리이므로 〈소상(所尙)〉 즉 받들[尙] 것[所]임을 밝힌 것이 〈소상내궁(所尙乃窮)〉이다. 〈즉융(卽戎)〉은 여기선 〈용병(用兵)〉과 같고, 〈즉(卽)〉은 여기선 〈좇을 취(就)〉와 같으며, 〈융(戎)〉은 여기선 온갖 병장기(兵仗器)를 뜻한다.

利有攸往(이유유왕) 剛長乃終(강장내종)

갈[往] 바가[攸] 있으면[有] 이롭다[利] 함은 쾌괘(夬卦 : ䷪)의 상륙(上六 : --)이 쾌괘(夬卦 : ䷪)에서 나감[往]을 말한다. 쾌괘(夬卦 : ䷪)의 상륙(上六 : --)이 쾌괘(夬卦 : ䷪)에서 나가면[往], 쾌괘(夬卦 : ䷪)의 초효(初爻)로 음기(陰氣)나 양기(陽氣)가 들어와[來] 변괘(變卦)함을 밝힌 것이 〈이유유왕(利有攸往)〉이다. 쾌괘(夬卦 : ䷪)의 〈오강(五剛)〉이 결단(決斷)한 〈결(決)〉로써 상륙(上六 : --)을 나가게 한 것이 아니라 〈오강(五剛)〉이 〈소상(所尙)〉 즉 받드는[尙] 것[所]으로 결정(決定)한 〈결(決)〉로써 상륙(上六 : --)이 나가는 것인지라, 〈유유왕(有攸往)〉 즉 나갈[往] 바가[攸] 있음이[有] 이롭다[利]고 한 것이다. 〈오강(五剛)〉이 하나의 〈유(柔)〉인 상륙(上六 : --)을 결단(決斷)하여 내침은 순천(順天) 즉 천도를[天] 따름[順]이 아니다. 〈오강(五剛)〉이 하나의 〈유(柔)〉인 상륙(上六 : --)을 〈소상(所尙)〉 즉 받든[尙] 바[所]로써 상륙(上六 : --)이 나가는[往] 결정(決定)을 따름은 순천(順天)이다. 순천(順天)은 항상 이롭다[利].

그러므로 여기 〈이유유왕(利有攸往) 강장내종(剛長乃終)〉은 24번째 복괘(復卦 : ䷗)에서 살핀 바 있는 〈이유유왕(利有攸往) 강장(剛長)〉을 떠올린다면 〈강장내종(剛長乃終)의 종(終)〉이 뜻하는 바를 살펴 헤아릴 수 있다. 왜냐하면 양기의[剛] 성장이[長] 이에[乃] 마침[終]이란 쾌괘(夬卦 : ䷪)에서 상륙(上六 : --)이 나가고 쾌괘(夬卦 : ䷪)의 초효(初爻) 자리로 양기(陽氣)가 들어와[來] 쾌괘(夬卦 : ䷪)가 건괘(乾卦 : ䷀)로 변괘(變卦)되었음을 밝힘이 여기 〈종(終)〉이기 때문이다. 만약에 쾌괘(夬卦 : ䷪)에서 상륙(上六 : --)이 나가고 쾌괘(夬卦 : ䷪)의 초효(初爻) 자리로 음기(陰氣)가 들어와[來] 44번째 구괘(姤卦 : ䷫)로 변괘(變卦)된다면 〈강장내종(剛長乃終)〉 즉 〈강장(剛長)〉의 마침[終]은 일어날 수 없는 것이 역지도(易之道)이다. 〈강장(剛長)〉이란 양강성장(陽剛盛長)의 줄임이다. 양기가[陽剛] 자라남을[長] 쌓아감이[盛] 마쳤음[終]이 〈강장내종(剛長乃終)〉인지라, 이는 쾌괘(夬卦 : ䷪)가 건괘(乾卦 : ䷀)로 변괘(變卦)되었음을 밝힌다. 쾌괘(夬卦 : ䷪)의 〈오강(五剛)〉이 〈일유(一柔)〉를 〈소상(所尙)〉으로써 결정(決定)하여 새로 양기(陽氣 : ㅡ)가 들어와[來] 원형리정(元亨利貞)의 사덕(四德)을 온전히 누리는 건괘(乾卦 : ䷀)로 변괘(變卦)된 것이다. 이야말로 〈강장내종(剛長乃終)〉이 〈원형리정(元亨利貞)〉의 사덕(四德)을 누리게 하는 〈이(利)〉일 수밖에 없다. 뿐만 아니라 인간사(人間事)에서도 강강(剛强)한 쪽이 유약(柔弱)한 쪽을 결단(決斷)해 내치지 않고 받들기로[尙] 결정(決定)하여 천리(天理)를 따르면 건괘(乾卦 : ䷀)가 누리는 〈원형리정(元亨利貞)〉의 천덕(天德)을 누릴 수 있음을 암시한 것 또한 〈강장내종(剛長乃終)〉이다.

註 24번째 복괘(復卦 : ䷗)의 괘상(卦象)은 〈강장내시(剛長乃始)〉인 셈이고, 이 〈강장(剛長)의 내시(乃始)〉를 〈강장(剛長)의 내종(乃終)〉이라고 말하려면 5번에 걸쳐 계속 초효(初爻)의 자리로 양기(陽氣 : ㅡ)가 들어와야[來] 하고, 44번째 구괘(姤卦 : ䷫)의 괘상(卦象)은 〈유상내시(柔長乃始)〉인 셈이고, 이 〈유장(柔長)의 내시(乃始)〉를 〈유장(柔長)의 내종(乃終)〉이라고 말할 수 있으려면 5번에 걸쳐 계속 초효(初爻)의 자리로 음기(陰氣 : --)가 들어와야[來] 한다.

44 구괘(姤卦 : ䷫) 단사(彖辭)

손하건상(巽下乾上) : 아래는[下] 손(巽 : ☴), 위는[上] 건(乾 : ☰).

천풍구(天風姤) : 하늘과[天] 바람은[風] 구이다[姤].

姤遇也이니 柔遇剛也이다 勿用取女는 不可與長也이다
구우야 유우강야 물용취녀 불가여장야

天地相遇하니 品物咸章也이고 剛遇中正이 天下大行
천지상우 품물함장야 강우중정 천하대행

也이다 姤之時義가 大矣哉로다
야 구지시의 대의재

구괘는[姤] 만남[遇]이니[也] 부드러움이[柔] 굳셈을[剛] 만남[遇]이다[也]. 여자를[女] 취함을[取] 이용하지[用] 말라 함은[勿] 함께[與] 오래 갈[長] 수 없음[不可]이다[也]. 하늘땅이[天地] 서로[相] 만나니[遇] 만물이 저마다[品物] 다[咸] 나타난 것[章]이고[也], 굳셈이[剛] (부드러움을) 만나서[遇] 정도를[正] 따름이[中] 세상에서[天下] 크게[大] 행해짐[行]이다[也]. 구괘의[姤之] 때와[時] 뜻은[義] 크도다[大矣哉]!

【지남(指南)】

姤遇也(구우야)

〈구(姤)〉는 구괘(姤卦 : ䷫)를 말하고, 〈우(遇)〉는 구괘(姤卦 : ䷫)의 괘상(卦象)을 밝힌다. 〈구우(姤遇)의 구(姤)〉는 여장(女壯) 즉 여걸(女傑)을 상기시키고, 〈구(姤)〉는 〈좋아할 호(好), 싫어할 오(惡)〉 등의 뜻을 함께 간직함을 주목하고 전후문맥에 따라 뜻을 살펴야 한다.

柔遇剛(유우강)

구괘(姤卦 : ䷫)의 괘상(卦象)인 〈우(遇)〉를 풀이한다. 〈유우강(柔遇剛)의 유

(柔)〉는 음기(陰氣)를 말하고, 〈유우강(柔遇剛)의 강(剛)〉은 양기(陽氣)를 말한다. 구괘(姤卦 : ䷫)의 바로 앞 괘(卦)인 쾌괘(夬卦 : ䷪)에서 〈유(柔)〉인 상륙(上六 : ⚋)이 나가자[往], 쾌괘(夬卦 : ䷪)에서 남은 〈오강(五剛)〉의 양기(陽氣 : ⚊)들이 순위(順位)대로 한 자리[位]씩 상향(上向)하고, 빈 초효(初爻)의 자리[位]로 〈유(柔)〉인 음기(陰氣 : ⚋)가 들어와[來] 〈오강(五剛)〉을 만나서[遇], 쾌괘(夬卦 : ䷪)의 하체(下體)인 건(乾 : ☰)은 손(巽 : ☴)으로 변괘(變卦)되고 상체(上體)인 태(兌 : ☱)는 건(乾 : ☰)이 되어 손하건상(巽下乾上)의 구괘(姤卦 : ䷫)로 변괘(變卦)함을 밝힘이 〈유우강(柔遇剛)〉이다.

왜 〈강우유(剛遇柔)〉라 않고 〈유우강(柔遇剛)〉이라고 한 것인가? 〈유(柔)〉 즉 음기(陰氣 : ⚋)가 새로 들어와 쾌괘(夬卦 : ䷪)를 구괘(姤卦 : ䷫)로 변화시킨 정자(政者) 즉 다스린[政] 것[者]이기 때문이다. 그리고 〈유우강(柔遇剛)〉은 역지도(易之道)의 왕래(往來)를 살펴 헤아리기도 한다. 대성괘(大成卦)에서 상효(上爻)의 자리[位]를 음기(陰氣)나 양기(陽氣)가 떠나가면[往], 초효(初爻)의 자리로 양기(陽氣)나 음기(陰氣)가 들어와[來] 음양(陰陽)이 쉼 없이 왕래(往來)함이 역지도(易之道) 즉 변화지도(變化之道)이다. 헌것이 가고[變] 새것이 오는[化之] 이치[道]가 역지도(易之道)임을 살펴 헤아리는 것이 여기 〈유우강(柔遇剛)〉이다. 이뿐만 아니라 바로 앞의 〈구우(姤遇)의 우(遇)〉가 구괘(姤卦 : ䷫)의 괘상(卦象)으로서 〈음시지상(陰始之象)〉 즉 음기(陰氣)가[陰] 장성(長成)하기 시작하려는[始之] 공손(恭遜)한 모습[象]임을 밝힌 것이 〈유우강(柔遇剛)〉이기도 하다. 구괘(姤卦 : ䷫)의 초효(初爻)인 초륙(初六 : ⚋)은 〈손(巽)〉 즉 따름[巽]을 나타내는지라, 〈유우강(柔遇剛)의 우(遇)〉는 오강(五剛)을 공손히 따라[巽] 쉼 없이 상행(上行)할 것임을 밝힌다.

註 양(陽)이 음중(陰中)에 있으면 함(陷)이 되고, 음(陰)이 양중(陽中)에 있으면 여(麗)가 된다. 무릇 소성괘(小成卦)에서 양(陽 : ⚊)이 삼효(三爻)로서 상(上)에 있으면 멈춤[止]의 모습이고, 이효(二爻)로서 중(中)에 있으면 빠짐[陷]의 모습이며, 초효(初爻)로서 하(下)에 있으면 움직임[動]의 모습이다. 무릇 소성괘(小成卦)에서 음(陰 : ⚋)이 삼효(三爻)로서 상(上)에 있으면 기쁨[說]의 상(象)이고, 이효(二爻)로서 중(中)에 있으면 붙음[麗]의 상(象)이며, 초효(初爻)로서 하(下)에 있으면 따름[巽]의 모습[象]이다.

勿用取女(물용취녀) 不可與長(불가여장)

구괘(姤卦 : ䷫)의 괘상(卦象)으로써 구괘(姤卦 : ䷫)의 초륙(初六 : --)을 〈여(女)〉로 비유하여 밝힌다. 〈물용취녀(勿用取女)의 여(女)〉는 구괘(姤卦 : ䷫)의 초륙(初六 : --)을 밝힌다. 음기(陰氣)는 여자[女]를 나타내고 양기(陽氣)는 사내[男]를 나타낸다. 구괘(姤卦 : ䷫)의 초륙(初六 : --)은 구괘(姤卦 : ䷫)에서 일강(一剛) 즉 한 사내를 만나는 여자가 아니다. 〈오강(五剛)〉 즉 다섯 사내를 만나는 〈일유(一柔)〉 즉 한 여자이다. 구괘(姤卦 : ䷫) 초륙(初六 : --)의 운세를 탄 여자는 한 사내를 모시고 살 주부 노릇을 할 여인이 아니다. 구괘(姤卦 : ䷫)의 초륙(初六 : --)은 쾌괘(夬卦 : ䷪)를 변괘(變卦)한 정자(政者)의 운세를 탄 여장(女壯)의 모습임을 밝힘이 〈물용취녀(勿用取女)〉이다. 이런즉 구괘(姤卦 : ䷫) 초륙(初六 : --)의 운세를 탄 여자를 아내감으로 취(取)할 엄두를 내지 말라 함이 〈물용취녀(勿用取女)〉이고, 이어서 〈불가여장(不可與長)〉은 구괘(姤卦 : ䷫) 초륙(初六 : --)의 운세를 탄 여자는 결코 일부종사(一夫從事) 즉 한 남편만을[一夫] 좇아[從] 섬길[事] 여자가 아닌지라, 장가들어[取女] 더불어[與] 오래 살 수 없음[不可長]을 밝힌다. 〈취녀(取女)〉는 남자가 장가듦을 말한다.

天地相遇(천지상우) 品物咸章(품물함장)

쾌괘(夬卦 : ䷪)가 구괘(姤卦 : ䷫)로 변괘(變卦)함을 거듭 살펴 헤아리게 한다. 대성괘(大成卦) 초효(初爻)의 자리로 음양(陰陽)이 순번을 따라 들어오지 않는다. 천도(天道)에는 작위(作爲)라는 것이 없다. 그래서 천도(天道)를 자연(自然)이라 하고, 자연(自然)을 묘(妙)하다 한다. 쾌괘(夬卦 : ䷪)에서 오직 상륙(上六 : —) 하나만 나갈 것이 분명할 뿐 쾌괘(夬卦 : ䷪)의 초효(初爻) 자리로 들어온 것이 음(陰)일지 양(陽)일지 알 길이 없다. 본래 일음일양(一陰一陽)이란 한번[一] 음(陰)이면 한번[一] 양(陽)이라는 순차(順次)를 말하는 것이 아니라, 음(陰)이기도 하고 양(陽)이기도 한 음양(陰陽)의 자연(自然) 그냥 그대로를 말한다. 그러니 쾌괘(夬卦 : ䷪)의 초효(初爻) 자리로 양(陽 : —)이 들어오면 쾌괘(夬卦 : ䷪)는 건괘(乾卦 : ䷀)로 변괘(變卦)하고, 쾌괘(夬卦 : ䷪)의 초효(初爻) 자리로 음(陰 : --)이 들어오면 쾌괘(夬卦 : ䷪)는 구괘(姤卦 : ䷫)로 변괘(變卦)해 음양상우(陰陽相遇) 즉 음(陰

: --)과 양(陽 : ━)이 서로[相] 만남[遇]을 〈천지상우(天地相遇)〉라고 밝힌다. 여기 〈천지상우(天地相遇)의 상우(相遇)〉는 『장자(莊子)』에 나오는 〈합즉성체(合則成體)〉를 상기시키고, 〈품물함장(品物咸章)〉은 〈천지자만물지모(天地者萬物之母)〉를 상기시킨다. 음양(陰陽)이 서로[相] 만남[遇]은 음양(陰陽)의 상합(相合)이고, 이 상합(相合)으로써 온갖 것이[品物] 〈함장(咸章)〉 즉 모두 다[咸] 드러남[章]이 〈품물함장(品物咸章)〉이다. 말하자면 자웅(雌雄) 즉 암수[雌雄]가 합쳐야 종자(種子) 즉 새끼들이 생겨남을 일러 〈품물함장(品物咸章)〉이라고 밝힌 것이다. 그러니 구괘(姤卦 : ䷫)의 초륙(初六 : --)이야말로 한 〈여(女)〉가 아니라 구괘(姤卦 : ䷫)의 오강(五剛)을 만나 다스릴[政] 여장(女壯)임을 거듭해 살펴 헤아리게 하는 것이 〈천지상우(天地相遇) 품물함장(品物咸章)〉이다. 〈품물(品物)〉은 만물(萬物)과 같고, 〈함장(含章)의 장(章)〉은 〈나타날 현(顯), 밝을 명(明)〉 등과 같다.

註 천지자만물지모야(天地者萬物之母也) 합즉성체(合則成體) 산즉성시(散則成始) 형정불휴(形精不虧) 시위능이(是謂能移) : 하늘땅이란[天地] 것은[者] 만물의[萬物之] 어머니[母]이다[也]. (천지가) 합하면[合] 곧[則] 형체를[體] 이루고[成], 흩어지면[散] 곧[則] 만물의 시원을[始] 이룬다[成]. {땅이 생(生)하는} 형체와[形] {하늘이 시(施)하는} 정기는[精] {합(合)하고 산(散)하되} 이지러지지 않는다[不虧]. 이를[是] 자연의 조화를 순응해 일을 변하여 옮겨감이라[能移] 한다[謂].

『장자(莊子)』「달생(達生)」 1절(節)

剛遇中正(강우중정) 天下大行(천하대행)

〈강우중정(剛遇中正)〉을 〈오강우일유이오강우일유이중정(五剛遇一柔而五剛遇一柔以中正)〉으로 여기고 〈오강이[五剛] 일유를[一柔] 만나서[遇而] 오강이[五剛] 중정(中正)으로써[以] 일유를[一柔] 만난다[遇]〉라고 새겨볼 것이다. 왜냐하면 구괘(姤卦 : ䷫)에는 효위(爻位)의 〈정(正)〉으로서 〈중정(中正)〉을 누리지 못하기 때문이다. 구괘(姤卦 : ䷫)에서 효위(爻位)의 정(正)으로서 중정(中正)이 되면 둘째 효(爻)의 자리에 음효(陰爻 : --)가 있어야 하기 때문이다. 구오(九五 : ━)와 구이(九二 : ━)는 중효(中爻)이되 구이(九二 : ━) 때문에 서로 중정(中正)을 누릴 수 없다. 그러므로 〈강우중정(剛遇中正)의 중정(中正)〉은 효위(爻位)로써 길상(吉象)을 나타내주는 그 〈중정(中正)〉은 아니다. 여기 〈강우중정(剛遇中正)의 중정(中

正)〉은 구괘(姤卦 : ䷫)에서 오강(五剛) 즉 다섯 양기(陽氣)들이 새로 들어온[來] 일유(一柔) 즉 하나의 음(陰 : ⚋)을 정도를[正] 따라[中] 맞이함을 밝힌다. 그러므로 〈강우중정(剛遇中正)의 중정(中正)〉은 음효(陰爻)-양효(陽爻)의 정위(正位)에 따라 누리는 〈중정(中正)〉이 아니라 『예기(禮記)』「악기(樂記)」에 나오는 〈중정(中正)〉을 상기시킨다. 「악기(樂記)」에 나오는 〈중정(中正)〉은 중정도(中正道)이고, 〈예지질(禮之質)〉 즉 예의[禮之] 근본[質]을 말한다. 중정(中正)은 정도에[正] 맞음[中]이고 동시에 따름[中]을 말한다. 〈중정(中正)의 중(中)〉은 여기선 〈맞을 적(的)-따를 순(順)〉 등의 뜻을 아울러 나타낸다. 정도(正道)에 적중(的中)하고 순종(順從)함에는 무사(無邪) 즉 간사하여 어긋남이[邪] 없음[無]인즉 〈중정(中正)〉은 〈예지질(禮之質)〉 즉 예의[禮之] 근본[質]이라 한다. 구괘(姤卦 : ䷫)의 오강(五剛) 즉 다섯 양효(陽爻 : ⚊)들이 새로 들어온[來] 일유(一柔) 즉 하나의 음(陰 : ⚋)을 맞아들임을 풀이하는 것이 〈강우중정(剛遇中正)〉이다. 따라서 여기 〈강우중정(剛遇中正)의 중정(中正)〉은 바로 〈예지질(禮之質)의 중정(中正)〉이다. 예의[禮之] 바탕[質]이란 예(禮)의 근본(根本)을 말한다. 그러므로 〈강우중정(剛遇中正)〉은 온 세상이 크게 행하는 것임을 밝힌 것이 〈천하대행(天下大行)〉이다.

註 중정무사예지질야(中正無邪禮之質也) 장경공순예지제야(莊敬恭順禮之制也) : 올바름에[正] 맞아[中] 사특함이[邪] 없음이[無] 예의[禮之] 바탕[質]이고[也], 장엄하게[莊] 공경하고[敬] 공손하며[恭] 온순함은[順] 예의[禮之] 제칙[制]이다[也]. 『예기(禮記)』「악기(樂記)」 16단락(段落)

姤之時義(구지시의) 大(대)

〈구괘지시절대(姤卦之時節大) 이구괘지의리대(而姤卦之義理大)〉로 여기고 새김이 마땅하다. 〈구괘의[姤卦之] 시절은[時節] 크다[大] 그리고[而] 구괘의[姤卦之] 의리도[義理] 크다[大]〉라고 새겨볼 것이다. 구괘(姤卦 : ䷫)의 때[時]가 음력으로 5월임을 떠올리면 〈구지시(姤之時)의 시(時)〉는 춘작(春作)의 때[時]를 지나 하장(夏長)의 시절(時節)로 접어들기 시작함을 알 수 있다. 온갖 초목(草木)이 싹트는[作] 봄[春]을 지나 자라기[長] 시작하는 때가 곧 구괘(姤卦 : ䷫)의 시(時)이니 성장하기 시작하는 때이다. 시생(始生)의 화락(和樂)을 거쳐 성장을 시작하는 하장(夏長)의 때가 〈구지시(姤之時)〉이다. 삶을[生] 시작하여[始] 성장하는 것 역시 천덕(天德)이고, 이 하장(夏長)의 천덕(天德)을 따르는 것도 〈인(仁)〉이다. 천덕(天德)은 크고 따라서 〈인(仁)〉도 크다[大]. 그러므로 〈구지시(姤之時)〉 즉 구괘의[姤卦之] 때[時]는 크다[大]. 하장(夏長) 역시 춘작(春作)처럼 천덕(天德)이 지덕(地德)을 따름인지라 하장(夏長)의 지덕(地德)을 따름이 〈의(義)〉 즉 구괘(姤卦 : ䷫)의 시절(時節)이 갖는 이치[義]이다. 구괘(姤卦 : ䷫)의 시절(時節)과 의리(義理)는 성장의 환희(歡喜)이니 크나큼[大]을 밝힌 것이 〈구지시의대(姤之時義大)〉이다. 〈구지시의(姤之時義)의 시(時)〉는 시절(時節)을 뜻하고, 〈구지시의(姤之時義)의 의(義)〉는 〈이치 이(理)〉와 같아 여기선 의리(義理)를 뜻한다.

45 췌괘(萃卦 : ䷬) 단사(彖辭)

곤하태상(坤下兌上) : 아래는[下] 곤(坤 : ☷), 위는[上] 태(兌 : ☱).

택지췌(澤地萃) : 못과[澤] 땅은[地] 췌이다[萃].

萃聚也이다 順以說하고 剛中而應한다 故로 聚也이다 王假有廟는 致孝享也요 利見大人亨은 聚以正也이다 用大牲吉하고 利有攸往은 順天命也이니 觀其所聚해서 而天地萬物之情을 可見矣이다

(췌취야 순이열 강중이응 고 취야 왕격유묘 치효향야 이견대인형 취이정야 용대생길 이유유왕 순천명야 관기소취 이천지만물지정 가견의)

췌괘는[萃] 모임[聚]이다[也]. 따름[順]으로써[以] 기뻐하고[說] 굳셈이[剛] 가운데 있어서[中而] (부드러움과) 응한다[應]. 그러므로[故] 모임[聚]이다[也]. 왕이[王] 종묘에[有廟] 이름은[假] 더없는[致] 효성으로[孝] 제사를 올림[享]이고[也], 대인을[大人] 만나[見] 이로움이[利] 통함은[亨] 올바름[正]으로써[以] 모임[聚]이다[也]. 큰[大] 제물을[牲] 올리면[用] 좋고[吉] 갈[往] 데가[攸] 있어[有] 이로움은[利] 천명을[天命] 따름[順]인지라[也] 그[其] 모여드는[聚] 바를[所] 살핀다면[觀而] 천지만물의[天地萬物之] 참모습을[情] 살필 수 있는 것[可見]이다[矣].

【지남(指南)】

萃聚也(췌취야)

〈췌(萃)〉는 췌괘(萃卦 : ䷬)를 말하고, 〈취(聚)〉는 췌괘(萃卦 : ䷬)의 괘상(卦象)을 밝힌다. 상우(相遇) 즉 서로[相] 만나면[遇] 상취(相聚) 즉 서로[相] 모이는[聚] 것인지라, 구괘(姤卦 : ䷫)를 뒤이어 췌괘(萃卦 : ䷬)가 온 것은 천도(天道)를 따름이

다. 〈췌취(萃聚)의 췌(萃)〉는 〈만물췌집지상(萬物萃集之象)〉 즉 온갖 것이[萬物] 모여드는[萃集之] 모습[象]이다. 〈췌(萃)〉는 초성(草盛) 즉 풀이[草] 무성함[盛]을 뜻하기도 한다. 따라서 췌괘(萃卦 : ䷬)의 괘상(卦象)을 〈취(聚)〉 즉 모여듦[聚]이라고 한다.

順以說(순이열)

췌괘(萃卦 : ䷬)의 괘재(卦才) 즉 괘의[卦] 바탕[才]을 풀이한다. 췌괘(萃卦 : ䷬)의 바탕[才]은 아래가 곤(坤 : ☷)이고 위가 태(兌 : ☱)이다. 〈순이열(順以說)의 순(順)〉은 췌괘(萃卦 : ䷬)의 하체(下體) 곤(坤 : ☷)의 성질을 밝히고, 〈순이열(順以說)의 열(說)〉은 상체(上體)인 태(兌 : ☱)의 성질을 밝힌다. 모여들면[聚] 무리를 이룬다. 모여듦[聚]은 서로 따름[順]으로써[以] 그 모여듦[聚]이 기쁨[說]을 누릴 수 있지, 모여들어도[聚] 서로 따르지 않는다면 〈불가열(不可說)〉 즉 기쁠[說] 수 없음[不可]을 살펴 헤아리는 것이 〈순이열(順以說)〉이다. 이는 췌괘(萃卦 : ䷬)의 괘상(卦象)을 본받아 따라야 하는 연유를 밝힘도 된다. 〈열(說)〉은 〈기뻐할 열(悅)〉과 같다.

剛中而應(강중이응)

췌괘(萃卦 : ䷬) 구오(九五 : ⚊)의 효상(爻象)으로써 앞서 살핀 〈순이열(順以說)〉을 거듭하여 밝힌다. 〈강중이응(剛中而應)의 강(剛)〉은 췌괘(萃卦 : ䷬)의 구오(九五 : ⚊)를 말한다. 그리고 〈강중이응(剛中而應)의 중(中)〉은 중정(中正)이다. 왜냐하면 췌괘(萃卦 : ䷬)의 구오(九五 : ⚊)는 육이(六二 : ⚋)와 중정(中正)을 누리기 때문이다. 췌괘(萃卦 : ䷬)의 육이(六二 : ⚋)가 구오(九五 : ⚊)를 따라[順] 서로 기뻐함[說]을 〈강중(剛中)〉이 밝힌다. 동시에 〈강중이응(剛中而應)의 응(應)〉은 정응(正應)이다. 왜냐하면 췌괘(萃卦 : ䷬)의 구오(九五 : ⚊)는 육이(六二 : ⚋)와 정응(正應)도 누리기 때문이다. 이 역시 췌괘(萃卦 : ䷬)의 육이(六二 : ⚋)가 구오(九五 : ⚊)를 따라[順] 서로 기뻐함[說]을 〈응(應)〉이 밝힌다. 효위(爻位)로써 누리는 음양(陰陽)의 중정(中正)-정응(正應)이란 음양(陰陽)이 성화(成和) 즉 어울림을[和] 이룸[成]을 말한다. 〈성화(成和)의 화(和)〉란 이화(異和)이고 동시에 화이(和異)이다. 다른 것들이[異] 어울림[和]도 성화(成和)이고, 다른 것들을[異] 어울리게 함[和]도 성화(成和)이다. 췌괘(萃卦 : ䷬)에서 구오(九五 : ⚊)와 육이(六二 : ⚋)는 중정(中正)을 누리고 동시에 정응(正應)을 누려, 능히 음양(陰陽)이 상취(相聚) 즉 서로[相] 모여[聚] 성화(成和)를 누려 서로 따르고[順] 기뻐함[說]을 밝힘이 〈강중이응(剛中而應)〉이다.

王假有廟(왕격유묘) 致孝享(치효향)

췌괘(萃卦 : ䷬)의 구오(九五 : ⚊)가 〈강중이응(剛中而應)〉을 본받음[法]을 밝힌다. 구오(九五 : ⚊)의 자리는 왕(王)의 자리이다. 췌괘(萃卦 : ䷬)의 구오(九五 : ⚊)가 육이(六二 : ⚋)와 누리는 중정(中正)-정응(正應)을 법(法) 즉 본받음[法]은 왕(王)이 천하인심(天下人心)을 모아[聚] 얻고자 함이다. 〈왕격유묘(王假有廟)의 유묘(有廟)〉가 췌민심(萃民心) 즉 백성의 마음을[民心] 모으는[萃] 방편임을 암시한다. 〈왕격유묘(王假有廟)〉 즉 왕이[王] 종묘에[有廟] 이르렀다[假] 함은 왕(王)이 제사(祭祀)를 올리려고 종묘[廟]에 온 것이다. 그리고 〈효향(孝享)〉으로써 올릴 제사라면 그 제사는 선왕(先王)들께 선정(善政)을 베풀겠다고 아뢰는 제사임이 분명하다. 선정을 베풀겠다고 아뢰는 제사라면 백성이 그 왕(王)을 따라[順] 기뻐할[說] 것이 분명하다. 췌괘(萃卦 : ䷬)에서 구오(九五 : ⚊)가 육이(六二 : ⚋)와 누리는 중정(中正)-정응(正應)을 본받아 따르면, 왕(王)이 백성과 〈순이열(順以說)〉을 누릴 수 있음을 밝힌 것이 〈왕격유묘(王假有廟) 치효향(致孝享)〉이다. 〈효향(孝享)〉은 효성(孝誠)이 지극한 제향(祭享)을 말하고, 〈격(假)〉은 〈이를 지(至)〉와 같다.

利見大人亨(이견대인형) 聚以正也(취이정야)

군자(君子)가 췌괘(萃卦 : ䷬)의 구오(九五 : ⚊)가 누리는 〈강중이응(剛中而應)〉을 본받음[法]을 밝힌다. 왜냐하면 〈견대인(見大人)〉은 군자(君子)가 행하는 짓이기 때문이다. 따라서 췌괘(萃卦 : ䷬)의 괘상(卦象)인 〈취(聚)〉가 동류(同類)의 모임[聚]이 아니라 이류(異類)의 〈취(聚)〉임을 거듭 밝힌다. 동류(同類) 즉 끼리끼리 패지어[同類] 모여[聚] 결속(結束)을 다짐은 소인(小人)의 모임[聚]이다. 그러나 다른 것들이[異類] 서로 모여[聚] 성화(成和) 즉 어울림을[和] 이룸[成]은 군자(君子)

의 〈취(聚)〉임을 〈이견대인형(利見大人亨)〉이 밝힌다.

군자(君子)가 본받는 이를 대인(大人)이라 한다. 『논어(論語)』에 〈군자외대인(君子畏大人)〉이라는 말이 나온다. 대인을[大人] 두려워함[畏]이란 대인(大人)을 두려워 피하는 것이 아니라 우러러 따름을 말한다. 따라서 〈견대인(見大人)〉 즉 대인을[大人] 봄[見]은 군자(君子)의 짓이지 소인(小人)의 짓이 아니다. 소인(小人)은 대인(大人)을 외면(外面)한다. 이런 소인(小人)의 짓은 유리(有利)한 듯 보이지만 종내 불리(不利)하게 마치고 만다. 그러나 군자(君子)의 짓은 결국 이롭게[利] 드러난다. 여기 〈이견대인(利見大人)〉은 곧 군자(君子)의 짓이 이로움[利]은 군자(君子)가 정도(正道)로써 만사를 마주함을 밝힌다. 따라서 〈이견대인형(利見大人亨)의 형(亨)〉은 군자(君子)의 짓이 이로운[利] 까닭을 밝힌다. 군자(君子)의 짓은 만사를 〈불색(不塞)〉 즉 막히지 않게[不塞] 하여 형통(亨通) 즉 두루 통하게[亨通] 함을 밝히는 것이 〈형(亨)〉이다. 그러므로 췌괘(萃卦 : ䷬)의 괘상(卦象)인 〈취(聚)〉 즉 모임[聚]은 군자(君子)의 〈취(聚)〉인지라 췌괘(萃卦 : ䷬)의 괘상(卦象)을 본받는 〈취(聚)〉란 정도[正]로써[以] 모여듦[聚]임을 밝힌 것이 〈취이정(聚以正)〉이다.

註 군자유삼외(君子有三畏) 외천명(畏天命) 외대인(畏大人) 외성인지언(畏聖人之言) 소인부지천명이불외야(小人不知天命而不畏也) 압대인(狎大人) 모성인지언(侮聖人之言) : 군자에게는[君子] 세 가지의[三] 두려움이[畏] 있다[有]. 천명을[天命] 두려워하고[畏] 대인을[大人] 두려워하며[畏] 성인의[聖人之] 말씀을[言] 두려워한다[畏]. 소인은[小人] 천명을[天命] 알지 못해서[不知而] (천명을) 두려워하지 않는 것[不畏]이고[也], 대인을[大人] 얕보며[狎] 성인의[聖人之] 말씀을[言] 업신여긴다[侮].

『논어(論語)』「계씨(季氏)」 8장(章)

用大牲吉(용대생길) 利有攸往(이유유왕) 順天命也(순천명야)

췌괘(萃卦 : ䷬)의 구오(九五 : ⚊)가 〈강중이응(剛中而應)〉을 본받음[法]을 다시 밝힌다. 왜냐하면 〈용대생(用大牲)〉은 왕(王)이 제향(祭享)할 때 올리는 제물(祭物)을 뜻하기 때문이다. 앞에서 살핀 〈치효향(致孝享)〉을 구체적으로 밝힘이 여기 〈용대생(用大牲)〉이다. 〈용대생(用大牲)의 대생(大牲)〉이란 〈우양시(牛羊豕)〉 즉 소[牛] 양[羊] 돼지[豕] 등의 큰 제물을 말한다. 〈용대생(用大牲)〉은 왕(王)이 정성껏 제사(祭祀)를 크게 올림을 뜻하고, 선왕(先王)들에게 선정(善政)을 베풀 것을 알림이 〈용대생(用大牲)〉의 제향(祭享)인지라, 그 제향을 길(吉)하다 한 것이다.

왕(王)이 〈강중이응(剛中而應)〉을 본받는 길(吉)한 제향(祭享)을 거듭 밝힘이 〈이유유왕(利有攸往)〉이다. 〈이유유왕(利有攸往)의 유유왕(有攸往)〉은 왕(王)이 우양시(牛羊豕)의 제물로써 〈치효향(致孝享)〉 즉 효성스러운[孝] 제향을[享] 더없이 다함[致]을 환기시킨다. 갈[往] 데가[攸] 있다[有] 함은 할 일이 있음을 말한다. 왕(王)이 할 일은 〈용대생(用大牲)〉 즉 큰 제물을[大牲] 써서[用] 제사를 올리는 일임을 〈유유왕(有攸往)〉이 뜻한다. 왕(王)이 〈용대생(用大牲)〉으로써 〈유유왕(有攸往)〉 즉 제향(祭享)하여 이로움[利]은 천명을[天命] 따름[順]이기 때문임을 밝힘이 〈순천명(順天命)〉이다. 그러므로 췌괘(萃卦 : ䷬)의 구오(九五 : ⚊)가 누리는 〈강중이응(剛中而應)〉을 본받음[法]은 바로 〈순천명(順天命)〉임을 살펴 헤아릴 수 있다.

觀其所聚(관기소취) 而天地萬物之情(이천지만물지정) 可見(가견)

췌괘(萃卦 : ䷬)의 괘상(卦象)을 본받아야 하는 까닭을 마무리하여 밝힌다. 〈관기소취(觀其所聚)〉는 〈관췌괘지소취(觀萃卦之所聚)〉로 여기고 새김이 마땅하다. 췌괘가[萃卦之] 모으는[聚] 것[所]은 〈취이정(聚以正)〉으로써 모으는[聚] 것[所]이고, 〈순천명(順天命)〉으로써 모임[聚]을 살핌[觀]이다. 이는 곧 이류(異類)가 성화(成和)하는 군자(君子)의 모임[聚]을 췌괘(萃卦 : ䷬)의 괘상(卦象)이 밝혀주기 때문임을 살펴 헤아리는 것이 〈관기소취(觀其所聚)〉이다. 동류(同類)가 결속(結束)하는 소인(小人)의 〈취(聚)〉가 아니라는 것이다. 이러한 췌괘(萃卦 : ䷬)의 괘상(卦象)을 본받아 〈소취(所聚)〉 즉 모여드는[聚] 것을[所] 살핀다면[觀] 〈천지만물지정(天地萬物之情)〉 즉 하늘땅[天地] 온갖 것들의[萬物之] 참모습[情]을 살펴볼[見] 수 있다[可]는 것이다.

〈천지만물지정(天地萬物之情)의 정(情)〉은 실정(實情)이다. 실정(實情)이란 그냥 그대로 있는 모습을 말한다. 천지만물(天地萬物)치고 어느 것 하나 〈순천명(順天命)〉을 벗어난 것이란 없음을 여기 〈정(情)〉이 밝힌다. 〈순천명(順天命)의 천명

(天命)〉은 천도지명(天道之命)이다. 자연의[天] 이치가[道之] 시킴[命]을 어기는 것이란 그 무엇도 없음을 밝혀 〈균이일(均而一)〉 즉 〈균일(均一)〉이라 한다. 〈균일(均一)의 균(均)〉이란 만물(萬物)에 미치는 조화(造化)가 평등(平等)하다는 것이고, 〈균일(均一)의 일(一)〉이란 다스려짐은[治] 하나같음[一]을 뜻하므로, 〈천지만물지정(天地萬物之情)의 정(情)〉이다. 이러한 〈정(情)〉을 췌괘(萃卦 : ䷬)의 괘상(卦象)을 본받아 따르며 살필 수 있음이 〈관기소취(觀其所聚) 이천지만물지정(而天地萬物之情) 가견(可見)〉이다. 〈정(情)〉은 〈참 진(眞), 실질 실(實)〉 등과 같아 진정(眞情)-실정(實情) 등의 줄임으로 〈참모습 정(情)〉이다.

46 승괘(升卦 : ䷭) 단사(彖辭)

손하곤상(巽下坤上) : 아래는[下] 손(巽 : ☴), 위는[上] 곤(坤 : ☷).

지풍승(地風升) : 땅과[地] 바람은[風] 승이다[升].

柔以時升하여 巽而順하고 剛中而應이다 是以大亨한다
유이시승 손이순 강중이응 시이대형

用見大人勿恤은 有慶也이다 南征吉은 志行也이다
용견대인물휼 유경야 남정길 지행야

승괘(升卦)는[柔] 때를[時] 따라[以] 올라가[升] 공손히[巽而] 따르고[順], 굳셈이[剛] 가운데 있어서[中而] (부드러움과) 응한다[應]. 이렇기[是] 때문에[以] 크게[大] 통한다[亨]. 대인을[大人] 만남을[見] 이용함을[用] 걱정하지[恤] 말라 함은[勿] 경사스러움이[慶] 있음[有]이다[也]. 남쪽을[南] 정벌함이[征] 좋음은[吉] 뜻이[志] 행해짐[行]이다[也].

【지남(指南)】

柔以時升(유이시승)

〈유(柔)〉는 승괘(升卦 : ䷭)를 말하고, 〈승(升)〉은 승괘(升卦 : ䷭)의 괘상(卦象)을 밝힌다. 상취(相聚) 즉 서로[相] 모이면[聚] 화생(化生) 즉 태어나[化] 살아가는지라[生] 췌괘(萃卦 : ䷬)를 뒤이어 승괘(升卦 : ䷭)가 옴은 천도(天道)를 따름이다. 승괘(升卦 : ䷭)의 괘재(卦才)가 〈유(柔)〉하고 동시에 〈승(升)〉의 모습이다. 승괘(升卦 : ䷭)의 하체(下體)인 손(巽 : ☴)도 음괘(陰卦)인지라 〈유(柔)〉이고, 상체(上體)인 곤(坤 : ☷)도 음괘(陰卦)인지라 〈유(柔)〉이니, 〈유이시승(柔以時升)의 유(柔)〉는 음양(陰陽)을 말하는 강유(剛柔)의 유(柔)가 아니라 승괘(升卦 : ䷭)를 말한다. 승괘(升卦 : ䷭)의 상체(上體)인 곤(坤 : ☷)은 땅[地]이고, 하체(下體)인 손(巽 : ☴)은 초목(草木)인지라 땅속의 초목이 땅을 뚫고 올라올 것임이 여기 〈승(升)〉이다. 따라서 승괘(升卦 : ䷭)의 〈승(升)〉은 〈지중생목(地中生木)〉 즉 땅속에[地中] 살아있는[生] 나무[木]이다. 물론 〈승괘(升卦 : ䷭)의 승(升)〉은 올라올 모습이지 올라오는 모습은 아니다. 〈승괘(升卦 : ䷭)의 시(時)〉가 음력(陰曆)으로 섣달 즉 12월인지라 지중초목(地中草木)이 올라올 채비를 하는 〈승(升)〉이다. 〈이시(以時)의 이(以)〉는 여기선 〈따를 순(順)〉과 같고, 〈승(升)〉은 〈오를 승(昇)〉으로 〈아침 조(朝)〉와 통한다. 아침[朝]이면 해가 떠오른다[昇].

巽而順(손이순)

승괘(升卦 : ䷭)의 괘재(卦才) 즉 괘의[卦] 바탕[才]을 풀이한다. 승괘(升卦 : ䷭)의 바탕[才]은 아래가 손(巽 : ☴)이고 위가 곤(坤 : ☷)이다. 〈손이순(巽而順)의 손(巽)〉은 승괘(升卦 : ䷭)의 하체(下體) 손(巽 : ☴)의 성질을 밝히고, 〈손이순(巽而順)의 순(順)〉은 상체(上體) 곤(坤 : ☷)의 성질을 밝힌다. 공손함[巽]은 따름[順]으로 이어진다. 〈손이순(巽而順)의 손(巽)〉이 승괘(升卦 : ䷭)의 초륙(初六 : ⚋)만을 뜻하지는 않는다. 물론 초륙(初六 : ⚋)을 일러 손(巽)의 효(爻)라고 한다. 여기 〈손이순(巽而順)의 손(巽)〉은 승괘(升卦 : ䷭)의 하체(下體) 손(巽 : ☴)의 성질을 밝힌다. 승괘(升卦 : ䷭)의 초륙(初六 : ⚋)은 구이(九二 : ⚊)를 따르고, 아울러 하체(下體)인 손(巽 : ☴)의 성질은 모름지기 공손함[巽]이고 상체(上體)인 곤(坤 : ☷)의 성질은 따름[順]인지라, 〈이시(以時)〉 즉 때를[時] 따라서[以] 올라감[上昇]을 어기지 않음이 〈손이순(巽而順)〉이다. 이는 승괘(升卦 : ䷭)의 시절(時節)을 본받아 따라야[順] 하는 연유를 밝히는 것도 된다.

승괘(升卦 : ䷭)의 시절(時節)은 음력(陰曆) 12월이다. 섣달의 언 땅을 땅속의 초목(草木)이 뚫고 올라올 수 없다. 언 땅이 풀리기를 기다리는 땅[地 : ☷]과 손(巽 : ☴) 즉 초목(草木)이야말로 시절(時節)을 공손히 따를 수밖에 없음을 〈손이순(巽而順)〉이 살펴 헤아리게 한다. 공손하면서[巽而] 따름[順]이란 천도(天道)를 어기지 않음이다. 자연의[天] 이치[道]를 공손히[巽] 따름[順]은 〈대형(大亨)〉 즉 크게[大] 통함[亨]으로 이어지게 마련이므로 〈손이순(巽而順)〉은 〈대형(大亨)〉이다. 여기 〈손(巽)〉은 〈따를 순(順)-엎드릴 복(伏)-공손할 공(恭)〉 등과 같다.

剛中而應(강중이응)

승괘(升卦 : ䷭) 구이(九二 : ⚊)의 효상(爻象)을 빌려 괘상(卦象)의 길(吉)함을 밝힌다. 구이(九二 : ⚊)는 승괘(升卦 : ䷭)의 하체(下體)인 손(巽 : ☴)의 중효(中爻)이다. 소성괘(小成卦)의 중효(中爻)는 역(易)의 축(軸) 즉 굴대[軸] 같은 노릇을 한다. 수레에 굴대가 있으므로 두 바퀴가 굴러갈 수 있듯이 변화[易]의 굴대 노릇을 중효(中爻)가 한다. 〈강중이응(剛中而應)의 강중(剛中)〉은 구이(九二 : ⚊)가 승괘(升卦 : ䷭)의 하체(下體)인 손(巽 : ☴)의 중효(中爻)임을 밝힌다. 구이(九二 : ⚊)가 비록 정위(正位)는 아니지만 하체(下體)의 중효(中爻)로서 상체(上體)의 중효(中爻)인 육오(六五 : ⚋)와 정응(正應)을 누림을 밝힘이 〈강중이응(剛中而應)의 응(應)〉이다. 여기 〈응(應)〉은 구이(九二 : ⚊)와 육오(六五 : ⚋)가 상응(相應)함을 말한다. 이는 하체(下體) 초목(草木 : ☴)의 뜻과 상체(上體) 땅[地 : ☷]의 뜻이 상통(相通) 즉 서로[相] 통함[通]도 밝힌다. 땅속의 초목(草木)이 시절(時節)을 따라 올라옴[升]이야말로 〈대형(大亨)〉임을 〈강중이응(剛中而應)〉이라 밝힌다.

是以大亨(시이대형)

〈시이승괘대형지상(是以升卦大亨之象)〉으로 여기고 〈이[是] 때문에[以] 승괘는[升卦] 대형의[大亨之] 모습이다[象]〉라고 새겨볼 것이다. 〈손이순(巽而順)〉과 〈강중이응(剛中而應)〉 때문에[以] 승괘는[升卦 : ䷭] 크게[大] 통하는[亨之] 모습[象]이다. 인간사(人間事)에서 승괘(升卦 : ䷭)를 본받아 따르면 지중초목(地中草木) 즉 섣달 땅속의[地中] 초목(草木)처럼 반드시 봄을 맞아 매사가 〈대형(大亨)〉을 누릴 수 있다. 〈손이순(巽而順)〉과 〈강중이응(剛中而應)〉 즉 공손히[巽而] (굳셈을) 따르고[順], 굳셈이[剛] 가운데 있어서[中而] (부드러움과) 응한다[應]고 함은 『노자(老子)』에 나오는 〈수중(守中)〉을 환기시킨다. 정도를 따름을[中] 지킴[守]이란 곧 〈손이순(巽而順)-강중이응(剛中而應)〉이기 때문이다. 수중(守中)한다면 그 무엇이든 〈대형(大亨)〉 즉 크게[大] 통할[亨] 뿐이다. 여기 〈시이(是以)의 시(是)〉는 앞에서 살핀 〈손이순(巽而順)-강중이응(剛中而應)〉을 나타내는 지시어이고, 〈시이(是以)의 이(以)〉는 〈~때문에 인(因)〉과 같다.

用見大人勿恤(용견대인물휼) 有慶(유경)

승괘(升卦 : ䷭)의 구이(九二 : ⚊)를 풀이한다. 구이(九二 : ⚊)는 승괘(升卦 : ䷭) 하체(下體)의 중효(中爻)이다. 구이(九二 : ⚊)가 비록 정위(正位)에 있음은 아니지만 중효(中爻)의 자리를 차지함은 구이(九二 : ⚊)가 길조(吉兆)임을 나타내고, 동시에 구이(九二 : ⚊)의 자리는 장군(將軍)의 자리이다. 이런 구이(九二 : ⚊)가 승괘(升卦 : ䷭) 상체(上體)의 중효(中爻)인 육오(六五 : ⚋)와 상응(相應)하니, 구이(九二 : ⚊)가 〈견대인(見大人)〉을 활용해도 된다는 것이 〈물휼(勿恤)〉이다. 〈견대인(見大人)의 대인(大人)〉은 임금의 자리에 있는 육오(六五 : ⚋)라고 여기면 된다. 육오(六五 : ⚋)의 자리는 왕(王)의 자리이다. 구이(九二 : ⚊)도 길조(吉兆)이고 육오(六五 : ⚋)도 길조(吉兆)이니 두 길조(吉兆)가 무사(無私)로써 활용될 터이니 〈유경(有慶)〉 즉 경사가[慶] 있다[有]는 것이다.

구이(九二 : ⚊)의 〈견대인(見大人)〉을 인간이 본받는다면 왕궁으로 임금을 찾아가 만나야 함은 아니다. 왜냐하면 인간사(人間事)에서 〈견대인(見大人)〉은 먼데 있는 대인(大人)을 찾아가서 만나는 것이 아니다. 나 자신이 무기(無己) 즉 사심(私心) 없는 사람이 된다면 그 순간 바로 〈견대인(見大人)〉이 된다. 나 자신이 무사(無私)하다면 그것이 곧 대인(大人)으로서 나 자신을 만나보는[見] 것이다. 이러한 〈견대인(見大人)〉을 활용함[用]을 두고 우려하지[恤] 말라[勿] 함은 무사(無私) 즉 무기(無己)를 상용(常用)한다면 매사에서 〈대형(大亨)〉을 맞이해 대길(大吉)을 누림을 밝히는 것이 〈용견대인물휼(用見大人勿恤) 유경(有慶)〉이다. 만사가[萬事] 크게[大] 통하여[亨] 크게[大] 행복을 누린다면[吉] 그보다 더한 경사[慶]는 없다. 〈물(勿)〉은 여기선 〈하지 말 무(無)〉와 같고, 〈휼(恤)〉은 〈걱정할 우(憂)〉와 같으며, 〈유경(有慶)의 경(慶)〉은 경사(慶事) 즉 좋고 기쁜[慶] 일[事]을 뜻한다.

註 〈견대인(見大人)〉은 대인(大人)이 있는 곳을 찾아가 만나는[見] 것을 뜻함은 아니다. 여기 〈대인(大人)〉은 성인(聖人)으로 여겨도 된다. 대인(大人)을 따라 본받는 이를 군자(君子)라 한다. 군자(君子)가 되기도 하고, 대인(大人)을 외면(外面)하고 모압(侮狎) 즉 얕보고 업신여기는[侮狎] 소인(小人)이 되기도 하는 것이 우리 범인(凡人)이다. 그러므로 〈견대인(見大人)〉은 바로 나 자신 스스로 대인(大人)을 본받아[法] 따르는[順] 군자(君子)가 되라는 말씀으로 받아들이면 그것이 곧 〈견대인(見大人)〉임을 늘 명심하고 살펴 들어야 한다. 『주역(周易)』에 가장 빈번하게 나오는 〈견

대인(見大人)〉은 무엇보다 〈무기(無己)〉 즉 사심(私心)이[己] 없는[無] 삶을 행하는 군자(君子)를 나로 하여금 본받게[法] 하는 말씀이다. 그러므로 〈내가 군자를 본받으면 이롭다〉는 말씀으로 〈이견대인(利見大人)〉을 새긴다.

南征吉(남정길) 志行(지행)

〈남정길(南征吉)〉은 앞서 살핀 〈용견대인(用見大人)〉을 풀이한다. 승괘(升卦 : ䷭)의 구이(九二 : ⚊)가 감행하는 〈남정(南征)〉이 길(吉)하다고 함은 〈견대인(見大人)〉을 활용하기[用] 때문이다. 물론 앞서 살핀 〈용견대인(用見大人)〉을 〈남정(南征)〉으로써 풀이함은 주(周)나라 문왕(文王)이 주(周)나라의 국경을 남쪽으로 넓혀갔던 고사(故事)를 들었음이다. 주(周) 문왕(文王)은 성인(聖人)을 본받았던 임금이었는지라 그 성군(聖君)의 〈남정(南征)〉은 바로 승괘(升卦 : ䷭)의 〈손이순(巽而順)-강중이응(剛中而應)〉의 괘상(卦象)을 그대로 본받아 뜻을 행했음을 밝힘이 〈지행(志行)〉이다. 그러므로 여기 〈지행(志行)〉은 〈행손이순지지(行巽而順之志) 이행강중이응지지야(而行剛中而應之志也)〉로 여기고 〈손이순의[巽而順之] 뜻을[志] 행하고[行] 그리고[而] 강중이응의[剛中而應之] 뜻을[志] 행하는 것[行]이다[也]〉라고 새겨볼 것이다.

47 곤괘(困卦 : ䷮) 단사(彖辭)

감하태상(坎下兌上) : 아래는[下] 감[坎 : ☵], 위는[上] 태[兌 : ☱].

택수곤(澤水困) : 못과[澤] 물은[水] 곤이다[困].

困剛揜也이다 險以說하고 困而不失其所亨하니 其唯君子乎라 貞大人吉은 以剛中也이다 有言不信은 尚口乃窮也이다
(곤강엄야 험이열 곤이불실기소형 기유군자호 정대인길 이강중야 유언불신 상구내궁야)

곤괘는[困] 강한 기운이[剛] 가려 있음[揜]이다[也]. 위험에[險] 맞닥쳐도[以] 열락하고[說] 곤궁해도[困而] 그것이[其] 형통해질[亨] 바를[所] 잃지 않으니[不失] 그야[其] 오로지[唯] 군자(君子)로다[乎]! 진실로 미더운[貞] 대인이[大人] 길함은[吉] 굳셈이[剛] 가운데 있기[中] 때문[以]이다[也]. 말함이[言] 있으나[有] 믿지 못함은[不信] 입으로만[口] 받드니[尚] 이내[乃] 막혀버림[窮]이다[也].

【지남(指南)】

困剛揜也(곤강엄야)

〈곤(困)〉은 곤괘(困卦 : ䷮)를 말하고, 〈강엄(剛揜)〉은 곤괘(困卦 : ䷮)의 괘상(卦象)을 밝힌다. 곤괘(困卦 : ䷮)의 괘상(卦象)은 물[☵] 위의 못[☱]이다. 이는 수루택고(水漏澤枯) 즉 물이[水] 새어[漏] 못이[澤] 말라버린[枯] 모습이다. 물이 빠져버린 못은 말라버린다. 못이 말라버리면 수초와 물고기는 곤궁을 면할 수 없다. 이처럼 곤괘(困卦 : ䷮)의 괘상(卦象)은 곤궁(困窮)하다. 이러한 지경을 〈강엄(剛揜)〉이라고 밝힌다. 여기 〈강엄(剛揜)의 강(剛)〉은 곤괘(困卦 : ䷮)의 구이(九二 : ⚊)와 구오(九五 : ⚊)를 말한다. 곤괘(困卦 : ䷮)의 구이(九二 : ⚊)는 초륙(初六 : ⚋)

과 육삼(六三 : --)으로써 〈엄(揜)〉 즉 가려지고[揜], 구오(九五 : ㅡ)는 상륙(上六 : --)으로써 가려져[揜] 있음을 〈곤(困)〉이라고 풀이한다. 강양(剛陽)은 군자(君子)이고 음유(陰柔)는 소인(小人)이다. 소인(小人)이 군자(君子)를 엄폐(揜蔽)함은 곤궁(困窮)한 것의 이치(理致)이다. 〈곤(困)〉은 〈궁할 궁(窮)〉과 같아 곤궁(困窮)의 줄임말과 같고, 〈엄(揜)〉은 〈가릴 엄(掩)-폐(蔽)〉와 같아 엄폐(揜蔽)의 줄임말로 여기면 된다.

險以說(험이열) 困而不失其所亨(곤이불실기소형) 其惟君子乎(기유군자호)

〈험이열(險以說)〉은 곤괘(困卦 : ䷮)의 괘재(卦才) 즉 괘의[卦] 바탕[才]으로써 곤괘(困卦 : ䷮)의 괘상(卦象)인 〈곤(困)〉을 풀이한다. 〈험(險)〉은 곤괘(困卦 : ䷮)의 하체(下體) 감(坎 : ☵)의 성질이고, 〈열(說)〉은 상체(上體) 태(兌 : ☱)의 성질이다. 그러나 〈험이열(險以說)〉은 곤괘(困卦 : ䷮)의 괘상(卦象)을 본받아 따라야 하는 연유를 밝힌다. 위험[險]으로써[以] 열락함[說]은 범인(凡人)은 누리지 못하는 군자(君子)의 열락(說樂)이다. 왜냐하면 〈험이열(險以說)〉은 양강(陽剛) 즉 군자(君子)가 당하는 〈험(險)〉이고 군자가 누리는 〈열(說)〉이기 때문이다. 소인(小人)이 환호하며 기뻐하는 〈열(說)〉이 아니다.

〈곤이불실기소형(困而不失其所亨)〉은 앞의 〈험이열(險以說)〉을 이어서 풀이한다. 여기 〈곤(困)〉은 앞서 살핀 〈강엄(剛揜)〉을 밝힌 〈험이열(險以說)의 험(險)〉을 풀이하고, 〈불실기소형(不失其所亨)〉은 〈험이열(險以說)의 열(說)〉을 풀이한다. 곤궁(困窮)해도 군자(君子)는 불온(不慍) 즉 성내지 않고[不慍] 오히려 내성(內省) 즉 속으로[內] 성찰(省察)하면서, 천명(天命)-대인(大人)-성인(聖人)의 말씀[言]을 어길세라 두려워함[畏]을 기쁨[說]으로 삼는다. 이런 까닭에 여기 〈곤(困)〉은 『논어(論語)』에 나오는 〈군자는[君子] 본래[固] 곤궁하다[窮]〉라는 내용을 환기시키고, 동시에 〈불실기소형(不失其所亨)〉은 『논어(論語)』에 나오는 〈속으로[內] 반성하여[省] 허물이[疚] 없거늘[不] 무릇[夫] 무엇을[何] 걱정하고[憂] 무엇을[何] 두려워하겠는가[懼]〉라는 내용을 떠올린다. 군자는 곤궁(困窮)을 피하려고 〈남(濫)〉 즉 함부로 넘나는 짓[濫]을 범하지 않고 천명(天命)을 따를 뿐이다. 그러므로 〈험이열

(險以說)〉로써 〈곤(困)〉을 마주함은 오로지 군자(君子)의 행(行)임을 밝힌 것이 〈기유군자호(其惟君子乎)〉이다. 〈험이열(險以說)의 험이(險以)〉는 〈이험(以險)〉으로 읽고, 여기 〈이(以)〉는 〈맞닥칠 처(處)〉의 뜻으로 새긴다. 〈이(以)〉는 문맥에 따라 자유롭게 뜻을 내는 자(字)이다. 〈열(說)〉은 여기선 〈기뻐할 열(悅)〉과 같다. 〈기소형(其所亨)〉은 수동태의 어투인지라 〈통하는[亨] 바[所]〉가 아니라 〈통해지는[亨] 바[所]〉로 새김이 마땅하다. 동사 앞에 위(爲)-견(見)-소(所) 등이 놓이면 수동태의 어투가 된다.

註 자왈(子曰) 군자고궁(君子固窮) 소인궁사남의(小人窮斯濫矣) : 공자가[子] 말했다[曰]. 군자는[君子] 본래[固] 곤궁하다[窮]. 소인은[小人] 궁하면[窮斯] (곤궁을 피하려고) 넘나는 짓을 하는 것[濫]이다[矣]. 『논어(論語)』「위령공(衛靈公)」 1장(章)

註 자왈(子曰) 군자불우불구(君子不憂不懼) …… 내성불구(內省不疚) 부하우하구(夫何憂何懼) : 공자가[子] 말했다[曰]. 군자는[君子] 걱정하지 않고[不憂] 두려워하지 않는다[不懼]. …… 속으로[內] 반성하여[省] 허물이[疚] 없거늘[不] 무릇[夫] 무엇을[何] 걱정하고[憂] 무엇을[何] 두려워하겠는가[懼]. 『논어(論語)』「헌문(憲問)」 4장(章)

貞大人吉(정대인길) 以剛中也(이강중야)

〈정대인길(貞大人吉)〉은 앞서 살핀 〈험이열(險以說)〉을 구체적으로 밝힌다. 위험에[險] 맞닥쳐도[以] 기뻐함[說]은 진실로 미더운[貞] 대인의[大人] 행복[吉]이라는 것이다. 여기 〈강중(剛中)〉은 앞서 살핀 〈불실기소형(不失其所亨)〉을 구체적으로 밝힌다. 곤궁(困窮)이 통해질[亨] 바를[所] 잃지 않음[不失]이란 곧 〈정대인(貞大人)〉은 〈험이(險以)〉 즉 위험에[險] 맞닥쳐도[以] 곤괘(困卦 : ䷮) 구오(九五 : ⚊)의 〈강중(剛中)〉을 본받아 따름을 버리지 않음을 알 수 있다. 곤괘(困卦 : ䷮)의 괘상(卦象)은 음(陰)이 양(陽)을 압도(壓度)하지만 양(陽)은 중위(中位)에 있는지라 음(陰)에 굴복(屈伏)하지 않는 모습이다. 왜냐하면 곤괘(困卦 : ䷮) 상하괘(上下卦)의 중효(中爻) 자리를 다 양강(陽剛)이 차지하기 때문이다. 대성괘(大成卦)에서 중효(中爻)란 변화의 축(軸) 즉 굴대노릇을 하기 때문에 곤괘(困卦 : ䷮)에서 비록 양강(陽剛 : ⚊)이 유음(柔陰 : ⚋)에 〈엄(揜)〉 즉 가려[揜] 있지만, 양강(陽剛 : ⚊)이 유음(柔陰 : ⚋)에 굴복하지 않음을 〈강중(剛中)〉이 암시한다. 물론 〈이강중야(以剛中也)〉에서 〈강중(剛中)의 중(中)〉은 효(爻)의 정위(正位)에 따른 〈중정(中正)의 중(中)〉은 아니다. 곤괘(困卦 : ䷮)의 구이(九二 : ⚊)와 구오(九五 : ⚊)는 호당(互撞) 즉 서로[互] 부딪치고[撞] 있다. 따라서 〈강중(剛中)의 중(中)〉은 유가(儒家)로써 보면 『중용(中庸)』에 나오는 〈중야자천하지대본(中也者天下之大本)〉을 환기시키고, 도가(道家)로써 보면 『노자(老子)』에 나오는 〈수중(守中)〉을 환기시킨다. 따라서 구이(九二 : ⚊)와 구오(九五 : ⚊)가 천하(天下)의 대본(大本)을 따르고, 나아가 중정(中正) 즉 정도(正道)를 따름[中]을 밝힘이 〈강중(剛中)〉이다. 이러한 〈강중(剛中)〉을 〈정대인(貞大人)〉이 본받아 따라서 〈길(吉)〉 즉 행복함[吉]을 밝힘이 〈정대인길(貞大人吉) 이강중야(以剛中也)〉이다. 여기 〈이(以)〉는 〈때문이다 유어(由於)〉와 같다.

註 정대인길(貞大人吉) 이강중야(以剛中也) : 정대인길은[貞大人吉] 강중(剛中) 때문[以]이다[也]. 여기에서 〈이(以)〉는 〈소이위(所以爲)〉의 줄임으로 여기고 새김이 마땅하다. 〈A以B : A는 B이기 때문이다[以].〉 = 〈A所以爲B : A는 B가 되기[爲] 때문이다[所以].〉

註 희로애락지미발(喜怒哀樂之未發) 위지중(謂之中) 발이개중절(發而皆中節) 위지화(謂之和) 중야자천하지대본야(中也者天下之大本也) 화야자천하지달도야(和也者天下之達道也) : 기쁨과[喜] 노여움[怒] 슬픔과[哀] 즐거움이[樂之] 드러나지 않음[未發] 그것을[之] 가운데라[中] 하고[謂], 드러나되[發而] 모두[皆] 절도에[節] 맞음[中] 그것을[之] 어울림이라[和] 한다[謂]. 가운데란[中也] 것은[者] 온 세상의[天下之] 크나큰[大] 근본[本]이고[也], 어울림이란[和也] 것은[者] 온 세상에[天下之] 통달하는[達] 도리[道]이다[也]. 『중용(中庸)』「주자장구(朱子章句)」 1장(章)

註 다언삭궁(多言數窮) 불여수중(不如守中) : 말이[言] 많아질수록[多] 그만큼 빨리[數] 궁색해지니[窮], 상도를 따라[中] 지킴만[守] 못하다[不如]. 『노자(老子)』 4장(章)

有言不信(유언불신) 尙口乃窮(상구내궁)

〈정대인(貞大人)〉은 〈험이열(險以說)의 열(說)〉을 누리지만, 소인(小人)은 〈험이열(險以說)의 열(說)〉을 누리지 못함을 밝힌다. 말하자면 〈정대인(貞大人)〉은 곤괘(困卦 : ䷮)의 〈강중(剛中)〉을 본받아 행하지만, 소인(小人)은 그 〈강중(剛中)〉을 외면(外面)함을 밝힌다. 〈유언불신(有言不信)〉은 〈유불신지언(有不信之言)〉으로 여기고 〈믿지 못할[不信之] 말이[言] 있다[有]〉라고 새겨볼 것이다. 믿지 못할[不信之] 말이[言] 있다[有]는 것은 허언(虛言) 즉 거짓부렁[虛言]이 있다는 것이다. 대인(大人) 곧 군자(君子)는 결코 허언하지 않는다. 왜 『논어(論語)』에 〈군자는[君子] 말에는[於言] 무디고자 한다[欲訥]〉라는 내용이 있고, 『노자(老子)』에 〈지혜로운[知] 사람은[者] 말하지 않는다[不言]〉라는 말씀이 있는가? 이는 〈물상구(勿尙口)〉 즉 입을[口] 받들지[尙] 말라[勿] 함이다. 소인(小人)은 요행(徼倖) 즉 요행을[倖] 바라고[徼] 두루뭉수리로 위험(危險)을 모면하려고 〈상구(尙口)〉를 범한다. 따라서 〈상구(尙口)〉란 곤괘(困卦 : ䷮)의 괘상(卦象)이 보여주는 〈강중(剛中)〉을 저버리는 짓이다. 이런 〈상구(尙口)〉는 인간사(人間事)에서 〈험(險)〉 즉 위험을[險] 형통하게[亨] 하는 이치를[道] 잃어[失] 〈궁(窮)〉 즉 궁색해짐[窮]을 깊이 헤아려 깨우치라는 것이 〈유언불신(有言不信) 상구내궁(尙口乃窮)〉이다. 〈상구(尙口)의 상(尙)〉은 〈받들 숭(崇)〉과 같아 숭상(崇尙)의 줄임말로 여기고, 〈궁(窮)〉은 〈막힐 색(塞)〉과 같아 궁색(窮塞)의 줄임말로 여긴다.

註 자왈(子曰) 군자욕눌어언(君子欲訥於言) 이민어행(而敏於行) : 공자가[子] 말했다[曰]. 군자는[君子] 말에는[於言] 무디고자 한다[欲訥]. 그러나[而] 행동에는[於行] 민첩하다[敏].

『논어(論語)』「이인(里仁)」 24장(章)

註 지자불언(知者不言) 언자부지(言者不知) : 지혜로운[知] 사람은[者] 말하지 않고[不言], 말하는[言] 사람은[者] 알지 못한다[不知]. 『노자(老子)』 56장(章)

48 정괘(井卦 : ䷯) 단사(彖辭)

손하감상(巽下坎上) : 아래는[下] 손(巽 : ☴), 위는[上] 감(坎 : ☵).

수풍정(水風井) : 물과[水] 바람은[風] 정이다[井].

巽乎水而上水井이다 井養而不窮也이다 改邑不改井은 乃以剛中也이다 汔至亦未繘井은 未有功也이다 羸其甁인지라 是以凶也이다
손호수이상수정 정양이불궁야 개읍불개정 내이강중야 흘지역미율정 미유공야 이기병 시이흉야

(두레박을) 물로[乎水] 들여서[巽而] 물을[水] 떠올림이[上] 정괘이다[井]. 우물이[井] 양육함은[養而] 다함이 없는 것[不窮]이다[也]. 마을은[邑] 바뀌도[改] 우물을[井] 바꾸지 못함은[不改] 이내[乃] 굳셈이[剛] 가운데 있는[中] 까닭[以]이다[也]. 거의[汔] 이르러서도[至] 역시[亦] 우물에[井] 두레박줄이 미치지 못함은[未繘] (우물을 판) 보람이[功] 아직 없음[未有]이다[也]. 그[其] 두레박이[甁] 약해서 깨졌다[羸]. 이[是] 때문에[以] 흉한 것[凶]이다[也].

【지남(指南)】

巽乎水而上水井(손호수이상수정)

〈손호수이상수(巽乎水而上水)〉는 정괘(井卦 : ䷯)의 괘상(卦象)을 밝히고, 〈정(井)〉은 정괘(井卦 : ䷯)를 말한다. 〈손호수(巽乎水)〉는 정괘(井卦 : ䷯)의 괘재(卦才)인 감(坎 : ☵)과 손(巽 : ☴)으로써 괘상(卦象)을 밝힌다. 감(坎 : ☵)이 위이고[上] 손(巽 : ☴)이 아래[下]가 정괘(井卦 : ䷯)의 괘상(卦象)이다. 감(坎 : ☵)은 사물로서는 수(水) 즉 물이고 성질로서는 〈함(陷)〉 즉 구덩이[陷]이며, 손(巽 : ☴)은 사물로서는 목(木) 즉 나무이고 성질로서는 들어감[入]이다. 〈손호수(巽乎水)〉란 〈목입어함(木入於陷)〉 즉 나무가[木] 물구덩이에[於陷] 들어감[入]을 뜻한다. 따라

서 손(巽 : ☴) 위의 감(坎 : ☵)을 우물[井]로 점사(占辭)한 것이다. 〈손호수(巽乎水)〉는 물구덩이로[乎水] 나무두레박이 들어갔음[巽]을 뜻한다. 말하자면 정괘(井卦 : ䷯)의 상체(上體) 감(坎 : ☵)의 중효(中爻)인 구오(九五 : ⚊)를 일러 〈함(陷)〉 즉 구덩이[陷]라 일컫는데, 이 〈함(陷)〉을 우물[井]의 상(象)으로 잡은 것이 정괘(井卦 : ䷯)이다. 이런 감(坎 : ☵) 아래에 있는 손(巽 : ☴)은 〈목입(木入)〉인지라 나무두레박[木]이 우물물 속으로 들어가 있음을 〈손호수(巽乎水)〉라고 점사(占辭)한 셈이다. 그리고 〈상수(上水)〉는 두레박으로 물을[水] 길어 올림[上]을 말한다. 따라서 물에[乎水] 두레박을 들여서[巽而] 물을[水] 길어 올리는[上] 모습이 정괘(井卦 : ䷯)의 괘상(卦象)임을 밝힌 것이 〈손호수이상수정(巽乎水而上水井)〉이다.

註 〈손(巽)〉은 풍(風) 즉 바람[風]인지라 들어가지 않는 데가 없어 〈들 입(入)〉을 뜻한다고 보고, 「설괘전(說卦傳)」의 풀이를 따라 〈손호수(巽乎水)의 손(巽)〉을 〈들 입(入)〉으로 새겨야 문의(文意)가 잡힌다.

註 감함야(坎陷也) : 감은[坎 : ☵] 구덩이[陷]이다[也]. / 손입야(巽入也) : 손은[巽 : ☴] 들어감[入]이다[也]. 「설괘전(說卦傳)」 7단락(段落)

註 점사(占辭)란 명사(命辭)에 대하여 점(占)친 해답을 말한다. 명사(命辭)란 점쳐달라고 묻는 핵심 내용을 말한다. 『주역(周易)』에는 명사(命辭)는 나타나지 않고 점사(占辭)들만 드러나 있는 셈이다. 단사(彖辭)는 괘사(卦辭)의 점사(占辭)를 풀이한 것이다. 단사(彖辭) 역시 괘사(卦辭) 못지않게 점사투(占辭套)를 보인다. 『주역(周易)』의 수사(修辭)는 갑골문(甲骨文)의 투(套)를 완전히 다 벗어난 것은 아니어서, 장법(章法) 즉 나타냄[章法]의 비유(譬喩)가 극히 묘(妙)하다. 〈손호수(巽乎水)〉 같은 것이 그 좋은 예(例)이다.

井養而不窮(정양이불궁)

〈정지양불궁(井之養不窮)〉으로 여기고 〈우물이[井之] 양육함은[養] 다하지 않는다[不窮]〉라고 새겨도 되고, 〈우물이[井之] 양육함에는[養] 다함이[窮] 없다[不]〉라고 새겨도 된다. 여기 〈이(而)〉는 어조사 노릇을 하는지라 무시하고 새긴다. 〈정양(井養)〉은 마을 사람들뿐만 아니라 온갖 가축들도 우물물을 마셔야 산다. 〈정양(井養)의 정(井)〉 즉 샘[井]이란 오늘날의 수도와 같다. 수돗물이 없다면 도시는 있을 수 없듯이 옛날은 마을마다 우물이 있었고 그 우물을 마을 사람들은 너나없이 정갈하게 받들었음을 〈정양(井養)〉이 밝힌다. 그 〈정양(井養)〉은 〈불궁(不窮)〉이라는 것이다. 〈불궁(不窮)〉은 다함이 없음인지라 무궁무진(無窮無盡)이다. 〈정양(井養)의 양(養)〉 즉 양육(養育)해주는 바를 이루 다 헤아릴 수 없음을 밝힘이 〈불궁(不窮)〉이다. 〈정양(井養)의 정(井)〉이란 땅속의 원천(源泉)을 인간이 찾아내 물을 길어먹을 수 있어서 삶을 누릴 수 있었으므로 천덕(天德) 바로 그것이다. 〈불궁(不窮)의 불(不)〉은 〈않을 불(不)〉로 여기고 새겨도 되고, 〈없을 무(無)〉와 같아 〈없을 불(不)〉로 여기고 새겨도 된다.

改邑不改井(개읍불개정) 乃以剛中也(내이강중야)

〈개읍(改邑) 연이불개정(然而不改井) 기내이강중야(其乃以剛中也)〉로 여기고 〈마을을[邑] 바꾼다[改] 그러나[然而] 우물을[井] 바꾸지 못한다[不改] 그것은[其] 이내[乃] 강중이기[剛中] 때문[以]이다[也]〉라고 새겨볼 것이다. 〈개읍(改邑)의 읍(邑)〉은 사람이 만들어낸 것이다. 사람이 만들었다면 그것이 무엇이든 개역(改易) 즉 바꿀[改易] 수 있다. 그러므로 〈개읍(改邑)〉 즉 마을은[邑] 바꿀[改] 수 있는 것이다. 〈불개정(不改井)의 정(井)〉은 땅속의 원천(源泉)에서 물을 긷기 위해서 물이 있는 곳까지 인간이 땅을 파내서 만든 것이지만, 그 우물을 다른 데로 옮겨갈 수는 없다. 그러므로 〈불개정(不改井)〉 즉 우물은[井] 바꿀 수 없는[不改] 것이다. 왜냐하면 〈정(井)〉은 〈함(陷)〉의 성질을 나타내는 감(坎 : ☵)의 중효(中爻)이기 때문이다. 정괘(井卦 : ䷯)의 구오(九五 : ⚊)가 육이(六二 : ⚋)가 아니고 구이(九二 : ⚊)이어서 중정(中正)을 누리지는 못하지만, 군왕(君王)의 자리인 중위(中位)에 있는 구오(九五 : ⚊)를 〈강중(剛中)〉이라고 밝힌다. 〈강중(剛中)의 중(中)〉은 〈중효이정위(中爻而正位)〉 즉 중효이면서[中爻而] 바른[正] 자리에 있음[位]을 뜻한다. 양(陽 : ⚊)의 굳셈[剛]이 중효(中爻)로서 정위(正位)에 있음을 〈강중(剛中)〉이 뜻한다. 따라서 〈강중(剛中)〉은 구오(九五 : ⚊)가 중정(中正)하여 득중(得中) 즉 정도를 따름을[中] 취한다[得]는 것이다. 그러므로 정괘(井卦 : ䷯)에서 〈강중(剛中)〉의 것인 〈정(井)〉이란 천지(天地)의 것이니 〈불개정(不改井)〉이라고 밝힌다.

汔至亦未繘井(흘지역미율정) 未有功(미유공)

〈기병흘지어정지수(其甁汔至於井之水) 이기병미율정지수(而其甁未繘井之水)〉

의 줄임으로 여기고 〈그[其] 두레박이[瓶] 거의[汔] 우물의[井之] 물에[於水] 이르렀으나[至而] 그[其] 두레박이[瓶] 우물의[井之] 물을[水] 길어 올리지 못한다[未繘]〉라고 새겨볼 것이다. 〈흘지(汔至)〉는 두레박이 우물물에 거의[汔] 닿았음[至]을 밝힌다. 〈역미율정(亦未繘井)〉은 〈흘지(汔至)〉의 까닭을 밝힌다. 〈미율정(未繘井)의 미율(未繘)〉은 두레박줄이 우물물에 충분하게 닿을[至] 만큼 길지 않음을 말한다. 두레박줄을 충분히 길게 마련해야 두레박이 우물물 속으로 들어가 우물물을 떠올릴 수 있음이 천도(天道) 즉 자연의[天] 이치[道]이다. 우물의 깊이보다 짧은 두레박줄로 우물물을 떠올리려고 함이 〈흘지역미율정(汔至亦未繘井)〉이다. 이는 천도(天道)를 어김인지라 〈미유공(未有功)〉이라고 밝힌다.

〈미유공(未有功)〉은 『노자(老子)』에 나오는 〈경즉실근(輕則失根)〉이라는 말씀을 환기시킨다. 천도(天道)를 가볍게 여기고 외면하면 보람을 이루지 못한다. 근본을[根] 잃음[失]이란 천도(天道) 즉 자연의[天] 이치[道]를 잃음[失]이다. 〈유공(有功)의 공(功)〉이란 자연의[天] 이치[道]를 따라 지킴에서 얻어질 수 있는 공적(功績)이다. 공적(功績)이란 결코 탐욕(貪欲)을 부려 성급히 얻어지는 것이 아니다. 왜 진인사대천명(盡人事待天命) 즉 사람이 할 일을[人事] 다했으니[盡] 하늘의 명령을[天命] 기다린다[待]고 하는가? 공적(功績)이란 무사(無私)로써 정성을 다해야 이루어지는 보람[功]이다. 정성을 다함이란 천도(天道)를 지극히 따라 지킴을 말한다. 그래서 『중용(中庸)』에도 〈성자천지도야(誠者天之道也)〉라는 말이 나온다. 정성이란[誠] 것은[者] 자연의[天之] 규율[道]인지라, 천도(天道)를 저버린 공적(功績)이란 결국 흉(凶) 즉 불행으로 드러나고 만다. 이러한 흉(凶)을 밝힘이 〈흘지역미율정(汔至亦未繘井) 미유공(未有功)〉이다. 〈흘지(汔至)의 흘(汔)〉은 〈거의 근(近)〉과 같고, 〈율정(繘井)의 율(繘)〉은 〈두레박줄 경(綆)〉과 같지만 여기선 〈물을 길어 올릴 급(汲)〉으로 여기고 새김이 마땅하다. 따라서 여기 〈미율(未繘)〉은 준비가 온전하게 마련되지 못한 채로 일을 시작함을 암시한다.

註 성자천지도야(誠者天之道也) : 정성이란[誠] 것은[者] 자연의[天之] 규율[道]이다[也].

『중용(中庸)』「주자장구(朱子章句)」 20장(章)

註 경즉실근(輕則失根) 조즉실군(躁則失君) : 가벼우면[輕] 곧[則] 뿌리를[根] 잃고[失], 조급하면[躁] 곧[則] 장수를[君] 잃는다[失].

『노자(老子)』 26장(章)

羸其瓶(이기병) 是以凶(시이흉)

〈이기병(羸其瓶)의 이(羸)〉를 잘 음미해야 한다. 〈이(羸)〉는 〈파리할 수(瘦), 약할 약(弱), 병들 병(病), 못할 열(劣), 나쁠 악(惡), 딱할 곤(困), 묶을 누(累)〉 등의 뜻을 묶고 있는 자(字)이다. 〈이기병(羸其瓶)〉을 〈기병리(其瓶羸)〉로 여기고 새김이 마땅하다. 〈이기병(羸其瓶)〉을 그[其] 두레박을[瓶] 이(羸)하게 한다고 새기는 쪽보다 그[其] 두레박이[瓶] 이(羸)하다고 새기는 쪽이 우리말과 걸맞기 때문이다. 물 긷는 두레박을 일부러 약하게 만들 리는 없다. 만든 두레박이 〈이(羸)〉 즉 약하고[弱] 열등하고[劣] 나빠[惡] 곤란하다[困]는 것이 〈이기병(羸其瓶)〉이다. 두레박은 우물에서 물을 길어 올려야 제구실을 하는 것이다. 그러자면 두레박이 튼튼해야 하고 두레박줄도 넉넉히 길면서 튼튼해야 한다. 여기 〈이기병(羸其瓶)의 이(羸)〉는 두레박[瓶]이 튼튼하지 못해 제구실을 못함을 암시한다. 〈이기병(羸其瓶)〉 역시 이미 앞서 살핀 〈미유공(未有功)〉과 같이 〈경즉실근(輕則失根)〉의 경우이다.

두레박[瓶]으로써 우물물을 떠올리자면 〈율(繘)〉 즉 두레박줄[繘]이 우물물 속으로 들어갈 만큼 충분히 길고 튼튼해야 하며, 두레박[瓶] 역시 튼튼하게 만들어 깨지지 않게 함이 순리(順理) 즉 이치를[理] 따름[順]이다. 자연의[天] 이치[道]를 따르지 않고 물을 긷겠다는 탐욕이 앞서 조급(躁急)했음을 〈이기병(羸其瓶)〉이 말해준다. 따라서 〈이기병(羸其瓶)〉 역시 『노자(老子)』에 나오는 〈조즉실군(躁則失君)〉을 상기시킨다. 매사에 조급하면[躁] 곧[則] 주군을[君] 잃어[失] 〈이(羸)〉 즉 열패(劣敗), 잘못해서[劣] 실패하고[敗] 마는 것 또한 천도(天道)이다. 인간사(人間事)에서 천도(天道)를 저버리고 성급히 탐욕을 부리면 언제 어디서든 흉(凶)해진다. 이런 연유로 〈이기병(羸其瓶)〉 때문에[以] 〈흉(凶)〉 즉 불행하다고 단언한 것이 〈이기병(羸其瓶) 시이흉(是以凶)〉이다. 여기 〈시이(是以)의 시(是)〉는 〈이기병(羸其瓶)〉을 나타내는 지시어이고, 〈이(以)〉는 〈~때문에 고(故)〉와 같다.

註 〈이기병(羸其瓶)〉의 어투(語套)처럼 주어는 동사 앞에 있어야 하고, 목적어는 동사 뒤에 있어야 한다는 문법에 구속받지 않는 것이 한문(漢文)이다. 다만 강조하고 싶은 내용을 앞으로 내는 어투가 빈번(頻繁)하다. 〈이기병(羸其瓶)의 이(羸)〉를 강조하고자 〈기병리(其瓶羸)〉에서 〈이(羸)〉를 전치(前置)한 어투로 여기고 새김이 마땅하다.

49 혁괘(革卦 : ䷰) 단사(彖辭)

이하태상(離下兌上) : 아래는[下] 이(離 : ☲), 위는[上] 태(兌 : ☱).

택화혁(澤火革) : 못과[澤] 불은[火] 혁이다[革].

革水火相息이다 二女同居하되 其志不相得이 曰革이다
혁 수 화 상 식 이 녀 동 거 기 지 불 상 득 왈 혁

己日乃孚는 革而信之라 文明以說하고 大亨以正하니
기 일 내 부 혁 이 신 지 문 명 이 열 대 형 이 정

革而當하여 其悔乃亡한다 天地革而四時成하고 湯武
혁 이 당 기 회 내 무 천 지 혁 이 사 시 성 탕 무

革命하여 順乎天하고 而應乎人하니 革之時大矣哉라
혁 명 순 호 천 이 응 호 인 혁 지 시 대 의 재

혁괘는[革] 물과[水] 불이[火] 서로[相] 없앰이다[息]. 두 여자가[二女] 함께[同] 있어도[居] 그[其] 뜻을[志] 서로[相] 얻지 못함을[不得] 혁괘라[革] 한다[曰]. 엿새 만에[己日] 곧[乃] 진실로 믿어줌은[孚] 혁명하여[革而] 그것을[之] 믿게 함이다[信]. 인문을[文] 밝힘[明]으로써[以] (백성을) 기쁘게 하고[說] 크나큼을[大] 통하게 함[亨]으로써[以] (천하를) 바로잡으니[正] 혁명이란[革而] 정당하여[當] 그[其] 뉘우침이[悔] 이내[乃] 없어진다[亡]. 하늘땅이[天地] 혁명해서[革而] 네 계절이[四時] 이루어지고[成], 탕왕과[湯] 무왕이[武] 혁명하여[革命] 하늘을[乎天] 따르고[順而] 세상 인심에[乎人] 호응하니[應] 혁괘의[革之] 시운은[時] 크도다[大矣哉]!

【지남(指南)】

革水火相息(혁수화상식)

〈혁(革)〉은 혁괘(革卦 : ䷰)를 말하고, 〈수화상식(水火相息)〉은 혁괘(革卦 : ䷰)의 괘재(卦才)로써 괘상(卦象)을 밝힌다. 여기 〈혁(革)〉은 변혁(變革)을 뜻한다. 정

괘(井卦 : ䷯)를 흉(凶)하게 한 〈이기병(羸其甁)〉은 반드시 변혁(變革)되어야 한다. 정괘(井卦 : ䷯) 다음에 혁괘(革卦 : ䷰)가 온 것임을 여기 〈혁(革)〉이 상기시킨다. 〈수화상식(水火相息)의 수화(水火)〉는 혁괘(革卦 : ䷰)의 괘재(卦才)를 밝힌다. 〈수화상식(水火相息)의 수(水)〉는 상체(上體)인 태(兌 : ☱)를 뜻하고, 〈수화상식(水火相息)의 화(火)〉는 하체(下體)인 이(離 : ☲)를 뜻한다. 태(兌 : ☱)는 택(澤)이니 물이고 이(離 : ☲)는 불이다. 물 아래 불이 있고 불 위에 물이 있는 모습이 혁괘(革卦 : ䷰)의 괘상(卦象)이다. 혁괘(革卦 : ䷰)의 괘상(卦象)은 아래서 치어다보면 이(離 : ☲)의 불[火]이 물[水]을 끓이는 모습이고, 위에서 내려다보면 태(兌 : ☱)의 수(水)가 화(火)를 꺼버리는 모습이다. 불은 물을 끓여 수기(水氣)를 증기(蒸氣)로 바꿔버리고, 물은 불을 꺼서 열기(熱氣)를 냉기(冷氣)로 바꿔버리는 것이 〈혁(革)〉이다. 나아가 수결(水決) 즉 못물이[水] 터지면[決] 불은 꺼짐이 〈식(息)〉이고, 화연(火燃) 즉 불이[火] 타올라[燃] 물을 끓이면 물은 김이 되어 사라짐이 〈식(息)〉인지라 〈수화상식(水火相息)〉이라 한 것이다. 〈상식(相息)〉은 서로[相] 없앰[息]을 말한다. 따라서 〈수화상식(水火相息)의 상식(相息)〉은 상멸(相滅) 즉 서로[相] 없앰[滅]이다. 이러한 없앰[息]은 〈식(息)〉으로 끝남이 아니기 때문에 식생(息生)이라고 한다. 수기(水氣)가 멸하여[息] 증기(蒸氣)로 되었다 하여 물[水]이 없어지는 것이 아니며, 열기(熱氣)가 식(息)하여 냉기(冷氣)로 되었다 하여 불[火]이 없어지는 것은 아니다. 증기(蒸氣)는 새로운 물로 돌아올 수 있고 냉기(冷氣)는 새로운 불로 돌아올 수 있음을 〈수화상식(水火相息)의 상식(相息)〉이 품고 있는 뜻이다.

이러한 〈상식(相息)〉을 〈혁(革)〉이라 한다. 〈혁(革)〉이란 헌것을 가게 하고 새것을 오게 함이기 때문이다. 그 무엇을 없애버리고 마는 것은 〈혁(革)〉이 아니다. 천도(天道)를 따르지 않는 것이면 그것은 결코 〈혁(革)〉이 아니다. 천지(天地)의 조화(造化)인 생멸(生滅)보다 더한 〈혁(革)〉은 없고 〈춘하추동(春夏秋冬)〉의 시운(時運)이야말로 천지(天地)의 혁(革)이다. 그러므로 〈수화상식(水火相息)의 상식(相息)〉이란 결코 종말(終末)로 이어지지 않는다. 생멸(生滅)이 바로 〈상식(相息)〉을 밝힌다. 태어나면[生] 죽고[滅] 죽으면[滅] 태어남[生]이 〈수화상식(水火相息)의 상식(相息)〉이 헤아려 깨우치게 하는 것이다. 꽃이 지면 씨앗이 생기는 것이 천지(天地)

의 〈혁(革)〉이다. 이러한 깊은 뜻을 품고 있는 〈상식(相息)〉이 혁괘(革卦 : ䷰)의 〈혁(革)〉을 밝혀줌이 〈수화상식(水火相息)〉이다. 〈식(息)〉은 〈없앨 멸(滅), 멈출 지(止), 쉴 휴(休)〉 등의 뜻을 묶고 있는 자(字)이지만, 여기선 〈없앨 멸(滅)〉과 같고 생멸(生滅)의 뜻을 품고 있다.

二女同居(이녀동거) 其志不相得(기지불상득) 曰革(왈혁)

거듭해 혁괘(革卦 : ䷰)의 괘재(卦才)로써 괘상(卦象)을 밝힌다. 〈이녀동거(二女同居)의 이녀(二女)〉는 혁괘(革卦 : ䷰)의 하체(下體) 이(離 : ☲)의 중효(中爻 : ⚋)와 상체(上體) 태(兌 : ☱)의 상효(上爻 : ⚋)를 말한다. 이(離 : ☲)의 중효(中爻 : ⚋)는 중녀(中女) 즉 가운데 딸[中女]을 나타내고, 태(兌 : ☱)의 상효(上爻 : ⚋)는 소녀(小女) 즉 작은 딸[小女]을 나타낸다. 혁괘(革卦 : ䷰)에서 그 두 딸[二女]이 같이 살고 있음을 〈동거(同居)〉라고 밝힌다. 혁괘(革卦 : ䷰)의 육이(六二 : ⚋)와 상륙(上六 : ⚋)이 혁괘(革卦 : ䷰)에 있지만, 멀어서 이웃도 아니고 비(比)도 누리지 못하고, 자리도 서로 짝하지 못해 응(應)도 누리지 못함을 〈기지불상득(其志不相得)〉이라고 밝힌다. 뿐만 아니라 언니[中女]가 아래에 있고 동생[小女]이 위에 있는 처지인지라 〈이녀(二女)〉의 뜻[志]이 통할 리 없음이 〈기지불상득(其志不相得)〉이다. 이뿐만 아니라 두 딸이란 한 부모에게서 태어나 한 집에서 함께 자랐지만 각각 다른 집안으로 시집을 가야 할 터이니 〈기지(其志)〉 즉 두 여자의[其] 뜻[志]이 같을 수 없음을 밝힘이 또한 〈기지불상득(其志不相得)〉이다. 한 집에서 살던 두 딸이 각각 다른 데로 시집갈 터이니 〈이녀(二女)의 동거(同居)〉가 〈이녀(二女)의 별거(別居)〉로 바뀜을 〈기지불상득(其志不相得)〉이 암시한다.

앞서 살핀 〈상식(相息)〉이 〈혁(革)〉 즉 바꿈[革]이듯 〈기지불상득(其志不相得)〉 역시 〈혁(革)〉이다. 두 딸이 동거(同居)를 별거(別居)로 바꿈[革]이라고 해서 별거(別居)로 끝나는 것은 아니다. 이녀(二女)는 친정으로 돌아와 순간순간 동거(同居)를 누릴 수도 있음이 한 부모에게서 태어난 자매(姉妹)이기 때문이다. 이처럼 〈혁(革)〉은 갑(甲)을 을(乙)로 바꾸되 다시 을(乙)이 갑(甲)으로 바뀜인지라, 천도(天道)의 〈혁(革)〉은 인간사(人間事)에서 빚어지는 혁명(革命)과는 다름을 항상 유념해야 한다. 그리고 여기 혁괘(革卦 : ䷰)의 〈이녀(二女)〉는 38번째 규괘(睽卦 : ䷥)에 나오는 〈이녀동거(二女同居) 기지부동행(其志不同行)〉을 연상시킨다. 규괘(睽卦 : ䷥)와 혁괘(革卦 : ䷰)는 상하괘(上下卦)가 자리바꿈한 괘상(卦象)이다. 규괘(睽卦 : ䷥)의 〈이녀(二女)〉가 동거(同居)하되 두 딸의 뜻이 〈부동행(不同行)〉이라고 육삼(六三 : ⚋)과 육오(六五 : ⚋)의 관계를 풀이했고, 혁괘(革卦 : ䷰)의 〈이녀(二女)〉가 동거(同居)하되 두 딸의 뜻이 〈불상득(不相得)〉이라고 풀이했다. 규괘(睽卦 : ䷥)의 〈이녀(二女)〉가 마음 가는 바를[志] 같이[同] 행하지 못함[不行]이나 혁괘(革卦 : ䷰)의 〈이녀(二女)〉가 마음 가는 바를[志] 서로[相] 얻지 못함[不得]이나 다를 것이 없다. 규괘(睽卦 : ䷥)에서 소녀(小女)의 마음 가는 바[志]는 물[水 : ☵] 같고, 중녀(中女)의 마음 가는 바[志]는 불[火 : ☲] 같아 〈부동행(不同行)〉이듯, 혁괘(革卦 : ䷰)에서도 소녀(小女)의 마음 가는 바[志]는 물[水 : ☵] 같고, 중녀(中女)의 마음 가는 바[志]는 불[火 : ☲] 같아 〈불상득(不相得)〉 즉 서로[相] 뜻을 얻지 못한다[不得]. 그러나 물같이 마음 가는 바[志]가 불같이 마음 가는 바[志]를 〈식(息)〉 즉 없애려[息] 하고, 불같이 마음 가는 바[志]가 물같이 마음 가는 바[志]를 멸식(滅息)하려는 모습을 〈왈혁(曰革)〉 즉 변혁이라[革] 함[曰]이 여기 〈이녀동거(二女同居) 기지불상득(其志不相得) 왈혁(曰革)〉이다.

已日乃孚(기일내부) 革而信之(혁이신지)

〈혁(革)〉이란 〈부(孚)〉 즉 진실로 믿어줌[孚]을 얻어야 함을 밝힌다. 혁명(革命)이란 천심(天心) 즉 민심(民心)을 얻어야 한다. 즉 혁명(革命)을 백성이 믿어주어야[孚] 한다. 따라서 〈혁(革)〉 즉 변혁(變革)을 〈기일내부(已日乃孚)〉라고 한 것이다. 〈기일(已日)의 기(已)〉는 십간(十干 : 甲乙丙丁戊己庚辛壬癸)의 기(己)를 뜻한다. 십간(十干)은 일순(一旬) 즉 10일을 뜻하기도 한다. 십간(十干)에서 기(己)는 가운데를 뜻한다. 따라서 〈기일(已日)〉은 10일 중에서 가운데 날짜를 표한 것인지라 6일째를 뜻한다. 물론 여기 〈기일(已日)〉은 글자 그대로 6일째를 뜻하는 것은 아니다. 혁명(革命)이란 단박에 민심(民心)을 얻지 못하더라도 〈기일(已日)〉 즉 6일 정도가 지나서는 〈내부(乃孚)〉 곧[乃] 믿음을 얻어야[孚] 함이 〈기일내부(已日乃孚)〉이다.

〈혁이신지(革而信之)〉는 바로 앞의 〈내부(乃孚)〉를 풀이한다. 〈혁이신지(革而信

之)〉는 〈신혁(信革)〉에서 〈혁(革)〉을 강조하고자 전치(前置)한 어투로 여김이 마땅하다. 그러므로 〈혁이신지(革而信之)〉를 〈천하신혁(天下信革)〉으로 여기고 〈세상이[天下] 혁명을[革] 믿어주어야 한다[信]〉라고 새기면 〈기일내부(已日乃孚)의 부(孚)〉가 헤아려진다. 동시에 천하(天下)의 믿음을 얻지 못한 혁명(革命)이란 천도(天道)의 것이 아님을 암시하는 것 또한 〈기일내부(已日乃孚)〉이다. 〈내부(乃孚)의 부(孚)〉는 〈믿어줄 신(信)〉과 같다.

文明以說(문명이열) 大亨以正(대형이정) 革而當(혁이당) 其悔乃亡(기회내무)

뉘우칠 것이[悔] 없는[亡] 혁명(革命)을 밝힌다. 〈문명이열(文明以說)〉의 〈혁(革)〉이라면 혁명한[革] 것을 뉘우칠 것이[悔] 없다[亡]. 그리고 〈대형이정(大亨以正)〉의 〈혁(革)〉이라면 역시 혁명한[革] 것을 뉘우칠 것이[悔] 없다[亡]. 〈문명이열(文明以說) 대형이정(大亨以正) 혁이당(革而當) 기회내무(其悔乃亡)〉를 〈문명이열(文明以說) 혁이당(革而當) 기회내무(其悔乃亡) 이대형이정(而大亨以正) 혁이당(革而當) 기회내무(其悔乃亡)〉로 여기고 새김이 마땅하다.

〈문명이열(文明以說)〉을 〈문명이혁열천하(文明以革說天下)〉로 여기고 〈문명(文明)으로써[以] 혁명은[革] 세상을[天下] 기쁘게 한다[說]〉라고 새겨볼 것이다. 〈문명이열(文明以說)의 문명(文明)〉은 천문(天文)을 밝히는[明] 문명(文明)이기도 하고, 동시에 인문(人文)을 밝히는 문명(文明)이기도 하다. 따라서 〈문명이열(文明以說)〉을 〈문명이혁열만물(文明以革說萬物)〉로 살핀다면 〈문명이열(文明以說)의 문명(文明)〉은 〈명천문(明天文)〉 즉 천문을[天文] 밝힘[明]을 뜻한다. 천문을[天文] 밝힘[明]으로써[以] 만물을[萬物] 기쁘게 하는[說] 〈혁(革)〉이란 곧 천지(天地)의 혁명(革命)이다. 그러나 〈문명이열(文明以說)〉을 〈문명이혁열천하민(文明以革說天下民)〉으로 살핀다면 〈문명이열(文明以說)의 문명(文明)〉은 곧 〈명인문(明人文)〉 즉 인문을[人文] 밝힘[明]을 뜻한다. 인문을[人文] 밝힘[明]으로써[以] 온 세상 사람들을[天下民] 기쁘게 하는[說] 〈혁(革)〉이란 곧 인간세(人間世)의 혁명(革命)이다.

〈명인문(明人文)〉이란 성인(聖人)이 천문(天文)을 본받아 만들어낸 문물제도를[文] 밝힘[明]이다. 천지(天地)에는 비문명(非文明)이라는 것이 없다. 그러나 인간세

(人間世)에는 인문(人文)의 밝힘[明]을 짓밟아버리는 비문명(非文明)인 무위(武威)라는 것이 있다. 따라서 〈문명이열(文明以說)〉은 무위(武威) 즉 문물제도(文物制度)를 말살하는 무력의[武] 위세[威]를 축출(逐出) 즉 몰아낸[逐出] 혁명(革命)인지라 천하민(天下民)을 즐겁게 한[說] 혁명(革命)임을 암시한다. 이런 까닭으로 〈문명이열(文明以說)〉을 〈혁이당(革而當)〉이라고 밝힌다. 그러므로 문명(文明)을 부정하는 무위(武威) 같은 비문명(非文明)을 내친 혁명[革]을 〈문명이열(文明以說)〉이라 밝히고, 〈문명이열(文明以說)의 혁(革)〉은 당연한[當] 혁명(革命)임을 밝힌 것이 〈혁이당(革而當)〉이다. 〈혁이당(革而當)〉 즉 혁명한 것이[革而] 당연하니[當] 〈기회내무(其悔乃亡)〉 즉 혁명의[其] 뉘우침은[悔] 곧장[乃] 없다[亡]고 밝힌다.

〈대형이정(大亨以正)〉을 〈대형이혁정천하(大亨以革正天下)〉로 여기고 새김이 마땅하다. 대를[大] 통하게 함[亨]으로써[以] 혁명은[革] 세상을[天下] 정도로 이끈다[正]는 것이 〈대형이정(大亨以正)〉이다. 〈대형이정(大亨以正)의 대형(大亨)〉은 〈형대(亨大)〉로 여기고 새김이 마땅하다. 〈대형(大亨)의 대(大)〉는 천하(天下) 즉 인간세(人間世)를 암유(暗喩)하는 〈큰 대(大)〉로 새김이 마땅하다. 천하(天下)는 천지(天地)의 것이고 천지(天地)는 큼[大]이니 천하(天下)도 크다[大]. 따라서 〈대형(大亨)의 대(大)〉는 천하(天下)를 뜻하니 천하지형(天下之亨) 즉 온 세상이[天下之] 통함[亨]이 곧 〈대형(大亨)〉이다. 천하의[大] 통함[亨]으로써[以] 온 세상을[天下] 정도로 이끌어가는[正] 〈혁(革)〉 즉 혁명(革命)이란 천지(天地)가 사계(四季)를 빚어냄과 같은 혁명(革命)이다. 물론 천지(天地)에는 비형(非亨) 즉 통하지[亨] 않는 것[非]이란 없다. 천지(天地)에는 개합(開闔) 즉 열리고[開] 닫힘[闔]이 왕래(往來)할 뿐이다. 열렸으면[開] 닫히고[闔] 닫혔으면[闔] 열리고[開] 이처럼 천지(天地)의 〈혁(革)〉은 천도(天道) 즉 자연의[天] 이치[道]일 뿐이다. 이런지라 천지(天地)에는 따로 혁파(革罷)할 혁명(革命)이란 없다. 따라서 인간세(人間世)가 천지(天地)를 그대로 본받는 세상이 된다면 악(惡)을 혁파(革罷)하여 선(善)으로 돌려놓을 혁명(革命)이란 일어날 리가 없다. 그러나 인간세(人間世)에는 〈대형(大亨)〉 즉 천하를[大] 통하게 함[亨]을 가로막는 악(惡)의 폭거(暴擧)들이 빈번하여 인간세(人間世)를 궁색(窮塞)하게 한다. 이러한 악(惡)의 궁색을 혁파(革罷)하여 인간세를 정도로 이끌어갈[正] 〈혁(革)〉이 당연하게 된다. 이를 밝힘이 〈혁이당(革而當)〉이다. 〈대형이정(大亨以正)〉의 〈혁(革)〉은 당연한[當] 혁명(革命)이다. 따라서 〈혁이당(革而當)〉 즉 혁명한 것이[革而] 당연하니[當] 〈기회내무(其悔乃亡)〉 즉 혁명의[其] 뉘우침은[悔] 곧장[乃] 없다[亡]고 밝힌다. 〈혁이당(革而當)〉은 〈혁당(革當)〉에서 어조사 〈이(而)〉를 더해 〈혁이(革而)〉로 한 어투인 셈이고, 〈기회내무(其悔乃亡)의 기(其)〉는 〈혁지(革之)〉를 대신하는 관형사 노릇을 하고, 〈기회내무(其悔乃亡)의 무(亡)〉는 여기선 〈없을 무(無)〉와 같고, 〈내무(乃亡)의 내(乃)〉는 여기선 〈곧 즉(卽)〉과 같다.

註 〈문명이열(文明以說)의 문명(文明)〉은 〈인문지명(人文之明)〉의 줄임이고 〈인문지명(人文之明)〉은 곧 〈명인문(明人文)〉이다. 따라서 여기 〈문명(文明)〉은 인문(人文)을 밝힘[明]이다. 물론 인문(人文)의 문(文)은 인의예악(仁義禮樂)으로써 일구어지는 온갖 문물제도(文物制度)를 말한다. 인간세(人間世)의 온갖 문물제도(文物制度)의 꾸밈을[文] 밝힘[明]이 〈문명(文明)〉이다. 그래서 문명(文明) 즉 문장지광명(文章之光明)을 〈덕시보(德施普)〉라고 풀이한다. 덕을[德] 널리[普] 베풂[施]을 〈일신(日新)〉이라 하고, 〈일신(日新)〉은 끊임없이 성덕(盛德) 즉 덕을[德] 쌓음[盛]이다. 그 성덕(盛德)을 꾸밈을[文] 밝힘[明]이 여기 〈문명(文明)〉이다. 〈덕시보(德施普)의 덕(德)〉이란 〈시생만물(始生萬物)〉 즉 온갖 것들을[萬物] 태어남을[生] 열어주는[始] 천지(天地)의 짓을 말한다. 이러한 천지(天地)의 짓을 본받아 성인(聖人)이 온갖 인의예악(仁義禮樂)을 만들었고, 그 인의예악(仁義禮樂)을 따라 온갖 문물제도(文物制度)를 갖추고 꾸밈이 〈문명(文明)의 문(文)〉이다. 이러한 〈문(文)〉을 밝힘[明]을 뜻하는 〈문명(文明)〉이라는 술어(術語)는 〈civilization〉을 번역한 〈문명(文明)〉과는 전혀 다른 것이다.

天地革而四時成(천지혁이사시성)

사시(四時) 즉 춘하추동(春夏秋冬)은 천지(天地)가 시운(時運)을 혁명(革命)한 것임을 밝힌다. 이를 빌려서도 『주역(周易)』이 사계(四季)가 분명한 곳에서 만들어졌음을 알 수 있다. 이 지구(地球)에는 사계(四季)가 없는 곳도 있다. 사계(四季)란 천지(天地)가 시운(時運)을 변혁(變革)함으로써 이루어짐은 분명하다. 지난 것을 지금으로 바꿈을 주(宙)라 하니 본래 주(宙)도 시간(時間)의 혁명(革命)을 뜻한다. 물론 지남과 지금을 선후(先後)로 따짐이란 사람의 짓이다. 천지(天地)의 시운(時運)에는 먼저[先]냐 뒤[後]냐가 없다. 따라서 〈천지혁(天地革)의 혁(革)〉은 『장자(莊子)』에 나오는 〈만연(曼衍)〉과 〈천균(天均)〉을 환기시킨다. 〈만연(曼衍)〉은 자연의 변화를 말하고, 〈천균(天均)〉은 자연의 조화를 말한다. 천지(天地)가 혁명(革命)함이란 만연(曼衍)이고 천균(天均)일 뿐이다. 여기 〈사시성(四時成)〉이 〈천지(天地)의 혁(革)〉이 이루는 자연의 변화 즉 만연(曼衍)을 말하고, 동시에 자연의 조화 즉 천균(天均)을 말한다. 〈사시(四時)〉란 사계(四季) 즉 춘하추동(春夏秋冬)을 말한다. 봄[春]이 오면 겨울[冬]이 가고, 봄이 가면 여름[夏]이 오고, 여름이 가면 가을[秋]이 오고, 가을이 가면 겨울[冬]이 오고, 이러한 왕래(往來)가 곧 〈사시성(四時成)의 성(成)〉이고 천지(天地)의 시운(時運)이다. 이처럼 〈천지혁(天地革)〉 즉 천지(天地)의 혁명[革]은 『노자(老子)』에 나오는 〈반자(反者)〉 즉 되돌아오는[反] 것[者]임을 깊이 헤아려 깨우치게 하는 말씀이 〈천지혁이사시성(天地革而四時成)〉이다.

註 화성지상대(化聲之相待) 약기불상대(若其不相待) 화지이천예(和之以天倪) 인지이만연(因之以曼衍) 소이궁년야(所以窮年也) : 변화하는[化] 소리를[聲之] 서로[相] 기대함은[待] 그것은[其] 서로[相] 기대하지 않음과[不待] 같다[若]. 시비를 초월한 자연의 길[天倪]로써[以] 시빗거리를[之] 어울리고[和] 자연의 변화[曼衍]로써[以] 시빗거리를[之] 맡겨둠이[因] 천수를 누리고 사는[窮年] 방법[所以]이다[也]. 『장자(莊子)』「제물론(齊物論)」 6절(節)

註 시졸약환(始卒若環) 막득기륜(莫得其倫) 시위천균(是謂天均) 천균자천예야(天均者天倪也) : 처음과[始] 끝이[卒] 고리[環] 같아[若] 그[其] 순서를[倫] 알 수 없다[莫得]. 이러함을[是] 자연의 조화라[天均] 한다[謂]. 자연의[天] 조화란[均] 것은[者] 시비를 떠난 자연의 길[天倪]이다[也]. 『장자(莊子)』「우언(寓言)」 1절(節)

註 반자도지동(反者道之動) : 되돌아오는[反] 것은[者] 상도(常道)의[道之] 움직임이다[動]. 『노자(老子)』 40장(章)

湯武革命(탕무혁명) 順乎天(순호천) 而應乎人(이응호인)

〈탕무혁명(湯武革命)〉은 〈탕혁명(湯革命) 이무혁명(而武革命)〉으로 여기고 새김이 마땅하다. 〈탕무(湯武)의 탕(湯)〉은 은(殷)나라를 개창(開創)한 탕왕(湯王)을 말하고, 〈탕무(湯武)의 무(武)〉는 주(周)나라 문왕(文王)을 계승(繼承)한 무왕(武王)을 말한다. 〈탕(湯)의 혁명(革命)〉은 탕왕(湯王)이 우왕(禹王)이 세운 하(夏)나라의 끝 왕(王)인 폭군(暴君) 걸(傑)을 혁파(革罷)하고 은(殷)나라를 새로 개창(開創)했던 고사(故事)를 말한다. 〈무(武)의 혁명(革命)〉은 탕왕(湯王)이 세운 은(殷)나라의 끝 왕(王)인 폭군 주(紂)를 정벌하여 주(周)나라를 천자국(天子國)으로 창업(創業)한 고사(故事)를 말한다.

〈순호천(順乎天)의 천(天)〉은 앞서 살핀 〈천지혁(天地革)〉의 줄임이다. 〈순호천(順乎天)〉은 탕무(湯武)가 하늘땅의[天地] 혁명을[革] 따라서 혁명(革命)했음을 밝힌다. 〈탕(湯)〉이 혁파(革罷)한 걸왕(桀王)과 〈무(武)〉가 혁파한 주왕(紂王)은 다 같이 악정(惡政)을 일삼았던 폭군이다. 폭군의 악정(惡政)이란 역천도(逆天道) 즉 자연의 이치를[天道] 어김[逆]이다. 폭군의 악정(惡政)을 혁파하고 선정(善政)으로 되돌림은 순천도(順天道) 즉 천도(天道)를 따름[順]임을 밝힌 것이 〈순호천(順乎天)〉이다. 이 천도(天道)를 따라 계승함을 선(善)이라 한다. 따라서 불선(不善) 즉 악(惡)을 역천도(逆天道)라고 한다. 이에 따라 〈탕무혁명(湯武革命)〉은 〈응호인(應乎人)〉으로 필히 이어진다. 〈응호인(應乎人)의 인(人)〉은 천하인심(天下人心) 즉 온 세상 사람들의[天下人] 마음[心]을 말한다. 악정(惡政)을 선정(善政)으로 되돌린 탕무(湯武)의 혁명(革命)은 온 세상 사람들에게 호응(互應)되었음을 밝힌 것이 〈응호인(應乎人)〉이다.

註 일음일양지위도(一陰一陽之謂道) 계지자선야(繼之者善也) 성지자성야(成之者性也) : 음기로 되기도 하고[一陰] 양기로 되기도 함을[一陽之] 역(易)의 도라고[道] 한다[謂]. 역의 도를[之] 계승한[繼] 것이[者] 선(善)이고[也], 역(易)의 도를[之] 이루는[成] 것이[者] 성(性)이다[也].

「계사전상(繫辭傳上)」 5단락(段落)

革之時大(혁지시대)

〈혁지시(革之時)〉는 〈혁괘지시(革卦之時)〉로 새김이 마땅하다. 혁괘(革卦 : ䷰)의 시(時)가 음력(陰曆) 3월(三月)임을 상기한다면 〈천지혁(天地革)의 사시성(四時成)〉에서 〈춘성(春成)〉을 나타냄을 미루어 짐작할 수 있다. 〈춘성(春成)〉을 〈성춘(成春)〉으로 여기고 새겨도 된다. 〈사시성(四時成)〉을 만물(萬物)을 비추어 살필 때 〈춘성(春成)〉을 시발(始發)로 삼아도 된다. 왜냐하면 〈천지혁(天地革)〉의 춘성(春成) 즉 봄을[春] 이룸[成]은 춘작(春作)의 시졸(始卒)을 뜻하기 때문이다. 봄[春]에 온갖 초목(草木)들이 싹틔움[作]을 시졸(始卒) 즉 시작하여[始] 끝마침[卒]이 음력(陰曆) 3월(三月)이다. 이러한 음력(陰曆) 3월(三月)의 시운(時運)을 살펴 헤아리게 하는 〈혁지시(革之時)〉는 〈천지혁지시(天地革之時)〉가 춘작(春作)의 시운(時運)임을 살펴 헤아리게 함이니, 〈대(大)〉 즉 중대한 것이다. 그리고 〈탕무혁명(湯武革

命)의 순호천(順乎天)〉이 〈혁지시(革之時)〉를 본받은 것임을 살펴 헤아리게 한다. 탕무(湯武)의 혁명(革命)이 〈천(天)〉 즉 〈천지혁(天地革)〉을 따름[順]은 혁괘(革卦 : ䷰)의 시운(時運)인 음력(陰曆) 3월(三月)의 〈춘성(春成)〉을 본받았음을 살펴 헤아리게 한다. 폭군의 악정(惡政)을 혁파하고 선정(善政)을 탕무(湯武)가 개시함은 〈천지혁(天地革)〉의 시운(時運) 중에서 〈춘성(春成)〉의 시운을 따름을 혁괘(革卦 : ䷰)의 시운인 음력(陰曆) 3월(三月)로써 간파할 수 있으니, 〈대(大)〉 즉 중대함을 밝히는 것이 또한 〈혁지시대(革之時大)〉이다.

50 정괘(鼎卦 : ䷱) 단사(彖辭)

손하이상(巽下離上) : 아래는[下] 손(巽 : ☴), 위는[上] 이(離 : ☲).

화풍정(火風鼎) : 불과[火] 바람은[風] 정이다[鼎].

鼎象也이다 以木巽火하여 亨飪也이다 聖人亨以享上帝하고 而大亨以養聖賢한다 巽而耳目聰明하고 柔進而上行하며 得中而應乎剛인지라 是以元亨한다
(정상야 이목손화 팽임야 성인팽이향상제 이대팽이양성현 손이이목총명 유진이상행 득중이응호강 시이원형)

정괘는[鼎] (솥의) 형상[象]이다[也]. 나무[木]로써[以] 불을[火] 지펴주면[巽] (솥은) 삶고[亨] 익혀주는 것[飪]이다[也]. 성인이[聖人] (제물을) 삶아서[亨] 그것으로[以] 하느님께[上帝] 제사를 올리고[享] 그리고[而] 많이[大] 삶아[亨] 그것으로[以] 성현들을[聖賢] 보양한다[養]. 유순해서[巽而] 귀와 눈이[耳目] 총명하고[聰明] 부드러운 기운이[柔] 나아가서[進而] 올라가[上行] 정도를 따름을[中] 획득해서[得而] 임금에게[乎剛] 응하는지라[應] 이[是] 때문에[以] 크게[元] 형통한다[亨].

【지남(指南)】

鼎象也(정상야)

〈정(鼎)〉은 정괘(鼎卦 : ䷱)를 말하고, 〈상(象)〉은 정괘(鼎卦 : ䷱)의 괘재(卦才)로써 괘상(卦象)을 밝힌다. 〈상(象)〉은 짓을 뜻하기도 하고, 〈상(像)〉과 같이 꼴(모습)을 뜻하기도 한다. 여기 〈정상(鼎象)의 상(象)〉은 〈모습 상(像)〉과 같고 〈정지상(鼎之象)〉의 줄임으로 여기고 새김이 마땅하다. 〈솥의[鼎之] 모습[象]〉을 정괘(鼎卦 : ䷱)의 육효(六爻)를 빌려 밝히기도 한다. 정괘(鼎卦 : ䷱)에서 초륙(初六 :

--)은 솥의 발들을 나타내고, 구이(九二 : ─)-구삼(九三 : ─)-구사(九四 : ─)는 솥의 몸통을 나타내며, 육오(六五 : --)는 솥에 넣은 것들을 나타내고, 상구(上九 : ─)는 솥뚜껑을 나타냄을 밝히는 것이 여기 〈상(象)〉이다. 따라서 〈손하(巽下 : ☴) 이상(離上 : ☲)〉의 모습[象]을 정괘(鼎卦 : ䷱)라 밝히는 것이 〈정상야(鼎象也)〉이다. 혁물(革物)의 부합(符合)으로 〈정(鼎)〉 즉 솥[鼎]만한 것이 없다. 부합(符合)은 〈symbol〉을 옮긴 일식조어(日式造語)인 〈상징(象徵)〉과 같다. 솥은 온갖 것들을 삶거나 익혀서 바꿔버리니 솥이야말로 혁명지기(革命之器) 즉 혁명하는[革命之] 기물[器]이다. 따라서 혁괘(革卦 : ䷰) 뒤에 정괘(鼎卦 : ䷱)를 두었다.

以木巽火(이목손화) 亨飪也(팽임야)

〈이목손화(以木巽火)〉는 정괘(鼎卦 : ䷱)의 괘재(卦才)을 빌려 정괘(鼎卦 : ䷱)의 〈용(用)〉 즉 쓰임새[用]를 풀이한다. 〈이목손화(以木巽火)〉에서 〈이목(以木)의 목(木)〉은 정괘(鼎卦 : ䷱)의 하체(下體)인 손(巽 : ☴)의 사물을 나타내고, 〈손화(巽火)의 손(巽)〉은 손(巽 : ☴)의 성질을 나타내며, 〈손화(巽火)의 화(火)〉는 정괘(鼎卦 : ䷱)의 상체(上體)인 이(離 : ☲)의 형태를 나타낸다. 여기 〈손화(巽火)의 손(巽)〉은 손(巽 : ☴)의 성질을 나타내는 〈손(巽)〉으로 〈따를 순(順)-종(從)〉과 같다. 그러므로 〈이목손화(以木巽火)〉를 〈이목종화(以木從火)〉로 여기고 새긴다. 땔나무를[木] 이용해서[以] 불을[火] 따름[從]이란 나무로써 불을 지피는 것을 말한다. 따라서 〈이목손화(以木巽火)〉는 혁물(革物)할 수 있는 적시(適時)의 시운(時運)을 암시한다. 〈손화(巽火)〉 즉 불을[火] 따름[巽]이란 혁물(革物) 즉 어떤 것을[物] 변혁시킬[革] 때[時]맞춤[適]을 밝힌다. 〈손화(巽火)〉란 실기(失期) 즉 제때를[期] 놓치면[失] 솥은 〈팽임(亨飪)〉 즉 솥 안에 든 것을 삶지도[亨] 못하고 익히지도[飪] 못함을 암시하기 때문이다. 그러나 〈손화(巽火)〉의 때맞춤을 따르면 〈정(鼎)〉 즉 솥[鼎]은 혁물(革物)을 완수할 수 있음을 밝힌 것이 〈이목손화(以木巽火)〉이다.

〈팽임(亨飪)〉은 〈정팽사(鼎亨食) 이정임사(而鼎飪食)〉의 줄임으로 여기고 〈솥은[鼎] 먹을거리를[食] 삶고[亨] 그리고[而] 솥은[鼎] 먹을거리를[食] 익힌다[飪]〉라고 새겨볼 것이다. 〈팽임(亨飪)〉은 솥이 혁사(革食) 즉 솥 안의 먹을거리를[食] 변혁(變革)함을 밝힌다. 그러므로 혁명(革命)은 실기(失期) 즉 제때를[期] 놓치면[失]

이루어질 수 없음을 깊이 살펴 헤아리는 것이 〈이목손화(以木巽火) 팽임야(亨飪也)〉이다. 〈손화(巽火)의 손(巽)〉은 여기선 〈따를 종(從)〉과 같고, 〈팽(亨)〉은 〈삶을 팽(烹)〉과 같고, 〈임(飪)〉은 〈익힐 숙(熟)〉과 같다.

聖人亨以享上帝(성인팽이향상제) 而大亨以養聖賢(이대팽이양성현)

정괘(鼎卦 : ䷱)의 〈용(用)〉 즉 쓰임새[用]를 풀이한다. 〈성인팽이향상제(聖人亨以享上帝)〉는 〈이팽생성인향상제(以亨牲聖人享上帝)〉로 여기고 새김이 마땅하다. 여기 〈성인(聖人)〉은 정괘(鼎卦 : ䷱)의 육오(六五 : ╍)를 말하고, 대성괘(大成卦)에서 오효(五爻)의 자리는 임금의 자리인지라 〈성인(聖人)〉은 성왕(聖王)을 말한다. 〈팽이(亨以)〉는 솥에 삶은[亨] 제물(祭物)을 사용함[以]을 말한다. 왕(王)이 〈상제(上帝)〉에게 제사(祭祀)를 지낼 때 〈생(牲)〉 즉 소를 잡아서 제물로 쓴다. 가축(家畜)으로 기른 소를 〈축(畜)〉이라 하지만 제물(祭物)로 기른 소를 〈생(牲)〉이라 한다. 따라서 여기 〈이팽(以亨)〉은 〈이팽생(以亨牲)〉의 줄임이다. 소를 잡아 삶아서 제물(祭物)로 씀을 〈이팽(以亨)〉이라 한다. 〈향상제(享上帝)〉는 왕(王)만이 올릴 수 있는 제사(祭祀)이다. 〈상제(上帝)〉는 〈천(天)〉 즉 천지(天地)-자연(自然)이다. 천명(天命)을 받아 임금이 되었으니 임금은 하늘에[上帝] 제사를 올려[享] 악정(惡政)을 혁파하고 선정(善政)을 다짐한다. 이런 〈향상제(享上帝)〉 역시 임금이 감당해야 하는 정사(政事)의 혁명(革命)이다. 그러므로 〈향상제(享上帝)〉가 혁괘(革卦 : ䷰)에서 살핀 〈혁(革)〉의 뜻을 담고 있음을 정괘(鼎卦 : ䷱)가 암시함이 〈성인팽이향상제(聖人亨以享上帝)〉이다.

〈대팽이양성현(大亨以養聖賢)〉은 정괘(鼎卦 : ䷱)의 〈용(用)〉 즉 쓰임새[用]를 이어서 풀이한다. 〈성인(聖人)〉 즉 성왕(聖王)이 〈대팽(大亨)〉으로써[以] 〈양성현(養聖賢)〉 즉 성현을[聖賢] 길러냄[養]이란 성현(聖賢)을 등용하여 선정(善政)을 〈시(施)〉 즉 베풂[施]을 천하(天下)에 보임이다. 여기 〈성현(聖賢)〉은 정괘(鼎卦 : ䷱)의 구이(九二 : ⚊)를 말한다. 대성괘(大成卦)에서 이효(二爻)의 자리는 〈사(士)〉의 자리이다. 임금이 〈양성현(養聖賢)〉 즉 성현을[聖賢] 길러냄[養]이란 〈사(士)〉란 무리를 성현(聖賢)으로 양성(養成)함을 말한다. 이는 사(士)의 무리 안에서 성현(聖賢)이 배출되는 까닭이다. 성현(聖賢)은 성인(聖人)을 따라 본받는 군자(君子)를 말한다. 〈사(士)〉의 무리가 군자(君子)의 무리로 향상되면 선정(善政)은 절로 베풀어진다. 이를 위해 성왕(聖王)은 사(士)의 무리를 양성(養成)한다. 이러한 〈양성현(養聖賢)〉은 정괘(鼎卦 : ䷱)의 육오(六五 : ⚋)와 구이(九二 : ⚊)가 비록 정위(正位)가 아니어서 중정(中正)을 누리지는 못하지만 정응(正應)을 누림을 풀이한다. 정응(正應)은 대길(大吉)로 드러난다. 성현(聖賢)을 양성(養成)하는 일보다 더한 대길(大吉)은 없다. 그러므로 구이(九二 : ⚊)의 〈사(士)〉를 〈성현(聖賢)〉으로 양성해냄[養] 역시 혁괘(革卦 : ䷰)에서 살핀 〈혁(革)〉의 뜻을 담고 있음을 정괘(鼎卦 : ䷱)가 암시함이 〈대팽이양성현(大亨以養聖賢)〉이다.

巽而耳目聰明(손이이목총명)

정괘(鼎卦 : ䷱)의 하체(下體) 손(巽 : ☴)을 밝히고, 동시에 이(離 : ☲)의 아래[下]에 있음을 풀이한다. 대성괘(大成卦)에서 상하(上下)는 전후(前後)가 되기도 한다. 정괘(鼎卦 : ䷱)에서 손(巽 : ☴)은 이(離 : ☲)의 아래[下] 즉 뒤[後]에 있으니 손(巽 : ☴)의 성질인 공순(恭順)함에 맞는 자리에 있다. 〈손이이목총명(巽而耳目聰明)〉에서 〈이(而)〉는 〈손(巽)〉을 강조하는 어조사일 뿐이고 아무런 뜻도 없다. 손(巽 : ☴)이란[而] 이목이[耳目] 총명하다[聰明]는 것이 〈손이이목총명(巽而耳目聰明)〉이다. 〈이목총명(耳目聰明)〉은 손(巽 : ☴)의 성질인 〈공순(恭順)〉을 밝힌다. 손은[巽 : ☴] 바람이고[風] 공손하며[恭] 순종하고[順] 늦봄[季春] 초여름[孟夏]을 나타낸다. 손(巽 : ☴)의 위 즉 앞에 있는 이(離 : ☲)는 불이고[火] 밝으며[明] 아름답고[麗] 한여름[盛夏]이다. 계춘(季春)은 맹하(孟夏)를 뒤따르고 맹하는 성하(盛夏)를 뒤따름이 천도(天道)가 짓는 시운(時運)의 〈혁(革)〉이고, 정괘(鼎卦 : ䷱)가 그러한 〈혁(革)〉을 이용함을 연이어 살펴보게 한다. 악(惡)을 혁파(革罷)하고 선(善)을 공순(恭順) 즉 공손히[恭] 따름[順]이야말로 〈이목총명(耳目聰明)〉의 〈혁(革)〉이다. 앞에 있는 이(離 : ☲)의 명려(明麗)를 손(巽 : ☴)이 공손히[恭] 따름[順]을 〈이목총명(耳目聰明)〉이라 밝힌다. 공손히[恭] 따라서[順] 귀가[耳] 밝고[聰] 눈이[目] 밝음[明]이란 곧 군자(君子)가 성인(聖人)을 본받아 따름을 암시한다. 인간이 누구이든 성인(聖人)을 뒤따라 본받는다면 이(離 : ☲)를 뒤따라 이목(耳目)이

총명(聰明)한 손(巽 : ☴)처럼 될 수 있음을 살펴 헤아려서 깨우치게 하는 것이 〈손이이목총명(巽而耳目聰明)〉이다.

柔進而上行(유진이상행) 得中而應乎剛(득중이응호강)

〈유진이상행(柔進而上行)〉은 〈유진(柔進) 이유상행(而柔上行)〉으로 여기고 새김이 마땅하다. 그리고 〈득중이응호강(得中而應乎剛)〉 역시 〈유득중(柔得中) 이유응호강(而柔應乎剛)〉으로 여기고 새김이 마땅하다. 정괘(鼎卦 : ䷱)에서 〈득중(得中)〉의 효(爻)는 구이(九二 : ⚊)와 육오(六五 : ⚋)이다. 그러므로 〈유진이상행(柔進而上行) 득중이응호강(得中而應乎剛)〉은 정괘(鼎卦 : ䷱) 육오(六五 : ⚋)의 효상(爻象)을 밝힌다. 정괘(鼎卦 : ䷱)에는 〈유(柔)〉 즉 음기(陰氣)인 음효(陰爻) 초륙(初六 : ⚋)과 육오(六五 : ⚋)가 있다. 정괘(鼎卦 : ䷱)의 초륙(初六 : ⚋)은 진입(進入)했지만 상행(上行)하자면 정괘(鼎卦 : ䷱)의 상구(上九 : ⚊)가 나아가기[往]까지 기다리는 효상(爻象)이다. 따라서 〈유진이상행(柔進而上行)의 유(柔)〉는 정괘(鼎卦 : ䷱)의 육오(六五 : ⚋)를 말한다. 정괘(鼎卦 : ䷱)의 육오(六五 : ⚋)는 초륙(初六 : ⚋)에서 〈득중(得中)〉까지 상효(上爻)가 네 번에 걸쳐 나아갔음[往]을 밝힘이 여기 〈상행(上行)〉이다. 그러므로 〈유진이상행(柔進而上行)〉은 육오(六五 : ⚋)가 초륙(初六 : ⚋)으로 있다가 나아가기[進] 시작하여 오르고 올라[上行] 오위(五位)에 이르렀음을 〈득중(得中)〉이라고 밝힌 것이다.

〈득중(得中)〉은 〈득중위(得中位)〉 즉 중효의[中] 자리를[位] 얻음[得]을 뜻한다. 그리하여 육오(六五 : ⚋)가 득중(得中) 즉 정도를 따름을[中] 취하여[得] 왕 노릇하는 것이다. 대성괘(大成卦)에서 오위(五位)는 군위(君位) 즉 임금의 자리를 나타낸다. 여기 〈득중(得中)〉도 정괘(鼎卦 : ䷱)의 육오(六五 : ⚋)가 군왕(君王)으로서 정도를 따름을[中] 취함[得]을 말한다. 〈응호강(應乎剛)〉은 군왕으로서 육오(六五 : ⚋)가 구이(九二 : ⚊)와 정응(正應)을 누림을 말한다. 〈응호강(應乎剛)〉에서 〈강(剛)〉은 구이(九二 : ⚊)를 뜻한다. 인간이 정괘(鼎卦 : ䷱)의 육오(六五 : ⚋)가 짓는 〈득중이응호강(得中而應乎剛)〉을 따라 본받으면 매사(每事)가 원형(元亨)함을 살펴 헤아려 깨우치게 하는 것이 〈유진이상행(柔進而上行) 득중이응호강(得中而應乎剛)〉이다.

是以元亨(시이원형)

〈시이원형(是以元亨)〉은 〈시이정괘원형(是以鼎卦元亨)〉으로 여기고 〈이[是] 때문에[以] 정괘는[井卦] 으뜸으로[元] 통한다[亨]〉라고 새겨볼 것이다. 여기 〈시이(是以)의 시(是)〉는 〈득중이응호강(得中而應乎剛)〉을 나타내는 지시어이다. 〈원형(元亨)〉은 〈원형리정(元亨利貞)〉 사덕(四德) 중의 이덕(二德)이다. 〈원(元)〉은 춘작(春作)의 덕(德)인지라 으뜸가는 큰 덕(德)이고, 〈형(亨)〉은 하장(夏長)의 덕(德)인지라 성장(成長)하게 하는 덕(德)이다. 성장(成長)은 일신(日新) 즉 날마다[日] 새로움[新]이다. 〈형(亨)〉 즉 통함[亨]이란 일신(日新)을 밝힌다. 일신(日新)을 일러 성덕(盛德) 즉 덕을[德] 쌓아감[盛]이고, 성덕(盛德)이야말로 〈형(亨)〉 바로 그것이다. 이러한 성덕(盛德)을 막히지 않고 통하게 함을 〈형(亨)〉이라 한다. 〈정(鼎)〉 즉 솥[鼎]은 그냥은 먹지 못할 온갖 먹을거리[食]를 〈팽임(亨飪)〉 즉 삶고[亨] 익힘[飪]으로써 먹을 수 있는 먹을거리로 〈혁(革)〉 즉 바꾸어냄[革]이 〈정지용(鼎之用)〉 즉 솥의[鼎之] 쓰임[用]임을 〈원형(元亨)〉이라고 밝힌다.

51 진괘(震卦 : ䷲) 단사(彖辭)

진하진상(震下震上) : 아래도[下] 진(震 : ☳), 위도[上] 진(震 : ☳).

진위뢰(震爲雷) : 진은[震] 우레[雷]이다[爲].

震亨이다 震來虩虩은 恐致福也이고 笑言啞啞는 後有則也이다 震驚百里는 驚遠而懼邇也이다 出可以守宗廟社稷하고 以爲祭主也이다
(진형 진래혁혁 공치복야 소언아아 후유칙야 진경백리 경원이구이야 출가이수종묘사직 이위제주야)

진괘는[震] 형통함이다[亨]. 천둥소리가[震] 다가옴에[來] 두려워함은[虩虩] 두려워하여[恐] 복을[福] 받는 것[致]이고[也] 웃는[笑] 말이[言] 웃게 함은[啞啞] 뒤에[後] 법칙이[則] 있음[有]이다[也]. 천둥소리가[震] 백 리를[百里] 두렵게 함은[驚] 두려움이[驚] 멀리 퍼지면서[遠而] 가까이를[邇] 두렵게 함[懼]이다[也]. 임금이 되어[出] {진경(震驚)을} 본받아[以] 종묘사직을[宗廟社稷] 지킬 수 있고[可守] 그로써[以] 제주가[祭主] 되는 것[爲]이다[也].

【지남(指南)】

震亨(진형)

〈진(震)〉은 진괘(震卦 : ䷲)를 말하고, 〈형(亨)〉은 진괘(震卦 : ䷲)의 괘상(卦象)을 밝힌다. 번개가 치며 일어나는 소리가 우레[震]이다. 우레[震]는 천동(天動)이니 천고(天鼓)라고 일컫는 것만 보아도 우렛소리[震]에는 형지도(亨之道) 즉 통하는[亨之] 이치[道]가 있음은 두말할 것이 없다. 허공(虛空)에서 용트림하듯 번쩍하고 들려오는 우레[震]는 하늘에서 치니 막힘이 없다. 그러므로 천둥소리[震] 그 자체가 곧 〈형(亨)〉 즉 형통함[亨]이라는 것이 〈진형(震亨)〉이다. 〈진형(震亨)의 형(亨)〉은 〈통할 통(通)〉과 같아 형통(亨通)의 줄임말로 여긴다.

震來虩虩(진래혁혁) 恐致福也(공치복야)

〈진래(震來)〉는 〈자천진래(自天震來)〉로 여기고 〈하늘[天]로부터[自] 번개가 번쩍하고 나서 천둥소리가[震] 들려온다[來]〉라고 새겨볼 것이다. 그 〈진래(震來)〉를 그리듯이 밝힌 것이 〈혁혁(虩虩)〉이다. 하늘에서 번쩍하고 번개 치더니 울려오는[來] 천둥소리가[震] 놀랍고 두려워 으르렁거리는 호랑이 모습[虩虩] 같다는 것이다. 〈혁(虩)〉은 호랑이가 제 꼬리를 밟혀 놀래 소리 지름을 뜻하는 자(字)이다. 하늘에서 들려오는 천둥소리를 누구나 홀가분하게 듣지 못한다. 산중의 왕이라는 호랑이도 천둥소리[震]가 겁나 질겁하고 소리 지르니 다른 목숨들이야 말할 것 없이 무서워하고 두려워한다는 것이 〈혁혁(虩虩)〉이다. 따라서 〈진(震)〉을 〈경(驚)〉이요 〈공(恐)〉이요 〈구(懼)〉라고 한다. 놀라[驚] 무섭고[恐] 두려운[懼] 것이 〈진(震)〉 즉 우렛소리[震]임을 밝힌 것이 〈진래혁혁(震來虩虩)〉이다. 이러한 〈진래(震來)의 진(震)〉은 「계사전상(繫辭傳上)」에 나오는 〈진무구자존호회(震无咎者存乎悔)〉 즉 〈우렛소리에[震] 허물이[咎] 없다는[无] 것은[者] 뉘우침[悔]에[乎] 있다[存]〉 함은 그 진동(震動) 즉 천둥소리[震動]가 〈외천명(畏天命)〉 즉 천명(天命)을 두려워하는[畏] 심지(心志)를 떠올려주는 까닭이다. 천명(天命) 즉 자연의[天] 시킴과 가르침[命]을 어길까봐 두려워함[畏]을 〈진(震)〉이 환기시킴을 암시한 것이 〈혁혁(虩虩)〉이다.

이러한 〈진(震)의 혁혁(虩虩)〉과 같이 천벌(天罰)을 두려워하여[懼] 벼락 맞을 짓을 범하지 않겠다는 심지(心志)를 뜻함이 〈공치복(恐致福)의 공(恐)〉이다. 여기 〈공(恐)〉은 공구(恐懼)의 줄임이다. 지성(至誠) 즉 정성을[誠] 지극히 하기[至] 때문에 무섭되[恐] 두려워하는[懼] 것이다. 따라서 〈공치복(恐致福)의 공(恐)〉은 『중용(中庸)』에 나오는 〈성자(誠者)〉로 말미암은 두려움[恐]이다. 성자(誠者)란 천지도(天之道) 즉 자연의[天] 이치[道]를 밝힌다. 우렛소리가[震] 들려오자[來] 무서워함[恐]은 천도(天道)를 순종(順從)하게 한다. 그러므로 〈공치복(恐致福)의 공(恐)〉은 절로 자수자성(自修自省) 즉 스스로[自] 심신을 닦고[修] 스스로[自] 심신을 살피는[省] 삶으로 이어져 호랑이 꼬리를 밟는 짓을 범하지 않음을 깨우쳐준다. 공구(恐懼)의 삶은 항상 선(善)하게 삶을 이끌어간다. 그러므로 수성(修省)의 삶으로 이끌어주는 〈진래(震來)〉가 일으키는 〈공(恐)〉이 〈치복(致福)〉 즉 복을[福] 가져다줌[致]을 뜻함을 살펴 깨우치게 하는 것이 〈진래혁혁(震來虩虩) 공치복야(恐致福也)〉이다.

註 열귀천자존호위(列貴賤者存乎位) 제소대자존호괘(齊小大者存乎卦) 변길흉자존호사(辯吉凶者存乎辭) 우회린자존호개(憂悔吝者存乎介) 진무구자존호회(震无咎者存乎悔) : {대성괘(大成卦)가} 귀함과[貴] 천함을[賤] 진열하는[列] 것은[者] {육효(六爻)의} 자리[位]에[乎] 있다[存]. 작은 것과[小] 큰 것을[大] 밝혀주는[齊] 것은[者] 괘(卦)에[乎] 있다[存]. 좋음과[吉] 나쁨을[凶] 밝혀 말하는[辯] 것은[者] 말씀[辭]에[乎] 있다[存]. 뉘우치고서[悔] 수치스러움을[吝] 걱정하는[憂] 것은[者] {길흉(吉凶)의} 경계[介]에[乎] 있다[存]. 진동하여[震] 허물이[咎] 없다는[无] 것은[者] 뉘우침[悔]에[乎] 있다[存]. 「계사전상(繫辭傳上)」 3단락(段落)

註 성자천지도야(誠者天之道也) 성지자인지도야(誠之者人之道也) : 정성이란[誠] 것은[者] 하늘의[天之] 도(道)이고[也] 정성 드림이란[誠之] 것은[者] 사람의[人之] 도(道)이다[也]. 『중용(中庸)』「주자장구(朱子章句)」 20장(章)

笑言啞啞(소언아아) 後有則也(후유칙야)

우렛소리가[震] 무섭고[恐] 두려움[懼]은 오히려 자신(自愼) 즉 스스로[自] 삼가는[愼] 삶을 누리게 해주어 〈치복(致福)〉 즉 복(福) 받게 함[致]을 깨우친 순간 절로 나오는 소리가 〈소언(笑言)〉이다. 웃는[笑] 말[言]이 아니라, 공구(恐懼)가 오히려 태연자약(泰然自若) 즉 편안한 마음을 갖게 하여 평상시로 돌려줌[泰然自若]을 밝힘이 〈소언(笑言)〉이다. 이런 〈소언(笑言)〉을 한 번 더 되풀이한 것이 〈아아(啞啞)〉이다. 소언(笑言)-아아(啞啞)는 다 같이 왁자지껄한 웃음판이다. 〈진래(震來)의 공구(恐懼)〉가 웃음소리[笑言]로만 그치지 않고, 〈진래(震來)의 공구(恐懼)〉로 움찔하다가 깨우친 바를 밝힌 것이 〈후유칙(後有則)〉이다. 〈후유칙(後有則)의 칙(則)〉은 바로 치복(致福)의 법칙(法則)이고 하늘에서 들려오는[來] 천둥소리[震]가 그 법칙(法則)을 깨우침을 밝힌 것이 〈소언아아(笑言啞啞) 후유칙야(後有則也)〉이다.

震驚百里(진경백리) 驚遠而懼邇也(경원이구이야)

〈진래(震來)의 공구(恐懼)〉가 이어주는 〈치복(致福)〉은 온 세상에 두루 미치지 어느 한쪽으로 치우침이 없음을 밝힌 것이 〈진경백리(震驚百里)〉이다. 천둥소리가[震] 불러일으키는 놀라움[驚]이 정확하게 백리(百里)까지 미치는 것은 아니다.

여기 〈백리(百里)〉란 천하사방(天下四方)을 은유한다. 그래서 〈경원이구이(驚遠而懼邇)〉라고 밝혔다. 멀리는[遠] 경(驚)하고 가까이는[邇] 구(懼)한다고 해서 멀고 가까움에 따라 두려움이 차이가 있는 것은 아니다. 경(驚)이 구(懼)이고 구(懼)가 경(驚)인지라 두루두루 치우침 없이 〈진래(震來)의 경구(驚懼)〉가 〈치복(致福)의 칙(則)〉 즉 복(福) 받는[致] 법칙(法則)임을 일깨우는 것이 〈진경백리(震驚百里) 경원이구이야(驚遠而懼邇也)〉이다.

出可以守宗廟社稷(출가이수종묘사직)

여기 〈출(出)〉은 〈수종묘사직(守宗廟社稷)〉으로 미루어 군왕(君王)이 되었음을 뜻한다. 선왕(先王)들의 위패(位牌)를 모시는 사당(祠堂)을 〈종묘(宗廟)〉라 하고, 〈사직(社稷)의 사(社)〉는 토신(土神)을 말하며, 〈사직(社稷)의 직(稷)〉은 곡신(穀神) 즉 모든 곡식의[穀] 신(神)을 말하지만 이는 곧 나라를 밝힌다. 이러한 종묘사직(宗廟社稷)을 지키는[守] 자가 군왕(君王)이다. 군왕(君王)이 된다는 것[出]은 〈진래(震來)의 경구(驚懼)〉를 본받아야[以] 종묘(宗廟)를 지키고[守] 나라를[社稷] 지킬 수 있음[可守]을 밝힌 것이 〈출가이수종묘사직(出可以守宗廟社稷)〉이다. 〈가이(可以)의 이(以)〉는 〈이진경(以震驚)〉의 줄임이고, 여기서 〈이(以)〉는 〈본받을 법(法)〉과 같다.

以爲祭主(이위제주)

〈군왕위제주이수종묘사직(君王爲祭主以守宗廟社稷)〉으로 여기고 〈군왕은[君王] 종묘사직을[宗廟社稷] 지킴[守]으로써[以] 제주가[祭主] 된다[爲]〉라고 새겨볼 것이다. 〈제주(祭主)〉는 종묘(宗廟)의 제사(祭祀)를 올릴 때와 사직(社稷)의 제사를 올릴 때 제주(祭主)가 됨을 말한다. 그러니 여기 〈제주(祭主)〉는 군왕(君王)을 말한다. 〈진경(震驚)〉 즉 천둥소리[震]가 불러일으키는 놀라움[驚]이 일깨우는 〈치복(致福)〉의 깊은 뜻을 새기고 실행하여 〈종묘사직(宗廟社稷)〉을 지킴[守]으로써[以] 군왕(君王)이 〈제주(祭主)〉가 되는[爲] 것이지, 군왕(君王)이 〈진경(震驚)〉의 뜻을 헤아리지 못하면 〈종묘사직(宗廟社稷)〉을 수(守)할 수 없어 군왕(君王)이 될 수 없음을 밝힌 것이 〈이위제주(以爲祭主)〉이다.

52 간괘(艮卦 : ䷳) 단사(彖辭)

간하간상(艮下艮上) : 아래도[下] 간(艮 : ☶), 위도[上] 간(艮 : ☶).

간위산(艮爲山) : 간은[艮] 산(山)이다[爲].

艮止也이다 時止則止하고 時行則行하여 動靜不失其時하여 其道光明이다 艮其止는 止其所也이다 上下敵應은 不相與也라 是以不獲其身하여 行其庭하되 不見其人하여도 无咎也이다

간지야 시지즉지 시행즉행 동정불실기시 기도광명 간기지 지기소야 상하적응 불상여야 시이불획기신 행기정 불견기인 무구야

간괘는[艮] 머묾[止]이다[也]. 때가[時] 멈출 만하면[止] 곧[則] 멈추고[止] 때가[時] 갈 만하면[行] 곧[則] 가서[行] 움직임과[動] 멈춤이[靜] 제[其] 때를[時] 잃지 않아[不失] 그[其] 도가[道] 밖으로도 빛나고[光] 안으로도 밝다[明]. 제[其] 멈춤에서[止] 멈춤은[艮] 제[其] 자리에[所] 멈춤[止]이다[也]. 위아래가[上下] 적대하여[敵] 응함은[應] 서로[相] 함께하지 못함[不與]이다[也]. 이[是] 때문에[以] 제[其] 몸을[身] 얻지 않아[不獲] 그[其] 뜰을[庭] 서성거려도[行] 제[其] 사람들을[人] 만나보지 못해도[不見] 허물은[咎] 없음[无]이다[也].

【지남(指南)】

艮止也(간지야)

〈간(艮)〉은 간괘(艮卦 : ䷳)를 말하고, 〈지(止)〉는 간괘(艮卦 : ䷳)의 괘상(卦象)을 밝힌다. 간괘(艮卦 : ䷳)는 앞의 진괘(震卦 : ䷲)를 뒤집어 놓은 괘상(卦象)이다. 동(動)하면 정(靜)함이 천도(天道)이다. 어떤 것이든 움직이면[動] 반드시 멈추고[靜], 멈추면[靜] 반드시 움직이는[動] 것이 자연의[天] 이치[道]이다. 동정(動靜)은

곧 행지(行止)이다. 진괘(震卦 : ䷲)의 괘상(卦象)이 행동(行動)이니 이어서 간괘(艮卦 : ䷳)의 괘상(卦象)이 정지(靜止)인 것 역시 천도(天道)인 역지도(易之道)이다. 따라서 간괘(艮卦 : ䷳)가 진괘(震卦 : ䷲)를 뒤이은 것이다. 두 음(陰 : --) 위에 하나의 양(陽 : —)이 머물지만[止] 아래로부터 올라와 극(極) 즉 오를 데 없는 데[極]까지 올라와 멈춘[止] 모습인지라 산(山)이다. 〈간(艮)〉은 산(山)이고 지(止)이고 난(難)이다. 어려움[難]인지라 멈춤[止]이 간괘(艮卦 : ䷳)의 괘상(卦象)이다.

時止則止(시지즉지) 時行則行(시행즉행)

〈시지(時止)〉는 〈지지시(止之時)〉로 새김이 마땅하다. 멈출[止之] 때면[時] 곧[則] 멈춘다[止]. 이것이 적시(適時) 즉 제때에[適時] 멈춤[止]의 순리(順理)이다. 순리(順理)란 순천도지리(順天道之理)의 줄임이다. 그러니 자연의[天] 이치를[道] 따름[順]이 순리이다. 〈시지즉지(時止則止)〉는 멈춤[止]의 순리를 좇아 따름을 밝힌다. 〈시행(時行)〉은 〈행지시(行之時)〉로 새겨야 한다. 갈[行之] 때면[時] 곧[則] 간다[行]. 이것이 제때에[適時] 감[行]의 순리이다. 〈시행즉행(時行則行)〉 역시 감[行]의 순리를 좇아 따름을 밝힌다. 동시에 간괘(艮卦 : ䷳)의 육효(六爻)가 보여주는 효상(爻象)을 밝힌 것이기도 하다. 물론 간괘(艮卦 : ䷳)의 육효(六爻)만 행지(行止)의 순리를 따르는 것은 아니다. 모든 대성괘(大成卦)의 육효(六爻)는 지행(止行)의 순리를 그대로 본받아 따라서 초효(初爻)의 자리에서 상효(上爻)의 자리로 상행(上行)함 역시 〈지행(止行)〉의 순리를 벗어나지 않는다. 육효(六爻)의 이러한 본받음이 다름 아닌 역지도(易之道)이다. 멈추고[止]-가고[行], 가고[行]-멈추고[止] 이러한 지행(止行)-행지(行止)가 역지도(易之道)의 모습이다. 온갖 것들이 이러한 역지도(易之道) 즉 변화의[易之] 이치[道]를 본받아 생사(生死)를 누림을 또한 살펴 깨우치게 하는 것이 〈시지즉지(時止則止) 시행즉행(時行則行)〉이다.

動靜不失其時(동정불실기시)

여기 〈동정(動靜)〉은 앞서 살핀 〈행지(行止)〉를 밝힌다. 그러므로 〈동정(動靜)〉은 음양(陰陽)을 말하는 것이 아니다. 〈동정(動靜)의 동(動)〉은 〈행(行)〉을 말하고, 〈동정(動靜)의 정(靜)〉은 〈지(止)〉를 말한다. 여기 〈기시(其時)〉는 〈동지시(動之時)

이정지시(而靜之時)〉를 줄여서 밝힌다. 움직임의[動之] 때를[時] 잃지 않고[不失] 고요의[靜之] 때를[時] 잃지 않음[不失]이다. 움직일 때가 되면[動時] 움직이고[動] 고요할 때가 되면[靜時] 고요해[靜] 동정(動靜)의 때를 잃지 않음이 〈불실기시(不失其時)〉이다. 천지(天地)의 시운(時運)은 동정(動靜)의 제때를[適時] 결코 잃지 않는다[不失]. 봄으로 행동(行動)하다 봄으로 정지(靜止)함이 천지(天地)의 조화인 춘작(春作)이고 동시에 양기(陽氣 : ⚊)가 성(盛)하기 시작하며, 여름으로 행동하다 여름으로 정지함이 천지(天地)의 조화인 하장(夏長)이고 동시에 양기(陽氣 : ⚊)가 쇠(衰)하기 시작하며, 가을로 행동하다 가을로 정지함이 천지(天地)의 조화인 추렴(秋斂)이고 동시에 음기(陰氣 : ⚋)가 성(盛)하기 시작하며, 겨울로 행동하다 겨울로 정지함이 천지(天地)의 조화인 동장(冬藏)이고 동시에 음기(陰氣 : ⚋)가 쇠(衰)하기 시작한다. 음양(陰陽)의 성쇠(盛衰) 역시 천지조화(天地造化)의 동정(動靜)이요 성쇠(盛衰)의 적시(適時)이다. 이처럼 천지(天地)의 조화(造化) 치고 동정(動靜)의 제때가 아닌 것이 없다. 이런 연유로 「계사전상(繫辭傳上)」에 〈동정유상(動靜有常)〉 즉 동정(動靜)에는 변함없는 이치가[常] 있음[有]을 밝힌 것이 〈동정불실기시(動靜不失其時)〉이다.

註 동정유상(動靜有常) 강유단의(剛柔斷矣) : 움직이는 것과[動] 고요한 것에는[靜] 상도가[常] 있어[有] 굳센 것과[剛] 부드러운 것이[柔] 판단되는 것[斷]이다[矣].

「계사전상(繫辭傳上)」 첫 단락(段落)

其道光明(기도광명)

〈기도(其道)〉는 〈동정지상도(動靜之常道)〉로 여기고 새김이 마땅하다. 동정(動靜)의 상도(常道)는 광명(光明)하다. 상도(常道)는 상리(常理) 즉 한결같은[常] 이치[道]를 말한다. 동정(動靜)의 한결같은 이치가 광명(光明)하다 함은 바로 천지(天地)의 조화(造化)를 일컫는다. 천지의 조화는 음양(陰陽)으로써 드러난다. 그 조화로써 만물(萬物)이 생멸(生滅)한다. 만물이 태어나[生] 동(動)하고 행(行)하며, 죽어서[滅] 정(靜)하고 지(止)함은 너무나 명백하다. 명백하다 함은 무엇 하나 숨김이 없는 것이기에 곧 〈광명(光明)〉이다. 밖으로도 빛나고[光] 안으로도 밝아[明] 숨길 것 없음이 〈기도(其道)〉 즉 동정(動靜)의 도(道)이다. 이런 연유로 「계사전상(繫辭

傳上)」의 〈이즉이지(易則易知) 간즉이종(簡則易從)〉 즉 〈쉬우면[易] 곧장[則] 알기가[知] 쉽고[易] 간명하면[簡] 곧장[則] 따르기가[從] 쉬운[易]〉 이치[道]는 본래 〈광명(光明)〉하다. 산정(山頂)에서 산 아래를 내려다볼 때 온갖 초목들이 눈 안에 들어오는 광경을 누구나 한 번쯤은 유수(游受)했을 터이다. 눈앞에서 펼쳐지는 산하(山下)가 모두 천지조화(天地造化) 즉 음양동정(陰陽動靜)의 이치[道]가 드러남이다. 어느 것 하나 〈기도(其道)〉 즉 〈동정지상도(動靜之常道)〉를 그대로 보여주지 않는 것이 없으니 〈기도광명(其道光明)〉이라고 밝힌다.

註 유수(游受)란 경험(經驗)-체험(體驗)을 말한다. 경험-체험은 〈experience〉를 옮긴 일식조어(日式造語)인 셈이다. 직접 겪어[游] 받아들임[受]이다.

註 건지대시(乾知大始) 곤작성물(坤作成物) 건이이지(乾以易知) 곤이간능(坤以簡能) 이즉이지(易則易知) 간즉이종(簡則易從) : 건은[乾] 태어남을[大始] 주관하고[知] 곤은[坤] 물건을[物] 작성한다[作成]. 건은[乾] 쉬운 것[易]으로써[以] 주관하고[知] 곤은[坤] 간명한 것[簡]으로써[以] 할 수 있다[能]. 쉬우면[易] 곧장[則] 알기가[知] 쉽고[易] 간명하면[簡] 곧장[則] 따르기가[從] 쉽다[易]. 건지대시(乾知大始)의 지(知)와 건이이지(乾以易知)의 지(知)는 여기선 〈주관할 주(主)〉와 같다.

「계사전상(繫辭傳上)」 첫 단락(段落)

艮其止(간기지) 止其所(지기소)

앞서 살핀 〈기도(其道)〉 즉 동정지도(動靜之道)를 거듭하여 풀이한다. 〈간기지(艮其止)〉는 그 무엇이든 그것의 범춤에[其止] 범추는[艮] 이치를 따라 멈춤을 밝힌다. 〈지기소(止其所)〉는 다시 〈간기지(艮其止)〉를 풀이한다. 〈지기소(止其所)〉 즉 제[其] 자리에[所] 멈춤[止]이다. 아버지는 자식에게 〈지어엄(止於嚴)〉 즉 엄함에[於嚴] 멈춤[止]이 〈지부지소(止父之所)〉 즉 아버지의[父之] 자리에[所] 멈춤[止]이다. 어머니는 자식에게 〈지어자(止於慈)〉 즉 자애함에[於慈] 멈춤[止]이 〈지모지소(止母之所)〉 즉 어머니의[母之] 자리에[所] 멈춤[止]이다. 〈간기지(艮其止)〉가 부(父)로서 할 것이 있고 모(母)로서 할 것이 있음을 밝힘이 간파된다. 따라서 〈지기소(止其所)〉 즉 저마다 제[其] 자리에[所] 멈춤[止]이 간괘(艮卦 : ䷳)의 괘상(卦象)이고, 동시에 이 괘상(卦象)이 곧 동정(動靜)의 이치임을 살펴 깨닫게 하는 것이 〈간기지(艮其止) 지기소(止其所)〉이다. 〈간(艮)〉은 여기선 〈멈출 지(止)〉와 같다.

上下敵應(상하적응) 不相與(불상여)

간괘(艮卦 : ䷳)의 괘재(卦才)로써 괘상(卦象)을 거듭 밝힌다. 여기 〈상하(上下)의 상(上)〉은 간괘(艮卦 : ䷳)의 상체(上體)를 말하고, 〈상하(上下)의 하(下)〉는 간괘(艮卦 : ䷳)의 하체(下體)를 말한다. 상하체(上下體) 모두 간(艮 : ☶)인지라 간괘(艮卦 : ䷳)의 육효(六爻)가 서로 상응(相應)하지 못함을 〈적응(敵應)〉이라고 밝힌다. 〈적응(敵應)〉은 서로 호응(互應)하지 않는 대응(對應)인지라 간괘(艮卦 : ䷳)의 하체(下體)와 상체(上體)가 〈상배(相背)〉 즉 서로[相] 등지고[背] 있다. 〈적응(敵應)〉이므로 각효(各爻)마다 〈기소(其所)〉 즉 제[其] 자리[所]를 벗어나지 않고 멈춰 있음이 〈불상여(不相與)〉이다. 간괘(艮卦 : ䷳)의 상하체(上下體)가 서로[相] 함께하지 않음[不與]이란 서로[相] 등지고[背] 있음이다. 이는 간괘(艮卦 : ䷳)에는 중효(中爻)들이 서로 누릴 수 있는 중정(中正)도 없고 정응(正應)도 없으니 음양(陰陽)의 성화(成和)가 이루어지지 못함을 뜻한다. 겸산(兼山) 즉 이 산(山) 저 산(山) 여기저기 있어도[兼山] 이 산이 저 산과 함께하지 않고 저 산도 이 산과 함께하지 않으니, 상배(相背) 즉 서로[相] 등지고[背] 멈춰[止] 있을 뿐이다. 결코 제 자리를 옮기지 않음이 간괘(艮卦 : ䷳)의 괘상(卦象)이다. 따라서 제 자리에 멈추어[止] 있을 뿐이니 간괘(艮卦 : ䷳)의 괘재(卦才)를 〈불상여(不相與)〉 즉 서로[相] 함께하지 않음[不與]이라고 밝힌다.

是以不獲其身(시이불획기신) 行其庭(행기정) 不見其人(불견기인) 无咎(무구)

〈시이(是以)의 시(是)〉는 앞의 〈불상여(不相與)〉를 나타낸다. 서로[相] 함께하지 않기[不與] 때문에[以] 즉 서로 등지고 있기 때문에, 〈불획기신(不獲其身)〉 즉 제[其] 몸을[身] 얻지 않음[不獲]이라 함은 〈불견기신(不見其身)〉 즉 제[其] 몸을[身] 보지 않음[不見]을 밝힌다. 이런 까닭에 〈불획기신(不獲其身)〉은 『노자(老子)』에 나오는 〈색기태(塞其兌)〉를 환기시킨다. 〈불획기신(不獲其身)의 기신(其身)〉은 〈색기태(塞其兌)의 기태(其兌)〉를 암시하기 때문이다. 〈기태(其兌)의 태(兌)〉란 온갖 사물을 감지하는 이목구비(耳目口鼻)를 뜻한다. 〈불획기신(不獲其身)〉은 온갖 사물을 감지하는 감각기관(感覺器官)을 〈불획(不獲)〉 즉 취하지 않음[不獲]을 뜻한다. 따라서 제 몸을[其身] 얻지 않음[不獲]이란 모든 감각기관을 놓아버린 〈망아(忘我)〉를 일컫는다. 나를[我] 잊어버림[忘]이란 〈색기태(塞其兌)〉 즉 모든 감각기관[其兌]을 닫아버림[塞]이다. 망아(忘我)란 아무욕(我無欲) 즉 나에게[我] 욕심이[欲] 없음[無]이다. 정지(靜止) 즉 고요히[靜] 머묾[止]이 망아(忘我)의 무욕(無欲)으로 이어짐이 〈불획기신(不獲其身)〉이 뜻하는 것이다. 〈불획기신(不獲其身)〉으로써 앞서 살핀 〈불상여(不相與)〉가 욕망을 부추기는 온갖 외물(外物)을 떠나서 〈정지(靜止)〉 즉 고요히 머물러 있음[靜止]을 뜻하고 나아가 망아(忘我)의 경지를 뜻함을 알아채게 된다.

따라서 〈행기정(行其庭) 불견기인(不見其人)〉은 자기 주변에서 사람들이 오고가고 왁자지껄해도 외물(外物)에 사로잡히지 않아 〈정지(靜止)〉 즉 고요히[靜] 머묾[止]을 밝힌다. 나아가 사람들 틈바구니에서도 망아(忘我)로써 무욕(無欲)을 누려서, 간괘(艮卦 : ䷳)의 〈간(艮)〉 즉 산(山)을 본받아 〈정지(靜止)〉를 결코 벗어나지 않음을 뜻함이 〈행기정(行其庭) 불견기인(不見其人)〉이다. 〈행기정(行其庭) 불견기인(不見其人)〉은 제 자신이[其身] 밖으로는 외물(外物)과 교접(交接)하지 않고 안으로는 욕망[欲]이 싹트지 않음을 뜻한다. 드디어 앞에서 살핀 〈기도광명(其道光明)〉 즉 멈춤의[其] 이치가[道] 밖으로 빛나고[光] 안으로 밝음[明]이라고 밝힌 까닭이 망아(忘我)의 무욕(無欲)으로 이어지기 때문임이 밝혀진다. 나를[我] 잊고[忘] 욕망이[欲] 없음[無]인즉 〈하구(何咎)〉 즉 그 무슨[何] 허물[咎]이 있을 것인가? 망아(忘我)의 무욕(無欲)에는 아무런 허물이 없는지라, 〈정지(靜止)〉 즉 고요히[靜] 머묾[止]에는 〈무구(无咎)〉 즉 허물이[咎] 없다[无].

註 색기태(塞其兌) 폐기문(閉其門) 종신불근(終身不勤) 개기태(開其兌) 제기사(濟其事) 종신불구(終身不救) : 제[其] 이목구비를[兌] 막고[塞] 제[其] 이목구비를[門] 닫으면[閉] 죽을 때까지[終身] 수고롭지 않다[不勤]. 그[其] 이목구비를[兌] 열어두고[開] 그[其] 살아가는 일들을[事] 이루려 한다면[濟] 평생토록[終身] (위태함과 수고로움을) 구제받지 못한다[不救].

『노자(老子)』 52장(章)

53 점괘(漸卦 : ䷴) 단사(彖辭)

간하손상(艮下巽上) : 아래는[下] 간(艮 : ☶), 위는[上] 손(巽 : ☴).

풍산점(風山漸) : 바람과[風] 산은[山] 점이다[漸].

漸之進也이니 女歸吉也라 進得位하니 往有功也이다
점 지 진 야 　 여 귀 길 야 　 진 득 위 　 왕 유 공 야

進以正하니 可以正邦也이다 其位剛得中也라 止而巽
진 이 정 　 가 이 정 방 야 　 기 위 강 득 중 야 　 지 이 손

하니 動不窮也이다
동 불 궁 야

점괘는[漸之] 나아감[進]이니[也] 처녀가[女] 시집가면[歸] 좋으리라[吉也]. 나아가서[進] 자리를[位] 얻는지라[得] 가면[往] 보람이[功] 있음[有]이다[也]. 바름[正]으로써[以] 나아감을[進] 따르면[以] 나라를[邦] 바로잡을 수 있는 것[可正]이다[也]. 그[其] 자리는[位] 굳세서[剛] 가운데를[中] 얻음[得]이다[也]. 멈추면서[止而] 순종하니[巽] 움직여도[動] 궁색하지 않는 것[不窮]이다[也].

【지남(指南)】

漸之進也(점지진야)

〈점지진(漸之進)의 점(漸)〉은 점괘(漸卦 : ䷴)를 말하고, 〈점지진(漸之進)의 진(進)〉은 점괘(漸卦 : ䷴)의 괘상(卦象)을 밝힌다. 지필유진(止必有進) 즉 멈춤에는[止] 반드시[必] 나아감이[進] 있음[有]이 천도(天道)의 굴신소식(屈伸消息)이다. 굽혀지면[屈] 펴지고[伸] 없어지면[消] 생김[息]이 자연의[天] 이치[道]이다. 따라서 멈춤[止]의 간괘(艮卦 : ䷳) 다음에 나아감[進]의 점괘(漸卦 : ䷴)가 뒤따름 역시 천도(天道)이다. 점괘(漸卦 : ䷴)의 하체(下體) 간(艮 : ☶)은 형태로는 산(山)이고 사물로는 성(城)이며, 점괘(漸卦 : ䷴)의 상체(上體) 손(巽 : ☴)은 형태로는 바람[風]

이고 사물로는 초목(草木)인지라, 멈춰 있는 산(山 : ☶) 위에서 바람[風]이 불어오가고 초목(草木 : ☴)이 자라는 모습이 점괘(漸卦 : ䷴)의 괘상(卦象)인지라 〈진(進)〉 즉 나아감[進]이라 풀이한다.

女歸吉也(여귀길야)

〈점지진(漸之進)의 진(進)〉을 점괘(漸卦 : ䷴)의 상체(上體) 손(巽 : ☴)으로써 풀이한다. 손(巽 : ☴)은 장녀(長女) 즉 맏딸을 나타낸다. 점괘(漸卦 : ䷴)의 괘상(卦象)이 〈진(進)〉 즉 나아감[進]이란 손(巽 : ☴)의 몫이지 멈춰 있는[止] 간(艮 : ☶)의 몫은 아니다. 〈여귀(女歸)〉는 지행(止行) 즉 멈추고[止] 감[行]의 〈기시(其時)〉 즉 제[其] 때[時]를 잃지 않음을 암시한다. 시집갈 나이가 될 때까지는 머묾[止]이고 시집갈 나이가 되면 나아감[進]이 곧 〈여귀(女歸)〉이다. 물론 〈여귀(女歸)〉는 나아갈[進] 때를[時] 잃지 않음[不失]을 말한다. 〈여귀(女歸)의 여(女)〉는 점괘(漸卦 : ䷴)의 상체(上體)인 손(巽 : ☴)을 밝힌다. 대성괘(大成卦)에서 하체(下體)는 들어오는 괘(卦)에 속하고 상체(上體)는 나아가는 괘(卦)에 속한다. 인간관계(人間關係)에서 손(巽 : ☴)은 장녀(長女) 즉 맏딸이다. 이에 〈여귀(女歸)〉는 맏딸이 시집감[歸]이다. 맏딸이[女] 시집감[歸]이야말로 지진(止進)의 대사(大事)이다. 여자가[女] 시집가[歸] 가정을 일구고 아들딸 낳아 길러냄이야말로 대사이며, 이 대사는 점진(漸進)하지 결코 급진(急進)하지 못한다. 이러한 〈여귀(女歸)〉의 대사야말로 〈길(吉)〉 즉 행복(幸福)인지라 〈여귀길야(女歸吉也)〉라고 밝힌다.

進得位(진득위) 往有功也(왕유공야)

점괘(漸卦 : ䷴)가 이루어졌음을 밝히고, 동시에 상효(上爻)가 나가고[往] 초효(初爻)가 들어왔음[來]을 밝힌다. 들어와서 점괘(漸卦 : ䷴)를 이룬 초효(初爻)는 초륙(初六 : ╍)임이 분명하지만, 이 초륙(初六 : ╍)으로 말미암아 나간 상효(上爻)가 상구(上九 : ━)일 수도 있고 상륙(上六 : ╍)일 수도 있다. 나간 상효(上爻)가 상구(上九 : ━)였다면 6번째 송괘(訟卦 : ䷅)가 변괘(變卦)하여 점괘(漸卦 : ䷴)가 되었음을 밝힌 것이 〈진득위(進得位)의 진(進)〉이고, 나간 상효(上爻)가 상륙(上六 : ╍)이었다면 47번째 곤괘(困卦 : ䷮)가 변괘(變卦)하여 점괘(漸卦 : ䷴)가 되었음을 밝힌 것이 〈진득위(進得位)의 진(進)〉이다. 그러므로 〈진득위(進得位)의 진(進)〉은 상효(上爻)가 나가고 새로 음기(陰氣)나 양기(陽氣)가 초효(初爻) 자리로 들어오면[來] 있던 초효(初爻)는 이효(二爻) 자리로 올라가고, 이효(二爻)는 삼효(三爻) 자리로 올라가고, 삼효(三爻)는 사효(四爻) 자리로 올라가고, 사효(四爻)는 오효(五爻) 자리로 올라가고, 오효(五爻)는 상효(上爻) 자리로 올라감을 밝힌다. 효(爻)의 상행(上行)은 서진(序進) 즉 순서대로[序] 나아가[進] 각효(各爻)가 제자리를 얻음인지라 〈진득위(進得位)〉라고 밝히고, 서진(序進)하여 각효(各爻)가 저마다 제자리를[位] 얻으니[得] 올라간 보람이 있는지라 〈왕유공야(往有功也)〉라고 밝힌다.

進以正(진이정) 可以正邦(가이정방)

〈가정방이진이정(可正邦以進以正)〉에서 〈진이정(進以正)〉을 강조하고자 전치(前置)하고 남은 〈이(以)〉를 〈정(正)〉 앞에 둔 것이 〈진이정(進以正) 가이정방(可以正邦)〉이다. 물론 〈진이정(進以正)〉은 〈효지진이정위(爻之進以正位)〉의 줄임으로 여긴다. 점괘(漸卦 : ䷴)의 하체(下體) 간(艮 : ☶)은 59번째 환괘(渙卦 : ䷺)의 구이(九二 : ⚊)가 진상(進上)하여 구삼(九三 : ⚊)이 되어 정위(正位)를 얻고, 점괘(漸卦 : ䷴)의 상체(上體) 손(巽 : ☴)은 56번째 여괘(旅卦 : ䷷)의 구사(九四 : ⚊)가 진상(進上)하여 구오(九五 : ⚊)가 되어 바른[正] 자리[位]를 얻음으로써 점괘(漸卦 : ䷴)가 되었음을 〈진이정(進以正)〉이라고 밝힌다. 짝수의 자리에 있던 양효(陽爻)가 홀수의 자리로 진상(進上)하였음을 밝힌 것이 〈진이정(進以正)〉이고, 홀수의 자리에 있던 음효(陰爻)가 짝수의 자리로 진상하였음을 밝힌 것도 〈진이정(進以正)〉이다. 〈가이정방(可以正邦)〉은 〈군왕가정방이진이정위(君王可正邦以進以正位)〉로 여기고 〈군왕이[君王] 바른[正] 자리[位]로써[以] 나아감을[進] 본받으면[以] 나라를[邦] 바르게 할 수 있다[可正]〉라고 새겨볼 것이다. 군왕(君王)이 정사(政事)를 〈진이정(進以正)〉 즉 정위[正]로써[以] 나아감[進]을 실행한다면 나라를 바로잡을 수 있다는 것이 〈가이정방(可以正邦)〉이다. 〈진이정(進以正)의 이(以)〉는 여기선 〈실행할 행(行)〉과 같고, 〈진이정(進以正)의 정(正)〉은 정위(正位)의 줄임으로 여김이 마땅하다.

其位剛得中也(기위강득중야)

〈기위(其位)〉는 앞서 살핀 〈진득위(進得位) 왕유공야(往有功也)〉를 거듭해 통언(統言) 즉 실마리를[統] 밝힘[言]이니, 〈기위(其位)〉는 〈진득지위(進得之位)〉로 여기고 새김이 마땅하다. 나아가[進] 취한[得之] 자리[位]가 〈강득중(剛得中)의 중(中)〉 즉 점괘(漸卦 : ䷴)의 오위(五位)를 말하고, 〈왕유공(往有功)〉 즉 가서[往] 보람이[功] 있음[有] 역시 점괘(漸卦 : ䷴) 구오(九五 : ⚊)의 자리[位]를 말한다. 따라서 〈강득중(剛得中)〉은 구오(九五 : ⚊)가 나아가[進] 존위(尊位)를 얻음[得]을 밝히고, 뿐만 아니라 구오(九五 : ⚊)가 육이(六二 : ⚋)와 중정(中正)-정응(正應)을 누림을 밝힌다. 대성괘(大成卦)에서 오효(五爻)의 자리는 군왕(君王)의 자리인지라 존위(尊位)가 된다. 양(陽 : ⚊)이 진상(進上)하여 〈득중(得中)〉 즉 존위(尊位)를 얻었으니 〈왕유공(往有功)〉임을 거듭해 밝힌 것이 〈강득중(剛得中)〉이다.

止而巽(지이손) 動不窮也(동불궁야)

점괘(漸卦 : ䷴)의 괘재(卦才) 즉 괘의[卦] 바탕[才]으로 점괘(漸卦 : ䷴)의 괘상(卦象)을 본받아 행할 바를 총괄해서 밝힌다. 〈지이손(止而巽)의 지(止)〉는 〈내간지(內艮止)〉를 줄여 점괘(漸卦 : ䷴)의 하체(下體)인 간(艮 : ☶)을 풀이하고, 〈지이손(止而巽)의 손(巽)〉은 〈외손순(外巽順)〉을 줄여 점괘(漸卦 : ䷴)의 상체(上體)인 손(巽 : ☴)을 풀이한다. 〈지이손(止而巽)의 지(止)〉는 안정(安靜) 즉 마음이 편안하고[安] 고요한[靜] 모습[象]이고, 〈지이손(止而巽)의 손(巽)〉은 화순(和順) 즉 어울려[和] 따라가는[順] 상(象)이다. 그러므로 〈지이손(止而巽)〉은 점괘(漸卦 : ䷴)의 괘상(卦象)을 묶어 밝혀 인간이 본받아야 할 것은 바로 〈지이손(止而巽)〉의 점진(漸進)임을 일깨운다. 점진(漸進)이 천도(天道)이고 급진(急進)은 인간의 욕심일 뿐 천도(天道)가 아님을 동시에 일깨운다. 인간의 나아감[進]도 점진(漸進)이어야지 급진(急進)이어서는 결코 안 된다. 욕심으로 움직이면 조급해져 점진(漸進)이라는 천도(天道)를 잃게 되어 곧장 궁색(窮塞)해지고 만다. 그러나 마음속은 지정(止靜)하고 행동거지는 손순(巽順)하면 진동(進動) 즉 나아가[進] 활동해도[動] 곤궁(困窮)하지 않음을 밝힌 것이 〈지이손(止而巽) 동불궁야(動不窮也)〉이다.

54 귀매괘(歸妹卦 : ䷵) 단사(彖辭)

태하진상(兌下震上) : 아래는[下] 태(兌 : ☱), 위는[上] 진(震 : ☳).

뇌택귀매(雷澤歸妹) : 우레와[雷] 못은[澤] 귀매이다[歸妹].

歸妹天地之大義也이다 天地不交면 而萬物不興하니 歸妹人之終始也라 說以動이 所歸妹也이다 征凶은 位不當也이고 无攸利는 柔乘剛也이다
(귀매천지지대의야 천지불교 이만물불흥 귀매인지종시야 열이동 소귀매야 정흉 위부당야 무유리 유승강야)

귀매괘는[歸妹] 하늘땅의[天地之] 큰[大] 뜻[義]이다[也]. 하늘땅이[天地] 사귀지 않으면[不交] 곧[而] 만물이[萬物] 흥성하지 못하니[不興] 여자가 시집가는 것은[歸妹] 인간의[人之] 끝이고[終] 처음[始]이다[也]. 기쁨[說]으로써[以] 움직임이[動] 소녀가[妹] 시집가는[歸] 것[所]이다[也]. 나서면[征] 흉하다 함은[凶] 자리가[位] 마땅치 않음[不當]이고[也], 이로울[利] 바가[攸] 없음은[无] 부드러움이[柔] 굳셈을[剛] 올라탐[乘]이다[也].

【지남(指南)】

歸妹天地之大義(귀매천지지대의)

〈귀매(歸妹)〉는 귀매괘(歸妹卦 : ䷵)를 말하고, 〈천지지대의(天地之大義)〉는 귀매괘(歸妹卦 : ䷵)의 괘상(卦象)을 풀이한다. 〈대의(大義)〉는 천지(天地)가 상교(相交)함을 말한다. 그 상교(相交)를 〈일음일양지위도(一陰一陽之謂道)〉라고 한다. 음양(陰陽)이 교감(交感)하듯 남녀(男女)가 배합(配合) 즉 짝함[配合]이 하늘땅의 상리(常理) 즉 변함없는[常] 이치[道]인지라 〈대의(大義)〉라 한다. 동시에 여기 〈대의(大義)〉는 『노자(老子)』에 나오는 〈현덕(玄德)〉 즉 현묘한[玄] 덕(德)을 상기시키고, 『장자(莊子)』에 나오는 〈만물지모(萬物之母)〉를 떠올린다. 천지(天地)는 만물의[萬物

之] 어머니[母]이니 천지의[天地之] 뜻은[義] 크다[大].

註 생이불유(生而不有) 위이불시(爲而不恃) 장이부재(長而不宰) 위지현덕(謂之玄德) : {상도(常道)는} 낳아주되[生而] 갖지 않고[不有], 위해주되[爲而] 바라지 않으며[不恃], 키워주되[長而] 이래라저래라 않는다[不宰]. 이를[之] 현묘한[玄] 덕이라[德] 이른다[謂]. 『노자(老子)』 51장(章)

註 천지자만물지모야(天地者萬物之母也) : 하늘땅이라는[天地] 것은[者] 만물의[萬物之] 어머니[母]이다[也]. 『장자(莊子)』「달생(達生)」 1절(節)

天地不交(천지불교) 而萬物不興(이만물불흥)

앞서 살핀 〈천지지대의(天地之大義)〉를 거듭해 밝힌다. 〈천지불교(天地不交)의 불교(不交)〉는 하늘땅[天地]이 일음일양(一陰一陽)의 도리(道理)를 행하지 않음을 밝힌다. 그러면 〈만물불흥(萬物不興)〉이다. 천지(天地) 즉 하늘[天]은 양(陽 : ―)으로서 아버지가 되고 땅[地]은 음(陰 : --)으로서 어머니가 되어, 서로 교합(交合)하지 않는다면 만물(萬物)이 〈불흥(不興)〉 즉 생겨나지 못한다[不興]. 땅 위에 있는 모든 것들은 천지(天地)의 자식이 아닌 것이 없다. 천지(天地)는 만물을 귀천(貴賤)으로 분별하지 않는다. 물론 사람에게는 예(禮)라는 것이 있으니 인간은 귀(貴)한 것이라는 유가(儒家)의 주장이 있지만, 천지(天地) 앞에 만물은 모두 하나같다. 길가의 돌멩이에도 천지(天地)의 뜻이 있음을 〈만물불흥(萬物不興)〉이 암시한다. 여기 〈흥(興)〉은 〈이룰 작(作), 일어날 기(起)〉 등과 같다.

歸妹人之終始(귀매인지종시)

〈귀매(歸妹)〉는 귀매괘(歸妹卦 : ䷵)의 괘재(卦才)를 밝힌다. 말하자면 귀매괘(歸妹卦 : ䷵)의 하체(下體)인 태(兌 : ☱)가 상체(上體)인 진(震 : ☳)을 뒤따라감이 〈귀매(歸妹)〉이다. 태(兌 : ☱)는 소녀(少女) 즉 작은 딸을 나타내고, 진(震 : ☳)은 장남(長男)을 나타낸다. 귀매괘(歸妹卦 : ䷵)의 괘상(卦象)이 〈귀매(歸妹)〉라 함은 귀매괘(歸妹卦 : ䷵)의 하체(下體) 태(兌 : ☱)의 상효(上爻)인 육삼(六三 : --)과 상체(上體) 진(震 : ☳)의 초효(初爻)인 구사(九四 : ―)와의 비(比) 즉 이웃의 사귐[比]이 한 집의 막내딸[少女]이 다른 집의 장남(長男)에게 시집가는 모습이라는 것이다. 〈인지종시(人之終始)〉란 소녀(少女)로서는 끝남[終]이고 부인(婦人)으로서는 시작함[始]이며, 장남(長男)으로서는 종(終)이고 남편(男便)으로서는 시(始)임을 뜻해, 〈종시(終始)〉는 남녀(男女)가 상합(相合)하여 생생(生生)이 이어지는 중대사(重大事)를 말한다. 남녀가 서로[相] 합[合]하여 생식(生息)이 이어져 끝남이 없음을 밝힘이 〈인지종시(人之終始)〉이다.

說以動(열이동) 所歸妹(소귀매)

앞서 살핀 〈귀매(歸妹)〉를 귀매괘(歸妹卦 : ䷵)의 괘재(卦才)로써 거듭 밝힌다. 〈열이동(說以動)의 열(說)〉은 귀매괘(歸妹卦 : ䷵)의 하체(下體)인 태(兌 : ☱)를 풀이한다. 태(兌 : ☱)의 성질은 〈열(說)〉 즉 기쁨[說]이다. 〈열이동(說以動)의 동(動)〉은 귀매괘(歸妹卦 : ䷵)의 상체(上體)인 진(震 : ☳)을 풀이한다. 진(震 : ☳)의 성질은 〈동(動)〉 즉 움직임[動]이다. 기쁨[說]으로써[以] 움직임[動]이 다름 아닌 돌아갈[歸] 바[所] 즉 시집갈 쪽이 소녀[妹]이다. 〈귀매(歸妹)의 귀(歸)〉를 〈열이동(說以動)〉이라고 풀이한다. 소녀가[妹] 기쁨[說]으로써[以] 장남에게로 시집감[歸]이 〈동(動)〉이다. 소녀(少女)가 장남(長男)을 따라감을 일러 〈열이동(說以動)〉이라 한다.

征凶(정흉) 位不當(위부당)

귀매괘(歸妹卦 : ䷵)의 괘재(卦才)로 〈귀매(歸妹)〉의 뜻을 풀이한다. 〈귀매(歸妹)〉를 〈정흉(征凶)〉이라고 풀이한 것을 납득하자면 고대(古代) 중국(中國)의 혼인 풍속을 떠올려야 한다. 한 남자에게 자매(姉妹)가 시집가서 언니는 첫째 부인이 되고 동생은 둘째 부인이 되는 혼인풍속이 있었다. 〈귀매(歸妹)의 매(妹)〉는 시집가서 둘째 부인이 될 터이니 시집간다면[征] 언니에 비해서 흉(凶)할 수밖에 없음을 암시함이 〈정흉(征凶)〉이다. 이러한 〈정흉(征凶)〉을 귀매괘(歸妹卦 : ䷵)의 〈위부당(位不當)〉을 들어 풀이한다. 귀매괘(歸妹卦 : ䷵)의 육효(六爻) 중 초구(初九 : ⚊)와 상륙(上六 : ⚋)을 제외하고는 모두 정위(正位)에 있지 않음을 밝힌다. 귀매괘(歸妹卦 : ䷵)의 음효(陰爻) 자리인 이(二)-사(四)의 자리에 양효(陽爻 : ⚊)가 있고, 양효(陽爻 : ⚊)가 있어야 할 삼(三)-오(五)의 자리에 음효(陰爻 : ⚋)가 있음을 〈위부당(位不當)〉이라고 밝히고, 동시에 〈귀매(歸妹)의 매(妹)〉가 받아야 할 자리를 암시하는 것 역시 〈위부당(位不當)〉이다. 홀수의 자리에 양효(陽爻)가 자리를 잡고 짝수의 자리에 음효(陰爻)가 자리를 잡아야 정당(正當)하다.

无攸利(무유리) 柔乘剛(유승강)

〈무유리(无攸利)〉는 앞서 살핀 〈위부당(位不當)〉을 풀이한다. 자리가[位] 부당하면[不當] 〈무유리(无攸利)〉 즉 이로울[利] 것이[攸] 없음[无]이 천도(天道)이다. 자리가 부당(不當)함에도 유리한[利] 것이[攸] 있다[有]면 그것은 자연의[天] 규율[道]일 수 없다. 천도(天道)는 항상 당연할 뿐이다. 천도(天道)에는 요행(徼幸) 즉 행운을[幸] 바람[徼]이란 없다. 나아가 앞서 살핀 〈위부당(位不當)〉을 〈유승강(柔乘剛)〉이라 거듭하여 풀이한다. 〈유승강(柔勝剛)의 유(柔)〉는 귀매괘(歸妹卦 : ䷵)의 육삼(六三 : ╌)-육오(六五 : ╌)를 말하고, 〈유승강(柔乘剛)의 강(剛)〉은 귀매괘(歸妹卦 : ䷵)의 구이(九二 : ─)-구사(九四 : ─)를 말한다. 〈유(柔)〉는 음(陰 : ╌)을 말하고 〈강(剛)〉은 양(陽 : ─)을 말한다. 〈유승강(柔勝剛)의 승(乘)〉은 육삼(六三 : ╌)-육오(六五 : ╌)의 음효(陰爻)가 구이(九二 : ─)-구사(九四 : ─)의 양효(陽爻) 위에 있음을 〈올라타고 있음[乘]〉이라고 밝힌다.

〈유승강(柔乘剛)〉은 천존지비(天尊地卑)의 천도(天道)를 어김이다. 하늘은[天] 높고[尊] 땅은[地] 낮다[卑]는 것이 천도(天道)이기 때문이다. 천존지비(天尊地卑)를 따라 남존여비(男尊女卑)이다. 존비(尊卑)는 귀천(貴賤)을 말함이 아니다. 존비(尊卑)는 고하(高下)-선후(先後)를 말한다. 양(陽 : ─)의 강건(剛健)함이 존(尊)이요, 음(陰 : ╌)의 유약(柔弱)함이 비(卑)이다. 강건(剛健)한 것이 앞서고[先] 유약(柔弱)한 것이 뒤섬[後]이 순리(順理) 즉 천도(天道)이다. 그래서 부창부수(夫唱婦隨)라는 것이다. 강건(剛健)한 남편[夫]이 앞서서 부르고[唱] 유약(柔弱)한 아내[婦]가 따라감[隨]이 천도(天道)이다. 이러한 천도(天道)와 어긋남이 〈유승강(柔乘剛)〉이다. 따라서 귀매괘(歸妹卦 : ䷵)가 〈정흉(征凶)〉 즉 소녀[妹]가 시집간다면[征] 불행하다[凶]고 한 소이(所以) 즉 까닭[所以]을 〈위부당(位不當)〉 곧 〈유승강(柔乘剛)〉으로써 밝힌다.

55 풍괘(豐卦 : ䷶) 단사(彖辭)

이하진상(離下震上) : 아래는[下] 이(離 : ☲), 위는[上] 진(震 : ☳).

뇌화풍(雷火豐) : 우레와[雷] 불은[火] 풍이다[豐].

豐大也이다 明以動이다 故로 豐이다 王假之는 尚大也이
풍대야 명이동 고 풍 왕격지 상대야
다 勿憂라 宜日中은 宜照天下也이다 日中則昃하고 月
물우 의일중 의조천하야 일중즉측 월
盈則食한다 天地盈虛도 與時消息인데 而況於人乎이랴!
영즉식 천지영허 여시소식 이황어인호
況於鬼神乎이랴!
황어귀신호

풍괘는[豐] 성대함[大]이다[也]. {풍괘(豐卦)는} 밝음[明]으로써[以] 움직인다[動]. 그러므로[故] {풍괘(豐卦)는} 풍성하다[豐]. 임금이[王] 이에[之] 이름은[假] 크나큰 것을[大] 받듦[尚]이다[也]. 걱정하지[憂] 말라[勿]. 마땅히[宜] 하늘 가운데 있는[中] 해가[日] 마땅히[宜] 천하를[天下] 비춰주는 것[照]이다[也]. 해가[日] 하늘 가운데 있으면[中] 곧[則] 기울어지고[昃], 달도[月] 차면[盈] 곧[則] 이지러진다[食]. 하늘땅의[天地] 채움과[盈] 비움도[虛] 때와[時] 함께[與] 사라지고[消] 생기거늘[息] 그런데[而] 하물며[況] 인간에게[於人]서랴[乎]! 하물며[況] 귀신에게[於鬼神]서랴[乎]!

【지남(指南)】

豐大也(풍대야)

〈풍(豐)〉은 풍괘(豐卦 : ䷶)를 말하고, 〈대(大)〉는 풍괘(豐卦 : ䷶)의 괘상(卦象)을 풀이한다. 득기소귀자필대(得其所歸者必大) 즉 돌아갈[歸] 데를[其所] 얻는[得] 것은[者] 반드시[必] 크다[大]는 것이 천도(天道)이다. 음양상교(陰陽相交)로써 생겨난 볍씨 하나가 다시 음양상교(陰陽相交)로써 백 알의 벼이삭을 일구어내는 천지조화(天地造化)야말로 〈풍(豐)〉이다. 볍씨 하나는 작고 벼이삭 하나는 크다. 작은 것이 큰 것이 되므로 풍(豐)이다. 그래서 〈풍(豐)〉은 〈대(大)〉이다. 따라서 귀매괘(歸妹卦 : ䷵) 다음에 풍괘(豐卦 : ䷶)가 뒤따름 역시 천도(天道)이다. 풍괘(豐卦 : ䷶)의 하체(下體) 이(離 : ☲)는 형태로는 불[火]이고 성질로는 붙음[麗]이며, 풍괘(豐卦 : ䷶)의 상체(上體) 진(震 : ☳)은 형태로는 우레[雷]이고 성질로는 결단(決斷)이다. 불과 우레가 결단하여 붙음인지라 풍괘(豐卦 : ䷶)의 괘상(卦象)은 불[火]과 우레[雷]로써 명(明 : ☲)과 동(動 : ☳)이 위아래로[上下] 〈풍(豐)〉 즉 풍성하여 〈대(大)〉 즉 성대하다.

明以動(명이동) 故(고) 豐(풍)

〈명이동(明以動)〉은 〈풍괘명이동(豐卦明以動)〉으로 여기고 〈풍괘는[豐卦] 밝음[明]으로써[以] 움직인다[動]〉라고 새겨볼 것이다. 여기 〈풍(豐)〉은 〈풍괘풍(豐卦豐)〉으로 여기고 〈풍괘는[豐卦] 풍성하다[豐]〉라고 새긴다. 〈명이동(明以動)의 명(明)〉은 풍괘(豐卦 : ䷶)의 하체(下體) 이(離 : ☲)를 말하고, 〈명이동(明以動)이 동(動)〉은 풍괘(豐卦 : ䷶)의 상체(上體) 진(震 : ☳)을 말한다. 이(離 : ☲)는 불[火]이기에 밝고[明], 진(震 : ☳)은 우레[雷]이기에 움직인다[動]. 그러므로 〈명이동(明以動)〉은 풍괘(豐卦 : ䷶)의 괘재(卦才)로써 괘상(卦象)을 풀이한다. 밝음[明]으로써[以] 번개 치니[動] 명동상자(明動相資) 즉 밝음과[明] 움직임이[動] 서로[相] 얻어서[資] 성풍(成豐) 즉 성대함을[豐] 이룸[成]을 밝힌 것이 〈풍(豐)〉이다.

王假之(왕격지) 尙大(상대)

〈왕격지(王假之) 상대(尙大)〉는 〈왕격어풍(王假於豐) 이왕상대(而王尙大)〉로 여기고 〈왕이[王] 풍성함에[於豐] 이른다[假] 그리고[而] 왕은[王] 크나큼을[大] 받든다[尙]〉라고 새겨볼 것이다. 임금이[王] 풍성함에 이른다[假豐] 함은 나라의 백성을 받듦[尙]이고 나라의 백성은 큰 것[大]이다. 임금이 받드는[尙] 것은 백성이고 그 백성이 살아가는 나라의[國] 땅[土]이다. 왕에게는 백성도 크고 나라의 땅도 크다. 따라서 백성을 다스림[治]도 크다. 그러므로 임금은 풍괘(豐卦 : ䷶)의 상체(上

體)를 본받아 한결같이 받들어야[尙] 하는 것은 백성과 국토라는 큰[大] 것임을 밝힌 것이 〈왕격지(王假之) 상대(尙大)〉이다. 〈왕격지(王假之)의 격(假)〉은 〈이를 지(至)〉와 같고, 〈상대(尙大)의 상(尙)〉은 〈받들 숭(崇)〉과 같아 숭상(崇尙)의 줄임말로 여긴다.

勿憂(물우) 宜日中(의일중) 宜照天下(의조천하)

〈명이동(明以動)의 풍(豐)〉을 〈일중(日中)〉 즉 정오(正午)의 해[日]를 들어 풀이하고, 동시에 〈풍대(豐大)〉 풍(豐)이 크나큰[大] 까닭을 〈조천하(照天下)〉로써 밝힌다. 〈일중(日中)〉 즉 중천에 있는[中] 해가[日] 온 세상을[天下] 비춤[照]을 〈물우(勿憂)〉 즉 걱정하지[憂] 말라[勿]는 것이다. 왜냐하면 〈일중(日中)의 조천하(照天下)〉는 〈의(宜)〉 즉 의당하기[宜] 때문이다. 여기 〈의(宜)〉는 천도(天道)에 어긋남 없이 천도(天道)를 따름을 밝힌다. 밝음[明]으로써[以] 움직이는[動] 것이란 〈일중(日中)의 일(日)〉보다 더한 것은 없다. 일월(日月)은 동(東)에서 와서[來] 서(西)로 간다[往]. 내(來)가 왕(往)으로 바뀌는 사이가 여기 〈일중(日中)의 중(中)〉이고, 동시에 〈일중(日中)의 중(中)〉을 〈의조천하(宜照天下)〉로써 풀이한다. 무우편(無宇偏) 즉 사방상하(四方上下)인 우에[宇] 치우침[偏] 없이[無] 온 세상을[天下] 비춰줌[照]을 밝힘이 〈일중(日中)〉 즉 중천(中天)에 있는 해[日]이다. 따라서 〈일중(日中)의 중(中)〉은 해[日] 역시 천(天)의 우주(宇宙)를 벗어날 수 없음을 살펴 헤아리게 한다. 왕고래금(往故來今) 즉 저때가[故] 가고[往] 이때가[今] 옴[來]이 주(宙)이고 사방상하(四方上下)가 우(宇)이다. 사방상하(四方上下)의 중앙(中央)에서 천하(天下)를 비춤[照]이 〈일중(日中)〉의 우(宇)이고, 동서(東西)를 왕래(往來)하면서 치우침 없이 행하는 〈조천하(照天下)〉 또한 〈일중(日中)〉의 주(宙)인지라, 해가[日] 중천(中天)에서 서방(西方)으로 기울다가 넘어간다고 〈물우(勿憂)〉 즉 걱정하지[憂] 말라[勿] 함이 〈물우(勿憂) 의일중(宜日中) 의조천하(宜照天下)〉이다.

日中則昃(일중즉측) 月盈則食(월영즉식) 天地盈虛(천지영허) 與時消息(여시소식)

〈일중즉측(日中則昃)〉은 의당(宜當)하니 걱정하지[憂] 말라[勿]는 까닭을 자상하게 밝힌다. 〈일중(日中)〉은 일지풍성(日之豐盛) 즉 하루에 해가[日之] 가장 풍성하다[豐盛]. 풍성(豐盛)하면 결핍(缺乏)이 온다는 것을 밝힘이 〈일중즉측(日中則昃)의 측(昃)〉이다. 아침나절이 가고[往] 저녁나절이 옴[來]을 밝힌 것이 〈일중즉측(日中則昃)의 측(昃)〉이다. 일지왕래(日之往來) 즉 낮이 오면 밤이 가고 밤이 오면 낮이 가고, 곧 해가[日之] 가고[往] 옴[來]을 밝힌 것이 〈일중즉측(日中則昃)〉이다. 이 역시 〈일(日)〉의 시운(時運)을 밝혀 풍성(豐盛)과 결핍(缺乏)이 가고 와[往來] 성쇠(盛衰)-진퇴(進退)의 수시(隨時) 즉 시운을[時] 따름임[隨]을 풍괘(豐卦 : ䷶)의 괘상(卦象)을 본받아 깨우쳐야 함을 밝힌다.

〈월영즉식(月盈則食)의 영(盈)〉은 초승달이 보름달이 됨을 밝히고, 〈월영즉식(月盈則食)의 식(食)〉은 보름달이 그믐달이 되는 것을 밝힌다. 〈월영(月盈)〉은 월광(月光)의 풍성(豐盛)함을 밝히고, 〈월식(月食)〉은 달빛의 결핍(缺乏)을 밝힌다. 이 역시 〈달[月]〉의 시운(時運)을 밝혀 풍성(豐盛)과 결핍(缺乏)이 가고 와[往來] 성쇠(盛衰)-진퇴(進退)의 수시(隨時) 즉 시운을[時] 따름임[隨]을 풍괘(豐卦 : ䷶)의 괘상(卦象)을 본받아 깨우쳐야 함을 밝힌다.

〈천지영허(天地盈虛)〉는 앞서 살핀 〈일중즉측(日中則昃)〉과 〈월영즉식(月盈則食)〉을 묶어서 거듭 풀이한다. 〈천지영허(天地盈虛)〉는 〈일월지광영천지(日月之光盈天地) 이일월지광허천지(而日月之光虛天地)〉로 여기고 새김이 마땅하다. 〈일중(日中)〉과 〈월영(月盈)〉은 〈천지영(天地盈)〉 즉 일월의[日月之] 밝음이[光] 하늘땅을[天地] 채움[盈]이고, 〈천지허(天地虛)〉 즉 하늘땅에서[天地] 일월의[日月之] 밝음을[光] 비움[虛]임을 밝힌다. 물론 〈일측(日昃)〉과 〈월식(月食)〉은 한낮의[中] 해가[日] {서방(西方)으로} 기울고[昃], 달도[月] 차면[盈] 이지러짐[食]은 〈여시소식(與時消息)〉이라는 것이다. 〈여시소식(與時消息)의 여시(與時)〉는 〈여천지지시운(與天地之時運)〉의 줄임으로 여기고 새긴다. 천지의 시운과[時] 더불어[與] 없어지고[消] 생기는[息] 천도(天道)임을 밝힌 것이 〈일중즉측(日中則昃)〉이고 〈월영즉식(月盈則食)〉이다. 그러므로 풍괘(豐卦 : ䷶)의 괘상(卦象)이 밝혀주는 〈풍(豐)〉 역시 〈여시소식(與時消息)〉의 천도(天道)를 벗어날 수 없으므로, 풍성함이[豐] 생기면[息] 그 〈풍(豐)〉이 사라짐[息]을 일깨워 깨우치는 것이 〈일중즉측(日中則昃) 월영즉식(月盈則食) 천지영허(天地盈虛) 여시소식(與時消息)〉이다.

〈소식(消息)의 소(消)〉는 〈멸(滅)〉 즉 없어짐[滅]을 뜻하고, 〈소식(消息)의 식(息)〉은 생(生) 즉 생겨남[生]을 뜻한다. 소식(消息)-영허(盈虛)-영고(榮枯)-성쇠(盛衰)-왕래(往來)-생사(生死) 등은 천운(天運) 곧 천지지운수(天地之運數) 즉 하늘땅이[天地之] 운행하는[運] 이치[數]를 밝힌다. 그러니 풍성(豐盛)하다고 환호할 것 없고 결핍(缺乏)하다고 한탄할 것 없다. 앞에서 밝혀준 〈물우(勿憂)〉 즉 걱정하지[憂] 말라[勿]는 깊은 뜻이 간파된다.

而況於人乎(이황어인호) 況於鬼神乎(황어귀신호)

〈황어인호(況於人乎)〉는 천지(天地)의 운수(運數)에도 영허(盈虛)의 소식(消息)이 필유(必有)인데 하물며 인간에게 채움[盈]과 비움[虛]의 소식(消息)이 반드시[必] 있음[有]을 강조하여 밝힌다. 이 땅에서 하늘땅의 운수 즉 운행하는[運] 이치[數]를 떠나 있는 것이란 아무 것도 없다. 하늘땅의 운수에서 인간이라고 예외가 아님을 성인(聖人)을 본받는 군자(君子)는 알고, 성인(聖人)을 비웃는 소인(小人)만 몰라 풍성(豐盛)하면 손뼉치고 결핍(缺乏)하면 땅을 치고 하늘을 향해 삿대질한다. 왜 『장자(莊子)』에 〈지인지용심약경(至人之用心若鏡) 부장불영(不將不迎)〉이라는 말이 나오고, 『중용(中庸)』에 〈소인행험이요행(小人行險以徼幸)〉이라는 말이 나오겠는가? 하늘땅의 운수가 항상 〈소식(消息)〉을 떠나지 않기 때문이다. 소인(小人)은 소멸(消滅)하면 식생(息生)하는 하늘땅의 운수를 외면하므로, 항상 풍성하기만을 탐하여 모험을[險] 행함[行]으로써[以] 요행을[幸] 구하다가[徼] 흉(凶)해지고 만다. 이러한 불행[凶]은 하늘땅의 운수를 외면한 탓이므로, 하늘땅이 운행하는[運] 이치[數]를 따라 살라는 가르침을 〈황어인호(況於人乎)〉가 암시한다.

〈황어귀신호(況於鬼神乎)〉 역시 이 세상에 있는 것이면 그 무엇이든 천지(天地)의 운수(運數) 즉 천도(天道)를 외면할 수 없음을 거듭 강조한다. 하루살이든 풀잎 하나든 물가의 모래알 하나든 소식(消息)-영허(盈虛)-영고(榮枯)-성쇠(盛衰)-왕래(往來)-생사(生死)의 운수를 벗어날 수 없음을 밝힌다. 〈황어귀신호(況於鬼神乎)의 귀신(鬼神)〉이란 천지조화지적(天地造化之迹) 즉 천지가[天地] 이루어낸[造化之] 흔적[迹]을 말한다. 그 흔적[迹]이 바로 만물(萬物)로 드러난다. 이는 귀신(鬼

神) 곧 음양조화(陰陽造化)임을 밝힌다. 따라서 모든 만물(萬物)은 천지(天地)가 빚어내는 〈소식(消息)〉의 운수에서 벗어날 수 없음을 풍괘(豐卦 : ䷶)의 괘상(卦象)을 본받아 깨우칠 것을 강조한 것이 〈황어귀신호(況於鬼神乎)〉이다. 〈황어 ~호(況於 ~乎)〉는 〈하물며[況於] ~이겠느냐[乎]〉의 상용 어투이다.

註 지인지용심약경(至人之用心若鏡) 부장불영(不將不迎) 응이부장(應而不藏) : 지극한[至] 사람이[人之] 마음을[心] 씀은[用] 거울[鏡] 같다[若]. {지인(至人)은 사물(事物)을} 보내지도 않고[不將] 맞이하지도 않으며[不迎] 응해주되[應而] (마음속에) 간직해두지 않는다[不藏].

『장자(莊子)』「응제왕(應帝王)」 6절(節)

註 군자거이이사명(君子居易以俟命) 소인행엄이요행(小人行險以徼幸) : 군자는[君子] 평이하게[易] 삶[居]으로써[以] 천명을[命] 기다리고[俟], 소인은[小人] 모험을[險] 행함[行]으로써[以] 요행을[幸] 구한다[徼]. 『중용(中庸)』「주자장구(朱子章句)」 14장(章)

56 여괘(旅卦 : ䷷) 단사(彖辭)

간하이상(艮下離上) : 아래는[下] 간(艮 : ☶), 위는[上] 이(離 : ☲).

화산려(火山旅) : 불과[火] 산은[山] 여이다[旅].

旅小亨은 柔得中乎外하여 而順乎剛하고 止而麗乎明
여소형 유득중호외 이순호강 지이려호명
이다 是以小亨한다 旅貞吉也이다 旅之時義大矣哉라
시이소형 여정길야 여지시의대의재

여괘가[旅] 조금[小] 통함은[亨] 부드러운 기운이[柔] 밖에서[乎外] 가운데를[中] 얻으면서[得而] 굳센 기운을[乎剛] 따라[順] 머물러서[止而] 밝음에[乎明] 붙음이다[麗]. 이렇기[是] 때문에[以] (여괘는) 조금[小] 통한다[亨]. 여괘는[旅] 마음이 곧고 바르면[貞] 길함[吉]이다[也]. 여괘의[旅之] 때와[時] 뜻은[義] 큼[大]이로다[矣哉]!

【지남(指南)】

旅小亨(여소형)

〈여(旅)〉는 여괘(旅卦 : ䷷)를 말하고, 〈소형(小亨)〉은 여괘(旅卦 : ䷷)의 괘상(卦象)을 밝힌다. 풍괘(豐卦 : ䷶) 다음에 여괘(旅卦 : ䷷)가 이어짐은 풍괘(豐卦 : ䷶)의 〈풍(豐)〉 곧 〈대(大)〉가 상거(常居) 즉 항상[常] 머물지[居] 않음을 밝힌다. 〈여괘(旅卦 : ䷷)의 여(旅)〉는 떠남[旅]이다. 떠남[旅]은 가는[往] 것이다. 하나가 가면[往] 다른 하나가 오는[來] 것이 천도(天道)이다. 풍성(豐盛)함이 간다는 것이 〈여소형(旅小亨)의 여(旅)〉이다. 〈풍(豐)〉이 떠남[旅]은 대형(大亨)이 가는[往] 것이라 〈소형(小亨)〉이 오는[來] 것이 자연의[天] 이치[道]이다. 〈소형(小亨)〉은 조금 통하고[亨] 많이 막힘[窮]을 말한다. 풍성(豐盛)함이 가고[往] 곤궁(困窮)함이 옴[來]을 밝힘이 〈소형(小亨)〉이다. 여괘(旅卦 : ䷷)의 하체(下體)인 간(艮 : ☶)은 산(山)

이고 멈춤[止]이다. 여괘(旅卦 : ䷷)의 상체(上體)인 이(離 : ☲)는 불[火]이고 붙음[麗]이다. 늘 멈춰 있는[止] 산(山 : ☶) 위에 불[火 : ☲]이 붙었으니[麗] 〈여(旅)〉 즉 떠나야[旅] 하는 것이 천리(天理) 즉 자연의[天] 이치[理]임을 〈여소형(旅小亨)〉이 암시한다.

柔得中乎外(유득중호외)

〈유득중호외(柔得中乎外)의 유(柔)〉는 여괘(旅卦 : ䷷)의 육오(六五 : ⚋)를 말하고, 〈유득중호외(柔得中乎外)의 득중(得中)〉은 여괘(旅卦 : ䷷)의 육오(六五 : ⚋)가 초효(初爻)에서 상행(上行)하여 오효(五爻)의 자리 즉 존위(尊位)를 얻었음[得]을 밝히며, 〈유득중호외(柔得中乎外)의 호외(乎外)〉는 여괘(旅卦 : ䷷)의 상체(上體)인 이(離 : ☲)를 말한다. 대성괘(大成卦)의 하체(下體)를 내괘(內卦) 즉 드러나지 않는 괘(卦)라 하고, 상체(上體)를 외괘(外卦) 즉 드러난 괘(卦)라고도 한다. 오효(五爻)의 자리는 군왕(君王)의 존위(尊位)인지라 〈유득중호외(柔得中乎外)의 유(柔)〉 즉 육오(六五 : ⚋)가 여괘(旅卦 : ䷷)의 주효(主爻)임을 밝힌다.

順乎剛(순호강)

〈유순호강(柔順乎剛)〉으로 여기고 새김이 마땅하다. 〈순호강(順乎剛)의 순(順)〉은 여괘(旅卦 : ䷷)의 상체(上體)에서 육오(六五 : ⚋)가 상구(上九 : ⚊) 밑에 있고, 하체(下體)에서 육이(六二 : ⚋)가 구삼(九三 : ⚊) 밑에 있음을 밝힌다. 이는 여괘(旅卦 : ䷷)에서 〈유(柔)〉 즉 음기(陰氣 : ⚋)가 〈강(剛)〉 즉 양기(陽氣 : ⚊)를 따름[順]을 밝힌다.

止而麗乎明(지이려호명) 是以小亨(시이소형)

앞서 살핀 〈여소형(旅小亨)〉의 까닭이 여기서 드러난다. 〈지이려호명(止而麗乎明)의 지(止)〉는 여괘(旅卦 : ䷷)의 하체(下體)인 간(艮 : ☶)을 말하고, 〈여호명(麗乎明)〉은 여괘(旅卦 : ䷷)의 상체(上體)인 이(離 : ☲)를 말한다. 〈여호명(麗乎明)의 여(麗)〉는 여기선 〈붙을 부(附)〉와 같다. 여괘(旅卦 : ䷷)의 괘상(卦象)이 육이(六二 : ⚋)와 구삼(九三 : ⚊) 두 효(爻)만 정위(正位)에 있을 뿐이고, 다른 효(爻)들은 비정위(非正位) 즉 바른[正] 자리가[位] 아닌 것[非]이다. 때문에 상하(上下)의 중효

(中爻) 즉 육이(六二 : ‑ ‑)와 육오(六五 : ‑ ‑)가 다 음기(陰氣)인지라 중정(中正)-정응(正應)을 누리지 못한다. 이를 〈시이소형(是以小亨)〉이라고 밝힌다. 중정(中正)과 정응(正應)은 천도(天道)를 그대로 따름인지라 대형(大亨) 즉 크게[大] 통함[亨]을 누릴 수 있다. 그러나 중정(中正)과 정응(正應)을 누리지 못하기[是] 때문에[以] 여괘(旅卦 : ䷷)가 대형(大亨)을 누리지 못하고 〈소형(小亨)〉 즉 조금[小] 통하는[亨] 괘상(卦象)임을 밝힘이 〈시이소형(是以小亨)〉이다.

旅貞吉(여정길)

여괘(旅卦 : ䷷)가 밝히는 역지도(易之道)를 본받아 따르는 소이(所以) 즉 방편[所以]을 밝힌다. 그 방편이 곧 〈정(貞)〉이다. 여괘(旅卦 : ䷷)의 〈여(旅)〉는 풍괘(豐卦 : ䷶)의 〈풍(豐)〉 즉 풍성(豐盛)함을 떠남이다. 따라서 풍성(豐盛)함을 연연하지 말라 함이 〈여정(旅貞)〉이다. 여괘는[旅] 마음이 곧고 바르다[貞] 함은 여괘(旅卦 : ䷷)가 밝히는 역지도(易之道) 즉 변화의[易之] 이치[道]가 〈정(貞)〉 즉 마음이 곧고 바름[貞]을 본받게 한다. 그러므로 여괘(旅卦 : ䷷)의 역지도(易之道)를 본받아 따름이 곧 〈정(貞)〉이다. 따라서 〈여정길(旅貞吉)의 정(貞)〉은 『대학(大學)』에 나오는 〈정기심(正其心)〉을 상기시키고, 나아가 『장자(莊子)』에 나오는 〈정즉정(正則靜)〉을 떠올리게 한다. 제[其] 마음을[心] 바르게 함[正]이란 반덕(反德) 즉 현덕(玄德)으로 돌아감[反]이다. 현덕(玄德)이란 천지(天地)의 덕(德)을 말한다. 이는 곧 온갖 욕망을 뿌리쳐 허심(虛心) 즉 마음을[心] 비워버림[虛]이다. 그러므로 〈여정길(旅貞吉)의 정(貞)〉은 풍괘(豐卦 : ䷶)의 〈풍(豐)〉 즉 풍성(豐盛)함의 대(大)를 연연하지 않고 탐하지 않아, 여괘(旅卦 : ䷷)의 〈여(旅)〉를 본받고 따라 〈풍(豐)〉에서 떠나버림[旅]을 암시한다. 〈풍(豐)〉 즉 풍성(豐盛)함을 떨쳐버리고 떠나는 곧고 바른 마음[貞]이니 〈길(吉)〉 즉 좋을[吉] 수밖에 없음을 밝힌 말씀이 〈여정길(旅貞吉)〉이다.

註 소위수신재정기심자(所謂修身在正其心者) 신유소분치즉부득기정(身有所忿懥則不得其正) 유소공구즉부득기정(有所恐懼則不得其正) 유소호락즉부득기정(有所好樂則不得其正) 유소우환즉부득기정(有所憂患則不得其正) : 이른바[所謂] 몸을[身] 닦음이[修] 제[其] 마음을[心] 바르게 함에[正] 있다는[在] 것은[者] 자신에게[身] 노여워하는[忿懥] 바가[所] 있다면[有則] 마음의[其] 바

름을[正] 할 수 없고[不得], 두려워하는[恐懼] 바가[所] 있다면[有則] 마음의[其] 바름을[正] 할 수 없고[不得], 좋아하는[好樂] 바가[所] 있다면[有則] 마음의[其] 바름을[正] 할 수 없고[不得], 걱정되는[憂患] 바가[所] 있다면[有則] 마음의[其] 바름을[正] 할 수 없다[不得].

『대학(大學)』「각론(各論)」 5단락(段落)

註 성수반덕(性脩反德) 덕지동어초(德至同於初) 동내허(同乃虛) 허내대(虛乃大) : 본성이[性] 닦이면[脩] 현덕으로[德] 돌아가고[反], 현덕은[德] 시초에[於初] 이르러[至] {시초 즉 도(道)와} 하나가 된다[同]. {도(道)와} 하나가 되면[同] 이내[乃] 비고[虛], 비면[虛] 이내[乃] 대도와 같다[大].

『장자(莊子)』「천지(天地)」 8절(節)

旅之時義大(여지시의대)

〈여지시의대(旅之時義大)〉는 〈여괘지시(旅卦之時) 이기시지의대(而其時之義大)〉로 여기고 〈여괘의[旅卦之] 때와[時] 그리고[而] 그[其] 때의[時之] 뜻은[義] 중대하다[大]〉라고 새겨볼 것이다. 여괘(旅卦 : ䷷)의 〈시(時)〉 즉 때[時]가 뜻하는 바는 괘상(卦象)을 미루어 헤아리면 분명해진다. 하간(下艮 : ☶)-상이(上離 : ☲)인지라, 산(山) 위에 불[火]이 있으니 산에[山] 불이[火] 붙고[麗] 있다. 이러한 때를 헤아린다면 여괘(旅卦 : ䷷)의 〈시(時)〉 즉 때[時]란 떠나기[旅]가 어려운 때임을 말한다. 말하자면 풍괘(豐卦 : ䷶)의 〈풍(豐)〉 즉 풍성(豐盛)함을 미련 없이 떠나기[旅]는 어려운 법이다. 그러나 풍성함이 항상일 줄 착각하고 마냥 흥청거린다면 산에[山] 붙은[麗] 불길[火] 속에 머묾과 다를 것이 없다. 불길을 떠날 줄 모르면 잿더미가 되듯 풍성하다고 마냥 흥청거리면 아무리 풍성한들 타고 남은 재처럼 바닥나고 만다. 그러니 풍성할수록 검약(儉約)해야 함을 깨우친다면 여괘(旅卦 : ䷷)의 〈여(旅)〉 즉 떠남[旅]이란 참 어렵다는 것을 깨닫고, 어렵더라도 떠나야[旅] 할 때[時]를 알아야 한다. 말하자면 풍성할수록 흥청거림을 떠나 검약(儉約)해야 하는 이치(理致)를 여괘(旅卦 : ䷷)의 괘상(卦象)에서 깨달아야 한다. 여괘(旅卦 : ䷷)의 괘상(卦象)이 보여주는 산화(山火)의 화(禍)를 모면하자면 떠나야 함을 여괘(旅卦 : ䷷)의 〈시(時)〉가 깨우쳐주는 것이 여괘(旅卦 : ䷷)의 〈의(義)〉 즉 뜻[義]이다. 그리고 여괘(旅卦 : ䷷)의 〈시(時)〉가 매사(每事)에는 의수시(宜隨時) 즉 마땅히[宜] 따를[隨] 때[時]가 있음을 깨우쳐주는 〈의(義)〉는 참으로 중대(重大)함을 밝힌 것이 〈여지시의대(旅之時義大)〉이다.

57 손괘(巽卦 : ䷸) 단사(彖辭)

손하손상(巽下巽上) : 아래도[下] 손(巽 : ☴), 위도[上] 손(巽 : ☴).

손위풍(巽爲風) : 손은[巽] 바람[風]이다[爲].

重巽以申命한다 剛巽乎中正而志行하고 柔皆順乎剛이다 是以小亨하니 利有攸往하고 利見大人하다
중손이신명 강손호중정이지행 유개순호강 시이소형 이유유왕 이견대인

중복된[重] 손괘[巽]로써[以] 명령을[命] 거듭한다[申]. 굳센 기운이[剛] 곧고 바름을[正] 따름에[乎中] 공손해서[巽而] 뜻이[志] 행해지고[行], 부드러움이[柔] 모두[皆] 굳셈을[乎剛] 따른다[順]. 이[是] 때문에[以] 조금[小] 형통하니[亨] 갈[往] 데가[攸] 있으면[有] 이롭고[利], 대인을[大人] 만나면[見] 이롭다[利].

【지남(指南)】

重巽以申命(중손이신명)

〈중손(重巽)〉은 대성괘(大成卦)로서 손괘(巽卦 : ䷸)의 상하괘(上下卦)가 모두 소성괘(小成卦)의 〈손(巽 : ☴)〉임을 말하고, 〈신명(申命)〉은 손괘(巽卦 : ䷸)의 〈의(義)〉 즉 뜻[義]을 밝힌다. 상손(上巽 : ☴)은 출명(出命) 즉 명령을[命] 내고[出], 하손(下巽 : ☴)은 봉명(奉命) 즉 명령을[命] 받듦[奉]이 여기 〈신명(申命)〉이다. 상손(上巽 : ☴)의 중효(中爻 : ⚊)는 군왕(君王)인지라 출명(出命)하고, 하손(下巽 : ☴)은 신민(臣民)인지라 봉명(奉命)한다. 따라서 〈신명(申命)〉 즉 명령을[命] 거듭함[申]이란 군왕(君王)의 출명(出命)도 손순(巽順)하고, 신민(臣民)의 봉명(奉命)도 손순(巽順)함을 밝힌다. 〈손(巽 : ☴)〉은 〈풍(風)〉 즉 바람이고, 수공지풍(隨空之風) 즉 골을[空] 따라가는[隨之] 바람[風]인지라 〈순(順)〉이고 〈입(入)〉이다. 바람이란

빈 곳이면 어디든 순순히[順] 들어간다[入]. 그래서 〈손자입(巽者入)〉 즉 손이라는[巽] 것은[者] 듦[入]이다. 〈손(巽 : ☴)〉이 이렇기 때문에 여괘(旅卦 : ䷷) 다음에 손괘(巽卦 : ䷸)가 온 것이다. 여괘(旅卦 : ䷷)의 〈여(旅)〉 즉 떠남[旅]이란 나옴[出]인지라 출(出)하면 입(入)함이 천도(天道)이다. 〈여무소용(旅無所容)〉 즉 떠남에는[旅] 맞아줄[容] 곳[所]이 없음[無]이니, 들어감[入]의 손(巽 : ☴)이 뒤따름은 출(出)하면 입(入)함이다. 이러한 천도(天道)를 〈중손이신명(重巽以申命)〉이 우리로 하여금 깨우치게 한다.

剛巽乎中正而志行(강손호중정이지행)

〈강손호중정이지행(剛巽乎中正而志行)〉은 〈강손호중정(剛巽乎中正) 이강행기손호중정지지(而剛行其巽乎中正之志)〉로 여기고 〈굳셈이[剛] 중정으로[乎中正] 따른다[巽] 그리고[而] 굳셈이[剛] 중정의[中正之] 뜻으로[乎志] 그[其] 따름을[巽] 행한다[行]〉라고 새겨볼 것이다. 〈강손호중정(剛巽乎中正)의 중정(中正)〉은 정위(正位)로써 대성괘(大成卦)에서 오효(五爻)의 양(陽 : ―)과 이효(二爻)의 음(陰 : --)이 누리는 〈중정(中正)〉을 말함은 아니다. 구오(九五 : ―)가 육사(六四 : --)의 음기(陰氣)를 정도를[正] 따라[中] 비(比) 즉 이웃[比] 삼아 따름[巽]을 밝힘이 〈강손호중정(剛巽乎中正)의 중정(中正)〉이다. 그러므로 〈강손호중정(剛巽乎中正)의 중정(中正)〉은 음효(陰爻)-양효(陽爻)의 정위(正位)에 따라 누리는 〈중정(中正)〉이 아니라, 『예기(禮記)』「악기(樂記)」에 나오는 〈중정(中正)〉을 상기시킨다. 「악기(樂記)」에 나오는 〈중정(中正)〉은 중정도(中正道)의 줄임이고, 〈예지질(禮之質)〉 즉 예의[禮之] 근본[質]을 말한다. 중정도(中正道)는 정도를[正] 따르는[中] 이치[道]를 말한다. 중정도(中正道)의 줄임인 중정(中正)의 중(中)은 여기선 〈맞을 적(的)-따를 순(順)〉 등의 뜻을 아울러 낸다. 정도(正道)에 적중(的中)하고 순종(順從)함에는 무사(無邪) 즉 간사하여 어긋남이[邪] 없음[無]인즉 〈중정(中正)〉은 〈예지질(禮之質)〉 즉 예의[禮之] 근본[質]을 따름[中]이다. 그러므로 〈강손호중정(剛巽乎中正)의 강손(剛巽)〉은 중정(中正) 즉 정도를[正] 따름[中]을 예(禮)의 근본[質]으로 삼아서 〈강(剛)〉이 순종함[巽]을 뜻한다. 여기 〈손(巽)〉은 〈따를 순(順)〉과 같다. 〈강손호중정(剛巽乎中正)의 강(剛)〉은 손괘(巽卦 : ䷸)의 구오(九五 : ―)를 말하니 〈강(剛)〉

은 군왕(君王)을 뜻한다. 군왕(君王)이 〈손호중정(巽乎中正)〉 즉 정도를 따름을[中正] 예(禮)의 본질(本質)로 삼아 따름[巽]이 〈지행(志行)의 지(志)〉이다. 동시에 앞서 살핀 〈중손이신명(重巽以申命)의 신명(申命)〉 즉 명령을[命] 거듭함[申]이 〈지행(志行)〉으로 말미암은 것임이 밝혀진다.

註 중정무사예지질야(中正無邪禮之質也) 장경공순예지제야(莊敬恭順禮之制也) : 정도를[正] 따름에[中] 사특함이[邪] 없음이[無] 예의[禮之] 바탕[質]이고[也], 장엄하게[莊] 공경하고[敬] 공손하고[恭] 온순함은[順] 예의[禮之] 제칙[制]이다[也]. 『예기(禮記)』「악기(樂記)」 16단락(段落)

柔皆順乎剛(유개순호강)

〈유(柔)〉는 손괘(巽卦 : ䷸)의 초륙(初六 : --)과 육사(六四 : --)를 말하고, 〈강(剛)〉은 손괘(巽卦 : ䷸)의 구이(九二 : ─)와 구오(九五 : ─)를 말한다. 그리고 〈유개순호강(柔皆順乎剛)의 개순(皆順)〉은 초륙(初六 : --)-육사(六四 : --)가 구이(九二 : ─)-구오(九五 : ─)를 〈손(巽)〉 즉 따름[巽]을 밝힌다. 〈순(順)〉은 곧 〈손(巽)〉과 같다. 손괘(巽卦 : ䷸)의 육효(六爻)들은 정위(正位)의 중정(中正)도 누리지 못하고 상응(相應)도 누리지 못한다. 다만 초륙(初六 : --)과 구이(九二 : ─) 그리고 육사(六四 : --)와 구오(九五 : ─)가 〈비(比)〉 즉 서로 이웃하여[比] 부드러운[柔] 음기(陰氣 : --)가 굳센[剛] 양기(陽氣 : ─)를 따름[順]을 〈유개순호강(柔皆順乎剛)〉이 밝힌다.

是以小亨(시이소형)

〈시이(是以)의 시(是)〉는 앞서 살핀 〈유개순호강(柔皆順乎剛)〉을 나타낸다. 손괘(巽卦 : ䷸)에서 상하괘(上下卦)의 두 음기(陰氣 : --)가 양기(陽氣 : ─)를 따라주어[順] 〈소형(小亨)〉 즉 조금[小] 통한다[亨]는 것이다. 〈소형(小亨)〉은 조금[小] 통하고[亨] 많이 막힘[窮]을 말한다. 그러므로 〈소형(小亨)〉의 경우일수록 마음가짐이 정(貞)해야 한다. 마음이 진실로 미덥지 않다면[不貞] 그 〈소형(小亨)〉마저도 궁색(窮塞)해지고 마는 것이 천도(天道)이다. 손괘(巽卦 : ䷸)에서 초륙(初六 : --)과 육사(六四 : --)가 양음(兩陰) 즉 둘 다[兩] 음(陰 : --)이어서 정응(正應)을 누리지 못하기에 〈소형(小亨)〉이라고 밝힌다.

利有攸往(이유유왕)

여기 〈유왕(攸往)〉 즉 갈[往] 곳[攸]이란 초륙(初六 : --)이 구이(九二 : ―)를 따름[巽]이고, 동시에 육사(六四 : --)가 구오(九五 : ―)를 따름[巽]이다. 그 갈[往] 곳[攸]에는 음양(陰陽)이 비(比) 즉 이웃의 사귐[比]을 누릴 터인지라 〈소형(小亨)〉일지라도 이로운[利] 곳[攸]이다. 막힐 곳이라면 가지 않아야 하지만, 조금[小]이라도 형통할[亨] 곳[攸]이라면 가는[往] 것이 이롭다[利]는 것은, 그곳[攸]이 음양상합(陰陽相合)이 박탈(剝脫)된 데가 아니라, 상합(相合)의 상화(相和)를 누리는 곳[攸]이기 때문이다. 상화(相和)를 누리는 곳[攸]이라면 그곳이 어디든 이로운[利] 곳임이 천도(天道) 즉 자연의[天] 이치[道]이다.

利見大人(이견대인)

앞서 살핀 〈이유유왕(利有攸往)〉 즉 갈[往] 곳이[攸] 있으면[有] 이롭다[利]는 까닭을 밝힌다. 그 까닭이 곧 〈견대인(見大人)〉이다. 〈이견대인(利見大人)의 대인(大人)〉은 초륙(初六 : --)에게는 구이(九二 : ―)이고, 육사(六四 : --)에게는 구오(九五 : ―)이다. 여기 〈대인(大人)〉을 성인(聖人)으로 여겨도 된다. 대인(大人)을 따라 본받는 이를 군자(君子)라 한다. 대인(大人)을 본받아 군자(君子)가 되기도 하고, 대인(大人)을 모압(侮狎) 즉 얕보거나[侮] 업신여기는[狎] 소인(小人)이 되기도 하는 것이 인간이다. 그러므로 〈견대인(見大人)〉은 바로 자신이 스스로 대인(大人)을 본받아[法] 따르는[順] 군자(君子)가 되라는 말씀임을 명심하게 한다. 갈[往] 데가[攸] 있어[有] 이롭다[利] 함은 갈[往] 데로[攸] 행하는 자신이 대인(大人)을 본받고 있는지 자성(自省) 즉 자신을[自] 살펴보라[省]는 말씀이다. 따라서 〈이견대인(利見大人)〉은 진실한 미더운[貞] 마음가짐으로써 삶을 일구어가라 함이다. 그러므로 『주역(周易)』의 경문(經文)에 가장 빈번하게 나오는 〈견대인(見大人)〉은 무엇보다 〈무기(無己)〉 즉 자기가[己] 없는[無] 삶을 행하는 군자(君子)를 나로 하여금 본받게[法] 하는 말씀이다. 무기(無己)는 무사(無私)와 같은 말이다. 그러므로 내가 군자를 본받으면 이롭다는 말씀이 곧 〈이견대인(利見大人)〉이다.

58 태괘(兌卦 : ䷹) 단사(彖辭)

태하태상(兌下兌上) : 아래도[下] 태(兌 : ☱), 위도[上] 태(兌 : ☱).

태위택(兌爲澤) : 태는[兌] 못[澤]이다[爲].

兌說也이다 剛中而柔外하여 說以利貞이다 是以順乎天而應乎人하니 說以先民하면 民忘其勞하고 說以犯難하면 民忘其死한다 說之大民勸矣哉라!

태열야 강중이유외 열이리정 시이순호천이응호인 열이선민 민망기로 열이범난 민망기사 열지대민권의재

태괘는[兌] 기뻐함[說]이다[也]. 굳셈이[剛] 안에 있으면서[中而] 부드러움은[柔] 밖에 있어[外] 기쁨[說]으로써[以] 진실로 미더워[貞] 이롭다[利]. 이[是] 때문에[以] 하늘에[乎天] 순종해서[順而] 인간에[乎人] 호응하니[應] 기쁨[說]으로써[以] 백성을[民] 이끌면[先] 백성은[民] 제[其] 수고로움을[勞] 잊고[忘], 기쁨[說]으로써[以] 어려움을[難] 헤쳐가면[犯] 백성은[民] 제[其] 죽음도[死] 잊는다[忘]. 기쁨의[說之] 크나큼을[大] 백성이[民] 기뻐함[勸]이로다[矣哉].

【지남(指南)】

兌說也(태열야)

〈태(兌)〉는 태괘(兌卦 : ䷹)를 말하고, 〈열(說)〉은 태괘(兌卦 : ䷹)의 괘상(卦象)을 풀이한다. 〈손자입(巽者入)〉 즉 손이라는[巽] 것은[者] 듦[入]이라 손괘(巽卦 : ䷸) 다음에 태괘(兌卦 : ䷹)가 온다. 손괘(巽卦 : ䷸)의 〈입(入)〉 즉 듦[入]이란 만남으로 이어지기에 태괘(兌卦 : ䷹)의 〈태(兌)〉 즉 즐거움[兌]으로 이어짐 또한 천도(天道)이다. 따라서 손괘(巽卦 : ䷸) 다음에 태괘(兌卦 : ䷹)가 온 것이다. 태괘(兌卦 : ䷹)는 손괘(巽卦 : ䷸)를 뒤집은[倒] 괘(卦)이다. 태괘(兌卦 : ䷹)의 괘상(卦

象)인 〈열(說)〉은 〈기뻐할 열(悅)〉과 같다. 태괘(兌卦 : ☱)의 〈태(兌)〉는 형태로 말하면 택(澤) 즉 못[澤]이고, 성질은 열(說) 즉 기쁨[說]이며, 사물은 골짜기[谷]이고, 계절은 추(秋) 즉 가을[秋]이다. 가을에 온갖 초목(草木)이 누리는 결실(結實)은 기쁨[說]이다. 그리고 〈태(兌)〉는 상업(商業)을 뜻하기도 한다. 상업이란 물건을 매매(賣買) 즉 팔고[賣] 삼[買]이다. 파는[賣] 쪽은 물건을 팔아서 기뻐하고[說], 사는[買] 쪽은 물건을 사서 기뻐함[說]이 〈태(兌)〉이다.

剛中而柔外(강중이유외) 說以利貞(열이리정)

〈강중이유외(剛中而柔外)〉는 태괘(兌卦 : ☱)의 괘상(卦象)을 〈열(說)〉이라 한 까닭을 밝힌다. 〈강중(剛中)〉은 태괘(兌卦 : ☱)의 상하괘(上下卦)에서 두 양(陽 : ⚊)이 한 음(陰 : ⚋)의 하거(下居) 즉 아래에[下] 있음[居]을 밝히고, 〈유외(柔外)〉는 한 음(陰 : ⚋)이 두 양(陽 : ⚊)의 위에[上] 있음[居]을 밝힌다. 〈열이리정(說以利貞)의 열이(說以)〉는 〈유(柔)〉 즉 한 음(陰 : ⚋)이 〈강(剛)〉 즉 두 양(陽 : ⚊) 위에 있어서 기쁨[說]을 누리고, 두 양(陽 : ⚊)은 한 음(陰 : ⚋)의 아래에 있어서 기쁨[說]을 누림을 밝힌다. 강강(剛强) 즉 굳세고[剛] 강력한[强] 것이 유약(柔弱) 즉 부드럽고[柔] 연약한[弱] 것 아래에 있는 태괘(兌卦 : ☱)의 괘상(卦象)은 『노자(老子)』에 나오는 〈유승강(柔勝剛) 약승강(弱勝强)〉을 떠올린다. 강강(剛强) 즉 굳세고[剛] 강력한[强] 것이 유약(柔弱) 즉 부드럽고[柔] 연약한[弱] 것을 억압하면 비참(悲慘)하다. 그러나 강강(剛强)한 것이 유약(柔弱)한 것을 위해주면 기쁜[說] 것이다. 〈열이리정(說以利貞)의 열이(說以)〉란 부드럽고 연약한[柔弱] 것이 굳세고 강력한[剛强] 것을 무릅써서[勝] 누리는 기쁨[說]이다. 여기 〈열이(說以)의 열(說)〉은 음양(陰陽)의 상화(相和) 즉 자웅(雌雄)의 상화로써 누리는 기쁨[說]이다. 음양(陰陽)이 상화 즉 서로[相] 어울려[和] 누리는 기쁨[說]이야말로 천덕(天德)-지덕(地德)이 베풀어주는 희열(喜說)이다. 이러한 기쁨[說]은 진실로 미덥지[貞] 않다면 누릴 수 없다. 음양상화(陰陽相和)의 〈열이(說以)〉 즉 기쁨[說]으로써[以] 〈정(貞)〉 즉 진실한 미더움은[貞] 이로움[利]을 밝힘이 〈강중이유외(剛中而柔外) 열이리정(說以利貞)〉이다.

註 유승강(柔勝剛) 약승강(弱勝强) 천하막부지(天下莫不知) 천하막능행(天下莫能行) : 부드러움이[柔] 굳셈을[剛] 무릅쓰고[勝] 약함이[弱] 강함을[强] 무릅씀을[勝] 알지 못함이란[不知] 세상에[天下] 없지만[莫], 세상에서[天下] (그 앎을) 능히[能] 실행함은[行] 없다[莫].

『노자(老子)』 78장(章)

是以順乎天而應乎人(시이순호천이응호인)

〈시이(是以)의 시(是)〉는 앞서 살핀 〈열이리정(說以利貞)〉을 나타낸다. 따라서 〈시이(是以)〉는 기쁨[說]으로써[以] 진실로 미더워[貞] 이롭기[利] 때문[以]임을 뜻한다. 〈순호천이응호인(順乎天而應乎人)〉은 〈기열순호천도(其說順乎天道) 이기열응호인도(而其說應乎人道)〉로 여기고 〈그[其] 기쁨은[說] 천도를[乎天道] 따른다[順] 그리고[而] 그[其] 기쁨은[說] 인도와[乎人道] 호응한다[應]〉라고 새긴다. 〈강중이유외(剛中而柔外)〉 즉 굳셈이[剛] 안에 있으면서[中而] 부드러움은[柔] 밖에 있어[外] 누리는 기쁨[說]은 자연의[天] 규율을[乎道] 따르고[順] 동시에 인간의[人] 도리와[乎道] 호응함[應]을 밝힌 것이 〈시이순호천이응호인(是以順乎天而應乎人)〉이다.

說以先民(열이선민) 民忘其勞(민망기로)

〈열이선민(說以先民)의 열(說)〉은 〈순호천이응호인지열(順乎天而應乎人之說)〉의 줄임이다. 천도를[乎天] 따르면서[順而] 인도를[乎人] 호응하는[應之] 기쁨[說]이 〈열이선민(說以先民)의 열(說)〉이다. 이러한 기쁨[說]으로써[以] 백성을[民] 〈선(先)〉 즉 이끈다면[先] 백성은 살기가 힘들어도 〈망기로(忘其勞)〉 즉 그들의[其] 힘듦을[勞] 잊어버리고[忘] 기쁘게[說] 살아갈 수 있음을 밝힌 것이 〈열이선민(說以先民) 민망기로(民忘其勞)〉이다. 태괘(兌卦 : ䷹)의 괘상(卦象)이 보여주는 〈강중이유외(剛中而柔外)의 열(說)〉이 선정(善政)을 이루는 천도(天道)임을 간파하게 하는 것이 〈열이선민(說以先民) 민망기로(民忘其勞)〉이다.

說以犯難(열이범난) 民忘其死(민망기사)

〈열이범난(說以犯難)의 열(說)〉 역시 〈순호천이응호인지열(順乎天而應乎人之說)〉의 줄임이다. 천도를[乎天] 따르면서[順而] 인도를[乎人] 호응하는[應之] 기쁨

[說]이 〈열이범난(說以犯難)의 열(說)〉이다. 이러한 기쁨[說]으로써[以] 난관을[難] 〈범(犯)〉 즉 극복한다면[犯] 백성은 죽음이 닥칠지라도 〈망기사(忘其死)〉 즉 자기들의[其] 죽음을[死] 잊어버리고[忘] 기쁘게[說] 살아갈 수 있음을 밝힌 것이 〈열이범난(說以犯難) 민망기사(民忘其死)〉이다. 여기서도 태괘(兌卦 : ䷹)의 괘상(卦象)이 보여주는 〈강중이유외(剛中而柔外)의 열(說)〉이 선정(善政)을 베풀어가는 천도(天道)임을 간파하게 하는 것이 〈열이범난(說以犯難) 민망기사(民忘其死)〉이다. 여기 〈범난(犯難)의 범(犯)〉은 〈극복할 극(克)〉과 같아 〈범난(犯難)〉은 〈극난(克難)〉과 같다.

說之大民勸矣哉(열지대민권의재)

〈열지대권민의재(說之大勸民矣哉)〉로 여기고 〈기뻐함의[說之] 큼이란[大] 백성을[民] 기쁘게 함[勸]이로다[矣哉]〉라고 새긴다. 〈열지대(說之大)〉는 〈강중이유외지열(剛中而柔外之說)〉을 밝힌다. 굳셈이[剛] 안에 있으면서[中而] 부드러움은[柔] 밖에 있는[外之] 기쁨[說]은 크다[大]는 것이 〈열지대(說之大)〉이다. 그러므로 〈열지대(說之大)〉는 〈대열(大說)의 열(說)〉을 강조하려는 장법(章法)인 셈이다. 〈대열(大說)의 대(大)〉는 『장자(莊子)』에 나오는 〈부동동지(不同同之)〉를 상기시킨다. 그러면 여기 〈열지대(說之大)〉가 이류상화(異類相和) 즉 다른[異] 무리와[類] 서로[相] 어울리는[和] 기쁨[說]임을 알아챌 수 있다. 동류(同類) 즉 같은[同] 무리가[類] 끼리끼리 나누는 기쁨[說]이란 소열(小說) 즉 작은[小] 기쁨[說]이다. 소열(小說)은 소인(小人)이 탐하는 동화(同和)의 기쁨[說]이고, 대열(大說)은 군자(君子)가 〈강중이유외(剛中而柔外)〉의 천도(天道)를 본받아 누리는 대화(大和)의 기쁨[說]이다. 〈열지대(說之大)〉는 『장자(莊子)』에 나오는 〈천균(天均)〉을 상기시키고, 따라서 천도(天道) 즉 자연의[天] 이치[道]를 본받아 누리는 기쁨[說]이다. 이러한 〈열지대(說之大)〉는 〈민권(民勸)〉 즉 백성이[民] 기뻐함[勸]이다. 〈민권(民勸)의 권(勸)〉은 앞서 살핀 〈민망기로(民忘其勞)-민망기사(民忘其死)〉를 한 자(字)로써 묶어 밝힌다. 〈민권(民勸)〉은 〈민열(民說)〉과 같다. 그러므로 〈열지대(說之大)〉는 〈민권(民勸)〉 즉 백성이[民] 기뻐함[勸]임을 밝힌 것이 〈열지대민권의재(說之大民勸矣哉)〉이다. 〈민권(民勸)의 권(勸)〉은 〈기뻐할 열(說)-열(悅)〉과 같다.

註 부동동지지위대(不同同之之謂大) : 같지 않음[不同] 그것을[之] 같이함[同] 그것을[之] 큰이라[大] 한다[謂].

『장자(莊子)』「천지(天地)」 1절(節)

註 만물개종야(萬物皆種也) 이부동형상선(以不同形相禪) 시졸약환(始卒若環) 막득기륜(莫得其倫) 시우천균(是謂天均) 천균자천예야(天均者天倪也) : 만물은[萬物] 모두[皆] 제 씨를 낳는 것[種]이다[也]. 같지 않은[不同] 형태[形]로써[以] 서로[相] 물려준다[禪]. 처음과[始] 끝이[卒] 원둘레[環] 같아[若], 그[其] 선후 순서를[倫] 알 수가[得] 없다[莫]. 이를[是] 자연의 어울림이라[天均] 한다[謂]. 천균이라는[天均] 것은[者] 시비를 떠난 자연의 나눔[天倪]이다[也]. 천균(天均)은 자연지조화(自然之調和)를 뜻하고, 천예(天倪)는 자연지분(自然之分)을 뜻한다.

『장자(莊子)』「우언(寓言)」 1절(節)

59 환괘(渙卦 : ䷺) 단사(彖辭)

감하손상(坎下巽上) : 아래는[下] 감(坎 : ☵), 위는[上] 손(巽 : ☴).

풍수환(風水渙) : 바람과[風] 물은[水] 환이다[渙].

渙亨이다 剛來而不窮하고 柔得位乎外而上同한다 王假有廟는 王乃在中也이다 利涉大川은 乘木有功也이다
(환형 강래이불궁 유득위호외이상동 왕격유묘 왕내재중야 이섭대천 승목유공야)

환괘는[渙] 형통함이다[亨]. 굳센 기운이[剛] 와서[來而] 막히지 않고[不窮] 부드러운 기운이[柔] 밖에서[乎外] 자리를[位] 얻어서[得而] 위와[上] 함께 한다[同]. 임금이[王] 종묘[廟]에[有] 이름은[假] 임금이[王] 바로[乃] 가운데[中] 있음[在]이다[也]. 큰[大] 내를[川] 건너면[涉] 이롭다 함은[利] 나무를[木] 올라타[乘] 보람이[功] 있음[有]이다[有].

【지남(指南)】

渙亨(환형)

〈환(渙)〉은 환괘(渙卦 : ䷺)를 말하고, 〈형(亨)〉은 환괘(渙卦 : ䷺)의 괘상(卦象)을 풀이한다. 〈태자열(兌者說)〉 즉 태라는[兌] 것은[者] 기쁨이라[說] 태괘(兌卦 : ䷹) 다음에 환괘(渙卦 : ䷺)가 온다. 태괘(兌卦 : ䷹)의 〈태(兌)〉 즉 즐거움[兌]이 환괘(渙卦 : ䷺)의 〈환(渙)〉 즉 퍼짐[渙]으로 이어짐 또한 천도(天道)이다. 〈환(渙)〉은 〈산(散)〉 즉 널리 퍼짐[散]이다. 태괘(兌卦 : ䷹)의 〈열지대(說之大)〉 즉 기쁨의[說之] 크나큼[大]을 〈민권(民勸)〉 즉 백성이[民] 기뻐하면[勸] 그 〈열지대(說之大)〉는 널리 퍼져야[渙] 한다. 따라서 태괘(兌卦 : ䷹) 다음에 환괘(渙卦 : ䷺)가 온 것이다. 환괘(渙卦 : ䷺)의 괘상(卦象)인 〈형(亨)〉은 〈통할 통(通)〉과 같다. 환괘(渙卦 : ䷺)의 하체(下體) 감(坎 : ☵)의 형태는 수(水) 즉 물[水]이다. 환괘(渙卦 : ䷺)의 상체

(上體) 손(巽 : ☴)의 형태는 풍(風) 즉 바람[風]이다. 수(水 : ☵) 즉 물[水] 위로 풍(風 : ☴) 즉 바람[風]이 불어가는 모습이기에 환괘(渙卦 : ䷺)의 괘상(卦象)은 〈형(亨)〉 즉 통하는[亨] 모습이다. 〈환(渙)〉은 〈퍼질 산(散)〉과 같아 환산(渙散) 즉 널리 퍼짐[渙散]이다. 따라서 환괘(渙卦 : ䷺)의 〈환(渙)〉은 태괘(兌卦 : ䷹)의 〈민권(民勸)〉 즉 백성이[民] 기뻐함[勸]이 환산(渙散) 즉 널리 퍼짐[渙散]을 일깨운다.

剛來而不窮(강래이불궁) 柔得位乎外而上同(유득위호외이상동)

〈강래이불궁(剛來而不窮)의 강(剛)〉은 환괘(渙卦 : ䷺)의 하체(下體)인 감(坎 : ☵)을 말하고, 〈강래이불궁(剛來而不窮)의 내(來)〉는 환괘(渙卦 : ䷺)의 하체(下體)에 거(居) 즉 있음[居]을 밝힌다. 하체(下體)는 입래(入來)의 괘(卦)이고 상체(上體)는 출거(出去)의 괘(卦)임을 상기한다면, 〈강래(剛來)〉가 하체(下體)의 감(坎 : ☵)에서 양(陽 : ⚊)이 중위(中位)를 차지함을 밝힌 것임을 알 수 있다. 환괘(渙卦 : ䷺)의 구이(九二 : ⚊)는 상효(上爻) 자리까지 상행(上行)할 자리에 있기에, 구이(九二 : ⚊)의 효상(爻象)을 〈불궁(不窮)〉 즉 막히지 않는다[不窮]고 밝힌다.

〈유득위호외(柔得位乎外)의 유(柔)〉는 환괘(渙卦 : ䷺)의 상체(上體) 손(巽 : ☴)을 말하고, 〈유득위호외(柔得位乎外)의 위호외(位乎外)〉는 환괘(渙卦 : ䷺) 상체(上體)의 자리를 밝힌다. 대성괘(大成卦)에서 상체(上體)의 자리를 위호외(位乎外)라 하고, 하체(下體)의 자리를 위호내(位乎內)라고 한다. 소성괘(小成卦)에서 음(陰 : ⚋)이 홀수면 음괘(陰卦)이고, 양(陽 : ⚊)이 홀수면 양괘(陽卦)이다. 〈유득위호외(柔得位乎外)의 호외(乎外)〉는 환괘(渙卦 : ䷺)의 상체(上體) 즉 외괘(外卦)인 손(巽 : ☴)을 밝힌다. 하체(下體) 즉 내괘(內卦)는 드러나지 않는 괘(卦)이고, 상체(上體) 즉 외괘(外卦)는 드러나는 괘(卦)이다. 그러므로 〈강래(剛來)의 강(剛)〉은 환괘(渙卦 : ䷺)의 하체(下體)에 자리를 잡고, 〈유득위(柔得位)의 유(柔)〉 즉 손(巽 : ☴)은 환괘(渙卦 : ䷺)의 상체(上體)에 자리를 잡아, 구이(九二 : ⚊)와 육사(六四 : ⚋)가 이미 태괘(兌卦 : ䷹)에서 살핀 바 있는 〈강중이유외(剛中而柔外)〉의 덕(德)을 환괘(渙卦 : ䷺)에서도 나타냄을 밝힌 것이 〈강래이불궁(剛來而不窮) 유득위호외(柔得位乎外)〉이다. 굳셈이[剛] 안에 있음[中]을 밝힌 것이 〈강래이불궁(剛來而不窮)〉

이고, 부드러움이[柔] 밖에 있음[外]을 밝힌 것이 〈유득위호외(柔得位乎外)〉이다.

〈상동(上同)〉은 〈유상동(柔上同)〉으로 여기고 새김이 마땅하다. 〈유상동(柔上同)의 유(柔)〉는 육사(六四 : ╍)를 말하고, 〈유상동(柔上同)의 상(上)〉은 구오(九五 : ━)를 말하며, 〈유상동(柔上同)의 동(同)〉 즉 함께함[同]이란 육사(六四 : ╍)가 경대부(卿大夫)로서 군왕(君王)인 구오(九五 : ━)와 이웃의 사귐[比]을 누리며 손순(巽順) 즉 공손히[巽] 따름[順]을 뜻한다. 그러므로 〈강래이불궁(剛來而不窮) 유득위호외이상동(柔得位乎外而上同)〉은 태괘(兌卦 : ䷹)에서 살핀 적이 있는 〈강중이유외(剛中而柔外) 열지대(說之大)〉 즉 굳셈이[剛] 안에 있으면서[中而] 부드러움은[柔] 밖에 있는[外] 기쁨의[說之] 크나큼[大]을 온 세상에 〈환(渙)〉 즉 널리 퍼트림[渙]을 밝힌다.

王假有廟(왕격유묘) 王乃在中(왕내재중)

왕(王)이 환괘(渙卦 : ䷺)의 구오(九五 : ━)가 누리는 〈강래이불궁(剛來而不窮)〉을 본받음[法]을 밝힌다. 구오(九五 : ━)의 자리는 왕(王)의 자리이다. 왕(王)이 환괘(渙卦 : ䷺)의 구오(九五 : ━)를 본받아 태괘(兌卦 : ䷹)에서 살핀 〈민권(民勸)〉 즉 백성이[民] 기뻐함[勸]을 온 세상에 환산(渙散)하고자 함이다. 〈왕격유묘(王假有廟)의 유묘(有廟)〉가 〈민권(民勸)〉을 널리 퍼지게 하는[渙] 방편임을 암시한다. 〈왕격유묘(王假有廟)〉는 〈왕격어묘(王假於廟) 인차유왕어묘(因此有王於廟)〉의 줄임으로 여기고 〈임금이[王] 종묘에[於廟] 이르렀다[假] 그래서[因此] 임금이[王] 종묘에[於廟] 있다[有]〉라고 새긴다. 여기서 〈격(假)〉은 〈이를 지(至)〉와 같다. 왕이[王] 종묘에[廟] 이르러[假] 종묘에[廟] 있다[有] 함은 왕(王)이 제사(祭祀)를 올리려고 종묘(宗廟)에 온 것이다. 이는 왕(王)이 선왕(先王)들에게 선정(善政)을 베풀 것임을 아뢰는 제사임이 분명하다. 선정(善政)을 베풀겠다고 아뢰는 제사라면 백성이 그 왕(王)을 따라[順] 기뻐할[說] 것이 또한 분명하다.

〈왕내재중(王乃在中)의 재중(在中)〉은 환괘(渙卦 : ䷺)의 구오(九五 : ━)가 중위(中位)에 있듯 임금이 정도(正道)를 따름을[中] 밝힌다. 여기 〈재중(在中)〉은 『노자(老子)』에 나오는 〈수중(守中)〉을 환기시킨다. 따라서 임금이 정도(正道)를 따름을[中] 지킴[守]을 〈왕내재중(王乃在中)의 재중(在中)〉이 암시한다. 〈재중(在中)의 중

(中)〉은 〈중정도(中正道)〉의 줄임으로 여기고 새김이 마땅하다. 〈중정도(中正道)〉는 순정도(順正道)와 같아 〈중(中)〉은 〈따를 순(順)〉과 같다. 그러므로 임금이 환괘(渙卦 : ䷺)의 구오(九五 : ⚊)를 본받아 태괘(兌卦 : ䷹)에서 살핀 〈민권(民勸)〉을 널리 환산(渙散)시킬 수 있음을 밝힌 것이 〈왕격유묘(王假有廟) 왕내재중(王乃在中)〉이다.

註 다언삭궁(多言數窮) 불여수중(不如守中) : 말이[言] 많아질수록[多] 그만큼 빨리[數] 궁색해지니[窮], 상도를 따라[中] 지킴만[守] 못하다[不如]. 『노자(老子)』 4장(章)

利涉大川(이섭대천) 乘木有功(승목유공)

〈이섭대천(利涉大川)〉은 『주역(周易)』의 경문(經文)에서 가장 빈번하게 나오는 계사(繫辭) 중 하나이다. 〈섭대천(涉大川)의 대천(大川)〉은 난사(難事) 즉 어려운[難] 일[事]을 부징(符徵)한다. 지금은 강물을 건너가는 다리가 수없이 있고 온갖 종류의 배들이 있어서 〈섭대천(涉大川)〉은 조금도 중대사(重大事)가 되지 못한다. 그러나 다리도 없고 배도 없었던 때에 넓고 깊은 강물을[大川] 건너야[涉] 함은 매우 중대(重大)하고 위험(危險)이 뒤따르는 일이었을 것이다. 따라서 〈이섭대천(利涉大川)의 이(利)〉는 부닥친 난사(難事)를 피하지 않고 〈범난(犯難)〉 즉 난사를[難] 극복해낼[犯] 수 있음을 밝힌다. 물론 〈이섭대천(利涉大川)〉은 환괘(渙卦 : ䷺)의 괘상(卦象)을 본받아 따라 행함을 말하기도 한다. 환괘(渙卦 : ䷺)의 괘상(卦象)은 아래가 감(坎 : ☵)인즉 물[水]이고, 위가 손(巽 : ☴)인즉 바람[風]이고 동시에 나무[木]인지라 물 위에 나무가 둥둥 떠가는 모습[象]이다. 환괘(渙卦 : ䷺)의 이러한 괘상(卦象)을 본받아 행함을 밝힘이 〈승목유공(乘木有功)의 승목(乘木)〉이다. 나무를[木] 올라탐[乘]이란 〈섭대천(涉大川)〉의 방편을 밝힌다. 〈승목유공(乘木有功)의 유공(有功)〉은 대천을[大川] 건너가는[涉] 난사(難事)를 극복했음을 밝힌다. 그러므로 환괘(渙卦 : ䷺)의 괘상(卦象)을 본받아 행한다면 태괘(兌卦 : ䷹)에서 살핀 〈민권(民勸)〉 즉 온 백성이[民] 기뻐하는[勸] 세상을 이루어낼 수 있음을 밝힌 것이 〈이섭대천(利涉大川) 승목유공(乘木有功)〉이다.

60 절괘(節卦 : ䷻) 단사(彖辭)

태하감상(兌下坎上) : 아래는[下] 태(兌 : ☱), 위는[上] 감(坎 : ☵).

수택절(水澤節) : 물과[水] 못은[澤] 절이다[節].

節亨이다 剛柔分하여 而剛得中한다 苦節不可貞은 其道窮也이다 說以行險하고 當位以節하며 中正以通한다 天地節而四時成한다 節以制度하여 不傷財하고 不害民한다

절형 강유분 이강득중 고절불가정 기도궁야 열이행험 당위이절 중정이통 천지절이사시성 절이제도 불상재 불해민

절괘는[節] 형통함이다[亨]. 굳셈과[剛] 부드러움이[柔] 나누어져서[分而] 굳셈이[剛] 가운데를[中] 얻는다[得]. 고통스러운[苦] 절제는[節] 진실로 미덥게[貞] 할 수 없음은[不可] 그[其] 방도가[道] 다함[窮]이다[也]. 기쁨[說]으로써[以] 험한 일을[險] 행하고[行] 마땅한[當] 자리[位]로써[以] 절제하며[節] 정도를[正] 따름[中]으로써[以] 통한다[通]. 하늘땅이[天地] {음양(陰陽)을} 절제해서[節而] 네 계절이[四時] 이루어진다[成]. {천지절(天地節)을 따르는 군왕(君王)은 천지(天地)의} 절제를[節] 본받아[以] 법칙을[度] 내니[制] 재물을[財] 해치지 않고[不傷] 백성을[民] 해치지 않는다[不害].

【지남(指南)】

節亨(절형)

〈절(節)〉은 절괘(節卦 : ䷻)를 말하고, 〈형(亨)〉은 절괘(節卦 : ䷻)의 괘상(卦象)을 밝힌다. 〈절(節)〉은 〈알맞을 적(適)-도(度)〉와 같아 〈적절(適節)-절도(節度)〉의 뜻이고, 〈형(亨)〉은 절괘(節卦 : ䷻)의 괘상(卦象)이 〈택상유수(澤上有水)〉인지라 넘쳐도 안 되고 모자라도 안 된다. 못과 물이 서로 절제(節制)해야 〈형(亨)〉 즉 형통(亨通)한다. 무엇이든 통하면[亨] 순조롭다. 따라서 못은 저마다 적절(適節)

즉 알맞게[適節] 물을 담아야 하니 〈절(節)〉이다. 앞서 살핀 환괘(渙卦 : ䷺)의 〈환(渙)〉 즉 퍼져나감[渙]도 마땅히 절지(節止) 즉 절제되어[節] 멈춰야[止] 함이 천도(天道) 곧 천명(天命)인지라 환괘(渙卦 : ䷺) 다음에 절괘(節卦 : ䷻)가 온다. 절괘(節卦 : ䷻)의 〈절(節)〉은 한계(限界)를 말하고 절제(節制)를 말한다. 이는 지나침을 절제(節制)하여 중도(中道) 즉 정도를[道] 따름[中]이니, 〈절(節)〉이란 천명(天命) 즉 자연의[天] 시킴[命]이다. 순천(順天) 즉 천명을[天] 따르면[順] 모든 것이 〈형(亨)〉 즉 통하고[亨], 배천(背天) 즉 천명을[天] 어기면[背] 그 무엇도 〈불형(不亨)〉 즉 통하지 않음[不亨]을 절괘(節卦 : ䷻)의 괘상(卦象)이 일깨운다.

剛柔分(강유분) 剛得中(강득중)

〈강유분(剛柔分)의 강유(剛柔)〉는 절괘(節卦 : ䷻)의 육효(六爻)를 묶어서 밝힌다. 〈강유분(剛柔分)의 분(分)〉은 그 육효(六爻)가 〈강(剛)〉 즉 양(陽 : ─)이 셋, 〈유(柔)〉 즉 음(陰 : --)이 셋으로 양분되어 있음을 밝힌다. 〈강득중(剛得中)의 강(剛)〉은 절괘(節卦 : ䷻)의 구이(九二 : ─)와 구오(九五 : ─)를 말하고, 〈강득중(剛得中)의 득중(得中)〉은 구이(九二 : ─)는 하체(下體)의 중위(中位)를 얻고[得] 있지만 부정위(不正位)이고, 구오(九五 : ─)는 상체(上體)의 중위(中位)를 득(得)했음을 밝힌다. 구이(九二 : ─)의 자리는 신하(臣下)의 자리이고, 구오(九五 : ─)의 자리는 군왕(君王)의 자리이면서 정위(正位)인지라 절괘(節卦 : ䷻)의 주효(主爻)가 됨을 밝힘이 〈강득중(剛得中)〉이다.

苦節不可貞(고절불가정) 其道窮(기도궁)

절괘(節卦 : ䷻)에서 〈고절(苦節)〉의 모습은 곧 상륙(上六 : --)을 말한다. 상륙(上六 : --)의 위(位)는 더할 것이 없는 자리[位]이다. 절제(節制)는 무엇보다 적중(適中) 즉 알맞게[適] 맞춰가야[中] 한다. 그러나 더는 절제(節制)할 수 없는 역경(逆境) 즉 뜻대로 안 돼 불행한[逆] 경우[境]를 당해서도 〈수절의(守節義)〉 즉 절제의[節] 뜻을[義] 지켜감[守]이 〈고절(苦節)〉이다. 괴롭지만 절제(節制)를 저버리지 않음[苦節]인지라 〈고절(苦節)〉은 〈불가정(不可貞)〉 즉 진실로 미덥게 할[貞] 수 없는[不可] 궁극의 절제(節制)를 말한다. 절제할[節] 까닭이 없음에도 절의(節義)를 저버리지 않고 지키는 모습이 절괘(節卦 : ䷻)의 상륙(上六 : ⚋)임을 〈고절불가정(苦節不可貞)〉이 밝힌다. 여기 〈고절(苦節)〉은 절제를[節] 감내(堪耐) 즉 기꺼이[堪] 참고 견뎌냄[耐]을 암시한다. 왜 〈고절(苦節)〉은 〈불가정(不可貞)〉인가? 그 해답이 〈기도궁(其道窮)〉이다. 〈기도(其道)〉는 〈고절지도(苦節之道)〉이다. 괴롭지만 절제(節制)를 저버리지 않는[苦節之] 이치[道]가 다했음[窮]이 절괘(節卦 : ䷻) 상륙(上六 : ⚋)의 모습임을 일깨우는 것이 〈고절불가정(苦節不可貞) 기도궁(其道窮)〉이다.

說以行險(열이행험)

절괘(節卦 : ䷻)의 괘재(卦才)로써 앞서 살핀 〈절형(節亨)의 형(亨)〉을 거듭하여 풀이한다. 〈열이(說以)의 열(說)〉은 절괘(節卦 : ䷻)의 하체(下體)인 태(兌 : ☱)를 말하고, 〈행험(行險)의 험(險)〉은 절괘(節卦 : ䷻)의 상체(上體)인 감(坎 : ☵)을 말한다. 태(兌 : ☱)는 열(說) 즉 기쁨[說]이고, 감(坎 : ☵)은 함(陷) 즉 구덩이[陷]인지라 〈험(險)〉 즉 힘듦[險]이다. 절제가[節] 형통함[亨]은 절제의 힘듦을[險] 기쁨[說]으로써[以] 행하는[行] 까닭임을 밝힌 것이 〈열이행험(說以行險)〉이다.

當位以節(당위이절)

〈당위(當位)〉는 절괘(節卦 : ䷻) 구오(九五 : ⚊)의 자리를 말한다. 구오(九五 : ⚊)는 양효(陽爻)의 자리인지라 구오(九五 : ⚊)의 자리를 〈당위(當位)〉 즉 정당한[當] 자리[位]라 하고, 동시에 군왕(君王)의 존위(尊位) 즉 높은[尊] 자리[位]이므로 〈당위(當位)〉라고 한다. 그러나 구오(九五 : ⚊)가 정위(正位)에서 육사(六四 : ⚋)-상륙(上六 : ⚋)과 이웃하여 상체(上體)에서 비(比)를 누려 길(吉)하지만, 하체(下體)의 중효(中爻)인 구이(九二 : ⚊)가 양(陽 : ⚊)인지라 정응(正應)을 누리지 못해 흉(凶)하므로, 결국 구오(九五 : ⚊)가 〈당위(當位)〉에 있을지라도 절제함[節]을 밝힌 것이 〈당위이절(當位以節)〉이다.

中正以通(중정이통)

여기 〈중정(中正)〉은 대성괘(大成卦)에서 효(爻)의 정위(正位)로서 누리는 중정(中正)을 말하는 것은 아니다. 절괘(節卦 : ䷻)의 세 양효(陽爻 : ⚊) 중에서 정위

(正位) 즉 바른[正] 자리[位]는 구오(九五 : ━)와 초구(初九 : ━)이지만, 여기 〈중정(中正)〉은 구오(九五 : ━)의 효상(爻象)을 밝힌다. 구오(九五 : ━)가 〈당위(當位)〉 즉 정당한[當] 자리[位]에서 〈절(節)〉 즉 절제함[節]을 〈중정(中正)〉이라고 풀이한다. 〈중정(中正)〉은 중효이정위(中爻而正位)의 줄임으로 중효이면서[中爻而] 바른[正] 자리에 있다[位]는 것이다. 중정(中正)은 득중(得中) 즉 정도를 따름을[中] 취함[得]으로 이어진다. 자연의[天] 규율[道]을 따름을 득중(得中)이라 한다. 득중(得中)하면 언제 어디서든 〈통(通)〉 즉 형통함[通] 역시 천도(天道)이다. 따라서 당위(當位)에 있는 절괘(節卦 : ䷻)의 구오(九五 : ━)가 〈중정(中正)〉의 득중(得中)으로 형통함[通]을 밝힌 것이 〈중정이통(中正以通)〉이다.

天地節而四時成(천지절이사시성)

〈천지절(天地節)〉은 〈천지유절도(天地有節度)〉로 여기고 〈하늘땅에는[天地] 절제의[節] 법이[度] 있다[有]〉라고 새긴다. 천지(天地)가 무절(無節)하다면 만물(萬物)은 저마다의 생사(生死)를 누릴 수 없다. 때문에 〈절즉천명(節卽天命)〉이라 한다. 절도는[節] 곧[卽] 자연의[天] 시킴[命]이다. 〈사시성(四時成)의 사시(四時)〉는 사계(四季) 즉 춘하추동(春夏秋冬)을 말한다. 〈사시성(四時成)의 성(成)〉은 선후(先後)가 아니라 차서(次序)의 왕래(往來)를 뜻한다. 겨울이 가면[往] 반드시 봄이 오고[來], 봄이 가면 반드시 여름이 오고, 여름이 가면 반드시 가을이 오고, 가을이 가면 반드시 겨울이 오고, 겨울이 가면 또다시 봄이 오고, 이렇게 천지(天地)가 짓는 사시(四時)는 절도(節度) 즉 절제의[節] 법[度]이 어김없음을 밝힌 것이 〈천지절이사시성(天地節而四時成)〉이다.

節以制度(절이제도)

〈절이제도(節以制度)〉는 〈천지지절이군왕제도(天地之節以君王制度)〉로 여기고 〈천지의[天地之] 절도[節]로써[以] 군왕은[君王] 법도를[度] 제정한다[制]〉라고 새긴다. 천지(天地)는 조화(造化)할 뿐 제도(制度)하지 않는다. 제도(制度) 즉 법칙을[度] 제정함[制]은 인간인 군왕(君王)이 〈천지절(天地節)〉을 본받아 〈제도(制度)〉 즉 온갖 법을[度] 제정하는[制] 짓이다. 군왕(君王)의 〈제도(制度)〉는 절괘(節卦 :

䷻)의 구오(九五 : ㅡ)가 따르는 〈당위이절(當位以節)-중정이통(中正以通)〉을 본받아야 한다. 〈천지절(天地節)의 절(節)〉을 그대로 본받는 절제(節制)가 군왕(君王)에게도 있어야 〈제도(制度)〉 즉 여러 법들을[度] 제정할[制] 수 있다. 이는 군왕(君王)이 자의(自意) 즉 자신의[自] 뜻[意]대로 제도(制度)할 수 없음을 암시한다. 군왕(君王)이 〈천지절(天地節)〉을 본받으려면 곧 절괘(節卦 : ䷻)의 구오(九五 : ㅡ)가 누리는 〈중정이통(中正以通)의 중정(中正)〉을 본받아야 함을 〈절이제도(節以制度)〉가 밝힌다.

註 〈사시(四時)〉는 춘하추동(春夏秋冬) 사계(四季)만을 뜻함이 아니라, 사계의 시운(時運)을 뜻하는 24절기(節氣)도 포함된다. 24절기는 음력(陰曆)이 아니라 양력(陽曆)으로 전개된다. 양력으로 3월 21일경 춘분(春分)으로 시작하여 청명(淸明)-곡우(穀雨)-입하(立夏)-소만(小滿)-망종(芒種)-하지(夏至)-소서(小暑)-대서(大暑)-입추(立秋)-처서(處暑)-백로(白露)-추분(秋分)-한로(寒露)-상강(霜降)-입동(立冬)-소설(小雪)-대설(大雪)-동지(冬至)-소한(小寒)-대한(大寒)-입춘(立春)-우수(雨水)를 거쳐 3월 6일경 경칩(驚蟄)으로 춘하추동(春夏秋冬)의 사계절이 어긋남 없이 이루어짐이 곧 〈천지절(天地節)의 절(節)〉 즉 시운(時運)의 절제(節制)이다.

不傷財(불상재) 不害民(불해민)

군왕(君王)이 〈천지절(天地節)〉을 본받아 제도(制度)해야 하는 까닭을 밝힌다. 천지(天地)의 절제(節制)를 본받음이란 절괘(節卦 : ䷻)의 구오(九五 : ㅡ)가 누리는 〈중정이통(中正以通)의 중정(中正)〉의 득중(得中)을 본받음과 같다. 〈천지절(天地節)〉이란 천도(天道) 즉 자연의[天] 이치[道]를 따름이고, 〈중정이통(中正以通)의 중정(中正)〉 역시 천도(天道)를 따름일 뿐이다. 정도를 따름을[中] 취함[得]으로써[以] 온갖 제도(制度)가 백성에게 통한다. 왜냐하면 〈천지절(天地節)〉을 본받은 군왕(君王)의 〈제도(制度)〉가 〈불상재(不傷財)〉하고 〈불해민(不害民)〉하기 때문이다. 여기 〈불상재(不傷財) 불해민(不害民)〉은 『노자(老子)』에 나오는 〈이이불해(利而不害) 위이부쟁(爲而不爭)〉을 상기시킨다. 천지도(天之道) 즉 천도(天道)는 만물(萬物)을 이롭게 하되[利而] 해치지 않는다[不害]. 이러한 천도(天道)를 본받는 성인(聖人)은 만물을 위해주되[爲而] 다투지 않는다[不爭]. 부쟁(不爭) 즉 다투지 않음[不爭]이란 무사무욕(無私無欲)에서 비롯한다. 재물을[財] 해치지 않음[不傷]과 백성을[民] 해치지 않음[不害]은 〈천지절(天地節)〉을 본받아 〈중정(中正)〉의 득중(得

中) 즉 정도를 따름을[中] 취하는[得] 〈제도(制度)〉로 말미암은 선정(善政)의 덕(德)이다. 〈천지절(天地節)〉을 본받아 이루어진 〈제도(制度)〉는 한없는 인욕(人欲)을 무사(無私)로써 절제(節制)시키므로, 상재해민(傷財害民)의 학정(虐政)을 없애버림을 밝힌 것이 〈불상재(不傷財) 불해민(不害民)〉이다.

註 천지도리이불해(天之道利而不害) 성인지도위이부쟁(聖人之道爲而不爭) : 자연의[天之] 규율은[道] (온갖 것을) 이롭게 하되[利而] 해치지 않고[不害], 성인의[聖人之] 도리는[道] 베풀되[爲而] (그 무엇과도) 다투지 않는다[不爭]. 『노자(老子)』 81장(章)

61 중부괘(中孚卦 : ䷼) 단사(彖辭)

태하손상(兌下巽上) : 아래는[下] 태(兌 : ☱), 위는[上] 손(巽 : ☴).

풍택중부(風澤中孚) : 바람과[風] 못은[澤] 중부이다[中孚].

中孚는 柔在內而剛得中한다 說而巽하니 孚乃化邦也이다 豚魚吉은 信及豚魚也이다 利涉大川은 乘木舟虛也이다 中孚以利貞은 乃應乎天也이다
중부 유재내이강득중 열이손 부내화방야 돈어길 신급돈어야 이섭대천 승목주허야 중부이리정 내응호천야

중부괘는[中孚] 부드러운 기운이[柔] 안에[內] 있고[在而] 굳센 기운은[剛] 가운데를[中] 취한다[得]. 기뻐서[說而] 유순해[巽] 진실로 믿어줌이[孚] 곧[乃] 나라를[邦] 감화시킴[化]이다[也]. 새끼돼지와[豚] 물고기가[魚] 좋다 함은[吉] (백성의) 진실한 믿음이[信] 새끼돼지와[豚] 물고기에까지[魚] 미침[及]이다[也]. 큰[大] 내를[川] 건넘이[涉] 이로움은[利] (사람들이) 뗏목을[木] 타서[乘] 배는[舟] 비어 있음[虛]이다[也]. 마음속이[中] 진실로 믿어줌을[孚] 행하여[以] 곧고 발라[貞] 이로움은[利] 곧[乃] 천도를[乎天] 따름[應]이다[也].

【지남(指南)】

中孚(중부) 柔在內而剛得中(유재내이강득중)

〈중부(中孚)〉는 중부괘(中孚卦 : ䷼)를 말하고, 〈유재내이강득중(柔在內而剛得中)〉은 중부괘(中孚卦 : ䷼)의 괘상(卦象)을 밝힌다. 절제(節制)는 〈중부(中孚)〉 즉 심중에[中] 믿음[孚]을 가져오는지라 절괘(節卦 : ䷻) 다음에 중부괘(中孚卦 : ䷼)가 온다. 〈중부(中孚)〉란 〈성신발어중(誠信發於中)〉이다. 마음속에서[於中] 성신이[誠信] 일어남[發]이 〈중부(中孚)〉이다. 이러한 〈중부(中孚)〉를 중부괘(中孚卦 : ䷼)

의 괘상(卦象)을 빌려 〈유재내이강득중(柔在內而剛得中)〉이라고 밝힌다.

〈유재내(柔在內)〉는 중부괘(中孚卦 : ䷼)의 괘상(卦象)을 〈유(柔)〉 즉 음기(陰氣 : --)로써 밝힌다. 〈유재내(柔在內)의 유(柔)〉는 중부괘(中孚卦 : ䷼)의 육삼(六三 : --)과 육사(六四 : --)를 밝히고, 〈유재내(柔在內)의 내(內)〉는 중부괘(中孚卦 : ䷼)의 삼효(三爻)와 사효(四爻)의 위(位)를 밝힌다. 대성괘(大成卦)에서 삼효(三爻)-사효(四爻)의 자리[位]를 〈내(內)〉라고 한다.

〈강득중(剛得中)의 강(剛)〉은 중부괘(中孚卦 : ䷼)의 구이(九二 : ━)와 구오(九五 : ━)를 밝히고, 〈강득중(剛得中)의 중(中)〉은 중부괘(中孚卦 : ䷼)의 이효(二爻)와 오효(五爻)의 자리를 밝힌다. 대성괘(大成卦)에서 이효(二爻)-오효(五爻)의 자리를 〈중(中)〉이라고 한다. 물론 대성괘(大成卦)에서 초효(初爻)와 상효(上爻)의 자리는 〈외(外)〉라고 한다.

說而巽(열이손) 孚乃化邦(부내화방)

〈열이손(說而巽)〉은 중부괘(中孚卦 : ䷼)의 괘재(卦才)로써 괘상(卦象)을 거듭하여 밝힌다. 〈열이손(說而巽)의 열(說)〉은 중부괘(中孚卦 : ䷼)의 하체(下體) 태(兌 : ☱)를 말한다. 태(兌 : ☱)는 〈택(澤)〉 즉 못[澤]이고 〈열(說)〉 즉 기쁨[說]인지라, 중부괘(中孚卦 : ䷼)의 하체(下體)를 〈열(說)〉이라 한다. 〈열이손(說而巽)의 손(巽)〉은 중부괘(中孚卦 : ䷼)의 상체(上體) 손(巽 : ☴)을 말한다. 손(巽 : ☴)은 〈풍(風)〉 즉 바람[風]이고 〈순(順)〉 즉 따름[順]인지라, 중부괘(中孚卦 : ䷼)의 상체(上體)를 〈손(巽)〉이라 한다. 이러한 〈열이손(說而巽)〉은 곧 〈중부(中孚)〉를 밝힌다. 손(巽 : ☴)은 태(兌 : ☱)의 위를 불어가며 태(兌 : ☱)를 따르고[順], 태(兌 : ☱)는 손(巽 : ☴)을 기꺼이[說] 맞아주는 〈상손하열(上巽下說)〉의 괘상(卦象)이 곧 〈중부(中孚)〉의 모습이다. 〈중부(中孚)〉란 〈신발어중(信發於中)〉이다. 믿음이[信] 마음속에서[於中] 일어남[發]을 〈중부(中孚)〉라 하니, 〈중부(中孚)〉는 성심(誠心)이요 진심(眞心)이요 순수(純粹)이다.

손(巽 : ☴)은 태(兌 : ☱)를 따르고[順], 태(兌 : ☱)는 손(巽 : ☴)을 기뻐함[說]이 〈부내화방(孚乃化邦)의 부(孚)〉이다. 동시에 〈부내화방(孚乃化邦)의 부(孚)〉는 중부괘(中孚卦 : ䷼)의 〈열이손(說而巽)〉을 본받아 〈제도(制度)〉 즉 법을[度] 제정하는[制] 군왕(君王)을 백성이 〈부(孚)〉 즉 진실로 믿어줌[孚]이기도 하여 〈화방(化邦)〉 즉 임금이 나라를[邦] 감화함[化]인지라, 〈화방(化邦)〉은 〈열이손(說而巽)〉을 본받아 행함을 구체적으로 풀이한다. 군왕(君王)은 중부괘(中孚卦 : ䷼)를 본받아 백성을 따르고, 백성은 그런 군왕(君王)을 기쁘게 맞이함이 〈화방(化邦)〉이다. 이러한 〈화방(化邦)〉은 성왕(聖王)의 몫이기 때문에, 『노자(老子)』에 나오는 〈성인무상심(聖人無常心)〉을 환기시킨다. 〈무상심(無常心)의 상심(常心)〉은 자기가 옳다고 믿는 고집(固執)을 말한다. 상심(常心)은 〈이데올로기(ideology)〉에 해당된다. 성왕(聖王)이 백성지심(百姓之心) 즉 민심(民心)을 따름이 중부괘(中孚卦 : ䷼)의 손(巽 : ☴) 같고, 백성이 성왕(聖王)을 기뻐함이 중부괘(中孚卦 : ䷼)의 태(兌 : ☱) 같아야 〈화방(化邦)〉이 이루어짐을 살펴 깨우치게 하는 것이 〈열이손(說而巽) 부내화방(孚乃化邦)〉이다.

註 성인무상심(聖人無常心) 이백성지심위심(以百姓之心爲心) : 성인에게는[聖人] 고집하는 마음이[常心] 없고[無], {성인(聖人)은} 백성의[百姓之] 마음[心]으로써[以] (당신의) 마음을[心] 삼는다[爲].
『노자(老子)』 49장(章)

豚魚吉(돈어길) 信及豚魚(신급돈어)

앞서 살핀 〈화방(化邦)〉을 불러오는 〈중부(中孚)〉 즉 〈신(信)〉이 성왕(聖王)과 백성(百姓)에게만 미치는 것이 아니라 천하만물(天下萬物)에 두루 미침을 밝힌다. 〈화방(化邦)〉이 백성만 〈길(吉)〉하게 하는 것이 아니다. 〈돈어길(豚魚吉)〉 즉 돼지와[豚] 물고기[魚]까지도 길(吉)하게 함이 〈부내화방(孚乃化邦)〉임을 밝힌다. 〈돈어(豚魚)의 돈(豚)〉은 지상(地上)의 온갖 목숨을 부징(符徵)함이고, 〈돈어(豚魚)의 어(魚)〉는 수중(水中)의 온갖 목숨을 빗대어[符] 드러냄[徵]이다. 따라서 〈열이손(說而巽)〉의 신도(信道) 즉 믿음의[信] 이치[道]가 만물(萬物)에 두루 미치는 지극함을 밝힌 것이 〈신급돈어(信及豚魚)〉이다.

利涉大川(이섭대천) 乘木舟虛(승목주허)

〈이섭대천(利涉大川)〉은 『주역(周易)』의 경문(經文)에서 가장 빈번하게 나오는 계사(繫辭) 중의 하나이다. 〈섭대천(涉大川)의 대천(大川)〉은 난사(難事) 즉 어려운[難] 일[事]을 암시한다. 지금은 강물을 건너가게 하는 다리가 수없이 많고 온갖 종류의 배들이 있어서 〈섭대천(涉大川)〉은 조금도 중대사(重大事)가 되지 못한다. 그러나 다리도 없고 배를 찾기가 몹시 어려웠던 때에 넓고 깊은 강물을[大川] 건너야[涉] 함은 매우 중대(重大)하고 위험(危險)이 뒤따르는 일이었을 것이다. 따라서 〈이섭대천(利涉大川)의 이(利)〉는 부닥친 난사(難事)를 피하지 않고 〈범난(犯難)〉 즉 난사를[難] 극복해낼[犯] 수 있음을 밝힌다. 물론 〈이섭대천(利涉大川)〉은 중부괘(中孚卦 : ䷼)의 괘상(卦象)인 〈열이손(說而巽)〉을 본받아 따라 행함을 말하기도 한다.

중부괘(中孚卦 : ䷼)의 괘상(卦象)은 아래가 태(兌 : ☱)인즉 못[澤]이고, 위가 손(巽 : ☴)인즉 바람[風]이고 동시에 나무[木]인지라, 못 위에 나무가 둥둥 떠가는 모습[象]이다. 중부괘(中孚卦 : ䷼)의 이러한 괘상(卦象)을 본받아 행함을 밝힌 것이 〈승목(乘木)〉이다. 나무를[木] 올라탈[乘] 괘상(卦象)이니 〈섭대천(涉大川)〉의 방편이 마련되는지라, 대천을[大川] 건너가도[涉] 이롭다[利]고 밝힌다. 〈승목(乘木)〉 즉 못 위에 떠 있는 나무를[木] 올라타고[乘] 큰물을[大川] 건너가면[涉] 전복(顚覆)될 위험도 없음을 암시한다. 〈주허(舟虛)〉 즉 배가[舟] 비었다[虛] 함은 〈불승주(不乘舟)〉 즉 배를[舟] 타지 않음[不乘]을 뜻한다. 중부괘(中孚卦 : ䷼)의 괘상(卦象)을 본받아 행하면 〈화방(化邦)〉 같은 대사(大事)도 무난히 이루어짐을 살펴 헤아리게 한 것이 〈승목주허(乘木舟虛)〉이다.

中孚以利貞(중부이리정) 乃應乎天(내응호천)

〈중부이(中孚以)의 중부(中孚)〉는 〈성신발어심중(誠信發於心中)〉 즉 마음속에서[於心中] 성신이[誠信] 일어남[發]이다. 〈중부이(中孚以)의 이(以)〉는 〈중부(中孚)〉의 실행을 뜻한다. 마음속으로만 성실함[孚]이 아니라 그 〈부(孚)〉를 손수 행함이 〈중부이(中孚以)의 이(以)〉다. 여기서 〈이(以)〉는 〈행할 위(爲)〉와 같다. 성신(誠信) 즉 진실한[誠] 믿음을[信] 실행하면[以] 절로 그 마음속은[中] 〈정(貞)〉 즉 진실로 미더울[貞] 수밖에 없고, 이러한 〈정(貞)〉은 자기를 이롭게 할 뿐 아니라 우리 모두 즉 〈돈어(豚魚)〉까지 이롭게 함이다. 〈이정(利貞)의 정(貞)〉은 〈중부(中孚)의 부(孚)〉를 불러온다. 〈중부(中孚)〉를 행함[以]은 〈정(貞)〉 즉 진실한 미더움[貞]으로 말미암음이다.

〈정(貞)〉 즉 진실로 미더움[貞]이 진실로 믿어줌[孚]을 불러오게 됨이 곧 〈응호천(應乎天)〉이다. 여기 〈응호천(應乎天)〉은 〈응호천도(應乎天道)〉이다. 자연의[天] 이치를[乎道] 따름[應]이 곧 〈중부(中孚)의 정(貞)〉이다. 마음속에 성신(誠信)이 일어나[中孚] 천도를[乎天] 따르는[應] 〈정(貞)〉은 『노자(老子)』에 나오는 〈존도이귀덕(尊道而貴德)〉을 환기시킨다. 그러므로 〈중부(中孚)의 정(貞)〉은 상도를[道] 받들면서[尊而] (상도가 베푸는) 덕을[德] 받드는[貴] 마음가짐이고 행실로 누리는 이로움 즉 〈이정(利貞)〉임을 중부괘(中孚卦 : ䷼)의 괘상(卦象)을 빌려 밝힘이 〈중부이리정(中孚以利貞) 내응호천(乃應乎天)〉이다.

註 도생지(道生之) 덕휵지(德畜之) 물형지(物形之) 세성지(勢成之) 시이(是以) 만물막부존도이귀덕(萬物莫不尊道而貴德) : 상도가[道] (만물을) 낳아주고[生之], 상덕이[德] (만물을) 길러주며[畜之], (덕의 길러줌으로써) 만물이[物] (저마다) 몸을 갖추고[形之], (만물이 저마다 누리는) 환경이[勢] 이루어진다[成之]. 이렇기[是] 때문에[以] 온갖 것은[萬物] 상도를[道] 받들면서[尊而] 상덕을[德] 받들지 않을 수[不貴] 없다[莫]. 『노자(老子)』 51장(章)

62 소과괘(小過卦 : ䷽) 단사(彖辭)

간하진상(艮下震上) : 아래는[下] 간(艮 : ☶), 위는[上] 진(震 : ☳).

뇌산소과(雷山小過) : 우레와[雷] 산은[山] 소과이다[小過].

小過小者過而亨也이다 過以利貞은 與時行也이다 柔得中인지라 是以小事吉也이다 剛失位而不中이라 是以不可大事也이다 有飛鳥之象焉하다 飛鳥遺之音不宜上宜下하여 大吉은 上逆而下順也이다

소과소자과이형야 과이리정 여시행야 유득중 시이소사길야 강실위이부중 시이불가대사야 유비조지상언 비조유지음불의상의하 대길 상역이하순야

소과괘는[小過] 작은[小] 것이[者] 넘쳐서[過而] 형통하는 것[亨]이다[也]. 넘침[過]으로써[以] 진실로 미더워[貞] 이로움은[利] 때와[時] 함께[與] 행하기 때문[行]이다[也]. 부드러운 기운이[柔] 가운데를[中] 얻은지라[得] 이[是]로써[以] 작은[小] 일도[事] 길함[吉]이다[也]. 굳센 기운은[剛] 자리를[位] 잃어서[失而] 가운데 자리가[中] 없다[不]. 이[是] 때문에[以] 큰[大] 일을[事] 할 수 없음[不可]이다[也]. 날아가는[飛] 새의[鳥之] 짓이[象] 있을[有] 뿐이다[焉]. 날아가는[飛] 새가[鳥] 남긴[遺之] 소리는[音] 위로는[上] 마땅찮으나[不宜] 아래로는[下] 마땅해[宜] 크게[大] 좋다 함은[吉] 올라가면[上] 거슬림이고[逆而] 내려오면[下] 따름[順]이다[也].

【지남(指南)】

小過小者過而亨(소과소자과이형)

〈소과(小過)〉는 소과괘(小過卦 : ䷽)를 말하고, 〈소자과이형(小者過而亨)〉은 소과괘(小過卦 : ䷽)의 괘상(卦象)을 풀이한다. 〈소자과(小者過)〉는 소과괘(小過卦 :

䷽)의 괘재(卦才)로써 밝힌다. 소과괘(小過卦 : ䷽)에는 음(陰 : --)이 양(陽 : —)의 배(倍)가 되어 있음을 밝히고, 동시에 음(陰 : --)이 득중(得中)하고 양(陽 : —)이 가운데 자리를[中] 얻지 못함[不得]을 밝힌다. 소과괘(小過卦 : ䷽)의 이러한 〈소자과(小者過)〉를 본받음은 〈소사과(小事過)〉 즉 작은[小] 일이[事] 넘침[過]으로 이어져 함부로 행함이 없어야 함을 뜻한다. 그래서 〈소자과(小者過)〉는 불고불위(不顧不爲) 즉 함부로[不顧] 행하지 않음[不爲]을 뜻한다. 양기(陽氣)는 대(大)이고 동(動)하며, 음기(陰氣)는 소(小)이고 정(靜)하다. 정(靜)은 지(止) 즉 멈춤[止]으로 드러난다. 그러므로 〈소자과(小者過)〉는 행동에 넘쳐남[過]이 있어도 함부로 행동하지 않음이다. 따라서 〈소자과(小者過)〉는 앞에서 살핀 중부괘(中孚卦 : ䷼)의 소신(所信)을 함부로 행동으로 옮기지 않음을 암시한다. 소신이 서면 행동하게 마련이라 행동함에 조심하라는 것이 〈소자과(小者過)〉이다. 소신이 섰더라도 행동에 지나침이 없다면 그 소신을 행함에 막힐 리가 없으므로, 하는 일이 넘쳐나도 형통함을 살펴 헤아려 깨우치게 하는 것이 〈소자과이형(小者過而亨)〉이다.

過以利貞(과이리정) 與時行(여시행)

〈과이리정(過以利貞)의 과이(過以)〉는 〈소자지과이(小者之過以)〉로 여기고 새김이 마땅하다. 작은[小] 것이[者之] 넘침[過]으로써[以] 마음이 진실로 미더움[貞]은 어김없이 마땅한 행동으로 이어지게 마련이다. 앉을 자리 설 자리를 가려 앉거나 서면 행동거지에 어긋남이 있을 리 없다. 그렇게 하려면 사소한 것에도 마음을 써야 한다. 이러한 마음 씀씀이가 바로 앞서 살핀 〈소자과(小者過)〉이다. 이러한 〈과이리정(過以利貞)〉은 〈여시행(與時行)〉으로 이어지게 마련이다. 〈여시행(與時行)〉 즉 때와[時] 함께[與] 행함[行]이란 할 때면 하고 하지 않아야 할 때면 하지 않음이다. 〈여시행(與時行)〉이란 행동의 절주(節奏)를 말한다. 소과괘(小過卦 : ䷽)의 괘상(卦象)을 본받는 마음 씀씀이와 행동은 〈소자과(小者過)〉로써 절주(節奏) 즉 멈추거나[節] 나아감[奏]이 제때를 잃지 않아[與時] 〈이정(利貞)〉을 누린다. 그러므로 행동거지[行]는 먼저 〈정(貞)〉 즉 마음이 곧고 바름[貞]을 뒤따라야 하고, 그러한 행동은 언제 어디서나 이로움[利]을 밝힌 것이 〈과이리정(過以利貞) 여시행(與時行)〉이다.

柔得中(유득중) 是以小事吉(시이소사길)

〈유득중(柔得中)의 유(柔)〉는 소과괘(小過卦 : ䷽)의 육이(六二 : --)와 육오(六五 : --)를 밝히고, 〈유득중(柔得中)의 득중(得中)〉은 소과괘(小過卦 : ䷽)에서 육이(六二 : --)와 육오(六五 : --)가 중효(中爻)의 자리[位]를 얻음을 밝힌다. 대성괘(大成卦)에서 상체(上體)의 중효(中爻) 자리는 군왕(君王)의 위(位)인지라 존위(尊位) 즉 높은[尊] 자리[位]이고, 하체(下體)의 중효(中爻) 자리는 신(臣)의 자리인지라 중위(重位) 즉 중책의[重] 자리[位]이다. 군왕(君王)의 행동거지도 〈여시행(與時行)〉을 떠날 수 없고, 신하의 행동거지 역시 때와[時] 함께[與] 행해야지[行] 실기(失期)해서는 매사(每事)가 흉(凶)할 수밖에 없다. 여기 〈득중(得中)〉은 〈득중위(得中位)〉이다. 이러한 〈득중(得中)〉은 바로 〈여시행(與時行)〉을 뜻하기도 한다. 때와[時] 더불어[與] 행동할[行] 수 있는 자리[位]가 중효(中爻)의 자리인 까닭이다.

〈시이소사길(是以小事吉)의 시이(是以)〉는 〈유지득중이(柔之得中以)〉로 여기고 새김이 마땅하다. 부드러움이[柔之] 중위를[中] 얻었기[得] 때문에[以] 〈소사길(小事吉)〉 즉 작은[小] 일이[事] 길하다[吉]고 한 것이다. 인간이 행사(行事) 즉 일을[事] 행할[行] 때 용유(用柔)가 적중(的中)할 경우도 있고 용강(用剛)이 꼭 맞을[的中] 경우도 있다. 처소사(處小事) 즉 작은[小] 일을[事] 처리할[處] 때는 부드러움을[柔] 활용함이[用] 마땅하고[宜], 임대사(任大事) 즉 큰[大] 일을[事] 맡을[任] 때는 굳셈을[剛] 활용함이[用] 의하다[宜]. 일상은 소사(小事)들로 이어지지 대사(大事)가 빈번한 것은 아니다. 소사(小事)는 용유(用柔) 즉 부드러움을[柔] 쓰는[用] 마음가짐으로 어루만지면서 처리해가야 매사가 형통(亨通)해서 길(吉)함을 밝힌 것이 〈유득중(柔得中) 시이소사길(是以小事吉)〉이다.

剛失位而不中(강실위이부중) 是以不可大事(시이불가대사)

〈강실위(剛失位)의 강(剛)〉은 소과괘(小過卦 : ䷽)의 구사(九四 : ―)를 밝힌다. 〈강실위(剛失位)의 실위(失位)〉가 〈실정위(失正位)〉를 뜻하기 때문이다. 구사(九四 : ―)가 음(陰 : --)의 자리에 있음을 〈강실위(剛失位)〉라고 한다. 소과괘(小過卦 : ䷽)에서 부정위(不正位) 즉 제자리가[正位] 아닌[不] 양효(陽爻)는 구사(九四 : ―)이다. 소과괘(小過卦 : ䷽)에서 구삼(九三 : ―)은 정위(正位)를 얻고 있지만 구사

(九四 : ━)와 마찬가지로 〈부중(不中)〉이다. 〈부중(不中)〉이란 〈부재중위(不在中位)〉 즉 가운데[中] 자리에[位] 있지 않음[不在]을 밝힌다. 음효(陰爻 : ╍)가 중위(中位)에 있으면 소사(小事)를 〈여시행(與時行)〉할 수 있고, 양효(陽爻 : ━)가 중위(中位)에 있으면 대사(大事)를 때맞춰[與時] 행할[行] 수 있다. 그러나 소과괘(小過卦 : ䷽)에서는 육이(六二 : ╍)와 육오(六五 : ╍)가 중위(中位)에 있기 때문에 〈가소사(可小事)〉 즉 작은[小] 일은[事] 할 수 있지만[可] 〈불가대사(不可大事)〉 즉 큰[大] 일은[事] 할 수 없음[不可]을 밝힌 것이 〈강실위이부중(剛失位而不中) 시이불가대사(是以不可大事)〉이다.

註 대성괘(大成卦)에서 양효(陽爻)의 정위(正位) 즉 제자리[正位]는 1-3-5의 홀수 자리[位]이고, 음효(陰爻)의 정위(正位)는 2-4-6의 짝수 자리[位]이다.

有飛鳥之象焉(유비조지상언)

〈유비조지상언(有飛鳥之象焉)〉을 〈유비조지상어소과괘(有飛鳥之象於小過卦)〉로 여기고 〈소과괘(小過卦)에는[於] 날아가는[飛] 새의[鳥之] 형상이[象] 있다[有]〉라고 새긴다. 〈유비조지상언(有飛鳥之象焉)의 언(焉)〉은 〈어시(於是) 언(焉)〉으로 〈어소과괘(於小過卦)〉의 줄임이다. 소과괘(小過卦 : ䷽)의 괘상(卦象)을 형상적(形象的)으로 밝힌다. 구삼(九三 : ━)-구사(九四 : ━)의 두 양효(陽爻 : ━)가 새의 몸집이고, 초육(初六 : ╍)-육이(六二 : ╍)-육오(六五 : ╍)-상륙(上六 : ╍)의 네 음효(陰爻 : ╍)가 새의 양익(兩翼) 즉 두 날개[翼]와 같아, 소과괘(小過卦 : ䷽)의 괘상(卦象)을 〈비조(飛鳥)〉를 들어 취상(取象)한 것이다.

飛鳥遺之音不宜上宜下(비조유지음불의상의하) 大吉(대길) 上逆而下順(상역이하순)

〈비조유지음불의상의하(飛鳥遺之音不宜上宜下)〉를 〈비조유지음불의상(飛鳥遺之音不宜上) 연이비조유지음의하(然而飛鳥遺之音宜下)〉로 여기고 〈비조가[飛鳥] 남기는[遺之] 소리가[音] 위로는[上] 마땅치 않다[不宜] 그러나[然而] 비조가[飛鳥] 남기는[遺之] 소리가[音] 아래로는[下] 마땅하다[宜]〉라고 새긴다. 날아가는 새가[飛鳥] 남기는[遺之] 소리는[音] 올라가면[上] 허공에 퍼지고 말 터이니 〈불의(不

宜)〉 즉 마땅치 않다[不宜]. 그러나 날아가는 새의 소리가 내려오면[下] 새의 무리에 들릴 터인지라 마땅하다[宜]. 이것이 날아가는 새가 남기는 소리의 천도(天道)이다. 소과(小過) 즉 작게[小] 넘침[過] 역시 날아가는 새의 소리처럼 내려오려[下] 해야지 오르려고[上] 해서는 소과(小過)가 대과(大過)가 될 수 있다. 소과(小過)가 대과(大過) 즉 크게[大] 넘침[過]은 순리(順理)에 어긋나고, 소과(小過)는 작게[小] 넘침[過]으로 끝나야 순리(順理)이다. 〈비조(飛鳥)의 소리[音]〉를 비유로 들어 비상(飛上)만을 고집하면 자연의[天] 규율[道]에 어긋나고[逆], 비상(飛上)했다면 비하(飛下)해야 함이 천도(天道)에 순응(順應)하는 것임을 밝힌다. 천도(天道)에 어긋나면[逆] 흉(凶)하고 따르면[順] 길(吉)함을 밝힌 것이 〈비조유지음불의상의하(飛鳥遺之音不宜上宜下) 대길(大吉) 상역이하순(上逆而下順)〉이다.

63 기제괘(旣濟卦 : ䷾) 단사(彖辭)

이하감상(離下坎上) : 아래는[下] 이(離 : ☲), 위는[上] 감(坎 : ☵).
수화기제(水火旣濟) : 물과[水] 불은[火] 기제이다[旣濟].

旣濟亨은 小者亨也이다 利貞은 剛柔正而位當也이다
기제형 소자형야 이정 강유정이위당야
初吉은 柔得中也이다 終止則亂은 其道窮也이다
초길 유득중야 종지즉란 기도궁야

기제괘가[旣濟] 형통함은[亨] 작은[小] 것이[者] 형통함[亨]이다[也]. 마음이 진실로 미더워야[貞] 이로움은[利] 굳센 기운과[剛] 부드러운 기운이[柔] 올발라서[正而] 자리가[位] 마땅함[當]이다[也]. 처음[初] 길함은[吉] 부드러운 기운이[柔] 가운데를[中] 얻음[得]이다[也]. 끝내[終] 멈추면[止] 곧[則] 어지러움은[亂] 그[其] 이치가[道] 다함[窮]이다[也].

【지남(指南)】

旣濟亨(기제형)

〈기제형(旣濟亨)의 기제(旣濟)〉는 기제괘(旣濟卦 : ䷾)의 본(本) 즉 바로 그것[本]을 말한다. 〈기제형(旣濟亨)의 형(亨)〉은 기제괘(旣濟卦 : ䷾)의 그 본(本)을 괘상(卦象)으로써 밝힌다. 〈기제(旣濟)〉는 이미[旣] 이루었음[濟]을 말한다. 〈제(濟)〉란 강물을 건너감을 뜻한다. 〈섭대천(涉大川)〉을 한 자(字)로 함이 〈제(濟)〉이다. 이미[旣] 제했음[濟]이니 강물을 완전히 건넜음을 뜻해, 하던 일이 모두 제대로 다 되었음을 기제괘(旣濟卦 : ䷾)의 괘상(卦象)이 나타낸다. 〈기제(旣濟)〉란 기제괘(旣濟卦 : ䷾)의 괘상(卦象)을 밝히는 것이기도 하다. 기제괘(旣濟卦 : ䷾)의 육효(六爻)들은 모두 정위(正位)에 있다. 따라서 육이(六二 : ⚋)와 구오(九五 : ⚊)가 중정(中正)과 정응(正應)을 동시에 누리고, 하체(下體)의 초구(初九 : ⚊)와 상체

(上體)의 육사(六四 : ⚋)가 상응(相應)하고, 구삼(九三 : ⚊)와 상륙(上六 : ⚋)이 상응(相應)하고, 이웃한 두 효(爻)가 모두 비(比)를 누려서 길(吉)하지 않는 바가 없는 괘(卦)가 64괘(卦) 중에서 기제괘(旣濟卦 : ䷾) 하나뿐이다. 기제괘(旣濟卦 : ䷾)의 육효(六爻)들이 모두 정위(正位)에 있어서 중정(中正)-응(應)-비(比)를 누리고 있으니 길(吉)하다. 길(吉)하므로 마땅히 〈형(亨)〉 즉 통함[亨]을 밝힘이 〈기제형(旣濟亨)〉이다.

小者亨(소자형)

앞서 살핀 〈기제형(旣濟亨)의 형(亨)〉을 거듭해 풀이한다. 〈소자형(小者亨)〉은 기제괘(旣濟卦 : ䷾)의 괘상(卦象)으로써 〈기제형(旣濟亨)의 형(亨)〉을 풀이한다. 기제괘(旣濟卦 : ䷾)의 괘상(卦象)은 〈이하감상(離下坎上)〉이다. 이(離 : ☲)는 화(火) 즉 불[火]이고, 감(坎 : ☵)은 수(水) 즉 물[水]이다. 불[☲] 위에 물[☵]이 있는 상(象)이 기제괘(旣濟卦 : ䷾)의 괘상(卦象)이다. 불 위에 물이 있는 상(象)을 〈기제(旣濟)〉라 함은 이미 불로써 물을 끓이는 일을 다 끝마쳤음을 뜻한다. 물을 끓이는 일이란 집안[家內]의 일로서 소사(小事) 즉 작은[小] 일[事]에 속한다. 가내소사(家內小事)라 하고 천하대사(天下大事)라 한다. 소사(小事) 즉 작은[小] 일[事]도 통하니[亨], 대사(大事)는 부대언(不待言) 즉 말을[言] 기다릴 것도 없이[不待] 통함을 암시한다. 그러므로 불로써 물을 끓이는 일이란 순리(順理)를 따름인지라 〈형(亨)〉 즉 통한다[亨]고 밝힌 것이 〈소자형(小者亨)〉이다.

利貞(이정) 剛柔正而位當(강유정이위당)

〈이정(利貞)〉은 〈기제괘리정(旣濟卦利貞)〉으로 여기고 새김이 마땅하다. 기제괘(旣濟卦 : ䷾)는 마음이 진실로 미더워[貞] 이롭다[利]는 연유를 밝힌 것이 〈강유정이위당(剛柔正而位當)〉이다. 〈강유정(剛柔正)〉은 〈강유지위정(剛柔之位正)〉의 줄임이다. 강유의[剛柔之] 자리[位]가 바름[正]이란 〈강(剛)〉 즉 양(陽 : ⚊)이 모두 기제괘(旣濟卦 : ䷾)에서 정위(正位) 즉 홀수의 자리에 있고, 〈유(柔)〉 즉 음(陰 : ⚋)이 모두 기제괘(旣濟卦 : ䷾)에서 정위(正位) 즉 짝수의 자리에 있음을 밝힌다. 〈위당(位當)〉은 〈강유정(剛柔正)〉을 거듭하여 밝힌다. 〈위당(位當)의 당(當)〉은 여기선 〈정(正)〉과 같으니 기제괘(旣濟卦 : ䷾)의 육효(六爻)가 모두 당위(當位) 즉 정위(正位)에 있다. 이러한 기제괘(旣濟卦 : ䷾)의 괘덕(卦德)을 〈이정(利貞)〉이라고 밝힌다. 기제괘(旣濟卦 : ䷾) 육효(六爻)의 정위(正位)를 〈이정(利貞)〉의 덕(德)이라고 풀이한 것이 〈강유정이위당(剛柔正而位當)〉이다.

〈강유(剛柔)의 강(剛)〉은 기제괘(旣濟卦 : ䷾)의 양효(陽爻)들을 말하고, 〈강유(剛柔)의 유(柔)〉는 기제괘(旣濟卦 : ䷾)의 음효(陰爻)들을 말한다. 기제괘(旣濟卦 : ䷾)에서 양효(陽爻 : ⚊) 셋이 모두 1-3-5의 홀수 자리에 있고, 기제괘(旣濟卦 : ䷾)에서 음효(陰爻 : ⚋) 셋이 모두 2-4-6의 짝수 자리에 있음을 〈강유정(剛柔正)의 정(正)〉이라고 밝힌다. 〈강유정(剛柔正)〉은 강유정위(剛柔正位) 즉 강유가[剛柔] 바른[正] 자리에 있음[位]이다. 그리고 〈위당(位當)〉은 〈강유지정위당기강유(剛柔之正位當其剛柔)〉로 여기고 새김이 마땅하다. 〈위당(位當)의 위(位)〉는 기제괘(旣濟卦 : ䷾) 여섯[六] 효들의[爻] 정위(正位)를 밝히고, 〈위당(位當)의 당(當)〉은 그 바른 자리에 있는 〈강유(剛柔)〉 즉 기제괘(旣濟卦 : ䷾)의 육효(六爻)들이 마땅함[當]을 밝힌다. 그러므로 〈강유정이위당(剛柔正而位當)〉은 기제괘(旣濟卦 : ䷾)의 괘상(卦象)을 육효(六爻)의 정위(正位)로써 밝힌다. 이처럼 기제괘(旣濟卦 : ䷾)를 밝힌 것은 기제괘(旣濟卦 : ䷾)에서 구오(九五 : ⚊)와 육이(六二 : ⚋)가 중정(中正)-정응(正應)을 누리고, 초구(初九 : ⚊)와 육사(六四 : ⚋) 그리고 구삼(九三 : ⚊)과 상륙(上六 : ⚋)이 상응(相應)을 누리며, 기제괘(旣濟卦 : ䷾)의 〈강유(剛柔)〉 즉 육효(六爻) 모두 이웃으로서 비(比)를 누림을 말한다.

기제괘(旣濟卦 : ䷾)의 〈강유정이위당(剛柔正而位當)〉을 바로 괘덕(卦德)인 〈이정(利貞)〉이라고 풀이한다. 〈이정(利貞)의 정(貞)〉이란 기제괘(旣濟卦 : ䷾)의 육효(六爻)가 〈정위(正位)〉로써 〈당당(當當)〉함과 같은 심지(心志)이다. 이러한 마음[心] 가는 바[志]라야 〈정(貞)〉 즉 진실한 미더움[貞]이다. 〈정(貞)〉은 이로움[利]으로 이어진다. 『주역(周易)』의 경문(經文)에서 가장 빈번하게 등장하는 〈이정(利貞)〉이란 『노자(老子)』에 나오는 〈이이불해(利而不害)〉와 함께 〈천하정(天下貞)〉을 상기시킨다. 세상의[天下] 진실한 미더움[貞]을 누리게 하는 〈이정(利貞)의 정(貞)〉은 〈득일(得一)〉의 〈정(貞)〉이지 사사로이 손익(損益)을 따지는 이해상관(利害相關)의 이로움[利]으로 결코 이어지지 않는다. 이러한 〈정(貞)〉은 이롭되[利而] 해롭지 않은[不害] 이로움[利]으로 이어지게 마련이다. 그러므로 〈이정(利貞) 강유정이위당(剛柔正而位當)〉은 기제괘(旣濟卦 : ䷾)의 괘상(卦象)이 천도(天道) 즉 자연의[天] 이치[道]인 역지도(易之道)를 본받아 누리는 〈이정(利貞)〉임을 밝힌다.

註 천지도리이불해(天之道利而不害) 성인지도위이부쟁(聖人之道爲而不爭) : 자연의[天之] 규율은[道] (온갖 것을) 이롭게 하되[利而] 해치지 않고[不害], 성인의[聖人之] 도리는[道] 베풀되[爲而] (그 무엇과도) 다투지 않는다[不爭]. 『노자(老子)』 81장(章)

註 석지득일자(昔之得一者) 천득일이청(天得一以淸) 지득일이령(地得一以寧) 신득일이령(神得一以靈) 곡득일이령(谷得一以盈) 만물득일이생(萬物得一以生) 후왕득일이위천하정(侯王得一以爲天下貞) : 태초에[昔之] 하나를[一] 얻는[得] 것들[者]. 하늘은[天] 하나를[一] 얻음[得]으로써[以] 청허하고[淸], 땅은[地] 하나를[一] 얻음[得]으로써[以] 안녕하며[寧], 신도[神] 하나를[一] 얻음[得]으로써[以] 영묘하고[靈], 골짜기는[谷] 하나를[一] 얻음[得]으로써[以] 채워지며[盈], 온갖 것은[萬物] 하나를[一] 얻음[得]으로써[以] 생기고[生], 후왕은[侯王] 하나를[一] 얻음[得]으로써[以] 세상의[天下] 바름을[貞] 이룬다[爲]. 『노자(老子)』 39장(章)

初吉(초길) 柔得中(유득중)

기제괘(旣濟卦 : ䷾)의 육이(六二 : --)가 구오(九五 : —)와 누리는 중정(中正)-정응(正應)을 밝힌다. 기제괘(旣濟卦 : ䷾)의 괘상(卦象)이 〈초길(初吉)〉 즉 먼저[初] 길함[吉]은 육이(六二 : --)가 구오(九五 : —)를 따르기 때문이다. 기제괘(旣濟卦 : ䷾)의 육이(六二 : --)가 구오(九五 : —)를 따름을 〈순문명(順文明)〉이라 한다. 구오(九五 : —)의 건행(健行)을 일러 〈문명(文明)〉이라 한다. 〈문명(文明)〉은 〈문지광명(文之光明)〉의 줄임이다. 천도(天道)의 무늬를[文之] 안팎으로 밝힘[光明]을 줄여 〈문명(文明)〉이라 한다. 물론 〈문명(文明)의 문(文)〉은 천도(天道)의 무늬[文]이니 천도(天道)가 드러남이다. 천도(天道)의 드러남이 곧 천덕(天德)인지라 문명(文明)은 곧 천덕(天德)을 밝힘[明]이다. 육이(六二 : --)가 구오(九五 : —)의 〈문명(文明)〉을 따름을 〈초길(初吉)〉이라 풀이하고, 이 〈초길(初吉)의 길(吉)〉을 육이(六二 : --)의 효상(爻象)을 빌려 〈유득중(柔得中)〉이라고 풀이한다. 〈유득중(柔得中)의 유(柔)〉는 기제괘(旣濟卦 : ䷾)의 육이(六二 : --)를 밝히고, 〈유득중(柔得中)의 득중(得中)〉은 〈득중정도(得中正道)〉이며, 이는 육이(六二 : --)가 구오(九五 : —)와 누리는 중정(中正)-정응(正應)을 밝힌다. 그러므로 〈유득중(柔得中)〉

은 〈유순문명(柔順文明)〉 즉 육이(六二 : ‐‐)의 부드러움[柔]이 구오(九五 : ─)의 건행(健行) 즉 천도(天道)의 무늬[文]가 안팎으로 빛남[明]을 따름[順]을 밝힌다.

기제괘(旣濟卦 : ䷾)의 육이(六二 : ‐‐)가 구오(九五 : ─)를 따름[順]을 〈초길(初吉)〉이라고 밝힌 것은 상길(常吉)이란 없음을 암시한다. 기제괘(旣濟卦 : ䷾)의 육이(六二 : ‐‐)가 항상 정위(正位)에 머물지는 못한다[不止]. 본래 육효(六爻)의 괘(卦)란 일음일양(一陰一陽)의 걸개[卦]인지라 육이(六二 : ‐‐)도 처음에[初] 길(吉)하지만 결국 상효(上爻)의 자리로 올라가 괘(卦)에서 〈거(去)〉 즉 물러감[去]이 육이(六二 : ‐‐)가 겪게 마련인 역지도(易之道) 즉 변화의[易之] 이치[道]이다. 그러므로 육이(六二 : ‐‐)가 〈득중(得中)〉 즉 정도를 따름을[中] 취해서[得] 구오(九五 : ─)와 중정(中正)을 누려, 〈문명(文明)〉 즉 구오(九五 : ─)가 밝히는[明] 천문[文] 즉 천덕(天德)을 따름을 여기 〈유득중(柔得中)의 득중(得中)〉이 묶어서 밝히고, 그 〈득중(得中)〉을 〈초길(初吉)〉 즉 처음[初] 누리는 행복[吉]이라고 밝힌다.

終止則亂(종지즉란) 其道窮(기도궁)

기제괘(旣濟卦 : ䷾)의 괘상(卦象)은 불[火 : ☲] 위의 물[水 : ☵]이다. 〈종지(終止)〉는 마침내[終] 물이 다 끓었으니 불도 꺼짐을 암시한다. 〈종지(終止)〉는 기제괘(旣濟卦 : ䷾)에서 이하감상(離下坎上) 즉 화수(火水)의 상교(相交)가 〈기제(旣濟)〉 즉 이미[旣] 이루어졌음[濟]을 마감하여 밝힌다. 〈종지(終止)〉는 곧 〈기제(旣濟)〉를 풀이한다. 〈사지기성(事之旣成)〉 즉 일이[事之] 이미[旣] 이루어졌음[成]이 〈기제(旣濟)〉 즉 〈종지(終止)〉이다. 그 〈기제(旣濟)〉를 결론하여 〈종지(終止)〉라고 밝힌다. 〈종지(終止)〉 즉 끝내[終] 멈춤[止]은 〈상지(常止)〉 즉 항상[常] 멈춤[止]이란 없음을 나타낸다. 천지(天地)에 상지(常止)란 없다. 그러므로 〈종지(終止)〉는 곧 〈시진(始進)〉으로 이어짐이 역지도(易之道)이다. 이를 〈난(亂)〉이라 밝힌다. 여기 〈난(亂)〉은 〈제(濟)〉 즉 가지런함[濟]이 끝나면[終] 어지러움[亂]으로 이어지는 것이 역지도(易之道)임을 나타낸다. 일음일양(一陰一陽)인지라 일제일란(一濟一亂)이다. 그러므로 한번[一] 가지런했으니[濟] 한번[一] 어지러워짐[亂]이 역지도(易之道)임을 밝힌 것이 〈종지즉란(終止則亂)〉이다.

〈기도궁(其道窮)〉은 〈제(濟)〉가 〈난(亂)〉으로 이어지는 역지도(易之道) 즉 변화의[易之] 이치[道]를 밝힌다. 〈기도궁(其道窮)〉은 〈종지지도궁(終止之道窮)〉으로 여기고 새김이 마땅하다. 끝내[終] 멈춤의[止之] 이치가[道] 다했으니[窮] 시진(始進) 즉 새로[始] 나아감[進]이 변화의[易之] 이치[道]임을 〈기도궁(其道窮)〉이 밝힌다. 그리하여 기제괘(旣濟卦 : ䷾)의 육효(六爻)가 〈정이위당(正而位當)〉으로써 정중(正中)-정응(正應)-상응(相應)-비(比)의 〈길(吉)〉의 누림을 항구할 수 없다는 것이 역지도(易之道)임을 밝힘이 〈종지즉란(終止則亂) 기도궁(其道窮)〉이다.

64 미제괘(未濟卦 : ䷿) 단사(彖辭)

감하이상(坎下離上) : 아래는[下] 감(坎 : ☵), 위는[上] 이(離 : ☲).
화수미제(火水未濟) : 불과[火] 물은[水] 미제이다[未濟].

未濟亨은 柔得中也이다 小狐汔濟는 未出中也이다 濡其尾니 无攸利는 不續終也이다 雖不當位이나 剛柔應也이다
미제형 유득중야 소호흘제 미출중야 유기미 무유리 불속종야 수부당위 강유응야

미제괘가[未濟] 형통함은[亨] 부드러운 기운이[柔] 가운데를[中] 얻음[得]이다[也]. 어린 여우가[小狐] 거의[汔] 건넜음은[濟] 물에서[中] 아직 나오지 못함[未出]이다[也]. 그[其] 꼬리를[尾] 적시고 있음이니[濡] 이로울[利] 바가[攸] 없음은[无] 계속[續] (건넘을) 마치지 못함[不終]이다[也]. 비록[雖] 마땅한[當] 자리가[位] 아니지만[不] 굳셈과[剛] 부드러움이[柔] 응함[應]이다[也].

【지남(指南)】

未濟亨(미제형)

〈미제(未濟)〉는 미제괘(未濟卦 : ䷿)를 말하고, 〈형(亨)〉은 미제괘(未濟卦 : ䷿)의 괘상(卦象)을 풀이한다. 〈미제(未濟)〉는 무안정(無安定) 즉 안정됨이[安定] 없음[無]을 뜻하므로, 매사에 안정을 아직 누리지 못함[未濟]이다. 여기 〈제(濟)〉는 〈이룰 성(成)〉과 같지만 미제(未濟)이니 아직 성취하지 못함이다. 물론 〈미제(未濟)〉란 미제괘(未濟卦 : ䷿)의 육효(六爻)가 모두 부당위(不當位) 즉 자리가 마땅치 못해 안정이 아직 이루어지지 못함이다. 양효(陽爻)의 자리에 음효(陰爻)가 있고 음효의 자리에 양효가 있어서, 미제괘(未濟卦 : ䷿)가 비록 정응(正應)-비(比)를 누리지만 저마다 자리가 부당(不當)하여 안정을 아직 누리지는 못해도, 육오(六五 : --)의 음효(陰爻)가 중위(中位)에 있으니 〈미제(未濟)〉가 〈제(濟)〉가 될 것이다.

〈미제(未濟)〉란 〈부제(不濟)〉 즉 건너가지 못함[不濟]이 아니라 아직 건너지 못했지만 건너갈 수 있음을 〈미제형(未濟亨)의 형(亨)〉이 밝힌다. 미제(未濟)는 다시 기제(旣濟)로의 발돋움인 것 역시 일음일양(一陰一陽)의 도(道)이다.

柔得中(유득중)

미제괘(未濟卦 : ䷿) 상괘(上卦)의 중효(中爻)인 육오(六五 : ⚋)를 밝힌다. 음기(陰氣)는 양기(陽氣)를 순응(順應)하므로 구사(九四 : ⚊)와 이웃하여[比] 상화(相和)하고, 상구(上九 : ⚊)와 비(比)하여 서로[相] 어울리므로[和] 궁색(窮塞)하지 않아 형통함을 헤아리게 한다.

小狐汔濟(소호흘제)

〈미제(未濟)〉를 형상적(形象的)으로 밝힌다. 여우[狐] 무리가 도강(渡江) 즉 제(濟)하고 있음을 상상해보라 한다. 그 무리 중에서 새끼 여우[小狐]도 〈흘제(汔濟)〉 즉 거의[汔] 건너려[濟] 하고 있으나 건넘[濟]이 아직 끝나지 않았음이 여기 〈미제(未濟)〉를 살펴 헤아리게 한다. 〈흘(汔)〉은 여기선 〈거의 기(幾)〉와 같다.

未出中(미출중)

〈소호미출어수중(小狐未出於水中)〉으로 여기고 〈새끼 여우가[小狐] 물 안에서[於水中] 아직 나오지 못했다[未出]〉라고 새긴다. 〈미출중(未出中)〉은 앞서 밝힌 〈흘제(汔濟)〉를 구체적으로 밝힌다.

濡其尾(유기미)

앞의 〈미출중(未出中)〉을 눈으로 볼 수 있을 정도로 밝힌다. 소호(小狐)의 몸통은 물 밖으로 이미 나왔지만 꼬리는 아직 물속에 있으니 도강(渡江)의 성취는 곧장 이루어지는 것임을 암시한다. 앞 두 발이 뭍에 닿았다 해서 물을 다 건넌[濟] 것이 아니다. 네 다리가 다 뭍에서 걸을 수 있는 다음에 꼬리를 내려야 제 꼬리를 적시지[濡] 않게 됨을 〈소호(小狐)〉가 알아차리지 못하고 성급히 임사(臨事) 즉 일을[事] 마주함[臨]을 암시한 것이 〈유기미(濡其尾)〉이다. 매사를 다할 때까지 주의하면서 신중해야지 성급히 해서는 일을 그르치기 쉬움을 암시한 것이 〈유기미(濡

其尾)〉이다. 〈유(濡)〉는 〈적실 지(漬)-침(浸)〉과 같다.

无攸利(무유리)

앞의 〈유기미(濡其尾)〉를 거듭 경계(警戒)함이다. 매사를 〈미제(未濟)〉로 남기지 말아야 함을 암시한다. 일이 미제(未濟)임에도 기제(旣濟)로 착각해서는 어떤 일에서든 이로울[利] 바가[攸] 없다[无]. 〈유(攸)〉는 〈바 소(所)〉와 같다.

不續終(불속종)

〈불속종(不續終)〉은 〈미제자계속이부종야(未濟者繼續而不終也)〉의 줄임으로 여기고 〈미제라는[未濟] 것은[者] 이어지고 있음이지[繼續而] 끝나지 않은 것[不終]이다[也]〉라고 새긴다. 〈불속종(不續終)〉은 미제괘(未濟卦 : ䷿)의 주제인 〈미제(未濟)〉를 풀이하여 매사를 삼가 신중히 하되 미적거려서 마무리를 허투루 하지 말아야 함을 암시한다.

雖不當位(수부당위)

미제괘(未濟卦 : ䷿)의 양효(陽爻)들이 음효(陰爻)의 자리에 있고, 음효(陰爻)들은 양효(陽爻)의 자리에 있어 정당(正當)하지 않음을 밝혀, 미제괘(未濟卦 : ䷿)의 괘상(卦象)을 묶어 밝힌다. 대성괘(大成卦)에서 양효(陽爻)의 자리는 1-3-5 홀수의 자리이고, 음효(陰爻)의 자리는 2-4-6 짝수의 자리이다.

剛柔應(강유응)

미제괘(未濟卦 : ䷿)의 육효(六爻)가 비록 정당(正當)하지 않은 자리에 있지만, 강(剛) 즉 양(陽 : ⚊)의 효(爻)들과 유(柔) 즉 음(陰 : ⚋)의 효(爻)들이 위치에 따라 서로 정응(正應)을 누리고 이웃의 사귐[比]을 누리면서 음양상화(陰陽相和)를 누림을 〈강유응(剛柔應)의 응(應)〉이 밝힌다.

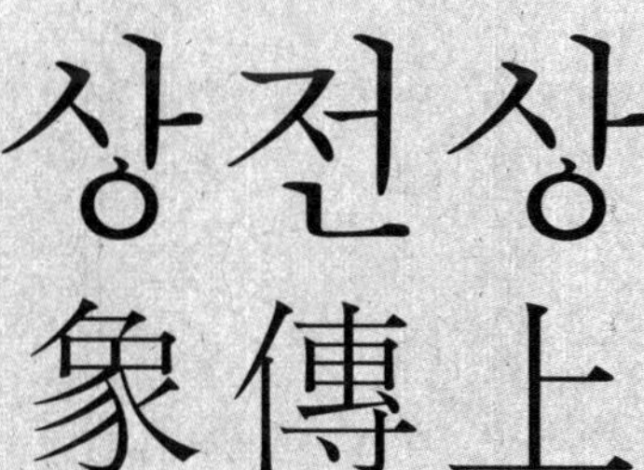

상전상
象傳上

1 건괘(乾卦 : ☰) 상사(象辭)

건하건상(乾下乾上) : 아래도[下] 건(乾 : ☰), 위도[上] 건(乾 : ☰).

건위천(乾爲天) : 건은[乾] 하늘[天]이다[爲].

天行健하다 君子以自疆不息한다 潛龍勿用은 陽在下也이다 見龍在田은 德施普也이다 終日乾乾은 反復道也이다 或躍在淵은 進无咎也이다 飛龍在天은 大人造也이다 亢龍有悔는 盈不可久也이다 用九는 天德不可爲首也라

천행건 군자이자강불식 잠룡물용 양재하야 현룡재전 덕시보야 종일건건 반복도야 혹약재연 진무구야 비룡재천 대인조야 항룡유회 영불가구야 용구 천덕불가위수야

천체의[天] 운행은[行] 건실하다[健]. 군자는[君子] {천행(天行)의 건(健)을} 본받아[以] 스스로[自] 건실하기를 힘씀을[疆] 멈추지 않는다[不息]. 잠긴[潛] 용이니[龍] 쓰지[用] 말라 함은[勿] 양기가[陽] 밑에[下] 있음[在]이다[也]. 나타난[見] 용이[龍] 논밭에[田] 있다 함은[有] 덕을[德] 베풂이[施] 두루 미침[普]이다[也]. 하루 내내[終日] 스스로 가다듬어 애씀은[乾乾] 도를[道] 반복함[反復]이다[也]. 깊은 못[淵]에서[在] 아마도[或] 뛰어오른다 함은[躍] 나아감에[進] 허물이[咎] 없음[无]이다[也]. 나는[飛] 용이[龍] 하늘에[天] 있음은[在] 대인이[大人] 일함[造]이다[也]. 더 오를 데 없이 다 올라간[亢] 용이니[龍] 뉘우침이[悔] 있음은[有] 가득함은[盈] 오래갈[久] 수 없음[不可]이다[也]. 구를[九] 씀이란[用] 하늘의[天] 본성은[德] 우두머리가[首] 될[爲] 수 없음[不可]이다[也].

【지남(指南)】

天行健(천행건) 君子以自疆不息(군자이자강불식)

천체의[天] 운행은[行] 건실하다[健]. 군자는[君子] {천행(天行)의

건(健)을 본받아[以] 스스로[自] 건실하기를 힘씀을[彊] 멈추지 않는다[不息].

건괘(乾卦 : ䷀)의 계사(繫辭) 〈건원형리정(乾元亨利貞)〉을 〈천행건(天行健) 군자이자강불식(君子以自彊不息)〉이라고 풀이한 것으로, 〈천행(天行)〉을 〈건(健)〉한 자(字)로써 풀이한다. 〈건(健)〉은 〈원형리정(元亨利貞)〉이라는 사덕(四德)을 〈건(健)〉 즉 건실하다[健]고 한 자(字)로써 풀이한다. 〈건(健)〉이란 건실(健實)함이다. 천체의[天] 운행이[行] 건실함을[健] 본받아[以] 스스로[自] 건실하기를 힘씀을[彊] 멈추지 않아야[不息] 군자(君子)임을 밝힌 것이 〈군자이자강불식(君子以自彊不息)〉이다. 〈자강불식(自彊不息)의 자강(自彊)〉은 스스로[自] 민면(黽勉) 즉 애쓰고[黽] 힘씀[勉]이다. 〈자강불식(自彊不息)의 불식(不息)〉은 불휴(不休) 즉 멈추지 않음[不休]이다. 이에 「상사(象辭)」가 군자(君子)가 항상 덕(德)을 생각함[懷]이란 〈천행(天行)의 건(健)〉을 애써 본받기 위함이고, 군자(君子)가 정신을[神] 보양하는[養之] 방편[道]을 떠나지 않음도 〈천행(天行)의 건(健)〉을 본받아 행하고자 함이라고 밝힌 것이 〈천행건(天行健) 군자이자강불식(君子以自彊不息)〉이다.

潛龍勿用(잠룡물용) 陽在下也(양재하야)

잠긴[潛] 용이니[龍] 쓰지[用] 말라 함은[勿] 양기가[陽] 밑에[下] 있음[在]이다[也].

건괘(乾卦 : ䷀) 초구(初九 : ⚊)의 효상(爻象)을 〈잠룡(潛龍) 물용(勿用)〉이라고 계사(繫辭)한 것을 〈양재하야(陽在下也)〉라고 풀이한다. 건괘(乾卦 : ䷀)의 여섯 효(爻)는 모두 양(陽 : ⚊)인지라 여섯 효(爻) 상호간(相互間)의 관계를 따져 응(應)과 비(比)를 따져볼 것이 없다. 건괘(乾卦 : ䷀)에서만은 여섯 효(爻)가 모두 순일(純一)하게 양(陽 : ⚊)이므로 혼화(渾和) 즉 모두 같아[渾] 어울려[和] 저마다의 일을 다하여 상진(上進)하려 할 뿐 양(陽 : ⚊) 대(對) 양(陽 : ⚊)이라 하여 상충(相衝) 즉 서로[相] 부딪침[衝]이란 없다. 이에 「상사(象辭)」가 건괘(乾卦 : ䷀)의 초구(初九 : ⚊)는 상진(上進) 즉 위로[上] 나아가려고[進] 시작함을 〈양재하야(陽在下也)〉라고 풀이한다.

見龍在田(현룡재전) 德施普也(덕시보야)

나타난[見] 용이[龍] 논밭에[田] 있다 함은[有] 덕을[德] 베풂이[施] 두루 미침[普]이다[也].

건괘(乾卦 : ䷀) 구이(九二 : ⚊)의 효상(爻象)을 〈현룡재전(見龍在田) 이견대인(利見大人)〉이라고 계사(繫辭)한 것을 〈현룡재전(見龍在田)〉만을 택하여 〈덕시보야(德施普也)〉라고 풀이한다. 〈덕시보(德施普)의 덕(德)〉은 천덕(天德)이고 천도(天道)는 용덕(用德)으로 드러나고, 천덕(天德)은 〈원형리정(元亨利貞)〉의 사덕(四德)이며, 이 사덕(四德)을 「상사(象辭)」가 온 세상에 치우침 없이 두루두루 미치는 것이라 〈덕시보야(德施普也)〉라고 풀이한다.

終日乾乾(종일건건) 反復道也(반복도야)

하루 내내[終日] 스스로 가다듬어 애씀은[乾乾] 도를[道] 반복함[反復]이다[也].

건괘(乾卦 : ䷀) 구삼(九三 : ⚊)의 효상(爻象)을 〈군자종일건건(君子終日乾乾) 석척약(夕惕若) 여(厲) 무구(无咎)〉라고 계사(繫辭)한 것을 〈종일건건(終日乾乾)〉을 택하여 〈반복도야(反復道也)〉라고 풀이한다. 이에 「상사(象辭)」가 군자(君子)가 날마다 종일토록 행하는 〈건건(乾乾)〉이라는 삼효의[三爻之] 이치[道]를 공경하며[敬] 반복해서[反復] 본받아 힘써[彊] 쉼 없이[不息] 행함을 〈반복도야(反復道也)〉라고 풀이한다.

或躍在淵(혹약재연) 進无咎也(진무구야)

깊은 못[淵]에서[在] 아마도[或] 뛰어오른다 함은[躍] 나아감에[進] 허물이[咎] 없음[无]이다[也].

건괘(乾卦 : ䷀) 구사(九四 : ⚊)의 효상(爻象)을 〈혹약재연(或躍在淵) 무구(无咎)〉라고 계사(繫辭)한 것을 〈혹약재연(或躍在淵)〉을 택하여 〈진무구야(進无咎也)〉라고 풀이한다. 이에 「상사(象辭)」가 드러내놓고 거침없이 약진(躍進)함이 아니라 한계 내에서 활약하는 〈혹약재연(或躍在淵)의 약(躍)〉을 풀이한 것이 〈진무구(進无咎)의 진(進)〉이다. 나아감이[進] 〈재연(在淵)〉의 처지를 넘어서지 않으므로 허물이[咎] 없다[无]고 풀이한 것이 〈진무구야(進无咎也)〉이다.

飛龍在天(비룡재천) 大人造也(대인조야)

나는[飛] 용이[龍] 하늘에[天] 있음은[在] 대인이[大人] 일함[造]이다[也].

건괘(乾卦 : ䷀) 구오(九五 : ⚊)의 효상(爻象)을 〈비룡재천(飛龍在天) 이견대인(利見大人)〉이라고 계사(繫辭)한 것을 〈대인조야(大人造也)〉라고 풀이한다. 이에 「상사(象辭)」가 나는[飛] 용이[龍] 하늘에[天] 있다[在]고 함은 대인(大人) 즉 성왕(聖王)이 일어나[造] 온 세상에 천덕(天德)을 베풀고[施] 있음을 풀이한 것이 〈대인조야(大人造也)〉이다.

亢龍有悔(항룡유회) 盈不可久也(영불가구야)

더 오를 데 없이 다 올라간[亢] 용이니[龍] 뉘우침이[悔] 있음은[有] 가득함은[盈] 오래갈[久] 수 없음[不可]이다[也].

건괘(乾卦 : ䷀) 상구(上九 : ⚊)의 효상(爻象)을 〈항룡(亢龍) 유회(有悔)〉라고 계사(繫辭)한 것을 〈영불가구야(盈不可久也)〉라고 풀이한다. 이에 「상사(象辭)」가 〈영불가구(盈不可久)의 영(盈)〉이라고 풀이한 것은 올라감이[上] 다 차버려[盈] 더는 오를 데가 없는 극고(極高)를 밝힌다. 〈항(亢)〉이란 꼭대기 끝이란 말이니 〈항(亢)〉은 〈영(盈)〉이다. 꽉 차버림은[盈] 오래감[久] 수 없음[不可]의 극고(極高)는 필강(必降) 즉 반드시[必] 내리막을 타야 함[降]이다. 이에 「상사(象辭)」가 〈항룡(亢龍)〉은 오래갈 수 없는 자리에 있음을 〈유회(有悔)〉라는 계사(繫辭)를 들어 꽉 차버림은[盈] 오래갈[久] 수 없다[不可]고 풀이한 것이 〈영불가구야(盈不可久也)〉이다.

用九(용구) 天德不可爲首也(천덕불가위수야)

구를[九] 씀이란[用] 하늘의[天] 본성은[德] 우두머리가[首] 될[爲] 수 없음[不可]이다[也].

건괘(乾卦 : ䷀)의 〈용구(用九) 견군룡무수(見群龍无首) 길(吉)〉을 〈용구(用九) 천

덕불가위수야(天德不可爲首也)〉라고 풀이한다. 〈용구(用九)의 구(九)〉는 〈아홉 구(九)〉 즉 수명(數名)이 아니라 양효지명(陽爻之名) 즉 양효(陽爻 : ━)의 이름[名]이다. 여기 〈용구(用九)〉는 본서법(本筮法) 같은 것으로, 양효(陽爻)를 얻은 자(者)가 〈구(九)〉를 쓰고 〈칠(七)〉을 쓰지 않음을 밝힌다. 〈구(九)〉와 〈칠(七)〉이 뜻하는 바를 터득하자면 구효(求爻)하는 방편(方便)의 하나인 〈본서법(本筮法)〉 같은 것을 알아야 한다. 그 본서법(本筮法)은 「계사전상(繫辭傳上)」 16단락(段落)에 상설(詳說)되어 있다. 따라서 〈용구(用九)〉는 일반 수(數)의 구(九)가 아니라 노양(老陽 : ⚌)을 나타내는 〈구(九)〉를 쓰라[用] 함이다. 그리고 〈용구(用九)의 구(九)〉는 64괘에 있는 모든 양효(陽爻 : ━)를 말하고 동시에 변효(變爻)할 수 있는 양효(陽爻)를 말한다. 따라서 〈용구(用九)〉는 건괘(乾卦 : ䷀)만의 계사(繫辭)가 아니다. 여기 〈용구(用九)〉는 모든 대성괘(大成卦)들이 건괘(乾卦 : ䷀)의 양효(陽爻) 즉 양(陽 : ━)을 씀[用]을 뜻한다.

64괘(卦)의 총효수(總爻數)는 〈64X6=384개〉이다. 64괘(卦)의 총양효(總陽爻)는 〈384개〉의 반(半)이므로 64괘(卦)에 양효(陽爻 : ━)가 192개 있다. 64괘(卦)의 모든 양효(陽爻 : ━) 즉 192개의 양(陽 : ━)을 〈용구(用九)의 구(九)〉가 말한다. 건괘(乾卦 : ䷀)는 순양(純陽) 즉 육효(六爻)가 모두 양(陽 : ━)이므로 건괘(乾卦 : ䷀)의 육효(六爻)가 개변(皆變) 즉 모두[皆] 변하면[變] 곤괘(坤卦 : ䷁)가 될 운명을 지닌다. 〈용구(用九)의 용(用)〉은 이러한 운명을 암시한다. 이에 「상사(象辭)」가 〈용구(用九)〉만을 택하여 〈천덕불가위수야(天德不可爲首也)〉라고 풀이한다. 그리고 「상사(象辭)」가 밝힌 〈천덕불가위수(天德不可爲首)의 불가위수(不可爲首)〉는 〈견군룡무수(見群龍无首)의 무수(无首)〉를 풀이한 것이고, 〈군룡무수(群龍无首)〉는 천덕을[天德] 이루는[成] 양효(陽爻 : ━)가 있을 뿐이지 〈불성천덕(不成天德)〉 즉 천덕을[天德] 이루지 않거나 못하는[不成] 양효(陽爻 : ━)는 없음을 밝힌 것이 〈불가위수(不可爲首)〉이다.

2 곤괘(坤卦 : ䷁) 상사(象辭)

곤하곤상(坤下坤上) : 아래도[下] 곤(坤 : ☷), 위도[上] 곤(坤 : ☷).

곤위지(坤爲地) : 곤은[坤] 땅[地]이다[爲].

地勢坤이다 君子以厚德載物한다 履霜堅冰은 陰始凝也이고 馴致其道하여 至堅冰也이다 六二之動은 直以方也이다 不習无不利는 地道光也이다 含章可貞은 以時發也이다 或從王事는 知光大也이다 括囊无咎는 愼不害也이다 黃裳元吉은 文在中也이다 龍戰于野는 其道窮也이다 用六永貞함은 以大終也이다

(지세곤 군자이후덕재물 이상견빙 음시응야 순치기도 지견빙야 육이지동 직이방야 불습무불리 지도광야 함장가정 이시발야 혹종왕사 지광대야 괄낭무구 신불해야 황상원길 문재중야 용전우야 기도궁야 용륙영정 이대종야)

지세는[地勢] 곤이다[坤]. 군자는[君子] (곤괘를) 써서[以] 덕을[德] 두터이 하고[厚] 물건을[物] 이긴다[載]. 서리를[霜] 밟아[履] 굳은[堅] 얼음은[冰] 음기가[陰] 비로소[始] 엉김[凝]이고[也], 그[其] 도를[道] 따라[馴] 극진히 하여[致] 굳은[堅] 얼음에[冰] 다다름[至]이다[也]. 육이의[六二之] 움직임은[動] 곧음[直]으로써[以] 방정한 것[方]이다[也]. 익히지 않아도[不習] 불리함이[不利] 없음은[无] 땅의[地] 도리가[道] 빛남[光]이다[也]. 멈춤과 나아감을[章] 품고[含] 마음이 곧고 바를 수 있음은[可貞] 때를[時] 맞춰[以] 드러남[發]이다[也]. 때로[或] 왕명을 받드는 일을[王事] 맡음은[從] 지혜가[知] 빛나고[光] 큼[大]이다[也]. 주머니를[囊] 단단히 맺으면[括] 허물이[咎] 없음은[无] 신중하여[愼] 해를 입지 않음[不害]이다[也]. 누런[黃] 치마가[裳] 크게[元] 좋다 함은[吉] 무늬가[文] 속에[中] 있음[有]이다[也]. 용이[龍] 벌에서[于野] 싸움은[戰] 그[其] 도가[道] 궁색함[窮]이다[也]. 육을

[六] 쓰이[用] 영영[永] 마음이 곧고 바름은[貞] 그로써[以] 크게[大] 마침[終]이다[也].

【지남(指南)】

地勢坤(지세곤) 君子以厚德載物(군자이후덕재물)

지세는[地勢] 곤이다[坤]. 군자는[君子] (곤괘를) 써서[以] 덕을[德] 두터이 하고[厚] 물건을[物] 이긴다[載].

곤괘(坤卦 : ☷)의 괘상(卦象)을 〈곤(坤) 원(元) 형(亨) 이(利) 빈마지정(牝馬之貞) 군자유유왕(君子有攸往) 선미(先迷) 후득(後得) 주리(主利) 서남득붕(西南得朋) 동북상붕(東北喪朋) 안정길(安貞吉)〉이라고 계사(繫辭)한 것을 〈지세곤(地勢坤) 군자이후덕재물(君子以厚德載物)〉이라고 풀이한다.

「상사(象辭)」가 군자(君子)는 〈지세의(地勢)의 곤(坤)〉을 본받아[以] 〈후덕(厚德)〉 즉 덕(德)을 두터이 하면서[厚] 〈재물(載物)〉 즉 바깥 것들을[物] 이겨낸다[載]고 풀이한 것이 〈군자이후덕재물(君子以厚德載物)〉이다.

履霜堅冰(이상견빙) 陰始凝也(음시응야) 馴致其道(순치기도) 至堅冰也(지견빙야)

서리를[霜] 밟아[履] 굳은[堅] 얼음은[冰] 음기가[陰] 비로소[始] 엉김[凝]이고[也], 그[其] 도를[道] 따라[馴] 극진히 하여[致] 굳은[堅] 얼음에[冰] 다다름[至]이다[也].

곤괘(坤卦 : ☷) 초륙(初六 : --)의 효상(爻象)을 〈이상(履霜) 견빙지(堅冰至)〉라고 계사(繫辭)한 것을 〈음시응야(陰始凝也)〉라고 풀이한다.

「상사(象辭)」가 〈음시응(陰始凝)〉을 〈순치기도(馴致其道)〉라고 분명하게 밝힌다. 〈순치(馴致)〉란 곤괘(坤卦 : ☷) 초륙(初六 : --)의 계사(繫辭) 〈견빙지(堅冰至)의 지(至)〉를 풀이한다. (음의[陰之] 이치[道]에) 차츰차츰 길을 들여[馴] 그[其] 도에[道] 도달케 함[致]이 〈견빙지(堅冰至)의 지(至)〉임을 풀이한 것이 〈지견빙야(至

堅冰也)〉이다.

六二之動(육이지동) 直以方也(직이방야) 不習无不利(불습무불리) 地道光也(지도광야)

육이의[六二之] 움직임은[動] 곧음[直]으로써[以] 방정한 것[方]이다[也]. 익히지 않아도[不習] 불리함이[不利] 없음은[无] 땅의[地] 도리가[道] 빛남[光]이다[也].

곤괘(坤卦 : ☷) 육이(六二 : --)의 효상(爻象)을 〈직방대(直方大) 불습(不習) 무불리(无不利)〉라고 계사(繫辭)한 것을 〈육이지동(六二之動) 직이방야(直以方也) 불습무불리(不習无不利) 지도광야(地道光也)〉라고 풀이한다.

「상사(象辭)」가 지도(地道)가 드러남이 분명하므로 〈불습(不習)〉 즉 익히지 않아도[不習] 이로울[利] 뿐이고, 〈지도광(地道光)의 광(光)〉은 밖으로 드러나 빛남이니, 만물(萬物)이 지도(地道)를 익히지 않아도[不習] 땅[地]이 만물(萬物)을 실어주는[載] 지덕(地德)을 누림을 풀이한 것이 〈지도광야(地道光也)〉이다.

含章可貞(함장가정) 以時發也(이시발야) 或從王事(혹종왕사) 知光大也(지광대야)

멈춤과 나아감을[章] 품고[含] 마음이 곧고 바를 수 있음은[可貞] 때를[時] 맞춰[以] 드러남[發]이다[也]. 때로[或] 왕명을 받드는 일을[王事] 맡음은[從] 지혜가[知] 빛나고[光] 큼[大]이다[也].

곤괘(坤卦 : ☷) 육삼(六三 : --)의 효상(爻象)을 〈함장가정(含章可貞) 혹종왕사(或從王事) 무성유종(无成有終)〉이라고 계사(繫辭)한 것을 〈함장가정(含章可貞) 이시발야(以時發也) 혹종왕사(或從王事) 지광대야(知光大也)〉라고 풀이한다.

「상사(象辭)」가 〈함장(含章)의 장(章)〉은 음양상화(陰陽相和)이고 이 상화(相和)야말로 지미(至美) 즉 지극한[至] 아름다움[美]이고, 육삼(六三 : --)의 이러한 〈함장(含章)〉을 군자(君子)가 본받음을 풀이한 것이 〈지광대야(知光大也)〉이다.

括囊无咎(괄낭무구) 愼不害也(신불해야)

주머니를[囊] 단단히 맺으면[括] 허물이[咎] 없음은[无] 신중하여[愼] 해를 입지 않음[不害]이다[也].

곤괘(坤卦 : ☷) 육사(六四 : --)의 효상(爻象)을 〈괄낭(括囊) 무구(无咎) 무예(无譽)〉라고 계사(繫辭)한 것을 〈신불해야(愼不害也)〉라고 풀이한다.

「상사(象辭)」가 〈무예(无譽)〉 즉 명예도[譽] 없다[无]고 밝힌 계사(繫辭)를 〈신불해(愼不害)〉라 밝혀, 누구나 곤괘(坤卦 : ☷) 육사(六四 : --)의 〈괄낭(括囊)〉을 본받아 실행하면 〈무구(无咎)〉 즉 허물[咎] 없는[无] 삶을 누리면서, 큰 일이든 작은 일이든 마음가짐과 몸가짐이 삼가면[愼] 해를 입지 않게[不害] 하는 〈괄낭(括囊)〉의 깊은 뜻을 간명하게 풀이한 것이 〈신불해야(愼不害也)〉이다.

黃裳元吉(황상원길) 文在中也(문재중야)

누런[黃] 치마가[裳] 크게[元] 좋다 함은[吉] 무늬가[文] 속에[中] 있음[有]이다[也].

곤괘(坤卦 : ☷) 육오(六五 : --)의 효상(爻象)을 〈황상(黃裳) 원길(元吉)〉이라고 계사(繫辭)한 것을 〈문재중야(文在中也)〉라고 풀이한다.

「상사(象辭)」가 황상(黃裳)의 무늬가[文] 드러나지 않음[在中]이라고 밝혀, 건도(乾道)는 드러나고[顯] 곤도(坤道)는 숨는[隱] 까닭을 들어 성인(聖人)은 오로지 겸허(謙虛)하되 결코 자시(自示)하지 않음을 깨우치도록 풀이한 것이 〈문재중야(文在中也)〉이다.

龍戰于野(용전우야) 其道窮也(기도궁야)

용이[龍] 벌에서[于野] 싸움은[戰] 그[其] 도가[道] 궁색함[窮]이다[也].

곤괘(坤卦 : ☷) 상륙(上六 : --)의 효상(爻象)을 〈용전우야(龍戰于野) 기혈현황(其血玄黃)〉이라고 계사(繫辭)한 것을 〈용전우야(龍戰于野)〉를 택하여 〈기도궁야(其道窮也)〉라고 풀이한다.

「상사(象辭)」가 곤괘(坤卦 : ☷) 상륙(上六 : --)의 계사(繫辭)인 〈용전우야(龍戰

于野)〉를 그[其] 이치가[道] 다한 것[窮]이라고 풀이한 것이 〈기도궁야(其道窮也)〉이다.

用六永貞(용륙영정) 以大終也(이대종야)

육을[六] 씀이[用] 영영[永] 마음이 곧고 바름은[貞] 그로써[以] 크게[大] 마침[終]이다[也].

곤괘(坤卦 : ䷁) 〈용륙(用六) 이영정(利永貞)〉의 〈영정(永貞)〉을 〈이대종야(以大終也)〉라고 풀이한다. 〈용륙(用六)의 육(六)〉은 〈여섯 육(六)〉 즉 수명(數名)이 아니라, 음효지명(陰爻之名) 즉 음효(陰爻 : --)의 이름[名]이다. 〈용륙(用六)〉은 본서법(本筮法) 같은 것으로서 음효(陰爻)를 얻은 자(者)가 〈육(六)〉을 쓰고 〈팔(八)〉을 쓰지 않음을 밝힌다. 여기 〈육(六)〉과 〈팔(八)〉이 뜻하는 바를 터득하자면 구효(求爻)하는 방편(方便)의 하나인 본서법(本筮法) 같은 것을 알아야 한다. 그 본서법(本筮法)은 「계사전상(繫辭傳上)」 16단락(段落)에 상설(詳說)되어 있다. 따라서 〈용륙(用六)〉은 일반 수(數)의 육(六)이 아니라 노음(老陰 : ⚏)을 나타내는 〈육(六)〉을 쓰라[用] 함이다. 그리고 〈용륙(用六)의 육(六)〉은 64괘에 있는 모든 음효(陰爻 : --)를 말하고 동시에 변효(變爻)할 수 있는 음효(陰爻)를 말한다. 그러므로 여기 〈용륙(用六)〉은 곤괘(坤卦 : ䷁)만의 계사(繫辭)가 아니다. 모든 대성괘(大成卦)들이 곤괘(坤卦 : ䷁)의 음효(陰爻) 즉 음기(陰氣 : --)를 씀[用]을 뜻함이 〈용륙(用六)〉이다. 이에 「상사(象辭)」가 〈이대종야(以大終也)〉 즉 육을[六] 써야[用] 크게[大] 마치는 것[終]이다[也]라고 밝힌다

3 준괘(屯卦 : ䷂) 상사(象辭)

진하감상(震下坎上) : 아래는[下] 진(震 : ☳), 위는[上] 감(坎) : ☵).

수뢰준(水雷屯) : 물과[水] 우레는[雷] 준이다[屯].

雲雷屯이다 君子以經綸한다 雖磐桓하지만 志行正也이
운 뢰 준 군 자 이 경 륜 수 반 환 지 행 정 야

다 以貴下賤하니 大得民也이다 六二之難은 乘剛也이고
이 귀 하 천 대 득 민 야 육 이 지 난 승 강 야

十年乃字는 反常也이다 卽鹿无虞以從禽也이다 君子
십 년 내 자 반 상 야 즉 록 무 우 이 종 금 야 군 자

舍之는 往吝窮也이다 求而往明也이다 屯其膏는 施未
사 지 왕 린 궁 야 구 이 왕 명 야 준 기 고 시 미

光也이다 泣血漣如이니 何可長也이다
광 야 읍 혈 련 여 하 가 장 야

구름과[雲] 우레는[雷] 준이다[屯]. 군자는[君子] (준괘를) 본받아[以] 길쌈하듯 일을 해간다[經綸]. 비록[雖] 나아가지 못하지만[磐桓] 뜻과[志] 행함이[行] 곧고 바른 것[正]이다[也]. 귀함[貴]으로써[以] 낮은 것[賤] 아래에 있으니[下] 백성을[民] 크게[大] 얻음[得]이다[也]. 육이의[六二之] 어려움은[難] 강한 기운을[剛] 탄 것[乘]이고[也] 십년(十年)에야[乃] 시집감은[字] 상정으로[常] 돌아옴[反]이다[也]. 산기슭으로[鹿] 나아가[卽] 산지기가[虞] 없음[无]에도[以] 짐승을[禽] 사냥하러 뒤쫓아감[從]이다[也]. 군자가[君子] 그것을[之] 버림은[舍] 가봤자[往] 부끄럽고[吝] 궁색할 것이기[窮] 때문이다[也]. 구하고자[求而] 가는 것은[往] 밝다는 것[明]이다[也]. 그[其] 은택을[膏] 어렵게 함은[屯] 베풂이[施] 밖으로 빛나지 못함[未光]이다[也]. 피눈물을[泣血] 흘리는[漣] 듯하다고[如] 어찌[何] 오래갈 수 있을 것[可長]인가[也].

【지남(指南)】

雲雷屯(운뢰준) 君子以經綸(군자이경륜)

구름과[雲] 우레는[雷] 준이다[屯]. 군자는[君子] (준괘를) 본받아[以] 길쌈하듯 일을 해간다[經綸].

준괘(屯卦 : ䷂)의 괘상(卦象)을 〈준(屯) 원형(元亨) 이정(利貞) 물용유유왕(勿用有攸往) 이건후(利建侯)〉라고 계사(繫辭)한 것을 〈운뢰준(雲雷屯) 군자이경륜(君子以經綸)〉이라고 풀이한다.

「상사(象辭)」가 준괘(屯卦 : ䷂)의 괘상(卦象)인 〈운뢰준(雲雷屯)〉을 본받아[以] 군자(君子)는 길쌈하듯 세상을 다스린다고 풀이한 것이 〈군자이경륜(君子以經綸)〉이다.

雖磐桓(수반환) 志行正也(지행정야) 以貴下賤(이귀하천) 大得民也(대득민야)

비록[雖] 나아가지 못하지만[磐桓] 뜻과[志] 행함이[行] 곧고 바른 것[正]이다[也]. 귀함[貴]으로써[以] 낮은 것[賤] 아래에 있으니[下] 백성을[民] 크게[大] 얻음[得]이다[也].

준괘(屯卦 : ䷂) 초구(初九 : ⚊)의 효상(爻象)을 〈반환(磐桓) 이거정(利居貞) 이건후(利建侯)〉라고 계사(繫辭)한 것을 〈수반환(雖磐桓) 지행정야(志行正也) 이귀하천(以貴下賤) 대득민야(大得民也)〉라고 풀이한다.

「상사(象辭)」가 밝힌 〈지행정(志行正)〉은 준괘(屯卦 : ䷂) 초구(初九 : ⚊)의 계사(繫辭)인 〈이거정(利居貞)〉을 풀이하고, 〈거정(居貞)〉은 마음이 진실한 미더움에[貞] 머묾[居]을 뜻한다. 따라서 처난(處難) 즉 어려움에[難] 있음[處]을 받아들이고 때를 얻어 나아가려[進] 함에 정도(正道)를 어긋남 없이 더없이 순일(純一)함을 암시한 것이, 〈지행정(志行正)의 정(正)〉이고 〈이거정(利居貞)의 거정(居貞)〉이다. 〈이귀하천(以貴下賤)〉은 천해도[卑而] 기댈[因] 수밖에 없는[不可不] 것[者]이 백성[民]인지라, 〈하천(下賤)〉 즉 백성으로[賤] 내려감[下]은 〈정(正)〉 즉 올바름[正]이다. 따라서 〈이귀하천(以貴下賤)의 귀(貴)〉는 준괘(屯卦 : ䷂)의 초구(初九 : ⚊)를 밝히고, 〈이귀하천(以貴下賤)의 천(賤)〉은 대성괘(大成卦)의 초효(初爻)가 본래 민서지위(民庶之位) 즉 백성의[民庶之] 자리[位]임을 밝혀, 이에 민서(民庶)의 자리로 내려와 있는[下] 백성을[民] 크게[大] 얻는다[得]고 풀이한 것이 〈대득민야(大得民也)〉이다.

六二之難(육이지난) 乘剛也(승강야) 十年乃字(십년내자) 反常也(반상야)

육이의[六二之] 어려움은[難] 강한 기운을[剛] 탄 것[乘]이고[也] 십년(十年)에야[乃] 시집감은[字] 상정으로[常] 돌아옴[反]이다[也].

준괘(屯卦 : ䷂) 육이(六二 : --)의 효상(爻象)을 〈준여전여(屯如邅如) 승마반여(乘馬班如) 비구혼구(匪寇婚媾) 여자정부자(女子貞不字) 십년내자(十年乃字)〉라고 계사(繫辭)한 것을 〈육이지난(六二之難) 승강야(乘剛也) 십년내자(十年乃字) 반상야(反常也)〉라고 풀이한다.

「상사(象辭)」가 준괘(屯卦 : ䷂) 육이(六二 : --)의 효상(爻象)인 〈준여전여(屯如邅如) 승마반여(乘馬班如)〉를 〈육이지난(六二之難)〉의 〈난(難)〉 한 자(字)로써 밝히고, 〈승마반여(乘馬班如)〉를 〈승강(乘剛)〉이라고 풀이한다. 〈승마(乘馬)〉와 〈승강(乘剛)〉은 같다. 왜냐하면 〈승강(乘剛)의 강(剛)〉은 양(陽 : ─)이고 양(陽 : ─)을 동물로 비유하면 말[馬]이다. 〈승강(乘剛)의 승(乘)〉은 육이(六二 : --)가 초구(初九 : ─)와 〈비(比)〉를 누리는 모습을 밝힌다. 이러한 준괘(屯卦 : ䷂) 육이(六二 : --)가 초구(初九 : ─)를 뿌리치지 않으면서도 구오(九五 : ─)와 누리는 중정(中正)-정응(正應)의 천도(天道) 즉 자연의[天] 도리[道]를 저버리지 않음을 〈십년내자(十年乃字)〉라고 밝힌다. 〈십년내자(十年乃字)의 십년(十年)〉은 햇수가 꼭 10년 되었음이 아니라 오랫동안[十年] 수정(守貞) 즉 정절을[貞] 지켜[守], 구오(九五 : ─)와 누리는 중정(中正)-정응(正應)의 천도(天道)를 따라 준괘(屯卦 : ䷂) 육이(六二 : --)가 구오(九五 : ─) 쪽에 허가(許嫁) 즉 시집가기를[嫁] 허락함[許]을 밝힌 것이 〈십년내자(十年乃字)〉이다. 이 〈십년내자(十年乃字)〉는 준괘(屯卦 : ䷂) 육이(六二 : --)가 초구(初九 : ─)의 〈비(比)〉를 떠나 구오(九五 : ─)의 〈중정(中正)-정응(正應)〉을 따랐으니, 이를 〈반상(反常)〉 즉 상정으로[常] 돌아옴[反]이라고 풀이한 것이 〈육이지난(六二之難) 승강야(乘剛也) 십년내자(十年乃字) 반상야(反常也)〉이다.

卽鹿无虞以從禽也(즉록무우이종금야) 君子舍之(군자사지) 往吝窮也(왕린궁야)

산기슭으로[鹿] 나아가[卽] 산지기가[虞] 없음[无]에도[以] 짐승을[禽] 사냥하러 뒤쫓아감[從]이다[也]. 군자가[君子] 그것을[之] 버림은[舍] 가봤자[往] 부끄럽고[吝] 궁색할 것이기[窮] 때문이다[也].

준괘(屯卦 : ䷂) 육삼(六三 : --)의 효상(爻象)을 〈즉록무우(卽鹿无虞) 유입우림중(惟入于林中) 군자기(君子幾) 불여사(不如舍) 왕린(往吝)〉이라고 계사(繫辭)한 것을 〈즉록무우이종금야(卽鹿无虞以從禽也) 군자사지(君子舍之) 왕린궁야(往吝窮也)〉라고 풀이한다.

「상사(象辭)」가 깊은 산중에서 산속을 안내해줄 산지기[虞] 없이 사냥감을[禽] 뒤쫓다[從] 길을 잃어 〈처준(處屯)〉 즉 어려움에[屯] 처할[處] 수 있음을 암시한 것이 〈종금(從禽)〉이다. 이처럼 준괘(屯卦 : ䷂) 육삼(六三 : --)의 효상(爻象)을 〈종금(從禽)〉이라 풀이함은 육삼(六三 : --)의 효상(爻象)을 〈지색(至賾)하라〉 함이다. 지색(至賾)의 색(賾)이란 드러나지 않고 속에 숨어 있음[賾]을 말하고, 〈지색(至賾)의 지(至)〉란 남김없이 살펴 색(賾)을 찾아내 알아챔을 말한다. 군자(君子)가 준괘(屯卦 : ䷂) 육삼(六三 : --)의 〈종금(從禽)〉을 범하지 않을 수 있다는 것은 지색(至賾)히는 삶을 누리는 까닭이다. 지색(至賾)하면 절로 사명(俟命) 즉 자연의 가르침을[命] 기다릴[俟] 줄 안다. 그래서 〈군자사지(君子舍之)〉라 한다. 따라서 소인(小人)은 〈종금(從禽)〉을 무모하게 감행하지만 군자(君子)는 무모하게 사냥감[禽] 뒤쫓기를[從] 그만둔다[舍]. 산지기[虞] 없이 숲속으로 들어가 짐승을[禽] 뒤쫓아[從] 사냥하다 길을 잃어 부끄럽고[吝] 궁색한[窮] 지경을 당할 수 있음을 군자(君子)는 미리 알아채고, 소인(小人)은 그럴 줄 몰라 〈인궁(吝窮)〉의 경우를 당함을 암시한 것이 〈왕린궁야(往吝窮也)〉이다.

求而往明也(구이왕명야)

구하고자[求而] 가는 것은[往] 밝다는 것[明]이다[也].

준괘(屯卦 : ䷂) 육사(六四 : --)의 효상(爻象)을 〈승마반여(乘馬班如) 구혼구(求婚媾) 왕길(往吉) 무불리(无不利)〉라고 계사(繫辭)한 것을 〈구이왕명야(求而往明也)〉라고 풀이한다.

「상사(象辭)」가 준괘(屯卦 : ䷂) 육사(六四 : --)의 계사(繫辭) 중 육사(六四 : --)와 초구(初九 : ㅡ)의 관계를 밝히는 〈구혼구(求婚媾) 왕길(往吉) 무불리(无不利)〉만을 택하여 〈구이왕명야(求而往明也)〉라 줄여 밝힌다. 〈구이왕명(求而往明)의 구(求)〉는 육사(六四 : --)의 계사(繫辭)인 〈구혼구(求婚媾)〉를 줄인 것이고, 〈왕(往)〉은 육사(六四 : --)의 계사(繫辭)인 〈왕길(往吉)〉을 줄인 것이며, 〈명(明)〉은 육사(六四 : --)의 계사(繫辭)인 〈무불리(无不利)〉를 풀이한 것이다. 이롭지 않음이[不利] 없다[无] 함은 마음속의 밝음[明]으로 통한다. 이로움[利]을 누리는 마음속은 어둡지[暗] 않고 밝다[明]. 따라서 〈구이왕명(求而往明)의 명(明)〉은 준괘(屯卦 : ䷂)의 육사(六四 : --)와 초구(初九 : ㅡ)의 관계를 조짐한다. 그리고 「상사(象辭)」에서 준괘(屯卦 : ䷂)의 육사(六四 : --)와 구오(九五 : ㅡ)의 관계를 제외한 것은 준괘(屯卦 : ䷂)의 육사(六四 : --) 바로 위의 구오(九五 : ㅡ)가 정당한 군왕(君王)의 자리에서 육이(六二 : --)와 중정(中正)-정응(正應)으로써 더없는 단짝을 누리고 있어서, 준괘(屯卦 : ䷂)의 육사(六四 : --)가 승마상행(乘馬上行) 즉 말을[馬] 타고[乘] 올라가기[上行]는 불가능함을 말한다. 그러나 준괘(屯卦 : ䷂)의 육사(六四 : --)는 초구(初九 : ㅡ)와 상응(相應)을 누리므로 육사(六四 : --)와 초구(初九 : ㅡ)의 관계가 짝이 됨을 풀이한 것이 〈구이왕명야(求而往明也)〉이다.

屯其膏(준기고) 施未光也(시미광야)

그[其] 은택을[膏] 어렵게 함은[屯] 베풂이[施] 밖으로 빛나지 못함[未光]이다[也].

준괘(屯卦 : ䷂) 구오(九五 : ㅡ)의 효상(爻象)을 〈준기고(屯其膏) 소정길(小貞吉) 대정흉(大貞凶)〉이라고 계사(繫辭)한 것을 〈준기고(屯其膏) 시미광야(施未光也)〉라고 풀이한다.

「상사(象辭)」가 준괘(屯卦 : ䷂) 구오(九五 : ㅡ)의 계사(繫辭)인 〈준기고(屯其膏)〉를 〈시미광야(施未光也)〉라고 풀이한다. 〈시미광(施未光)의 시(施)〉는 〈시기고(施其膏)〉의 줄임이고, 〈시미광(施未光)의 미광(未光)〉은 〈준기고(屯其膏)의 준(屯)〉이 군왕(君王)에게 〈고(膏)〉 즉 은택(恩澤)을 베풀 뜻이 없는 것이 아니라 그 뜻을 펴기가 어려움을 헤아리게 한다. 〈미광(未光)의 광(光)〉은 밖으로 드러난 빛남인지라 〈미광(未光)〉은 아직 밖으로 드러내지 못함을 밝혀, 준괘(屯卦 : ䷂) 구오(九五 : ⚊)가 다름 아닌 감(坎 : ☵)의 중효(中爻)임을 암시한다. 따라서 「상사(象辭)」에서 밝힌 〈시미광(施未光)의 미광(未光)〉은 감(坎 : ☵)의 중효(中爻) 즉 구오(九五 : ⚊)를 〈함(陷)〉이라 하고, 진(震 : ☳)의 초구(初九 : ⚊)를 〈동(動)〉이라 함을 상기시킨다. 준괘(屯卦 : ䷂)의 구오(九五 : ⚊)는 구덩이[陷] 속에 있는 처지인지라 은택을[膏] 펴기가 어려워[屯], 군왕(君王)의 자리에 있으면서도 군왕(君王) 노릇을 제대로 펼치지 못해 구오(九五 : ⚊)에게 〈흉(凶)〉 즉 나쁘다[凶]고 함을 〈시미광(施未光)〉이 암시한다. 동시에 준괘(屯卦 : ䷂)의 초구(初九 : ⚊)는 거침없이 움직여서[動] 〈대득민(大得民)〉 즉 크게[大] 백성을[民] 얻어[得] 제후(諸侯)가 될 만큼 기세가 있음을 〈시미광(施未光)〉이 암시한다. 그러므로 「상사(象辭)」에서 밝힌 〈시미광야(施未光也)〉는 준괘(屯卦 : ䷂)의 괘주(卦主)는 구오(九五 : ⚊)가 되지 못하고, 초구(初九 : ⚊)가 차지하는 까닭을 살펴 헤아리게 한다.

泣血漣如(읍혈련여) 何可長也(하가장야)

피눈물을[泣血] 흘리는[漣] 듯하다고[如] 어찌[何] 오래갈 수 있을 것[可長]인가[也].

준괘(屯卦 : ䷂) 상륙(上六 : ⚋)의 효상(爻象)을 〈승마반여(乘馬班如) 읍혈련여(泣血漣如)〉라고 계사(繫辭)한 것을 〈읍혈련여(泣血漣如) 하가장야(何可長也)〉라고 풀이한다.

「상사(象辭)」가 피눈물을[泣血] 흘리는[漣] 듯하다[如]는 상륙(上六 : ⚋)을 〈하가장(何可長)〉이라며 〈읍혈(泣血)〉로써 끝남을 어찌 막을 수 있겠느냐고 반문(反問)하여, 장구할 수 있는 것이란 하나도 없다, 만물은 모두 과객지(過客止) 즉 지나가는[過] 길손[客]으로 잠깐 머물다[止] 가는 것들이니, 준괘(屯卦 : ䷂) 상륙(上六 : ⚋) 역시 피눈물[泣血] 흘릴 것 없음을 풀이한 것이 〈하가장야(何可長也)〉이다.

4 몽괘(蒙卦 : ䷃) 상사(象辭)

감하간상(坎下艮上) : 아래는[下] 감(坎 : ☵), 위는[上] 간(艮 : ☶).

산수몽(山水蒙) : 산과[山] 물은[水] 몽이다[蒙].

山下出泉蒙이다 君子以果行하고 育德한다 利用刑人은
산 하 출 천 몽　군 자 이 과 행　육 덕　이 용 형 인

以正法也이다 子克家는 剛柔接也이다 勿用取女는 行
이 정 법 야　자 극 가　강 유 접 야　물 용 취 녀　행

不順也이다 困蒙之吝은 獨遠實也이다 童蒙之吉은 順
불 순 야　곤 몽 지 린　독 원 실 야　동 몽 지 길　순

而巽也이다 利用禦寇는 上下順也이다
이 손 야　이 용 어 구　상 하 순 야

산(山) 아래[下] 샘물이[泉] 나타남이[出] 몽괘이다[蒙]. 군자는[君子] (몽괘를) 본받아[以] 행동을[行] 과감히 하고[果] 덕을[德] 길러낸다[育]. 사람에게[人] 벌을[刑] 쓰면[用] 이롭다 함은[利] 그로써[以] (과감히 행하는) 법도를[法] 바르게 함[正]이다[也]. 아들이[子] 집을[家] 다스린다고 함이란[克] 굳셈과[剛] 부드러움이[柔] 만남[接]이다[也]. 여자에게[女] 장가들기를[取] 행하지[用] 말라 함이란[勿] 행실이[行] 고분고분 따라주지 못함[不順]이다[也]. 궁색한[困] 몽매함이[蒙之] 한스러움이란[吝] 홀로[獨] 실질에서[實] 떨어짐[遠]이다[也]. 어린[童] 몽매함이[蒙之] 행복함이란[吉] 순종하면서[順而] 공손함[巽]이다[也]. {상구(上九)의 과강(過剛)을} 써[用] 떼도둑을[寇] 막으면[禦] 이로움이란[利] 위아래가[上下] 순응함[順]이다[也].

【지남(指南)】

山下出泉蒙(산하출천몽) 君子以果行(군자이과행) 育德(육덕)

산(山) 아래[下] 샘물이[泉] 나타남이[出] 몽괘이다[蒙]. 군자는[君子] (몽괘를) 본받아[以] 행동을[行] 과감히 하고[果] 덕을[德] 길러낸다[育].

몽괘(蒙卦 : ䷃)의 괘상(卦象)을 〈몽형(蒙亨) 비아구동몽(匪我求童蒙) 동몽구아(童蒙求我) 초서곡(初筮告) 재삼독(再三瀆) 독즉불곡(瀆則不告) 이정(利貞)〉이라 계사(繫辭)한 것을 〈산하출천몽(山下出泉蒙) 군자이과행(君子以果行) 육덕(育德)〉이라고 풀이한다.

「상사(象辭)」가 몽괘(蒙卦 : ䷃)의 괘체(卦體) 즉 괘의[卦] 바탕[體]으로써 밝힌 것이 〈산하출천(山下出泉)〉이다. 〈산하출천(山下出泉)의 산하(山下)〉는 몽괘(蒙卦 : ䷃)의 상체(上體)인 간(艮 : ☶)을 말하고, 〈산하출천(山下出泉)의 출천(出泉)〉은 몽괘(蒙卦 : ䷃)의 하체(下體)인 감(坎 : ☵)을 말한다. 산하출천(山下出泉)이기[是] 때문에[以] 군자는[君子] (가르치는) 행동을[行] 과감히 한다[果]. 군자(君子)의 이러한 〈과행(果行)〉은 몽괘(蒙卦 : ䷃)의 괘(卦)가 계사(繫辭)한 〈재삼독(再三瀆) 독즉불곡(瀆則不告)〉의 까닭을 〈육덕(育德)〉이라고 단언(斷言)한다. 밝음의[明之] 덕을[德] 길러내기[育] 위해서 군자(君子)가 〈과행(果行)〉 즉 몽매함을 밝음으로 이끄는 가르치는 행동을[行] 과감히 함[果]을 몽괘(蒙卦 : ䷃)의 괘상(卦象)이 암시함을 풀이한 것이 〈군자이과행(君子以果行) 육덕(育德)〉이다.

利用刑人(이용형인) 以正法也(이정법야)

사람에게[人] 벌을[刑] 쓰면[用] 이롭다 함은[利] 그로써[以] (과감히 행하는) 법도를[法] 바르게 함[正]이다[也].

몽괘(蒙卦 : ䷃) 초륙(初六 : --)의 효상(爻象)은 〈발몽(發蒙) 이용형인(利用刑人) 용탈질곡이왕(用說桎梏以往) 인(吝)〉이라고 계사(繫辭)한 것을 〈이용형인(利用刑人)〉을 주로 해서 〈이정법야(以正法也)〉라고 풀이한다.

「상사(象辭)」가 〈이용형인(利用刑人)〉 즉 사람에게[人] 벌을[刑] 가해도[用] 이롭다[利] 함은 〈이정법야(以正法也)〉이어야 함을 밝힌다. 〈이정법야(以正法也)의 법(法)〉은 〈육덕지법(育德之法)〉의 줄임으로 여기는 것이 마땅한 까닭이다. {해몽(解蒙) 즉 몽매함을[蒙] 푸는[解] 가르침의} 덕을[德] 길러내려는[育之] 법도[法]를 바르게 하려고[正], 군자는 〈형인(刑人)〉 즉 학동(學童)에게 벌(罰)하기도 함을 밝힌 것이 〈이정법야(以正法也)〉이다. 여기 〈정법(正法)〉 즉 덕을[德] 길러내려는[育之] 법도[法]를 바르게 함[正]을 암시하면서, 가르침과[教] 배움이[學] 서로[相] 성장함

[長]을 일깨워 깨닫도록 밝힌 것이 〈이정법야(以正法也)〉이다.

子克家(자극가) 剛柔接也(강유접야)

아들이[子] 집을[家] 다스린다고 함이란[克] 굳셈과[剛] 부드러움이[柔] 만남[接]이다[也].

몽괘(蒙卦 : ䷃) 구이(九二 : ⚊)의 효상(爻象)을 〈포몽길(包蒙吉) 납부길(納婦吉) 자극가(子克家)〉라고 계사(繫辭)한 것을 〈자극가(子克家)〉를 택해서 〈강유접야(剛柔接也)〉라고 풀이한다.

「상사(象辭)」가 몽괘(蒙卦 : ䷃) 구이(九二 : ⚊)의 계사(繫辭)인 〈자극가(子克家)〉를 〈강유접(剛柔接)〉이라고 풀이한 것은, 〈강유접(剛柔接)의 강(剛)〉은 〈자극가(子克家)의 자(子)〉를 뜻하고, 〈강유접(剛柔接)의 유(柔)〉는 〈자극가(子克家)의 가(家)〉를 뜻하며, 〈강유접(剛柔接)의 접(接)〉은 〈자극가(子克家)의 극(克)〉을 뜻한다. 그러므로 몽괘(蒙卦 : ䷃)의 구이(九二 : ⚊) 즉 감(坎 : ☵)의 중효(中爻 : ⚊)는 〈자(子)〉 즉 중남(中男)으로서 강명(剛明)을 나타내고, 〈자극가(子克家)의 가(家)〉는 네 음효(陰爻 : ⚋) 즉 유암(柔暗)을 나타낸다. 강명(剛明) 즉 굳센[剛] 밝음[明]이 유암(柔暗) 즉 부드러운[柔] 어둠[暗]을 거두어 가르치고[教], 유암(柔暗)은 강명(剛明)으로부터 배워[學] 몽매함[蒙]을 벗어나도록 가사(家事)를 〈강유(剛柔)〉가 맡아 서로 사귐[接]을 풀이한 것이 〈강유접야(剛柔接也)〉이다.

勿用取女(물용취녀) 行不順也(행불순야)

여자에게[女] 장가들기를[取] 행하지[用] 말라 함이란[勿] 행실이[行] 고분고분 따라주지 못함[不順]이다[也].

몽괘(蒙卦 : ䷃) 육삼(六三 : ⚋)의 효상(爻象)을 〈물용취녀(勿用取女) 견금부(見金夫) 불유궁(不有躬) 무유리(无攸利)〉라고 계사(繫辭)한 것을 〈물용취녀(勿用取女) 행불순야(行不順也)〉라고 풀이한다.

「상사(象辭)」가 〈물용취녀(勿用取女)〉의 까닭을 밝혀 〈행불순야(行不順也)〉라고 밝힌다. 육삼(六三 : ⚋)이 상구(上九 : ⚊)와 상응(相應)하면서도 바로 아래에 있는 강력한 구이(九二 : ⚊)를 넘보는 편이니, 이런 여자를[女] 취하지[取] 말라[勿

用] 하는 까닭이 〈행불순(行不順)〉이다. 그[其] 여자의[女之] 행실은[行] 도리를[道] 따르지 않음[不順]이다. 순리를 따르지 않음[不順]을 범하면 몸소 자신을[躬] 잃는 것[不有] 또한 순리(順理)임을 헤아려 깨닫게 하는 것이 〈불유궁(不有躬)〉이다. 이에 몽괘(蒙卦 : ䷃)의 육삼(六三 : --)이 상구(上九 : —)와 〈상응(相應)〉 즉 서로[相] 호응하면서도[應] 구이(九二 : —)를 홀림은 〈불순(不順)〉 즉 도리를 따르지 않음[不順]이라고 밝혀 〈물용취녀(勿用取女)〉의 까닭을 풀이한 것이 〈행불순야(行不順也)〉이다.

困蒙之吝(곤몽지린) 獨遠實也(독원실야)

궁색한[困] 몽매함이[蒙之] 한스러움이란[吝] 홀로[獨] 실질에서[實] 떨어짐[遠]이다[也].

몽괘(蒙卦 : ䷃) 육사(六四 : --)의 효상(爻象)을 〈곤몽(困蒙) 인(吝)〉이라고 계사(繫辭)한 것을 〈곤몽지린(困蒙之吝)〉으로 묶어 〈독원실야(獨遠實也)〉라고 풀이한다.

「상사(象辭)」가 육사(六四 : --)의 유어곤(由於困) 즉 곤란을 겪는[於困] 까닭[由]을 밝힌 것이 〈독원실(獨遠實)〉이다. 〈독원실(獨遠實)의 실(實)〉은 몽괘(蒙卦 : ䷃)의 육사(六四 : --)는 양(陽 : —)이라는 임과 떨어져[遠] 있으니 열매를 맺지 못하는 꽃과 같다. 따라서 〈독원실(獨遠實)의 독(獨)〉은 몽괘(蒙卦 : ䷃)에서 육사(六四 : --)만이 양기(陽氣 : —)와 떨어져 있음을 말한다. 음양(陰陽)은 상합(相合)하고 상화(相和)해야 성조(成造) 즉 조화를[造] 이룬다[成]. 몽괘(蒙卦 : ䷃)에서 육사(六四 : --)는 역지도(易之道) 즉 변화의[易之] 도리[道]를 못하고 있다. 음양(陰陽)은 상리(相離) 즉 서로[相] 떨어지면[離] 조화(造化)의 도리(道理)를 할 수 없다. 몽괘(蒙卦 : ䷃)에서 육사(六四 : --)만이 그 도리를 이루지 못함이 곧 〈곤몽(困蒙)〉이고, 그 〈곤몽(困蒙)〉을 〈인(吝)〉 즉 부끄럽다[吝]고 한 까닭을 밝힌 것이 〈독원실야(獨遠實也)〉이다.

童蒙之吉(동몽지길) 順而巽也(순이손야)

어린[童] 몽매함이[蒙之] 행복함이란[吉] 순종하면서[順而] 공손함[巽]이다[也].

몽괘(蒙卦 : ䷃) 육오(六五 : --)의 효상(爻象)을 〈동몽(童蒙) 길(吉)〉이라고 계사(繫辭)한 것을 〈동몽지길(童蒙之吉) 순이손야(順以巽也)〉라고 풀이한다.

「상사(象辭)」가 구이(九二 : ―)와 상구(上九 : ―)를 따라[順] 육오(六五 : --)가 제 고집을 버림을 〈순이손(順以巽)〉이라 밝히고, 육오(六五 : --)가 뜻을 낮추고 아래를 구함을 〈순이손(順以巽)의 손(巽)〉이라고 밝힌다. 그러므로 〈동몽(童蒙)〉보다 더한 〈순(順)〉 즉 천도(天道)를 따름[順]은 없고, 〈동몽(童蒙)〉보다 더한 〈손(巽)〉 즉 천도(天道) 앞에 공손함[巽]은 없음을 밝힌 것이 〈순이손야(順以巽也)〉이다.

利用禦寇(이용어구) 上下順也(상하순야)

{상구(上九)의 과강(過剛)을} 써[用] 떼도둑을[寇] 막으면[禦] 이로움이란[利] 위아래가[上下] 순응함[順]이다[也].

몽괘(蒙卦 : ䷃) 상구(上九 : ―)의 효상(爻象)을 〈격몽(擊蒙) 불리위구(不利爲寇) 이어구(利禦寇)〉라고 계사(繫辭)한 것을 〈이용어구(利用禦寇) 상하순야(上下順也)〉라고 풀이한다.

「상사(象辭)」가 〈격몽(擊蒙)〉의 도리인 〈어구(禦寇)〉를 풀이한 것이 〈상하순야(上下順也)〉이다. 인간의 몽매(蒙昧)함으로 빚어지는 횡포를 방어함이 〈어구(禦寇)〉이다. 〈어구(禦寇)〉는 몽괘(蒙卦 : ䷃) 상구(上九 : ―)가 악함을 막아[禦] 선함을 밝힘이다. 몽괘(蒙卦 : ䷃)의 상구(上九 : ―)가 이러한 〈어구(禦寇)〉를 행할 수 있는 까닭을 밝힌 것이 〈상하순(上下順)〉이다. 〈상하순(上下順)의 상(上)〉은 몽괘(蒙卦 : ䷃)의 상구(上九 : ―)를 말하고, 〈상하순(上下順)의 하(下)〉는 몽괘(蒙卦 : ䷃)의 육삼(六三 : --)과 육오(六五 : --)를 말한다. 그리고 〈상하순(上下順)의 순(順)〉은 몽괘(蒙卦 : ䷃)의 상구(上九 : ―)가 육삼(六三 : --)과 서로 정위(正位)에 있지는 못하지만 〈상응(相應)〉 즉 서로[相] 응함[應]을 밝히고, 동시에 몽괘(蒙卦 : ䷃)의 상구(上九 : ―)가 육오(六五 : --)와는 〈비(比)〉 즉 이웃의 사귐[比]을 누림을 밝힌다. 그러므로 몽괘(蒙卦 : ䷃) 상구(上九 : ―)의 과강(過剛)이 〈어구(禦寇)〉 즉 악한 무리들을[寇] 막음[禦]을 몽괘(蒙卦 : ䷃)의 육삼(六三 : --)과 육오(六五 : --)가 따름[順]을 밝힌 것이 〈상하순야(上下順也)〉이다.

5 수괘(需卦 : ䷄) 상사(象辭)

건하감상(乾下坎上) : 아래는[下] 건(乾 : ☰), 위는[上] 감(坎 : ☵).

수천수(水天需) : 물과[水] 하늘은[天] 수이다[需].

雲上於天需이다 君子以飮食宴樂한다 需于郊는 不犯
운 상 어 천 수 군 자 이 음 식 연 락 수 우 교 불 범
難行也이다 利用恒하여 无咎는 未失常也이다 需于沙
난 행 야 이 용 항 무 구 미 실 상 야 수 우 사
는 衍在中也이다 雖小有言하나 以吉終也이다 需于泥는
연 재 중 야 수 소 유 언 이 길 종 야 수 우 니
災在外也이다 自我致寇하나 敬愼不敗也이다 需于血은
재 재 외 야 자 아 치 구 경 신 불 패 야 수 우 혈
順以聽也이다 酒食이 貞吉은 以中正也이다 不速之客
순 이 청 야 주 식 정 길 이 중 정 야 불 속 지 객
來해 敬之終吉은 雖不當位나 未大失也이다
래 경 지 종 길 수 부 당 위 미 대 실 야

구름이[雲] 하늘로[於天] 올라감이[上] 수괘이다[需]. 군자는[君子] (수괘를) 본받아[以] 마시고[飮] 먹고[食] 편안히 쉬면서[宴] 즐거워한다[樂]. 들판에서[于郊] 기다림은[需] 어려움을[難] 당하지 않고[不犯] 행진하려 함[行]이다[也]. 한결같음에[恒] 맡김이[用] 이로워[利] 허물이[咎] 없음은[无] 한결같음을[常] 잃지[失] 않음[未]이다[也]. 물가 모래톱에서[于沙] 기다림은[需] (물이) 넘쳐흐름이[衍] 가운데[中] 있음[在]이다[也]. 비록[雖] 잠깐[小] 말이[言] 있었으나[有] 좋게[以吉] 마침[終]이다[也]. 진창에서[于泥] 기다림은[需] 재앙이[災] 밖에[外] 있음[在]이다[也]. 나[我]로부터[自] 도둑을[寇] 불렀으나[致] 조심조심 자숙하면[敬愼] 패하지 않는 것[不敗]이다[也]. 어려운 처지에서[于血] 기다린다 함은[需] 순종[順]으로써[以] 경청함[聽]이다[也]. 술 마시면서[酒] 식사해도[食] 진실로 미더워[貞] 좋음은[吉] 정도를[正] 따름을[中] 행함[以]이다[也]. 부르지 않은[不速之] 손님이

[客] 오니[來] 그를[之] 공경하면[敬] 마침내[終] 좋음은[吉] 비록[雖] 당당치 못한[不當] 자리라도[位] 크게[大] 잃음은[失] 아닌 것[未]이다[也].

【지남(指南)】

雲上於天需(운상어천수) 君子以飮食宴樂(군자이음식연락)

구름이[雲] 하늘로[於天] 올라감이[上] 수괘이다[需]. 군자는[君子] (수괘를) 본받아[以] 마시고[飮] 먹고[食] 편안히 쉬면서[宴] 즐거워한다[樂].

수괘(需卦 : ䷄)의 괘상(卦象)을 〈수유부(需有孚) 광형(光亨) 정길(貞吉) 이섭대천(利涉大川)〉이라고 계사(繫辭)한 것을 〈운상어천수(雲上於天需) 군자이음식연락(君子以飮食宴樂)〉이라고 풀이한다.

「상사(象辭)」가 농부는 비 오기를 기다리며 논밭에 씨앗을 뿌리지 못하고, 땅에 사는 모든 짐승과 새 그리고 온갖 풀나무들은 목말라 비 오기를 기다리는 모습이 수괘(需卦 : ䷄)의 모습임을 〈운상어천(雲上於天)〉이라고 풀이한다. 수괘(需卦 : ䷄)의 〈수(需)〉는 오로지 천도(天道)를 따라 기다리고 길러내고 먹고 마시는 이치임을 수괘(需卦 : ䷄)의 괘사(卦辭)는 〈수유부(需有孚)〉라고 계사(繫辭)했고, 「상사(象辭)」는 〈수유부(需有孚)〉의 까닭을 수괘(需卦 : ䷄)의 괘체(卦體)를 들어 〈운상어천(雲上於天)〉이라고 풀이한다. 군자(君子)가 수괘(需卦 : ䷄)의 괘상(卦象)을 본받아 〈유부(有孚)〉의 삶을 누리는 까닭을 밝힌 것이 〈운상어천수(雲上於天需) 군자이음식연락(君子以飮食宴樂)〉이다.

需于郊(수우교) 不犯難行也(불범난행야) 利用恒(이용항) 无咎(무구) 未失常也(미실상야)

들판에서[于郊] 기다림은[需] 어려움을[難] 당하지 않고[不犯] 행진하려 함[行]이다[也]. 한결같음에[恒] 말김이[用] 이로워[利] 허물이[咎] 없음은[无] 한결같음을[常] 잃지[失] 않음[未]이다[也].

수괘(需卦 : ䷄) 초구(初九 : ⚊)의 효상(爻象)을 〈수우교(需于郊) 이용항(利用恒) 무구(无咎)〉라고 계사(繫辭)한 것을 〈수우교(需于郊) 불범난행야(不犯難行也) 이용항(利用恒) 무구(无咎) 미실상야(未失常也)〉라고 풀이한다.

자중할수록 안전하게 상진(上進)하여 육사(六四 : ⚋)와 〈정응(正應)〉 즉 바르게[正] 서로 응할[應] 수 있는 수괘(需卦 : ䷄)의 초구(初九 : ⚊)를 계사(繫辭)는 〈수우교(需于郊)〉라 밝히고, 이를 「상사(象辭)」가 〈불범난행(不犯難行)〉이라고 풀이한다. 수괘(需卦 : ䷄)의 계사(繫辭)는 〈수우교(需于郊)〉의 까닭을 〈이용항(利用恒) 무구(无咎)〉라고 밝히고, 「상사(象辭)」는 그 까닭을 〈미실상(未失常)〉이라고 풀이한다. 〈이용항(利用恒)의 용(用)〉은 여기선 〈맡길 임(任)〉과 같다고 새기면 마땅하다. 변함없음에[恒] 맡김[用]은 〈미실상(未失常)〉 즉 상구함을[常] 잃지[失] 않음[未]과 같은 말이다. 상구(常久) 즉 항상 변함없다면[常久] 〈범난(犯難)〉 즉 어려움을[難] 당해도[犯] 평정(平靜)으로써 자수(自守) 즉 자신을[自] 지켜[守] 뜻을 이룰 수 있음을 밝힌 것이 〈미실상야(未失常也)〉이다.

需于沙(수우사) 衍在中也(연재중야) 雖小有言(수소유언) 以吉終也(이길종야)

물가 모래톱에서[于沙] 기다림은[需] (물이) 넘쳐흐름이[衍] 가운데[中] 있음[在]이다[也]. 비록[雖] 잠깐[小] 말이[言] 있었으나[有] 좋게[以吉] 마침[終]이다[也].

수괘(需卦 : ䷄) 구이(九二 : ⚊)의 효상(爻象)을 〈수우사(需于沙) 소유언(小有言) 종길(終吉)〉이라고 계사(繫辭)한 것을 〈수우사(需于沙)〉를 〈연재중야(衍在中也)〉라고 풀이하고, 〈소유언(小有言) 종길(終吉)〉을 〈수소유언(雖小有言) 이길종야(以吉終也)〉라고 풀이한다.

「상사(象辭)」가 물을 건너지 않고 물가 모래톱에서 구이(九二 : ⚊)가 기다리는[需] 까닭을 밝힌 것이 〈연재중(衍在中)〉이다. 물 가운데[中] 물이 넘쳐흐름이[衍] 있기[在] 때문에 구이(九二 : ⚊)가 기다리는[需] 것이다. 수괘(需卦; ䷄) 하체(下體)의 구이(九二 : ⚊)도 중효(中爻)로서 〈연재중(衍在中)의 연(衍)〉을 신중하게 마주함을 〈이길종(以吉終)〉이 밝힌다. 〈이길종(以吉終)의 길(吉)〉은 수괘(需卦 : ䷄)의 구이(九二 : ⚊)가 하체(下體)의 중효(中爻)임을 밝힌다. 정도를 따름을[中] 취함[得]이 중효(中爻)이다. 그러므로 중효(中爻)는 천도(天道) 즉 자연의[天] 도리[道]를 벗어나는 짓을 결코 범하지 않기 때문에 수괘(需卦 : ䷄)의 구이(九二 : ⚊)가 음위(陰位)에 있고, 구오(九五 : ⚊)와 중정(中正)-정응(正應)을 누리지 못할지라도, 「상사(象辭)」가 구이(九二 : ⚊)의 효상(爻象)을 〈이길종(以吉終)〉이라고 풀이한다. 천도(天道)를 어기지 않으면 일마다 그 변화가 〈이길(以吉)〉 즉 행운[吉]으로써[以] 마감됨[終]을 밝힌 것이 〈이길종야(以吉終也)〉이다.

需于泥(수우니) 災在外也(재재외야) 自我致寇(자아치구) 敬愼不敗也(경신불패야)

진창에서[于泥] 기다림은[需] 재앙이[災] 밖에[外] 있음[在]이다[也]. 나[我]로부터[自] 도둑을[寇] 불렀으나[致] 조심조심 자숙하면[敬愼] 패하지 않는 것[不敗]이다[也].

수괘(需卦 : ䷄) 구삼(九三 : ⚊)의 효상(爻象)을 〈수우니(需于泥) 치구지(致寇至)〉라고 계사(繫辭)한 것을 〈수우니(需于泥)〉를 〈재재외야(災在外也)〉라고 풀이하고, 〈치구지(致寇至)〉를 〈자아치구(自我致寇) 경신불패야(敬愼不敗也)〉라고 풀이한다.

「상사(象辭)」가 〈구(寇)〉와 같은 감(坎 : ☵)의 〈재(災)〉가 구삼(九三 : ⚊)을 덮친 것이 아니라, 구삼(九三 : ⚊) 스스로 그 재앙을 불러온 것임을 〈자아치구(自我致寇)〉라고 밝힌다. 왜냐하면 구삼(九三 : ⚊)이 〈수우니(需于泥)〉를 한 것이기 때문이다. 따라서 나[我]로부터[自] 도둑을[寇] 불러왔다[致]는 것이 〈자아치구(自我致寇)〉이다. 자기로 말미암아 닥친 〈구(寇)〉를 가볍게 여기면 스스로 화(禍)를 당하지만, 삼가 조심조심 마주한다면 그 〈구(寇)〉로부터 화(禍)를 당하지 않음을 밝힌 것이 〈경신불패(敬愼不敗)〉이다. 횡포한 것을[寇] 경신(敬愼)한다면 구(寇)로 말미암은 낭패를 당하지 않는다[不敗]. 스스로[自] 조심하여[肅] 감히[敢] 업신여기지 않는[不慢] 마음가짐이 〈경신(敬愼)〉이다. 〈경신(敬愼)〉이란 순천(順天) 즉 천도를[天] 따르는[順] 마음으로써 행동함이다. 그러므로 수괘(需卦 : ䷄)의 구삼(九三 : ⚊)을 본받는 사람이라면 홍수 같은 천재(天災)를 당할지라도 낭패를 당하지 않음을 밝힌 것이 〈경신불패야(敬愼不敗也)〉이다.

需于血(수우혈) 順以聽也(순이청야)

어려운 처지에서[于血] 기다린다 함은[需] 순종[順]으로써[以] 경청함[聽]이다[也].

수괘(需卦 : ䷄) 육사(六四 : --)의 효상(爻象)을 〈수우혈(需于血) 출자혈(出自穴)〉이라고 계사(繫辭)한 것을 〈수우혈(需于血) 순이청야(順以聽也)〉라고 풀이한다.

「상사(象辭)」가 올라오는 삼양(三陽 : —)과 육사(六四 : --)가 경쟁하지 않고 구오(九五 : —)를 따름[順]으로써[以] 구오(九五 : —)의 뜻을 경청하는[聽] 모습이라고 밝힌 것이 〈순이청(順以聽)〉이다. 이에 수괘(需卦 : ䷄)의 육사(六四 : --)가 아래에서 올라오는 삼양(三陽 : —)과 경쟁(競爭)함은 달걀로 바위치기를 범하는 짓과 같음을 암시한 것이 〈순이청야(順以聽也)〉이다.

酒食(주식) 貞吉(정길) 以中正也(이중정야)

술 마시면서[酒] 식사해도[食] 진실로 미더워[貞] 좋음은[吉] 정도를[正] 따름을[中] 행함[以]이다[也].

수괘(需卦 : ䷄) 구오(九五 : —)의 효상(爻象)을 〈수우주식(需于酒食) 정길(貞吉)〉이라고 계사(繫辭)한 것을 〈주식(酒食) 정길(貞吉)〉이라고 줄인 다음 그 까닭을 〈이중정야(以中正也)〉라고 풀이한다.

「상사(象辭)」가 수괘(需卦 : ䷄)의 구오(九五 : —)가 바로 군왕(君王)으로서 득중(得中)함을 풀이한 것이 〈이중정(以中正)〉이다. 〈이중정(以中正)〉은 수괘(需卦 : ䷄) 구오(九五 : —)의 계사(繫辭)가 밝힌 〈수우주식(需于酒食)의 우주식(于酒食)〉을 풀이한다. 기다리면서[需而] 정도를[正] 따름을[中] 행함[以]이 수괘(需卦 : ䷄) 구오(九五 : —)의 효상(爻象)임을 계사(繫辭)하고, 그 결과를 보고 길흉(吉凶)을 판단한 계사(繫辭)를 풀이한 것이 〈주식(酒食) 정길(貞吉) 이중정야(以中正也)〉이다.

不速之客來(불속지객래) 敬之終吉(경지종길) 雖不當位(수부당위) 未大失也(미대실야)

부르지 않은[不速之] 손님이[客] 오니[來] 그를[之] 공경하면[敬] 마침내[終] 좋음은[吉] 비록[雖] 당당치 못한[不當] 자리라도[位] 크게[大] 잃음은[失] 아닌 것[未]이다[也].

수괘(需卦 : ䷄) 상륙(上六 : --)의 효상(爻象)을 〈입우혈(入于穴) 유불속지객(有不速之客) 삼인래(三人來) 경지(敬之) 종길(終吉)〉이라고 계사(繫辭)한 것을 〈수부당위(雖不當位) 미대실야(未大失也)〉라고 풀이한다.

「상사(象辭)」가 수괘(需卦 : ䷄) 상륙(上六 : --)의 계사(繫辭)가 판단한 〈종길(終吉)〉을 〈미대실(未大失)〉이라고 풀이한다. 수괘(需卦 : ䷄) 상륙(上六 : --)의 효상(爻象)처럼 구덩이에 빠진 처지여서 험하고 난처할수록 다가오는 불청객을 멀리하려는 쪽보다 차라리 받들어주는 쪽을 택한다면, 불청객 즉 하체(下體)의 세 양기(陽氣 : ━)로부터 수괘(需卦 : ䷄)의 상륙(上六 : --)이 업신여김을 당하지는 않을 것임을 밝힌 것이 〈미대실(未大失)〉이다. 여기 〈미대실(未大失)〉은 〈비대실(非大失)〉이다. 크게[大] 잃음은[失] 아닌 것[非]이 〈미대실(未大失)〉이다. 수괘(需卦 : ䷄)의 상륙(上六 : --)과 같은 처지를 분개(憤慨)할수록 흉(凶)한 꼴을 당하기 쉽고, 오히려 공경하는 마음가짐으로 행동한다면 험한 처지에서도 〈종길(終吉)〉 즉 끝내는[終] 길(吉)할 수 있음을 밝힌 것이 〈미대실야(未大失也)〉이다.

6 송괘(訟卦 : ䷅) 상사(象辭)

감하건상(坎下乾上) : 아래는[下] 감(坎 : ☵), 위는[上] 건(乾 : ☰).

천수송(天水訟) : 하늘과[天] 물은[水] 송이다[訟].

天與水違行訟이다 君子以作事하고 謀始한다 不永所事는 訟不可長也이다 雖小有言이나 其辯明也이다 不克訟하여 歸逋竄也이다 自下訟上하여 患至掇也이다 食舊德하니 從上하여 吉也이다 復卽命하여 渝하니 安貞하여 不失也이다 訟元吉은 以中正也이다 以訟受服이 亦不足敬也이다

천여수위행송 군자이작사 모시 불영소사 송불가장야 수소유언 기변명야 불극송 귀포찬야 자하송상 환지철야 식구덕 종상 길야 복즉명 투 안정 불실야 송원길 이중정야 이송수복 역부족경야

물과[與水] 하늘이[天] 어긋나게[違] 나아감이[行] 송괘이다[訟]. 군자가[君子] (송괘를) 본받아[以] 일을[事] 일으키고[作] 처음부터[始] 도모한다[謀]. 일하는[事] 바를[所] 오래 하지 못함은[不永] 송사가[訟] 오래 갈[長] 수 없기[不可] 때문이다[也]. 비록[雖] 불만이[言] 조금[小] 있지만[有] 그 송사를[其] 다스림이[辯] 공명하다는 것[明]이다[也]. 송사를[訟] 이기지 못해[不克] 돌아와[歸] 숨어버림[逋竄]이다[也]. 아래[下]에서[自] 위를[上] 송하여[訟] 우환이[患] 닥쳐도[至] (잃은 은덕을) 갖는 것[掇]이다[也]. 선대로부터 내려오는[舊] 봉록을[德] 먹고 사니[食] 임금을[上] 순종해서[從] 좋은 것[吉]이다[也]. (제 처지로) 돌아와[復] 교명에[命] 나아가[卽] (다툴 뜻을) 바꾸니[渝] 안정되고[安] 순수하여[貞] (제 자신을) 잃지 않음[不失]이다[也]. 다투어도[訟] 크게[元] 좋음은[吉] 정도를[正] 따름이기[中] 때문[以]이다[也]. 다툼[訟]으로써[以] 굴복을[服] 받음이란[受] 또한[亦] 받들[敬] 수 없음[不足]이다[也].

【지남(指南)】

天與水違行訟(천여수위행송) 君子以作事(군자이작사) 謀始(모시)

물과[與水] 하늘이[天] 어긋나게[違] 나아감이[行] 송괘이다[訟]. 군자가[君子] (송괘를) 본받아[以] 일을[事] 일으키고[作] 처음부터[始] 도모한다[謀].

송괘(訟卦 : ䷅)의 괘상(卦象)을 〈송유부(訟有孚) 질(窒) 척(惕) 중(中) 길(吉) 종흉(終凶) 이견대인(利見大人) 불리섭대천(不利涉大川)〉이라고 계사(繫辭)한 것을 〈천여수위행송(天與水違行訟) 군자이작사(君子以作事) 모시(謀始)〉라고 풀이한다.

「상사(象辭)」가 송괘(訟卦 : ䷅)의 계사(繫辭)인 〈송유부(訟有孚)의 송(訟)〉을 송괘(訟卦 : ䷅)의 상하체(上下體)로써 〈천여수위행(天與水違行)〉이라고 밝힌다. 〈천여수위행(天與水違行)의 천(天)〉은 송괘(訟卦 : ䷅)의 상체(上體)인 건(乾 : ☰)을 말하고, 〈천여수위행(天與水違行)의 수(水)〉는 송괘(訟卦 : ䷅)의 하체(下體)인 감(坎 : ☵)을 말한다. 이 〈송(訟)〉을 〈위행(違行)〉 즉 서로 행하는 것이 상위(相違) 즉 서로[相] 어긋나[違] 불상통(不相通)함이다. 〈군자이작사(君子以作事) 모시(謀始)〉의 작사(作事)와 모시(謀始)는 송사(訟事)의 꼬투리부터 잘라 버리고자 일을[事] 일으키고[作] 처음부터[始] 꾀함[謀]을 밝힌다. 송사(訟事)가 빚어지면 그 성실함[孚]이 〈질(窒)〉 즉 막힐 수도 있다. 그래서 송사(訟事)란 〈척(惕)〉 즉 두렵고 근심스러운 것임을 군자(君子)는 알기 때문에 송사(訟事)라면 처음부터 그 꼬투리를 잘라 버리려 도모한다고 밝힌 것이 〈군자이작사(君子以作事) 모시(謀始)〉이다.

不永所事(불영소사) 訟不可長也(송불가장야) 雖小有言(수소유언) 其辯明也(기변명야)

일하는[事] 바를[所] 오래 하지 못함은[不永] 송사가[訟] 오래 갈[長] 수 없기[不可] 때문이다[也]. 비록[雖] 불만이[言] 조금[小] 있지만[有] 그 송사를[其] 다스림이[辯] 공명하다는 것[明]이다[也].

송괘(訟卦 : ䷅) 초륙(初六 : --)의 효상(爻象)을 〈불영소사(不永所事) 소유언(小

有言) 종길(終吉)〉이라고 계사(繫辭)한 것을 〈불영소사(不永所事)〉를 〈송불가장야(訟不可長也)〉라고 풀이하고, 〈소유언(小有言)〉을 〈기변명야(其辯明也)〉라고 풀이한다.

「상사(象辭)」가 초륙(初六 : --)이 상체(上體)와 다툰다 한들 오래 버틸 수 없으니 초륙(初六 : --)의 송사는 오래갈 수 없다고 풀이한 것이 〈송불가장야(訟不可長也)〉이다. 〈수소유언(雖小有言)〉은 초륙(初六 : --)에게 다툴 거리가 조금 있음을 말하며, 초륙(初六 : --)이 제기하는 다툴 거리를 판관(判官)이 시시비비(是是非非)를 잘 살펴 명백하게 밝혀줌이 〈기변명야(其辯明也)〉이고, 동시에 송괘(訟卦 : ䷅) 초륙(初六 : --)의 계사(繫辭)인 〈종길(終吉)〉을 풀이한 것이 〈기변명야(其辯明也)〉이다.

不克訟(불극송) 歸逋竄也(귀포찬야) 自下訟上(자하송상) 患至掇也(환지철야)

송사를[訟] 이기지 못해[不克] 돌아와[歸] 숨어버림[逋竄]이다[也]. 아래[下]에서[自] 위를[上] 송하여[訟] 우환이[患] 닥쳐도[至] (잃은 은덕을) 갖는 것[掇]이다[也].

송괘(訟卦 : ䷅) 구이(九二 : ―)의 효상(爻象)을 〈불극송(不克訟) 귀이포(歸而逋) 기읍인(其邑人) 삼백호(三百戶) 무생(无眚)〉이라고 계사(繫辭)한 것을 〈불극송(不克訟) 귀이포(歸而逋)〉를 〈귀포찬야(歸逋竄也)〉라고 거듭 풀이하고, 〈무생(无眚)〉을 〈환지철야(患至掇也)〉라고 풀이한다.

「상사(象辭)」가 비록 읍장(邑長)은 군왕(君王)의 은총을 잃어 관직에서 물러나 은둔했지만 그 읍장이 다스린 고을[邑]은 우환(憂患)을 입지 않았음을 밝힌 것이 〈환지철야(患至掇也)〉이다.

食舊德(식구덕) 從上(종상) 吉也(길야)

선대로부터 내려오는[舊] 봉록을[德] 먹고 사니[食] 임금을[上] 순종해서[從] 좋은 것[吉]이다[也].

송괘(訟卦 : ䷅) 육삼(六三 : --)의 효상(爻象)을 〈식구덕(食舊德) 정려(貞厲) 종

길(終吉) 혹종왕사(或從王事) 무성(无成)〉이라고 계사(繫辭)한 것을 〈식구덕(食舊德) 종상(從上) 길야(吉也)〉라고 풀이한다.

「상사(象辭)」가 〈구덕(舊德)〉 즉 선대(先代)가 받은 봉록(俸祿)으로 먹고 사는[食] 대부(大夫)의 후손과 같은 처지라면 철저하게 송괘(訟卦 : ䷅)의 육삼(六三 : --)을 성실히 본받아야 행복함을 밝힌 것이 〈길야(吉也)의 길(吉)〉이다.

復卽命(복즉명) 渝(투) 安貞(안정) 不失也(불실야)

(제 처지로) 돌아와[復] 교명에[命] 나아가[卽] (다툴 뜻을) 바꾸니[渝] 안정되고[安] 순수하여[貞] (제 자신을) 잃지 않음[不失]이다[也].

송괘(訟卦 : ䷅) 구사(九四 : —)의 효상(爻象)을 〈불극송(不克訟) 복즉명(復卽命) 투(渝) 안정(安貞) 길(吉)〉이라고 계사(繫辭)한 것을 〈복즉명(復卽命) 투(渝) 안정(安貞) 불실야(不失也)〉라고 풀이한다.

의(義)를 저버리고 제 강(剛)함만을 앞세워 구오(九五 : —)에게 극송(克訟) 즉 다툼을[訟] 이기려고[克] 한다면 자멸(自滅) 즉 스스로[自] 파멸하고[滅] 마는 것임을 구사(九四 : —)가 깨달았다는 송괘(訟卦 : ䷅) 구사(九四 : —)의 계사(繫辭) 〈복즉명(復卽命) 투(渝) 안정(安貞) 길(吉)〉을 「상사(象辭)」가 그대로 따랐고, 다만 〈길(吉)〉이라고 밝힌 까닭을 〈불실야(不失也)〉라고 풀이한다.

訟元吉(송원길) 以中正也(이중정야)

다투어도[訟] 크게[元] 좋음은[吉] 정도를[正] 따름이기[中] 때문[以]이다[也].

송괘(訟卦 : ䷅) 구오(九五 : —)의 효상(爻象)을 〈송원길(訟元吉)〉이라고 계사(繫辭)한 것을 〈이중정야(以中正也)〉라고 풀이한다.

송괘(訟卦 : ䷅) 구오(九五 : —)는 대인과[大人] 성인의[聖人之] 말씀을[言] 두려워하는[畏] 마음을 간직하고 행함이 바로 득중(得中)을 손수 행함인지라, 구오(九五 : —)를 순복(順服)하지 않으려고 구오(九五 : —)와 다툰다면[訟], 그것이 어떠한 송(訟)일지라도 구오(九五 : —)에게 〈원길(元吉)〉 즉 크나큰[元] 행운[吉]으로 이어지는 까닭을 「상사(象辭)」가 밝힌 것이 〈이중정야(以中正也)〉이다.

以訟受服(이송수복) 亦不足敬也(역부족경야)

다툼[訟]으로써[以] 굴복을[服] 받음이란[受] 또한[亦] 받들[敬] 수 없음[不足]이다[也].

송괘(訟卦 : ䷅) 상구(上九 : ⚊)의 효상(爻象)을 〈혹석지반대(或錫之鞶帶) 종조삼치지(終朝三褫之)〉라고 계사(繫辭)한 것을 〈이송수복(以訟受服) 역부족경야(亦不足敬也)〉라고 풀이한다.

송괘(訟卦 : ䷅) 상구(上九 : ⚊)의 계사(繫辭)가 밝힌 〈석지반대(錫之鞶帶)〉를 〈이송수복(以訟受服)〉 즉 초륙(初六 : ⚋)-구이(九二 : ⚊)-육삼(六三 : ⚋) 등과 다툼[訟]으로써[以] 받아낸[受] 굴복[服]이라고 그 까닭을 「상사(象辭)」가 풀이하고, 동시에 〈수복(受服)〉의 징표(徵標)가 되는 〈반대(鞶帶)〉라면 〈역부족경(亦不足敬)〉이라고 거듭하여 풀이한다. 그러므로 송괘(訟卦 : ䷅) 상구(上九 : ⚊)가 강강(剛强)에 치우쳐 초륙(初六 : ⚋)-구이(九二 : ⚊)-육삼(六三 : ⚋) 등과 다투어 이겨서 〈수복(受服)〉 즉 굴복을[服] 받음[受]이란 받들[敬] 수 없는[不足] 것임을 밝힌 것이 〈역부족경야(亦不足敬也)〉이다.

7 사괘(師卦 : ䷆) 상사(象辭)

감하곤상(坎下坤上) : 아래는[下] 감(坎 : ☵), 위는[上] 곤(坤 : ☷).

지수사(地水師) : 땅과[地] 물은[水] 사이다[師].

地中有水師이다 君子以容民하고 畜衆한다 師出以律이니 失
지중유수사 군자이용민 휵중 사출이율 실
律凶也이다 在師中하니 吉함은 承天寵也이다 王三錫命은 懷
률흉야 재사중 길 승천총야 왕삼석명 회
萬邦也이다 師或輿尸면 大无功也이다 左次无咎는 未失常
만방야 사혹여시 대무공야 좌차무구 미실상
也이다 長子帥師는 以中行也이고 弟子輿尸는 使不當也이다
야 장자솔사 이중행야 제자여시 사부당야
大君有命은 以正功也이다 小人勿用은 必亂邦也이다
대군유명 이정공야 소인물용 필란방야

땅[地] 속에[中] 물이[水] 있음이[有] 사괘이다[師]. 군자는[君子] (사괘를) 본받아[以] 백성을[民] 받아들이고[容] 무리를[衆] 양육한다[畜]. 법제[律]로써[以] 군사를[師] 내야 하니[出] 규율을[律] 잃음은[失] 흉한 것[凶]이다[也]. 군사를[師] 살핌에[在] 법제를 따르니[中] 행운임은[吉] 임금의[天] 은총을[寵] 받는 것[承]이다[也]. 임금이[王] 세 번[三] 명령을[命] 내림은[錫] 온 세상을[萬邦] 편안하게 하는 것[懷]이다[也]. 군사의 무리가[師] 아마도[或] 주검을[尸] 싣고 오면[輿] 전공이[功] 크게[大] 없음[无]이다[也]. 물러나[左] 머묾에[次] 허물이[咎] 없음이란[无] {병가(兵家)의} 상도를[常] 잃지 않음[未失]이다[也]. 맏아들이[長子] 군사를[師] 거느리게 함은[帥] {장자(長子)가} 정도를 따름을[中] 실행하기[行] 때문[以]이고[也], 동생이[弟子] 주검들을[尸] 싣고 옴은[輿] 시킨 것이[使] 마땅치 않았음[不當]이다[也]. 대군에게[大君] 서명(瑞命)이[命] 있음은[有] 그로써[以] 공을[功] 정당히 함[正]이다[也]. 소인을[小人] 쓰지[用] 말라 함은[勿] (소인은) 반드시[必] 나라를[邦] 어지럽히기 때문[亂]이다[也].

【지남(指南)】

地中有水師(지중유수사) 君子以容民(군자이용민) 畜衆(휵중)

땅[地]속에[中] 물이[水] 있음이[有] 사괘이다[師]. 군자는[君子] (사괘를) 본받아[以] 백성을[民] 받아들이고[容] 무리를[衆] 양육한다[畜].

사괘(師卦 : ䷆)의 괘상(卦象)을 〈사정(師貞) 장인길(丈人吉) 무구(无咎)〉라고 계사(繫辭)한 것을 그 계사에 매이지 않고 〈지중유수사(地中有水師) 군자이용민(君子以容民) 휵중(畜衆)〉이라 풀이한다.

「상사(象辭)」가 땅은 물을 품고 물이 그 땅에 안겨 있음을 〈지중유수(地中有水)〉라고 풀이하여, 곤(坤 : ☷)-감(坎 : ☵) 즉 지수(地水)가 상화(相和)한다고 사괘(師卦 : ䷆)의 효상(爻象)을 밝힌다. 나아가 군자(君子)라면 이 사괘(師卦 : ䷆)의 효상(爻象)인 〈지중유수(地中有水)〉를 본받아야 함을 밝힌다. 땅은 물을 가려서 품지 않는다. 땅은 찬 물이든 뜨거운 물이든 깨끗한 물이든 더러운 물이든 품어준다. 백성을[民] 포용하고[容] 무리를[衆] 길러주는[畜] 군자(君子)의 다스림은 〈지중유수(地中有水)〉와 같아야 함을 밝힌 것이 〈용민(容民) 휵중(畜衆)〉이다.

師出以律(사출이율) 失律凶也(실률흉야)

법제[律]로써[以] 군사를[師] 내야 하니[出] 규율을[律] 잃음은[失] 흉한 것[凶]이다[也].

사괘(師卦 : ䷆) 초륙(初六 : ⚋)의 효상(爻象)을 〈사출이율(師出以律) 부장(否臧) 흉(凶)〉이라고 계사(繫辭)한 것을 〈사출이율(師出以律) 실률흉야(失律凶也)〉라고 풀이한다.

「상사(象辭)」가 〈실률(失律)〉은 무법(無法)이고 위법(違法)임을 묶어서 밝힌다. 법이[法] 없거나[無] 법을[法] 어김[違]이 〈실률(失律)〉이다. 〈실률(失律)〉로써 병졸(兵卒)을 모으면 그 무리가 폭도(暴徒)로 변할 수 있다. 그러므로 〈실률(失律)〉로써 〈사출(師出)〉을 감행함은 나라를 난국(亂局)으로 몰아가는 만용(蠻勇)에 불과하다. 이런 〈실률(失律)〉보다 더한 망동(妄動)은 없는지라 〈흉(凶)〉 즉 난세(亂世)를 불러오는 불행[凶]임을 밝힌 것이 〈실률흉야(失律凶也)〉이다.

在師中(재사중) 吉(길) 承天寵也(승천총야) 王三錫命(왕삼석명) 懷萬邦也(회만방야)

군사를[師] 살핌에[在] 법제를 따르니[中] 행운임은[吉] 임금의[天] 은총을[寵] 받는 것[承]이다[也]. 임금이[王] 세 번[三] 명령을[命] 내림은[錫] 온 세상을[萬邦] 편안하게 하는 것[懷]이다[也].

사괘(師卦 : ䷆) 구이(九二 : ⚊)의 효상(爻象)을 〈재사중(在師中) 길(吉) 무구(无咎) 왕삼석명(王三錫命)〉이라고 계사(繫辭)한 것을 〈재사중(在師中) 길(吉) 승천총야(承天寵也) 왕삼석명(王三錫命) 회만방야(懷萬邦也)〉라고 풀이한다.

천도(天道)를 따름으로써 누리는 행운이란 지당(至當)하므로 〈무구(无咎)〉 즉 행운을 누려도[吉] 허물이[咎] 없다[无]는 사괘(師卦 : ䷆) 구이(九二 : ⚊)를 「상사(象辭)」가 〈승천총(承天寵)〉 즉 천총을[天寵] 받았다[承]고 풀이한다. 이어서 사괘(師卦 : ䷆) 구이(九二 : ⚊)의 계사(繫辭)인 〈왕삼석명(王三錫命)〉은 구이(九二 : ⚊)와 육오(六五 : ⚋)가 〈정응(正應)〉 즉 서로 정도(正道)를 따라서[正] 상응함[應]을 밝힌다. 하체(下體)의 이효(二爻)와 상체(上體)의 이효(二爻)가 각각 음양(陰陽)이면 〈정응(正應)〉이라 하고 이를 길(吉)하다고 한다. 따라서 사괘(師卦 : ䷆)의 구이(九二 : ⚊)와 육오(六五 : ⚋)가 서로 응(應)하여 육오(六五 : ⚋)가 〈길(吉)〉을 누림을 구체적으로 나타낸 것이 〈왕삼석명(王三錫命)〉이다. 이러한 〈왕삼석명(王三錫命)〉은 사괘(師卦 : ䷆)의 육오(六五 : ⚋) 즉 임금이[王] 온 세상을[萬邦] 편안하게 하려는[懷] 것임을 〈회만방야(懷萬邦也)〉라고 풀이한다.

師或輿尸(사혹여시) 大无功也(대무공야)

군사의 무리가[師] 아마도[或] 주검을[尸] 싣고 오면[輿] 전공이[功] 크게[大] 없음[无]이다[也].

사괘(師卦 : ䷆) 육삼(六三 : ⚋)의 효상(爻象)을 〈사혹여시(師或輿尸) 흉(凶)〉이라고 계사(繫辭)한 것을 〈사혹여시(師或輿尸) 대무공야(大无功也)〉라고 풀이한다.

「상사(象辭)」가 사괘(師卦 : ䷆) 육삼(六三 : ⚋)의 계사(繫辭)가 〈사혹여시(師或輿尸) 흉(凶)〉이라 한 것을 〈대무공야(大无功也)〉라고 변명(辨明)한다. 패장(敗將)

이 흉(凶)할 뿐이지 그 패장의 수하에 있는 군졸(軍卒)들이 흉(凶)하다고 계사(繫辭)한 것은 아님을 밝힌 것이 〈대무공야(大无功也)〉이다.

左次无咎(좌차무구) 未失常也(미실상야)

물러나[左] 머묾에[次] 허물이[咎] 없음이란[无] {병가(兵家)의} 상도를[常] 잃지 않음[未失]이다[也].

사괘(師卦 : ䷆) 육사(六四 : --)의 효상(爻象)을 〈사좌차(師左次) 무구(无咎)〉라고 계사(繫辭)한 것을 〈좌차무구(左次无咎) 미실상야(未失常也)〉라고 풀이한다.

〈사좌차(師左次)〉 즉 출병하여[師] 물러나[左] 머묾[次]이란 승전(勝戰)하기 위한 임전태세(臨戰態勢)일 뿐이지 패전(敗戰)으로 후퇴한 것이 아니기에, 사괘(師卦 : ䷆) 육사(六四 : --)가 〈무구(无咎)〉이다. 이에 「상사(象辭)」가 〈사좌차(師左次)에는 허물이[咎] 없다[无]〉는 까닭을 밝힌 것이 〈미실상야(未失常也)〉이다.

長子帥師(장자솔사) 以中行也(이중행야) 弟子輿尸(제자여시) 使不當也(사부당야)

맏아들이[長子] 군사를[師] 거느리게 함은[帥] {장자(長子)가} 정도를 따름을[中] 실행하기[行] 때문[以]이고[也], 동생이[弟子] 주검들을[尸] 싣고 옴은[輿] 시킨 것이[使] 마땅치 않았음[不當]이다[也].

사괘(師卦 : ䷆) 육오(六五 : --)의 효상(爻象)을 〈전유금(田有禽) 이집언(利執言) 무구(无咎) 장자솔사(長子帥師) 제자여시(弟子輿尸) 정흉(貞凶)〉이라고 계사(繫辭)한 것을 〈장자솔사(長子帥師) 이중행야(以中行也) 제자여시(弟子輿尸) 사부당야(使不當也)〉라고 풀이한다.

사괘(師卦 : ䷆) 육오(六五 : --)의 〈장자솔사(長子帥師)〉가 왜 〈무구(无咎)〉 즉 허물이[咎] 없다[无]고 하는가? 「상사(象辭)」가 이에 대한 해답을 〈이중행야(以中行也)〉라고 풀이한다. 장자가[長子] 정도를 따름을[中] 행하기[行] 때문에[以] 육오(六五 : --) 즉 군왕(君王)이 장자(長子)에게 〈솔사(帥師)〉 즉 군사를[師] 통솔하게[帥] 한 까닭을 밝힌 것이 〈이중행(以中行)〉이다. 육오(六五 : --)와 구이(九二 : ―)가 상응(相應)하는 모습을 이중행(以中行)〉이라 풀이하고, 〈이중행(以中行)의 행(行)〉은 육오(六五 : --)가 구이(九二 : ―)로 하여금 솔사(帥師) 즉 군사를[師] 통솔하게[帥] 함을 단행했음을 말한다. 그러나 육오(六五 : --)가 군왕(君王)으로서 구이(九二 : ―) 즉 장자(長子)를 믿지 못하고 〈제자(弟子)〉에게 〈솔사(帥師)〉를 맡길 경우가 빚어진다면 〈제자여시(弟子輿尸) 정흉(貞凶)〉이라고 부당(不當)함을 밝힌 것을 〈제자여시(弟子輿尸) 사부당야(使不當也)〉라고 풀이한다.

大君有命(대군유명) 以正功也(이정공야) 小人勿用(소인물용) 必亂邦也(필란방야)

대군에게[大君] 서명(瑞命)이[命] 있음은[有] 그로써[以] 공을[功] 정당히 함[正]이다[也]. 소인을[小人] 쓰지[用] 말라 함은[勿] (소인은) 반드시[必] 나라를[邦] 어지럽히기 때문[亂]이다[也].

사괘(師卦 : ䷆) 상륙(上六 : --)의 효상(爻象)을 〈대군유명(大君有命) 개국승가(開國承家) 소인물용(小人勿用)〉이라고 계사(繫辭)한 것을 〈대군유명(大君有命) 이정공야(以正功也) 소인물용(小人勿用) 필란방야(必亂邦也)〉라고 풀이한다.

〈소인물용(小人勿用)〉의 계사(繫辭)에 「상사(象辭)」가 〈필란방야(必亂邦也)〉라고 그 까닭을 밝힌다. 신하에게 작록(爵祿)하더라도 대인(大人)을 본받는 군자(君子)냐 소인(小人)이냐를 잘 가려서 대인(大人)을 본받아 따르는 군자(君子)다운 신하들을 등용해야 함을 〈소인물용(小人勿用)〉이 암시한다. 이에 〈소인물용(小人勿用)〉의 까닭을 〈필란방야(必亂邦也)〉라고 밝힌다. 〈필란방야(必亂邦也)〉 즉 소인은[小人] 반드시[必] 나라를[邦] 어지럽히는 것[亂]이다[也]. 그러하니 소인을[小人] 쓰지[用] 말라[勿]는 까닭을 풀이한 것이 〈필란방야(必亂邦也)〉이다.

8 비괘(比卦 : ䷇) 상사(象辭)

곤하감상(坤下坎上) : 아래는[下] 곤(坤 : ☷), 위는[上] 감(坎 : ☵).

수지비(水地比) : 물과[水] 땅은[地] 비이다[比].

地上有水比이다 先王以建萬國하고 親諸侯한다 比之初六은 有他吉也이다 比之自内는 不自失也이다 比之匪人은 不亦傷乎아 外比於賢은 以從上也이다 顯比之吉은 位正中也이고 舍逆取順은 失前禽也이며 邑人不誡는 上使中也이다 比之无首는 无所終也이다

(지상유수비 선왕이건만국 친제후 비지초륙 유타길야 비지자내 부자실야 비지비인 불역상호 외비어현 이종상야 현비지길 위정중야 사역취순 실전금야 읍인불계 상사중야 비지무수 무소종야)

땅[地] 위에[上] 물이[水] 있음이[有] 비괘이다[比]. 선왕은[先王] (비괘를) 본받아[以] 여러[萬] 나라를[國] 세우고[建] 제후들을[諸侯] 가까이했다[親]. 비괘의[比之] 초륙에는[初六] 다른[他] 길함이[吉] 있는 것[有]이다[也]. 안[内]에서부터[自] (자신과) 함께함은[比之] 스스로를[自] 잃지 않음[不失]이다[也]. 함께하지 못할[匪] 사람과[人] 친근하게 함은[比之] 역시[亦] 걱정거리가[傷] 아닌 것[不]인가[乎]? 외괘에서[外] 덕을 행하는 이에게[於賢] 가까이함[比]으로써[以] 위를[上] 따름[從]이다[也]. 가까이 도움을[比] 드러냄이[顯之] 좋음은[吉] 자리가[位] 정당하면서[正] 가운데 있음[中]이고[也], 거스름을[逆] 버리고[舍] 따름을[順] 취함은[取] 앞의[前] 사냥감을[禽] 놓아줌[失]이며[也], 고을 백성이[邑人] 경계하지 않음은[不誡] 임금이[上] 중도를[中] 씀[使]이다[也]. 가까이 도우려 해도[比之] 시작할 것이[首] 없다는 것은[无] 완성할[終] 바가[所] 없다는 것[无]이다[也].

【지남(指南)】

地上有水比(지상유수비) 先王以建萬國(선왕이건만국) 親諸侯(친제후)

땅[地] 위에[上] 물이[水] 있음이[有] 비괘이다[比]. 선왕은[先王](비괘를) 본받아[以] 여러[萬] 나라를[國] 세우고[建] 제후들을[諸侯] 가까이했다[親].

비괘(比卦 : ䷇)의 괘상(卦象)을 〈비길(比吉) 원서(原筮) 원영정(元永貞) 무구(无咎) 불령방래(不寧方來) 후부흉(後夫凶)〉이라고 계사(繫辭)한 것을 〈지상유수비(地上有水比) 선왕이건만국(先王以建萬國) 친제후(親諸侯)〉라고 풀이한다.

비괘(比卦 : ䷇)의 〈지상유수비(地上有水比)〉를 본받음이 곧 치민(治民)-치국(治國)-치세(治世)이다. 선왕(先王)이 많은 나라[萬國]를 세우고[建] 제후(諸侯)들과 가까이함[親]도 〈비괘(比卦 : ䷇)의 비(比)〉가 품고 있다. 비괘(比卦 : ䷇)의 하체(下體)인 곤(坤 : ☷)이 상체(上體)인 감(坎 : ☵)과 아우름을 일러 〈비(比)〉라 한다. 여기 〈비(比)〉는 〈건만국(建萬國)-친제후(親諸侯)〉가 백성이 좇아 따르게 함이지, 백성 위에 군림하며 부리기 위함이 아님을 「상사(象辭)」가 밝힌 것이 〈지상유수비(地上有水比) 선왕이건만국(先王以建萬國) 친제후(親諸侯)〉이다.

比之初六(비지초륙) 有他吉也(유타길야)

비괘의[比之] 초륙에는[初六] 다른[他] 길함이[吉] 있는 것[有]이다[也].

비괘(比卦 : ䷇) 초륙(初六 : --)의 효상(爻象)을 〈유부(有孚) 비지(比之) 무구(无咎) 유부영부(有孚盈缶) 종래유타(終來有他) 길(吉)〉이라고 계사(繫辭)한 것을 〈비지초륙(比之初六) 유타길야(有他吉也)〉라고 풀이한다.

초륙(初六 : --)이 비록 육이(六二 : --)와 이웃의 사귐[比]을 누리지 못하고 육사(六四 : --)와도 서로 응함[應]을 누리지 못하면서도, 초륙(初六 : --)이 비괘(比卦 : ䷇)의 주제인 〈비(比)〉가 시작되는 자리임을 진실로 믿어주고 있음[有孚]을 「상사(象辭)」가 〈다른[他] 길함이[吉] 있는 것[有]이다[也]〉라고 밝힌 것이 〈유타길야(有他吉也)〉이다.

比之自內(비지자내) 不自失也(부자실야)

안[內]에서부터[自] (자신과) 함께함은[比之] 스스로를[自] 잃지 않음[不失]이다[也].

비괘(比卦 : ䷇) 육이(六二 : --)의 효상(爻象)을 〈비지자내(比之自內) 정(貞) 길(吉)〉이라고 계사(繫辭)한 것을 〈비지자내(比之自內) 부자실야(不自失也)〉라고 풀이한다.

「상사(象辭)」가 비괘(比卦 : ䷇) 육이(六二 : --)가 자신의 안[內]에서부터[自] 비롯하는 성실함을 구오(九五 : ―)와 나눔을 밝힌 것을 〈부자실(不自失)〉이라고 풀이한다. 〈비지자내(比之自內)의 자내(自內)〉는 비괘(比卦 : ䷇)의 하체(下體)를 밝힌다. 하체(下體)를 내괘(內卦)라 하고 상체(上體)를 외괘(外卦)라 한다. 따라서 〈자내(自內)〉 즉 내괘(內卦)로부터[自] 가까이함[比之]이란 육이(六二 : --)가 내괘(內卦)의 중효(中爻)로서 득중(得中) 즉 정도를 따름을[中] 취하여[得] 가까이한다[比之]는 것을 밝힌 것이 〈비지자내(比之自內)〉이다. 육이(六二 : --)의 자성(自性)이란 곧 득중(得中)을 누림이다. 득중(得中)의 누림이야말로 〈정(貞)〉이다. 따라서 〈정길(貞吉)의 정(貞)〉과 〈부자실(不自失)〉은 육이(六二 : --)가 구오(九五 : ―)를 정성을 다하여 좇아 따르면서[比] 구오(九五 : ―)와 중정(中正)-정응(正應)을 누림을 밝힌 것이 〈비지자내(比之自內) 부자실야(不自失也)〉이다.

比之匪人(비지비인) 不亦傷乎(불역상호)

함께하지 못할[匪] 사람과[人] 친근하게 함은[比之] 역시[亦] 걱정거리가[傷] 아닌 것[不]인가[乎]?

비괘(比卦 : ䷇) 육삼(六三 : --)의 효상(爻象)을 〈비지(比之) 비인(匪人)〉이라고 계사(繫辭)한 것을 〈비지비인(比之匪人) 불역상호(不亦傷乎)〉라고 풀이한다.

비괘(比卦 : ䷇)의 육삼(六三 : --)과 서로 관계가 있는 육사(六四 : --)와 상륙(上六 : --)을 〈비인(匪人)〉이라고 비유한다. 〈비인(匪人)〉은 〈비기친지인(匪己親之人)〉 즉 자기와[己] 가까이[親] 못할[匪之] 사람[人]이란 뜻을 낸다. 따라서 〈비지비인(比之匪人)의 비인(匪人)〉은 가까이 있으면서도 가까이하지 못할 관계임을 나타낸다. 이러한 〈비인(匪人)〉의 처지를 「상사(象辭)」가 〈상(傷)〉 즉 걱정거리[傷]가 아닐 수 없음을 에둘러 밝힌 것이 〈불역상호(不亦傷乎)〉이다.

外比於賢(외비어현) 以從上也(이종상야)

외괘에서[外] 덕을 행하는 이에게[於賢] 가까이함[比]으로써[以] 위를[上] 따름[從]이다[也].

비괘(比卦 : ䷇) 육사(六四 : --)의 효상(爻象)을 〈외비지(外比之) 정(貞) 길(吉)〉이라고 계사(繫辭)한 것을 〈외비어현(外比於賢) 이종상야(以從上也)〉라고 풀이한다.

구오(九五 : ―)를 겉보기로 이웃함이 아니라 진실한 미더움[貞]으로 이웃하는 육사(六四 : --)의 〈정(貞)〉을 「상사(象辭)」가 〈외비어현(外比於賢) 이종상야(以從上也)〉라고 더욱 분명하게 상설(詳說)하고 있다. 〈외비지(外比之)의 외(外)〉와 〈외비어현(外比於賢)의 외(外)〉는 모두 비괘(比卦 : ䷇)의 상체(上體)를 나타낸다. 〈외비어현(外比於賢)의 현(賢)〉은 비괘(比卦 : ䷇)의 구오(九五 : ―)를 나타낸다. 비괘(比卦 : ䷇)의 구오(九五 : ―)는 상체(上體)의 중효(中爻)로서 정당한 자리에서 득중(得中)하므로 〈현(賢)〉 즉 현자(賢者)라고 풀이한다. 나아가 계사(繫辭)인 〈외비지(外比之)〉를 현자[賢]를 가까이 도움[比]으로써[以] 종상(從上) 즉 위를[上] 따름[從]이라고 분명히 밝힌다. 〈이종상야(以從上也)의 상(上)〉은 육사(六四 : --)의 위에 있는[上] 구오(九五 : ―)를 말한다. 비괘(比卦 : ䷇) 육사(六四 : --)의 효상(爻象)이 구오(九五 : ―)를 현군(賢君)으로서 받들어 따름을 밝힌 것이 〈외비어현(外比於賢) 이종상야(以從上也)〉이다.

顯比之吉(현비지길) 位正中也(위정중야) 舍逆取順(사역취순) 失前禽也(실전금야) 邑人不誡(읍인불계) 上使中也(상사중야)

가까이 도움을[比] 드러냄이[顯之] 좋음은[吉] 자리가[位] 정당하면서[正] 가운데 있음[中]이고[也], 거스름을[逆] 버리고[舍] 따름을[順] 취함은[取] 앞의[前] 사냥감을[禽] 놓아줌[失]이며[也], 고을 백성이[邑

人] 경계하지 않음은[不誡] 임금이[上] 중도를[中] 씀[使]이다[也].

비괘(比卦 : ䷇) 구오(九五 : ━)의 효상(爻象)을 〈현비(顯比) 왕용삼구(王用三驅) 실전금(失前禽) 읍인불계(邑人不誡) 길(吉)〉이라고 계사(繫辭)한 것을 〈현비지길(顯比之吉) 위정중야(位正中也) 사역취순(舍逆取順) 실전금야(失前禽也) 읍인불계(邑人不誡) 상사중야(上使中也)〉라고 풀이한다.

구오(九五 : ━)를 계사(繫辭)한 〈현비(顯比)〉를 〈위정중야(位正中也)〉라고 풀이하고, 〈왕용삼구(王用三驅)〉를 〈사역취순(舍逆取順)〉이라고 풀이하며, 〈읍인불계(邑人不誡)〉를 〈상사중야(上使中也)〉라고 풀이한다. 〈현비지길(顯比之吉)〉은 구오가[九五之] 가까이 돕는다는 것을[比] 나타냄은[顯之] 길하다[吉]는 것이다. 그 길(吉)한 까닭을 「상사(象辭)」가 〈위정중야(位正中也)〉라고 밝힌다. 〈왕용삼구(王用三驅)〉는 상(商)나라 개조(開祖) 탕왕(湯王)이 사냥할 때 취했던 고사(故事)를 암시한다. 사방을 모두 그물을 쳐놓고 사냥하는 것이 아니라 세 방향만 그물을 치고 한 방향은 터놓고 사냥몰이를 해서 사냥감이 도망쳐 달아날 수 있는 여지를 남겨두는 것을 〈삼구(三驅)〉라 한다. 이러한 〈삼구(三驅)〉를 「상사(象辭)」가 〈사역취순(舍逆取順)〉이라고 풀이한다.

〈읍인불계(邑人不誡)〉는 〈읍인불계상지현비(邑人不誡上之顯比)〉로 여기고 새김이 마땅하다. 고을 백성이[邑人] 임금이[上之] 현비함을[顯比] 경계하지 않는다[不誡] 함은 임금이 가까이 도와줌을[比] 나타냄[顯]이 지공무사(至公無私)함을 암시한다. 나아가 〈읍인불계(邑人不誡)〉는 임금이 어느 한쪽에 치우쳐 가까이 돕는다는 것을[比] 나타낼까[顯] 고을 백성이[邑人] 경계하지 않음[不誡]이다. 고을 백성의 이러한 〈불계(不誡)〉를 「상사(象辭)」가 임금이[上] 중도를[中] 쓰기[使] 때문이라고 밝힌 것이 〈상사중야(上使中也)〉이다.

比之无首(비지무수) 无所終也(무소종야)

가까이 도우려 해도[比之] 시작할 것이[首] 없다는 것은[无] 완성할[終] 바가[所] 없다는 것[无]이다[也].

비괘(比卦 : ䷇) 상륙(上六 : ╍)의 효상(爻象)을 〈비지무수(比之无首) 흉(凶)〉이

라고 계사(繫辭)한 것을 〈비지무수(比之无首) 무소종야(无所終也)〉라고 풀이한다.

상륙(上六 : --)이 군왕(君王)보다 윗자리이지만 이미 왕권에서 물러난 상왕(上王)의 꼴이다. 이러한 상륙(上六 : --)이 가까이하여 돕고 싶어도 그렇게 할 거리가 없음을 〈비지무수(比之无首)〉라고 계사(繫辭)한 것을 「상사(象辭)」가 〈무소종야(无所終也)〉라고 풀이한다. 〈무소종(无所終)의 소종(所終)〉은 소성(所成) 즉 완성하는[成] 것[所]과 같다. 애당초 친보(親輔) 즉 가까이하여[親] 도와줄[輔] 것이 없으니 완성할 것도 없음이 〈소종(所終)〉이다. 그러므로 비괘(比卦 : ䷇) 상륙(上六 : --)을 〈흉(凶)〉이라고 밝힌 계사(繫辭)에 이어 「상사(象辭)」가 상륙(上六 : --)의 흉(凶)함을 서슴없이 밝힌 것이 〈무소종야(无所終也)〉이다.

9 소축괘(小畜卦 : ䷈) 상사(象辭)

건하손상(乾下巽上) : 아래는[下] 건(乾 : ☰), 위는[上] 손(巽 : ☴).

풍천소축(風天小畜) : 바람과[風] 하늘은[天] 소축이다[小畜].

風行天上이 小畜이다 君子以懿文德한다 復自道는 其
풍 행 천 상 소 축 군 자 이 의 문 덕 복 자 도 기
義吉也이다 牽復在中이니 亦不自失也이다 夫妻反目은
의 길 야 견 복 재 중 역 부 자 실 야 부 처 반 목
不能正室也이다 有孚하여 惕出은 上合志也이다 有孚
불 능 정 실 야 유 부 척 출 상 합 지 야 유 부
攣如는 不獨富也이다 旣雨旣處는 德積載也이다 君子
련 여 부 독 부 야 기 우 기 처 덕 적 재 야 군 자
征凶은 有所疑也이다
정 흉 유 소 의 야

바람이[風] 하늘 위로[天上] 불어감이[行] 소축괘이다[小畜]. 군자가[君子] (소축괘를) 본받아[以] 문치의[文] 덕을[德] 아름답게 한다[懿]. {역(易)의} 이치를[道] 따라서[自] 돌아옴은[復] 그[其] 뜻이[義] 좋음[吉]이다[也]. 뜻이 같아 잇닿아[牽] 돌아옴은[復] 가운데 자리에[中] 있음이니[在] 역시[亦] 스스로를[自] 잃지 않음[不失]이다[也]. 남편과[夫] 아내가[妻] 서로 미워함은[反目] 집안을[室] 바로잡을[正] 수 없음[不能]이다[也]. 진실한 믿음이[孚] 있어서[有] {구삼(九三)으로부터 받는} 두려움에서[惕] 벗어남은[出] 위와[上] 뜻을[志] 같이함[合]이다[也]. 진실한 믿음을[孚] 간직하고[有] 연모하는[攣] 듯함은[如] 홀로[獨] 부유해지는 것은 아님[不富]이다[也]. 이미[旣] 비가[雨] 응결을[處] 다함은[旣] 덕을[德] 가득하게[積] 실은 것[載]이다[也]. 군자가[君子] 정벌하면[征] 흉함은[凶] 의심되는[疑] 바가[所] 있음[有]이다[也].

【지남(指南)】

風行天上(풍행천상) 小畜(소축) 君子以懿文德(군자이의문덕)

바람이[風] 하늘 위로[天上] 불어감이[行] 소축괘이다[小畜]. 군자가[君子] (소축괘를) 본받아[以] 문치의[文] 덕을[德] 아름답게 한다[懿].

소축괘(小畜卦 : ☴)의 괘상(卦象)을 〈소축형(小畜亨) 밀운불우(密雲不雨) 자아서교(自我西郊)〉라고 계사(繫辭)한 것을 〈풍행천상(風行天上) 소축(小畜) 군자이의문덕(君子以懿文德)〉이라고 풀이한다.

「상사(象辭)」가 소축괘(小畜卦 : ☴)의 괘체(卦體) 즉 괘의[卦] 바탕[體]을 근거삼아 소축괘(小畜卦 : ☴)의 괘상(卦象)을 〈풍행천상(風行天上)〉이라 밝히고, 이어 소축괘(小畜卦 : ☴)의 괘상(卦象)이 〈군자이의문덕(君子以懿文德)〉을 불러일으킨다고 풀이한다. 하늘 위에서 유순한 바람이 구름을 오고 가게 하는 모습이 소축괘(小畜卦 : ☴)의 괘상(卦象)이지만, 양대음소(陽大陰小) 즉 양(陽 : ─) 다섯에 음(陰 : --)이 하나이니 음(陰 : --)의 쌓임이[畜] 작음[小]을 뜻하는 것이 〈소축(小畜)〉이고, 동시에 단비가 내리려면 음양상화(陰陽相和)이어야지 어느 한쪽이 모자라서는 안 되는 이치를 일깨우는 것 또한 〈소축(小畜)〉이다. 이에 「상사(象辭)」가 〈군자이의문덕(君子以懿文德)〉이라고 〈소축(小畜)〉을 풀이한다. 따라서 〈의문덕(懿文德)〉 즉 문덕(文德)을 아름답게 함[懿]이란 양(陽 : ─)인 악(樂)의 인(仁)과 음(陰 : --)인 예(禮)의 의(義)가 서로[相] 어울리게[和] 하는 것을 뜻한다. 그러므로 소축괘(小畜卦 : ☴)의 〈소축(小畜)〉은 음양(陰陽)이 상화(相和)해야 천지지덕(天地之德)이 이루어지는 천도(天道) 즉 자연의[天] 이치[道]를 깨우침임을 밝힌 것이 〈군자이의문덕(君子以懿文德)〉이다.

復自道(복자도) 其義吉也(기의길야)

{역(易)의} 이치를[道] 따라서[自] 돌아옴은[復] 그[其] 뜻이[義] 좋음[吉]이다[也].

소축괘(小畜卦 : ☴) 초구(初九 : ─)의 효상(爻象)을 〈복자도(復自道) 하기구(何

其咎) 길(吉)〉이라고 계사(繫辭)한 것을 〈복자도(復自道) 기의길야(其義吉也)〉라고 풀이한다.

건(乾 : ☰)은 순양(純陽)의 괘(卦)라 위에 있어야 할 양(陽 : ⚊)일지라도 아래에 있어도 무구(无咎)함인데 어찌 초구(初九 : ⚊)에 허물이 있겠느냐고 반문한 것이 〈하기구(何其咎)〉이다. 따라서 〈하기구(何其咎)〉는 허물이[咎] 없음[无]을 강조한 어법이다. 이에 따라 「상사(象辭)」 역시 소축괘(小畜卦 : ䷈) 초구(初九 : ⚊)의 효상(爻象)이 갖는 뜻은[義] 길(吉)하다고 밝힌 것이 〈기의길야(其義吉也)〉이다.

牽復在中(견복재중) 亦不自失也(역부자실야)

뜻이 같아 잇닿아[牽] 돌아옴은[復] 가운데 자리에[中] 있음이니[在] 역시[亦] 스스로를[自] 잃지 않음[不失]이다[也].

소축괘(小畜卦 : ䷈) 구이(九二 : ⚊)의 효상(爻象)을 〈견복(牽復) 길(吉)〉이라고 계사(繫辭)한 것을 〈견복재중(牽復在中) 역부자실야(亦不自失也)〉라고 풀이한다.

소축괘(小畜卦 : ䷈) 구이(九二 : ⚊)의 계사(繫辭)인 〈견복(牽復)〉을 「상사(象辭)」가 〈재중(在中)〉이라고 풀이하여, 구이(九二 : ⚊)의 뜻이 잇닿음[牽]은 같은 중효(中爻)인 구오(九五 : ⚊)와 잇닿음을 밝혀 〈견복(牽復)〉을 분명하게 한 것이 〈견복재중(牽復在中)〉이다. 나아가 구이(九二 : ⚊)의 계사(繫辭)인 〈길(吉)〉을 「상사(象辭)」가 〈부자실(不自失)〉이라고 풀이하여, 스스로를[自] 잃지 않고[不失] 구이(九二 : ⚊)와 구오(九五 : ⚊)가 서로 뜻이 잇닿았음[牽]을 거듭하여 밝힌 것이 〈부자실(不自失)〉이다. 구이(九二 : ⚊)와 구오(九五 : ⚊)가 동지(同志)를 나누되 동배(同輩) 즉 한패[同輩]가 되지 않음이 〈부자실(不自失)〉이다. 구이(九二 : ⚊)는 사(士)의 자리를 지키면서 음(陰 : ⚋)의 소축(小畜)이 불어나기를 바라고, 구오(九五 : ⚊)는 군(君)의 자리를 지키면서 음(陰 : ⚋)의 소축(小畜)이 불어나기를 바라면서 서로 어울리되 한 패거리가 되지 않음을 밝힌 것이 〈부자실야(不自失也)〉이다.

夫妻反目(부처반목) 不能正室也(불능정실야)

남편과[夫] 아내가[妻] 서로 미워함은[反目] 집안을[室] 바로잡을[正] 수 없음[不能]이다[也].

소축괘(小畜卦 : ☴☰) 구삼(九三 : ⚊)의 효상(爻象)을 〈여탈복(輿說輻) 부처반목(夫妻反目)〉이라고 계사(繫辭)한 것을 〈부처반목(夫妻反目) 불능정실야(不能正室也)〉라고 풀이한다.

소축괘(小畜卦 : ☴☰) 구삼(九三 : ⚊)의 계사(繫辭)인 〈여탈복(輿說輻)〉은 하체(下體) 건(乾 : ☰)을 빌려 구삼(九三 : ⚊)을 밝힌다. 〈여탈복(輿說輻)〉 즉 수레에서[輿] 바퀴살이[輻] 빠져나갔다[說] 함은 수레가 굴러갈 수 없음이다. 따라서 〈여탈복(輿說輻)〉은 부부(夫婦)가 불화(不和)함을 나타낸다. 따라서 〈부처반목(夫妻反目)〉은 다시 〈여탈복(輿說輻)〉을 풀이한다. 〈부처반목(夫妻反目)의 반목(反目)〉은 더없이 불화(不和)한 나머지 서로 미워함이다. 소축괘(小畜卦 : ☴☰) 구삼(九三 : ⚊)의 계사(繫辭)를 집안을[室] 바로잡을[正] 수 없음[不能]이다[也]라고 「상사(象辭)」가 풀이한 것이 〈불능정실야(不能正室也)〉이다.

有孚(유부) 惕出(척출) 上合志也(상합지야)

진실한 믿음이[孚] 있어서[有] {구삼(九三)으로부터 받는} 두려움에서[惕] 벗어남은[出] 위와[上] 뜻을[志] 같이함[合]이다[也].

소축괘(小畜卦 : ☴☰) 육사(六四 : ⚋)의 효상(爻象)을 〈유부(有孚) 혈거척출(血去惕出) 무구(无咎)〉라고 계사(繫辭)한 것을 〈유부(有孚) 척출(惕出) 상합지야(上合志也)〉라고 풀이한다.

소축괘(小畜卦 : ☴☰)에서는 육사(六四 : ⚋)가 넷째 효(爻)이지만 외호괘(外互卦)에서는 육사(六四 : ⚋)가 중효(中爻)이므로, 육사(六四 : ⚋)에게는 구오(九五 : ⚊)의 진실한 믿어줌이[孚] 있다[有]고 한 것이다. 이에 육사(六四 : ⚋)는 곧 〈유부(有孚)〉의 상(象)이다. 이어서 육사(六四 : ⚋)의 계사(繫辭)가 〈혈거(血去)〉라 한 것은 육사(六四 : ⚋)가 구오(九五 : ⚊)를 따르고 구삼(九三 : ⚊)을 벗어남을 밝혀, 육사(六四 : ⚋)가 구오(九五 : ⚊)와 〈비(比)〉 즉 이웃의 사귐[比]을 누리는 모습을 계사(繫辭)한 것이다. 〈혈거(血去)〉는 우거(憂去)와 같다. 〈혈거(血去)의 혈(血)〉은 〈근심할 우(憂)〉를 뜻한다. 이 〈혈거(血去)〉를 더 분명하게 계사(繫辭)한 것이 〈척출(惕出)〉이다. 〈척출(惕出)의 척(惕)〉 역시 〈혈거(血去)의 혈(血)〉 즉 〈근심할 우(憂)〉와 같아, 〈혈거(血去)-척출(惕出)〉은 같은 뜻을 내는 계사(繫辭)이다. 이러한 육사(六四 : --)가 구오(九五 : ㅡ)와 이웃의 사귐[比]을 누려도 허물이 없다고 계사(繫辭)한 것이 〈무구(无咎)〉이다. 육사(六四 : --)가 〈유부(有孚)〉 즉 진실한 믿음이[孚] 있어서[有], 구삼(九三 : ㅡ)으로부터 받는 두려움과 걱정에서[惕] 벗어남[出]에는 〈무구(无咎)〉 즉 허물이[咎] 없다[无]는 까닭을 「상사(象辭)」가 밝힌 것이 〈상합지야(上合志也)〉이다.

有孚攣如(유부련여) 不獨富也(부독부야)

진실한 믿음을[孚] 간직하고[有] 연모하는[攣] 듯함은[如] 홀로[獨] 부유해지는 것은 아님[不富]이다[也].

소축괘(小畜卦 : ☴) 구오(九五 : ㅡ)의 효상(爻象)을 〈유부련여(有孚攣如) 부(富) 이기린(以其鄰)〉이라고 계사(繫辭)한 것을 〈유부련여(有孚攣如) 부독부야(不獨富也)〉라고 풀이한다.

구오(九五 : ㅡ)가 육사(六四 : --)와 이웃의 사귐[比]을 공고히 함을 계사(繫辭)한 것이 〈유부련여(有孚攣如)〉이다. 구오(九五 : ㅡ)가 소축괘(小畜卦 : ☴) 상체(上體)인 손(巽 : ☴)의 중효(中爻)이기 때문이다. 이익을[利] 가까이 하고[爲近] 장사를 하면[市] 이익을 세 배나[三倍] 올림이 손(巽 : ☴)이니, 그 손(巽 : ☴)의 중효(中爻)이므로 구오(九五 : ㅡ)를 〈부(富) 이기린(以其鄰)〉이라고 계사(繫辭)한 것이다. 바야흐로 서로 구제하면서 치부(致富)하는 구오(九五 : ㅡ)의 모습을 계사(繫辭)한 〈부(富) 이기린(以其鄰)〉을 「상사(象辭)」가 구오(九五 : ㅡ) 홀로 부유해짐이 아니라 구오(九五 : ㅡ)의 아래[下] 모두가 부유해짐을 뜻한다고 밝힌 것이 〈부독부야(不獨富也)〉이다.

旣雨旣處(기우기처) 德積載也(덕적재야) 君子征凶(군자정흉) 有所疑也(유소의야)

이미[旣] 비가[雨] 응결을[處] 다함은[旣] 덕을[德] 가득하게[積] 실은 것[載]이다[也]. 군자가[君子] 정벌하면[征] 흉함은[凶] 의심되는[疑] 바가[所] 있음[有]이다[也].

소축괘(小畜卦 : ☴) 상구(上九 : ㅡ)의 효상(爻象)을 〈기우기처(旣雨旣處) 상덕

재(尙德載) 부정려(婦貞厲) 월기망(月幾望) 군자정흉(君子征凶)〉이라고 계사(繫辭)한 것을 〈기우기처(旣雨旣處) 덕적재야(德積載也) 군자정흉(君子征凶) 유소의야(有所疑也)〉라고 풀이한다.

이에 「상사(象辭)」가 〈기우기처(旣雨旣處)〉라는 계사(繫辭)를 〈덕적재야(德積載也)〉라고 풀이하고, 〈군자정흉(君子征凶)〉이라는 계사(繫辭)를 〈유소의야(有所疑也)〉라고 풀이한다. 〈덕적재(德積載)의 덕(德)〉은 〈기우기처(旣雨旣處)의 기우(旣雨)〉를 풀이한다. 가뭄일 때 비가 내림이 곧 〈덕(德)〉이다. 〈덕적재(德積載)의 적재(積載)〉는 〈기우기처(旣雨旣處)의 기처(旣處)〉를 풀이한다. 내리는 비가 땅을 적시는 것은 곧 땅이 비를 실어줌[積載]이고, 동시에 감(坎 : ☵)이 물을 싣고 있는 괘상(卦象)이기도 함을 암시한다. 〈유소의야(有所疑也)〉는 소축괘(小畜卦 : ☴) 상구(上九 : ⚊)의 효상(爻象)을 따른 〈군자정(君子征)〉이 〈흉(凶)〉한 까닭을 밝힌다. 〈유소의(有所疑)의 소의(所疑)〉는 〈월기망(月幾望)〉이라고 계사(繫辭)한 것을 근거로 삼는다. 보름달은 밝으니 설령 밤에 출정(出征)한다 해도, 출정(出征)이 드러나 패인(敗因)이 될 수 있음을 밝힌 것이 〈유소의야(有所疑也)〉이다.

10 이괘(履卦 : ☱) 상사(象辭)

태하건상(兌下乾上) : 아래는[下] 태(兌 : ☱), 위는[上] 건(乾 : ☰).

천택리(天澤履) : 하늘과[天] 못은[澤] 이이다[履].

上天下澤履이다 君子以辨上下하여 定民志한다 素履之往은 獨行願也이다 幽人貞吉은 中不自亂也이다 眇能視는 不足以有明也이다 跛能履는 不足以與行也이다 咥人之凶은 位不當也이고 武人爲于大君은 志剛也이다 愬愬終吉은 志行也이다 夬履貞厲는 位正當也이다 元吉在上은 大有慶也이다

상천하택리 군자이변상하 정민지 소리지왕 독행원야 유인정길 중부자란야 묘능시 부족이유명야 파능리 부족이여행야 절인지흉 위부당야 무인위우대군 지강야 색색종길 지행야 쾌리정려 위정당야 원길재상 대유경야

위는[上] 하늘이고[天] 아래는[下] 못이[澤] 이괘이다[履]. 군자는[君子] (이괘를) 본받아[以] 위아래를[上下] 분별하여[辨] 백성의[民] 뜻을[志] 바르게 한다[定]. 소박하게[素] 이행해[履之] 나아간다고 함은[往] 홀로[獨] 원함을[願] 행함[行]이다[也]. 은거하는[幽] 사람이[人] 진실로 미더워[貞] 행복함은[吉] 마음을[中] 스스로[自] 어지럽히지 않음[不亂]이다[也]. 애꾸도[眇] 볼 수 있지만[能視] 그 때문에[以] 만족스럽게[足] 밝음이[明] 있지 못함[不有]이고[也], 절뚝발이도[跛] 걸어갈 수 있지만[能履] 그 때문에[以] 만족스럽게[足] 함께[與] 가지 못함[不行]이다[也]. 사람을[人] 묾이[咥之] 나쁘다 함은[凶] 자리가[位] 마땅하지 않음[不當]이고[也], 무인이[武人] 대군(大君)으로[于] 되려 함은[爲] 뜻하는 바가[志] 굳셈[剛]이다[也]. 두려워함이[愬愬] 끝내[終] 길하다 함은[吉] 뜻하는 바를[志] 행함[行]이다[也]. 결연히[夬] 이행하니[履] 진실로 미더워도[貞] 불행함은[厲] 자리가[位] 정

당함[正當]이다[也]. 크게[大] 좋음이[吉] 윗사람에게[上] 있음은[在] 크게[大] 복이[慶] 있음[有]이다[也].

【지남(指南)】

上天下澤履(상천하택리) 君子以辨上下(군자이변상하) 定民志(정민지)

위는[上] 하늘이고[天] 아래는[下] 못이[澤] 이괘이다[履]. 군자는[君子] (이괘를) 본받아[以] 위아래를[上下] 분별하여[辨] 백성의[民] 뜻을[志] 바르게 한다[定].

이괘(履卦 : ䷉)의 괘상(卦象)을 〈이호미(履虎尾) 부절인(不咥人) 형(亨)〉이라고 계사(繫辭)한 것을 〈상천하택리(上天下澤履) 군자이변상하(君子以辨上下) 정민지(定民志)〉라고 풀이한다.

「상사(象辭)」가 이괘(履卦 : ䷉)의 괘체(卦體)로써 괘상(卦象)을 밝힌 것이 〈상천하택(上天下澤)〉이다. 〈상천하택(上天下澤)의 상천(上天)〉은 이괘(履卦 : ䷉)의 상체(上體)인 건(乾 : ☰)을 말하고, 〈상천하택(上天下澤)의 하택(下澤)〉은 이괘(履卦 : ䷉)의 하체(下體)인 태(兌 : ☱)를 말한다. 군자(君子)는 이괘(履卦 : ䷉)의 괘상(卦象)을 본받아[以] 〈변상하(辨上下)〉 즉 위아래를[上下] 살펴 밝히고[辨], 〈정민지(定民志)〉 즉 백성의[民] 마음 가는 바를[志] 바르게 해주어야[正] 함을 밝힌 것이 〈군자이변상하(君子以辨上下) 정민지(定民志)〉이다.

素履之往(소리지왕) 獨行願也(독행원야)

소박하게[素] 이행해[履之] 나아간다고 함은[往] 홀로[獨] 원함을[願] 행함[行]이다[也].

이괘(履卦 : ䷉) 초구(初九 : ⚊)의 효상(爻象)을 〈소리(素履) 왕(往) 무구(无咎)〉라고 계사(繫辭)한 것을 〈소리지왕(素履之往) 독행원야(獨行願也)〉라고 풀이한다.

초구(初九 : ⚊)를 들어 밝힌 이괘(履卦 : ䷉)의 계사(繫辭)를 「상사(象辭)」 역시

〈소리지왕(素履之往)〉이라 이어받아, 그 까닭을 〈독행원(獨行願)〉이라고 분명히 밝힌다. 소원을[願] 홀로[獨] 행함[行]이란 위로 오르기를 바라지 않고 제 처신대로 이괘(履卦 : ䷉)의 초구(初九 : ⚊)가 수정(守正) 즉 정도를[正] 지켜감[守]을 밝힌 것이 〈독행원야(獨行願也)〉이다.

幽人貞吉(유인정길) 中不自亂也(중부자란야)

은거하는[幽] 사람이[人] 진실로 미더워[貞] 행복함은[吉] 마음을[中] 스스로[自] 어지럽히지 않음[不亂]이다[也].

이괘(履卦 : ䷉) 구이(九二 : ⚊)의 효상(爻象)을 〈이도탄탄(履道坦坦) 유인정길(幽人貞吉)〉이라고 계사(繫辭)한 것을 〈유인정길(幽人貞吉) 중부자란야(中不自亂也)〉라고 풀이한다.

정도를[道] 몸소 행하는 것은[履] 곧고 바른[坦坦] 마음가짐이 없어서는 불가능하다. 심중(心中)이 염담(恬淡) 즉 편안해 조용하고[恬] 맑고 깨끗한[淡] 〈유인(幽人)〉을 「상사(象辭)」가 〈중부자란야(中不自亂也)〉라고 풀이한다. 〈중부자란야(中不自亂也)〉는 그윽이 숨어 외로이 사는[幽] 사람은[人] 마음 속을[中心] 스스로[自] 어지럽히지 않는지라[不亂], 〈이도탄탄(履道坦坦)〉을 하염없이 누리는 〈유인(幽人)〉이 자신의 마음을 스스로 어지럽힐 리가 없음을 밝힌 것이 〈중부자란야(中不自亂也)〉이다.

眇能視(묘능시) 不足以有明也(부족이유명야) 跛能履(파능리) 不足以與行也(부족이여행야) 咥人之凶(절인지흉) 位不當也(위부당야) 武人爲于大君(무인위우대군) 志剛也(지강야)

애꾸도[眇] 볼 수 있지만[能視] 그 때문에[以] 만족스럽게[足] 밝음이[明] 있지 못함[不有]이고[也], 절뚝발이도[跛] 걸어갈 수 있지만[能履] 그 때문에[以] 만족스럽게[足] 함께[與] 가지 못함[不行]이다[也]. 사람을[人] 묾이[咥之] 나쁘다 함은[凶] 자리가[位] 마땅하지 않음[不當]이고[也], 무인이[武人] 대군(大君)으로[于] 되려 함은[爲] 뜻하는 바가[志] 굳셈[剛]이다[也].

이괘(履卦 : ☱) 육삼(六三 : --)의 효상(爻象)을 〈묘능시(眇能視) 파능리(跛能履) 이호미(履虎尾) 절인(咥人) 흉(凶) 무인위우대군(武人爲于大君)〉이라고 계사(繫辭)한 것을 〈묘능시(眇能視) 부족이유명야(不足以有明也) 파능리(跛能履) 부족이여행야(不足以與行也) 절인지흉(咥人之凶) 위부당야(位不當也) 무인위우대군(武人爲于大君) 지강야(至剛也)〉라고 풀이한다.

이괘(履卦 : ☱) 육삼(六三 : --)을 굳센[剛] 초구(初九 : ─)와 구이(九二 : ─)가 받아주는 모습이라 〈부절인(不咥人)〉 즉 사람을[人] 물지[咥] 않는다[不]고 계사(繫辭)했지만, 이괘(履卦 : ☱) 육삼(六三 : --)은 정위(正位)에 있지 못해 당당하지 못한 모습이다. 이에 혐극(嫌隙) 즉 싫어하여[嫌] 틈이 벌어지는[隙] 처지라 구사(九四 : ─)와 부딪칠세라 근신(謹愼)하는 육삼(六三 : --)의 처지를 〈묘능시(眇能視) 파능리(跛能履)〉라고 계사(繫辭)하고, 이어서 〈절인(咥人) 흉(凶)〉이라고 밝힌다. 육삼(六三 : --)을 넓적다리로 치면 〈파(跛)〉 즉 절뚝발이[跛] 같아 〈여행(與行)〉 즉 성한 사람과 동행(同行)하기가 만족스럽지 못함을 「상사(象辭)」가 밝힌 것이 〈부족이유명야(不足以有明也) 부족이여행야(不足以與行也)〉이다. 이에 육삼(六三 : --)의 위태한 짓을 계사(繫辭)한 것이 〈이호미(履虎尾)〉이다. 〈이호미(履虎尾)〉란 무모한 짓과 동시에 위험한 짓을 범함을 「상사(象辭)」가 〈절인지흉(咥人之凶)〉 즉 사람을[人] 무는 것은[咥之] 흉하다[凶]고 거듭해 풀이한다. 이는 모두 이괘(履卦 : ☱) 육삼(六三 : --)의 효상(爻象)이 수분(守分) 즉 본분을[分] 지킴[守]을 저버리고 결례(缺禮)함을 밝힌다. 이괘(履卦 : ☱)의 육삼(六三 : --)은 유약(柔弱)한 음(陰 : --)이면서도, 마치 강강(剛强)한 양(陽 : ─)처럼 뜻을 펼치려 하는 것이 무인(武人)의 모습을 닮았다. 이괘(履卦 : ☱) 육삼(六三 : --)의 이러한 효상(爻象)을 묶어서 계사(繫辭)한 것이 〈무인위우대군(武人爲于大君)〉이다. 강강(剛强)하기를 앞세우는 무인(武人)이 군왕(君王)의 자리를 가질 수 있는 대군(大君)으로[于] 되려 함[爲]은, 〈이호미(履虎尾) 절인(咥人) 흉(凶)〉으로 드러나고 마는 까닭을 묶어서 밝힌 것이 〈지강야(志剛也)〉이다.

愬愬終吉(색색종길) 志行也(지행야)

두려워함이[愬愬] 끝내[終] 길하다 함은[吉] 뜻하는 바를[志] 행함[行]이다[也].

이괘(履卦 : ䷉) 구사(九四 : ━)의 효상(爻象)을 〈이호미(履虎尾) 색색(愬愬) 종길(終吉)〉이라고 계사(繫辭)한 것을 〈색색종길(愬愬終吉) 지행야(志行也)〉라고 풀이한다.

〈색색(愬愬)〉은 췌췌(惴惴)와 같다. 두려워하고[惴] 두려워함[惴]이 〈색색(愬愬)〉이다. 이 〈색색(愬愬)〉은 구사(九四 : ━)와 구오(九五 : ━)가 양승양(陽承陽)의 처지임을 구사(九四 : ━)가 알기 때문에, 〈이호미(履虎尾)〉 같은 위험한 짓을 결코 범하지 않음을 밝힌다. 따라서 구오(九五 : ━)의 존위(尊位)를 경의(敬義) 즉 안으로도 받들고 밖으로도 받들어[敬] 올바르게[義] 구사(九四 : ━)가 처신함을 〈색색(愬愬)〉이 암시한다. 이러한 〈색색(愬愬)〉으로써 구사(九四 : ━)는 〈종길(終吉)〉 즉 끝내[終] 길하다[吉]고 계사(繫辭)한 것을, 〈색색종길(愬愬終吉)〉이라 이어 받아 그 〈종길(終吉)〉의 까닭을 〈지행(志行)〉이라고 「상사(象辭)」가 풀이하는 것이 〈색색종길(愬愬終吉) 지행야(志行也)〉이다.

夬履貞厲(쾌리정려) 位正當也(위정당야)

결연히[夬] 이행하니[履] 진실로 미더워도[貞] 불행함은[厲] 자리가[位] 정당함[正當]이다[也].

이괘(履卦 : ䷉) 구오(九五 : ━)의 효상(爻象)을 〈쾌리정려(夬履貞厲)〉라고 계사(繫辭)한 것을 〈쾌리정려(夬履貞厲) 위정당야(位正當也)〉라고 풀이한다.

구오(九五 : ━)는 중효(中爻)로서 득중(得中) 즉 정도를 따름을[中] 취하고[得] 있어서 뜻을 이행(履行)함에 거리낌 없는 모습임을 〈쾌리(夬履)〉라고 계사(繫辭)한 것이다. 이어서 정도(正道)를 따라 이행하므로 구오(九五 : ━)를 〈정(貞)〉이라고 계사(繫辭)했다. 그러나 구오(九五 : ━)가 진실한 미더움[貞]으로 〈쾌리(夬履)〉하지만, 구오(九五 : ━)의 모습을 〈여(厲)〉라 함은 이웃 효(爻)들과 양승양(陽承陽)이어서 서로 싫어하여 틈이 벌어지는 처지임을 밝힌다. 이런 처지에서도 구오(九五 : ㅡ)가 굳센 결단으로[夬] 득중(得中)을 이행함[履]을 〈여(厲)〉라 한 것은 어떠한 역경(逆境)에서도 구오(九五 : ㅡ)의 〈쾌리(夬履)〉가 불행한[厲] 까닭임을 「상사(象辭)」가 풀이한 것이 〈위정당야(位正當也)〉이다.

元吉在上(원길재상) 大有慶也(대유경야)

크게[大] 좋음이[吉] 윗사람에게[上] 있음은[在] 크게[大] 복이[慶] 있음[有]이다[也].

이괘(履卦 : ☰) 상구(上九 : ㅡ)의 효상(爻象)을 〈시리고상(視履考祥) 기선원길(其旋元吉)〉이라고 계사(繫辭)한 것을 〈원길재상(元吉在上) 대유경야(大有慶也)〉라고 풀이한다.

상구(上九 : ㅡ)가 이괘(履卦 : ☰)를 주선하여[旋] 상위(上位)까지 밟아 올라왔으니[履] 무부지(無不至) 즉 이르지 않음이[不至] 없음[無]을 〈원길(元吉)〉이라고 계사(繫辭)한 것을 「상사(象辭)」가 〈원길재상(元吉在上)〉이라고 풀이한다. 크게[元] 길함이[吉] 위에[上] 있다[在] 함은 상구(上九 : ㅡ)가 변효(變爻)하지 않고 시종일관(始終一貫) 즉 처음부터[始] 끝까지[終] 한결같이[一貫] 거듭해 돌아옴[旋]을 밝힌 것이 〈원길재상(元吉在上)〉이고, 〈원길(元吉)의 길(吉)〉을 〈유경(有慶)〉 즉 복이[慶] 있는 것[有]이라고 풀이한 것이 〈대유경야(大有慶也)〉이다.

11 태괘(泰卦 : ䷊) 상사(象辭)

건하곤상(乾下坤上) : 아래는[下] 건(乾 : ☰), 위는[上] 곤(坤 : ☷).

지천태(地天泰) : 땅과[地] 하늘은[天] 태이다[泰].

天地交泰이다 后以財成天地之道하고 輔相天地之宜하
천 지 교 태 후 이 재 성 천 지 지 도 보 상 천 지 지 의

여 以左右民한다 拔茅征吉은 志在外也이다 包荒하고 得
이 좌 우 민 발 모 정 길 지 재 외 야 포 황 득

尚于中行은 以光大也이다 无往不復은 天地際也이다 翩
상 우 중 행 이 광 대 야 무 왕 불 복 천 지 제 야 편

翩不富는 皆失實也이다 不戒以孚는 中心願也이다 以祉
편 불 부 개 실 실 야 불 계 이 부 중 심 원 야 이 지

元吉은 中以行願也이다 城復于隍은 其命亂也이다
원 길 중 이 행 원 야 성 복 우 황 기 명 란 야

하늘땅이[天地] 사귐이[交] 태괘이다[泰]. 임금은[后] (태괘를) 본받아[以] 하늘땅의[天地之] 도를[道] 마름하여[財] 이루고[成] 하늘땅의[天地之] 마땅함을[宜] 도와주어[輔相] {천지지도(天地之道)와 천지지의(天地之宜)}로써[以] 백성을[民] 다스린다[左右]. 띠를[茅] 뽑아[拔] 바르게 나아가니[征] 길함은[吉] 뜻이[志] 밖에[外] 있음[在]이다[也]. 온 사방의 것들을[荒] 품어 포용하고[包] 중정을[中] 행함을[于行] 취하여[得] 받듦은[尚] {구이(九二)가} 빛나고[光] 크기[大] 때문[以]이다[也]. 가도[往] 돌아오지 않음이[不復] 없음은[无] 하늘땅이[天地] 사귀려고 만나는 것[際]이다[也]. 펄펄 날고[翩翩] 풍성하지 않음은[不富] 모두[皆] 실속을[實] 잃음[失]이다[也]. 경계하지 않고[不戒] 믿어줌을[孚] 함께함은[以] 마음속이[中心] 원하는 것[願]이다[也]. (누이를 시집보냄)으로써[以] 복을 받아[祉] 크게[元] 길함은[吉] 중정[中]으로써[以] 소원을[願] 실행함[行]이다[也]. 성토가[城] 물 없는 못으로[于隍] 돌아감은[復] 그[其] 명령이[命] 어지러움[亂]이다[也].

【지남(指南)】

天地交泰(천지교태) 后以財成天地之道(후이재성천지지도) 輔相天地之宜(보상천지지의) 以左右民(이좌우민)

하늘땅이[天地] 사귐이[交] 태괘이다[泰]. 임금은[后] (태괘를) 본받아[以] 하늘땅의[天地之] 도를[道] 마름하여[財] 이루고[成] 하늘땅의[天地之] 마땅함을[宜] 도와주어[輔相] {천지지도(天地之道)와 천지지의(天地之宜)}로써[以] 백성을[民] 다스린다[左右].

태괘(泰卦 : ䷊)의 괘상(卦象)을 〈태(泰) 소왕대래(小往大來) 길형(吉亨)〉이라고 계사(繫辭)한 것을 〈천지교태(天地交泰) 후이재성천지지도(后以財成天地之道) 보상천지지의(輔相天地之宜) 이좌우민(以左右民)〉이라고 풀이한다.

태괘(泰卦 : ䷊)의 괘상(卦象)은 위로[上] 땅[地 : ☷]이고 아래로[下] 하늘[天 : ☰]이고, 초구(初九 : ⚊)와 육사(六四 : ⚋), 구이(九二 : ⚊)와 육오(六五 : ⚋), 그리고 구삼(九三 : ⚊)과 상륙(上六 : ⚋) 모두 다 〈상응(相應)〉 즉 서로[相] 호응하고[應] 있으니 더없이 태안(泰安)한 것이 태괘(泰卦 : ䷊)의 괘상(卦象)임을 〈소왕대래(小往大來)〉라고 밝히고, 이를 「상사(象辭)」가 〈천지교(天地交)〉라 풀이한다. 국태민안(國泰民安)을 태괘(泰卦 : ䷊)의 〈태(泰)〉가 뜻하는 것을, 「상사(象辭)」가 태괘(泰卦 : ䷊) 육오(六五 : ⚋)의 효상(爻象)으로써 〈후이재성천지지도(后以財成天地之道) 보상천지지의(輔相天地之宜) 이좌우민(以左右民)〉이라고 밝힌다. 하늘땅의[天地之] 마땅함을[宜] 도와주고[輔相] 임금은[后] 국태(國泰) 즉 나라의[國] 태안을[泰] 성취(成取)함으로써[以] 백성을[民] 다스린다[左右]고 밝힌 것이 〈후이재성천지지도(后以財成天地之道) 보상천지지의(輔相天地之宜) 이좌우민(以左右民)〉이다.

拔茅征吉(발모정길) 志在外也(지재외야)

띠를[茅] 뽑아[拔] 바르게 나아가니[征] 길함은[吉] 뜻이[志] 밖에[外] 있음[在]이다[也].

태괘(泰卦 : ䷊) 초구(初九 : ⚊)의 효상(爻象)을 〈발모여(拔茅茹) 이기휘정(以其

彙征) 길(吉)〉이라고 계사(繫辭)한 것을 〈발모정길(拔茅征吉) 지재외야(志在外也)〉라고 풀이한다.

〈발모여(拔茅茹) 이기휘(以其彙)〉는 띠 풀을[茅] 뽑으면[拔而] 띠 풀들이[茅] 서로 끌어당김은[茹] 그것이[其] 한 무리이기[彙] 때문[以]임을 들어 태괘(泰卦 : ䷊) 초구(初九 : ⚊)의 효상(爻象)을 계사(繫辭)한 것을, 「상사(象辭)」가 〈발모여(拔茅茹)의 발모(拔茅)〉를 〈정길(征吉)〉 즉 나아가니[征] 길하다[吉]고 밝히고, 동시에 〈정길(征吉)의 정(征)〉을 〈지재외(志在外)〉 즉 바르게 나아갈[征之] 뜻이[志] 밖에[外] 있다[在]고 풀이한다. 따라서 인간세(人間世)의 태운(泰運)이 시작함을 태괘(泰卦 : ䷊) 초구(初九 : ⚊)의 계사(繫辭)를 묶어서 풀이한 것이 〈발모정길(拔茅征吉) 지재외야(志在外也)〉이다.

包荒(포황) 得尙于中行(득상우중행) 以光大也(이광대야)

온 사방의 것들을[荒] 품어 포용하고[包] 중정을[中] 행함을[于行] 취하여[得] 받듦은[尙] {구이(九二)가} 빛나고[光] 크기[大] 때문[以]이다[也].

태괘(泰卦 : ䷊) 구이(九二 : ⚊)의 효상(爻象)을 〈포황(包荒) 용빙하(用馮河) 불하유(不遐遺) 붕무(朋亡) 득상우중행(得尙于中行)〉이라고 계사(繫辭)한 것을 〈포황(包荒) 득상우중행(得尙于中行) 이광대야(以光大也)〉라고 풀이한다.

태괘(泰卦 : ䷊)의 하체(下體)인 건(乾 : ☰)의 중효(中爻)로서 구이(九二 : ⚊)가 존위(尊位)에 있는 육오(六五 : ⚋)와 〈상응(相應)〉을 누리면서 태운(泰運)의 주체가 되는 모습을 밝힌다. 〈붕망(朋亡)〉 즉 벗들[朋]로부터 신망(信望)을 잃을[亡] 수도 있는 구이(九二 : ⚊)가 정도를 따름을[中] 행하면서[行] 〈포황(包荒) 용빙하(用馮河)〉를 거침없이 행할 수 있음은, 육오(六五 : ⚋) 즉 군왕(君王)과 서로[相] 호응하기[應] 때문임을 「상사(象辭)」도 그대로 이어받아 〈이광대(以光大)〉라고 풀이한다. 여기 〈이광대(以光大)의 광대(光大)〉는 광명정대(光明正大)의 줄임이다. 안팎으로 밝고[光明] 곧고 바르기가[正] 천지 같은[大] 태괘(泰卦 : ䷊) 구이(九二 : ⚊)가 광명정대(光明正大)하게 태운(泰運)을 누리도록 주도하는 모습임을 밝힌 것이 〈이광대야(以光大也)〉이다.

无往不復(무왕불복) 天地際也(천지제야)

가도[往] 돌아오지 않음이[不復] 없음은[无] 하늘땅이[天地] 사귀려고 만나는 것[際]이다[也].

태괘(泰卦 : ䷊) 구삼(九三 : ⚊)의 효상(爻象)을 〈무평불피(无平不陂) 무왕불복(无往不復) 간정(艱貞) 무구(无咎) 물휼(勿恤) 기부(其孚) 우식유복(于食有福)〉이라고 계사(繫辭)한 것을 〈무왕불복(无往不復) 천지제야(天地際也)〉라고 풀이한다.

태괘(泰卦 : ䷊)에서 구삼(九三 : ⚊)이 변화의 효상(爻象)임을 계사(繫辭)한 것이 〈무평불피(无平不陂) 무왕불복(无往不復)〉이다. 그 변화의 모습을 들어 〈간정(艱貞)〉 즉 변화를 이루기는 어렵고 괴롭지만[艱] 순천(順天)하고, 〈정(貞)〉 즉 진실로 미더움[貞]이란 〈무구(无咎)〉인지라, 〈기부(其孚) 우식유복(于食有福)〉 즉 그것은[其] 진실로 믿어줌이니[孚] 먹고 사는데[于食] 행복하다[有福]는 계사(繫辭)를 「상사(象辭)」가 〈무왕불복(无往不復)〉으로 묶어 〈천지제야(天地際也)〉 즉 하늘과[天] 땅이[地] 만나 사귐[際]이다[也]라고 풀이한다.

翩翩不富(편편불부) 皆失實也(개실실야) 不戒以孚(불계이부) 中心願也(중심원야)

펄펄 날고[翩翩] 풍성하지 않음은[不富] 모두[皆] 실속을[實] 잃음[失]이다[也]. 경계하지 않고[不戒] 믿어줌을[孚] 함께함은[以] 마음속이[中心] 원하는 것[願]이다[也].

태괘(泰卦 : ䷊) 육사(六四 : ⚋)의 효상(爻象)을 〈편편(翩翩) 불부(不富) 이기린(以其鄰) 불계이부(不誡以孚)〉라고 계사(繫辭)한 것을 〈편편불부(翩翩不富) 개실실야(皆失實也) 불계이부(不誡以孚) 중심원야(中心願也)〉라고 풀이한다.

태괘(泰卦 : ䷊) 육사(六四 : ⚋)를 계사(繫辭)한 〈편편(翩翩)〉은 태괘(泰卦 : ䷊)의 외호괘(外互卦)인 진(震 : ☳)과 내호괘(內互卦)인 태(兌 : ☱)로써 육사(六四 : ⚋)를 취상(取象)한다. 진(震 : ☳)은 질비(疾飛) 즉 펄펄[疾] 날아오름[飛]을 나타내고, 태(兌 : ☱)는 열(說) 즉 기쁨[說]을 나타냄이 〈편편(翩翩)〉이다. 〈편편(翩翩)〉은 건(乾 : ☰)의 수컷들을 향해 곤(坤 : ☷)의 암컷들이 경거(輕擧) 즉 경쾌하게

[輕] 날아올라[擧] 하체(下體) 건(乾 : ☰)의 양(陽 : ⚊)을 향해 아래로 내려오는 모습이다. 〈불부(不富) 이기린(以其鄰)〉은 육사(六四 : ⚋)가 부유하지 않지만[不富] 〈기린(其鄰)〉 즉 제[其] 이웃을[鄰] 외면하지 않고 마음속으로 생각한다는 계사(繫辭)를, 「상사(象辭)」가 〈편편불부(翩翩不富)〉라고 묶고 이를 〈개실실(皆失實)〉 즉 상체(上體)의 삼효(三爻) 모두 양기(陽氣 : ⚊)와 서로 어울리지 못함을 밝힌다. 여기 〈개실실(皆失實)의 실(實)〉은 양기(陽氣 : ⚊)를 뜻하고, 태괘(泰卦 : ䷊)의 육사(六四 : ⚋)-육오(六五 : ⚋)-상륙(上六 : ⚋) 등 삼효(三爻) 모두가[皆] 양기를[實] 잃어[失] 양기(陽氣 : ⚊)를 얻고자 함을 밝힌 것이 〈개실실야(皆失實也)〉이고, 육사(六四 : ⚋)의 계사(繫辭) 〈불계이부(不誡以孚)〉를 태괘(泰卦 : ䷊)의 육사(六四 : ⚋)-육오(六五 : ⚋)-상륙(上六 : ⚋) 등 삼효(三爻) 모두가 내려가 양기(陽氣 : ⚊)들과 호응하여 성대(盛大)함을 이루고자 함이라 풀이한 것이 〈중심원야(中心願也)〉이다.

以祉元吉(이지원길) 中以行願也(중이행원야)

(누이를 시집보냄)으로써[以] 복을 받아[祉] 크게[元] 길함은[吉] 중정[中]으로써[以] 소원을[願] 실행함[行]이다[也].

태괘(泰卦 : ䷊) 육오(六五 : ⚋)의 효상(爻象)을 〈제을귀매(帝乙歸妹) 이지원길(以祉元吉)〉이라고 계사(繫辭)한 것을 〈이지원길(以祉元吉) 중이행원야(中以行願也)〉라고 풀이한다.

〈제을귀매(帝乙歸媒)〉는 태괘(泰卦 : ䷊)의 내외호괘(內外互卦)로써 밝혀 계사(繫辭)한 것이고, 육오(六五 : ⚋)가 태괘(泰卦 : ䷊)의 상체(上體)인 곤(坤 : ☷)의 중효(中爻)로서 득중(得中) 즉 정도를 따름을[中] 취하여[得] 유약(柔弱)한 음(陰 : ⚋)이면서 강강(剛强)한 양(陽 : ⚊)의 자리에 있는지라, 강유상화(剛柔相和)의 제왕(帝王)으로서 현명한 신하를 임용함을 〈귀매(歸妹)〉로써 비유한다. 〈이지원길(以祉元吉)〉은 〈제을귀매(帝乙歸媒)〉의 결과를 밝힌 계사(繫辭)이다. 제을이[帝乙] 누이를[妹] 시집보냄[歸]으로써[以] 복을 받아[祉] 크게[元] 행복을 누린다[吉]는 것을, 「상사(象辭)」가 육오(六五 : ⚋) 즉 군왕(君王)이 강중(剛中)한 현신(賢臣)에게 일을 맡기기를 바란[願] 것이라고 밝힌 것이 〈중이행원야(中以行願也)〉이다.

城復于隍(성복우황) 其命亂也(기명란야)

성토가[城] 물 없는 못으로[于隍] 돌아감은[復] 그[其] 명령이[命] 어지러움[亂]이다[也].

태괘(泰卦 : ☷) 상륙(上六 : --)의 효상(爻象)을 〈성복우황(城復于隍) 물용사(勿用師) 자읍고명(自邑告命) 정린(貞吝)〉이라고 계사(繫辭)한 것을 〈성복우황(城復于隍) 기명란야(其命亂也)〉라고 풀이한다.

태괘(泰卦 : ☷) 상륙(上六 : --)을 〈성복우황(城復于隍)〉 즉 태평한[泰] 운수[運]가 다하여 불운(不運)으로 기울어졌다고 계사(繫辭)한다. 성토가[城] 물 없는 못으로[于隍] 돌아갔다[復] 함은 튼튼했던 성벽이 무너져 내렸음이니, 성(城)을 지키겠다고 항거하지 말라는 것이 〈물용사(勿用師)〉이다. 태괘(泰卦 : ☷)의 태운(泰運)이 뒤집어져 비태(非泰) 즉 태안(泰安)이 아닌 것[非]인지라 〈자읍고명(自邑告命) 정린(貞吝)〉이다. 〈자읍고명(自邑告命)의 고명(告命)〉은 위에서 아래에 정령(政令)을 내림을 뜻한다. 〈자읍(自邑)〉 즉 도읍[邑]으로부터[自] 내려온[告] 명령이[命] 곧고 바르다 해도[貞] 부끄럽고 원망스럽다[吝] 함은, 어떠한 명령[命]도 융성(隆盛)하다가 쇠락(衰落)해지고 다스려지다가 난세(亂世)로 이어지는 시운(時運)을 막아낼 수 없음을 계사(繫辭)한 〈성복우황(城復于隍)〉을, 「상사(象辭)」가 위에서 아래로 내린 정령(政令)이 곧고 바르다 해도 백성에게 난세(亂世)를 부추길 뿐이라고 밝힌 것이 〈기명란야(其命亂也)〉이다.

12 비괘(否卦 : ䷋) 상사(象辭)

곤하건상(坤下乾上) : 아래는[下] 곤(坤 : ☷), 위는[上] 건(乾 : ☰).

천지비(天地否) : 하늘과[天] 땅은[地] 비이다[否].

天地不交否이다 君子以儉德辟難하여 不可榮以祿이다
천지불교비 군자이검덕피난 불가영이록
拔茅貞吉은 志在君也이다 大人否亨은 不亂群也이다
발모정길 지재군야 대인비형 불란군야
包羞함은 位不當也이다 有命无咎는 志行也이다 大人
포수 위부당야 유명무구 지행야 대인
之吉은 位正當也이다 否終則傾하니 何可長也리오
지길 위정당야 비종즉경 하가장야

하늘땅이[天地] 통하지 않음이[不交] 비괘이다[否]. 군자가[君子] {비괘(否卦)의 비(否)로} 말미암아[以] 덕을[德] 저버리고[儉] 환란을[難] 피하여[辟] 복록[祿]으로써[以] 영화를 누릴[榮] 수 없다[不可]. 띠를[茅] 뽑아[拔] 마음이 진실로 미더워[貞] 좋음은[吉] 뜻이[志] 임금에게[君] 있음[在]이다[也]. 대인은[大人] 막혔어도[否] 형통함은[亨] 무리를[群] 어지럽히지 않음[不亂]이다[也]. 부끄러움을[羞] 포용함은[包] 자리가[位] 마땅치 않음[不當]이다[也]. 천명이[命] 있으니[有] 허물이[咎] 없음은[无] 뜻이[志] 행해짐[行]이다[也]. 대인의[大人之] 좋음은[吉] 자리가[位] 정당함[正當]이다[也]. 막혀 고단한 시대가[否] 끝나면[終] 곧[則] {통하여 평안한 태(泰)로} 기울어지니[傾] 어찌[何] {비(否)가} 오래갈[長] 수 있을 것[可]인가[也].

【지남(指南)】

天地不交否(천지불교비) 君子以儉德辟難(군자이검덕피난) 不可榮以祿(불가영이록)

하늘땅이[天地] 통하지 않음이[不交] 비괘이다[否]. 군자가[君子]

{비괘(否卦)의 비(否)로} 말미암아[以] 덕을[德] 저버리고[儉] 환란을 [難] 피하여[辟] 복록[祿]으로써[以] 영화를 누릴[榮] 수 없다[不可].

비괘(否卦 : ䷋)의 괘상(卦象)을 〈비지비인(否之匪人) 불리군자정(不利君子貞) 대왕소래(大往小來)〉라고 계사(繫辭)한 것을 〈천지불교비(天地不交否) 군자이검덕피난(君子以儉德辟難) 불가영이록(不可榮以祿)〉이라고 풀이한다.

태세(泰世)란 성덕(盛德)으로써 상통(相通)하는 세상이고, 난세(亂世)란 부덕(不德)으로써 궁색(窮塞)한 세상이다. 따라서 태괘(泰卦 : ䷊) 다음에 비괘(否卦 : ䷋)가 온다. 비괘(否卦 : ䷋)의 괘상(卦象)은 태괘(泰卦 : ䷊)의 괘상(卦象)이 뒤집힌 모습이다. 육이(六二 : ⚋)와 구오(九五 : ⚊) 등만 정당한 자리를 갖추어 중정(中正)-정응(正應)을 누려 서로 통하지만, 하체(下體)인 곤(坤 : ☷)과 상체(上體)인 건(乾 : ☰)이 서로 막음[否]을 대통(大通)으로 바꾸기에는 역부족임이 비괘(否卦 : ䷋)의 괘상(卦象)이다. 비괘(否卦 : ䷋) 구오(九五 : ⚊)와 육이(六二 : ⚋)의 중정(中正)-정응(正應)을 〈불리군자정(不利君子貞)〉이라고 계사(繫辭)했다. 그리고 〈군자정(君子貞)〉임에도 〈불리(不利)〉라고 밝힌 까닭을 〈대왕소래(大往小來)〉라고 계사(繫辭)했다. 여기 〈불리군자정(不利君子貞)〉 즉 군자가[君子] 진실로 미더워도[貞] 이롭지 않음[不利]을 〈대왕소래(大往小來)〉라고 밝힘은 『장자(莊子)』에 나오는 〈이도이선(離道以善) 험덕이행(險德以行)〉을 환기시키기도 한다.

〈대왕소래(大往小來)의 대왕(大往)〉은 건(乾 : ☰)이 위로 갔음[往]을 밝히고, 〈대왕소래(大往小來)의 소래(小來)〉는 곤(坤 : ☷)이 들어왔음[來]을 들어 비괘(否卦 : ䷋)가 〈비(否)〉 즉 막혀 고단한 시대[否]라고 계사(繫辭)한 것이다. 이에 「상사(象辭)」가 그 〈비(否)〉를 〈천지불교(天地不交)〉 즉 하늘땅이[天地] 통하지 않음[不交]이라고 풀이하고, 이어서 〈불리군자정(不利君子貞)〉의 계사(繫辭)를 〈군자이검덕피난(君子以儉德辟難)〉이라고 풀이하여, 군자가[君子] 덕을[德] 저버리고[儉] 환란을[難] 피한다[辟]라고 밝힌다. 자연의 규율[天道]을 따라 행하기를[德] 저버리고[險] 환란을[難] 피함으로[辟] 군자가 세상에 나가지 않음을 〈불가영이록(不可榮以祿)〉 즉 녹봉[祿]으로써[以] 영화를 누릴[榮] 수 없음[不可]을 밝힌 것이 〈천지불교비(天地不交否) 군자이검덕피난(君子以儉德辟難) 불가영이록(不可榮以祿)〉이다.

拔茅貞吉(발모정길) 志在君也(지재군야)

떠를[茅] 뽑아[拔] 마음이 진실로 미더워[貞] 좋음은[吉] 뜻이[志] 임금에게[君] 있음[在]이다[也].

비괘(否卦 : ䷋) 초륙(初六 : --)의 효상(爻象)을 〈발모여(拔茅茹) 이기휘정(以其彙貞) 길(吉) 형(亨)〉이라 계사(繫辭)한 것을 〈발모정길(拔茅貞吉) 지재군야(志在君也)〉라고 풀이한다.

비괘(否卦 : ䷋) 초륙(初六 : --)의 계사(繫辭)는 태괘(泰卦 : ䷊) 초구(初九 : —)의 계사(繫辭)와 같다. 물론 태괘(泰卦 : ䷊) 초구(初九 : —)의 〈기휘(其彙)의 휘(彙)〉는 대(大)의 무리[彙]이고, 비괘(否卦 : ䷋) 초륙(初六 : --)의 〈기휘(其彙)의 휘(彙)〉는 소(小)의 무리[彙]인지라 서로 다르다. 대(大)의 무리[彙]는 뜻이 서로 달라도 상화(相和) 즉 서로[相] 어울리는[和] 무리이다. 그러나 소(小)의 무리[彙]는 뜻이 서로 같아야 상동(相同) 즉 서로[相] 패거리 짓는[同] 무리이다. 〈비(否)〉 즉 막혀서 고통스러운[否] 세상에서는 뜻이 서로 같은 패거리끼리 결속해야 그 고통을 극복해 나갈 수 있다. 서로 무리 짓는 띠풀을 빌려 비괘(否卦 : ䷋) 초륙(初六 : --)의 효상(爻象)을 〈발모여(拔茅茹)〉라고 계사(繫辭)한 셈이다. 태괘(泰卦 : ䷊) 초구(初九 : —)의 효상(爻象)은 〈발모여(拔茅茹) 이기휘정(以其彙征)〉을 〈길(吉)〉이라 계사(繫辭)했지만, 〈비(否)〉 즉 막혀 고단한 시대[否]의 세상은 침체하므로 마음가짐이 곧고 발라야[貞] 불행을 피할 수 있기에, 〈발모여(拔茅茹) 이기휘정(以其彙貞)〉을 〈길(吉) 형(亨)〉이라고 계사(繫辭)한 것이다. 이에 「상사(象辭)」가 〈발모(拔茅)〉를 〈정길(貞吉)〉 즉 마음이 진실로 미더워[貞] 행복하다[吉] 밝히고, 그 〈정길(貞吉)의 정(貞)〉이 〈군(君)〉 즉 임금[君]에게 있다고 풀이한 것이 〈지재군야(志在君也)〉이다.

大人否亨(대인비형) 不亂群也(불란군야)

대인은[大人] 막혔어도[否] 형통함은[亨] 무리를[群] 어지럽히지 않음[不亂]이다[也].

비괘(否卦 : ䷋) 육이(六二 : --)의 효상(爻象)을 〈포승(包承) 소인길(小人吉) 대인비(大人否) 형(亨)〉이라고 계사(繫辭)한 것을 〈대인비형(大人否亨) 불란군야(不

亂群也)〉라고 풀이한다.

비괘(否卦 : ䷋) 육이(六二 : --)는 정당한 자리에 있고 구오(九五 : ─)와 중정(中正)-정응(正應)을 누림으로써 포용(包容)하는 모습이다. 그러나 육이(六二 : --)와 구오(九五 : ─)가 하체(下體)인 곤(坤 : ☷)과 상체(上體)인 건(乾 : ☰)이 서로 막고[否] 있는 비괘(否卦 : ䷋)의 주제인 〈비(否)〉 즉 막힘[否]의 시국을 대통(大通)으로 바꿀 수는 없는 운명이다. 이러한 운명을 감수하면서 구오(九五 : ─)의 뜻을 받들어 충성스러운 신하로서 육이(六二 : --)가 초륙(初六 : --) 즉 백성을 다스리는 모습을 계사(繫辭)한 것이 〈포승(包承)〉이다. 대인(大人)이 막혀 고단한 시대[否]를 저항하지 않고 안수기비(安守其否) 즉 그[其] 막혀 고단한 시대를[否] 편안하게[安] 지키기[守] 때문에, 「상사(象辭)」가 대인(大人)이 〈비(否)〉 즉 막힘에도[否] 통하는[亨] 까닭을 밝힌 것이 〈대인비형(大人否亨) 불란군야(不亂群也)〉이다.

包羞(포수) 位不當也(위부당야)

부끄러움을[羞] 포용함은[包] 자리가[位] 마땅치 않음[不當]이다[也].

비괘(否卦 : ䷋) 육삼(六三 : --)의 효상(爻象)을 〈포수(包羞)〉라고 계사(繫辭)한 것을 〈포수(包羞) 위부당야(位不當也)〉라고 풀이한다.

올라갈 수 없다면 머물러야[止] 함을 받아들이는 비괘(否卦 : ䷋) 육삼(六三 : --)이 대인(大人)다운 기상(氣象)을 간직함을 〈포수(包羞)〉라고 계사(繫辭)한 것이다. 소인(小人)은 수치(羞恥)를 당하면 견디지 못하고 분노하면서 아우성친다. 그러나 대인(大人)은 당한 수치(羞恥)를 참아내고 포용한다. 이러한 대인(大人)의 모습을 비괘(否卦 : ䷋) 육삼(六三 : --)이 간직함을 밝힌 것이 〈포수(包羞)〉이다. 이를 「상사(象辭)」가 비괘(否卦 : ䷋) 육삼(六三 : --)의 자리[位]가 양(陽 : ─)의 자리이지 음(陰 : --)의 자리가 아님을 알고 머물러야 하는 육삼(六三 : --)의 효상(爻象)을 풀이한 것이 〈위부당야(位不當也)〉이다.

有命无咎(유명무구) 志行也(지행야)

천명이[命] 있으니[有] 허물이[咎] 없음은[无] 뜻이[志] 행해짐[行]이다[也].

비괘(否卦 : ䷋) 구사(九四 : ㅡ)의 효상(爻象)을 〈유명무구(有命无咎) 주리지(疇離祉)〉라고 계사(繫辭)한 것을 〈유명무구(有命无咎) 지행야(志行也)〉라고 풀이한다.

비괘(否卦 : ䷋) 구사(九四 : ㅡ)는 정당하지 못한 자리에 있고, 비괘(否卦 : ䷋)의 괘상(卦象)인 〈대왕소래(大往小來)〉에 따라 구사(九四 : ㅡ)는 〈왕(往)〉 즉 떠나가기[往]를 개시(開始)해야 할 천명이[命] 있다[有]고 계사(繫辭)한 것이다. 왕자필복래(往者必復來) 즉 가는[往] 것은[者] 반드시[必] 돌아옴[復來]이 순환(循環)하고 왕래(往來)하는 천도(天道) 즉 자연의[天] 규율[道]이라는 정리(定理)가 〈유명(有命)의 명(命)〉이다. 그러니 천도(天道)의 명(命)을 따르는 구사(九四 : ㅡ)에게는 〈무구(无咎)〉 즉 허물이[咎] 없다[无]. 천명(天命)을 따르면 그 무엇이든 허물이 없다. 비괘(否卦 : ䷋) 구사(九四 : ㅡ)에게 시왕(始往) 즉 가기를[往] 시작함[始]이란 천지(天地)가 불교(不交)하여 막혀 고단한 시대[否]를 벗어나 천지(天地)가 통하여[交] 행복으로 돌아가기 시작함을 암시한 계사(繫辭)가 〈주리지(疇離祉)〉이다. 이러한 〈주리지(疇離祉)〉를 「상사(象辭)」가, 구사(九四 : ㅡ)가 〈유명(有命)〉 즉 명령을 받아[有命] 초륙(初六 : --) 즉 백성의 무리들을 〈비(否)〉 즉 막혀 고단한 시대[否]로부터 벗어나 〈지(祉)〉 즉 행복[祉]으로 이끌려는 뜻을[志] 행함[行]이라고 풀이한 것이 〈유명무구(有命无咎) 지행야(志行也)〉이다.

大人之吉(대인지길) 位正當也(위정당야)

대인의[大人之] 좋음은[吉] 자리가[位] 정당함[正當]이다[也].

비괘(否卦 : ䷋) 구오(九五 : ㅡ)의 효상(爻象)을 〈휴비(休否) 대인길(大人吉) 기망기망(其亡其亡) 계우포상(繫于苞桑)〉이라고 계사(繫辭)한 것을 〈대인지길(大人之吉) 위정당야(位正當也)〉라고 풀이한다.

비괘(否卦 : ䷋) 구오(九五 : ㅡ)는 육이(六二 : --)와 〈중정(中正)-정응(正應)〉을 누려 득중(得中) 즉 정도를 따름을[中] 취하는[得] 임금의 자리[君位]이므로, 구오(九五 : ㅡ)는 성군(聖君)의 효상(爻象)임을 〈휴비(休否) 대인길(大人吉)〉이라고 계사(繫辭)한 것이다. 〈휴비(休否)〉는 비세(否世) 즉 막혀 고단한 시대[否世]를 멈추게[休止] 함을 성군(聖君)으로서 〈대인(大人)〉이 이루어냄을 계사(繫辭)한 것이다. 〈대인길(大人吉)〉은 막혀 고단한 시대[否]를 대인(大人)이 멈추게 하였으니[休]

세상이 행복하다[吉]는 것이지 대인(大人) 자신의 〈길(吉)〉은 아니다. 그러나 〈대인(大人)〉이 〈휴비(休否)〉를 이루었다 해서 백성이 만심(慢心)해서는 안 됨을 계사(繫辭)한 것이 〈기망기망(其亡其亡)〉이다. 〈잊을 거냐[其亡] 잊을 거냐[其亡]〉 이렇게 거듭함은 결코 불망(不忘) 즉 잊지 말라[不忘] 함이다. 무엇을 잊지 말라 함인가? 비가[否] 가면[往] 태가[泰] 오고[來] 통하여 행복한 세상이[泰] 가면[往] 막혀 고단한 시대가[否] 옴을[來] 어찌 잊겠느냐는 것이 〈기망기망(其亡其亡)〉이다. 이에 「상사(象辭)」가 구오(九五 : ⚊)의 계사(繫辭) 중에서 〈대인길(大人吉)〉을 양강(陽剛) 즉 양기의[陽] 굳센[剛] 구오(九五 : ⚊)가 정위(正位)에서 정도를[正] 따라[中] 〈휴비(休否)〉 즉 막혀 고단한 시대를[否] 멈추게[休] 한 것이라 풀이하고, 정당(正當)한 자리에서 〈대인(大人)〉으로서 성군(聖君)이 왕(王) 노릇을 하는 것임을 밝힌 것이 〈대인지길(大人之吉) 위정당야(位正當也)〉이다.

否終則傾(비종즉경) 何可長也(하가장야)

막혀 고단한 시대가[否] 끝나면[終] 곧[則] {통하여 평안한 태(泰)로} 기울어지니[傾] 어찌[何] {비(否)가} 오래갈[長] 수 있을 것[可]인가[也].

비괘(否卦 : ䷋) 상구(上九 : ⚊)의 효상(爻象)을 〈경비(傾否) 선비(先否) 후희(後喜)〉라고 계사(繫辭)한 것을 〈비종즉경(否終則傾) 하가장야(何可長也)〉라고 풀이한다.

비괘(否卦 : ䷋)의 상구(上九 : ⚊)는 극상(極上)의 효상(爻象)이기 때문에 비괘(否卦 : ䷋)에서 나가는[往] 모습이다. 비괘(否卦 : ䷋)에서 나간다[往] 함은 〈비(否)〉 즉 막혀 고단한 시대[否]는 가고 이어서 통하여 태평한 시대[泰]가 장차 도래(到來)하게 됨을 뜻한다. 이런 자연의[天] 이치[道]를 밝힌 계사(繫辭)가 바로 〈선비(先否)〉이다. 〈선비(先否)〉는 비괘(否卦 : ䷋)의 상구(上九 : ⚊)로서 겪는 막혀 고단한 시대[否]를 밝히고, 〈후희(後喜)〉는 비괘(否卦 : ䷋)의 상구(上九 : ⚊)가 변효(變爻)하여 췌괘(萃卦 : ䷬)의 상륙(上六 : ⚋)으로서 췌괘(萃卦 : ䷬)를 떠나기 싫어 〈재자체이(齎咨涕洟) 무구(无咎)〉라고 한 췌괘(萃卦 : ䷬) 상륙(上六 : ⚋)의 계사(繫辭)를 환기시킨다. 췌괘(萃卦 : ䷬)의 상륙(上六 : ⚋)은 성군(聖君)이 신하와 백성을 중정(中正)으로써 다스려 평안함을 누림을 떠나기가 아쉬워 슬퍼서[齎咨] 눈물이[涕] 눈과 코를 적신다[洟]고 계사(繫辭)한 것이다. 이러한 췌괘(萃卦 : ䷬) 상륙(上六 : ⚋)의 계사(繫辭)를 떠올린다면, 여기 〈후희(後喜)〉가 막혀 고단한 시대[否]가 떠나고[往] 통하여 평안한 시대[泰]가 도래(到來)하는 천도(天道)를 밝히는 계사(繫辭)임을 간파할 수 있다. 이에 「상사(象辭)」가 〈경비(傾否)〉를 막혀 고단한 시대가[否] 끝나면[終] 곧장[則] 통하여 평안한 시대로[泰] 기울어짐[傾]이라고 풀이하고, 동시에 막혀 고단한 시대[否]는 백성이 싫어하므로 오래 갈 수 없음을 반어법으로 강조하여 〈비(否)〉의 시대가 어찌[何] 오래갈[長] 수 있겠냐[可]고 반문한 것이 〈비종즉경(否終則傾) 하가장야(何可長也)〉이다.

13 동인괘(同人卦 : ䷌) 상사(象辭)

이하건상(離下乾上) : 아래는[下] 이(離 : ☲), 위는[上] 건(乾 : ☰).

천화동인(天火同人) : 하늘과[天] 불은[火] 동인이다[同人].

天與火同人이다 君子以類族하고 辨物한다 出門同人은 又誰咎也리오 同人于宗이 吝道也이다 伏戎于莽은 敵剛也이다 三歲不興이니 安行也리오 乘其墉은 義弗克也이다 其吉은 則困而反則也이다 同人之先은 以中直也이다 大師相遇는 言相克也이다 同人于郊는 志未得也이다

(천여화동인 군자이류족 변물 출문동인 우수구야 동인우종 인도야 복융우망 적강야 삼세불흥 안행야 승기용 의불극야 기길 즉곤이반칙야 동인지선 이중직야 대사상우 언상극야 동인우교 지미득야)

하늘이[天] 불과[火] 함께함이[與] 동인괘이다[同人]. 군자는[君子] (동인괘로) 말미암아[以] 무리를[族] 모으고[類] 물건을[物] 분별한다[辨]. 문을[門] 나가서[出] 사람들과[人] 어울림은[同] 또[又] 누구를[誰] 허물할 것[咎]인가[也]. 겨레붙이[宗]로[于] 사람들과[人] 어울림은[同] 부끄러움의[吝] 근원[道]이다[也]. 우거진 풀숲에[于莽] 온갖 무기와 병사를[戎] 숨겨 둔은[伏] 적군이[敵] 굳셈[剛]이다[也]. 삼 년에도[三歲] 발동하지 못하니[不興] 어찌[安] 행할 것[行]인가[也]. 그[其] 성벽에[墉] 올라가 있음은[乘] 의로움이[義] (공격할) 수 없음[弗克]이다[也]. 그것이[其] 좋음은[吉] 곧[則] 곤궁하면[困而] 변함없는 법칙으로[則] 돌아오는 것[反]이다[也]. 사람들과[人] 어울림을[同之] 먼저 함은[先] 정도를 따름을[中] 행함이[以] 정직함[直]이다[也]. 큰[大] 군사가[師] 서로[相] 만남은[遇] 서로[相] {동인(同人)을} 이룩함을[克] 말함[言]이다[也]. 밖의 끝에서[于郊] 사람들이[人] 어울림은[同] 뜻을[志] 아직 얻지 못함[未得]이다[也].

【지남(指南)】

天與火同人(천여화동인) 君子以類族(군자이류족) 辨物(변물)

하늘이[天] 불과[火] 함께함이[與] 동인괘이다[同人]. 군자는[君子] (동인괘로) 말미암아[以] 무리를[族] 모으고[類] 물건을[物] 분별한다[辨].

동인괘(同人卦 : ䷌)의 괘상(卦象)을 〈동인우야(同人于野) 형(亨) 이섭대천(利涉大川) 이군자정(利君子貞)〉이라고 계사(繫辭)한 것을 〈천여화동인(天與火同人) 군자이류족(君子以類族) 변물(辨物)〉이라고 풀이한다.

막혀 고단한 시대[否]가 가고 사람과 사람이 어울려 조화(調和)를 누리는 시대[泰]가 도래(到來)하는 것이 천도(天道) 즉 자연의[天] 이치[道]이다. 따라서 비괘(否卦 : ䷋) 다음에 동인괘(同人卦 : ䷌)가 온 것이다. 동인괘(同人卦 : ䷌)의 괘상(卦象)은 하늘은[天] 위에[上] 있고 불은[火] 아래에[下] 있다. 그래서 동인괘(同人卦 : ䷌)를 이하건상(離下乾上)이라 한다. 화세(火勢) 즉 불의[火] 기세[勢]는 위로 올라가려 한다. 위로 올라가려는 화세(火勢)는 인심(人心)이란 모름지기 상진(上進) 즉 위로[上] 나아가며[進] 조화(調和)하기를 좋아함과 상통(相通)한다. 이에 동인괘(同人卦 : ䷌)의 괘상(卦象)을 상체(上體) 건(乾 : ☰)의 방위(方位)로써 계사(繫辭)한 것이 〈동인우야(同人于野)〉이다. 상체(上體) 건(乾 : ☰)의 방위가 서북(西北)이다. 서북(西北)은 광활한 평원이 펼쳐지는 지역을 비유한다. 건(乾 : ☰)의 방위 즉 서북(西北)을 빌려서 박애(博愛) 즉 넓고 넓은[博] 인류애[愛]를 일깨워 조화를 누리게 하는 계사(繫辭)가 〈동인우야(同人于野) 형(亨)〉이다. 〈형(亨)〉을 이은 계사(繫辭)가 〈이섭대천(利涉大川)〉이다. 〈섭대천(涉大川)〉이란 어려운 일이라도 감행하라는 것이다. 〈이섭대천(利涉大川)〉은 바로 박애지유(博愛之喩) 즉 박애를[博愛之] 일깨워 깨우치게 함[喩]이 오로지 진실로 미더운[貞] 군자(君子)의 시덕(施德)인지라 〈이섭대천(利涉大川)〉을 이어 밝힌 계사(繫辭)가 〈이군자정(利君子貞)〉이다.

비괘(否卦 : ䷋)의 〈비(否)〉를 벗어난 동인괘(同人卦 : ䷌)의 괘상(卦象)을 「상사(象辭)」가 묶어서 〈천여화동인(天與火同人)〉이라고 풀이한다. 〈천여화동인(天與火同人)〉에서 〈천(天)〉은 동인괘(同人卦 : ䷌)의 상체(上體)인 건(乾 : ☰)을 말하고,

〈화(火)〉는 동인괘(同人卦 : ䷌)의 하체(下體)인 이(離 : ☲)를 말한다. 불과[與火] 하늘[天]이 화합함을 〈동인(同人)〉이라 계사(繫辭)한 것임을 풀이한 것이 〈천여화동인(天與火同人) 군자이류족(君子以類族) 변물(辨物)〉이다.

出門同人(출문동인) 又誰咎也(우수구야)

문을[門] 나가서[出] 사람들과[人] 어울림은[同] 또[又] 누구를[誰] 허물할 것[咎]인가[也].

동인괘(同人卦 : ䷌) 초구(初九 : ⚊)의 효상(爻象)을 〈동인우문(同人于門) 무구(无咎)〉라고 계사(繫辭)한 것을 〈출문동인(出門同人) 우수구야(又誰咎也)〉라고 풀이한다.

동인괘(同人卦 : ䷌) 초구(初九 : ⚊)를 〈동인우문(同人于門)〉이라 계사(繫辭)한 것이다. 〈동인우문(同人于門)의 우문(于門)〉은 동인괘(同人卦 : ䷌) 초구(初九 : ⚊)가 변효(變爻)로써 취해진 효상(爻象)을 말한다. 초구(初九 : ⚊)가 변효(變爻)하면 초구(初九 : ⚊)의 기(奇) 즉 양(陽 : ⚊)이 우(耦) 즉 음(陰 : ⚋)으로 변하여 초륙(初六 : ⚋)이 되어, 동인괘(同人卦 : ䷌)의 하체(下體)인 이(離 : ☲)는 간(艮 : ☶)으로 지괘(之卦)한다. 〈동인우문(同人于門)의 우문(于門)〉이 동인괘(同人卦 : ䷌) 초구(初九 : ⚊)의 자리[位]를 그 변효(變爻)로써 취상(取象)한 것이다. 이에 동인괘(同人卦 : ䷌) 초구(初九 : ⚊)가 실내(室內)가 아니라 당문(當門) 즉 문간[當門]에 있는 모습임을 밝힌 것이 〈동인우문(同人于門)의 우문(于門)〉이다. 이어서 〈무구(无咎)〉라 한 것은 〈동인우문(同人于門)의 동인(同人)〉을 풀이한다. 사람들이 이 패 저 패로 나눠짐은 유구(有咎)하지만, 사람들이 서로 어울려 하나가 됨은 〈무구(无咎)〉 즉 허물이[咎] 없다[无].

이에 「상사(象辭)」가 〈출문동인(出門同人)〉이라고 밝혀, 〈동인우문(同人于門)의 동인(同人)〉이 초구(初九 : ⚊)와 육이(六二 : ⚋)가 〈비(比)〉 즉 더없는 이웃의 사귐을 누리는 모습을 계사(繫辭)한 것임을 말한다. 동인괘(同人卦 : ䷌)의 하체(下體) 이(離 : ☲)의 이효(二爻 : ⚋)는 실내(室內)에 있는 모습이다. 〈출문동인(出門同人)의 출문(出門)〉은 동인괘(同人卦 : ䷌)의 육이(六二 : ⚋)가 초구(初九 : ⚊)가 있는 문간으로[于門] 나와[出] 초구(初九 : ⚊)를 맞이하는 모습이다. 이는 곧 육이(六二 : --)인 신하와 초구(初九 : —)인 백성이 서로 어울려 하나가 되어, 만사(萬事)가 통하여 평안한 시대[泰]를 누림인데 어찌[又] 무슨[誰] 허물이[咎] 있겠느냐고 반문하여 한층 더 강조한 것이 〈우수구야(又誰咎也)〉이다.

同人于宗(동인우종) 吝道也(인도야)

겨레붙이[宗]로[于] 사람들과[人] 어울림은[同] 부끄러움의[吝] 근원[道]이다[也].

동인괘(同人卦 : ䷌) 육이(六二 : --)의 효상(爻象)을 〈동인우종(同人于宗) 인(吝)〉이라고 계사(繫辭)한 것을 〈동인우종(同人于宗) 인도야(吝道也)〉라고 풀이한다.

동인괘(同人卦 : ䷌)에서 육이(六二 : --)는 유일한 음유(陰柔)의 음효(陰爻 : --)인지라 동인괘(同人卦 : ䷌)의 주효(主爻) 노릇을 한다. 동인괘(同人卦 : ䷌)에서 양강(陽剛)의 다섯 양효(陽爻 : —)들이 육이(六二 : --)와 상화(相和) 즉 서로[相] 어울리고[和] 싶어 하지만, 결정권을 쥐고 있는 육이(六二 : --)가 구오(九五 : —)와 중정(中正)-정응(正應)을 누림으로써, 비록 군왕(君王)의 자리에 있는 구오(九五 : —)이지만 구오(九五 : —)를 사로잡아버린 모습이 곧 동인괘(同人卦 : ䷌) 육이(六二 : --)의 계사(繫辭)인 〈동인우종(同人于宗)〉이다. 〈동인우종(同人于宗)의 우종(于宗)〉은 〈동인(同人)〉을 군왕(君王)의 자리에서 양강(陽剛)한 구오(九五 : —)가 주도함이 아니라, 신하의 자리일지언정 음유(陰柔)한 육이(六二 : --)가 주도함을 암시한다.

〈동인우종(同人于宗)의 종(宗)〉은 종묘(宗廟) 또는 종당(宗黨) 즉 한 겨레붙이의[宗] 끼리[黨]를 뜻한다. 대지(大地)는 온갖 족속(族屬)들이 모여 사는 곳이니 크다[大]. 그러나 종묘(宗廟)는 한 조상의 후손들이 모여 친애(親愛)를 도모하는 자리이니 작다[小]. 그러므로 〈동인우야(同人于野)의 야(野)〉는 크고 〈동인우종(同人于宗)의 종(宗)〉은 작다. 이에 「상사(象辭)」가 동인괘(同人卦 : ䷌) 육이(六二 : --)의 계사(繫辭)인 〈인(吝)〉을 〈인도(吝道)〉라고 확대하여 풀이한다. 〈동인우종(同人于宗)〉은 부끄러움의[吝羞之] 근원[道]이고, 더러움의[鄙吝之] 근원[道]이다. 이러한 〈동인우종(同人于宗)〉이야말로 대동(大同)의 〈동인(同人)〉이 누리게 하는 대공(大

公)의 박애(博愛)를 떨쳐버리고, 소동(小同)의 〈동인(同人)〉이 도모하는 사친(私親)의 편애(偏愛)로 치우침인지라 온갖 부끄럽고 더러운[吝] 근원[道]임을 잘라 밝힌 것이 〈인도야(吝道也)〉이다.

伏戎于莽(복융우망) 敵剛也(적강야) 三歲不興(삼세불흥) 安行也(안행야)

우거진 풀숲에[于莽] 온갖 무기와 병사를[戎] 숨겨 둠은[伏] 적군이[敵] 굳셈[剛]이다[也]. 삼 년에도[三歲] 발동하지 못하니[不興] 어찌[安] 행할 것[行]인가[也].

동인괘(同人卦 : ䷌) 구삼(九三 : ⚊)의 효상(爻象)을 〈복융우망(伏戎于莽) 승기고릉(升其高陵) 삼세불흥(三歲不興)〉이라고 계사(繫辭)한 것을 〈복융우망(伏戎于莽) 적강야(敵剛也) 삼세불흥(三歲不興) 안행야(安行也)〉라고 풀이한다.

외롭고[孤立] 도움을 받을 데가[援] 없는[無] 동인괘(同人卦 : ䷌)의 구삼(九三 : ⚊)을 〈복융우망(伏戎于莽) 승기고릉(升其高陵)〉이라고 계사(繫辭)한 것이다. 동인괘(同人卦 : ䷌)에서 이(離 : ☲)는 내괘(內卦) 즉 드러나지 않는 괘(卦)이므로 구삼(九三 : ⚊)의 효상(爻象)을 우거진 풀숲에[于莽] 모든 무기와 군사를[戎] 드러나지 않게 매복시킴[伏]이라 한 것이다. 동시에 구삼(九三 : ⚊)은 양강(陽剛)인지라 〈복융(伏戎)〉의 자리가 작은[小] 데가 아니라 큰 데[大] 임을 밝힌 계사(繫辭)가 〈우망(于莽)〉이다. 작은 데인 〈우종(于宗)〉 즉 종묘(宗廟) 안에는[于宗] 우거진 풀숲[莽]이란 없다. 그러나 〈우야(于野)〉 즉 드넓은 벌판에는[于野] 우거진 풀숲[莽]이 있다. 그리고 〈승기고릉(升其高陵)〉은 구삼(九三 : ⚊)이 동인괘(同人卦 : ䷌) 하체(下體)인 이(離 : ☲)의 상효(上爻)로서 승고(升高) 즉 높은 데[高] 오름[升]이라 한 것이다. 이에 「상사(象辭)」가 구삼(九三 : ⚊)이 우거진 풀숲에[于莽] 병사를[戎] 숨겨둔[伏] 까닭을 구삼(九三 : ⚊)이 대적해야 할 상대[敵]가 구삼(九三 : ⚊)보다 강대(剛大)하기 때문이라고 밝힌 것이 〈적강야(敵剛也)〉이고, 삼 년이[三歲] 가도 병사를[戎] 발동하지 않음[不興]이란 결국 구삼(九三 : ⚊)이 대적하여 싸우지 못할 것임을 반어법으로 어찌[安] 행하겠느냐[行]고 밝힌 것이 〈안행야(安行也)〉이다.

乘其墉(승기용) 義弗克也(의불극야) 其吉(기길) 則困而反則也(즉곤이반칙야)

그[其] 성벽에[墉] 올라가 있음은[乘] 의로움이[義] (공격할) 수 없음[弗克]이다[也]. 그것이[其] 좋음은[吉] 곧[則] 곤궁하면[困而] 변함없는 법칙으로[則] 돌아오는 것[反]이다[也].

동인괘(同人卦 : ䷌) 구사(九四 : ━)의 효상(爻象)을 〈승기용(乘其墉) 불극공(弗克攻) 길(吉)〉이라고 계사(繫辭)한 것을 〈승기용(乘其墉) 의불극야(義弗克也) 기길(其吉) 즉곤이반칙야(則困而反則也)〉라고 풀이한다.

동인괘(同人卦 : ䷌) 구사(九四 : ━)를 〈승기용(乘其墉) 불극공(弗克攻)〉이라고 계사(繫辭)한 것이다. 〈승기용(乘其墉)〉은 구사(九四 : ━)가 기(奇) 즉 양(陽 : ━)에서 우(耦) 즉 음(陰 : ╍)으로 변효(變爻)하여, 동인괘(同人卦 : ䷌)의 상체(上體)인 건(乾 : ☰)이 손(巽 : ☴)으로 지괘(之卦)함을 들어 구사(九四 : ━)를 암시한다. 〈승기용(乘其墉)의 용(墉)〉은 성벽(城壁)인지라 높은 곳에[墉] 올라가[乘] 있는 모습이 곧 구사(九四 : ━)의 모습이다. 구사(九四 : ━)가 제[其] 성벽에[墉] 올라가[乘] 있다 함은 높은 데서 낮은 데를 살펴봄을 말한다. 이는 곧 구사(九四 : ━)가 상적(相敵)하고 있는 초구(初九 : ━)를 내려다봄을 말한다.

만약 구사(九四 : ━)가 초구(初九 : ━)를 공격한다면, 동인괘(同人卦 : ䷌)의 괘상(卦象)인 대동(大同)의 시대와 어긋난다. 왜냐하면 이상폭하(以上暴下) 즉 위[上]로써[以] 아래를[下] 짓밟음[暴]을 대동(大同)의 천도(天道)가 허락하지 않기 때문이다. 그렇기 때문에 구사(九四 : ━)의 계사(繫辭)를 〈불극공(弗克攻)〉이라 한 것이다. 구사(九四 : ━)가 높은 데서 아래의 초구(初九 : ━)를 관망할 뿐 공격할[攻] 수 없음[弗克]은 동인괘(同人卦 : ䷌)의 〈대동(大同)〉을 구사(九四 : ━)가 따름인지라 〈길(吉)〉이라고 계사(繫辭)한 것이다. 이에 「상사(象辭)」가 구사(九四 : ━)가 성벽을[墉] 내려오지 않고 올라가[乘] 있음은 힘으로써만 할 수 없음[弗克]을 밝힌 계사(繫辭) 〈승기용(乘其墉)〉이 뜻함을 〈의불극(義弗克)〉이라 풀이한다. 이어서 동인괘(同人卦 : ䷌) 구사(九四 : ━)의 계사(繫辭)가 밝힌 〈불극공(弗克攻) 길(吉)〉을 〈기길(其吉)〉로 줄인 다음, 불의(不義)에 빠지면 곤궁[困]을 면치 못하므로 구사(九四 : ―)가 상칙으로[則] 돌아옴[反]으로써 〈곤(困)〉 즉 궁색함[困]을 면하고 길(吉)을 누림을 밝힌 것이 〈즉곤이반칙야(則困而反則也)〉이다.

同人之先(동인지선) 以中直也(이중직야) 大師相遇(대사상우) 言相克也(언상극야)

사람들과[人] 어울림을[同之] 먼저 함은[先] 정도를 따름을[中] 행함이[以] 정직함[直]이다[也]. 큰[大] 군사가[師] 서로[相] 만남은[遇] 서로[相] {동인(同人)을} 이룩함을[克] 말함[言]이다[也].

동인괘(同人卦 : ䷌) 구오(九五 : ―)의 효상(爻象)을 〈동인선호도이후소(同人先號咷而後笑) 대사극(大師克) 상우(相遇)〉라고 계사(繫辭)한 것을 〈동인지선(同人之先) 이중직야(以中直也) 대사상우(大師相遇) 언상극야(言相克也)〉라고 풀이한다.

구삼(九三 : ―)-구사(九四 : ―)의 가로막음을 극복해야 하는 모습인 동인괘(同人卦 : ䷌)의 구오(九五 : ―)를 〈동인선호도이후소(同人先號咷而後笑)〉라고 계사(繫辭)했다. 〈동인선호도(同人先號咷)의 동인(同人)〉은 구오(九五 : ―)와 육이(六二 : --)가 중정(中正)-정응(正應)으로써 상화(相和)를 누림을 밝힌다. 그러나 구오(九五 : ―)와 육이(六二 : --)의 이러한 동심(同心)은 동인괘(同人卦 : ䷌)의 대동(大同)이 아니다. 이 때문에 구삼(九三 : ―)과 구사(九四 : ―)의 호응을 얻지 못함을 암시하기도 한 계사(繫辭)가 〈동인선호도(同人先號咷)〉이다. 먼저[先] 구오(九五 : ―)와 육이(六二 : --)가 중정(中正)-정응(正應)으로써 음양상화(陰陽相和)의 한마음[同心]을 몹시 서로 나누어 누리고자 하지만, 구삼(九三 : ―)과 구사(九四 : ―)의 이양(二陽) 때문에 결코 순탄치 않음을 〈호도(號咷)〉 즉 부르짖기도[號] 하고 울부짖기도[咷] 한다고 하였다. 우거진 풀숲에[于莽] 병사를 숨겨 두고[伏戎] 관망하는 신중한 구삼(九三 : ―)과 성벽에[于墉] 올라가[乘] 관망하는 신중한 구사(九四 : ―)가, 구오(九五 : ―)와 육이(六二 : --)의 중정(中正)-정응(正應)을 끝까지 가로막을 수 없음을 깨닫게 되었음을 암시한 것이 〈이후소(而後笑)〉이다.

〈대사극(大師克) 상우(相遇)〉는 구오(九五 : ―)가 군심(君心)으로 구사(九四 : ―)-구삼(九三 : ―)을 내침이 아니라, 구사(九四 : ―)-구삼(九三 : ―)에게로 들

어가[入] 중정(中正)의 군명을[命] 거듭 내려[申] 다스렸음[克]을 암시한다. 따라서 군왕(君王)으로서 구오(九五 : ⚊)가 구사(九四 : ⚊)-구삼(九三 : ⚊)을 이력(以力) 즉 힘[力]으로써[以] 굴복(屈服)시킨 것이 아니라, 이득중(以得中) 즉 정도를 따름을[中] 취함[得]으로써[以] 심복(心服)시킨 것임을 살펴 헤아리게 하는 것이 〈대사극(大師克)〉이다. 이에 〈상우(相遇)〉 즉 구오(九五 : ⚊)와 구사(九四 : ⚊)-구삼(九三 : ⚊)이 서로[相] 만남[遇]을 뜻한다. 따라서 〈상우(相遇)〉는 구오(九五 : ⚊)와 육이(六二 : ⚋)가 누리는 정응(正應)의 만남[遇]이면서, 동시에 구오(九五 : ⚊)와 구사(九四 : ⚊)-구삼(九三 : ⚊)이 누리는 대동(大同)의 만남[遇]을 아울러 뜻한다.

이에 「상사(象辭)」가 〈동인선호도이후소(同人先號咷而後笑)〉의 계사(繫辭)를 〈동인지선(同人之先)〉으로 줄여서 먼저[先] 부르짖기도[號] 하고 울부짖기도[咷] 하다가 뒤에는[而後] 웃는다[笑]고 밝힌 까닭을 풀이한 것이 〈이중직야(以中直也)〉이다. 그리고 〈대사극(大師克) 상우(相遇)〉라고 계사(繫辭)한 것을 〈대사상우(大師相遇)〉라고 줄여 밝힌 다음, 〈대사(大師)〉 즉 양강(陽剛)의 구오(九五 : ⚊)와 구사(九四 : ⚊)-구삼(九三 : ⚊)이 서로[相] 만나게[遇] 된 것은 사사로움을 버리고 구오(九五 : ⚊)의 득중(得中)으로써 상극(相剋) 즉 서로[相] 화합하지 못하고 충돌함[剋]을 벗어나 상극(相克) 즉 서로[相] 대동(大同)을 누리도록 다스림[克]임을 밝힌 것이 〈언상극야(言相克也)〉이다.

同人于郊(동인우교) 志未得也(지미득야)

밖의 끝에서[于郊] 사람들이[人] 어울림은[同] 뜻을[志] 아직 얻지 못함[未得]이다[也].

동인괘(同人卦 : ䷌) 상구(上九 : ⚊)의 효상(爻象)을 〈동인우교(同人于郊) 무회(无悔)〉라고 계사(繫辭)한 것을 〈동인우교(同人于郊) 지미득야(志未得也)〉라고 풀이한다.

동인괘(同人卦 : ䷌) 상구(上九 : ⚊)는 동인괘(同人卦 : ䷌)의 극위(極位)에 있는지라 아래의 효(爻)들에 아무런 영향을 미치지 못함을 들어 〈동인우교(同人于郊)〉라고 계사(繫辭)했다. 상구(上九 : ⚊)가 동인괘(同人卦 : ䷌)의 아래 효(爻)들과의 〈동인(同人)〉을 버리고 동인괘(同人卦 : ䷌)를 벗어나, 〈교(郊)〉 즉 읍성(邑城) 밖[外]에서 〈동인(同人)〉의 사업을 새로 시작함을 〈동인우교(同人于郊)〉가 암시한다. 이에 「상사(象辭)」가 〈우교(于郊)〉 즉 성(城) 밖에서 상구(上九 : ⚊)가 대동(大同)의 동인(同人)을 시작하려 하기 때문에 상구(上九 : ⚊)의 뜻이[志] 아직 이루어지지 못했지만[未得] 장차 이루어질 것임을 밝힌 것이 〈지미득야(志未得也)〉이다.

14 대유괘(大有卦 : ䷍) 상사(象辭)

건하이상(乾下離上) : 아래는[下] 건(乾 : ☰), 위는[上] 이(離 : ☲).

화천대유(火天大有) : 불과[火] 하늘은[天] 대유이다[大有].

火在天上이 大有이다 君子以遏惡揚善하여 順天休命
화재천상 대유 군자이알악양선 순천휴명

한다 大有初九는 无交害也이다 大車以載는 積中不敗
대유초구 무교해야 대거이재 적중불패

也이다 公用亨于天子는 小人害也이다 匪其彭이라 无
야 공용향우천자 소인해야 비기방 무

咎는 明辨晳也이다 厥孚交如는 信以發志也이고 威如
구 명변석야 궐부교여 신이발지야 위여

之吉은 易而无備也이다 大有上吉은 自天祐也이다
지길 이이무비야 대유상길 자천우야

불이[火] 하늘[天] 위에[上] 있음이[在] 대유괘이다[大有]. 군자는[君子] (대유괘를) 써서[以] 악을[惡] 멈추고[遏] 선을[善] 드러내[揚] 하늘의[天] 아름다운[休] 큰 부림을[命] 따른다[順]. 대유괘의[大有] 초구에는[初九] 사귈 것도[交] 해로울 것도[害] 없음[无]이다[也]. 큰[大] 수레[車]로써[以] 실음은[載] 가운데[中] 쌓아서[積] 실패하지 않음[不敗]이다[也]. 제후가[公] 천자에게[于天子] 조공을[亨] 바침은[用] 소인이[小人] 싫어하는 것[害]이다[也]. 그[其] 뽐냄이[彭] 아닌 것이라[匪] 허물이[咎] 없음은[无] 판단하고[辨] 분석함이[晳] 분명한 것[明]이다[也]. 그를[厥] 믿어주고[孚] 교류함은[交如] 신의[信]로써[以] (받듦의) 뜻을[志] 냄[發]이고[也], 위엄이 있음이[威如之] 길함은[吉] 화합하면서[易而] 경계함이[備] 없음[无]이다[也]. 대유괘의[大有] 상효가[上] 좋음은[吉] 하늘[天]로부터[自] 도움을 받는 것[祐]이다[也].

【지남(指南)】

火在天上(화재천상) 大有(대유) 君子以遏惡揚善(군자이알악양선) 順天休命(순천휴명)

불이[火] 하늘[天] 위에[上] 있음이[在] 대유괘이다[大有]. 군자는[君子] (대유괘를) 써서[以] 악을[惡] 멈추고[遏] 선을[善] 드러내[揚] 하늘의[天] 아름다운[休] 큰 부림을[命] 따른다[順].

대유괘(大有卦 : ䷍)의 괘상(卦象)을 〈대유(大有) 원형(元亨)〉이라고 계사(繫辭)한 것을 〈화재천상(火在天上) 대유(大有) 군자이알악양선(君子以遏惡揚善) 순천휴명(順天休命)〉이라고 풀이한다.

〈동인(同人)〉은 사람들과 어울려 하나가 됨인지라 세상은 풍성(豐盛)해진다. 이러한 풍성함이 〈대유(大有)〉이다. 이에 동인괘(同人卦 : ䷌) 다음에 대유괘(大有卦 : ䷍)가 온 것이다. 대유괘(大有卦 : ䷍)의 〈대유(大有)〉는 〈소유자대(所有者大)〉 즉 가진[有] 바의[所] 것이[者] 크다[大] 함은 대유괘(大有卦 : ䷍)에는 양효(陽爻)가 많다[大]는 것이다. 대유괘(大有卦 : ䷍)는 하늘[天] 위에[上] 불이[火] 있으니[在] 만물을 비추어주지 않음이 없어 그 밝음이 풍성한 모습이다. 이는 대유괘(大有卦 : ䷍)에는 육오(六五 : --) 일음(一陰)이지만 존위(尊位)에 있는 일유(一柔)인지라, 대유괘(大有卦 : ䷍)의 중양(衆陽)이 호응(互應)해 대유괘(大有卦 : ䷍)의 주효(主爻) 노릇을 하므로, 이러한 대유괘(大有卦 : ䷍)의 괘상(卦象)을 밝힌 괘사(卦辭)가 〈대유(大有) 원형(元亨)〉이다. 〈원형(元亨)〉은 곧 대형(大亨)이고 이는 대유괘(大有卦 : ䷍)의 중양(衆陽)이 육오(六五 : --)와 호응(互應)하는지라 크게[元] 통한다[亨]고 계사(繫辭)한 것이다. 이러한 대유괘(大有卦 : ䷍)는 소축괘(小畜卦 : ䷈)를 연상시킨다. 소축괘(小畜卦 : ䷈)도 일음(一陰)이 축양(畜陽) 즉 양기를[陽] 모으는[畜] 괘상(卦象)이지만, 소축자(所畜者) 즉 모으는[畜] 바의[所] 것[者]은 소자(小者) 즉 음기(陰氣)이기에, 「상사(象辭)」가 대유괘(大有卦 : ䷍)의 〈원형(元亨)〉을 본받아 군자(君子)가 악을[惡] 막고[遏] 선을[善] 드높여[揚] 하늘의[天] 아름다운[休] 큰 부림을[命] 따름[順]이라고 밝힌 것이 〈군자이알악양선(君子以遏惡揚善) 순천휴명(順天休命)〉이다.

大有初九(대유초구) 无交害也(무교해야)

대유괘의[大有] 초구에는[初九] 사귈 것도[交] 해로울 것도[害] 없음[无]이다[也].

대유괘(大有卦 : ䷍) 초구(初九 : ⚊)의 효상(爻象)을 〈무교해(无交害) 비구(匪咎) 간(艱) 즉무구(則无咎)〉라고 계사(繫辭)한 것을 〈대유초구(大有初九) 무교해야(无交害也)〉라고 풀이한다.

어렵고 외로운 모습인 대유괘(大有卦 : ䷍)의 초구(初九 : ⚊)를 〈무교해(无交害)〉라고 계사(繫辭)했다. 〈무교해(无交害)〉는 초구에게는[初九] 사귈 것도[交] 없고[无] 해로울 것도[害] 없는[无] 모습이라는 것이다. 따라서 초구(初九 : ⚊)를 〈비구(匪咎)〉라고 했다. 그리고 위로는 삼양(三陽)과 상적(相敵)의 처지인지라, 홀로 양강(陽剛)을 발휘해야 하는 대유괘(大有卦 : ䷍) 초구(初九 : ⚊)가 어려움을 겪지만[艱] 초구(初九 : ⚊)가 처한 자리 때문이지 초구(初九 : ⚊) 자체의 허물[咎] 탓이 아님을 밝힌 것이 〈간(艱) 즉무구(則无咎)〉이다. 이에 「상사(象辭)」가 대유괘(大有卦 : ䷍) 초구(初九 : ⚊)의 효상(爻象)은 사귈 것도[交] 없지만[无] 정당한 자리에 있는 양기(陽氣)로서 굳센지라[剛] 해로울 것도[害] 없음[无]을 밝힌 것이 〈무교해야(无交害也)〉이다.

大車以載(대거이재) 積中不敗也(적중불패야)

큰[大] 수레[車]로써[以] 실음은[載] 가운데[中] 쌓아서[積] 실패하지 않음[不敗]이다[也].

대유괘(大有卦 : ䷍) 구이(九二 : ⚊)의 효상(爻象)을 〈대거이재(大車以載) 유유왕(有攸往) 무구(无咎)〉라고 계사(繫辭)한 것을 〈대거이재(大車以載) 적중불패야(積中不敗也)〉라고 풀이한다.

대유괘(大有卦 : ䷍) 구이(九二 : ⚊)는 비(比) 즉 이웃의 사귐[比]을 누리지 못하지만, 존위(尊位)에 있는 육오(六五 : ⚋)와 정응(正應)해 육오(六五 : ⚋)의 신임을 받아 중임(重任)을 당당히 실행할 수 있기에 〈대거이재(大車以載)〉라고 계사(繫辭)했다. 〈대거(大車)〉는 대유괘(大有卦 : ䷍)의 하체(下體)인 건(乾 : ☰)을 들어 구이(九二 : ━)를 취상(取象)한 것이고, 건(乾 : ☰)의 중효(中爻)인 구이(九二 : ━)에게 군위(君位)에 있는 육오(六五 : ╍)가 중임(重任)을 맡김을 〈대거이재(大車以載)의 재(載)〉라고 계사(繫辭)한 것이다. 이어서 〈유유왕(有攸往)〉이란 육오(六五 : ╍)와 구이(九二 : ━)가 누리는 〈정응(正應)〉을 풀이한 계사(繫辭)이다. 구이(九二 : ━)는 양강(陽剛)이니 재승(才勝) 즉 능력이[才] 뛰어나고[勝], 육오(六五 : ╍)는 음유(陰柔)이니 겸순(謙順) 즉 겸허히[謙] 따름인[順] 데다 서로 득중(得中) 즉 정도를 따름을[中] 취하고[得] 있으니, 중임을 맡기고 중임을 받아 행함에 즉 〈유유왕(有攸往)〉에 허물[咎]이랄 것이 없음[无]을 계사(繫辭)한 것이 〈무구(无咎)〉이다. 이에 「상사(象辭)」가 계사(繫辭)인 〈대거이재(大車以載)〉를 〈적중불패(積中不敗)〉라고 풀이한다. 〈적중불패(積中不敗)의 적중(積中)〉은 육오(六五 : ╍) 즉 군왕(君王)이 신하인 구이(九二 : ━)에게 중임(重任)을 맡김을 뜻한다. 여기 〈적중(積中)의 중(中)〉은 대유괘(大有卦 : ䷍)의 하체(下體) 건(乾 : ☰)의 중효(中爻)인 구이(九二 : ━)를 말한다. 그리고 중임(重任)을 맡은 구이(九二 : ━)가 그 중임의 수행을 바라는 바대로 완수함을 밝힌 것이 〈적중불패야(積中不敗也)〉이다.

公用亨于天子(공용향우천자) 小人害也(소인해야)

제후가[公] 천자에게[于天子] 조공을[亨] 바침은[用] 소인이[小人] 싫어하는 것[害]이다[也].

대유괘(大有卦 : ䷍) 구삼(九三 : ━)의 효상(爻象)을 〈공용향우천자(公用亨于天子) 소인불극(小人弗克)〉이라고 계사(繫辭)한 것을 〈공용향우천자(公用亨于天子) 소인해야(小人害也)〉라고 풀이한다.

대유괘(大有卦 : ䷍) 구삼(九三 : ━)은 대부(大夫)의 자리인지라 작록(爵祿)을 받는 군자(君子)의 모습을 〈공용향우천자(公用亨于天子)〉라고 계사(繫辭)한 것이다. 제후(諸侯)에게 모이는 그 풍성한 물산(物産)을 제후(諸侯)가 다 갖지 않고 나누어 천자(天子)에게 바침을 〈공용향우천자(公用亨于天子)〉라고 밝힌다. 군자(君子)로서 제후(諸侯)는 〈천자(天子)〉에게 조공(朝貢)을 기꺼이 헌납하지만, 소인(小人)으로서 제후(諸侯)라면 그런 헌납을 감행할 수 없음을 밝힌 계사(繫辭)가 〈소인불극(小人弗克)〉이다. 이는 대유괘(大有卦 : ䷍)의 구삼(九三 : ━)이 변효(變爻)하여 대유괘(大有卦 : ䷍)의 하체(下體) 건(乾 : ☰)이 태(兌 : ☱)로 지괘(之卦)하는 경우를 들어, 건(乾 : ☰)의 상효(上爻)인지라 대유괘(大有卦 : ䷍)의 구삼(九三 : ⚊)이 군자(君子)이지 태(兌 : ☱)의 상효(上爻)라면 소인(小人)임을 암시하는 계사(繫辭)가 〈소인불극(小人弗克)〉임을 살펴 헤아리게 한다. 태(兌 : ☱)는 음괘(陰卦)인지라 소인(小人)의 상(象)이다. 이에 「상사(象辭)」가 군자(君子)는 공도(公道) 즉 공평무사(公平無私)한 길[公道]을 걷지만, 소인(小人)은 사도(私道)만을 고집하기 때문에 아무리 풍성한 물산(物産)을 간직했을지라도 남에게 주는 것을 싫어함[害]을 밝힌 것이 〈소인해야(小人害也)〉이다.

匪其彭(비기방) 无咎(무구) 明辨晳也(명변석야)

그[其] 뽐냄이[彭] 아닌 것이라[匪] 허물이[咎] 없음은[无] 판단하고[辨] 분석함이[晳] 분명한 것[明]이다[也].

대유괘(大有卦 : ䷍) 구사(九四 : ⚊)의 효상(爻象)을 〈비기방(匪其彭) 무구(无咎)〉라고 계사(繫辭)한 것을 〈비기방(匪其彭) 무구(无咎) 명변석야(明辨晳也)〉라고 풀이한다.

대유괘(大有卦 : ䷍) 구사(九四 : ⚊)는 대유괘(大有卦 : ䷍)의 외호괘(外互卦)인 태(兌 : ☱)의 중효(中爻)인지라, 이미 〈대유(大有)〉 즉 풍성함[大有]을 더욱 더 누리는 모습이다. 그 풍성함을 앞세워 구사(九四 : ⚊)가 〈방(彭)〉 즉 우쭐해진다면[彭], 천자(天子)인 육오(六五 : ⚋)의 직하(直下)이니 육오(六五 : ⚋)의 노여움을 살 수 있음을 구사(九四 : ⚊)가 알기 때문에, 우쭐해하지 않고 겸허(謙虛)함을 밝힌 계사(繫辭)가 〈비기방(匪其彭)〉이다. 여기 〈비기방(匪其彭)의 방(彭)〉은 교만(驕慢)함이 지나침을 뜻한다. 구사(九四 : ⚊)가 누리는 〈대유(大有)〉 즉 성대(盛大)함을 앞세워 구사(九四 : ⚊)가 우쭐해 잘난 척한다면[彭] 흉(凶)할 터이지만, 구사(九四 : ⚊)가 그렇게 방교(彭驕)하지 않는지라 구사(九四 : ⚊)에게 허물이[咎] 없다[无]고 밝힌 계사(繫辭)가 〈무구(无咎)〉이다. 이에 「상사(象辭)」가 구사(九四 : ⚊)에게 허물이[咎] 없다[无]고 하는 까닭을 구사(九四 : ⚊)가 판단하고[辨] 분석함이[晳] 분명한 것[明]이라고 밝힌 것이 〈명변석야(明辨晳也)〉이다.

厥孚交如(궐부교여) 信以發志也(신이발지야) 威如之吉(위여지길) 易而无備也(이이무비야)

그를[厥] 믿어주고[孚] 교류함은[交如] 신의[信]로써[以] (받듦의) 뜻을[志] 냄[發]이고[也], 위엄이 있음이[威如之] 길함은[吉] 화합하면서[易而] 경계함이[備] 없음[无]이다[也].

대유괘(大有卦 : ䷍) 육오(六五 : --)의 효상(爻象)을 〈궐부(厥孚) 교여(交如) 위여(威如) 길(吉)〉이라고 계사(繫辭)한 것을 〈궐부교여(厥孚交如) 신이발지야(信以發志也) 위여지길(威如之吉) 이이무비야(易而无備也)〉라고 풀이한다.

대유괘(大有卦 : ䷍) 육오(六五 : --)는 음유(陰柔)로써 굳센[剛] 구사(九四 : ━)-구삼(九三 : ━)-구이(九二 : ━)-초구(初九 : ━)들을 응대(應對)해야 하는 처지를 〈궐부(厥孚) 교여(交如) 위여(威如) 길(吉)〉이라고 계사(繫辭)한 것이다. 따라서 대유괘(大有卦 : ䷍)의 육오(六五 : --)가 득중(得中)하여 강강(剛强)한 중양(衆陽)을 무릅써[勝], 육오(六五 : --) 자신이[厥] 진실로 믿어줌[孚]으로써 주효(主爻) 노릇을 함을 밝힌 것이 〈궐부(厥孚) 교여(交如) 위여(威如)〉이다. 〈궐부(厥孚)의 부(孚)〉는 육오(六五 : --)가 중양(衆陽)들을 진실로 믿어줌[孚]을 뜻한다. 따라서 육오(六五 : --)가 수중(守中) 즉 정도를 따름을[中] 지켜서[守] 중양(衆陽)을 마주하니, 중양(衆陽)도 육오(六五 : --)를 〈부(孚)〉 즉 진실로 믿어줌[孚]으로써 받듦을 밝힌 것이 〈교여(交如)〉이다. 육오(六五 : --)의 〈부(孚)〉가 〈교여(交如)〉이면서 동시에 〈위여(威如)〉인지라 〈길(吉)〉하다고 한다.

이에 「상사(象辭)」가 진실로 믿어줌[孚]으로써[以] 육오(六五 : --)가 구이(九二 : ━)와 사귀므로[交], 구이(九二 : ━)도 육오(六五 : --)를 〈부(孚)〉로써 받드는 뜻을[志] 낸다[發]고 풀이한 것이 〈신이발지야(信以發志也)〉이다. 그리고 육오(六五 : --)가 지유(至柔) 즉 더없이[至] 부드럽되[柔] 수중(守中) 즉 정도를 따름을[中] 지키는[守] 위엄[威]으로써 중양(衆陽)과 마주하므로, 초구(初九 : ━)-구삼(九三 : ━)-구사(九四 : ━) 등과 길(吉)하게 상대(相對)함을 풀이한 것이 〈이이무비야(易而无備也)〉이다.

大有上吉(대유상길) 自天祐也(자천우야)

대유괘의[大有] 상효가[上] 좋음은[吉] 하늘[天]로부터[自] 도움을 받는 것[祐]이다[也].

대유괘(大有卦 : ䷍) 상구(上九 : ⚊)의 효상(爻象)을 〈자천우지(自天祐之) 길무불리(吉无不利)〉라고 계사(繫辭)한 것을 〈대유상길(大有上吉) 자천우야(自天祐也)〉라고 풀이한다.

대유괘(大有卦 : ䷍) 상구(上九 : ⚊)는 대유괘(大有卦 : ䷍)의 맨 윗자리에 있으므로 〈대유(大有)〉 즉 풍성(豊盛)함을 연연하지 않고, 동시에 대유괘(大有卦 : ䷍) 상체(上體)인 이(離 : ☲)의 상효(上爻)인지라 지명(至明) 즉 더없이[至] 밝아[明], 〈대유(大有)〉에 현혹(眩惑)되지 않아 지나치지 않음을 〈무불리(无不利)〉 즉 이롭지 않음이[不利] 없다[无]고 계사(繫辭)한 것이다. 이에 「상사(象辭)」가 〈자천우지(自天祐之)〉의 까닭을 〈대유상길(大有上吉)〉이라고 풀이한다. 〈대유상길(大有上吉)〉은 상구(上九 : ⚊)가 대유괘(大有卦 : ䷍)의 상효(上爻)이기 때문에 길(吉)하다는 것이다. 대성괘(大成卦)에 상효(上爻)의 자리는 흉(凶)하다는 것이 일반이다. 그런데 왜 대유괘(大有卦 : ䷍)의 상효(上爻)는 길(吉)하다고 하는가? 대유괘(大有卦)의 상효(上爻)인 상구(上九 : ⚊)는 〈대유(大有)〉를 연연하지 않기 때문이다. 〈대유(大有)〉를 떠난다 함은 물욕(物欲)의 영만(盈滿)을 연연하지 않고 초연(超然)함인지라, 이는 곧 천도(天道) 즉 자연의[天] 이치를[道] 따름[順]이다. 대유괘(大有卦 : ䷍) 상구(上九 : ⚊)는 허명(虛明)한지라 〈대유(大有)〉를 떠나 초연하므로 하늘로부터[自天] 도움을 받는다[祐]고 밝힌 것이 〈대유상길(大有上吉) 자천우야(自天祐也)〉이다.

15 겸괘(謙卦 : ䷎) 상사(象辭)

간하곤상(艮下坤上) : 아래는[下] 간(艮 : ☶), 위는[上] 곤(坤 : ☷).

지산겸(地山謙) : 땅과[地] 산은[山] 겸이다[謙].

地中有山謙이다 君子以裒多益寡하여 稱物平施한다 謙謙君子는 卑以自牧也이다 鳴謙貞吉은 中心得也이다 勞謙君子는 萬民服也이다 无不利이니 撝謙은 不違則也이다 利用侵伐은 征不服也이다 鳴謙은 志未得也이다 可用行師는 征邑國也이다

(지중유산겸 군자이부다익과 칭물평시 겸겸군자 비이자목야 명겸정길 중심득야 노겸군자 만민복야 무불리 휘겸 불위칙야 이용침벌 정불복야 명겸 지미득야 가용행사 정읍국야)

땅속에[地中] 산이[山] 있음이[有] 겸괘이다[謙]. 군자는[君子] (겸괘를) 써서[以] 많은 것을[多] 취하여[裒] 적은 것에[寡] 보태주어[益] 물건을[物] 저울질해[稱] 공평하게[平] 베푼다[施]. 겸손하고[謙] 겸손한[謙] 군자는[君子] 낮춤[卑]으로써[以] 스스로[自] 처신함[牧]이다[也]. 겸손이[謙] 자자하니[鳴] 진실로 미더워[貞] 길함은[吉] 속마음을[中心] 얻어냄[得]이다[也]. 애쓴 보람에도[勞] 겸손한[謙] 군자는[君子] 모든 백성이[萬民] 순복함[服]이다[也]. 불리함이[不利] 없으니[无] 떠받들면서도[撝] 겸손함은[謙] 법칙을[則] 어기지 않음[不違]이다[也]. 침벌을[侵伐] 이롭게[利] 이용함은[用] 복종하지 않음을[不服] 정벌하여 바르게 함[征]이다[也]. 겸덕을[謙] 알리려는[鳴] 뜻을[志] 아직 얻지 못함[未得]이다[也]. 무리를[師] 활용해[用] 행사할[行] 수 있음은[可] 제 나라를[邑國] 정벌해 바로잡는 것[征]이다[也].

【지남(指南)】

地中有山謙(지중유산겸) 君子以裒多益寡(군자이부다익과) 稱物平施(칭물평시)

땅속에[地中] 산이[山] 있음이[有] 겸괘이다[謙]. 군자는[君子] (겸괘를) 써서[以] 많은 것을[多] 취하여[裒] 적은 것에[寡] 보태주어[益] 물건을[物] 저울질해[稱] 공평하게[平] 베푼다[施].

겸괘(謙卦 : ䷎)의 괘상(卦象)을 〈겸형(謙亨) 군자유종(君子有終)〉이라고 계사(繫辭)한 것을 〈지중유산겸(地中有山謙) 군자이부다익과(君子以裒多益寡) 칭물평시(稱物平施)〉라고 풀이한다.

〈대유(大有)〉 즉 모든 물산(物産)이 풍성(豊盛)할수록 겸허(謙虛)-겸소(謙素)해야 한다. 이에 대유괘(大有卦 : ䷍) 다음에 겸괘(謙卦 : ䷎)가 온 것이다. 겸괘(謙卦 : ䷎)는 땅[地] 아래에[下] 산이[山] 있는[在] 모습이다. 산(山)은 응당 땅 위로 솟아올라 고준(高峻) 즉 높고[高] 높은[埈] 것이다. 그러나 겸괘(謙卦 : ䷎)의 효상(爻象)은 지중(地中) 즉 땅 아래[地下] 산이 있는 모습이다. 고준(高峻)한 산이 땅 아래 있으니 높은 것이 곧 자비(自卑)의 모습인지라 〈겸하(謙下)〉이다. 이를 겸괘(謙卦 : ䷎)의 괘사(卦辭)가 〈겸형(謙亨)〉이라고 계사(繫辭)했다. 〈군자유종(君子有終)의 종(終)〉은 겸괘(謙卦 : ䷎)의 하체(下體)인 간(艮 : ☶)의 상효(上爻)이고, 동시에 겸괘(謙卦 : ䷎)의 주효(主爻)인 구삼(九三 : ⚊)의 효상(爻象)을 빌려 겸괘(謙卦 : ䷎)의 괘상(卦象)을 밝힌다.

이에 「상사(象辭)」가 〈겸형(謙亨)의 겸(謙)〉 곧 겸괘(謙卦 : ䷎)의 괘상(卦象)인 간하곤상(艮下坤上)을 〈지중유산(地中有山)〉이라고 풀이한다. 이어서 계사(繫辭)인 〈군자유종(君子有終)〉을 풀이한 것이 〈군자이부다익과(君子以裒多益寡)〉이다. 군자(君子)가 겸괘(謙卦 : ䷎)를 본받아[以] 겸덕(謙德)을 다함[終]이 〈부다익과(裒多益寡)〉로 드러난다고 풀이한다. 많은 것을[多] 취해서[裒] 적은 것을[寡] 더해줌[益]이 겸덕(謙德)의 행(行)이다. 군자(君子)가 그 겸소(謙素)함을 실행함이 〈군자이부다익과(君子以裒多益寡)〉이고, 〈부다익과(裒多益寡)〉를 이어서 거듭해 풀이한 것이 〈칭물평시(稱物平施)〉이다. 많은 것을[多] 덜어내[裒] 적은 것을[寡] 더해줌[益]이 곧 〈칭물(稱物)〉이다. 〈칭물(稱物)〉이란 물건을[物] 저울에 달아[稱] 경중(輕重)을 살피는 것이다. 〈평시(平施)〉란 물건을[物] 저울에 다는[稱] 까닭을 밝힌다. 그러므로 겸괘(謙卦 : ䷎)의 괘상(卦象)을 본받아 군자(君子)가 물건을[物] 저울에 달아보듯[稱] 공평하게[平] 겸덕(謙德)을 베풂[施]에 항상 겸허(謙虛)하고 겸소(謙素)함을 밝힌 것이 〈지중유산겸(地中有山謙) 군자이부다익과(君子以裒多益寡) 칭물평시(稱物平施)〉이다.

謙謙君子(겸겸군자) 卑以自牧也(비이자목야)

겸손하고[謙] 겸손한[謙] 군자는[君子] 낮춤[卑]으로써[以] 스스로[自] 처신함[牧]이다[也].

겸괘(謙卦 : ䷎) 초륙(初六 : --)의 효상(爻象)을 〈겸겸(謙謙) 군자용섭대천(君子用涉大川) 길(吉)〉이라고 계사(繫辭)한 것을 〈겸겸군자(謙謙君子) 비이자목야(卑以自牧也)〉라고 풀이한다.

겸괘(謙卦 : ䷎) 초륙(初六 : --)은 더없는 겸손함을 발휘하여 온갖 어려움을 홀로 떨쳐내야 함을 계사(繫辭)한 것이 〈겸겸(謙謙)〉이다. 이런 초륙(初六 : --)이 앞으로 극복해가야 할 어려움을 밝힌 계사(繫辭)가 〈군자용섭대천(君子用涉大川)〉이다. 초륙(初六 : --)은 물을 마주하는 모습이다. 왜냐하면 겸괘(謙卦 : ䷎)의 내호괘(內互卦)인 감(坎 : ☵)을 초륙(初六 : --)이 앞에 두고 있기 때문이다. 이에 「상사(象辭)」가 〈겸겸군자(謙謙君子)〉라는 계사(繫辭)를 자기를 낮춤[卑]으로써[以] 스스로[自] 처신함[牧]이라고 풀이한 것이 〈비이자목야(卑以自牧也)〉이다.

鳴謙貞吉(명겸정길) 中心得也(중심득야)

겸손이[謙] 자자하니[鳴] 진실로 미더워[貞] 길함은[吉] 속마음을[中心] 얻어냄[得]이다[也].

겸괘(謙卦 : ䷎) 육이(六二 : --)의 효상(爻象)을 〈명겸(鳴謙) 정(貞) 길(吉)〉이라고 계사(繫辭)한 것을 〈명겸정길(鳴謙貞吉) 중심득야(中心得也)〉라고 풀이한다.

겸괘(謙卦 : ䷎) 육이(六二 : --)가 부드럽게[柔] 따르면서[順] 정도를 따름을[中] 취함[得]을 계사(繫辭)한 것이 〈명겸(鳴謙)〉이다. 이에 「상사(象辭)」가 겸괘(謙

卦 : ䷎) 육이(六二 : --)가 밖으로[於外] 제 겸덕을[謙德] 드러내려는[著] 〈중심(中心)〉 즉 속마음[中心]을 밝혀 풀이한 것이 〈중심득야(中心得也)〉이다.

勞謙君子(노겸군자) 萬民服也(만민복야)

애쓴 보람에도[勞] 겸손한[謙] 군자는[君子] 모든 백성이[萬民] 순복함[服]이다[也].

겸괘(謙卦 : ䷎) 구삼(九三 : ㅡ)의 효상(爻象)을 〈노겸(勞謙) 군자유종(君子有終) 길(吉)〉이라고 계사(繫辭)한 것을 〈노겸군자(勞謙君子) 만민복야(萬民服也)〉라고 풀이한다.

겸괘(謙卦 : ䷎) 구삼(九三 : ㅡ)은 겸괘(謙卦 : ䷎)의 중앙이라 여타(餘他)의 음효(陰爻 : --)들도 구삼(九三 : ㅡ)을 중심으로 삼아, 서로 의존하는 구삼(九三 : ㅡ)을 〈노겸군자(勞謙君子)〉라고 계사(繫辭)했다. 겸괘(謙卦 : ䷎)의 구삼(九三 : ㅡ)은 상승(上承) 즉 위로는[上] 삼음(三陰 : --)을 받들고[承], 하접(下接) 즉 아래로는[下] 이음(二陰 : --)과 사귀면서[接], 스스로 애쓰면서도[勞] 자하(自下) 즉 자신을[自] 낮추어[下] 공손함을 잃지 않아 겸괘(謙卦 : ䷎)의 주효(主爻) 노릇을 다함을 밝힌 것이 〈노겸군자(勞謙君子)〉이다. 그러므로 〈노겸군자(勞謙君子)의 군자(君子)〉를 본받아 살아간다면 누구나 종길(終吉) 즉 끝내[終] 복받고[吉] 동시에 행복에[吉] 머물러[終] 살아갈 수 있음을 의심치 말라는 계사(繫辭)가 〈노겸(勞謙) 군자유종(君子有終) 길(吉)〉이다. 이에 「상사(象辭)」가 이 세상 모든 사람들이[萬民] 〈노겸(勞謙)의 군자(君子)〉를 순복(順服) 즉 진심으로 따름[順服]을 밝힌 것이 〈만민복야(萬民服也)〉이다.

无不利(무불리) 撝謙(휘겸) 不違則也(불위칙야)

불리함이[不利] 없으니[无] 떠받들면서도[撝] 겸손함은[謙] 법칙을[則] 어기지 않음[不違]이다[也].

겸괘(謙卦 : ䷎) 육사(六四 : --)의 효상(爻象)을 〈무불리(无不利) 휘겸(撝謙)〉이라고 계사(繫辭)한 것을 〈무불리(无不利) 휘겸(撝謙) 불위칙야(不違則也)〉라고 풀이한다.

겸괘(謙卦 : ䷎) 육사(六四 : --)가 육오(六五 : --)와 구삼(九三 : ━)을 겸허(謙虛)하게 떠받드는[撝] 모습임을 밝힌 계사(繫辭)가 〈무불리(无不利) 휘겸(撝謙)〉이다. 겸손하고 겸허하게 받들면서 상대를 움직임이 〈휘겸(撝謙)〉이다. 육사(六四 : --)가 겸허(謙虛)하게 육오(六五 : --)-구삼(九三 : ━)을 〈휘(撝)〉 즉 받들면서 거동(擧動)시킴을 밝힌다. 따라서 육오(六五 : --)와 구삼(九三 : ━)이 육사(六四 : --)의 〈휘겸(撝謙)〉을 따라주므로 육사(六四 : --)에게는 이롭지 않음이[不利] 없다[无]고 계사(繫辭)한 것이 〈무불리(无不利) 휘겸(撝謙)〉이다. 이에 「상사(象辭)」가 육사(六四 : --)가 육오(六五 : --)와 구삼(九三 : ━)을 〈휘(撝)〉 즉 지휘하되[撝] 이래라저래라 부리려고 함이 아니라, 구삼(九三 : ━)에게는 이웃으로서[比] 겸손하게[謙] 움직이고, 육오(六五 : --)에게는 겸손함[謙]으로써 움직이게 하면서 수분(守分) 즉 분수를[分] 지키는[守] 신하로서 법칙을[則] 어기지 않음[不違]이라고 〈휘겸(撝謙)〉의 까닭을 풀이한 것이 〈불위칙야(不違則也)〉이다.

利用侵伐(이용침벌) 征不服也(정불복야)

침벌을[侵伐] 이롭게[利] 이용함은[用] 복종하지 않음을[不服] 정벌하여 바르게 함[征]이다[也].

겸괘(謙卦 : ䷎) 육오(六五 : --)의 효상(爻象)을 〈불부(不富) 이기린(以其鄰) 이용침벌(利用侵伐) 무불리(无不利)〉라고 계사(繫辭)한 것을 〈이용침벌(利用侵伐) 정불복야(征不服也)〉라고 풀이한다.

겸괘(謙卦 : ䷎) 육오(六五 : --)는 정당(正當)한 자리에 있지 않지만 부드러움[柔]으로써[以] 존위(尊位)에 있으니 유허(柔虛)한 모습이다. 따라서 겸괘(謙卦 : ䷎) 육오(六五 : --)는 군위(君位) 즉 임금의[君] 자리[位]에서 겸허(謙虛)하고 유순(柔順)하게 신하 즉 육사(六四 : --)-구삼(九三 : ━)-육이(六二 : --) 등을 접(接)하고 백성 즉 초륙(初六 : --)을 어루만지니, 무리가 육오(六五 : --)를 소귀(所歸) 즉 돌아와 안길[歸] 데[所]로 삼음을 밝힌 계사(繫辭)가 〈불부(不富) 이기린(以其鄰)〉이다. 이에 「상사(象辭)」가 〈이용침벌(利用侵伐)〉이라는 계사(繫辭)를 겸덕(謙德)으로써 다스려지지 않아 불복(不服) 즉 따르지 않을[不服] 경우에는 위덕(威德)으로써 다스려 순복하게[服] 하는 것이라고 풀이한 것이 〈정불복야(征不服也)〉이다.

鳴謙(명겸) 志未得也(지미득야) 可用行師(가용행사) 征邑國也(정읍국야)

겸덕을[謙] 알리려는[鳴] 뜻을[志] 아직 얻지 못함[未得]이다[也]. 무리를[師] 활용해[用] 행사할[行] 수 있음은[可] 제 나라를[邑國] 정벌해 바로잡는 것[征]이다[也].

겸괘(謙卦 : ䷎) 상륙(上六 : --)의 효상(爻象)을 〈명겸(鳴謙) 이용행사(利用行師) 정읍국(征邑國)〉이라고 계사(繫辭)한 것을 〈명겸(鳴謙) 지미득야(志未得也) 가용행사(可用行師) 정읍국야(征邑國也)〉라고 풀이한다.

겸괘(謙卦 : ䷎) 상륙(上六 : --)의 겸덕(謙德)을 외면할 수 없음을 알리고자 함을 밝힌 계사(繫辭)가 〈명겸(鳴謙)〉이다. 이러한 〈명겸(鳴謙)〉의 뜻을 이룩하고자 하는 것이 〈이용행사(利用行師)〉이다. 여기 〈행사(行師)의 사(師)〉는 〈군(軍)의 사(師)〉가 아니라 〈군(群)의 사(師)〉이기에 무리를[師] 동원한다[行]는 뜻이다. 따라서 겸괘(謙卦 : ䷎) 상륙(上六 : --)이 겸덕(謙德)을 알리려면[鳴] 무리를[師] 활용하여[用] 행사함이[行] 이로움[利]을 밝힌 것이 〈이용행사(利用行師)〉이다. 이에 「상사(象辭)」가 겸괘(謙卦 : ䷎) 상륙(上六 : --)이 무리를[師] 활용하여[用] 행사할[行] 수 있는[可] 〈명겸(鳴謙)〉의 뜻을[志] 아직 이루지 못했음[未得]이라고 풀이한 것이 〈명겸(鳴謙) 지미득야(志未得也) 가용행사(可用行師)〉이다.

16 예괘(豫卦 : ䷏) 상사(象辭)

곤하진상(坤下震上) : 아래는[下] 곤(坤 : ☷), 위는[上] 진(震 : ☳).

뇌지예(雷地豫) : 우레와[雷] 땅은[地] 예이다[豫].

雷出地奮豫이다 先王以作樂崇德한다 殷薦之上帝하여 以配祖考한다 初六鳴豫는 志窮凶也이다 不終日이니 貞吉은 以中正也이다 盱豫有悔는 位不當也이다 由豫大有得은 志大行也이다 六五貞疾은 乘剛也이다 恒不死는 中未亡也이다 冥豫在上이니 何可長也리오

(뇌출지분예 선왕이작락숭덕 은천지상제 이배조고 초륙명예 지궁흉야 부종일 정길 이중정야 우예유회 위부당야 유예대유득 지대행야 육오정질 승강야 항불사 중미망야 명예재상 하가장야)

우레가[雷] 땅에서[地] 나와[出] 움직임이[奮] 예괘이다[豫]. 선왕이[先王] (예괘를) 본받아[以] 음악을[樂] 만들고[作] 덕을[德] 숭상했다[崇]. 상제에게[上帝] 융성하게[殷] 제사상을 차렸고[薦之] (예괘를) 본받아[以] (상제와 함께) 조상을[祖考] 도왔다[配]. 초륙이[初六] 즐거움을[豫] 입 밖으로 냄은[鳴] (그 즐거움을) 바람이[志] 궁색해져[窮] 흉함[凶]이다[也]. 하루[日] 내내만[終] 아닌 것이고[不] 항상 진실로 미더워[貞] 행운을 누림은[吉] 정도를[正] 따르기[中] 때문[以]이다[也]. 즐거움을[豫] 치어다봄에[盱] 거만함이[悔] 있음은[有] 자리가[位] 마땅치 않음[不當]이다[也]. 즐거움으로[豫] 말미암아[由] 크게[大] 얻음이[得] 있음은[有] 뜻함이[志] 크게[大] 행해짐[行]이다[也]. 육오가[六五] 바르고 곧지만[貞] 괴로워함은[疾] 양강(陽剛)을[剛] 탔음[乘]이다[也]. 항상[恒] 죽지 않음은[不死] 정도를 따름이[中] 망실되지 않음[未亡]이다[也]. 열락을[豫] 어둡게 함은[冥] 맨 윗자리에[上] 있음이니[在] 어찌[何] 장구할 수 있을 것[可長]인가[也].

【지남(指南)】

雷出地奮豫(뇌출지분예) 先王以作樂崇德(선왕이작락숭덕) 殷薦之上帝(은천지상제) 以配祖考(이배조고)

우레가[雷] 땅에서[地] 나와[出] 움직임이[奮] 예괘이다[豫]. 선왕이[先王] (예괘를) 본받아[以] 음악을[樂] 만들고[作] 덕을[德] 숭상했다[崇]. 상제에게[上帝] 융성하게[殷] 제사상을 차렸고[薦之] (예괘를) 본받아[以] (상제와 함께) 조상을[祖考] 도왔다[配].

예괘(豫卦 : ䷏)의 괘상(卦象)을 〈예(豫) 이건후행사(利建侯行師)〉라고 계사(繫辭)한 것을 〈뇌출지분예(雷出地奮豫) 선왕이작락숭덕(先王以作樂崇德) 은천지상제(殷薦之上帝) 이배조고(以配祖考)〉라고 풀이한다.

〈대유(大有)〉 즉 가진[有] 바의[所] 것이[者] 많음[大]에도 겸양(謙讓)할 수 있다면, 사람의 마음이 누릴 수 있는 기쁨[悅]이고 평안[安]이며 즐거움[樂]이다. 이처럼 겸여예(謙與豫) 즉 화락과[與豫] 겸손[謙]은 상보(相補) 즉 서로[相] 돕는다[補]. 이에 예괘(豫卦 : ䷏)의 〈예(豫)〉 즉 화락(和樂)을 〈이건후행사(利建侯行師)〉라고 계사(繫辭)한 것이다. 〈행사(行師)〉는 백성이라는 무리에서 거병(擧兵) 즉 군사를[兵] 일으킴[擧]을 말한다. 예괘(豫卦 : ䷏)의 주제인 〈예(豫)〉를 〈건후(建侯)〉와 〈행사(行師)〉로써 세상이 누릴 수 있기 때문에 〈이(利)〉 즉 세상에 이롭다[利]고 한다. 〈건후(建侯)〉는 천자(天子)가 제후들을[侯] 세워[建] 세상을 분치(分治) 즉 나누어[分] 다스림[治]을 뜻하고, 〈행사(行師)〉는 제후(諸侯)가 거병(擧兵)하여 세상을 어지럽히는 폭도(暴徒)를 토벌하여 백성이 평안한 삶을 누리도록 함을 뜻한다.

이에 「상사(象辭)」가 계사(繫辭)인 〈예(豫)〉를 〈뇌출지분예(雷出地奮豫)〉라고 풀이하고, 이어서 〈건후행사(建侯行師)〉를 〈선왕이작락숭덕(先王以作樂崇德) 은천지상제(殷薦之上帝) 이배조고(以配祖考)〉라고 풀이한다. 〈뇌출지분예(雷出地奮豫)의 뇌출지분(雷出地奮)〉은 예괘(豫卦 : ䷏)의 괘상(卦象)을 밝힌다. 진(震 : ☳) 즉 우레[雷]가 곤(坤 : ☷) 즉 땅[地]에서 나와[出] 음양(陰陽)이 분발함[奮]이 예괘(豫卦 : ䷏)의 괘상(卦象)임을 밝히고, 여기 〈분(奮)〉은 예괘(豫卦 : ䷏)의 〈예(豫)〉 즉 화락(和樂)을 음양(陰陽)의 분발(奮發)이라고 풀이한다. 음양(陰陽)의 분발(奮發)은 곧 음양(陰陽)의 상화(相和)를 밝힌다. 음양상화(陰陽相和)는 만물(萬物)이 창성(昌盛)하며 기뻐하는 화락(和樂)의 누림임을 밝힌 것이 〈뇌출지분(雷出地奮)의 분(奮)〉이다. 이러한 분발을 선왕(先王)이 본받아[以] 음악을[樂] 만들고[作] 도덕을[德] 숭상하면서[崇] 상제에[上帝] 풍성하게[殷] 제사를 올리고[薦之], 동시에 이러한 분발을 후손이 본받아[以] 조상과 함께[祖考] 제사를 배정했다[配]고 풀이한 것이 〈선왕이작락숭덕(先王以作樂崇德) 은천지상제(殷薦之上帝) 이배조고(以配祖考)〉이다.

初六鳴豫(초륙명예) 志窮凶也(지궁흉야)

초륙이[初六] 즐거움을[豫] 입 밖으로 냄은[鳴] (그 즐거움을) 바람이[志] 궁색해져[窮] 흉함[凶]이다[也].

예괘(豫卦 : ䷏) 초륙(初六 : --)의 효상(爻象)을 〈명예(鳴豫) 흉(凶)〉이라고 계사(繫辭)한 것을 〈초륙명예(初六鳴豫) 지궁흉야(志窮凶也)〉라고 풀이한다.

예괘(豫卦 : ䷏) 초륙(初六 : --)이 더없는 부드러움으로써 구사(九四 : —)에게 〈예(豫)〉 즉 즐거움[豫]을 남김없이 밝힘[鳴]이 〈명예(鳴豫)〉이다. 여기 〈명예(鳴豫)〉는 즐거움에 겨워 즐거움이 밖으로 드러나버림이니, 〈명예(鳴豫)〉는 낙극(樂極) 즉 즐거움이[樂] 다해버림[極]을 범하는 지경으로 이어지기에 〈흉(凶)〉 즉 불행하다[凶]고 계사(繫辭)했다. 그 무엇이든 넘쳐나 궁해짐은 흉(凶)하다. 「상사(象辭)」가 예괘(豫卦 : ䷏)의 초륙(初六 : --)이 구사(九四 : —)와 정응(正應) 즉 바르게[正] 호응하여[應] 즐거움을 나누고자 하는 뜻을[志] 밖으로 드러내[鳴] 그 벅참을 주체하지 못하기[窮] 때문에 흉(凶)하다고 풀이한 것이 〈초륙명예(初六鳴豫) 지궁흉야(志窮凶也)〉이다.

不終日(부종일) 貞吉(정길) 以中正也(이중정야)

하루[日] 내내만[終] 아닌 것이고[不] 항상 진실로 미더워[貞] 행운을 누림은[吉] 정도를[正] 따르기[中] 때문[以]이다[也].

예괘(豫卦 : ䷏) 육이(六二 : --)의 효상(爻象)을 〈개우석(介于石) 부종일(不終日) 정길(貞吉)〉이라고 계사(繫辭)한 것을 〈부종일(不終日) 정길(貞吉) 이중정야(以中正也)〉라고 풀이한다.

예괘(豫卦 : ䷏) 육이(六二 : --)가 즐거움[豫]을 드러내지 않고 스스로 간직하고 저 홀로 누림을 확고히[介] 함이 〈개우석(介于石)〉이다. 이어서 육이(六二 : --)가 〈개우석(介于石)〉 같은 예(豫)의 자지(自持)를 고집하지 않음을 밝힌 계사(繫辭)가 〈부종일(不終日)〉이다. 즐거움[豫]을 자기만[自] 간직하고자[持] 돌 사이에[于石] 끼워두듯[介] 함을 육이(六二 : --)가 곧장 깨우침을 나타낸 것이 〈부종일(不終日)〉이다. 예괘(豫卦 : ䷏)의 중효(衆爻)가 자기를 외면한다고 하여 즐거움[豫]을 저 홀로 누리기만을 고집한다면 육이(六二 : --)가 중효(中爻)로서 득중(得中)을 누릴 수 없다. 즐거움[豫]이란 함께 누려야 천도(天道)를 따른다. 육이(六二 : --)가 천도(天道)를 따라 곧장 맹성(猛省) 즉 서슴없이[猛] 뉘우쳤음[省]을 살펴 헤아리게 하는 계사(繫辭)가 〈부종일(不終日)〉이다. 이에 「상사(象辭)」가 〈개우석(介于石)〉처럼 즐거움[豫]을 자지(自持)하려던 바람을 곧장 뉘우치는 마음가짐이 〈정길(貞吉)〉이라 함은 예괘(豫卦 : ䷏)의 육이(六二 : --)가 중효(中爻)로서 득중(得中) 즉 정도를 따름을[中] 취하기[得] 때문[以]임을 밝힌 것이 〈부종일(不終日) 정길(貞吉) 이중정야(以中正也)〉이다.

盱豫有悔(우예유회) 位不當也(위부당야)

즐거움을[豫] 치어다봄에[盱] 거만함이[悔] 있음은[有] 자리가[位] 마땅치 않음[不當]이다[也].

예괘(豫卦 : ䷏) 육삼(六三 : --)의 효상(爻象)을 〈우예(盱豫) 회(悔) 지(遲) 유회(有悔)〉라고 계사(繫辭)한 것을 〈우예유회(盱豫有悔) 위부당야(位不當也)〉라고 풀이한다.

예괘(豫卦 : ䷏) 육삼(六三 : --)이 정당하지 못한 자리에 있지만, 구사(九四 : —)와 〈비(比)〉 즉 이웃하여 사귀려고[比] 구사(九四 : —)를 눈을 크게 뜨고 치어다보는 모습을 〈우예(盱豫)〉라고 계사(繫辭)했다. 〈우예(盱豫)의 우(盱)〉는 육삼(六三 : --)이 구사(九四 : —)와의 즐거움[豫]을 독차지할 수 있다고 자신하는 모습을 떠올리게 한다. 그러나 구사(九四 : —)는 예괘(豫卦 : ䷏)에서 유일한 양(陽 : —)인지라 다른 군음(群陰)이 즐거이 따르고자 하는 주효(主爻)이다. 이러한 구사(九四 : —)가 이웃임을 믿고 빌붙으려는 육삼(六三 : --)의 〈우(盱)〉 즉 오만한 모습을 받아들일 리가 없음을 헤아리게 하는 계사(繫辭)가 〈우예(盱豫)〉이다. 즐거움을[豫] 누리고자 치어다보는[盱] 자만(自慢)은 후회(後悔) 즉 뉘우침을[悔] 뒤따르게 할[後] 뿐임을 계사(繫辭)한 것이 〈회(悔)〉이다. 이에 「상사(象辭)」가 육삼(六三 : --)이 구사(九四 : —)와 〈비(比)〉 즉 이웃하고 있으니 즐거움[豫]을 독차지하여 누리려고 자만(自慢)함은 제 자리가[位] 정당하지 못함[不當]을 잊고 취하는 짓임을 지적하여 밝힌 것이 〈우예유회(盱豫有悔) 위부당야(位不當也)〉이다.

由豫大有得(유예대유득) 志大行也(지대행야)

즐거움으로[豫] 말미암아[由] 크게[大] 얻음이[得] 있음은[有] 뜻함이[志] 크게[大] 행해짐[行]이다[也].

예괘(豫卦 : ䷏) 구사(九四 : —)의 효상(爻象)을 〈유예(由豫) 대유득(大有得) 물의(勿疑) 붕합잠(朋盍簪)〉이라고 계사(繫辭)한 것을 〈유예대유득(由豫大有得) 지대행야(志大行也)〉라고 풀이한다.

예괘(豫卦 : ䷏) 구사(九四 : —)는 정당하지 못한 자리에 있지만, 육오(六五 : --)와의 사귐[比]은 즐거움[豫]을 사사롭게 누리려는 비(比)가 아니라, 군신(君臣)의 관계로써 육오(六五 : --)를 보좌하는 재상(宰相)으로서 〈예(豫)〉 즉 화락[豫]을 음효(陰爻)들이 모두 누리게 하고자 하는 주효(主爻)임을 밝힌 계사(繫辭)가 〈유예(由豫)〉이다. 여기 〈유예(由豫)의 예(豫)〉는 사사로운 즐거움[豫]이 아니라 군음(群陰)이 두루 함께 화락하게 하는 〈예(豫)〉이다. 따라서 군음(群陰)이 구사(九四 : —)를 즐거이 따르는 모습을 계사(繫辭)한 것이 〈대유득(大有得)〉이다. 이어서 구사(九四 : —)의 〈대유득(大有得)〉을 거듭 강조한 계사(繫辭)가 〈물의(勿疑)〉이다. 의심하지[疑] 말라[勿] 함은 구사(九四 : —)가 낙어중(樂於衆)의 대도(大道)를 따름을 의심하지[疑] 말라[勿] 함이다. 무리에게[於衆] 즐거움을 누리게 하면[樂] 그 무리는 벗들[朋]이 되어 모이는 것임을 이어서 밝힌 계사(繫辭)가 〈붕합잠(朋盍簪)〉이다. 예괘(豫卦 : ䷏)의 군음(群陰)이 모두 구사(九四 : —)에게 무리[朋]가 되어 합하여 모여듦을, 「상사(象辭)」가 구사(九四 : —)의 뜻이[志] 대도(大道)를 따라[大] 행해지고[行] 있음[也]으로 풀이한 것이 〈유예대유득(由豫大有得) 지대행야(志大行也)〉이다.

六五貞疾(육오정질) 乘剛也(승강야) 恒不死(항불사) 中未亡也(중미망야)

육오가[六五] 바르고 곧지만[貞] 괴로워함은[疾] 양강(陽剛)을[剛] 탔음[乘]이다[也]. 항상[恒] 죽지 않음은[不死] 정도를 따름이[中] 망실되지 않음[未亡]이다[也].

예괘(豫卦 : ䷏) 육오(六五 : --)의 효상(爻象)을 〈정(貞) 질(疾) 항불사(恒不死)〉라고 계사(繫辭)한 것을 〈육오정질(六五貞疾) 승강야(乘剛也) 항불사(恒不死) 중미망야(中未亡也)〉라고 풀이한다.

예괘(豫卦 : ䷏) 육오(六五 : --)가 정당하지 못한 자리에 있고, 군음(群陰)이 즐거이 따르려는 권신(權臣)인 구사(九四 : ─)의 세력을 육오(六五 : --)가 제압할 수 없어서 항상 위구(危懼) 즉 위험스러워[危] 두려워하는[懼] 모습을 밝힌 계사(繫辭)가 〈정질(貞疾)〉이다. 〈정질(貞疾)의 정(貞)〉은 육오(六五 : --)가 존위(尊位)에 있으면서 득중(得中) 즉 정도를 따름을[中] 취하면서[得] 유순(柔順)의 덕(德)을 두루 펼침을 밝힌다. 〈정질(貞疾)의 질(疾)〉은 육오(六五 : --)가 세력이 강한 구사(九四 : ─)를 올라타고[乘] 있는 위구(危懼)의 처지임을 괴로워함[疾]을 밝힌다. 그러나 육오(六五 : --)가 구사(九四 : ─)의 위세(威勢)에 괴로워함에 굴복하지 않고 유순(柔順)의 덕(德)을 굳건히 두루 펼쳐 득중(得中) 즉 정도를 따라[中] 취하는[得] 〈정(貞)〉으로써 〈질(疾)〉 즉 구사(九四 : ─)의 위세로 말미암은 괴로움[疾]을 극복함을 밝힌 계사(繫辭)가 〈항불사(恒不死)〉이다. 이에 「상사(象辭)」가 육오(六五 : --)의 〈정질(貞疾)〉을 양강(陽剛)인 구사(九四 : ─)를 타고[乘] 있기 때문이라고 풀이하고, 〈항불사(恒不死)〉를 육오(六五 : --)가 군왕(君王)으로서 정도를 따름[中]을 망실(亡失)하지 않기 때문이라고 풀이한 것이 〈육오정질(六五貞疾) 승강야(乘剛也) 항불사(恒不死) 중미망야(中未亡也)〉이다.

冥豫在上(명예재상) 何可長也(하가장야)

열락을[豫] 어둡게 함은[冥] 맨 윗자리에[上] 있음이니[在] 어찌[何] 장구할 수 있을 것[可長]인가[也].

예괘(豫卦 : ䷏) 상륙(上六 : --)의 효상(爻象)을 〈명예(冥豫) 성(成) 유투무구(有渝无咎)〉라고 계사(繫辭)한 것을 〈명예재상(冥豫在上) 하가장야(何可長也)〉라고 풀이한다.

예괘(豫卦 : ䷏) 상륙(上六 : --)은 정당한 자리에 있지만 예괘(豫卦 : ䷏)의 극위(極位) 즉 더는 오를 수 없는[極] 자리[位]에 있는지라, 일예(逸豫) 즉 열락에[豫] 빠져[逸] 혼명(昏冥) 즉 어둡고 캄캄한[昏冥] 모습이라고 밝힌 계사(繫辭)가 〈명예(冥豫)〉이다. 명심(冥心) 즉 마음을[心] 어둡게[冥] 함은 열락의[豫] 정도를[道] 따르지[中] 않음이다. 정도를[道] 따르지[中] 않는 〈예(豫)〉란 곧 탐예(耽豫) 즉 열락을[豫] 탐닉하여[耽] 빠져버림이다. 탐닉(耽溺)은 즐김이 지나쳐[耽] 빠져버림[溺]이니 명심(冥心)이란 곧 깨치지 못한 어리석음이다. 예괘(豫卦 : ䷏) 상륙(上六 : --)이 〈명예(冥豫)〉를 범하고 말았음을 한 자(字)로써 계사(繫辭)한 것이 〈성(成)〉이다. 그러나 예괘(豫卦 : ䷏)의 상륙(上六 : --)은 변효(變爻)할 운명을 외면할 수 없는 자리임을 밝힌 계사(繫辭)가 〈유투무구(有渝无咎)〉이다. 상륙의[上六之] 명예에[冥豫] 변함이[渝] 있다[有]는 것이 〈유투(有渝)〉이다. 〈유투(有渝)의 투(渝)〉는 〈넘칠 일(溢)〉과 〈변할 변(變)〉의 뜻을 아울러 간직하는 자(字)이다. 따라서 〈유투(有渝)〉는 넘쳐남에[溢] 변화가[變] 있음[有]을 뜻하는 계사(繫辭)이다. 〈명예(冥豫)〉란 즐거움이[豫] 넘쳐나[渝] 비롯되는 어리석음[冥]인지라 〈명예(冥豫)〉에 변함이[渝] 있다[有]고 함은 넘쳐나는 즐거움을[豫] 비웠음[虛]을 살펴 헤아리게 하는 계사(繫辭)가 〈유투(有渝)〉이다. 이러한 〈유투(有渝)의 투(渝)〉는 예괘(豫卦 : ䷏)의 상륙(上六 : --)이 유순(柔順)의 질덕(質德) 즉 꾸밈없이 수수한[質] 덕(德)으로 돌아옴을 뜻한다. 이에 「상사(象辭)」가 예괘(豫卦 : ䷏)를 떠나야 할 상륙(上六 : --)이 〈명예(冥豫)〉로써 일예(逸豫) 즉 즐거움에[豫] 빠질[逸] 겨를이 어떻게 오래 갈 수 있겠느냐고 반문하여 밝힌 것이 〈명예재상(冥豫在上) 하가장야(何可長也)〉이다.

17 수괘(隨卦 : ䷐) 상사(象辭)

진하태상(震下兌上) : 아래는[下] 진(震 : ☳), 위는[上] 태(兌 : ☱).

택뢰수(澤雷隨) : 못과[澤] 우레는[雷] 수이다[隨].

澤中有雷隨이다 君子以嚮晦入宴息한다 官有渝하니
택 중 유 뢰 수 군 자 이 향 회 입 연 식 관 유 투

從正吉也이다 出門交有功은 不失也이다 係小子는 弗
종 정 길 야 출 문 교 유 공 불 실 야 계 소 자 불

兼與也이다 係丈夫는 志舍下也이다 隨有獲은 其義凶
겸 여 야 계 장 부 지 사 하 야 수 유 획 기 의 흉

也이다 有孚在道는 明功也이다 孚于嘉하니 吉은 位正
야 유 부 재 도 명 공 야 부 우 가 길 위 정

中也이다 拘係之는 上窮也이다
중 야 구 계 지 상 궁 야

못[澤] 가운데[中] 우레가[雷] 있음이[有] 수괘이다[隨]. 군자는[君子] (수괘를) 본받아[以] 해질 무렵이면[嚮晦] (집으로) 들어가서[入] 편안히[宴] 쉰다[息]. 감지기관에는[官] 변함이[渝] 있으니[有] 정도를[正] 따름이[從] 길함[吉]이다[也]. 문 밖에서[出門] 함께하여[交] 공적을[功] 이룸은[有] 잃을 것이[失] 없음[不]이다[也]. 아래 남자에게[小子] 매달림은[係] 함께 디불이[與] 겸하지 못함[弗兼]이다[也]. 위의 남자에게[丈夫] 매달림은[係] 뜻이[志] 아래쪽을[下] 버림[舍]이다[也]. 따름에[隨] 얻음이[獲] 있다 함은[有] 그[其] 뜻함이[義] 흉함[凶]이다[也]. 믿어줌이[孚] 있고[有] 정도에[道] 있음은[在] 분명한[明] 보람이 있음[功]이다[也]. 선함[嘉]에[于] 믿어주니[孚] 행운을 누림은[吉] 자리가[位] 정당하고[正] 정도를 따름[中]이다[也]. 그것을[之] 붙들고[拘] 매달림은[係] 오를 데가[上] 더는 없음[窮]이다[也].

【지남(指南)】

澤中有雷隨(택중유뢰수) 君子以嚮晦入宴息(군자이향회입연식)

못[澤] 가운데[中] 우레가[雷] 있음이[有] 수괘이다[隨]. 군자는[君子] (수괘를) 본받아[以] 해질 무렵이면[嚮晦] (집으로) 들어가서[入] 편안히[宴] 쉰다[息].

수괘(隨卦 : ䷐)의 괘상(卦象)을 〈수(隨) 원형(元亨) 이정(利貞) 무구(无咎)〉라고 계사(繫辭)한 것을 〈택중유뢰수(澤中有雷隨) 군자이향회입연식(君子以嚮晦入宴息)〉이라고 풀이한다.

기쁘고[悅] 평안하여[安] 즐거움[豫]인 〈예(豫)〉를 누구나 따른다. 이에 예괘(豫卦 : ䷏) 다음에 수괘(隨卦 : ䷐)가 온 것이다. 수괘(隨卦 : ䷐)의 〈수(隨)〉는 감동한 부드러움이[柔] 굳셈을[剛] 성순(誠順) 즉 진심으로[誠] 따름[順]이다. 그러므로 수괘(隨卦 : ䷐)의 〈수(隨)〉는 양(陽 : ⚊)과 음(陰 : ⚋)이 서로[相] 어울림[和]을 누리는 따름[隨]이다. 이에 수괘(隨卦 : ䷐)의 괘상(卦象)을 〈수(隨) 원형(元亨)〉이라 한다. 수괘(隨卦 : ䷐)의 하체(下體)인 진(震 : ☳)의 장남이 상체(上體)인 태(兌 : ☱)의 소녀를 따름[隨]이야말로 음양(陰陽)의 상화(相和)이다. 이어서 수괘(隨卦 : ䷐)의 〈수(隨)〉가 누리는 〈원형(元亨)〉을 다시금 풀이하여 〈이정(利貞)〉이라고 했다. 〈이정(利貞)의 정(貞)〉은 크게[元] 통함[亨]을 누리게 하는 마음가짐이다. 마음이 진실로 미더우면[貞] 모든 일이 크게[元] 통하니[亨] 이롭지 않음이 없으므로 〈이정(利貞)〉이다. 이러한 〈이정(利貞)〉은 〈무구(无咎)〉 즉 허물을[咎] 면(免)하여 허물이 없게 된[无] 것이다. 이에 「상사(象辭)」가 수괘(隨卦 : ䷐)의 괘상(卦象)을 못[澤] 안에[中] 우레가[雷] 있음[有]이라고 풀이한 것이 〈택중유뢰수(澤中有雷隨)〉이고, 이어서 〈택중유뢰수(澤中有雷隨)의 택중유뢰(澤中有雷)〉를 〈향회(嚮晦)〉라고 풀이한다. 진(震 : ☳)은 동쪽에서 해가 뜸을 나타내고 태(兌 : ☱)는 해가 서쪽으로 짐을 나타낸다. 따라서 수괘(隨卦 : ䷐)의 괘상(卦象)은 동쪽에서 뜬 해가 서쪽으로 지는 모습인지라 〈향회(嚮晦)〉라고 한 것이다. 〈향회(嚮晦)〉란 해가[日] 저녁에[夕] 가까움[近]을 뜻하여 어둠을[晦] 향함[嚮]이니 〈택중유뢰(澤中有雷)의 수

(隨)〉를 저녁 무렵으로 풀이한다. 이에 「상사(象辭)」가 군자는[君子] 이러한 수괘(隨卦 : ䷐)를 본받아[以] 해질 무렵이면[嚮晦] 집으로 들어가[入] 연식(宴息) 즉 편안히 누워[宴] 휴식할[息] 뿐이지 함부로 처신(處身)하지 않는다고 풀이한 것이 〈군자이향회입연식(君子以嚮晦入宴息)〉이다.

官有渝(관유투) 從正吉也(종정길야) 出門交有功(출문교유공) 不失也(불실야)

감지기관에는[官] 변함이[渝] 있으니[有] 정도를[正] 따름이[從] 길함[吉]이다[也]. 문 밖에서[出門] 함께하여[交] 공적을[功] 이룸은[有] 잃을 것이[失] 없음[不]이다[也].

수괘(隨卦 : ䷐) 초구(初九 : ⚊)의 효상(爻象)을 〈관유투(官有渝) 정길(貞吉) 출문교(出門交) 유공(有功)〉이라고 계사(繫辭)한 것을 〈관유투(官有渝) 종정길야(從正吉也) 출문교유공(出門交有功) 불실야(不失也)〉라고 풀이한다.

수괘(隨卦 : ䷐) 초구(初九 : ⚊)는 매사를 시작해야 하는 처지인지라 〈관유투(官有渝)〉라고 계사(繫辭)했다. 초구(初九 : ⚊)가 바깥 것들에 어떠한 고집을 부리지 않고 호응(互應)함을 밝힌 것이 〈관유투(官有渝)〉이다. 귀[耳]와 눈[目]이 하는 지각기관(知覺器官)이 〈관유투(官有渝)의 관(官)〉이다. 여기 〈관(官)〉이 바깥 사물에 따라서 응하여 적절히 변화해가는[渝] 지각기관임을 밝힘이 〈관유투(官有渝)의 투(渝)〉이다. 따라서 〈관유투(官有渝)의 투(渝)〉는 〈정(貞)〉을 따른 달라져감[變]이다. 〈정(貞)〉이란 〈관유투(官有渝)의 투(渝)〉가 진실로 미덥다[貞]는 것이다. 이에 「상사(象辭)」가 〈관유투(官有渝)〉의 계사(繫辭)를 정도를[正] 따라[從] 행복함[吉]이라고 풀이한 것이 〈종정길야(從正吉也)〉이고, 〈출문교유공(出門交有功)〉의 계사(繫辭)를 정도(正道)를 따름을 상실하지 않음[不失]이라고 풀이한 것이 〈불실야(不失也)〉이다.

係小子(계소자) 弗兼與也(불겸여야)

아래 남자에게[小子] 매달림은[係] 함께 더불어[與] 겸하지 못함[弗兼]이다[也].

수괘(隨卦 : ䷐) 육이(六二 : --)의 효상(爻象)을 〈계소자(係小子) 실장부(失丈夫)〉라고 계사(繫辭)한 것을 〈계소자(係小子) 불겸여야(弗兼與也)〉라고 풀이한다.

수괘(隨卦 : ䷐) 육이(六二 : --)는 구오(九五 : ―)와 초구(初九 : ―) 둘 중에서 어느 쪽 양기(陽氣)와 함께해야 할지 정하기가 어려운 지경임을 밝힌 계사(繫辭)가 〈계소자(係小子) 실장부(失丈夫)〉이다. 〈계소자(係小子)〉 즉 아래 남자에게[小子] 매달림[係]이란 육이(六二 : --)가 백성을 돌보는 신하 노릇에 정성을 다함을 밝히고, 육이(六二 : --)가 구오(九五 : ―)와 군신(君臣)의 관계로서 중정(中正)-정응(正應)으로써 신하의 도리를 다함을 헤아리게 하는 계사(繫辭)가 〈계소자(係小子)〉이다. 〈계소자(係小子)의 소자(小子)〉는 수괘(隨卦 : ䷐)의 초구(初九 : ―)를 지칭하고, 초구(初九 : ―)는 곧 백성으로서 젊은이들을 나타낸다. 육이(六二 : --)가 백성의 부모 노릇을 전력함에 따라 〈실장부(失丈夫)〉 즉 육이(六二 : --)가 〈장부(丈夫)〉인 구오(九五 : ―)를 잃는다[失] 함은 구오(九五 : ―)와 중정(中正)-정응(正應)을 누리지 못하게 됨을 암시한다. 그러므로 수괘(隨卦 : ䷐)의 육이(六二 : --)가 천도(天道) 즉 자연의[天] 도리[道]를 따라 득중(得中)으로써 구오(九五 : ―)의 신하 노릇을 성심껏 다함을 밝힌 것이 〈계소자(係小子) 실장부(失丈夫)〉이다. 이에 「상사(象辭)」가 육이(六二 : --)가 구오(九五 : ―)와 초구(初九 : ―)를 함께 더불어[與] 겸하지 못함[弗兼]을 밝힌 것이 〈계소자(係小子) 불겸여야(弗兼與也)〉이다.

係丈夫(계장부) 志舍下也(지사하야)

위의 남자에게[丈夫] 매달림은[係] 뜻이[志] 아래쪽을[下] 버림[舍]이다[也].

수괘(隨卦 : ䷐) 육삼(六三 : --)의 효상(爻象)을 〈계장부(係丈夫) 실소자(失小子) 수(隨) 유구득(有求得) 이거정(利居貞)〉이라고 계사(繫辭)한 것을 〈계장부(係丈夫) 지사하야(志舍下也)〉라고 풀이한다.

수괘(隨卦 : ䷐) 육삼(六三 : --)이 위의 구사(九四 : ―)를 남편[丈夫]처럼 우러러 따르고 아래의 〈소자(小子)〉를 버리는[失] 모습임을 밝힌 계사(繫辭)가 〈계장부(係丈夫) 실소자(失小子)〉이다. 여기 〈실소자(失小子)의 실(失)〉은 〈버릴 거(去)〉

와 같다. 수괘(隨卦 : ䷐) 육삼(六三 : --)은 하체(下體)의 상효(上爻)인지라 상체(上體)로 상승(上昇)하려는 뜻이 강렬하므로, 힘없는 〈소자(小子)〉 즉 백성을 나타내는 초구(初九 : ㅡ)를 버리고 구오(九五 : ㅡ) 즉 군왕(君王)과 버금가는 구사(九四 : ㅡ)를 남편[丈夫]처럼 삼아 매달림으로써, 상체(上體)로 오르려는 권세(權勢)의 욕구를 만족하려 함을 밝힌 계사(繫辭)가 〈수(隨) 유구득(有求得)〉이다. 그러나 육삼(六三 : --)이 추구함을[求] 성취한다[得] 하더라도 그 성취의 참모습을 정문(正問) 즉 올바르게[正] 따져서[問], 자의(恣意)나 아집(我執)을 떠나 사심 없이 천도(天道)를 따라 추구하는 마음가짐[貞]으로 육삼(六三 : --)이 구사(九四 : ㅡ)를 남편으로[丈夫] 삼아 따름[隨]을 변함없이 한다면 이롭다[利]고 밝힌 계사(繫辭)가 〈이거정(利居貞)〉이다. 이에 「상사(象辭)」가 구사(九四 : ㅡ)를 남편[丈夫]처럼 삼아 매달려[係] 상승 욕구를[求] 만족하려는[得] 육삼(六三 : --)의 뜻이[志] 아래[下] 즉 백성인 초구(初九 : ㅡ)를 버린[舍] 것이라고 밝힌 것이 〈계장부(係丈夫) 지사하야(志舍下也)〉이다.

隨有獲(수유획) 其義凶也(기의흉야) 有孚在道(유부재도) 明功也(명공야)

따름에[隨] 얻음이[獲] 있다 함은[有] 그[其] 뜻함이[義] 흉함[凶]이다[也]. 믿어줌이[孚] 있고[有] 정도에[道] 있음은[在] 분명한[明] 보람이 있음[功]이다[也].

수괘(隨卦 : ䷐) 구사(九四 : ㅡ)의 효상(爻象)을 〈수유획(隨有獲) 정흉(貞凶) 유부재도(有孚在道) 이명(以明) 하구(何咎)〉라고 계사(繫辭)한 것을 〈수유획(隨有獲) 기의흉야(其義凶也) 유부재도(有孚在道) 명공야(明功也)〉라고 풀이한다.

〈수유획(隨有獲)의 수(隨)는〉 수괘(隨卦 : ䷐)의 구사(九四 : ㅡ)가 구오(九五 : ㅡ)를 따름[隨]을 뜻하고, 〈수유획(隨有獲)의 획(獲)〉은 구사(九四 : ㅡ)가 구오(九五 : ㅡ)로부터 신임을 얻음[獲]을 뜻한다. 그러나 구사(九四 : ㅡ)가 진실한 미더움[貞]으로 구오(九五 : ㅡ)를 따른다고[隨] 해도, 구사(九四 : ㅡ)는 항상 구오(九五 : ㅡ)로부터 의심받을 수 있어서 언제든지 구사(九四 : ㅡ)가 불행할[凶] 수 있음을 밝힌 계사(繫辭)가 〈정흉(貞凶)〉이다. 이러한 처지의 구사(九四 : ㅡ)에게

최선의 길은 오로지 정도(正道)를 따라서 믿음과 진실로써 구오(九五 : ━)를 따르면서 스스로의 행동거지를 명쾌하게 하는 것임을 밝힌 계사(繫辭)가 〈유부재도(有孚在道) 이명(以明)〉이다. 〈유부(有孚)의 부(孚)〉는 구사(九四 : ━)를 구오(九五 : ━)가 믿어줌[孚]을 말한다. 이에 「상사(象辭)」가 구오(九五 : ━)로부터 신임을 얻으려는 구사(九四 : ━)의 의도[義]가 구오(九五 : ━)로부터 의심을 살 수도 있기 때문에 불행할 수 있음을 밝힌 것이 〈수유획(隨有獲) 기의흉야(其義凶也)〉이고, 〈유부재도(有孚在道)〉로써 처신하여 구오(九五 : ━)를 성신(誠信)으로 따른[隨] 보람을[功] 구사(九四 : ━)가 분명하게[明] 한 것임을 밝힌 것이 〈유부재도(有孚在道) 명공야(明功也)〉이다.

孚于嘉(부우가) 吉(길) 位正中也(위정중야)

선함[嘉]에[于] 믿어주니[孚] 행운을 누림은[吉] 자리가[位] 정당하고[正] 정도를 따름[中]이다[也].

수괘(隨卦 : ䷐) 구오(九五 : ━)의 효상(爻象)을 〈부우가(孚于嘉) 길(吉)〉이라고 계사(繫辭)한 것을 〈부우가(孚于嘉) 길(吉) 위정중야(位正中也)〉라고 풀이한다.

수괘(隨卦 : ䷐) 구오(九五 : ━)가 존위에[尊] 있으면서[居] 정도를 따름을[中] 취함[得]이 진실함을 밝힌 계사(繫辭)가 〈부우가(孚于嘉)〉이다. 강강(剛強)한 구오(九五 : ━)가 득중(得中)하니 선미(善美)하고 기릴 만함을 밝힌 것이 〈부우가(孚于嘉)의 가(嘉)〉이다. 따라서 여기 〈가(嘉)〉는 구오(九五 : ━)를 나타낸다. 강강(剛強)하면서 선미(善美)한 양(陽 : ━)을 일러 〈가(嘉)〉라 한다. 이러한 〈가(嘉)〉 즉 구오(九五 : ━)가 신하들을 진실로 믿어준다면[孚] 언제 어디서나 그 무엇이든 〈길(吉)〉 즉 행복을 누리기 때문에, 구오(九五 : ━) 즉 양기의[于嘉] 진실한 믿어줌은[孚] 행복하다[吉]고 계사(繫辭)한 것이 〈길(吉)〉이다. 이에 「상사(象辭)」가 〈부우가(孚于嘉) 길(吉)〉이라는 계사(繫辭)를, 구오(九五 : ━)의 자리가[位] 정당하고[正] 동시에 구오(九五 : ━)가 정도를 따름[中]이라고 밝힌 것이 〈부우가(孚于嘉) 길(吉) 위정중야(位正中也)〉이다.

拘係之(구계지) 上窮也(상궁야)

그것을[之] 붙들고[拘] 매달림은[係] 오를 데가[上] 더는 없음[窮]이다[也].

수괘(隨卦 : ䷐) 상륙(上六 : --)의 효상(爻象)을 〈구계지(拘係之) 내종유지(乃從維之) 왕용향우서산(王用亨于西山)〉이라고 계사(繫辭)한 것을 〈구계지(拘係之) 상궁야(上窮也)〉라고 풀이한다.

수괘(隨卦 : ䷐) 상륙(上六 : --)은 바로 아래에 있는 구오(九五 : ━)와 〈비(比)〉 즉 이웃하여 사귐[比]을 누려야 함을 〈구계지(拘係之)〉라 한다. 〈구계지(拘係之)〉는 음양(陰陽)의 상호관계를 밝힌다. 상륙(上六 : --)이 구오(九五 : ━)를 붙들고[拘] 매달려[係] 서로 이웃이 되어 음양(陰陽)이 서로[相] 화합하면[和], 〈음당계속어양(陰當繫屬於陽)〉 즉 음은[陰] 양에[於陽] 마땅히[當] 매이어[繫] 딸려야[屬] 한다는 것을 〈구계(拘係)〉라고 한다. 이에 상륙(上六 : --)이 구오(九五 : ━)를 따르고[從而] 따라서[乃] 구오(九五 : ━)에 매여서[維] 친밀하게 이웃의 사귐[比]을 누림을 밝힌 것이 〈왕용향우서산(王用亨于西山)〉이다. 〈왕용향우서산(王用亨于西山)〉은 주무왕(周武王)이 서산에서[于西山] 선왕(先王)인 주문왕(周文王)에게 제사를[亨] 올린다[用]는 고사(故事)를 계사(繫辭)로 든 셈이다. 따라서 선왕(先王)은 자신의 대를 이어주는 왕(王)을 떠날 수 없기에, 수괘(隨卦 : ䷐)의 상륙(上六 : --)과 구오(九五 : ━)의 〈비(比)〉를 주문왕(周文王)과 주무왕(周武王)의 고사(故事)를 빌려 음양상화(陰陽相和)의 깊은 뜻을 밝힌 계사(繫辭)가 〈왕용향우서산(王用亨于西山)〉이다. 이에 「상사(象辭)」가 수괘(隨卦 : ䷐)의 상륙(上六 : --)이 구오(九五 : ━)를 붙들고[拘] 매달려야[係] 함은, 상륙(上六 : --)이 오를 데가[上] 더는 없기[窮] 때문이라고 밝힌 것이 〈구계지(拘係之) 상궁야(上窮也)〉이다.

18 고괘(蠱卦 : ䷑) 상사(象辭)

손하간상(巽下艮上) : 아래는[下] 손(巽 : ☴), 위는[上] 간(艮 : ☶).

산풍고(山風蠱) : 산과[山] 바람은[風] 고이다[蠱].

山下有風蠱이다 君子以振民育德한다 幹父之蠱는 意承考也이다 幹母之蠱는 得中道也이다 幹父之蠱는 終无咎也이다 裕父之蠱는 往未得也이다 幹父用譽는 承以德也이다 不事王侯는 志可則也이다

(산하유풍고 군자이진민육덕 간부지고 의승고야 간모지고 득중도야 간부지고 종무구야 유부지고 왕미득야 간부용예 승이덕야 불사왕후 지가칙야)

산(山) 아래[下] 바람이[風] 붊이[有] 고괘이다[蠱]. 군자는[君子] (고괘를) 본받아[以] 백성을[民] 북돋고[振] 덕을[德] 길러낸다[育]. 아버지의[父之] 무너지는 일을[蠱] 바로잡음은[幹] (자식의) 뜻이[意] 돌아가신 아버지를[考] (저버리지 않고) 계승함[承]이다[也]. 어머니의[母之] 무너지는 일을[蠱] 바로잡음은[幹] 정도를[道] 따름을[中] 취함[得]이다[也]. 아버지의[父之] 무너지는 일을[蠱] 바로잡음은[幹] 끝내는[終] 허물이[咎] 없음[无]이다[也]. 아버지의[父之] 무너지는 일을[蠱] 너그럽게 봄은[裕] (바로잡음을) 행하더라도[往] 이루지[得] 못함[未]이다[也]. 아버지의 잘못을[父] 바로잡아[幹] 명성으로[譽] 통함은[用] 그로써[以] 덕을[德] 이음[承]이다[也]. 왕이나[王] 제후를[侯] 받들지 않음은[不事] (그러한) 뜻을[志] 본받을[則] 수 있음[可]이다[也].

【지남(指南)】

山下有風蠱(산하유풍고) 君子以振民育德(군자이진민육덕)

산(山) 아래[下] 바람이[風] 붊이[有] 고괘이다[蠱]. 군자는[君子]

(고괘를) 본받아[以] 백성을[民] 북돋고[振] 덕을[德] 길러낸다[育].

고괘(蠱卦 : ䷑)의 괘상(卦象)을 〈고원형(蠱元亨) 이섭대천(利涉大川) 선갑삼일(先甲三日) 후갑삼일(後甲三日)〉이라고 계사(繫辭)한 것을 〈산하유풍고(山下有風蠱) 군자이진민육덕(君子以振民育德)〉이라고 풀이한다.

사람을 따름에는[隨] 반드시 인사(人事) 즉 그 사람의 이런저런 일들이[人事] 따르게[隨] 된다. 특히 불선(不善)한 일이라면 규정(糾正) 즉 모두 거두어[糾] 바로잡는[正] 것 또한 정리(正理)이다. 이에 수괘(隨卦 : ䷐) 다음에 고괘(蠱卦 : ䷑)가 온 것이다. 고괘(蠱卦 : ䷑)의 괘상(卦象)은 앞 수괘(隨卦 : ䷐)를 뒤집어 놓은 모습이다. 이는 선대(先代)의 일들을 후대(後代)가 그대로 따름[隨]이 아니라, 선대(先代)의 사업 중에서 〈고(蠱)〉의 것이라면 뒤집어 규정(糾正)한다는 뜻을 담음이, 고괘(蠱卦 : ䷑)의 괘상(卦象)인 강상이유하(剛上而柔下)이다. 고괘(蠱卦 : ䷑)의 〈고(蠱)〉는 괴극지사(壞極之事) 즉 무너짐이[壞] 극에 달한[極之] 일[事]을 나타낸다. 무너져내리는 일이란 벌레 먹은 그릇 같아 그대로 두면 둘수록 더 나빠진다. 따라서 무너지는[壞] 일[事] 즉 〈고(蠱)〉라면 다스려야[治] 복원(復元)되고 그래야 형통(亨通)할 수 있으므로, 고괘(蠱卦 : ䷑)의 괘상(卦象)을 〈고원형(蠱元亨)〉이라고 한다. 〈이섭대천(利涉大川)의 섭대천(涉大川)〉은 치고(治蠱)의 일이 몹시 험난(險難)함을 밝히고, 〈이섭대천(利涉大川)의 이(利)〉는 무너지는 일을[蠱] 순리(順理)대로 다스렸음[治]을 밝힌다. 치고(治蠱)란 순식간에 되는 일이 아니라 신중(愼重)에 신중을 거듭해야 함을 밝힌 괘사(卦辭)가 〈선갑삼일(先甲三日) 후갑삼일(後甲三日)〉이다. 〈선갑(先甲)-후갑(後甲)의 갑(甲)〉이란 수(數)의 수(首) 즉 첫머리[首]이고 일(事)의 시(始) 즉 시작을 말한다. 치고(治蠱)의 사전 준비 과정을 〈선갑(先甲)〉이라 하고, 그 과정을 오랜 장고(長考)가 필수임을 밝힌 것이 〈삼일(三日)〉이다. 〈삼일(三日)의 삼(三)〉은 셋이란 숫자가 아니라 많다는 뜻이니 치고(治蠱)의 방편[道]을 두고두고 장고(長考)하고 심려(深慮)한다는 괘사(卦辭)가 〈선갑삼일(先甲三日)〉이다. 이에 따라 치고(治蠱)의 도(道)를 밟아[履] 실행함[行]에도 두고두고 장고하고 심려한다는 계사(繫辭)가 〈후갑삼일(後甲三日)〉이다. 따라서 좋은 방편을 선구(先求) 즉 먼저[先] 구한[求] 다음 다스리면, 보다 더 잘 치고(治蠱)할 수 있음을 밝힌 계사(繫辭)가 〈선갑삼일(先甲三日) 후갑삼일(後甲三日)〉이다. 이에 「상사(象辭)」가 간(艮 : ☶) 즉 산(山) 아래에서[下] 손(巽 : ☴) 즉 바람이[風] 분다[有]고 고괘(蠱卦 : ䷑)의 괘체(卦體)로써 괘상(卦象)을 밝힌 다음, 군자가[君子] 고괘(蠱卦 : ䷑)를 본받아[以] 치고(治蠱) 즉 무너지는 일을[蠱] 다스려서[治] 백성을[民] 북돋고[振] 천덕을[德] 길러냄[育]을 밝힌 것이 〈산하유풍고(山下有風蠱) 군자이진민육덕(君子以振民育德)〉이다.

幹父之蠱(간부지고) 意承考也(의승고야)

아버지의[父之] 무너지는 일을[蠱] 바로잡음은[幹] (자식의) 뜻이[意] 돌아가신 아버지를[考] (저버리지 않고) 계승함[承]이다[也].

고괘(蠱卦 : ䷑) 초륙(初六 : --)의 효상(爻象)을 〈간부지고(幹父之蠱) 유자(有子) 고무구(考无咎) 여(厲) 종길(終吉)〉이라고 계사(繫辭)한 것을 〈간부지고(幹父之蠱) 의승고야(意承考也)〉라고 풀이한다.

고괘(蠱卦 : ䷑) 초륙(初六 : --)은 매사(每事)를 시작해야 하는 자리인지라 〈간부지고(幹父之蠱)〉라고 계사(繫辭)했다. 인생(人生)의 인간사에는 그대로 물려받아야 할 일도 있지만, 〈간고(幹蠱)〉 즉 아버지의 〈고(蠱)〉 즉 불선(不善)한 일을 바로잡아야[幹] 하는 것이 자식의 도리(道理)이기에 초륙(初六 : --)의 계사(繫辭)를 〈간부지고(幹父之蠱)〉라 한 것이다. 〈간부지고(幹父之蠱)의 부(父)〉는 살아계셨던 아버지를 말하므로 아버지의 일생을 말한다. 따라서 〈간부지고(幹父之蠱)의 간(幹)〉은 아버지의 일생을 규정(糾正) 즉 거두어[糾] 바로잡음[正]을 뜻하고, 감임(堪任) 즉 감내하면서[堪] 맡음[任]을 뜻한다. 좋은 일만 드러내고 궂은 일은 숨긴다면 이는 자식이 취해야 할 정도(正道)가 아니라는 말씀이 〈간부지고(幹父之蠱)〉이다. 따라서 간고(幹蠱) 즉 궂은 일들을[蠱] 거두어 바로잡아주는[幹] 자식이 있으면 아버지의 허물이 없어지게 됨을 밝힌 계사(繫辭)가 〈유자(有子) 고무구(考无咎)〉이다. 이 〈간부지고(幹父之蠱)〉를 역사의식의 단서(端緖) 즉 실마리[端緖]로 여겨도 되는 계사(繫辭)이다. 자식에게 물려준 선고(先考)의 〈고(蠱)〉를 자식이 바로잡으면[幹] 〈여(厲)〉 즉 선고(先考)에게 위태롭던[厲] 일도 끝내는[終] 좋은[吉] 일이 됨을 계사(繫辭)한 것이 〈여(厲) 종길(終吉)〉이다. 이에 「상사(象辭)」가 〈부지고(父之蠱)〉를 바로잡는[幹] 자식의 뜻은[意] 〈고(考)〉 즉 돌아가신 아버지를[考]

저버림이 아니라 잘 받들어 모시려는[承] 뜻[意]임을 밝힌 것이 〈간부지고(幹父之蠱) 의승고야(意承考也)〉이다.

幹母之蠱(간모지고) 得中道也(득중도야)

어머니의[母之] 무너지는 일을[蠱] 바로잡음은[幹] 정도를[道] 따름을[中] 취함[得]이다[也].

고괘(蠱卦 : ䷑) 구이(九二 : ⚊)의 효상(爻象)을 〈간모지고(幹母之蠱) 불가정(不可貞)〉이라고 계사(繫辭)한 것을 〈간모지고(幹母之蠱) 득중도야(得中道也)〉라고 풀이한다.

고괘(蠱卦 : ䷑) 구이(九二 : ⚊)는 정당하지 못한 자리에 있고, 육오(六五 : ⚋) 역시 부정위(不正位)에 있어 중정(中正)을 누리지는 못하지만, 정응(正應) 즉 올바르게[正] 호응하고[應] 있는 모습인지라 구이(九二 : ⚊)가 음양(陰陽)을 아울러 구제(救濟)할 수 있음을 계사(繫辭)한 것이 〈간모지고(幹母之蠱)〉이다. 〈간모지고(幹母之蠱)의 모(母)〉는 살아계셨던 어머니를 말하므로 어머니의 일생을 말한다. 따라서 〈간모지고(幹母之蠱)의 간(幹)〉은 어머니의 일생을 거두어[糾] 바로잡음[正]을 뜻하고 감내하면서[堪] 맡음[任]을 뜻한다. 그러나 아버지로부터 내림한 인간사(人間事)와는 달리 어머니로부터 내림한 인간사에 〈고(蠱)〉 즉 괴사(壞事)나 혹사(惑事)가 있을 경우가 별로 없음을 암시한 계사(繫辭)가 〈불가정(不可貞)〉이다. 〈불가정(不可貞)의 정(貞)〉은 강직(剛直) 즉 마음이 꼿꼿하고[剛] 곧음[直]을 뜻한다. 이 〈불가정(不可貞)〉은 〈간모지고(幹母之蠱)의 간(幹)〉은 〈간부지고(幹父之蠱)의 간(幹)〉처럼 강직(剛直)할 수 없다는 것이다. 아버지의 〈고(蠱)〉를 바로잡음에는[幹] 〈가정(可貞)〉 즉 강직할[貞] 수 있지만[可], 어머니의 〈고(蠱)〉를 바로잡음에는[幹] 강직할 수 없다는 것이 〈불가정(不可貞)〉이다. 〈모지고(母之蠱)〉를 간(幹)함은 〈부지고(父之蠱)〉를 간(幹)함보다 더욱더 어려움을 밝힌 계사(繫辭)가 〈불가정(不可貞)〉인 셈이다. 이에 「상사(象辭)」가 〈간모지고(幹母之蠱)의 간(幹)〉은 구이(九二 : ⚊)가 중효의[中] 도리를[道] 취함[得]이라고 밝힌 것이 〈간모지고(幹母之蠱) 득중도야(得中道也)〉이다.

幹父之蠱(간부지고) 終无咎也(종무구야)

아버지의[父之] 무너지는 일을[蠱] 바로잡음은[幹] 끝내는[終] 허물이[咎] 없음[无]이다[也].

구삼(九三 : ━)의 효상(爻象)을 〈간부지고(幹父之蠱) 소유회(小有悔) 무대구(无大咎)〉라고 계사(繫辭)한 것을 〈간부지고(幹父之蠱) 종무구야(終无咎也)〉라고 풀이한다.

고괘(蠱卦 : ䷑) 구삼(九三 : ━)은 정위(正位)에 있는지라 〈부지고(父之蠱)〉를 바로잡음[幹]에 굳셈[剛]이 지나치려는 모습 때문에 〈소유회(小有悔)〉라고 계사(繫辭)한 것이다. 무슨 일에서든 지나치면 정도(正道)에 어긋날 수 있기 때문에 후회스러움[悔]이 뒤따른다. 그러나 바로잡기[幹]를 맡은 자식에게 조금 한스러움[悔]이 있다 할지라도, 그 자식의 선고(先考)에게는 오히려 살아서 범했던 허물[咎]을 자식 덕으로 벗어날 수 있음인지라, 한스럽다[悔] 해도 큰[大] 허물은[咎] 없다[无]고 밝힌 계사(繫辭)가 〈무대구(无大咎)〉이다. 이에 「상사(象辭)」가 아버지의 〈고(蠱)〉 즉 괴사(壞事)나 혹사(惑事)를 자식이 지나칠 만큼 강직하게 바로잡으면[幹] 돌아가신 아버지의 허물은[咎] 자식의 덕으로 끝내는[終] 없어짐[无]을 밝힌 것이 〈간부지고(幹父之蠱) 종무구야(終无咎也)〉이다.

裕父之蠱(유부지고) 往未得也(왕미득야)

아버지의[父之] 무너지는 일을[蠱] 너그럽게 봄은[裕] (바로잡음을) 행하더라도[往] 이루지[得] 못함[未]이다[也].

고괘(蠱卦 : ䷑) 육사(六四 : ╍)의 효상(爻象)을 〈유부지고(裕父之蠱) 왕견린(往見吝)〉이라고 계사(繫辭)한 것을 〈유부지고(裕父之蠱) 왕미득야(往未得也)〉라고 풀이한다.

고괘(蠱卦 : ䷑) 육사(六四 : ╍)는 정당한 자리에 있고, 특히 육오(六五 : ╍)를 거스를 수 없는 처지라 나약(懦弱)함을 면할 수 없어, 중대한 일을 맡아 행할 수 없는 모습을 〈유부지고(裕父之蠱)〉라고 한 것이다. 자식으로서 제 아버지의 괴사(壞事)나 혹사(惑事)를 바로잡자면[幹] 강직(剛直)해야 한다. 그러나 육사(六四 :

--)의 처지는 유약(柔弱)할 수밖에 없으므로 아버지의 〈고(蠱)〉를 바로잡아볼[幹] 생각을 강직하게 감당하지 못함을 〈유부지고(裕父之蠱)의 유(裕)〉라고 밝힌다. 〈유부지고(裕父之蠱)의 유(裕)〉는 너그러워 엄격하지 못함을 뜻한다. 그렇기 때문에 〈왕견린(往見吝)〉이라고 점사한 것이다. 〈왕(往)〉은 아버지의 〈고(蠱)〉를 바로잡아[幹] 보려고 시도했음을 뜻한다. 그러나 육사(六四 : --)의 효상(爻象)을 닮은 자식은 유약(柔弱)하여 너그럽되 엄격하지 못해 아버지의 〈고(蠱)〉를 바로잡지[幹] 못하고 한스러움만 당하는 것을 〈견린(見吝)〉이라고 점사한 것이다. 여기 〈견린(見吝)〉은 아버지의 〈고(蠱)〉를 바로잡으려다가[幹] 바로잡지 못해 부끄러움을[吝] 당함[見]을 뜻한다. 이에 「상사(象辭)」가 아버지의 〈고(蠱)〉에 관대하여 엄격하지 못해서[裕] 바로잡아[幹] 보려다가[往] 바로잡음을 이루지 못함[未得]을 밝힌 것이 〈유부지고(裕父之蠱) 왕미득야(往未得也)〉이다.

幹父用譽(간부용예) 承以德也(승이덕야)

아버지의 잘못을[父] 바로잡아[幹] 명성으로[譽] 통함은[用] 그로써[以] 덕을[德] 이음[承]이다[也].

고괘(蠱卦 : ䷑) 육오(六五 : --)의 효상(爻象)을 〈간부지고(幹父之蠱) 용예(用譽)〉라고 계사(繫辭)한 것을 〈간부용예(幹父用譽) 승이덕야(承以德也)〉라고 풀이한다.

고괘(蠱卦 : ䷑) 육오(六五 : --)는 구이(九二 : ━)와 정응(正應) 즉 바르게[正] 호응하여[應] 구이(九二 : ━)는 신하로서 득중(得中) 즉 정도를 따름을[中] 취하고[得], 육오(六五 : --)는 군왕(君王)으로서 정도를 따름을[中] 취함[得]을 밝힌 계사(繫辭)가 〈간부지고(幹父之蠱) 용예(用譽)〉이다. 육오(六五 : --)가 비록 군왕(君王)이지만 유효(柔爻)로서 지기(志氣) 즉 의지와[志] 기개[氣]는 유순(柔順)하고, 중화(中和) 즉 서로 어울림을[和] 따르려는[中] 덕성(德性)을 품고 있어서, 선왕(先王)의 〈고(蠱)〉를 바로잡음[幹]에 너그러울 수 있다. 그러나 육오(六五 : --)에게는 충직(忠直)한 신하 구이(九二 : ━)가 있다. 구이(九二 : ━)는 강효(剛爻)로서 지기(志氣)가 강강(剛强) 즉 굳세고[剛] 강력하지만[强], 정도를 따라[正] 호응하여[應] 육오(六五 : --)가 〈부지고(父之蠱)〉를 바로잡도록[幹] 충성을 다해 도와주기 때문에, 성공을 거둘 수 있음을 밝힌 계사(繫辭)가 〈용예(用譽)〉이다. 이에 「상사(象辭)」

가 육오(六五 : --)의 〈부(父)〉 즉 선왕(先王)의 〈고(蠱)〉를 바로잡음[幹]으로써[以] 오히려 선왕(先王)의 덕(德)을 이어받게[承] 되었음을 밝힌 것이 〈간부용예(幹父用譽) 승이덕야(承以德也)〉이다.

不事王侯(불사왕후) 志可則也(지가칙야)

왕이나[王] 제후를[侯] 받들지 않음은[不事] (그러한) 뜻을[志] 본받을[則] 수 있음[可]이다[也].

고괘(蠱卦 : ䷑) 상구(上九 : ―)의 효상(爻象)을 〈불사왕후(不事王侯) 고상기사(高尙其事)〉라고 계사(繫辭)한 것을 〈불사왕후(不事王侯) 지가칙야(志可則也)〉라고 풀이한다.

고괘(蠱卦 : ䷑) 상구(上九 : ―)는 정당한 자리에 있지 못하고, 고괘(蠱卦 : ䷑)를 떠나[外] 초연(超然)해 육오(六五 : --)와의 이웃의 사귐[比]을 외면함을 밝힌 계사(繫辭)가 〈불사왕후(不事王侯)〉이다. 〈왕후(王侯)의 왕(王)〉은 임금[王]인 육오(六五 : --)를 말하고, 〈왕후(王侯)의 후(侯)〉는 경대부(卿大夫)의 작위(爵位)를 지닌 육사(六四 : --)와 대부(大夫)의 작위를 지닌 구삼(九三 : ―)을 말한다. 임금과 더불어 작위를 지닌 자들을 받들지 않는다[不事] 함은, 상구(上九 : ―)는 이미 고괘(蠱卦 : ䷑)에서 물러나 상왕(上王)의 자리에 있음을 밝힌다. 여러 〈간고(幹蠱)〉 즉 온갖 괴사(壞事)와 혹사(惑事) 등을 바로잡아[幹] 온 일들을 고괘(蠱卦 : ䷑)의 상구(上九 : ―)가 상왕(上王)으로서 돌이켜볼 수 있는 자리에 있음을 밝힌 계사(繫辭)가 〈고상기사(高尙其事)〉이다. 여기 〈고상(高尙)〉은 고괘(蠱卦 : ䷑)의 육사(六四 : --)가 〈고(蠱)〉를 바로잡지[幹] 못하고 한스러움만[吝] 당했다[見]고 밝힌 〈견린(見吝)〉과는 정반대이다. 무너지는[壞] 일들[事]이나 의혹 받는[惑] 일들[事] 즉 〈고(蠱)〉를 바로잡았음[幹]을 상구(上九 : ―) 자신이 높이[高] 받든다[尙]고 함은 〈간고(幹蠱)〉가 바람직하게 이루어졌음을 상구(上九 : ―) 스스로 밝힌 계사(繫辭)가 〈고상기사(高尙其事)〉이다. 이에 「상사(象辭)」가 상왕(上王)으로서 상구(上九 : ―)가 자신의 〈간고(幹蠱)〉를 높이[高] 받드는[尙] 뜻을[志] 본받을[則] 수 있는[可] 것임을 밝힌 것이 〈불사왕후(不事王侯) 지가칙야(志可則也)〉이다.

19 임괘(臨卦 : ䷒) 상사(象辭)

태하곤상(兌下坤上) : 아래는[下] 태(兌 : ☱), 위는[上] 곤(坤 : ☷).

지택림(地澤臨) : 땅과[地] 못은[澤] 임이다[臨].

澤上有地臨이다 君子以敎思无窮하여 容保民无疆하다
택 상 유 지 림 군 자 이 교 사 무 궁 용 보 민 무 강

咸臨이니 貞吉은 志行正也이다 咸臨이니 吉해 无不利는
함 림 정 길 지 행 정 야 함 림 길 무 불 리

未順命也이다 甘臨은 位不當也이고 旣憂之는 咎不長
미 순 명 야 감 림 위 부 당 야 기 우 지 구 부 장

也이다 至臨이니 无咎는 位當也이다 大君之宜는 行中
야 지 림 무 구 위 당 야 대 군 지 의 행 중

之謂也이다 敦臨之吉은 志在内也이다
지 위 야 돈 림 지 길 지 재 내 야

못[澤] 위에[上] 땅이[地] 있음이[有] 임괘이다[臨]. 군자는[君子] (임괘를) 본받아[以] (백성을) 교도하고[敎] 생각함이[思] 다함이[窮] 없어서[无] 백성을[民] 받아들이고[容] 보호함에[保] 끝남이[疆] 없다[无]. 두루 감응하여[咸] 가까이함이[臨] 진실로 미더워[貞] 길함은[吉] 뜻을[志] 행함이[行] 올바름[正]이다[也]. 두루 감응하여[咸] 가까이함이[臨] 길하여[吉] 이롭지 않음이[不利] 없음은[无] 명령을[命] 아직 따르지 않음[未順]이다[也]. 달콤하게[甘] 가까이함은[臨] 자리가[位] 마땅치 않음[不當]이고[也], 이미[旣] 그것을[之] 두려워함은[憂] 허물이[咎] 오래가지 않음[不長]이다[也]. 더없이[至] 가까이함이니[臨] 허물이[咎] 없음은[无] 자리가[位] 마땅함[當]이다[也]. 대군의[大君之] 의당함은[宜] 중도를[中] 행함을[行之] 일컬음[謂]이다[也]. 도탑게[敦] 가까이함이[臨之] 길함은[吉] 마음 가는 바가[志] 내면에[内] 있음[在]이다[也].

【지남(指南)】

澤上有地臨(택상유지림) 君子以教思无窮(군자이교사무궁) 容保民无疆(용보민무강)

못[澤] 위에[上] 땅이[地] 있음이[有] 임괘이다[臨]. 군자는[君子] (임괘를) 본받아[以] (백성을) 교도하고[教] 생각함이[思] 다함이[窮] 없어서[无] 백성을[民] 받아들이고[容] 보호함에[保] 끝남이[疆] 없다[无].

임괘(臨卦 : ䷒)의 괘상(卦象)을 〈임(臨) 원형(元亨) 이정(利貞) 지우팔월(至于八月) 유흉(有凶)〉이라고 계사(繫辭)한 것을 〈택상유지림(澤上有地臨) 군자이교사무궁(君子以教思无窮) 용보민무강(容保民无疆)〉이라고 풀이한다.

〈고(蠱)〉란 무너짐이[壞] 극에 달한[極之] 일[事]인지라 외면하지 말고 마주해[臨] 감독(監督) 즉 살펴[監] 단속해야[督] 한다. 이에 고괘(蠱卦 : ䷑) 다음에 임괘(臨卦 : ䷒)가 온 것이다. 임괘(臨卦 : ䷒)의 〈임(臨)〉은 오가며 스치는 마주함이 아니라, 위가 유순(柔順)으로 아래를 마주하는 〈임(臨)〉이다. 임괘(臨卦 : ䷒)의 괘상(卦象)이 겉보기로는 서로[相] 부딪치는[衝] 모습이지만 속으로는[內] 음양(陰陽)이 서로[相] 어울리는[和] 모습인지라, 초구(初九 : ⚊)와 구이(九二 : ⚊) 그리고 군음(群陰)의 사효(四爻)가 음양상화(陰陽相和)로써 음양(陰陽)의 정도(正道)를 따라 서로[相] 어울림[和]을 〈원형(元亨) 이정(利貞)〉이 암시한다.

〈원형(元亨) 이정(利貞)〉에서 〈원형(元亨)〉은 임괘(臨卦 : ䷒)의 두 양효(陽爻)가 주도하는 천덕(天德)이고, 〈이정(利貞)〉은 네 음효(陰爻)가 주도하는 지덕(地德)임을 뒤이어 〈지우팔월(至于八月) 유흉(有凶)〉이라 계사(繫辭)한 것이다.

임괘(臨卦 : ䷒)의 괘사(卦辭)가 계사(繫辭)한 〈원형(元亨) 이정(利貞)〉 사덕(四德) 중에서 〈원형(元亨)〉은 임괘(臨卦 : ䷒)의 두 양효(陽爻)들이 주(主)가 되어 묘월(卯月) 즉 천문(天門)인 춘문(春門)이 열리는 2월(二月)부터 유월(酉月) 즉 지문(地門)인 추문(秋門)이 닫히는 8월(八月)까지 이루어지는 성대(盛大)함이다. 〈이정(利貞)〉은 임괘(臨卦 : ䷒)의 네 음효(陰爻)들이 주(主)가 되어 춘하(春夏)의 성대(盛大)함을 거두어들여 어김없이 잘 간직하는 음기(陰氣)의 성대(盛大)함이다. 여기 〈지우팔월(至于八月)〉이란 임괘(臨卦 : ䷒)의 초구(初九 : ⚊)와 구이(九二 : ⚊)

가 묘월(卯月)을 거쳐 〈원형(元亨)〉의 춘하(春夏)가 이루는 양기(陽氣)의 성대(盛大)함을 이루면서 8월에[于八月] 이르렀음[至]을 밝힌 계사(繫辭)이다. 8월(八月) 즉 유월(酉月)은 지문(地門) 즉 추문(秋門)이 닫히는 달이다. 유월(酉月)이면 양기(陽氣)는 쇠(衰)해지고 음성(陰盛) 즉 음기가[陰] 성대해지는[盛] 추동(秋冬)이 시작함을 밝힌 계사(繫辭)가 〈지우팔월(至于八月)〉이다.

12월을 나타내는 임괘(臨卦 : ䷒)는 묘월(卯月) 즉 2월을 거쳐 봄여름 동안 양성(陽盛)이 우렁차다가, 유월(酉月) 즉 8월에 이르러 양쇠(陽衰) 즉 양기가[陽] 쇠락하고[衰] 음성(陰盛) 즉 음기가[陰] 성대한[盛] 추동(秋冬) 즉 〈이정(利貞)〉이 시작되면, 임괘(臨卦 : ䷒)의 초구(初九 : ⚊)와 구이(九二 : ⚊)는 쇠락(衰落)해짐을 밝힌 계사(繫辭)가 〈유흉(有凶)〉이다. 여기 〈유흉(有凶)의 흉(凶)〉은 임괘(臨卦 : ䷒)의 양기(陽氣 : ⚊)는 8월이면 쇠(衰)하고 임괘(臨卦 : ䷒)의 음기(陰氣 : ⚋)가 성(盛)함을 말한다. 이처럼 임괘(臨卦 : ䷒)의 괘상(卦象)이 음기(陰氣)가 양기(陽氣)의 성쇠(盛衰)를 위에서 아래로 내려다보고 마주하는[臨] 모습을 묶어서 밝힌 괘사(卦辭)가 〈임(臨) 원형(元亨) 이정(利貞) 지우팔월(至于八月) 유흉(有凶)〉이다. 이에 「상사(象辭)」가 임괘(臨卦 : ䷒)의 괘상(卦象)을 못[澤] 위에[上] 땅이[地] 있다[有]고 풀이하고, 군자가[君子] 임괘(臨卦 : ䷒)의 괘상(卦象)을 본받아[以] 백성을 가르치고[敎] 생각함에[思] 다함이[窮] 없고[无], 백성을[民] 포용하고[容] 보양함에[保] 끝이[疆] 없다[无]고 풀이한 것이 〈택상유지림(澤上有地臨) 군자이교사무궁(君子以敎思无窮) 용보민무강(容保民无疆)〉이다.

咸臨(함림) 貞吉(정길) 志行正也(지행정야)

두루 감응하여[咸] 가까이함이[臨] 진실로 미더워[貞] 길함은[吉] 뜻을[志] 행함이[行] 올바름[正]이다[也].

임괘(臨卦 : ䷒) 초구(初九 : ⚊)의 효상(爻象)을 〈함림(咸臨) 정길(貞吉)〉이라고 계사(繫辭)한 것을 〈함림(咸臨) 정길(貞吉) 지행정야(志行正也)〉라고 풀이한다.

임괘(臨卦 : ䷒) 초구(初九 : ⚊)와 구이(九二 : ⚊)의 양양(兩陽)은 위에 있는 사음(四陰)을 편림(遍臨) 즉 두루[遍] 마주하여[臨] 매사를 시작해야 하기에, 초구(初九 : ⚊)를 〈함림(咸臨) 정길(貞吉)〉이라고 계사(繫辭)했다. 〈함림(咸臨)의 함(咸)〉

은 초구(初九 : ━)가 구이(九二 : ━)와 함께 임괘(臨卦 : ☷)의 사음(四陰)을 감응(感應)하는 것에 따라 음(陰)과 어울리기도[和] 하고, 음(陰)을 끌어들이기도[引] 한다. 따라서 〈함림(咸臨)〉은 사음(四陰)을 두루 감응하여[感應] 가까이하려는[臨] 초구(初九 : ━)의 효상(爻象)을 계사(繫辭)한 것이다. 두루 감응하여[咸] 가까이함[臨]이란 초구(初九 : ━)는 강직(剛直)한 양기(陽氣)이므로 무사(無邪) 즉 삿됨이[邪] 없기에[無] 〈정(貞)〉하다고 한다. 이에 「상사(象辭)」가 초구(初九 : ━)의 〈함림(咸臨) 정길(貞吉)〉을 마음 가는 바가[志] 정도를[正] 행함[行]이다[也]라고 밝힌 것이 〈함림(咸臨) 정길(貞吉) 지행정야(志行正也)〉이다.

咸臨(함림) 吉(길) 无不利(무불리) 未順命也(미순명야)

두루 감응하여[咸] 가까이함이[臨] 길하여[吉] 이롭지 않음이[不利] 없음은[无] 명령을[命] 아직 따르지 않음[未順]이다[也].

임괘(臨卦 : ☷) 구이(九二 : ━)의 효상(爻象)을 〈함림(咸臨) 길(吉) 무불리(无不利)〉라고 계사(繫辭)한 것을 〈함림(咸臨) 길(吉) 무불리(无不利) 미순명야(未順命也)〉라고 풀이한다.

임괘(臨卦 : ☷) 구이(九二 : ━)는 임괘(臨卦 : ☷) 하체(下體)의 중효(中爻)로서 득중(得中) 즉 정도를 따름을[中] 취하여[得] 백성을 직접 다스리는 자리인지라, 삿됨이[邪] 없이[无] 강직(剛直)함을 〈함림(咸臨) 길(吉) 무불리(无不利)〉라 한 것이다. 여기 〈함림(咸臨)의 함(咸)〉 역시 구이(九二 : ━)가 임괘(臨卦 : ☷)의 주효(主爻)로서, 초구(初九 : ━)와 함께 임괘(臨卦 : ☷)의 사음(四陰)을 감응(感應)하는 바를 따라 군음(群陰)과 어울리면서[和] 동시에 군음(群陰)을 끌어들임[引]을 뜻한다. 이에 「상사(象辭)」가 임괘(臨卦 : ☷) 구이(九二 : ━)의 위쪽으로 군음(群陰)들이 위차(位次)를 두고 있기 때문에 강직(剛直)한 구이(九二 : ━)의 명(命)을 자리[位]의 순서에 따라[次] 유순(柔順)한 군음(群陰)이 기꺼이 따라주고 들어줄 것임을 밝힌 것이 〈함림(咸臨) 길(吉) 무불리(无不利) 미순명야(未順命也)〉이다.

甘臨(감림) 位不當也(위부당야) 旣憂之(기우지) 咎不長也(구부장야)

달콤하게[甘] 가까이함은[臨] 자리가[位] 마땅치 않음[不當]이고[也], 이미[旣] 그것을[之] 두려워함은[憂] 허물이[咎] 오래가지 않음[不長]이다[也].

임괘(臨卦 : ䷒) 육삼(六三 : --)의 효상(爻象)을 〈감림(甘臨) 무유리(无攸利) 기우지(旣憂之) 무구(无咎)〉라고 계사(繫辭)한 것을 〈감림(甘臨) 위부당야(位不當也) 기우지(旣憂之) 구부장야(咎不長也)〉라고 풀이한다.

임괘(臨卦 : ䷒) 육삼(六三 : --)은 임괘(臨卦 : ䷒)의 삼효(三爻)로서 두 양강(陽剛)에게 환심을 사고자 영사(佞邪) 즉 아첨하고 간사하게 접근하고자 하는 부정(不正)한 모습임을 〈감림(甘臨) 무유리(无攸利)〉라고 계사(繫辭)했다. 태(兌 : ☱)의 기쁨[說]을 위세(威勢)로써 누리려 하면 그 위세는 곧장 고(苦) 즉 쓴맛[苦]으로 되돌아오기에 〈감림(甘臨) 무유리(无攸利)〉라고 한 것이다. 그러나 임괘(臨卦 : ䷒)의 삼효(三爻)로서 육삼(六三 : --)이 실로 〈감림(甘臨)의 감(甘)〉을 누릴 수가 없다. 왜냐하면 임괘(臨卦 : ䷒)에서 육삼(六三 : --)의 모습은 바로 위에 있는 육사(六四 : --)의 질시(嫉視) 즉 미워하는[嫉] 시선[視]을 피할 수 없는 처지이기 때문에, 〈감림(甘臨)〉에 매달릴 수 없음을 〈기우지(旣憂之)〉라고 한 것이다. 〈기우지(旣憂之)〉란 천열(擅說) 즉 마음대로[擅] 기뻐함[說]이란 좋지 않음을 임괘(臨卦 : ䷒)의 육삼(六三 : --)이 이미[旣] 우려했음[憂]을 말한다. 따라서 육삼(六三 : --)에게 허물이[咎] 없다[无]라고 밝힌 것이 〈무구(无咎)〉이다. 이에 「상사(象辭)」가 〈감림(甘臨)〉이라는 계사(繫辭)는 육삼(六三 : --)의 자리가[位] 정당하지 못함[不當]을, 〈기우지(旣憂之)〉라는 계사(繫辭)는 육삼(六三 : --)에게 허물이[咎] 오래가지 않음[不長]을 밝힌 것이 〈감림(甘臨) 위부당야(位不當也) 기우지(旣憂之) 구부장야(咎不長也)〉이다.

至臨(지림) 无咎(무구) 位當也(위당야)

더없이[至] 가까이함이니[臨] 허물이[咎] 없음은[无] 자리가[位]

마땅함[當]이다[也].

임괘(臨卦 : ䷒) 육사(六四 : --)의 효상(爻象)을 〈지림(至臨) 무구(无咎)〉라고 계사(繫辭)한 것을 〈지림(至臨) 무구(无咎) 위당야(位當也)〉라고 풀이한다.

육사(六四 : --)는 임괘(臨卦 : ䷒) 상체(上體)의 맨[至] 아랫자리에[下] 있다는 것을 잊어서는 안 되는 효상(爻象)임을 〈지림(至臨) 무구(无咎)〉라고 계사(繫辭)했다. 여기 〈지림(至臨)의 지(至)〉는 〈아래로 내려올 하(下)〉와 같다. 따라서 〈지림(至臨)〉은 음유(陰柔)의 육사(六四 : --)가 양강(陽剛)한 초구(初九 : —)로 내려와 정응(正應) 즉 정도를 따라[正] 호응하므로[應] 육사(六四 : --)에게는 허물이[咎] 없다[无]고 밝힌다. 이에 「상사(象辭)」가 육사(六四 : --)가 초구(初九 : —)에게로 내려와[至] 초구(初九 : —)를 살피고 가까이해도[臨] 허물이[咎] 없다[无]한 까닭을, 육사(六四 : --)와 초구(初九 : —)가 정위(正位) 즉 정당한[正] 자리[位]에서 서로 호응하는 것이라고 밝힌 것이 〈지림(至臨) 무구(无咎) 위당야(位當也)〉이다.

大君之宜(대군지의) 行中之謂也(행중지위야)

대군의[大君之] 의당함은[宜] 중도를[中] 행함을[行之] 일컬음[謂]이다[也].

임괘(臨卦 : ䷒) 육오(六五 : --)의 효상(爻象)을 〈지림(知臨) 대군지의(大君之宜) 길(吉)〉이라 계사(繫辭)한 것을 〈대군지의(大君之宜) 행중지위야(行中之謂也)〉라고 풀이한다.

임괘(臨卦 : ䷒) 육오(六五 : --)는 유순(柔順)한지라 강직(剛直)한 구이(九二 : —)와 호응(互應)하는 모습을 〈지림(知臨)〉이라 밝힌다. 군왕(君王)의 자리에 있는 육오(六五 : --)가 현령(縣令) 정도의 낮은 신하 자리에 있는 구이(九二 : --)를 〈지(知)〉 즉 알고 있다[知] 함은 이존귀비(以尊貴卑) 즉 높은 자리에[尊] 있어도[以] 낮은 자리를[卑] 받드는[貴] 지행(志行)을 말한다. 〈대군지의(大君之宜)의 대군(大君)〉은 패(覇)의 군(君)이 아니라 왕(王)의 군(君)임을 말한다. 패(覇)란 소군(小君)이고 왕(王)이란 대군(大君)이다. 천도(天道)에서는 왕과 신하가 같음을[同] 알고[知] 구이(九二 : —)를 살펴 마주하는[臨] 〈지림(知臨)〉이란, 임괘(臨卦 : ䷒)의 육오(六五 : --)가 곧 천도(天道)를 따라 행하는 것임을 〈지림(知臨) 대군지의(大君之宜) 길(吉)〉이라고 계사(繫辭)한 것이다. 이에 「상사(象辭)」가 〈대군지의(大君之宜)〉를 〈행중(行中)〉이라고 밝힌다. 〈행중(行中)〉이란 〈행중도(行中道)〉로서, 정도를[道] 따름을[中] 행함[行]을 〈대군지의(大君之宜)〉라고 밝힌 것이 〈대군지의(大君之宜) 행중지위야(行中之謂也)〉이다.

敦臨之吉(돈림지길) 志在內也(지재내야)

도탑게[敦] 가까이함이[臨之] 길함은[吉] 마음 가는 바가[志] 내면에[內] 있음[在]이다[也].

임괘(臨卦 : ☷☱) 상륙(上六 : --)의 효상(爻象)을 〈돈림(敦臨) 길(吉) 무구(无咎)〉라고 계사(繫辭)한 것을 〈돈림지길(敦臨之吉) 지재내야(志在內也)〉라고 풀이한다.

임괘(臨卦 : ☷☱) 상륙(上六 : --)은 정당한 자리에 있지만 임괘(臨卦 : ☷☱)를 떠나야 할 처지에 있으니 지덕(地德)을 간직함을 밝힌 것이 〈돈림(敦臨)〉이다. 〈돈림(敦臨)의 돈(敦)〉은 바로 허심(虛心) 즉 시비(是非)-상쟁(相爭)-욕구(欲求) 따위를 다 비운[虛] 마음[心]으로 통하는지라 정진(正眞)하다. 이처럼 극위(極位)에 이른 상륙(上六 : --)이 온갖 시비(是非)-상쟁(相爭)-욕구(欲求) 따위를 다 비워버리고[虛] 고요함의 도타움을 누리는 치심(治心)의 마주함[臨]을 누림을 밝힌 것이 〈돈림(敦臨)〉이다. 이에 임괘(臨卦 : ☷☱)의 상륙(上六 : --)이 온갖 외물(外物)과 접촉하는 자궁(自躬) 즉 자신의[自] 몸뚱이[躬]를 떠나 유심(唯心) 즉 오로지[唯] 마음[心]이 정직하고 진실하여 누리는 〈돈(敦)〉의 경지로써 가까이하여[臨] 행복[吉]을 유유(兪兪) 즉 편안하고 즐겁게[兪兪] 누림을 묶어서 밝힌 계사(繫辭)가 〈돈림(敦臨) 길(吉) 무구(无咎)〉이다. 이에 「상사(象辭)」가 도탑게[敦] 가까이함이[臨之] 행복하다[吉]라는 계사(繫辭)를 상륙(上六 : --)이 극위(極位)에 이르러 마주하는[臨] 뜻이[志] 임괘(臨卦 : ☷☱) 상체(上體)의 양음(兩陰) 즉 육사(六四 : --)와 육오(六五 : --)를 가까이함[臨]이 아니라, 하체(下體)의 양양(兩陽)을 위에서 아래로 도타운 정진(正眞)으로써[敦] 가까이하는[臨] 뜻이[志] 〈재내(在內)〉 즉 마음속에[內] 있음[在]이라[也]고 풀이한 것이 〈돈림지길(敦臨之吉) 지재내야(志在內也)〉이다.

20 관괘(觀卦 : ䷓) 상사(象辭)

곤하손상(坤下巽上) : 아래는[下] 곤(坤 : ☷), 위는[上] 손(巽 : ☴).

풍지관(風地觀) : 바람과[風] 땅은[地] 관이다[觀].

風行地上觀이다 先王以省方하고 觀民하며 設教한다 初六童觀은 小人道也이다 闚觀女貞해도 亦可醜也이다 觀我生하여 進退는 未失道也이다 觀國之光은 尚賓也이다 觀我生은 觀民也이다 觀其生은 志未平也이다

(풍행지상관 선왕이성방 관민 설교 초륙동관 소인도야 규관녀정 역가추야 관아생 진퇴 미실도야 관국지광 상빈야 관아생 관민야 관기생 지미평야)

바람이[風] 땅 위로[地上] 불어감이[行] 관괘이다[觀]. 선대의[先] 임금이[王] (관괘를) 본받아[以] 세상을[方] 살피고[省] 백성을[民] 살펴 마주하고[觀] 교화를[教] 베풀었다[設]. 초륙의[初六] 유치하게[童] 살핌은[觀] 소인의[小人] 도(道)이다[也]. 엿보아[闚] 살핌이니[觀] 여자가[女] 진실로 미더워도[貞] 역시[亦] 창피할 수 있음[可醜]이다[也]. 나의[我] 삶을[生] 살펴[觀] 나아가고[進] 물러남은[退] 정도를[道] 잃지 않음[未失]이다[也]. 나라의[國之] 빛남을[光] 살핌은[觀] 국빈을[賓] 받들어 모심[尚]이다[也]. 나의[我] 삶을[生] 살핌은[觀] 백성을[民] 우러러 살핌[觀]이다[也]. 제[其] 삶을[生] 살핌은[觀] 뜻이[志] 아직 평안하지 않음[未平]이다[也].

【지남(指南)】

風行地上觀(풍행지상관) 先王以省方(선왕이성방) 觀民(관민) 設教(설교)

바람이[風] 땅 위로[地上] 불어감이[行] 관괘이다[觀]. 선대의[先]

임금이[王] (관괘를) 본받아[以] 세상을[方] 살피고[省] 백성을[民] 살펴 마주하고[觀] 교화를[教] 베풀었다[設].

관괘(觀卦 : ䷓)의 괘상(卦象)을 〈관(觀) 관이불천(盥而不薦) 유부(有孚) 옹약(顒若)〉이라고 계사(繫辭)한 것을 〈풍행지상관(風行地上觀) 선왕이성방(先王以省方) 관민(觀民) 설교(設教)〉라고 풀이한다.

가까이함[臨]이 있으면 아래에서 위로 올려다보는 살펴봄[觀]이 뒤따름이 천도(天道)이기 때문에 임괘(臨卦 : ䷒) 다음에 관괘(觀卦 : ䷓)가 온 것이다. 여기 관괘(觀卦 : ䷓)의 〈관(觀)〉은 아래에 있는 군음(群陰) 즉 네 개의 음(陰 : - -)이 위에 있는 양양(兩陽) 즉 두 양(陽 : ㅡ)을 아래에서 위로 올려다보고 살펴보는[觀] 관괘(觀卦 : ䷓)의 모습을 말한다. 임괘(臨卦 : ䷒)의 〈임(臨)〉은 하시어상(下視於上) 즉 위에서[於上] 아래로 내려다[下] 보고[視] 가까이함[臨]이고, 관괘(觀卦 : ䷓)의 〈관(觀)〉은 상시어하(上視於下) 즉 아래에서[於下] 위로 올려다[上] 보고[視] 살펴봄[觀]이다. 그래서 관괘(觀卦 : ䷓)는 임괘(臨卦 : ䷒)를 뒤집어 놓은 괘상(卦象)이다. 관괘(觀卦 : ䷓)의 괘체(卦體)는 곤하손상(坤下巽上) 즉 하체(下體)는 곤(坤 : ☷)이고 상체(上體)는 손(巽 : ☴)이다. 손(巽 : ☴)의 바람[風]이 곤(坤 : ☷)의 땅[地]에 있는 간(艮 : ☶)의 산(山) 위로 불어가면서 만상(萬象)을 역람(歷覽) 즉 지나가면서[歷] 역력히 살펴보는[覽] 모습인 관괘(觀卦 : ䷓)의 괘상(卦象)을 〈관(觀)〉이라고 한 것이다.

관괘(觀卦 : ䷓)의 〈관(觀)〉이란 숨기려는 것이 아니라 보여 살피게 하려 함을 밝힌 것이 〈관이불천(盥而不薦)〉이다. 깨끗한 물로 손을 씻어도[盥而] 제사를 올리지 않았음[不薦]이란 천지(天地)에 제사를 올리기 이전의 모습을 암시한다. 〈관이불천(盥而不薦)의 천(薦)〉은 천신(薦神)의 줄임이고 신(神)께 제사(祭祀)를 올림을 뜻한다. 따라서 신(神)에게 제사를 올리기 전을 밝힌 〈불천(不薦)〉을 풀이한 계사(繫辭)가 〈유부(有孚)〉이다. 제사장(祭司長)이 제사를 올리기 전의 마음가짐이 조상신(祖上神)을 진실로 믿어줌이[孚] 있다[有]는 것이다. 〈불천(不薦)〉의 마음가짐인 〈유부(有孚)〉를 이어서 밝힌 계사(繫辭)가 〈옹약(顒若)〉이다. 〈옹약(顒若)의 옹(顒)〉은 앙망(仰望) 즉 우러러[仰] 바라봄[望]이다. 제사장(祭司長)은 손을 깨끗이 씻고[盥] 제사를 올리기 전에[不薦] 진실로 믿어줌을[孚] 간직하고[有] 〈옹약(顒若)〉 즉 신(神)을 우러러 바라보는 모습[顒若]이 곧 관괘(觀卦 : ䷓)의 주제인 〈관(觀)〉이다. 이에 「상사(象辭)」가 관괘(觀卦 : ䷓)의 〈관이불천(盥而不薦)〉을 들어 선왕(先王)이 관괘(觀卦 : ䷓)의 괘상(卦象)을 본받는[以] 까닭을 세 가지로 든 것이, 첫째 〈성방(省方)〉 즉 나라의 사방을[方] 살핌이고[省], 둘째 〈관민(觀民)〉 즉 백성을[民] 아래에서 위로 올려다보며 살펴 마주함이며[觀], 셋째 〈설교(設敎)〉 즉 백성을 가르쳐 변화시킴을[敎] 베풂이라[設]고 밝힌 것이 〈선왕이성방(先王以省方) 관민(觀民) 설교(設敎)〉이다.

初六童觀(초륙동관) 小人道也(소인도야)

초륙의[初六] 유치하게[童] 살핌은[觀] 소인의[小人] 도(道)이다[也].

관괘(觀卦 : ䷓) 초륙(初六 : --)의 효상(爻象)을 〈동관(童觀) 소인무구(小人无咎) 군자린(君子吝)〉이라고 계사(繫辭)한 것을 〈초륙동관(初六童觀) 소인도야(小人道也)〉라고 풀이한다.

관괘(觀卦 : ䷓)의 초륙(初六 : --)은 어디서나 도움을 받을 수 없는 초보(初步)의 모습임을 〈동관(童觀) 소인무구(小人无咎) 군자린(君子吝)〉이라고 계사(繫辭)한 것이다. 〈동관(童觀)의 동(童)〉은 관괘(觀卦 : ䷓)의 초륙(初六 : --)을 취상(取象)한 것이다. 인생으로 치면 초륙(初六 : --)의 자리는 동자(童子)의 단계와 같다. 〈동관(童觀)의 동(童)〉은 견식(見識)이 넓지 못해 밝지 못함[不明]을 밝힌다. 사리(事理)에 밝지 못하면 감견(鑒見) 즉 사리(事理)에 맞는지 비추어[鑒] 살펴보지[見] 못하는 처지임을 〈동관(童觀)〉이 암시한다. 이는 초륙(初六 : --)이 우러러 양양(兩陽)을 찬찬히 살펴볼 수 없는지라 〈소인무구(小人无咎)〉라고 한 것이다. 〈소인무구(小人无咎)의 소인(小人)〉은 군자(君子) 대(對) 소인(小人)을 말함이 아니라 동자(童子)를 〈소인(小人)〉이라 한 것이다. 그러나 성인(成人)이면서 동자(童子)의 티를 벗어나지 못한다면 허물[咎]이 없을 수 없음을 에둘러 밝힌 계사(繫辭)가 〈군자린(君子吝)〉이다. 따라서 〈군자린(君子吝)의 군자(君子)〉는 성인군자(聖人君子)가 아니라, 속은 소인배(小人輩)이면서 겉보기로 군자(君子)인 척하는 이른바 사이비(似而非) 군자(君子)를 말한다. 이에 「상사(象辭)」가 〈초륙동관(初六童觀)〉을 견식이 풍부한 대인(大人)의 길[道]이 아니라, 견식이 없는 소인배(小人輩)의 길[道]임을 밝혀 풀이한 것이 〈초륙동관(初六童觀) 소인도야(小人道也)〉이다.

闚觀女貞(규관녀정) 亦可醜也(역가추야)

엿보아[闚] 살핌이니[觀] 여자가[女] 진실로 미더워도[貞] 역시[亦] 창피할 수 있음[可醜]이다[也].

관괘(觀卦 : ䷓) 육이(六二 : --)의 효상(爻象)을 〈규관(闚觀) 이녀정(利女貞)〉이라고 계사(繫辭)한 것을 〈규관녀정(闚觀女貞) 역가추야(亦可醜也)〉라고 풀이한다.

관괘(觀卦 : ䷓)의 육이(六二 : --)가 구오(九五 : —)와 서로 정당(正當)한 자리에서 중정(中正)-정응(正應)으로써 득중(得中) 즉 정도를 따름을[中] 취하는[得] 모습을 〈규관(闚觀) 이녀정(利女貞)〉이라고 계사(繫辭)한 것이다. 남에게 들키지 않으려고 몰래[闚] 치어다봄[觀]이 〈규관(闚觀)〉이다. 〈규관(闚觀)의 규(闚)〉는 여기선 〈엿볼 규(窺)〉와 같다. 육이(六二 : --)는 구오(九五 : —)를 직관(直觀) 즉 곧바로[直] 올려다보지[觀] 못하고 육삼(六三 : --)과 육사(六四 : --)에게 들킬세라 몰래[闚] 올려다보는[觀] 모습이 〈규관(闚觀)〉이다. 육이(六二 : --)의 〈규관(闚觀)〉을 두둔한 것이 〈이녀정(利女貞)〉이다. 〈이녀정(利女貞)의 여(女)〉는 관괘(觀卦 : ䷓)의 육이(六二 : --)를 말하고, 〈이녀정(利女貞)의 정(貞)〉은 육이(六二 : --)의 득중(得中)의 지행(志行)을 밝힌다. 이에 「상사(象辭)」가 지행(志行)이 곧고 바르다고[貞] 한들 〈규관(闚觀)〉 즉 남이 볼세라 몰래 훔쳐[闚] 올려다보는[觀] 모양새만큼은 아름다울 수 없고 〈추(醜)〉 즉 창피할[醜] 수밖에 없음을 밝힘이 〈규관녀정(闚觀女貞) 역가추야(亦可醜也)〉이다.

觀我生(관아생) 進退(진퇴) 未失道也(미실도야)

나의[我] 삶을[生] 살펴[觀] 나아가고[進] 물러남은[退] 정도를[道] 잃지 않음[未失]이다[也].

관괘(觀卦 : ䷓) 육삼(六三 : --)의 효상(爻象)을 〈관아생(觀我生) 진퇴(進退)〉라고 계사(繫辭)한 것을 〈관아생(觀我生) 진퇴(進退) 미실도야(未失道也)〉라고 풀이한다.

관괘(觀卦 : ䷓)의 육삼(六三 : --)이 자신의 길을 스스로 구축해가야 하는 처지를 〈관아생(觀我生) 진퇴(進退)〉라고 계사(繫辭)한 것이다. 〈관아생(觀我生)〉은 육삼(六三 : --)에게는 관괘(觀卦 : ䷓)의 하체(下體)에서 상체(上體)로 옮겨가야 할 미래가 있음을 헤아리게 하는 계사(繫辭)이다. 육삼(六三 : --)은 관괘(觀卦 : ䷓)의 외호괘(外互卦) 간(艮 : ☶)의 초효(初爻)로서, 멈추어[止] 자신이 앞으로 나아갈 삶을 마주하여 살핌을 암시하는 계사(繫辭)가 〈진퇴(進退)〉이다. 여기 〈진퇴(進退)〉는 시중(時中) 즉 때에[時] 알맞게[中] 나아가거나[進] 물러감[退]이다. 이에 「상사(象辭)」가 〈관아생(觀我生) 진퇴(進退)〉를 정도(正道) 즉 자연의[天] 도리를[道] 잃지 않음[未失]이라고 풀이한 것이 〈관아생(觀我生) 진퇴(進退) 미실도야(未失道也)〉이다.

觀國之光(관국지광) 尙賓也(상빈야)

나라의[國之] 빛남을[光] 살핌은[觀] 국빈을[賓] 받들어 모심[尙]이다[也].

관괘(觀卦 : ䷓) 육사(六四 : --)의 효상(爻象)을 〈관국지광(觀國之光) 이용빈우왕(利用賓于王)〉이라고 계사(繫辭)한 것을 〈관국지광(觀國之光) 상빈야(尙賓也)〉라고 풀이한다.

관괘(觀卦 : ䷓)의 육사(六四 : --)가 군왕(君王)의 자리에 있는 구오(九五 : ─)와 이웃의 사귐[比]을 누려서 군왕(君王)을 바르게 보좌하는 신하의 모습을 〈관국지광(觀國之光) 이용빈우왕(利用賓于王)〉이라고 계사(繫辭)한 것이다. 〈관국지광(觀國之光)〉은 관괘(觀卦 : ䷓)의 육사(六四 : --)가 구오(九五 : ─)를 우러러[觀] 받들어 보좌함을 밝힌 계사(繫辭)이다. 〈관국지광(觀國之光)의 국(國)〉은 관괘(觀卦 : ䷓)의 하체(下體) 곤(坤 : ☷)을 들어 밝히고, 〈관국지광(觀國之光)의 광(光)〉은 구오(九五 : ─)를 밝힌다. 따라서 〈관국지광(觀國之光)〉은 육사(六四 : --)가 경대부(卿大夫)인 신하로서 국왕(國王)인 구오(九五 : ─)가 아름답게 하는 문물(文物)을 우러러보며[觀] 보좌함을 밝힌다. 경대부(卿大夫)로서 육사(六四 : --)가 군왕(君王)인 구오(九五 : ─)의 〈광(光)〉 즉 나라의[國之] 문물을[文物] 우러러본다[觀]고 함은 곧 〈용빈우왕(用賓于王)〉으로 드러난다. 〈용빈우왕(用賓于王)의 용

빈(用賓)〉이란 왕을 찾아온[於王] 나라의 빈객을[賓] 맞이하여[受] 모시는[用之] 예(禮)를 관대(款待) 즉 정성껏[款] 갖춤[待]을 뜻한다. 따라서 〈이용빈우왕(利用賓于王)〉은 관괘(觀卦 : ䷓)의 육사(六四 : --)가 경대부(卿大夫)로서 구오(九五 : —)를 군왕(君王)으로 정성을 다하여 보좌함을 뜻하는 계사(繫辭)이고, 동시에 그 때문에 육사(六四 : --)가 이롭게 된다[利]는 것을 밝힌 계사(繫辭)이다. 이에 「상사(象辭)」가 〈관국지광(觀國之光)〉이 뜻하는 바가 국빈을[賓] 받들어 모심[尙]이라고 풀이한 것이 〈관국지광(觀國之光) 상빈야(尙賓也)〉이다.

觀我生(관아생) 觀民也(관민야)

나의[我] 삶을[生] 살핌은[觀] 백성을[民] 우러러 살핌[觀]이다[也].

관괘(觀卦 : ䷓) 구오(九五 : —)의 효상(爻象)을 〈관아생(觀我生) 군자무구(君子无咎)〉라고 계사(繫辭)한 것을 〈관아생(觀我生) 관민야(觀民也)〉라고 풀이한다.

관괘(觀卦 : ䷓)의 구오(九五 : —)가 육이(六二 : --)와 서로 정당(正當)한 자리에서 중정(中正)과 정응(正應)으로써 득중(得中)을 누리는 모습을 〈관아생(觀我生) 군자무구(君子无咎)〉라고 계사(繫辭)한 것이다. 관괘(觀卦 : ䷓) 육삼(六三 --)의 〈관아생(觀我生)〉과 여기 구오(九五 : —)의 〈관아생(觀我生)〉 역시 이미 살아온 〈아생(我生)〉이 아니라 앞으로 살아갈 〈아생(我生)〉을 치어다보고 살핌[觀]을 말한다. 관괘(觀卦 : ䷓)의 구오(九五 : —)에게는 수신(修身)을 근본으로 삼아 치국(治國)의 왕도(王道)를 넓혀가야 할 미래가 있음을 헤아리게 하는 계사(繫辭)가 〈관아생(觀我生)〉이다. 그래서 〈군자무구(君子无咎)〉라고 연이어 밝힌다. 관괘(觀卦 : ䷓)의 구오(九五 : —)가 군왕(君王)으로서 득중(得中) 즉 정도를 따름을[中] 취함[得]이란, 작은 일이 아니라 큰 일을 맡아 양민(養民)하고 보민(保民)하는 왕의 노릇을 지행(志行)하므로 군자(君子)가 되어 허물이[咎] 없음[无]을 밝힌 계사(繫辭)가 〈관아생(觀我生) 군자무구(君子无咎)〉이다. 이에 「상사(象辭)」가 〈관아생(觀我生)〉을 백성을[民] 우러러 살피는 것[觀]이라고 풀이한 것이 〈관아생(觀我生) 관민야(觀民也)〉이다.

觀其生(관기생) 志未平也(지미평야)

제[其] 삶을[生] 살핌은[觀] 뜻이[志] 아직 평안하지 않음[未平]이다[也].

관괘(觀卦 : ䷓) 상구(上九 : ⚊)의 효상(爻象)을 〈관기생(觀其生) 군자무구(君子无咎)〉라고 계사(繫辭)한 것을 〈관기생(觀其生) 지미평야(志未平也)〉라고 풀이한다.

관괘(觀卦 : ䷓)의 상구(上九 : ⚊)가 대범(大凡)함을 〈관기생(觀其生) 군자무구(君子无咎)〉라고 계사(繫辭)한 것이다. 상구(上九 : ⚊)에게는 앞으로 펼쳐야 할 〈아생(我生)〉이 없고 삶을 거쳐 온 흔적들만 쌓여 있을 뿐이다. 따라서 상구(上九 : ⚊)의 삶이란 남들에 의해서 살핌을 당하는 처지임을 암시한 것이 〈관기생(觀其生)〉이고, 아래에 있는 군음(群陰)에게 살핌을 당하는 것도 여기 〈관기생(觀其生)〉이다. 이어서 〈군자무구(君子无咎)〉라는 계사(繫辭)는 상구(上九 : ⚊)가 펼쳤던 삶이 천도(天道)를 따랐으면 군자(君子)로서 산 것이고, 자연의[天] 도리[道]를 어기며 살았다면 소인(小人)으로서 산 것임을 더불어 생각하게 하는 계사(繫辭)이다. 그러니 〈군자무구(君子无咎)〉가 상구(上九 : ⚊)의 삶이 군자(君子)의 삶이었다고 단정해 놓은 계사(繫辭)는 아니다. 이에 「상사(象辭)」가 〈관기생(觀其生)〉에 대하여 상구(上九 : ⚊)의 마음 가는 바가[志] 평안치 못함[未平]이라고 풀이한 것이 〈관기생(觀其生) 지미평야(志未平也)〉이다.

21 서합괘(噬嗑卦 : ䷔) 상사(象辭)

진하이상(震下離上) : 아래는[下] 진(震 : ☳), 위는[上] 이(離 : ☲).

화뢰서합(火雷噬嗑) : 불과[火] 우레는[雷] 서합이다[噬嗑].

雷電噬嗑이다 先王以明罰勅法한다 屨校滅趾는 不行也이다 噬膚滅鼻는 乘剛也이다 遇毒은 位不當也이다 利艱貞하니 吉함은 未光也이다 貞厲해도 无咎함은 得當也이다 何校滅耳는 聰不明也이다

뇌전서합 선왕이명벌칙법 구교멸지 불행야 서부멸비 승강야 우독 위부당야 이간정 길 미광야 정려 무구 득당야 하교멸이 총불명야

우레와[雷] 번개가[電] 서합괘[噬嗑]이다. 선대의[先] 임금은[王] (서합괘를) 본받아[以] 형벌을[罰] 밝히고[明] 나라의 법을[法] 엄정히 했다[勅]. 발에 고랑을[校] 채우고[屨] 발꿈치를[趾] 자름은[滅] (범죄를) 더는 짓지 못하게 함[不行]이다[也]. 살갗을[膚] 물어뜯고[噬] 코를[鼻] 자름은[滅] 굳셈을[剛] 탐[乘]이다[也]. 두툼한 살점을[毒] 만남은[遇] 자리가[位] 마땅치 않음[不當]이다[也]. 어려워도[艱] 마음이 곧고 발라[貞] 이로워[利] 길함은[吉] 과시하지 않음[未光]이다[也]. 마음이 곧고 발라[貞] 두려워도[厲] 허물이[咎] 없음은[无] 의당함을[當] 얻음[得]이다[也]. 목에 고랑을[校] 차고[何] 귀가[耳] 잘림은[滅] (재범하지 말라는 경고를) 새겨듣기를[聰] 살펴 분별하지 못함[不明]이다[也].

【지남(指南)】

雷電噬嗑(뇌전서합) 先王以明罰勅法(선왕이명벌칙법)

우레와[雷] 번개가[電] 서합괘[噬嗑]이다. 선대의[先] 임금은[王]

(서합괘를) 본받아[以] 형벌을[罰] 밝히고[明] 나라의 법을[法] 엄정히 했다[勅].

서합괘(噬嗑卦 : ䷔)의 괘상(卦象)을 〈서합(噬嗑) 형(亨) 이용옥(利用獄)〉이라고 계사(繫辭)한 것을 〈뇌전서합(雷電噬嗑) 선왕이명벌칙법(先王以明罰勅法)〉이라고 풀이한다.

아래에서 위로 올려다보는 살핌[觀] 뒤에는 합해지는[嗑] 것이 있기에 관괘(觀卦 : ䷓) 다음에 서합괘(噬嗑卦 : ䷔)가 온 것이다. 서합괘(噬嗑卦 : ䷔)의 괘상(卦象)은 세상을 통하지 못하게 하는 악(惡)을 제거하여 인생사(人生事)가 서로 통하게 함을 밝혀 〈서합(噬嗑) 형(亨) 이용옥(利用獄)〉이라고 계사(繫辭)한 것이다. 〈서합(噬嗑)의 서(噬)〉는 〈씹을 설(齧)〉과 같고, 〈서합(噬嗑)의 합(嗑)〉은 〈합할 합(合)〉과 같다. 이러한 〈서합(噬嗑)〉은 형(刑)을 집행하는 형정(刑政)을 비유한다. 〈서합(噬嗑)〉을 이행해야 하는 까닭을 밝힌 계사(繫辭)가 〈형(亨)〉이다. 〈서합(噬嗑)〉은 불통(不通) 즉 막힌 것 곧 죄악(罪惡)을 형벌(刑罰)하여 막힌 세상을 통하게 하는 것임을 밝힌 계사(繫辭)가 〈형(亨)〉이다. 〈서합(噬嗑) 형(亨)〉을 성취하기 위함을 밝힌 계사(繫辭)가 〈이용옥(利用獄)〉이다. 〈서합(噬嗑) 형(亨)〉을 이루기 위하여 〈용옥(用獄)〉 즉 감옥을[獄] 활용한다[用]는 것이다. 〈이용옥(利用獄)의 용옥(用獄)〉은 형극(刑克) 즉 형벌로[刑] 다스림[克]을 뜻한다. 이에 「상사(象辭)」가 형벌(刑罰)의 위의(威儀)를 나타내는 〈뇌(雷 : ☳)〉 즉 우레[雷]와 형벌(刑罰)을 밝게 살피는 것을 나타내는 〈전(電 : ☲)〉 즉 번개[電]를 들어 서합괘(噬嗑卦 : ䷔)의 〈서합(噬嗑)〉을 풀이한 다음, 선왕(先王)이 이러한 〈서합(噬嗑)〉을 본받아[以] 형벌을[罰] 밝혀[明] 나라의 법을[法] 엄정히 함[勅]을 밝힌 것이 〈뇌전서합(雷電噬嗑) 선왕이명벌칙법(先王以明罰勅法)〉이다.

屨校滅趾(구교멸지) 不行也(불행야)

발에 고랑을[校] 채우고[屨] 발꿈치를[趾] 자름은[滅] (범죄를) 더는 짓지 못하게 함[不行]이다[也].

서합괘(噬嗑卦 : ䷔) 초구(初九 : ⚊)의 효상(爻象)을 〈구교멸지(屨校滅趾) 무

구(无咎)〉라고 계사(繫辭)한 것을 〈구교멸지(屨校滅趾) 불행야(不行也)〉라고 풀이한다.

서합괘(噬嗑卦 : ䷔) 초구(初九 : ⚊)가 강효(剛爻)임에도 맨 밑자리에서 징벌(懲罰) 당하는 초구(初九 : ⚊)를 〈구교멸지(屨校滅趾)〉라고 계사(繫辭)하여 수형(受刑)의 모습으로 밝힌다. 〈멸지(滅趾)〉는 발꿈치를[趾] 잘라내는[滅] 형벌이다. 초구(初九 : ⚊)가 초범(初犯)일지라도 강강(剛强)하므로 발꿈치의 뼈를 잘라내는 형(刑)을 당하는 것임을 〈멸지(滅趾)〉가 암시한다. 〈멸지(滅趾)〉는 오형(五刑) 즉 묵(墨)-의(劓)-비(剕)-궁(宮)-대벽(大辟) 중에 비(剕) 즉 발을 베어버림[剕]의 형벌에 해당한다. 이런 오형(五刑)은 제악(除惡) 즉 삶을 부정(否定)하는 죄악[惡]에 대해서는 단호했음을 말해준다. 해민(害民) 즉 백성을[民] 해치는[害] 죄를 범하면, 〈구교(屨校)〉를 당하게 하고 〈멸지(滅趾)〉를 당하게 하여 더는 죄를 범하지 못하게 하면 세상에 허물이[咎] 없어짐[无]을 밝힌 계사(繫辭)가 〈무구(无咎)〉이다. 이에 「상사(象辭)」가 〈구교멸지(屨校滅趾)〉의 계사(繫辭)를 더는 죄를 범하지 못하게 함[不行]이라고 풀이한 것이 〈구교멸지(屨校滅趾) 불행야(不行也)〉이다.

噬膚滅鼻(서부멸비) 乘剛也(승강야)

살갗을[膚] 물어뜯고[噬] 코를[鼻] 자름은[滅] 굳셈을[剛] 탐[乘]이다[也].

서합괘(噬嗑卦 : ䷔) 육이(六二 : ⚋)의 효상(爻象)을 〈서부멸비(噬膚滅鼻) 무구(无咎)〉라고 계사(繫辭)한 것을 〈서부멸비(噬膚滅鼻) 승강야(乘剛也)〉라고 풀이한다.

서합괘(噬嗑卦 : ䷔) 육이(六二 : ⚋)는 어디에서도 도움을 받을 수 없는 모습이지만, 육이(六二 : ⚋)는 서합괘(噬嗑卦 : ䷔) 하체(下體)의 중효(中爻)로서 득중(得中) 즉 정도를 따름을[中] 취하여[得] 형(刑)을 집행하는 옥리(獄吏)로서 단호하고 당당한 모습을 〈서부멸비(噬膚滅鼻) 무구(无咎)〉라고 계사(繫辭)한 것이다. 〈부(膚)〉는 유약(柔弱)한 살갗이고, 〈비(鼻)〉도 유약한 연골(軟骨)인지라 옥리(獄吏)로서 육이(六二 : ⚋)가 당당하고 단호하게 집행할 수 있는 형(刑)이 〈서부(噬膚)-멸비(滅鼻)〉이기에 육이(六二 : ⚋)에게 허물이[咎] 없고[无], 이에 따라 세상에도 허물이 없게 됨을 암시한 것이 〈서부멸비(噬膚滅鼻) 무구(无咎)〉이다. 이에 「상사(象辭)」가 유순(柔順)한 육이(六二 : --)이지만 옥관(獄官)으로서 살갗을[膚] 물어뜯고[噬] 코를[鼻] 자르는[滅] 형(刑)을 단호하게 행할 수 있다는 것은, 육이(六二 : --)가 강강(剛强)한 초구(初九 : ㅡ)를 타고[乘] 즉 이웃 삼고[比] 있기 때문이라고 풀이한 것이 〈서부멸비(噬膚滅鼻) 승강야(乘剛也)〉이다.

遇毒(우독) 位不當也(위부당야)

두툼한 살점을[毒] 만남은[遇] 자리가[位] 마땅치 않음[不當]이다[也].

서합괘(噬嗑卦 : ䷔) 육삼(六三 : --)의 효상(爻象)을 〈서석육(噬腊肉) 우독(遇毒) 소린(小吝) 무구(无咎)〉라고 계사(繫辭)한 것을 〈우독(遇毒) 위부당야(位不當也)〉라고 풀이한다.

서합괘(噬嗑卦 : ䷔) 육삼(六三 : --)은 대부(大夫)의 자리에 있는지라 일개 형리(刑吏)로서 형(刑)을 집행할 처지는 아니지만, 유순(柔順)한 육삼(六三 : --)이 강강(剛强)한 상구(上九 : ㅡ)와 〈정응(正應)〉을 나누어야 하는 딱한 처지를 〈서석육(噬腊肉)〉이라고 계사(繫辭)한 것이다. 〈서석육(噬腊肉)의 석육(腊肉)〉이란 건육(乾肉) 즉 마른[乾] 살[肉]이니 육포(肉脯)를 말한다. 따라서 〈서석육(噬腊肉)〉은 육삼(六三 : --)이 어떤 죄수의 형(刑)을 집행함이 아니라 사나운 상구(上九 : ㅡ)를 대해야 함을 비유적으로 밝힌다. 〈서석육(噬腊肉)의 석육(腊肉)〉은 바로 육삼(六三 : --)이 응해야 하는 상구(上九 : ㅡ)를 비유한다. 육삼(六三 : --)이 사나운 상구(上九 : ㅡ)를 응하면서 치옥(治獄) 즉 옥사(獄事)를 다스림[治]이 마치 마른[腊] 살갗을[肉] 씹는[噬] 꼴이란 것이 〈서석육(噬腊肉)〉이다. 이어서 육삼(六三 : --)이 〈서석육(噬腊肉)〉의 치옥(治獄)을 감행하면서 상구(上九 : ㅡ)와의 〈정응(正應)〉을 외면할 수 없음을 밝힌 계사(繫辭)가 〈우독(遇毒)〉이다. 여기 〈우독(遇毒)의 독(毒)〉은 고오지물(苦惡之物) 즉 몹시[苦] 싫은[惡之] 것[物]을 뜻한다. 유순(柔順)한 육삼(六三 : --)이 강한(强悍)한 즉 굳세고[强] 사나운[悍] 상구(上九 : ㅡ)를 응해야 하는 처지야말로 육삼(六三 : --)에게는 〈독(毒)〉 즉 몹시 싫은[毒] 것이다. 이런 육삼(六三 : --)의 처지를 〈소린(小吝)〉이라고 계사(繫辭)한 것이다. 〈소린(小吝)의 소(小)〉는 육삼(六三 : --)을 뜻하고, 〈소린(小吝)〉은 육삼(六三 : --)

의 〈우독(遇毒)〉이 육삼(六三 : --)에게[小] 수치스럽다[吝]는 것이다. 그러나 〈정응(正應)〉으로 인하여 수치스러움[吝]을 당하기에 육삼(六三 : --)에게 허물은[咎] 없다[无]고 밝힌 것이 〈무구(无咎)〉이다. 이에 「상사(象辭)」가 육삼(六三 : --)이 〈우독(遇毒)〉 즉 몹시 싫은 것을[毒] 만남[遇]이란 육삼(六三 : --)의 자리가[位] 정당하지 못하기[不當] 때문이라고 풀이한 것이 〈우독(遇毒) 위부당야(位不當也)〉이다.

利艱貞(이간정) 吉(길) 未光也(미광야)

어려워도[艱] 마음이 곧고 발라[貞] 이로워[利] 길함은[吉] 과시하지 않음[未光]이다[也].

서합괘(噬嗑卦 : ☲☳) 구사(九四 : —)의 효상(爻象)을 〈서건자(噬乾胏) 득금시(得金矢) 이간정(利艱貞) 길(吉)〉이라고 계사(繫辭)한 것을 〈이간정(利艱貞) 길(吉) 미광야(未光也)〉라고 풀이한다.

서합괘(噬嗑卦 : ☲☳) 구사(九四 : —)는 육오(六五 : --)와 이웃의 사귐[比]을 돈독히 하고자 하기에 육삼(六三 : --)과는 멀리하여 육오(六五 : --)와 더욱 밀착하려는 모습을 〈서건자(噬乾胏) 득금시(得金矢) 이간정(利艱貞) 길(吉)〉이라고 계사(繫辭)한 것이다. 서합괘(噬嗑卦 : ☲☳)에서 구사(九四 : —)는 상하치열(上下齒列)을 가로지르는 골경(骨梗) 즉 뼈대[骨梗]와 흡사한 모습이다. 치옥(治獄)하자면 위아래 치열(齒列)의 씹기를[噬] 합해야[嗑] 함에 구사(九四 : —)가 축(軸) 즉 굴대[軸] 구실을 하는 모습을 밝힌 것이 〈서건자(噬乾胏)〉이다. 〈석육(腊肉)〉 즉 마른 살을[腊肉] 씹기[噬]보다 〈건자(乾胏)〉 즉 뼈 있는 마른 육포를[乾胏] 씹기[噬]가 훨씬 더 어렵다. 〈서건자(噬乾胏)〉는 구사(九四 : —)가 육오(六五 : --) 즉 군왕(君王)을 보좌하면서 형옥(刑獄)을 엄정하고 극명하게 다스리는 경대부(卿大夫)임을 밝힌 계사(繫辭)이기도 하다. 구사(九四 : —)가 단행(斷行)하는 〈서건자(噬乾胏)〉의 치옥(治獄)을 〈득금시(得金矢)〉라고 취상(取象)한 것이다. 〈득금시(得金矢)의 금시(金矢)〉는 철전(鐵箭) 즉 번쩍이는 쇠붙이가[鐵] 꽂힌 화살[箭]을 말한다. 여기 〈금시(金矢)〉는 구사(九四 : —)가 서합괘(噬嗑卦 : ☲☳)의 상체(上體) 이(離 : ☲)의 초효(初爻)임을 들어 구사(九四 : —)의 위엄(威嚴)을 밝힌다. 어렵고 괴로운

[艱] 치옥(治獄)을 아무런 사심 없이 곧고 바르게만[貞] 감행한다면, 악인(惡人)을 엄히 다스려 선인(善人)의 평안을 진흥(振興)하게 되므로 이롭다[利]고 밝힌 계사(繫辭)가 〈이간정(利艱貞)〉이다. 이에 「상사(象辭)」가 구사(九四 : ━)가 치옥(治獄)을 감행함에 어렵고 괴로움을[艱] 겪으면서도 곧고 바른 마음[貞] 때문에 〈길(吉)〉하다고 계사(繫辭)한 것을 〈미광(未光)〉 즉 구사(九四 : ━)가 치옥(治獄)을 남보란 듯이 과시하지 않음[未光]이라고 풀이한 것이 〈이간정(利艱貞) 길(吉) 미광야(未光也)〉이다.

貞厲(정려) 无咎(무구) 得當也(득당야)

마음이 곧고 발라[貞] 두려워도[厲] 허물이[咎] 없음은[无] 의당함을[當] 얻음[得]이다[也].

서합괘(噬嗑卦 : ䷔) 육오(六五 : ╍)의 효상(爻象)을 〈서건육(噬乾肉) 득황금(得黃金) 정려(貞厲) 무구(无咎)〉라고 계사(繫辭)한 것을 〈정려(貞厲) 무구(无咎) 득당야(得當也)〉라고 풀이한다.

서합괘(噬嗑卦 : ䷔) 육오(六五 : ╍)는 구사(九四 : ━)와 음양(陰陽)의 사이인지라 군왕(君王)의 유(柔) 즉 부드러움[柔]과 경대부(卿大夫)의 강(剛) 즉 굳셈[剛]이 서로 어울려 군신(君臣)의 도리(道理)를 따라 이웃의 사귐[比]을 누리는 모습을 〈서건육(噬乾肉) 득황금(得黃金) 정려(貞厲) 무구(无咎)〉라고 계사(繫辭)한 것이다. 〈서건육(噬乾肉)〉은 서합괘(噬嗑卦 : ䷔)의 육오(六五 : ╍)가 군왕(君王)으로서 형정(刑政)을 시행함을 풀이한 계사(繫辭)이다. 군왕(君王)으로서 육오(六五 : ╍)의 형정(刑政) 즉 형벌을[刑] 다스림[政]은 옥송(獄訟)을 단호하게 처리하되 평준(平準) 즉 치우침이 없음[平準]을 밝힌 것이 〈서건육(噬乾肉)〉이다. 여기 〈서건육(噬乾肉)〉은 육오(六五 : ╍)가 음효(陰爻)의 본성(本性)을 따라 육오(六五 : ╍)의 치옥(治獄)을 〈건육(乾肉)〉으로써 비유해 밝힌다. 〈건자(乾胏)〉 즉 뼈에 붙은 마른 살점[乾胏]보다 그냥 마른 살점[乾肉]이 부드러운 것[柔]이다. 그러나 육오(六五 : ╍)의 치옥(治獄)이 나약해 위엄(威嚴)이 없다는 것이 아님을 밝힌 계사(繫辭)가 〈득황금(得黃金)〉이다. 〈득황금(得黃金)〉은 육오(六五 : ╍)가 득중(得中) 즉 정도를 따름을[中] 취하는[得] 군왕(君王)임을 밝히는 계사(繫辭)이다. 〈황금(黃金)의 황(黃)〉은 땅의 색(色)이고 동시에 중앙(中央)을 나타내는 색인지라 곧 군왕(君王)의 색(色)이며 동시에 육오(六五 : --)가 형정(刑政)을 중용지도(中庸之道)로써 베풀어 군왕(君王)의 존위(尊位)를 확고하게 성취함을 밝힌 계사(繫辭)가 〈득황금(得黃金)〉이다. 그러나 득중(得中)으로써 진실로 미덥게[貞] 형정(刑政)을 이끌어간다고 해도 치옥(治獄)에는 위구(危懼) 즉 위험과[危] 두려움[懼]이 따르게 마련이고 걱정스러움[惕]이 뒤따르게 마련임을 밝힌 것이 〈정려(貞厲)〉이다. 여기 〈정려(貞厲)의 정(貞)〉은 형정(刑政)을 공평무사(公平無私)하게 시행함을 암시하고, 〈정려(貞厲)의 여(厲)〉는 구척(懼惕) 즉 두렵고[懼] 걱정스럽게[惕] 치옥(治獄)함을 암시한다. 〈득황금(得黃金)〉의 형정(刑政)이란 제악(除惡) 즉 악(惡)을 제거함[除]으로 그치는 것이 아니라 제악(除惡)하여 백성의 평안을 확보하기 위함이니, 군왕(君王)으로서 육오(六五 : --)의 형정(刑政)에는 허물이[咎] 없음[无]이다. 이에 「상사(象辭)」가 육오(六五 : --)의 형정(刑政)이 곧고 바르면서도[貞] 두려워하고 걱정함에[厲] 허물이[咎] 없다[无]고 계사(繫辭)한 것을 육오(六五 : --)가 군왕(君王)으로서 정당함을[當] 취하기[得] 때문이라고 풀이한 것이 〈정려(貞厲) 무구(无咎) 득당야(得當也)〉이다.

何校滅耳(하교멸이) 聽不明也(총불명야)

목에 고랑을[校] 차고[何] 귀가[耳] 잘림은[滅] (재범하지 말라는 경고를) 새겨듣기를[聽] 살펴 분별하지 못함[不明]이다[也].

서합괘(噬嗑卦 : ☲) 상구(上九 : —)의 효상(爻象)을 〈하교멸이(何校滅耳) 흉(凶)〉이라고 계사(繫辭)한 것을 〈하교멸이(何校滅耳) 총불명야(聽不明也)〉라고 풀이한다.

서합괘(噬嗑卦 : ☲) 상구(上九 : —)가 외면당하는 모습을 들어 〈하교멸이(何校滅耳) 흉(凶)〉이라 하여 수형(受刑)을 밝힌다. 서합괘(噬嗑卦 : ☲)에서 초구(初九 : —)와 상구(上九 : —)는 범법(犯法)하여 수형(受刑) 즉 형벌을[刑] 받는[受] 모습으로 드러난다. 상구(上九 : —)는 인체로 치면 수(首) 즉 머리[首] 쪽이므로 〈하교멸이(何校滅耳)〉의 수형(受刑)으로써 징벌(懲罰)당하는 것이다. 〈하교멸이(何校滅耳)〉에서 〈멸이(滅耳)〉는 귀를[耳] 없애버려[滅] 청각(聽覺)을 빼앗는 징벌을 말한다. 이런 징벌은 수형자(受刑者)가 초범(初犯)이 아니라 누범자(累犯者)임을 암시한다. 죄악을 뉘우칠 줄 모르고 거듭하는 범법자(犯法者)는 더욱더 무거운 징벌을 받게 되고 형벌(刑罰)에 처함이 무거워짐을 나타낸 계사(繫辭)가 〈하교멸이(何校滅耳)〉이다. 두부(頭部)에 칼을[校] 씌우고[何] 두 귀를[耳] 파버림[滅]은 그 몰골이 흉측한지라 〈흉(凶)〉이라고 단언하여 계사(繫辭)한 것이다. 이에 「상사(象辭)」가 죄짓지 말라고 징벌을 누차에 걸쳐 받았음에도 불구하고 거듭해 죄를 범하여 결국 〈하교멸이(何校滅耳)〉로써 징벌(懲罰)당함은 죄짓지 말라는 경고를 새겨듣기를[聰] 살펴 분별하지 못함[不明]이라고 풀이한 것이 〈하교멸이(何校滅耳) 총불명야(聰不明也)〉이다.

22 비괘(賁卦 : ䷕) 상사(象辭)

이하간상(離下艮上) : 아래는[下] 이(離 : ☲), 위는[上] 간(艮 : ☶).

산화비(山火賁) : 산과[山] 불은[火] 비이다[賁].

山下有火賁이다 君子以明庶政하고 无敢折獄한다 舍
산 하 유 화 비 군 자 이 명 서 정 무 감 절 옥 사

車而徒는 義弗乘也이다 賁其須는 與上興也이다 永貞
거 이 도 의 불 승 야 비 기 수 여 상 흥 야 영 정

之吉은 終莫之陵也이다 六四當位疑也이다 匪寇婚媾
지 길 종 막 지 릉 야 육 사 당 위 의 야 비 구 혼 구

니 終无尤也이다 六五之吉은 有喜也이다 白賁无咎는
종 무 우 야 육 오 지 길 유 희 야 백 비 무 구

上得志也이다
상 득 지 야

산(山) 아래[下] 불이[火] 있음이[有] 비괘이다[賁]. 군자는[君子] 그로써[以] 서정을[庶政] 밝히고[明] 옥사의 판결을[獄] 과감하게[敢] 절단냄이[折] 없다[无]. 수레를[車] 버리고서[舍而] 걸어감은[徒] 타지[乘] 않음이[弗] 올바름[義]이다[也]. 위의[其] 수염을[須] 꾸밈은[賁] 위와[上] 더불어[與] 창성함[興]이다[也]. 길이길이[永] 진실로 미더울수록[貞之] 길하다 함은[吉] 끝끝내[終] {구삼(九三)에게 육이(六二)와 육사(六四)} 그들을[之] 얕봄이[陵] 없음[莫]이다[也]. 육사는[六四] 마땅한[當] 자리에서[位] {초구(初九)를} 의심한 것[疑]이다[也]. 도둑이[寇] 아니라[匪] 결혼할 짝이니[婚媾] 마침내[終] 허물이[尤] 없음[无]이다[也]. 육오의[六五之] 행복은[吉] (육오의 심중에) 즐거움이[喜] 있음[有]이다[也]. 흰색으로[白] 꾸미니[賁] 허물이[咎] 없음은[无] 최상의[上] 뜻을[志] 이룩함[得]이다[也].

【지남(指南)】

山下有火賁(산하유화비) 君子以明庶政(군자이명서정) 无敢折獄(무감절옥)

산(山) 아래[下] 불이[火] 있음이[有] 비괘이다[賁]. 군자는[君子] 그로써[以] 서정을[庶政] 밝히고[明] 옥사의 판결을[獄] 과감하게[敢] 절단냄이[折] 없다[无].

비괘(賁卦 : ䷕)의 괘상(卦象)을 〈비형(賁亨) 소리(小利) 유유왕(有攸往)〉이라고 계사(繫辭)한 것을 〈산하유화비(山下有火賁) 군자이명서정(君子以明庶政) 무감절옥(无敢折獄)〉이라고 풀이한다.

천지에 있는 그 무엇이든[物] 합해진[嗑] 것은 꾸민[賁] 것인지라 서합괘(噬嗑卦 : ䷔) 다음에 비괘(賁卦 : ䷕)가 온 것이다. 비괘(賁卦 : ䷕)의 괘체(卦體)는 이하간상(離下艮上)인지라 음양상화(陰陽相和) 즉 유(柔)한 음(陰 : --)과 강(剛)한 양(陽 : —)이 서로[相] 어울림[和]보다 더한 〈비(賁)〉 즉 꾸밈[賁]은 없다. 비괘(賁卦 : ䷕)의 하체(下體) 이(離 : ☲)는 음(陰)이고, 상체(上體) 간(艮 : ☶)은 양(陽)이니 음양(陰陽)이 정위(正位)에서 서로 바라보면서 상화(相和)하니, 비괘(賁卦 : ䷕)의 효상(爻象)을 〈비형(賁亨)〉이라고 계사(繫辭)한 것이다. 〈비형(賁亨)〉은 하체(下體) 이(離 : ☲)가 상체(上體) 간(艮 : ☶)을 꾸미니[賁] 통한다[亨]고 한 것이다. 이(離 : ☲)는 건(乾 : ☰)에 음(陰) 하나가 들어와[來入] 굳센[剛] 기운을 부드럽게[柔] 꾸민 것이라 〈소리(小利) 유유왕(有攸往)〉이라고 계사(繫辭)한 것이다. 〈소리(小利) 유유왕(有攸往)〉이란 비괘(賁卦 : ䷕)의 하체(下體) 즉 내괘(內卦)인 이(離 : ☲)를 주로 하여 밝힌다. 〈소리(小利)의 소(小)〉는 비괘(賁卦 : ䷕)의 육이(六二 : --)를 말하고, 〈유유왕(有攸往)의 유왕(攸往)〉 즉 갈[往] 바[攸]란 건(乾 : ☰)을 말한다. 이는 건(乾 : ☰)에 음기(陰氣 : --) 하나가 들어와[來入] 건(乾 : ☰)을 이(離 : ☲)로 꾸며냈음[賁]이고, 이(離 : ☲)는 비괘(賁卦 : ䷕)의 내(內) 즉 속[內]이 광명(光明)함이라 미혹(迷惑)할 리가 없음을 밝혀서 비괘(賁卦 : ䷕)의 괘상(卦象)을 〈비형(賁亨) 소리(小利) 유유왕(有攸往)〉이라고 계사(繫辭)한 것이다.

이에 「상사(象辭)」가 산 아래[山下] 불이 있음[有火]이 비괘(賁卦 : ䷕)라고 밝힌

다음, 군자(君子)가 비괘(賁卦 : ䷕)의 〈비(賁)〉를 본받아야[以] 하는 까닭을 백성을[庶] 다스림을[政] 밝히고[明] 옥사를[獄] 무모하게[敢] 절단냄이[折] 없어야[无] 한다고 풀이한 것이 〈산하유화비(山下有火賁) 군자이명서정(君子以明庶政) 무감절옥(无敢折獄)〉이다.

舍車而徒(사거이도) 義弗乘也(의불승야)

수레를[車] 버리고서[舍而] 걸어감은[徒] 타지[乘] 않음이[弗] 올바름[義]이다[也].

비괘(賁卦 : ䷕) 초구(初九 : ⚊)의 효상(爻象)을 〈비기지(賁其趾) 사거이도(舍車而徒)〉라고 계사(繫辭)한 것을 〈사거이도(舍車而徒) 의불승야(義弗乘也)〉라고 풀이한다.

비괘(賁卦 : ䷕)의 초구(初九 : ⚊)는 육이(六二 : ⚋)와 양음(陽陰)의 사이인지라 이웃의 사귐[比]을 누리고 육사(六四 : ⚋)와도 양음(陽陰)인지라 바르게[正] 서로 호응해[應], 강건(剛健)히 입신(立身)해감을 〈비기지(賁其趾) 사거이도(舍車而徒)〉라고 밝힌다. 비괘(賁卦 : ䷕)에서 초구(初九 : ⚊)는 정위(正位)에서 강건(剛健)하게 살아가면서 낮은 자리에 있음을 저어하지 않음을 〈비기지(賁其趾)〉라고 한 것이다. 백성은 탈 수 없는 수레를 타자고 비굴하게 할 것은 없고 당당하게 수레를[車] 버리고[舍] 두 발로 걸어감[徒]이 백성으로서 초구(初九 : ⚊)의 의당함임을 밝힌 것이 〈사거이도(舍車而徒)〉이다. 이에 「상사(象辭)」가 수레를[車] 버리고서[舍而] 걸어가는[徒] 초구(初九 : ⚊)는 수레를 타자고 비굴하게 애걸하지 않고 타지 않는 것[弗乘]이 올바름[義]이라고 밝힌 것이 〈사거이도(舍車而徒) 의불승야(義弗乘也)〉이다.

賁其須(비기수) 與上興也(여상흥야)

위의[其] 수염을[須] 꾸밈은[賁] 위와[上] 더불어[與] 창성함[興]이다[也].

비괘(賁卦 : ䷕) 육이(六二 : ⚋)의 효상(爻象)을 〈비기수(賁其須)〉라고 계사(繫辭)한 것을 〈비기수(賁其須) 여상흥야(與上興也)〉라고 풀이한다.

육이(六二 : --)가 비괘(賁卦 : ䷕)의 하체(下體) 이(離 : ☲)의 중효(中爻)로서 문명(文明) 즉 꾸밈[賁]을 확실히 함을 〈비기수(賁其須)〉라고 밝힌다. 비괘(賁卦 : ䷕)의 육이(六二 : --)는 중효(中爻)로서 꾸며[文] 밝힘[明]을 다해야 한다. 이러한 육이(六二 : --)가 제구실을 다하려면 위로 강건(剛健)한 구삼(九三 : ―)을 받들어 도움을 얻어내야 한다. 비괘(賁卦 : ䷕)의 괘상(卦象)에서 육이(六二 : --)의 효상(爻象)은 사람의 얼굴 아래턱에 난 〈수(須)〉 즉 수염[須] 같은 모습이다. 이에 육이(六二 : --)의 효상(爻象)을 〈비기수(賁其須)〉라고 계사(繫辭)한 것이다. 〈비기수(賁其須)의 비(賁)〉는 육이(六二 : --)가 구삼(九三 : ―)의 관심을 사로잡고자 하는 속뜻을 간직한다. 〈비기수(賁其須)의 수(須)〉는 수염 수[鬚]와 같다. 소도 언덕이 있어야 비빌 수 있듯이 턱수염[須]도 턱이 있어야 돋아날 수 있다. 육이(六二 : --)에게 구삼(九三 : ―)은 턱수염이 자라나는 위턱과 같다. 턱수염을 꾸미자면[賁] 먼저 턱수염이 자라나게 하는 구삼(九三 : ―)을 받들어야 함을 밝힌 것이 〈비기수(賁其須)〉이다. 이에 「상사(象辭)」가 〈여상(與上)〉 즉 구삼(九三 : ―)과 함께해야[與] 육이(六二 : --)가 흥성할[興] 수 있음을 밝힌 것이 〈비기수(賁其須) 여상흥야(與上興也)〉이다.

永貞之吉(영정지길) 終莫之陵也(종막지릉야)

길이길이[永] 진실로 미더울수록[貞之] 길하다 함은[吉] 끝끝내[終] {구삼(九三)에게 육이(六二)와 육사(六四)} 그들을[之] 얕봄이[陵] 없음[莫]이다[也].

비괘(賁卦 : ䷕) 구삼(九三 : ―)의 효상(爻象)을 〈비여(賁如) 유여(濡如) 영정(永貞) 길(吉)〉이라고 계사(繫辭)한 것을 〈영정지길(永貞之吉) 종막지릉야(終莫之陵也)〉라고 풀이한다.

구삼(九三 : ―)이 비괘(賁卦 : ䷕)의 하체(下體) 이(離 : ☲)의 상효(上爻)로서 문명(文明) 즉 꾸며[文] 밝힘[明]을 윤택하게[濡] 함을 〈비여(賁如) 유여(濡如) 영정길(永貞吉)〉이라고 계사(繫辭)한 것이다. 비괘(賁卦 : ䷕)에서 구삼(九三 : ―)은 육이(六二 : --)와 육사(六四 : --) 사이에 있어서 두 유음(柔陰)이 구삼(九三 : ―)의 관심을 차지하고자 교태(嬌態)를 부리는 모습을 암시한 것이 〈비여(賁如) 유여

(濡如)〉이기도 하다. 〈비여(賁如)〉는 육이(六二 : --)와 육사(六四 : --)의 도움을 받아 구삼(九三 : ―)이 꾸미는[賁] 듯[如]하다는 것이다. 〈유여(濡如)〉 역시 육이(六二 : --)와 육사(六四 : --)의 도움을 받아 구삼(九三 : ―)이 윤택한[濡] 듯[如]하다는 것이다. 〈유여(濡如)〉는 구삼(九三 : ―)이 꾸밈[賁]에 넉넉하다[潤澤] 함이다. 〈유여(濡如)의 유(濡)〉는 윤택(潤澤) 즉 넉넉함[潤澤]을 뜻한다. 구삼(九三 : ―)이 꾸밈[賁]에 넉넉함[濡]이 항상 어긋나지 않음을 밝힌 것이 〈영정(永貞) 길(吉)〉이다. 구삼(九三 : ―)은 정위(正位)에서 당당하게 위의(威儀)를 갖추고 두 유음(柔陰)과 사심 없이 이웃으로 사귀면서[比] 할 일을 함을 밝힌 것이 〈영정(永貞)〉이다. 〈영정(永貞)〉은 흉(凶)할 리가 없으니 〈길(吉)〉 즉 좋다[吉]고 단언했다. 이에 「상사(象辭)」가 구삼(九三 : ―)이 변함없이[永] 두 유음(柔陰) 중에서 어느 한쪽으로 기울어짐 없이 진실한 미더움으로[貞] 두 유음(柔陰)과 이웃의 사귐[比]을 누리기 때문에, 끝끝내[終] 구삼(九三 : ―)에게는 두 유음(柔陰)을[之] 얕봄이[陵] 없었다[莫]고 풀이한 것이 〈영정지길(永貞之吉) 종막지릉야(終莫之陵也)〉이다.

六四當位疑也(육사당위의야) 匪寇婚媾(비구혼구) 終无尤也(종무우야)

육사는[六四] 마땅한[當] 자리에서[位] {초구(初九)를} 의심한 것[疑]이다[也]. 도둑이[寇] 아니라[匪] 결혼할 짝이니[婚媾] 마침내[終] 허물이[尤] 없음[无]이다[也].

비괘(賁卦 : ䷕) 육사(六四 : --)의 효상(爻象)을 〈비여(賁如) 파여(皤如) 백마한여(白馬翰如) 비구(匪寇) 혼구(婚媾)〉라고 계사(繫辭)한 것을 〈육사당위의야(六四當位疑也) 비구혼구(匪寇婚媾) 종무우야(終无尤也)〉라고 풀이한다.

비괘(賁卦 : ䷕)의 육사(六四 : --)가 초구(初九 : ―)와 음양(陰陽)의 사이인지라 〈정응(正應)〉함을 〈비여(賁如) 파여(皤如) 백마한여(白馬翰如) 비구(匪寇) 혼구(婚媾)〉라고 계사(繫辭)한 것이다. 정위(正位)에 있는 유음(柔陰)은 파수(怕羞) 즉 수줍음을 타기 때문이다. 육사(六四 : --)는 수줍어 바로 아래의 구삼(九三 : ―)은 부담스럽고, 멀리 있는 초구(初九 : ―)와 〈정응(正應)〉을 누리고자 한다. 〈비여(賁如)〉는 육사(六四 : --)와 구삼(九三 : ―) 사이의 상비(相賁) 즉 서로[相] 꾸밈

[賁]을 암시한다. 〈파여(皤如)〉는 육사(六四 : ⚋)가 비괘(賁卦 : ䷕)의 하체(下體) 이(離 : ☲)를 벗어나 상체(上體) 간(艮 : ☶)으로 올라와, 간(艮 : ☶)의 초효(初爻)로서 이제 이(離 : ☲)에서 행했던 〈비(賁)〉 즉 문식(文飾)을 다하고 멈춘[止] 모습임을 밝히는 계사(繫辭)이다. 〈파여(皤如)의 파(皤)〉는 백발(白髮)이다. 육사(六四 : ⚋)의 효상(爻象)이 흰 머리인[皤] 듯하다[如]는 것이다. 이는 육사(六四 : ⚋)가 늙어버린 할머니가 아니라 순정(純淨) 즉 티 없이[純] 깨끗한[淨] 모습을 일컬음이다. 이(離 : ☲)에서 문식(文飾)을 다하고 이제 간(艮 : ☶)의 초효(初爻)로서 정지(靜止) 즉 고요히[靜] 멈춰 있는[止] 육사(六四 : ⚋)는 순정(純淨)한 처녀 같다. 꾸밈[賁]의 시(始)는 소(素) 즉 그냥 그대로[素] 곧 자연(自然)이다. 순정(純淨)하여 파수(怕羞) 즉 수줍음을 타는 육사(六四 : ⚋)인지라 육사(六四 : ⚋)가 초구(初九 : ⚊)와의 강유배합(剛柔配合)이 될 수 있는지 아닌지 헤아려볼 수밖에 없음을 밝힌 계사(繫辭)가 〈비구(匪寇) 혼구(婚媾)〉이다. 나아가 육사(六四 : ⚋)에게 초구(初九 : ⚊)가 육사(六四 : ⚋)의 순정(純淨)을 훔쳐가려는 도둑이[寇] 아니라[匪] 혼인할 짝[婚媾]이라고 초구(初九 : ⚊)와의 〈정응(正應)〉을 밝힌 계사(繫辭)가 〈비구(匪寇) 혼구(婚媾)〉이다. 이에 「상사(象辭)」가 정당한 자리에 있는 육사(六四 : ⚋)가 수줍음을 타는 순정(純淨)한 유음(柔陰)인지라 강양(剛陽)한 초구(初九 : ⚊)와의 〈정응(正應)〉을 의심하다가[疑] 알고 보니 도둑이[寇] 아니라[匪] 혼인할 짝임[婚媾]을 알았으니 마침내[終] 육사(六四 : ⚋)에게 허물이[尤] 없는 것[无]이라고 풀이한 것이 〈육사당위의야(六四當位疑也) 비구혼구(匪寇婚媾) 종무우야(終无尤也)〉이다.

六五之吉(육오지길) 有喜也(유희야)

육오의[六五之] 행복은[吉] (육오의 심중에) 즐거움이[喜] 있음[有]이다[也].

비괘(賁卦 : ䷕) 육오(六五 : ⚋)의 효상(爻象)을 〈비우구원(賁于丘園) 속백전전(束帛戔戔) 인(吝) 종길(終吉)〉이라고 계사(繫辭)한 것을 〈육오지길(六五之吉) 유희야(有喜也)〉라고 풀이한다.

비괘(賁卦 : ䷕)의 육오(六五 : ⚋)는 정당한 자리에 있지 못하지만 군왕(君王)

으로서 득중(得中) 즉 정도를 따름을[中] 취하여[得] 행하는 모습을 〈비우구원(賁于丘園) 속백전전(束帛戔戔) 인(吝) 종길(終吉)〉이라고 계사(繫辭)한 것이다. 〈구원(丘園)〉은 시정(市井)에 있는 것이 아니라 산(山)에 있다. 〈비우구원(賁于丘園)〉은 육오(六五：--)가 위세(威勢)를 앞세우지 않고 순정(純靜) 즉 순수하고[純] 조용한[靜] 여왕(女王)으로서 득중(得中) 즉 정도를 따름을[中] 취하면서[得] 상구(上九：—)와 〈비(比)〉 즉 이웃의 사귐[比]을 누림을 암시한다. 〈속백전전(束帛戔戔)〉은 〈비우구원(賁于丘園)의 비(賁)〉를 헤아리게 거듭 밝히는 계사(繫辭)이다. 〈속백전전(束帛戔戔)〉에서 〈속백(束帛)의 백(帛)〉은 지극히 유연(柔軟)한 육오(六五：--)를 취상(取象)한 것이다. 명주비단[帛]이야말로 유연(柔軟)한 육오(六五：--)의 모습이다. 〈속백(束帛)의 속(束)〉은 정결(整結) 즉 가지런히[整] 묶는[結] 것이다. 명주비단을[帛] 가지런히 묶는[束] 모습으로써 〈비우구원(賁于丘園)의 비(賁)〉 즉 육오(六五：--)의 문식(文飾)을 살펴 헤아리게 취상(取象)한 것이 〈속백전전(束帛戔戔)의 속백(束帛)〉이다. 비단 다섯 필을 각각 양끝을 말아서 하나로 묶은 것을 속백(束帛)이라 한다. 그 〈속백(束帛)〉으로써 빙문지예물(聘問之禮物) 즉 예(禮)를 갖춘[聘] 방문을[問之] 축하하는 물건[物]으로 삼는다. 따라서 〈속백전전(束帛戔戔)의 전전(戔戔)〉은 육오(六五：--)가 여왕(女王)의 임무를 정지(靜止) 즉 조용히[靜] 멈춘[止] 듯이 수행함을 나타내기도 한다. 그러나 육오(六五：--)에게 여왕의 임무가 〈전전(戔戔)〉으로써 보임은 여왕이 임무를 활기차게 수행하지 않는 모습으로 보일 수 있기 때문에 육오(六五：--)가 굴욕스러운 여왕으로도 보일 수 있다는 계사(繫辭)가 〈인(吝)〉이다. 이에 「상사(象辭)」가 육오가[六五之] 누리는 행복[吉]은 {간(艮：☶)의 중효(中爻)로서 육오(六五：--)의 정지(靜止)에} 즐거움이[喜] 있음[有]이라고 풀이한 것이 〈육오지길(六五之吉) 유희야(有喜也)〉이다.

白賁无咎(백비무구) 上得志也(상득지야)

흰색으로[白] 꾸미니[賁] 허물이[咎] 없음은[无] 최상의[上] 뜻을[志] 이룩함[得]이다[也].

비괘(賁卦：䷕) 상구(上九：—)의 효상(爻象)을 〈백비(白賁) 무구(无咎)〉라고 계사(繫辭)한 것을 〈백비무구(白賁无咎) 상득지야(上得志也)〉라고 풀이한다.

상구(上九 : ━)가 정당한 자리에 있지 못하고 비괘(賁卦 : ䷕)의 상체(上體) 간(艮 : ☶) 즉 산(山)의 마루에 있는 모습을 〈백비(白賁) 무구(无咎)〉라고 계사(繫辭)한 것이다. 꾸밈이[賁] 없는[無之] 꾸밈[賁]을 밝힘이 〈백비(白賁)의 백(白)〉이다. 비괘(賁卦 : ䷕)의 상구(上九 : ━)는 더 오를 데 없는 산마루에 있는지라 상승(上昇)하고자 이러구러 더 꾸밀 바가 없다. 이리저리 꾸미려 함을 다 버린 상구(上九 : ━)의 꾸밈[賁]은 무사(無私)하고 무욕(無欲)하다. 〈백비(白賁〉 즉 빛깔 없는[白] 꾸밈[賁]에 무슨 사심이 있을 것인가. 이런 상구(上九 : ━)에게 허물[咎]이 있을 리 없으니 〈무구(无咎)〉라고 한 것이다. 이에「상사(象辭)」가 〈백비무구(白賁无咎)〉란 상구(上九 : ━)가 제 뜻을[志] 완수했음[得]을 밝힌 것이 〈백비무구(白賁无咎) 상득지야(上得志也)〉이다.

23 박괘(剝卦 : ䷖) 상사(象辭)

곤하간상(坤下艮上) : 아래는[下] 곤(坤 : ☷), 위는[上] 간(艮 : ☶).

산지박(山地剝) : 산과[山] 땅은[地] 박이다[剝].

山附於地剝이다 上以厚下하고 安宅한다 剝牀以足은 以滅下也이다 剝牀以辨은 未有與也이다 剝之无咎는 失上下也이다 剝牀以膚는 切近災也이다 以宮人寵은 終无尤也이다 君子得輿는 民所載也이다 小人剝廬는 終不可用也이다
산부어지박 상이후하 안택 박상이족 이멸하야 박상이변 미유여야 박지무구 실상하야 박상이부 체근재야 이궁인총 종무우야 군자득여 민소재야 소인박려 종불가용야

땅에[於地] 산이[山] 붙음이[附] 박괘이다[剝]. 윗사람은[上] {박괘(剝卦)를} 써[以] 아랫사람을[下] 후하게 하고[厚] 집안을[宅] 편안케 한다[安]. 평상다리[足]로써[以] 평상을[牀] 박탈함은[剝] 그로써[以] 아래쪽을[下] 없애버림[滅]이다[也]. 평상허리[辨]로써[以] 평상을[牀] 박탈함은[剝] (동료들과) 함께함이[與] 없음[未有]이다[也]. 박탈해도[剝之] 허물이[咎] 없음은[无] 위아래를[上下] 버렸음[失]이다[也]. 거적자리[膚]로써[以] 평상을[牀] 박탈함은[剝] 천벌이[災] 급박하게[切] 닥침[近]이다[也]. 궁인의[宮人] 총애로[寵] 삼음은[以] 마침내[終] {음효(陰爻)들에게} 허물이[尤] 없어진 것[无]이다[也]. 군자가[君子] 수레를[輿] 얻음은[得] (그 수레에) 백성이[民] 타고 있는[載] 것[所]이다[也]. 소인이[小人] 집을[廬] 헐어냄은[剝] 마침내[終] 쓸[用] 수 없음[不可]이다[也].

【지남(指南)】

山附於地剝(산부어지박) 上以厚下(상이후하) 安宅(안택)

땅에[於地] 산이[山] 붙음이[附] 박괘이다[剝]. 윗사람은[上] {박괘

(剝卦)를} 써[以] 아랫사람을[下] 후하게 하고[厚] 집안을[宅] 편안케 한다[安].

박괘(剝卦 : ䷖)의 괘상(卦象)을 〈박(剝) 불리유유왕(不利有攸往)〉이라고 계사(繫辭)한 것을 〈산부어지박(山附於地剝) 상이후하(上以厚下) 안택(安宅)〉이라고 풀이한다.

천지에 있는 그 무엇이든[物] 꾸민[賁] 것이 통하다가 다해지니 비괘(賁卦 : ䷕) 다음에 박괘(剝卦 : ䷖)가 온 것이다. 산(山)은 땅보다 높지만 결국 산의 토석(土石)은 올라가지 못하고 오로지 아래로 내려온다. 결국에 산(山)은 몰락(沒落) 즉 내림이[落] 다하여[沒] 땅이 되어버리고 말 박괘(剝卦 : ䷖)의 괘상(卦象)을 〈박(剝) 불리유유왕(不利有攸往)〉이라고 계사(繫辭)한 것이다. 〈박(剝) 불리유유왕(不利有攸往)〉은 박괘(剝卦 : ䷖)의 상체(上體)인 간(艮 : ☶)을 위주로 밝힌다. 산(山)이 몰락하여[剝] 〈불리(不利)〉함을 겪을수록 땅[地]은 두터워져 유리(有利)해짐을 살펴 헤아리게 하는 계사(繫辭)가 〈박(剝) 불리유유왕(不利有攸往)〉이다. 이에 「상사(象辭)」가 박괘(剝卦 : ䷖)의 괘상(卦象)을 산이[山] 땅에[於地] 붙어 있다[附]고 밝힌 다음, 위쪽[上] 간(艮 : ☶)으로써[以] 아래쪽[下] 곤(坤 : ☷)이 두터워져[厚] 땅 위의 온갖 것들이 살 수 있는 편안한[安] 집[宅]이 된다고 풀이한 것이 〈산부어지박(山附於地剝) 상이후하(上以厚下) 안택(安宅)〉이다.

剝牀以足(박상이족) 以滅下也(이멸하야)

평상다리[足]로써[以] 평상을[牀] 박탈함은[剝] 그로써[以] 아래쪽을[下] 없애버림[滅]이다[也].

박괘(剝卦 : ䷖) 초륙(初六 : ⚋)의 효상(爻象)을 〈박상이족(剝牀以足) 멸정(蔑貞) 흉(凶)〉이라고 계사(繫辭)한 것을 〈박상이족(剝牀以足) 이멸하야(以滅下也)〉라고 풀이한다.

박괘(剝卦 : ䷖)의 초륙(初六 : ⚋)은 정당한 자리에 있지 못하고 서로 호응하지 못해[不應], 옹색하고 딱한 처지를 〈박상이족(剝牀以足) 멸정(蔑貞) 흉(凶)〉이라고 밝힌다. 박괘(剝卦 : ䷖)의 괘상(卦象)을 보면 하나의 양효(陽爻 : ⚊)가 다섯 음효(陰爻 : --)를 덮고 있는 모습이고, 동시에 다섯 음효(陰爻 : --)가 밑에서 위에 있는 양효(陽爻 : ─) 하나를 〈박(剝)〉 즉 갉아먹어 몰락시키는 꼴이다. 초륙(初六 : --)은 맨 처음 상구(上九 : ─)를 몰락하게 하는[剝] 첫 자리에 있음을 〈박상이족(剝牀以足)〉이라고 했다. 〈박괘(剝卦 : ䷖)〉에서 초륙(初六 : --)은 〈이족(以足)〉 즉 평상의 다리[足]로써[以] 취상(取象)한 것이다. 평상의 다리를 갉아서 삭게 하면 평상이 주저앉아 쓸모없게 됨을 개의치 않고 초륙(初六 : --)이 평상다리를 갉아먹음을 밝힌 것이 〈멸정(蔑貞)〉이다. 〈멸정(蔑貞)〉은 진실로 미더움[貞]을 업신여기고 팽개쳐버림이다. 이에 「상사(象辭)」가 평상의 다리부터[以足] 평상을[牀] 갉아먹기[剝]란 평상의 바탕을[下] 없애버림[滅]이니, 평상의 기초가 갉아먹히면 평상 자체가 붕괴(崩壞)되고 마는 것이라고 풀이한 것이 〈박상이족(剝牀以足) 이멸하야(以滅下也)〉이다.

剝牀以辨(박상이변) 未有與也(미유여야)

평상허리[辨]로써[以] 평상을[牀] 박탈함은[剝] (동료들과) 함께함이[與] 없음[未有]이다[也].

박괘(剝卦 : ䷖) 육이(六二 : --)의 효상(爻象)을 〈박상이변(剝牀以辨) 멸정(蔑貞) 흉(凶)〉이라고 계사(繫辭)한 것을 〈박상이변(剝牀以辨) 미유여야(未有與也)〉라고 풀이한다.

박괘(剝卦 : ䷖)의 육이(六二 : --)는 정당한 자리에 있지만 초륙(初六 : --)처럼 옹색하고 딱한 처지를 〈박상이변(剝牀以辨) 멸정(蔑貞) 흉(凶)〉이라고 밝힌다. 박괘(剝卦 : ䷖) 육이(六二 : --)의 모습을 평상의 다리 위쪽과 평상의 바닥이 분간되는 어름의 모습으로 보고 〈상이변(牀以辨)〉이라고 육이(六二 : --)를 취상(取象)한 것이다. 〈상이변(牀以辨)의 변(辨)〉은 평상의 상판(牀板)과 상족(牀足)이 변별(辨別)되는 부분임을 암시한다. 박괘(剝卦 : ䷖)의 육이(六二 : --)는 화평(和平)의 기질을 갖추어 유화(柔和)하지만, 이웃도 얻지 못한 데다 불행하게도 육오(六五 : --)와도 양음(兩陰)인지라 상응(相應)을 누리지 못하는 처지라, 좋은 벗과 훌륭한 선생과 함께하지 못해 득중(得中) 즉 정도를 따름을[中] 취하지[得] 못하고 마는 육이(六二 : --)의 처지를 밝힌 계사(繫辭)가 〈멸정(蔑貞)〉이다. 〈멸정(蔑貞)

의 멸(蔑)〉은 경모(輕侮) 즉 가볍게[輕] 업신여기고[侮] 팽개쳐버림이다. 육이(六二 : --)가 올곧음[貞]을 업신여기고 팽개치면 사악함[邪]만 남을 터라 이 역시 박괘(剝卦 : ䷖)는 몰락하고[剝] 말 것이니, 육이(六二 : --) 역시 초륙(初六 : --)처럼 〈흉(凶)〉하다고 계사(繫辭)한 것이다. 이에 「상사(象辭)」가 하체(下體)의 중효(中爻)로서 육이(六二 : --)가 득중(得中) 즉 정도를 따름을[中] 취하지[得] 못하고 평상의 허리부터[以辨] 평상을[牀] 갉아먹기[剝]를 범하고 마는 것은 〈박(剝)〉을 범하지 않는 올곧은[貞] 동료와 함께함이[與] 없음[未有]이라고 풀이한 것이 〈박상이변(剝牀以辨) 미유여야(未有與也)〉이다.

剝之无咎(박지무구) 失上下也(실상하야)

박탈해도[剝之] 허물이[咎] 없음은[无] 위아래를[上下] 버렸음[失]이다[也].

박괘(剝卦 : ䷖) 육삼(六三 : --)의 효상(爻象)을 〈박지(剝之) 무구(无咎)〉라고 계사(繫辭)한 것을 〈박지무구(剝之无咎) 실상하야(失上下也)〉라고 풀이한다.

박괘(剝卦 : ䷖)의 육삼(六三 : --)은 정당한 자리에 있지 못하지만, 박괘(剝卦 : ䷖)의 다른 음(陰 : --)들과는 달리 박괘(剝卦 : ䷖)에서 유일한 양(陽 : ━)인 상구(上九 : ━)와 상화(相和) 즉 서로[相] 어울리는[和] 육삼(六三 : --)을 〈박지무구(剝之无咎)〉라고 한 것이다. 위로는 육사(六四 : --)와 아래로는 초륙(初六 : --)-육이(六二 : --) 등 음효(陰爻 : --)들이 〈상(牀)〉 즉 평상[牀]을 갉아먹어[剝] 평상의 바닥 구실을 하는 상구(上九 : ━)를 몰락하게[剝] 하려 하지만, 육삼(六三 : --)만은 〈상(牀)〉을 갉아서 몰락시키려는[剝] 상하(上下)의 세 음효(陰爻)들을 버리고[失] 상구(上九 : ━)와 정도를 따라[正] 호응하여[應] 상화(相和) 즉 서로[相] 어울린다[和]. 이렇기 때문에 육삼(六三 : --)이 비록 갉아먹어 〈상(牀)〉 즉 상구(上九 : ━)를 몰락시키려는[剝] 음효(陰爻)의 무리에 들지라도 〈박상(剝牀)〉을 하지 않는 음효(陰爻)인지라, 육삼(六三 : --)은 〈박지(剝之)〉 즉 갉아먹는[剝之] 음효(陰爻)의 무리에서도 〈무구(无咎)〉 즉 허물이[咎] 없다[无]고 계사(繫辭)한 것이다. 이에 「상사(象辭)」가 육삼(六三 : --)이 음(陰 : --)임에도 허물이[咎] 없다[无]고 계사(繫辭)한 것은 갉아먹기를[剝之] 일삼는 위의[上] 육사(六四 : --)와 아래의

[下] 초륙(初六 : --)-육이(六二 : --) 등을 버리고[失] 상구(上九 : ━)와 정응(正應)하여 상화(相和)를 누리기 때문이라고 풀이한 것이 〈박지무구(剝之无咎) 실상하야(失上下也)〉이다.

剝牀以膚(박상이부) 切近災也(체근재야)

거적자리[膚]로써[以] 평상을[牀] 박탈함은[剝] 천벌이[災] 급박하게[切] 닥침[近]이다[也].

박괘(剝卦 : ䷖) 육사(六四 : --)의 효상(爻象)을 〈박상이부(剝牀以膚) 흉(凶)〉이라고 계사(繫辭)한 것을 〈박상이부(剝牀以膚) 체근재야(切近災也)〉라고 풀이한다.

박괘(剝卦 : ䷖)의 육사(六四 : --)는 정당한 자리에 있지만, 서로 호응하지 못해[不應] 옹색하고 딱한 처지를 〈박상이부(剝牀以膚) 흉(凶)〉이라고 계사(繫辭)한 것이다. 육사(六四 : --)를 사람이 앉거나 눕는 평상의 천석(薦席) 즉 거적자리[薦席]로 취상(取象)하고 그 천석(薦席)을 〈부(膚)〉로 비유한다. 따라서 여기 〈부(膚)〉는 육사(六四 : --)가 평상의[牀] 판(板) 즉 바닥[板]에 깔린 거적자리[薦席]에 해당되어, 육삼(六三 : --)과 육오(六五 : --)의 방해 때문에 아래의 다른 음효(陰爻 : --)들처럼 평상[牀] 자체를 직접 갉아 몰락시키지 못하고 거적자리[膚]를 갉아먹어[剝] 상구(上九 : ━)를 몰락시킴[剝]을 암시한다. 결국 육사(六四 : --)가 상구(上九 : ━)를 몰락시키는[剝] 마지막 박자(剝者)가 되고 말 터이니, 육사(六四 : --)를 〈흉(凶)〉 즉 좋지 않다[凶]고 밝힌다. 이에 「상사(象辭)」가 평상의 거적자리[膚]로써[以] 평상을[牀] 몰락시킨다면[剝] 평상은 못 쓰게 돼 폐기될 터라 평상을 갉아먹은 음효(陰爻 : --)들도 덩달아 폐기될 터이니 재앙이[災] 매우[切] 가까워졌다[近]고 풀이한 것이 〈박상이부(剝牀以膚) 체근재야(切近災也)〉이다.

以宮人寵(이궁인총) 終无尤也(종무우야)

궁인의[宮人] 총애로[寵] 삼음은[以] 마침내[終] {음효(陰爻)들에게} 허물이[尤] 없어진 것[无]이다[也].

박괘(剝卦 : ䷖) 육오(六五 : --)의 효상(爻象)을 〈관어(貫魚) 이궁인총(以宮人寵) 무불리(无不利)〉라고 계사(繫辭)한 것을 〈이궁인총(以宮人寵) 종무우야(終无尤

也)〉라고 풀이한다.

박괘(剝卦 : ䷖)의 육오(六五 : --)는 정당한 자리에 있지 못하지만 육오(六五 : --)와 상구(上九 : ━)는 음양(陰陽)으로서 이웃의 사귐[比]을 누리는지라 양창음수(陽倡陰隨) 즉 양기가[陽] 부르니[倡] 음기가[陰] 따라가는[隨] 모습일 뿐만 아니라, 여왕의 자리에서 박괘(剝卦 : ䷖)의 상체(上體) 간(艮 : ☶)의 중효(中爻)로서 정지(靜止) 즉 고요히[靜] 멈춰[止] 득중(得中) 즉 정도를 따름을[中] 취하는[得] 육오(六五 : --)를 〈관어(貫魚) 이궁인총(以宮人寵) 무불리(无不利)〉라고 계사(繫辭)한 것이다. 그러므로 육오(六五 : --)는 음기(陰氣)가 성(盛)하고 양기(陽氣)가 쇠(衰)하는 갉아먹기[剝]의 모습을 취하지 않는다. 오히려 여왕으로서 육오(六五 : --)가 음효(陰爻)의 무리를 견인(牽引) 즉 끌어당겨서[牽引] 상구(上九 : ━)를 받들어 따르게 함을 〈관어(貫魚)〉로써 암시한다. 〈관어(貫魚)의 어(魚)〉 즉 물고기[魚]는 수족(水族)이다. 수성(水性)은 음성(陰性)이다. 궁(宮)에서는 군왕(君王)이 양성(陽性)이고 〈궁인(宮人)〉은 음성(陰性)이다. 그러므로 〈관어(貫魚) 이궁인총(以宮人寵)〉에서 〈어(魚)와 궁인(宮人)〉은 박괘(剝卦 : ䷖)의 음효(陰爻 : --)들을 취상(取象)한 것이다. 〈궁인(宮人)〉은 곧 육오(六五 : --)를 뺀 박괘(剝卦 : ䷖)의 음효(陰爻)들을 나타낸다. 따라서 〈관어(貫魚) 이궁인총(以宮人寵)〉이라는 계사(繫辭)가 육오(六五 : --)가 여왕으로서 백성(初六 : --)-신하(六二 : --)-대부(六三 : --)-경대부(六四 : --) 등의 음효(陰爻) 무리를 견인(牽引)하여 상구(上九 : ━)를 박(剝)하지 않도록 다스림을 암시한다. 이에 「상사(象辭)」가 여왕으로서 육오(六五 : --)가 〈관어(貫魚)〉 즉 물고기를[魚] 꿰듯[貫] 박괘(剝卦 : ䷖)의 음기(陰氣 : --)들을 견인(牽引) 즉 끌어당겨[牽引] 상구(上九 : ━) 즉 양기(陽氣)를 몰락시키려[剝] 들지 않고 상구(上九 : ━)를 받들어 따르게 함으로써, 육오(六五 : --)가 박괘(剝卦 : ䷖)의 음기(陰氣 : --)들에게 끝내[終] 〈무우(无尤)〉 즉 허물이[尤] 없게 하는 것[无]이라고 풀이한 것이 〈이궁인총(以宮人寵) 종무우야(終无尤也)〉이다.

君子得輿(군자득여) 民所載也(민소재야) 小人剝廬(소인박려) 終不可用也(종불가용야)

<u>군자가[君子] 수레를[輿] 얻음은[得] (그 수레에) 백성이[民] 타고</u>

있는[載] 것[所]이다[也]. 소인이[小人] 집을[廬] 헐어냄은[剝] 마침내[終] 쓸[用] 수 없음[不可]이다[也].

박괘(剝卦 : ䷖) 상구(上九 : ⚊)의 효상(爻象)을 〈석과불사(碩果不食) 군자득여(君子得輿) 소인박려(小人剝廬)〉라고 계사(繫辭)한 것을 〈군자득여(君子得輿) 민소재야(民所載也) 소인박려(小人剝廬) 종불가용야(終不可用也)〉라고 풀이한다.

박괘(剝卦 : ䷖)의 상구(上九 : ⚊)가 정당한 자리에 있지 못하지만 박괘(剝卦 : ䷖)의 극위(極位)에서 정지(靜止) 즉 고요히[靜] 멈춰서[止] 초연(超然)함을 〈석과불사(碩果不食) 군자득여(君子得輿) 소인박려(小人剝廬)〉라고 계사(繫辭)한 것이다. 〈석과불사(碩果不食)의 석과(碩果)〉는 상구(上九 : ⚊)가 건(乾 : ☰)의 무리에 속하므로 상구(上九 : ⚊)를 취상(取象)한 것이다. 건(乾 : ☰)은 목과(木果)〉 즉 나무열매[木果]에 속한다. 〈박괘(剝卦 : ䷖)〉에서 양(陽 : ⚊)은 음(陰 : ⚋)들에 의해서 박소(剝消) 즉 갉아먹혀[剝] 없어지고[消] 딱 하나 남은 상구(上九 : ⚊)가 발견되지 않아 따먹히지 않고 나무에 달려 있어 익을 대로 익은 〈석과(碩果)〉 즉 큰 열매가 된 모습 같다는 것이다. 나아가 〈석과(碩果)〉는 열매로 남게 되어 땅에 떨어지고 씨앗을 틔워 새 생명을 잇게 하여 생명의 순환이라는 천도(天道) 즉 자연의[天] 도리[道]를 암시하기도 한다.

〈군자득여(君子得輿)의 군자(君子)〉는 물론 상구(上九 : ⚊)를 말한다. 〈소인박려(小人剝廬)의 소인(小人)〉은 박괘(剝卦 : ䷖)의 음(陰 : ⚋)들을 취상(取象)한 것이고, 〈소인박려(小人剝廬)의 여(廬)〉는 박괘(剝卦 : ䷖)의 상제(上體)인 간(艮 : ☶)이 하체(下體)인 곤(坤 : ☷) 즉 땅[地] 위에 있는 〈여(廬)〉 즉 초가(草家) 같음을 취상(取象)한 것이다. 따라서 〈소인박려(小人剝廬)〉는 그 초가(草家)를 몰락시켜[剝] 저들의 거처(居處)마저 없어지게 한 꼴임을 계사(繫辭)한 것이다. 이에 「상사(象辭)」가 〈군자득여(君子得輿)〉를 백성을[民] 실어주는[載] 것[所]이라고 풀이한 것이 〈민소재야(民所載也)〉이고, 〈소인박려(小人剝廬)〉를 〈소인(小人)〉 즉 음효(陰爻)들이 초가를[廬] 갉아먹어 몰락시켜[剝] 끝내[終] 〈여(廬)〉를 쓸[用] 수 없게[不可] 하여 자기들의 거처(居處)마저 잃게 된 것이라고 풀이한 것이 〈종불가용야(終不可用也)〉이다.

24 복괘(復卦 : ䷗) 상사(象辭)

진하곤상(震下坤上) : 아래는[下] 진(震 : ☳), 위는[上] 곤(坤 : ☷).

지뢰복(地雷復) : 땅과[地] 우레는[雷] 복이다[復].

雷在地中復이다 先王以至日閉關하니 商旅不行하고
뇌 재 지 중 복 선 왕 이 지 일 폐 관 상 여 불 행

后不省方한다 不遠之復은 以脩身也이다 休復之吉은
후 불 성 방 불 원 지 복 이 수 신 야 휴 복 지 길

以下仁也이다 頻復之厲는 義无咎也이다 中行獨復은
이 하 인 야 빈 복 지 려 의 무 구 야 중 행 독 복

以從道也이다 敦復无悔는 中以自考也이다 迷復之凶
이 종 도 야 돈 복 무 회 중 이 자 고 야 미 복 지 흉

은 反君道也이다
반 군 도 야

땅의 기운이[雷] 땅속에[地中] 있음이[在] 복괘이다[復]. 선왕은[先王] {복괘(復卦)를} 본받아[以] 동짓날에[至日] 관문을[關] 닫으니[閉] 장사꾼들은[商旅] 행상을 나서지 않았고[不行] 임금은[后] 나라 사방을[方] 살피지 않았다[不省]. 머지않아[不遠之] 돌아옴은[復] 몸을[身] 바로잡아 닦기를[脩] 하라는 것[以]이다[也]. 아름답게[休] 돌아옴이[復之] 행복함은[吉] 어짊을[仁] 따르게 하기[下] 때문[以]이다[也]. 빈번하게[頻] 돌아옴의[復之] 위태로움은[厲] 의에[義] 허물이[咎] 없음[无]이다[也]. 가운데로[中] 걸어서[行] 홀로[獨] 돌아옴은[復] 도를[道] 따라가기[從] 위함[以]이다[也]. 정직하고 진실하게[敦] 돌아옴에[復] 후회가[悔] 없음은[无] 정도를 따름[中]으로써[以] 자기를[自] 살펴온 것[考]이다[也]. 혼란스럽게[迷] 돌아옴의[復之] 불행은[凶] 임금의[君] 도리를[道] 어긴 것[反]이다[也].

【지남(指南)】

雷在地中復(뇌재지중복) 先王以至日閉關(선왕이지일폐관) 商旅不行(상여불행) 后不省方(후불성방)

땅의 기운이[雷] 땅속에[地中] 있음이[在] 복괘이다[復]. 선왕은[先王] {복괘(復卦)를} 본받아[以] 동짓날에[至日] 관문을[關] 닫으니[閉] 장사꾼들은[商旅] 행상을 나서지 않았고[不行] 임금은[后] 나라 사방을[方] 살피지 않았다[不省].

복괘(復卦 : ䷗)의 괘상(卦象)을 〈복형(復亨) 출입무질(出入无疾) 붕래무구(朋來无咎) 반복기도(反復其道) 칠일래복(七日來復) 이유유왕(利有攸往)〉이라고 계사(繫辭)한 것을 〈뇌재지중복(雷在地中復) 선왕이지일폐관(先王以至日閉關) 상여불행(商旅不行) 후불성방(后不省方)〉이라고 풀이한다.

천지에 있는 그 무엇이든[物] 〈박(剝)〉 즉 몰락하면[剝] 끝까지 다 몰락당할 수 없으니 그 몰락이 위로 다하면 아래로 돌아오므로 박괘(剝卦 : ䷖) 다음에 복괘(復卦 : ䷗)가 온 것이다. 복괘(復卦 : ䷗)는 박괘(剝卦 : ䷖)가 뒤집힌 것이다. 복괘(復卦 : ䷗)는 바로 앞 박괘(剝卦 : ䷖)와 연관시켜 보아야 한다. 흥망성쇠(興亡盛衰)는 따로 있음이 아니라 서로 반복(反復)함을 박괘(剝卦 : ䷖)와 복괘(復卦 : ䷗)가 살펴 헤아리게 하기 때문이다. 이렇다 하여 박괘(剝卦 : ䷖)가 선(先)이고 복괘(復卦 : ䷗)가 후(後)라는 것은 아니다. 흥망성쇠(興亡盛衰)의 반자(反者)는 처음과[始] 끝이[卒] 고리[環] 같아[若] 어느 쪽이 먼저고[先] 뒤인지[後] 알 수 없다. 다만 쇠(衰) 뒤에는 성(盛)이 오고 성(盛) 뒤에는 쇠(衰)가 옴이 역지도(易之道) 즉 변화의[易之] 도리[道]이다. 따라서 복괘(復卦 : ䷗)를 〈복형(復亨)〉이라 한 것이다.

〈출입무질(出入无疾)의 무질(无疾)〉은 천도(天道) 즉 자연의[天] 이치[道]를 따르는 〈출입(出入)〉에는 병 될[疾] 것이 없음[无]을 밝힌 계사(繫辭)이다. 〈반복기도(反復其道)〉는 〈붕래(朋來)〉가 반복됨[反復]을 밝힌 계사(繫辭)이다. 〈반복기도(反復其道)의 기도(其道)〉는 양(陽 : ⚊)의 벗이[朋] 들어오는[來之] 길[道]을 되풀이해도[反復] 된다는 것이다. 〈붕래무구(朋來无咎)〉는 복괘(復卦 : ䷗)의 초구(初九 : ⚊)가 구이(九二 : ⚊)로 올라가고 이어서 또 양기(陽氣 : ⚊)가 들어와 초구(初九

: ⚊)가 되어 복괘(復卦 : ䷗)가 임괘(臨卦 : ䷒)로 되어도 이는 대순(大順) 즉 천도를[大] 따름[順]인지라 허물이[咎] 없다[无]고 밝힌다. 따라서 〈붕래무구(朋來无咎)의 붕(朋)〉은 중양(衆陽) 즉 양기(陽氣 : ⚊)의 무리[衆]를 말한다. 〈칠일래복(七日來復)〉은 양(陽 : ⚊)이 들어오는 길만 한없이 반복된다는 것은 아님을 밝힌다. 육일(六日)이 지나 〈칠일(七日)〉째이면 들어옴이[來] 다시[復] 시작된다는 것이 〈칠일래복(七日來復)〉이다. 따라서 〈육일(六日)〉이 지나 〈칠일(七日)〉이란 대성괘(大成卦)의 육위(六位)가 순추(順推) 즉 순차로[順] 옮겨가[推] 다시 그 자리로 돌아옴[復]을 말한다. 〈칠일(七日)〉째면 성(盛)하고 쇠(衰)함이 바뀌어 천도(天道)를 따름인지라 이롭다[利]고 밝힌 점사가 〈이유유왕(利有攸往)〉이다.

이에 「상사(象辭)」가 진(震 : ☳)의 땅의 기운이[雷] 곤(坤 : ☷)의 땅속에[地中] 있음[在]이 복괘(復卦 : ䷗)의 효상(爻象)임을 밝힌 것이 〈뇌재지중복(雷在地中復)〉이다. 여기 〈뇌(雷)〉는 〈토지기(土之氣)〉 즉 땅의[土之] 기운[氣]을 뜻한다. 복괘(復卦 : ䷗)의 효상(爻象)은 봄[春]이 대지(大地)로 복시(復始) 즉 돌아오기[復] 시작함[始]을 나타내고, 양성음쇠(陽盛陰衰) 즉 양(陽 : ⚊)이 성(盛)하고 음(陰 : ⚋)이 쇠(衰)하기 시작하는 동짓달의 동지(冬至)를 밝힌 것이 〈뇌재지중복(雷在地中復)〉이다. 이어서 「상사(象辭)」가 선왕(先王)은 위와 같은 복괘(復卦 : ䷗)의 효상(爻象)을 본받아[以] 동짓날에 이르면[至日] 관문을[關] 닫고[閉] 행상하는 상인들도[商旅] 길을 나서지 않았으며[不行] 임금도[后] 나라 사방을[方] 살피지 않았음[不省]을 밝힌 것이 〈선왕이지일폐관(先王以至日閉關) 상여불행(商旅不行) 후불성방(后不省方)〉이다.

不遠之復(불원지복) 以脩身也(이수신야)

머지않아[不遠之] 돌아옴은[復] 몸을[身] 바로잡아 닦기를[脩] 하라는 것[以]이다[也].

복괘(復卦 : ䷗) 초구(初九 : ⚊)의 효상(爻象)을 〈불원복(不遠復) 무지회(无祗悔) 원길(元吉)〉이라고 계사(繫辭)한 것을 〈불원지복(不遠之復) 이수신야(以脩身也)〉라고 풀이한다.

복괘(復卦 : ䷗)의 초구(初九 : ⚊)가 하나의 양(陽 : ⚊)으로서 다섯 음(陰 : ⚋)

의 회(晦) 즉 어둠[晦]을 밝히기[明] 시작함을 〈불원복(不遠復)〉이라고 계사(繫辭)했다. 〈불원복(不遠復)의 복(復)〉은 어둠이 가고 밝음이 돌아옴[復]인지라 여기 〈불원복(不遠復)〉은 광복(光復)이 임박(臨迫)함을 밝힌다. 어둠을 거두고 밝음이 돌아올 터이라 뉘우침을[悔] 만남이란[祗] 없다[无]고 밝힌 계사(繫辭)가 〈무지회(无祗悔)〉이다. 〈무지회(无祗悔)의 지(祗)〉는 만날 〈적(適)〉과 같다. 물론 〈무기회(无祗悔)의 기(祗)〉로 〈클 대(大)〉와 같다 여기고 새겨도 무방하다. 그러므로 계사(繫辭) 〈无祗悔〉를 〈무기회〉로 읽고 큰[祗] 뉘우침은[悔] 없다[无]고 새겨도 마땅하고, 〈무지회〉로 읽고 후회를[悔] 만날 일은[祗] 없으니[无] 〈원길(元吉)〉이라 새겨도 마땅하다. 이에 「상사(象辭)」가 사덕(四德) 중에서 으뜸인 〈원(元)〉의 길(吉)함이 곧 돌아옴인지라 삼가 몸[身] 닦기를[脩] 행해야[以] 함을 밝힌 것이 〈불원지복(不遠之復) 이수신야(以脩身也)〉이다.

休復之吉(휴복지길) 以下仁也(이하인야)

아름답게[休] 돌아옴이[復之] 행복함은[吉] 어짊을[仁] 따르게 하기[下] 때문[以]이다[也].

복괘(復卦 : ䷗) 육이(六二 : --)의 효상(爻象)을 〈휴복(休復) 길(吉)〉이라고 계사(繫辭)한 것을 〈휴복지길(休復之吉) 이하인야(以下仁也)〉라고 풀이한다.

복괘(復卦 : ䷗)의 육이(六二 : --)가 〈휴복(休復)〉 즉 아름답게[休] 돌아옴[復]이란 육이(六二 : --)가 초구(初九 : ㅡ)의 바로 위에 있어서 이웃으로 사귐[比]을 누리는 모습이다. 아름답게[休] 돌아왔다[復] 함은 어둠에 머물다가 밝음으로 돌아와[復] 온 세상에 밝음을 비추기 시작하게 되었음을 알림이다. 또한 〈휴(休)〉란 이런저런 잡사(雜事)들을 떠남이니 절로 양생(養生)으로 통한다. 양생(養生)이야말로 〈휴복(休復)〉의 행복인지라 육이(六二 : --)의 효상(爻象)을 이어서 〈길(吉)〉 즉 행복하다[吉]고 계사(繫辭)한 것이다. 이에 「상사(象辭)」가 〈휴복(休復) 길(吉)〉을 〈이하인(以下仁)〉이라고 풀이한다. 인자(仁者)에게로[於] 내려갔기[行下] 때문에[以] 육이(六二 : --)는 〈휴복(休復) 길(吉)〉을 누린다는 것이다. 이어서 〈휴복(休復)〉을 육이(六二 : --)가 초구(初九 : ㅡ)에게로 내복(來復)한 것이라고 풀이하고, 육이(六二 : --)가 초구(初九 : ㅡ)에게로 착하고 아름답게[休] 돌아와[復之] 행복하다[吉]고 풀이한 것이 〈휴복지길(休復之吉) 이하인야(以下仁也)〉이다.

頻復之厲(빈복지려) 義无咎也(의무구야)

빈번하게[頻] 돌아옴의[復之] 위태로움은[厲] 의에[義] 허물이[咎] 없음[无]이다[也].

복괘(復卦 : ䷗) 육삼(六三 : --)의 효상(爻象)을 〈빈복(頻復) 여(厲) 무구(无咎)〉라고 계사(繫辭)한 것을 〈빈복지려(頻復之厲) 의무구야(義无咎也)〉라고 풀이한다.

복괘(復卦 : ䷗)의 육삼(六三 : --)은 정당한 자리에 있지 못하고 어디에서도 도움을 구할 수 없음을 〈빈복(頻復) 여(厲) 무구(无咎)〉라고 계사(繫辭)한 것이다. 육삼(六三 : --)이 하체(下體) 진(震 : ☳)의 상효(上爻)가 되어버려 이미 초구(初九 : —)에게로 돌아갈 기회를 잃어버리고 걱정스러워 찡그리는 모습으로[頻] 돌아온다[復]는 계사(繫辭)가 〈빈복(頻復)〉이다. 여기 〈빈복(頻復)의 빈(頻)〉은 〈축(蹙)〉 즉 재촉해도 일이 되지 않아 찡그리는 모습[蹙]을 나타낸다. 양생(陽生) 즉 양기가[陽] 살아나게 하는[生] 봄으로 돌아오고자 하지만 이미 육삼(六三 : --)은 육이(六二 : --)에 비해서 멀리 떨어져 있다. 먼길을 거쳐 〈빈복(頻復)〉 즉 자주 대질러[頻] 초구(初九 : —)에게로 돌아가려[復] 하는 육삼(六三 : --)을 〈여(厲)〉 즉 불행[厲]이라고 암시한다. 그러나 불행[厲]을 무릅쓰고 음살(陰殺)의 겨울을 벗어나 양생(陽生)의 봄으로 돌아오려는 육삼(六三 : --)에게 허물이[咎] 있을 수 없음[无]을 밝힌 계사(繫辭)가 〈무구(无咎)〉이다. 이에 「상사(象辭)」가 육삼(六三 : --)이 초구(初九 : —)에게로 빈번하게[頻] 돌아오려[復] 함이 불행하다[厲] 할지라도 그 〈여(厲)〉를 무릅쓰는 육삼(六三 : --)의 뜻에는[義] 허물이[咎] 없음[无]을 밝힌 것이 〈빈복지려(頻復之厲) 의무구야(義无咎也)〉이다.

中行獨復(중행독복) 以從道也(이종도야)

가운데로[中] 걸어서[行] 홀로[獨] 돌아옴은[復] 도를[道] 따라가기[從] 위함[以]이다[也].

복괘(復卦 : ䷗) 육사(六四 : --)의 효상(爻象)을 〈중행(中行) 독복(獨復)〉이라고 계사(繫辭)한 것을 〈중행독복(中行獨復) 이종도야(以從道也)〉라고 풀이한다.

복괘(復卦 : ䷗)의 육사(六四 : --)는 정위(正位)에 있고 동시에 복괘(復卦 : ䷗) 군음(群陰)의 중위(中位) 즉 가운데 자리에 있어서 초구(初九 : ㅡ)와 음양(陰陽)인지라 바르게[正] 서로 호응함[應]을 〈중행(中行) 독복(獨復)〉이라고 계사(繫辭)한 것이다. 육사(六四 : --)가 군음(群陰)의 중위(中位) 즉 가운데[中] 자리[位]에 있으므로 초구(初九 : ㅡ)를 향해 간다[行]는 것이 〈중행(中行)〉이다. 그래서 육사(六四 : --)가 홀로[獨] 초구(初九 : ㅡ)에게로 돌아온다[復]는 것을 밝힌 계사(繫辭)가 〈독복(獨復)〉이다. 〈중행독복(中行獨復)〉을 〈이종도(以從道)〉 즉 정도를[道] 좇기[從] 때문[以]이라고 풀이한다. 〈이종도(以從道)의 이(以)〉는 여기선 〈소이(所以)〉의 줄임이다. 이렇듯 「상사(象辭)」가 〈중행독복(中行獨復)〉을 정도를[道] 따르는[從] 까닭[以]이라고 밝힌 것이 〈중행독복(中行獨復) 이종도야(以從道也)〉이다.

敦復无悔(돈복무회) 中以自考也(중이자고야)

정직하고 진실하게[敦] 돌아옴에[復] 후회가[悔] 없음은[无] 정도를 따름[中]으로써[以] 자기를[自] 살펴온 것[考]이다[也].

복괘(復卦 : ䷗) 육오(六五 : --)의 효상(爻象)을 〈돈복(敦復) 무회(无悔)〉라고 계사(繫辭)한 것을 〈돈복무회(敦復无悔) 중이자고야(中以自考也)〉라고 풀이한다.

복괘(復卦 : ䷗)의 존위(尊位)에 있는 육오(六五 : --)가 온갖 외물(外物)과 접촉하는 자궁(自躬) 즉 자신의[自] 몸뚱이[躬]를 떠나 유심(唯心) 즉 오로지[唯] 마음[心]이 정직하고 진실하여 누리는 〈돈(敦)〉의 경지로써 돌아옴[復]을 유유(兪兪) 즉 편안하고 즐겁게[兪兪] 누림을 묶어서 밝힌 계사(繫辭)가 〈돈복(敦復) 무회(无悔)〉이다. 이에 「상사(象辭)」가 정직하고 진실하게[敦] 돌아와[復] 회한도 허물도[悔] 없다[无]는 계사(繫辭)를 육오(六五 : --)가 정도를 따름[中]으로써[以] 자신을[自] 살펴온 것[考]이라[也]고 풀이한 것이 〈돈복무회(敦復无悔) 중이자고야(中以自考也)〉이다.

迷復之凶(미복지흉) 反君道也(반군도야)

혼란스럽게[迷] 돌아옴의[復之] 불행은[凶] 임금의[君] 도리를[道] 어긴 것[反]이다[也].

복괘(復卦：䷗) 상륙(上六：--)의 효상(爻象)을 〈미복(迷復) 흉(凶) 유재생(有災眚) 용행사(用行師) 종유대패(終有大敗) 이기국군흉(以其國君凶) 지우십년불극정(至于十年不克征)〉이라고 계사(繫辭)한 것을 〈미복지흉(迷復之凶) 반군도야(反君道也)〉라고 풀이한다.

복괘(復卦：䷗)의 상륙(上六：--)은 복괘(復卦：䷗)의 맨 바깥에 있어서 초구(初九：—)와 가장 멀리 떨어져 있어 초구(初九：—)에게로 돌아가려 해도 늘 혼란스럽게[迷] 되고 말아 불행한 모습인지라 〈미복(迷復) 흉(凶)〉이라고 계사(繫辭)한 것이다. 〈미복(迷復) 흉(凶)〉은 상륙(上六：--)이 복괘(復卦：䷗)의 상체(上體) 곤(坤：☷)의 상효(上爻)이면서 동시에 복괘(復卦：䷗)의 상효(上爻)임을 밝힌다. 상륙(上六：--)의 〈흉(凶)〉을 〈유재생(有災眚)〉이라고 계사(繫辭)한 것이다. 여기 〈유재생(有災眚)의 재(災)〉는 상륙(上六：--)이 음기(陰氣：--)이면서 극위(極位)인 〈천위(天位)〉 즉 하늘자리[天位]에 있기 때문에 겪는 불행[凶]을 말한다. 〈재(災)〉란 하늘이 내리는 불행 즉 천재(天災)를 말한다. 〈생(眚)〉은 인간이 빚어내는 과실(過失)을 말한다. 상륙(上六：--)이 겪는 〈재생(災眚)〉을 물리치고자 함을 밝힌 계사(繫辭)가 〈용행사(用行師)〉이다. 상륙(上六：--)이 취한 〈용행사(用行師)〉의 결말을 밝힌 계사(繫辭)가 〈종유대패(終有大敗)〉이다. 상륙(上六：--)의 효상(爻象)은 끝내[終] 전쟁에서 크게[大] 패배를[敗] 겪는[有] 모습이다. 따라서 복괘(復卦：䷗) 상륙(上六：--)의 효상(爻象)은 흉(凶)할 수밖에 없음을 밝힌 계사(繫辭)가 〈이기국군흉(以其國君凶)〉이다. 복괘(復卦：䷗) 상륙(上六：--)의 효상(爻象)은 〈미복(迷復)〉의 〈재생(災眚)〉을 결코 정벌할[征] 수 없음[不克]을 밝힌 계사(繫辭)가 〈지우십년불극정(至于十年不克征)〉이다. 이에 「상사(象辭)」가 복괘(復卦：䷗)의 상륙(上六：--)이 범한 〈미복(迷復)〉 즉 혼란스럽게[迷] 돌아오기만[復] 하는 불행[凶]은 군왕의[君] 도리를[道] 어긴[反] 탓이라고 밝힌 것이 〈미복지흉(迷復之凶) 반군도야(反君道也)〉이다.

25 무망괘(无妄卦 : ䷘) 상사(象辭)

진하건상(震下乾上) : 아래는[下] 진(震 : ☳), 위는[上] 건(乾 : ☰).

천뢰무망(天雷无妄) : 하늘과[天] 우레는[雷] 무망이다[无妄].

天下雷行하여 物與无妄하다 先王以茂對時하여 育萬物한다 无妄之往은 得志也이다 不耕穫은 未富也이다 行人得牛는 邑人災也이다 可貞无咎는 固有之也이다 无妄之藥은 不可試也이다 无妄之行은 窮之災也이다

천하뢰행 물여무망 선왕이무대시 육만물 무망지왕 득지야 불경확 미부야 행인득우 읍인재야 가정무구 고유지야 무망지약 불가시야 무망지행 궁지재야

하늘 아래에서[天下] 우레가[雷] 행하여[行] 물건마다[物] {천뢰(天雷)와} 더불어[與] (그 천뢰를) 잊어버림이[妄] 없음이다[无]. 선왕은[先王] (천뢰를) 본받아[以] 힘써[茂] 시운을[時] 순응하면서[對] 온갖 것들을[萬物] 육성한다[育]. {천뢰(天雷)의 천도(天道)를} 잊어버림[妄] 없이[无之] 감은[往] 뜻을[志] 얻음[得]이다[也]. 경작하고서도[耕] 거두지 않음은[不穫] 아직 풍성하지는[富] 않음[未]이다[也]. 길을 가던[行] 사람이[人] 소를[牛] 가져가 버림은[得] 고을사람에게는[邑人] 손재수[災]이다[也]. 가히[可] 비더우니[貞] 허물이[咎] 없음은[无] 본연히[固] 그것을[之] 간직함[有]이다[也]. 망령됨이[妄] 없는[无之] 약이란[藥] 맛볼[試] 수 없음[不可]이다[也]. 망령됨이[妄] 없는[无之] 행위는[行] 재앙이[災] 그침[窮之]이다[也].

【지남(指南)】

天下雷行(천하뢰행) 物與无妄(물여무망) 先王以茂對時(선왕이무대시) 育萬物(육만물)

하늘 아래에서[天下] 우레가[雷] 행하여[行] 물건마다[物] {천뢰(天

雷)와} 더불어[與] (그 천뢰를) 잊어버림이[妄] 없음이다[无]. 선왕은 [先王] (천뢰를) 본받아[以] 힘써[茂] 시운을[時] 순응하면서[對] 온갖 것들을[萬物] 육성한다[育].

무망괘(无妄卦 : ䷘)의 괘상(卦象)을 〈무망(无妄) 원형리정(元亨利貞) 기비정(其匪正) 유생(有眚) 불리유유왕(不利有攸往)〉이라고 계사(繫辭)한 것을 〈천하뢰행(天下雷行) 물여무망(物與无妄) 선왕이무대시(先王以茂對時) 육만물(育萬物)〉이라고 풀이한다.

천지에 있는 그 무엇이든[物] 선미(善美)로 돌아오면[復] 망령될 일이란 없으니 복괘(復卦 : ䷗) 다음에 무망괘(无妄卦 : ䷘)가 온 것이다. 천하(天下)에 양기(陽氣 : ━)가 충만(充滿)하여 만물(萬物)이 생기(生氣)를 얻는 모습이 무망괘(无妄卦 : ䷘)의 괘상(卦象)이다. 무망괘(无妄卦 : ䷘)의 〈무망(无妄)〉이란 정성의[誠之] 지극함[至]이다. 〈무망(无妄)〉은 중도(中道)와 다름 아니니 천복(天福)을 누리므로 무망괘(无妄卦 : ䷘)의 괘상(卦象)을 〈원형리정(元亨利貞)〉이라 밝힌다. 〈원형리정(元亨利貞)〉 이는 천지(天地)의 사덕(四德)이다. 이 사덕(四德)을 갖춘 괘상(卦象)을 지닌 괘(卦)는 『주역(周易)』 64괘(卦) 중에서 단 다섯 괘(卦)밖에 없다. 그 다섯 중의 하나가 무망괘(无妄卦 : ䷘)이다. 천지사덕(天地四德)은 천지(天地)가 짓는 천도(天道)의 시운(時運)을 따라 온갖 것들이 생사(生死)를 누리게 한다. 〈원형(元亨)〉은 춘작하장(春作夏長)이라는 춘하(春夏)의 덕(德)이고, 〈이정(利貞)〉은 추렴동장(秋斂冬藏)이라는 추동(秋冬)의 덕(德)이다. 봄이면[春] 싹틈[作]이 원(元)이라는 덕(德)이고, 여름이면[夏] 자람[長]이 형(亨)이라는 덕(德)이며, 가을이면[秋] 거두어들임[斂]이 이(利)라는 덕(德)이고, 겨울이면[冬] 저장해 간직함[藏]이 정(貞)이라는 덕(德)이다. 이러한 천지사덕(天地四德)을 두루 갖춘 괘상(卦象)의 무망괘(无妄卦 : ䷘)를 〈원형리정(元亨利貞)〉이라고 계사(繫辭)한 것이다.

인간이 천도(天道)라는 정도(正道)를 따르지 않으면 이 〈원형리정(元亨利貞)〉의 사덕(四德)을 누릴 수 없음을 밝힌 계사(繫辭)가 〈기비정(其匪正) 유생(有眚)〉이다. 인간의 소행이 〈비정(匪正)〉 즉 정도가[正] 아닌 것[匪]이면 재앙이[妖] 생기고[有] 〈유정(由正)〉 즉 정도를[正] 따른 것[由]이면 행운이[祥] 생긴다[有]는 것이 〈유생

(有眚)〉이다. 인간이 〈비정(匪正)〉의 소행을 버리지 못하고 어떠한 짓들을 감행한다면 언제나 불행이[眚] 있게[有] 되고 말 터임을 밝힌 계사(繫辭)가 〈불리유유왕(不利有攸往)〉이다. 이에 「상사(象辭)」가 무망괘(无妄卦 : ䷘)의 괘체(卦體)인 〈진하건상(震下乾上)〉으로써 괘상(卦象)을 하늘[天] 아래에서[下] 우레가[雷] 행함[行]이라고 풀이한 것이 〈천하뢰행(天下雷行) 물여무망(物與无妄)〉이다. 이어서 선왕도[先王] 무망괘(无妄卦 : ䷘)의 괘상(卦象)을 본받아[以] 애써서[茂] 시운에[時] 순응하면서[對] 만물을[萬物] 육성했다[育]고 밝힌 것이 〈선왕이무대시(先王以茂對時) 육만물(育萬物)〉이다.

无妄之往(무망지왕) 得志也(득지야)

{천뢰(天雷)의 천도(天道)를} 잊어버림[妄] 없이[无之] 감은[往] 뜻을[志] 얻음[得]이다[也].

무망괘(无妄卦 : ䷘) 초구(初九 : ⚊)의 효상(爻象)을 〈무망(无妄) 왕길(往吉)〉이라고 계사(繫辭)한 것을 〈무망지왕(无妄之往) 득지야(得志也)〉라고 풀이한다.

무망괘(无妄卦 : ䷘)의 초구(初九 : ⚊)는 정위(正位)에 있고 강건(剛健)하며 견실(堅實)하여 허망(虛妄)함이란 없음을 〈무망(无妄) 왕길(往吉)〉이라고 계사(繫辭)한 것이다. 여기 〈무망(无妄)의 망(妄)〉은 성실치 못함을 뜻하고 성실함을 잊어버림을 뜻한다. 이는 초구(初九 : ⚊)가 해야 할 일을 성실하게 다함을 밝힌다. 무망괘(无妄卦 : ䷘)의 괘상(卦象)인 〈천뢰(天雷)〉라는 천도(天道)를 〈무망(无妄)〉 즉 잊어버림[妄] 없이[无] 완수해가니 어디를 가든 행복할 수밖에 없음을 밝힌 계사(繫辭)가 〈왕길(往吉)〉이다. 인간 역시 진실로 성실하다면 어디에서 무슨 일을 하든 〈무망(无妄)〉의 인간은 〈왕길(往吉)〉의 행운을 누리게 됨을 깨닫게 하는 것이 〈무망(无妄) 왕길(往吉)〉이다. 이에 「상사(象辭)」가 〈무망(无妄) 왕길(往吉)〉의 계사(繫辭)를 〈무망지왕(无妄之往)〉으로 묶어서 천도(天道)를 잊지 않고[不妄] 오로지 성실하다면[无妄] 그 누구이든 이루고자 하는 올바른[義] 뜻을[志] 획득할[得] 수 있음을 밝힌 것이 〈무망지왕(无妄之往) 득지야(得志也)〉이다.

不耕穫(불경확) 未富也(미부야)

경작하고서도[耕] 거두지 않음은[不穫] 아직 풍성하지는[富] 않음[未]이다[也].

무망괘(无妄卦 : ䷘) 육이(六二 : --)의 효상(爻象)을 〈불경확(不耕穫) 불치여(不菑畬) 즉리유유왕(則利有攸往)〉이라고 계사(繫辭)한 것을 〈불경확(不耕穫) 미부야(未富也)〉라고 풀이한다.

무망괘(无妄卦 : ䷘)의 육이(六二 : --)가 구오(九五 : —)와 서로 정위(正位)에 있는 중효(中爻)로서 중정(中正)-정응(正應)으로써 정도를 따름을[中] 취함[得]을 〈불경확(不耕穫) 불치여(不菑畬) 즉리유유왕(則利有攸往)〉이라고 계사(繫辭)한 것이다. 육이(六二 : --)는 음(陰 : --)인지라 유약(柔弱)하되 허정(虛靜)한지라 허망(虛妄)함이란 없다. 망념(妄念)됨이란 탐욕에서 비롯한다. 정위(正位)이면서 중위(中位)에 있는 음효(陰爻)는 허효(虛爻) 즉 무욕(無欲)의 효(爻)이다. 여기 육이(六二 : --)가 바로 무욕(無欲)하여 허심(虛心)한 중효(中爻)이다. 허심(虛心)에는 망념(妄念)이란 없으니 그냥 〈무망(无妄)〉이다. 육이(六二 : --)가 탐욕을 부리지 않음을 〈불경확(不耕穫)〉이라 한다. 〈불경확(不耕穫)〉 즉 논밭을 갈아 농사를 짓되[耕] 많이 수확하지 않음[不穫]이란 육이(六二 : --)의 허심(虛心)한 모습을 말한다. 육이(六二 : --)가 허심(虛心)하여 논밭을 경작(耕作)하되 더욱더 많이 거두어들일[穫] 계략 따위를 도모하지 않음을 밝힌 것이 〈불치여(不菑畬)〉이다. 밭갈이 하는[耕] 밭이 묵은 밭이[菑] 아니라[不] 새 밭[畬]이라 함은 황무지를 스스로 개간하여 새 밭[畬]을 일군 지가 이삼 년밖에 안 되었음을 밝힌 것이 〈불치여(不菑畬)〉란 계사(繫辭)이다. 〈치(菑)〉는 짓다가 만 묵은 밭을 말하고 〈여(畬)〉는 개간한 지 이삼 년밖에 안 된 새 밭을 말한다. 스스로 일군 새 밭[畬]을 경작(耕作)하여 갈수록 그 새 밭이 풍부하게 거두어들이게 해 줄 터임을 밝힌 계사(繫辭)가 〈이유유왕(利有攸往)〉이다. 이에 「상사(象辭)」가 경작을 하되[耕] 수확하지 않음[不穫]이란 아직은 풍성하지는 않지만[未富] 천도(天道)가 날로 풍성하기[富裕]를 허락해줄 것임을 암시한 것이 〈불경확(不耕穫) 미부야(未富也)〉이다.

行人得牛(행인득우) 邑人災也(읍인재야)

길을 가던[行] 사람이[人] 소를[牛] 가져가버림은[得] 고을사람에게는[邑人] 손재수[災]이다[也].

무망괘(无妄卦 : ䷘) 육삼(六三 : --)의 효상(爻象)을 〈무망지재(无妄之災) 혹계지우(或繫之牛) 행인지득(行人之得) 읍인지재(邑人之災)〉라고 계사(繫辭)한 것을 〈행인득우(行人得牛) 읍인재야(邑人災也)〉라고 풀이한다.

육삼(六三 : --)은 정당한 자리에 있지 못하고 무망괘(无妄卦 : ䷘) 하체(下體)의 상효(上爻)인지라 시세(時勢)가 상체(上體)로 떠나가야 하는 모습을 〈무망지재(无妄之災) 혹계지우(或繫之牛) 행인지득(行人之得) 읍인지재(邑人之災)〉라고 계사(繫辭)한 것이다. 망념됨이 없는데도[无妄] 손재[災] 즉 손재수(損財數)를 당한다는 것이 〈무망지재(无妄之災)〉이다. 이에 육삼(六三 : --)이 무망괘(无妄卦 : ䷘)의 하체(下體)인 진(震 : ☳)에서 떠나가야 하는 처지를 취상(取象)한 것이 〈혹계지우(或繫之牛) 행인지득(行人之得)〉이다. 〈혹계지우(或繫之牛)의 우(牛)〉는 육삼(六三 : --)이 곤괘(坤卦 : ☷)의 무리임을 들어서 육삼(六三 : --)을 취상(取象)한 것이다. 무망괘(无妄卦 : ䷘)의 내호괘(內互卦)는 간(艮 : ☶)이고 외호괘(外互卦)는 손(巽 : ☴)이다. 〈혹계지우(或繫之牛)의 계(繫)〉는 무망괘(无妄卦 : ䷘)의 내호괘(內互卦) 간(艮 : ☶)의 〈수(手)〉와 외호괘(外互卦) 손(巽 : ☴)의 〈승직(繩直)〉에서 비롯된 셈이다.

〈계지우(繫之牛)〉 즉 매어둔[繫之] 소[牛]를 행인(行人) 즉 떠나는 사람이[行人] 취해버렸다[得]는 계사(繫辭)가 〈행인지득(行人之得)〉이다. 매어둔 소를 길 떠나는 사람이 끌고 가버릴 줄이야 어느 누가 알았겠는가. 그러나 떠나는 사람이[行人] 매어둔 소를[之] 가졌으니[得] 여기서 〈무망지재(无妄之災)〉 즉 망념됨이 없음에도 당하게 된[无妄之] 〈재(災)〉 즉 재난(災難)이란 고을사람[邑人] 누군가가 소도둑이란 누명(陋名)을 뒤집어쓰는 억울함을 당하게 됨을 말한다. 무망괘(无妄卦 : ䷘)에서 초구(初九 : ─)는 백성을 나타내고 육이(六二 : --)는 백성을 다스리는 현령(縣令)인지라 초구(初九 : ─)와 육이(六二 : --)는 〈읍인(邑人)〉으로 취유(取喩)된 것이다. 이는 한쪽이 득(得)을 보면 다른 한쪽은 실(失)을 보게 되는 자연의[天] 이치[道]를 밝힌다. 이에 「상사(象辭)」가 고을을 떠나가는 사람이[行人] 소를[牛] 획득하면[得] 남아 있는 고을사람은[邑人] 소도둑으로 누명을 쓰는 재앙을 당한다[災]고 밝힌 것이 〈행인득우(行人得牛) 읍인재야(邑人災也)〉이다.

可貞无咎(가정무구) 固有之也(고유지야)

가히[可] 미더우니[貞] 허물이[咎] 없음은[无] 본연히[固] 그것을[之] 간직함[有]이다[也].

무망괘(无妄卦 : ䷘) 구사(九四 : ━)의 효상(爻象)을 〈가정(可貞) 무구(无咎)〉라고 계사(繫辭)한 것을 〈가정무구(可貞无咎) 고유지야(固有之也)〉라고 풀이한다.

무망괘(无妄卦 : ䷘)의 구사(九四 : ━)는 정당한 자리에 있지 못하나 무망괘(无妄卦 : ☰) 상체(上體)의 첫 자리에 있는지라 스스로 강실(剛實)하여 망념(妄念)됨이 없는 모습을 〈가정(可貞) 무구(无咎)〉라고 계사(繫辭)한 것이다. 스스로 강실(剛實)함을 지킴을 상도(常道)로 삼아서 망념(妄念)을 내지 않는 구사(九四 : ━)의 효상(爻象)이야말로 마땅히[可] 마음가짐이 곧고 바른[貞] 모습이다. 이처럼 스스로[自] 곧고 바름[貞]에는 망동(妄動) 즉 허튼 짓[妄動]이 있을 리 없다. 이에 「상사(象辭)」가 〈가정(可貞) 무구(无咎)〉라는 계사(繫辭)를 강실(剛實)한 구사(九四 : ━)가 무망괘(无妄卦 : ䷘) 상체(上體)의 시위(始位)에 있는지라 본래부터[固] 구사(九四 : ━)의 효상(爻象)에는 〈지(之)〉 즉 곧고 바름이[貞] 있다[有]고 밝힌 것이 〈가정무구(可貞无咎) 고유지야(固有之也)〉이다.

无妄之藥(무망지약) 不可試也(불가시야)

망령됨이[妄] 없는[无之] 약이란[藥] 맛볼[試] 수 없음[不可]이다[也].

무망괘(无妄卦 : ䷘) 구오(九五 : ━)의 효상(爻象)을 〈무망지질(无妄之疾) 물약유희(勿藥有喜)〉라고 계사(繫辭)한 것을 〈무망지약(无妄之藥) 불가시야(不可試也)〉라고 풀이한다.

무망괘(无妄卦 : ䷘)의 구오(九五 : ━)는 정당한 자리에 있고 육이(六二 : ╍)와 〈중정(中正)〉과 〈정응(正應)〉을 동시에 누리면서 견강(堅强)한 중효(中爻)로서 득중(得中) 즉 정도를 따름을[中] 취하여[得] 군왕(君王)의 위의(威儀)를 망념(妄念)

됨 없이 펴가는 모습을 〈무망지질(无妄之疾) 물약유희(勿藥有喜)〉라고 계사(繫辭)한 것이다. 구오(九五 : ⚊)는 지극히 〈무망(无妄)〉 즉 망념[妄] 따위란 조금도 없어[无] 강건(剛健)하고 정실(情實)하여 무병(無病)한 모습이다. 그런데 왜 〈무망지질(无妄之疾)〉이라고 계사(繫辭)했을까? 구오(九五 : ⚊)가 변효(變爻)하는 경우라면 〈무망지질(无妄之疾)〉이 〈유망지질(有妄之疾)〉로 돌변할 수 있음을 돌이켜 헤아려보게 하는 것이 여기 〈무망지질(无妄之疾)〉이다. 무망괘(无妄卦 : ䷘)의 구오(九五 : ⚊)가 변효(變爻)해서 무망괘(无妄卦 : ䷘)가 서합괘(噬嗑卦 : ䷔)로 지괘(之卦)할 때 서합괘(噬嗑卦 : ䷔)의 외호괘(外互卦)인 감(坎 : ☵)을 주목해보면 구오(九五 : ⚊)가 변효(變爻)할 때 병(病)을 앓는 효상(爻象)으로 변화함을 간파하게 된다. 구오(九五 : ⚊)가 변효(變爻)하여 서합괘(噬嗑卦 : ䷔)가 되게 하면 그만 병통(病痛)의 모습으로 드러난다. 그러므로 구오(九五 : ⚊)가 무망괘(无妄卦 : ䷘) 오효(五爻)로서 정위(正位)에 있는 한 강건정실(剛健情實) 즉 굳세고[剛] 건강하며[健] 참되고[情] 성실하여[實] 정도를 따름을[中] 취하는지라[得] 〈무망지질(无妄之疾)〉의 모습이라고 한 것은 구오(九五 : ⚊)의 효상(爻象)에는 비병(非病) 즉 병(病) 아닌 것만[非] 있어서 군왕(君王)의 위의(威儀)가 당당하다는 것이다. 이에 「상사(象辭)」가 〈무망(无妄)〉이란 심정(心正) 즉 마음이[心] 올바름[正]인지라 앓으면 안 되는 병(病)이 아니라 앓을수록 좋은 병(病)을 밝힌 것이 〈무망지질(无妄之疾)〉이라고 계사(繫辭)한 것임을 밝혀, 〈무망(无妄)〉을 고치려는 약(藥)이라면 그 약(藥)은 오히려 〈유망(有妄)〉 즉 망념이[妄念] 들게 하는[有] 약(藥)일 터이니 〈유망(有妄)〉을 낫게 하는 약(藥)이 아니라 〈무망(无妄)〉을 없애는 약(藥)이라면 그런 약(藥)은 시험 삼아서도 맛보지 말아야 하는 것[不可試]이라고 밝힌 것이 〈무망지약(无妄之藥) 불가시야(不可試也)〉이다.

无妄之行(무망지행) 窮之災也(궁지재야)

망령됨이[妄] 없는[无之] 행위는[行] 재앙이[災] 그침[窮之]이다[也].

무망괘(无妄卦 : ䷘) 상구(上九 : ⚊)의 효상(爻象)을 〈무망(无妄) 행유생(行有眚) 무유리(无攸利)〉라고 계사(繫辭)한 것을 〈무망지행(无妄之行) 궁지재야(窮之災也)〉라고 풀이한다.

무망괘(无妄卦 : ䷘)의 상구(上九 : ⚊)는 정당한 자리에 있지 못하고 무망괘(无妄卦 : ䷘)의 극위(極位)에 있는지라 결국 무망괘(无妄卦 : ䷘)를 떠나야 하기에 시세(時勢)가 막다름에 있음을 〈무망(无妄) 행유생(行有眚) 무유리(无攸利)〉라고 계사(繫辭)한 것이다. 상구(上九 : ⚊)는 강건정실(剛健情實) 즉 굳세고[剛] 건실하며[健] 참되고[情] 성실하여[實] 허망(虛妄)이란 없다는 것이 〈무망(无妄)〉이다. 〈무망(无妄)〉 즉 허망이[妄] 없다[无] 함은 경거망동(輕擧妄動)이 없음[无]인지라 탈날 것이 없음을 말한다. 그러나 이러한 상구(上九 : ⚊)가 극위(極位)를 떠나간다면[行] 재앙이[眚] 따라붙는다[有]고 밝힌 것이 〈행유생(行有眚)〉이다. 상구(上九 : ⚊)가 무망괘(无妄卦 : ䷘)를 떠남에는 이로울[利] 바가[攸] 없다[无]는 것은 떠나야 할 상구(上九 : ⚊)의 앞에 〈유생(有眚)〉이 닥칠 것임을 암시한다. 이에 「상사(象辭)」가 상구(上九 : ⚊)가 무망괘(无妄卦 : ䷘)의 극위(極位)에 있는지라 상대할 것이 없었기에 궁색한 처지여도 스스로 〈무망(无妄)〉 즉 망념[妄] 없이[无之] 행동했던[行] 것은 〈궁지재(窮之災)〉 즉 재앙이[災] 그쳤기[窮之] 때문이라고 밝힌 것이 〈무망지행(无妄之行) 궁지재야(窮之災也)〉이다.

26 대축괘(大畜卦 : ䷙) 상사(象辭)

건하간상(乾下艮上) : 아래는[下] 건(乾 : ☰), 위는[上] 간(艮 : ☶).

산천대축(山天大畜) : 산과[山] 하늘은[天] 대축이다[大畜].

天在山中이 大畜이다 君子以多識前言往行하여 以畜其
천재산중 대축 군자이다식전언왕행 이축기

德한다 有厲利已는 不犯災也이다 輿說輹이나 中이니 无
덕 유려리이 불범재야 여탈복 중 무

尤也이다 利有攸往은 上合志也이다 六四元吉은 有喜也
우야 이유유왕 상합지야 육사원길 유희야

이다 六五之吉은 有慶也이다 何天之衢는 道大行也이다
육오지길 유경야 하천지구 도대행야

하늘이[天] 산속에[山中] 있음이[在] 대축괘이다[大畜]. 군자는[君子] 그것을 써서[以] 이전의 말씀과[前言] 이전의 행적들을[往行] 깨달음이[識] 많아서[多] 그것으로써[以] 자신의[其] 덕을[德] 쌓아간다[畜]. 위태로움이[厲] 있어[有] 그만둠이[已] 이로움은[利] 위태한 짓을[災] 범하지 않음[不犯]이다[也]. 수레의[輿] 바퀴살이[輹] 빠졌으나[說] 가운데이니[中] 허물이[尤] 없음[无]이다[也]. 갈[往] 바가[攸] 있어[有] 이로움은[利] 상효의[上] 뜻과[志] 합침[合]이다[也]. 육사가[六四] 크게[元] 좋음은[吉] 행복이[喜] 있음[有]이다[也]. 육오가[六五之] 좋음은[吉] 경사가[慶] 있음[有]이다[也]. 하늘의[天之] 길을[衢] 말음은[何] 묘용(妙用)을[道] 크게[大] 행함[行]이다[也].

【지남(指南)】

天在山中(천재산중) 大畜(대축) 君子以多識前言往行(군자이다식전언왕행) 以畜其德(이축기덕)

하늘이[天] 산속에[山中] 있음이[在] 대축괘이다[大畜]. 군자는[君子]

그것을 써서[以] 이전의 말씀과[前言] 이전의 행적들을[往行] 깨달음이 [識] 많아서[多] 그것으로써[以] 자신의[其] 덕을[德] 쌓아간다[畜].

대축괘(大畜卦 : ䷙)의 괘상(卦象)을 〈대축(大畜) 이정(利貞) 불가식(不家食) 길(吉) 이섭대천(利涉大川)〉이라고 계사(繫辭)한 것을 〈천재산중(天在山中) 대축(大畜) 군자이다식전언왕행(君子以多識前言往行) 이축기덕(以畜其德)〉이라고 풀이한다.

망념됨이 없는 뒤에야 갈무리하여 저축(貯蓄)할 수 있으니 무망괘(无妄卦 : ䷘) 다음에 대축괘(大畜卦 : ䷙)가 온 것이다. 대축괘(大畜卦 : ䷙)는 앞 무망괘(无妄卦 : ䷘)가 뒤집어진 모습이다. 산중(山中)에 양기(陽氣 : ⚊)가 멈추어[止] 온갖 초목조수(草木鳥獸)가 생기(生氣)를 얻어 결실(結實)하는 모습이 대축괘(大畜卦 : ䷙)의 괘상(卦象)이다. 대축괘(大畜卦 : ䷙)의 〈대축(大畜)〉은 〈대(大)〉 즉 양기(陽氣 : ⚊)가 〈축(畜)〉 즉 비축되어야[畜] 산에 사는 온갖 초목들이 춘작하장(春作夏長)하여 추렴동장(秋斂冬藏)의 결실을 이룬다. 이런 결실로써 대축괘(大畜卦 : ䷙)의 〈대축(大畜)〉 즉 양기의[大] 비축[畜]도 드러난다. 대축괘(大畜卦 : ䷙)의 〈대축(大畜)〉을 〈이정(利貞)〉 즉 곧고 발라[貞] 이롭다[利]고 밝힌다. 여기 〈이정(利貞)〉은 만물이 춘작하장(春作夏長)의 결실을 8월(八月)부터 수렴저장(收斂貯藏) 즉 거두어져[收斂] 간직되기[貯藏] 시작함을 환기시킨다. 이런 〈정(貞)〉은 항상 의(義)와 함께하는지라 사욕이나 사벽(邪僻) 즉 간사하여[邪] 치우치는[僻] 짓이 없는지라 정직하여 의롭다고 하는 것이다. 양기(陽氣 : ⚊)가 생기(生氣)로서 결실하게 한 더없이 광대한[大] 저축[畜]은 천지덕(天地德)인지라, 이는 곧 〈정(貞)〉이고 만물에 두루 이로우니 〈이정(利貞)〉이라 한다. 이러한 〈이정(利貞)〉을 〈불가식(不家食)〉이라고 밝힌 것은 일가(一家)의 식량[食]이 아니라 온 세상 집집의 식구(食口)뿐 아니라 온갖 조수(鳥獸)들마저도 먹고 살아갈 식량[食]임을 암시한다. 온 세상 온갖 목숨들이 먹고 살아갈 식량이 광대하게 비축되는 것보다 더한 행복이란 없으니 〈길(吉)〉이라 한다. 길(吉)하니 어려운 일일지라도 이루어 갈 수 있다고 밝힌 계사(繫辭)가 〈이섭대천(利涉大川)〉이다.

이에 「상사(象辭)」가 산중에[山中] 하늘이[天] 있다[在] 함은 더없이 크고 많게[大] 비축한[畜] 대축괘(大畜卦 : ䷙)의 괘상(卦象)임을 밝히고, 이어서 군자가[君

子] 대축괘(大畜卦 : ䷙)의 이러한 괘상(卦象)을 본받아[以] 선성선현(先聖先賢)들이 남겨준[前] 말씀과[言] 옛 성인과[先聖] 옛 현자들이[先賢] 남겨준[往] 행적들을[行] 깨달음이[識] 많아야 하고[多] 그렇게 함으로써[以] 군자의[其] 덕을[德] 쌓아간다[畜]고 밝힌 것이 〈천재산중(天在山中) 대축(大畜) 군자이다식전언왕행(君子以多識前言往行) 이축기덕(以畜其德)〉이다.

有厲利已(유려리이) 不犯災也(불범재야)

위태로움이[厲] 있어[有] 그만둠이[已] 이로움은[利] 위태한 짓을[災] 범하지 않음[不犯]이다[也].

대축괘(大畜卦 : ䷙) 초구(初九 : ⚊)의 효상(爻象)을 〈유려(有厲) 이이(利已)〉라고 계사(繫辭)한 것을 〈유려리이(有厲利已) 불범재야(不犯災也)〉라고 풀이한다.

대축괘(大畜卦 : ䷙)의 초구(初九 : ⚊)는 정당한 자리에 있고 출발하는[始] 자리[位]에 있는지라 진취(進取)하려 함을 〈유려(有厲) 이이(利已)〉라고 계사(繫辭)한 것이다. 대축괘(大畜卦 : ䷙)의 하체(下體) 건(乾 : ☰)은 진취(進取) 즉 나아가려[進取] 함이 그 속성(屬性)이다. 시위(始位)에 있는 초구(初九 : ⚊)는 양기(陽氣 : ⚊)의 속성이 강하다. 그러나 양기(陽氣 : ⚊)의 진취는 상체(上體) 간(艮 : ☶) 즉 산(山)으로 가로막혀 있다. 물론 육사(六四 : ⚋)와 〈정응(正應)〉을 누리지만 존위(尊位)에 있는 육오(六五 : ⚋)의 위세(威勢)에 눌려 육사(六四 : ⚋)가 초구(初九 : ⚊)의 진취를 도와줄 수 없는 처지이다. 따라서 초구(初九 : ⚊)가 진중하게 멈춰서 때를 기다리지 않고 위로 서둘러 나아가려 함은 위태하니, 이어서 나아가려는 뜻을 그만둠이[已] 이롭다[利]고 경고한 계사(繫辭)가 〈이이(利已)〉이다. 〈이이(利已)의 이(已)〉는 여기선 〈멈출 지(止)〉와 같다. 위기[厲]일수록 충동(衝動)을 삼가야 길(吉)하니 나아가려는 충동을 멈추어야[已] 이롭다[利]. 이에 「상사(象辭)」가 〈유려(有厲) 이이(利已)〉란 진중하지 않고 성급히 상진(上進)하여 불러올 재앙을[災] 범하지 않아야[不犯] 함을 헤아려 깨닫게 하는 계사(繫辭)임을 밝힌 것이 〈유려리이(有厲利已) 불범재야(不犯災也)〉이다.

輿說輹(여탈복) 中(중) 无尤也(무우야)

수레의[輿] 바퀴살이[輹] 빠졌으나[說] 가운데이니[中] 허물이[尤] 없음[无]이다[也].

대축괘(大畜卦 : ䷙) 구이(九二 : ⚊)의 효상(爻象)을 〈여탈복(輿說輹)〉이라고 계사(繫辭)한 것을 〈여탈복(輿說輹) 중(中) 무우야(无尤也)〉라고 풀이한다.

대축괘(大畜卦 : ䷙)의 구이(九二 : ⚊)는 정당한 자리에 있지 못하고 육오(六五 : ⚋)와 서로 정위(正位)에 있지 못해 〈중정(中正)〉을 누리지는 못하지만 〈정응(正應)〉 즉 정도를 따라[正] 서로 호응하면서[應] 득중(得中)하여, 멈춤이 마땅하면 멈추지 성급하게 진취(進取)하지 않는 모습을 〈여탈복(輿說輹)〉이라고 계사(繫辭)한 것이다. 구이(九二 : ⚊)가 대축괘(大畜卦 : ䷙)의 하체(下體)인 건(乾 : ☰)의 중효(中爻)로서 수레의[輿] 바퀴살이[輹] 빠져나간[說] 처지와 같다는 것이 〈여탈복(輿說輹)〉이다. 〈여탈복(輿說輹)〉은 산중(山中)에 들어간 수레[輿]이니 머물러 있을 수밖에 없음을 아울러 헤아리게 한다. 이에 「상사(象辭)」가 대축괘(大畜卦 : ䷙)의 하체(下體)인 건(乾 : ☰)이 바퀴살이[輹] 빠져나간[說] 수레[輿] 꼴이지만 구이(九二 : ⚊)는 건(乾 : ☰)의 중효(中爻)로서 득중(得中) 즉 정도를 따름을[中] 취하므로[得] 허물이[尤] 없다[无]고 밝힌 것이 〈여탈복(輿說輹) 중(中) 무우야(无尤也)〉이다.

利有攸往(이유유왕) 上合志也(상합지야)

갈[往] 바가[攸] 있어[有] 이로움은[利] 상효의[上] 뜻과[志] 합침[合]이다[也].

대축괘(大畜卦 : ䷙) 구삼(九三 : ⚊)의 효상(爻象)을 〈양마축(良馬逐) 이간정(利艱貞) 일한여위(日閑輿衛) 이유유왕(利有攸往)〉이라고 계사(繫辭)한 것을 〈이유유왕(利有攸往) 상합지야(上合志也)〉라고 풀이한다.

대축괘(大畜卦 : ䷙)의 구삼(九三 : ⚊)은 정당한 자리에 있고 상구(上九 : ⚊)와는 양양(兩陽)인지라 〈불응(不應)〉 즉 서로 호응하지 못하지만[不應], 육사(六四 : ⚋)와는 양음(陽陰)인지라 이웃의 사귐[比]을 누리는 모습을 〈양마축(良馬逐)

이간정(利艱貞) 일한여위(日閑輿衛) 이유유왕(利有攸往)〉이라고 계사(繫辭)한 것이다. 〈양마축(良馬逐)의 양마(良馬)〉는 대축괘(大畜卦 : ☶)의 하체(下體) 건(乾 : ☰)을 들어 구삼(九三 : ━)을 취상(取象)한 것이고, 따라서 〈양마축(良馬逐)〉 즉 좋은[良] 말을[馬] 몬다[逐]고 함은 구삼(九三 : ━)이 대축괘(大畜卦 : ☶)의 하체(下體)를 떠나 상체(上體)로 상진(上進)할 처지에 있음을 밝힌다. 구삼(九三 : ━)과 상구(上九 : ━)는 서로 〈불응(不應)〉의 처지임에도 불구하고 상구(上九 : ━)의 협력을 얻어내야 양마(良馬)의 뒤좇아가기[逐]가 이루어질 터인지라 〈이간정(利艱貞)〉이라고 한 것이다. 물론 상구(上九 : ━)의 협력이란 상구(上九 : ━)가 대축괘(大畜卦 : ☶)를 떠나주어야 구삼(九三 : ━)이 상진(上進)할 수 있음을 말한다. 상구(上九 : ━)가 대축괘(大畜卦 : ☶)에 머물러 있는 한 구삼(九三 : ━)은 상진(上進)하려는 뜻을 이룰 수 없다. 이러니 〈이간정(利艱貞)의 간(艱)〉은 구삼(九三 : ━)이 상구(上九 : ━)의 협력을 얻어내기가 어려운[艱] 처지이지만 경솔하게 서둘지 않고 끝까지 곧고 바른 마음가짐으로 협력을 구한다면, 상구(上九 : ━)가 설득될 수 있음을 암시한 계사(繫辭)가 〈이간정(利艱貞)〉이다. 상구(上九 : ━)의 협력을 얻어낼 때까지 구삼(九三 : ━)은 날마다[日] 수레몰기를[輿] 익히고[閑] 방어하기를[衛] 익힘[閑]을 밝힌 계사(繫辭)가 〈일한여위(日閑輿衛)〉이다. 〈일한여위(日閑輿衛)의 한(閑)〉은 구삼(九三 : ━)이 상진(上進)하기 위하여 상구(上九 : ━)와 합력(合力) 즉 힘을[力] 합하는[合] 뜻을 기다리는 모습임을 밝힌다. 〈이유유왕(利有攸往)의 유왕(攸往)〉 즉 갈[往] 바[攸]란 구삼(九三 : ━)이 상구(上九 : ━)와의 〈불응(不應)〉을 극복하고 상구(上九 : ━)의 뜻을 얻어내야 함을 암시하는 계사(繫辭)이다. 이에 「상사(象辭)」가 구삼(九三 : ━)의 효상(爻象)이 갈[往] 바가[有] 있어서[有] 이롭다[利]고 함이란 구삼(九三 : ━)과 상구(上九 : ━)가 뜻을[志] 서로 합하는[合] 것이라고 밝힌 것이 〈이유유왕(利有攸往) 상합지야(上合志也)〉이다.

六四元吉(육사원길) 有喜也(유희야)

육사가[六四] 크게[元] 좋음은[吉] 행복이[喜] 있음[有]이다[也].

대축괘(大畜卦 : ☶) 육사(六四 : ╌)의 효상(爻象)을 〈동우지곡(童牛之牿) 원길(元吉)〉이라고 계사(繫辭)한 것을 〈육사원길(六四元吉) 유희야(有喜也)〉라고 풀이한다.

대축괘(大畜卦 : ☶)의 육사(六四 : --)는 정당한 자리에 있고 육오(六五 : --)와는 양음(兩陰)인지라 〈비(比)〉 즉 이웃의 사귐[比]을 누리지는 못하지만 초구(初九 : —)와는 음양(陰陽)인지라 〈정응(正應)〉 즉 정도를 따라[正] 서로 호응해서[應] 마치 〈곡(牿)〉을 찬 목메기(뿔난 송아지) 같음을 〈동우지곡(童牛之牿) 원길(元吉)〉이라고 계사(繫辭)한 것이다. 〈동우(童牛)〉는 젖을 떼고 스스로 풀을 뜯고 천방지축(天方地軸)으로 날뛰는 목메기를 말한다. 말하자면 천우비(穿牛鼻) 즉 소코를[牛鼻] 뚫어[穿] 코뚜레를 곧 끼워야 할 크기로 자란 큰 송아지 목메기를 〈동우(童牛)〉라 한다. 〈동우(童牛)〉는 사람을 얕보고 촉인(觸人) 즉 사람을[人] 쇠뿔로 받으려고[觸] 덤비는 중송아지를 말한다. 뿔질을 못하게 두 뿔 사이에 끼워 묶어 둔 막대를 〈곡(牿)〉이라 한다. 〈동우(童牛)〉는 코뚜레를 끼워 밭갈이 논갈이 수레끌기 등 힘든 일이 맡겨지기 직전 들판에서 자유롭게 뛰놀 수 있는 한순간을 맞이한 셈이라, 소의 일생 중에서 으뜸으로[元] 행복한[吉] 순간을 누리니 〈동우(童牛)〉를 〈원길(元吉)〉이라고 계사(繫辭)한 것이다. 이에 「상사(象辭)」가 육사(六四 : --)가 대축괘(大畜卦 : ☶)의 상체(上體) 간(艮 : ☶)의 초효(初爻)로서 시발(始發)하려는 시운(時運)을 탔으니 으뜸으로[元] 행복한지라[吉] 기쁨이[喜] 있음[有]을 밝힌 것이 〈육사원길(六四元吉) 유희야(有喜也)〉이다.

六五之吉(육오지길) 有慶也(유경야)

육오가[六五之] 좋음은[吉] 경사가[慶] 있음[有]이다[也].

대축괘(大畜卦 : ☶) 육오(六五 : --)의 효상(爻象)을 〈분시지아(豶豕之牙) 길(吉)〉이라고 계사(繫辭)한 것을 〈육오지길(六五之吉) 유경야(有慶也)〉라고 풀이한다.

대축괘(大畜卦 : ☶)의 육오(六五 : --)는 정당한 자리에 있지 않고, 역시 정위(正位)에 있지 않은 구이(九二 : —)와 〈정응(正應)〉 즉 정도를 따라[正] 서로 호응하면서[應] 득중(得中)을 누리는 모습을 〈분시지아(豶豕之牙) 길(吉)〉이라고 계사(繫辭)한 것이다. 〈분시(豶豕)의 분(豶)〉은 불알을 제거함[豶]이니 〈분시(豶豕)의 시(豕)〉는 웅시(雄豕) 즉 수퇘지[雄豕]이다. 따라서 〈분시(豶豕)〉는 육오(六五 :

- -)와 〈정응(正應)〉을 누리는 구이(九二 : ━)를 취유(取喩)한 것이다. 이어서 〈분시지아(豶豕之牙)〉는 거세당한[豶] 수퇘지가[豕] 어금니가 났다[牙]고 함은 분시(豶豕)가 성공해서 잘 길러지고 있음을 나타낸다. 이러한 〈분시지아(豶豕之牙)〉는 육오(六五 : - -)와 구이(九二 : ━) 사이에 유극강(柔克剛)의 〈상응(相應)〉이 존위(尊位)에 있는 육오(六五 : - -)의 위의(威儀)를 잘 밝혀주기도 한다. 수퇘지 구이(九二 : ━)를 거세하여[豶] 수퇘지의 저돌성(豬突性)을 육오(六五 : - -)가 순치(馴致)하였으니 군왕(君王)으로서 육오(六五 : - -)의 위의(威儀)를 나타내고, 동시에 상해(傷害)의 위험을 없앰을 뜻하기도 하기 때문에 〈분시지아(豶豕之牙) 길(吉)〉이라고 계사(繫辭)한 것이다. 이에 「상사(象辭)」가 육오(六五 : - -)의 길함[吉]은 군왕(君王)의 길(吉)이므로 만백성의 길(吉)로 이어지니 경사스럽다[慶]고 밝힌 것이 〈육오지길(六五之吉) 유경야(有慶也)〉이다.

何天之衢(하천지구) 道大行也(도대행야)

하늘의[天之] 길을[衢] 맡음은[何] 묘용(妙用)을[道] 크게[大] 행함[行]이다[也].

대축괘(大畜卦 : ☶) 상구(上九 : ━)의 효상(爻象)을 〈하천지구(何天之衢) 형(亨)〉이라고 계사(繫辭)한 것을 〈하천지구(何天之衢) 도대행야(道大行也)〉라고 풀이한다.

대축괘(大畜卦 : ☶)의 상구(上九 : ━)는 정당한 자리에 있지 않고, 이제껏 비축해 온[畜] 것을 남김없이 베풀려는 상구(上九 : ━)의 모습을 계사(繫辭)한 것이 〈하천지구(何天之衢) 형(亨)〉이다. 극위(極位)에 있는 상구(上九 : ━)가 이미 〈대축(大畜)〉 즉 양기의[大] 축적[畜]을 더할 바 없이 이룩한 것을 〈하천지구(何天之衢)〉라고 한 것이다. 〈하천지구(何天之衢)의 하(何)〉가 잘못 가(加)해졌으니 그냥 〈천지구(天之衢)〉로 새기는 쪽도 있고, 〈하천지구(何天之衢)의 하(何)〉를 〈하(荷)〉 즉 〈맡을 하(荷)〉로 뜻을 주어 새기는 쪽도 있다. 〈하천지구(何天之衢)의 하(何)〉를 〈맡을 하(荷)〉로 여기는 편이 마땅하다. 왜냐하면 대축괘(大畜卦 : ☶)의 상구(上九 : ━)가 비축해 온[畜] 것이 충실하여 다함이 없어 고갈될 리 없으니 〈천지구(天之衢)〉 즉 하늘의[天之] 길[衢] 같기 때문이다. 따라서 하늘길[天之衢]이란 막힘이 없으니 대축괘(大畜卦 : ䷙) 상구(上九 : ⚊)의 효상(爻象)을 〈형(亨)〉 즉 형통할[亨] 뿐이라고 계사(繫辭)한 것이 〈하천지구(何天之衢) 형(亨)〉이다. 이에 「상사(象辭)」가 하늘의[天之] 길을[衢] 맡았다[何]고 함은 비축한[畜] 것을 걸림 없이 활용함이[道] 크게[大] 행해짐[行]이라고 풀이한 것이 〈하천지구(何天之衢) 도대행야(道大行也)〉이다.

27 이괘(頤卦 : ䷚) 상사(象辭)

진하간상(震下艮上) : 아래는[下] 진(震 : ☳), 위는[上] 간(艮 : ☶).

산뢰이(山雷頤) : 산과[山] 우레는[雷] 이이다[頤].

山下有雷頤이다 君子以愼言語하고 節飮食한다 觀我朶頤는 亦不足貴也이다 六二征凶은 行失類也이다 十年勿用은 道大悖也이다 顚頤之吉은 上施光也이다 居貞之吉은 順以從上也이다 由頤라 厲吉함은 大有慶也이다

산하유뢰이 군자이신언어 절음식 관아타이 역부족귀야 육이정흉 행실류야 십년물용 도대패야 전이지길 상시광야 거정지길 순이종상야 유이 여길 대유경야

산(山) 아래[下] 우레가[雷] 있음이[有] 이괘이다[頤]. 군자는[君子] (이괘를) 본받아[以] 말을[言語] 삼가고[愼] 음식을[飮食] 절약한다[節]. 자신을[我] 살피려[觀] 턱을[頤] 움직임은[朶] 역시[亦] 귀하지[貴] 못함[不足]이다[也]. 육이가[六二] 멀리 가면[征] 나쁨은[凶] 그 행함은[行] 한패를[類] 잃는 것[失]이다[也]. 오랫동안[十年] 쓰지[用] 말라 함은[勿] {이(頤)의} 도리를[道] 크게[大] 어김[悖]이다[也]. 거꾸로[顚] 구양(求養)함이[頤之] 좋다 함은[吉] 위에서[上] 베풂이[施] 드러나 빛남[光]이다[也]. 진실한 미더움으로[貞] 머물러 있음이[居之] 좋다 함은[吉] 상구를[上] 좇음[從]으로써[以] 다스려 이치를 따라감[順]이다[也]. 말미암아[由] 구양(求養)하니[頤] 위태해도[厲] 좋음은[吉] 크게[大] 경사스러움이[慶] 있음[有]이다[也].

【지남(指南)】

山下有雷頤(산하유뢰이) 君子以愼言語(군자이신언어) 節飮食(절음식)

산(山) 아래[下] 우레가[雷] 있음이[有] 이괘이다[頤]. 군자는[君子]

(이괘를) 본받아[以] 말을[言語] 삼가고[愼] 음식을[飮食] 절약한다[節].

이괘(頤卦 : ䷚)의 괘상(卦象)을 〈이(頤) 정(貞) 길(吉) 관이(觀頤) 자구구실(自求口實)〉이라고 계사(繫辭)한 것을 〈산하유뢰이(山下有雷頤) 군자이신언어(君子以愼言語) 절음식(節飮食)〉이라 풀이한다.

물건이 저축(貯蓄)된 뒤라야 길러 키울 수 있으니 대축괘(大畜卦 : ䷙) 다음에 이괘(頤卦 : ䷚)가 온 것이다. 이괘(頤卦 : ䷚)의 〈이(頤)〉란 위아래 턱의 속을 나타내는 〈함(頷)〉 즉 구강(口腔)을 이루어주는 턱을 나타내는 자(字)이지만, 여기 이괘(頤卦 : ䷚)의 〈이(頤)〉는 보육(保育)하기 위하여 구양(求養) 즉 영양을[養] 구한다[求]는 뜻이다. 이괘(頤卦 : ䷚)의 초구(初九 : ⚊)는 아래턱의 입술[脣] 같고, 상구(上九 : ⚊)는 위턱의 입술[脣] 같고, 중간 음효(陰爻)들의 배열이 상하의 치열(齒列)같이 보인다. 모든 목숨의 양육(養育)은 턱의 움직임으로 시작된다. 턱이 움직여 음식물을 씹어먹지 않고서는 살아갈 수 없는 것이 목숨이다. 이에 〈이(頤)〉 자(字)가 구양(求養)한다는 뜻을 갖게 된다. 옛 사람들은 먹고 마셔야 살아갈 수 있음을 이양(頤養)이라고 했다. 이양(頤養)은 영양(營養) 즉 자양분을[養] 다스려야[營] 목숨이 살아갈 수 있음이다. 이미 다섯 번째 수괘(需卦 : ䷄)에서 양신(養身) 즉 몸을[身] 길러냄[養]을 살폈었다. 그러나 여기 이괘(頤卦 : ䷚)의 〈이(頤)〉는 음식(飮食) 즉 마시고[飮] 먹는[食] 짓만을 뜻함이 아니다. 자신과 더불어 남들을 양육하는 지혜를 넓히는 구양(求養)의 뜻을 간직함이 이괘(頤卦 : ䷚)의 〈이(頤)〉임을 밝힌 것이 〈이(頤) 정(貞) 길(吉) 관이(觀頤) 자구구실(自求口實)〉이다.

〈이(頤) 정(貞) 길(吉)〉 즉 영양(營養)을 구함은[頤] 곧고 발라야[貞] 좋다[吉]고 함은 자양지심(慈養之心)을 밝힌 계사(繫辭)이다. 이괘(頤卦 : ䷚)의 〈이(頤)〉가 자애로[慈] 키우고 기르려는[養之] 구양(求養)의 마음[心]이 〈정(貞)〉 즉 진실로 미더워야[貞] 길(吉)함을 밝힌 계사(繫辭)가 〈정(貞) 길(吉)〉이다. 흥청망청 먹고 마시기 위한 〈관이(觀頤)〉가 아니라 〈구실(口實)〉 즉 입의[口] 실박함[實]을 〈자구(自求)〉 즉 스스로[自] 추구하라[求] 함이 〈자구구실(自求口實)〉이라는 계사(繫辭)이다. 이에 「상사(象辭)」가 이괘(頤卦 : ䷚)의 괘상(卦象)을 산(山) 아래[下] 우레가[雷] 있는[有] 모습이라고 밝힌 다음, 군자는[君子] 이괘(頤卦 : ䷚)의 괘상(卦象)을 본받아

[以] 말을[言語] 삼가고[愼] 마시고[飮] 먹기를[食] 절제한다[節]고 풀이한다. 이괘(頤卦 : ䷚)의 〈이(頤)〉가 지혜로운 자양(慈養)이라 함은 입놀림을[口] 삼가고[愼] 절제해야[節] 세치 혀가 탈이라는 흉(凶)을 면할 수 있음을 깨닫게 해주는 풀이가 〈산하유뢰이(山下有雷頤) 군자이신언어(君子以愼言語) 절음식(節飮食)〉이다.

觀我朶頤(관아타이) 亦不足貴也(역부족귀야)

자신을[我] 살피려[觀] 턱을[頤] 움직임은[朶] 역시[亦] 귀하지[貴] 못함[不足]이다[也].

이괘(頤卦 : ䷚) 초구(初九 : ━)의 효상(爻象)을 〈사이령귀(舍爾靈龜) 관아(觀我) 타이(朶頤) 흉(凶)〉이라고 계사(繫辭)한 것을 〈관아타이(觀我朶頤) 역부족귀야(亦不足貴也)〉라고 풀이한다.

이괘(頤卦 : ䷚)의 초구(初九 : ━)는 정당한 자리에 있고 유약(柔弱)한 음효(陰爻)들과 상화(相和)하기보다는 자신의 강건(剛健)함으로만 기울어져, 자고(自顧) 즉 자기를[自] 돌이켜보지[顧] 않고 제 강강(剛强)만을 믿고 서슴없이 상진(上進)을 탐(貪)함이 〈사이령귀(舍爾靈龜) 관아(觀我) 타이(朶頤) 흉(凶)〉이다. 〈사이령귀(舍爾靈龜)〉는 강건(剛健)함이 지나쳐 초구(初九 : ━)가 사납게 고집스러움을 암시한다. 〈이령귀(爾靈龜)의 영귀(靈龜)〉는 정신을[神靈] 밝혀[明] 꿰뚫어주는[鑿之] 거북[龜]을 말하고, 이러한 〈영귀(靈龜)〉는 명덕(明德)을 비유한다. 이괘(頤卦 : ䷚)의 괘사(卦辭)인 〈이(頤) 정(貞) 길(吉) 관이(觀頤) 자구구실(自求口實)〉을 묶어서 취유(取喩)한 것이 〈사이령귀(舍爾靈龜)의 이령귀(爾靈龜)〉이다. 이괘(頤卦 : ䷚)의 〈관이(觀頤)〉는 모두를 구양(求養)하려는 덕(德)의 〈이(頤)〉를 살핌[觀]이다. 이러한 〈관이(觀頤)〉를 〈이령귀(爾靈龜)의 영귀(靈龜)〉 즉 명덕(明德)으로써 비유한다. 따라서 초구(初九 : ━)가 이괘(頤卦 : ䷚)의 괘상(卦象)인 성심(誠心)으로 행하는 구양(求養) 즉 〈이(頤)〉를 살피는[觀] 정신(精神)의 덕(德)을 밝히기를[明] 버렸음[舍]을 밝힌 계사(繫辭)가 〈사이령귀(舍爾靈龜)〉이다.

이러한 초구(初九 : ━)를 보다 더 분명하게 밝힌 것이 〈관아(觀我) 타이(朶頤)〉이다. 〈관아(觀我) 타이(朶頤)〉는 이괘(頤卦 : ䷚)의 괘상(卦象)인 〈관이(觀頤) 자구구실(自求口實)〉을 초구(初九 : ━)가 저버린 까닭을 밝혀준다. 〈관아(觀我)의

아(我)〉는 초구(初九 : ━) 자신을 말한다. 초구(初九 : ━)가 자신을[我] 어떻게 살피는가[觀]? 이에 대한 답이 〈타이(朶頤)〉이다. 초구(初九 : ━)가 자신을[我] 살핌[觀]이 다름 아닌 〈타이(朶頤)〉이다. 〈타이(朶頤)〉란 턱을[頤] 놀려[朶] 욕식지모(欲食之貌) 즉 먹고[食] 싶어 하는[欲之] 모습[貌]을 나타낸다. 따라서 초구(初九 : ━)의 〈타이(朶頤)〉는 저만을 위한 욕식(欲食)을 충족시키고자 탐물(貪物) 즉 바깥 것들을[物] 탐한다[貪]는 것이다. 우리 모두를 위해 성심을 다한[貞] 양육[頤]인지 아닌지를 살펴보라는[觀] 이괘(頤卦 : ䷚)의 괘상(卦象)인 〈관이(觀頤)〉를 초구(初九 : ━)가 저버리고 자신만을 위하려 함이다. 그러니 초구(初九 : ━)의 〈관아(觀我) 타이(朶頤)〉는 소인배(小人輩)의 짓이다. 이에 「상사(象辭)」가 자기를[我] 살핀다[觀]는 짓이 자기만 먹고자 하는 턱[頤] 놀림[朶]에 불과하다면 그런 〈타이(朶頤)〉야말로 비천(卑賤)할 뿐 역시[亦] 귀하지[貴] 못함임[不足]을 밝힌 것이 〈관아타이(觀我朶頤) 역부족귀야(亦不足貴也)〉이다.

六二征凶(육이정흉) 行失類也(행실류야)

육이가[六二] 멀리 가면[征] 나쁨은[凶] 그 행함은[行] 한패를[類] 잃는 것[失]이다[也].

이괘(頤卦 : ䷚) 육이(六二 : ╌)의 효상(爻象)을 〈전이(顚頤) 불경(拂經) 우구이(于丘頤) 정(征) 흉(凶)〉이라고 계사(繫辭)한 것을 〈육이정흉(六二征凶) 행실류야(行失類也)〉라고 풀이한다.

이괘(頤卦 : ䷚)의 육이(六二 : ╌)는 정당한 자리에 있지만, 허약하고 딱한 육이(六二 : ╌)를 계사(繫辭)한 것이 〈전이(顚頤) 불경(拂經) 우구이(于丘頤) 정(征) 흉(凶)〉이다. 이괘(頤卦 : ䷚)의 〈이(頤)〉가 뜻하는 영양(營養)을 구하기란 음(陰 : ╌)이 양(陽 : ━)에게 구(求)함이다. 현감(縣監)인 육이(六二 : ╌)가 자기를 위하여 백성에게 〈이(頤)〉 즉 구양(求養)한다면 부패한 신하가 된다. 육이(六二 : ╌)는 이괘(頤卦 : ䷚)의 하체(下體)인 진(震 : ☳)의 중효(中爻)로서 득중(得中) 즉 정도를 따름을[正] 취하여[得] 매사(每事)를 대하기 때문에 부패한 현감(縣監)이 될 리 없다. 따라서 육이(六二 : ╌)가 상구(上九 : ━)에게 구양(求養)하기를[頤] 앙망(仰望)하는 모습을 계사(繫辭)한 것이 〈전이(顚頤)〉이다. 거꾸로[顚] 구양(求養)

함[頤]이 〈전이(顚頤)〉이다.

육이(六二 : --)가 이괘(頤卦 : ䷚)의 음효(陰爻 : --)들 중에서 상구(上九 : ㅡ)와 가장 멀리 떨어져 있음을 구체적으로 밝힌 계사(繫辭)가 〈불경(拂經) 우구이(于丘頤)〉이다. 〈우구이(于丘頤)의 우구(于丘)〉는 육이(六二 : --)가 이괘(頤卦 : ䷚)의 상체(上體) 간(艮 : ☶) 즉 산(山) 밖의 아래에 있고, 동시에 상구(上九 : ㅡ)는 산정(山頂) 즉 산꼭대기[山頂]에 있음을 말한다. 동시에 〈우구(于丘)〉 즉 언덕[丘]에서[于] 산정(山頂) 사이에 가장 가까이 육오(六五 : --)가 있고, 그 다음으로 육사(六四 : --)가 있고, 그 다음으로 육삼(六三 : --)이 있어서 육이(六二 : --)가 맨 끝에 있음을 나타내는 계사(繫辭)가 〈우구(于丘)〉이다. 상구(上九 : ㅡ)가 음효(陰爻 : --)들을 구양(求養)하자면[頤] 육이(六二 : --)는 맨 끝이 된다. 상구(上九 : ㅡ)가 사사로이 건너뛰어서 육이(六二 : --)와 〈이(頤)〉 즉 구양(求養)할 리가 없다. 그럼에도 불구하고 육이(六二 : --)가 〈불경(拂經)〉 즉 상도를[經] 어기고[拂] 언덕바지에서[于丘] 상구(上九 : ㅡ)와 양육하기[頤]를 바라면 바랄수록 흉(凶)해질 수밖에 없음을 밝힌 계사(繫辭)가 〈정(征) 흉(凶)〉이다.

인간도 육이(六二 : --)의 〈전이(顚頤)〉처럼 만사(萬事)를 밀어간다면[征] 흉할[凶] 수밖에 없음을 밝힌 계사(繫辭)가 〈전이(顚頤) 불경(拂經) 우구이(于丘頤) 정(征) 흉(凶)〉이다. 이에 「상사(象辭)」가 육이(六二 : --)의 〈정(征)〉 즉 제 욕심대로 하려 함이[征] 흉하다[凶]고 함은 그런 행동[行] 탓으로 한패[類] 즉 다른 음효(陰爻 : --)들마저 잃고[失] 마는 것임을 밝힌 것이 〈육이정흉(六二征凶) 행실류야(行失類也)〉이다.

十年勿用(십년물용) 道大悖也(도대패야)

오랫동안[十年] 쓰지[用] 말라 함은[勿] {이(頤)의} 도리를[道] 크게[大] 어김[悖]이다[也].

이괘(頤卦 : ䷚) 육삼(六三 : --)의 효상(爻象)을 〈불이(拂頤) 정(貞) 흉(凶) 십년물용(十年勿用) 무유리(无攸利)〉라고 계사(繫辭)한 것을 〈십년물용(十年勿用) 도대패야(道大悖也)〉라고 풀이한다.

이괘(頤卦 : ䷚)의 육삼(六三 : --)은 정당한 자리에 있지 못하면서 이괘(頤卦 :

☶)의 하체(下體) 진(震 : ☳)의 극위(極位)에 있음을 밝힌 것이 〈불이(拂頤) 정(貞) 흉(凶) 십년물용(十年勿用) 무유리(无攸利)〉이다. 〈불이(拂頤)〉는 육삼(六三 : --)이 거슬러[拂] 구양(求養)한다[頤]는 것이다. 육삼(六三 : --)과 상구(上九 : ㅡ)는 상응(相應)하는 사이인지라 다른 음효(陰爻)들과는 달리 육삼(六三 : --)이 상구(上九 : ㅡ)에게 우선해서 〈이(頤)〉 즉 구양(求養)을 요구한다는 뜻을 담고 있는 것이 〈불이(拂頤)〉이다. 정도를 거슬러[拂] 구양함[頤]은 비록 육삼(六三 : --)이 성심껏[貞] 구양한다[頤] 할지라도 흉(凶)하다고 계사(繫辭)한 것이 〈정(貞) 흉(凶)〉이다. 그러므로 〈십년물용(十年勿用)〉 즉 언제든지[十年] 불이를[拂頤] 이용하지[用] 말라[勿] 함이다. 〈십년물용(十年勿用)의 십년(十年)〉은 십 년 동안을 뜻하는 〈열 십(十)〉이 아니고 〈완전(完全)한 십(十)〉을 뜻하니, 여기 〈십년(十年)〉은 항상(恒常) 즉 언제든지를 뜻한다. 정도를 거스른다면[拂] 〈이(頤)〉 즉 구양(求養)뿐만 아니라 무슨 일이든지 이로울[利] 바가[攸] 없다[无]고 단언한 계사(繫辭)가 〈무유리(无攸利)〉이다. 이에 「상사(象辭)」가 〈십년물용(十年勿用)〉의 짓을 육삼(六三 : --)이 썼으니[用] 정도를[道] 크게[大] 거슬린[悖] 짓이라고 풀이한 것이 〈십년물용(十年勿用) 도대패야(道大悖也)〉이다.

顚頤之吉(전이지길) 上施光也(상시광야)

거꾸로[顚] 구양(求養)함이[頤之] 좋다 함은[吉] 위에서[上] 베풂이[施] 드러나 빛남[光]이다[也].

이괘(頤卦 : ☶) 육사(六四 : --)의 효상(爻象)을 〈전이(顚頤) 길(吉) 호시탐탐(虎視耽耽) 기욕축축(其欲逐逐) 무구(无咎)〉라고 계사(繫辭)한 것을 〈전이지길(顚頤之吉) 상시광야(上施光也)〉라고 풀이한다.

이괘(頤卦 : ☶)의 육사(六四 : --)는 정당한 자리에 있고, 치민(治民)하는 치자(治者)가 양민(養民)의 의무를 다하자면 백성에게 구양(求養) 즉 영양을[養] 구해야[求] 하는 육사(六四 : --)의 모습을 계사(繫辭)한 것이 〈전이(顚頤) 길(吉) 호시탐탐(虎視耽耽) 기욕축축(其欲逐逐) 무구(无咎)〉이다. 육사(六四 : --)의 〈전이(顚頤)〉는 육이(六二 : --)의 〈전이(顚頤)〉와는 상반된다. 육이(六二 : --)의 〈전이(顚頤)〉는 순차(順次)의 도리(道理)를 거슬러[顚] 상구(上九 : ㅡ)에게 구양(求養)하는

〈전이(顚頤)〉이지만, 육사(六四 : --)의 〈전이(顚頤)〉는 서로 정응(正應)을 누리는 초구(初九 : ㅡ)에게 구양(求養)하는 〈전이(顚頤)〉이다. 대성괘(大成卦)에서 초위(初位)는 백성이다. 백성에게 구양(求養)함이란 곧 징세(徵稅)를 뜻한다. 대성괘(大成卦)의 사위(四位) 즉 경대부(卿大夫) 자리에 있는 음효(陰爻 : --)는 정위(正位)에 있기 때문에 사욕 없이 자애(慈愛)로써 친민(親民) 즉 백성을[民] 친애한다[親]. 이괘(頤卦 : ䷚)의 육사(六四 : --)가 친민(親民)하기 위하여 아래에 있는 초구(初九 : ㅡ)에게 〈이(頤)〉 즉 구양(求養)하는 모습을 〈전이(顚頤)〉 즉 거꾸로[顚] 구양(求養)한다[頤]고 밝힌다.

육사(六四 : --)의 〈전이(顚頤)〉가 〈길(吉)〉 즉 좋다[吉]고 밝힌 것은 위상(爲上) 즉 치자(治者)들을[上] 위하려는[爲] 〈전이(顚頤)〉가 아니라 위하(爲下) 즉 백성을[下] 위하려는[爲] 〈전이(顚頤)〉이기 때문이다. 이처럼 위하(爲下)의 〈이(頤)〉 즉 백성을[下] 위하여[爲] 구양(求養)하기 위해서라면 육사(六四 : --)는 위엄(威嚴)을 갖추고 엄격하게 백성을 위한 구양(求養)을 무사(無私)하고 공평(公平)하게 실행해야 한다. 육사(六四 : --)가 오로지 천하백성(天下百姓)을 구양(求養)하기 위함이므로 그 추구(追求)함이 돈실(敦實)하여 육사(六四 : --)에게는 허물이[咎] 없다[无]고 계사(繫辭)한 것이 〈전이(顚頤) 길(吉) 호시탐탐(虎視眈眈) 기욕축축(其欲逐逐) 무구(无咎)〉이다. 이에 「상사(象辭)」가 육사(六四 : --)가 거꾸로[顚] 즉 초구(初九 : ㅡ)에세 구양(求養)함이[頤] 좋다[吉]고 계사(繫辭)한 것은 위에서[上] 즉 육사(六四 : --)가 베풂이[施] 드러나 빛남[光]이라고 밝힌 것이 〈전이지길(顚頤之吉) 상시광야(上施光也)〉이다.

居貞之吉(거정지길) 順以從上也(순이종상야)

진실한 미더움으로[貞] 머물러 있음이[居之] 좋다 함은[吉] 상구를[上] 좇음[從]으로써[以] 다스려 이치를 따라감[順]이다[也].

이괘(頤卦 : ䷚) 육오(六五 : --)의 효상(爻象)을 〈불경(拂經) 거정길(居貞吉) 불가섭대천(不可涉大川)〉이라고 계사(繫辭)한 것을 〈거정지길(居貞之吉) 순이종상야(順以從上也)〉라고 풀이한다.

이괘(頤卦 : ䷚)의 육오(六五 : --)는 정당한 자리에 있지 못하고, 군왕(君王)의 자리에서 홀로 득중(得中) 즉 정도를 따름을[中] 취하면서[得] 백성을 보육해야 하는 책무를 군왕(君王)으로서 다해야 함을 계사(繫辭)한 것이 〈불경(拂經) 거정길(居貞吉) 불가섭대천(不可涉大川)〉이다. 〈불경(拂經)〉은 육오(六五 : --)가 상구(上九 : ㅡ)와는 이웃하지만 초구(初九 : ㅡ)와는 멀리 떨어져 있어 균등(均等)하게 사귈 수 없음을 밝힌다. 군왕(君王)으로서 육오(六五 : --)는 두루 친애(親愛)해야지 어느 한쪽을 편애(偏愛)해서는 안 되기 때문에 상구(上九 : ㅡ)와의 사귐[比]이 정도(正道)임에도 불구하고 군왕(君王)으로서 육오(六五 : --)가 그 정도를[經] 거스를[拂] 수밖에 없음을 밝힌 계사(繫辭)가 〈불경(拂經)〉이다.

군왕(君王)으로서 육오(六五 : --)가 백성의 안녕을 도모해야 함을 밝힌 계사(繫辭)가 〈거정길(居貞吉)〉이다. 〈거정(居貞)의 거(居)〉는 육오(六五 : --)가 이괘(頤卦 : ䷚)의 상체(上體) 〈간(艮 : ☶)〉에 머물러[止] 있음[居]이고, 백성의 보육(保育)을 행함은 공평무사(公平無私)함이니 육오(六五 : --)야말로 〈정(貞)〉의 모습이라고 계사(繫辭)한 것이다. 〈정(貞)〉이란 진실한 미더움[貞]이다. 왜 군왕(君王)으로서 육오(六五 : --)가 〈불경(拂經)〉을 범함에도 정(貞)하다고 하는가? 상구(上九 : ㅡ)와 이웃하여 사귀는 정도(正道)를 거스르고[拂] 온 백성을 보육하고자 득중(得中)하기 때문이다. 이렇기 때문에 육오(六五 : --)가 이괘(頤卦 : ䷚)의 상체(上體) 간(艮 : ☶)의 중효(中爻)로서 〈거(居)〉 즉 머물러 있음을 밝힌 계사(繫辭)가 〈불가섭대천(不可涉大川)〉이다. 큰물을[大川] 건너갈[涉] 수 없다[不可]는 것은 육오(六五 : --)가 이괘(頤卦 : ䷚)의 상체(上體) 간(艮 : ☶)의 중효(中爻)로서 머물러 있음[居]을 밝힌다. 육오(六五 : --)가 큰물을[大川] 건너가[涉] 버린다면 이괘(頤卦 : ䷚)의 육오(六五 : --)는 만백성의 보육을 저버리는 꼴이 된다. 이렇기 때문에 육오(六五 : --)가 백성을 보육하는 어려운 일을 두고 큰물을[大川] 건너갈[涉] 수 없다[不可]고 밝힌 계사(繫辭)가 〈불경(拂經) 거정길(居貞吉) 불가섭대천(不可涉大川)〉이다.

이에 「상사(象辭)」가 육오(六五 : --)의 〈거정(居貞)〉이 길(吉)함은 군왕(君王)이지만 육오(六五 : --)는 유약(柔弱)한 음기(陰氣 : --)인지라 홀로 급양(給養) 즉 영양을[養] 공급할[給] 수 없으니, 상구(上九 : ㅡ)와의 〈비(比)〉에 치우침 없이 상구(上九 : ㅡ)를 좇음[從]으로써[以] 육오(六五 : --)가 백성을 다스리면서 이치를 따라감[順]이라고 밝힌 것이 〈거정지길(居貞之吉) 순이종상야(順以從上也)〉이다.

由頤(유이) 厲吉(여길) 大有慶也(대유경야)

말미암아[由] 구양(求養)하니[頤] 위태해도[厲] 좋음은[吉] 크게[大] 경사스러움이[慶] 있음[有]이다[也].

이괘(頤卦 : ䷚) 상구(上九 : ⚊)의 효상(爻象)을 〈유이(由頤) 여길(厲吉) 이섭대천(利涉大川)〉이라고 계사(繫辭)한 것을 〈유이(由頤) 여길(厲吉) 대유경야(大有慶也)〉라고 풀이한다.

이괘(頤卦 : ䷚)의 상구(上九 : ⚊)는 정당한 자리에 있지 못하고 치우쳐 〈이(頤)〉 즉 구양(求養)하기[頤] 어렵기 때문에, 순차(順次)에 따라서 구양하려는[頤] 상구(上九 : ⚊)의 모습을 계사(繫辭)한 것이 〈유이(由頤) 여길(厲吉) 이섭대천(利涉大川)〉이다. 상구(上九 : ⚊)의 〈이(頤)〉는 그 책임이 막중하기 짝이 없음을 〈유이(由頤)〉가 암시한다. 그러나 상구(上九 : ⚊)가 정도(正道)에 따라 〈유이(由頤)〉를 이행한다 할지라도 시운(時運)을 따라야 한다. 상구(上九 : ⚊)의 〈유이(由頤)〉가 설령 풍년(豊年)을 맞이했다 할지라도 흉년(凶年)을 생각하면서 삼가 절검(節儉)해야 함을 밝힌 계사(繫辭)가 〈여길(厲吉)〉이다. 〈여(厲)〉는 위기[厲]를 경계하여 대비한다면 위태함이 흉(凶)한 것이 아니라 오히려 길(吉)함을 밝힌다. 〈여(厲)〉이면서도 〈길(吉)〉한 까닭을 헤아려 깨닫게 하는 계사(繫辭)가 〈이섭대천(利涉大川)〉이다. 허주(虛舟)와 같은 이괘(頤卦 : ䷚)가 순풍(順風)을 만나 큰물을[大川] 건너갈[涉] 수 있다는 것이 〈유이(由頤) 여길(厲吉) 이섭대천(利涉大川)〉이다. 이에 「상사(象辭)」가 이괘(頤卦 : ䷚)의 효상(爻象)을 구양(求養)의 정도에는[頤] 마땅히 위기를[厲] 늘 염려하는 마음이 지극할수록 좋다[吉]고 계사(繫辭)한 것을 〈대이(大頤)〉 즉 크게[大] 구양(求養)함에는[頤] 경사스러움이[慶] 있다[有]고 밝힌 것이 〈유이(由頤) 여길(厲吉) 대유경야(大有慶也)〉이다.

28 대과괘(大過卦 : ䷛) 상사(象辭)

손하태상(巽下兌上) : 아래는[下] 손(巽 : ☴), 위는[上] 태(兌 : ☱).

택풍대과(澤風大過) : 못과[澤] 바람은[風] 대과이다[大過].

澤滅木이 大過이다 君子以獨立不懼하고 遯世无悶한다 藉用白茅는 柔在下也이다 老夫女妻는 過以相與也이다 棟橈之凶은 不可以有輔也이다 棟隆之吉은 不橈乎下也이다 枯楊生華가 何可久也이랴 老婦士夫는 亦可醜也이다 過涉之凶이나 不可咎也이다

택멸목 대과 군자이독립불구 둔세무민 자용백모 유재하야 노부녀처 과이상여야 동요지흉 불가이유보야 동융지길 불요호하야 고양생화 하가구야 노부사부 역가추야 과섭지흉 불가구야

못이[澤] 나무를[木] 매몰함이[滅] 대과괘이다[大過]. 군자는[君子] {대과괘(大過卦)의 동요(棟橈)를} 깨달아서[以] 홀로[獨] 굳게[立] 두려워하지 않고[不懼] 세상을[世] 피해서도[遯] 번민함이[悶] 없다[无]. 깔개로[藉] 흰[白] 띠풀을[茅] 씀은[用] 고요한 음기가[柔] (양기들의) 아래에[下] 있음[在]이다[也]. 늙은 사내가[老夫] 여자를[女] 아내로 삼음은[妻] 그로써[以] 지나침이[過] 서로[相] 어울림[與]이다[也]. 마룻대가[棟] 꺾임이[橈之] 나쁨은[凶] 그로써[以] 도움이[輔] 있을[有] 수 없음[不可]이다[也]. 마룻대가[棟] 성대하여[隆之] 좋다 함은[吉] 아래에[下] 의해서[乎] 흔들리지 않음[不橈]이다[也]. 메마른[枯] 메버들이[楊] 꽃을[華] 피움이[生] 어찌[何] 오래 갈[久] 수 있을 것[可]인가[也]. 늙은 아낙과[老婦] 사내도[士夫] 역시[亦] 추할[醜] 수 있음[可]이다[也]. 지나치게[過] (큰물을) 건넘이[涉之] 흉함이나[凶] 허물일[咎] 수 없음[不可]이다[也].

【지남(指南)】

澤滅木(택멸목) 大過(대과) 君子以獨立不懼(군자이독립불구) 遯世无悶(둔세무민)

못이[澤] 나무를[木] 매몰함이[滅] 대과괘이다[大過]. 군자는[君子] {대과괘(大過卦)의 동요(棟橈)를} 깨달아서[以] 홀로[獨] 굳게[立] 두려워하지 않고[不懼] 세상을[世] 피해서도[遯] 번민함이[悶] 없다[无].

대과괘(大過卦 : ䷛)의 괘상(卦象)을 〈대과(大過) 동요(棟橈) 이유유왕(利有攸往) 형(亨)〉이라고 계사(繫辭)한 것을 〈택멸목(澤滅木) 대과(大過) 군자이독립불구(君子以獨立不懼) 둔세무민(遯世无悶)〉이라고 풀이한다.

소과(小過)의 이괘(頤卦 : ䷚) 다음에 대과(大過)의 대과괘(大過卦 : ䷛)가 오는 것은 자연의[天] 이치[道]이다. 이괘(頤卦 : ䷚)의 가운데[中]에는 양(陽 : ━)이 없고 대과괘(大過卦 : ䷛)의 가운데[中]에는 음(陰 : ╍)이 없다. 소과(小過) 즉 유약(柔弱)한 음(陰 : ╍)이 과다(過多)해도 서로 구양(求養)하고자 하여 지나칠 것이 없지만, 대과(大過) 즉 강강(剛强)한 양(陽 : ━)이 과다(過多)하면 행동이 지나칠 수 있다. 구양(求養)하고자 하는 이괘(頤卦 : ䷚) 다음에 행동으로 치닫는 대과괘(大過卦 : ䷛)가 온 것이다. 이괘(頤卦 : ䷚)의 음효(陰爻 : ╍) 자리에 양효(陽爻 : ━)가 자리하고 이괘(頤卦 : ䷚)의 양효(陽爻 : ━) 자리에 음효(陰爻 : ╍)가 자리하여 대과괘(大過卦 : ䷛)의 육효(六爻)는 이괘(頤卦 : ䷚)의 육효(六爻)와 서로 상반된 모습이다. 이같이 이괘(頤卦 : ䷚)가 대과괘(大過卦 : ䷛)로 개변(改變) 즉 바뀌었음을 살펴 자연의[天] 이치[道]를 헤아려 보게 하는 것이 대과괘(大過卦 : ䷛)의 〈대과(大過)〉이다. 대과괘(大過卦 : ䷛)의 〈대과(大過)〉란 양(陽 : ━)이 과다(過多)함을 말한다. 대과괘(大過卦 : ䷛)는 강대(强大)한 양(陽 : ━)이 약소(弱小)한 음(陰 : ╍)보다 두 배나 많음을 계사(繫辭)한 것이 〈대과(大過) 동요(棟橈) 이유유왕(利有攸往) 형(亨)〉이다.

대과괘(大過卦 : ䷛)의 속은 강강(剛强)한 양(陽 : ━)이 가득 찼어도 바깥은 유약(柔弱)한 음(陰 : ╍)이 에워싸 대과괘(大過卦 : ䷛)의 괘상(卦象)은 취약(脆弱)함을 밝힌 것이 〈동요(棟橈)〉이다. 대과괘(大過卦 : ䷛)의 네 양효(陽爻 : ━)를 〈동

(棟)〉 즉 지붕의 마룻대[棟]로 취상(取象)한 것이고, 〈동요(棟橈)의 요(橈)〉는 그 마룻대들[棟]이 곡절(曲折) 즉 굽어[曲] 부러짐[折]을 밝힌다. 마룻대가[棟] 굽어 부러지면[橈] 집의 지붕이 무너져 내림을 〈동요(棟橈)〉가 암시한다. 유약(柔弱)한 음기(陰氣 : --)가 강강(剛强)한 양기(陽氣 : —)를 지탱할 수 없기 때문임을 밝힌 것이 〈동요(棟橈)〉이다. 지붕의 마룻대가 굽어 부러지는 집에서는 빨리 빠져나와야 하는 것임을 밝힌 계사(繫辭)가 〈이유유왕(利有攸往)〉이고, 동시에 나와야 형통함을 밝힌 것이 〈형(亨)〉이다. 이에 「상사(象辭)」가 대과괘(大過卦 : ䷛)의 〈동요(棟橈)〉를 〈택멸목(澤滅木)〉 즉 못이[澤] 나무를[木] 멸하는[滅] 모습이라고 풀이하고, 〈동요(棟橈)〉의 세상에서[世] 은둔하는[遯] 군자(君子)에게는 번민함이[悶] 없다[无]고 밝힌 것이 〈택멸목(澤滅木) 대과(大過) 군자이독립불구(君子以獨立不懼) 둔세무민(遯世无悶)〉이다.

藉用白茅(자용백모) 柔在下也(유재하야)

깔개로[藉] 흰[白] 띠풀을[茅] 씀은[用] 고요한 음기가[柔] (양기들의) 아래에[下] 있음[在]이다[也].

대과괘(大過卦 : ䷛) 초륙(初六 : --)의 효상(爻象)을 〈자용백모(藉用白茅) 무구(无咎)〉라고 계사(繫辭)한 것을 〈자용백모(藉用白茅) 유재하야(柔在下也)〉라고 풀이한다.

대과괘(大過卦 : ䷛)의 초륙(初六 : --)은 정당한 자리에 있지 못하고, 유약(柔弱)한 초륙(初六 : --)이 겸하(謙下)함을 밝힌 계사(繫辭)가 〈자용백모(藉用白茅) 무구(无咎)〉이다. 〈자용백모(藉用白茅)의 자(藉)〉는 앉기도 하고 눕기도 하는 깔개 즉 방석자리이다. 방석을 깔고 앉거나 누워서 헐어진다고 한들 초륙(初六 : --)에게는 허물이 없다고 밝힌 계사(繫辭)가 〈자용백모(藉用白茅) 무구(无咎)〉이다. 이에 「상사(象辭)」가 깔개로[藉] 흰[白] 띠풀을[茅] 씀[用]이란 초륙(初六 : --)이 대과괘(大過卦 : ䷛)에서 맨 아래에[下] 있음[在]이라고 풀이한 것이 〈자용백모(藉用白茅) 유재하야(柔在下也)〉이다.

老夫女妻(노부녀처) 過以相與也(과이상여야)

늙은 사내가[老夫] 여자를[女] 아내로 삼음은[妻] 그로써[以] 지나침이[過] 서로[相] 어울림[與]이다[也].

대과괘(大過卦 : ䷛) 구이(九二 : ⚊)의 효상(爻象)을 〈고양생제(枯楊生稊) 노부득기녀처(老夫得其女妻) 무불리(无不利)〉라고 계사(繫辭)한 것을 〈노부녀처(老夫女妻) 과이상여야(過以相與也)〉라고 풀이한다.

대과괘(大過卦 : ䷛)의 구이(九二 : ⚊)는 정당한 자리에 있지 못하고, 옹색한 처지는 유약(柔弱)한 초륙(初六 : ⚋)과 더욱 밀착하게 함을 밝힌 계사(繫辭)가 〈고양생제(枯楊生稊) 노부득기녀처(老夫得其女妻) 무불리(无不利)〉이다. 〈고양(枯楊)〉이란 여위어가는[枯] 메버들[楊]이다. 〈고양(枯楊)의 고(枯)〉는 양(陽 : ⚊)의[大] 지나침[過]을 취상(取象)한다. 대과괘(大過卦 : ䷛)의 가운데 네 양(陽 : ⚊)이 하나같은지라 대성괘(大成卦)인 대과괘(大過卦 : ䷛)가 소성괘(小成卦)인 감(坎 : ☵)이 되기도 하니 대과괘(大過卦 : ䷛)의 구이(九二 : ⚊)를 여위어가는[枯] 메버들[楊]로 취상(取象)한 다음, 감(坎 : ☵)의 수기(水氣)를 받아 〈생제(生稊)〉 즉 꽃을[稊] 피우고[生] 되살아난다고 나타낸다. 〈고양생제(枯楊生稊)〉에서 〈생제(生稊)의 제(稊)〉는 〈양지수(楊之秀)〉 즉 메버들의[楊之] 꽃[秀]을 뜻한다. 열매를 맺지 않는 꽃을 수(秀)라 한다. 이어서 〈고양생제(枯楊生稊)의 생제(生稊)〉라고 묘사한 까닭을 밝힌 계사(繫辭)가 〈노부득기녀처(老夫得其女妻)〉이다. 〈노부(老夫)〉는 구이(九二 : ⚊)가 〈고양(枯楊)〉으로 취유(取喩)됐으니 다시 〈노부(老夫)〉라고 밝힌 것이고, 〈기녀(其女)〉는 초륙(初六 : ⚋)을 말한다. 「상사(象辭)」가 〈노부(老夫)〉 즉 늙은[老] 남정네[夫] 구이(九二 : ⚊)가 〈여(女)〉 즉 초륙(初六 : ⚋)을 아내로 맞이했다[妻] 함은 그렇게 함으로써[以] 대과괘(大過卦 : ䷛)에서 지나친[過] 양(陽 : ⚊)이 그에 미치지 못하는 음(陰 : ⚋)과 서로[相] 어울리어[與] 음양(陰陽)이 조화(調和)됨을 밝힌 것이 〈노부녀처(老夫女妻) 과이상여야(過以相與也)〉이다.

棟橈之凶(동요지흉) 不可以有輔也(불가이유보야)

마룻대가[棟] 꺾임이[橈之] 나쁨은[凶] 그로써[以] 도움이[輔] 있을[有] 수 없음[不可]이다[也].

대과괘(大過卦 : ䷛) 구삼(九三 : ⚊)의 효상(爻象)을 〈동요(棟橈) 흉(凶)〉이라고 계사(繫辭)한 것을 〈동요지흉(棟橈之凶) 불가이유보야(不可以有輔也)〉라고 풀이한다.

대과괘(大過卦 : ䷛)의 구삼(九三 : ⚊)은 정당한 자리에 있고 상륙(上六 : ⚋)과 양음(陽陰)이라 바르게[正] 호응하여[應] 의지하려 하지만, 별 소용없어 곡절(曲折) 즉 구부러져 꺾이고[橈] 마는 지경에 놓임을 밝힌 계사(繫辭)가 〈동요(棟橈) 흉(凶)〉이다. 대과괘(大過卦 : ䷛)의 괘상(卦象)을 옥상(屋上) 즉 지붕[屋上]의 모습으로 표상(表象)하여, 대과괘(大過卦 : ䷛)의 네 양효(陽爻 : ⚊)를 〈동(棟)〉 즉 마룻대[棟]로 취상(取象)한다. 구삼(九三 : ⚊)과 구사(九四 : ⚊)는 〈대과(大過)〉 즉 양(陽 : ⚊)의[大] 지나침[過]에서 그 중심에 있고 강(剛)한 구삼(九三 : ⚊)이 강(剛)한 자리에 있으니, 중강(重剛) 즉 거듭해[重] 굳셈[剛]만을 고집하다 꺾이고[橈] 말아 흉(凶)할 뿐임을 계사(繫辭)한 것이 〈동요(棟橈) 흉(凶)〉이다. 이에 「상사(象辭)」가 구삼(九三 : ⚊)의 효상(爻象)을 〈동요(棟橈)〉 즉 마룻대가[棟] 꺾여[橈] 흉하다[凶]라고 계사(繫辭)한 것을 대강(大剛) 즉 지나친[大] 굳셈[剛] 때문에[以] 구삼(九三 : ⚊)을 유약(柔弱)한 상륙(上六 : ⚋)이 돕는다 한들 도움이[輔] 될 수 없다[不可有]고 풀이한 것이 〈동요지흉(棟橈之凶) 불가이유보야(不可以有輔也)〉이다.

棟隆之吉(동융지길) 不橈乎下也(불요호하야)

마룻대가[棟] 성대하여[隆之] 좋다 함은[吉] 아래에[下] 의해서[乎] 흔들리지 않음[不橈]이다[也].

대과괘(大過卦 : ䷛) 구사(九四 : ⚊)의 효상(爻象)을 〈동융(棟隆) 길(吉) 유타(有它) 인(吝)〉이라고 계사(繫辭)한 것을 〈동융지길(棟隆之吉) 불요호하야(不橈乎下也)〉라고 풀이한다.

대과괘(大過卦 : ䷛)의 구사(九四 : ⚊)는 정당한 자리에 있지 못하지만 음위(陰位)에 있기 때문에 음성(陰性)과 양성(陽性)을 함께 갖추고 있어서 구삼(九三 : ⚊)과는 달리 중강(重剛)을 고집하지 않아, 〈요(橈)〉 즉 꺾여 부러지는[橈] 경우를 당하지 않을 뿐 아니라 자립(自立)함을 밝힌 계사(繫辭)가 〈동융(棟隆) 길(吉)〉이다. 구사(九四 : ⚊)가 양위(陽位)에 있는 구삼(九三 : ⚊)과 구오(九五 : ⚊)의 사이에 있기 때문에 오히려 구사(九四 : ⚊)의 위치가 보강(補强)되어 구삼(九三 : ⚊)이 당하는 〈동요(棟橈)의 요(橈)〉 즉 꺾이는[橈] 위험이 없기 때문에 성대한[隆] 마룻대[棟] 같아 좋다[吉]고 계사(繫辭)한 것이다. 그러나 구사(九四 : ⚊)가 음양(陰陽)의 양성(兩性)을 균형잡지 못하고 정응(正應)의 관계인 초륙(初六 : ⚋)에게 기울어진다면 오히려 탐욕스러움을 면할 수 없음을 밝힌 계사(繫辭)가 〈유타(有它) 인(吝)〉이다. 구사(九四 : ⚊)가 자립(自立) 즉 스스로를[自] 굳게[立] 해야지 기대려는 것이[它] 있다면[有] 부끄럽다[吝]고 밝힌다. 이에 「상사(象辭)」가 마룻대가[棟] 성대하여[隆之] 좋다[吉] 함은 아래에[下] 의해서[乎] 꺾이지 않는다[不橈]고 밝혀 구사(九四 : ⚊)가 초륙(初六 : ⚋)의 도움을 받지 않음을 풀이한 것이 〈동융지길(棟隆之吉) 불요호하야(不橈乎下也)〉이다.

枯楊生華(고양생화) 何可久也(하가구야) 老婦士夫(노부사부) 亦可醜也(역가추야)

메마른[枯] 메버들이[楊] 꽃을[華] 피움이[生] 어찌[何] 오래 갈[久] 수 있을 것[可]인가[也]. 늙은 아낙과[老婦] 사내도[士夫] 역시[亦] 추할[醜] 수 있음[可]이다[也].

대과괘(大過卦 : ䷛) 구오(九五 : ⚊)의 효상(爻象)을 〈고양생화(枯楊生華) 노부득기사부(老婦得其士夫) 무구(无咎) 무예(无譽)〉라고 계사(繫辭)한 것을 〈고양생화(枯楊生華) 하가구야(何可久也) 노부사부(老婦士夫) 역가추야(亦可醜也)〉라고 풀이한다.

대과괘(大過卦 : ䷛)의 구오(九五 : ⚊)는 정당한 자리에 있고 존위(尊位)에 있지만 군왕(君王)의 위엄(威嚴)을 행사하지 못하고 초라함을 계사(繫辭)한 것이 〈고양생화(枯楊生華) 노부득기사부(老婦得其士夫) 무구(无咎) 무예(无譽)〉이다. 구오(九五 : ⚊)의 속뜻을 사물로[象] 나타낸[表] 계사(繫辭)인 〈고양생화(枯楊生華)〉는 구이(九二 : ⚊)의 〈고양생제(枯楊生稊)〉와 다를 것이 없다. 물론 구오(九五 : ⚊)는 상체(上體)의 중효(中爻)이고 구이(九二 : ⚊)는 하체(下體)의 중효(中爻)이다.

또한 구오(九五 : ━)의 바로 위에는 유약(柔弱)한 음기(陰氣)인 상륙(上六 : ╍)이 있고 구이(九二 : ━)의 바로 아래에는 역시 유약(柔弱)한 음기(陰氣)인 초륙(初六 : ╍)이 있어, 서로 자리가 다를 뿐이지 구이(九二 : ━)의 효상(爻象)과 구오(九五 : ━)의 효상(爻象)이 음기(陰氣 : ╍)와 이웃하고 있음은 둘 다 같은 모습이다. 구이(九二 : ━)의 효상(爻象)을 표상(表象)한 〈생제(生稊)의 제(稊)〉와 구오(九五 : ━)의 효상(爻象)을 표상한 〈생화(生華)의 화(華)〉는 같은 뜻을 낸다. 다만 〈기사부득노부(其士夫得老婦)〉라 않고 〈노부득기사부(老婦得其士夫)〉라고 계사(繫辭)한 것을 주목해야 한다. 〈기사부(其士夫)〉는 구오(九五 : ━)를 취유(取喩)한 것이고, 〈노부(老婦)〉는 상륙(上六 : ╍)을 취유한 것이다. 대과괘(大過卦 : ䷛)에 영향력을 미치지 못하는 상륙(上六 : ╍)이 군왕(君王)의 자리에 있는 구오(九五 : ━)를 취한다[得]고 계사(繫辭)한 것은 〈대과(大過)〉 즉 양기(陽氣 : ━)의[大] 지나침[過]이 구오(九五 : ━)에서 그치고 말았음을 암시한다. 이에 「상사(象辭)」가 양(陽 : ━)이[大] 지나친[過] 상황에 처해 여위어가는[枯] 메버들이[楊] 꽃을[華] 피운다고[生] 한들 그 〈화(華)〉가 어찌[何] 오래 갈[久] 수 있을 것[可]인가[也]라고 반문하여 결코 오래 갈 수 없음을 암시하면서, 늙은 여자가[老婦] 사내를[士夫] 취함[得] 역시[亦] 창피할 수밖에 없음[可醜]이라[也]고 밝힌 것이 〈고양생화(枯楊生華) 하가구야(何可久也) 노부사부(老婦士夫) 역가추야(亦可醜也)〉이다.

過涉之凶(과섭지흉) 不可咎也(불가구야)

지나치게[過] (큰물을) 건넘이[涉之] 흉함이나[凶] 허물일[咎] 수 없음[不可]이다[也].

대과괘(大過卦 : ䷛) 상륙(上六 : ╍)의 효상(爻象)을 〈과섭멸정(過涉滅頂) 흉(凶) 무구(无咎)〉라고 계사(繫辭)한 것을 〈과섭지흉(過涉之凶) 불가구야(不可咎也)〉라고 풀이한다.

대과괘(大過卦 : ䷛)의 상륙(上六 : ╍)은 정당한 자리에 있지만 대과괘(大過卦 : ䷛)의 끝에 다다라 유약(柔弱)함이 너무나 심해 마치 헤엄칠 힘이 없어서 물속으로 빠져버린 모습과 같음을 계사(繫辭)한 것이 〈과섭멸정(過涉滅頂) 흉(凶) 무구(无咎)〉이다. 〈과섭(過涉)〉은 상륙(上六 : ╍)의 효상(爻象)이 큰물을 과하게[過] 건넌[涉] 모습과 같다. 〈대과(大過)〉가 극심한 정상(頂上)에 머물기에는 본래가 유약(柔弱)한 상륙(上六 : --)에게는 너무나 벅차다. 큰물을 지나치게[過] 건너다[涉] 머리를[頂] 물속으로 잠기게[滅] 한 모습 같음이 곧 상륙(上六 : --)이라는 것이다. 상륙(上六 : --)이 맞닥뜨림은 〈흉(凶)〉 즉 불행[凶]이다. 상륙(上六 : --)이 겪는 〈흉(凶)〉이란 〈대과(大過)〉의 양(陽 : ―)들 위에 자리한 탓이지 상륙(上六 : --) 자신의 〈흉(凶)〉은 아니기에, 상륙(上六 : --) 자신에게 허물은[咎] 없는[无] 것이라고 밝힌 계사(繫辭)가 〈무구(无咎)〉이다. 이에 「상사(象辭)」가 큰물을 지나치게[過] 건넘이[涉之] 흉하다[凶]고 함은 〈대과(大過)〉 즉 양기(陽氣 : ―)들이[大] 짓는 지나침[過] 탓으로 빚어진 불행[凶]인지라 상륙(上六 : --)이 겪는 〈흉(凶)〉이 상륙(上六 : --) 탓으로 빚어진 허물이[咎] 될 수 없는 것[不可]이라[也]고 밝힌 것이 〈과섭지흉(過涉之凶) 불가구야(不可咎也)〉이다.

29 습감괘(習坎卦 : ䷜) 상사(象辭)

감하감상(坎下坎上) : 아래도[下] 감(坎 : ☵), 위도[上] 감(坎 : ☵).

감위수(坎爲水) : 감은[坎] 물[水]이다[爲].

水洊至가 習坎이다 君子以常德行하고 習教事한다 習坎入坎은 失道凶也이다 求小得은 未出中也이다 來之坎坎은 終无功也이다 樽酒簋貳는 剛柔際也이다 坎不盈은 中未大也이다 上六失道는 凶三歲也이다

수천지 습감 군자이상덕행 습교사 습감입감 실도흉야 구소득 미출중야 내지감감 종무공야 준주궤이 강유제야 감불영 중미대야 상륙실도 흉삼세야

물이[水] 거듭[洊] 흘러듦이[至] 습감괘이다[習坎]. 군자는[君子] (습감괘의 괘상을) 본받아서[以] 항상[常] 덕을[德] 행하고[行] 가르치는[教] 일을[事] 거듭한다[習]. 거듭되는[習] 암흑의[坎] 구덩이로[坎] 들어감은[入] 길을[道] 잃어[失] 불행한 것[凶]이다[也]. 작음을[小] 구하여[求] 획득함은[得] (구덩이) 가운데서[中] 아직 나오지 못했다는 것[未出]이다[也]. 오고[來] 감이[之] 캄캄하고[坎] 캄캄함이란[坎] {감(坎)을 벗어나고자 몸부림쳐도} 끝내[終] 애쓴 보람이[功] 없다는 것[无]이다[也]. 한 단지의[樽] 술과[酒] 두[貳] 대그릇에 담긴 안주는[簋] 굳셈과[剛] 부드러움이[柔] 교제함[際]이다[也]. 물구덩이가[坎] 넘치지 않음은[不盈] 정도를 따라[中] 지나침이[大] 없음[未]이다[也]. 상륙이[上六] 길을[道] 잃음은[失] 흉함이[凶] 삼 년[三歲]이다[也].

【지남(指南)】

水洊至(수천지) 習坎(습감) 君子以常德行(군자이상덕행)

習教事(습교사)

물이[水] 거듭[洊] 흘러듦이[至] 습감괘이다[習坎]. 군자는[君子] (습감괘의 괘상을) 본받아서[以] 항상[常] 덕을[德] 행하고[行] 가르치는[教] 일을[事] 거듭한다[習].

습감괘(習坎卦 : ䷜)의 괘상(卦象)을 〈습감(習坎) 유부(有孚) 유심형(維心亨) 행유상(行有尙)〉이라고 계사(繫辭)한 것을 〈수천지(水洊至) 습감(習坎) 군자이상덕행(君子以常德行) 습교사(習教事)〉라고 풀이한다.

어떤 것이든 양(陽 : ━)의 지나침[過]으로써 끝까지 있을 수 없고 반드시 그 지나침은 음(陰 : ╍) 쪽으로 돌아오는 것이니 대과괘(大過卦 : ䷛) 다음에 습감괘(習坎卦 : ䷜)가 온 것이다. 소성괘(小成卦) 감(坎 : ☵)이 거듭됨[習]을 〈습감(習坎)〉이라 한 것이다. 습감괘(習坎卦 : ䷜)의 〈습감(習坎)〉은 중함(重陷) 즉 거듭되는[重] 구덩이[陷]를 말한다. 중함(重陷)은 중험(重險) 즉 거듭되는[重] 험난[險]으로 통한다. 습감괘(習坎卦 : ䷜)란 아래도 물[水]이고 위도 물[水]인 괘(卦)이다. 〈감(坎)〉은 두 음(陰 : ╍) 사이로 밝음[明]의 양(陽 : ━)이 빠져버리는[陷] 모습임을 계사(繫辭)한 것이 〈습감(習坎) 유부(有孚) 유심형(維心亨) 행유상(行有尙)〉이다. 〈유부(有孚)〉는 〈습감(習坎)〉을 마주하는 마음가짐을 밝힌 계사(繫辭)이다. 험난할수록 천도(天道)를 진실로 믿어줌이[孚] 있어야[有] 함을 〈유부(有孚)〉라 한다. 〈유심형(維心亨)〉이란 〈유부(有孚)〉의 까닭을 밝힌다. 오로지[維] 진실로 믿어줌의[孚之] 마음[心]만이 거듭되는[習] 험난함[坎]을 극복해 갈 수 있음을 밝힌 것이 〈유심형(維心亨)의 형(亨)〉이다. 이에 「상사(象辭)」가 물이[水] 거듭해[洊] 흘러드니[至] 캄캄함이[坎] 거듭되는[習] 습감괘(習坎卦 : ䷜)의 괘상(卦象)을 군자(君子)는 외면하지 않고 오히려 본받아[以] 변함없이[常] 덕을[德] 행하면서[行] 가르치는[教] 일을[事] 거듭한다[習]고 밝힌 것이 〈수천지(水洊至) 습감(習坎) 군자이상덕행(君子以常德行) 습교사(習教事)〉이다.

習坎入坎(습감입감) 失道凶也(실도흉야)

거듭되는[習] 암흑의[坎] 구덩이로[坎] 들어감은[入] 길을[道] 잃어[失] 불행한 것[凶]이다[也].

습감괘(習坎卦 : ䷜) 초륙(初六 : --)의 효상(爻象)을 〈습감(習坎) 입우감담(入于坎窞) 흉(凶)〉이라고 계사(繫辭)한 것을 〈습감입감(習坎入坎) 실도흉야(失道凶也)〉라고 풀이한다.

습감괘(習坎卦 : ䷜)의 초륙(初六 : --)은 정당한 자리에 있지 못하고, 거듭되는[習] 암흑[坎]의 맨 아랫자리에 있어서 스스로 빠져나올 수 없어 불행하다[凶]고 밝힌 계사(繫辭)가 〈습감(習坎) 입우감담(入于坎窞) 흉(凶)〉이다. 〈습감(習坎)의 습(習)〉은 〈쌓일 적(積)〉과 같다. 〈습감(習坎)〉의 이런 초륙(初六 : --)의 효상(爻象)을 더욱 구체적으로 풀이한 계사(繫辭)가 〈입우감담(入于坎窞)〉이다. 〈입우감담(入于坎窞)의 감담(坎窞)〉은 구덩이[坎] 안에 있는 작은 구덩이[窞]를 뜻하니 구덩이의 맨 밑을 뜻한다. 습감괘(習坎卦 : ䷜) 초륙(初六 : --)의 효상(爻象)이 〈감담(坎窞)〉 즉 구덩이 맨 밑자리[坎窞]로 들어간 모습 같다는 것이 〈입우감담(入于坎窞)〉이다. 이에 「상사(象辭)」가 거듭되는[習] 암흑[坎]이란 구덩이로[坎] 들어감[入]이니 이는 곧 나아갈 길을[道] 잃었음[失]인지라 불행한 것[凶]이다[也]라고 풀이한 것이 〈습감입감(習坎入坎) 실도흉야(失道凶也)〉이다.

求小得(구소득) 未出中也(미출중야)

작음을[小] 구하여[求] 획득함은[得] (구덩이) 가운데서[中] 아직 나오지 못했다는 것[未出]이다[也].

습감괘(習坎卦 : ䷜) 구이(九二 : ㅡ)의 효상(爻象)을 〈감유험(坎有險) 구소득(求小得)〉이라고 계사(繫辭)한 것을 〈구소득(求小得) 미출중야(未出中也)〉라고 풀이한다.

습감괘(習坎卦 : ䷜)의 구이(九二 : ㅡ)는 정당한 자리에 있지 못하고, 강강(剛强)한 양기(陽氣 : ㅡ)라 할지라도 두 음기(陰氣 : --) 사이에 빠져버려[坎] 위험에 처한 처지인지라 험난함[險]이 따른다는 것이 〈감유험(坎有險) 구소득(求小得)〉이다. 〈구소(求小)〉는 구이(九二 : ㅡ)가 〈유험(有險)〉을 마주하는 모습을 밝힌다. 〈구소(求小)〉 즉 작은[小] 마음을[心] 추구함[求]이란 〈유험(有險)〉 즉 처한 험난함

[有險]을 근신(謹愼) 즉 삼가면서 경계하는[謹愼] 구이(九二 : ⚊)의 주견(主見)을 밝힌다. 험난(險難)함을 극복할 수 있는 길을 구이(九二 : ⚊)가 근신(謹愼)하면서 찾아내려 함을 밝힌 것이 〈구소득(求小得)〉이다. 이에 「상사(象辭)」가 소심(小心) 즉 삼가면서 경계하는 마음을[小心] 추구하여[求] 획득한다[得] 함은 아직은 빠진 데서[中] 탈출하지 못했지만[未出] 결국엔 스스로 탈출하게 될 것임을 밝힌 것이 〈구소득(求小得) 미출중야(未出中也)〉이다.

來之坎坎(내지감감) 終无功也(종무공야)

오고[來] 감이[之] 캄캄하고[坎] 캄캄함이란[坎] {감(坎)을 벗어나고자 몸부림쳐도} 끝내[終] 애쓴 보람이[功] 없다는 것[无]이다[也].

습감괘(習坎卦 : ䷜) 육삼(六三 : ⚋)의 효상(爻象)을 〈내지감감(來之坎坎) 험저침(險且枕) 입우감담(入于坎窞) 물용(勿用)〉이라고 계사(繫辭)한 것을 〈내지감감(來之坎坎) 종무공야(終无功也)〉라고 풀이한다.

습감괘(習坎卦 : ䷜)의 육삼(六三 : ⚋)은 정당한 자리에 있지 못하고, 어디서도 도움을 받지 못하는 육삼(六三 : ⚋)의 막막함을 밝힌 계사(繫辭)가 〈내지감감(來之坎坎) 험저침(險且枕) 입우감담(入于坎窞) 물용(勿用)〉이다. 〈내지감감(來之坎坎)〉은 오는[來] 캄캄한 어려움과[坎] 가는[之] 캄캄한 어려움[坎]을 밝힌다. 〈내지감감(來之坎坎)〉에서 〈내지(來之)의 지(之)〉는 〈갈 지(之)〉로서 〈갈 왕(往)〉과 같다. 따라서 여기 〈내지(來之)〉는 내왕(來往) 즉 오고[來] 감[往]을 뜻한다. 〈내지감감(來之坎坎)의 감감(坎坎)〉 역시 습감괘(習坎卦 : ䷜)의 상하체(上下體)를 밝힌다. 따라서 습감괘(習坎卦 : ䷜) 하체(下體)의 감(坎 : ☵)과 상체(上體)의 감(坎 : ☵)이 만나는 어름의 자리에 육삼(六三 : ⚋)이 있음을 밝힌 계사(繫辭)가 〈내지감감(來之坎坎)〉이다. 이어서 습감괘(習坎卦 : ䷜)의 상체(上體)가 육삼(六三 : ⚋)을 구덩이의[坎] 맨 밑바닥으로[于窞] 들인[入] 모습이라고 계사(繫辭)한 것이 〈입우감담(入于坎窞)〉이다. 이에 「상사(象辭)」가 밖에서 안으로 들어가는[來] 어려움과[坎] 안에서 밖으로 나가는[之] 어려움[坎]이란 육삼(六三 : ⚋)이 그 어려움을 극복하고자 노력해도 끝내[終] 노력한 보람이[功] 없는 것[无]이다[也]라고 풀이한 것이 〈내지감감(來之坎坎) 종무공야(終无功也)〉이다.

樽酒簋貳(준주궤이) 剛柔際也(강유제야)

한 단지의[樽] 술과[酒] 두[貳] 대그릇에 담긴 안주는[簋] 굳셈과 [剛] 부드러움이[柔] 교제함[際]이다[也].

습감괘(習坎卦 : ䷜) 육사(六四 : --)의 효상(爻象)을 〈준주(樽酒) 궤이(簋貳) 용부(用缶) 납약자유(納約自牖) 종무구(終无咎)〉라고 계사(繫辭)한 것을 〈준주궤이(樽酒簋貳) 강유제야(剛柔際也)〉라고 풀이한다.

습감괘(習坎卦 : ䷜)의 육사(六四 : --)는 정당한 자리에 있고 어디서도 도움을 받지 못해도 공순(恭順)한지라, 험난한 때에 군왕(君王)인 구오(九五 : ―)를 모시는 경대부(卿大夫) 노릇을 정성껏 다함을 밝힌 계사(繫辭)가 〈준주(樽酒) 궤이(簋貳) 용부(用缶) 납약자유(納約自牖) 종무구(終无咎)〉이다. 험난(險難)한 때를 맞아 경대부로서 〈준주(樽酒) 궤이(簋貳) 용부(用缶) 납약자유(納約自牖)〉로써 검약하게 제물(祭物)을 올림은 육사(六四 : --)가 구오(九五 : ―)를 정성껏 섬기는 모습을 암시한다. 옹기항아리를 들창[牖] 너머로[自] 간소하게[約] 봉납함[納]이 〈납약자유(納約自牖)〉라는 계사(繫辭)이다. 〈자유(自牖)〉는 중험(重險)한 때를 당하여 몸 둘 바를 모를 마음가짐으로 경대부 육사(六四 : --)가 군왕(君王)인 구오(九五 : ―)에게 제물(祭物)을 검소하게[約] 바침[納]을 취상(取象)한 것이다. 이에 「상사(象辭)」가 〈준주(樽酒)〉와 〈궤이(簋貳)〉에서 준(樽)과 궤(簋)는 강견(剛堅)한 것이니 양기(陽氣)인 구오(九五 : ―)의 취상(取象)으로 보고, 〈준주(樽酒)〉와 〈궤이(簋貳)〉에서 주(酒)와 대그릇에 담긴 안주[簋]는 유연(柔軟)한 것이니 음기(陰氣)인 육사(六四 : --)의 취상(取象)으로 보고, 술잔에[樽] 술이[酒] 담기고 대그릇에[簋] 안주가 놓이듯이 굳센[剛] 구오(九五 : ―)와 부드러운[柔] 육사(六四 : --)가 찰떡궁합으로 〈비(比)〉 즉 이웃하여 교제함[際]을 밝힌 것이 〈준주궤이(樽酒簋貳) 강유제야(剛柔際也)〉이다.

坎不盈(감불영) 中未大也(중미대야)

물구덩이가[坎] 넘치지 않음은[不盈] 정도를 따라[中] 지나침이 [大] 없음[未]이다[也].

습감괘(習坎卦 : ䷜) 구오(九五 : ⚊)의 효상(爻象)을 〈감불영(坎不盈) 지기평(祇既平) 무구(无咎)〉라고 계사(繫辭)한 것을 〈감불영(坎不盈) 중미대야(中未大也)〉라고 풀이한다.

습감괘(習坎卦 : ䷜)의 구오(九五 : ⚊)는 정당한 자리에 있고, 중효(中爻)로서 득중(得中) 즉 정도를 따름을[中] 취하여[取] 군왕(君王)의 일을 다하려는 구오(九五 : ⚊)의 모습을 밝힌 계사(繫辭)가 〈감불영(坎不盈) 지기평(祇既平) 무구(无咎)〉이다. 〈감불영(坎不盈)〉은 득중(得中) 즉 정도를 따름을[中] 취하여[得] 지나침이 없다고 구오(九五 : ⚊)를 밝힌다. 감(坎 : ☵)의 중효(中爻) 자리는 흘러가는 물의 중류(中流)와 같다. 중류(中流)에는 물의 고임이 없어 넘칠[盈] 일이 없음을 거듭해 밝힌 것이 〈지기평(祇既平)〉이다. 따라서 아무리 험난(險難)한 경우를 당할지라도 자신감을 잃지 않는다면 항상 극복할 수 있는 기회가 있음을 깨닫게 하는 계사(繫辭)가 〈지기평(祇既平)〉이다. 〈지기평(祇既平)〉 이는 위기(危機)에 처할수록 절망하지 말라 함이다. 〈지기평(祇既平)〉이면 하늘이 무너져도 솟아날 구멍은 있다. 구오(九五 : ⚊)처럼 득중(得中) 즉 정도를 따름을[中] 취하여[得] 자신감을 갖추기만 하면 〈지기평(祇既平)〉인지라 허물이[咎] 없다[无]고 밝힌 것이 〈무구(无咎)〉이다. 이에 「상사(象辭)」가 습감괘(習坎卦 : ䷜) 상체(上體)의 중효(中爻)로서 구오(九五 : ⚊)의 효상(爻象)인 〈감불영(坎不盈)〉을 구오(九五 : ⚊)가 중도를[中] 취할 뿐이지 지나침[大]이란 없다[未]라고 풀이한 것이 〈감불영(坎不盈) 중미대야(中未大也)〉이다.

上六失道(상륙실도) 凶三歲也(흉삼세야)

상륙이[上六] 길을[道] 잃음은[失] 흉함이[凶] 삼 년[三歲]이다[也].

습감괘(習坎卦 : ䷜) 상륙(上六 : ⚋)의 효상(爻象)을 〈계용휘묵(係用徽纆) 치우총극(寘于叢棘) 삼세부득(三歲不得) 흉(凶)〉이라고 계사(繫辭)한 것을 〈상륙실도(上六失道) 흉삼세야(凶三歲也)〉라고 풀이한다.

습감괘(習坎卦 : ䷜)의 상륙(上六 : ⚋)은 정당한 자리에 있지만 맨 윗자리인지라 좋을 리 없고, 유약(柔弱)하고 무능한 모습과 같음을 밝힌 계사(繫辭)가 〈계용휘묵(係用徽纆) 치우총극(寘于叢棘) 삼세부득(三歲不得) 흉(凶)〉이다. 〈계용휘묵

(係用徽纆)〉은 상륙(上六 : --)의 헤어날 수 없는 간고(艱苦)한 모습을 취상(取象)한 것이다. 〈계용휘묵(係用徽纆)의 계용(係用)〉은 손[手]이 있어야 가능하고, 〈계용휘묵(係用徽纆)의 휘묵(徽纆)〉은 〈승직(繩直)〉 즉 먹줄[繩直]로써 연상된다. 〈휘(徽)〉는 세 겹의 검은 흑색(黑索) 즉 검정 노끈[黑索]이고, 〈묵(纆)〉은 두 겹의 검정 노끈[黑索]이다. 이런 〈휘묵(徽纆)〉으로써[用] 〈계(係)〉 즉 묶인[係] 모습이 습감괘(習坎卦 : ䷜) 상륙(上六 : --)의 모습과 같다. 뿐만 아니라 습감괘(習坎卦 : ䷜) 상륙(上六 : --)의 모습은 〈치우총극(寘于叢棘)〉의 모습과 같다. 〈치우총극(寘于叢棘)의 치(寘)〉는 여기선 〈보일 시(示)〉와 통한다. 〈치우총극(寘于叢棘)의 총극(叢棘)〉이란 빙 둘러서 가시나무가 빽빽이 심겨진 뇌옥(牢獄) 즉 가시나무 울타리의[牢] 감옥[獄]을 말하니 〈총극(叢棘)〉이란 죄인을[罪人] 잡아다[拘] 묶어둔[縶之] 곳[處]인 형옥(刑獄)을 뜻한다. 〈휘묵(徽纆)〉으로써[用] 묶인[係] 채로 감옥에[于叢棘](감금돼) 보이는[寘] 모습과 같음이 습감괘(習坎卦 : ䷜) 상륙(上六 : --)의 모습이다. 상륙(上六 : --)이 삼 년이 지나도 풀려날 수 없는 중죄(重罪)를 범한 모습 같다고 밝힌 것이 〈삼세부득(三歲不得)〉이다. 이에 「상사(象辭)」가 상륙(上六 : --)이 습감괘(習坎卦 : ䷜)의 맨 윗자리에 있다는 것은 유약(柔弱)하면서 무능한 인간 같아 자신을 보호할 방도(方道)마저 잃어버려[失] 흉(凶)하기가 삼 년(三年)이나 된 것이라고 밝힌다. 자연의[天之] 이치[道]를 저버리고 어긴 탓으로 삼 년이 지나도 사면(赦免)받지 못하는 중죄(重罪)를 범한 모습인 습감괘(習坎卦 : ䷜) 상륙(上六 : --)의 효상(爻象)을 「상사(象辭)」가 풀이한 것이 〈상륙실도(上六失道) 흉삼세야(凶三歲也)〉이다.

30 이괘(離卦 : ䷝) 상사(象辭)

이하이상(離下離上) : 아래도[下] 이(離 : ☲), 위도[上] 이(離 : ☲).

이위화(離爲火) : 이는[離] 불[火]이다[爲].

明兩作離이다 大人以繼明하여 照于四方한다 履錯之敬은 以辟咎也이다 黃離元吉은 得中道也이다 日昃之離는 何可久也이다 突如其來如는 无所容也이다 六五之吉은 離王公也이다 王用出征은 以正邦也이다

(명양작리 대인이계명 조우사방 이착지경 이피구야 황리원길 득중도야 일측지리 하가구야 돌여기래여 무소용야 육오지길 이왕공야 왕용출정 이정방야)

밝음[明] 둘이[兩] 일어남이[作] 이괘이다[離]. 대인이[大人] (이괘를) 본받아서[以] 밝음을[明] 계승하여[繼] 사방에[于四方] 빛난다[照]. (땅을) 밟고 있고[履] (알록달록한 삼라만상에) 어리둥절함을[錯之] 신중하고 성실히 맞이함은[敬] 그로써[以] 허물을[咎] 피함[辟]이다[也]. 황색의[黃] 밝음이[離] 크게[元] 좋음은[吉] 정도를[道] 따름을[中] 취함[得]이다[也]. 해가[日] 기우는[昃之] 밝음이[離] 어찌[何] 오래갈 수 있을 것[可久]인가[也]. 갑작스런[突] 듯[如] 그것이[其] 오는[來] 듯함은[如] 품어줄[容] 데가[所] 없음[无]이다[也]. 육오가[六五之] 좋다 함은[吉] 임금에게[王公] {중정(中正)이} 붙어 있음[離]이다[也]. 임금이[王] 등용해[用] 정벌을[征] 나아감은[出] 그로써[以] 나라를[邦] 바르게 한 것[正]이다[也].

【지남(指南)】

明兩作離(명양작리) 大人以繼明(대인이계명) 照于四方(조우사방)

밝음[明] 둘이[兩] 일어남이[作] 이괘이다[離]. 대인이[大人] (이괘를)

본받아서[以] 밝음을[明] 계승하여[繼] 사방에[于四方] 빛난다[照].

이괘(離卦 : ䷝)의 괘상(卦象)을 〈이(離) 이정(利貞) 형(亨) 휵빈우(畜牝牛) 길(吉)〉이라고 계사(繫辭)한 것을 〈명양작리(明兩作離) 대인이계명(大人以繼明) 조우사방(照于四方)〉이라고 풀이한다.

감(坎 : ☵)은 〈함(陷)〉 즉 허방에 빠짐[陷]이다. 빠지면 반드시 붙을 곳 즉 바닥이 있게 마련인지라 습감괘(習坎卦 : ䷜) 다음에 이괘(離卦 : ䷝)가 온 것이다. 이괘(離卦 : ䷝)의 〈이(離)〉는 〈여(麗)-부(附)〉 즉 붙음[麗]이다. 이괘(離卦 : ䷝)는 앞 습감괘(習坎卦 : ䷜)와 반대의 괘(卦)이다. 감(坎 : ☵)은 무엇에나 스며드는[濡] 물[水]이고 어둠[暗]이며, 이(離 : ☲)는 무엇에나 붙는[麗] 불[火]이고 밝음[明]이다. 이괘(離卦 : ䷝)의 〈이(離)〉가 바로 그 밝음[明]인지라 곧고 발라[貞] 이롭다[利]고 밝힌 것이 〈이(離) 이정(利貞)〉이다. 〈정(貞)〉은 성신(誠信) 즉 정성스럽고[誠] 미더워[信] 공정(公正)함이다. 이렇기 때문에 〈이정(利貞)〉은 통한다[亨]고 밝힌 것이 〈형(亨)〉이다. 〈형(亨)〉이란 번성(繁盛)하고 순탄(順坦)함을 말한다.

이괘(離卦 : ䷝)의 괘상(卦象)이 왜 〈이정(利貞) 형(亨)〉인가를 밝힌 계사(繫辭)가 〈휵빈우(畜牝牛)〉이다. 음양(陰陽)을 빈모(牝牡) 즉 암컷과[牝] 수컷[牡]으로 나타내기도 한다. 빈(牝) 즉 암컷을 음(陰 : --)이라 하고, 모(牡) 즉 수컷을 양(陽 : —)이라 한다. 따라서 〈휵빈우(畜牝牛)의 빈우(牝牛)〉는 이괘(離卦 : ䷝) 상하체(上下體)의 중효(中爻)인 육이(六二 : --)와 육오(六五 : --)를 나타낸다. 〈휵빈우(畜牝牛)〉는 이괘(離卦 : ䷝)의 양효(陽爻 : —)들이 위아래서 이괘(離卦 : ䷝)의 중효(中爻)인 음효(陰爻 : --) 즉 〈빈우(牝牛)〉를 휵양(畜養) 즉 길러냄[畜養]을 밝히는 계사(繫辭)이다. 〈휵빈우(畜牝牛)의 휵(畜)〉은 이괘(離卦 : ䷝)의 양기(陽氣 : —)가 지나쳐 치우칠 수 있음을 마땅하게 다스림을 암시하기도 한다. 이에 「상사(象辭)」가 이괘(離卦 : ䷝)의 괘상(卦象)이 상하체(上下體)가 모두 이(離 : ☲)임을 들어 밝음[明] 둘이[兩] 일어나는[作] 모습이라고 풀이한 것이 〈명양작리(明兩作離)〉이다. 대인(大人)이 이를 깨닫고 이괘(離卦 : ䷝)를 본받아[以] 밝음을[明] 계승한다[繼]고 밝힌 것이 〈대인이계명(大人以繼明)〉이다. 〈대인(大人)〉은 이괘(離卦 : ䷝)를 본받아[以] 이괘(離卦 : ䷝)의 밝음[明]으로써[以] 온 세상을[于四方] 비춘다[照]고 밝힌 것이 〈조우사방(照于四方)〉이다. 온 세상 모든 것들을 〈위공(爲公)〉 즉 하나가[公] 되게[爲] 비추고자[照] 〈대인(大人)〉이 이괘(離卦 : ䷝)의 괘상(卦象)인 〈명양작(明兩作)〉을 본받아[以] 밝음을[明] 계승한다[繼]고 밝힌 것이 〈명양작리(明兩作離) 대인이계명(大人以繼明) 조우사방(照于四方)〉이다.

履錯之敬(이착지경) 以辟咎也(이피구야)

(땅을) 밟고 있고[履] (알록달록한 삼라만상에) 어리둥절함을[錯之] 신중하고 성실히 맞이함은[敬] 그로써[以] 허물을[咎] 피함[辟]이다[也].

이괘(離卦 : ䷝) 초구(初九 : ⚊)의 효상(爻象)을 〈이착연(履錯然) 경지(敬之) 무구(无咎)〉라고 계사(繫辭)한 것을 〈이착지경(履錯之敬) 이피구야(以辟咎也)〉라고 풀이한다.

이괘(離卦 : ䷝)의 초구(初九 : ⚊)는 정당한 자리에 있고, 맨 밑자리에서 강건(剛健)하면서도 온갖 것들을 처음 만나는 모습임을 밝힌 계사(繫辭)가 〈이착연(履錯然) 경지(敬之) 무구(无咎)〉이다. 초구(初九 : ⚊)가 만상(萬象) 앞에 땅을 밟고 서서[履] 찬란한 만상을 성실히 삼가며 마주하는 모습을 풀이한 것이 〈이착연(履錯然) 경지(敬之)〉이다. 〈경지(敬之)〉는 바로 앞의 〈착연(錯然)〉을 거듭해 밝힌 계사(繫辭)이다. 왜냐하면 〈착연(錯然)〉이란 〈경신모(敬愼貌)〉 즉 받들어[敬] 삼가는[愼] 모습[貌]을 뜻하기 때문이다. 초구(初九 : ⚊)가 밝게 드러나는[見] 삼라만상(森羅萬象)을 마주하면서 경거망동(輕擧妄動)하지 않고 그 모습을 신중하고 성실히 받듦인지라[敬之] 이괘(離卦 : ䷝)의 초구(初九 : ⚊)에게 허물이[咎] 없음[无]이다. 이에 「상사(象辭)」가 만물(萬物)의 상현(相見) 즉 서로[相] 드러나는[見] 상황에서 강건함[剛健] 하나만 믿고 경솔하게 행동하지 않고, 이괘(離卦 : ䷝) 초구(初九 : ⚊)가 처음 겪는 〈이(履)〉를 〈착연(錯然)〉 즉 받들어[敬] 삼가는[愼] 모습으로써 마주함을 주목하고, 그 〈착연(錯然)〉 즉 경신지모(敬愼之貌) 때문에 이괘(離卦 : ䷝) 초구(初九 : ⚊)가 〈피구(辟咎)〉 즉 허물을[咎] 피한다[辟]고 풀이한 것이 〈이착지경(履錯之敬) 이피구야(以辟咎也)〉이다.

黃離元吉(황리원길) 得中道也(득중도야)

황색의[黃] 밝음이[離] 크게[元] 좋음은[吉] 정도를[道] 따름을[中] 취함[得]이다[也].

이괘(離卦 : ䷝) 육이(六二 : --)의 효상(爻象)을 〈황리(黃離) 원길(元吉)〉이라고 계사(繫辭)한 것을 〈황리원길(黃離元吉) 득중도야(得中道也)〉라고 풀이한다.

이괘(離卦 : ䷝)의 육이(六二 : --)는 정당한 자리에 있고 상하(上下)의 강건(剛健)한 양효(陽爻 : ─)와 이웃의 사귐[比]을 누리면서 득중(得中) 즉 정도를 따름을[中] 취함[得]을 밝힌 계사(繫辭)가 〈황리(黃離) 원길(元吉)〉이다. 육이(六二 : --)가 황색으로[黃] 빛난다[離]는 것이 〈황리(黃離)〉이다. 〈황리(黃離)의 황(黃)〉은 육이(六二 : --)가 득중(得中)하여 공정(公正)함을 뜻한다. 〈황리(黃離)의 이(離)〉는 육이(六二 : --)가 처어명(處於明) 즉 밝음에[於明] 있음[處]을 밝힌다. 육이(六二 : --)가 이괘(離卦 : ䷝)의 하괘(下卦) 이(離 : ☲)의 중효(中爻)로서 정위(正位)에서 정도를 따름을[中] 취하여[得] 공정(公正)하므로 〈원길(元吉)〉 즉 크게[元] 길(吉)하다고 밝힌 것이 〈황리(黃離) 원길(元吉)〉이다. 이에 「상사(象辭)」가 육이(六二 : --)의 〈황리원길(黃離元吉)〉은 〈득중도(得中道)〉 즉 정도를[道] 따름을[中] 취함[得]이라고 풀이한 것이 〈황리원길(黃離元吉) 득중도야(得中道也)〉이다.

日昃之離(일측지리) 何可久也(하가구야)

해가[日] 기우는[昃之] 밝음이[離] 어찌[何] 오래갈 수 있을 것[可久]인가[也].

이괘(離卦 : ䷝) 구삼(九三 : ─)의 효상(爻象)을 〈일측지리(日昃之離) 불고부이가(不鼓缶而歌) 즉대질지차(則大耋之嗟) 흉(凶)〉이라고 계사(繫辭)한 것을 〈일측지리(日昃之離) 하가구야(何可久也)〉라고 풀이한다.

이괘(離卦 : ䷝)의 구삼(九三 : ─)은 정당한 자리에 있고, 이괘(離卦 : ䷝) 하체(下體)의 상효(上爻)이니 상체(上體)로 올라가려 하지만 중천(中天)을 넘어서 지는 해 같은 모습임을 밝힌 것이 〈일측지리(日昃之離) 불고부이가(不鼓缶而歌) 즉대질지차(則大耋之嗟) 흉(凶)〉이다. 대성괘(大成卦)의 상하체(上下體)를 동서남북(東西

南北)으로 나타낼 때는 하체(下體)는 서북(西北)이 되고 상체(上體)는 동남(東南)이 된다. 그러니 구삼(九三 : ⚊)은 하체(下體) 이(離 : ☲) 즉 서쪽으로 기우는[昃] 해[日]가 되는지라 〈일측지리(日昃之離)〉라고 계사(繫辭)한 것이다. 고대(古代)에는 서쪽으로 기우는 해를 늙음으로, 동쪽에서 떠오르는 해를 젊음으로 비유했다. 이에 〈일측지리(日昃之離)〉를 이어서 〈불고부이가(不鼓缶而歌)〉라고 계사(繫辭)한 것이다. 젊은이의 생일이면 옹기단지를[缶] 북삼아 치면서[鼓而] 노래를 불렀다[歌]. 구삼(九三 : ⚊)은 해가[日] 서쪽으로 기움이니[昃之] 늙은이와 같은지라 옹기단지를[缶] 북삼아 치면서[鼓而] 노래를 부르지 않고[不歌] 곧장[則] 늙은이가[大耋之] 슬퍼하니[嗟] 딱한[凶] 모습이란 것이 〈즉대질지차(則大耋之嗟) 흉(凶)〉이다. 이에 「상사(象辭)」가 해가[日] 기우는[昃之] 밝음[離] 즉 늙은이의 수명이란 오래 갈 수 없다[不可久]고 풀이한 것이 〈일측지리(日昃之離) 하가구야(何可久也)〉이다.

突如其來如(돌여기래여) 无所容也(무소용야)

갑작스런[突] 듯[如] 그것이[其] 오는[來] 듯함은[如] 品어줄[容] 데가[所] 없음[无]이다[也].

이괘(離卦 : ䷝) 구사(九四 : ⚊)의 효상(爻象)을 〈돌여기래여(突如其來如) 분여(焚如) 사여(死如) 기여(棄如)〉라고 계사(繫辭)한 것을 〈돌여기래여(突如其來如)〉 무소용야(无所容也)〉라고 풀이한다.

이괘(離卦 : ䷝)의 구사(九四 : ⚊)는 정당한 자리에 있지 못하고 육오(六五 : ⚋)와는 이웃의 사귐[比]을 누리지만, 초구(初九 : ⚊)와는 서로 호응하지 못하는[不應] 모습인데다 구삼(九三 : ⚊)과 부딪치는 모습임을 밝힌 것이 〈돌여기래여(突如其來如) 분여(焚如) 사여(死如) 기여(棄如)〉이다. 〈돌여기래여(突如其來如)〉는 내호괘(內互卦) 손(巽 : ☴)의 상효(上爻)임을 들어 구사(九四 : ⚊)가 돌풍이 불듯 갑작스런[突] 듯이[如] 닥쳐오는[來] 듯하다[如]고 계사(繫辭)한 것이다. 〈돌여기래여(突如其來如)〉는 돌개바람[飄風] 같아 경만(輕慢) 즉 경솔하고[輕] 오만스럽다[慢] 함이다. 인간이 이(離 : ☲)의 밝음[明]을 본받아 총명(聰明)하다 한들 그 총명이 순풍(淳風) 같아야지 돌풍(突風) 즉 돌개바람[飄風] 같다면 어리석음을 범하는 것이다. 이어서 〈분여(焚如)〉는 이괘(離卦 : ䷝)의 상체(上體) 이(離 : ☲)와 내호괘(內互卦) 손(巽 : ☴)을 빌려 구사(九四 : ⚊)를 취상(取象)한 것이다. 구사(九四 : ⚊)가 나무[木]인 손(巽 : ☴)의 상효(上爻)이면서 이괘(離卦 : ䷝)의 상체(上體) 불[火]인 이(離 : ☲)의 초효(初爻)인지라 구사(九四 : ⚊)를 불에 타는[焚] 듯하다[如]고 한 것이다. 돌풍에 휩싸이면서 불까지 붙어버린 구사(九四 : ⚊)야말로 스스로를 죽이는[死] 듯해[如] 스스로 버려지는[棄] 듯하다[如]는 것이 〈돌여기래여(突如其來如) 분여(焚如) 사여(死如) 기여(棄如)〉이다. 이에 「상사(象辭)」가 구사(九四 : ⚊)의 〈돌여기래여(突如其來如)〉를 〈무소용(无所容)〉 즉 품어줄[容] 데가[所] 없다[无]고 밝힌 것이 〈돌여기래여(突如其來如) 무소용야(无所容也)〉이다.

六五之吉(육오지길) 離王公也(이왕공야)

육오가[六五之] 좋다 함은[吉] 임금에게[王公] {중정(中正)이} 붙어 있음[離]이다[也].

이괘(離卦 : ䷝) 육오(六五 : ⚋)의 효상(爻象)을 〈출체타약(出涕沱若) 척차약(戚嗟若) 길(吉)〉이라고 계사(繫辭)한 것을 〈육오지길(六五之吉) 이왕공야(離王公也)〉라고 풀이한다.

이괘(離卦 : ䷝)의 육오(六五 : ⚋)는 정당한 자리에 있지 못하지만, 군왕(君王)의 자리를 보전(保全)하면서 정도를 따름을[中] 취함[得]으로써 어울릴 바를 다하는 모습임을 밝힌 것이 〈출체타약(出涕沱若) 척차약(戚嗟若) 길(吉)〉이다. 〈출체타약(出涕沱若)〉은 유순(柔順)한 육오(六五 : ⚋)가 중효(中爻)로서 정도를 따름을[中] 취하되[得] 나약한 군왕(君王)임을 암시한다. 〈출체타약(出涕沱若)〉은 「설괘전(說卦傳)」에 나오는 〈이위목(離爲目)〉을 상기시킨다. 〈출체타약(出涕沱若)〉은 육오(六五 : ⚋)가 눈에서[目] 눈물이 주룩주룩[涕沱] 흘러나오는[出] 듯한[若] 모습이라는 것이다. 그리고 〈척차약(戚嗟若)〉은 육오(六五 : ⚋)가 걱정스러워[戚] 입에서[口] 탄식하는 소리가 나오는[嗟] 듯한[若] 모습이라는 것이다. 유순(柔順)한 육오(六五 : ⚋)가 득중(得中)하여 군왕(君王)의 길을 넓히고자 하지만 신하의 보좌를 바랄 수 없음을 〈출체타약(出涕沱若) 척차약(戚嗟若)〉이 헤아려 보게 한다. 군왕(君王)으로서 육오(六五 : ⚋)가 관유(寬柔)한 치국(治國)이 이루어지지 못함을 눈물을 흘리듯 탄식하고 안타까워하기에 육오(六五 : --)는 흉(凶)하지 않고 길(吉)하다고 밝힌 계사(繫辭)가 〈출체타약(出涕沱若) 척차약(戚嗟若) 길(吉)〉이다. 이에 「상사(象辭)」가 육오(六五 : --)가 안타까운 모습임에도 불구하고 길(吉)하다고 함은 유순(柔順)한 육오(六五 : --)가 올바르고[正] 정도를 따름[中]으로써 군왕의 자리를[王公] 지키고 있기[離] 때문임을 밝힌 것이 〈육오지길(六五之吉) 이왕공야(離王公也)〉이다.

王用出征(왕용출정) 以正邦也(이정방야)

입금이[王] 등용해[用] 정벌을[征] 나아감은[出] 그로써[以] 나라를[邦] 바르게 한 것[正]이다[也].

이괘(離卦 : ䷝) 상구(上九 : ㅡ)의 효상(爻象)을 〈왕용출정(王用出征) 유가(有嘉) 절수(折首) 획비기추(獲匪其醜) 무구(无咎)〉라고 계사(繫辭)한 것을 〈왕용출정(王用出征) 이정방야(以正邦也)〉라고 풀이한다.

이괘(離卦 : ䷝)의 상구(上九 : ㅡ)는 정당한 자리에 있지 못하지만 광명(光明)의 모습인 이괘(離卦 : ䷝)의 맨 윗자리에서 아래를 살펴, 광정(匡正)으로 이끌어 갈 수 있는 상왕(上王)의 모습임을 밝힌 것이 〈왕용출정(王用出征) 유가(有嘉) 절수(折首) 획비기추(獲匪其醜) 무구(无咎)〉이다. 〈왕용출정(王用出征)〉은 유순(柔順)하여 나약한 군왕(君王)인 육오(六五 : --)가 단행하지 못하는 〈출정(出征)〉을 현자(賢者)이면서도 강강(剛强)한 상구(上九 : ㅡ)가 왕명(王命)을 받고 정벌에[征] 나섬[出]을 밝힌 계사(繫辭)이다. 출정을[出征] 시행하자면[用] 병사들이 입을 갑옷과[甲] 투구[冑] 그리고 무기와[戈] 병졸[兵]이 갖추어져야 함을 밝힌 계사(繫辭)가 〈왕용출정(王用出征)〉이다. 이어지는 계사(繫辭) 〈유가(有嘉)〉는 상구(上九 : ㅡ)가 영토를 넓히고자 군사를 동원해 나아감[出征]이 아니라 나라를 어지럽히는 역도(逆徒)를 토벌하기 위한 〈출정(出征)〉이기 때문에 그 〈출정(出征)〉을 〈유가(有嘉)〉라고 밝힌다. 여기 〈유가(有嘉)의 가(嘉)〉는 상구(上九 : ㅡ)를 가리킨다. 강강(剛强)하면서도 선미(善美)한 양기(陽氣 : ㅡ)를 일러 〈가(嘉)〉라고 칭(稱)한다. 이어지는 〈절수(折首) 획비기추(獲匪其醜)〉는 상왕(上王)인 상구(上九 : ㅡ)의 〈출정(出征)〉이 〈유가(有嘉)〉인 까닭을 밝힌 계사(繫辭)이다. 〈절수(折首)〉란 상구(上九 :

⚊)가 시행한 〈출정(出征)〉으로써 나라를 어지럽히는 무리의 우두머리를[首] 잡아 머리를[首] 잘라[折] 혼란의 근원을 없앴다는 계사(繫辭)이다. 상구(上九 : ⚊)의 〈출정(出征)〉으로써 나라를 혼란하게 하는 무리를[其醜] 뿌리 뽑고 나라를 바르게 하는 무리를 획득하게[獲] 되었음을 〈획비기추(獲匪其醜)〉가 밝히고, 이는 허물이[咎] 없다[无]고 밝힌 계사(繫辭)가 〈무구(无咎)〉이다. 이에 「상사(象辭)」가 상구(上九 : ⚊)가 왕명(王命)을 받고 출정을[出征] 시행한[用] 것은 그렇게 함으로써[以] 나라를[邦] 올바르게 한 것[正]이라고 풀이한 것이 〈왕용출정(王用出征) 이정방야(以正邦也)〉이다.

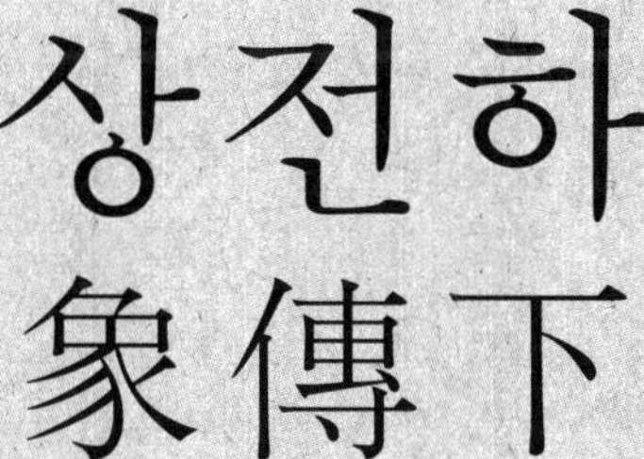

상전하
象傳下

31 함괘(咸卦 : ䷞) 상사(象辭)

간하태상(艮下兌上) : 아래는[下] 간(艮 : ☶), 위는[上] 태(兌 : ☱).

택산함(澤山咸) : 못과[澤] 산은[山] 함이다[咸].

山上有澤咸이다 君子以虛受人한다 咸其拇는 志在外也이다 雖凶居吉은 順不害也이다 咸其股는 亦不處也이다 志在隨人하니 所執下也이다 貞吉悔亡는 未感害也이다 憧憧往來는 未光大也이다 咸其脢는 志末也이다 咸其輔頰舌은 滕口說也이다

산상유택함 군자이허수인 함기무 지재외야 수흉거길 순불해야 함기고 역불처야 지재수인 소집하야 정길회무 미감해야 동동왕래 미광대야 함기매 지말야 함기보협설 등구열야

산 위에[山上] 못이[澤] 있음이[有] 함괘이다[咸]. 군자는[君子] (함괘를) 본받아[以] 사사로운 욕심 없이[虛] 사람을[人] 받아들인다[受]. 제[其] 엄지발가락으로써[拇] 함께 감응함은[咸] 뜻이[志] 밖에[外] 있음[在]이다[也]. 비록[雖] 흉하지만[凶] 머물면[居] 좋음은[吉] 따르면[順] 해로울 것이[害] 없음[不]이다[也]. 제[其] 넓적다리로써[股] 함께 감응함은[咸] 역시[亦] 멈추지 않음[不處]이다[也]. {그 불처(不處)의} 뜻이[志] 사람을[人] 따름에[隨] 있는지라[在] (자신을) 낮추기를[下] 지키는[執] 것[所]이다[也]. 진실로 미더우면[貞] 행복하여[吉] 후회함이[悔] 없음은[亡] 감응함을[感] 해롭게 하지 않음[未害]이다[也]. 망설이고[憧] 망설이며[憧] 가고 옴은[往來] 크게[大] 빛내지(뽐내지) 않음[未光]이다[也]. 제[其] 등골로써[脢] 함께 감응함은[咸] (어느 쪽과 교감할지) 뜻이 아직 정해지지 못한 것[末志]이다[也]. 제[其] 광대뼈와[輔] 볼과[頰] 혀로써[舌] 함께 감응함은[咸] 소갈머리 없이[滕] {함(咸)의} 기쁨을[說] 지껄이는 짓[口]이다[也].

【지남(指南)】

山上有澤咸(산상유택함) 君子以虛受人(군자이허수인)

산 위에[山上] 못이[澤] 있음이[有] 함괘이다[咸]. 군자는[君子] (함괘를) 본받아[以] 사사로운 욕심 없이[虛] 사람을[人] 받아들인다[受].

함괘(咸卦 : ䷞)의 괘상(卦象)을 〈함형(咸亨) 이정(利貞) 취녀길(取女吉)〉이라고 계사(繫辭)한 것을 〈산상유택함(山上有澤咸) 군자이허수인(君子以虛受人)〉이라고 풀이한다.

함괘(咸卦 : ䷞)는 앞 이괘(離卦 : ䷝)를 순차(順次)하는 것이 아니라 새로 시작하는 괘(卦)이다. 함괘(咸卦 : ䷞)의 하체(下體)는 간(艮 : ☶)이고 상체(上體)는 태(兌 : ☱)이다. 함괘(咸卦 : ䷞)의 〈함(咸)〉은 상체(上體) 태(兌 : ☱)와 하체(下體) 간(艮 : ☶)이 따로따로[獨] 있지 않고 모두 함께함[咸]을 살펴 헤아리게 한다. 왜냐하면 함괘(咸卦 : ䷞)의 〈함(咸)〉이 남녀(男女)의 감통(感通)을 일깨우기 때문이다. 함괘(咸卦 : ䷞)에서 간(艮 : ☶)-태(兌 : ☱)의 교감(交感) 즉 짝함[交感]이 신속함을 밝힌 괘사(卦辭)가 〈함형(咸亨)〉이다. 〈함형(咸亨)의 함(咸)〉은 간(艮 : ☶)의 소남(少男)과 태(兌 : ☱)의 소녀(少女)가 감통(感通)하여 남녀가 짝함을 계사(繫辭)한 것이고, 〈함형(咸亨)의 형(亨)〉은 그 교감(交感)이 머뭇거림 없이 신속함[速]을 뜻한다. 젊은 남녀가 교감(交感)한 연후에 후사(後嗣) 즉 뒤를[後] 이어줄[嗣] 자녀들이 번성할 터이니 〈함형(咸亨)〉이다. 이어서 〈형(亨)〉을 풀이한 것이 〈이정(利貞)〉이다. 〈정(貞)〉은 신실한 미더움[貞]이다. 〈형(亨)〉을 풀이한 것이 〈이정(利貞)〉이고, 〈형(亨) 이정(利貞)〉을 구체적으로 밝힌 것이 〈취녀길(取女吉)〉이다. 〈취녀길(取女吉)의 취(取)〉는 여기선 〈장가들 취(娶)〉와 같다. 사내가[男之] 여자를[女] 맞아 장가듦은[取] 〈길(吉)〉 즉 행복하다[吉] 함은 남녀가 짝하여 후사(後嗣)를 번성하게 함을 묶어 밝힌 것이 〈함형(咸亨) 이정(利貞) 취녀길(取女吉)〉이다.

이에 「상사(象辭)」가 함괘(咸卦 : ䷞)의 괘상(卦象)은 산(山) 위에[上] 못이[澤] 있음[有]이라고 밝히고, 산은 못에게 자리를 마련해주고 못은 스며들 물을 산에게 제공해주니 간(艮 : ☶)의 산과 태(兌 : ☱)의 물이 다 함께 짝하는 함괘(咸卦 : ䷞)의 괘상(卦象)을 군자가[君子] 본받아[以] 〈허수인(虛受人)〉 즉 비움으로[虛] 사람을[人] 받아들인다[受]는 것이다. 〈허수인(虛受人)의 허(虛)〉는 〈이정(利貞)의 정(貞)〉을 밝힌다. 군자가[君子] 함괘(咸卦 : ䷞)의 괘상(卦象)을 본받아[以] 〈허(虛)〉 즉 무욕(無欲)으로 〈수인(受人)〉 즉 사람들을[人] 받아들이니[受] 사람들과 다 함께 교감하여[咸] 일마다 막힘없이 통하여 이롭게 됨을 밝힌 것이 〈산상유택함(山上有澤咸) 군자이허수인(君子以虛受人)〉이다.

咸其拇(함기무) 志在外也(지재외야)

제[其] 엄지발가락으로써[拇] 함께 감응함은[咸] 뜻이[志] 밖에[外] 있음[在]이다[也].

함괘(咸卦 : ䷞) 초륙(初六 : --)의 효상(爻象)을 〈함기무(咸其拇)〉라고 계사(繫辭)한 것을 〈함기무(咸其拇) 지재외야(志在外也)〉라고 풀이한다.

함괘(咸卦 : ䷞)의 초륙(初六 : --)은 정당한 자리에 있지 못하지만, 구사(九四 : ㅡ)와는 음양(陰陽)의 사이인지라 서로[相] 호응하여[應] 교감(交感)하는 사이임을 〈함기무(咸其拇)〉라고 계사(繫辭)한 것이다. 이에 「상사(象辭)」가 〈함기무(咸其拇)〉란 초륙(初六 : --)이 구사(九四 : ㅡ)와 교감함[咸]이고, 이런 〈함(咸)〉을 마음 가는 바가[志] 밖에[外] 즉 구사(九四 : ㅡ)에게 있음[在]이라고 풀이한 것이 〈함기무(咸其拇) 지재외야(志在外也)〉이다.

雖凶居吉(수흉거길) 順不害也(순불해야)

비록[雖] 흉하지만[凶] 머물면[居] 좋음은[吉] 따르면[順] 해로울 것이[害] 없음[不]이다[也].

함괘(咸卦 : ䷞) 육이(六二 : --)의 효상(爻象)을 〈함기비(咸其腓) 흉(凶) 거(居) 길(吉)〉이라고 계사(繫辭)한 것을 〈수흉거길(雖凶居吉) 순불해야(順不害也)〉라고 풀이한다.

함괘(咸卦 : ䷞)의 육이(六二 : --)는 정당한 자리에 있고, 구삼(九三 : ㅡ)-구오(九五 : ㅡ)와 다 함께 교감하려는[咸] 모습임을 〈함기비(咸其腓)〉라고 계사(繫辭)한 것이다. 〈함기비(咸其腓)의 기비(其腓)〉는 함괘(咸卦 : ䷞)의 육이(六二 : --)가 초륙(初六 : --)의 바로 위에 있음을 장딴지[脛肉]로써 취상(取象)한다. 이에 「상사(象辭)」가 경솔하게 행동거지를 취하면 흉하지만[雖凶] 진중하게 머물면[居] 길하다[吉]고 밝힌 다음, 육이(六二 : --)가 흥분하지 않고 끝까지 유순(柔順)함을 지킨다면 해로움이[害] 없다[不]고 밝힌 것이 〈수흉거길(雖凶居吉) 순불해야(順不害也)〉이다.

咸其股(함기고) 亦不處也(역불처야) 志在隨人(지재수인) 所執下也(소집하야)

제[其] 넓적다리로써[股] 함께 감응함은[咸] 역시[亦] 멈추지 않음[不處]이다[也]. {그 불처(不處)의} 뜻이[志] 사람을[人] 따름에[隨] 있는지라[在] (자신을) 낮추기를[下] 지키는[執] 것[所]이다[也].

함괘(咸卦 : ䷞) 구삼(九三 : ━)의 효상(爻象)을 〈함기고(咸其股) 집기수(執其隨) 왕(往) 인(吝)〉이라고 계사(繫辭)한 것을 〈함기고(咸其股) 역불처야(亦不處也) 지재수인(志在隨人) 소집하야(所執下也)〉라고 풀이한다.

함괘(咸卦 : ䷞)의 구삼(九三 : ━)은 정당한 자리에 있고 상륙(上六 : --)과는 양음(陽陰)의 사이인지라 서로 〈정응(正應)〉을 누리려는 모습을 〈함기고(咸其股)〉라고 계사(繫辭)한 것이다. 이에 「상사(象辭)」가 구삼(九三 : ━)이 취하는 〈불처(不處)〉의 뜻은[志] 상대를[人] 따름에[隨] 있는지라[在] 구삼(九三 : ━)의 〈불처(不處)〉는 수동적임을 밝히고, 구삼(九三 : ━)의 〈수인(隨人)〉은 자신을 낮추기를[下] 지키는[執] 것[所]이라고 풀이한 것이 〈함기고(咸其股) 역불처야(亦不處也) 지재수인(志在隨人) 소집하야(所執下也)〉이다.

貞吉悔亡(정길회무) 未感害也(미감해야) 憧憧往來(동동왕래) 未光大也(미광대야)

진실로 미더우면[貞] 행복하여[吉] 후회함이[悔] 없음은[亡] 감응함을[感] 해롭게 하지 않음[未害]이다[也]. 망설이고[憧] 망설이며[憧] 가고 옴은[往來] 크게[大] 빛내지(뽐내지) 않음[未光]이다[也].

함괘(咸卦 : ䷞) 구사(九四 : ━)의 효상(爻象)을 〈정길(貞吉) 회무(悔亡) 동동왕

래(憧憧往來) 붕종이사(朋從爾思)〉라고 계사(繫辭)한 것을 〈정길회무(貞吉悔亡) 미감해야(未感害也) 동동왕래(憧憧往來) 미광대야(未光大也)〉라고 풀이한다.

함괘(咸卦 : ䷞)의 구사(九四 : ━)는 정당한 자리에 있지 못하나 초륙(初六 : ╍)과는 양음(陽陰)의 사이인지라 서로 〈정응(正應)〉을 누리지만, 구사(九四 : ━)가 정당한 자리에 있지 못해 불안해하는 모습을 〈정길(貞吉) 회무(悔亡) 동동왕래(憧憧往來) 붕종이사(朋從爾思)〉라고 계사(繫辭)한 것이다. 이에 「상사(象辭)」가 〈정길(貞吉) 회무(悔亡)〉의 계사(繫辭)를 감응함을[感] 해롭게 하지 않음[未害]이라고 풀이하고, 〈동동왕래(憧憧往來)〉를 크게[大] 빛내지 않음[未光]이라고 풀이한 것이 〈정길회무(貞吉悔亡) 미감해야(未感害也) 동동왕래(憧憧往來) 미광대야(未光大也)〉이다.

咸其脢(함기매) 志末也(지말야)

제[其] 등골로써[脢] 함께 감응함은[咸] (어느 쪽과 교감할지) 뜻이 아직 정해지지 못한 것[末志]이다[也].

함괘(咸卦 : ䷞) 구오(九五 : ━)의 효상(爻象)을 〈함기매(咸其脢) 무회(无悔)〉라고 계사(繫辭)한 것을 〈함기매(咸其脢) 지말야(志末也)〉라고 풀이한다.

함괘(咸卦 : ䷞)의 구오(九五 : ━)는 정당한 자리에 있고, 사랑의 감응[咸]이란 하나와 누려야 하기 때문에 어느 한쪽을 택해야 하는 모습을 〈함기매(咸其脢) 무회(无悔)〉라고 계사(繫辭)한 것이다. 이에 「상사(象辭)」가 〈함기매(咸其脢)〉라는 계사(繫辭)가 감응하려는[咸] 구오(九五 : ━)의 뜻이 아직 정해지지 못했음[志末]이라고 풀이한 것이 〈함기매(咸其脢) 지말야(志末也)〉이다.

咸其輔頰舌(함기보협설) 滕口說也(등구열야)

제[其] 광대뼈와[輔] 볼과[頰] 혀로써[舌] 함께 감응함은[咸] 소갈머리 없이[滕] {함(咸)의} 기쁨을[說] 지껄이는 짓[口]이다[也].

함괘(咸卦 : ䷞) 상륙(上六 : ╍)의 효상(爻象)을 〈함기보협설(咸其輔頰舌)〉이라고 계사(繫辭)한 것을 〈함기보협설(咸其輔頰舌) 등구열야(滕口說也)〉라고 풀이한다.

함괘(咸卦 : ䷞)의 상륙(上六 : ⚋)은 정당한 자리에 있고 구삼(九三 : ⚊)과 서로 정당한 자리에 있는 음양(陰陽)의 사이인지라 〈정응(正應)〉을 누려 올바르게[正] 호응하는[應] 모습을 〈함기보협설(咸其輔頰舌)〉이라고 계사(繫辭)한 것이다. 이에 「상사(象辭)」가 〈함기보협설(咸其輔頰舌)〉이라는 계사(繫辭)를 소갈머리 없이[滕] {함(咸)의} 기쁨을[說] 지껄이는 짓[口]이라고 풀이한 것이 〈함기보협설(咸其輔頰舌) 등구열야(滕口說也)〉이다.

32 항괘(恒卦 : ䷟) 상사(象辭)

손하진상(巽下震上) : 아래는[下] 손(巽 : ☴), 위는[上] 진(震 : ☳).

뇌풍항(雷風恒) : 우레와[雷] 바람은[風] 항이다[恒].

雷風恒이다 君子以立하여 不易方한다 浚恒之凶은 始求深也이다 九二悔亡는 能久中也이다 不恒其德은 无所容也이다 久非其位이니 安得禽也리오 婦人貞吉은 從一而終也이다 夫子制義하고 從婦하니 凶也이다 振恒在上하니 大无功也이다

뇌풍항 군자이립 불역방 준항지흉 시구심야 구이회무 능구중야 불항기덕 무소용야 구비기위 안득금야 부인정길 종일이종야 부자제의 종부 흉야 진항재상 대무공야

우레와[雷] 바람이[風] 항괘이다[恒]. 군자는[君子] (항괘를) 본받아[以] 세워[立] 방향을[方] 바꾸지 않는다[不易]. 깊음을 구함이[浚] 한결같음이[恒之] 불행함은[凶] 처음부터[始] 멀리를[深] 추구함[求]이다[也]. 구이가[九二] 후회함이[悔] 없음은[亡] 늘[久] 정도를 따를 수 있음[能中]이다[也]. 그[其] 덕을[德] 오래하게 하지 못함은[不恒] {구삼(九三)을} 용납해줄[容] 데가[所] 없음[无]이다[也]. 머묾이[久] 그[其] 자리가[位] 아닌데[非] 어찌[安] 새를[禽] 얻을 것[得]인가[也]. 부인이[婦人] 마음이 곧고 발라[貞] 좋음은[吉] 하나를[一] 쫓아서[從而] 마침[終]이다[也]. 남편은[夫子] 위의를[義] 꺾고서[制] 부인을[婦] 좇으니[從] 흉함[凶]이다[也]. 항구함을[恒] 진작해도[振] 위에[上] 있으니[在] 크게[大] 보람이[功] 없음[无]이다[也].

【지남(指南)】

雷風恒(뇌풍항) 君子以立(군자이립) 不易方(불역방)

우레와[雷] 바람이[風] 항괘이다[恒]. 군자는[君子] (항괘를) 본받아 [以] 세워[立] 방향을[方] 바꾸지 않는다[不易].

항괘(恒卦 : ䷟)의 괘상(卦象)을 〈항(恒) 형(亨) 무구(无咎) 이정(利貞) 이유유왕(利有攸往)〉이라고 계사(繫辭)한 것을 〈뇌풍항(雷風恒) 군자이립(君子以立) 불역방(不易方)〉이라고 풀이한다.

항괘(恒卦 : ䷟)의 하체(下體)는 손(巽 : ☴)이고 상체(上體)는 진(震 : ☳)이다. 『주역(周易)』의 상경(上經)은 건괘(乾卦 : ䷀)와 곤괘(坤卦 : ䷁)로 시작된다. 건괘(乾卦 : ䷀)는 천(天) 즉 하늘[天]이고, 곤괘(坤卦 : ䷁)는 지(地) 즉 땅[地]이다. 건괘(乾卦 : ䷀)와 곤괘(坤卦 : ䷁)는 천도(天道) 즉 자연의[天] 도리[道]를 밝힌다. 천도(天道)를 따라 본받는 것이 인도(人道)이다. 『주역(周易)』의 하경(下經)은 함괘(咸卦 : ䷞)와 항괘(恒卦 : ䷟)로 시작된다. 함괘(咸卦 : ䷞)는 남녀(男女)의 교감[咸]으로써 인도(人道)를 밝히고, 항괘(恒卦 : ䷟)는 남녀가 부부(夫婦)가 됨으로써 인간의[人] 도리[道]를 밝힌다. 항괘(恒卦 : ䷟)의 육효(六爻)가 저마다 음양(陰陽) 즉 강유(剛柔)가 상화(相和)하니 항괘(恒卦 : ䷟)의 괘상(卦象)은 남녀가 상화(相和)하는 모습이다. 강유(剛柔)의 상화(相和)를 본받음이 남녀의 상화인 결혼(結婚)이다. 이에 『주역(周易)』의 요체(要諦)는 천도(天道)를 따라 인도(人道)를 세우려는 것이다. 하늘과[天] 땅은[地] 서로 교감(交感)하여 영구(永久)한다. 천도(天道)를 따라 본받는 인도(人道) 역시 〈부부지도(夫婦之道)〉 즉 부부의[夫婦之] 도리[道]로써 인간의 존속(存續)도 영구(永久)해질 수 있다. 〈항(恒)〉은 〈忄〉과 〈亘〉의 회의자(會意字)이다. 왼쪽의 〈심(忄)〉은 세 사람을 말하고, 〈긍(亘)〉의 위아래로 가로 그어진 〈일(一)〉은 두 강변(江邊)을 말하며, 그 가운데 있는 〈일(日)〉은 〈배 주(舟)〉 즉 배를 말한다. 세 사람은 많은 사람들을 뜻한다. 한 부부(夫婦)의 인생살이란 많은 사람들이 한 배를 타고 강(江)이란 큰물을 건넘과 같음을 뜻함이 〈항(恒)〉 자(字)의 자의(字意)인 셈이다. 그래서 같은 배를 탄 사람은 화복(禍福)을 함께 나눈다는 말이 생긴 것이다. 이처럼 변함없는 마음으로 모두 함께 강물 위에 뜬 배를 저어 강물을 건너간다는 뜻을 담고 있는 글자가 〈항(恒)〉 자(字)임을 연상한다면, 〈항형(恒亨)〉이라는 계사(繫辭)가 암시하는 깊은 뜻을 살펴 헤아릴 수 있다. 많은 사람들 중에서 남녀가 부부가 되어 항상 변함없이[恒] 행복과 불행을 함께 나누는 마음가짐에는 막힘없이 두루 통함을 밝힌 계사(繫辭)가 〈항형(恒亨)〉이다. 이와 같은 〈형(亨)〉 즉 통함[亨]에는 허물이[咎] 있을 리 없음[无]을 밝힌 계사(繫辭)가 〈무구(无咎)〉이다.

이에 「상사(象辭)」가 진(震 : ☳)의 굳센[剛] 우레[雷]와 손(巽 : ☴)의 부드러운[柔] 바람[風]이 상보(相輔) 즉 서로[相] 도와[輔] 상화(相和) 즉 서로[相] 어울리는[和] 모습이 〈항(恒)〉 즉 늘 한결같음[恒]이라고 항괘(恒卦 : ䷟)의 괘상(卦象)을 밝히고, 군자는[君子] 이러한 항괘(恒卦 : ䷟)의 천도(天道)를 본받아[以] 뜻한 바를 세우고[立] 어떠한 경우일지라도 그 세운 바의 방향을[方] 바꾸지 않음[不易]을 풀이한 것이 〈뇌풍항(雷風恒) 군자이립(君子以立) 불역방(不易方)〉이다.

浚恒之凶(준항지흉) 始求深也(시구심야)

깊음을 구함이[浚] 한결같음이[恒之] 불행함은[凶] 처음부터[始] 멀리를[深] 추구함[求]이다[也].

항괘(恒卦 : ䷟) 초륙(初六 : --)의 효상(爻象)을 〈준항(浚恒) 정흉(貞凶) 무유리(无攸利)〉라고 계사(繫辭)한 것을 〈준항지흉(浚恒之凶) 시구심야(始求深也)〉라고 풀이한다.

항괘(恒卦 : ䷟)의 초륙(初六 : --)은 정당한 자리에 있지 못하고, 구사(九四 : —)와 〈정응(正應)〉 즉 바르게[正] 서로 호응하기[應]를 누리고자 하는 모습을 〈준항(浚恒)〉이라고 계사(繫辭)한 것이다. 이에 「상사(象辭)」가 〈준항(浚恒)의 준(浚)〉을 〈구심(求深)〉 즉 깊음을[深] 추구함[求]이라고 풀이한 다음, 그런 〈준(浚)〉이 한결같아[恒] 불행한[凶] 까닭은 〈시구심(始求深)〉이라고 풀이한다. 〈시구심(始求深)의 심(深)〉은 여기선 〈멀 원(遠)〉과 같다. 그러므로 〈시구심(始求深)의 심(深)〉은 항괘(恒卦 : ䷟)의 구사(九四 : —)를 밝힌다. 따라서 「상사(象辭)」가 바로 위의 구이(九二 : —)를 잘 설득하지 않고 초륙(初六 : --)이 성급하게 시작부터[始] 멀리 있는[深] 구사(九四 : —)와의 〈정응(正應)〉을 추구하려 함이라고 풀이한 것이 〈준항지흉(浚恒之凶) 시구심야(始求深也)〉이다.

九二悔亡(구이회무) 能久中也(능구중야)

구이가[九二] 후회함이[悔] 없음은[亡] 늘[久] 정도를 따를 수 있음[能中]이다[也].

항괘(恒卦 : ䷟) 구이(九二 : ⚊)의 효상(爻象)을 〈회무(悔亡)〉라고 계사(繫辭)한 것을 〈구이회무(九二悔亡) 능구중야(能久中也)〉라고 풀이한다.

항괘(恒卦 : ䷟)의 구이(九二 : ⚊)는 정당한 자리에 있지 못하고, 육오(六五 : ⚋)와 서로 자리가 정당하지 못해 중정(中正)을 누리지 못하지만, 정응(正應) 즉 바르게[正] 서로 호응함[應]을 누리는 모습을 〈회무(悔亡)〉라고 계사(繫辭)한 것이다. 이에 「상사(象辭)」가 구이(九二 : ⚊)에게 후회할[悔] 것이 없다[亡]고 계사(繫辭)가 밝힌 것을 구이(九二 : ⚊)가 늘[久] 정도를 따를[中] 수 있어[能] 확고하여 바라는 바를 이룰 수 있음이라 풀이한 것이 〈구이회무(九二悔亡) 능구중야(能久中也)〉이다.

不恒其德(불항기덕) 无所容也(무소용야)

그[其] 덕을[德] 오래하게 하지 못함은[不恒] {구삼(九三)을} 용납해줄[容] 데가[所] 없음[无]이다[也].

항괘(恒卦 : ䷟) 구삼(九三 : ⚊)의 효상(爻象)을 〈불항기덕(不恒其德) 혹승지수(或承之羞) 정린(貞吝)〉이라고 계사(繫辭)한 것을 〈불항기덕(不恒其德) 무소용야(无所容也)〉라고 풀이한다.

항괘(恒卦 : ䷟)의 구삼(九三 : ⚊)은 정당한 자리에 있고, 상행(上行)하고자 하지만 위아래로 양기(陽氣 : ⚊)가 가로막고 있는지라 뜻을 이루기가 어려운 모습을 〈불항기덕(不恒其德) 혹승지수(或承之羞) 정린(貞吝)〉이라고 계사(繫辭)한 것이다. 이에 「상사(象辭)」가 구삼(九三 : ⚊)이 강건(剛健)한 덕(德)을 변함없이 누리지 못함[不恒]은 위아래 이웃이 모두 양(陽 : ⚊)인지라 용납해줄[容] 데가[所] 없음[无]이라고 풀이한 것이 〈불항기덕(不恒其德) 무소용야(无所容也)〉이다.

久非其位(구비기위) 安得禽也(안득금야)

머묾이[久] 그[其] 자리가[位] 아닌데[非] 어찌[安] 새를[禽] 얻을 것[得]인가[也].

항괘(恒卦 : ䷟) 구사(九四 : ⚊)의 효상(爻象)을 〈전무금(田无禽)〉이라고 계사(繫辭)한 것을 〈구비기위(久非其位) 안득금야(安得禽也)〉라고 풀이한다.

항괘(恒卦 : ䷟)의 구사(九四 : ⚊)는 정당한 자리에 있지 못하고, 초륙(初六 : ⚋)과 〈정응(正應)〉을 누릴 처지이지만 서로의 뜻갈이 누릴 수 없는 모습을 계사(繫辭)한 것이 〈전무금(田无禽)〉이다. 이에 「상사(象辭)」가 제[其] 자리가[位] 아닌데[非] 구사(九四 : ⚊)가 머물러[久] 있으니 어찌[安] 사냥거리[禽] 즉 초륙(初六 : ⚋)을 만나 바르게[正] 호응함을[應] 취하겠느냐[得]고 반문하여 그 어려움을 밝힌 것이 〈구비기위(久非其位) 안득금야(安得禽也)〉이다.

婦人貞吉(부인정길) 從一而終也(종일이종야) 夫子制義(부자제의) 從婦凶也(종부흉야)

부인이[婦人] 마음이 곧고 발라[貞] 좋음은[吉] 하나를[一] 쫓아서[從而] 마침[終]이다[也]. 남편은[夫子] 위의를[義] 꺾고서[制] 부인을[婦] 좇으니[從] 흉함[凶]이다[也].

항괘(恒卦 : ䷟) 육오(六五 : ⚋)의 효상(爻象)을 〈항기덕(恒其德) 정(貞) 부인길(婦人吉) 부자흉(夫子凶)〉이라고 계사(繫辭)한 것을 〈부인정길(婦人貞吉) 종일이종야(從一而終也) 부자제의(夫子制義) 종부흉야(從婦凶也)〉라고 풀이한다.

항괘(恒卦 : ䷟)의 육오(六五 : ⚋)는 정당한 자리에 있지 못하고, 구이(九二 : ⚊)와 서로 자리가 정당하지 못해 중정(中正)을 누리지는 못하지만 정응(正應)을 누리며, 항괘(恒卦 : ䷟)의 상체(上體) 진(震 : ☳)의 중효(中爻)로서 득중(得中)하면서 유순(柔順)함을 밝힌 것이 〈항기덕(恒其德) 정(貞)〉이다. 이에 「상사(象辭)」가 육오(六五 : ⚋)는 부인(婦人)으로서 바르고 미더워[貞] 길(吉)하다고 함은, 여자로서 아내는 남편이 죽어도 개가(改嫁)하지 않고 일부종사(一夫從事)로써 일생을 마치기[終] 때문이라고 밝히고, 구이(九二 : ⚊)는 남편[夫子]으로서 〈의(義)〉 즉 위의(威儀)를[義] 꺾고[制] 신하로서 여왕(女王)인 육오(六五 : --) 즉 아내를[婦] 따라야[從] 하는 처지이니 흉(凶)하다고 밝힌 것이 〈부인정길(婦人貞吉) 종일이종야(從一而終也) 부자제의(夫子制義) 종부흉야(從婦凶也)〉이다.

振恒在上(진항재상) 大无功也(대무공야)

항구함을[恒] 진작해도[振] 위에[上] 있으니[在] 크게[大] 보람이[功] 없음[无]이다[也].

항괘(恒卦 : ䷟) 상륙(上六 : --)의 효상(爻象)을 〈진항(振恒) 흉(凶)〉이라고 계사(繫辭)한 것을 〈진항재상(振恒在上) 대무공야(大无功也)〉라고 풀이한다.

항괘(恒卦 : ䷟)의 상륙(上六 : --)은 정당한 자리에 있고 구삼(九三 : ―)과 서로 정당한 자리에서 〈정응(正應)〉을 누리는 모습이지만, 항괘(恒卦 : ䷟)의 극위(極位)에 있음을 계사(繫辭)한 것이 〈진항(振恒) 흉(凶)〉이다. 이에 「상사(象辭)」가 상륙(上六 : --)의 효상(爻象)을 〈진항(振恒)〉이라 함은 상륙(上六 : --)이 맨 윗자리에[上] 있음[在]인지라 〈대무공(大无功)〉이라고 밝힌다. 〈대무공(大无功)의 대(大)〉는 〈진항(振恒)〉을 밝힌다. 항구하기를[恒] 바라고 크게[大] 떨쳐도[振] 돌아오는 보람이[功] 없는[无] 상륙(上六 : --)을 밝힌 것이 〈진항재상(振恒在上) 대무공야(大无功也)〉이다.

33 둔괘(遯卦 : ䷠) 상사(象辭)

간하건상(艮下乾上) : 아래는[下] 간(艮 : ☶), 위는[上] 건(乾 : ☰).

천산둔(天山遯) : 하늘과[天] 산은[山] 둔이다[遯].

天下有山遯이다 君子以遠小人하되 不惡而嚴하다 遯
천하유산둔 군자이원소인 불오이엄 둔

尾之厲하다 不往何災也리오 執用黃牛는 固志也이다
미지려 불왕하재야 집용황우 고지야

係遯之厲는 有疾憊也이다 畜臣妾吉은 不可大事也이
계둔지려 유질비야 휵신첩길 불가대사야

다 君子好遯하고 小人否也이다 嘉遯貞吉은 以正志也
군자호둔 소인부야 가둔정길 이정지야

이다 肥遯이니 无不利는 无所疑也이다
비둔 무불리 무소의야

하늘[天] 아래[下] 산이[山] 있음이[有] 둔괘이다[遯]. 군자는[君子] (둔괘를) 본받아[以] 소인을[小人] 멀리하지만[遠] {소인(小人)을} 싫어하지 않되[不惡而] 엄격하다[嚴]. 물러감에[遯] 꼬리임이[尾之] 위태하다[厲]. 떠나지 않으면[不往] 어찌[何] 재앙이 있을 것[災]인가[也]. 황소를[黃牛] 써[用] 묶어둠은[執] 뜻을[志] 확고히하는 것[固]이다[也]. 묶인[係] 물러감이[遯之] 위태함은[厲] 병이[疾] 나서[有] 피로함[憊]이다[也]. 가솔들을[臣妾] 양육함이[畜] 좋음은[吉] 큰[大] 일은[事] 될 수 없는 것[不可]이다[也]. 군자는[君子] 물러감을[遯] 좋아하고[好] 소인은[小人] 그렇지 않음[否]이다[也]. 물러감을[遯] 기리니[嘉] 진실로 미더워[貞] 좋음은[吉] {정(貞)}으로써[以] 마음 가는 바를[志] 바르게 함[正]이다[也]. 물러감이[遯] 여유로우니[肥] 이롭지[利] 않음이[不] 없음은[无] 두려워할[疑] 바가[所] 없음[无]이다[也].

【지남(指南)】

天下有山遯(천하유산둔) 君子以遠小人(군자이원소인) 不惡而嚴(불오이엄)

하늘[天] 아래[下] 산이[山] 있음이[有] 둔괘이다[遯]. 군자는[君子] (둔괘를) 본받아[以] 소인을[小人] 멀리하지만[遠] {소인(小人)을} 싫어하지 않되[不惡而] 엄격하다[嚴].

둔괘(遯卦 : ䷠)의 괘상(卦象)을 〈둔형(遯亨) 소리정(小利貞)〉이라고 계사(繫辭)한 것을 〈천하유산둔(天下有山遯) 군자이원소인(君子以遠小人) 불오이엄(不惡而嚴)〉이라고 풀이한다.

앞에서 살핀 항괘(恒卦 : ䷟)의 〈항(恒)〉은 부부지도(夫婦之道) 즉 부부의[夫婦之] 도리[道]로써 항구함[恒]을 밝힌다. 항구한 부부지도(夫婦之道)를 일생(一生) 동안 남녀(男女)가 지키면 그 남녀는 부부(夫婦)로서 일생을 누릴 수 있지만, 그런 부부도 결국 사별(死別) 즉 죽음으로[死] 말미암아 헤어져[別] 항구한[恒] 부부지도(夫婦之道)를 떠난다. 이처럼 천지(天地)에는 한자리에서 항구하게 머물 수 있는 것은 하나도 없다. 이에 항괘(恒卦 : ䷟) 다음에 둔괘(遯卦 : ䷠)가 온 것이다. 둔괘(遯卦 : ䷠)의 〈둔(遯)〉은 〈辵〉과 〈豚〉의 회의자(會意字)이다. 〈착(辵)〉은 가다가[彡] 멈춘다[止]는 뜻을 지니고 〈돈(豚)〉은 새끼돼지를 뜻하지만 여기선 하늘에 바치는 제물(祭物)을 뜻한다. 따라서 둔괘(遯卦 : ䷠)의 〈둔(遯)〉은 그냥 물러나 숨는 것이 아니라 천도(天道)를 따라 〈항(恒)〉 즉 오래[恒]이었으니 〈둔(遯)〉 즉 물러감[遯]이다. 순천(順天) 즉 천도를[天] 따라서[順] 물러감[遯]인지라, 둔괘(遯卦 : ䷠)의 괘상(卦象)을 〈둔형(遯亨)〉 즉 물러감은[遯] 통한다[亨]라고 계사(繫辭)한 것이다.

둔괘(遯卦 : ䷠)의 하체(下體) 간(艮 : ☶)은 산(山)이고 높되 지정(止靜) 즉 머묾[止]과 고요[靜]를 나타낸다. 상체(上體) 건(乾 : ☰)은 하늘[天]이고 천(天)은 높고 성인(聖人)을 나타낸다. 따라서 둔괘(遯卦 : ䷠)의 괘상(卦象)은 성인(聖人)이 물러나 머물러[止] 하늘[天]을 우러러보면서 고요[靜]를 누리는 모습이다. 둔괘(遯卦 : ䷠)의 〈둔(遯)〉은 둔괘(遯卦 : ䷠)의 양효(陽爻 : ━)들을 말한다. 둔괘(遯卦 : ䷠)에서 밑에 있는 두 음효(陰爻 : ╌)는 상승(上昇)하고자 떨쳐나고 위에 있는 네 양효(陽爻 : ⚊)는 물러간다[遯]. 작은 것이[小 : ⚋] 떨쳐나 힘을 발휘하면 어지러운 세상이 빚어진다. 따라서 둔괘(遯卦 : ䷠)의 괘상(卦象)은 어지러운 세상이 닥치니 큰 것이[大 : ⚊] 물러가는 모습이다. 인간세(人間世)에서도 소인(小人)들이 떨쳐대면 성인(聖人)은 물러간다[遯]. 그러나 성인(聖人)의 둔(遯)이란 도피가 아니다. 소인(小人)들이 떨쳐대는 난세를 바로잡고자 힘을 비축하면서 때를 기다리기 위해서 물러가는[遯] 것이다. 그러므로 둔괘(遯卦 : ䷠)의 〈둔(遯)〉이란 영영 물러감[遯]이 아니라 다시 돌아와 난세를 바로잡기 위해서 물러감이니 천도(天道)를 따르는 〈둔(遯)〉이다. 그러므로 〈둔형(遯亨)〉이라는 계사(繫辭)를 이어서 〈소리정(小利貞)〉이라고 계사(繫辭)한 것이다.

〈소리정(小利貞)의 소(小)〉는 둔괘(遯卦 : ䷠)의 초륙(初六 : ⚋)과 육이(六二 : ⚋)를 나타낸다. 〈소리정(小利貞)의 정(貞)〉은 둔괘(遯卦 : ䷠)의 육이(六二 : ⚋)를 살펴 헤아리게 한다. 육이(六二 : ⚋)는 둔괘(遯卦 : ䷠)의 하괘(下卦) 간(艮 : ☶)의 중효(中爻)로서 정위(正位)에서 득중(得中)하는 효(爻)이다. 작은 것[小]일지라도 정도를 따름을[中] 취하면[得] 〈정(貞)〉을 누린다. 〈정(貞)〉은 진실로 미더워[貞] 공정(公正)함이라 득중(得中) 즉 정도를 따름을[中] 취한다[得]. 여기 〈소리정(小利貞)〉은 〈둔형(遯亨)〉의 천도(天道)를 본받아 따름을 밝힌 계사(繫辭)이다. 이에 「상사(象辭)」가 하늘[天] 아래[下] 산이[山] 있음[有]이 둔괘(遯卦 : ䷠)의 효상(爻象)이라고 밝힌 다음, 난세라면 물러가 때를 기다린다는 〈둔(遯)〉을 군자(君子)는 본받는다[以]고 밝힌다. 군자가[君子] 둔괘(遯卦 : ䷠)의 〈둔(遯)〉 즉 물러감을[遯] 본받는[以] 까닭이란 소인을[小人] 멀리하기[遠] 위함임을 밝힌 것이 〈원소인(遠小人)〉이다. 군자가[君子] 소인을[小人] 멀리함은[遠] 소인을 미워해서[惡而] 엄하게 대함이[嚴] 아님[不]을 밝힌 것이 〈천하유산둔(天下有山遯) 군자이원소인(君子以遠小人) 불오이엄(不惡而嚴)〉이다.

遯尾之厲(둔미지려) 不往何災也(불왕하재야)

물러감에[遯] 꼬리임이[尾之] 위태하다[厲]. 떠나지 않으면[不往] 어찌[何] 재앙이 있을 것[災]인가[也].

둔괘(遯卦 : ䷠) 초륙(初六 : ⚋)의 효상(爻象)을 〈둔미(遯尾) 여(厲) 물용유유왕

(勿用有攸往)〉이라고 계사(繫辭)한 것을 〈둔미지려(遯尾之厲) 불왕하재야(不往何災也)〉라고 풀이한다.

둔괘(遯卦 : ䷠)의 초륙(初六 : --)은 정당한 자리에 있지 못하고, 육이(六二 : --)와는 양음(兩陰)인지라 이웃의 사귐[比]을 누리지 못해 서로 부딪치는 처지이며, 구사(九四 : —)와는 바르게[正] 서로 호응할[應] 수 있는 모습을 〈둔미(遯尾) 여(厲)〉라고 계사(繫辭)한 것이다. 이에 「상사(象辭)」가 물러감이[遯] 맨 끝[尾]이라 오히려 물러감은[遯] 위태하니[厲] 제 분수대로 살아간다면 어찌[何] 재앙이 닥치겠느냐[災]고 반문하여 초륙(初六 : --)이 경거망동(輕擧妄動)하지 않고 유순(柔順)하게 제자리를 고수해야 함을 밝힌 것이 〈둔미지려(遯尾之厲) 불왕하재야(不往何災也)〉이다.

執用黃牛(집용황우) 固志也(고지야)

황소를[黃牛] 써[用] 묶어둠은[執] 뜻을[志] 확고히하는 것[固]이다[也].

둔괘(遯卦 : ䷠) 육이(六二 : --)의 효상(爻象)을 〈집지용황우지혁(執之用黃牛之革) 막지승탈(莫之勝說)〉이라고 계사(繫辭)한 것을 〈집용황우(執用黃牛) 고지야(固志也)〉라고 풀이한다.

둔괘(遯卦 : ䷠)의 육이(六二 : --)는 정당한 자리에 있고, 구삼(九三 : —)과는 음양(陰陽)의 사이인지라 이웃의 사귐[比]을 누리면서, 구오(九五 : —)와는 중정(中正)과 〈정응(正應)을 누리면서 정도를 따름을[中] 취하므로[得] 유순(柔順)하면서도 확고함을 〈집지용황우지혁(執之用黃牛之革)〉이라고 계사(繫辭)한 것이다. 이에 「상사(象辭)」가 〈집용황우(執用黃牛)〉 즉 황소를[黃牛] 써[用] 묶어둠[執]이라고 계사(繫辭)한 것을 육이(六二 : --)가 물러가는[遯] 때를 당해서도 구오(九五 : —)와 상화(相和)하는 뜻[志]이 확고함[固]을 밝혀 풀이한 것이 〈집용황우(執用黃牛) 고지야(固志也)〉이다.

係遯之厲(계둔지려) 有疾憊也(유질비야) 畜臣妾吉(휵신첩길) 不可大事也(불가대사야)

묶인[係] 물러감이[遯之] 위태함은[厲] 병이[疾] 나서[有] 피로함[憊]이다[也]. 가솔들을[臣妾] 양육함이[畜] 좋음은[吉] 큰[大] 일은[事] 될 수 없는 것[不可]이다[也].

둔괘(遯卦 : ䷠) 구삼(九三 : ━)의 효상(爻象)을 〈계둔(係遯) 유질려(有疾厲) 휵신첩길(畜臣妾吉)〉이라고 계사(繫辭)한 것을 〈계둔지려(係遯之厲) 유질비야(有疾憊也) 휵신첩길(畜臣妾吉) 불가대사야(不可大事也)〉라고 풀이한다.

둔괘(遯卦 : ䷠)의 구삼(九三 : ━)은 정당한 자리에 있고, 구사(九四 : ━)와는 양양(兩陽)의 사이인지라 이웃의 사귐[比]을 누리지 못하며, 상구(上九 : ━)와도 양양(兩陽)이어서 서로 호응하지 못하며[不應], 육이(六二 : ╍)와는 이웃의 사귐[比]을 누리는 모습을 〈계둔(係遯) 유질려(有疾厲)〉라고 계사(繫辭)한 것이다. 이에 「상사(象辭)」가 〈계둔(係遯)〉을 위태함[厲]이라고 밝히고, 〈유질(有疾)〉을 〈비(憊)〉 즉 피곤한 짓[憊]이라고 풀이하며, 〈휵신첩길(畜臣妾吉)〉을 치국(治國)과 같은 큰[大] 일은[事] 될 수 없다[不可]라고 풀이한 것이 〈계둔지려(係遯之厲) 유질비야(有疾憊也) 휵신첩길(畜臣妾吉) 불가대사야(不可大事也)〉이다.

君子好遯(군자호둔) 小人否也(소인부야)

군자는[君子] 물러감을[遯] 좋아하고[好] 소인은[小人] 그렇지 않음[否]이다[也].

둔괘(遯卦 : ䷠) 구사(九四 : ━)의 효상(爻象)을 〈호둔(好遯) 군자길(君子吉) 소인부(小人否)〉라고 계사(繫辭)한 것을 〈군자호둔(君子好遯) 소인부야(小人否也)〉라고 풀이한다.

둔괘(遯卦 : ䷠)의 구사(九四 : ━)는 정당한 자리에 있지 못하고, 위아래가 모두 양기(陽氣 : ━)인지라 이웃의 사귐[比]을 누리지 못하며, 초륙(初六 : ╍)과는 양음(陽陰)이어서 정응(正應) 즉 바르게[正] 서로 호응할[應] 수 있는 관계이지만 초륙(初六 : ╍)과 정응(正應)을 누리기 어려운 구사(九四 : ━)를 〈호둔(好遯) 군자길(君子吉) 소인부(小人否)〉라고 계사(繫辭)한 것이다. 이에 「상사(象辭)」가 군자는[君子] 소인배(小人輩)가 상쟁(相爭)을 일삼는 세상을 떠나서 물러가기를[遯] 좋아한다[好]는 계사(繫辭)를 그대로 따라 밝히면서, 소인에게는[小人] 〈호둔(好遯)〉이 좋지 않다[否]는 계사(繫辭) 역시 그대로 따라서 거듭해 밝힌 것이 〈군자호둔(君子好遯) 소인부야(小人否也)〉이다.

嘉遯貞吉(가둔정길) 以正志也(이정지야)

물러감을[遯] 기리니[嘉] 진실로 미더워[貞] 좋음은[吉] {정(貞)}으로써[以] 마음 가는 바를[志] 바르게 함[正]이다[也].

둔괘(遯卦 : ䷠) 구오(九五 : ⚊)의 효상(爻象)을 〈가둔(嘉遯) 정길(貞吉)〉이라고 계사(繫辭)한 것을 〈가둔정길(嘉遯貞吉) 이정지야(以正志也)〉라고 풀이한다.

둔괘(遯卦 : ䷠)의 구오(九五 : ⚊)는 정당한 자리에 있고 위아래와 이웃의 호응(互應)을 얻지 못하지만, 육이(六二 : ⚋)와는 서로 정위(正位)에서 중정(中正)-정응(正應)을 동시에 누림으로써 물러감의[遯] 때를 당하여 기꺼워하는[嘉] 모습을 〈가둔(嘉遯) 정길(貞吉)〉이라고 계사(繫辭)한 것이다. 이에 「상사(象辭)」가 구오(九五 : ⚊)의 〈가둔(嘉遯)〉이 〈정(貞)〉 즉 정신(正信)으로써 공정(公正)하여 〈길(吉)〉하다고 계사(繫辭)한 것을 중정(中正)과 정응(正應)의 정(貞)으로써[以] 마음 가는 바가[志] 정도를[正] 따름[中]을 잃지 않아 뜻하는 바를[志] 바르게 함[正]이라고 풀이한 것이 〈가둔정길(嘉遯貞吉) 이정지야(以正志也)〉이다.

肥遯(비둔) 无不利(무불리) 无所疑也(무소의야)

물러감이[遯] 여유로우니[肥] 이롭지[利] 않음이[不] 없음은[无] 두려워할[疑] 바가[所] 없음[无]이다[也].

둔괘(遯卦 : ䷠) 상구(上九 : ⚊)의 효상(爻象)을 〈비둔(肥遯) 무불리(无不利)〉라고 계사(繫辭)한 것을 〈비둔(肥遯) 무불리(无不利) 무소의야(无所疑也)〉라고 풀이한다.

둔괘(遯卦 : ䷠)의 상구(上九 : ⚊)는 정당한 자리에 있지 못하고, 구오(九五 : ⚊)와 양양(兩陽)인지라 이웃의 사귐[比]을 누리지 못하며, 구삼(九三 : ⚊)과도 양양(兩陽)인지라 서로[相] 호응하지 못하는[不應] 모습이지만, 이미 둔괘(遯卦 : ䷠)의 극위에 있는지라 연연하지 않는 모습을 〈비둔(肥遯) 무불리(无不利)〉라고 계사(繫辭)한 것이다. 이에 「상사(象辭)」가 너그럽고 넉넉하여 스스로 흡족한[肥] 물러감[遯]을 누리는 상구(上九 : ⚊)에게는 이롭지 않음이[不利] 없다[无]라고 밝힌 계사(繫辭)를 상구(上九 : ⚊)는 둔괘(遯卦 : ䷠)의 다른 효(爻)들과의 관계를 이미 다 떠났기에 두려워할[疑] 바가[所] 없음[无]이라고 밝혀 풀이한 것이 〈비둔(肥遯) 무불리(无不利) 무소의야(无所疑也)〉이다.

34 대장괘(大壯卦 : ䷡) 상사(象辭)

건하진상(乾下震上) : 아래는[下] 건(乾 : ☰), 위는[上] 진(震 : ☳).

뇌천대장(雷天大壯) : 우레와[雷] 하늘은[天] 대장이다[大壯].

雷在天上이 大壯이다 君子以非禮弗履한다 壯于趾이
뇌 재 천 상 대 장 군 자 이 비 례 불 리 장 우 지

다 其孚窮也이다 九二貞吉은 以中也이다 小人用壯하고
기 부 궁 야 구 이 정 길 이 중 야 소 인 용 장

君子罔也이다 藩決不羸는 尚往也이다 喪羊于易은 位
군 자 망 야 번 결 불 리 상 왕 야 상 양 우 역 위

不當也이다 不能退하고 不能遂함은 不詳也이다 艱則吉
부 당 야 불 능 퇴 불 능 수 불 상 야 간 즉 길

함은 咎不長也이다
구 부 장 야

우레가[雷] 하늘[天] 위에[上] 있음이[在] 대장괘이다[大壯]. 군자는[君子] (대장괘를) 본받아[以] 예가[禮] 아닌 것이면[非] 이행하지 않는다[弗履]. 발가락[趾]으로[于] 활기차다[壯]. 발가락으로 활기참을[其] 믿음은[孚] 막히는 짓[窮]이다[也]. 구이가[九二] 곧고 발라[貞] 길함은[吉] 가운데 있기[中] 때문[以]이다[也]. 소인은[小人] 용력을[壯] 부리지만[用] 군자에게는[君子] {소인(小人)의 용력(勇力)은} 없는 것[罔]이다[也]. 울타리가[藩] 열려서[決] 부러져 떨어지지 않음은[不羸] 앞으로 나아갈[往] 수 있다는 것[尚]이다[也]. 벌판에서[于易] 양을[羊] 잃음은[喪] 자리가[位] 마땅치 않음[不當]이다[也]. 물러날[退] 수도 없고[不能] 나아갈[遂] 수도 없음은[不能] 경사스럽지 않음[不詳]이다[也]. 어려움을 견디면[艱] 곧[則] 좋음은[吉] 허물이[咎] 오래가지 않음[不長]이다[也].

【지남(指南)】

雷在天上(뇌재천상) 大壯(대장) 君子以非禮弗履(군자이비례불리)

우레가[雷] 하늘[天] 위에[上] 있음이[在] 대장괘이다[大壯]. 군자는[君子] (대장괘를) 본받아[以] 예가[禮] 아닌 것이면[非] 이행하지 않는다[弗履].

대장괘(大壯卦 : ䷡)의 괘상(卦象)을 〈대장(大壯) 이정(利貞)〉이라고 괘사(卦辭)한 것을 〈뇌재천상(雷在天上) 대장(大壯) 군자이비례불리(君子以非禮弗履)〉라고 풀이한다.

앞에서 살핀 둔괘(遯卦 : ䷠)의 〈둔(遯)〉은 음기(陰氣 : --)가 성(盛)하기 시작하고 양기(陽氣 : ─)가 물러가[遯] 쇠(衰)함이다. 한번 물러가 쇠(衰)하면 한번 돌아와 장(壯)함이 천도(天道) 즉 자연의[天] 규율[道]이다. 따라서 둔괘(遯卦 : ䷠) 다음에 대장괘(大壯卦 : ䷡)가 온 것이다. 둔괘(遯卦 : ䷠)가 뒤집어진 것이 대장괘(大壯卦 : ䷡)이다. 대장괘(大壯卦 : ䷡)의 〈대(大)〉는 사람이 하늘로 두 손을 벌려 들고 두 발을 벌려 땅 위에 서서 천지인(天地人) 삼재(三才)가 교합(交合)하여 위대함을 나타내고, 〈장(壯)〉은 왼쪽의 〈장(爿)〉은 무기를 나타내고 오른쪽의 〈사(士)〉는 신하를 나타내 신하가 무기를 들고 왕(王)을 보위(保衛)하니 강고(强固)함을 나타내는 자(字)이다. 따라서 앞 둔괘(遯卦 : ䷠)의 〈둔(遯)〉은 소극적(消極的)인 양기(陽氣 : ─)를 나타냈고, 대장괘(大壯卦 : ䷡)의 〈대장(大壯)〉은 적극적(積極的)인 양기(陽氣 : ─)의 더없이 흥성(興盛)함을 나타낸다. 대장괘(大壯卦 : ䷡)의 〈대장(大壯)〉은 흥하여[興] 성대함을[盛] 남김없이[極] 드러냄[言]을 뜻한다. 따라서 대장괘(大壯卦 : ䷡)의 양성음소(陽盛陰消) 즉 양기가[陽 : ─] 흥성하고[盛] 음기는[陰 : --] 소진한[消] 괘상(卦象)인지라 〈대장(大壯)〉이라 한다.

이에 「상사(象辭)」가 대장괘(大壯卦 : ䷡)의 괘상(卦象)을 우레가[雷] 하늘[天] 위에[上] 있음[在]을 광대하고[大] 장성함[壯]이라고 밝히고, 군자가[君子] 대장괘(大壯卦 : ䷡)의 〈대장(大壯)〉을 본받아야[以] 하는 까닭을 예도가[禮] 아닌 것이면[非] 이행하지[履] 않는다[弗]라고 밝혀, 공명정대(公明正大)한 인품을 대장괘(大壯

卦 : ䷡)의 괘상(卦象)이 간직하게 함을 밝힌 것이 〈뇌재천상(雷在天上) 대장(大壯) 군자이비례불리(君子以非禮弗履)〉이다.

壯于趾(장우지) 其孚窮也(기부궁야)

발가락[趾]으로[于] 활기차다[壯]. 발가락으로 활기참을[其] 믿음은[孚] 막히는 짓[窮]이다[也].

대장괘(大壯卦 : ䷡) 초구(初九 : ⚊)의 효상(爻象)을 〈장우지(壯于趾) 정흉(征凶) 유부(有孚)〉라고 계사(繫辭)한 것을 〈장우지(壯于趾) 기부궁야(其孚窮也)〉라고 풀이한다.

대장괘(大壯卦 : ䷡)의 초구(初九 : ⚊)는 정당한 자리에 있지만 이웃의 사귐[比]도 없고 정응(正應)을 누릴 수도 없어서, 맨 밑자리에서 저 홀로 발버둥만 치는 모습을 〈장우지(壯于趾) 정흉(征凶) 유부(有孚)〉라고 계사(繫辭)한 것이다. 이에 「상사(象辭)」가 발가락으로[于趾] 활기참[壯] 그것을[其] 믿음은[孚] 막히는 짓[窮]이라고 밝힌 것이 〈장우지(壯于趾) 기부궁야(其孚窮也)〉이다.

九二貞吉(구이정길) 以中也(이중야)

구이가[九二] 곧고 발라[貞] 길함은[吉] 가운데 있기[中] 때문[以]이다[也].

대장괘(大壯卦 : ䷡) 구이(九二 : ⚊)의 효상(爻象)을 〈정길(貞吉)〉이라고 계사(繫辭)한 것을 〈구이정길(九二貞吉) 이중야(以中也)〉라고 풀이한다.

대장괘(大壯卦 : ䷡)의 구이(九二 : ⚊)는 정당한 자리에 있지 못하고, 구이(九二 : ⚊)의 아래위가 모두 양기(陽氣 : ⚊)인지라 이웃의 사귐[比]을 누리지 못하며, 구이(九二 : ⚊)와 육오(六五 : ⚋)는 서로 정위(正位)에 있지 못해 중정(中正)을 누리지는 못하지만 바르게[正] 서로 호응하는[應] 모습을 〈정길(貞吉)〉이라고 계사(繫辭)한 것이다. 이에 「상사(象辭)」가 구이(九二 : ⚊)의 효상(爻象)을 〈정길(貞吉)〉로 계사(繫辭)한 것은 구이(九二 : ⚊)가 대장괘(大壯卦 : ䷡)의 하체(下體) 건(乾 : ☰)의 중효(中爻)로서 중위(中位)에 있기 때문[以]이라고 풀이하여 〈길(吉)〉할 수밖에 없다고 밝힌 것이 〈구이정길(九二貞吉) 이중야(以中也)〉이다.

小人用壯(소인용장) 君子罔也(군자망야)

소인은[小人] 용력을[壯] 부리지만[用] 군자에게는[君子] {소인(小人)의 용력(勇力)은} 없는 것[罔]이다[也].

대장괘(大壯卦 : ䷡) 구삼(九三 : ―)의 효상(爻象)을 〈소인용장(小人用壯) 군자용망(君子用罔) 정려(貞厲) 저양촉번(羝羊觸藩) 이기각(羸其角)〉이라고 계사(繫辭)한 것을 〈소인용장(小人用壯) 군자망야(君子罔也)〉라고 풀이한다.

대장괘(大壯卦 : ䷡)의 구삼(九三 : ―)은 정당한 자리에 있고, 구삼(九三 : ―)의 아래위가 모두 양(陽 : ―)인지라 이웃의 사귐[比]을 누리지는 못하지만, 구삼(九三 : ―)과 상륙(上六 : --)은 서로 정위(正位)에 있어서 정응(正應) 즉 정도를 따라 바르게[正] 호응함[應]이 서로 극위(極位) 즉 맨 위의[極] 자리[位]에 있는지라, 지나침을 마다하지 않는 모습을 〈소인용장(小人用壯) 군자용망(君子用罔) 정려(貞厲) 저양촉번(羝羊觸藩) 이기각(羸其角)〉이라 계사(繫辭)한 것이다. 이에 「상사(象辭)」가 소인은[小人] 〈용장(用壯)〉 즉 용력을[壯] 완고(頑固)하게 활용하지만[用] 군자에게는[君子] 완고(頑固)한 용장(勇壯)이란 없음[罔]을 밝힌다. 〈군자망(君子罔)〉은 군자(君子)에게는 소인의[小人之] 용장이[用壯] 없다[罔]는 것이다. 군자(君子)는 의롭지 않은[不義] 용맹[勇]을 부리지 않지만 의로움을 위해서라면 두려워하지 않는[不懼] 용기[勇]가 있음을 상기하면서 〈군자망야(君子罔也)〉를 살펴야 한다. 이에 「상사(象辭)」가 대장괘(大壯卦 : ䷡) 구사(九四 : ―)의 효상(爻象)을 군자(君子)에게는 소인(小人)이 완고(頑固)하게 부리는 용맹(勇猛)이란 없음[罔]을 밝힌 것이 〈소인용장(小人用壯) 군자망야(君子罔也)〉이다.

藩決不羸(번결불리) 尙往也(상왕야)

울타리가[藩] 열려서[決] 부러져 떨어지지 않음은[不羸] 앞으로 나아갈[往] 수 있다는 것[尙]이다[也].

대장괘(大壯卦 : ䷡) 구사(九四 : ―)의 효상(爻象)을 〈정길(貞吉) 회무(悔亡) 번결불리(藩決不羸) 장우대여지복(壯于大輿之輹)〉이라고 계사(繫辭)한 것을 〈번결불리(藩決不羸) 상왕야(尙往也)〉라고 풀이한다.

대장괘(大壯卦 : ䷡)의 구사(九四 : ⚊)는 정당한 자리에 있지 못하고, 육오(六五 : ⚋)와는 양음(陽陰)인지라 〈비(比)〉 즉 이웃의 사귐[比]을 누려, 존위(尊位)에 있는 유순(柔順)한 육오(六五 : ⚋)를 설득하여 거침없이 상승(上昇)하려는 모습임을 〈정길(貞吉) 회무(悔亡)〉라고 계사(繫辭)한 것이다. 이에 「상사(象辭)」가 진(震 : ☳)의 울타리를[藩] 열어서[決] 육오(六五 : ⚋)와 상륙(上六 : ⚋)을 복종시켜 〈대장(大壯)〉의 형통(亨通)을 이루어내기 위하여, 구사(九四 : ⚊)가 육오(六五 : ⚋)와 상륙(上六 : ⚋)의 〈소장(小壯)〉을 성복(誠服)시킴에 부러져 떨어지지 않는다[不羸]고 계사(繫辭)한 것을 구사(九四 : ⚊)가 멈추지 않고 앞으로 나아갈[往] 수 있음[尙]이라고 풀이한 것이 〈번결불리(藩決不羸) 상왕야(尙往也)〉이다.

喪羊于易(상양우역) 位不當也(위부당야)

벌판에서[于易] 양을[羊] 잃음은[喪] 자리가[位] 마땅치 않음[不當]이다[也].

대장괘(大壯卦 : ䷡) 육오(六五 : ⚋)의 효상(爻象)을 〈상양우역(喪羊于易) 무회(无悔)〉라고 계사(繫辭)한 것을 〈상양우역(喪羊于易) 위부당야(位不當也)〉라고 풀이한다.

대장괘(大壯卦 : ䷡)의 육오(六五 : ⚋)는 정당한 자리에 있지 못하고, 유순(柔順)한 육오(六五 : ⚋)가 군위(君位)에 있으면서도 나약한 모습임을 〈상양우역(喪羊于易) 무회(无悔)〉라고 계사(繫辭)한 것이다. 이에 「상사(象辭)」가 〈상양우역(喪羊于易)〉이라는 계사(繫辭)를 육오(六五 : ⚋)가 음기(陰氣 : ⚋)이면서 양기(陽氣 : ⚊)의 자리[位]에 있어서 정당하지 못함[不當]이라고 풀이한 것이 〈상양우역(喪羊于易) 위부당야(位不當也)〉이다.

不能退(불능퇴) 不能遂(불능수) 不詳也(불상야) 艱則吉(간즉길) 咎不長也(구부장야)

물러날[退] 수도 없고[不能] 나아갈[遂] 수도 없음은[不能] 경사스럽지 않음[不詳]이다[也]. 어려움을 견디면[艱] 곧[則] 좋음은[吉] 허물이[咎] 오래가지 않음[不長]이다[也].

대장괘(大壯卦 : ䷡) 상륙(上六 : --)의 효상(爻象)을 〈저양촉번(羝羊觸藩) 불능퇴(不能退) 불능수(不能遂) 무유리(无攸利) 간즉길(艱則吉)〉이라고 계사(繫辭)한 것을 〈불능퇴(不能退) 불능수(不能遂) 불상야(不詳也) 간즉길(艱則吉) 구부장야(咎不長也)〉라고 풀이한다.

대장괘(大壯卦 : ䷡)의 상륙(上六 : --)은 정당한 자리에 있고, 구삼(九三 : ─)과는 서로 자리가 정당하여 정응(正應)을 누리는 처지이지만, 아래에 흥성하는[壯] 군양(群陽)의 기세에 어찌 해볼 수 없는 처지인지라 어려움을 당하는 모습을 〈저양촉번(羝羊觸藩) 불능퇴(不能退) 불능수(不能遂) 무유리(无攸利)〉라고 계사(繫辭)한 것이다. 이에 「상사(象辭)」가 물러날[退] 수도 없고[不能] 나아갈[遂] 수도 없는[不能] 상륙(上六 : --)의 모습이라고 계사(繫辭)한 것을 상륙(上六 : --) 자신이 마주한 상황을 자상하게 살펴 헤아리지 못한[不詳] 탓이라고 밝힌 것이 〈불능퇴(不能退) 불능수(不能遂) 불상야(不詳也)〉이고, 그 결과로 겪는 어려움이[艱] 다행스럽다[吉]고 밝힌 계사(繫辭)를 허물[咎]을 뉘우치면 그 〈구(咎)〉는 오래가지 않는[不長] 것이라고 밝힌 것이 〈간즉길(艱則吉) 구부장야(咎不長也)〉이다.

35 진괘(晉卦 : ䷢) 상사(象辭)

곤하이상(坤下離上) : 아래는[下] 곤(坤 : ☷), 위는[上] 이(離 : ☲).

화지진(火地晉) : 불과[火] 땅은[地] 진이다[晉].

明出地上晉이다 君子以自昭明德한다 晉如摧如는 獨行正也이다 裕면 无咎는 未受命也이다 受茲介福은 以中正也이다 衆允之는 志上行也이다 鼫鼠貞厲는 位不當也이다 失得勿恤은 往有慶也이다 維用伐邑은 道未光也이다

명출지상진 군자이자조명덕 진여최여 독행정야 유 무구 미수명야 수자개복 이중정야 중윤지 지상행야 석서정려 위부당야 실득물휼 왕유경야 유용벌읍 도미광야

땅[地] 위로[上] 밝게[明] 나옴이[出] 진괘이다[晉]. 군자는[君子] (진괘를) 본받아[以] 스스로[自] 나타나서[昭] 덕을[德] 밝힌다[明]. 나아가는[晉] 듯[如] 억누르는[摧] 듯함은[如] 홀로[獨] 바름을[正] 행함[行]이다[也]. (앞으로 나아갈 시간이) 여유로우면[裕] {진여최여(晉如摧如)해도} 허물이[咎] 없다 함은[无] 아직 세상의 부름을[命] 받지 못했다는 것[未受]이다[也]. 이[茲] 큰[介] 복을[福] 받음은[受] 정도를[正] 따르기[中] 때문[以]이다[也]. 무리가[衆] 그녀를[之] 믿고 따름은[允] (그녀의) 뜻이[志] 위로[上] 나아감[行]이다[也]. (다섯 가지 재주를 지닌) 다람쥐가[鼫鼠] 바르고 미더워도[貞] 위태함은[厲] {구사(九四)의} 자리가[位] 마땅치 않음[不當]이다[也]. 잃든[失] 얻든[得] 근심하지[恤] 말라 함은[勿] 나아갈수록[往] 경사가[慶] 있음[有]이다[也]. 오로지[維] 제 고을을[邑] 치기를[伐] 행함은[用] {상구(上九)가 취한} 도리가[道] 아직 밖으로 드러나 빛나지 않음[未光]이다[也].

【지남(指南)】

明出地上晉(명출지상진) 君子以自昭明德(군자이자조명덕)

땅[地] 위로[上] 밝게[明] 나옴이[出] 진괘이다[晉]. 군자는[君子] (진괘를) 본받아[以] 스스로[自] 나타나서[昭] 덕을[德] 밝힌다[明].

진괘(晉卦 : ䷢)의 괘상(卦象)을 〈진(晉) 강후용석마번서(康侯用錫馬蕃庶) 주일삼접(晝日三接)〉이라고 계사(繫辭)한 것을 〈명출지상진(明出地上晉) 군자이자조명덕(君子以自昭明德)〉이라고 풀이한다.

앞에서 살핀 대장괘(大壯卦 : ䷡)의 〈대장(大壯)〉은 양기(陽氣 : ⚊)가 흥성함[壯]이다. 그 무엇이든 끝끝내 흥성함[壯]을 누리고만 있을 수는 없다. 대장괘(大壯卦 : ䷡)의 상하체(上下體)가 모두 다 양괘(陽卦)인지라 군양(群陽)이 〈대장(大壯)〉 즉 흥성(興盛)함을 누렸다. 따라서 군양(群陽)의 대장괘(大壯卦 : ䷡) 다음에 군음(群陰)의 진괘(晉卦 : ䷢)가 온 것이다. 진괘(晉卦 : ䷢)의 주제인 〈진(晉)〉의 시국에서는 음(陰 : ⚋)의 나아감[晉]이 이어짐을 말한다. 〈진(晉)〉은 〈진(趚)〉 즉 〈진(進)〉이다. 묘월(卯月) 즉 음력 2월부터 유월(酉月) 즉 음력 8월까지 날마다 쉼없이 나아가는[晉] 생(生)을 누리는 풀[艸]을 함의(含意)하고 있는 자(字)가 〈진(晉)〉이다. 이와 같은 진괘(晉卦 : ䷢)의 괘상(卦象)을 괘사(卦辭)가 계사(繫辭)한 것이 〈진(晉) 강후(康侯)〉이다. 이에 「상사(象辭)」가 땅[地] 위로[上] 밝게[明] 나타남[出]이 진괘(晉卦 : ䷢)의 괘상(卦象)인 〈진(晉)〉임을 밝히고, 명출(明出) 즉 일출(日出)이란 서서히 점진적으로 밝아짐이 〈진(晉)〉임을 깨우치게 한 다음, 군자가[君子] 진괘(晉卦 : ䷢)의 〈진(晉)〉을 본받아[以] 스스로[自] 나타나서[昭] 만백성을 위해 덕을[德] 밝힌다[明]라고 풀이한 것이 〈명출지상진(明出地上晉) 군자이자조명덕(君子以自昭明德)〉이다.

晉如摧如(진여최여) 獨行正也(독행정야) 裕(유) 无咎(무구) 未受命也(미수명야)

나아가는[晉] 듯[如] 억누르는[摧] 듯함은[如] 홀로[獨] 바름을[正] 행함[行]이다[也]. (앞으로 나아갈 시간이) 여유로우면[裕] {진여최여

(晉如摧如)해도} 허물이[咎] 없다 함은[无] 아직 세상의 부름을[命] 받지 못했다는 것[未受]이다[也].

진괘(晉卦 : ䷢) 초륙(初六 : --)의 효상(爻象)을 〈진여최여(晉如摧如) 정길(貞吉) 망부(罔孚) 유(裕) 무구(无咎)〉라고 계사(繫辭)한 것을 〈진여최여(晉如摧如) 독행정야(獨行正也) 유(裕) 무구(无咎) 미수명야(未受命也)〉라고 풀이한다.

진괘(晉卦 : ䷢)의 초륙(初六 : --)은 정당한 자리에 있지 못하고, 구사(九四 : —)와 음양(陰陽)이라 정응(正應)을 누릴지라도 맨 밑자리인지라, 순조롭게 나아가기[晉]를 바라기에는 어려움이 뒤따르는 모습임을 〈진여최여(晉如摧如)〉라고 계사(繫辭)한 것이다. 이에 「상사(象辭)」가 〈진여최여(晉如摧如)〉는 초륙(初六 : --)이 주변과 타협하지 않고 홀로[獨] 정도를[正] 행하여[行] 흔들림 없는 기상(氣象)을 보여줌이라고 풀이한 것이 〈진여최여(晉如摧如) 독행정야(獨行正也)〉이다. 이어서 〈유(裕) 무구(无咎)〉는 초륙(初六 : --)이 초위(初位)이고 최하(最下)에 있는 젊은이와 같은지라 세상의 부름을[命] 아직 받지 못했음[未受]이라고 풀이한 것이 〈유(裕) 무구(无咎) 미수명야(未受命也)〉이다.

受玆介福(수자개복) 以中正也(이중정야)

이[玆] 큰[介] 복을[福] 받음은[受] 정도를[正] 따르기[中] 때문[以]이다[也].

진괘(晉卦 : ䷢) 육이(六二 : --)의 효상(爻象)을 〈진여수여(晉如愁如) 정길(貞吉) 수자개복우기왕모(受玆介福于其王母)〉라고 계사(繫辭)한 것을 〈수자개복(受玆介福) 이중정야(以中正也)〉라고 풀이한다.

진괘(晉卦 : ䷢)의 육이(六二 : --)는 정당한 자리에 있고, 육오(六五 : --)와 양음(兩陰)이라 중정(中正)이나 정응(正應)을 서로 누리지 못하는 처지이지만, 양쪽 다 득중(得中)의 중효(中爻)인지라 상조(相助)하여 상통(相通)의 길을 따르는 모습임을 〈진여수여(晉如愁如)〉라고 계사(繫辭)한 것이다. 이에 「상사(象辭)」가 〈수자개복(受玆介福)〉은 육이(六二 : --)가 진괘(晉卦 : ䷢)의 하체(下體) 곤(坤 : ☷)의 중효(中爻)로서 득중(得中) 즉 정도를 따름을[中] 취함[得]으로써 정도를

[正] 따르기[中] 때문[以]이라고 풀이한 것이 〈수자개복(受玆介福) 이중정야(以中正也)〉이다.

衆允之(중윤지) 志上行也(지상행야)

무리가[衆] 그녀를[之] 믿고 따름은[允] (그녀의) 뜻이[志] 위로[上] 나아감[行]이다[也].

진괘(晉卦 : ䷢) 육삼(六三 : --)의 효상(爻象)을 〈중윤(衆允) 회무(悔亡)〉라고 계사(繫辭)한 것을 〈중윤지(衆允之) 지상행야(志上行也)〉라고 풀이한다.

진괘(晉卦 : ䷢)의 육삼(六三 : --)은 정당한 자리에 있지 못하고, 구사(九四 : ─)와는 음양(陰陽)의 사이인지라 〈비(比)〉 즉 이웃의 사귐[比]을 누리며, 상구(上九 : ─)와도 음양(陰陽)의 사이인지라 정응(正應) 즉 바르게[正] 서로 호응하는[應] 모습을 〈중윤(衆允)〉이라고 계사(繫辭)한 것이다. 이에 「상사(象辭)」가 무리가[衆] 그녀[之] 즉 육삼(六三 : --)을 믿고 따름[允]은 육삼(六三 : --)의 뜻이[志] 위로[上] 나아감[行]이라고 풀이한 것이 〈중윤지(衆允之) 지상행야(志上行也)〉이다.

鼫鼠貞厲(석서정려) 位不當也(위부당야)

(다섯 가지 재주를 지닌) 다람쥐가[鼫鼠] 바르고 미더워도[貞] 위태함은[厲] {구사(九四)의} 자리가[位] 마땅치 않음[不當]이다[也].

진괘(晉卦 : ䷢) 구사(九四 : ─)의 효상(爻象)을 〈진여석서(晉如鼫鼠) 정려(貞厲)〉라고 계사(繫辭)한 것을 〈석서정려(鼫鼠貞厲) 위부당야(位不當也)〉라고 풀이한다.

진괘(晉卦 : ䷢)의 구사(九四 : ─)는 정당한 자리에 있지 못하고, 육오(六五 : --)와는 양음(陽陰)의 사이인지라 이웃의 사귐[比]을 누릴 수는 있으며, 초륙(初六 : --)과도 양음(陽陰)의 사이인지라 정응(正應)하는 모습을 〈진여석서(晉如鼫鼠)〉라고 계사(繫辭)한 것이다. 이에 「상사(象辭)」가 구사(九四 : ─)의 〈진(晉)〉 즉 나아감은[晉] 다람쥐[鼫鼠]의 것과 같아서[如] 나아가려는 구사(九四 : ─)의 믿음이 바르고 미더워도[貞] 위태하다[厲]라고 계사(繫辭)한 것을 구사(九四 : ─)가 양(陽 : ─)이면서 음(陰 : --)의 자리에 있고, 또한 군왕(君王)인 육오(六五 : --)의 바로 밑에 있어서 구사(九四 : ⚊)의 자리가[位] 마땅하지 않음[不當]이라고 풀이한 것이 〈석서정려(鼫鼠貞厲) 위부당야(位不當也)〉이다.

失得勿恤(실득물휼) 往有慶也(왕유경야)

잃든[失] 얻든[得] 근심하지[恤] 말라 함은[勿] 나아갈수록[往] 경사가[慶] 있음[有]이다[也].

진괘(晉卦 : ䷢) 육오(六五 : ⚋)의 효상(爻象)을 〈회무(悔亡) 실득물휼(失得勿恤) 왕길(往吉) 무불리(无不利)〉라고 계사(繫辭)한 것을 〈실득물휼(失得勿恤) 왕유경야(往有慶也)〉라고 풀이한다.

진괘(晉卦 : ䷢)의 육오(六五 : ⚋)는 정당한 자리에 있지는 못하고, 상구(上九 : ⚊)와는 음양(陰陽)의 사이인지라 이웃의 사귐[比]을 나누면서 은자(隱者)인 상구(上九 : ⚊)의 지혜(智慧)를 얻을 수 있다. 육이(六二 : ⚋)와는 양음(兩陰)인지라 중정(中正)과 정응(正應)을 서로 누리지 못하지만 육오(六五 : ⚋)는 건(乾 : ☰)의 중효(中爻) 자리로 들어와 이(離 : ☲)를 이루었으니, 광명(光明)의 주체로서 득중(得中) 즉 정도를 따름을[中] 취하여[得] 군왕(君王)의 교명(敎命)을 다하고 있는 육오(六五 : ⚋)를 〈회무(悔亡) 실득물휼(失得勿恤)〉이라고 계사(繫辭)한 것이다. 이에 「상사(象辭)」가 〈실득물휼(失得勿恤)〉을 육오(六五 : ⚋)가 군왕(君王)으로서 나아갈수록[往] 경사스러움만[慶] 있다[有]라고 풀이한 것이 〈실득물휼(失得勿恤) 왕유경야(往有慶也)〉이다.

維用伐邑(유용벌읍) 道未光也(도미광야)

오로지[維] 제 고을을[邑] 치기를[伐] 행함은[用] {상구(上九)가 취한} 도리가[道] 아직 밖으로 드러나 빛나지 않음[未光]이다[也].

진괘(晉卦 : ䷢) 상구(上九 : ⚊)의 효상(爻象)을 〈진기각(晉其角) 유용벌읍(維用伐邑) 여길(厲吉) 무구(无咎) 정린(貞吝)〉이라고 계사(繫辭)한 것을 〈유용벌읍(維用伐邑) 도미광야(道未光也)〉라고 풀이한다.

진괘(晉卦 : ䷢)의 상구(上九 : ⚊)는 정당한 자리에 있지는 못하고, 육오(六五 : ⚋)와는 양음(陽陰)의 사이인지라 〈비(比)〉 즉 이웃의 사귐[比]을 나눌 수 있다. 육삼(六三 : --)과도 양음(陽陰)인지라 정응(正應) 즉 바르게[正] 서로 호응하는[應] 모습이지만, 상구(上九 : ㅡ)는 진괘(晉卦 : ䷢)의 극위(極位)에 있는지라 진괘(晉卦 : ䷢)에서는 나아갈[晉] 데까지 다 나아가버린 모습임을 〈진기각(晉其角) 유용벌읍(維用伐邑)〉이라고 계사(繫辭)한 것이다. 이에 「상사(象辭)」가 오로지[維] 제 고을을[邑] 치기를[伐] 행한다[用]라고 밝힌 계사(繫辭)를 상구(上九 : ㅡ) 자신이 자신을 책하는 이치가[道] 아직 밖으로 빛나지 않음[未光]이라고 풀이한 것이 〈유용벌읍(維用伐邑) 도미광야(道未光也)〉이다.

36 명이괘(明夷卦 : ䷣) 상사(象辭)

이하곤상(離下坤上) : 아래는[下] 이(離 : ☲), 위는[上] 곤(坤 : ☷).

지화명이(地火明夷) : 땅과[地] 불은[火] 명이이다[明夷].

明入地中이 明夷이다 君子以莅衆에 用晦而明한다 君
명 입 지 중 명 이 군 자 이 리 중 용 회 이 명 군
子于行에 義不食也이다 六二之吉은 順以則也이다 南
자 우 행 의 불 식 야 육 이 지 길 순 이 칙 야 남
狩之志는 乃大得也이다 入于左腹은 獲心意也이다 箕
수 지 지 내 대 득 야 입 우 좌 복 획 심 의 야 기
子之貞은 明不可息也이다 初登于天은 照四國也이다
자 지 정 명 불 가 식 야 초 등 우 천 조 사 국 야
後入于地는 失則也이다
후 입 우 지 실 칙 야

밝음이[明] 땅속으로[地中] 들어감이[入] 명이괘이다[明夷]. 군자는[君子] (명이괘를) 본받아[以] 무리를[衆] 마주함에[莅] 어둠을[晦] 써서[用而] 밝힌다[明]. 군자가[君子] 길을 떠남에[于行] 의롭게[義] 먹지 않음[不食]이다[也]. 육이가[六二之] 좋다 함은[吉] (정도를) 따라서[順] 원칙을 지킨[則] 까닭[以]이다[也]. 남쪽에서[南] 정벌하려는[狩之] 뜻은[志] 이내[乃] 대업을[大] 이룩한 것[得]이다[也]. 어둠의[左] 복판으로[于腹] 들어감은[入] 속뜻을[心意] 깨달음[獲]이다[也]. 기자의[箕子之] 바르고 미더운 마음은[貞] 밝음을[明] 멈추거나 멸할[息] 수 없다는 것[不可]이다[也]. 처음에[初] 하늘에[于天] 오름은[登] 사방의[四] 나라를[國] 비춤[照]이다[也]. 뒤에[後] 땅으로[于地] 들어감은[入] 변함없는 상칙을[則] 잃은 것[失]이다[也].

【지남(指南)】

明入地中(명입지중) 明夷(명이) 君子以莅衆(군자이리중) 用晦而明(용회이명)

밝음이[明] 땅속으로[地中] 들어감이[入] 명이괘이다[明夷]. 군자는[君子] (명이괘를) 본받아[以] 무리를[衆] 마주함에[莅] 어둠을[晦] 써서[用而] 밝힌다[明].

명이괘(明夷卦 : ䷣)의 괘상(卦象)을 〈명이(明夷) 이간정(利艱貞)〉이라고 계사(繫辭)한 것을 〈명입지중(明入地中) 명이(明夷) 군자이리중(君子以莅衆) 용회이명(用晦而明)〉이라고 풀이한다.

멈춤 없이 나아가기만[晉] 하면 상처받는 일이 반드시 생긴다. 따라서 진괘(晉卦 : ䷢) 다음에 명이괘(明夷卦 : ䷣)가 온 것이다. 진괘(晉卦 : ䷢)가 뒤집어진 것이 명이괘(明夷卦 : ䷣)이다. 명이괘(明夷卦 : ䷣)의 하체(下體) 이(離 : ☲)는 밝음이고, 상체(上體) 곤(坤 : ☷)은 땅이다. 땅 아래 밝음이 있음이 명이괘(明夷卦 : ䷣)의 모습이다. 밝음[明]이 땅속[地中]에 묻혀 밝음이 상처받음이 명이괘(明夷卦 : ䷣)의 괘상(卦象)이다. 이에 「상사(象辭)」가 명이괘(明夷卦 : ䷣)의 괘상(卦象)을 밝음이[明] 땅속으로[地中] 들어감[入]이 〈명이(明夷)〉라고 밝힌 다음, 군자는[君子] 이 〈명이(明夷)〉를 본받아[以] 백성에게[衆] 다다라 어루만지면서도[莅] 드러나지 않고 숨어 살면서 때를 기다려, 〈명이(明夷)〉를 어둠을[晦] 이용해서[用而] 밝혀간다[明]고 풀이한 것이 〈명입지중(明入地中) 명이(明夷) 군자이리중(君子以莅衆) 용회이명(用晦而明)〉이다.

君子于行(군자우행) 義不食也(의불식야)

군자가[君子] 길을 떠남에[于行] 의롭게[義] 먹지 않음[不食]이다[也].

명이괘(明夷卦 : ䷣) 초구(初九 : ⚊)의 효상(爻象)을 〈명이우비(明夷于飛) 수기익(垂其翼) 군자우행(君子于行) 삼일불식(三日不食) 유유왕(有攸往) 주인유언(主人有言)〉이라고 계사(繫辭)한 것을 〈군자우행(君子于行) 의불식야(義不食也)〉라고 풀이한다.

명이괘(明夷卦 : ䷣)의 초구(初九 : ⚊)는 정당한 자리에 있고, 육이(六二 : ⚋)와 양음(陽陰)의 사이인지라 이웃의 사귐[比]을 누리며, 육사(六四 : ⚋)와도 양음(陽陰)이라 정응(正應)을 누리는 처지이지만, 명이괘(明夷卦 : ䷣)의 주제인 〈명이(明夷)〉의 시국에서는 밝음을[明] 상처 내는[夷] 음(陰 : ⚋)을 양(陽 : ⚊)이 밀쳐내려 하므로 바르게[正] 호응하지[應] 못하고 오히려 서로[相] 부딪치는[衝] 관계이다. 〈명이(明夷)〉의 시국에 밝음이[明] 상처받기[夷] 시작하므로 어려운 초구(初九 : ⚊)의 처지를 〈명이우비(明夷于飛) 수기익(垂其翼) 군자우행(君子于行) 삼일불식(三日不食) 유유왕(有攸往) 주인유언(主人有言)〉이라고 계사(繫辭)한 것이다. 이에 「상사(象辭)」가 명이괘(明夷卦 : ䷣) 초구(初九 : ⚊)의 효상(爻象)을 본받아 군자가[君子] 밝음[明] 즉 의로움이[義] 상처받는[夷] 곳에 머물 수 없어 떠나면서[于行] 불의(不義)가 주는 먹을거리를 불식(不食) 즉 먹지 않음[不食]이야말로 의로움[義]이라고 풀이한 것이 〈군자우행(君子于行) 의불식야(義不食也)〉이다.

六二之吉(육이지길) 順以則也(순이칙야)

육이가[六二之] 좋다 함은[吉] (정도를) 따라서[順] 원칙을 지킨[則] 까닭[以]이다[也].

명이괘(明夷卦 : ䷣) 육이(六二 : ⚋)의 효상(爻象)을 〈명이(明夷) 이우좌고(夷于左股) 용증마장(用拯馬壯) 길(吉)〉이라고 계사(繫辭)한 것을 〈육이지길(六二之吉) 순이칙야(順以則也)〉라고 풀이한다.

명이괘(明夷卦 : ䷣)의 육이(六二 : ⚋)는 정당한 자리에 있고, 육이(六二 : ⚋)의 위아래가 다 양(陽 : ⚊)인지라 이웃의 사귐[比]을 누리지만, 육오(六五 : ⚋)와는 양음(兩陰)인지라 함께 중정(中正)과 정응(正應)을 누리지 못한다. 그러나 육이(六二 : ⚋)는 명이괘(明夷卦 : ䷣)의 하체(下體) 이(離 : ☲)의 중효(中爻)로서 정도를 따름을[中] 취하여[得], 밝음이[明] 상처받아도[夷] 어긋나지 않아 치명적인 상처를 입지는 않는 육이(六二 : ⚋)를 〈명이(明夷) 이우좌고(夷于左股)〉라고 계사(繫辭)한 것이다. 이에 「상사(象辭)」가 육이(六二 : ⚋)가 길(吉)함은 중효(中爻)로서 정도를 따라[順] 원칙을 지킨[則] 까닭[以]이라고 풀이한 것이 〈육이지길(六二之吉) 순이칙야(順以則也)〉이다.

南狩之志(남수지지) 乃大得也(내대득야)

남쪽에서[南] 정벌하려는[狩之] 뜻은[志] 이내[乃] 대업을[大] 이룩한 것[得]이다[也].

명이괘(明夷卦 : ䷣) 구삼(九三 : ⚊)의 효상(爻象)을 〈명이우남수(明夷于南狩) 득기대수(得其大首) 불가질(不可疾) 정(貞)〉이라고 계사(繫辭)한 것을 〈남수지지(南狩之志) 내대득야(乃大得也)〉라고 풀이한다.

명이괘(明夷卦 : ䷣)의 구삼(九三 : ⚊)은 정당한 자리에 있고, 육사(六四 : ⚋)와는 양음(陽陰)인지라 이웃의 사귐[比]을 누리며, 상륙(上六 : ⚋)과는 바르게[正] 호응할[應] 처지이지만 상륙(上六 : ⚋)은 멀리 떨어져 있는지라 구삼(九三 : ⚊)의 밝음이[明] 상처입지[夷] 않게 해줄 여력(餘力)이 없는 모습임을 〈명이우남수(明夷于南狩) 득기대수(得其大首)〉라고 계사(繫辭)한 것이다. 이에 「상사(象辭)」가 남쪽에서[南] 정벌하려는[狩之] 의지가[志] 이내[乃] 큰 일을[大] 이룩한 것[得]이라고 풀이한 것이 〈남수지지(南狩之志) 내대득야(乃大得也)〉이다.

入于左腹(입우좌복) 獲心意也(획심의야)

어둠의[左] 복판으로[于腹] 들어감은[入] 속뜻을[心意] 깨달음[獲]이다[也].

명이괘(明夷卦 : ䷣) 육사(六四 : ⚋)의 효상(爻象)을 〈입우좌복(入于左腹) 획명이지심(獲明夷之心) 우출문정(于出門庭)〉이라고 계사(繫辭)한 것을 〈입우좌복(入于左腹) 획심의야(獲心意也)〉라고 풀이한다.

명이괘(明夷卦 : ䷣)의 육사(六四 : ⚋)는 정당한 자리에 있고, 육오(六五 : ⚋)와는 양음(兩陰)인지라 이웃의 사귐[比]을 누리지 못하며, 초구(初九 : ⚊)와는 정위(正位)에 있는 음양(陰陽)인지라 서로 바르게[正] 호응하는[應] 관계인 까닭으로 상체(上體) 곤(坤 : ☷)으로 갓 들어온 육사(六四 : ⚋)이지만 곤(坤 : ☷)의 어둠[暗]보다 이(離 : ☲)의 밝음[明]을 선택하는 모습임을 〈입우좌복(入于左腹) 획명이지심(獲明夷之心) 우출문정(于出門庭)〉이라고 계사(繫辭)한 것이다. 이에 「상사(象辭)」가 한쪽 후미진[左] 복판으로[于腹] 들어갔다[入]고 암시한 계사(繫辭)를 밝음을[明] 상처 내는[夷] 의지[心意]란 무도(無道)한 것임을 육사(六四 : --)가 깨달은[獲] 것이라고 풀이한 것이 〈입우좌복(入于左腹) 획심의야(獲心意也)〉이다.

箕子之貞(기자지정) 明不可息也(명불가식야)

기자의[箕子之] 바르고 미더운 마음은[貞] 밝음을[明] 멈추거나 멸할[息] 수 없다는 것[不可]이다[也].

명이괘(明夷卦 : ䷣) 육오(六五 : --)의 효상(爻象)을 〈기자지명이(箕子之明夷) 이정(利貞)〉이라고 계사(繫辭)한 것을 〈기자지정(箕子之貞) 명불가식야(明不可息也)〉라고 풀이한다.

명이괘(明夷卦 : ䷣)의 육오(六五 : --)는 정당한 자리에 있지 못하고, 상륙(上六 : --)과는 양음(兩陰)인지라 〈비(比)〉 즉 이웃의 사귐[比]을 누리지 못하는 모습이며, 육이(六二 : --)와도 서로 중효(中爻)이지만 양음(兩陰)인지라 중정(中正)과 정응(正應)을 누리지 못해 사고무친(四顧無親) 즉 사방을[四] 둘러본들[顧] 가까이할 사람이[親] 없는[無] 모습임을 〈기자지명이(箕子之明夷) 이정(利貞)〉이라고 계사(繫辭)한 것이다. 이에 「상사(象辭)」가 기자의[箕子之] 바르고 미더운 마음가짐[貞]은 밝음[明] 즉 명덕(明德)을 지멸(止滅) 즉 멈추거나[止] 없어지게 할[滅] 수 없다[不可]는 공정(公正)한 의지(意志)라고 풀이한 것이 〈기자지정(箕子之貞) 명불가식야(明不可息也)〉이다.

初登于天(초등우천) 照四國也(조사국야) 後入于地(후입우지) 失則也(실칙야)

처음에[初] 하늘에[于天] 오름은[登] 사방의[四] 나라를[國] 비춤[照]이다[也]. 뒤에[後] 땅으로[于地] 들어감은[入] 변함없는 상칙을[則] 잃은 것[失]이다[也].

명이괘(明夷卦 : ䷣) 상륙(上六 : --)의 효상(爻象)을 〈불명(不明) 회(晦) 초등우천(初登于天) 후입우지(後入于地)〉라고 계사(繫辭)한 것을 〈초등우천(初登于天) 조사국야(照四國也) 후입우지(後入于地) 실칙야(失則也)〉라고 풀이한다.

명이괘(明夷卦 : ䷣)의 상륙(上六 : --)은 정당한 자리에 있고, 육오(六五 : --)

와는 양음(兩陰)인지라 이웃의 사귐[比]을 누리지 못하며, 구삼(九三 : ━)과는 서로 바르게[正] 호응할[應] 관계이지만 〈명이(明夷)〉의 시국에서는 밝음[明]의 구삼(九三 : ━)이 어둠[暗]의 상륙(上六 : ╍)을 제압해야 할 처지인지라, 상륙(上六 : ╍)이 어둠[暗]의 극위(極位)에 있어서 명이괘(明夷卦 : ䷣)의 다섯 효(爻)들을 어둡게[暗] 하는 소인(小人)의 모습임을 〈불명(不明) 회(晦) 초등우천(初登于天) 후입우지(後入于地)〉라고 계사(繫辭)한 것이다. 이에 「상사(象辭)」가 처음엔[初] (밝음의[明]) 하늘에[于天] 올랐다[登]는 계사(繫辭)는 온 사방의[四] 나라들을[國] 밝음으로 비추었음[照]이라 풀이하고, 뒤에는[後] (어둠의[晦]) 땅으로[于地] 들어갔다[入]는 계사(繫辭)는 밝음으로 비춰야 하는 변함없는 법칙을[則] 망실했음[失]이라고 풀이한 것이 〈초등우천(初登于天) 조사국야(照四國也) 후입우지(後入于地) 실칙야(失則也)〉이다.

37 가인괘(家人卦 : ☴☲) 상사(象辭)

이하손상(離下巽上) : 아래는[下] 이(離 : ☲), 위는[上] 손(巽 : ☴).

풍화가인(風火家人) : 바람과[風] 불은[火] 가인이다[家人].

風自火出이 家人이다 君子以言有物而行有恒한다 閑有家는 志未變也이다 六二之吉은 順以巽也이다 家人嗃嗃은 未失也이고 婦子嘻嘻는 失家節也이다 富家大吉은 順在位也이다 王假有家는 交相愛也이다 威如之吉은 反身之謂也이다

(풍자화출 가인 군자이언유물이행유항 한유가 지미변야 육이지길 순이손야 가인학학 미실야 부자희희 실가절야 부가대길 순재위야 왕격유가 교상애야 위여지길 반신지위야)

불[火]로부터[自] 바람이[風] 나옴이[出] 가인괘이다[家人]. 군자는[君子] (가인괘를) 본받아[以] 말함에는[言] 명백함이[物] 있으면서[有而] 행동함에는[行] 한결같음이[恒] 있다[有]. 집안[家]에서부터[有] (삿됨을) 막음은[閑] (행복을 누리려는) 마음 가는 바가[志] 변함이[變] 없음[未]이다[也]. 육이가[六二之] 행복함은[吉] (바른 이치를) 따르면서[順] 겸손하기[巽] 때문[以]이다[也]. 남자가[家人] 엄하고 혹독함은[嗃嗃] {강강(剛強)함을} 아직 버리지 못함[未失]이고[也], 아낙과[婦] 아이들이[子] 기뻐 웃는 모습은[嘻嘻] 집안의[家] 법도를[節] 잃었음[失]이다[也]. 가정을[家] 풍성하게 함이[富] 크게[大] 행복함은[吉] 순종하면서[順] 제자리에[位] 있음[在]이다[也]. 임금이[王] 가정을[家] 갖기에[有] 이르렀음은[假] 사귀어[交] 서로[相] 사랑함[愛]이다[也]. 위엄이[威] 있는 듯해[如之] 좋음은[吉] 자신을[身] 돌이켜봄[反] 이것을[之] 일컬음[謂]이다[也].

【지남(指南)】

風自火出(풍자화출) 家人(가인) 君子以言有物而行有恒(군자이언유물이행유항)

불[火]로부터[自] 바람이[風] 나옴이[出] 가인괘이다[家人]. 군자는[君子] (가인괘를) 본받아[以] 말함에는[言] 명백함이[物] 있으면서[有而] 행동함에는[行] 한결같음이[恒] 있다[有].

가인괘(家人卦 : ䷤)의 괘상(卦象)을 〈가인(家人) 이녀정(利女貞)〉이라고 계사(繫辭)한 것을 〈풍자화출(風自火出) 가인(家人) 군자이언유물이행유항(君子以言有物而行有恒)〉이라고 풀이한다.

명이괘(明夷卦 : ䷣)의 〈명이(明夷)의 이(夷)〉는 상처받음[夷]이다. 밖에서 상처받으면 집으로 돌아온다. 따라서 명이괘(明夷卦 : ䷣) 다음에 가인괘(家人卦 : ䷤)가 온 것이다. 가인괘(家人卦 : ䷤)의 하체(下體) 즉 내괘(內卦)인 이(離 : ☲)는 화(火) 즉 불이고, 가인괘(家人卦 : ䷤)의 상체(上體) 즉 외괘(外卦)인 손(巽 : ☴)은 풍(風) 즉 바람이니, 불로부터 바람이 비롯함을 괘상(卦象)으로 삼아 가인괘(家人卦 : ䷤)라 일컫는 까닭은 가인괘(家人卦 : ䷤)의 내외호괘(內外互卦)로써 분명해진다. 가인괘(家人卦 : ䷤)의 내호괘(內互卦)는 감(坎 : ☵)이니 중남(中男)을 나타내고, 외호괘(外互卦)는 이(離 : ☲)이니 중녀(中女)를 나타내 일남(一男)-일녀(一女)가 하나로 결합할 수밖에 없는지라 괘명(卦名)이 가인괘(家人卦 : ䷤)가 된 것이다. 남녀(男女)의 결합이란 이(離 : ☲) 즉 화(火)에서 손(巽 : ☴) 즉 풍(風)이 일어남과 같다. 이에 「상사(象辭)」가 가인괘(家人卦 : ䷤)의 괘상(卦象)을 불로부터[自火] 바람이[風] 나옴[出]이라고 밝힌 다음, 군자는[君子] 이러한 가인괘(家人卦 : ䷤)의 괘상(卦象)을 본받아[以] 말함에는[言] 명백함이[物] 있으면서[有而] 행동함에는[行] 한결같음이[恒] 있다[有]라고 풀이한 것이 〈풍자화출(風自火出) 가인(家人) 군자이언유물이행유항(君子以言有物而行有恒)〉이다.

閑有家(한유가) 志未變也(지미변야)

집안[家]에서부터[有] (삿됨을) 막음은[閑] (행복을 누리려는) 마음

가는 바가[志] 변함이[變] 없음[未]이다[也].

가인괘(家人卦 : ䷤) 초구(初九 : ⚊)의 효상(爻象)을 〈한유가(閑有家) 회무(悔亡)〉라고 계사(繫辭)한 것을 〈한유가(閑有家) 지미변야(志未變也)〉라고 풀이한다.

가인괘(家人卦 : ䷤)의 초구(初九 : ⚊)는 정당한 자리에 있고, 육이(六二 : ⚋)와는 양음(陽陰)인지라 이웃의 사귐[比]을 누리며, 육사(六四 : ⚋)와도 양음(陽陰)이라 바르게[正] 서로 호응하면서[應] 가정을 일구려고 채비하며 행복한 가정을 누리려는 당당한 모습을 〈한유가(閑有家) 회무(悔亡)〉라고 계사(繫辭)한 것이다. 이에 「상사(象辭)」가 집안에서[有家] (삿됨을) 미리 막으라는[閑] 계사(繫辭)를 가정을 일구고자 처음 마음 가졌던 바가[志] 변함이[變] 없음[未]이라고 풀이한 것이 〈한유가(閑有家) 지미변야(志未變也)〉이다.

六二之吉(육이지길) 順以巽也(순이손야)

육이가[六二之] 행복함은[吉] (바른 이치를) 따르면서[順] 겸손하기[巽] 때문[以]이다[也].

가인괘(家人卦 : ䷤) 육이(六二 : ⚋)의 효상(爻象)을 〈무유수(无攸遂) 재중궤(在中饋) 정길(貞吉)〉이라고 계사(繫辭)한 것을 〈육이지길(六二之吉) 순이손야(順以巽也)〉라고 풀이한다.

가인괘(家人卦 : ䷤)의 육이(六二 : ⚋)는 정당한 자리에 있고, 구삼(九三 : ⚊)과는 음양(陰陽)인지라 이웃의 사귐[比]을 누리며, 구오(九五 : ⚊)와는 서로 정당한 자리에 있어서 중효(中爻)로서 중정(中正)과 정응(正應)을 누리는 모습을 〈무유수(无攸遂) 재중궤(在中饋) 정길(貞吉)〉이라고 계사(繫辭)한 것이다. 이에 「상사(象辭)」가 육이가[六二之] 누리는 행복[吉]은 바른 이치를 따르면서도[順] 겸손하기[巽] 때문[以]이라고 풀이한 것이 〈육이지길(六二之吉) 순이손야(順以巽也)〉이다.

家人嗃嗃(가인학학) 未失也(미실야) 婦子嘻嘻(부자희희) 失家節也(실가절야)

남자가[家人] 엄하고 혹독함은[嗃嗃] {강강(剛强)함을} 아직 버리지 못함[未失]이고[也], 아낙과[婦] 아이들이[子] 기뻐 웃는 모습은[嘻嘻] 집안의[家] 법도를[節] 잃었음[失]이다[也].

가인괘(家人卦 : ䷤) 구삼(九三 : ⚊)의 효상(爻象)을 〈가인학학(家人嗃嗃) 회려(悔厲) 길(吉) 부자희희(婦子嘻嘻) 종린(終吝)〉이라고 계사(繫辭)한 것을 〈가인학학(家人嗃嗃) 미실야(未失也) 부자희희(婦子嘻嘻) 실가절야(失家節也)〉라고 풀이한다.

가인괘(家人卦 : ䷤)의 구삼(九三 : ⚊)은 정당한 자리에 있지만, 상구(上九 : ⚊)와는 양양(兩陽)인지라 서로 호응하지 못하고[不應], 육사(六四 : ⚋)와는 양음(陽陰)인지라 이웃의 사귐[比]을 누릴 처지이지만 육사(六四 : ⚋)가 구오(九五 : ⚊)와 이웃의 사귐[比]을 누릴 수 있어서 구삼(九三 : ⚊)과는 이웃으로 사귈 의향이 없는 모습이다. 육이(六二 : ⚋)도 구오(九五 : ⚊)와 중정(中正)과 정응(正應)을 서로 누리기 때문에 구삼(九三 : ⚊)과 이웃으로 사귈[比] 의향이 없는 모습이라서, 구삼(九三 : ⚊)은 저 홀로 가인괘(家人卦 : ䷤)의 하체(下體)를 벗어나 상체(上體)로 상승(上昇)하려는 의지가 강렬하지만 도움을 얻을 수 없어서 어려운 처지에 빠져 있는 모습임을 〈가인학학(家人嗃嗃) 회려(悔厲) 길(吉) 부자희희(婦子嘻嘻) 종린(終吝)〉이라고 계사(繫辭)한 것이다. 이에 「상사(象辭)」가 남자가 엄하고 혹독함은[嗃嗃] 강강(剛强)함을 아직 버리지[失] 못한 것[未]이라 풀이한 것이 〈가인학학(家人嗃嗃) 미실야(未失也)〉이고, 아낙과[婦] 아이들이[子] 기뻐해 웃는 모습[嘻嘻]을 가정의[家] 법도를[節] 잃은 것[失]이라고 풀이한 것이 〈부자희희(婦子嘻嘻) 실가절야(失家節也)〉이다.

富家大吉(부가대길) 順在位也(순재위야)

가정을[家] 풍성하게 함이[富] 크게[大] 행복함은[吉] 순종하면서[順] 제자리에[位] 있음[在]이다[也].

가인괘(家人卦 : ䷤) 육사(六四 : ⚋)의 효상(爻象)을 〈부가(富家) 대길(大吉)〉이라고 계사(繫辭)한 것을 〈부가대길(富家大吉) 순재위야(順在位也)〉라고 풀이한다.

가인괘(家人卦 : ䷤)의 육사(六四 : ⚋)는 정당한 자리에 있고, 초구(初九 : ⚊)

와는 음양(陰陽)인지라 서로 바르게[正] 호응하면서[應], 바로 위의 구오(九五 : ━)와도 음양(陰陽)의 사이인지라 〈비(比)〉 즉 이웃의 사귐[比]을 누리므로 더없이 좋은 환경에서 모자랄 것이 없는 육사(六四 : ╍)를 〈부가(富家) 대길(大吉)〉이라고 계사(繫辭)한 것이다. 이에 「상사(象辭)」가 가정을[家] 부유하게 함이[富] 크나큰[大] 행복[吉]이란 계사(繫辭)를 육사(六四 : ╍) 즉 주부(主婦)가 유순하면서[順] 구오(九五 : ━)와 이웃으로 사귀고[比] 초구(初九 : ━)와는 바르게[正] 호응하는[應] 자리에[位] 있음[在]이라고 풀이한 것이 〈부가대길(富家大吉) 순재위야(順在位也)〉이다.

王假有家(왕격유가) 交相愛也(교상애야)

입금이[王] 가정을[家] 갖기에[有] 이르렀음은[假] 사귀어[交] 서로[相] 사랑함[愛]이다[也].

가인괘(家人卦 : ䷤) 구오(九五 : ━)의 효상(爻象)을 〈왕격유가(王假有家) 물휼(勿恤) 길(吉)〉이라고 계사(繫辭)한 것을 〈왕격유가(王假有家) 교상애야(交相愛也)〉라고 풀이한다.

가인괘(家人卦 : ䷤)의 구오(九五 : ━)는 정당한 자리에 있고, 상구(上九 : ━)와는 양양(兩陽)인지라 이웃의 사귐[比]을 서로 누리지 못하지만, 육이(六二 : ╍)와는 서로 정당한 자리에 있는 중효(中爻)로서 중정(中正)과 정응(正應)을 정성껏 누리면서 당당한 구오(九五 : ━)의 군왕(君王)의 모습을 〈왕격유가(王假有家) 물휼(勿恤) 길(吉)〉이라고 계사(繫辭)한 것이다. 이에 「상사(象辭)」가 군왕이[王] 가정을[家] 갖기에[有] 이르렀다[假]는 계사(繫辭)를 사내로서 구오(九五 : ━)와 여자로서 육이(六二 : ╍)가 사귀어[交] 서로[相] 사랑한 것[愛]이라고 풀이한 것이 〈왕격유가(王假有家) 교상애야(交相愛也)〉이다.

威如之吉(위여지길) 反身之謂也(반신지위야)

위엄이[威] 있는 듯해[如之] 좋음은[吉] 자신을[身] 돌이켜봄[反] 이것을[之] 일컬음[謂]이다[也].

가인괘(家人卦 : ䷤) 상구(上九 : ━)의 효상(爻象)을 〈유부(有孚) 위여(威如) 종

길(終吉)〉이라고 계사(繫辭)한 것을 〈위여지길(威如之吉) 반신지위야(反身之謂也)〉라고 풀이한다.

가인괘(家人卦 : ䷤)의 상구(上九 : ⚊)는 정당한 자리에 있지 못하고, 바로 아래의 구오(九五 : ⚊)와도 양양(兩陽)인지라 이웃의 사귐[比]을 서로 누리지 못하며, 구삼(九三 : ⚊)과도 양양(兩陽)인지라 서로 호응하지 못해[不應] 외롭지만 더할 바 없이 의연(毅然)한 모습을 〈유부(有孚) 위여(威如) 종길(終吉)〉이라고 계사(繫辭)한 것이다. 이에 「상사(象辭)」가 상구(上九 : ⚊)의 위엄이[威] 있는 듯해[如之] 좋음[吉]은 상구(上九 : ⚊)가 가솔들을 탓하려 하지 않고 자신에게 잘못이 있는지 자신을[身] 돌이켜봄을[反之] 말한 것[謂]이라고 풀이한 것이 〈위여지길(威如之吉) 반신지위야(反身之謂也)〉이다.

38 규괘(睽卦 : ䷥) 상사(象辭)

태하이상(兌下離上) : 아래는[下] 태(兌 : ☱), 위는[上] 이(離 : ☲).

화택규(火澤睽) : 불과[火] 못은[澤] 규이다[睽].

上火下澤이 睽이다 君子以同而異한다 見惡人은 以辟咎也이다 遇主于巷은 未失道也이다 見輿曳는 位不當也이고 无初有終은 遇剛也이다 交孚无咎는 志行也이다 厥宗噬膚는 往有慶也이다 遇雨之吉은 群疑亡也이다

(상화하택 규 군자이동이이 견악인 이피구야 우주우항 미실도야 견여예 위부당야 무초유종 우강야 교부무구 지행야 궐종서부 왕유경야 우우지길 군의무야)

위는[上] 불이고[火] 아래는[下] 못이[澤] 규괘이다[睽]. 군자는[君子] (규괘를) 본받아[以] 같이하고[同而] 달리한다[異]. 악한[惡] 사람을[人] 만나도[見] (허물이[咎] 없다[无] 함은) 허물을[咎] 피한[辟] 까닭[以]이다[也]. (궁궐) 문밖에서[于巷] 임금을[主] 만남은[遇] 대도를[道] 잃지 않은 것[未失]이다[也]. 수레가[輿] 끌림을[曳] 봄은[見] 자리가[位] 마땅치 않음[不當]이고[也], 처음엔[初] 없다가[无] 끝내는[終] 있음은[有] 굳셈을[剛] 만남[遇]이다[也]. 성실한 마음을[孚] 함께하여[交] 허물이[咎] 없음은[无] 뜻이[志] 쓰임[行]이다[也]. 그[厥] 일족이[宗] 살을[膚] 부빔은[噬] 나아갈수록[往] 경사가[慶] 있을 것[有]이다[也]. 비를[雨] 만나서[遇之] 행복함은[吉] {규(睽)의} 한패라는[群] 의심이[疑] 없어짐[亡]이다[也].

【지남(指南)】

上火下澤(상화하택) 睽(규) 君子以同而異(군자이동이이)

위는[上] 불이고[火] 아래는[下] 못이[澤] 규괘이다[睽]. 군자는[君

子] (규괘를) 본받아[以] 같이하고[同而] 달리한다[異].

규괘(睽卦 : ䷥)의 괘상(卦象)을 〈규(睽) 소사길(小事吉)〉이라고 계사(繫辭)한 것을 〈상화하택(上火下澤) 규(睽) 군자이동이이(君子以同而異)〉라고 풀이한다.

가인괘(家人卦 : ䷤)의 가도(家道)가 다하면 즉 아들딸을 낳아 다 길러내면 시집장가를 보내야 하니 한 가족은 반드시 떨어져야 한다. 따라서 가인괘(家人卦 : ䷤) 다음에 규괘(睽卦 : ䷥)가 온 것이다. 규괘(睽卦 : ䷥)는 가인괘(家人卦 : ䷤)가 뒤집힌 괘(卦)이다. 규괘(睽卦 : ䷥)의 하체(下體) 즉 내괘(內卦)인 태(兌 : ☱)는 음괘(陰卦)로서 택(澤) 즉 연못[澤]이고, 상체(上體) 즉 외괘(外卦)인 이(離 : ☲)도 음괘(陰卦)로서 화(火) 즉 불[火]이다. 규괘(睽卦 : ䷥)의 상하체(上下體)가 다 음괘(陰卦)인지라 상화(相和)하지 못하고 상리(相離)하여, 태(兌 : ☱) 즉 연못 속의 물은 아래로 내려가고, 이(離 : ☲) 즉 불은 위로 올라간다. 그래서 하체(下體)인 태(兌 : ☱)와 상체(上體)인 이(離 : ☲)는 서로 만나지 못하고 떨어지니 태(兌 : ☱)와 이(離 : ☲)의 관계는 〈규(睽)〉이다.

규괘(睽卦 : ䷥)의 하체(下體) 태(兌 : ☱)는 소녀(小女)이고, 상체(上體) 이(離 : ☲)는 중녀(中女)이다. 규괘(睽卦 : ䷥)의 자매(姉妹)가 한 배에서 태어나 한 가정에서 자랐지만 시집가게 되면 서로 떨어져 나가 다른 가정을 일구어 자매(姉妹)는 그만 상괴(相乖) 즉 서로[相] 어그러지니[乖] 이 역시 〈규(睽)〉이다. 이처럼 괴이(乖異) 즉 어그러져[乖] 달라짐[異]이 규괘(睽卦 : ䷥)의 〈규(睽)〉이다. 규괘(睽卦 : ䷥)의 〈규(睽)〉가 뜻하는 괴이(乖異)함이란 소사(小事)를 말함이지 대사(大事)를 말함은 아니다. 이에 규괘(睽卦 : ䷥)의 괘상(卦象)을 〈규(睽) 소사길(小事吉)〉이라고 계사(繫辭)한 것이다. 이에 「상사(象辭)」가 아래는[下] 연못[澤]이고 위는[上] 불[火]인 규괘(睽卦 : ䷥)의 괘상(卦象)을 〈규(睽)〉라고 밝히고, 군자는[君子] 규괘(睽卦 : ䷥)의 괘상(卦象)인 〈규(睽)〉를 본받아[以] 그 〈규(睽)〉 즉 괴이(乖異)함을 같이하기도[同] 하고 달리하기도[異] 한다고 풀이한 것이 〈상화하택(上火下澤) 규(睽) 군자이동이이(君子以同而異)〉이다.

見惡人(견악인) 以辟咎也(이피구야)

악한[惡] 사람을[人] 만나도[見] (허물이[咎] 없다[无] 함은) 허물을[咎] 피한[辟] 까닭[以]이다[也].

규괘(睽卦 : ䷥) 초구(初九 : ⚊)의 효상(爻象)을 〈회무(悔亡) 상마물축(喪馬勿逐) 자복(自復) 견악인(見惡人) 무구(无咎)〉라고 계사(繫辭)한 것을 〈견악인(見惡人) 이피구야(以辟咎也)〉라고 풀이한다.

규괘(睽卦 : ䷥)의 초구(初九 : ⚊)는 정당한 자리에 있고, 구이(九二 : ⚊)와는 양양(兩陽)인지라 이웃의 사귐[比]을 누리지 못하며, 구사(九四 : ⚊)와도 양양(兩陽)인지라 서로 호응하지 못해[不應] 사고무친(四顧無親)의 처지이어서 〈규(睽)〉 즉 괴이(怪異)한 상황이 개선될 가망이 없어 보이지만, 정당한 자리에 있으므로 현실을 마주함이 당당한 초구(初九 : ⚊)를 〈회무(悔亡) 상마물축(喪馬勿逐) 자복(自復) 견악인(見惡人) 무구(无咎)〉라고 계사(繫辭)한 것이다. 이에 「상사(象辭)」가 소사(小事)에 매달려 〈규(睽)〉 즉 괴이(乖異)함을 뿌리칠 줄 모르는 악인을[惡人] 만나도[見] 무구(无咎) 즉 허물이[咎] 없다[无]고 한 계사(繫辭)를 초구(初九 : ⚊)가 악인(惡人)과 다투지 않아 상쟁(相爭) 즉 서로[相] 다툼[爭]에서 빚어지는 허물들을[咎] 피해가기[辟] 때문[以]이라고 풀이한 것이 〈견악인(見惡人) 이피구야(以辟咎也)〉이다.

遇主于巷(우주우항) 未失道也(미실도야)

(궁궐) 문밖에서[于巷] 임금을[主] 만남은[遇] 대도를[道] 잃지 않은 것[未失]이다[也].

규괘(睽卦 : ䷥) 구이(九二 : ⚊)의 효상(爻象)을 〈우주우항(遇主于巷) 무구(无咎)〉라고 계사(繫辭)한 것을 〈우주우항(遇主于巷) 미실도야(未失道也)〉라고 풀이한다.

규괘(睽卦 : ䷥)의 구이(九二 : ⚊)는 정당한 자리에 있지 못하고, 육오(六五 : ⚋)와는 서로 정위(正位)에 있지 못해 중정(中正)을 누리지는 못하지만 각자 정도를 따름을[中] 취하여[得] 바르게[正] 서로 응하면서[應] 도움을 주고받을 수 있는 처지이어서, 〈규(睽)〉 즉 괴이(怪異)한 상황을 벗어나 서로 호응(互應)함을 누리는 구이(九二 : ⚊)를 〈우주우항(遇主于巷) 무구(无咎)〉라고 계사(繫辭)한 것이다. 이에 「상사(象辭)」가 골목에서[于巷] 임금을[主] 만난다[遇]고 함을 〈규(睽)〉 즉 어그러져 달리하는[睽] 세상일지라도 〈규(睽)〉의 소사(小事)를 버리고 음양상화(陰陽相和)의 천도(天道) 즉 자연의[天] 도리[道]를 따라 대사(大事) 즉 화합(和合)의 도리를[道] 잃지 않는 것[未失]이라고 풀이한 것이 〈우주우항(遇主于巷) 미실도야(未失道也)〉이다.

見輿曳(견여예) 位不當也(위부당야) 无初有終(무초유종) 遇剛也(우강야)

수레가[輿] 끌림을[曳] 봄은[見] 자리가[位] 마땅치 않음[不當]이고[也], 처음엔[初] 없다가[无] 끝내는[終] 있음은[有] 굳셈을[剛] 만남[遇]이다[也].

규괘(睽卦 : ䷥) 육삼(六三 : --)의 효상(爻象)을 〈견여예(見輿曳) 기우체(其牛掣) 기인천차의(其人天且劓) 무초유종(无初有終)〉이라고 계사(繫辭)한 것을 〈견여예(見輿曳) 위부당야(位不當也) 무초유종(无初有終) 우강야(遇剛也)〉라고 풀이한다.

규괘(睽卦 : ䷥)의 육삼(六三 : --)은 정당한 자리에 있지 못하고, 구이(九二 : —)와 구사(九四) : —)와는 음양(陰陽)의 사이인지라 이웃의 사귐[比]을 누릴 수 있지만, 구이(九二 : —)는 육오(六五 : --)와 정응(正應)을 누리고, 구사(九四 : —)는 육오(六五 : --)와 사귐[比]을 누리고자 하므로, 육삼(六三 : --)은 두 기효(奇爻 : —) 사이에 끼어서 심한 〈규(睽)〉 즉 어그러져 달리하는[睽] 처지에 있는 모습이다. 상구(上九 : —)와는 서로 음양(陰陽)인지라 부정위(不正位)에 있을지라도 바르게[正] 서로 호응함[應]을 누릴 수 있지만 구사(九四 : —)와 육오(六五 : --) 등이 격지(隔止) 즉 사이에[隔] 멈춰[止] 있기에, 육삼(六三 : --)이 상구(上九 : —)와 정응(正應)을 처음부터 쉽사리 누리기가 어려운 모습을 〈견여예(見輿曳) 기우체(其牛掣) 기인천차의(其人天且劓) 무초유종(无初有終)〉이라고 계사(繫辭)한 것이다. 이에 「상사(象辭)」가 〈견여예(見輿曳)〉를 육삼(六三 : --)이 양위(陽位) 즉 양기(陽氣)의 자리[位]에 있는지라 정당하지 않음[不當]이라고 풀이한 것이 〈견여예(見輿曳) 위부당야(位不當也)〉이고, 〈무초유종(无初有終)〉을 육삼(六三 : --)이 끝내[終] 굳센[强] 상구(上九 : —)와 정응(正應)으로써 음양상화(陰陽相和)를 누림이라고 풀이한 것이 〈무초유종(无初有終) 우강야(遇剛也)〉이다. 여기 〈우강야(遇剛也)의 강(剛)〉은 규괘(睽卦 : ䷥)의 상구(上九 : ⚊)를 나타낸다.

交孚无咎(교부무구) 志行也(지행야)

성실한 마음을[孚] 함께하여[交] 허물이[咎] 없음은[无] 뜻이[志] 쓰임[行]이다[也].

규괘(睽卦 : ䷥) 구사(九四 : ⚊)의 효상(爻象)을 〈규고(睽孤) 우원부(遇元夫) 교부(交孚) 여(厲) 무구(无咎)〉라고 계사(繫辭)한 것을 〈교부무구(交孚无咎) 지행야(志行也)〉라고 풀이한다.

규괘(睽卦 : ䷥)의 구사(九四 : ⚊)는 정당한 자리에 있지 못하고, 육오(六五 : ⚋)는 구이(九二 : ⚊)와 정응(正應)을 누리고자 하므로 이웃으로 사귀려[比] 않고, 초구(初九 : ⚊)와는 양양(兩陽)인지라 서로 호응하지 못하는[不應] 처지이나 서로 뜻이 통할 수 있는 여지가 있어서, 음기(陰氣 : ⚋) 사이에서의 고립을 극복해낼 수 있는 구사(九四 : ⚊)를 〈규고(睽孤) 우원부(遇元夫) 교부(交孚) 여(厲) 무구(无咎)〉라고 계사(繫辭)한 것이다. 이에 「상사(象辭)」가 구사(九四 : ⚊)의 마음 가는 바와[志] 초구(初九 : ⚊)의 마음 가는 바가[志] 서로 통하여 〈교부(交孚)〉가 활용된 것[行]이라고 풀이한 것이 〈교부무구(交孚无咎) 지행야(志行也)〉이다.

厥宗噬膚(궐종서부) 往有慶也(왕유경야)

그[厥] 일족이[宗] 살을[膚] 부빔은[噬] 나아갈수록[往] 경사가[慶] 있을 것[有]이다[也].

규괘(睽卦 : ䷥) 육오(六五 : ⚋)의 효상(爻象)을 〈회무(悔亡) 궐종서부(厥宗噬膚) 왕(往) 하구(何咎)〉라고 계사(繫辭)한 것을 〈궐종서부(厥宗噬膚) 왕유경야(往有慶也)〉라고 풀이한다.

규괘(睽卦 : ䷥)의 육오(六五 : ⚋)는 정당한 자리에 있지 못하고, 상구(上九 : ⚊)와는 음양(陰陽)인지라 이웃의 사귐[比]을 나눌 수 있지만 상구(上九 : ⚊)에게 도움을 요청할 일이 없으니 무덤덤한 이웃일 뿐이고, 육오(六五 : ⚋)와 구이(九二 : ⚊)는 서로 정당한[正] 자리에 있지 않아[不位] 중정(中正)을 누리지는 못하지만 바르게[正] 호응함[應]으로써 정도를 따름을[中] 취하면서[得] 도타운 정(情)을 나누어 누리는 육오(六五 : --)를 〈회무(悔亡) 궐종서부(厥宗噬膚) 왕(往) 하구(何咎)〉라고 계사(繫辭)한 것이다. 이에 「상사(象辭)」가 〈궐종(厥宗)〉 즉 중효(中爻)로서 일가인[厥宗] 육오(六五 : --)와 구이(九二 : —) 사이의 정응(正應) 즉 바르게[正] 호응해[應] 누리는 〈서부(噬膚)〉 즉 살붙이의 사랑[噬膚]은, 간사하여 치우침으로써 빚어지는 〈규(睽)〉 즉 어그러져 달리하는[睽] 소아(小我)를 떠났으니 육오(六五 : --)와 구이(九二 : —)가 앞으로 나아갈수록[往] 경사스러움이[慶] 있을 것[有]이라고 풀이한 것이 〈궐종서부(厥宗噬膚) 왕유경야(往有慶也)〉이다.

遇雨之吉(우우지길) 群疑亡也(군의무야)

비를[雨] 만나서[遇之] 행복함은[吉] {규(睽)의} 한패라는[群] 의심이[疑] 없어짐[亡]이다[也].

규괘(睽卦 : ䷥) 상구(上九 : —)의 효상(爻象)을 〈규고(睽孤) 견시부도(見豕負塗) 재귀일거(載鬼一車) 선장지호(先張之弧) 후탈지호(後說之弧) 비구혼구(匪寇婚媾) 왕우우(往遇雨) 즉길(則吉)〉이라고 계사(繫辭)한 것을 〈우우지길(遇雨之吉) 군의무야(群疑亡也)〉라고 풀이한다.

규괘(睽卦 : ䷥)의 상구(上九 : —)는 정당한 자리에 있지 못하고, 육오(六五 : --)와는 양음(陽陰)인지라 이웃의 사귐[比]을 나눌 수 있지만 서로 동떨어져 무덤덤한 이웃일 뿐이고, 육삼(六三 : --)과도 역시 양음(陽陰)의 사이인지라 정응(正應) 즉 바르게[正] 호응함[應]을 점차 누리게 되는 상구(上九 : —)를 〈규고(睽孤) 견시부도(見豕負塗) 재귀일거(載鬼一車) 선장지호(先張之弧) 후탈지호(後說之弧) 비구혼구(匪寇婚媾) 왕우우(往遇雨) 즉길(則吉)〉이라고 계사(繫辭)한 것이다. 이에 「상사(象辭)」가 비를[雨] 만난[遇之] 행복[吉]이란 상구(上九 : —)가 육삼(六三 : --)이 〈규(睽)〉 즉 어그러져 서로 달리하는[睽] 한패[群]일지도 모른다는 의심이[疑] 없어진 것[亡]이라고 풀이한 것이 〈우우지길(遇雨之吉) 군의무야(群疑亡也)〉이다.

39 건괘(蹇卦 : ䷦) 상사(象辭)

간하감상(艮下坎上) : 아래는[下] 간(艮 : ☶), 위는[上] 감(坎 : ☵).

수산건(水山蹇) : 물과[水] 산은[山] 건이다[蹇].

山上有水蹇이다 君子以反身脩德한다 往蹇來譽는 宜待
산 상 유 수 건 군 자 이 반 신 수 덕 왕 건 래 예 의 대

也이다 王臣蹇蹇은 終无尤也이다 往蹇來反은 內喜之也
야 왕 신 건 건 종 무 우 야 왕 건 래 반 내 희 지 야

이다 往蹇來連은 當位實也이다 大蹇朋來는 以中節也이
왕 건 래 련 당 위 실 야 대 건 붕 래 이 중 절 야

다 往蹇來碩은 志在內也이다 利見大人은 以從貴也이다
왕 건 래 석 지 재 내 야 이 견 대 인 이 종 귀 야

산(山) 위에[上] 물이[水] 있음이[有] 건괘이다[蹇]. 군자는[君子] {건괘의 괘상(卦象)을} 본받아[以] 자신으로[身] 돌아와[反] 덕을[德] 닦는다[脩]. 나아가면[往] 험난하고[蹇] 돌아오면[來] 칭찬받음은[譽] (나아가도) 마땅함을[宜] 기다리는 것[待]이다[也]. 임금과[王] 신하가[臣] 험난하고[蹇] 험난함은[蹇] 끝내[終] 허물이[尤] 없음[无]이다[也]. 나아가면[往] 험난하고[蹇] 오면[來] 되돌아옴은[反] 내괘로[內] 돌아옴을[之] 좋아한다는 것[喜]이다[也]. 나아가면[往] 험난하고[蹇] 돌아와[來] {아래의 강강(剛强)한 구삼(九三)과} 연합함은[連] {육사(六四)와 구삼(九三)이 서로} 정당한[當] 자리에 있어[位] 신실함[實]이다[也]. 크게[大] 험난함에도[蹇] 벗이[朋] 찾아옴은[來] (임금과 신하가) 절도와 충절을[節] 따르기[中] 때문[以]이다[也]. 가면[往] 험난하고[蹇] 오면[來] 도약 즉 성취함은[碩] 뜻이[志] 뒤쪽에[內] 있음[在]이다[也]. 대인을[大人] 만나면[見] 이로움은[利] 귀인을[貴] 따르기[從] 때문[以]이다[也].

【지남(指南)】

山上有水蹇(산상유수건) 君子以反身脩德(군자이반신수덕)

산(山) 위에[上] 물이[水] 있음이[有] 건괘이다[蹇]. 군자는[君子] {건괘의 괘상(卦象)을} 본받아[以] 자신으로[身] 돌아와[反] 덕을[德] 닦는다[脩].

건괘(蹇卦 : ䷦)의 괘상(卦象)을 〈건(蹇) 이서남(利西南) 불리동북(不利東北) 이견대인(利見大人) 정길(貞吉)〉이라고 계사(繫辭)한 것을 〈산상유수건(山上有水蹇) 군자이반신수덕(君子以反身脩德)〉이라고 풀이한다.

규괘(睽卦 : ䷥)의 〈규(睽)〉 즉 어그러져 달리하면[睽] 반드시 어려움이 따른다. 따라서 규괘(睽卦 : ䷥) 다음에 건괘(蹇卦 : ䷦)가 온 것이다. 건괘(蹇卦 : ䷦)의 하체(下體)인 간(艮 : ☶)은 산(山)이고 지(止) 즉 멈춤[止]이다. 건괘(蹇卦 : ䷦)의 외괘(外卦)인 감(坎 : ☵)은 수(水) 즉 물[水]이고 물은 함(陷) 즉 함정[陷]이 되기도 한다. 산(山)은 오르기 어렵고 물[水]은 함정[陷]이니 건너기 어렵다. 이러한 건괘(蹇卦 : ䷦)의 괘상(卦象)을 〈건(蹇) 이서남(利西南) 불리동북(不利東北) 이견대인(利見大人) 정길(貞吉)〉이라고 계사(繫辭)한 것이다. 이에 「상사(象辭)」가 산(山) 위에[上] 물이[水] 있음[有]이 건괘(蹇卦 : ䷦)의 괘상(卦象)이라고 밝힌 다음, 군자는[君子] 건괘(蹇卦 : ䷦)의 이러한 괘상(卦象)을 본받아[以] 자신으로[身] 돌아와[反] 품격을[德] 닦아 익힌다[脩]고 풀이한 것이 〈산상유수건(山上有水蹇) 군자이반신수덕(君子以反身脩德)〉이다.

往蹇來譽(왕건래예) 宜待也(의대야)

나아가면[往] 험난하고[蹇] 돌아오면[來] 칭찬받음은[譽] (나아가도) 마땅함을[宜] 기다리는 것[待]이다[也].

건괘(蹇卦 : ䷦) 초륙(初六 : ⚋)의 효상(爻象)을 〈왕건(往蹇) 내예(來譽)〉라고 계사(繫辭)한 것을 〈왕건래예(往蹇來譽) 의대야(宜待也)〉라고 풀이한다.

건괘(蹇卦 : ䷦)의 초륙(初六 : ⚋)은 정당한 자리에 있지 못하고, 육이(六二 : ⚋)와는 양음(兩陰)인지라 이웃의 사귐[比]을 누리지 못하며, 육사(六四 : ⚋)와도 양음(兩陰)이라 서로 호응하지 못해[不應] 외롭기 짝이 없는 처지이지만, 유순(柔順)한 초륙(初六 : --)일지라도 양위(陽位) 즉 군센[陽] 자리[位]에 있으므로 쉽사리 꺾이지 않을 초륙(初六 : --)을 〈왕건(往蹇) 내예(來譽)〉라고 계사(繫辭)한 것이다. 이에 「상사(象辭)」가 나아가면[往] 험난하고[蹇] 돌아오면[來] 칭찬받는다[譽]는 계사(繫辭)를 나아가도 마땅함을[宜] 기다림[待]이다[也]라고 풀이한 것이 〈왕건래예(往蹇來譽) 의대야(宜待也)〉이다.

王臣蹇蹇(왕신건건) 終无尤也(종무우야)

임금과[王] 신하가[臣] 애쓰고[蹇] 애씀은[蹇] 끝내[終] 허물이[尤] 없음[无]이다[也].

건괘(蹇卦 : ䷦) 육이(六二 : --)의 효상(爻象)을 〈왕신건건(王臣蹇蹇) 비궁지고(匪躬之故)〉라고 계사(繫辭)한 것을 〈왕신건건(王臣蹇蹇) 종무우야(終无尤也)〉라고 풀이한다.

건괘(蹇卦 : ䷦)의 육이(六二 : --)는 정당한 자리에 있고, 구삼(九三 : ━)과는 음양(陰陽)인지라 이웃의 사귐[比]을 누리면서, 구오(九五 : ━)와는 서로 중효(中爻)로서 정위(正位)에 있는 음양(陰陽)이라 중정(中正)과 정응(正應)을 동시에 누려서 더할 바 없는 정도를 따름을[中] 취하고[得] 있지만, 신하로서 섬겨야 할 함정(陷穽)에 빠진 군왕(君王)인 구오(九五 : ━)를 위하여 자신의 안위(安危)를 떠나 충신(忠臣)의 도리를 다하는 육이(六二 : --)를 〈왕신건건(王臣蹇蹇) 비궁지고(匪躬之故)〉라고 계사(繫辭)한 것이다. 이에 「상사(象辭)」가 임금과[王] 신하가[臣] 험난하고[蹇] 험난하다[蹇] 함은 끝내[終] 험난함[蹇]이 다스려져 허물이[尤] 없음[无]이다[也]라고 풀이한 것이 〈왕신건건(王臣蹇蹇) 종무우야(終无尤也)〉이다.

往蹇來反(왕건래반) 內喜之也(내희지야)

나아가면[往] 험난해[蹇] 되돌아옴은[來反] 내괘로[內] 돌아옴을[之] 좋아한다는 것[喜]이다[也].

건괘(蹇卦 : ䷦) 구삼(九三 : ━)의 효상(爻象)을 〈왕건(往蹇) 내반(來反)〉이라고 계사(繫辭)한 것을 〈왕건래반(往蹇來反) 내희지야(內喜之也)〉라고 풀이한다.

건괘(蹇卦 : ䷦)의 구삼(九三 : ⚊)은 정당한 자리에 있고, 육사(六四 : ⚋)와는 양음(陽陰)인지라 이웃의 사귐[比]을 누릴 듯하지만, 육사(六四 : ⚋)는 구오(九五 : ⚊)와 이웃하고자 하므로 육사(六四 : ⚋)의 호감을 구삼(九三 : ⚊)이 얻지 못할 입장이다. 상륙(上六 : ⚋)과도 정응(正應) 즉 바르게[正] 서로 호응함[應]을 누릴 수 있는 처지이긴 하나 멀리 떨어져 있어서 실질적인 도움을 바랄 수 없는 형편이고, 구삼(九三 : ⚊)의 자리가 하체(下體)와 상체(上體)의 접경(接境)인지라 나아가면 곧장 상체(上體)인 감(坎 : ☵) 즉 함정(陷穽)에 빠질 위험이 도사리고 있어서 제 자리에 머물려는[止] 구삼(九三 : ⚊)을 〈왕건(往蹇) 내반(來反)〉이라고 계사(繫辭)한 것이다. 이에 「상사(象辭)」가 감(坎 : ☵)으로 나아가려[往] 하면 험난함[蹇]을 당할 터라 그 〈건(蹇)〉 즉 감(坎 : ☵)의 함정[陷]을 피하여 구삼(九三 : ⚊)이 간(艮 : ☶)으로 되돌아온다[來反]는 계사(繫辭)를 구삼(九三 : ⚊)이 하체(下體)인 간(艮 : ☶)으로[內] 되돌아옴을[之] 기뻐함[喜]이다[也]라고 풀이한 것이 〈왕건래반(往蹇來反) 내희지야(內喜之也)〉이다.

往蹇來連(왕건래련) 當位實也(당위실야)

나아갈수록[往] 험난해[蹇] 돌아와[來] {아래의 강강(剛强)한 구삼(九三)과} 연합함은[連] {육사(六四)와 구삼(九三)이 서로} 정당한[當] 자리에 있어[位] 신실함[實]이다[也].

건괘(蹇卦 : ䷦) 육사(六四 : ⚋)의 효상(爻象)을 〈왕건(往蹇) 내련(來連)〉이라고 계사(繫辭)한 것을 〈왕건래련(往蹇來連) 당위실야(當位實也)〉라고 풀이한다.

건괘(蹇卦 : ䷦)의 육사(六四 : ⚋)는 정당한 자리에 있고, 구오(九五 : ⚊)와는 음양(陰陽)인지라 이웃의 사귐[比]을 누릴 수 있는 처지이지만, 구오(九五 : ⚊)는 육이(六二 : ⚋)와 중정(中正)과 정응(正應)을 아울러 누리는지라 육사(六四 : ⚋)를 꺼린다. 초륙(初六 : ⚋)과는 양음(兩陰)인지라 서로 호응하지 못하면서[不應] 구삼(九三 : ⚊)과 구오(九五 : ⚊) 즉 두 기효(奇爻 : ⚊) 사이에 끼어 외로운 육사(六四 : ⚋)를 〈왕건(往蹇) 내련(來連)〉이라고 계사(繫辭)한 것이다. 이에 「상사(象辭)」가 육사(六四 : ⚋) 홀로 뜻을 관철하려 나아감은[往] 험난할[蹇] 뿐일 터라 제 자리로 돌아와[來] 연합함[連]은 구삼(九三 : ⚊)이 기효(奇爻 : ⚊)로서 강강(剛强)

하고 동시에 정위(正位)에 있는지라 실력을 갖추고 있으므로 구삼(九三 : ⚊)과의 연합이[連] 신실하다[實]고 풀이한 것이 〈왕건래련(往蹇來連) 당위실야(當位實也)〉이다.

大蹇朋來(대건붕래) 以中節也(이중절야)

크게[大] 험난함에도[蹇] 벗이[朋] 찾아옴은[來] (임금과 신하가) 절도와 충절을[節] 따르기[中] 때문[以]이다[也].

건괘(蹇卦 : ䷦) 구오(九五 : ⚊)의 효상(爻象)을 〈대건(大蹇) 붕래(朋來)〉라고 계사(繫辭)한 것을 〈대건붕래(大蹇朋來) 이중절야(以中節也)〉라고 풀이한다.

건괘(蹇卦 : ䷦)의 구오(九五 : ⚊)는 정당한 자리에 있고, 육이(六二 : ⚋)와는 중정(中正)과 정응(正應)을 아울러 누리는지라 정도를 따름을[中] 취하면서[得], 상륙(上六 : ⚋)과도 양음(陽陰)의 사이인지라 비(比) 즉 이웃의 사귐[比]을 누릴 수 있어서, 비록 험난함[蹇]에 빠져 있을지라도 극복해갈 수 있는 구오(九五 : ⚊)를 〈대건(大蹇) 붕래(朋來)〉라고 계사(繫辭)한 것이다. 이에 「상사(象辭)」가 크게[大] 험난함에도[蹇] 벗들이[朋] 찾아옴[來]은 임금은 절도를[節] 신하는 충절을[節] 따르기[中] 때문[以]이다[也]라고 풀이한 것이 〈대건붕래(大蹇朋來) 이중절야(以中節也)〉이다.

往蹇來碩(왕건래석) 志在內也(지재내야) 利見大人(이견대인) 以從貴也(이종귀야)

가면[往] 험난하고[蹇] 오면[來] 도약 즉 성취함은[碩] 뜻이[志] 뒤쪽에[內] 있음[在]이다[也]. 대인을[大人] 만나면[見] 이로움은[利] 귀인을[貴] 따르기[從] 때문[以]이다[也].

건괘(蹇卦 : ䷦) 상륙(上六 : ⚋)의 효상(爻象)을 〈왕건(往蹇) 내석(來碩) 길(吉) 이견대인(利見大人)〉이라고 계사(繫辭)한 것을 〈왕건래석(往蹇來碩) 지재내야(志在內也) 이견대인(利見大人) 이종귀야(以從貴也)〉라고 풀이한다.

건괘(蹇卦 : ䷦)의 상륙(上六 : ⚋)은 정당한 자리에 있고, 구오(九五 : ⚊)와는 음양(陰陽)의 사이인지라 이웃의 사귐[比]을 누릴 수 있으며, 구삼(九三 : ⚊)과도 음양(陰陽)의 사이인지라 정응(正應) 즉 바르게[正] 서로 호응할[應] 수 있어서 험난함[蹇]을 극복할 도움을 받을 수 있는 상륙(上六 : --)을 〈왕건(往蹇) 내석(來碩) 길(吉) 이견대인(利見大人)〉이라고 계사(繫辭)한 것이다. 이에 「상사(象辭)」가 건괘(蹇卦 : ䷦)의 상체(上體) 감(坎 : ☵)에서 나아갈수록[往] 험난할[蹇] 뿐이니 나아가지 않고 돌아오면[來] 〈건(蹇)〉을 도약할[碩] 수 있다는 계사(繫辭)를, 상륙(上六 : --)의 마음 가는 바가[志] 뒤쪽에[內] 있음[在]이다[也]라고 함은 「설괘전(說卦傳)」에 나오는 〈간지야(艮止也)〉 즉 〈간은[艮 : ☶] 머묾[止]이다[也]〉라는 내용을 떠올리게 하는 풀이가 〈왕건래석(往蹇來碩) 지재내야(志在內也)〉이다. 그리고 「상사(象辭)」가 대인을[大人] 만나봄이[見] 이롭다[利]는 계사(繫辭)를 상륙(上六 : --)이 구오(九五 : —)와 구삼(九三 : —)과 같은 귀인을[貴] 따르기[從] 때문[以]이다[也]라고 풀이한 것이 〈이견대인(利見大人) 이종귀야(以從貴也)〉이다.

40 해괘(解卦 : ䷧) 상사(象辭)

감하진상(坎下震上) : 아래는[下] 감(坎 : ☵), 위는[上] 진(震 : ☳).

뇌수해(雷水解) : 우레와[雷] 물은[水] 해이다[解].

雷雨作이 解이다 君子以赦過宥罪한다 剛柔之際라 義无
뇌우작 해 군자이사과유죄 강유지제 의무

咎也이다 九二貞吉은 得中道也이다 負且乘은 亦可醜也
구야 구이정길 득중도야 부차승 역가추야

이다 自我致戎은 又誰咎也이다 解而拇는 未當位也이다
자아치융 우수구야 해이무 미당위야

君子有解는 小人退也이다 公用射隼은 以解悖也이다
군자유해 소인퇴야 공용사준 이해패야

우레와[雷] 비가[雨] 합작함이[作] 해괘이다[解]. 군자는[君子] {해괘(解卦)의 괘상(卦象)을} 본받아[以] 허물을[過] 사면해주고[赦] 죄를[罪] 용서한다[宥]. 굳셈 즉 양과[剛] 부드러움 즉 음이[柔之] 교제함이니[際] 의리에[義] 허물이[咎] 없는 것[无]이다[也]. 구이가[九二] 곧고 발라[貞] 좋음은[吉] 정도를[道] 따름을[中] 취함[得]이다[也]. 짐을 지고서[負] 또[且] 말을 탄다 함은[乘] 역시[亦] 가히[可] 추악한 것[醜]이다[也]. 나로[我] 말미암아[自] 도둑떼를[戎] 불러들였으니[致] 또[又] 누구에게[誰] 허물할 것[咎]인가[也]. 자기의[而] 엄지발가락을[拇] 버려둠은[解] (서로의) 자리가[位] 마땅치[當] 못한 것[未]이다[也]. 군자가[君子] 내친다는 것은[有解] 소인을[小人] 물리친다는 것[退]이다[也]. 상왕이[公] 새매를[隼] 화살로 쏘기를[射] 행함은[用] 그로써[以] 세상을 어지럽힘을[悖] 내치는 것[解]이다[也].

【지남(指南)】

雷雨作(뇌우작) 解(해) 君子以赦過宥罪(군자이사과유죄)

우레와[雷] 비가[雨] 합작함이[作] 해괘이다[解]. 군자는[君子] {해괘(解卦)의 괘상(卦象)을} 본받아[以] 허물을[過] 사면해주고[赦] 죄를[罪] 용서한다[宥].

해괘(解卦 : ䷧)의 괘상(卦象)을 〈해(解) 이서남(利西南) 무소왕(无所往) 기래복길(其來復吉) 유유왕(有攸往) 숙길(夙吉)〉이라고 계사(繫辭)한 것을 〈뇌우작(雷雨作) 해(解) 군자이사과유죄(君子以赦過宥罪)〉라고 풀이한다.

건괘(蹇卦 : ䷦)의 〈건(蹇)〉 즉 험난함[蹇]이란 때가 되면 반드시 내쳐지는 것이 천도(天道) 즉 자연의[天] 이치[道]이다. 따라서 건괘(蹇卦 : ䷦) 다음에 해괘(解卦 : ䷧)가 온 것이다. 건괘(蹇卦 : ䷦)가 뒤집힌 괘(卦)가 해괘(解卦 : ䷧)이다. 해괘(解卦 : ䷧)의 하체(下體)인 감(坎 : ☵)은 수(水) 즉 물[水]이다. 물이라는 것은 함정[陷]이 되어 험난하게도 하지만 우(雨) 즉 비가 되어 더없이 이롭게도 하는 것이 물의 천도(天道)이다. 해괘(解卦 : ䷧)의 상체(上體)인 진(震 : ☳)은 뇌(雷) 즉 우레[雷]이다.

해괘(解卦 : ䷧)의 진(震 : ☳)과 감(坎 : ☵)이 합작(合作)하여 비를 내림은 가뭄 같은 험난함[蹇]이 물러가 해결되듯, 해괘(解卦 : ䷧)의 구이(九二 : ⚊)는 험난함[蹇]을 암시하는 〈호(狐)〉 즉 여우[狐]를 잡고, 구사(九四 : ⚊)는 〈건(蹇)〉을 암시하는 〈구(寇)〉 즉 도둑[寇]을 내치고, 상륙(上六 : ⚋)도 〈건(蹇)〉을 암시하는 〈준(隼)〉 즉 새매[隼]를 잡아 험난함[蹇]의 요인들을 내쳐[解], 겸허하고 관대한 육오(六五 : ⚋) 즉 군왕(君王)을 보좌해 나감이 해괘(解卦 : ䷧)의 괘상(卦象)임을 〈해(解) 이서남(利西南) 무소왕(无所往) 기래복길(其來復吉) 유유왕(有攸往) 숙길(夙吉)〉이라고 계사(繫辭)한 것이다. 이에 「상사(象辭)」가 해괘(解卦 : ䷧)의 〈해(解)〉를 우레와[雷] 비가[雨] 합작하여[作] 가뭄을 해갈하듯이 험난함[蹇]을 내침[解]이라고 풀이한 다음, 군자는[君子] 해괘(解卦 : ䷧)의 괘상(卦象)을 본받아[以] 험난함[蹇] 탓으로 저지른 잘못을[過] 사면해주고[赦] 죄를[罪] 용서해준다[宥]라고 풀이한 것이 〈뇌우작(雷雨作) 해(解) 군자이사과유죄(君子以赦過宥罪)〉이다.

剛柔之際(강유지제) 義无咎也(의무구야)

굳셈 즉 양과[剛] 부드러움 즉 음이[柔之] 교제함이니[際] 의리에[義] 허물이[咎] 없는 것[无]이다[也].

해괘(解卦 : ䷧) 초륙(初六 : --)의 효상(爻象)을 〈무구(无咎)〉라고 계사(繫辭)한 것을 〈강유지제(剛柔之際) 의무구야(義无咎也)〉라고 풀이한다.

해괘(解卦 : ䷧)의 초륙(初六 : --)은 정당한 자리에 있지 못하지만, 구이(九二 : ━)와는 음양(陰陽)인지라 이웃의 사귐[比]을 누리고, 구사(九四 : ━)와도 음양(陰陽)인지라 서로 바르게[正] 호응하여[應], 유약(柔弱)한 초효(初爻)이지만 두 기효(奇爻 : ━)의 올바른 도움을 받아 세상의 험난함[蹇]을 내치기[解] 위하여 흔들림 없이 제 분수(分守)를 따라 준비하는 초륙(初六 : --)을 〈무구(无咎)〉라고 계사(繫辭)한 것이다. 이에 「상사(象辭)」가 계사(繫辭)인 〈무구(无咎)〉를 굳셈[剛] 즉 구이(九二 : ━)와 구사(九四 : ━)를 부드러움[柔]으로써 순종하여 교제함[際]이라고 풀이한 다음, 해괘(解卦 : ䷧)의 초륙(初六 : --)과 구이(九二 : ━)-구사(九四 : ━)가 서로 교제함[際]은 음양(陰陽)의 상화(相和) 즉 서로[相] 어울림[和]인지라 그 상화(相和)의 의리에는[義] 허물이[咎] 없는 것[无]이다[也]라고 풀이한 것이 〈강유지제(剛柔之際) 의무구야(義无咎也)〉이다.

九二貞吉(구이정길) 得中道也(득중도야)

구이가[九二] 곧고 발라[貞] 좋음은[吉] 정도를[道] 따름을[中] 취함[得]이다[也].

해괘(解卦 : ䷧) 구이(九二 : ━)의 효상(爻象)을 〈전획삼호(田獲三狐) 득황시(得黃矢) 정길(貞吉)〉이라고 계사(繫辭)한 것을 〈구이정길(九二貞吉) 득중도야(得中道也)〉라고 풀이한다.

해괘(解卦 : ䷧)의 구이(九二 : ━)는 정당한 자리에 있지 못하지만, 육삼(六三 : --)과는 양음(陽陰)인지라 이웃의 사귐[比]을 누리고, 육오(六五 : --)와는 서로 바른[正] 자리에 있지 못해서[不位] 중정(中正)을 누리지는 못하지만, 양음(陽陰)의 사이인지라 정응(正應) 즉 서로 바르게[正] 호응하여[應] 유순(柔順)한 군왕(君王)

즉 육오(六五 : --)의 지원을 받아, 세상의 험난함[蹇]을 내치기[解] 위하여 흔들림 없이 추진(推進)해가는 구이(九二 : ━)를 〈전획삼호(田獲三狐) 득황시(得黃矢) 정길(貞吉)〉이라고 계사(繫辭)한 것이다. 이에 「상사(象辭)」가 해괘(解卦 : ䷧)의 구이(九二 : ━)가 진실로 믿음직해[貞] 행운을 누림[吉]은 정도를[道] 따름을[中] 취함[得]이다[也]라고 풀이한 것이 〈구이정길(九二貞吉) 득중도야(得中道也)〉이다.

負且乘(부차승) 亦可醜也(역가추야) 自我致戎(자아치융) 又誰咎也(우수구야)

집을 지고서[負] 또[且] 말을 탄다 함은[乘] 역시[亦] 가히[可] 추악한 것[醜]이다[也]. 나로[我] 말미암아[自] 도둑떼를[戎] 불러들였으니[致] 또[又] 누구에게[誰] 허물할 것[咎]인가[也].

해괘(解卦 : ䷧) 육삼(六三 : --)의 효상(爻象)을 〈부차승(負且乘) 치구지(致寇至) 정린(貞吝)〉이라고 계사(繫辭)한 것을 〈부차승(負且乘) 역가추야(亦可醜也) 자아치융(自我致戎) 우수구야(又誰咎也)〉라고 풀이한다.

해괘(解卦 : ䷧)의 육삼(六三 : --)은 정당한 자리에 있지 못하고, 구사(九四 : ━)와는 음양(陰陽)의 사이인지라 이웃의 사귐[比]을 누릴 수 있으며, 상륙(上六 : --)과는 둘 다[兩] 음(陰)인지라 서로 바르게[正] 호응하지 못하지만[不應], 육삼(六三 : --) 자신은 해괘(解卦 : ䷧)의 하체(下體) 감(坎 : ☵)의 상효(上爻)인지라 함(陷) 즉 구덩이[陷]의 수위(首位)에 있는 우효(偶爻 : --)이니 소인(小人)의 모습인 육삼(六三 : --)을 〈부차승(負且乘) 치구지(致寇至) 정린(貞吝)〉이라고 계사(繫辭)한 것이다. 이에 「상사(象辭)」가 등에 짊어지고[負] 또[且] 말을 탐[乘]이라는 계사(繫辭)를 욕될[醜] 수밖에 없음[亦可]이다[也]라고 풀이한 것이 〈부차승(負且乘) 역가추야(亦可醜也)〉이고, 〈치구지(致寇至)〉란 계사(繫辭)를 자기로[我] 말미암아[自] 도둑떼를[戎] 불어들임이니[致] 또[又] 다른 누구의[誰] 허물[咎]이겠냐[也]고 풀이한 것이 〈자아치융(自我致戎) 우수구야(又誰咎也)〉이다.

解而拇(해이무) 未當位也(미당위야)

자기의[而] 엄지발가락을[拇] 버려둡은[解] (서로의) 자리가[位] 마

땅치[當] 못한 것[未]이다[也].

해괘(解卦 : ䷧) 구사(九四 : ⚊)의 효상(爻象)을 〈해이무(解而拇) 붕지(朋至) 사부(斯孚)〉라고 계사(繫辭)한 것을 〈해이무(解而拇) 미당위야(未當位也)〉라고 풀이한다.

해괘(解卦 : ䷧)의 구사(九四 : ⚊)는 정당한 자리에 있지 못하고, 육오(六五 : ⚋)와는 양음(陽陰)의 사이인지라 이웃의 사귐[比]을 누리며, 초육(初六 : ⚋)과도 양음(陽陰)인지라 바르게[正] 서로 호응할[應] 처지이나, 육오(六五 : ⚋) 즉 군왕(君王)과의 사귐[比]을 돈독히 하자면 어쩔 수 없이 초육(初六 : ⚋)과의 정응(正應)을 버려두는 구사(九四 : ⚊)를 〈해이무(解而拇) 붕지(朋至) 사부(斯孚)〉라고 계사(繫辭)한 것이다. 이에 「상사(象辭)」가 자기의[而] 엄지발가락을[拇] 버려둔다[解]는 계사(繫辭)를, 구사(九四 : ⚊)는 기효(奇爻 : ⚊)이면서 우효(偶爻 : ⚋)의 자리[位]에 있고 초육(初六 : ⚋)은 우효(偶爻 : ⚋)이면서 기효(奇爻 : ⚊)의 위(位)에 있어서 서로의 자리가[位] 마땅치[當] 못한 것[未]이다[也]라고 풀이한 것이 〈해이무(解而拇) 미당위야(未當位也)〉이다.

君子有解(군자유해) 小人退也(소인퇴야)

군자가[君子] 내친다는 것은[有解] 소인을[小人] 물리친다는 것[退]이다[也].

해괘(解卦 : ䷧) 육오(六五 : ⚋)의 효상(爻象)을 〈군자유유해(君子維有解) 길(吉) 유부우소인(有孚于小人)〉이라고 계사(繫辭)한 것을 〈군자유해(君子有解) 소인퇴야(小人退也)〉라고 풀이한다.

해괘(解卦 : ䷧)의 육오(六五 : ⚋)는 정당한 자리에 있지 못하지만 해괘(解卦 : ䷧)의 상체(上體) 진(震 : ☳)의 중효(中爻)로서 득중(得中) 즉 정도를 따름을[中] 취하고[得], 구사(九四 : ⚊)와는 음양(陰陽)의 사이인지라 이웃의 사귐[比]을 누리면서, 특히 구이(九二 : ⚊)와는 부정위(不正位)라 중정(中正)을 누리지는 못하지만 서로 중효(中爻)로서 음양(陰陽)의 관계인지라 정도를 따름을[中] 취하여[得] 바르게[正] 호응함[應]을 누린다. 그러므로 강직(剛直)한 구이(九二 : ⚊)와 구사

(九四 : ⚊)를 충직한 신하로 맞이하여 군왕(君王)의 노릇을 꿋꿋이 다하는 육오(六五 : ⚋)를 〈군자유유해(君子維有解) 길(吉) 유부우소인(有孚于小人)〉이라고 계사(繫辭)한 것이다. 이에 「상사(象辭)」가 군자라야[君子] 소인배(小人輩)를 내친다[有解]는 계사(繫辭)를 소인을[小人] 물리치게 하는 것[退]이다[也]라고 풀이한 것이 〈군자유해(君子有解) 소인퇴야(小人退也)〉이다.

公用射隼(공용사준) 以解悖也(이해패야)

상왕이[公] 새매를[隼] 화살로 쏘기를[射] 행함은[用] 그로써[以] 세상을 어지럽힘을[悖] 내치는 것[解]이다[也].

해괘(解卦 : ䷧) 상륙(上六 : ⚋)의 효상(爻象)을 〈공용사준우고용지상(公用射隼于高墉之上) 획지(獲之) 무불리(无不利)〉라고 계사(繫辭)한 것을 〈공용사준(公用射隼) 이해패야(以解悖也)〉라고 풀이한다.

해괘(解卦 : ䷧)의 상륙(上六 : ⚋)은 정당한 자리에 있어서 당당해 보이고, 비록 상륙(上六 : ⚋)이 유순(柔順)한 우효(偶爻 : ⚋)일지라도 해괘(解卦 : ䷧)의 극위(極位)에 있는지라 온갖 험난함[蹇]에서 벗어난 상왕(上王)으로서 육삼(六三 : ⚋)의 〈부차승(負且乘)〉 즉 탐욕스러움을 용인(容認)할 수 없어 육삼(六三 : ⚋)을 내쳐버리는[解] 상륙(上六 : ⚋)을 〈공용사준우고용지상(公用射隼于高墉之上) 획지(獲之) 무불리(无不利)〉라고 계사(繫辭)한 것이다. 이에 「상사(象辭)」가 새들을 포식(捕食)하고자 날아오르는 새매를[隼] 향해 화살을 날림을[射] 감행한다[用]는 계사(繫辭)를 그렇게 함으로써[以] 세상을 어지럽힘을[悖] 내친 것[解]이다[也]라고 풀이한 것이 〈공용사준(公用射隼) 이해패야(以解悖也)〉이다.

41 손괘(損卦 : ䷨) 상사(象辭)

태하간상(兌下艮上) : 아래는[下] 태(兌 : ☱), 위는[上] 간(艮 : ☶).

산택손(山澤損) : 산과[山] 못은[澤] 손이다[損].

山下有澤이 損이다 君子以懲忿窒欲한다 已事遄往은 尚合志也이다 九二利貞은 中以爲志也이다 一人行이 三則疑也이다 損其疾은 亦可喜也이다 六五元吉은 自上祐也이다 弗損益之는 大得志也이다

산하유택 손 군자이징분질욕 이사천왕 상합지야 구이리정 중이위지야 일인행 삼즉의야 손기질 역가희야 육오원길 자상우야 불손익지 대득지야

산(山) 아래에[下] 못이[澤] 있음이[有] 손괘이다[損]. 군자는[君子] (손괘를) 본받아[以] 굳셈과 용맹을[忿] 뉘우치고 경계하며[懲] 욕심을[欲] 멈춘다[窒]. 일을[事] 멈추고[已] 급히[遄] 나아감은[往] {초구(初九)가} 받드는 것이[尚] {초구(初九)의} 뜻과[志] 합치하는 것[合]이다[也]. 구이가[九二] 정도를 따라 미더워야[貞] 이로움은[利] 정도를 따름[中]으로써[以] 뜻을[志] 삼음[爲]이다[也]. 한 사람이[一人] 가다가[行] 셋이 되면[三] 곧[則] 의심받는 것[疑]이다[也]. 그[其] 질병을[疾] 덜어버림은[損] 모두[亦] 기뻐할[喜] 수 있는 것[可]이다[也]. 육오가[六五] 크나크게[元] 행복함은[吉] 하늘[上]로부터[自] 도움을 받는 것[祐]이다[也]. 덜어내지[損] 않고[弗] 더함은[益之] 크게[大] 뜻을[志] 얻음[得]이다[也].

【지남(指南)】

山下有澤(산하유택) 損(손) 君子以懲忿窒欲(군자이징분질욕)

산(山) 아래에[下] 못이[澤] 있음이[有] 손괘이다[損]. 군자는[君子]

(손괘를) 본받아[以] 굳셈과 용맹을[忿] 뉘우치고 경계하며[懲] 욕심을[欲] 멈춘다[窒].

손괘(損卦 : ䷨)의 괘상(卦象)을 〈손(損) 유부(有孚) 원길(元吉) 무구(无咎) 가정(可貞) 이유유왕(利有攸往) 갈지용(曷之用) 이궤가용향(二簋可用享)〉이라고 계사(繫辭)한 것을 〈산하유택(山下有澤) 손(損) 군자이징분질욕(君子以懲忿窒欲)〉이라고 풀이한다.

해괘(解卦 : ䷧)의 〈해(解)〉 즉 내침[解]이란 완만(緩慢) 즉 느릿하고[緩] 게으르다[慢]. 그래서 〈해(解)〉 즉 내침[解]에는 손실(損失) 즉 덜어내거나 축나서[損] 잃어버림[失]이 뒤따르는 것이 자연의[天] 도리[道]이다. 따라서 해괘(解卦 : ䷧) 다음에 손괘(損卦 : ䷨)가 온 것이다. 손괘(損卦 : ䷨)의 괘상(卦象)에서 아래의 태(兌 : ☱) 즉 못[澤]이 깊어질수록 택(澤)의 가장자리가 아래로 내려가니 택(澤)의 둔덕 땅은 줄어들어 덜어지고[損] 간(艮 : ☶) 즉 산(山)의 산자락 땅은 드러나 더해지는[益]지라, 산고택심(山高澤深)하여 택토손이산토익(澤土損而山土益) 즉 못의[澤] 흙은[土] 덜어지지만[損而] 산의[山] 흙은[土] 더해지기[益] 때문이다.

이처럼 아래에서[下] 덜어내[損] 위에[上] 더해줌[益]인 손괘(損卦 : ䷨)의 괘상(卦象)을 〈손(損) 유부(有孚) 원길(元吉) 무구(无咎) 가정(可貞) 이유유왕(利有攸往) 갈지용(曷之用) 이궤가용향(二簋可用享)〉이라고 계사(繫辭)한 것이다. 이에 「상사(象辭)」가 손괘(損卦 : ䷨)의 괘상(卦象)을 산(山) 아래[下] 못이[澤] 있음[有]이 손괘[損]라고 밝힌 다음, 군자는[君子] 손괘(損卦 : ䷨)의 괘상(卦象)을 본받아[以] 강무(剛武) 즉 굳셈과 용맹을[忿] 뉘우치고 경계하며[懲] 탐욕을[欲] 멈추어[窒] 백성이 평안한 세상을 누릴 수 있다고 풀이한 것이 〈산하유택(山下有澤) 손(損) 군자이징분질욕(君子以懲忿窒欲)〉이다.

已事遄往(이사천왕) 尙合志也(상합지야)

일을[事] 멈추고[已] 급히[遄] 나아감은[往] {초구(初九)가} 받드는 것이[尙] {초구(初九)의} 뜻과[志] 합치하는 것[合]이다[也].

손괘(損卦 : ䷨) 초구(初九 : ⚊)의 효상(爻象)을 〈이사천왕(已事遄往) 무구(无

咎) 작손지(酌損之)〉라고 계사(繫辭)한 것을 〈이사천왕(已事遄往) 상합지야(尙合志也)〉라고 풀이한다.

손괘(損卦 : ䷨)의 초구(初九 : ⚊)는 정당한 자리에 있고, 구이(九二 : ⚊)와는 양양(兩陽)의 사이인지라 이웃의 사귐[比]을 누리지 못하며, 육사(六四 : ⚋)와는 양음(陽陰)의 사이인지라 서로 바르게[正] 호응하여[應], 초효(初爻)로서 강강(剛强)한 양기(陽氣 : ⚊)의 실(實) 즉 꽉 찬 것을[實] 덜어내[損] 유순(柔順)한 음기(陰氣 : ⚋)인 육사(六四 : ⚋)의 허(虛) 즉 빈 것을[虛] 더해 채워주는[益] 모습인 초구(初九 : ⚊)를 〈이사천왕(已事遄往) 무구(无咎) 작손지(酌損之)〉라고 밝힌다. 이에 「상사(象辭)」가 손괘(損卦 : ䷨)의 초구(初九 : ⚊)가 일을[事] 멈추고[已] 급히[遄] 나아간다[往]고 밝힌 계사(繫辭)를 상이[尙] 지와[志] 합하는 것[合]이다[也]라고 풀이한 것이 〈이사천왕(已事遄往) 상합지야(尙合志也)〉이다.

九二利貞(구이리정) 中以爲志也(중이위지야)

구이가[九二] 정도를 따라 미더워야[貞] 이로움은[利] 정도를 따름[中]으로써[以] 뜻을[志] 삼음[爲]이다[也].

손괘(損卦 : ䷨) 구이(九二 : ⚊)의 효상(爻象)을 〈이정(利貞) 정흉(征凶) 불손익지(弗損益之)〉라고 계사(繫辭)한 것을 〈구이리정(九二利貞) 중이위지야(中以爲志也)〉라고 풀이한다.

손괘(損卦 : ䷨)의 구이(九二 : ⚊)는 정당한 자리에 있지 못하고, 육삼(六三 : ⚋)과는 양음(陽陰)인지라 이웃의 사귐[比]을 누리며, 육오(六五 : ⚋)와는 다 같이 정당한[正] 자리에 있지 못해[不位] 중정(中正)을 누리지는 못하지만, 서로 중효(中爻)로서 양음(陽陰)의 사이인지라 정응(正應)하여 정도를 따름을[中] 취함[得]으로써 양강(陽剛)의 본분(本分)을 간직하면서 나아갈 수 있는 구이(九二 : ⚊)를 〈이정(利貞) 정흉(征凶) 불손익지(弗損益之)〉라고 계사(繫辭)한 것이다. 이에 「상사(象辭)」가 구이가[九二 : ⚊] 정도를[正] 따라[中] 미더워야[貞] 이롭다[利]고 밝힌 계사(繫辭)를 구이(九二 : ⚊)가 정도를 따름[中]으로써[以] 뜻을[志] 삼은 것[爲]이다[也]라고 풀이한 것이 〈구이리정(九二利貞) 중이위지야(中以爲志也)〉이다.

一人行(일인행) 三則疑也(삼즉의야)

한 사람이[一人] 가다가[行] 셋이 되면[三] 곧[則] 의심받는 것[疑]이다[也].

손괘(損卦 : ䷨) 육삼(六三 : --)의 효상(爻象)을 〈삼인행(三人行) 즉손일인(則損一人) 일인행(一人行) 즉득기우(則得其友)〉라고 계사(繫辭)한 것을 〈일인행(一人行) 삼즉의야(三則疑也)〉라고 풀이한다.

손괘(損卦 : ䷨)의 육삼(六三 : --)은 정당한 자리에 있지 못하고, 육사(六四 : --)와는 양음(兩陰)인지라 이웃의 사귐[比]을 누리지 못하며, 상구(上九 : ━)와는 음양(陰陽)인지라 바르게[正] 호응하여[應] 음양상화(陰陽相和)를 누리는 육삼(六三 : --)을 〈삼인행(三人行) 즉손일인(則損一人) 일인행(一人行) 즉득기우(則得其友)〉라고 계사(繫辭)한 것이다. 이에 「상사(象辭)」가 음(陰 : --) 하나가[一] 양(陽 : ━) 하나를[一] 행하거나[行], 양(陽 : ━) 하나가[一] 음(陰 : --) 하나를[一] 행함[行]은 마치 한 쌍의 남녀(男女)가 서로 뜻을 같이하여 아내와 남편이 되어 자녀를 낳듯이, 음(陰 : --)과 양(陽 : ━)이 뜻을 같이함[友]을 암시한 〈일인행(一人行)〉은 일인이[一人] 행함[行]인지라 뜻을 의심하지 않아[不疑] 벗을[友] 얻지만[得], 〈삼인행(三人行)〉은 세 사람이[三人] 행함[行]인지라 저마다 뜻을 의심해[疑] 세 사람은 다 벗을[友] 얻지 못하는 것[不得]이라고 풀이한 것이 〈일인행(一人行) 삼즉의야(三則疑也)〉이다.

損其疾(손기질) 亦可喜也(역가희야)

그[其] 질병을[疾] 덜어버림은[損] 모두[亦] 기뻐할[喜] 수 있는 것[可]이다[也].

손괘(損卦 : ䷨) 육사(六四 : --)의 효상(爻象)을 〈손기질(損其疾) 사천유희(使遄有喜) 무구(无咎)〉라고 계사(繫辭)한 것을 〈손기질(損其疾) 역가희야(亦可喜也)〉라고 풀이한다.

손괘(損卦 : ䷨)의 육사(六四 : --)는 정당한 자리에 있고, 육오(六五 : --)와는 양음(兩陰)인지라 이웃의 사귐[比]을 누리지 못하며, 초구(初九 : ━)와는 서로 정위(正位) 즉 바른[正] 자리[位]에 있으면서 음양(陰陽)인지라 바르게[正] 호응하여[應] 음양상화(陰陽相和)를 누리는 육사(六四 : --)를 〈손기질(損其疾) 사천유희(使遄有喜) 무구(无咎)〉라고 계사(繫辭)한 것이다. 이에 「상사(象辭)」가 육사(六四 : --)로 하여금 초구(初九 : ─)가 질병을[疾] 덜게 해준다[損]는 계사(繫辭)를 육사(六四 : --)와 초구(初九 : ─) 모두가[亦] 기뻐할[喜] 수 있는 것[可]이다[也]라고 풀이한 것이 〈손기질(損其疾) 역가희야(亦可喜也)〉이다.

六五元吉(육오원길) 自上祐也(자상우야)

육오가[六五] 크나크게[元] 행복함은[吉] 하늘[上]로부터[自] 도움을 받는 것[祐]이다[也].

손괘(損卦 : ䷨) 육오(六五 : --)의 효상(爻象)을 〈혹익지십붕지귀(或益之十朋之龜) 불극위(弗克違) 원길(元吉)〉이라고 계사(繫辭)한 것을 〈육오원길(六五元吉) 자상우야(自上祐也)〉라고 풀이한다. 이에 「상사(象辭)」가 군왕(君王)으로서 육오가[六五 : --] 크나크게[元] 행복하다[吉]고 계사(繫辭)한 것을, 군왕(君王)을 기꺼이 따라주는 백성심(百姓心)이란 곧 천심(天心)이니 육오(六五 : --)가 하늘[上]로부터[自] 도움을 받은 것[祐]이다[也]라고 풀이한 것이 〈육오원길(六五元吉) 자상우야(自上祐也)〉이다.

弗損益之(불손익지) 大得志也(대득지야)

덜어내지[損] 않고[弗] 더함은[益之] 크게[大] 뜻을[志] 얻음[得]이다[也].

손괘(損卦 : ䷨) 상구(上九 : ─)의 효상(爻象)을 〈불손익지(弗損益之) 무구(无咎) 정길(貞吉) 이유유왕(利有攸往) 득신무가(得臣无家)〉라고 계사(繫辭)한 것을 〈불손익지(弗損益之) 대득지야(大得志也)〉라고 풀이한다. 이에 「상사(象辭)」가 덜어내지[損] 않고[弗] 더해준다[益之]는 계사(繫辭)를 손괘(損卦 : ䷨)의 상효(上爻)로서 상구(上九 : ─)가 크게[大] 뜻을[志] 즉 백성의 마음을[志] 얻음[得]이다[也]라고 풀이한 것이 〈불손익지(弗損益之) 대득지야(大得志也)〉이다.

42 익괘(益卦 : ䷩) 상사(象辭)

진하손상(震下巽上) : 아래는[下] 진(震 : ☳), 위는[上] 손(巽 : ☴).

풍뢰익(風雷益) : 바람과[風] 우레는[雷] 익이다[益].

風雷益이다 君子以見善則遷하고 有過則改한다 元吉无咎는 下不厚事也이다 或益之는 自外來也이다 益用凶事는 固有之也이다 告公從은 以益志也이다 有孚惠心은 勿問之矣이다 惠我德은 大得志也이다 莫益之는 偏辭也이다 或擊之는 自外來也이다

풍뢰익 군자이견선즉천 유과즉개 원길무구 하불후사야 혹익지 자외래야 익용흉사 고유지야 고공종 이익지야 유부혜심 물문지의 혜아덕 대득지야 막익지 편사야 혹격지 자외래야

바람과[風] 우레가[雷] 익괘이다[益]. 군자는[君子] (익괘를) 본받아[以] 선을[善] 보면[見] 곧[則] 옮기고[遷], 잘못이[過] 있으면[有] 곧[則] 고친다[改]. 크게[元] 좋음에[吉] 허물이[咎] 없음은[无] 아랫사람이[下] 일을[事] 많이 하지 않음[不厚]이다[也]. 어떤 이가[或] 더해줌은[益之] (그 더함이) 밖[外]에서[自] 온 것[來]이다[也]. 유익함이[益] 불행한[凶] 일에[事] 쓰임은[用] 본래[固] 그러함이[之] 있음[有]이다[也]. 조정에[公] 보고해서[告] (조정이 그 보고를) 따름은[從] (백성을) 유익하게 하려는[益] 뜻이기[志] 때문[以]이다[也]. 미더움을[孚] 간직하며[有] (백성의) 마음을[心] 따름[惠] 그것을[之] 말로 함이[問] 아닌 것[勿]이다[矣]. 나의[我] 덕을[德] (백성이) 따름은[惠] {구오(九五)가} 뜻을[志] 크게[大] 취한 것[得]이다[也]. 더함이[益之] 없음이란[莫] (저에게만) 치우친[偏] 주장[辭]이다[也]. 어떤 자가[或] 공격함이란[擊之] 밖[外]으로부터[自] 초래함[來]이다[也].

【지남(指南)】

風雷益(풍뢰익) 君子以見善則遷(군자이견선즉천) 有過則改(유과즉개)

바람과[風] 우레가[雷] 익괘이다[益]. 군자는[君子] (익괘를) 본받아[以] 선을[善] 보면[見] 곧[則] 옮기고[遷], 잘못이[過] 있으면[有] 곧[則] 고친다[改].

익괘(益卦 : ䷩)의 괘상(卦象)을 〈익(益) 이유유왕(利有攸往) 이섭대천(利涉大川)〉이라고 계사(繫辭)한 것을 〈풍뢰익(風雷益) 군자이견선즉천(君子以見善則遷) 유과즉개(有過則改)〉라고 풀이한다.

덞[損]이 극(極) 즉 다하면[極] 반드시 더함[益]이 반자(反者) 즉 돌아오는[反] 것[者]이 자연의[天] 규율[道]이다. 따라서 손괘(損卦 : ䷨) 다음에 익괘(益卦 : ䷩)가 온 것이다. 위에서[上] 덜어내[損] 아래에[益] 더해줌[益]이 익괘(益卦 : ䷩)의 괘상(卦象)인지라 〈익(益) 이유유왕(利有攸往) 이섭대천(利涉大川)〉이라고 계사(繫辭)한 것이다. 이에 「상사(象辭)」가 익괘(益卦 : ䷩)의 괘상(卦象)을 바람[風]과 우레[雷]가 함께함이 익괘[益]라고 밝힌 다음, 군자는[君子] 익괘(益卦 : ䷩)의 괘상(卦象)을 본받아[以] 선(善) 즉 천도(天道)를 계승함을[善] 보면[見] 곧장[則] 그 선(善)으로 옮겨가[遷] 선(善)을 따라 실천하고, 천도(天道)를 잇는 선(善)을 어기는 잘못이[過] 있으면[有] 곧장[則] 고친다[改]고 풀이한 것이 〈풍뢰익(風雷益) 군자이견선즉천(君子以見善則遷) 유과즉개(有過則改)〉이다.

元吉无咎(원길무구) 下不厚事也(하불후사야)

크게[元] 좋음에[吉] 허물이[咎] 없음은[无] 아랫사람이[下] 일을[事] 많이 하지 않음[不厚]이다[也].

익괘(益卦 : ䷩) 초구(初九 : ⚊)의 효상(爻象)을 〈이용위대작(利用爲大作) 원길무구(元吉无咎)〉라고 계사(繫辭)한 것을 〈원길무구(元吉无咎) 하불후사야(下不厚事也)〉라고 풀이한다.

익괘(益卦 : ䷩)의 초구(初九 : ⚊)는 정당한 자리에 있고, 육이(六二 : ⚋)와는 양음(陽陰)인지라 이웃의 사귐[比]을 누리며, 육사(六四 : --)와도 양음(陽陰)인지라 바르게[正] 호응하여[應] 초효(初爻)로서 강강(剛强)하고 착실함[實]을 줄기차게 발휘하는 초구(初九 : ―)를 〈이용위대작(利用爲大作) 원길무구(元吉无咎)〉라고 계사(繫辭)한 것이다. 이에 「상사(象辭)」가 크나큰[元] 행복을 누림에는[吉] 허물이[咎] 없다[无]는 계사(繫辭)를, 〈하(下)〉 즉 백성에게는[下] 선정(善政)과 같은 〈후사(厚事)〉 즉 대사(大事)는 없는 것[不]이다[也]라고 풀이한 것이 〈원길무구(元吉无咎) 하불후사야(下不厚事也)〉이다.

或益之(혹익지) 自外來也(자외래야)

어떤 이가[或] 더해줌은[益之] (그 더함이) 밖[外]에서[自] 온 것[來]이다[也].

익괘(益卦 : ䷩) 육이(六二 : --)의 효상(爻象)을 〈혹익지십붕지귀(或益之十朋之龜) 불극위(弗克違) 영정길(永貞吉) 왕용향우제(王用享于帝) 길(吉)〉이라고 계사(繫辭)한 것을 〈혹익지(或益之) 자외래야(自外來也)〉라고 풀이한다.

익괘(益卦 : ䷩)의 육이(六二 : --)는 정당한 자리에 있고, 육삼(六三 : --)과는 양음(兩陰)인지라 이웃의 사귐[比]을 누리지 못하지만, 구오(九五 : ―)와는 서로 정위(正位)에 있는지라 중정(中正)과 정응(正應)을 동시에 누려서 득중(得中)으로써 어김없이 수명(守命) 즉 자연의 시킴을[命] 따르는[守] 육이(六二 : --)를 〈혹익지십붕지귀(或益之十朋之龜) 불극위(弗克違) 영정길(永貞吉) 왕용향우제(王用享于帝) 길(吉)〉이라고 계사(繫辭)한 것이다. 이에 「상사(象辭)」가 육이(六二 : --)를 어떤 이가[或] 더해준다는[益之] 계사(繫辭)를 그 더함[益之]이란 밖[外]으로부터[自] 즉 구오(九五 : ―)로부터 온 것[來]이다[也]라고 풀이한 것이 〈혹익지(或益之) 자외래야(自外來也)〉이다.

益用凶事(익용흉사) 固有之也(고유지야)

유익함이[益] 불행한[凶] 일에[事] 쓰임은[用] 본래[固] 그러함이[之] 있음[有]이다[也].

익괘(益卦 : ䷩) 육삼(六三 : --)의 효상(爻象)을 〈익지용흉사(益之用凶事) 무구

(无咎) 유부중행(有孚中行) 고공용규(告公用圭)〉라고 계사(繫辭)한 것을 〈익용흉사(益用凶事) 고유지야(固有之也)〉라고 풀이한다.

익괘(益卦 : ䷩)의 육삼(六三 : --)은 정당한 자리에 있지 못하고, 육사(六四 : --)와는 양음(兩陰)인지라 이웃의 사귐[比]을 누리지 못하며, 상구(上九 : —)와는 바르게[正] 호응할[應] 처지이지만 이미 극위(極位)에 있는 상구(上九 : —)에게는 육삼(六三 : --)을 도와줄 여력이 없어서 양음(兩陰) 사이에 끼어 어려운 상황을 마주한다. 그러면서도 하체(下體)의 상효(上爻)인 자신만이 홀로 백성[民] 위[上]에 있는 대부(大夫)로서 백성을 위해 할 일을 다하려는 육삼(六三 : --)을 〈익지용흉사(益之用凶事) 무구(无咎) 유부중행(有孚中行) 고공용규(告公用圭)〉라고 계사(繫辭)한 것이다. 이에 「상사(象辭)」가 유익한 것을[益] 불행한[凶] 일에[事] 활용한다[用]고 밝힌 계사(繫辭)를 육삼(六三 : --) 탓으로 생긴 〈흉사(凶事)〉가 아니라 본래[固] 백성에게 그것이[之] 즉 〈흉사(凶事)〉가 있었던 것[有]이다[也]라고 풀이한 것이 〈익용흉사(益用凶事) 고유지야(固有之也)〉이다.

告公從(고공종) 以益志也(이익지야)

조정에[公] 보고해서[告] (조정이 그 보고를) 따름은[從] (백성을) 유익하게 하려는[益] 뜻이기[志] 때문[以]이다[也].

익괘(益卦 : ䷩) 육사(六四 : --)의 효상(爻象)을 〈중행(中行) 고공종(告公從) 이용위의천국(利用爲依遷國)〉이라고 계사(繫辭)한 것을 〈고공종(告公從) 이익지야(以益志也)〉라고 풀이한다.

익괘(益卦 : ䷩)의 육사(六四 : --)는 정당한 자리에 있고, 구오(九五 : —)와는 음양(陰陽)의 사이인지라 이웃의 사귐[比]을 누리며, 초구(初九 : —)와는 정응(正應)의 사이이다. 익괘(益卦 : ䷩) 상체(上體)의 초효(初爻)이면서 동시에 외호괘(外互卦) 간(艮 : ☶)의 중효(中爻)로서, 또한 백성의[民] 위[上]에 있는 경대부(卿大夫)로서 백성을 위해 맡은 바 일을 다하려는 육사(六四 : --)를 〈중행(中行) 고공종(告公從) 이용위의천국(利用爲依遷國)〉이라고 계사(繫辭)한 것이다. 이에 「상사(象辭)」가 백성을 유익하게[益] 하여 〈흉사(凶事)〉를 겪지 않게 한 일을 육사(六四 : --)가 조정에[公] 보고하자 조정(朝廷)이 육사(六四 : --)의 알림을[告] 따라준[從]

것은 백성을 이롭게 하려는[益] 뜻이기[志] 때문[以]이다[也]라고 풀이한 것이 〈고공종(告公從) 이익지야(以益志也)〉이다.

有孚惠心(유부혜심) 勿問之矣(물문지의) 惠我德(혜아덕) 大得志也(대득지야)

미더움을[孚] 간직하며[有] (백성의) 마음을[心] 따름[惠] 그것을[之] 말로 함이[問] 아닌 것[勿]이다[矣]. 나의[我] 덕을[德] (백성이) 따름은[惠] {구오(九五)가} 뜻을[志] 크게[大] 취한 것[得]이다[也].

익괘(益卦 : ䷩) 구오(九五 : ⚊)의 효상(爻象)을 〈유부혜심(有孚惠心) 물문(勿問) 원길(元吉) 유부(有孚) 혜아덕(惠我德)〉이라고 계사(繫辭)한 것을 〈유부혜심(有孚惠心) 물문지의(勿問之矣) 혜아덕(惠我德) 대득지야(大得志也)〉라고 풀이한다. 이에 「상사(象辭)」가 군왕(君王)으로서 구오(九五 : ⚊)가 〈유부혜심(有孚惠心)〉을 말로 하지 않고 실행하여 구오(九五 : ⚊)의 선정(善政) 즉 〈아덕(我德)〉을 백성이 은혜롭게 따름[惠]은 군왕(君王)으로서 구오(九五 : ⚊)가 선정(善政)을 베풀려는 뜻을[志] 크나크게[大] 간직한 것[得]이다[也]라고 풀이한 것이 〈유부혜심(有孚惠心) 물문지의(勿問之矣) 혜아덕(惠我德) 대득지야(大得志也)〉이다.

莫益之(막익지) 偏辭也(편사야) 或擊之(혹격지) 自外來也(자외래야)

더함이[益之] 없음이란[莫] (저에게만) 치우친[偏] 주장[辭]이다[也]. 어떤 자가[或] 공격함이란[擊之] 밖[外]으로부터[自] 초래함[來]이다[也].

익괘(益卦 : ䷩) 상구(上九 : ⚊)의 효상(爻象)을 〈막익지(莫益之) 혹격지(或擊之) 입심물항(立心勿恒) 흉(凶)〉이라고 계사(繫辭)한 것을 〈막익지(莫益之) 편사야(偏辭也) 혹격지(或擊之) 자외래야(自外來也)〉라고 풀이한다. 이에 「상사(象辭)」가 더해줄 것이[益之] 없다[莫]는 계사(繫辭)를 상구(上九 : ⚊)가 제 주장만 앞세워 어울리지 못하고 한쪽으로 치우친[偏] 알림[辭]이다[也]라고 풀이하고, 어떤 자가

[或] 공격한다[擊之]는 계사(繫辭)를 그 공격이란 밖[外]에서[自] 상구(上九 : ⚊)에게 오는 것[來]이다[也]라고 풀이한 것이 〈막익지(莫益之) 편사야(偏辭也) 혹격지(或擊之) 자외래야(自外來也)〉이다.

43 괘괘(夬卦 : ䷪) 상사(象辭)

건하태상(乾下兌上) : 아래는[下] 건(乾 : ☰), 위는[上] 태(兌 : ☱).

택천괘(澤天夬) : 못과[澤] 하늘은[天] 괘이다[夬].

澤上於天夬이다 君子以施祿及下하여 居德則忌한다
택 상 어 천 괘 군 자 이 시 록 급 하 거 덕 즉 기

不勝而往은 咎也이다 有戎勿恤은 得中道也이다 君子
불 승 이 왕 구 야 유 융 물 휼 득 중 도 야 군 자

夬夬는 終无咎也이다 其行次且는 位不當也이고 聞言
괘 괘 종 무 구 야 기 행 차 저 위 부 당 야 문 언

不信은 聰不明也이다 中行无咎는 中未光也이다 无號
불 신 총 불 명 야 중 행 무 구 중 미 광 야 무 호

之凶은 終不可長也이다
지 흉 종 불 가 장 야

못이[澤] 하늘 위에 있음이[上於天] 쾌괘이다[夬]. 군자는[君子] (쾌괘의 괘상을) 본받아[以] 녹을[祿] 베풀어[施] 백성에게[下] 미쳐서[及] (자기만) 은덕에[德] 머물기를[居] 곧장[則] 금지한다[忌]. 이기지 못하는데도[不勝而] 간다 함은[往] 허물이 되는 것[咎]이다[也]. 전쟁이[戎] 일어나도[有] 근심이[恤] 없음은[勿] 바른 이치를[道] 따름을[中] 취한 것[得]이다[也]. 군자가[君子] 단호함은[夬夬] 끝내는[終] 허물이[咎] 없음[无]이다[也]. 그[其] 나아감이[行] 멈추어[次] 서성거림은[且] 자리가[位] 마땅치 않음[不當]이고[也], 말을[言] 듣고서도[聞] 믿지 않음은[不信] 듣는 귀가[聰] 밝지 못함[不明]이다[也]. 정도를 따라[中] 행함에[行] 허물이[咎] 없음은[无] 그 따름이[中] 드러나지 않음[未光]이다[也]. 불러줌이[號] 없음이[无之] 불행함은[凶] 끝내는[終] 오래갈[長] 수가 없음[不可]이다[也].

【지남(指南)】

澤上於天夬(택상어천쾌) 君子以施祿及下(군자이시록급하) 居德則忌(거덕즉기)

못이[澤] 하늘 위에 있음이[上於天] 쾌괘이다[夬]. 군자는[君子] (쾌괘의 괘상을) 본받아[以] 녹을[祿] 베풀어[施] 백성에게[下] 미쳐서[及] (자기만) 은덕에[德] 머물기를[居] 곧장[則] 금지한다[忌].

쾌괘(夬卦 : ䷪)의 괘상(卦象)을 〈쾌(夬) 양우왕정(揚于王庭) 부호(孚號) 유려(有厲) 고자읍(告自邑) 불리즉융(不利卽戎) 이유유왕(利有攸往)〉이라고 계사(繫辭)한 것을 〈택상어천쾌(澤上於天夬) 군자이시록급하(君子以施祿及下) 거덕즉기(居德則忌)〉라고 풀이한다.

더함이[益而] 그침이 없다면 반드시 넘치거나 터져 결딴나므로 분결(分決) 즉 나누어[分] 정해야[決] 함이 자연의[天] 이치[道]이다. 따라서 익괘(益卦 : ䷩) 다음에 쾌괘(夬卦 : ䷪)가 온 것이다. 쾌괘(夬卦 : ䷪)는 일소(一小)가 암시하는 편사(偏私)의 악(惡)을 결단함[夬]이 사원(私怨) 즉 사사로운[私] 원한[怨]이 아니라 공중(公衆)을 위해서 제거해야 하는 괘상(卦象)인지라 〈쾌(夬) 양우왕정(揚于王庭) 부호(孚號) 유려(有厲) 고자읍(告自邑) 불리즉융(不利卽戎) 이유유왕(利有攸往)〉이라 계사(繫辭)한 것이다. 이에 「상사(象辭)」가 못이[澤] 하늘 위에 있음[上於天]이 쾌괘[夬]라고 밝힌 다음, 군자는[君子] 쾌괘(夬卦 : ䷪)의 괘상(卦象)을 본받아[以] 녹봉을[祿] 베풀어[施] 혜택(惠澤)이 백성에게까지[下] 이르게 하여[及] 은덕을[德] 자신을 위해서 쌓아둠을[居] 곧장[則] 금지한다[忌]고 풀이한 것이 〈택상어천쾌(澤上於天夬) 군자이시록급하(君子以施祿及下) 거덕즉기(居德則忌)〉이다.

不勝而往(불승이왕) 咎也(구야)

이기지 못하는데도[不勝而] 간다 함은[往] 허물이 되는 것[咎]이다[也].

쾌괘(夬卦 : ䷪) 초구(初九 : ⚊)의 효상(爻象)을 〈장우전지(壯于前趾) 왕불승(往不勝) 위구(爲咎)〉라고 계사(繫辭)한 것을 〈불승이왕(不勝而往) 구야(咎也)〉라고 풀이한다.

쾌괘(夬卦 : ䷪)의 초구(初九 : ⚊)는 정당한 자리에 있고, 구이(九二 : ⚊)와는 양양(兩陽)인지라 이웃의 사귐[比]을 누리지 못하고, 구사(九四 : ⚊)와도 양양(兩陽)인지라 서로 호응하지 못하는[不應] 처지이다. 그러나 쾌괘(夬卦 : ䷪)의 하체(下體)인 건(乾 : ☰)의 세 양효(陽爻 : ⚊)는 순양(純陽)의 양기(陽氣)로서 대자(大者)인지라 서로에게 대범(大凡)하여 서로를 해롭게 할 리는 없고 도와야 하면 서로 돕게 되므로 홀로라도 자신의 뜻을 저버리지 않는 초구(初九 : ⚊)를 〈장우전지(壯于前趾) 왕불승(往不勝) 위구(爲咎)〉라고 계사(繫辭)한 것이다. 이에 「상사(象辭)」가 초구(初九 : ⚊)가 상륙(上六 : ⚋)을 이기지 못함에도[不勝而] 감행하고자 나아감은[往] 허물일[咎] 수밖에 없다[也]라고 풀이한 것이 〈불승이왕(不勝而往) 구야(咎也)〉이다.

有戎勿恤(유융물휼) 得中道也(득중도야)

전쟁이[戎] 일어나도[有] 근심이[恤] 없음은[勿] 바른 이치를[道] 따름을[中] 취한 것[得]이다[也].

쾌괘(夬卦 : ䷪) 구이(九二 : ⚊)의 효상(爻象)을 〈척호(惕號) 모야유융(莫夜有戎) 물휼(勿恤)〉이라고 계사(繫辭)한 것을 〈유융물휼(有戎勿恤) 득중도야(得中道也)〉라고 풀이한다.

쾌괘(夬卦 : ䷪)의 구이(九二 : ⚊)는 정당한 자리에 있지 못하고, 구삼(九三 : ⚊)과는 양양(兩陽)인지라 이웃의 사귐[比]을 누리지 못한다. 구오(九五 : ⚊)와도 양양(兩陽)인지라 중정(中正)과 정응(正應)을 서로 누리지 못하는 처지이지만, 쾌괘(夬卦 : ䷪)의 하체(下體)인 건(乾 : ☰)의 세 양효(陽爻 : ⚊)는 순양(純陽)의 양기(陽氣)로서 대자(大者)인지라 서로에게 대범(大凡)하여 서로를 해롭게 할 리는 없고 도와야 하면 서로 돕게 되므로, 중실(中實)한 양강(陽剛)의 구이(九二 : ⚊) 홀로 쾌괘(夬卦 : ䷪)의 하체(下體) 건(乾 : ☰)의 중효(中爻)로서 정도를 따름을[中] 취함[得]을 〈척호(惕號) 모야유융(莫夜有戎) 물휼(勿恤)〉이라고 계사(繫辭)한 것이다. 이에 「상사(象辭)」가 무력이[戎] 있으나[有] 근심하지[恤] 않는다[勿]는 계사(繫辭)를 구이(九二 : ⚊)가 정도를[道] 따름을[中] 취함[得]이다[也]라고 풀이한 것이 〈유융물휼(有戎勿恤) 득중도야(得中道也)〉이다.

君子夬夬(군자쾌쾌) 終无咎也(종무구야)

군자가[君子] 단호함은[夬夬] 끝내는[終] 허물이[咎] 없음[无]이다[也].

쾌괘(夬卦 : ䷪) 구삼(九三 : ━)의 효상(爻象)을 〈장우규(壯于頄) 유흉(有凶) 군자(君子) 쾌쾌독행(夬夬獨行) 우우약유(遇雨若濡) 유온(有慍) 무구(无咎)〉라고 계사(繫辭)한 것을 〈군자쾌쾌(君子夬夬) 종무구야(終无咎也)〉라고 풀이한다.

쾌괘(夬卦 : ䷪)의 구삼(九三 : ━)은 정당한 자리에 있고, 구사(九四 : ━)와는 양양(兩陽)인지라 이웃의 사귐[比]을 누리지 못하며, 상륙(上六 : ╍)과는 정당한 자리에 있는지라 바르게[正] 호응할[應] 수 있다는 의심을 위아래의 구이(九二 : ━)와 구사(九四 : ━)로부터 받아가면서도, 구삼(九三 : ━)은 상륙(上六 : ╍)이 결단되어야[夬] 할 소자(小者)의 악(惡)임을 알지만 대자(大者)로서 너그럽고[寬] 부드러운[柔] 속내를 간직함을 〈장우규(壯于頄) 유흉(有凶) 군자쾌쾌(君子夬夬) 독행(獨行) 우우약유(遇雨若濡) 유온(有慍) 무구(无咎)〉라고 계사(繫辭)한 것이다. 이에 「상사(象辭)」가 구삼(九三 : ━)이 군자(君子)로서 〈쾌쾌(夬夬)〉 즉 상륙(上六 : ╍)을 결단함에[夬] 자신에게는 엄격하되 상륙(上六 : ╍)에게는 관유(寬柔)하게 결단한다[夬]는 계사(繫辭)를 끝내는[終] 구삼(九三 : ━)에게 허물이[咎] 없는 것[无]이다[也]라고 밝힌 것이 〈군자쾌쾌(君子夬夬) 종무구야(終无咎也)〉이다.

其行次且(기행차저) 位不當也(위부당야) 聞言不信(문언불신) 聰不明也(총불명야)

그[其] 나아감이[行] 멈추어[次] 서성거림은[且] 자리가[位] 마땅치 않음[不當]이고[也], 말을[言] 듣고서도[聞] 믿지 않음은[不信] 듣는 귀가[聰] 밝지 못함[不明]이다[也].

쾌괘(夬卦 : ䷪) 구사(九四 : ━)의 효상(爻象)을 〈둔무부(臀无膚) 기행차저(其行次且) 견양회무(牽羊悔亡) 문언불신(聞言不信)〉이라고 계사(繫辭)한 것을 〈기행차저(其行次且) 위부당야(位不當也) 문언불신(聞言不信) 총불명야(聰不明也)〉라고 풀이한다.

쾌괘(夬卦 : ䷪)의 구사(九四 : ━)는 정당한 자리에 있지 못하고, 구오(九五 :

ㅡ)와는 양양(兩陽)인지라 이웃의 사귐[比]을 누리지 못하며, 초구(初九 : ㅡ)와도 양양(兩陽)인지라 서로 바르게[正] 호응할[應] 수 없는 사이여서 서로[相] 돕지[助] 못하는 처지인 구사(九四 : ㅡ)를 〈둔무부(臀无膚) 기행차저(其行次且) 견양회무(牽羊悔亡) 문언불신(聞言不信)〉이라고 계사(繫辭)한 것이다. 이에 「상사(象辭)」가 구사(九四 : ㅡ)의 행동거지가[其行] 멈추어[次] 서성거림[且]이라는 계사(繫辭)를 구사(九四 : ㅡ)가 양효(陽爻 : ㅡ)이면서 음효(陰爻 : --)의 자리에 있어서[位] 마땅치 못한 것[不當]이라[也] 풀이하고, 구사(九四 : ㅡ)가 중양(衆陽)의 말을[言] 듣고서도[聞] 믿지 못하는[不信] 것 역시 거음(居陰) 탓으로 귀담아들음이[聰] 밝지 못한 것[不明]이라[也] 풀이한 것이 〈기행차저(其行次且) 위부당야(位不當也) 문언불신(聞言不信) 총불명야(聰不明也)〉이다.

中行无咎(중행무구) 中未光也(중미광야)

정도를 따라[中] 행함에[行] 허물이[咎] 없음은[无] 그 따름이[中] 드러나지 않음[未光]이다[也].

쾌괘(夬卦 : ䷪) 구오(九五 : ㅡ)의 효상(爻象)을 〈현륙쾌쾌(莧陸夬夬) 중행무구(中行无咎)〉라고 계사(繫辭)한 것을 〈중행무구(中行无咎) 중미광야(中未光也)〉라고 풀이한다.

쾌괘(夬卦 : ䷪)의 구오(九五 : ㅡ)는 정당한 자리에 있고, 상륙(上六 : --)과는 양음(陽陰)인지라 이웃의 사귐[比]을 누릴 처지이지만, 쾌괘(夬卦 : ䷪)에서 상륙(上六 : --)은 소자(小者)의 악(惡)으로서 중양(衆陽)의 공적(公敵)인지라 구오(九五 : ㅡ)가 상륙(上六 : --)과의 사친(私親)을 뿌리칠 수밖에 없다. 구이(九二 : ㅡ)와는 쾌괘(夬卦 : ䷪) 상하체(上下體)의 중효(中爻)로서 정당(正當)한 위치에 있지만 구오(九五 : ㅡ)와 구이(九二 : ㅡ)가 양양(兩陽)인지라 중정(中正)과 정응(正應)을 서로 누릴 수 없는 처지이다. 그럼에도 쾌괘(夬卦 : ䷪)에서 중양(衆陽)의 수위(首位)에 있는 군왕(君王)으로서, 그리고 소자(小者)의 악(惡)을 결단하는[夬] 지도자로서 단호한 구오(九五 : ㅡ)를 〈현륙쾌쾌(莧陸夬夬) 중행무구(中行无咎)〉라고 계사(繫辭)한 것이다. 이에 「상사(象辭)」가 정도를 따라서[中] 행함에는[行] 허물이[咎] 없는[无] 것이라는 계사(繫辭)를 구오(九五 : ㅡ)가 상륙(上六 : --)을 결단하면서[夬夬] 사정(私情) 즉 사사로운 정[私情]을 떠나서 정도를 따라[中] 결단함을[夬] 드러내지 않음[未光]이다[也]라고 풀이한 것이 〈중행무구(中行无咎) 중미광야(中未光也)〉이다.

无號之凶(무호지흉) 終不可長也(종불가장야)

불러줌이[號] 없음이[无之] 불행함은[凶] 끝내는[終] 오래갈[長] 수가 없음[不可]이다[也].

쾌괘(夬卦 : ䷪) 상륙(上六 : --)의 효상(爻象)을 〈무호(无號) 종유흉(終有凶)〉이라고 계사(繫辭)한 것을 〈무호지흉(无號之凶) 종불가장야(終不可長也)〉라고 풀이한다.

쾌괘(夬卦 : ䷪)의 상륙(上六 : --)은 정당한 자리에 있고, 구오(九五 : ―)와는 음양(陰陽)인지라 이웃의 사귐[比]을 누릴 처지이지만 쾌괘(夬卦 : ䷪)에서 상륙(上六 : --)은 소자(小者)의 악(惡)으로서 중양(衆陽)의 공적(公敵)인지라 구오(九五 : ―)와 이웃의 사귐[比]을 결코 기대할 수 없는 처지이다. 구삼(九三 : ―)과도 서로 정당(正當)한 위치에 있으니 정응(正應)을 누릴 수 있는 처지이지만 구삼(九三 : ―) 역시 상륙(上六 : --)을 결단해야[夬] 할 공적(公敵)으로 대하는지라 구삼(九三 : ―)과의 정응(正應)도 기대할 수 없는 처지이다. 이처럼 천하에 고립무원(孤立無援)인 상륙(上六 : --)을 밝힌 계사(繫辭)가 〈무호(无號) 종유흉(終有凶)〉이다. 이에 「상사(象辭)」가 상륙(上六 : --)이 중양(衆陽) 중에서 구삼(九三 : ―)과 구오(九五 : ―)에게 부르짖어도[號] 구삼(九三 : ―)과 구오(九五 : ―)가 불러줌이[號] 없어서[无之] 불행하다[凶]는 계사(繫辭)를 상륙(上六 : --)은 쾌괘(夬卦 : ䷪)의 극위(極位)에 있어서 사라져야[消] 하지 끝내[終] 장구할[長] 수는 없는 것[不可]이다[也]라고 풀이한 것이 〈무호지흉(无號之凶) 종불가장야(終不可長也)〉이다.

44 구괘(姤卦 : ䷫) 상사(象辭)

손하건상(巽下乾上) : 아래는[下] 손(巽 : ☴), 위는[上] 건(乾 : ☰).

천풍구(天風姤) : 하늘과[天] 바람은[風] 구이다[姤].

天下有風姤이다 后以施命誥四方한다 繫于金柅는 柔
천 하 유 풍 구 후 이 시 명 고 사 방 계 우 금 니 유
道牽也이다 包有魚는 義不及賓也이다 其行次且는 行未
도 견 야 포 유 어 의 불 급 빈 야 기 행 차 저 행 미
牽也이다 无魚之凶은 遠民也이다 九五含章은 中正也이
견 야 무 어 지 흉 원 민 야 구 오 함 장 중 정 야
고 有隕自天은 志不舍命也이다 姤其角은 上窮吝也이다
유 운 자 천 지 불 사 명 야 구 기 각 상 궁 린 야

하늘[天] 아래[下] 바람이 불고[風] 있음이[有] 구괘이다[姤]. 임금은[后] (구괘를) 본받아[以] 교령을[命] 내리고[施] 온 세상에[四方] 알려 깨우치게 한다[誥]. 구리로 만들어진[金] 멈춤대에[于柅] 매여 있음은[繫] 음기의[柔] 도가[道] 멈춤[牽]이다[也]. 수초 부대에[包] 물고기들이[魚] 있음은[有] 의리가[義] 손님에게까지[賓] 미치지 못함[不及]이다[也]. 그[其] 나아감이[行] 멈추어서[次] 서성거림은[且] 나아감이[行] 아직 끌어내지 못함[未牽]이다[也]. 물고기들이[魚] 없는[无之] 불행은[凶] 백성을[民] 멀리함[遠]이다[也]. 구오가[九五] 아름다움을[章] 품음은[含] 정도를[正] 따름[中]이고[也], 하늘[天]에서[自] 떨어진 것이[隕] 있음은[有] 뜻이[志] 천명을[命] 버리지 않음[不舍]이다[也]. 제[其] 뿔에서[角] 만남은[姤] 위가[上] 곤궁하여[窮] 부끄러움[吝]이다[也].

【지남(指南)】

天下有風姤(천하유풍구) 后以施命誥四方(후이시명고사방)

하늘[天] 아래[下] 바람이 불고[風] 있음이[有] 구괘이다[姤]. 임금

은[后] (구괘를) 본받아[以] 교령을[命] 내리고[施] 온 세상에[四方] 알려 깨우치게 한다[誥].

구괘(姤卦 : ䷫)의 괘상(卦象)을 〈구(姤) 여장(女壯) 물용취녀(勿用取女)〉라고 계사(繫辭)한 것을 〈천하유풍구(天下有風姤) 후이시명고사방(后以施命誥四方)〉이라고 풀이한다.

앞 쾌괘(夬卦 : ䷪)의 〈쾌(夬)〉란 〈쾌음(夬陰)〉의 줄임으로 음기(陰氣 : ⚋)를 결단함[夬]이었다. 음기(陰氣 : ⚋)를 결단(決斷) 즉 서슴없이[決] 끊어서[斷] 떨쳐버림이 쾌괘(夬卦 : ䷪)의 〈쾌(夬)〉이다. 이는 곧 음양(陰陽)이 상리(相離) 즉 서로[相] 떨어짐[離]을 뜻한다. 그러나 헤어지면 반드시 만남으로 이어짐이 자연의[天] 이치[道]이다. 이 세상에 바람[風]을 만나지 않은 것은 없다. 이런 구괘(姤卦 : ䷫)의 괘상(卦象)을 〈구(姤) 여장(女壯) 물용취녀(勿用取女)〉라고 밝힌다. 이에 「상사(象辭)」가 하늘[天] 아래[下] 바람이[風] 있는[有] 모습이 구괘[姤]라고 밝힌 다음, 임금은[后] 구괘(姤卦 : ䷫)의 괘상(卦象)을 본받아[以] 교령을[命] 시달하면서[施] 온 세상에[四方] 널리 알린다[誥]고 풀이한 것이 〈천하유풍구(天下有風姤) 후이시명고사방(后以施命誥四方)〉이다.

繫于金柅(계우금니) 柔道牽也(유도견야)

구리로 만들어진[金] 멈춤대에[于柅] 매여 있음은[繫] 음기의[柔] 도가[道] 멈춤[牽]이다[也].

구괘(姤卦 : ䷫) 초륙(初六 : ⚋)의 효상(爻象)을 〈계우금니(繫于金柅) 정길(貞吉) 유유왕(有攸往) 견흉(見凶) 이시부척촉(羸豕孚蹢躅)〉이라고 계사(繫辭)한 것을 〈계우금니(繫于金柅) 유도견야(柔道牽也)〉라고 풀이한다.

구괘(姤卦 : ䷫)의 초륙(初六 : ⚋)은 정당한 자리에 있지 못하고, 구이(九二 : ⚊)와는 음양(陰陽)인지라 이웃의 사귐[比]을 누리며, 구사(九四 : ⚊)와도 음양(陰陽)인지라 서로 바르게[正] 호응함[應]을 누리면서 상진(上進)하려는 의지(意志)가 들떠, 오히려 경망스러운 초륙(初六 : ⚋)을 〈계우금니(繫于金柅) 정길(貞吉) 유유왕(有攸往) 견흉(見凶) 이시부척촉(羸豕孚蹢躅)〉이라고 계사(繫辭)한 것이다. 이에

「상사(象辭)」가 초륙(初六 : --)의 수레가 쇠붙이의 멈춤대[金柅]에 의해서[于] 매여 있다[繫]는 계사(繫辭)를 음기의[柔] 도가[道] 장성(長盛)해야 할 터인데 군양(群陽) 탓으로 멈춰지고[牽] 있어서 나아가지 못함이라고 풀이한 것이 〈계우금니(繫于金柅) 유도견야(柔道牽也)〉이다.

包有魚(포유어) 義不及賓也(의불급빈야)

수초 부대에[包] 물고기들이[魚] 있음은[有] 의리가[義] 손님에게까지[賓] 미치지 못함[不及]이다[也].

구괘(姤卦 : ䷫) 구이(九二 : ―)의 효상(爻象)을 〈포유어(包有魚) 무구(无咎) 불리빈(不利賓)〉이라고 계사(繫辭)한 것을 〈포유어(包有魚) 의불급빈야(義不及賓也)〉라고 풀이한다.

구괘(姤卦 : ䷫)의 구이(九二 : ―)는 정당한 자리에 있지 못하고, 초륙(初六 : --)과는 양음(陽陰)인지라 이웃의 사귐[比]을 누릴 처지이다. 구오(九五 : ―)와는 양양(兩陽)인지라 서로 호응하지 못하지만[不應], 구이(九二 : ―)가 구괘(姤卦 : ䷫) 하체(下體)의 중효(中爻)로서 정도를 따름을[中] 취하면서[得] 구괘(姤卦 : ䷫)의 괘상(卦象)이 음(陰 : --)은 장성하고[長] 양(陽 : ―)은 소진할[消] 운세(運勢)인지라, 음기(陰氣)인 초륙(初六 : --)을 이웃으로 사귀어 음양(陰陽)의 상통(相通)을 누릴수록 양소(陽消)를 줄이고자 하는 구이(九二 : ―)를 〈포유어(包有魚) 무구(无咎) 불리빈(不利賓)〉이라고 계사(繫辭)한 것이다. 이에 「상사(象辭)」가 구이(九二 : ―)와 초륙(初六 : --)의 이웃의 사귐[比]을 수초(水草)인 마름의[苴] 자루[囊] 즉 수초 더미에[包] 물고기들이[魚] 있다[有]고 한 계사(繫辭)를, 음양상통(陰陽相通)의 의리가[義] 손님[賓] 즉 구사(九四 : ―)에게는 미치지 못하는 것[不及]이다[也]라고 풀이한 것이 〈포유어(包有魚) 의불급빈야(義不及賓也)〉이다.

其行次且(기행차저) 行未牽也(행미견야)

그[其] 나아감이[行] 멈추어서[次] 서성거림은[且] 나아감이[行] 아직 끌어내지 못함[未牽]이다[也].

구괘(姤卦 : ䷫) 구삼(九三 : ―)의 효상(爻象)을 〈둔무부(臀无膚) 기행차저(其行

次且) 여(厲) 무대구(无大咎)〉라고 계사(繫辭)한 것을 〈기행차저(其行次且) 행미견야(行未牽也)〉라고 풀이한다.

구괘(姤卦 : ䷫)의 구삼(九三 : ━)은 정당한 자리에 있고, 구이(九二 : ━)-구사(九四 : ━)와는 전양(全陽)인지라 이웃의 사귐[比]을 누리지 못한다. 상구(上九 : ━)와도 양양(兩陽)인지라 서로 호응하지 못하기에[不應] 고립무원(孤立無援)의 처지를 면치 못하지만, 구괘(姤卦 : ䷫) 하체(下體)의 상효(上爻)인지라 구괘(姤卦 : ䷫)의 괘상(卦象)을 따라 구음(姤陰) 즉 음기(陰氣)를 만나려는[姤] 의욕이 강렬한 구삼(九三 : ━)을 〈둔무부(臀无膚) 기행차저(其行次且) 여(厲) 무대구(无大咎)〉라고 계사(繫辭)한 것이다. 이에 「상사(象辭)」가 구삼(九三 : ━)의 행동이[行] 멈추어[次] 서성거린다[且]는 계사(繫辭)를 구삼(九三 : ━)이 초륙(初六 : ╍)을 만나려는[姤] 행동을[行] 아직은 끌어내 앞으로 나아가지 못하는 것[未牽]이다[也]라고 풀이한 것이 〈기행차저(其行次且) 행미견야(行未牽也)〉이다.

无魚之凶(무어지흉) 遠民也(원민야)

<u>물고기들이[魚] 없는[无之] 불행은[凶] 백성을[民] 멀리함[遠]이다[也].</u>

구괘(姤卦 : ䷫) 구사(九四 : ━)의 효상(爻象)을 〈포무어(包无魚) 기흉(起凶)〉이라고 계사(繫辭)한 것을 〈무어지흉(无魚之凶) 원민야(遠民也)〉라고 풀이한다.

구괘(姤卦 : ䷫)의 구사(九四 : ━)는 정당한 자리에 있지 못하고, 구삼(九三 : ━)-구오(九五 : ━)와는 전양(全陽)인지라 이웃의 사귐[比]을 누리지 못한다. 초륙(初六 : ╍)과는 양음(陽陰)인지라 서로 바르게[正] 호응할[應] 수 있는 사이이지만 멀리 떨어져 있어서 〈불구(不姤)〉 즉 만나지 못하는[不姤] 처지인지라 불행한 구사(九四 : ━)를 〈포무어(包无魚) 기흉(起凶)〉이라고 계사(繫辭)한 것이다. 이에 「상사(象辭)」가 구사(九四 : ━)의 수초 더미에 물고기들이[魚] 없는[无之] 불행[凶]은 정사(政事)를 돌봐야 하는 경대부(卿大夫) 구사(九四 : ━)가 백성인[民] 초륙(初六 : ╍)을 멀리하는 것[遠]이다[也]라고 풀이한 것이 〈무어지흉(无魚之凶) 원민야(遠民也)〉이다.

九五含章(구오함장) 中正也(중정야) 有隕自天(유운자천) 志不舍命也(지불사명야)

구오가[九五] 아름다움을[章] 품음은[含] 정도를[正] 따름[中]이고[也], 하늘[天]에서[自] 떨어진 것이[隕] 있음은[有] 뜻이[志] 천명을[命] 버리지 않음[不舍]이다[也].

구괘(姤卦 : ䷫) 구오(九五 : ⚊)의 효상(爻象)을 〈이기포과(以杞包瓜) 함장(含章) 유운자천(有隕自天)〉이라고 계사(繫辭)한 것을 〈구오함장(九五含章) 중정야(中正也) 유운자천(有隕自天) 지불사명야(志不舍命也)〉라고 풀이한다.

구괘(姤卦 : ䷫)의 구오(九五 : ⚊)는 정당한 자리에 있고, 구사(九四 : ⚊)-상구(上九 : ⚊)와는 전양(全陽)인지라 이웃의 사귐[比]을 누리지 못한다. 군위(君位) 즉 군왕의[君] 자리[位]에 정당(正當)하게 있으면서 구괘(姤卦 : ䷫)의 상체(上體)인 건(乾 : ☰)의 중효(中爻)로서 정도를 따름을[中] 취하여[得], 구괘(姤卦 : ䷫)의 초륙(初六 : ⚋)-구이(九二 : ⚊)-구삼(九三 : ⚊)-구사(九四 : ⚊) 등을 주재(主宰)하는 군왕(君王)으로서의 구오(九五 : ⚊)를 〈이기포과(以杞包瓜) 함장(含章) 유운자천(有隕自天)〉이라고 계사(繫辭)한 것이다. 이에 「상사(象辭)」가 구오(九五 : ⚊)의 〈함장(含章)〉을 정도를[正] 따름[中]이다[也]라고 풀이하고, 구오(九五 : ⚊)에게 하늘로부터[自天] 떨어지는 것이[隕] 있음[有]을 군왕(君王)으로서 구오(九五 : ⚊)의 뜻이[志] 천명을[命] 버리지 않은 것[不舍]이다[也]라고 풀이한 것이 〈구오함장(九五含章) 중정야(中正也) 유운자천(有隕自天) 지불사명야(志不舍命也)〉이다.

姤其角(구기각) 上窮吝也(상궁린야)

제[其] 뿔에서[角] 만남은[姤] 위가[上] 곤궁하여[窮] 부끄러움[吝]이다[也].

구괘(姤卦 : ䷫) 상구(上九 : ⚊)의 효상(爻象)을 〈구기각(姤其角) 인(吝) 무구(无咎)〉라고 계사(繫辭)한 것을 〈구기각(姤其角) 상궁린야(上窮吝也)〉라고 풀이한다.

구괘(姤卦 : ䷫)의 상구(上九 : ⚊)는 정당한 자리에 있지 못하고, 구오(九五 : ⚊)와는 양양(兩陽)인지라 이웃의 사귐[比]을 누리지 못한다. 구삼(九三 : ⚊)과도 양양(兩陽)이어서 서로 호응하지 못하는[不應] 처지인지라, 궁(窮)한 자리이기에 고립된 상구(上九 : ━)를 〈구기각(姤其角) 인(吝) 무구(无咎)〉라고 계사(繫辭)한 것이다. 이에 「상사(象辭)」가 제[其] 뿔에서[角] 만남[姤]이라는 계사(繫辭)를 윗자리가[上] 궁색하여[窮] 수치스러워 면목 없음[吝]이다[也]라고 풀이한 것이 〈구기각(姤其角) 상궁린야(上窮吝也)〉이다.

45 췌괘(萃卦 : ䷬) 상사(象辭)

곤하태상(坤下兌上) : 아래는[下] 곤(坤 : ☷), 위는[上] 태(兌 : ☱).

택지췌(澤地萃) : 못과[澤] 땅은[地] 췌이다[萃].

澤上於地萃이다 君子以除戎器하고 戒不虞한다 乃亂乃萃는 其志亂也이다 引吉无咎는 中未變也이다 往无咎는 上巽也이다 大吉无咎는 位不當也이다 萃有位는 志未光也이다 齎咨涕洟는 未安上也이다

택상어지췌 군자이제융기 계불우 내란내췌 기지란야 인길무구 중미변야 왕무구 상손야 대길무구 위부당야 췌유위 지미광야 재자체이 미안상야

못이[澤] 땅에서[於地] 위에 있음이[上] 췌괘이다[萃]. 군자는[君子] (췌괘를) 본받아[以] 병장기를[戎器] 수리하고[除] 헤아리지 못함을[不虞] 경계한다[戒]. 이내[乃] 혼란스럽고[亂] 이내[乃] 모임은[萃] 그[其] 뜻이[志] 혼란스러움[亂]이다[也]. 이끌어주어[引] 좋음에[吉] 허물이[咎] 없음은[无] 마음속이[中] 바뀌지 않는 것[未變]이다[也]. 나아가도[往] 허물이[咎] 없음은[无] 위가[上] 공손한 것[巽]이다[也]. 큼이라[大] 좋아서[吉] 허물이[咎] 없음은[无] 자리가[位] 정당하지 않은 것[不當]이다[也]. 모임에[萃] {효(爻)의} 자리가[位] 있음은[有] 뜻이[志] 아직 드러나지 않은 것[未光]이다[也]. 한탄하고[齎] 탄식하며[咨] 눈물 흘리고[涕] 콧물 흘림은[洟] 윗자리에서[上] 편안하지 못한 것[未安]이다[也].

【지남(指南)】

澤上於地萃(택상어지췌) 君子以除戎器(군자이제융기) 戒不虞(계불우)

못이[澤] 땅에서[於地] 위에 있음이[上] 췌괘이다[萃]. 군자는[君

子] (췌괘를) 본받아[以] 병장기를[戎器] 수리하고[除] 헤아리지 못함을[不虞] 경계한다[戒].

췌괘(萃卦 : ䷬)의 괘상(卦象)을 〈췌형(萃亨) 왕격유묘(王假有廟) 이견대인(利見大人) 형(亨) 이정(利貞) 용대생(用大牲) 길(吉) 이유유왕(利有攸往)〉이라고 계사(繫辭)한 것을 〈택상어지췌(澤上於地萃) 군자이제융기(君子以除戎器) 계불우(戒不虞)〉라고 풀이한다.

앞 구괘(姤卦 : ䷫)의 〈구(姤)〉는 만남[姤]이니 어떤 것이든 서로 만나면 모이게 된다. 따라서 구괘(姤卦 : ䷫) 다음에 췌괘(萃卦 : ䷬)가 온 것이다. 췌자(萃者) 즉 췌라는[萃] 것[者]은 취(聚) 즉 모여듦[聚]이다. 온갖 초목(草木)이 번췌(繁萃) 즉 번영하면서[繁] 무리지어 모이듯[萃] 온 세상 인재(人才)와 백성이 무리지어 모여 평안(平安)한 나라를 일구어 누리는 모습인 췌괘(萃卦 : ䷬)의 괘상(卦象)을 밝힌 것이 〈췌형(萃亨) 왕격유묘(王假有廟) 이견대인(利見大人) 형(亨) 이정(利貞) 용대생(用大牲) 길(吉) 이유유왕(利有攸往)〉이다. 이에 「상사(象辭)」가 〈췌(萃)〉를 못이[澤] 땅[地] 위에 있음[上於]이라고 풀이하고, 군자는[君子] 이러한 췌괘(萃卦 : ䷬)의 괘상(卦象)을 본받아[以] 병장기를[戎器] 갈무리하고[除] 미처 헤아리지 못한 일들을[不虞] 경계함[戒]이라고 풀이한 것이 〈택상어지췌(澤上於地萃) 군자이제융기(君子以除戎器) 계불우(戒不虞)〉이다.

乃亂乃萃(내란내췌) 其志亂也(기지란야)

이내[乃] 혼란스럽고[亂] 이내[乃] 모임은[萃] 그[其] 뜻이[志] 혼란스러움[亂]이다[也].

췌괘(萃卦 : ䷬) 초륙(初六 : --)의 효상(爻象)을 〈유부부종(有孚不終) 내란내췌(乃亂乃萃) 약호(若號) 일악위소(一握爲笑) 물휼(勿恤) 왕(往) 무구(无咎)〉라고 계사(繫辭)한 것을 〈내란내췌(乃亂乃萃) 기지란야(其志亂也)〉라고 풀이한다.

췌괘(萃卦 : ䷬)의 초륙(初六 : --)은 정당한 자리에 있지 못하고, 육이(六二 : --)와는 양음(兩陰)인지라 이웃의 사귐[比]을 누리지 못한다. 구사(九四 : —)와는 음양(陰陽)인지라 서로 바르게[正] 호응함[應]을 누릴 수 있어서 상진(上進)하려는 초륙(初六 : --)의 〈부(孚)〉 즉 진실한 믿어줌[孚]이 두텁지만, 육이(六二 : --)와 육삼(六三 : --) 탓으로 서로의 정응(正應)이 순탄치 않다. 그리하여 구사(九四 : ㅡ)에게 소리쳐 알려서 〈부(孚)〉로써 강력한 모임[萃]의 상진(上進)을 이루어내는 초륙(初六 : --)을 〈유부부종(有孚不終) 내란내췌(乃亂乃萃) 약호(若號) 일악위소(一握爲笑) 물휼(勿恤) 왕(往) 무구(无咎)〉라고 계사(繫辭)한 것이다.

이에 「상사(象辭)」가 초륙(初六 : --)과 구사(九四 : ㅡ) 사이에 육이(六二 : --)와 육삼(六三 : --)이 끼어 방해하기 때문에 그 정응(正應)의 누림이 순탄(順坦)하지 못함을 암시하는 〈내란(乃亂)〉이라는 계사(繫辭)와, 초륙(初六 : --)에게는 끝나지 않고[不終] 진실한 미더움이[孚] 있기[有] 때문에 초륙(初六 : --)과 구사(九四 : ㅡ) 사이의 정응(正應)으로써 강력한 뭉침[萃]의 누림을 암시하는 〈내췌(乃萃)〉라는 계사(繫辭)를, 〈기지(其志)〉 즉 백성의[其] 마음 가는 바가[志] 육이(六二 : --)와 육삼(六三 : --) 탓으로 혼란스러운 것[亂]이다[也]라고 풀이한 것이 〈내란내췌(乃亂乃萃) 기지란야(其志亂也)〉이다.

引吉无咎(인길무구) 中未變也(중미변야)

이끌어주어[引] 좋음에[吉] 허물이[咎] 없음은[无] 마음속이[中] 바뀌지 않는 것[未變]이다[也].

췌괘(萃卦 : ䷬) 육이(六二 : --)의 효상(爻象)을 〈인길무구(引吉无咎) 부내리용약(孚乃利用禴)〉이라고 계사(繫辭)한 것을 〈인길무구(引吉无咎) 중미변야(中未變也)〉라고 풀이한다.

췌괘(萃卦 : ䷬)의 육이(六二 : --)는 정당한 자리에 있고, 초륙(初六 : --)-육삼(六三 : --)과는 모두 음(陰 : --)인지라 이웃의 사귐[比]을 누리지 못한다. 구오(九五 : ㅡ)와는 서로 정당한 자리에 있는 음양(陰陽)의 사이이면서 중효(中爻)인지라 중정(中正)과 정응(正應)을 누리므로, 〈부(孚)〉 즉 진실한 미더움[孚]이 두터워 춘제(春祭) 즉 봄제사를 올리는 육이(六二 : --)를 〈인길무구(引吉无咎) 부내리용약(孚乃利用禴)〉이라고 계사(繫辭)한 것이다. 이에 「상사(象辭)」가 육이(六二 : --)와 구오(九五 : ㅡ)가 완벽한 군신(君臣)의 짝으로서 끌림[引]인지라 서로 행운을 누려도[吉] 허물이[咎] 없다[无]고 밝힌 계사(繫辭)를 진실로 미더운[孚] 마음속이[中] 바뀜이[變] 없는 것[未]이다[也]라고 풀이한 것이 〈인길무구(引吉无咎) 중미변야(中未變也)〉이다.

往无咎(왕무구) 上巽也(상손야)

나아가도[往] 허물이[咎] 없음은[无] 위가[上] 공손한 것[巽]이다[也].

췌괘(萃卦 : ䷬) 육삼(六三 : --)의 효상(爻象)을 〈췌여차여(萃如嗟如) 무유리(无攸利) 왕(往) 무구(无咎) 소린(小吝)〉이라고 계사(繫辭)한 것을 〈왕무구(往无咎) 상손야(上巽也)〉라고 풀이한다.

췌괘(萃卦 : ䷬)의 육삼(六三 : --)은 정당한 자리에 있지 못하고, 구사(九四 : ―)와는 음양(陰陽)의 사이인지라 이웃의 사귐[比]을 누릴 수 있지만 구사(九四 : ―)와 초륙(初六 : --)의 정응(正應) 탓으로 여의치 못하다. 상륙(上六 : --)과는 양음(兩陰)인지라 서로 불응(不應)의 처지로 보여 육삼(六三 : --)에게 마치 이로울 바가 하나도 없어 보임을 〈췌여차여(萃如嗟如) 무유리(无攸利) 왕(往) 무구(无咎) 소린(小吝)〉이라고 계사(繫辭)한 것이다. 이에 「상사(象辭)」가 췌괘(萃卦 : ䷬)의 대세(大勢)인 〈췌(萃)〉를 누리고자 육삼(六三 : --)이 상륙(上六 : --)에게로 상진해도[往] 허물이[咎] 없다[无]고 밝힌 계사(繫辭)를 췌괘(萃卦 : ䷬)의 상륙(上六 : --)을 비유하기를 〈상손(上巽)〉 즉 상륙이[上] 겸손한 것[巽]이다[也]라고 풀이한 것이 〈왕무구(往无咎) 상손야(上巽也)〉이다.

大吉无咎(대길무구) 位不當也(위부당야)

큼이라[大] 좋아서[吉] 허물이[咎] 없음은[无] 자리가[位] 정당하지 않은 것[不當]이다[也].

췌괘(萃卦 : ䷬) 구사(九四 : ―)의 효상(爻象)을 〈대길(大吉) 무구(无咎)〉라고 계사(繫辭)한 것을 〈대길무구(大吉无咎) 위부당야(位不當也)〉라고 풀이한다.

췌괘(萃卦 : ䷬)의 구사(九四 : ―)는 정당한 자리에 있지 못하고, 육삼(六三 : --)과는 양음(陽陰)인지라 이웃의 사귐[比]을 누릴 수 있지만 서로 대신(大臣)의 사이인지라 그 사귐[比]이 어렵다. 초륙(初六 : --)과는 서로 부당(不當)한 자리에 있지만 바르게[正] 호응함[應]을 누려, 백성인 초륙(初六 : --)이 모여들게[萃] 하여 군왕(君王)인 구오(九五 : ━)를 잘 보좌하려는 구사(九四 : ━)를 〈대길(大吉) 무구(无咎)〉라고 계사(繫辭)한 것이다. 이에「상사(象辭)」가 〈대(大)〉 즉 구사(九四 : ━)가 행운을 누려도[吉] 허물이[咎] 없다[无]고 밝힌 계사(繫辭)를 구사(九四 : ━)의 자리가[位] 정당하지 못해[不當] 삼가 조심하면서 경대부(卿大夫)로서 헌신(獻身)함이라고 풀이한 것이 〈대길무구(大吉无咎) 위부당야(位不當也)〉이다.

萃有位(췌유위) 志未光也(지미광야)

모임에[萃] {효(爻)의} 자리가[位] 있음은[有] 뜻이[志] 아직 드러나지 않은 것[未光]이다[也].

췌괘(萃卦 : ䷬) 구오(九五 : ━)의 효상(爻象)을 〈췌유위(萃有位) 무구(无咎) 비부(匪孚) 원영정(元永貞) 회무(悔亡)〉라고 계사(繫辭)한 것을 〈췌유위(萃有位) 지미광야(志未光也)〉라고 풀이한다.

췌괘(萃卦 : ䷬)의 구오(九五 : ━)는 정당한 자리에 있고, 육이(六二 : ╍)와는 정당한 자리에 있으면서 음양(陰陽)인지라 중정(中正)과 정응(正應)을 아울러 누려 〈췌(萃)〉 즉 모임[萃]을 이루면서 다 같이 중효(中爻)로서 정도를 따름을[中] 취하며[得], 상륙(上六 : ╍)과도 〈비(比)〉 즉 이웃의 사귐[比]을 누리면서, 신민(臣民)의 모임[萃]을 이루어가는 군왕(君王)인 구오(九五 : ━)를 〈췌유위(萃有位) 무구(无咎) 비부(匪孚) 원영정(元永貞) 회무(悔亡)〉라고 계사(繫辭)한 것이다. 이에「상사(象辭)」가 췌괘(萃卦 : ䷬)에는 효위(爻位)에 따라 세 갈래의 〈췌(萃)〉 즉 모임[萃]이 있음을 밝힌 계사(繫辭)를 〈비부(匪孚)의 췌(萃)〉마저도 진실로 미더운[孚] 모임[萃]으로 받아들이는 구오(九五 : ━)의 뜻이[志] 아직 드러나지 않았을[未光] 뿐이지 장차 드러날[光] 것임을 살펴 헤아리게 풀이한 것이 〈췌유위(萃有位) 지미광야(志未光也)〉이다.

齎咨涕洟(재자체이) 未安上也(미안상야)

한탄하고[齎] 탄식하며[咨] 눈물 흘리고[涕] 콧물 흘림은[洟] 윗자리에서[上] 편안하지 못한 것[未安]이다[也].

췌괘(萃卦 : ䷬) 상륙(上六 : ╍)의 효상(爻象)을 〈재자체이(齎咨涕洟) 무구(无

咎)〉라고 계사(繫辭)한 것을 〈재자체이(齎咨涕洟) 미안상야(未安上也)〉라고 풀이한다.

췌괘(萃卦 : ䷬)의 상륙(上六 : ⚋)은 정당한 자리에 있고, 육삼(六三 : ⚋)과는 양음(兩陰)인지라 불응(不應)의 처지이며, 구오(九五 : ⚊)와는 이웃의 사귐[比]을 누릴 수 있음을 실낱같이 바라면서, 외롭기 짝이 없는 처지에 있는 상륙(上六 : ⚋)을 〈재자체이(齎咨涕洟) 무구(无咎)〉라고 계사(繫辭)한 것이다. 이에 「상사(象辭)」가 상륙(上六 : ⚋)이 재자(齎咨)하고 체이(涕洟)한다는 계사(繫辭)를 상륙(上六 : ⚋)이 맨 윗자리에서[上] 편안하지 못한 것[未安]이다[也]라고 풀이한 것이 〈재자체이(齎咨涕洟) 미안상야(未安上也)〉이다.

46 승괘(升卦 : ䷭) 상사(象辭)

손하곤상(巽下坤上) : 아래는[下] 손(巽 : ☴), 위는[上] 곤(坤 : ☷).

지풍승(地風升) : 땅과[地] 바람은[風] 승이다[升].

地中生木이 升이다 君子以順德하고 積小以高大한다
지중생목 승 군자이순덕 적소이고대

允升大吉은 上合志也이다 九二之孚는 有喜也이다 升
윤승대길 상합지야 구이지부 유희야 승

虛邑은 无所疑也이다 王用亨于岐山은 順事也이다 貞
허읍 무소의야 왕용향우기산 순사야 정

吉升階는 大得志也이다 冥升在上은 消不富也이다
길승계 대득지야 명승재상 소불부야

땅속에서[地中] 나무가[木] 생겨남이[生] 승괘이다[升]. 군자는[君子] (승괘를) 본받아[以] 덕을[德] 따르고[順] 작은 것을[小] 쌓음[積]으로써[以] 높이고[高] 크게 한다[大]. 미덥게[允] 위로 오름이[升] 크게[大] 좋음은[吉] 위와[上] 뜻을[志] 화합한 것[合]이다[也]. 구이의[九二之] 진실한 미더움은[孚] 즐거워함이[喜] 있는 것[有]이다[也]. 빈[虛] 도읍으로[邑] 올라감은[升] 의심받을[疑] 바가[所] 없는 것[无]이다[也]. 임금이[王] 기산(岐山)에서[于] 제사를[亨] 올림은[用] {승(升)의 덕(德)을} 따름을[順] 섬기는 것[事]이다[也]. 마음이 진실로 미더워[貞] 좋고[吉] 섬돌을 딛고[階] 오름은[升] 뜻을[志] 크게[大] 얻음[得]이다[也]. 위로 오름에[升] 어두워[冥] 위에[上] 있음은[在] {정(貞)을} 잃어서[消] {이(利)를} 다시 불림이 없는 것[不富]이다[也].

【지남(指南)】

地中生木(지중생목) 升(승) 君子以順德(군자이순덕) 積小以高大(적소이고대)

땅속에서[地中] 나무가[木] 생겨남이[生] 승괘이다[升]. 군자는[君

子] (승괘를) 본받아[以] 덕을[德] 따르고[順] 작은 것을[小] 쌓음[積]으로써[以] 높이고[高] 크게 한다[大].

승괘(升卦 : ䷭)의 괘상(卦象)을 〈승(升) 원형(元亨) 용견대인(用見大人) 물휼(勿恤) 남정길(南征吉)〉이라고 계사(繫辭)한 것을 〈지중생목(地中生木) 승(升) 군자이순덕(君子以順德) 적소이고대(積小以高大)〉라고 풀이한다.

앞 췌괘(萃卦 : ䷬)의 〈췌(萃)〉는 모임[萃]이니 어떤 것이든 서로 모이면 불어나 오른다. 따라서 췌괘(萃卦 : ䷬) 다음에 승괘(升卦 : ䷭)가 온 것이다. 승괘(升卦 : ䷭)는 앞 췌괘(萃卦 : ䷬)의 도괘(倒卦) 즉 뒤집혀진[倒] 괘(卦)이다. 곤(坤 : ☷)은 뒤집혀도 곤(坤 : ☷)이지만 태(兌 : ☱)는 뒤집히면 손(巽 : ☴)이 된다. 앞으로[前] 나아가[進] 위로[上] 향함[向]을 뜻함이 〈승(升) 원형(元亨) 용견대인(用見大人) 물휼(勿恤) 남정길(南征吉)〉이다. 이에 「상사(象辭)」가 승괘(升卦 : ䷭)의 괘상(卦象)인 〈승(升)〉을 땅속에서[地中] 나무가[木] 생겨나 자라 올라오는[生] 모습이라고 밝힌 다음, 군자는[君子] 승괘(升卦 : ䷭)의 〈승(升)〉을 본받아[以] 천지(天地)의 덕을[德] 따르는지라[順] 작은 것들을[小] 쌓음[積]으로써[以] 높이고[高] 키운다[大]라고 풀이한 것이 〈지중생목(地中生木) 승(升) 군자이순덕(君子以順德) 적소이고대(積小以高大)〉이다.

允升大吉(윤승대길) 上合志也(상합지야)

미덥게[允] 위로 오름이[升] 크게[大] 좋음은[吉] 위와[上] 뜻을[志] 화합한 것[合]이다[也].

승괘(升卦 : ䷭) 초륙(初六 : --)의 효상(爻象)을 〈윤승(允升) 대길(大吉)〉이라고 계사(繫辭)한 것을 〈윤승대길(允升大吉) 상합지야(上合志也)〉라고 풀이한다.

승괘(升卦 : ䷭)의 초륙(初六 : --)은 정당한 자리에 있지 못하고, 육사(六四 : --)와도 양음(兩陰)인지라 서로 호응하지 못하며[不應], 구이(九二 : —)와는 음양(陰陽)인지라 이웃의 사귐[比]을 누려서 유약(柔弱)하지만, 강강(剛剛)한 구이(九二 : —)와 상화(相和) 즉 서로[相] 어울리는[和] 초륙(初六 : --)을 〈윤승(允升) 대길(大吉)〉이라고 계사(繫辭)한 것이다. 이에 「상사(象辭)」가 미덥게[允] 생장함이[升]

크게[大] 좋다[吉]는 계사(繫辭)를 초륙(初六 : - -)이 위[上] 즉 구이(九二 : —)와 마음 가는 바를[志] 하나로 한 것[合]이다[也]라고 풀이한 것이 〈윤승대길(允升大吉) 상합지야(上合志也)〉이다.

九二之孚(구이지부) 有喜也(유희야)

구이의[九二之] 진실한 미더움은[孚] 즐거워함이[喜] 있는 것[有]이다[也].

승괘(升卦 : ䷭) 구이(九二 : —)의 효상(爻象)을 〈부내리용약(孚乃利用禴) 무구(无咎)〉라고 계사(繫辭)한 것을 〈구이지부(九二之孚) 유희야(有喜也)〉라고 풀이한다.

승괘(升卦 : ䷭)의 구이(九二 : —)는 정당한 자리에 있지 못하고, 구삼(九三 : —)과는 양양(兩陽)인지라 이웃의 사귐[比]을 누리지 못하며, 육오(六五 : - -)와는 서로 부당(不當)한 자리에 있어서 중정(中正)을 누리지는 못하지만 서로 중효(中爻)로서 정응(正應) 즉 바르게[正] 호응하여[應] 정도를 따름을[正] 취하므로[得], 강유(剛柔) 즉 굳셈[剛]과 부드러움[柔]을 아우르고 있어 미더운 구이(九二 : —)를 〈부내리용약(孚乃利用禴) 무구(无咎)〉라고 계사(繫辭)한 것이다. 이에 「상사(象辭)」가 구이의[九二之] 진실한 미더움[孚]이라는 계사(繫辭)를 〈용약(用禴)〉 즉 봄 제사를[禴] 올리는[用] 진실한 미더움[孚]에는 기쁨이[喜] 있는 것[有]이다[也]라고 풀이한 것이 〈구이지부(九二之孚) 유희야(有喜也)〉이다.

升虛邑(승허읍) 无所疑也(무소의야)

빈[虛] 도읍으로[邑] 올라감은[升] 의심받을[疑] 바가[所] 없는 것[无]이다[也].

승괘(升卦 : ䷭) 구삼(九三 : —)의 효상(爻象)을 〈승허읍(升虛邑)〉이라고 계사(繫辭)한 것을 〈승허읍(升虛邑) 무소의야(无所疑也)〉라고 풀이한다.

승괘(升卦 : ䷭)의 구삼(九三 : —)은 정당한 자리에 있고, 육사(六四 : - -)와는 양음(陽陰)인지라 이웃의 사귐[比]을 누리면서, 상륙(上六 : - -)과도 서로 정위(正位)에 있는지라 정응(正應) 즉 바르게[正] 호응하여[應], 마음 편히 승진(升進)하려는 뜻을 펼치는 구삼(九三 : —)을 〈승허읍(升虛邑)〉이라고 계사(繫辭)한 것이다.

이에 「상사(象辭)」가 빈[虛] 도읍으로[邑] 올라간다[升]는 계사(繫辭)를 구삼(九三 : ━)이 승괘(升卦 : ䷭)의 상체(上體) 곤(坤 : ☷)으로 올라가는데[升] 육사(六四 : ╍)와 상륙(上六 : ╍)의 상조(相助) 즉 서로[相] 도와줌[助]이 있을 뿐이지 구삼(九三 : ━)이 승괘(升卦 : ䷭)의 상체(上體)로부터 의심받을[疑] 바가[所] 없는 것[无]이다[也]라고 풀이한 것이 〈승허읍(升虛邑) 무소의야(无所疑也)〉이다.

王用亨于岐山(왕용향우기산) 順事也(순사야)

임금이[王] 기산(岐山)에서[于] 제사를[亨] 올림은[用] {승(升)의 덕(德)을} 따름을[順] 섬기는 것[事]이다[也].

승괘(升卦 : ䷭) 육사(六四 : ╍)의 효상(爻象)을 〈왕용향우기산(王用亨于岐山) 길(吉) 무구(无咎)〉라고 계사(繫辭)한 것을 〈왕용향우기산(王用亨于岐山) 순사야(順事也)〉라고 풀이한다.

승괘(升卦 : ䷭)의 육사(六四 : ╍)는 정당한 자리에 있고, 육오(六五 : ╍)와는 양음(兩陰)인지라 이웃의 사귐[比]을 누리지 못하며, 초륙(初六 : ╍)과도 양음(兩陰)인지라 서로 호응하지 못하지만[不應], 승괘(升卦 : ䷭)의 중위(中位) 즉 삼위(三位)와 사위(四位) 중에서 음기(陰氣 : ╍)의 자리인 사위(四位)에 정당(正當)하게 있는 육사(六四 : ╍)를 〈왕용향우기산(王用亨于岐山) 길(吉) 무구(无咎)〉라고 계사(繫辭)한 것이다. 이에 「상사(象辭)」가 임금이[王] 기산(岐山)에서[于] 제사를[亨] 올린다[用]는 계사(繫辭)를 〈순사(順事)〉라고 밝혔는데, 여기 〈순사(順事)의 순(順)〉은 순승지덕(順升之德)의 줄임이다. 따라서 〈왕용향우기산(王用亨于岐山)〉이라는 계사(繫辭)를 승괘(升卦 : ䷭)의 괘상(卦象)인 오름의[升之] 덕을[德] 따름을[順] 섬기는 것[事]이다[也]라고 풀이한 것이 〈왕용향우기산(王用亨于岐山) 순사야(順事也)〉이다.

貞吉升階(정길승계) 大得志也(대득지야)

마음이 진실로 미더워[貞] 좋고[吉] 섬돌을 딛고[階] 오름은[升] 뜻을[志] 크게[大] 얻음[得]이다[也].

승괘(升卦 : ䷭) 육오(六五 : ╍)의 효상(爻象)을 〈정길(貞吉) 승계(升階)〉라고

계사(繫辭)한 것을 〈정길승계(貞吉升階) 대득지야(大得志也)〉라고 풀이한다.

승괘(升卦 : ䷭)의 육오(六五 : --)는 정당한 자리에 있지 못하고, 위아래가 모두 음(陰)인지라 이웃의 사귐[比]을 누릴 수 없는 모습이며, 구이(九二 : ㅡ)와는 서로 정당하지 못한 자리에 있지만 중효(中爻)로서 정도를 따름을[中] 취하면서[得] 바르게[正] 서로 호응하여[應], 육오(六五 : --)가 구이(九二 : ㅡ)의 도움을 얻는 모습을 〈정길(貞吉) 승계(升階)〉라고 계사(繫辭)한 것이다. 이에 「상사(象辭)」가 육오(六五 : --)가 진실로 미더워[貞] 행운을 누리고[吉] 존위(尊位)에 오름에[升] 구이(九二 : ㅡ)가 섬돌[階]과 같다고 암시한 계사(繫辭)를 육오(六五 : --)가 크게[大] 구이(九二 : ㅡ)의 뜻을[志] 얻음[得]이다[也]라고 풀이한 것이 〈정길승계(貞吉升階) 대득지야(大得志也)〉이다.

冥升在上(명승재상) 消不富也(소불부야)

위로 오름에[升] 어두워[冥] 위에[上] 있음은[在] {정(貞)을} 잃어서[消] {이(利)를} 다시 불림이 없는 것[不富]이다[也].

승괘(升卦 : ䷭) 상륙(上六 : --)의 효상(爻象)을 〈명승(冥升) 이우불식지정(利于不息之貞)〉이라고 계사(繫辭)한 것을 〈명승재상(冥升在上) 소불부야(消不富也)〉라고 풀이한다.

승괘(升卦 : ䷭)의 상륙(上六 : --)은 정당한 자리에 있는 모습이고, 아래의 육오(六五 : --)와는 양음(兩陰)인지라 이웃의 사귐[比]을 누리지 못하며, 구삼(九三 : ㅡ)과는 음양(陰陽)인지라 서로 정위(正位)에 있으면서 정응(正應) 즉 바르게[正] 호응함[應]을 누릴 수 있어서, 고립되지는 않는 상륙(上六 : --)을 〈명승(冥升) 이우불식지정(利于不息之貞)〉이라고 계사(繫辭)한 것이다. 이에 「상사(象辭)」가 상륙(上六 : --)이 〈명승(冥升)〉 즉 오름의 이치에[升] 어두워[冥] 부지지지도(不知止之道) 즉 멈추는[止之] 이치를[道] 몰라서[不知] 〈재상(在上)〉 즉 승괘(升卦 : ䷭)의 극위(極位)에[上] 있음[在]이라 밝히고, 극위에 있는 상륙(上六 : --)이 진실한 미더움을[貞] 잃은지라[消] 이로움을[利] 다시는 불림이 없는 것[不富]이다[也]라고 풀이한 것이 〈명승재상(冥升在上) 소불부야(消不富也)〉이다.

47 곤괘[困卦 : ䷮) 상사(象辭)

감하태상(坎下兌上) : 아래는[下] 감(坎 : ☵), 위는[上] 태(兌 : ☱).

택수곤(澤水困) : 못과[澤] 물은[水] 곤이다[困].

澤无水困이다 君子以致命遂志한다 入于幽谷은 幽不
택무수곤 군자이치명수지 입우유곡 유불

明也이다 困于酒食은 中有慶也이다 據于蒺藜는 乘剛
명야 곤우주식 중유경야 거우질려 승강

也이고 入于其宮하여 不見其妻는 不祥也이다 來徐徐는
야 입우기궁 불견기처 불상야 내서서

志在下也이니 雖不當位이나 有與也이다 劓刖은 志未得
지재하야 수부당위 유여야 의월 지미득

也이다 乃徐有說은 以中直也이다 利用祭祀는 受福也이
야 내서유열 이중직야 이용제사 수복야

다 困于葛藟는 未當也이다 動悔와 有悔는 吉行也이다
곤우갈류 미당야 동회 유회 길행야

못에[澤] 물이[水] 없음이[无] 곤괘이다[困]. 군자는[君子] (곤괘를) 본받아[以] 목숨을[命] 바쳐[致] 뜻을[志] 이룬다[遂]. 깊은[幽] 골짜기로[于谷] 듦이란[入] 캄캄하여[幽] 밝음이[明] 없다는 것[不]이다[也]. 마실 거리와[酒] 먹을 거리와[食] 함께[于] 곤궁함은[困] 중효인지라[中] 복 받음이[慶] 있다는 것[有]이다[也]. 가시투성이 납가새를[于蒺藜] 짚음은[據] 강양(剛陽)을[剛] 올라탄 것[乘]이고[也], 제[其] 집에[于宮] 들어서도[入] 제[其] 아내를[妻] 보지 못함은[不見] 길흉의 징조를 미리 헤아리지 못한 것[不祥]이다[也]. 천천히[徐徐] 온다 함은[來] 뜻이[志] 아래에[下] 있음[在]이니[也], 비록[雖] 자리가[位] 마땅치 않아도[不當] (뜻을) 같이함이[與] 있음[有]이다[也]. 코를 베이고[劓] 발꿈치를 잘림은[刖] 뜻을[志] 아직 얻지 못함[未得]이다[也]. 이내[乃] 천천히[徐] 기쁨이[說] 있음은[有] 정도를 따르는[中] 정직함[直] 때문[以]이다[也]. 제사를[祭祀] 지냄이[用] 이로움은[利]

복을[福] 받는다는 것[受]이다[也]. 칡덩굴에서[于葛藟] 곤궁함은[困] 마땅치 못한 것[未當]이다[也]. 변동해서[動] 뉘우치고[悔] 후회함이[悔] 있음은[有] 가는 것이[行] 좋음[吉]이다[也].

【지남(指南)】

澤无水困(택무수곤) 君子以致命遂志(군자이치명수지)

못에[澤] 물이[水] 없음이[无] 곤괘이다[困]. 군자는[君子] (곤괘를) 본받아[以] 목숨을[命] 바쳐[致] 뜻을[志] 이룬다[遂].

곤괘[困卦 : ䷮]의 괘상(卦象)을 〈곤(困) 형(亨) 정(貞) 대인길(大人吉) 무구(无咎) 유언불신(有言不信)〉이라고 계사(繫辭)한 것을 〈택무수곤(澤无水困) 군자이치명수지(君子以致命遂志)〉라고 풀이한다.

앞 승괘(升卦 : ䷭)의 〈승(升)〉은 상진(上進) 즉 올라감[上進]이니 승이불이(升而不已) 즉 오르기만하면서[升而] 그치지 않으면[不已] 필곤(必困) 즉 반드시[必] 곤궁해짐[困]이 자연의[天] 이치[道]이다. 따라서 승괘(升卦 : ䷭) 다음에 곤괘(困卦 : ䷮)가 온 것이다. 곤괘(困卦 : ䷮)의 괘상(卦象)은 감하태상(坎下兌上)이다. 곤괘(困卦 : ䷮)의 소자(小者 : --)들은 저만 곤궁함[困]을 피하고자 할 뿐이지만, 곤괘(困卦 : ䷮)의 구이(九二 : —)와 구오(九五 : —)는 양양(兩陽) 즉 둘 다[兩] 양(陽 : —)이어서 중정(中正)-정응(正應)을 누리지 못한다. 그러나 중효(中爻)인지라 정도를 따름을[中] 취하여[得] 서로 왕래할 수 없음에도 곤괘(困卦 : ䷮)의 곤궁한[困] 시운(時運)을 극복하고자 함을 묶어서 암시한 괘사(卦辭)가 〈곤(困) 형(亨) 정(貞) 대인길(大人吉) 무구(无咎) 유언불신(有言不信)〉이다. 이에 「상사(象辭)」가 곤괘(困卦 : ䷮)의 괘상(卦象)인 〈곤(困)〉을 못에[澤] 물이[水] 없음[无]이라 밝히고, 군자는[君子] 이런 곤궁함[困]을 본받아[以] 목숨을[命] 바쳐[致] 진실로 미덥게[貞] 마음 가는 바를[志] 실행하여 완수하는 것[遂]이라고 풀이한 것이 〈택무수곤(澤无水困) 군자이치명수지(君子以致命遂志)〉이다.

入于幽谷(입우유곡) 幽不明也(유불명야)

깊은[幽] 골짜기로[于谷] 듦이란[入] 캄캄하여[幽] 밝음이[明] 없다는 것[不]이다[也].

곤괘(困卦 : ䷮) 초륙(初六 : --)의 효상(爻象)을 〈둔곤우주목(臀困于株木) 입우유곡(入于幽谷) 삼세부적(三歲不覿)〉이라고 계사(繫辭)한 것을 〈입우유곡(入于幽谷) 유불명야(幽不明也)〉라고 풀이한다.

곤괘(困卦 : ䷮)의 초륙(初六 : --)은 정당한 자리에 있지 못하고, 구이(九二 : —)와 음양(陰陽)인지라 이웃의 사귐[比]을 누려 강중(剛中)한 구이(九二 : —)가 초륙(初六 : --)의 곤궁함[困]을 건져줄 수 있으니 구이(九二 : —)를 따르는 모습이다. 구사(九四 : —)와도 음양(陰陽)인지라 서로 바르게[正] 호응함[應]을 누려 곤궁한[困] 초륙(初六 : --)을 돕고자 내려올[來] 모습이지만, 이를 깨닫지 못한 초륙(初六 : --)을 〈둔곤우주목(臀困于株木) 입우유곡(入于幽谷) 삼세부적(三歲不覿)〉이라고 계사(繫辭)한 것이다. 이에 「상사(象辭)」가 깊어 캄캄한[幽] 골짜기에[于谷] 듦[入]이라는 계사(繫辭)를 초륙(初六 : --)의 처지가 깊어 캄캄해[幽] 〈곤(困)〉을 헤어나게 할 밝음이[明] 없는 것[不]이다[也]라고 풀이한 것이 〈입우유곡(入于幽谷) 유불명야(幽不明也)〉이다.

困于酒食(곤우주식) 中有慶也(중유경야)

마실 거리와[酒] 먹을 거리와[食] 함께[于] 곤궁함은[困] 중효인지라[中] 복 받음이[慶] 있다는 것[有]이다[也].

곤괘(困卦 : ䷮) 구이(九二 : —)의 효상(爻象)을 〈곤우주식(困于酒食) 주불방래(朱紱方來) 이용향사(利用亨祀) 정흉(征凶) 무구(无咎)〉라고 계사(繫辭)한 것을 〈곤우주식(困于酒食) 중유경야(中有慶也)〉라고 풀이한다.

곤괘(困卦 : ䷮)의 구이(九二 : —)는 정당한 자리에 있지 못하고, 초륙(初六 : --)-육삼(六三 : --)과는 양음(陽陰)의 사이인지라 곤괘(困卦 : ䷮)의 곤궁한[困] 시운(時運)에도 불구하고 사귐[比]을 누리려는 모습이다. 구오(九五 : —)와는 양양(兩陽)인지라 중정(中正)과 정응(正應)을 누릴 수 없는 처지이지만 구이(九二 :

ㅡ)가 군왕(君王)인 구오(九五 : ㅡ)의 신하인지라 군왕(君王)의 응원을 받으면서, 자신이 강강(剛强)한 중효(中爻)로서 정도를 따름을[中] 취함으로[得] 함정에 빠진[陷] 곤궁함[困]을 헤쳐 나가려는 구이(九二 : ㅡ)를 〈곤우주식(困于酒食) 주불방래(朱紱方來) 이용향사(利用亨祀) 정흉(征凶) 무구(无咎)〉라고 계사(繫辭)한 것이다. 이에 「상사(象辭)」가 마실 거리[酒] 먹을 거리와 함께[于食] 곤경을 겪음[困]이란 계사(繫辭)를 구이(九二 : ㅡ)는 득중(得中)의 중효(中爻)인지라[中] 복 받음이[慶] 있음[有]이다[也]라고 풀이한 것이 〈곤우주식(困于酒食) 중유경야(中有慶也)〉이다.

據于蒺藜(거우질려) 乘剛也(승강야) 入于其宮(입우기궁) 不見其妻(불견기처) 不祥也(불상야)

가시투성이 납가새를[于蒺藜] 짚음은[據] 강양(剛陽 : ㅡ)을[剛] 올라탄 것[乘]이고[也], 제[其] 집에[于宮] 들어서도[入] 제[其] 아내를[妻] 보지 못함은[不見] 길흉의 징조를 미리 헤아리지 못한 것[不祥]이다[也].

곤괘(困卦 : ䷮) 육삼(六三 : --)의 효상(爻象)을 〈곤우석(困于石) 거우질려(據于蒺藜) 입우기궁(入于其宮) 불견기처(不見其妻) 흉(凶)〉이라고 계사(繫辭)한 것을 〈거우질려(據于蒺藜) 승강야(乘剛也) 입우기궁(入于其宮) 불견기처(不見其妻) 불상야(不祥也)〉라고 풀이한다.

곤괘(困卦 : ䷮)의 육삼(六三 : --)은 정당한 자리에 있지 못하고, 구이(九二 : ㅡ)와 구사(九四 : ㅡ)와는 음양(陰陽)인지라 소자(小者 : --)가 대자(大者 : ㅡ)를 가리고 덮어 곤궁한[困] 시운(時運) 속에서도 이웃의 사귐[比]을 바랄 수 있다. 상륙(上六 : --)과는 양음(兩陰)인지라 바르게[正] 호응함[應]을 바라지 못하는 모습이다. 위아래의 강양(剛陽 : ㅡ) 사이에 끼어 곤궁하다[困]고 저 홀로 지레짐작하면서 대자(大者 : ㅡ)를 탓하는 육삼(六三 : --)을 〈곤우석(困于石) 거우질려(據于蒺藜) 입우기궁(入于其宮) 불견기처(不見其妻) 흉(凶)〉이라고 계사(繫辭)한 것이다. 이에 「상사(象辭)」가 가시투성이 납가새를[于蒺藜] 짚고 있다[據]는 계사(繫辭)를 〈강(剛)〉 즉 양강(陽剛 : ㅡ)인 구이(九二 : ㅡ)를 육삼(六三 : --)이 올라타고 있음[乘]이라[也] 풀이하고, 제[其] 집에[于宮] 들어서도[入] 제[其] 아내를[妻] 보지 못한다[不見]는 계사(繫辭)를 길흉(吉凶)의 징조를 미리 헤아리지 못한 것[不祥]이라[也] 풀이한 것이 〈거우질려(據于蒺藜) 승강야(乘剛也) 입우기궁(入于其宮) 불견기처(不見其妻) 불상야(不祥也)〉이다.

來徐徐(내서서) 志在下也(지재하야) 雖不當位(수부당위) 有與也(유여야)

천천히[徐徐] 온다 함은[來] 뜻이[志] 아래에[下] 있음[在]이니[也], 비록[雖] 자리가[位] 마땅치 않아도[不當] (뜻을) 같이함이[與] 있음[有]이다[也].

곤괘(困卦 : ䷮) 구사(九四 : ⚊)의 효상(爻象)을 〈내서서(來徐徐) 곤우금거(困于金車) 인(吝) 유종(有終)〉이라고 계사(繫辭)한 것을 〈내서서(來徐徐) 지재하야(志在下也) 수부당위(雖不當位) 유여야(有與也)〉라고 풀이한다.

곤괘(困卦 : ䷮)의 구사(九四 : ⚊)는 정당한 자리에 있지 못하고, 육삼(六三 : ⚋)과는 양음(陽陰)의 사이인지라 소자(小者 : ⚋)가 대자(大者 : ⚊)를 가리고 덮어 빚어지는 곤궁한[困] 시운(時運)에서도 이웃의 사귐[比]을 누린다. 구오(九五 : ⚊)와는 양양(兩陽)인지라 태평(泰平)한 시운에서라면 불응(不應) 즉 서로 호응하지 못할[不應]지라도 곤궁한 시운에서는 서로 돕는 처지이고, 초륙(初六 : ⚋)과는 정응(正應) 즉 서로 바르게[正] 호응함[應]을 누리는 구사(九四 : ⚊)를 〈내서서(來徐徐) 곤우금거(困于金車) 인(吝) 유종(有終)〉이라고 계사(繫辭)한 것이다. 이에 「상사(象辭)」가 천천히[徐] 천천히[徐] 내려옴[來]이라는 계사(繫辭)를 구사(九四 : ⚊)의 뜻하는 바가[志] 곤괘(困卦 : ䷮)의 상체(上體)에 있음이 아니라 하체(下體)에[下] 있음[在]이라[也] 풀이하고, 구사(九四 : ⚊)와 구이(九二 : ⚊)가 비록[雖] 둘 다 정당한[當] 자리에 있지 못할[不位]지라도 대자(大者)로서 양강(兩剛 : ⚊)에게는 곤궁한 시운을 극복해야 하는 뜻을 같이함이[與] 있는 것[有]이다[也]라고 풀이한 것이 〈내서서(來徐徐) 지재하야(志在下也) 수부당위(雖不當位) 유여야(有與也)〉이다.

劓刖(의월) 志未得也(지미득야) 乃徐有說(내서유열) 以中直也(이중직야) 利用祭祀(이용제사) 受福也(수복야)

코를 베이고[劓] 발꿈치를 잘림은[刖] 뜻을[志] 아직 얻지 못함[未

得]이다[也]. 이내[乃] 천천히[徐] 기쁨이[說] 있음은[有] 정도를 따르는[中] 정직함[直] 때문[以]이다[也]. 제사를[祭祀] 지냄이[用] 이로움은[利] 복을[福] 받는다는 것[受]이다[也].

곤괘(困卦 : ䷮) 구오(九五 : ⚊)의 효상(爻象)을 〈의월(劓刖) 곤우적불(困于赤紱) 내서유열(乃徐有說) 이용제사(利用祭祀)〉라고 계사(繫辭)한 것을 〈의월(劓刖) 지미득야(志未得也) 내서유열(乃徐有說) 이중직야(以中直也) 이용제사(利用祭祀) 수복야(受福也)〉라고 풀이한다.

곤괘(困卦 : ䷮)의 구오(九五 : ⚊)는 정당한 자리에 있고, 상륙(上六 : ⚋)과는 양음(陽陰)인지라 태평(泰平)한 시운(時運)에서라면 이웃의 사귐[比]을 누릴 처지이지만 소자(小者)인 상륙(上六 : ⚋)이 대자(大者)인 구오(九五 : ⚊)를 가리고 덮어 곤궁한[困] 시운에서는 구오(九五 : ⚊)를 곤궁하게[困] 하는 모습이다. 구사(九四 : ⚊)와는 양양(兩陽)인지라 상충(相衝)할 처지이겠지만 곤궁한 시운에서는 상조(相助) 즉 서로[相] 돕는[助] 사이인 군왕(君王)인 구오(九五 : ⚊)를 〈의월(劓刖) 곤우적불(困于赤紱) 내서유열(乃徐有說) 이용제사(利用祭祀)〉라고 계사(繫辭)한 것이다. 이에 「상사(象辭)」가 코를 베이는 형벌[劓]이나 다리를 잘리는 형벌[刖] 등으로 구오(九五 : ⚊)의 효상(爻象)을 묘사한 계사(繫辭)를 구이(九二 : ⚊)와 곤괘(困卦 : ䷮)의 시운인 곤궁함[困]을 공제(共濟)할 뜻을[志] 아직 얻지 못한 것[未得]이라고[也] 풀이하고, 육삼(六三 : ⚋)의 엄폐(掩蔽)로 구오(九五 : ⚊)가 곤궁함을 겪더라도 천천히[徐] 구이(九二 : ⚊)와 공제(共濟)하는 대지(大志)를 이루게 돼 기쁨을[說] 누린다[有]는 계사(繫辭)를 구오(九五 : ⚊)가 정도를 따르는[中] 정직함[直] 때문[以]이라고[也] 풀이하며, 천신(天神)과[祭] 지지(地祇)를[祀] 모셔[用] 이롭다[利]는 계사(繫辭)를 천지(天地)로부터 백성과 함께 구오(九五 : ⚊)가 복을[福] 받은 것[受]이다[也]라고 풀이한 것이 〈의월(劓刖) 지미득야(志未得也) 내서유열(乃徐有說) 이중직야(以中直也) 이용제사(利用祭祀) 수복야(受福也)〉이다.

困于葛藟(곤우갈류) 未當也(미당야) 動悔(동회) 有悔(유회) 吉行也(길행야)

칡덩굴에서[于葛藟] 곤궁함은[困] 마땅치 못한 것[未當]이다[也]. 변동해서[動] 뉘우치고[悔] 후회함이[悔] 있음은[有] 가는 것이[行] 좋음[吉]이다[也].

곤괘(困卦 : ䷮) 상륙(上六 : --)의 효상(爻象)을 〈곤우갈류우얼올(困于葛藟于臲卼) 왈동회(曰動悔) 유회(有悔) 정길(征吉)〉이라고 계사(繫辭)한 것을 〈곤우갈류(困于葛藟) 미당야(未當也) 동회(動悔) 유회(有悔) 길행야(吉行也)〉라고 풀이한다.

곤괘(困卦 : ䷮)의 상륙(上六 : --)은 정당한 자리에 있고, 구오(九五 : —)와는 음양(陰陽)인지라 태평(泰平)한 시운(時運)에서라면 이웃의 사귐[比]을 누릴 처지이지만 소자(小者)인 상륙(上六 : --)이 대자(大者)인 구오(九五 : —)를 가리고 덮어 곤궁한[困] 시운에서는 구오(九五 : —)를 곤궁하게[困] 하는 모습이다. 육삼(六三 : --)과는 양음(兩陰) 즉 둘 다[兩] 음(陰 : --)인지라 서로 응하지 못하는[不應] 처지인지라, 극위(極位)에서 떠나야 할 상륙(上六 : --)을 〈곤우갈류우얼올(困于葛藟于臲卼) 왈동회(曰動悔) 유회(有悔) 정길(征吉)〉이라고 계사(繫辭)한 것이다. 이에 「상사(象辭)」가 상륙(上六 : --)이 처한 상황을 〈곤우갈류(困于葛藟)〉 즉 칡[葛]덩굴[藟]에서[于] 곤궁하다[困] 함은 그와 같은 처지에 있는 사람은 그가 군자(君子)일지라도 주변의 호응을 얻기 어려워 거동(擧動)하기만 하면 뉘우침뿐임을 〈미당(未當)〉으로써 암시한다. 아무리 선(善)을 행할지라도 세상이 몰라준다면 당연할지라도, 부당(不當)하게 되돌아온다면 뉘우칠 수밖에 없음을 〈동회(動悔)〉로써 〈미당(未當)〉을 풀이한다. 〈미당(未當)〉을 세상 탓으로 돌리지 않고 자신의 탓으로 돌려 스스로 뉘우친다[悔] 함은 정당한 자리에 있는 상륙(上六 : --)을 되돌아보게 함을 〈유회(有悔)〉가 암시한다. 세상을 탓하지 말고 불행이 닥칠수록 먼저 자신의 처신(處身)부터 뉘우치라[悔] 함이 〈유회(有悔)〉이다. 비록 처지가 〈곤우갈류(困于葛藟)〉일지라도 곤궁(困窮)한 처지를 한탄하지 말고 그 처지를 〈길행(吉行)〉 즉 떠나버리면[行] 좋다[吉]는 것이다. 〈길행(吉行)의 행(行)〉은 여기선 〈떠나버릴 거(去)〉와 같다. 상륙(上六 : --)의 효사(爻辭)인 〈정길(征吉)〉을 〈길행(吉行)〉으로 풀이하고, 곤궁하다[困] 하여 얽매여 괴로워할 것 없다고 풀이한 것이 〈곤우갈류(困于葛藟) 미당야(未當也) 동회(動悔) 유회(有悔) 길행야(吉行也)〉이다.

48 정괘(井卦 : ䷯) 상사(象辭)

손하감상(巽下坎上) : 아래는[下] 손(巽 : ☴), 위는[上] 감(坎 : ☵).

수풍정(水風井) : 물과[水] 바람은[風] 정이다[井].

木上有水井이다 君子以勞民勸相한다 井泥不食은 下
목 상 유 수 정 군 자 이 로 민 권 상 정 니 불 식 하

也이다 舊井无禽은 時舍也이다 井谷射鮒는 无與也이다
야 구 정 무 금 시 사 야 정 곡 사 부 무 여 야

井渫不食은 行惻也이고 求王明은 受福也이다 井甃에
정 설 불 식 행 측 야 구 왕 명 수 복 야 정 추

无咎는 脩井也이다 寒泉之食은 中正也이다 元吉在上
무 구 수 정 야 한 천 지 식 중 정 야 원 길 재 상

은 大成也이다
대 성 야

나무[木] 위에[上] 물이[水] 있음이[有] 정괘이다[井]. 군자는[君子] (정괘를) 본받아[以] 백성을[民] 노력하게 하여[勞] 돕기를[相] 권장한다[勸]. 우물이[井] 더럽고 썩어[泥] 마시지 못함은[不食] 밑에 있음[下]이다[也]. 묵은[舊] 우물에[井] 새가[禽] 없음은[无] (우물이) 오래돼서[時] 버려진 것[舍]이다[也]. 우물의 구멍이[井谷] 민물새우와 두꺼비를[鮒] 적셔줌은[射] 함께할 것이[與] 없음[无]이다[也]. 우물을[井] 쳐내도[渫] 먹지 못함은[不食] 우물을 오고가는 사람들을[行] 마음 아파함[惻]이고[也], 왕도의[王] 밝음을[明] 추구함은[求] 천복을[福] 받는 것[受]이다[也]. 우물에[井] 벽돌을 쌓음에[甃] 허물이[咎] 없음은[无] 우물을[井] 수리함[脩]이다[也]. 차가운[寒] 샘물을[泉之] 마심은[食] 정도를[正] 따르는 것[中]이다[也]. 크게[元] 좋음이[吉] 위에[上] 있음은[在] 크게[大] 이룬 것[成]이다[也].

【지남(指南)】

木上有水井(목상유수정) 君子以勞民勸相(군자이로민권상)

나무[木] 위에[上] 물이[水] 있음이[有] 정괘이다[井]. 군자는[君子] (정괘를) 본받아[以] 백성을[民] 노력하게 하여[勞] 돕기를[相] 권장한다[勸].

정괘(井卦 : ䷯)의 괘상(卦象)을 〈정(井) 개읍불개정(改邑不改井) 무상무득(无喪无得) 왕래정정(往來井井) 흘지(汔至) 역미율정(亦未繘井) 이기병(羸其甁) 흉(凶)〉이라고 계사(繫辭)한 것을 〈목상유수정(木上有水井) 군자이로민권상(君子以勞民勸相)〉이라고 풀이한다.

앞 곤괘(困卦 : ䷮)의 〈곤(困)〉은 곤궁함[困]이니 곤(困)도 극상(極上)하면 필소(必消) 즉 반드시[必] 사라짐[消]이 자연의[天] 이치[道]이다. 메말랐으면 적셔주고 비었으면 채워주는 것이다. 따라서 곤괘(困卦 : ䷮) 다음에 정괘(井卦 : ䷯)가 온 것이다. 메말랐던 나무에 물이 촉촉하게 적셔진 모습인 정괘(井卦 : ䷯)의 괘상(卦象)을 〈정(井) 개읍불개정(改邑不改井) 무상무득(无喪无得) 왕래정정(往來井井) 흘지(汔至) 역미율정(亦未繘井) 이기병(羸其甁) 흉(凶)〉이라고 괘사(卦辭)한 것이다. 이에 「상사(象辭)」가 정괘(井卦 : ䷯)의 괘상(卦象)을 나무[木] 위에[上] 물이[水] 있음[有]이라고 밝히고, 군자는[君子] 정괘(井卦 : ䷯)의 괘상(卦象)을 본받아[以] 백성을[民] 부지런히 일하게 하며[勞] 서로 돕고 살기를[相] 권한다[勸]고 풀이한 것이 〈목상유수정(木上有水井) 군자이로민권상(君子以勞民勸相)〉이다.

井泥不食(정니불식) 下也(하야) 舊井无禽(구정무금) 時舍也(시사야)

우물이[井] 더럽고 썩어[泥] 마시지 못함은[不食] 밑에 있음[下]이다[也]. 묵은[舊] 우물에[井] 새가[禽] 없음은[无] (우물이) 오래돼서[時] 버려진 것[舍]이다[也].

정괘(井卦 : ䷯) 초륙(初六 : --)의 효상(爻象)을 〈정니불식(井泥不食) 구정무금(舊井无禽)〉이라고 계사(繫辭)한 것을 〈정니불식(井泥不食) 하야(下也) 구정무금

(舊井无禽) 시사야(時舍也)〉라고 풀이한다.

정괘(井卦 : ䷯)의 초륙(初六 : ⚋)은 정당한 자리에 있지 못하고, 구이(九二 : ⚊)와는 음양(陰陽)인지라 이웃의 사귐[比]을 서로 누리고, 육사(六四 : ⚋)와는 양음(兩陰)인지라 불응(不應) 즉 서로 호응하지 못하는[不應] 모습이라 자리가 마땅치 않으니, 변화를 시도하지 않으면 저버려질 초륙(初六 : ⚋)을 〈정니불식(井泥不食) 구정무금(舊井无禽)〉이라고 계사(繫辭)한 것이다. 이에 「상사(象辭)」가 우물이[井] 더럽고 썩어[泥] 먹지 못한다[不食]는 계사(繫辭)를 자리가 아래[下]이다[也]라고 풀이하고, 오래된[舊] 우물에는[井] 새들도[禽] 없다[无]는 계사(繫辭)를 오래돼서[時] 버려진 것[舍]이다[也]라고 풀이한 것이 〈정니불식(井泥不食) 하야(下也) 구정무금(舊井无禽) 시사야(時舍也)〉이다.

井谷射鮒(정곡사부) 无與也(무여야)

우물의 구멍이[井谷] 민물새우와 두꺼비를[鮒] 적셔줌은[射] 함께할 것이[與] 없음[无]이다[也].

정괘(井卦 : ䷯) 구이(九二 : ⚊)의 효상(爻象)을 〈정곡사부(井谷射鮒) 옹폐루(甕敝漏)〉라고 계사(繫辭)한 것을 〈정곡사부(井谷射鮒) 무여야(无與也)〉라고 풀이한다.

정괘(井卦 : ䷯)의 구이(九二 : ⚊)는 정당한 자리에 있지 못하고, 구삼(九三 : ⚊)과는 양양(兩陽)인지라 이웃의 사귐[比]을 서로 누리지 못한다. 구오(九五 : ⚊)와도 양양(兩陽)인지라 정응(正應)을 누리지 못하지만, 중효(中爻)의 자리에 있으면서도 위로는 응원받지 못해 초륙(初六 : ⚋)의 처지인 〈정니(井泥)〉를 벗어나지 못하는 구이(九二 : ⚊)를 〈정곡사부(井谷射鮒) 옹폐루(甕敝漏)〉라고 계사(繫辭)한 것이다. 이에 「상사(象辭)」가 우물물이 솟구치는[井] 물구멍이[谷] 두꺼비를[鮒] 적시게[射] 하지 위로 솟구치게 하지 않는다는 계사(繫辭)를 위와 함께함이[與] 없어서[无]이다[也]라고 풀이한 것이 〈정곡사부(井谷射鮒) 무여야(无與也)〉이다.

井渫不食(정설불식) 行惻也(행측야) 求王明(구왕명) 受福也(수복야)

우물을[井] 쳐내도[渫] 마시지 못함은[不食] 우물을 오고가는 사람들을[行] 마음 아파함[惻]이고[也], 왕도의[王] 밝음을[明] 추구함은[求] 천복을[福] 받는 것[受]이다[也].

정괘(井卦 : ䷯) 구삼(九三 : ⚊)의 효상(爻象)을 〈정설불식(井渫不食) 위아심측(爲我心惻) 가용급(可用汲) 왕명(王明) 병수기복(並受其福)〉이라고 계사(繫辭)한 것을 〈정설불식(井渫不食) 행측야(行惻也) 구왕명(求王明) 수복야(受福也)〉라고 풀이한다.

정괘(井卦 : ䷯)의 구삼(九三 : ⚊)은 정당한 자리에 있고, 아래의 구이(九二 : ⚊)와는 양양(兩陽)이어서 비(比)를 누리지 못하지만 위의 육사(六四 : ⚋)와는 양음(陽陰)인지라 이웃의 사귐[比]을 서로 누린다. 상륙(上六 : ⚋)과는 서로 정당한 자리에 있으면서 양음(陽陰)의 사이인지라 정응(正應) 즉 바르게[正] 호응함[應]을 누릴 수 있어서, 위로부터 호응(互應)을 받아 천(泉) 즉 우물물[泉]의 중앙에서 자신의 뜻을 슬기롭게 펼쳐가는 구삼(九三 : ⚊)을 〈정설불식(井渫不食) 위아심측(爲我心惻) 가용급(可用汲) 왕명(王明) 병수기복(並受其福)〉이라고 계사(繫辭)한 것이다. 이에 「상사(象辭)」가 우물을[井] 쳐냈어도[渫] 마시지 못한다[不食]는 계사(繫辭)를 우물을 그냥 스쳐가는 행인들을[行] 불쌍히 여기는 것[惻]이다[也]라고 풀이하고, 왕도를[王] 밝힘을[明] 추구함[求]은 천복을[福] 받는 것[受]이다[也]라고 풀이한 것이 〈정설불식(井渫不食) 행측야(行惻也) 구왕명(求王明) 수복야(受福也)〉이다.

井甃(정추) 无咎(무구) 脩井也(수정야)

우물에[井] 벽돌을 쌓음에[甃] 허물이[咎] 없음은[无] 우물을[井] 수리함[脩]이다[也].

정괘(井卦 : ䷯) 육사(六四 : ⚋)의 효상(爻象)을 〈정추(井甃) 무구(无咎)〉라고 계사(繫辭)한 것을 〈정추(井甃) 무구(无咎) 수정야(脩井也)〉라고 풀이한다.

정괘(井卦 : ䷯)의 육사(六四 : ⚋)는 정당한 자리에 있고, 위의 구오(九五 : ⚊)와 아래의 구삼(九三 : ⚊)과는 음양(陰陽)의 사이인지라 이웃의 사귐[比]을 아래위로 누리며, 초륙(初六 : ⚋)과는 양음(兩陰)인지라 서로 호응하지 못하지만[不

應], 관유(寬柔)하여 위로는 군왕(君王)을 보좌(輔佐)하고 아래로는 대부(大夫)와 상조(相助)하는 육사(六四 : --)를 〈정추(井甃) 무구(无咎)〉라고 계사(繫辭)한 것이다. 이에 「상사(象辭)」가 우물의[井] 벽돌을 보수하여[甃] 제구실을 못하던 우물을 제구실을 할 수 있게 보충한다[无咎]는 계사(繫辭)를 우물을[井] 보수한 것[脩]이다[也]라고 풀이한 것이 〈정추(井甃) 무구(无咎) 수정야(脩井也)〉이다.

寒泉之食(한천지식) 中正也(중정야)

차가운[寒] 샘물을[泉之] 마심은[食] 정도를[正] 따르는 것[中]이다[也].

정괘(井卦 : ䷯) 구오(九五 : —)의 효상(爻象)을 〈정렬(井洌) 한천식(寒泉食)〉이라고 계사(繫辭)한 것을 〈한천지식(寒泉之食) 중정야(中正也)〉라고 풀이한다.

정괘(井卦 : ䷯)의 구오(九五 : —)는 정당한 자리에 있고, 아래의 육사(六四 : --)와는 양음(陽陰)의 사이인지라 이웃의 사귐[比]을 누린다. 상륙(上六 : --)과도 서로 정당한 자리에 있으면서 양음(陽陰)인지라 이웃의 사귐[比]을 누리며, 구이(九二 : —)와는 양양(兩陽)인지라 중정(中正)과 정응(正應)을 누리지 못하지만, 바로 아래는 현신(賢臣)이 있고 바로 위로는 관유(寬柔)한 상왕(上王)이 있어서 진선(盡善) 즉 더없는[盡] 선미[善]를 누리는 구오(九五 : —)를 〈정렬(井洌) 한천식(寒泉食)〉이라고 계사(繫辭)한 것이다. 이에 「상사(象辭)」가 우물이[井] 맑고 깨끗해[洌] 차디찬[寒] 우물물을[泉] 마신다[食]는 계사(繫辭)를 신하들이 이룬 업적을 가상히 여기는 구오(九五 : —)가 군왕(君王)으로서 중정(中正) 즉 정도를[正] 따른 것[中]이다[也]라고 풀이한 것이 〈한천지식(寒泉之食) 중정야(中正也)〉이다.

元吉在上(원길재상) 大成也(대성야)

크게[元] 좋음이[吉] 위에[上] 있음은[在] 크게[大] 이룬 것[成]이다[也].

정괘(井卦 : ䷯) 상륙(上六 : --)의 효상(爻象)을 〈정수물막(井收勿幕) 유부(有孚) 원길(元吉)〉이라고 계사(繫辭)한 것을 〈원길재상(元吉在上) 대성야(大成也)〉라고 풀이한다.

정괘(井卦 : ䷯)의 상륙(上六 : --)은 정당한 자리에 있고, 아래의 구오(九五 : ━)와는 음양(陰陽)인지라 이웃의 사귐[比]을 누리며, 구삼(九三 : ━)과도 음양(陰兩)인지라 서로 바르게[正] 호응하여[應], 아래의 모두를 포용하여 서로 어울리는 세상을 이루어주는 상륙(上六 : --)을 〈정수물막(井收勿幕) 유부(有孚) 원길(元吉)〉이라고 계사(繫辭)한 것이다. 이에 「상사(象辭)」가 크고 으뜸가는[元] 행운이[吉] 상륙에게[上] 있다[在]는 계사(繫辭)를 대성(大成) 즉 무사무욕(無私無欲)한 대지(大志)를 상륙(上六 : --)이 이룩한 것[成]이다[也]라고 풀이한 것이 〈원길재상(元吉在上) 대성야(大成也)〉이다.

49 혁괘(革卦 : ䷰) 상사(象辭)

이하태상(離下兌上) : 아래는[下] 이(離 : ☲), 위는[上] 태(兌 : ☱).

택화혁(澤火革) : 못과[澤] 불은[火] 혁이다[革].

澤中有火革이다 君子以治歷明時한다 鞏用黃牛는 不可以有爲也이다 已日革之는 行有嘉也이다 革言三就니 又何之矣리오 改命之吉은 信志也이다 大人虎變은 其文炳也이다 君子豹變은 其文蔚也이다 小人革面은 順以從君也이다

택중유화혁 군자이치력명시 공용황우 불가이유위야 기일혁지 행유가야 혁언삼취 우하지의 개명지길 신지야 대인호변 기문병야 군자표변 기문위야 소인혁면 순이종군야

못[澤] 가운데[中] 불이[火] 있음이[有] 혁괘이다[革]. 군자는[君子] (혁괘를) 본받아[以] 철 따라 돌아가는 차례를 따라 햇수를[歷] 가리고[治] 때맞춤을[時] 살핀다[明]. 황소[黃牛]로써[用] 묶임은[鞏] 그 때문에[以] 할 일이[爲] 있을[有] 수 없다는 것[不可]이다[也]. 행할 시기가 다다른[已] 날에[日] 개혁함은[革之] 수행함에[行] 선미한 성공이[嘉] 있다는 것[有]이다[也]. 개혁의[革] 의논이[言] 세 번이나[三] 이루어지는데[就] 또[又] 무엇을[何] 이룰 것[之]인가[矣]. 정령을[命] 개혁함이[改之] 길함은[吉] 뜻을[志] 믿어준 것[信]이다[也]. 대인이[大人] 호랑이같이[虎] 변한다 함은[變] 그[其] 무늬가[文] 빛남[炳]이다[也]. 군자가[君子] 표범같이[豹] 변한다 함은[變] 그[其] 무늬가[文] 짙고 빽빽한 것[蔚]이다[也]. 소인이[小人] 얼굴빛을[面] 바꾼다 함은[革] 순복함[順]으로써[以] 임금을[君] 따르는 것[從]이다[也].

【지남(指南)】

澤中有火革(택중유화혁) 君子以治歷明時(군자이치력명시)

못[澤] 가운데[中] 불이[火] 있음이[有] 혁괘이다[革]. 군자는[君子] (혁괘를) 본받아[以] 철 따라 돌아가는 차례를 따라 햇수를[歷] 가리고[治] 때맞춤을[時] 살핀다[明].

혁괘(革卦 : ䷰)의 괘상(卦象)을 〈혁(革) 기일내부(己日乃孚) 원형(元亨) 이정(利貞) 회무(悔亡)〉라고 계사(繫辭)한 것을 〈택중유화혁(澤中有火革) 군자이치력명시(君子以治歷明時)〉라고 풀이한다.

앞 정괘(井卦 : ䷯)의 〈정(井)〉은 항상 샘물을 솟구쳐야 하니 정도(井道) 즉 우물의[井] 도리[道]는 끊임없이 혁신(革新)함에 있다. 따라서 정괘(井卦 : ䷯) 다음에 혁괘(革卦 : ䷰)가 온 것이다. 혁괘(革卦 : ䷰)의 괘상(卦象)은 이하태상(離下兌上) 즉 하체(下體)는 이(離 : ☲)이고 상체(上體)는 태(兌 : ☱)이다. 「설괘전(說卦傳)」에 〈이위화(離爲火)〉가 나오고 〈태위택(兌爲澤)〉이 나온다. 이는[離 : ☲] 불[火]이고 태는[兌 : ☱] 못[澤]이니 물[水]이다. 물은 불을 꺼서 변화시킬 수 있고, 불은 물을 끓여서 변화시킬 수 있다. 이런 수화(水火)의 상극(相剋) 즉 서로[相] 이김[剋]을 빌려 피차(彼此)가 서로를 바꿀 수 있는 모습인지라 수화(水火)로써 혁괘(革卦 : ䷰)의 괘상(卦象)을 〈혁(革) 기일내부(己日乃孚) 원형(元亨) 이정(利貞) 회무(悔亡)〉라고 계사(繫辭)한 것이다. 이에 「상사(象辭)」가 못[澤] 가운데[中] 불이[火] 있음[有]이 혁괘[革]라고 밝힌 다음, 군자는[君子] 혁괘(革卦 : ䷰)의 괘상(卦象)을 본받아[以] 역수를[歷] 다스리고[治] 시운을[時] 밝힌다[明]고 풀이한 것이 〈택중유화혁(澤中有火革) 군자이치력명시(君子以治歷明時)〉이다.

鞏用黃牛(공용황우) 不可以有爲也(불가이유위야)

황소[黃牛]로써[用] 묶임은[鞏] 그 때문에[以] 할 일이[爲] 있을[有] 수 없다는 것[不可]이다[也].

혁괘(革卦 : ䷰) 초구(初九 : ⚊)의 효상(爻象)을 〈공용황우지혁(鞏用黃牛之革)〉이라고 계사(繫辭)한 것을 〈공용황우(鞏用黃牛) 불가이유위야(不可以有爲也)〉라고 풀이한다.

혁괘(革卦 : ䷰)의 초구(初九 : ⚊)는 정당한 자리에 있고, 구사(九四 : ⚊)와는 양양(兩陽)인지라 서로 호응하지 못하는[不應] 모습이고, 육이(六二 : ⚋)와는 양음(陽陰)의 사이인지라 이웃의 사귐[比]을 서로 누리면서 육이(六二 : ⚋)가 초구(初九 : ⚊)를 보완해주고 있지만, 홀로 함부로 나대서는 개혁의 뜻을 이루기 어려운 초구(初九 : ⚊)를 〈공용황우지혁(鞏用黃牛之革)〉이라고 계사(繫辭)한 것이다. 이에 「상사(象辭)」가 황소[黃牛]로써[用] 굳혀짐[鞏]이란 계사(繫辭)를 그로써[以] 초구(初九 : ⚊) 홀로 자신이 할 것이[爲] 있을[有] 수 없다는 것[不可]이다[也]라고 풀이한 것이 〈공용황우(鞏用黃牛) 불가이유위야(不可以有爲也)〉이다.

己日革之(기일혁지) 行有嘉也(행유가야)

행할 시기가 다다른[己] 날에[日] 개혁함은[革之] 수행함에[行] 선미한 성공이[嘉] 있다는 것[有]이다[也].

혁괘(革卦 : ䷰) 육이(六二 : ⚋)의 효상(爻象)을 〈기일내혁지(己日乃革之) 정길(征吉) 무구(无咎)〉라고 계사(繫辭)한 것을 〈기일혁지(己日革之) 행유가야(行有嘉也)〉라고 풀이한다.

혁괘(革卦 : ䷰)의 육이(六二 : ⚋)는 정당한 자리에 있고, 구오(九五 : ⚊)와는 서로 정당한 자리에 있는 음양(陰陽)인지라 중정(中正)과 정응(正應)을 누리면서 군신(君臣)의 신뢰가 돈독하다. 아래로는 초구(初九 : ⚊)와 위로는 구삼(九三 : ⚊)과 이웃의 사귐[比]을 누리고, 혁괘(革卦 : ䷰)의 하체(下體) 이(離 : ☲)의 중효(中爻)로서 정도를 따름을[中] 취하여[得] 유순(柔順)함으로써 상하(上下)의 강강(剛强)을 포용해, 〈혁(革)〉 즉 개혁[革]이라는 대사(大事)를 착착 이루어나가는 육이(六二 : ⚋)를 〈기일내혁지(己日乃革之) 정길(征吉) 무구(无咎)〉라고 계사(繫辭)한 것이다. 이에 「상사(象辭)」가 개혁할 까닭이 무르녹아 시운(時運)이 맞아떨어진[己] 날에[日] 개혁을 단행한다[革之]는 계사(繫辭)를 육이(六二 : ⚋)가 개혁을 수행함에는[行] 선미(善美)한 성공이[嘉] 있다는 것[有]이다[也]라고 풀이한 것이 〈기일혁지(己日革之) 행유가야(行有嘉也)〉이다.

革言三就(혁언삼취) 又何之矣(우하지의)

개혁의[革] 의논이[言] 세 번이나[三] 이루어지는데[就] 또[又] 무엇을[何] 이룰 것[之]인가[矣].

혁괘(革卦 : ䷰) 구삼(九三 : ⚊)의 효상(爻象)을 〈정흉(征凶) 정려(貞厲) 혁언삼취(革言三就) 유부(有孚)〉라고 계사(繫辭)한 것을 〈혁언삼취(革言三就) 우하지의(又何之矣)〉라고 풀이한다.

혁괘(革卦 : ䷰)의 구삼(九三 : ⚊)은 정당한 자리에 있고, 구사(九四 : ⚊)와는 양양(兩陽)인지라 이웃의 사귐[比]을 누리지는 못하지만 서로 대자(大者)의 품위(品位)를 유지하며, 육이(六二 : ⚋)와는 양음(陽陰)인지라 이웃의 사귐[比]을 서로 누린다. 상륙(上六 : ⚋)과도 양음(陽陰)인지라 바르게[正] 서로 호응하여[應] 강강(剛强)에 치우치려는 구삼(九三 : ⚊)을 상륙(上六 : ⚋)이 유연(柔軟)으로써 보완해주어, 구삼(九三 : ⚊)이 개혁을 수행함에 도움을 주는 모습을 〈정흉(征凶) 정려(貞厲) 혁언삼취(革言三就) 유부(有孚)〉라고 계사(繫辭)한 것이다. 이에 「상사(象辭)」가 구삼(九三 : ⚊)이 자기 위에 있는 삼효(三爻)들과 개혁의[革] 의견을 주고받아 서로 함께 도모함을[言] 세 번에 걸쳐[三] 이룬다[就]는 계사(繫辭)를 구삼(九三 : ⚊)이 또[又] 무엇을[何] 이룰 것[之]인가[矣]라고 반문하여 구삼(九三 : ⚊)이 군자(君子)의 도(道)를 더없이 따랐다고 풀이한 것이 〈혁언삼취(革言三就) 우하지의(又何之矣)〉이다.

改命之吉(개명지길) 信志也(신지야)

정령을[命] 개혁함이[改之] 길함은[吉] 뜻을[志] 믿어준 것[信]이다[也].

혁괘(革卦 : ䷰) 구사(九四 : ⚊)의 효상(爻象)을 〈회무(悔亡) 유부개명(有孚改命) 길(吉)〉이라고 계사(繫辭)한 것을 〈개명지길(改命之吉) 신지야(信志也)〉라고 풀이한다.

혁괘(革卦 : ䷰)의 구사(九四 : ⚊)는 정당한 자리에 있지 못하고, 구삼(九三 : ⚊)과는 양양(兩陽)인지라 이웃의 사귐[比]을 누리지는 못하지만 서로 대자(大者)

의 품위(品位)를 유지하며, 구오(九五 : ⚊)와도 양양(兩陽)인지라 이웃의 사귐[比]을 누리지는 못하지만 신하로서 보좌를 다한다. 초구(初九 : ⚊)와도 양양(兩陽)인지라 불응(不應) 즉 서로 호응하지 못하지만[不應] 강강(剛强)한 구사(九四 : ⚊)가 음유(陰柔)한 음위(陰位)에 있기에, 개혁(改革)의 세(勢)를 대지(大志)로써 상합(相合)하여 수행해갈 수 있는 모습을 〈회무(悔亡) 유부개명(有孚改命) 길(吉)〉이라고 계사(繫辭)한 것이다. 이에 「상사(象辭)」가 정령들을[命] 개혁함이[改之] 길하다[吉]는 계사(繫辭)를 구사(九四 : ⚊)가 개혁을 수행해가는 뜻을[志] 혁괘(革卦 : ䷰)의 상하(上下)가 모두 믿어준 것[信]이다[也]라고 풀이한 것이 〈개명지길(改命之吉) 신지야(信志也)〉이다.

大人虎變(대인호변) 其文炳也(기문병야)

대인이[大人] 호랑이같이[虎] 변한다 함은[變] 그[其] 무늬가[文] 빛남[炳]이다[也].

혁괘(革卦 : ䷰) 구오(九五 : ⚊)의 효상(爻象)을 〈대인호변(大人虎變) 미점유부(未占有孚)〉라고 계사(繫辭)한 것을 〈대인호변(大人虎變) 기문병야(其文炳也)〉라고 풀이한다.

혁괘(革卦 : ䷰)의 구오(九五 : ⚊)는 정당한 자리에 있고, 구사(九四 : ⚊)와는 양양(兩陽)인지라 이웃의 사귐[比]을 누리지는 못하지만 서로 대자(大者)의 품위(品位)를 유지하며, 상륙(上六 : ⚋)과는 양음(陽陰)인지라 비(比)를 서로 누린다. 육이(六二 : ⚋)와는 서로 양음(陽陰)의 정위(正位)에 있기에 중정(中正)과 정응(正應)을 누리면서 혁괘(革卦 : ䷰) 상체(上體)의 중효(中爻)로서 득중(得中)하면서 처존(處尊) 즉 임금으로[尊] 있는지라[處], 성군(聖君)의 성덕(盛德)이 빛나는 모습을 〈대인호변(大人虎變) 미점유부(未占有孚)〉라고 계사(繫辭)한 것이다. 이에 「상사(象辭)」가 대인이[大人] 호랑이같이[虎] 변한다[變]는 계사(繫辭)를 구오(九五 : ⚊)가 이룩한 개혁의[其] 빛남이[文] 밝아 뚜렷한 것[炳]이다[也]라고 풀이한 것이 〈대인호변(大人虎變) 기문병야(其文炳也)〉이다.

君子豹變(군자표변) 其文蔚也(기문위야) 小人革面(소인혁

면) 順以從君也(순이종군야)

군자가[君子] 표범같이[豹] 변한다 함은[變] 그[其] 무늬가[文] 질고 빽빽한 것[蔚]이다[也]. 소인이[小人] 얼굴빛을[面] 바꾼다 함은[革] 순복함[順]으로써[以] 임금을[君] 따르는 것[從]이다[也].

혁괘(革卦 : ䷰) 상륙(上六 : --)의 효상(爻象)을 〈군자표변(君子豹變) 소인혁면(小人革面) 정흉(征凶) 거정길(居貞吉)〉이라고 계사(繫辭)한 것을 〈군자표변(君子豹變) 기문위야(其文蔚也) 소인혁면(小人革面) 순이종군야(順以從君也)〉라고 풀이한다.

혁괘(革卦 : ䷰)의 상륙(上六 : --)은 정당한 자리에 있고, 구오(九五 : ⚊)와는 음양(陰陽)의 사이인지라 이웃의 사귐[比]을 누린다. 구삼(九三 : ⚊)과는 음양(陰陽)의 정위(正位)에 있는지라 서로 바르게[正] 호응하여[應], 혁괘(革卦 : ䷰)의 상효(上爻)로서 혁명의 성공을 거두어 자신(自新) 즉 자신을[自] 새롭게 하는[新] 모습을 〈군자표변(君子豹變) 소인혁면(小人革面) 정흉(征凶) 거정길(居貞吉)〉이라고 계사(繫辭)한 것이다. 이에 「상사(象辭)」가 군자는[君子] 표범같이[豹] 변한다[變]는 계사(繫辭)를 그[其] 무늬가[文] 잔무늬[蔚]이다[也]라고 풀이하고, 소인이[小人] 면목을[面] 바꾼다[革]는 계사(繫辭)를 대인(大人)의 〈호변(虎變)〉을 순복함[順]으로써[以] 임금을[君] 따르는 것[從]이다[也]라고 풀이한 것이 〈군자표변(君子豹變) 기문위야(其文蔚也) 소인혁면(小人革面) 순이종군야(順以從君也)〉이다.

50 정괘(鼎卦 : ☲) 상사(象辭)

손하이상(巽下離上) : 아래는[下] 손(巽 : ☴), 위는[上] 이(離 : ☲).

화풍정(火風鼎) : 불과[火] 바람은[風] 정이다[鼎].

木上有火鼎이다 君子以正位凝命한다 鼎顚趾는 未悖也이고 利出否는 以從貴也이다 鼎有實은 愼所之也이고 我仇有疾은 終无尤也이다 鼎耳革은 失其義也이다 覆公餗은 信如何也리오 鼎黃耳는 中以爲實也이다 玉鉉在上은 剛柔節也이다

목상유화정 군자이정위응명 정전지 미패야 이출비 이종귀야 정유실 신소지야 아구유질 종무우야 정이혁 실기의야 복공속 신여하야 정황이 중이위실야 옥현재상 강유절야

나무[木] 위에[上] 불이[火] 있음이[有] 정괘이다[鼎]. 군자는[君子] (정괘를) 본받아[以] 위치를[位] 바로잡고[正] 천명에[命] 엄정하다[凝]. 솥의[鼎] 뒤집힌[覆] 발은[趾] 사리를 어기지 않는 것[未悖]이고[也], 썩어 더러운 것들을[否] 내버림이[出] 이로움은[利] 귀한 자를[貴] 따르기[從] 때문[以]이다[也]. 솥이[鼎] 그득함은[有實] 갈[之] 곳을[所] 신중히 함[愼]이고[也], 내[我] 짝에게[仇] 질병이[疾] 있음은[有] 마침내[終] 허물이[尤] 없는 것[无]이다[也]. 솥귀가[鼎耳] 배제함은[革] 그[其] 의리를[義] 잃는 것[失]이다[也]. 임금의[公] 진찬을[餗] 엎질렀다 함은[覆] 믿음이[信] 어떠했겠느냐는 것[如何]이다[也]. 솥의[鼎] 황색[黃] 귀란[耳] 정도를 따름[中]으로써[以] 바탕을[實] 삼음[爲]이다[也]. 옥돌의[玉] 솥귀가[鉉] 정상에[上] 있음은[在] 굳센 양기와[剛] 부드러운 음기가[柔] 절제된 것[節]이다[也].

【지남(指南)】

木上有火鼎(목상유화정) 君子以正位凝命(군자이정위응명)

나무[木] 위에[上] 불이[火] 있음이[有] 정괘이다[鼎]. 군자는[君子] (정괘를) 본받아[以] 위치를[位] 바로잡고[正] 천명에[命] 엄정하다[凝].

정괘(鼎卦 : ䷱)의 괘상(卦象)을 〈정(鼎) 원길(元吉) 형(亨)〉이라고 계사(繫辭)한 것을 〈목상유화정(木上有火鼎) 군자이정위응명(君子以正位凝命)〉이라고 풀이한다.

앞 혁괘(革卦 : ䷰)의 〈혁(革)〉은 혁신(革新)을 수행함에 있다. 따라서 혁괘(革卦 : ䷰) 다음에 정괘(鼎卦 : ䷱)가 온 것이다. 정괘(鼎卦 : ䷱)는 혁괘(革卦 : ䷰)의 도괘(倒卦) 즉 혁괘(革卦 : ䷰)를 뒤집은 괘(卦)이다. 그래서 정혁(鼎革)이란 술어(術語)가 생겼다. 정혁(鼎革)이란 정신혁고(鼎新革故)의 줄임이다. 정괘(鼎卦 : ䷱)의 〈정(鼎)〉이 헌것을[故] 개혁해[革] 새것을[新] 정한다[鼎]는 혁물(革物)의 징표(徵表)가 된다.

정괘(鼎卦 : ䷱)의 초륙(初六 : ⚋)은 정족(鼎足) 즉 솥의[鼎] 발[足]이고, 구이(九二 : ⚊)-구삼(九三 : ⚊)-구사(九四 : ⚊)는 정복(鼎腹) 즉 솥의[鼎] 배[腹]이며, 육오(六五 : ⚋)는 정이(鼎耳) 즉 솥의[鼎] 귀[耳]이고, 상구(上九 : ⚊)는 정현(鼎鉉) 즉 솥의[鼎] 손잡이[鉉]이다. 그래서 〈정(鼎)〉을 괘상(卦象)으로 삼고, 하체(下體)인 손(巽 : ☴) 즉 나무[木]가 상체(上體)인 이(離 : ☲) 즉 불[火]과 상화(相和)함을 괘의(卦義)로 삼아 〈정(鼎) 원길(元吉) 형(亨)〉이라고 괘사(卦辭)한 것이다. 이에 「상사(象辭)」가 나무[木] 위에[上] 불이[火] 있음[有]이 정괘(鼎卦 : ䷱)의 괘상(卦象)임을 〈정(鼎)〉이라 풀이한 다음, 군자는[君子] 정괘(鼎卦 : ䷱)의 괘상(卦象)을 본받아[以] 제자리를[位] 방정하게 하고[正] 명령에[命] 엄정한 모습[凝]이라고 풀이한 것이 〈목상유화정(木上有火鼎) 군자이정위응명(君子以正位凝命)〉이다.

鼎顚趾(정전지) 未悖也(미패야) 利出否(이출비) 以從貴也(이종귀야)

솥의[鼎] 뒤집힌[覆] 발은[趾] 사리를 어기지 않는 것[未悖]이고[也], 썩어 더러운 것들을[否] 내버림이[出] 이로움은[利] 귀한 자를

[貴] 따르기[從] 때문[以]이다[也].

정괘(鼎卦 : ䷱) 초륙(初六 : --)의 효상(爻象)을 〈정전지(鼎顚趾) 이출비(利出否) 득첩이기자(得妾以其子) 무구(无咎)〉라고 계사(繫辭)한 것을 〈정전지(鼎顚趾) 미패야(未悖也) 이출비(利出否) 이종귀야(以從貴也)〉라고 풀이한다.

정괘(鼎卦 : ䷱)의 초륙(初六 : --)은 정당한 자리에 있지 못하고, 구사(九四 : ㅡ)와는 음양(陰陽)인지라 서로 바르게[正] 호응하여[應] 상보(相補)하는 모습이다. 구이(九二 : ㅡ)와도 음양(陰陽)의 사이인지라 이웃의 사귐[比]을 서로 누릴 수 있지만 구이(九二 : ㅡ)가 외면하고자 하는 경우이다. 비록 정당(正當)한 자리에 있지는 못하지만 구사(九四 : ㅡ)의 도움을 받아 초륙(初六 : --)이 본래 유약(柔弱)하지만 〈정(鼎)〉 즉 새것을 완성하는[鼎] 첫 단계를 수행하는 모습을 〈정전지(鼎顚趾) 이출비(利出否) 득첩이기자(得妾以其子) 무구(无咎)〉라고 계사(繫辭)한 것이다. 이에 「상사(象辭)」가 솥의[鼎] 발을[趾] 뒤엎는다[顚]는 계사(繫辭)를 사리에 어긋남이[悖] 아닌 것[未]이라[也] 풀이하고, 썩어 더러운 것을[否] 쓸어냄이[出] 이롭다[利]는 계사(繫辭)를 초륙(初六 : --)이 귀한 것[貴] 즉 구사(九四 : ㅡ)를 순종하기[從] 때문[以]이라[也] 풀이한 것이 〈정전지(鼎顚趾) 미패야(未悖也) 이출비(利出否) 이종귀야(以從貴也)〉이다.

鼎有實(정유실) 愼所之也(신소지야) 我仇有疾(아구유질) 終无尤也(종무우야)

솥이[鼎] 그득함은[有實] 갈[之] 곳을[所] 신중히 함[愼]이고[也], 내[我] 짝에게[仇] 질병이[疾] 있음은[有] 마침내[終] 허물이[尤] 없는 것[无]이다[也].

정괘(鼎卦 : ䷱) 구이(九二 : ㅡ)의 효상(爻象)을 〈정유실(鼎有實) 아구유질(我仇有疾) 불아능즉(不我能卽) 길(吉)〉이라고 계사(繫辭)한 것을 〈정유실(鼎有實) 신소지야(愼所之也) 아구유질(我仇有疾) 종무우야(終无尤也)〉라고 풀이한다.

정괘(鼎卦 : ䷱)의 구이(九二 : ㅡ)는 정당한 자리에 있지 못하고, 육오(六五 : --)와는 서로 정위(正位)에 있지 못한지라 중정(中正)을 누릴 수는 없지만 정응(正

應)을 누릴 수 있으며, 초륙(初六 : ⚋)과는 양음(陽陰)인지라 이웃의 사귐[比]을 누릴 수 있는 처지이다. 구삼(九三 : ⚊)과는 양양(兩陽)인지라 서로[相] 부딪치기[衝] 쉽지만 실(實)한 강양(剛陽)의 구이(九二 : ⚊)는 정괘(鼎卦 : ䷱)의 하체(下體) 손(巽 : ☴)의 중효(中爻)로서 정도를 따름을[中] 취함[得]으로써, 〈정(鼎)〉 즉 새것을 결정하는[鼎] 수행을 이끌어가는 모습을 〈정유실(鼎有實) 아구유질(我仇有疾) 불아능즉(不我能卽) 길(吉)〉이라고 계사(繫辭)한 것이다. 이에 「상사(象辭)」가 새것을 결정하는 솥이[鼎] 그득하다[有實]는 계사(繫辭)를 갈[之] 곳을[所] 함부로 않고 삼가는 것[愼]이라[也] 풀이하고, 내[我] 짝에게[仇] 질병이[疾] 있다[有]는 계사(繫辭)를 결과적으로는[終] 구이(九二 : ⚊)에게 탓할 것이[尤] 없음[无]이라[也] 풀이한 것이 〈정유실(鼎有實) 신소지야(愼所之也) 아구유질(我仇有疾) 종무우야(終无尤也)〉이다.

鼎耳革(정이혁) 失其義也(실기의야)

솥귀가[鼎耳] 배제함은[革] 그[其] 의리를[義] 잃는 것[失]이다[也].

정괘(鼎卦 : ䷱) 구삼(九三 : ⚊)의 효상(爻象)을 〈정이혁(鼎耳革) 기행색(其行塞) 치고불식(雉膏不食) 방우휴회(方雨虧悔) 종길(終吉)〉이라고 계사(繫辭)한 것을 〈정이혁(鼎耳革) 실기의야(失其義也)〉라고 풀이한다.

정괘(鼎卦 : ䷱)의 구삼(九三 : ⚊)은 정당한 자리에 있고, 구삼(九三 : ⚊)의 위아래가 모두 사귈 수 있는 이웃[比]이 안 되며, 상구(上九 : ⚊)도 양양(兩陽)인지라 서로 불응(不應)하는 처지라서, 주변으로부터 도움 받을 수 없는 지경이라 어렵고 외로운 모습이다. 그러나 실(實)한 강양(剛陽)인 구삼(九三 : ⚊)은 정위(正位)에 있으면서 정괘(鼎卦 : ䷱)의 하체(下體) 손(巽 : ☴)의 상효(上爻)인지라 강강(剛强)하면서도 능히 순종(順從)할 수 있어 능력을 충분히 갖춘 처지라 어려움을 헤치고 맡은 바 일을 꿋꿋이 수행해가는 모습을 〈정이혁(鼎耳革) 기행색(其行塞) 치고불식(雉膏不食) 방우휴회(方雨虧悔) 종길(終吉)〉이라고 계사(繫辭)한 것이다. 이에 「상사(象辭)」가 〈정이(鼎耳)〉 즉 군왕(君王)인 육오(六五 : ⚋)가 구삼(九三 : ⚊)을 배제한다[革] 함은 구삼(九三 : ⚊)이 자신의[其] 의리를[義] 잃는 것[失]이라[也] 풀이한 것이 〈정이혁(鼎耳革) 실기의야(失其義也)〉이다.

覆公餗(복공속) 信如何也(신여하야)

임금의[公] 진찬을[餗] 엎질렀다 함은[覆] 믿음이[信] 어떠했겠느냐는 것[如何]이다[也].

정괘(鼎卦 : ䷱) 구사(九四 : ⚊)의 효상(爻象)을 〈정절족(鼎折足) 복공속(覆公餗) 기형악(其形渥) 흉(凶)〉이라고 계사(繫辭)한 것을 〈복공속(覆公餗) 신여하야(信如何也)〉라고 풀이한다.

정괘(鼎卦 : ䷱)의 구사(九四 : ⚊)는 정당한 자리에 있지 못하지만, 육오(六五 : ⚋)와는 양음(陽陰)인지라 이웃의 사귐[比]을 누릴 처지이지만 육오(六五 : ⚋)가 구이(九二 : ⚊)와의 정응(正應)에 기울어진 탓으로 구사(九四 : ⚊)와는 멀어진 상태인지라, 구사(九四 : ⚊)는 초륙(初六 : ⚋)과 서로[相] 호응함[應]에 기울어져 발을[趾] 뒤집은[覆] 솥[鼎] 같은 효상(爻象)을 지닌 초륙(初六 : ⚋)과 상응(相應)하니, 구사(九四 : ⚊) 자신이 화(禍)를 불러들이는 모습을 〈정절족(鼎折足) 복공속(覆公餗) 기형악(其形渥) 흉(凶)〉이라고 계사(繫辭)한 것이다. 이에 「상사(象辭)」가 〈공속(公餗)〉 즉 임금께 올릴[公] 맛있는 먹을거리를[餗] 엎질러 쏟았다[覆]는 계사(繫辭)를 구사(九四 : ⚊)에 대한 육오(六五 : ⚋)의 믿음이[信] 어떠했겠느냐[如何]는 반문으로써 풀이한 것이 〈복공속(覆公餗) 신여하야(信如何也)〉이다.

鼎黃耳(정황이) 中以爲實也(중이위실야)

솥의[鼎] 황색[黃] 귀란[耳] 정도를 따름[中]으로써[以] 바탕을[實] 삼음[爲]이다[也].

정괘(鼎卦 : ䷱) 육오(六五 : ⚋)의 효상(爻象)을 〈정황이금현(鼎黃耳金鉉) 이정(利貞)〉이라고 계사(繫辭)한 것을 〈정황이(鼎黃耳) 중이위실야(中以爲實也)〉라고 풀이한다.

정괘(鼎卦 : ䷱)의 육오(六五 : ⚋)는 정당한 자리에 있지 못하고, 상구(上九 : ⚊)와는 음양(陰陽)인지라 이웃의 사귐[比]을 누리면서 상왕(上王)으로 모시지만, 구사(九四 : ⚊)와는 양음(陽陰)이라 이웃의 사귐[比]을 누릴 처지이나 구이(九二 : ⚊)와의 정응(正應)에 기울어진 탓으로 구사(九四 : ⚊)와는 멀어진 상태이다. 구이(九二 : ━)와는 서로 정당한 자리에 있지 못한 탓으로 중정(中正)을 누리지는 못하지만 중효(中爻)로서 득중(得中) 즉 정도를 따름을[中] 취하여[得] 사사로움이[私] 없고[無] 치우침이[偏] 없어[無] 공정(公正)함을 지키면서 구이(九二 : ━)와 상구(上九 : ━)의 강강(剛强)함을 응원받아, 강유(剛柔)가 어울려 허(虛)한 유음(柔陰)의 군왕(君王)이지만 정괘(鼎卦 : ䷱)의 주체인 모습을 〈정황이금현(鼎黃耳金鉉) 이정(利貞)〉이라고 계사(繫辭)한 것이다. 이에 「상사(象辭)」가 육오(六五 : ╍)가 솥의[鼎] 황색[黃] 귀[耳]라는 계사(繫辭)를 정도를 따름[中]으로써[以] 실체로[實] 삼음[爲]이라[也] 풀이한 것이 〈정황이(鼎黃耳) 중이위실야(中以爲實也)〉이다.

玉鉉在上(옥현재상) 剛柔節也(강유절야)

옥돌의[玉] 솥귀가[鉉] 정상에[上] 있음은[在] 굳센 양기와[剛] 부드러운 음기가[柔] 절제된 것[節]이다[也].

정괘(鼎卦 : ䷱) 상구(上九 : ━)의 효상(爻象)을 〈정옥현(鼎玉鉉) 대길(大吉) 무불리(无不利)〉라고 계사(繫辭)한 것을 〈옥현재상(玉鉉在上) 강유절야(剛柔節也)〉라고 풀이한다.

정괘(鼎卦 : ䷱)의 상구(上九 : ━)는 정당한 자리에 있지 못하고, 구삼(九三 : ━)과는 양양(兩陽)이라서 서로 호응하지 못하는[不應] 사이지만, 육오(六五 : ╍)와는 양음(陽陰)인지라 이웃의 사귐을[比] 누린다. 이러한 상구(上九 : ━)가 솥을 이리저리 옮길 수 있는 솥의 손잡이 자리이면서 동시에 솥의 쓸모가 이루어져 드러나는 자리에 있는 모습을 〈정옥현(鼎玉鉉) 대길(大吉) 무불리(无不利)〉라고 계사(繫辭)한 것이다. 이에 「상사(象辭)」가 솥[鼎]의 〈옥현(玉鉉)〉 즉 옥돌의[玉] 손잡이가[鉉] 정상에[上] 있다[在]는 것은 굳센 양기와[剛] 부드러운 음기가[柔] 서로 지나침을 절제함으로써 수중(守中) 즉 정도를 따름을[中] 지킨[守] 절제[節]이다[也]라고 풀이한 것이 〈옥현재상(玉鉉在上) 강유절야(剛柔節也)〉이다.

51 진괘(震卦 : ☳) 상사(象辭)

진하진상(震下震上) : 아래도[下] 진(震 : ☳), 위도[上] 진(震 : ☳).

진위뢰(震爲雷) : 진은[震] 우레[雷]이다[爲].

洊雷震이다 君子以恐懼脩省한다 震來虩虩은 恐致福
천뢰진 군자이공구수성 진래혁혁 공치복

也이고 笑言啞啞는 後有則也이다 震來厲는 乘剛也이다
야 소언액액 후유칙야 진래려 승강야

震蘇蘇는 位不當也이다 震遂泥는 未光也이다 震往來
진소소 위부당야 진수니 미광야 진왕래

厲는 危行也이고 其事在中은 大无喪也이다 震索索은
려 위행야 기사재중 대무상야 진삭삭

中未得也이고 雖凶无咎는 畏鄰戒也이다
중미득야 수흉무구 외린계야

거듭되는[洊] 우레가[雷] 진괘이다[震]. 군자는[君子] (진괘를) 본받아[以] 삼가[恐] 두려워하고[懼] 수양하며[脩] 성찰한다[省]. 진동함이[震] 와서[來] 두려움은[虩虩] 두렵지만[恐] 복이[福] 이름[致]이고[也], 웃고[笑] 말하다가[言] 깔깔거림은[啞啞] 뒤에[後] 본받음이[則] 있음[有]이다[也]. 진동함이[震] 오니[來] 위태하다 함은[厲] 굳셈을[剛] 탔음[乘]이다[也]. 진동함에[震] 두려워 불안해함은[蘇蘇] 자리가[位] 정당치 않은 것[不當]이다[也]. 진동함이[震] 진흙에[泥] 빠져버림은[遂] 아직 빛나지 않음[未光]이다[也]. 진동함이[震] 가고[往] 오니[來] 위태하다 함은[厲] 위태함이[危] 진행하는 것[行]이고[也], 그[其] 일이[事] 가운데[中] 있음은[在] 크나큼을[大] 놓칠 것이[喪] 없는 것[无]이다[也]. 진동함이[震] 두려운 모습은[索索] 중앙을[中] 갖지 못한 것[未得]이고[也], 비록[雖] 걱정거리여도[凶] 허물이[咎] 없음은[无] 가까운 이들의[鄰] 경계를[戒] 두려워함[畏]이다[也].

【지남(指南)】

洊雷震(천뢰진) 君子以恐懼脩省(군자이공구수성)

거듭되는[洊] 우레가[雷] 진괘이다[震]. 군자는[君子] (진괘를) 본받아[以] 삼가[恐] 두려워하고[懼] 수양하며[脩] 성찰한다[省].

진괘(震卦 : ䷲)의 괘상(卦象)을 〈진(震) 형(亨) 진래혁혁(震來虩虩) 소언액액(笑言啞啞) 진경백리(震驚百里) 불상비창(不喪匕鬯)〉이라고 계사(繫辭)한 것을 〈천뢰진(洊雷震) 군자이공구수성(君子以恐懼脩省)〉이라고 풀이한다.

앞 정괘(鼎卦 : ䷱)의 〈정(鼎)〉은 혁물(革物) 즉 어떤 것을[物] 바꿈[革]을 완성하는 기물(器物)이다. 소중한 기물을 맡겨 주관(主管)할 사람으로는 맏아들보다 더 나을 사람은 없다. 진괘(震卦 : ䷲)의 괘속(卦屬)은 장자(長子) 즉 맏아들[長子]이다. 따라서 정괘(鼎卦 : ䷱) 다음에 진괘(震卦 : ䷲)가 온 것이다. 진괘(震卦 : ䷲)의 괘상(卦象)은 진하진상(震下震上) 즉 진괘(震卦 : ䷲)의 상하체(上下體)가 모두 다 진(震 : ☳)이다.

진괘(震卦 : ䷲)의 〈동(動)〉은 그냥 움직임만을 뜻하는 것이 아니라 반생(反生) 즉 온갖 초목의 새싹[反生]이 누리는 움직임이다. 땅을 뚫고 올라오는 새싹이야말로 분발진경(奮發震驚) 즉 분발하는[奮發] 진괘의[震] 경이[驚]임을 살펴 괘의(卦義)를 헤아리게 함이 진괘(震卦 : ䷲)를 〈진(震) 형(亨) 진래혁혁(震來虩虩) 소언액액(笑言啞啞) 진경백리(震驚百里) 불상비창(不喪匕鬯)〉이라고 계사(繫辭)한 것이다. 이에 「상사(象辭)」가 거듭되는[洊] 우레가[雷] 진괘(震卦 : ䷲)라고 밝힌 다음, 군자는[君子] 진괘(震卦 : ䷲)를 본받아[以] 매사(每事)를 두려워하면서[恐懼] 심신(心身)을 닦고[脩] 성찰한다[省]고 풀이한 것이 〈천뢰진(洊雷震) 군자이공구수성(君子以恐懼脩省)〉이다.

震來虩虩(진래혁혁) 恐致福也(공치복야) 笑言啞啞(소언액액) 後有則也(후유칙야)

진동함이[震] 와서[來] 두려움은[虩虩] 두렵지만[恐] 복이[福] 이름[致]이고[也], 웃고[笑] 말하다가[言] 깔깔거림은[啞啞] 뒤에[後]

본받음이[則] 있음[有]이다[也].

진괘(震卦 : ䷲) 초구(初九 : ━)의 효상(爻象)을 〈진래혁혁(震來虩虩) 후(後) 소언액액(笑言啞啞) 길(吉)〉이라고 계사(繫辭)한 것을 〈진래혁혁(震來虩虩) 공치복야(恐致福也) 소언액액(笑言啞啞) 후유칙야(後有則也)〉라고 풀이한다.

진괘(震卦 : ䷲)의 초구(初九 : ━)는 정당한 자리에 있고, 구사(九四 : ━)와는 양양(兩陽)인지라 서로 호응하지 못하지만[不應], 육이(六二 : ╍)와는 양음(陽陰)인지라 이웃의 사귐[比]을 서로 누릴 수 있는 처지이다. 그러나 육이(六二 : ╍)가 〈진래(震來)〉의 두려움[虩虩]에서 벗어날 때까지 사귐이 어렵기에 상진(上進)의 시행을 성급히 할 수 없지만, 초구(初九 : ━)가 진괘(震卦 : ䷲)의 주제인 〈진(震)〉의 주효(主爻)인 모습을 〈진래혁혁(震來虩虩) 후(後) 소언액액(笑言啞啞) 길(吉)〉이라고 계사(繫辭)한 것이다. 이에 「상사(象辭)」가 움직임[震] 즉 양기(陽氣 : ━) 하나가 들어오니[來] 위에 있는 음기(陰氣 : ╍) 둘이 〈혁혁(虩虩)〉 즉 두려워한다[虩虩]는 계사(繫辭)를 두려워해서 그 두려움이[恐] 천복으로[福] 돌아오는 것[致]이다[也]라고 풀이하고, 음양(陰陽) 즉 정동(靜動)이 웃고[笑] 말하면서[言] 좋아서 깔깔댄다[啞啞]는 계사(繫辭)를 그 뒤에는[後] 상화(相和) 즉 서로[相] 어울리는[和] 원칙이[則] 있는 것[有]이다[也]라고 풀이한 것이 〈진래혁혁(震來虩虩) 공치복야(恐致福也) 소언액액(笑言啞啞) 후유칙야(後有則也)〉이다.

震來厲(진래려) 乘剛也(승강야)

진동함이[震] 오니[來] 위태하다 함은[厲] 굳셈을[剛] 탔음[乘]이다[也].

진괘(震卦 : ䷲) 육이(六二 : ╍)의 효상(爻象)을 〈진래려(震來厲) 억상패(億喪貝) 제우구릉(躋于九陵) 물축(勿逐) 칠일득(七日得)〉이라고 계사(繫辭)한 것을 〈진래려(震來厲) 승강야(乘剛也)〉라고 풀이한다.

진괘(震卦 : ䷲)의 육이(六二 : ╍)는 정당한 자리에 있고, 초구(初九 : ━)와는 음양(陰陽)의 사이인지라 이웃의 사귐[比]을 서로 누릴 수 있는 처지이지만, 〈진래(震來)〉의 초구(初九 : ━)를 정(靜) 즉 고요한 육이(六二 : ╍)가 두려움의 대상으로 마주할 처지이다. 육삼(六三 : ╍)과는 양음(兩陰)이어서 비(比)를 누리지 못하고, 육오(六五 : ╍)와도 양음(兩陰)인지라 중정(中正)과 정응(正應)을 누리지 못해 사방을 돌아봐도 외로운 상황이지만, 진괘(震卦 : ䷲) 하체(下體)의 중효(中爻)로서 정도를 따름을[中] 취하면서[得] 부드러운 본래의 모습을 잃지 않고 자수(自守) 즉 자신을[自] 지켜낼[守] 수 있는 육이(六二 : ⚋)를 〈진래려(震來厲) 억상패(億喪貝) 제우구릉(躋于九陵) 물축(勿逐) 칠일득(七日得)〉이라고 계사(繫辭)한 것이다. 이에 「상사(象辭)」가 진동함이[震] 옴이[來] 위태하다[厲]는 계사(繫辭)를 육이(六二 : ⚋) 즉 부드러운[柔] 음기(陰氣)가 바로 아래에 있는 양기[剛] 즉 초구(初九 : ⚊)를 올라탄 것[乘]이다[也]라고 풀이한 것이 〈진래려(震來厲) 승강야(乘剛也)〉이다.

震蘇蘇(진소소) 位不當也(위부당야)

진동함에[震] 두려워 불안해함은[蘇蘇] 자리가[位] 정당치 않은 것[不當]이다[也].

진괘(震卦 : ䷲) 육삼(六三 : ⚋)의 효상(爻象)을 〈진소소(震蘇蘇) 진행(震行) 무생(无眚)〉이라고 계사(繫辭)한 것을 〈진소소(震蘇蘇) 위부당야(位不當也)〉라고 풀이한다.

진괘(震卦 : ䷲)의 육삼(六三 : ⚋)은 정당한 자리에 있지 못하고, 구사(九四 : ⚊)와는 음양(陰陽)의 사이인지라 이웃의 사귐[比]을 서로 누릴 수 있는 처지이다. 상륙(上六 : ⚋)과는 양음(兩陰)이어서 서로 호응하지 못하는[不應] 상황에다 정당하지 못한 자리에서 두 진(震 : ☳)의 사이에 끼어 있는 지경인지라, 육삼(六三 : ⚋)이 진동의[震] 두려움[懼]에 더욱더 불안해하는 모습을 〈진소소(震蘇蘇) 진행(震行) 무생(无眚)〉이라고 계사(繫辭)한 것이다. 이에 「상사(象辭)」가 진동함[震] 때문에 육삼(六三 : ⚋)이 두려워 불안해한다[蘇蘇]는 계사(繫辭)를 육삼(六三 : ⚋)이 있는 자리가[位] 정당하지 않은 것[不當]이다[也]라고 풀이한 것이 〈진소소(震蘇蘇) 위부당야(位不當也)〉이다.

震遂泥(진수니) 未光也(미광야)

진동함이[震] 진흙에[泥] 빠져버림은[遂] 아직 빛나지 않음[未光]이다[也].

진괘(震卦 : ䷲) 구사(九四 : ⚊)의 효상(爻象)을 〈진수니(震遂泥)〉라고 계사(繫

辭)한 것을 〈진수니(震遂泥) 미광야(未光也)〉라고 풀이한다.

진괘(震卦 : ☳)의 구사(九四 : ⚊)는 정당한 자리에 있지 못하고, 구사(九四 : ⚊)의 아래위로 두 음효(陰爻)와는 양음(陽陰)의 사이인지라 이웃의 사귐[比]을 서로 누릴 수 있는 처지이지만 강양(剛陽 : ⚊)의 진동[震]을 두려워하는 유음(柔陰 : ⚋)들인지라 사귐을 당장은 누리기 어렵다. 초구(初九 : ⚊)와는 양양(兩陽)이어서 서로 호응하지 못하고[不應], 상하(上下)의 중음(重陰) 사이에 추락해버린 딱한 모습인 구사(九四 : ⚊)를 〈진수니(震遂泥)〉라고 계사(繫辭)한 것이다. 이에 「상사(象辭)」가 구사(九四 : ⚊)인 〈진(震)〉이 〈니(泥)〉 즉 네 유음(柔陰 : ⚋)들의 수렁에[泥] 추락했다[遂]는 계사(繫辭)를 유음(柔陰 : ⚋)들 사이에 추락해서 빛내 드러남이[光] 없는 것[未]이다[也]라고 풀이한 것이 〈진수니(震遂泥) 미광야(未光也)〉이다.

震往來厲(진왕래려) 危行也(위행야) 其事在中(기사재중) 大无喪也(대무상야)

진동함이[震] 가고[往] 오니[來] 위태하다 함은[厲] 위태함이[危] 진행하는 것[行]이고[也], 그[其] 일이[事] 가운데[中] 있음은[在] 크나큼을[大] 놓칠 것이[喪] 없는 것[无]이다[也].

진괘(震卦 : ☳) 육오(六五 : ⚋)의 효상(爻象)을 〈진왕래려(震往來厲) 억(億) 무상유사(无喪有事)〉라고 계사(繫辭)한 것을 〈진왕래려(震往來厲) 위행야(危行也) 기사재중(其事在中) 대무상야(大无喪也)〉라고 풀이한다.

진괘(震卦 : ☳)의 육오(六五 : ⚋)는 정당한 자리에 있지 못하고, 구사(九四 : ⚊)와는 음양(陰陽)의 사이인지라 이웃의 사귐[比]을 서로 누릴 수 있는 처지이지만 두려운 이웃으로 여기는 상황이다. 상륙(上六 : ⚋)과는 양음(兩陰)이어서 비(比)를 서로 누리지 못하며, 육이(六二 : ⚋)와도 양음(兩陰)이어서 중정(中正)을 누리지 못하는 처지이지만, 진괘(震卦 : ☳) 상체(上體)의 중효(中爻)로서 득중(得中) 즉 정도를 따름을[中] 취하여[得] 꿋꿋한 육오(六五 : ⚋)를 〈진왕래려(震往來厲) 억(億) 무상유사(无喪有事)〉라고 계사(繫辭)한 것이다. 이에 「상사(象辭)」가 진동함이[震] 가고[往] 와[來] 위태하다[厲]는 계사(繫辭)를 위태함이[危] 진행함[行]이다[也]라고 풀이하고, 계사(繫辭)인 〈유사(有事)〉를 그[其] 일은[事] 중효에게[中]

있음[在]이라고 풀이한 다음, 놓침이[喪] 없다[无]는 계사(繫辭)를 큰 일을[大] 놓침이[喪] 없음[无]이다[也]라고 풀이한 것이 〈진왕래려(震往來厲) 위행야(危行也) 기사재중(其事在中) 대무상야(大无喪也)〉이다.

震索索(진삭삭) 中未得也(중미득야) 雖凶无咎(수흉무구) 畏鄰戒也(외린계야)

진동함이[震] 두려운 모습은[索索] 중앙을[中] 갖지 못한 것[未得]이고[也], 비록[雖] 걱정거리여도[凶] 허물이[咎] 없음은[无] 가까운 이들의[鄰] 경계를[戒] 두려워함[畏]이다[也].

진괘(震卦 : ䷲) 상륙(上六 : --)의 효상(爻象)을 〈진삭삭(震索索) 시확확(視矍矍) 정흉(征凶) 진불우기궁(震不于其躬) 우기린(于其鄰) 무구(无咎) 혼구유언(婚媾有言)〉이라고 계사(繫辭)한 것을 〈진삭삭(震索索) 중미득야(中未得也) 수흉무구(雖凶无咎) 외린계야(畏鄰戒也)〉라고 풀이한다.

진괘(震卦 : ䷲)의 상륙(上六 : --)은 정당한 자리에 있고, 육오(六五 : --)와는 양음(兩陰)인지라 이웃의 사귐[比]을 서로 누리지 못하고 상충(相衝) 즉 서로[相] 부딪치는[衝] 사이이며, 육삼(六三 : --)과도 양음(兩陰)이어서 서로 호응하지 못하는[不應] 상황인지라, 외진 자리에서 동떠 있는 상륙(上六 : --)을 〈진삭삭(震索索) 시확확(視矍矍) 정흉(征凶) 진불우기궁(震不于其躬) 우기린(于其鄰) 무구(无咎) 혼구유언(婚媾有言)〉이라고 계사(繫辭)한 것이다. 이에 「상사(象辭)」가 진동함이[震] 두렵게 하는 모습[索索]이라는 계사(繫辭)를 중앙을[中] 차지하지 못한 것[未得]이다[也]라고 풀이하고, 행동함이 걱정거리[凶]일지라도[雖] 허물은[咎] 없다[无]고 한 계사(繫辭)를 〈인계(鄰戒)〉 즉 인친의[鄰] 경계를[戒] 꺼림[畏]이다[也]라고 풀이한 것이 〈진삭삭(震索索) 중미득야(中未得也) 수흉무구(雖凶无咎) 외린계야(畏鄰戒也)〉이다.

52 간괘(艮卦 : ☶) 상사(象辭)

간하간상(艮下艮上) : 아래도[下] 간(艮 : ☶), 위도[上] 간(艮 : ☶).

간위산(艮爲山) : 간은[艮] 산(山)이다[爲].

兼山艮이다 君子以思不出其位한다 艮其趾는 未失正也이다 不拯其隨하여 未退聽也이다 艮其限은 危薰心也이다 艮其身은 止諸躬也이다 艮其輔는 以中正也이다 敦艮之吉은 以厚終也이다
겸산간 군자이사불출기위 간기지 미실정야 부증기수 미퇴청야 간기한 위훈심야 간기신 지저궁야 간기보 이중정야 돈간지길 이후종야

겹겹의[兼] 산들이[山] 간괘이다[艮]. 군자는[君子] (간괘를) 본받아[以] 제[其] 신분을[位] 벗어나지 않음을[不出] 생각한다[思]. 그[其] 발가락에[趾] 머묾은[艮] 정도를[正] 잃지 않은 것[未失]이다[也]. 그[其] 따름을[隨] 구제하지 못해[不拯] (구삼이) 뉘우쳐[退] (육이의 말을) 경청하지 않는 것[未聽]이다[也]. 그[其] 허리에[限] 머묾은[艮] 위태함이[危] 심정을[心] 감화시킨 것[薰]이다[也]. 그[其] 몸통에[身] 머묾은[艮] 제 몸[躬]에[諸] 멈춤[止]이다[也]. 그[其] 광대뼈에[輔] 머묾은[艮] 정도를[正] 따르기[中] 때문[以]이다[也]. 정직하고 진실하게[敦] 머묾이[艮之] 행복함이란[吉] 돈후하게[厚] 끝막음하기[終] 때문[以]이다[也].

【지남(指南)】

兼山艮(겸산간) 君子以思不出其位(군자이사불출기위)

겹겹의[兼] 산들이[山] 간괘이다[艮]. 군자는[君子] (간괘를) 본받아[以] 제[其] 신분을[位] 벗어나지 않음을[不出] 생각한다[思].

간괘(艮卦 : ䷳)의 괘상(卦象)을 〈간기배(艮其背) 불획기신(不獲其身) 행기정(行其庭) 불견기인(不見其人) 무구(无咎)〉라고 계사(繫辭)한 것을 〈겸산간(兼山艮) 군자이사불출기위(君子以思不出其位)〉라고 풀이한다.

앞 진괘(震卦 : ䷲)의 〈진(震)〉은 진동(震動) 즉 움직임[振動]이다. 움직임이 다하면 멈춤이 오고 멈춤이 다하면 움직임이 옴이 자연의[天] 이치[道]이다. 따라서 진괘(震卦 : ䷲) 다음에 간괘(艮卦 : ䷳)가 온 것이다. 진괘(震卦 : ䷲)가 뒤집힌 것이 간괘(艮卦 : ䷳)이다. 거듭 말하지만 이처럼 움직임이 가면 멈춤이 오는 것이 천도(天道)이다. 이러한 〈간(艮)〉 즉 멈춤[艮]을 살펴 괘의(卦義)를 헤아리게 하는 간괘(艮卦 : ䷳)를 〈간기배(艮其背) 불획기신(不獲其身) 행기정(行其庭) 불견기인(不見其人) 무구(无咎)〉라고 계사(繫辭)한 것이다. 이에 「상사(象辭)」가 아우른[兼] 산들이[山] 간괘(艮卦 : ䷳)의 괘상(卦象)이라 밝힌 다음, 군자는[君子] 간괘(艮卦 : ䷳)를 본받아[以] 제[其] 위치를[位] 벗어나지 않음을[不出] 생각한다[思]고 풀이한 것이 〈겸산간(兼山艮) 군자이사불출기위(君子以思不出其位)〉이다.

艮其趾(간기지) 未失正也(미실정야)

그[其] 발가락에[趾] 머묾은[艮] 정도를[正] 잃지 않은 것[未失]이다[也].

간괘(艮卦 : ䷳) 초륙(初六 : ⚋)의 효상(爻象)을 〈간기지(艮其趾) 무구(无咎) 이영정(利永貞)〉이라고 계사(繫辭)한 것을 〈간기지(艮其趾) 미실정야(未失正也)〉라고 풀이한다.

간괘(艮卦 : ䷳)의 초륙(初六 : ⚋)은 정당한 자리에 있지 못하고, 육이(六二 : ⚋)와는 양음(兩陰)인지라 이웃의 사귐[比]을 누리지 못하며, 육사(六四 : ⚋)와도 양음(兩陰)인지라 서로 호응하지 못하는[不應] 처지이어서, 초륙(初六 : ⚋)이 유약(柔弱)하여 얌전하되 확고하지 못하고 꼿꼿할 수 없는 모습을 〈간기지(艮其趾) 무구(无咎) 이영정(利永貞)〉이라고 계사(繫辭)한 것이다. 이에 「상사(象辭)」가 몸의[其] 발가락에[趾] 멈춤[艮]이라는 계사(繫辭)를 멈춤의 정도를[正] 잃지 않는 것[未失]이다[也]라고 풀이한 것이 〈간기지(艮其趾) 미실정야(未失正也)〉이다.

不拯其隨(부증기수) 未退聽也(미퇴청야)

그[其] 따름을[隨] 구제하지 못해[不拯] (구삼이) 뉘우쳐[退] (육이의 말을) 경청하지 않는 것[未聽]이다[也].

간괘(艮卦 : ䷳) 육이(六二 : --)의 효상(爻象)을 〈간기비(艮其腓) 부증기수(不拯其隨) 기심불쾌(其心不快)〉라고 계사(繫辭)한 것을 〈부증기수(不拯其隨) 미퇴청야(未退聽也)〉라고 풀이한다.

간괘(艮卦 : ䷳)의 육이(六二 : --)는 정당한 자리에 있고, 구삼(九三 : ⚊)과는 음양(陰陽)의 사이인지라 이웃의 사귐[比]을 누릴 수 있는 처지이지만 구삼(九三 : ⚊)의 견강(堅强)함이 지나쳐 이웃의 사귐을 물리치는 편이라 마땅치 못한 관계이다. 육오(六五 : --)와는 둘 다 음(陰 : --)인지라 중효(中爻)로서 서로 누릴 수 있는 중정(中正)을 누리지는 못하고, 간괘(艮卦 : ䷳)의 하체(下體) 간(艮 : ☶)의 중효(中爻)로서 득중(得中) 즉 정도를 따름을[中] 취하면서[得] 주변의 어려움을 스스로 극복해가는 육이(六二 : --)를 〈간기비(艮其腓) 부증기수(不拯其隨) 기심불쾌(其心不快)〉라고 계사(繫辭)한 것이다. 이에 「상사(象辭)」가 구삼(九三 : ⚊)이 육이(六二 : --)를 구해주지 않아[不拯] 그것의[其] 따라감[隨]이라는 계사(繫辭)를 구삼(九三 : ⚊)이 강강(剛强)에 치우침을 뉘우쳐서[退] 육이(六二 : --)의 뜻을 경청하지 않는 것[未聽]이다[也]라고 풀이한 것이 〈부증기수(不拯其隨) 미퇴청야(未退聽也)〉이다.

艮其限(간기한) 危薰心也(위훈심야)

그[其] 허리에[限] 머묾은[艮] 위태함이[危] 심정을[心] 감화시킨 것[薰]이다[也].

간괘(艮卦 : ䷳) 구삼(九三 : ⚊)의 효상(爻象)을 〈간기한(艮其限) 열기인(列其夤) 여훈심(厲薰心)〉이라고 계사(繫辭)한 것을 〈간기한(艮其限) 위훈심야(危薰心也)〉라고 풀이한다.

간괘(艮卦 : ䷳)의 구삼(九三 : ⚊)은 정당한 자리에 있으나 간괘(艮卦 : ䷳)의 하체(下體) 간(艮 : ☶)의 상효(上爻)로서 중위(中位)를 벗어나 상하체(上下體)의 어름에 있는지라, 위로 두 음기(陰氣 : --)와 아래로 두 음기(陰氣 : --)로 쌓인 상황에서 강강(剛强)함을 앞세워 상하(上下)의 음기(陰氣 : --)들과 어울리지 못하는 어려움을 겪는 구삼(九三 : ━)을 〈간기한(艮其限) 열기인(列其夤) 여훈심(厲薰心)〉이라고 계사(繫辭)한 것이다. 이에 「상사(象辭)」가 구삼(九三 : ━)이 몸의[其] 한계 즉 허리에[限] 머문다[艮]는 계사(繫辭)를 구삼(九三 : ━)이 겪은 위태함이[危] 구삼(九三 : ━)의 마음을[心] 감화시킨 것[薰]이다[也]라고 풀이한 것이 〈간기한(艮其限) 위훈심야(危薰心也)〉이다.

艮其身(간기신) 止諸躬也(지저궁야)

그[其] 몸통에[身] 머묾은[艮] 제 몸[躬]에[諸] 멈춤[止]이다[也].

간괘(艮卦 : ䷳) 육사(六四 : --)의 효상(爻象)을 〈간기신(艮其身) 무구(无咎)〉라고 계사(繫辭)한 것을 〈간기신(艮其身) 지저궁야(止諸躬也)〉라고 풀이한다.

간괘(艮卦 : ䷳)의 육사(六四 : --)는 정당한 자리에 있고, 구삼(九三 : ━)과는 음양(陰陽)의 사이인지라 이웃의 사귐[比]을 누릴 처지이지만, 구삼(九三 : ━)이 견강(堅强) 즉 강함만을[强] 고집해도[堅] 구삼(九三 : ━)의 위에 있기 때문에 구삼(九三 : ━)을 피할 수 있는 처지이다. 육오(六五 : --)와는 둘 다 음(陰 : --)인지라 이웃의 사귐을 누리지 못하지만, 간괘(艮卦 : ䷳)의 중앙(中央)에 있고 본래가 유연(柔軟)한지라 무모한 짓을 범하지 않으면서 허정(虛靜)한 멈춤[艮]을 누릴 줄 아는 육사(六四 : --)를 〈간기신(艮其身) 무구(无咎)〉라고 계사(繫辭)한 것이다. 이에 「상사(象辭)」가 그[其] 몸통에[身] 머묾[艮]이라는 계사(繫辭)의 〈신(身)〉을 보다 더 분명하게 해주는 〈궁(躬)〉 즉 자신의 몸뚱이[躬]라는 자(字)로 대신하여, 저 자신의 몸뚱이[躬]에[諸] 머무는 것[止]이다[也]라고 풀이한 것이 〈간기신(艮其身) 지저궁야(止諸躬也)〉이다.

艮其輔(간기보) 以中正也(이중정야)

그[其] 광대뼈에[輔] 머묾은[艮] 정도를[正] 따르기[中] 때문[以]이다[也].

간괘(艮卦 : ䷳) 육오(六五 : --)의 효상(爻象)을 〈간기보(艮其輔) 언유서(言有序) 회무(悔亡)〉라고 계사(繫辭)한 것을 〈간기보(艮其輔) 이중정야(以中正也)〉라고 풀이한다.

간괘(艮卦 : ䷳)의 육오(六五 : --)는 정당한 자리에 있지 못하고, 육사(六四 : --)와는 둘 다 음(陰 : --)인지라 이웃의 사귐[比]을 누리지 못하며, 상구(上九 : ━)와는 음양(陰陽)인지라 이웃의 사귐을 누리는 모습이다. 간괘(艮卦 : ䷳)의 존위(尊位)에 있는 육오(六五 : --)는 본래가 유연(柔軟)한지라 간괘(艮卦 : ䷳)의 상체(上體) 간(艮 : ☶)의 중효(中爻)로서 득중(得中) 즉 정도를 따름을[中] 취하여[得] 매사를 마주하며, 관유(寬柔)한 안색(顏色)을 잃지 않는 육오(六五 : --)를 〈간기보(艮其輔) 언유서(言有序) 회무(悔亡)〉라고 계사(繫辭)한 것이다. 이에 「상사(象辭)」가 그[其] 볼에[輔] 머묾[艮]이라는 계사(繫辭)를 육오(六五 : --)가 중효(中爻)로서 정도를[正] 따르기[中] 때문[以]이다[也]라고 풀이한 것이 〈간기보(艮其輔) 이중정야(以中正也)〉이다.

敦艮之吉(돈간지길) 以厚終也(이후종야)

정직하고 진실하게[敦] 머묾이[艮之] 행복함이란[吉] 돈후하게[厚] 끝막음하기[終] 때문[以]이다[也].

간괘(艮卦 : ䷳) 상구(上九 : ━)의 효상(爻象)을 〈돈간(敦艮) 길(吉)〉이라고 계사(繫辭)한 것을 〈돈간지길(敦艮之吉) 이후종야(以厚終也)〉라고 풀이한다.

간괘(艮卦 : ䷳)의 상구(上九 : ━)는 정당한 자리에 있지 못하고, 육오(六五 : --)와는 양음(陽陰)의 사이인지라 이웃의 사귐[比]을 누리지만 연연하지 않으며, 구삼(九三 : ━)과는 둘 다 양(陽 : ━)인지라 서로 호응하지 않아[不應] 극위(極位)에 외로이 멈춤[艮]의 자족(自足)으로 즐거워하는 상구(上九 : ━)를 〈돈간(敦艮) 길(吉)〉이라고 계사(繫辭)한 것이다. 이에 「상사(象辭)」가 정직하고 진실하게[敦] 머묾이[艮之] 행복함[吉]이라는 계사(繫辭)를 상구(上九 : ━)가 극위(極位)에 이르러 돈후하게[厚] 끝막음하기[終] 때문[以]이다[也]라고 풀이한 것이 〈돈간지길(敦艮之吉) 이후종야(以厚終也)〉이다.

53 점괘(漸卦 : ䷴) 상사(象辭)

간하손상(艮下巽上) : 아래는[下] 간(艮 : ☶), 위는[上] 손(巽 : ☴).

풍산점(風山漸) : 바람과[風] 산은[山] 점이다[漸].

山上有木漸이다 君子以居賢德善俗한다 小子之厲는
산 상 유 목 점 군 자 이 거 현 덕 선 속 소 자 지 려

義无咎也이다 飮食衎衎은 不素飽也이다 夫征不復은
의 무 구 야 음 식 간 간 불 소 포 야 부 정 불 복

離群醜也이고 婦孕不育은 失其道也이며 利用禦寇는
이 군 추 야 부 잉 불 육 실 기 도 야 이 용 어 구

順相保也이다 或得其桷은 順以巽也이다 終莫之勝吉
순 상 보 야 혹 득 기 각 순 이 손 야 종 막 지 승 길

은 得所願也이다 其羽可用爲儀吉은 不可亂也이다
득 소 원 야 기 우 가 용 위 의 길 불 가 란 야

산(山) 위에[上] 나무가[木] 있음이[有] 점괘이다[漸]. 군자는[君子] (점괘를) 본받아[以] 현명하고[賢] 후덕하게[德] 살면서[居] 유약하기를[俗] 좋아한다[善]. 어린[小] 아이가[子之] 위태하다 함은[厲] 사람이 가야 할 길에는[義] 허물이[咎] 없는 것[无]이다[也]. 마시고[飮] 먹음이[食] 화락함은[衎衎] 그냥[素] 배불리 먹지 않음[不飽]이다[也]. 남편이[夫] 정벌 가서[征] 돌아오지 않음은[不復] 무리를[群] 떠나서[離] 추함[醜]이고[也], 아내가[婦] 아이를 배도[孕] 낳지 못함은[不育] 그[其] 도리를[道] 잃었음[失]이며[也], 도둑[寇] 막기를[禦] 행함이[用] 이로움은[利] 따르면서[順] 서로[相] 보호함[保]이다[也]. 그[其] 평평한 서까래를[桷] 찾을 수도 있다 함은[或得] 순종하여[順] 공손하기[巽] 때문[以]이다[也]. 끝내[終] 그것을[之] 막을 것이[勝] 없어[莫] 좋음은[吉] 바라는[願] 바를[所] 얻음[得]이다[也]. 그[其] 깃털을[羽] 사용할 수 있어[可用] 법도로[儀] 삼아[爲] 좋음은[吉] {그 무엇도 상구(上九)를} 어지럽힐[亂] 수 없음[不可]이다[也].

【지남(指南)】

山上有木漸(산상유목점) 君子以居賢德善俗(군자이거현덕선속)

산(山) 위에[上] 나무가[木] 있음이[有] 점괘이다[漸]. 군자는[君子] (점괘를) 본받아[以] 현명하고[賢] 후덕하게[德] 살면서[居] 유약하기를[俗] 좋아한다[善].

점괘(漸卦 : ䷴)의 괘상(卦象)을 〈점(漸) 여귀(女歸) 길(吉) 이정(利貞)〉이라고 계사(繫辭)한 것을 〈산상유목점(山上有木漸) 군자이거현덕선속(君子以居賢德善俗)〉이라고 풀이한다.

앞 간괘(艮卦 : ䷳)의 〈간(艮)〉은 머묾[艮]이다. 머묾이 다하면 〈점(漸)〉 즉 발전해감[漸]이 자연의[天] 규율[道]이다. 따라서 간괘(艮卦 : ䷳) 다음에 점괘(漸卦 : ䷴)가 온 것이다. 점괘(漸卦 : ䷴)의 괘체(卦體)는 간하손상(艮下巽上)이다. 손(巽 : ☴)은 나무[木]이고, 간(艮 : ☶)은 산(山)이다. 간(艮 : ☶) 위에 손(巽 : ☴)이 있으니 산(山) 위에 나무[木]가 있는 모습이 점괘(漸卦 : ䷴)이다. 속성재배(速成栽培)란 인간의 짓이지 자연에는 오로지 점진적(漸進的)인 성장이 있을 뿐이다. 이처럼 〈점(漸)〉 즉 점진적(漸進的)인 진행을 들어 점괘(漸卦 : ䷴)를 〈점(漸) 여귀(女歸) 길(吉) 이정(利貞)〉이라고 괘사(卦辭)한 것이다. 이에 「상사(象辭)」가 산(山) 위에[上] 나무들이[木] 있음[有]이 점괘[漸]의 괘상(卦象)이라고 밝힌 다음, 군자는[君子] 점괘(漸卦 : ䷴)를 본받아[以] 현명하고[賢] 후덕하게[德] 거처하면서[居] 유약함을[俗] 좋아한다[善]고 풀이한 것이 〈산상유목점(山上有木漸) 군자이거현덕선속(君子以居賢德善俗)〉이다.

小子之厲(소자지려) 義无咎也(의무구야)

어린[小] 아이가[子之] 위태하다 함은[厲] 사람이 가야 할 길에는[義] 허물이[咎] 없는 것[无]이다[也].

점괘(漸卦 : ䷴) 초륙(初六 : --)의 효상(爻象)을 〈홍점우간(鴻漸于干) 소자려(小子厲) 유언(有言) 무구(无咎)〉라고 계사(繫辭)한 것을 〈소자지려(小子之厲) 의무구야(義无咎也)〉라고 풀이한다.

점괘(漸卦 : ䷴)의 초륙(初六 : --)은 정당한 자리에 있지 못하고, 육이(六二 : --)와는 둘 다 음(陰 : --)인지라 이웃의 사귐[比]을 누리지 못한다. 육사(六四 : --)와도 둘 다 음(陰 : --)인지라 서로 호응하지 못하는[不應] 처지이어서, 점괘(漸卦 : ䷴)의 초륙(初六 : --)은 간괘(艮卦 : ䷳)의 초륙(初六 : --)같아 유약(柔弱)하여 얌전하되 확고하지는 못하지만 그렇다고 자책할 것 없는 초륙(初六 : --)을 〈홍점우간(鴻漸于干) 소자려(小子厲) 유언(有言) 무구(无咎)〉라고 밝힌다. 이에 「상사(象辭)」가 어린 사내의[小子之] 위태함[厲]이라는 계사(繫辭)를 도움 받지 않고 소년이[小子] 산의 도랑물에[于干] 가까워지려[漸] 함은 스스로 섭세(涉世) 즉 세파를[世] 헤쳐가려는[涉] 사람의 길[義]인지라 허물할 것이[咎] 없음[无]이다[也]라고 풀이한 것이 〈소자지려(小子之厲) 의무구야(義无咎也)〉이다.

飮食衎衎(음식간간) 不素飽也(불소포야)

마시고[飮] 먹음이[食] 화락함은[衎衎] 그냥[素] 배불리 먹지 않음[不飽]이다[也].

점괘(漸卦 : ䷴) 육이(六二 : --)의 효상(爻象)을 〈홍점우반(鴻漸于磐) 음식간간(飮食衎衎) 길(吉)〉이라고 계사(繫辭)한 것을 〈음식간간(飮食衎衎) 불소포야(不素飽也)〉라고 풀이한다.

점괘(漸卦 : ䷴)의 육이(六二 : --)는 정당한 자리에 있고, 구삼(九三 : —)과는 음양(陰陽)인지라 이웃의 사귐[比]을 누릴 수 있지만, 구오(九五 : —)와도 음양(陰陽)의 사이인지라 중효(中爻)로서 서로 누릴 수 있는 중정(中正)과 정응(正應)의 나눔을 치중하면서 득중(得中) 즉 정도를 따름을[中] 취하여[得], 관유(寬柔)한 육이(六二 : --)를 〈홍점우반(鴻漸于磐) 음식간간(飮食衎衎) 길(吉)〉이라고 계사(繫辭)한 것이다. 이에 「상사(象辭)」가 마시고[飮] 먹으면서[食] 어울려 즐거워하는 모습[衎衎]이라는 계사(繫辭)를 하는 일 없이 공짜로[素] 배불리 먹는 짓이[飽] 아닌 것[不]이다[也]라고 풀이한 것이 〈음식간간(飮食衎衎) 불소포야(不素飽也)〉이다.

夫征不復(부정불복) 離群醜也(이군추야) 婦孕不育(부잉불

육) 失其道也(실기도야) 利用禦寇(이용어구) 順相保也(순상보야)

남편이[夫] 정벌 가서[征] 돌아오지 않음은[不復] 무리를[群] 떠나서[離] 추함[醜]이고[也], 아내가[婦] 아이를 배도[孕] 낳지 못함은[不育] 그[其] 도리를[道] 잃었음[失]이며[也], 도둑[寇] 막기를[禦] 행함이[用] 이로움은[利] 따르면서[順] 서로[相] 보호함[保]이다[也].

점괘(漸卦 : ䷴) 구삼(九三 : ⚊)의 효상(爻象)을 〈홍점우륙(鴻漸于陸) 부정불복(夫征不復) 부잉불육(婦孕不育) 흉(凶) 이어구(利禦寇)〉라고 계사(繫辭)한 것을 〈부정불복(夫征不復) 이군추야(離群醜也) 부잉불육(婦孕不育) 실기도야(失其道也) 이용어구(利用禦寇) 순상보야(順相保也)〉라고 풀이한다.

점괘(漸卦 : ䷴)의 구삼(九三 : ⚊)은 정당한 자리에 있고, 육사(六四 : ⚋)와는 양음(陽陰)의 사이인지라 이웃의 사귐[比]을 누릴 수 있지만, 구오(九五 : ⚊)와 상구(上九 : ⚊) 두 양기(陽氣 : ⚊) 밑에 엎드려 있는 처지인 육사(六四 : ⚋)로부터 적극적인 도움을 받기 어려운 모습이다. 상구(上九 : ⚊)와는 양양(兩陽)의 사이인지라 불응(不應) 즉 서로 응하지 못해 도움을 주고받지 못하는 처지이지만, 점괘(漸卦 : ䷴)의 하체(下體) 간(艮 : ☶)의 상효(上爻)로서 중위(中位)를 벗어나 상하체(上下體)의 어름에 있어 상체(上體)로 상진(上進)하려는 뜻이 강한지라, 견강함에 치우친 나머지 상진(上進)하려는 뜻을 펴지만 이루기가 어려운 구삼(九三 : ⚊)을 〈홍점우륙(鴻漸于陸) 부정불복(夫征不復) 부잉불육(婦孕不育) 흉(凶) 이어구(利禦寇)〉라고 계사(繫辭)한 것이다.

이에 「상사(象辭)」가 남편이[夫] 행진하여[征] 돌아오지 못한다[不復]는 계사(繫辭)를 점괘(漸卦 : ䷴) 하체(下體)의 무리[群] 즉 초륙(初六 : ⚋)-육이(六二 : ⚋) 등과 상화(相和)하려 않고 끊어버림은[離] 부끄러운 것[醜]이다[也]라고 풀이하고, 부인이[婦] 임신했어도[孕] 아이를 낳지 못한다[不育]는 계사(繫辭)를 그[其] 강유상화(剛柔相和)의 정도를[道] 잃은 것[失]이다[也]라고 풀이하며, 정도(正道)를 도둑질하고 해치는 도적을[寇] 대적하여 막아내면[用禦] 이롭다[利]는 계사(繫辭)를 강강(剛强)에 치우치지 않고 유순하여[順] 서로[相] 보호하는 것[保]이다[也]라고 풀이한 것이 〈부정불복(夫征不復) 이군추야(離群醜也) 부잉불육(婦孕不育) 실기도야(失其道也) 이용어구(利用禦寇) 순상보야(順相保也)〉이다.

或得其桷(혹득기각) 順以巽也(순이손야)

그[其] 평평한 서까래를[桷] 찾을 수도 있다 함은[或得] 순종하여[順] 공손하기[巽] 때문[以]이다[也].

점괘(漸卦 : ䷴) 육사(六四 : --)의 효상(爻象)을 〈홍점우목(鴻漸于木) 혹득기각(或得其桷) 무구(无咎)〉라고 계사(繫辭)한 것을 〈혹득기각(或得其桷) 순이손야(順以巽也)〉라고 풀이한다.

점괘(漸卦 : ䷴)의 육사(六四 : --)는 정당한 자리에 있고, 아래의 구삼(九三 : —)과는 음양(陰陽)의 사이인지라 이웃의 사귐[比]을 누릴 수 있는 처지이지만, 구오(九五 : —)와 상구(上九 : —) 두 양기(陽氣 : —) 밑에 엎드린 몸가짐을 취하면서 유순(柔順)하고 공손히 대하는 모습이다. 아래로는 구삼(九三 : —)에게 도움을 주지는 못하지만 이웃으로 밀접하게 지내고자 하는지라, 삼양(三陽 : —)으로부터 호의(好意)를 얻고자 하는 육사(六四 : --)를 〈홍점우목(鴻漸于木) 혹득기각(或得其桷) 무구(无咎)〉라고 계사(繫辭)한 것이다. 이에 「상사(象辭)」가 튼튼하고 반반한 서까래를[桷] 찾아낼 수도 있다[或得]는 계사(繫辭)를 육사(六四 : --)가 위아래의 양기(陽氣 : —)를 순종하여[順] 공손하기[巽] 때문[以]이다[也]라고 풀이한 것이 〈혹득기각(或得其桷) 순이손야(順以巽也)〉이다.

終莫之勝吉(종막지승길) 得所願也(득소원야)

끝내[終] 그것을[之] 막을 것이[勝] 없어[莫] 좋음은[吉] 바라는[願] 바를[所] 얻음[得]이다[也].

점괘(漸卦 : ䷴) 구오(九五 : —)의 효상(爻象)을 〈홍점우릉(鴻漸于陵) 부삼세불잉(婦三歲不孕) 종막지승(終莫之勝) 길(吉)〉이라고 계사(繫辭)한 것을 〈종막지승길(終莫之勝吉) 득소원야(得所願也)〉라고 풀이한다.

점괘(漸卦 : ䷴)의 구오(九五 : —)는 정당한 자리에 있고, 육사(六四 : --)와는 양음(陽陰)의 사이인지라 이웃의 사귐[比]을 누릴 수 있으며, 상구(上九 : —)와는 양양(兩陽)의 사이인지라 이웃의 사귐을 누리지 못한다. 육이(六二 : --)와는 서로 정위(正位)에 있어서 중정(中正)과 정응(正應)을 누리며, 득중(得中) 즉 정도를 따름을[中] 취해서[得] 강건(剛健)한 군왕(君王)의 모습인 구오(九五 : ─)를 〈홍점우릉(鴻漸于陵) 부삼세불잉(婦三歲不孕) 종막지승(終莫之勝) 길(吉)〉이라고 계사(繫辭)한 것이다. 이에 「상사(象辭)」가 구오(九五 : ─)와 육이(六二 : --)가 중정(中正)과 정응(正應)으로써 누리는 음양상응(陰陽相應)을[之] 가로막을 수 있는 것이란[勝] 끝내는[終] 없어[莫] 좋다[吉]고 밝힌 계사(繫辭)를 구오(九五 : ─)가 원하는[願] 바를[所] 이루는 것[得]이다[也]라고 풀이한 것이 〈종막지승길(終莫之勝吉) 득소원야(得所願也)〉이다.

其羽可用爲儀吉(기우가용위의길) 不可亂也(불가란야)

그[其] 깃털을[羽] 사용할 수 있어[可用] 법도로[儀] 삼아[爲] 좋음은[吉] {그 무엇도 상구(上九)를} 어지럽힐[亂] 수 없음[不可]이다[也].

점괘(漸卦 : ䷴) 상구(上九 : ─)의 효상(爻象)을 〈홍점우륙(鴻漸于陸) 기우가용위의(其羽可用爲儀) 길(吉)〉이라고 계사(繫辭)한 것을 〈기우가용위의길(其羽可用爲儀吉) 불가란야(不可亂也)〉라고 풀이한다.

점괘(漸卦 : ䷴)의 상구(上九 : ─)는 정당한 자리에 있지 못하고, 구오(九五 : ─)와는 양양(兩陽)의 사이인지라 이웃의 사귐[比]을 누릴 수 없으며, 구삼(九三 : ─)과도 양양(兩陽)인지라 불응(不應) 즉 서로 호응하지 못해 가까이할 데가[親] 없는[無] 지경이지만, 점괘(漸卦 : ䷴)의 극위(極位)에 오른지라 어느 것에도 걸림 없이 천공(天空) 높이 훨훨 날아가는 큰 기러기[鴻] 같은 상구(上九 : ─)를 〈홍점우륙(鴻漸于陸) 기우가용위의(其羽可用爲儀) 길(吉)〉이라고 계사(繫辭)한 것이다. 이에 「상사(象辭)」가 상구(上九 : ─)가 큰 기러기의[其] 깃털을[羽] 활용할[用] 수 있어서[可] 법도로[儀] 삼아[爲] 길하다[吉]고 밝힌 계사(繫辭)를 그 무엇도 상구(上九 : ─)를 어지럽힐[亂] 수 없는 것[不可]이다[也]라고 풀이한 것이 〈기우가용위의길(其羽可用爲儀吉) 불가란야(不可亂也)〉이다.

54 귀매괘(歸妹卦 : ䷵) 상사(象辭)

태하진상(兌下震上) : 아래는[下] 태(兌 : ☱), 위는[上] 진(震 : ☳).

뇌택귀매(雷澤歸妹) : 우레와[雷] 못은[澤] 귀매이다[歸妹].

澤上有雷歸妹이다 君子以永終知敝한다 歸妹以娣는 以恒也이다 跛能履吉은 相承也이다 利幽人之貞은 未變常也이다 歸妹以須는 未當也이다 愆期之志는 有待而行也이다 帝乙歸妹함에 不如其娣之袂良也는 其位在中하여 以貴行也이다 上六无實은 承虛筐也이다

택상유뢰귀매 군자이영종지폐 귀매이제 이항야 파능리길 상승야 이유인지정 미변상야 귀매이수 미당야 건기지지 유대이행야 제을귀매 불여기제지몌량야 기위재중 이귀행야 상륙무실 승허광야

못[澤] 위에[上] 우레가[雷] 있음이[有] 귀매괘이다[歸妹]. 군자는[君子] (귀매괘를) 본받아[以] 대를 잇는 일을[終] 영원히 하고[永] 이지러지니 새로 잇게 함을[弊] 안다[知]. 첩실[娣]로써[以] 누이동생을[妹] 시집보냄은[歸] 항구하게 하기[恒] 때문[以]이다[也]. 절뚝발이가[跛] 걸을[履] 수 있어서[能] 좋다 함은[吉] 서로[相] 받드는 것[承]이다[也]. 숨어 사는[幽] 사람의[人之] 진실한 미더움이[貞] 이로움은[利] 상덕을[常] 훼손하지 않음[未變]이다[也]. 시집갈[歸] 누이동생이[妹] 기다리고 있음이란[以須] (시집가기에) 마땅치 않음[未當]이다[也]. (시집보낼) 시기가[期] 지나치게[愆之] 하는 뜻은[志] (좋은 배필을) 기다리면[待而] (시집보내기를) 시행함이[行] 있을 것[有]이다[也]. 은나라 임금 제을이[帝乙] 누이동생을[妹] 시집보내는데[歸] (누이동생의 옷소매가) 그[其] 첩실의[娣之] 옷소매만큼[如袂] 정교하지 않음[不良]이란[也] 그[其] 자리가[位] 정도를 따름에[中] 있음[在]으로써[以] 존귀하게[貴] 행실함[行]이다[也]. 상륙에게[上六] 과일이[實] 없음은[无] 빈[虛] 광주리를[筐] 받쳐 든 것[承]이다[也].

【지남(指南)】

澤上有雷歸妹(택상유뢰귀매) 君子以永終知敝(군자이영종지폐)

못[澤] 위에[上] 우레가[雷] 있음이[有] 귀매괘이다[歸妹]. 군자는[君子] (귀매괘를) 본받아[以] 대를 잇는 일을[終] 영원히 하고[永] 이지러지니 새로 잇게 함을[弊] 안다[知].

귀매괘(歸妹卦 : ䷵)의 괘상(卦象)을 〈귀매(歸妹) 정흉(征凶) 무유리(无攸利)〉라고 계사(繫辭)한 것을 〈택상유뢰귀매(澤上有雷歸妹) 군자이영종지폐(君子以永終知敝)〉라고 풀이한다.

앞 점괘(漸卦 : ䷴)의 〈점(漸)〉은 나아감[進]이다. 진필유소귀(進必有所歸) 즉 나아감에는[進] 반드시[必] 돌아올[歸] 바가[所] 있음[有]이 자연의[天] 이치[道]이다. 따라서 점괘(漸卦 : ䷴) 다음에 귀매괘(歸妹卦 : ䷵)가 온 것이다. 귀매괘(歸妹卦 : ䷵)는 앞 점괘(漸卦 : ䷴)의 도괘(倒卦) 즉 거꾸로 된[倒] 괘(卦)로 드러난다. 이는 진여귀(進與歸) 즉 나아감과[進與] 돌아옴[歸]이 상반됨을 암시한다.

진(震 : ☳)의 괘속(卦屬)이 큰아들[長子]이고 태(兌 : ☱)의 괘속이 작은딸[少女] 즉 누이동생[妹]임을 들어, 태(兌 : ☱)의 소녀(少女)가 진(震 : ☳)의 장남(長男)에게로 귀매(歸妹) 즉 소녀가[妹] 시집가는[歸] 모습을 〈귀매(歸妹) 정흉(征凶) 무유리(无攸利)〉라고 계사(繫辭)한 것이다. 이에 「상사(象辭)」가 못[澤] 위에[上] 우레가[雷] 있음[有]이 귀매괘(歸妹卦 : ䷵)의 괘상(卦象)이라고 밝힌 다음, 군자는[君子] 귀매괘(歸妹卦 : ䷵)의 괘상(卦象)을 본받아[以] 〈영종(永終)〉 즉 아들딸을 낳아 길러내 대를 잇는 일을[終] 영원히 하면서[永] 〈지폐(知敝)〉 즉 어떤 것이든 다하여 이지러짐이 있으니 이어가게 하는 도리를[敝] 안다[知]고 풀이한 것이 〈택상유뢰귀매(澤上有雷歸妹) 군자이영종지폐(君子以永終知敝)〉이다.

歸妹以娣(귀매이제) 以恒也(이항야) 跛能履吉(파능리길) 相承也(상승야)

첩실[娣]로써[以] 누이동생을[妹] 시집보냄은[歸] 항구하게 하기

[恒] 때문[以]이다[也]. 절뚝발이가[跛] 걸을[履] 수 있어서[能] 좋다 함은[吉] 서로[相] 받드는 것[承]이다[也].

귀매괘(歸妹卦 : ䷵) 초구(初九 : ⚊)의 효상(爻象)을 〈귀매이제(歸妹以娣) 파능리(跛能履) 정길(征吉)〉이라고 계사(繫辭)한 것을 〈귀매이제(歸妹以娣) 이항야(以恒也) 파능리길(跛能履吉) 상승야(相承也)〉라고 풀이한다.

귀매괘(歸妹卦 : ䷵)의 초구(初九 : ⚊)는 정당한 자리에 있고, 구이(九二 : ⚊)와는 둘 다 양(陽 : ⚊)인지라 이웃의 사귐[比]을 누리지 못하며, 구사(九四 : ⚊)와도 양양(兩陽)인지라 서로 호응하지 못하는[不應] 사이이어서, 초구(初九 : ⚊)가 사고무친(四顧無親)의 처지이지만 견강(堅强)함을 잃지 않는 모습을 〈귀매이제(歸妹以娣) 파능리(跛能履) 정길(征吉)〉이라 계사(繫辭)한 것이다. 이에 「상사(象辭)」가 첩실[娣]로써[以] 누이동생을[妹] 시집보낸다[歸]는 계사(繫辭)를 자매(姉妹)가 안거하는 것이기[恒] 때문[以]이다[也]라고 풀이하고, 절뚝발이라도[跛] 걸을[履] 수 있어서[能] 길하다[吉]는 계사(繫辭)를 한 남편을 자매(姉妹)가 서로[相] 받드는 것[承]이다[也]라고 풀이한 것이 〈귀매이제(歸妹以娣) 이항야(以恒也) 파능리길(跛能履吉) 상승야(相承也)〉이다.

利幽人之貞(이유인지정) 未變常也(미변상야)

숨어 사는[幽] 사람의[人之] 진실한 미더움이[貞] 이로움은[利] 상덕을[常] 훼손하지 않음[未變]이다[也].

귀매괘(歸妹卦 : ䷵) 구이(九二 : ⚊)의 효상(爻象)을 〈묘능시(眇能視) 이유인지정(利幽人之貞)〉이라고 계사(繫辭)한 것을 〈이유인지정(利幽人之貞) 미변상야(未變常也)〉라고 풀이한다.

귀매괘(歸妹卦 : ䷵)의 구이(九二 : ⚊)는 정당한 자리에 있지 못하고, 육삼(六三 : ⚋)과는 양음(陽陰)의 사이인지라 이웃의 사귐[比]을 누린다. 육오(六五 : ⚋)와는 서로 부정위(不正位)에 있어서 중정(中正)을 누리지는 못하지만 양음(陽陰)의 사이인지라 정응(正應) 즉 바르게[正] 호응하면서[應], 득중(得中) 즉 정도를 따름을[中] 취하여[得] 상화(相和)하는 구이(九二 : ⚊)를 〈묘능시(眇能視) 이유인지정(利幽人之貞)〉이라 계사(繫辭)한 것이다. 이에 「상사(象辭)」가 구이(九二 : ━)에게 광채를 감추고 어둠을 취하는[幽] 사람의[人之] 진실한 미더움이[貞] 이롭다[利]는 계사(繫辭)를 상덕을[常] 훼손하지 않음[未變]이다[也]라고 풀이한 것이 〈이유인지정(利幽人之貞) 미변상야(未變常也)〉이다.

歸妹以須(귀매이수) 未當也(미당야)

시집갈[歸] 누이동생이[妹] 기다리고 있음이란[以須] (시집가기에) 마땅치 않음[未當]이다[也].

귀매괘(歸妹卦 : ䷵) 육삼(六三 : ╍)의 효상(爻象)을 〈귀매이수(歸妹以須) 반귀이제(反歸以娣)〉라고 계사(繫辭)한 것을 〈귀매이수(歸妹以須) 미당야(未當也)〉라고 풀이한다.

귀매괘(歸妹卦 : ䷵)의 육삼(六三 : ╍)은 정당한 자리에 있지 못하고, 구사(九四 : ━)와는 음양(陰陽)의 사이인지라 이웃의 사귐[比]을 누릴 사이이지만 서로 부당(不當)한 자리에 있는지라 여의치 못하다. 상륙(上六 : ╍)과는 둘 다 음(陰 : ╍)인지라 불응(不應) 즉 서로 호응하지 못해 스스로 행동하기가 어려운 육삼(六三 : ╍)을 〈귀매이수(歸妹以須) 반귀이제(反歸以娣)〉라고 계사(繫辭)한 것이다. 이에 「상사(象辭)」가 시집갈[歸] 누이동생이[妹] 기다리고 있다[以須]는 계사(繫辭)를 부덕(不德)하여 시집갈 처지가 마땅치 않음[未當]이다[也]라고 풀이한 것이 〈귀매이수(歸妹以須) 미당야(未當也)〉이다.

愆期之志(건기지지) 有待而行也(유대이행야)

(시집보낼) 시기가[期] 지나치게[愆之] 하는 뜻은[志] (좋은 배필을) 기다리면[待而] (시집보내기를) 시행함이[行] 있을 것[有]이다[也].

귀매괘(歸妹卦 : ䷵) 구사(九四 : ━)의 효상(爻象)을 〈귀매건기(歸妹愆期) 지귀유시(遲歸有時)〉라고 계사(繫辭)한 것을 〈건기지지(愆期之志) 유대이행야(有待而行也)〉라고 풀이한다.

귀매괘(歸妹卦 : ䷵)의 구사(九四 : ━)는 정당한 자리에 있지 못하고, 육오(六五 : ╍)와는 양음(陽陰)의 사이인지라 이웃의 사귐[比]을 누리며, 초구(初九 : ━)

와는 둘 다 양(陽 : ━)인지라 서로 호응하지 못해[不應] 서둘지 않고 기다려보는 구사(九四 : ━)를 〈귀매건기(歸妹愆期) 지귀유시(遲歸有時)〉라고 계사(繫辭)한 것이다. 이에 「상사(象辭)」가 누이동생을 시집보낼 시기가[期] 지나치게[愆之] 하는 뜻[志]이라는 계사(繫辭)를 기다리면[待而] 시행함이[行] 있을 것[有]이다[也]라고 풀이한 것이 〈건기지지(愆期之志) 유대이행야(有待而行也)〉이다.

帝乙歸媒(제을귀매) 不如其娣之袂良也(불여기제지메량야) 其位在中(기위재중) 以貴行也(이귀행야)

은나라 임금 제을이[帝乙] 누이동생을[妹] 시집보내는데[歸] (누이동생의 옷소매가) 그[其] 첩실의[娣之] 옷소매만큼[如袂] 정교하지 않음[不良]이란[也] 그[其] 자리가[位] 정도를 따름에[中] 있음[在]으로써[以] 존귀하게[貴] 행실함[行]이다[也].

귀매괘(歸妹卦 : ䷵) 육오(六五 : ╍)의 효상(爻象)을 〈제을귀매(帝乙歸媒) 기군지메불여기제지메량(其君之袂不如其娣之袂良) 월기망(月幾望) 길(吉)〉이라고 계사(繫辭)한 것을 〈제을귀매(帝乙歸媒) 불여기제지메량야(不如其娣之袂良也) 기위재중(其位在中) 이귀행야(以貴行也)〉라고 풀이한다.

귀매괘(歸妹卦 : ䷵)의 육오(六五 : ╍)는 정당한 자리에 있지 못하나 존위(尊位)에 있고, 상륙(上六 : ╍)과는 둘 다 음(陰 : ╍)의 사이인지라 이웃의 사귐[比]을 누리지 못한다. 구이(九二 : ━)와는 서로 부정위(不正位)에 있어서 중정(中正)을 함께 나누지는 못하지만 정응(正應) 즉 바르게[正] 호응하면서[應], 득중(得中) 즉 정도를 따름을[中] 취하여[得] 자신을 과시하지 않는 육오(六五 : ╍)를 〈제을귀매(帝乙歸媒) 기군지메불여기제지메량(其君之袂不如其娣之袂良) 월기망(月幾望) 길(吉)〉이라고 계사(繫辭)한 것이다. 이에 「상사(象辭)」가 제을이[帝乙] 누이동생을[妹] 시집보내는데[歸] 누이동생의 옷소매가 그[其] 첩실의[娣之] 옷소매만큼[如袂] 정교하지 않음[不良]이다[也]라는 계사(繫辭)를 그 여동생의[其] 자리가[位] 정도를 따르는[中] 자리에 있음[在]으로써[以] 존귀하게[貴] 행동한 것[行]이다[也]라고 풀이한 것이 〈제을귀매(帝乙歸媒) 불여기제지메량야(不如其娣之袂良也) 기위재중(其位在中) 이귀행야(以貴行也)〉이다.

上六无實(상륙무실) 承虛筐也(승허광야)

상륙에게[上六] 과일이[實] 없음은[无] 빈[虛] 광주리를[筐] 받쳐 든 것[承]이다[也].

귀매괘(歸妹卦 : ䷵) 상륙(上六 : --)의 효상(爻象)을 〈여승광무실(女承筐无實) 사규양무혈(士刲羊无血) 무유리(无攸利)〉라고 계사(繫辭)한 것을 〈상륙무실(上六无實) 승허광야(承虛筐也)〉라고 풀이한다.

귀매괘(歸妹卦 : ䷵)의 상륙(上六 : --)은 정당한 자리에 있고, 육오(六五 : --)와는 둘 다 음(陰 : --)의 사이인지라 이웃의 사귐[比]을 누리지 못하며, 육삼(六三 : --)과도 양음(兩陰)인지라 서로 호응하지 못해[不應], 극위(極位)에서 세상과 완전히 고립된 상륙(上六 : --)을 〈여승광무실(女承筐无實) 사규양무혈(士刲羊无血) 무유리(无攸利)〉라고 계사(繫辭)한 것이다. 이에 「상사(象辭)」가 극위(極位)에 있는 상륙에게[上六] 과일이[實] 없다[无]고 함은 빈[虛] 대광주리를[筐] 받쳐 든 것[承]이다[也]라고 풀이한 것이 〈상륙무실(上六无實) 승허광야(承虛筐也)〉이다.

55 풍괘(豐卦 : ䷶) 상사(象辭)

이하진상(離下震上) : 아래는[下] 이(離 : ☲), 위는[上] 진(震 : ☳).

뇌화풍(雷火豐) : 우레와[雷] 불은[火] 풍이다[豐].

雷電皆至豐이다 君子以折獄致刑한다 雖旬无咎는 過
뇌 전 개 지 풍 군 자 이 절 옥 치 형 수 순 무 구 과
旬災也이다 有孚發若은 信以發志也이다 豐其沛는 不可
순 재 야 유 부 발 약 신 이 발 지 야 풍 기 패 불 가
大事也이다 折其右肱은 終不可用也이다 豐其蔀는 位不
대 사 야 절 기 우 굉 종 불 가 용 야 풍 기 부 위 부
當也이고 日中見斗는 幽不明也이며 遇其夷主는 吉行也
당 야 일 중 견 두 유 불 명 야 우 기 이 주 길 행 야
이다 六五之吉은 有慶也이다 豐其屋은 天際翔也이고 闚
육 오 지 길 유 경 야 풍 기 옥 천 제 상 야 규
其户니 闃其无人은 自藏也이다
기 호 격 기 무 인 자 장 야

우레와[雷] 번개가[電] 모두[皆] 일어남이[至] 풍괘이다[豐]. 군자는[君子] (풍괘를) 본받아[以] 판결을[獄] 알맞게 하여[折] 형벌을[刑] 내린다[致]. 비록[雖] 같을지라도[旬] 허물이[咎] 없음은[无] 같음을[旬] 지나치게 하면[過] 위태롭다는 것[災]이다[也]. 진실한 믿음이[孚] 있음을[有] 드러낸다면[發若] {이는 육이(六二)가 육오(六五)에게} 믿음[信]으로써[以] 뜻을[志] 드러내는 것[發]이다[也]. 그[其] 장막이[沛] 풍대함은[豐] 크게[大] 일할[事] 수 없음[不可]이고[也], 그[其] 오른팔을[右肱] 꺾음은[折] 끝내[終] 쓸[用] 수 없음[不可]이다[也]. 그[其] 가리개가[蔀] 풍대함은[豐] 자리가[位] 마땅치 않음[不當]이고[也], 대낮에[日中] 북두칠성을[斗] 봄은[見] 깊고 아득해[幽] 밝지 않음[不明]이며[也], 그[其] 한패를[夷主] 만남은[遇] 행복하게[吉] 동행하는 것[行]이다[也]. 육오가[六五之] 길함은[吉] {육오(六五)에게 신하들의 현저함[章]을} 경하함이[慶] 있다는 것[有]이다[也]. 그[其] 집

이[屋] 풍대함은[豐] 하늘가로[天際] 높이 날아가는 것[翔]이고[也], 그[其] 지게문 틈으로[户] 엿보니[闚] 고요할[闃] 뿐[其] 사람들이[人] 없음은[无] 스스로[自] 감추는 것[藏]이다[也].

【지남(指南)】

雷電皆至豐(뇌전개지풍) 君子以折獄致刑(군자이절옥치형)

우레와[雷] 번개가[電] 모두[皆] 일어남이[至] 풍괘이다[豐]. 군자는[君子] (풍괘를) 본받아[以] 판결을[獄] 알맞게 하여[折] 형벌을[刑] 내린다[致].

풍괘(豐卦 : ䷶)의 괘상(卦象)을 〈풍(豐) 형(亨) 왕격지(王假之) 물우(勿憂) 의일중(宜日中)〉이라고 계사(繫辭)한 것을 〈뇌전개지풍(雷電皆至豐) 군자이절옥치형(君子以折獄致刑)〉이라고 풀이한다.

앞 귀매괘(歸妹卦 : ䷵)의 〈귀(歸)〉는 즉 시집감[歸]이다. 득기소귀자(得其所歸者) 즉 시집갈[歸] 데를[其所] 얻는[得] 이[者]가 자녀를 낳아 키우는 가정을 이루는 성대(盛大)함이란 자연의[天] 이치[道]이다. 따라서 귀매괘(歸妹卦 : ䷵) 다음에 풍괘(豐卦 : ䷶)가 온 것이다.

중천에 뜬 해는 얼마 못가 저물어가니 성대(盛大)하여 풍요한 때란 오래가지 못함이 또한 자연의[天] 이치[道]임을 유념하게 한다. 따라서 성대하여 풍요할수록 궁핍할 때를 생각해 풍요함을 귀하게 하고자 풍괘(豐卦 : ䷶)의 상하체(上下體)가 상자(相資) 즉 서로[相] 돕고 취하는[資] 풍괘(豐卦 : ䷶)의 모습을 〈풍(豐) 형(亨) 왕격지(王假之) 물우(勿憂) 의일중(宜日中)〉이라고 계사(繫辭)한 것이다. 이에 「상사(象辭)」가 전기와[電] 우레가[雷] 다함께[皆] 이름이[至] 풍괘[豐]라 밝힌 다음, 군자는[君子] 풍괘(豐卦 : ䷶)의 괘상(卦象)을 본받아[以] 옥사를[獄] 알맞게 하여[折] 형벌을[刑] 내린다[致]고 풀이한 것이 〈뇌전개지풍(雷電皆至豐) 군자이절옥치형(君子以折獄致刑)〉이다.

雖旬无咎(수순무구) 過旬災也(과순재야)

비록[雖] 같을지라도[旬] 허물이[咎] 없음은[无] 같음을[旬] 지나치게 하면[過] 위태롭다는 것[災]이다[也].

풍괘(豐卦 : ䷶) 초구(初九 : ⚊)의 효상(爻象)을 〈우기배주(遇其配主) 수순무구(雖旬无咎) 왕유상(往有尙)〉이라고 계사(繫辭)한 것을 〈수순무구(雖旬无咎) 과순재야(過旬災也)〉라고 풀이한다.

풍괘(豐卦 : ䷶)의 초구(初九 : ⚊)는 정당한 자리에 있고, 육이(六二 : ⚋)와는 양음(陽陰)의 사이인지라 이웃의 사귐[比]을 누린다. 구사(九四 : ⚊)와는 타괘(他卦)에서라면 둘 다 양(陽 : ⚊)인지라 서로 호응하지 못하는[不應] 처지이지만, 풍괘(豐卦 : ䷶)에서만은 풍괘(豐卦 : ䷶)의 하체(下體) 이(離 : ☲)의 명(明)과 상체(上體) 진(震 : ☳)의 동(動)이 아울러 풍괘(豐卦 : ䷶)의 주제인 〈풍(豐)〉 즉 풍대함[豐]인지라, 오히려 초구(初九 : ⚊)와 구사(九四 : ⚊)는 서로 짝[配]이 되어 상자(相資) 즉 서로[相] 돕고 취하는[資] 모습을 〈우기배주(遇其配主) 수순무구(雖旬无咎) 왕유상(往有尙)〉이라 계사(繫辭)한 것이다. 이에 「상사(象辭)」가 초구(初九 : ⚊)와 구사(九四 : ⚊)가 양양(兩陽) 즉 둘 다[兩] 양(陽 : ⚊)으로 같다[旬] 할지라도[雖] 허물은[咎] 없다[无]고 밝힌 계사(繫辭)를 그 같음을[旬] 지나치게 하면[過] {편강(偏剛) 즉 굳셈에[剛] 치우침[偏]인지라} 위태롭다는 것[災]이다[也]라고 풀이한 것이 〈수순무구(雖旬无咎) 과순재야(過旬災也)〉이다.

有孚發若(유부발약) 信以發志也(신이발지야)

진실한 믿음이[孚] 있음을[有] 드러낸다면[發若] {이는 육이(六二)가 육오(六五)에게} 믿음[信]으로써[以] 뜻을[志] 드러내는 것[發]이다[也].

풍괘(豐卦 : ䷶) 육이(六二 : ⚋)의 효상(爻象)을 〈풍기부(豐其蔀) 일중견두(日中見斗) 왕득의질(往得疑疾) 유부발약(有孚發若) 길(吉)〉이라고 계사(繫辭)한 것을 〈유부발약(有孚發若) 신이발지야(信以發志也)〉라고 풀이한다.

풍괘(豐卦 : ䷶)의 육이(六二 : ⚋)는 정당한 자리에 있고, 구삼(九三 : ⚊)과는 음양(陰陽)의 사이인지라 이웃의 사귐[比]을 누린다. 육오(六五 : ⚋)와는 타괘

(他卦)에서라면 양음(兩陰) 즉 둘 다[兩] 음(陰 : --)인지라 서로 호응하지 못하는[不應] 처지이지만, 풍괘(豐卦 : ䷶)에서만은 풍괘(豐卦 : ䷶)의 하체(下體) 이(離 : ☲)의 명(明)과 상체(上體) 진(震 : ☳)의 동(動)이 아울러 풍괘(豐卦 : ䷶)의 주제인 〈풍(豐)〉 즉 풍대함[豐]인지라, 오히려 육이(六二 : --)와 육오(六五 : --)는 풍괘(豐卦 : ䷶) 상하체(上下體)의 중효(中爻)로서 서로 상응(相應)하는 모습을 〈풍기부(豐其蔀) 일중견두(日中見斗) 왕득의질(往得疑疾) 유부발약(有孚發若) 길(吉)〉이라 계사(繫辭)한 것이다. 이에 「상사(象辭)」가 풍괘(豐卦 : ䷶)의 괘상(卦象)인 〈풍(豐)〉인 밝음과[明] 움직임의[動] 풍대함[豐]을 이룩하고자 하는 진실한 미더움이[孚] 육이(六二 : --)에게 있음을[有] 발휘한다면[發若]이라는 계사(繫辭)를, 육이(六二 : --)가 육오(六五 : --)에게 미더움[信]으로써[以] 명이동(明以動)의 뜻을[志] 발휘하는 것[發]이다[也]라고 풀이한 것이 〈유부발약(有孚發若) 신이발지야(信以發志也)〉이다.

豐其沛(풍기패) 不可大事也(불가대사야) 折其右肱(절기우굉) 終不可用也(종불가용야)

그[其] 장막이[沛] 풍대함은[豐] 크게[大] 일할[事] 수 없음[不可]이고[也], 그[其] 오른팔을[右肱] 꺾음은[折] 끝내[終] 쓸[用] 수 없음[不可]이다[也].

풍괘(豐卦 : ䷶) 구삼(九三 : —)의 효상(爻象)을 〈풍기패(豐其沛) 일중견매(日中見沬) 절기우굉(折其右肱) 무구(无咎)〉라고 계사(繫辭)한 것을 〈풍기패(豐其沛) 불가대사야(不可大事也) 절기우굉(折其右肱) 종불가용야(終不可用也)〉라고 풀이한다.

풍괘(豐卦 : ䷶)의 구삼(九三 : —)은 정당한 자리에 있고, 구사(九四 : —)와는 둘 다 양(陽 : —)의 사이인지라 이웃의 사귐[比]을 누리지 못한다. 상륙(上六 : --)과는 양음(陽陰)의 사이인지라 타괘(他卦)에서라면 정응(正應) 즉 서로 정도를 따라[正] 호응할[應] 처지이지만, 풍괘(豐卦 : ䷶)에서 극위(極位) 즉 상체(上體) 진(震 : ☳)의 상효(上爻)는 동지(動止) 즉 움직임이[動] 멈춤[止]의 자리이므로 상륙(上六 : --)이 구삼(九三 : —)과 상응(相應)하여 상자(相資) 즉 서로[相] 돕고 취할[資] 수 없는 처지라서, 풍괘(豐卦 : ䷶)의 괘상(卦象)인 명이동(明以動)의 〈풍(豐)〉

을 구삼(九三 : ⚊)이 이룩할 수 없는 참으로 딱한 모습을 〈풍기패(豐其沛) 일중견매(日中見沬) 절기우굉(折其右肱) 무구(无咎)〉라고 계사(繫辭)한 것이다. 이에 「상사(象辭)」가 그[其] 장막이[沛] 더해간다[豐]는 계사(繫辭)를 명이동(明以動)의 풍대함[豐]을 이루는 〈대사(大事)〉 즉 큰[大] 일을 할[事] 수 없다는 것[不可]이다[也]라고 풀이하고, 그[其] 오른쪽 팔뚝을[右肱] 잘림[折]이라는 계사(繫辭)를 구삼(九三 : ⚊)이 끝내[終] 상륙(上六 : ⚋)의 응(應)함을 이용할[用] 수 없다는 것[不可]이다[也]라고 풀이한 것이 〈풍기패(豐其沛) 불가대사야(不可大事也) 절기우굉(折其右肱) 종불가용야(終不可用也)〉이다.

豐其蔀(풍기부) 位不當也(위부당야) 日中見斗(일중견두) 幽不明也(유불명야) 遇其夷主(우기이주) 吉行也(길행야)

그[其] 가리개가[蔀] 풍대함은[豐] 자리가[位] 마땅치 않음[不當]이고[也], 대낮에[日中] 북두칠성을[斗] 봄은[見] 깊고 아득해[幽] 밝지 않음[不明]이며[也], 그[其] 한패를[夷主] 만남은[遇] 행복하게[吉] 동행하는 것[行]이다[也].

풍괘(豐卦 : ䷶) 구사(九四 : ⚊)의 효상(爻象)을 〈풍기부(豐其蔀) 일중견두(日中見斗) 우기이주(遇其夷主) 길(吉)〉이라고 계사(繫辭)한 것을 〈풍기부(豐其蔀) 위부당야(位不當也) 일중견두(日中見斗) 유불명야(幽不明也) 우기이주(遇其夷主) 길행야(吉行也)〉라고 풀이한다.

풍괘(豐卦 : ䷶)의 구사(九四 : ⚊)는 정당한 자리에 있지 못하고, 구삼(九三 : ⚊)과는 둘 다 양(陽 : ⚊)의 사이인지라 이웃의 사귐[比]을 누리지 못한다. 초구(初九 : ⚊)와는 타괘(他卦)에서라면 둘 다 양(陽 : ⚊)인지라 서로 호응하지 못하는[不應] 처지이지만, 풍괘(豐卦 : ䷶)에서만은 풍괘(豐卦 : ䷶)의 하체(下體) 이(離 : ☲)의 명(明)과 상체(上體) 진(震 : ☳)의 동(動)이 아울러 풍괘(豐卦 : ䷶)의 주제인 〈풍(豐)〉 즉 풍대함[豐]인지라 오히려 구사(九四 : ⚊)와 초구(初九 : ⚊)는 동배[夷]가 되어 상자(相資) 즉 서로[相] 돕고 취하는[資] 모습을 〈풍기부(豐其蔀) 일중견두(日中見斗) 우기이주(遇其夷主) 길(吉)〉이라고 계사(繫辭)한 것이다. 이에 「상사(象辭)」가 그[其] 가리개가[蔀] 커진다[豐]는 계사(繫辭)를 구사(九四 : ⚊)

의 자리가[位] 정당하지 못한 것[不當]이라[也] 풀이하고, 한낮에[日中] 북두칠성을[斗] 본다[見]는 계사(繫辭)를 어둑해져[幽] 밝지 못한 것[不明]이라[也] 풀이하며, 그[其] 동배의[夷] 주체를[主] 만난다[遇]는 계사(繫辭)를 구사(九四 : ⚊)와 초구(初九 : ⚊)가 행운을[吉] 누리는 것[行]이라[也] 풀이한 것이 〈풍기부(豐其蔀) 위부당야(位不當也) 일중견두(日中見斗) 유불명야(幽不明也) 우기이주(遇其夷主) 길행야(吉行也)〉이다.

六五之吉(육오지길) 有慶也(유경야)

육오가[六五之] 길함은[吉] {육오(六五)에게 신하들의 현저함[章]을} 경하함이[慶] 있다는 것[有]이다[也].

풍괘(豐卦 : ䷶) 육오(六五 : ⚋)의 효상(爻象)을 〈내장(來章) 유경예(有慶譽) 길(吉)〉이라고 계사(繫辭)한 것을 〈육오지길(六五之吉) 유경야(有慶也)〉라고 풀이한다.

풍괘(豐卦 : ䷶)의 육오(六五 : ⚋)는 정당한 자리에 있지 못하고, 상륙(上六 : ⚋)과는 둘 다 음(陰 : ⚋)의 사이인지라 이웃의 사귐[比]을 누리지 못한다. 육이(六二 : ⚋)와는 타괘(他卦)에서라면 양음(兩陰)인지라 불응(不應) 즉 서로 호응하지 못하는[不應] 처지이지만, 풍괘(豐卦 : ䷶)에서만은 풍괘(豐卦 : ䷶)의 하체(下體) 이(離 : ☲)의 명(明)과 상체(上體) 진(震 : ☳)의 동(動)이 아울러 풍괘(豐卦 : ䷶)의 주제인 〈풍(豐)〉 즉 풍대함[豐]인지라, 오히려 육오(六五 : ⚋)와 육이(六二 : ⚋)는 풍괘(豐卦 : ䷶) 상하체(上下體)의 중효(中爻)로서 서로 상응(相應)하게 되는 모습을 〈내장(來章) 유경예(有慶譽) 길(吉)〉이라고 계사(繫辭)한 것이다. 이에 「상사(象辭)」가 육오가[六五之] 행복을 누린다[吉]는 계사(繫辭)를 군왕으로서 육오(六五 : ⚋)에게 신하들의 공적(功績)이 〈장(章)〉 즉 현저함[章]을 경하함이[慶] 있는 것[有]이라[也] 풀이한 것이 〈육오지길(六五之吉) 유경야(有慶也)〉이다.

豐其屋(풍기옥) 天際翔也(천제상야) 闚其戶(규기호) 闃其无人(격기무인) 自藏也(자장야)

그[其] 집이[屋] 풍대함은[豐] 하늘가로[天際] 높이 날아가는 것[翔]이고[也], 그[其] 지게문 틈으로[戶] 엿보니[闚] 고요할[闃] 뿐

[其] 사람들이[人] 없음은[无] 스스로[自] 감추는 것[藏]이다[也].

풍괘(豐卦 : ䷶) 상륙(上六 : --)의 효상(爻象)을 〈풍기옥(豐其屋) 부기가(蔀其家) 규기호(闚其戶) 격기무인(闃其无人) 삼세부적(三歲不覿) 흉(凶)〉이라고 계사(繫辭)한 것을 〈풍기옥(豐其屋) 천제상야(天際翔也) 규기호(闚其戶) 격기무인(闃其无人) 자장야(自藏也)〉라고 풀이한다.

풍괘(豐卦 : ䷶)의 상륙(上六 : --)은 정당한 자리에 있고, 육오(六五 : --)와는 둘 다 음(陰 : --)의 사이인지라 이웃의 사귐[比]을 누리지 못한다. 구삼(九三 : ━)과는 타괘(他卦)에서라면 음양(陰陽)인지라 정응(正應) 즉 서로 정도를 따라[正] 호응할[應] 처지이지만, 풍괘(豐卦 : ䷶)에서 극위(極位) 즉 상체(上體) 진(震 : ☳)의 상효(上爻)는 동지(動止) 즉 움직임이[動] 멈춤[止]의 자리이므로 상륙(上六 : --)이 구삼(九三 : ━)과 정응(正應)하여 상자(相資) 즉 서로[相] 돕고 취할[資] 수 없는 처지라서 풍괘(豐卦 : ䷶)의 주제인 〈풍(豐)〉 즉 풍대함[豐]을 위해 구삼(九三 : ━)을 도와줄 수 없는 처지이다. 이처럼 상륙(上六 : --)의 효상(爻象)은 아래의 제효(諸爻)들과 절연(絶緣)하고 자장(自藏) 즉 스스로[自] 감춤[藏]인지라 상륙(上六 : --)이 불행함[凶]을 〈풍기옥(豐其屋) 부기가(蔀其家) 규기호(闚其戶) 격기무인(闃其无人) 삼세부적(三歲不覿) 흉(凶)〉이라고 계사(繫辭)한 것이다. 이에 「상사(象辭)」가 그[其] 집이[屋] 풍대하다[豐]는 계사(繫辭)를 하늘가로[天際] 날아오르는 것[翔]이라[也] 풀이하고, 그[其] 지게문으로[戶] 엿본다[闚]는 계사와 엿보아도 휑할[闃] 뿐[其] 사람이[人] 없다[无]는 계사를 스스로[自] 감추는 것[藏]이라[也] 풀이한 것이 〈풍기옥(豐其屋) 천제상야(天際翔也) 규기호(闚其戶) 격기무인(闃其无人) 자장야(自藏也)〉이다.

56 여괘(旅卦 : ䷷) 상사(象辭)

간하이상(艮下離上) : 아래는[下] 간(艮 : ☶), 위는[上] 이(離 : ☲).

화산려(火山旅) : 불과[火] 산은[山] 여이다[旅].

山上有火旅이다 君子以明愼用刑而不留獄한다 旅瑣
산 상 유 화 려 군 자 이 명 신 용 형 이 불 류 옥 여 쇄
瑣는 志窮災也이다 得童僕貞은 終无尤也이다 旅焚其
쇄 지 궁 재 야 득 동 복 정 종 무 우 야 여 분 기
次는 亦以傷矣이고 以旅與下하는 其義喪也이다 旅于
차 역 이 상 의 이 려 여 하 기 의 상 야 여 우
處는 未得位也이고 得其資斧는 心未快也이다 終以譽
처 미 득 위 야 득 기 자 부 심 미 쾌 야 종 이 예
命은 上逮也이다 以旅在上하니 其義焚也이고 喪牛于
명 상 체 야 이 려 재 상 기 의 분 야 상 우 우
易하니 終莫之聞也이다
역 종 막 지 문 야

산(山) 위에[上] 불이[火] 있음이[有] 여괘이다[旅]. 군자는[君子] (여괘를) 본받아[以] 명쾌하고[明] 신중하게[愼] 형벌을[刑] 내리되[用而] 판결을[獄] 미적대지 않는다[不留]. 길손이[旅] 자질구레한 일들로 비천해 보임은[瑣瑣] 뜻이[志] 궁색해져[窮] 어려워진 것[災]이다[也]. 아이[童] 몸종의[僕] 진실한 미더움을[貞] 얻음은[得] {육이(六二)에게} 끝내[終] 허물이[尤] 없음[无]이다[也]. 길손이[旅] 제[其] 숙소를[次] 불태웠음은[焚] 역시[亦] {강강(剛强)에 치우친} 때문에[以] 상처를 입는 것[傷]이고[矣], 그 때문에[以] 아랫사람과[下] 함께[與] 여행하는[旅] 그[其] 마땅함을[義] 잃은 것[喪]이다[也]. 길손이[旅] 처소를[處] 구함은[于] (정착할) 자리를[位] 아직 얻지 못한 것[未得]이고[也], 그[其] 경비와[資] 도끼를[斧] 얻었다 함은[得] 마음이[心] 아직 유쾌하지[快] 못하다는 것[未]이다[也]. 마침내[終] 명예와[譽] 천복을[命] 받음은[以] 하늘이[上] 내려준 것[逮]이다[也]. 길손

[旅]으로서[以] 정상에[上] 있으니[在] 그[其] 뜻함이[義] 불타버림[焚]이고[也], 들판[易]에서[于] 소를[牛] 잃었으니[喪] 끝내[終] (세상의 인심) 그것을[之] 귀담음이[聞] 없음[莫]이다[也].

【지남(指南)】

山上有火旅(산상유화려) 君子以明愼用刑而不留獄(군자이명신용형이불류옥)

산(山) 위에[上] 불이[火] 있음이[有] 여괘이다[旅]. 군자는[君子] (여괘를) 본받아[以] 명쾌하고[明] 신중하게[愼] 형벌을[刑] 내리되[用而] 판결을[獄] 미적대지 않는다[不留].

여괘(旅卦 : ䷷)의 괘상(卦象)을 〈여(旅) 소형(小亨) 여정(旅貞) 길(吉)〉이라고 계사(繫辭)한 것을 〈산상유화려(山上有火旅) 군자이명신용형이불류옥(君子以明愼用刑而不留獄)〉이라고 풀이한다.

여괘(旅卦 : ䷷)의 육효(六爻)는 저마다 새로운 풍대함[豐]을 찾아 나서는 여인(旅人) 즉 길손[旅人]들이다. 멈춰 있는 산(山)에서 산화(山火) 즉 산불이 붙은 것들이 다 타버리면 새것을 찾아 불길은 옮겨간다[旅]. 한곳에 멈춰 타기만 하면 불은 꺼지고 만다. 이처럼 불은 쉼 없이 옮겨 붙어야 불길이 살아난다. 멈춰 있는 산(山) 위에서 불이 바람을 따라 새 불길을 찾아 나서는 〈여(旅)〉 즉 옮겨감[旅]을 〈여(旅) 소형(小亨) 여정(旅貞) 길(吉)〉이라 계사(繫辭)한 것이다.

〈여(旅) 소형(小亨)〉은 여괘(旅卦 : ䷷)의 상체(上體) 이(離 : ☲)의 괘속(卦屬)을 들어 괘상(卦象)을 밝힌 괘사(卦辭)이다. 여괘(旅卦 : ䷷)의 하체(下體) 간(艮 : ☶) 즉 산(山)은 아래에서 〈지(止)〉 즉 멈춤[止]이고, 상체(上體) 이(離 : ☲) 즉 화(火)는 위에서 〈염(炎)〉 즉 불타올라[炎] 머문 곳을 뒤로하고 떠다니는 산불의 모습이다. 따라서 〈여(旅)〉는 〈기(羈)〉 즉 본래 살던 곳을 떠나 타방(他方)에 머무는 길손[羈]을 말한다. 〈소형(小亨)〉은 여괘(旅卦 : ䷷)의 상체(上體) 이(離 : ☲)의 중효(中爻)인 육오(六五 : --)의 효상(爻象)을 들어 〈여(旅)〉 즉 길손[旅]의 처지를 암시한다.

〈소형(小亨)의 소(小)〉는 육오(六五 : --)를 암시한다. 음(陰 : --)은 소(小) 즉 작음[小]이고 양(陽 : ㅡ)은 대(大) 즉 큼[大]이다. 여괘(旅卦 : ䷷)의 상체(上體) 이(離 : ☲)의 〈소(小)〉는 육오(六五 : --)뿐이다. 음질(陰質) 즉 음(陰 : --)의 본질[質]은 유순(柔順) 즉 부드럽고[柔] 따름[順]이다. 육오(六五 : --)가 중효(中爻)로서 무유사벽(無有邪僻) 즉 간사함과[邪] 치우침이[僻] 결코 없는[無有] 득중(得中) 즉 마음 가는 바를[中] 취하면서[得] 구사(九四 : ㅡ)와 상구(上九 : ㅡ)를 따름을 들어, 길손[旅]이 육오(六五 : --)의 유순(柔順)을 본받으면 아무리 낯선 곳일지라도 매사(每事)가 막힘없이 형통함[亨]을 암시한 괘사(卦辭)가 〈여(旅) 소형(小亨)〉이다. 이에 「상사(象辭)」가 산(山) 위에[上] 불이[火] 있음[有]이 여괘[旅]라 밝힌 다음, 군자는[君子] 여괘(旅卦 : ䷷)의 괘상(卦象)을 본받아[以] 이(離 : ☲)의 불처럼 밝게[明] 그리고 간(艮 : ☶)의 산(山)이 멈춰 있듯이 신중하게[愼] 형벌을[刑] 내리면서[用而] 판결을[獄] 미루지 않는다[不留]고 풀이한 것이 〈산상유화려(山上有火旅) 군자이명신용형이불류옥(君子以明愼用刑而不留獄)〉이다.

旅瑣瑣(여쇄쇄) 志窮災也(지궁재야)

길손이[旅] 자질구레한 일들로 비천해 보임은[瑣瑣] 뜻이[志] 궁색해져[窮] 어려워진 것[災]이다[也].

여괘(旅卦 : ䷷) 초륙(初六 : --)의 효상(爻象)을 〈여쇄쇄(旅瑣瑣) 사기소취재(斯其所取災)〉라고 계사(繫辭)한 것을 〈여쇄쇄(旅瑣瑣) 지궁재야(志窮災也)〉라고 풀이한다.

여괘(旅卦 : ䷷)의 초륙(初六 : --)은 정당한 자리에 있지 못하고, 육이(六二 : --)와는 둘 다 음(陰 : --)인지라 이웃의 사귐[比]을 누리지 못한다. 구사(九四 : ㅡ)와는 음양(陰陽)의 사이인지라 정응(正應) 즉 정도를 따라[正] 호응하는[應] 모습이지만, 맨 아랫자리라 사소한 일들로 마음 쓰는 비천(卑賤)한 초륙(初六 : --)을 〈여쇄쇄(旅瑣瑣) 사기소취재(斯其所取災)〉라고 계사(繫辭)한 것이다. 이에 「상사(象辭)」가 길을 떠나면서[旅] 자질구레한 일들로 신경을 써서 낮고 천한 모습[瑣瑣]이라는 계사(繫辭)를 마음 가는 바가[志] 궁색함[窮]이라 밝히고 그렇게 되면 나그넷길이 어렵게 되는 것[災]이라[也] 풀이한 것이 〈여쇄쇄(旅瑣瑣) 지궁재야

(志窮災也)〉이다.

得童僕貞(득동복정) 終无尤也(종무우야)

아이[童] 몸종의[僕] 진실한 미더움을[貞] 얻음은[得] {육이(六二)에게} 끝내[終] 허물이[尤] 없음[无]이다[也].

여괘(旅卦 : ䷷) 육이(六二 : --)의 효상(爻象)을 〈여즉차(旅卽次) 회기자(懷其資) 득동복정(得童僕貞)〉이라고 계사(繫辭)한 것을 〈득동복정(得童僕貞) 종무우야(終无尤也)〉라고 풀이한다.

여괘(旅卦 : ䷷)의 육이(六二 : --)는 정당한 자리에 있고, 구삼(九三 : ━)과는 음양(陰陽)의 사이인지라 이웃의 사귐[比]을 누리며, 육오(六五 : --)와는 둘 다 음(陰 : --)의 사이인지라 중정(中正)을 누리지는 못하지만, 여괘(旅卦 : ䷷)의 하체(下體) 간(艮 : ☶)의 중효(中爻)로서 육이(六二 : --)는 득중(得中) 즉 정도를 따름을[中] 취하기[得] 때문에 나그넷길[旅]을 수행함에 가장 좋은 모습을 〈여즉차(旅卽次) 회기자(懷其資) 득동복정(得童僕貞)〉이라 계사(繫辭)한 것이다. 이에 「상사(象辭)」가 사내아이 몸종의[童僕] 진실한 미더움을[貞] 얻음[得]이라는 계사(繫辭)를 육이(六二 : --)에게 끝내[終] 허물이[尤] 없는 것[无]이라[也] 풀이한 것이 〈득동복정(得童僕貞) 종무우야(終无尤也)〉이다.

旅焚其次(여분기차) 亦以傷矣(역이상의) 以旅與下(이려여하) 其義喪也(기의상야)

길손이[旅] 제[其] 숙소를[次] 불태웠음은[焚] 역시[亦] {강강(剛强)에 치우친} 때문에[以] 상처를 입는 것[傷]이고[矣], 그 때문에[以] 아랫사람과[下] 함께[與] 여행하는[旅] 그[其] 마땅함을[義] 잃은 것[喪]이다[也].

여괘(旅卦 : ䷷) 구삼(九三 : ━)의 효상(爻象)을 〈여분기차(旅焚其次) 상기동복(喪其童僕) 정려(貞厲)〉라고 계사(繫辭)한 것을 〈여분기차(旅焚其次) 역이상의(亦以傷矣) 이려여하(以旅與下) 기의상야(其義喪也)〉라고 풀이한다.

여괘(旅卦 : ䷷)의 구삼(九三 : ━)은 정당한 자리에 있고, 구사(九四 : ━)와는 둘 다 양(陽 : ━)의 사이인지라 이웃의 사귐[比]을 누리지 못한다. 상구(上九 : ━)와도 둘 다 양(陽 : ━)의 사이인지라 서로 응하지 못해[不應] 외로운 처지인데다, 여괘(旅卦 : ䷷)의 하체(下體) 간(艮 : ☶)의 상효(上爻)이니 자고(自高) 즉 자신을[自] 높이지[高] 말아야 함에도 자고(自高)하며 굳세고[剛] 강함[强]에 치우쳐[偏], 자하(自下) 즉 자신을[自] 낮추고[下] 자겸(自謙) 즉 자신을[自] 겸손하게[謙] 하는 여행자[旅]의 도리(道理)를 잃어 위태로운 구삼(九三 : ━)을 〈여분기차(旅焚其次) 상기동복(喪其童僕) 정려(貞厲)〉라 계사(繫辭)한 것이다. 이에 「상사(象辭)」가 여행자가[旅] 제[其] 숙소를[次] 불태웠다[焚]는 계사(繫辭)를 역시[亦] 편강강(偏剛强) 때문에[以] 상처를 입는 것[傷]이고[矣], 그 때문에[以] 아랫사람과[下] 함께[與] 여행한다는[旅] 그[其] 마땅함을[義] 상실한 것[喪]이라[也] 풀이한 것이 〈여분기차(旅焚其次) 역이상의(亦以傷矣) 이려여하(以旅與下) 기의상야(其義喪也)〉이다.

旅于處(여우처) 未得位也(미득위야) 得其資斧(득기자부) 心未快也(심미쾌야)

길손이[旅] 처소를[處] 구함은[于] (정착할) 자리를[位] 아직 얻지 못한 것[未得]이고[也], 그[其] 경비와[資] 도끼를[斧] 얻었다 함은[得] 마음이[心] 아직 유쾌하지[快] 못하다는 것[未]이다[也].

여괘(旅卦 : ䷷) 구사(九四 : ━)의 효상(爻象)을 〈여우처(旅于處) 득기자부(得其資斧) 아심불쾌(我心不快)〉라 계사(繫辭)한 것을 〈여우처(旅于處) 미득위야(未得位也) 득기자부(得其資斧) 심미쾌야(心未快也)〉라고 풀이한다.

여괘(旅卦 : ䷷)의 구사(九四 : ━)는 정당한 자리에 있지 못하고, 육오(六五 : ╍)와는 양음(陽陰)의 사이인지라 이웃의 사귐[比]을 누린다. 초륙(初六 : ╍)과도 양음(陽陰)의 사이인지라 서로[相] 호응하는[應] 처지인데다, 여괘(旅卦 : ䷷)의 상체(上體) 이(離 : ☲)의 하효(下爻)로서 여괘(旅卦 : ䷷)의 음위(陰位)에 있으면서 육오(六五 : ╍)와는 이웃의 사귐[比]을 나누고, 초륙(初六 : ╍)과는 서로 호응해[相應] 구삼(九三 : ━)같이 편강강(偏剛强) 즉 굳셈과[剛] 강함에[强] 치우침[偏]을 고집하지는 않아, 여행하면서[旅] 위험을 무릅쓰지 않는 구사(九四 : ━)를 〈여우처(旅于處) 득기자부(得其資斧) 아심불쾌(我心不快)〉라 계사(繫辭)한 것이다. 이에 「상사(象辭)」가 여행하면서[旅] 머물 데를[處] 구한다[于]는 계사(繫辭)를 구사(九四 : ⚊)가 양(陽 : ⚊)의 자리를[位] 취득하지 못한 것[未得]이라[也] 풀이하고, 자기의[其] 경비와[資] 도끼를[斧] 얻었다[得]는 계사(繫辭)를 심정이[心] 유쾌하지 못한 것[未快]이라[也] 풀이한 것이 〈여우처(旅于處) 미득위야(未得位也) 득기자부(得其資斧) 심미쾌야(心未快也)〉이다.

終以譽命(종이예명) 上逮也(상체야)

마침내[終] 명예와[譽] 천복을[命] 받음은[以] 하늘이[上] 내려준 것[逮]이다[也].

여괘(旅卦 : ䷷) 육오(六五 : ⚋)의 효상(爻象)을 〈사치(射雉) 일시망(一矢亡) 종이예명(終以譽命)〉이라고 계사(繫辭)한 것을 〈종이예명(終以譽命) 상체야(上逮也)〉라고 풀이한다.

여괘(旅卦 : ䷷)의 육오(六五 : ⚋)는 정당한 자리에 있지 못하고, 상구(上九 : ⚊)와는 음양(陰陽)의 사이인지라 이웃의 사귐[比]을 누린다. 육이(六二 : ⚋)와는 둘 다 음(陰 : ⚋)의 사이인지라 중정(中正)을 서로 나누어 누리지는 못하지만, 여괘(旅卦 : ䷷)의 상체(上體) 이(離 : ☲)의 중효(中爻)로서 득중(得中) 즉 정도를 따름을[中] 취하여[得] 천명(天命)을 어김없이 다하는 육오(六五 : ⚋)를 〈사치(射雉) 일시망(一矢亡) 종이예명(終以譽命)〉이라 계사(繫辭)한 것이다. 이에 「상사(象辭)」가 마침내[終] 예명을[譽命] 받았다[以]는 계사(繫辭)를 육오(六五 : ⚋)가 득중(得中)으로써 천명(天命)을 따랐기 때문에 위[上] 즉 하늘이 그 〈예명(譽命)〉을 내려준 것[逮]이라[也] 풀이한 것이 〈종이예명(終以譽命) 상체야(上逮也)〉이다.

以旅在上(이려재상) 其義焚也(기의분야) 喪牛于易(상우우역) 終莫之聞也(종막지문야)

길손[旅]으로서[以] 정상에[上] 있으니[在] 그[其] 뜻함이[義] 불타 버림[焚]이고[也], 들판[易]에서[于] 소를[牛] 잃었으니[喪] 끝내[終] (세상의 인심) 그것을[之] 귀담음이[聞] 없음[莫]이다[也].

여괘(旅卦 : ䷷) 상구(上九 : ⚊)의 효상(爻象)을 〈조분기소(鳥焚其巢) 여인선소후호도(旅人先笑後號咷) 상우우역(喪牛于易) 흉(凶)〉이라고 계사(繫辭)한 것을 〈이려재상(以旅在上) 기의분야(其義焚也) 상우우역(喪牛于易) 종막지문야(終莫之聞也)〉라고 풀이한다.

여괘(旅卦 : ䷷)의 상구(上九 : ⚊)는 정당한 자리에 있지 못하고, 아래의 육오(六五 : ⚋)와는 양음(陽陰)의 사이인지라 이웃의 사귐[比]을 누릴 수는 있겠지만 이미 극위(極位)에 있는지라 아래에 이웃의 사귐을 청할 처지가 되지 못한다. 구삼(九三 : ⚊)과는 둘 다 양(陽 : ⚊)인지라 서로 호응하지 않을[不應] 사이이고, 나아가 완고하고 거만한지라 아래의 유순중화(柔順中和)한 육오(六五 : ⚋)와는 완전히 상반된 편이어서 더는 갈 곳이 없어 외딴 상구(上九 : ⚊)를 〈조분기소(鳥焚其巢) 여인선소후호도(旅人先笑後號咷) 상우우역(喪牛于易) 흉(凶)〉이라 계사(繫辭)한 것이다. 이에 「상사(象辭)」가 길손의 여정[旅]으로써[以] 위에[上] 있으니[在] 그[其] 뜻이[義] 불사르는 것[焚]이라[也] 하고, 들판에서[于易] 소를[牛] 잃었다[喪]는 계사(繫辭)를 굳셈에만[剛] 치우쳐[偏] 끝내[終] 자기에 대한 세상 인심이 어떤지를[之] 들은 것이[聞] 없었음[莫]이라[也] 풀이한 것이 〈이려재상(以旅在上) 기의분야(其義焚也) 상우우역(喪牛于易) 종막지문야(終莫之聞也)〉이다.

57 손괘(巽卦 : ䷸) 상사(象辭)

손하손상(巽下巽上) : 아래도[下] 손(巽 : ☴), 위도[上] 손(巽 : ☴).

손위풍(巽爲風) : 손은[巽] 바람[風]이다[爲].

隨風巽이다 君子以申命行事한다 進退는 志疑也이다
수 풍 손 군 자 이 신 명 행 사 진 퇴 지 의 야

利武人之貞은 志治也이다 紛若之吉은 得中也이다 頻
이 무 인 지 정 지 치 야 분 약 지 길 득 중 야 빈

巽之吝은 志窮也이다 田獲三品은 有功也이다 九五之
손 지 린 지 궁 야 전 획 삼 품 유 공 야 구 오 지

吉은 位正中也이다 巽在牀下는 上窮也이고 喪其資斧
길 위 정 중 야 손 재 상 하 상 궁 야 상 기 자 부

는 正乎凶也이다
정 호 흉 야

바람을[風] 따라감이[隨] 손괘이다[巽]. 군자는[君子] (손괘를) 본받아[以] 명령을[命] 거듭하여[申] 매사를[事] 행한다[行]. 나아가기도 하고[進] 물러나기도 함은[退] 뜻이[志] 의심됨[疑]이다[也]. 무인의[武人之] 마음이 곧고 바름이[貞] 이로움은[利] 뜻이[志] 다스려짐[治]이다[也]. 많은 것[紛] 같음이[若之] 좋음은[吉] 정도를 따름을[中] 취함[得]이다[也]. 겸손한 행동을[巽] 자주 함이[頻之] 부끄러움은[吝] 뜻이[志] 궁색해짐[窮]이다[也]. 사냥 가서[田] 세 가지[三] 사냥감을[品] 획득함은[獲] 공로가[功] 있음[有]이다[也]. 구오가[九五之] 좋다 함은[吉] 자리가[位] 정도를[正] 따름[中]이다[也]. 겸손한 행동이[巽] 침상[牀] 아래에[下] 있음은[在] 윗사람이[上] 궁색함[窮]이고[也], 그[其] 경비와[資] 도끼를[斧] 잃었음은[喪] 바를 것[正]인가[乎] 나쁠 것[凶]이다[也].

【지남(指南)】

隨風巽(수풍손) 君子以申命行事(군자이신명행사)

바람을[風] 따라감이[隨] 손괘이다[巽]. 군자는[君子] (손괘를) 본받아[以] 명령을[命] 거듭하여[申] 매사를[事] 행한다[行].

손괘(巽卦 : ䷸)의 괘상(卦象)을 〈손(巽) 소형(小亨) 이유유왕(利有攸往) 이견대인(利見大人)〉이라고 계사(繫辭)한 것을 〈수풍손(隨風巽) 군자이신명행사(君子以申命行事)〉라고 풀이한다.

앞 여괘(旅卦 : ䷷)의 〈여(旅)〉는 용납(容納)해줄 데가 없는지라 새로운 삶터를 찾아나서는 길손[旅人]이다. 〈여(旅)〉 즉 길손[旅]은 낯선 곳을 마주하는지라 행동거지(行動擧止)가 겸손해야 한다. 여괘(旅卦 : ䷷)의 여(旅)〉는 〈출(出)〉 즉 나옴[出]이니 〈손괘(巽卦 : ䷸)의 손(巽)〉은 〈입(入)〉 즉 들어감[入]인지라, 여괘(旅卦 : ䷷) 다음에 손괘(巽卦 : ䷸)가 온 것이다. 손괘(巽卦 : ䷸)의 〈손(巽)〉은 겸손한 행동[巽]을 뜻한다. 이러한 손괘(巽卦 : ䷸)의 괘상(卦象)은 강강(剛强)한 이양(二陽 : ⚊) 아래로 유순(柔順)한 일음(一陰 : ⚋)이 엎드려 좇아 들어와 요행을 바라지 않고 때를 기다리는 모습을 들어 〈손(巽) 소형(小亨) 이유유왕(利有攸往) 이견대인(利見大人)〉이라 계사(繫辭)한 것이다. 이에 「상사(象辭)」가 손괘(巽卦 : ䷸)의 상하체(上下體)가 다 같이 손(巽 : ☴)인 괘상(卦象)을 바람을[風] 따라감[隨]이 손괘(巽卦 : ䷸)라고 풀이한 다음, 군자는[君子] 손괘(巽卦 : ䷸)의 괘상(卦象)을 본받아[以] 하늘의 명령을[命] 거듭하여[申] 매사를[事] 행한다[行]고 풀이한 것이 〈수풍손(隨風巽) 군자이신명행사(君子以申命行事)〉이다.

進退(진퇴) 志疑也(지의야) 利武人之貞(이무인지정) 志治也(지치야)

나아가기도 하고[進] 물러나기도 함은[退] 뜻이[志] 의심됨[疑]이다[也]. 무인의[武人之] 마음이 곧고 바름이[貞] 이로움은[利] 뜻이[志] 다스려짐[治]이다[也].

손괘(巽卦 : ䷸) 초륙(初六 : ⚋)의 효상(爻象)을 〈진퇴(進退) 이무인지정(利武

人之貞)〉이라 계사(繫辭)한 것을 〈진퇴(進退) 지의야(志疑也) 이무인지정(利武人之貞) 지치야(志治也)〉라고 풀이한다.

손괘(巽卦 : ䷸)의 초륙(初六 : --)은 정당한 자리에 있지 못하고, 구이(九二 : ―)와는 음양(陰陽)의 사이인지라 이웃의 사귐[比]을 누리며, 육사(六四 : --)와는 둘 다 음(陰 : --)의 사이인지라 서로[相] 호응하지 못하는[不應] 모습이고, 맨 아랫자리에서 위에 있는 두 강양(剛陽)에 순복(順服)하는 초륙(初六 : --)을 〈진퇴(進退) 이무인지정(利武人之貞)〉이라 계사(繫辭)한 것이다. 이에 「상사(象辭)」가 나아가고[進] 물러남[退]이라는 계사(繫辭)를 의지가[志] 확고하지 못해 의심하는 것[疑]이라[也] 풀이하고, 무인의[武人之] 진실한 미더움이[貞] 이롭다[利]는 계사(繫辭)를 의지가[志] 확고하여 혼란스럽지 않게 다스려진 것[治]이라[也] 풀이한 것이 〈진퇴(進退) 지의야(志疑也) 이무인지정(利武人之貞) 지치야(志治也)〉이다.

紛若之吉(분약지길) 得中也(득중야)

많은 것[紛] 같음이[若之] 좋음은[吉] 정도를 따름을[中] 취함[得]이다[也].

손괘(巽卦 : ䷸) 구이(九二 : ―)의 효상(爻象)을 〈손재상하(巽在牀下) 용사무분약(用史巫紛若) 길(吉) 무구(无咎)〉라고 계사(繫辭)한 것을 〈분약지길(紛若之吉) 득중야(得中也)〉라고 풀이한다.

손괘(巽卦 : ䷸)의 구이(九二 : ―)는 정당한 자리에 있지 못하고, 초륙(初六 : --)과는 양음(陽陰)의 사이인지라 비(比) 즉 이웃의 사귐[比]을 누리나, 구삼(九三 : ―)과는 둘 다 양(陽 : ―)의 사이인지라 이웃의 사귐[比]을 누리지 못한다. 구오(九五 : ―)와도 양양(兩陽)인지라 중정(中正)과 정응(正應)을 서로 누리지 못하지만, 구이(九二 : ―)는 손괘(巽卦 : ䷸)의 하체(下體) 손(巽 : ☴)의 중효(中爻)로서 득중(得中) 즉 정도를 따름을[中] 취하여[得] 겸손하게 행동할[巽] 때[時]면 떳떳이 겸손하게 행동하는[巽] 구이(九二 : ―)를 〈손재상하(巽在牀下) 용사무분약(用史巫紛若) 길(吉) 무구(无咎)〉라 계사(繫辭)한 것이다. 이에 「상사(象辭)」가 〈사무(史巫)〉를 활용함이 많은[紛] 모습이[若之] 길하다[吉]는 계사(繫辭)를 정도를 따름을[中] 취하는 것[得]이라[也] 풀이한 것이 〈분약지길(紛若之吉) 득중야(得中也)〉이다.

頻巽之吝(빈손지린) 志窮也(지궁야)

겸손한 행동을[巽] 자주 함이[頻之] 부끄러움은[吝] 뜻이[志] 궁색해짐[窮]이다[也].

손괘(巽卦 : ䷸) 구삼(九三 : ⚊)의 효상(爻象)을 〈빈손(頻巽) 인(吝)〉이라고 계사(繫辭)한 것을 〈빈손지린(頻巽之吝) 지궁야(志窮也)〉라고 풀이한다.

손괘(巽卦 : ䷸)의 구삼(九三 : ⚊)은 정당한 자리에 있고, 구사(九四 : ⚊)와는 둘 다 양(陽 : ⚊)의 사이인지라 이웃의 사귐[比]을 누리지 못하며, 상구(上九 : ⚊)와도 둘 다 양(陽 : ⚊)의 사이인지라 서로[相] 호응하지 못하는[不應] 모습이고, 손괘(巽卦 : ䷸)의 하체(下體) 손(巽 : ☴)의 상효(上爻)로서 딱한 구삼(九三 : ⚊)을 〈빈손(頻巽) 인(吝)〉이라 계사(繫辭)한 것이다. 이에 「상사(象辭)」가 겸손한 행동을[巽] 자주함은[頻之] 부끄럽다[吝]는 계사(繫辭)를 굳셈에[剛] 치우친[偏] 탓으로 뜻함이[志] 궁색함[窮]이라[也] 풀이한 것이 〈빈손지린(頻巽之吝) 지궁야(志窮也)〉이다.

田獲三品(전획삼품) 有功也(유공야)

사냥 가서[田] 세 가지[三] 종류의 사냥감을[品] 획득함은[獲] 공로가[功] 있다는 것[有]이다[也].

손괘(巽卦 : ䷸) 육사(六四 : ⚋)의 효상(爻象)을 〈회무(悔亡) 전획삼품(田獲三品)〉이라고 계사(繫辭)한 것을 〈전획삼품(田獲三品) 유공야(有功也)〉라고 풀이한다.

손괘(巽卦 : ䷸)의 육사(六四 : ⚋)는 정당한 자리에 있고, 구오(九五 : ⚊)와는 음양(陰陽)의 사이인지라 이웃의 사귐[比]을 누리지만, 초륙(初六 : ⚋)과는 둘 다 음(陰 : ⚋)의 사이인지라 서로[相] 호응하지 못하는[不應] 모습이나, 손괘(巽卦 : ䷸)의 상체(上體) 손(巽 : ☴)의 초효(初爻)로서 유순(柔順)함으로 구오(九五 : ⚊)와의 상친(相親)을 두텁게하는 육사(六四 : ⚋)를 〈회무(悔亡) 전획삼품(田獲三品)〉이라 계사(繫辭)한 것이다. 이에 「상사(象辭)」가 사냥에서[田] 〈삼품(三品)〉 즉 제물(祭物)에 쓸 것과 연회(宴會)에 쓸 것 그리고 가솔(家率)의 식용(食用)으로 쓸 것을 획득했다[獲]는 계사(繫辭)를 신하로서 공적이[功] 있다는 것[有]이라[也] 풀이한 것이 〈전획삼품(田獲三品) 유공야(有功也)〉이다.

九五之吉(구오지길) 位正中也(위정중야)

구오가[九五之] 좋다 함은[吉] 자리가[位] 정도를[正] 따름[中]이다[也].

손괘(巽卦 : ䷸) 구오(九五 : ⚊)의 효상(爻象)을 〈정길(貞吉) 회무(悔亡) 무불리(无不利) 무초유종(无初有終) 선경삼일(先庚三日) 후경삼일(後庚三日) 길(吉)〉이라고 계사(繫辭)한 것을 〈구오지길(九五之吉) 위정중야(位正中也)〉라고 풀이한다.

손괘(巽卦 : ䷸)의 구오(九五 : ⚊)는 정당한 자리에 있고, 상구(上九 : ⚊)와는 둘 다 양(陽 : ⚊)의 사이인지라 이웃의 사귐[比]을 누리지 못한다. 구이(九二 : ⚊)와도 둘 다 양(陽 : ⚊)인지라 중정(中正)과 정응(正應)을 함께 누리지 못하지만, 구오(九五 : ⚊)는 손괘(巽卦 : ䷸)의 상체(上體) 손(巽 : ☴)의 중효(中爻)로서 겸손히 행동하는[巽] 시운을 맞이하여 항상 득중(得中) 즉 정도를 따름을[中] 취하기[得] 때문에, 강강(剛强)하면서도 굳셈[剛]과 강함[强]에 치우치지 않고 겸손히 행동하는[巽] 군왕(君王)의 모습을 〈정길(貞吉) 회무(悔亡) 무불리(无不利) 무초유종(无初有終) 선경삼일(先庚三日) 후경삼일(後庚三日) 길(吉)〉이라 계사(繫辭)한 것이다. 이에 「상사(象辭)」가 구오가[九五之] 행운을 누린다[吉]고 밝힌 계사(繫辭)를 구오(九五 : ⚊)가 양(陽 : ⚊)의 정위(正位) 즉 정당한[正] 자리에서[位] 정도를[正] 따름[中]이라[也] 풀이한 것이 〈구오지길(九五之吉) 위정중야(位正中也)〉이다.

巽在牀下(손재상하) 上窮也(상궁야) 喪其資斧(상기자부) 正乎凶也(정호흉야)

겸손한 행동이[巽] 침상[牀] 아래에[下] 있음은[在] 윗사람이[上] 궁색함[窮]이고[也], 그[其] 경비와[資] 도끼를[斧] 잃었음은[喪] 바를 것[正]인가[乎] 나쁠 것[凶]이다[也].

손괘(巽卦 : ䷸) 상구(上九 : ⚊)의 효상(爻象)을 〈손재상하(巽在牀下) 상기자부(喪其資斧) 정흉(貞凶)〉이라고 계사(繫辭)한 것을 〈손재상하(巽在牀下) 상궁야(上窮也) 상기자부(喪其資斧) 정호흉야(正乎凶也)〉라고 풀이한다.

손괘(巽卦 : ䷸)의 상구(上九 : ⚊)는 정당한 자리에 있지 못하고, 구오(九五 : ⚊)와는 둘 다 양(陽 : ⚊)의 사이인지라 이웃의 사귐[比]을 누리지 못하며, 구삼(九三 : ⚊)과도 둘 다 양(陽 : ⚊)인지라 서로 호응하지 못한다[不應]. 이에 손괘(巽卦 : ䷸)의 극위(極位)에 있는지라 손시(巽時) 즉 겸손히 행동해야 하는[巽] 시운[時]을 다 겪어본 터이라 지나치게 겸손하고 온화하여, 자신감이 없어 마치 여비(旅費)를 다 잃어버린 길손 같고 고립되어 외로운 처지의 상구(上九 : ⚊)를 〈손재상하(巽在牀下) 상기자부(喪其資斧) 정흉(貞凶)〉이라 계사(繫辭)한 것이다. 이에 「상사(象辭)」가 겸손한 행동이[巽] 침상[牀] 아래에[下] 있다[在]는 계사(繫辭)를 끝까지 올라가[上] 막혀버린 것[窮]이라[也] 풀이하고, 자신이[其] 세파를 헤쳐나갈 능력을[資斧] 잃었다[喪]는 계사(繫辭)를 상구(上九 : ⚊)의 거취가 바르다 한들[正乎] 불운한 것[凶]이라[也] 풀이한 것이 〈손재상하(巽在牀下) 상궁야(上窮也) 상기자부(喪其資斧) 정호흉야(正乎凶也)〉이다.

58 태괘(兌卦 : ䷹) 상사(象辭)

태하태상(兌下兌上) : 아래도[下] 태(兌 : ☱), 위도[上] 태(兌 : ☱).

태위택(兌爲澤) : 태는[兌] 못[澤]이다[爲].

麗澤兌이다 君子以朋友講習한다 和兌之吉은 行未疑也이다 孚兌之吉은 信志也이다 來兌之凶은 位不當也이다 九四之喜는 有慶也이다 孚于剝은 位正當也이다 上六引兌는 未光也이다

(여택태 군자이붕우강습 화태지길 행미의야 부태지길 신지야 내태지흉 위부당야 구사지희 유경야 부우박 위정당야 상륙인태 미광야)

이어진[麗] 두 못이[澤] 태괘이다[兌]. 군자는[君子] (태괘를) 본받아[以] 벗들을[友] 사귀고[朋] 배우고 묻는 길을 논의하고[講] 익힌다[習]. 절제를 따름으로[和] 기뻐함이[兌之] 좋음은[吉] 행동거지가[行] 의심받지 않은 것[未疑]이다[也]. 진실로 미더워[孚] 기쁘고[兌之] 행복함은[吉] 뜻을[志] 믿음[信]이다[也]. 밖에서 안으로 와서[來] 기뻐함이[兌之] 흉함은[凶] 자리가[位] 정당하지 못함[不當]이다[也]. 구사가[九四之] 기뻐함은[喜] 경사가[慶] 있음[有]이다[也]. 쇠락하게 할 것을[剝] 향해서[于] 진실로 믿어줌은[孚] 자리가[位] 정당한 것[正當]이다[也]. 상륙이[上六] 기뻐함을[兌] 끌어당김은[引] 결코 빛나지 않음[未光]이다[也].

【지남(指南)】

麗澤兌(여택태) 君子以朋友講習(군자이붕우강습)

이어진[麗] 두 못이[澤] 태괘이다[兌]. 군자는[君子] (태괘를) 본받아[以] 벗들을[友] 사귀고[朋] 배우고 묻는 길을 논의하고[講] 익힌다[習].

태괘(兌卦 : ䷹)의 괘상(卦象)을 〈태형(兌亨) 이정(利貞)〉이라고 계사(繫辭)한 것을 〈여택태(麗澤兌) 군자이붕우강습(君子以朋友講習)〉이라고 풀이한다.

앞 손괘(巽卦 : ䷸)의 〈손(巽)〉은 공손히 들어감[巽]이다. 건방진 행동은 사람을 불쾌하게 하지만 매사(每事)를 공손히 들어감[巽]은 사람들을 환희(歡喜) 즉 기쁘게 한다[歡喜]. 그래서 손괘(巽卦 : ䷸) 다음에 태괘(兌卦 : ䷹)가 온 것이다. 양강(陽剛)이 안[內]에 있고 음유(陰柔)가 밖[外]에 있어서 속의 강강(剛强)함과 겉의 유순(柔順)함이 서로 어울림이 곧 기뻐하는[兌] 모습인지라 태괘(兌卦 : ䷹)를 〈태형(兌亨) 이정(利貞)〉이라 계사(繫辭)한 것이다. 이에 「상사(象辭)」가 태괘(兌卦 : ䷹)의 상하체(上下體)가 다 같이 태(兌 : ☱)인 괘상(卦象)을 두 못이[澤] 아래위로 붙어[麗] 흐르는 물이 들고남이 더없이 기쁜[兌] 모습임을 들어 태괘(兌卦 : ䷹)라고 풀이한 다음, 군자는[君子] 태괘(兌卦 : ䷹)의 괘상(卦象)을 본받아[以] 벗을[友] 사귀며[朋] 익히고[講] 익힌다[習]고 풀이한 것이 〈여택태(麗澤兌) 군자이붕우강습(君子以朋友講習)〉이다.

和兌之吉(화태지길) 行未疑也(행미의야)

절제를 따름으로[和] 기뻐함이[兌之] 좋음은[吉] 행동거지가[行] 의심받지 않은 것[未疑]이다[也].

태괘(兌卦 : ䷹) 초구(初九 : ⚊)의 효상(爻象)을 〈화태(和兌) 길(吉)〉이라고 계사(繫辭)한 것을 〈화태지길(和兌之吉) 행미의야(行未疑也)〉라고 풀이한다.

태괘(兌卦 : ䷹)의 초구(初九 : ⚊)는 정당한 자리에 있고, 구이(九二 : ⚊)와는 둘 다 양(陽 : ⚊)의 사이인지라 이웃의 사귐[比]을 누리지 못하며, 구사(九四 : ⚊)와도 둘 다 양(陽 : ⚊)인지라 서로[相] 호응하지 못하는[不應] 모습이지만, 서로 기쁨[兌]을 나누고 누리는 태괘(兌卦 : ䷹)의 주제인 〈태(兌)〉의 시국인지라 맨 밑에 있는 초구(初九 : ⚊)이지만 굳세고 강하게 더욱 안으로 화합(和合)을 다지면서 아첨하지 않는 모습을 〈화태(和兌) 길(吉)〉이라 계사(繫辭)한 것이다. 이에 「상사(象辭)」가 심중의 어울림으로[和] 기뻐함이[兌之] 행복이다[吉]라는 계사(繫辭)를 초구(初九 : ⚊)의 행동거지가[行] 태괘(兌卦 : ䷹)의 다른 효(爻)들 즉 세상으로부터 의심받지 않은 것[未疑]이라[也] 풀이한 것이 〈화태지길(和兌之吉) 행미의야(行

未疑也)〉이다.

孚兌之吉(부태지길) 信志也(신지야)

진실로 미더워[孚] 기쁘고[兌之] 행복함은[吉] 뜻을[志] 믿음[信]이다[也].

태괘(兌卦 : ䷹) 구이(九二 : ⚊)의 효상(爻象)을 〈부태(孚兌) 길(吉) 회무(悔亡)〉라고 계사(繫辭)한 것을 〈부태지길(孚兌之吉) 신지야(信志也)〉라고 풀이한다.

태괘(兌卦 : ䷹)의 구이(九二 : ⚊)는 정당한 자리에 있지 못하고, 육삼(六三 : ⚋)과는 양음(陽陰)의 사이인지라 이웃의 사귐[比]을 누리며, 구오(九五 : ⚊)와는 둘 다 양(陽 : ⚊)의 사이인지라 중정(中正)과 정응(正應)을 누리지 못하지만, 태괘(兌卦 : ䷹)의 하체(下體) 태(兌 : ☱)의 중효(中爻)로서 득중(得中) 즉 정도를 따름을[中] 취하여[得] 태괘(兌卦 : ䷹)의 주제인 〈태(兌)〉를 항상 누리는 모습을 〈부태(孚兌) 길(吉) 회무(悔亡)〉라 계사(繫辭)한 것이다. 이에 「상사(象辭)」가 세상이 진실로 미더워하는[孚] 기쁨이[兌之] 행복이다[吉]라는 계사(繫辭)를 구이(九二 : ⚊)의 뜻하는 바를[志] 태괘(兌卦 : ䷹)의 다른 효(爻)들 즉 세상이 믿어주는 것[信]이라[也] 풀이한 것이 〈부태지길(孚兌之吉) 신지야(信志也)〉이다.

來兌之凶(내태지흉) 位不當也(위부당야)

밖에서 안으로 와서[來] 기뻐함이[兌之] 흉함은[凶] 자리가[位] 정당하지 못함[不當]이다[也].

태괘(兌卦 : ䷹) 육삼(六三 : ⚋)의 효상(爻象)을 〈내태(來兌) 흉(凶)〉이라고 계사(繫辭)한 것을 〈내태지흉(來兌之凶) 위부당야(位不當也)〉라고 풀이한다.

태괘(兌卦 : ䷹)의 육삼(六三 : ⚋)은 정당한 자리에 있지 못하고, 구사(九四 : ⚊)와는 음양(陰陽)의 사이인지라 이웃의 사귐[比]을 누릴 수 있음에도 육삼(六三 : ⚋)은 구사(九四 : ⚊)가 아니라 아래의 구이(九二 : ⚊)와 사귀려 하나 강강(剛强)한 구이(九二 : ⚊)가 외면해 불행한 육삼(六三 : ⚋)을 〈내태(來兌) 흉(凶)〉이라 계사(繫辭)한 것이다. 이에 「상사(象辭)」가 밖에서 안으로 와서[來] 기뻐함이[兌之] 흉하다[凶]는 계사(繫辭)를 음(陰 : ⚋)인 육삼(六三 : ⚋)이 양(陽 : ⚊)의 자리에 있어서 육삼(六三 : --)의 자리[位]가 정당하지 못한 것[不當]이라[也] 풀이한 것이 〈내태지흉(來兌之凶) 위부당야(位不當也)〉이다.

九四之喜(구사지희) 有慶也(유경야)

구사가[九四之] 기뻐함은[喜] 경사가[慶] 있음[有]이다[也].

태괘(兌卦 : ䷹) 구사(九四 : ─)의 효상(爻象)을 〈상태미령(商兌未寧) 개질유희(介疾有喜)〉라고 계사(繫辭)한 것을 〈구사지희(九四之喜) 유경야(有慶也)〉라고 풀이한다.

태괘(兌卦 : ䷹)의 구사(九四 : ─)는 정당한 자리에 있지 못하고, 구오(九五 : ─)와는 둘 다 양(陽 : ─)의 사이인지라 이웃의 사귐[比]을 누릴 수는 없지만 신하로서 구오(九五 : ─)를 받들어야 하는 처지이다. 초구(初九 : ─)와도 둘 다 양(陽 : ─)인지라 서로[相] 호응하지 못하는[不應] 사이이고, 육삼(六三 : --)과는 양음(陽陰)의 사이인지라 이웃의 사귐[比]을 나눌 수 있지만 소인(小人)과의 사귐을 뿌리치는지라, 구사(九四 : ─)가 상하(上下)를 살펴 슬기롭게 처신하려는 모습을 〈상태미령(商兌未寧) 개질유희(介疾有喜)〉라 계사(繫辭)한 것이다. 이에 「상사(象辭)」가 구사의[九四之] 기쁨에는[喜] 경하할 것이[慶] 있음[有]이라[也] 풀이한 것이 〈구사지희(九四之喜) 유경야(有慶也)〉이다.

孚于剝(부우박) 位正當也(위정당야)

쇠락하게 할 것을[剝] 향해서[于] 진실로 믿어줌은[孚] 자리가[位] 정당한 것[正當]이다[也].

태괘(兌卦 : ䷹) 구오(九五 : ─)의 효상(爻象)을 〈부우박(孚于剝) 유려(有厲)〉라고 계사(繫辭)한 것을 〈부우박(孚于剝) 위정당야(位正當也)〉라고 풀이한다.

태괘(兌卦 : ䷹)의 구오(九五 : ─)는 정당한 자리에 있고, 상륙(上六 : --)과는 양음(陽陰)의 사이인지라 이웃의 사귐[比]을 누릴 수 있으며, 구이(九二 : ─)와는 둘 다 양(陽 : ─)인지라 중정(中正)과 정응(正應)을 함께 누릴 수 없지만, 강강(剛强)한 구오(九五 : ─)는 태괘(兌卦 : ䷹)의 상체(上體) 태(兌 : ☱)의 중효(中爻)로서 정당한 자리에서 정도를 따름을[中] 취하여[得] 매사(每事)를 마주하므로 치우침 없는 군왕(君王)의 모습을 〈부우박(孚于剝) 유려(有厲)〉라 계사(繫辭)한 것이다. 이에 「상사(象辭)」가 군자(君子)의 〈태(兌)〉 즉 기쁨[兌]을 쇠락하게 할[剝] 소인(小人)의 영설(佞舌)을 구오(九五 : ━)가 믿어준다면[孚] 위태하겠지만[厲], 구오(九五 : ━)가 중정(中正)을 취하는 군왕(君王)으로서 상륙(上六 : --) 즉 소인(小人)의 아첨이 빚어낼 유혹을 믿어준다[孚] 해도 미혹(迷惑)되지 않게 구오(九五 : ━)의 자리가[位] 옳고[正] 마땅한 것[當]이라[也] 풀이한 것이 〈부우박(孚于剝) 위정당야(位正當也)〉이다.

上六引兌(상륙인태) 未光也(미광야)

상륙이[上六] 기뻐함을[兌] 끌어당김은[引] 결코 빛나지 않음[未光]이다[也].

태괘(兌卦 : ䷹) 상륙(上六 : --)의 효상(爻象)을 〈인태(引兌)〉라 계사(繫辭)한 것을 〈상륙인태(上六引兌) 미광야(未光也)〉라고 풀이한다.

태괘(兌卦 : ䷹)의 상륙(上六 : --)은 정당한 자리에 있고, 구오(九五 : ━)와는 음양(陰陽)의 사이인지라 이웃의 사귐[比]을 누릴 수 있다. 육삼(六三 : --)과는 둘 다 음(陰 : --)인지라 서로 호응하지 못하고[不應], 태괘(兌卦 : ䷹)에서 음효(陰爻)로서 극위(極位)에 오른지라 몹시 음험(陰險)한 소인(小人)의 모습을 〈인태(引兌)〉라 계사(繫辭)한 것이다. 이에 「상사(象辭)」가 소인(小人)인 상륙이[上六 : --] 범하는 〈인태(引兌)〉 즉 기뻐함을[兌] 유인하는[引] 짓이란 빛날 것이[光] 결코 아닌 것[未]이라[也] 풀이한 것이 〈상륙인태(上六引兌) 미광야(未光也)〉이다.

59 환괘(渙卦 : ䷺) 상사(象辭)

감하손상(坎下巽上) : 아래는[下] 감(坎 : ☵), 위는[上] 손(巽 : ☴).

풍수환(風水渙) : 바람과[風] 물은[水] 환이다[渙].

風行水上渙이다 先王以享于帝하고 立廟한다 初六之吉은 順也이다 渙에 奔其机는 得願也이다 渙其躬은 志在外也이다 渙其群이 元吉은 光大也이다 王居无咎는 正位也이다 渙其血은 遠害也이다

풍행수상환 선왕이향우제 입묘 초륙지길 순야 환 분기궤 득원야 환기궁 지재외야 환기군 원길 광대야 왕거무구 정위야 환기혈 원해야

바람이[風] 물[水] 위에[上] 붊이[行] 환괘이다[渙]. 선왕은[先王] (환괘를) 본받아[以] 천제에게[于帝] 제사를 올리고[享] 종묘를[廟] 세운다[立]. 초륙이[初六之] 좋다 함은[吉] 순종함[順]이다[也]. 흩어짐에[渙] 그[其] 기회에[机] 달려감은[奔] 소원을[願] 획득하려 함[得]이다[也]. 제[其] 자신을[躬] 내침은[渙] 뜻이[志] 밖에[外] 있는 것[在]이다[也]. 그[其] 무리를[群] 내침이[渙] 크게[元] 좋음은[吉] (그 내침이) 빛나고[光] 훌륭함[大]이다[也]. 왕의[王] 거처에[居] 허물이[咎] 없음은[无] {그 존위(尊位)가} 정당한[正] 자리라는 것[位]이다[也]. 그[其] 걱정들을[血] 뿌리침은[渙] {환(渙)의} 해를[害] 멀리함[遠]이다[也].

【지남(指南)】

風行水上渙(풍행수상환) 先王以享于帝(선왕이향우제) 立廟(입묘)

바람이[風] 물[水] 위에[上] 붊이[行] 환괘이다[渙]. 선왕은[先王]

(환괘를) 본받아[以] 천제에게[于帝] 제사를 올리고[享] 종묘를[廟] 세운다[立].

환괘(渙卦 : ䷺)의 괘상(卦象)을 〈환형(渙亨) 왕격유묘(王假有廟) 이섭대천(利涉大川) 이정(利貞)〉이라고 계사(繫辭)한 것을 〈풍행수상환(風行水上渙) 선왕이향우제(先王以享于帝) 입묘(立廟)〉라고 풀이한다.

앞 태괘(兌卦 : ䷹)의 〈태(兌)〉는 기뻐함[兌]이다. 기뻐함[兌]이 선(善)할수록 언제 어디서나 환영받는다. 언제 어디서든 기뻐함[兌]일수록 널리 퍼진다. 그러나 한번 모였으면 한번 흩어짐이 자연의[天] 이치[道]이다. 따라서 태괘(兌卦 : ䷹) 다음에 환괘(渙卦 : ䷺)가 온 것이다. 〈환(渙)〉은 〈흩어져 나갈 산(散)-이산(離散)〉과 같고 결국은 고난으로 이어짐을 암시한다. 물 위에서 바람이 불어 바람결을 물이 받아 물결이 유동(流動)해 사방으로 퍼지는 모습인지라, 환괘(渙卦 : ䷺)를 〈환형(渙亨) 왕격유묘(王假有廟) 이섭대천(利涉大川) 이정(利貞)〉이라 계사(繫辭)한 것이다. 이에 「상사(象辭)」가 환괘(渙卦 : ䷺)의 감하손상(坎下巽上)을 들어 물[水] 위에[上] 바람이[風] 분다[行]고 괘상(卦象)을 밝힌 다음, 선왕은[先王] 환괘(渙卦 : ䷺)의 괘상(卦象)을 본받아[以] 천제에[于帝] 제사를 지내고[享] 종묘를[廟] 세워[立] 백성이 흩어짐[渙]을 모임[聚]으로 해결한다고 풀이한 것이 〈풍행수상환(風行水上渙) 선왕이향우제(先王以享于帝) 입묘(立廟)〉이다.

初六之吉(초륙지길) 順也(순야)

초륙이[初六之] 좋다 함은[吉] 순종함[順]이다[也].

환괘(渙卦 : ䷺) 초륙(初六 : ⚋)의 효상(爻象)을 〈용증마장(用拯馬壯) 길(吉)〉이라고 계사(繫辭)한 것을 〈초륙지길(初六之吉) 순야(順也)〉라고 풀이한다.

환괘(渙卦 : ䷺)의 초륙(初六 : ⚋)은 정당한 자리에 있지 못하고, 구이(九二 : ⚊)와는 음양(陰陽)의 사이인지라 이웃의 사귐[比]을 누리며, 육사(六四 : ⚋)와는 둘 다 음(陰 : ⚋)의 사이인지라 서로[相] 호응하지 못하는[不應] 모습이다. 〈환(渙)〉 즉 흩어짐[渙]이 시작되는 시국에 맨 밑에 있는 초륙(初六 : ⚋)이지만 구이(九二 : ⚊)의 뜻을 따라 장성(壯盛)해지는 초륙(初六 : ⚋)을 〈용증마장(用拯馬壯)

길(吉)〉이라 계사(繫辭)한 것이다. 이에 「상사(象辭)」가 초륙이[初六之] 행운을 누림[吉]은 초륙(初六 : --)이 구이(九二 : ㅡ)를 순종한 덕[順]이다[也]라고 풀이한 것이 〈초륙지길(初六之吉) 순야(順也)〉이다.

渙(환) 奔其机(분기궤) 得願也(득원야)

흩어짐에[渙] 그[其] 기회에[机] 달려감은[奔] 소원을[願] 획득하려 함[得]이다[也].

환괘(渙卦 : ䷺) 구이(九二 : ㅡ)의 효상(爻象)을 〈환(渙) 분기궤(奔其机) 회무(悔亡)〉라고 계사(繫辭)한 것을 〈환(渙) 분기궤(奔其机) 득원야(得願也)〉라고 풀이한다.

환괘(渙卦 : ䷺)의 구이(九二 : ㅡ)는 정당한 자리에 있지 못하고, 초륙(初六 : --)과는 양음(陽陰)의 사이인지라 이웃의 사귐[比]을 누린다. 육삼(六三 : --)과도 양음(陽陰)의 사이인지라 이웃의 사귐[比]을 나눌 처지이지만 육삼(六三 : --)이 상구(上九 : ㅡ)와의 상응(相應) 즉 서로[相] 호응함[應]에 관심을 두는지라 소원(疎遠)한 편이고, 구오(九五 : ㅡ)와는 둘 다 양(陽 : ㅡ)인지라 중정(中正)과 정응(正應)을 서로 누릴 수 없다. 두 음(陰 : --) 사이에 함(陷) 즉 빠져 있는[陷] 모습이지만 환괘(渙卦 : ䷺)의 하체(下體) 감(坎 : ☵)의 중효(中爻)로서 주견(主見)을 갖고 환괘(渙卦 : ䷺)의 주제인 〈환(渙)〉 즉 흩어져 나감[渙]을 굳세고[剛] 강하게[强] 마주할 수 있는 구이(九二 : ㅡ)를 〈환(渙) 분기궤(奔其机) 회무(悔亡)〉라 계사(繫辭)한 것이다. 이에 「상사(象辭)」가 흩어져 나가는[渙] 시국을 맞아 구이(九二 : --)가 기댈 데로[机] 달려간다[奔]는 계사(繫辭)를 구이(九二 : --)가 〈환(渙)〉의 시국을 〈취(聚)〉 즉 모여듦[聚]으로 돌려놓고자 원했던 것을[願] 성취한 것[得]이다[也]라고 풀이한 것이 〈환(渙) 분기궤(奔其机) 득원야(得願也)〉이다.

渙其躬(환기궁) 志在外也(지재외야)

제[其] 자신을[躬] 내침은[渙] 뜻이[志] 밖에[外] 있는 것[在]이다[也].

환괘(渙卦 : ䷺) 육삼(六三 : --)의 효상(爻象)을 〈환기궁(渙其躬) 무회(无悔)〉라고 계사(繫辭)한 것을 〈환기궁(渙其躬) 지재외야(志在外也)〉라고 풀이한다.

환괘(渙卦 : ䷺)의 육삼(六三 : --)은 정당한 자리에 있지 못하고, 육사(六四 :

--)와는 둘 다 음(陰 : --)의 사이인지라 이웃의 사귐[比]을 누리지 못한다. 환괘(渙卦 : ䷺)의 하체(下體) 감(坎 : ☵)의 중위(中位)를 벗어나 상체(上體)로 진입하려는 뜻이 강해 구이(九二 : ━)와 이웃이 될 수도 있음에도 외면하고, 상구(上九 : ━)와는 음양(陰陽)의 사이인지라 정응(正應) 즉 서로 바르게[正] 호응해[應] 소아(小我)를 내치고[渙] 대아(大我)를 본받고자 하는 육삼(六三 : --)을 〈환기궁(渙其躬) 무회(无悔)〉라 계사(繫辭)한 것이다. 이에 「상사(象辭)」가 육삼(六三 : --)이 자기[其] 자신을[躬] 내친다[渙]는 계사(繫辭)를 육삼(六三 : --)의 뜻이[志] 〈외(外)〉 즉 상구(上九 : ━)와 호응(互應)하여 제환(濟渙) 즉 흩어져 나감을[渙] 다스리려[濟] 함에 있음[在]이다[也]라고 풀이한 것이 〈환기궁(渙其躬) 지재외야(志在外也)〉이다.

渙其群(환기군) 元吉(원길) 光大也(광대야)

그[其] 무리를[群] 내침이[渙] 크게[元] 좋음은[吉] (그 내침이) 빛나고[光] 훌륭함[大]이다[也].

환괘(渙卦 : ䷺) 육사(六四 : --)의 효상(爻象)을 〈환기군(渙其群) 원길(元吉) 환유구(渙有丘) 비이소사(匪夷所思)〉라고 계사(繫辭)한 것을 〈환기군(渙其群) 원길(元吉) 광대야(光大也)〉라고 풀이한다.

환괘(渙卦 : ䷺)의 육사(六四 : --)는 정당한 자리에 있고, 육삼(六三 : --)과는 둘 다 음(陰 : --)의 사이인지라 이웃의 사귐[比]을 누리지 못하며, 초륙(初六 : --)과도 둘 다 음(陰 : --)인지라 서로 호응하지 않는[不應] 모습이다. 그러나 구오(九五 : ━)와는 서로 정위(正位)에 있는 음양(陰陽)인지라 이웃의 사귐[比]을 돈독히 하여, 육사(六四 : --)가 군왕(君王)인 구오(九五 : ━)를 충정(忠貞)을 다하여 받드는 모습을 〈환기군(渙其群) 원길(元吉) 환유구(渙有丘) 비이소사(匪夷所思)〉라 계사(繫辭)한 것이다. 이에 「상사(象辭)」가 제[其] 무리를[群] 내쳐[渙] 크나큰[元] 천복을 누린다[吉]는 계사(繫辭)를 소아(小我)를 버리고 대의(大義)를 취함은 영광스럽고[光] 위대한 것[大]이다[也]라고 풀이한 것이 〈환기군(渙其群) 원길(元吉) 광대야(光大也)〉이다.

王居无咎(왕거무구) 正位也(정위야)

왕의[王] 거처에[居] 허물이[咎] 없음은[无] {그 존위(尊位)가} 정당한[正] 자리라는 것[位]이다[也].

환괘(渙卦 : ䷺) 구오(九五 : ⚊)의 효상(爻象)을 〈환(渙) 한기대호(汗其大號) 환(渙) 왕거무구(王居无咎)〉라고 계사(繫辭)한 것을 〈왕거무구(王居无咎) 정위야(正位也)〉라고 풀이한다.

환괘(渙卦 : ䷺)의 구오(九五 : ⚊)는 정당한 자리에 있고, 육사(六四 : ⚋)와는 양음(陽陰)의 사이인지라 이웃의 사귐[比]을 누리며, 상구(上九 : ⚊)와는 둘 다 양(陽 : ⚊)인지라 비(比)를 누리지 못하고, 구이(九二 : ⚊)와도 둘 다 양(陽 : ⚊)의 사이인지라 중정(中正)과 정응(正應)을 함께 누리지 못하지만, 강강(剛强)한 구오(九五 : ⚊)가 정위(正位)에서 득중(得中) 즉 정도를 따름을[中] 취하여[得] 왕업(王業)을 다하는 모습을 〈환(渙) 한기대호(汗其大號) 환(渙) 왕거무구(王居无咎)〉라 계사(繫辭)한 것이다. 이에 「상사(象辭)」가 구오(九五 : ⚊)가 왕 노릇을 해도[王居] 허물이[咎] 없다[无]는 계사(繫辭)를 강강(剛强)한 구오(九五 : ⚊)의 〈왕거(王居)〉가 정당한[正] 자리에 있음[位]이다[也]라고 풀이한 것이 〈왕거무구(王居无咎) 정위야(正位也)〉이다.

渙其血(환기혈) 遠害也(원해야)

그[其] 걱정들을[血] 뿌리침은[渙] {환(渙)의} 해를[害] 멀리함[遠]이다[也].

환괘(渙卦 : ䷺) 상구(上九 : ⚊)의 효상(爻象)을 〈환(渙) 기혈거(其血去) 적출(逖出) 무구(无咎)〉라고 계사(繫辭)한 것을 〈환기혈(渙其血) 원해야(遠害也)〉라고 풀이한다.

환괘(渙卦 : ䷺)의 상구(上九 : ⚊)는 정당한 자리에 있지 못하고, 구오(九五 : ⚊)와는 둘 다 양(陽 : ⚊)인지라 비(比)를 누리지 못하며, 육삼(六三 : ⚋)과는 양음(陽陰)의 사이인지라 정응(正應) 즉 서로 바르게[正] 호응하지만[應], 흩어져 나감[渙]을 벗어난 맨 윗자리에 이른지라 환괘(渙卦 : ䷺)의 하체(下體)와 거리를 두고 있어서 흩어져 나감[渙]의 환난(患難)을 멀리할 수 있는 상구(上九 : ⚊)를 〈환(渙) 기혈거(其血去) 적출(逖出) 무구(无咎)〉라 계사(繫辭)한 것이다. 이에 「상사(象辭)」가 흩어져 나가는 시국의[其] 걱정들을[血] 내친다[渙]는 계사(繫辭)를 상구(上九 : ⚊)가 흩어져 나가는 시국의 폐해를[害] 멀리하는 것[遠]이다[也]라고 풀이한 것이 〈환기혈(渙其血) 원해야(遠害也)〉이다.

60 절괘(節卦 : ䷻) 상사(象辭)

태하감상(兌下坎上) : 아래는[下] 태(兌 : ☱), 위는[上] 감(坎 : ☵).

수택절(水澤節) : 물과[水] 못은[澤] 절이다[節].

澤上有水節이다 君子以制數度하고 議德行한다 不出戶庭은 知通塞也이다 不出門庭이 凶은 失時極也이다 不節之嗟는 又誰咎也리오 安節之亨은 承上道也이다 甘節之吉은 居位中也이다 苦節이 貞凶은 其道窮也이다
택상유수절 군자이제수도 의덕행 불출호정 지통색야 불출문정 흉 실시극야 부절지차 우수구야 안절지형 승상도야 감절지길 거위중야 고절 정흉 기도궁야

못[澤] 위에[上] 물이[水] 있음이[有] 절괘이다[節]. 군자는[君子] (절괘를) 본받아[以] 크기를 정하는[度] 수를[數] 만들고[制] 덕행을[德行] 논의한다[議]. 문안의[戶] 뜰을[庭] 나가지 않음은[不出] 통함과[通] 막힘을[塞] 앎[知]이다[也]. 문밖의[門] 뜰을[庭] 나가지 않아[不出] 나쁨은[凶] 때를[時] 잃음이[失] 극심함[極]이다[也]. 한계를 넘지 않고 멈춤을 못하여[不節之] 탄식함인데[嗟] 또[又] 누가[誰] {육삼(六三)을} 허물할 것[咎]인가[也]. 편안히[安] 한계를 넘지 않고 멈춤이[節之] 통함은[亨] 위쪽의[上] 방도를[道] 받듦[承]이다[也]. 기꺼이[甘] 한계를 넘지 않고 멈춤이[節之] 길함은[吉] 있는[居] 자리가[位] 가운데인 것[中]이다[也]. 괴롭게[苦] 한계를 넘지 않고 멈춤이[節] 진실로 미더워도[貞] 불행함은[凶] 그[其] 도리가[道] 막힌 것[窮]이다[也].

【지남(指南)】

澤上有水節(택상유수절) 君子以制數度(군자이제수도) 議德行(의덕행)

못[澤] 위에[上] 물이[水] 있음이[有] 절괘이다[節]. 군자는[君子] (절괘를) 본받아[以] 크기를 정하는[度] 수를[數] 만들고[制] 덕행을[德行] 논의한다[議].

절괘(節卦 : ䷻)의 괘상(卦象)을 〈절형(節亨) 고절불가정(苦節不可貞)〉이라고 계사(繫辭)한 것을 〈택상유수절(澤上有水節) 군자이제수도(君子以制數度) 의덕행(議德行)〉이라고 풀이한다.

앞 환괘(渙卦 : ䷺)의 〈환(渙)〉은 흩어져 나감[渙]이다. 흩어져 나감[渙]이란 상화(相和) 즉 서로[相] 어울리지[和] 못해 상쟁(相爭) 즉 서로[相] 다투어[爭] 서로를 어렵고 힘들게 한다. 흩어져 나가면[渙] 그것을 막아줄 마디[節]가 있어야 한다. 환(渙)하면 절(節)함이 천도(天道) 즉 자연의[天] 도리[道]이다. 따라서 환괘(渙卦 : ䷺) 다음에 절괘(節卦 : ䷻)가 온 것이다. 절괘(節卦 : ䷻)의 상체(上體) 감(坎 : ☵)은 물[水]이고, 절괘(節卦 : ䷻)의 하체(下體) 태(兌 : ☱)는 못[澤]이다. 못[澤]은 물[水]의 흘러들고 나감을 알맞게 하여, 지나침이 없는 절괘(節卦 : ䷻)를 〈절형(節亨) 고절불가정(苦節不可貞)〉이라 계사(繫辭)한 것이다. 이에 「상사(象辭)」가 절괘(節卦 : ䷻)의 태하감상(兌下坎上)을 들어 못[澤] 위에[上] 물이[水] 있다[有]고 절괘(節卦 : ䷻)의 괘상(卦象)을 밝힌 다음, 군자는[君子] 절괘(節卦 : ䷻)의 괘상(卦象)을 본받아[以] 〈수도(數度)〉 즉 예로써 행하는 법제를[數度] 제정하고[制] 덕을[德] 행함의[行] 마땅함을 정(定)한다[議]고 풀이한 것이 〈택상유수절(澤上有水節) 군자이제수도(君子以制數度) 의덕행(議德行)〉이다.

不出戶庭(불출호정) 知通塞也(지통색야)

문안의[戶] 뜰을[庭] 나가지 않음은[不出] 통함과[通] 막힘을[塞] 앎[知]이다[也].

절괘(節卦 : ䷻) 초구(初九 : ⚊)의 효상(爻象)을 〈불출호정(不出戶庭) 무구(无咎)〉라고 계사(繫辭)한 것을 〈불출호정(不出戶庭) 지통색야(知通塞也)〉라고 풀이한다.

절괘(節卦 : ䷻)의 초구(初九 : ⚊)는 정당한 자리에 있고, 구이(九二 : ⚊)와는 둘 다 양(陽 : ⚊)의 사이인지라 이웃의 사귐[比]을 누리지 못하며, 육사(六四 : ⚋)와는 양음(陽陰)의 사이인지라 서로[相] 호응하는[應] 모습이지만, 〈절(節)〉 즉 한계를 넘지 않고 멈춤[節]을 엄수(嚴守)할 처지인데다 구이(九二 : ⚊)를 항상 유념하면서 행동거지(行動擧止)를 조심하는 초구(初九 : ⚊)를 〈불출호정(不出戶庭) 무구(无咎)〉라 계사(繫辭)한 것이다. 이에 「상사(象辭)」가 초구(初九 : ⚊)가 문안의[戶] 뜰을[庭] 나가지 않는다[不出]는 계사(繫辭)를 초구(初九 : ⚊)가 통함과[通] 막힘을[塞] 아는 것[知]이라[也] 풀이한 것이 〈불출호정(不出戶庭) 지통색야(知通塞也)〉이다.

不出門庭(불출문정) 凶(흉) 失時極也(실시극야)

문밖의[門] 뜰을[庭] 나가지 않아[不出] 나쁨은[凶] 때를[時] 잃음이[失] 극심함[極]이다[也].

절괘(節卦 : ䷻) 구이(九二 : ⚊)의 효상(爻象)을 〈불출문정(不出門庭) 흉(凶)〉이라고 계사(繫辭)한 것을 〈불출문정(不出門庭) 흉(凶) 실시극야(失時極也)〉라고 풀이한다.

절괘(節卦 : ䷻)의 구이(九二 : ⚊)는 정당한 자리에 있지 못하고, 육삼(六三 : ⚋)과는 양음(陽陰)의 사이인지라 이웃의 사귐[比]을 누리며, 구오(九五 : ⚊)와는 양양(兩陽)의 사이인지라 중정(中正)과 정응(正應)을 서로 나누지 못한다. 절괘(節卦 : ䷻)의 하체(下體) 태(兌 : ☱)의 중위(中位)인지라 못이 담고 있는 물의 중층(中層)인 셈이어서 못물이 얼마나 들고 얼마나 나는지 몰라 절괘(節卦 : ䷻)의 주제인 〈절(節)〉을 스스로 마주하지 못하는 구이(九二 : ⚊)를 〈불출문정(不出門庭) 흉(凶)〉이라 계사(繫辭)한 것이다. 이에 「상사(象辭)」가 구이(九二 : ⚊)가 문밖의[門] 뜰을[庭] 나가지 않고[不出] 뜰 안에 머물러 불행하다[凶]는 계사(繫辭)를 구이(九二 : ⚊)가 못[澤]의 중층(中層)에 있는지라 한계를 넘지 않고 멈춤을 따라 그때그때 알맞게 행동함[時極] 즉 시중(時中)을 놓치는 것[失]이라[也] 풀이한 것이 〈불출문정(不出門庭) 흉(凶) 실시극야(失時極也)〉이다.

不節之嗟(부절지차) 又誰咎也(우수구야)

한계를 넘지 않고 멈춤을 못하여[不節之] 탄식함인데[嗟] 또[又] 누가[誰] {육삼(六三)을} 허물할 것[咎]인가[也].

절괘(節卦 : ䷻) 육삼(六三 : --)의 효상(爻象)을 〈부절약(不節若) 즉차약(則嗟若) 무구(无咎)〉라고 계사(繫辭)한 것을 〈부절지차(不節之嗟) 우수구야(又誰咎也)〉라고 풀이한다.

절괘(節卦 : ䷻)의 육삼(六三 : --)은 정당한 자리에 있지 못하고, 육사(六四 : --)와는 둘 다 음(陰 : --)의 사이인지라 이웃의 사귐[比]을 누리지 못한다. 상륙(上六 : --)과도 양음(兩陰)의 사이인지라 서로[相] 호응하지 못해[不應] 어디서도 도움을 받지 못하는 처지인데다, 못[澤]의 중층(中層)을 벗어나 표면(表面)의 자리에 있지만 강강(剛强)한 양(陽 : ㅡ)의 자리에서 스스로 절괘(節卦 : ䷻)의 주제인 〈절(節)〉을 마주하기 너무나 힘겨워하는 유약(柔弱)한 육삼(六三 : --)을 〈부절약(不節若) 즉차약(則嗟若) 무구(无咎)〉라 계사(繫辭)한 것이다. 이에 「상사(象辭)」가 육삼(六三 : --)이 한계를 넘지 않고 멈춤을 못해서[不節之] 탄식한다[嗟]는 계사(繫辭)를 또[又] 누가[誰] 육삼(六三 : --)을 허물할 것[咎]인가[也]라고 풀이한 것이 〈부절지차(不節之嗟) 우수구야(又誰咎也)〉이다.

安節之亨(안절지형) 承上道也(승상도야)

편안히[安] 한계를 넘지 않고 멈춤이[節之] 통함은[亨] 위쪽의[上] 방도를[道] 받듦[承]이다[也].

절괘(節卦 : ䷻) 육사(六四 : --)의 효상(爻象)을 〈안절(安節) 형(亨)〉이라고 계사(繫辭)한 것을 〈안절지형(安節之亨) 승상도야(承上道也)〉라고 풀이한다.

절괘(節卦 : ䷻)의 육사(六四 : --)는 정당한 자리에 있고, 구오(九五 : ㅡ)와는 음양(陰陽)의 사이인지라 이웃의 사귐[比]을 누리며, 초구(初九 : ㅡ)와도 음양(陰陽)의 사이인지라 정응(正應) 즉 바르게[正] 호응함[應]을 누리면서, 특히 군왕(君王)인 구오(九五 : ㅡ)의 뜻을 따라 절괘(節卦 : ䷻)의 주제인 〈절(節)〉을 마주함에 막힐 것이 없는 육사(六四 : --)를 〈안절(安節) 형(亨)〉이라 계사(繫辭)한 것이다.

이에 「상사(象辭)」가 안정하게[安] 한계를 넘지 않고 멈춤이[節之] 통한다[亨]는 계사(繫辭)를 위쪽[上] 즉 구오(九五 : ━)의 도리[道] 즉 중정(中正)을 받듦[承]이라[也] 풀이한 것이 〈안절지형(安節之亨) 승상도야(承上道也)〉이다.

甘節之吉(감절지길) 居位中也(거위중야)

기꺼이[甘] 한계를 넘지 않고 멈춤이[節之] 길함은[吉] 있는[居] 자리가[位] 가운데인 것[中]이다[也].

절괘(節卦 : ䷻) 구오(九五 : ━)의 효상(爻象)을 〈감절(甘節) 길(吉) 왕유상(往有尙)〉이라고 계사(繫辭)한 것을 〈감절지길(甘節之吉) 거위중야(居位中也)〉라고 풀이한다.

절괘(節卦 : ䷻)의 구오(九五 : ━)는 정당한 자리에 있고, 육사(六四 : ╍)와 상륙(上六 : ╍)과는 모두 양음(陽陰)의 사이인지라 이웃의 사귐[比]을 누리며, 구이(九二 : ━)와는 둘 다 양(陽 : ━)의 사이인지라 중정(中正)과 정응(正應)을 서로 누리지 못하지만, 군왕(君王)으로서 절괘(節卦 : ䷻)의 주제인 〈절(節)〉을 기꺼이 지켜나감에 막힐 것이 없는 구오(九五 : ━)를 〈감절(甘節) 길(吉) 왕유상(往有尙)〉이라 계사(繫辭)한 것이다. 이에 「상사(象辭)」가 기꺼이[甘] 절제함이[節之] 행복하다[吉]는 계사(繫辭)를 구오(九五 : ━)가 있는[居] 자리가[位] 가운데인 것[中]이라[也] 풀이한 것이 〈감절지길(甘節之吉) 거위중야(居位中也)〉이다.

苦節(고절) 貞凶(정흉) 其道窮也(기도궁야)

괴롭게[苦] 한계를 넘지 않고 멈춤이[節] 진실로 미더워도[貞] 불행함은[凶] 그[其] 도리가[道] 막힌 것[窮]이다[也].

절괘(節卦 : ䷻) 상륙(上六 : ╍)의 효상(爻象)을 〈고절(苦節) 정흉(貞凶) 회무(悔亡)〉라고 계사(繫辭)한 것을 〈고절(苦節) 정흉(貞凶) 기도궁야(其道窮也)〉라고 풀이한다.

절괘(節卦 : ䷻)의 상륙(上六 : ╍)은 정당한 자리에 있고, 구오(九五 : ━)와는 음양(陰陽)의 사이인지라 이웃의 사귐[比]을 나눌 처지이지만 아래쪽을 이미 떠나왔으니 절교(絶交)의 상태이다. 초구(初九 : ━)와도 음양(陰陽)인지라 바르게[正]

서로 호응할[應] 처지이지만 이 역시 절교(絶交)의 상태여서, 절괘(節卦 : ䷻)의 주제인 〈절(節)〉의 극한(極限)에 있는지라 괴로워하는 상륙(上六 : ⚋)을 〈고절(苦節) 정흉(貞凶) 회무(悔亡)〉라 계사(繫辭)한 것이다. 이에 「상사(象辭)」가 상륙(上六 : ⚋)이 괴롭게[苦] 절제하면서도[節] 그 〈고절(苦節)〉이 진실로 미더워도[貞] 불행하다[凶]는 계사(繫辭)를 절제하는[其] 도리가[道] 궁극에 달한 것[窮]이라[也] 풀이한 것이 〈고절(苦節) 정흉(貞凶) 기도궁야(其道窮也)〉이다.

61 중부괘(中孚卦 : ䷼) 상사(象辭)

태하손상(兌下巽上) : 아래는[下] 태(兌 : ☱), 위는[上] 손(巽 : ☴).

풍택중부(風澤中孚) : 바람과[風] 못은[澤] 중부이다[中孚].

澤上有風中孚이다 君子以議獄緩死한다 初九虞吉은 志未變也이다 其子和之는 中心願也이다 或鼓或罷는 位不當也이다 馬匹亡는 絶類上也이다 有孚攣如는 位正當也이다 翰音登于天이 何可長也리오

(택상유풍중부 군자이의옥완사 초구우길 지미변야 기자화지 중심원야 혹고혹파 위부당야 마필무 절류상야 유부련여 위정당야 한음등우천 하가장야)

못[澤] 위에[上] 바람이[風] 있음이[有] 중부괘이다[中孚]. 군자는[君子] (중부괘를) 본받아[以] 옥사를[獄] 논의하여[議] 사형을[死] 늦춘다[緩]. 초구의[初九] 헤아림이[虞] 좋음은[吉] 뜻이[志] 아직 변하지 않음[未變]이다[也]. 그[其] 새끼가[子] 화답함은[和之] (어미와 새끼가) 중부(中孚)의 마음을[中心] 바라는 것[願]이다[也]. 북을 치기도 하고[或鼓] 그만두기도 함은[或罷] {육삼(六三)의} 자리가[位] 마땅치 않음[不當]이다[也]. 말의[馬] 짝이[匹] 없어짐은[亡] 무리를[類] 끊고[絶] 위로 올라감[上]이다[也]. 서로 엮어주는[攣] 진실한 미더움이[孚] 있음은[有如] 자리가[位] 정당한 것[正當]이다[也]. 높이 날아오르는 긴[翰] 소리가[音] 하늘로[于天] 오름이[登] 어찌[何] 장구할 수 있을 것[可長]인가[也]?

【지남(指南)】

澤上有風中孚(택상유풍중부) 君子以議獄緩死(군자이의옥완사)

못[澤] 위에[上] 바람이[風] 있음이[有] 중부괘이다[中孚]. 군자는

[君子] (중부괘를) 본받아[以] 옥사를[獄] 논의하여[議] 사형을[死] 늦춘다[緩].

중부괘(中孚卦 : ䷼)의 괘상(卦象)을 〈중부(中孚) 돈어길(豚魚吉) 이섭대천(利涉大川) 이정(利貞)〉이라고 계사(繫辭)한 것을 〈택상유풍중부(澤上有風中孚) 군자이의옥완사(君子以議獄緩死)〉라고 풀이한다.

앞 절괘(節卦 : ䷻)의 〈절(節)〉은 한지(限止) 즉 한계를 넘지 않고 멈춤[限止]이다. 절제(節制)하면 절약(節約)하고 절검(節儉)하며 검박(儉樸)하게 된다. 이러한 절제는 서로서로 〈신(信)〉 즉 믿음[信]을 불러온다. 절제하면 믿게 된다. 따라서 절괘(節卦 : ䷻) 다음에 중부괘(中孚卦 : ䷼)가 온 것이다. 중부괘(中孚卦 : ䷼)의 주제인 〈중부(中孚)〉란 어느 것에도 치우침 없이 적중한 마음가짐으로[中] 믿어줌[孚]이다. 〈중부(中孚)의 부(孚)〉는 어미닭이 달걀을 품고 있음을 상형(象形)한 자(字)이다. 어미닭이 병아리를 얻고자 알을 품음이야말로 신표(信表) 바로 그것이다. 따라서 중부괘(中孚卦 : ䷼)의 주제인 〈중부(中孚)〉를 〈중부(中孚) 돈어길(豚魚吉) 이섭대천(利涉大川) 이정(利貞)〉이라 계사(繫辭)한 것이다. 이에 「상사(象辭)」가 중부괘(中孚卦 : ䷼)의 태하손상(兌下巽上)을 들어 못[澤] 위에[上] 바람이[風] 있다[有]고 중부괘(中孚卦 : ䷼)의 괘상(卦象)을 밝힌 다음, 군자는[君子] 중부괘(中孚卦 : ䷼)의 괘상(卦象)을 본받아[以] 〈의옥(議獄)〉 즉 옥사(獄事)의 판결을[獄] 토의하고[議] 〈완사(緩死)〉 즉 벌 받아 죽임을[死] 관대하게 한다[緩]라고 풀이한 것이 〈택상유풍중부(澤上有風中孚) 군자이의옥완사(君子以議獄緩死)〉이다.

初九虞吉(초구우길) 志未變也(지미변야)

초구의[初九] 헤아림이[虞] 좋음은[吉] 뜻이[志] 아직 변하지 않음[未變]이다[也].

중부괘(中孚卦 : ䷼) 초구(初九 : ⚊)의 효상(爻象)을 〈우길(虞吉) 유타불연(有他不燕)〉이라고 계사(繫辭)한 것을 〈초구우길(初九虞吉) 지미변야(志未變也)〉라고 풀이한다.

중부괘(中孚卦 : ䷼)의 초구(初九 : ⚊)는 정당한 자리에 있고, 구이(九二 : ⚊)

와는 둘 다 양(陽 : ⚊)의 사이인지라 이웃의 사귐[比]을 누리지 못하며, 육사(六四 : ⚋)와는 양음(陽陰)의 사이인지라 서로 바르게[正] 호응하는[應] 초구(初九 : ⚊)를 〈우길(虞吉) 유타불연(有他不燕)〉이라 계사(繫辭)한 것이다. 이에 「상사(象辭)」가 초구(初九 : ⚊)가 헤아려서[虞] 행운을 누린다[吉]는 계사(繫辭)를 〈중부(中孚)〉를 지키려는 초구(初九 : ⚊)의 뜻이[志] 변치 않은 것[未變]이다[也]라고 풀이한 것이 〈초구우길(初九虞吉) 지미변야(志未變也)〉이다.

其子和之(기자화지) 中心願也(중심원야)

그[其] 새끼가[子] 화답함은[和之] (어미와 새끼가) 중부(中孚)의 마음을[中心] 바라는 것[願]이다[也].

중부괘(中孚卦 : ䷼) 구이(九二 : ⚊)의 효상(爻象)을 〈명학재음(鳴鶴在陰) 기자화지(其子和之) 아유호작(我有好爵) 오여이미지(吾與爾靡之)〉라고 계사(繫辭)한 것을 〈기자화지(其子和之) 중심원야(中心願也)〉라고 풀이한다.

중부괘(中孚卦 : ䷼)의 구이(九二 : ⚊)는 정당한 자리에 있지 못하고, 육삼(六三 : ⚋)과는 양음(陽陰)의 사이인지라 이웃의 사귐[比]을 누리며, 구오(九五 : ⚊)와는 둘 다 양(陽 : ⚊)의 사이인지라 다른 대성괘(大成卦)에서라면 정응(正應)을 서로 나누지 못하는 처지이지만 중부괘(中孚卦 : ䷼)에서는 〈중부(中孚)〉의 시국이라 상충(相衝)하지는 않는다. 이러한 중부괘(中孚卦 : ䷼)의 하체(下體) 태(兌 : ☱)의 중효(中爻)로서 득중(得中) 즉 정도를 따름을[中] 취하여[得] 중부괘(中孚卦 : ䷼)의 주제인 〈중부(中孚)〉를 지성(至誠)으로 간직한 구이(九二 : ⚊)를 〈명학재음(鳴鶴在陰) 기자화지(其子和之) 아유호작(我有好爵) 오여이미지(吾與爾靡之)〉라 계사(繫辭)한 것이다. 이에 「상사(象辭)」가 보이지 않는 데서 소리하고 있는 두루미의[其] 새끼들이[子] 어미와[之] 화답한다[和]는 계사(繫辭)를 어미와 새끼 즉 현령(縣令)과 백성이 중부(中孚)의 마음을[中心] 원하는 것[願]이다[也]라고 풀이한 것이 〈기자화지(其子和之) 중심원야(中心願也)〉이다.

或鼓或罷(혹고혹파) 位不當也(위부당야)

북을 치기도 하고[或鼓] 그만두기도 함은[或罷] {육삼(六三)의} 자리가[位] 마땅치 않음[不當]이다[也].

중부괘(中孚卦 : ䷼) 육삼(六三 : --)의 효상(爻象)을 〈득적(得敵) 혹고혹파(或鼓或罷) 혹읍혹가(或泣或歌)〉라고 계사(繫辭)한 것을 〈혹고혹파(或鼓或罷) 위부당야(位不當也)〉라고 풀이한다.

중부괘(中孚卦 : ䷼)의 육삼(六三 : --)은 정당한 자리에 있지 못하고, 육사(六四 : --)와는 양음(兩陰)의 사이인지라 서로 부딪치는 사이이지만 중부괘(中孚卦 : ䷼)에서만은 육삼(六三 : --)-육사(六四 : --)가 서로 〈부(孚)〉 즉 믿어줌[孚]을 이루는 주(主)가 되면서도 서로 있는 자리가 다른지라 상화(相和)하기는 어렵다. 육삼(六三 : --)과 상구(上九 : ―)는 음양(陰陽)의 사이인지라 정응(正應)의 처지이지만, 육삼(六三 : --)은 중부괘(中孚卦 : ䷼)의 하체(下體) 태(兌 : ☱)의 상효(上爻)로서 희열(喜悅)의 극위(極位)에 있고, 상구(上九 : ―)는 중부괘(中孚卦 : ䷼)의 상효(上爻)로서 〈중부(中孚)〉의 극위(極位)에 있어서, 서로 극단(極端)이라 정응(正應)하기 어려워 홀로 치우치기 쉬운 육삼(六三 : --)을 〈득적(得敵) 혹고혹파(或鼓或罷) 혹읍혹가(或泣或歌)〉라 계사(繫辭)한 것이다. 이에 「상사(象辭)」가 육삼(六三 : --)이 북을 치다가[或鼓] 북치기를 그만둠[或罷]이라는 계사(繫辭)를 유음(柔陰)인 육삼(六三 : --)이 중부괘(中孚卦 : ䷼)의 하체(下體)인 태(兌 : ☱)의 상효(上爻)이면서도 중부괘(中孚卦 : ䷼)의 삼효(三爻) 즉 양(陽 : ―)의 자리에 있음인지라, 육삼(六三 : --)이 있는 자리가[位] 마땅치 못한 것[不當]이다[也]라고 풀이한 것이 〈혹고혹파(或鼓或罷) 위부당야(位不當也)〉이다.

馬匹亡(마필무) 絶類上也(절류상야)

말의[馬] 짝이[匹] 없어짐은[亡] 무리를[類] 끊고[絶] 위로 올라감[上]이다[也].

중부괘(中孚卦 : ䷼) 육사(六四 : --)의 효상(爻象)을 〈월기망(月幾望) 마필무(馬匹亡) 무구(无咎)〉라고 계사(繫辭)한 것을 〈마필무(馬匹亡) 절류상야(絶類上也)〉라고 풀이한다.

중부괘(中孚卦 : ䷼)의 육사(六四 : --)는 정당한 자리에 있고, 구오(九五 : ―)

와는 음양(陰陽)의 사이인지라 서로 이웃의 사귐[比]을 누리며, 초구(初九 : ━)와도 음양(陰陽)의 사이인지라 정응(正應)의 처지이지만, 구오(九五 : ━)를 받들어 따름에 전력하고자 초구(初九 : ━)를 멀리하는 육사(六四 : ╌)를 〈월기망(月幾望) 마필무(馬匹亡) 무구(无咎)〉라 계사(繫辭)한 것이다. 이에 「상사(象辭)」가 두 말의 짝을[馬匹] 육사(六四 : ╌)가 회피한다[亡]는 계사(繫辭)를 육사(六四 : ╌)가 초구(初九 : ━)와 정응(正應)하여 한 무리가 됨을[類] 끊고[絶] 웃전 즉 구오(九五 : ━)를 받드는 것[上]이다[也]라고 풀이한 것이 〈마필무(馬匹亡) 절류상야(絶類上也)〉이다.

有孚攣如(유부련여) 位正當也(위정당야)

서로 엮어주는[攣] 진실한 미더움이[孚] 있음은[有如] 자리가[位] 정당한 것[正當]이다[也].

중부괘(中孚卦 : ䷼) 구오(九五 : ━)의 효상(爻象)을 〈유부련여(有孚攣如) 무구(无咎)〉라고 계사(繫辭)한 것을 〈유부련여(有孚攣如) 위정당야(位正當也)〉라고 풀이한다.

중부괘(中孚卦 : ䷼)의 구오(九五 : ━)는 정당한 자리에 있고, 상구(上九 : ━)와는 양양(兩陽)의 사이인지라 서로 이웃의 사귐[比]을 누리지 못하며, 구이(九二 : ━)와도 둘 다 양(陽 : ━)인지라 중정(中正)과 정응(正應)을 서로 나누어 누리지는 못하지만, 정당한 자리에서 중부괘(中孚卦 : ䷼)의 주제인 〈중부(中孚)〉를 군왕(君王)으로서 온 세상에 펴는 구오(九五 : ━)를 〈유부련여(有孚攣如) 무구(无咎)〉라 계사(繫辭)한 것이다. 이에 「상사(象辭)」가 구오(九五 : ━)에게 백성의 마음을 결합하는[攣] 진실한 미더움이[孚] 있다[有如]는 계사(繫辭)를 군왕(君王)으로서 구오(九五 : ━)의 자리가[位] 정당한 것[正當]이다[也]라고 풀이한 것이 〈유부련여(有孚攣如) 위정당야(位正當也)〉이다.

翰音登于天(한음등우천) 何可長也(하가장야)

높이 날아오르는 긴[翰] 소리가[音] 하늘로[于天] 오름이[登] 어찌[何] 장구할 수 있을 것[可長]인가[也]?

중부괘(中孚卦 : ䷼) 상구(上九 : ⚊)의 효상(爻象)을 〈한음등우천(翰音登于天) 정흉(貞凶)〉이라고 계사(繫辭)한 것을 〈한음등우천(翰音登于天) 하가장야(何可長也)〉라고 풀이한다.

중부괘(中孚卦 : ䷼)의 상구(上九 : ⚊)는 정당한 자리에 있지 못하고, 구오(九五 : ⚊)와는 양양(兩陽)의 사이인지라 서로 이웃의 사귐[比]을 누리지 못한다. 육삼(六三 : ⚋)과는 다른 대성괘(大成卦)에서라면 양음(陽陰)의 사이인지라 정응(正應)을 누릴 수 있는 처지이지만, 육삼(六三 : ⚋)은 중부괘(中孚卦 : ䷼)의 하체(下體) 태(兌 : ☱)의 극위(極位)에 있는지라 희열(喜說)을 맹신(盲信)하고, 상구(上九 : ⚊)는 중부괘(中孚卦 : ䷼)의 극위(極位)에 있는지라 〈중부(中孚)〉만을 맹신하므로, 두 맹신이 극대극(極對極)으로 서로 마주치는 상구(上九 : ⚊)를 〈한음등우천(翰音登于天) 정흉(貞凶)〉이라 계사(繫辭)한 것이다. 이에 「상사(象辭)」가 높이 날아오르는 긴[翰] 소리가[音] 하늘로[于天] 오른다[登]는 계사(繫辭)를 어찌[何] 장구할 수 있을 것[可長]인가[也]라고 반문하여 풀이한 것이 〈한음등우천(翰音登于天) 하가장야(何可長也)〉이다.

62 소과괘(小過卦 : ䷽) 상사(象辭)

간하진상(艮下震上) : 아래는[下] 간(艮 : ☶), 위는[上] 진(震 : ☳).

뇌산소과(雷山小過) : 우레와[雷] 산은[山] 소과이다[小過].

山上有雷小過이다 君子以行過乎恭하고 喪過乎哀하며
산 상 유 뢰 소 과 군 자 이 행 과 호 공 상 과 호 애

用過乎儉한다 飛鳥라 以凶은 不可如何也이다 不及其
용 과 호 검 비 조 이 흉 불 가 여 하 야 불 급 기

君은 臣不可過也이다 從或戕之는 凶如何也이랴 弗過
군 신 불 가 과 야 종 혹 장 지 흉 여 하 야 불 과

遇之는 位不當也이고 往厲必戒는 終不可長也이다 密
우 지 위 부 당 야 왕 려 필 계 종 불 가 장 야 밀

雲不雨는 已上也이다 弗遇過之는 已亢也이다
운 불 우 이 상 야 불 우 과 지 이 항 야

산(山) 위에[上] 우레가[雷] 있음이[有] 소과괘이다[小過]. 군자는[君子] (소과괘를) 본받아[以] 행위는[行] 공경함에[乎恭] 지나치고[過] 상사는[喪] 슬퍼함에[乎哀] 지나치며[過] 씀씀이는[用] 검약함에[乎儉] 지나치다[過]. 나는[飛] 새라[鳥] 그로써[以] 나쁨은[凶] 어찌[何] 할 수 없는 것[不可如]이다[也]. 그[其] 임금에게[君] 이르지 못함은[不及] 신하가[臣] (제 임금을) 지나칠[過] 수 없는 것[不可]이다[也]. 따라와서[從] 혹시라도[或] 그것을[之] 죽일는지 모름은[戕] 나쁨이[凶] 얼마[如何]이냐[也]. 지나치지 않고서[弗過] 그것을[之] 대우함은[遇] 자리가[位] 마땅치 않은 것[不當]이고[也], 나아가면[往] 위태하니[厲] 반드시[必] 경계함은[戒] 끝내[終] 오래갈[長] 수 없는 것[不可]이다[也]. 짙은[密] 구름에도[雲] 비가 오지 않음은[不雨] 이미[已] 올라간 것[上]이다[也]. 대우하지 않고[弗遇] 지나감은[過之] 이미[已] 높이 올라가버린 것[亢]이다[也].

【지남(指南)】

山上有雷小過(산상유뢰소과) 君子以行過乎恭(군자이행과호공) 喪過乎哀(상과호애) 用過乎儉(용과호검)

산(山) 위에[上] 우레가[雷] 있음이[有] 소과괘이다[小過]. 군자는[君子] (소과괘를) 본받아[以] 행위는[行] 공경함에[乎恭] 지나치고[過] 상사는[喪] 슬퍼함에[乎哀] 지나치며[過] 씀씀이는[用] 검약함에[乎儉] 지나치다[過].

소과괘(小過卦 : ䷽)의 괘상(卦象)을 〈소과(小過) 형(亨) 이정(利貞) 가소사(可小事) 불가대사(不可大事) 비조유지음(飛鳥遺之音) 불의상(不宜上) 의하(宜下) 대길(大吉)〉이라고 계사(繫辭)한 것을 〈산상유뢰소과(山上有雷小過) 군자이행과호공(君子以行過乎恭) 상과호애(喪過乎哀) 용과호검(用過乎儉)〉이라고 풀이한다.

앞 중부괘(中孚卦 : ䷼)의 〈중부(中孚)〉는 심중(心中)에 믿어줌[孚]이 발현함이다. 중부(中孚)라는 믿어줌을 간직한다면 반드시 그 믿어줌을 행한다. 그러므로 중부괘(中孚卦 : ䷼) 뒤에 소과괘(小過卦 : ䷽)가 온 것이다. 소과괘(小過卦 : ䷽)는 중부괘(中孚卦 : ䷼)의 양효(陽爻)는 음효(陰爻)로 음효(陰爻)는 양효(陽爻)로 뒤바뀌어, 중부괘(中孚卦 : ䷼)의 대괘(對卦)가 소과괘(小過卦 : ䷽)이다. 따라서 소과괘(小過卦 : ䷽)에는 음효(陰爻)가 넷이고 양효(陽爻)는 둘이니 음효(陰爻)가 과다(過多) 즉 지나치게[過] 많다[多]는 것이 소과괘(小過卦 : ䷽)의 〈소과(小過)〉이다. 하늘에 번개가 번쩍한 뒤에 으르렁 쿵쿵 소리치는 천둥[雷]이 산마루에 쳐서 상시(常時)의 산정(山靜) 즉 산의[山] 고요함[靜]을 떨쳐내는 정도라, 〈소과(小過)〉 즉 작은[小] 잘못이나 허물[過]이 상리(常理)에 조금 어긋난다고 해도 마음속에 〈부(孚)〉 진실로 미더움[孚]이 발현(發現)해서 비롯한 작은[小] 잘못이나 허물[過]인지라 오히려 막히지 않고 형통하게[亨] 하는 소과괘(小過卦 : ䷽)를 〈소과(小過) 형(亨) 이정(利貞) 가소사(可小事) 불가대사(不可大事) 비조유지음(飛鳥遺之音) 불의상(不宜上) 의하(宜下) 대길(大吉)〉이라 계사(繫辭)한 것이다. 이에 「상사(象辭)」가 소과괘(小過卦 : ䷽)의 간하진상(艮下震上)을 들어 산(山) 위에[上] 우레가[雷] 있다[有]고 소과괘(小過卦 : ䷽)의 괘상(卦象)을 밝힌 다음, 군자는[君子] 소과괘(小

過卦 : ䷽)의 괘상(卦象)을 본받아[以] 행함에는[行] 겸손에[乎恭] 넘치고[過], 죽음에는[喪] 슬픔에[乎哀] 넘치며[過], 씀씀이에는[用] 절약에[乎儉] 넘친다[過]고 풀이한 것이 〈산상유뢰소과(山上有雷小過) 군자이행과호공(君子以行過乎恭) 상과호애(喪過乎哀) 용과호검(用過乎儉)〉이다.

飛鳥(비조) 以凶(이흉) 不可如何也(불가여하야)

나는[飛] 새라[鳥] 그로써[以] 나쁨은[凶] 어찌[何] 할 수 없는 것[不可如]이다[也].

소과괘(小過卦 : ䷽) 초륙(初六 : --)의 효상(爻象)을 〈비조(飛鳥) 이흉(以凶)〉이라고 계사(繫辭)한 것을 〈비조(飛鳥) 이흉(以凶) 불가여하야(不可如何也)〉라고 풀이한다.

소과괘(小過卦 : ䷽)의 초륙(初六 : --)은 정당한 자리에 있지 못하고, 육이(六二 : --)와는 둘 다 음(陰 : --)의 사이인지라 이웃의 사귐[比]을 누리지 못한다. 그러나 구사(九四 : —)와는 음양(陰陽)의 사이인지라 바르게[正] 호응함[應]을 누릴 수 있어 초륙(初六 : --)이 한사코 이를 이용하고자 하는 모습을 〈비조(飛鳥) 이흉(以凶)〉이라 계사(繫辭)한 것이다. 이에 「상사(象辭)」가 초륙(初六 : --)이 날아가는[飛] 새이기[鳥] 때문에[以] 불행하다[凶]는 계사(繫辭)를 초륙(初六 : --)이 〈비조(飛鳥)〉가 자신에게 마땅치 않음[不宜]을 스스로 깨우치지 않는 한 어떻게[何] 해볼 수 없는 것[不可如]이라[也] 풀이한 것이 〈비조(飛鳥) 이흉(以凶) 불가여하야(不可如何也)〉이다.

不及其君(불급기군) 臣不可過也(신불가과야)

그[其] 임금에게[君] 이르지 못함은[不及] 신하가[臣] (제 임금을) 지나칠[過] 수 없는 것[不可]이다[也].

소과괘(小過卦 : ䷽) 육이(六二 : --)의 효상(爻象)을 〈과기조(過其祖) 우기비(遇其妣) 불급기군(不及其君) 우기신(遇其臣) 무구(无咎)〉라고 계사(繫辭)한 것을 〈불급기군(不及其君) 신불가과야(臣不可過也)〉라고 풀이한다.

소과괘(小過卦 : ䷽)의 육이(六二 : --)는 정당한 자리에 있고, 구삼(九三 : —)

과는 음양(陰陽)의 사이인지라 이웃의 사귐[比]을 누린다. 육오(六五 : --)와는 둘 다 음(陰 : --)의 사이인지라 다른 대성괘(大成卦)에서라면 정응(正應)을 서로 함께 누리지 못하지만, 소과괘(小過卦 : ䷽)의 주제인 〈소과(小過)〉의 시국에서는 서로 같은 음(陰 : --)인지라 육이(六二 : --)가 육오(六五 : --)와 상화(相和)하며, 소과괘(小過卦 : ䷽)의 하체(下體) 간(艮 : ☶)의 중효(中爻)로서 득중(得中) 즉 정도를 따름을[中] 취하여[得] 〈소과(小過)〉를 지키는 모습을 〈과기조(過其祖) 우기비(遇其妣) 불급기군(不及其君) 우기신(遇其臣) 무구(无咎)〉라 계사(繫辭)한 것이다. 이에 「상사(象辭)」가 제[其] 임금에게[君] 미치지 못한다[不及]는 계사(繫辭)를 그렇다 하여 신하가[臣] 제 임금을 지나칠[過] 수 없는 것[不可]이라[也] 풀이한 것이 〈불급기군(不及其君) 신불가과야(臣不可過也)〉이다.

從或戕之(종혹장지) 凶如何也(흉여하야)

따라와서[從] 혹시라도[或] 그것을[之] 죽일는지 모름은[戕] 나쁨이[凶] 얼마[如何]이냐[也].

소과괘(小過卦 : ䷽) 구삼(九三 : ㅡ)의 효상(爻象)을 〈불과방지(弗過防之) 종혹장지(從或戕之) 흉(凶)〉이라고 계사(繫辭)한 것을 〈종혹장지(從或戕之) 흉여하야(凶如何也)〉라고 풀이한다.

소과괘(小過卦 : ䷽)의 구삼(九三 : ㅡ)은 정당한 자리에 있고, 구사(九四 : ㅡ)와는 양양(兩陽)의 사이인지라 이웃의 사귐[比]을 누리지 못하며, 상륙(上六 : --)과는 양음(陽陰)의 사이인지라 바르게[正] 호응하는[應] 사이이지만 나약한 상륙(上六 : --)에게 도움 받기 어렵다. 구삼(九三 : ㅡ)이 정위(正位)에 있지만 소과괘(小過卦 : ䷽)의 하체(下體) 간(艮 : ☶)의 중위(中位)를 벗어난 상효(上爻)인지라, 굳셈[剛]만 믿고 나서면 〈소과(小過)〉 즉 음(陰 : --)이[小] 과다한[過] 시국에 미움받을 수 있으니, 정위(正位)에 있음을 과시하지 말아야 하는 구삼(九三 : ㅡ)의 모습을 〈불과방지(弗過防之) 종혹장지(從或戕之) 흉(凶)〉이라 계사(繫辭)한 것이다. 이에 「상사(象辭)」가 〈소과(小過)의 소(小)〉 즉 음(陰 : --)인 육이(六二 : --)가 뒤따라와[從] 혹시라도[或] 구삼(九三 : ㅡ)을[之] 상처 입혀 꺾어버릴 수 있다[戕]는 계사(繫辭)를 그 불행함이[凶] 얼마[如何]이냐[也] 반문한 것이 〈종혹장지(從或戕

之) 흉여하야(凶如何也)〉이다.

弗過遇之(불과우지) 位不當也(위부당야) 往厲必戒(왕려필계) 終不可長也(종불가장야)

지나치지 않고서[弗過] 그것을[之] 대우함은[遇] 자리가[位] 마땅치 않은 것[不當]이고[也], 나아가면[往] 위태하니[厲] 반드시[必] 경계함은[戒] 끝내[終] 오래갈[長] 수 없는 것[不可]이다[也].

소과괘(小過卦 : ䷽) 구사(九四 : ⚊)의 효상(爻象)을 〈무구(无咎) 불과우지(弗過遇之) 왕려필계(往厲必戒) 물용영정(勿用永貞)〉이라고 계사(繫辭)한 것을 〈불과우지(弗過遇之) 위부당야(位不當也) 왕려필계(往厲必戒) 종불가장야(終不可長也)〉라고 풀이한다.

소과괘(小過卦 : ䷽)의 구사(九四 : ⚊)는 정당한 자리에 있지 못하고, 육오(六五 : ⚋)와는 양음(陽陰)의 사이인지라 이웃의 사귐[比]을 누릴 수 있으며, 초륙(初六 : ⚋)과도 양음(陽陰)의 사이인지라 서로 바르게[正] 호응하는[應] 사이이다. 강양(剛陽)한 구사(九四 : ⚊) 자신이 음위(陰位)에 있음을 헤아려서 소과괘(小過卦 : ䷽)의 주제인 〈소과(小過)〉의 시국을 받아들이면서 초륙(初六 : ⚋)과의 정응(正應)을 소중히하고, 육오(六五 : ⚋)와의 비(比)를 받들어 스스로 조심하는 구사(九四 : ⚊)의 모습을 〈무구(无咎) 불과우지(弗過遇之) 왕려필계(往厲必戒) 물용영정(勿用永貞)〉이라 계사(繫辭)한 것이다. 이에 「상사(象辭)」가 〈소과(小過)〉 즉 음(陰 : ⚋)이 성(盛)하는 시국을 지나치지 않고[弗過] 그 시국을[之] 대우한다[遇]는 계사(繫辭)를 구사(九四 : ⚊)가 있는 자리가[位] 음(陰 : ⚋)의 자리라 정당하지 않은 것[不當]이라[也] 풀이하고, 구사(九四 : ⚊)가 양강(陽剛)을 앞세워 나아가면[往] 위태하니[厲] 반드시[必] 경계해야 한다[戒]는 계사(繫辭)를 어떤 시국이든 끝내[終] 오래갈[長] 수 없는 것[不可]이라[也] 풀이한 것이 〈불과우지(弗過遇之) 위부당야(位不當也) 왕려필계(往厲必戒) 종불가장야(終不可長也)〉이다.

密雲不雨(밀운불우) 已上也(이상야)

짙은[密] 구름에도[雲] 비가 오지 않음은[不雨] 이미[已] 올라간 것

[上]이다[也].

소과괘(小過卦 : ䷽) 육오(六五 : --)의 효상(爻象)을 〈밀운불우(密雲不雨) 자아서교(自我西郊) 공익취피재혈(公弋取彼在穴)〉이라고 계사(繫辭)한 것을 〈밀운불우(密雲不雨) 이상야(已上也)〉라고 풀이한다.

소과괘(小過卦 : ䷽)의 육오(六五 : --)는 정당한 자리에 있지 못하고, 구사(九四 : ㅡ)와는 음양(陰陽)의 사이인지라 이웃의 사귐[比]을 누릴 수 있고, 상륙(上六 : --)과는 둘 다 음(陰 : --)의 사이인지라 이웃의 사귐[比]을 누릴 수 없다. 육이(六二 : --)와도 양음(兩陰)인지라 중정(中正)과 정응(正應)을 서로 나누어 누리지는 못하지만, 소과괘(小過卦 : ䷽)의 상체(上體) 진(震 : ☳)의 중효(中爻)이면서 소과괘(小過卦 : ䷽)의 군위(君位)에 있는지라 스스로 득중(得中) 즉 정도를 따름을[中] 취하여[得] 온갖 것들을 마주하는 육오(六五 : --)의 모습을 〈밀운불우(密雲不雨) 자아서교(自我西郊) 공익취피재혈(公弋取彼在穴)〉이라 계사(繫辭)한 것이다. 이에 「상사(象辭)」가 짙은[密] 구름이[雲] 비를 내리지 않는다[不雨]는 계사(繫辭)를 짙은 구름이 낮아야 비를 내리는데 이미[已] 높은 것[上]이라[也] 풀이한 것이 〈밀운불우(密雲不雨) 이상야(已上也)〉이다.

弗遇過之(불우과지) 已亢也(이항야)

대우하지 않고[弗遇] 지나감은[過之] 이미[已] 높이 올라가버린 것[亢]이다[也].

소과괘(小過卦 : ䷽) 상륙(上六 : --)의 효상(爻象)을 〈불우과지(弗遇過之) 비조리지(飛鳥離之) 흉(凶) 시위재생(是謂災眚)〉이라고 계사(繫辭)한 것을 〈불우과지(弗遇過之) 이항야(已亢也)〉라고 풀이한다.

소과괘(小過卦 : ䷽)의 상륙(上六 : --)은 정당한 자리에 있고, 육오(六五 : --)와는 둘 다 음(陰 : --)의 사이인지라 이웃의 사귐[比]을 누릴 수 없으며, 구삼(九三 : ㅡ)과는 음양(陰陽)의 사이인지라 정응(正應)을 서로 나누어 누릴 수 있지만, 소과괘(小過卦 : ䷽)를 떠나야 할 처지인지라 외면해버리고 스스로 고립하는 상륙(上六 : --)을 〈불우과지(弗遇過之) 비조리지(飛鳥離之) 흉(凶) 시위재생(是

謂災眚)〉이라 계사(繫辭)한 것이다. 이에 「상사(象辭)」가 상륙(上六 : --)이 구삼(九三 : ─)을 만나지 않고[弗遇] 지나친다[過之]는 계사(繫辭)를 상륙(上六 : --)이 이미[已] 높이 올라가버린 것[亢]이라[也] 풀이한 것이 〈불우과지(弗遇過之) 이항야(已亢也)〉이다.

63 기제괘(旣濟卦 : ䷾) 상사(象辭)

이하감상(離下坎上) : 아래는[下] 이(離 : ☲), 위는[上] 감(坎 : ☵).

수화기제(水火旣濟) : 물과[水] 불은[火] 기제이다[旣濟].

水在火上旣濟이다 君子以思患而豫防之한다 曳其輪은 義无咎也이다 七日得은 以中道也이다 三年克之는 憊也이다 終日戒는 有所疑也이다 東鄰殺牛는 不如西鄰之時也이니 實受其福은 吉大來也이다 濡其首라 厲하니 何可久也리요

(수재화상기제 군자이사환이예방지 예기륜 의무구야 칠일득 이중도야 삼년극지 비야 종일계 유소의야 동린살우 불여서린지시야 실수기복 길대래야 유기수 여 하가구야)

물이[水] 불[火] 위에[上] 있음이[在] 기제괘이다[旣濟]. 군자는[君子] (기제괘를) 본받아[以] 우환을[患] 생각해서[思而] 그것을[之] 미리[豫] 막는다[防]. 그[其] 수레를[輪] 끎은[曳] 의리에[義] 허물이[咎] 없음[无]이다[也]. 칠일에[七日] 얻음은[得] 정도를[道] 따르기[中] 때문[以]이다[也]. 삼 년에[三年] 이김은[克之] 고달픔[憊]이다[也]. 하루 내내[終日] 경계함은[戒] 의심되는[疑] 바가[所] 있음[有]이다[也]. 동쪽[東] 이웃이[鄰] 소를[牛] 잡음은[殺] 서쪽[西] 이웃의[鄰之] 때를 맞춤만[時] 같지 못함[不如]이니[也], 참으로[實] 그[其] 복을[福] 받음은[受] {서린(西鄰)에게} 좋은 일이[吉] 크게[大] 온다는 것[來]이다[也]. 그[其] 머리를[首] 적시니[濡] 위태한데[厲] 어찌[何] 오래갈 수 있을 것[可久]인가[也]?

【지남(指南)】

水在火上旣濟(수재화상기제) 君子以思患而豫防之(군자이

사환이예방지)

물이[水] 불[火] 위에[上] 있음이[在] 기제괘이다[旣濟]. 군자는[君子] (기제괘를) 본받아[以] 우환을[患] 생각해서[思而] 그것을[之] 미리[豫] 막는다[防].

기제괘(旣濟卦 : ䷾)의 괘상(卦象)을 〈기제(旣濟) 형소(亨小) 이정(利貞) 초길종란(初吉終亂)〉이라고 계사(繫辭)한 것을 〈수재화상기제(水在火上旣濟) 군자이사환이예방지(君子以思患而豫防之)〉라고 풀이한다.

앞 소과괘(小過卦 : ䷽)의 〈소과(小過)〉는 음기(陰氣)가 과다하여[過] 성(盛)하지만 양기(陽氣)는 쇠(衰)함을 뜻한다. 과다한 것이 있다면 반드시 구제함이 자연의[天] 이치[道]이다. 따라서 소과괘(小過卦 : ䷽) 다음에 기제괘(旣濟卦 : ䷾)가 온 것이다. 기제괘(旣濟卦 : ䷾)의 여섯 효(爻)는 저마다 모두 정위(正位)에 있고, 저마다 이웃의 사귐[比]을 누리고, 저마다 모두 바르게[正] 호응하며[應], 육이(六二 : ⚋)와 구오(九五 : ⚊)는 중정(中正)과 정응(正應)을 누리면서, 기제괘(旣濟卦 : ䷾)에는 모든 것이 안정되어 성취되지 않음이란 없음을 〈기제(旣濟) 형소(亨小) 이정(利貞) 초길종란(初吉終亂)〉이라 계사(繫辭)한 것이다. 이에 「상사(象辭)」가 기제괘(旣濟卦 : ䷾)의 이하감상(離下坎上)을 들어 물이[水] 불[火] 위에[上] 있다[在]고 기제괘(旣濟卦 : ䷾)의 괘상(卦象)을 밝힌 다음, 군자는[君子] 기제괘(旣濟卦 : ䷾)의 괘상(卦象)을 본받아[以] 환난(患難)을[患] 생각하여[思而] 기제(旣濟)를 어지럽힐 환난(患難)거리를[之] 미리[豫] 막는다[防]고 풀이한 것이 〈수재화상기제(水在火上旣濟) 군자이사환이예방지(君子以思患而豫防之)〉이다.

曳其輪(예기륜) 義无咎也(의무구야)

그[其] 수레를[輪] 끎은[曳] 의리에[義] 허물이[咎] 없음[无]이다[也].

기제괘(旣濟卦 : ䷾) 초구(初九 : ⚊)의 효상(爻象)을 〈예기륜(曳其輪) 유기미(濡其尾) 무구(无咎)〉라고 계사(繫辭)한 것을 〈예기륜(曳其輪) 의무구야(義无咎也)〉라고 풀이한다.

기제괘(旣濟卦 : ䷾)의 초구(初九 : ⚊)는 정당한 자리에 있고, 육이(六二 : ⚋)

와는 양음(陽陰)의 사이인지라 이웃의 사귐[比]을 누리며, 육사(六四 : --)와도 양음(陽陰)의 사이인지라 바르게[正] 호응함[應]을 서로 누려서, 기제괘(旣濟卦 : ䷾)의 주제인 〈기제(旣濟)〉의 시국을 그대로 따라 누리는 초구(初九 : ─)를 〈예기륜(曳其輪) 유기미(濡其尾) 무구(无咎)〉라 계사(繫辭)한 것이다. 이에 「상사(象辭)」가 초구(初九 : ─)가 육사(六四 : --)의 수레를[輪] 끌어준다[曳]는 계사(繫辭)를 초구(初九 : ─)와 육사(六四 : --)가 나누어 누리는 정응(正應)의 의리에는[義] 잘못이[咎] 없는 것[无]이라[也] 풀이한 것이 〈예기륜(曳其輪) 의무구야(義无咎也)〉이다.

七日得(칠일득) 以中道也(이중도야)

칠일에[七日] 얻음은[得] 정도를[道] 따르기[中] 때문[以]이다[也].

기제괘(旣濟卦 : ䷾) 육이(六二 : --)의 효상(爻象)을 〈부상기불(婦喪其茀) 물축(勿逐) 칠일득(七日得)〉이라고 계사(繫辭)한 것을 〈칠일득(七日得) 이중도야(以中道也)〉라고 풀이한다.

기제괘(旣濟卦 : ䷾)의 육이(六二 : --)는 정당한 자리에 있고, 구삼(九三 : ─)과는 음양(陰陽)의 사이인지라 이웃의 사귐[比]을 누리며, 구오(九五 : ─)와도 음양(陰陽)의 사이인지라 중정(中正)과 정응(正應)을 동시에 누릴 수 있지만, 〈기제(旣濟)〉의 시국인지라 구오(九五 : ─)가 불러줄 때가 올 것임을 알고 자중(自重)하며 기다리는 육이(六二 : --)를 〈부상기불(婦喪其茀) 물축(勿逐) 칠일득(七日得)〉이라 계사(繫辭)한 것이다. 이에 「상사(象辭)」가 칠일(七日) 후면 육이(六二 : --)가 잃었던[喪] 가리개[茀]를 취해서[得] 구오(九五 : ─)와 중정(中正)-정응(正應)을 누린다는 계사(繫辭)를 육이(六二 : --)가 정도를[道] 따르기[中] 때문[以]이라[也] 풀이한 것이 〈칠일득(七日得) 이중도야(以中道也)〉이다.

三年克之(삼년극지) 憊也(비야)

삼 년에[三年] 이김은[克之] 고달픔[憊]이다[也].

기제괘(旣濟卦 : ䷾) 구삼(九三 : ─)의 효상(爻象)을 〈고종벌귀방(高宗伐鬼方) 삼년극지(三年克之) 소인물용(小人勿用)〉이라고 계사(繫辭)한 것을 〈삼년극지(三年克之) 비야(憊也)〉라고 풀이한다.

기제괘(旣濟卦 : ䷾)의 구삼(九三 : ⚊)은 정당한 자리에 있고, 육사(六四 : ⚋)와는 양음(陽陰)의 사이인지라 이웃의 사귐[比]을 누리며, 상륙(上六 : ⚋)과도 양음(陽陰)의 사이인지라 정응(正應)을 누릴 수 있다. 이러한 구삼(九三 : ⚊)의 굳세고[剛] 강력함[强]을 역사적인 고사(故事)를 빌려 엿보게 〈고종벌귀방(高宗伐鬼方) 삼년극지(三年克之) 소인물용(小人勿用)〉이라고 계사(繫辭)한 것이다. 이에 「상사(象辭)」가 안정을 이루지 못한[不濟] 〈귀방(鬼方)〉 즉 북방(北方)을 정벌하여[伐] 기제괘(旣濟卦 : ䷾)의 시국인 〈기제(旣濟)〉를 누리게 하는 데 삼 년[三年] 만에 승리했다[克之]는 계사(繫辭)를 구삼(九三 : ⚊)이 〈귀방(鬼方)〉 즉 기제괘(旣濟卦 : ䷾)의 상체(上體) 감(坎 : ☵)으로 상진(上進)함이 고달픈 것[憊]이라[也] 풀이한 것이 〈삼년극지(三年克之) 비야(憊也)〉이다.

終日戒(종일계) 有所疑也(유소의야)

하루 내내[終日] 경계함은[戒] 의심되는[疑] 바가[所] 있음[有]이다[也].

기제괘(旣濟卦 : ䷾) 육사(六四 : ⚋)의 효상(爻象)을 〈수유의녀(繻有衣袽) 종일계(終日戒)〉라고 계사(繫辭)한 것을 〈종일계(終日戒) 유소의야(有所疑也)〉라고 풀이한다.

기제괘(旣濟卦 : ䷾)의 육사(六四 : ⚋)는 정당한 자리에 있고, 구오(九五 : ⚊)와는 음양(陰陽)의 사이인지라 이웃의 사귐[比]을 누린다. 초구(初九 : ⚊)와도 음양(陰陽)의 사이인지라 정응(正應)을 누리며, 기제괘(旣濟卦 : ䷾)의 주제인 〈기제(旣濟)〉의 〈제(濟)〉 즉 도강(渡江) 중에 혹시라도 사고가 날세라 매우 조심스럽게 유의(留意)하는 육사(六四 : ⚋)를 〈수유의녀(繻有衣袽) 종일계(終日戒)〉라 계사(繫辭)한 것이다. 이에 「상사(象辭)」가 강을 건넘에[濟] 육사(六四 : ⚋)가 틈새로 물이 샐세라 헌옷 헝겊을 들고 하루 내내[終日] 경계한다[戒]는 계사(繫辭)를 틈새로 물이 샐 수도 있다고 의심하는[疑] 바가[所] 있는 것[有]이라[也] 풀이한 것이 〈종일계(終日戒) 유소의야(有所疑也)〉이다.

東鄰殺牛(동린살우) 불여서린지시야(不如西鄰之時也) 實受其福(실수기복) 吉大來也(길대래야)

동쪽[東] 이웃이[鄰] 소를[牛] 잡음은[殺] 서쪽[西] 이웃의[鄰之] 때를 맞춤만[時] 같지 못함[不如]이니[也], 참으로[實] 그[其] 복을[福] 받음은[受] {서린(西鄰)에게} 좋은 일이[吉] 크게[大] 온다는 것[來]이다[也].

기제괘(既濟卦 : ䷾) 구오(九五 : ⚊)의 효상(爻象)을 〈동린살우(東鄰殺牛) 불여서린지약제(不如西鄰之禴祭) 실수기복(實受其福)〉이라고 계사(繫辭)한 것을 〈동린살우(東鄰殺牛) 불여서린지시야(不如西鄰之時也) 실수기복(實受其福) 길대래야(吉大來也)〉라고 풀이한다.

기제괘(既濟卦 : ䷾)의 구오(九五 : ⚊)는 정당한 자리에 있고, 상륙(上六 : ⚋)과는 양음(陽陰)의 사이인지라 이웃의 사귐[比]을 누리며, 육이(六二 : ⚋)와도 양음(陽陰)의 사이인지라 중정(中正)-정응(正應)을 서로 나누면서 호응할 수 있는 처지이지만, 구오(九五 : ⚊)가 육이(六二 : ⚋)와의 중정(中正)-정응(正應)을 저버리는 경우가 있을 수 있음을 내포한다. 강강(剛强)하면서도 겸허(謙虛)한 성군(聖君)의 자리이지만 그렇지 못하면 폭군(暴君)이 될 수도 있기에, 〈기제(既濟)〉의 〈제(濟)〉를 저마다 이루어 구오(九五 : ⚊)는 저대로 육이(六二 : ⚋) 역시 저대로 서로 달리 중정(中正)-정응(正應)을 누리는 모습을 〈동린살우(東鄰殺牛) 불여서린지약제(不如西鄰之禴祭) 실수기복(實受其福)〉이라 계사(繫辭)한 것이다. 이에 「상사(象辭)」가 동쪽[東] 이웃이[鄰] 소를[牛] 잡음은[殺] 서쪽[西] 이웃의[鄰之] 때를 맞춤과[時] 같지 않음[不如]이라[也] 육이(六二 : ⚋)와 같이 신실로 미더운 마음으로 정도를[正] 따른다면[中] 서린(西鄰)이 실제로[實] 그[其] 복을[福] 받음은[受] 행운이[吉] 크게[大] 오는 것[來]이라[也] 풀이한 것이 〈동린살우(東鄰殺牛) 불여서린지시야(不如西鄰之時也) 실수기복(實受其福) 길대래야(吉大來也)〉이다.

濡其首(유기수) 厲(여) 何可久也(하가구야)

그[其] 머리를[首] 적시니[濡] 위태한데[厲] 어찌[何] 오래갈 수 있을 것[可久]인가[也]?

기제괘(既濟卦 : ䷾) 상륙(上六 : ⚋)의 효상(爻象)을 〈유기수(濡其首) 여(厲)〉라

고 계사(繫辭)한 것을 〈유기수(濡其首) 여(厲) 하가구야(何可久也)〉라고 풀이한다.

기제괘(旣濟卦 : ䷾)의 상륙(上六 : --)은 정당한 자리에 있고, 구오(九五 : ━)와는 음양(陰陽)의 사이인지라 이웃의 사귐[比]을 누릴 수 있지만 멀리 피하는 편이며, 구삼(九三 : ━)과도 음양(陰陽)의 사이인지라 정응(正應)을 서로 누릴 수 있는 처지이지만, 〈기제(旣濟)〉의 극(極)에 이르러 〈종란(終亂)〉을 두려워해야 할 처지인지라 위급함에 놓인 상륙(上六 : --)을 〈유기수(濡其首) 여(厲)〉라 계사(繫辭)한 것이다. 이에 「상사(象辭)」가 상륙(上六 : --)의 모습이 물을 건너다 그[其] 머리를[首] 물에 적시는[濡] 꼴이니 위태롭다[厲]는 계사(繫辭)를 상륙(上六 : --)에게 〈기제(旣濟)〉의 시국이 얼마나[何] 오래갈[久] 수 있을 것[可]인가[也] 반문한 것이 〈유기수(濡其首) 여(厲) 하가구야(何可久也)〉이다.

64 미제괘(未濟卦 : ䷿) 상사(象辭)

감하이상(坎下離上) : 아래는[下] 감(坎 : ☵), 위는[上] 이(離 : ☲).

화수미제(火水未濟) : 불과[火] 물은[水] 미제이다[未濟].

火在水上未濟이다 君子以愼辨物居方한다 濡其尾는
화재수상미제 군자이신변물거방 유기미

亦不知極也이다 九二貞吉은 中以行正也이다 未濟에
역부지극야 구이정길 중이행정야 미제

征凶은 位不當也이다 貞吉하여 悔亡는 志行也이다 君
정흉 위부당야 정길 회무 지행야 군

子之光은 其暉吉也이다 飮酒濡首는 亦不知節也이다
자지광 기휘길야 음주유수 역부지절야

불이[火] 물[水] 위에[上] 있음이[在] 미제괘이다[未濟]. 군자는[君子] (미제괘를) 본받아[以] 삼가[愼] 물건을[物] 분변하여[辨] 마땅한 자리에[方] 놓는다[居]. 제[其] 꼬리를[尾] 적심은[濡] 역시[亦] 그 한계를[極] 모름[不知]이다[也]. 구이가[九二] 진실로 미더워[貞] 좋음은[吉] 중도[中]로써[以] 행동이[行] 방정함[正]이다[也]. 미제에[未濟] 섣불리 행동하면[征] 나쁨은[凶] 자리가[位] 마땅치 않음[不當]이다[也]. 진실로 미더워[貞] 행운을 누림에[吉] 후회함이[悔] 없음은[亡] 뜻이[志] 행해짐[行]이다[也]. 군자의[君子之] 빛남은[光] 그[其] 빛남이[暉] 좋음[吉]이다[也]. 술을[酒] 마셔서[飮] 머리를[首] 적심은[濡] 역시[亦] 절제를[節] 알지 못함[不知]이다[也].

【지남(指南)】

火在水上未濟(화재수상미제) 君子以愼辨物居方(군자이신변물거방)

불이[火] 물[水] 위에[上] 있음이[在] 미제괘이다[未濟]. 군자는[君

子] (미제괘를) 본받아[以] 삼가[愼] 물건을[物] 분변하여[辨] 마땅한 자리에[方] 놓는다[居].

미제괘(未濟卦 : ䷿)의 괘상(卦象)을 〈미제(未濟) 형(亨) 소호흘제(小狐汔濟) 유기미(濡其尾) 무유리(无攸利)〉라고 계사(繫辭)한 것을 〈화재수상미제(火在水上未濟) 군자이신변물거방(君子以愼辨物居方)〉이라고 풀이한다.

앞 기제괘(旣濟卦 : ䷾)에는 육효(六爻)가 정위(正位)에 있어서 양효(陽爻)와 음효(陰爻)는 비(比)와 정응(正應)을 누리어, 육효(六爻) 저마다 〈기제(旣濟)〉 즉 이미[旣] 안정의 성취[濟]를 누린다. 만물은 무궁(無窮)할 수 없는 것이 천도(天道)이다. 따라서 기제괘(旣濟卦 : ䷾) 다음에 미제괘(未濟卦 : ䷿)가 온 것이다. 영원한 〈기제(旣濟)〉의 시국도 없고 영원한 〈미제(未濟)〉의 시국도 없다. 〈기제(旣濟)〉의 시국이라 해서 자만(自慢)해서는 안 되고, 〈미제(未濟)〉의 시국이라 해서 좌절(挫折)할 것도 없다. 간사함이 없고[無邪] 치우침도 없이[無僻] 스스로 근신하며[自愼] 미리미리 살피는[豫察] 마음가짐으로 항상 시국을 마주하면 〈기제(旣濟)〉의 시국을 더 오래 누릴 것이며, 〈미제(未濟)〉의 시국을 더 빨리 극복할 수 있음을 깨우치라는 미제괘(未濟卦 : ䷿)의 가르침을 〈미제(未濟) 형(亨) 소호흘제(小狐汔濟) 유기미(濡其尾) 무유리(无攸利)〉라 계사(繫辭)한 것이다. 이에 「상사(象辭)」가 불이[火] 물[水] 위에[上] 있는[在] 모습이 미제괘[未濟]라고 밝힌 다음, 군자는[君子] 미제괘(未濟卦 : ䷿)의 괘상(卦象)을 본받아[以] 사물을[物] 신중하게[愼] 변별해서[辨] 방위를[方] 마땅하게 한다[居]고 풀이한 것이 〈화재수상미제(火在水上未濟) 군자이신변물거방(君子以愼辨物居方)〉이다.

濡其尾(유기미) 亦不知極也(역부지극야)

제[其] 꼬리를[尾] 적심은[濡] 역시[亦] 그 한계를[極] 모름[不知]이다[也].

미제괘(未濟卦 : ䷿) 초륙(初六 : ⚋)의 효상(爻象)을 〈유기미(濡其尾) 인(吝)〉이라고 계사(繫辭)한 것을 〈유기미(濡其尾) 역부지극야(亦不知極也)〉라고 풀이한다.

미제괘(未濟卦 : ䷿)의 초륙(初六 : ⚋)은 정당한 자리에 있지 못하고, 구이

(九二 : ⚊)와는 음양(陰陽)의 사이인지라 이웃의 사귐[比]을 누리며, 구사(九四 : ⚊)와도 음양(陰陽)의 사이인지라 정응(正應)을 서로 누림을 과신(過信)하여, 미제괘(未濟卦 : ䷿)의 주제인 〈미제(未濟)〉의 시국을 극복하고자 서두르는 초륙(初六 : ⚋)을 〈유기미(濡其尾) 인(吝)〉이라 계사(繫辭)한 것이다. 이에 「상사(象辭)」가 초륙(初六 : ⚋)이 부정위(不正位)에 있고 자신의 유약(柔弱)함을 경시(輕視)하면서 정응(正應)을 나눌 수 있는 구사(九四 : ⚊) 역시 정당한 자리에 있지 못한 탓으로 구제(救濟)의 언덕이 되기 어려움을 헤아리지 못한다. 〈미제(未濟)〉의 시국을 벗어나고자 서둘다가 도강(渡江) 중에 제[其] 꼬리를[尾] 물에 적셔[濡] 물을 건너지 못한[不濟] 꼴이라고 계사(繫辭)한 것을 자신의 한계를[極] 미처[亦] 알지 못했던 것[不知]이다[也]라고 풀이한 것이 〈유기미(濡其尾) 역부지극야(亦不知極也)〉이다.

九二貞吉(구이정길) 中以行正也(중이행정야)

구이가[九二] 진실로 미더워[貞] 좋음은[吉] 중도[中]로써[以] 행동이[行] 방정함[正]이다[也].

미제괘(未濟卦 : ䷿) 구이(九二 : ⚊)의 효상(爻象)을 〈예기륜(曳其輪) 정길(貞吉)〉이라고 계사(繫辭)한 것을 〈구이정길(九二貞吉) 중이행정야(中以行正也)〉라고 풀이한다.

미제괘(未濟卦 : ䷿)의 구이(九二 : ⚊)는 정당한 자리에 있지 못하고, 육삼(六三 : ⚋)과는 양음(陽陰)의 사이인지라 이웃의 사귐[比]을 누리며, 육오(六五 : ⚋)와도 양음(陽陰)의 사이인지라 정도를 따름을[中] 취하여[得] 서로 정응(正應)을 누린다. 이에 〈미제(未濟)〉의 시국을 극복하고자 안정의 성취를[濟] 추구하는[求] 구이(九二 : ⚊)를 〈예기륜(曳其輪) 정길(貞吉)〉이라 계사(繫辭)한 것이다. 이에 「상사(象辭)」가 구이가[九二] 진실로 미더워[貞] 천복을 누린다[吉]는 계사(繫辭)를 정도를 따름[中]으로써[以] 행동함이[行] 정당한 것[正]이다[也]라고 풀이한 것이 〈구이정길(九二貞吉) 중이행정야(中以行正也)〉이다.

未濟(미제) 征凶(정흉) 位不當也(위부당야)

미제에[未濟] 섣불리 행동하면[征] 나쁨은[凶] 자리가[位] 마땅치

않음[不當]이다[也].

미제괘(未濟卦 : ䷿) 육삼(六三 : --)의 효상(爻象)을 〈미제(未濟) 정흉(征凶) 이섭대천(利涉大川)〉이라고 계사(繫辭)한 것을 〈미제(未濟) 정흉(征凶) 위부당야(位不當也)〉라고 풀이한다.

미제괘(未濟卦 : ䷿)의 육삼(六三 : --)은 정당한 자리에 있지 못하고, 구사(九四 : —)와는 음양(陰陽)의 사이인지라 이웃의 사귐[比]을 누리며, 상구(上九 : —)와도 음양(陰陽)의 사이인지라 정응(正應)을 서로 누릴 수 있는 처지이지만, 하체(下體) 감(坎 : ☵)의 험(險) 즉 위태함[險]을 벗어날 수 있는 전환점에 있기에 몹시 조심스럽게 상체(上體)로 건너가야 하는 육삼(六三 : --)을 〈미제(未濟) 정흉(征凶) 이섭대천(利涉大川)〉이라 계사(繫辭)한 것이다. 이에 「상사(象辭)」가 〈미제(未濟)〉 즉 안정이 성취되지 못한[未濟] 시국에서 육삼(六三 : --)이 구제(救濟) 즉 안정의 성취를[濟] 추구하고자[求] 성급히 행동한다면[征] 나쁘다[凶]는 계사(繫辭)를 육삼(六三 : --)의 자리[位]가 기효(奇爻) 즉 양(陽 : —)의 자리여서 정당하지 못한 것[不當]이다[也]라고 풀이한 것이 〈미제(未濟) 정흉(征凶) 위부당야(位不當也)〉이다.

貞吉(정길) 悔亡(회무) 志行也(지행야)

진실로 미더워[貞] 행운을 누림에[吉] 후회함이[悔] 없음은[亡] 뜻이[志] 행해짐[行]이다[也].

미제괘(未濟卦 : ䷿) 구사(九四 : —)의 효상(爻象)을 〈정길(貞吉) 회무(悔亡) 진용벌귀방(震用伐鬼方) 삼년(三年) 유상우대국(有賞于大國)〉이라고 계사(繫辭)한 것을 〈정길(貞吉) 회무(悔亡) 지행야(志行也)〉라고 풀이한다.

미제괘(未濟卦 : ䷿)의 구사(九四 : —)는 정당한 자리에 있지 못하지만, 육오(六五 : --)와는 양음(陽陰)의 사이인지라 이웃의 사귐[比]을 누리고, 초륙(初六 : --)과도 양음(陽陰)의 사이인지라 정응(正應)을 서로 누릴 수 있는 처지이다. 미제괘(未濟卦 : ䷿)의 하체(下體) 감(坎 : ☵)의 험함(險陷) 즉 위험한[險] 함정[陷]을 벗어나 상체(上體) 이(離 : ☲)의 광명(光明)의 앞길에 들어선지라, 그 안팎으로 밝음[光明]을 안정의 성취를 이룩하는[有濟] 방도로 삼아 자신의 사명을 다할 수 있는 구사(九四 : ⚊)를 〈정길(貞吉) 회무(悔亡) 진용벌귀방(震用伐鬼方) 삼년(三年) 유상우대국(有賞于大國)〉이라 계사(繫辭)한 것이다. 구사(九四 : ⚊)가 변효(變爻)하여 미제괘(未濟卦 : ䷿)의 내호괘(內互卦) 이(離 : ☲)를 진(震 : ☳)으로 지괘(之卦)하게 된 것을 밝힌 계사(繫辭)가 〈진용벌귀방(震用伐鬼方)의 진용(震用)〉이다. 〈진(震 : ☳)〉은 더없는 〈동(動)〉 즉 동력(動力)이니 구사(九四 : ⚊)가 진(震 : ☳)의 상효(上爻)로서 용병(用兵)하여 감(坎 : ☵)의 어둠 즉 〈미제(未濟)〉를 정벌하여 안정을 성취하게 할 수 있고[可濟] 이 정벌을 삼 년만에 승리로 이끌어 천자(天子)로부터 땅과 백성을 받게 되었음[有賞]을 묶어서 밝힌 계사(繫辭)가 〈정길(貞吉) 회무(悔亡) 진용벌귀방(震用伐鬼方) 삼년(三年) 유상우대국(有賞于大國)〉이다. 이에 「상사(象辭)」가 진실로 미더워[貞] 행운을 누리는[吉] 구사(九四 : ⚊)에게는 후회할 것이[悔] 없다[亡]는 계사(繫辭)를 구사(九四 : ⚊)가 뜻한 바를[志] 실행한 것[行]이다[也]라고 풀이한 것이 〈정길(貞吉) 회무(悔亡) 지행야(志行也)〉이다.

君子之光(군자지광) 其暉吉也(기휘길야)

군자의[君子之] 빛남은[光] 그[其] 빛남이[暉] 좋음[吉]이다[也].

미제괘(未濟卦 : ䷿) 육오(六五 : ⚋)의 효상(爻象)을 〈정길(貞吉) 무회(无悔) 군자지광(君子之光) 유부(有孚) 길(吉)〉이라고 계사(繫辭)한 것을 〈군자지광(君子之光) 기휘길야(其暉吉也)〉라고 풀이한다.

미제괘(未濟卦 : ䷿)의 육오(六五 : ⚋)는 정당한 자리에 있지 못하지만, 구사(九四 : ⚊)와 상구(上九 : ⚊)와는 음양(陰陽)의 사이인지라 서로 이웃의 사귐[比]을 누리며, 구이(九二 : ⚊)와도 음양(陰陽)의 사이이나 서로 부정위(不正位)에 있는지라 중정(中正)을 누리지는 못하지만 정응(正應)을 서로 누릴 수 있다. 육오(六五 : ⚋)는 음(陰 : ⚋)이면서 양(陽 : ⚊)의 자리에 있는지라 구오(九五 : ⚊)로 변효(變爻)하면 미제괘(未濟卦 : ䷿)의 상체(上體) 이(離 : ☲)가 건(乾 : ☰)이 되는지라, 육오(六五 : ⚋)의 효상(爻象)은 해[日]가 중천(中天)에 뜬 모습이니 온 세상을 두루 비추는 천자(天子)의 모습인 육오(六五 : ⚋)를 〈정길(貞吉) 무회(无悔) 군자지광(君子之光) 유부(有孚) 길(吉)〉이라 계사(繫辭)한 것이다. 이에 「상사(象

辭)」가 군자의[君子之] 빛남[光]이라는 계사(繫辭)를 육오(六五 : --)가 구사(九四 : ㅡ)와 구이(九二 : ㅡ)를 〈정(貞)〉으로써 맞아들여 음양상화(陰陽相和)의 빛남[暉]인지라 천복(天福)을 누리는 것[吉]이다[也]라고 풀이한 것이 〈군자지광(君子之光) 기휘길야(其暉吉也)〉이다.

飮酒濡首(음주유수) 亦不知節也(역부지절야)

술을[酒] 마셔서[飮] 머리를[首] 적심은[濡] 역시[亦] 절제를[節] 알지 못함[不知]이다[也].

미제괘(未濟卦 : ䷿) 상구(上九 : ㅡ)의 효상(爻象)을 〈유부우음주(有孚于飮酒) 무구(无咎) 유기수(濡其首) 유부실시(有孚失是)〉라고 계사(繫辭)한 것을 〈음주유수(飮酒濡首) 역부지절야(亦不知節也)〉라고 풀이한다.

미제괘(未濟卦 : ䷿)의 상구(上九 : ㅡ)는 정당한 자리에 있지 못하지만, 육오(六五 : --)와는 양음(陽陰)의 사이인지라 이웃의 사귐[比]을 누리며, 육삼(六三 : --)과도 양음(陽陰)의 사이인지라 정응(正應) 즉 정도를 따라[正] 호응함[應]을 서로 누릴 수 있지만, 미제괘(未濟卦 : ䷿)의 극위(極位)에 있어서 〈미제(未濟)〉의 시국을 벗어날 처지인지라 아래와의 교류(交流)를 무시한다. 이에 다가올 〈가제(可濟)〉 즉 안정을 성취할 수 있는[可濟] 시국을 즐거워함을 자제(自制)해야 하는 상구(上九 : ㅡ)를 〈유부우음주(有孚于飮酒) 무구(无咎) 유기수(濡其首) 유부실시(有孚失是)〉라 계사(繫辭)한 것이다. 이에 「상사(象辭)」가 술을[酒] 마셔서[飮] 머리를[首] 적신다[濡] 즉 만취(滿醉)한다는 계사(繫辭)를 상구(上九 : ㅡ)가 또한[亦] {천명(天命)을 따름인} 절제를[節] 알지 못한 것[不知]이다[也]라고 풀이한 것이 〈음주유수(飮酒濡首) 역부지절야(亦不知節也)〉이다.

계사전상
繫辭傳上

계사전상(繫辭傳上) 1단락(段落)

天尊地卑하니 乾坤定矣요 卑高以陳하니 貴賤位矣요
천존지비 건곤정의 비고이진 귀천위의

動靜有常하니 剛柔斷矣요 方以類聚하고 物以群分하
동정유상 강유단의 방이류취 물이군분

니 吉凶生矣요 在天成象하고 在地成形하니 變化見矣
길흉생의 재천성상 재지성형 변화현의

라 是故로 剛柔相摩하고 八卦相盪한다 鼓之以雷霆하고
시고 강유상마 팔괘상탕 고지이뢰정

潤之以風雨요 日月運行하니 一寒一暑요 乾道成男하
윤지이풍우 일월운행 일한일서 건도성남

고 坤道成女하니 乾知大始이고 坤作成物이라 乾以易知
곤도성녀 건지대시 곤작성물 건이이지

하고 坤以簡能한다 易則易知요 簡則易從이요 易知則有
곤이간능 이즉이지 간즉이종 이지즉유

親이고 易從則有功이다 有親則可久이고 有功則可大이
친 이종즉유공 유친즉가구 유공즉가대

다 可久則賢人之德이고 可大則賢人之業이니 易簡而
가구즉현인지덕 가대즉현인지업 이간이

天下之理得矣이다 天下之理得而成位乎其中矣니라
천하지리득의 천하지리득이성위호기중의

하늘은 높고 땅은 낮으니 건(乾)과 곤(坤)이 정해진 것이다. 낮음과 높음으로 (천지가) 진열하니 귀함과 천함이 자리잡힌 것이다. 움직임과 고요함에는 한결같음이 있어서 굳셈과 부드러움이 정해진 것이다. (언제 어디서나) 방향을 이용하여 끼리끼리 모여들고 사물을 이용하여 무리가 나누어지니 좋음과 나쁨이 생기는 것이다. 짓을 이룸은 하늘에 있고 모양을 이룸은 땅에 있으니 변화가 드러나는 것이다. 이렇기 때문에 강(剛)과 유(柔)가 서로 갈고 닦고 팔괘(八卦)가 서로 옮겨간다. 빠른 우레와 번개로 팔괘의 상탕(相盪)을 고무시키고, 바람과 비로 이것을 적신다. 해와 달이 운행하니 한번은 춥기도 하고 한번은 덥기도 한다. 건도(乾道)는 수컷을 이루고 곤도(坤道)는 암컷을 이루니, 건도는 크나큰 시초를 차지하고, 곤도는 온갖 것을 작성한다. 건도는 쉬운 것으로 {대시(大始)를} 차지하고, 곤도도 쉬운 것으로 {물(物)의 작성을} 잘한다. (건도를 본받아 마음쓰기를) 쉽게 하면 곧 (건도가 짓는 변화를) 쉽게 알고, {곤도를 본받아 지(志)를} 쉽게 하면 곧 (곤도가 짓는 변화를) 쉽게 따른다. (건도의) 쉬움을 알면 곧장 친밀함이 있고, 쉬움을 따르면 곧장 보람이 있다. (건도의) 친밀함이 있으면 곧 오래 갈 수 있고, 보람이 있으면 곧 커갈 수 있다. 변함없이 오랠 수 있다면 현인의 덕이고, 위대할 수 있다면 현인의 업적이기에 쉽고 간명하면 천하의 의리가 얻어지는 것이다. 천하의 의리가 얻어지므로 세상 가운데에 (온갖 것이) 자리를 이루는 것이다.

【탐독(探讀)】

하늘은[天] 높고[尊] 땅은[地] 낮으니[卑] 건과[乾] 곤이[坤] 정해진 것[定]이다[矣]. 낮음과[卑] 높음[高]으로[以] {천지(天地)가} 진열하니[陳] 귀함과[貴] 천함이[賤] 자리잡힌 것[位]이다[矣]. 움직임과[動] 고요함에는[靜] 한결같음이[常] 있어서[有] 굳셈과[剛] 부드러움이[柔] 정해진 것[斷]이다[矣]. (언제 어디서나) 방향을[方] 이용하여[以] 끼리끼리[類] 모여들고[聚] 사물을[物] 이용하여[以] 무리가[群] 나누어지니[分] 좋음과[吉] 나쁨이[凶] 생기는 것[生]이다[矣]. 짓을[象] 이룸은[成] 하늘에[天] 있고[在] 모양을[形] 이룸은[成] 땅에[地] 있으니[在] 변화가[變化] 드러나는 것[見]이다[矣]. 이렇기[是] 때문에[故] 강과[剛] 유가[柔] 서로[相] 갈고 닦고[摩] 팔괘가[八卦] 서로[相] 옮겨간다[盪]. 빠른 우레와[雷] 번개[霆]로[以] 팔괘(八卦)의 상탕(相盪)을[之] 고무시키고[鼓], 바람과[風] 비[雨]로[以] 이것을[之] 적신다[潤]. 해와[日] 달이[月] 운행하니[運行] 한번은[一] 춥기도 하고[寒] 한번은[一] 덥기도 한다[暑]. 건도는[乾道] 수컷을[男] 이루고[成] 곤도는[坤道] 암컷을[女] 이루니[成], 건도는[乾] 크나큰[大] 시초를[始] 차지하고[知], 곤도는[坤] 온갖 것을[物] 작성한다[作成]. 건도는[乾] 쉬운 것[易]으로[以] {대시(大始)를} 차지하고[知], 곤도도[坤] 쉬운 것[簡]으로[以] {물(物)의 작성(作成)을} 잘한다[能]. {건도(乾道)를 본받아 마음쓰기[志]를} 쉽게 하면[易] 곧[則] {건도(乾道)가 짓는 변화(變化)를} 쉽게[易] 알고[知], {곤도(坤道)를 본받아 지(志)를} 쉽게 하면[簡] 곧[則] {곤도(坤道)가 짓는 변화(變化)를} 쉽게[易] 따른다[從]. {건도(乾道)의} 쉬움을[易] 알면[知] 곧장[則] 친밀함이[親] 있고[有], 쉬움을[易] 따르면[從] 곧장[則] 보람이[功] 있다[有]. {건도(乾道)의} 친밀함이[親] 있으면[有] 곧[則] 오래 갈[久] 수 있고[可], 보람이[功] 있으면[有] 곧[則] 커갈[大] 수 있다[可]. 변함없이 오랠[久] 수 있다[可]면[則] 현인(賢人)의[之] 덕이고[德], 위대할[大] 수 있다[可]면[則] 현인(賢人)의[之] 업적이기에[業] 쉽고[易] 간명하면[簡而] 천하(天下)의[之] 의리가[理] 얻어지는 것[得]이다[矣]. 천하(天下)의[之] 의리가[理] 얻어지므로[得而] 세상[其] 가운데[中]에[乎] {온갖 것(萬物)이} 자리를[位] 이루는 것[成]이다[矣].

【지남(指南)】

天尊地卑(천존지비)

여기서 온갖 생각의 실마리가 비롯된다. 온갖 것[萬物]-온갖 일[萬事]에는 본말(本末)-종시(終始)-선후(先後)가 있다. 이러한 생각이 천존지비(天尊地卑)로부터 비롯한다. 높을 존(尊) 낮을 비(卑)는 사람이 차별로 여기는 귀천(貴賤)이 아니다. 존귀(尊貴)-비천(卑賤)이라 하여 차별하여 둘로 갈라 따지는 것은 사람의 짓이지 하늘땅[天地]의 짓은 아니다. 하늘땅은 만물(萬物)-만사(萬事)를 차별하지 않는다. 그러므로 천존지비(天尊地卑)의 존비(尊卑)는 가치를 따져 가림이 아니고, 변화하는 본말(本末)-종시(終始)-선후(先後)를 밝힌다. 천존지비(天尊地卑)를 벗어나 있는 것이란 하나도 없다. 있다면 무엇이든 존비(尊卑)의 것이다. 천존(天尊)의 것만 있는 것도 아니고 지비(地卑)의 것만 있는 것도 아니다. 삼라만상(森羅萬象)은 모두 건곤(乾坤)의 역리(易理)를 본받는[法] 〈존비(尊卑)〉의 사물일 뿐이다.

乾坤定矣(건곤정의)

있는 것이라면 무엇이든 존비(尊卑) 즉 천지(天地) 자연(自然)의 것이다. 여기 존비(尊卑)는 예(禮)로써 따지는 높고[尊] 낮음[卑]이 아니라, 하늘은[天] 높고[尊] 땅은[地] 낮다[卑]는 쪽이다. 그래서 천존(天尊)의 것만 있는 것도 아니고 지비(地卑)의 것만 있는 것도 아니다. 삼라만상(森羅萬象)은 모두 건곤(乾坤)의 역리(易理)

를 본받고 따르는[法] 건곤(乾坤) 즉 천존지비(天尊地卑)의 사물일 뿐이다. 이에 〈건곤정의(乾坤定矣)의 정(定)〉이라 한다.

卑高以陳(비고이진) 貴賤位矣(귀천위의)

건곤(乾坤)의 순서를 바꾸어 곤건(坤乾)이라고 할 때 비고(卑高)라 하는 편이다. 하고(下高)가 아니라 비고(卑高)라 말함을 주목해야 한다. 낮은 것[卑]이 귀(貴)할 수 있고, 높은 것[高]이 천(賤)할 수 있음을 암시하는 까닭이다. 뒤에서 살피겠지만, 〈낮아도[卑] 선(善)하면 고귀(高貴)하고, 높아도[高] 불선(不善)하면 비천(卑賤)하다〉 함은 천지를 본받은[法] 인간세(人間世)의 제자리[位]이다. 물론 이러한 위(位)는 사람이 멋대로 정(定)한 자리[位]의 위아래[上下]가 아니다. 왜냐하면 천지(天地)에는 선악(善惡)이 없고, 인간이 하늘땅[天地]을 본받는다면 선(善)이고 본받지 않으면 불선(不善) 즉 악(惡)이기 때문이다.

動靜有常(동정유상) 剛柔斷矣(강유단의)

동정유상(動靜有常)의 동정(動靜)은 건지동여곤지정(乾之動與坤之靜)을 줄인 말이다. 동(動)과 정(靜)을 나누어 둘로 생각하지 않고, 동(動)은 정(靜)이 될 것이니 이를 동중정(動中靜)이라 하고, 정(靜)은 동(動)이 될 것이니 이를 정중동(靜中動)이라 한다. 그러니 동(動)과 정(靜)은 둘이 아니라 하나라는 말이고 일음일양(一陰一陽)의 다른 말이다. 동(動)은 동중정(動中靜)하고 정(靜)은 정중동(靜中動)함은 멈추지 않는다[不息]. 늘 불식(不息)하므로 〈한결같은 상(常)〉이라고 풀이한다. 그러므로 유상(有常)은 줄곧 동(動)은 정(靜)으로 정(靜)은 동(動)으로 변화해감을 뜻한다고 여기고 헤아려 가늠한다. 강유(剛柔)는 천지(天地)가 보여주는 변화의 짓[象]을 말한다. 하늘[天]이 보여주는 건(乾)이 짓는 동중정(動中靜)의 변화는 굳세고[剛], 땅[地]이 보여주는 곤(坤)이라는 정중동(靜中動)의 변화는 부드럽다[柔].

方以類聚(방이류취) 物以群分(물이군분) 吉凶生矣(길흉생의)

방향[方]-사물[物]에 따라 무리[群類]가 모이고[聚] 나뉜다[分]. 무리[群]는 중자(衆者)이고 잡종(雜種)이며, 인간은 〈나-너-우리〉로 무리를 짓고 서로 나누어져 인간사(人間事)의 변화가 천지지도(天地之道) 즉 역지도(易之道)를 따르기도 하고 어기기도 한다. 인간사가 순역(順易)하기도 하고 배역(背易)하기도 한다는 말이다. 그 때문에 인간사에는 길흉(吉凶)이 생긴다. 인간사에서 방향[方]과 사물[物]이 한결같다면, 옳다[是]거니 그르다[非]거니 길하다[吉]거니 흉하다[凶]거니 따져서 좋고[好] 싫고[惡]를 가려 선악(善惡)으로 갈라지지 않을 것이다. 그러나 인간은 한사코 제 것을 떠나지 못하기 때문에 만사(萬事)의 끝이 길흉(吉凶)으로 드러나고 만다.

在天成象(재천성상) 在地成形(재지성형) 變化見矣(변화현의)

〈성상(成象)〉은 양기(陽氣)의 몫이라는 말이고, 〈성형(成形)〉은 음기(陰氣)의 몫이라는 말이다. 성상(成象)의 상(象) 즉 짓[象]은 동(動)하고, 성형(成形)의 형(形) 즉 몸[形]은 정(靜)하다. 그래서 상-형(象-形)은 곧 천지(天地)의 동정(動靜)이다. 특히 〈짓 상(象)〉을 잘 알아채야 괘효(卦爻)의 말씀[辭]을 나름대로 새기고[玩] 헤아려[擬] 가늠할[斷] 수 있다. 역(易)은 상(象)으로 드러내지 진술하지 않는다. 드러나는[見] 몸-짓[形-象]을 살펴 실마리를 따라 풀어가듯이 역(易)의 짓[象]과 말씀[辭]을 스스로 살펴 새겨야 한다.

剛柔相摩(강유상마)

〈강(剛)〉은 재천성상(在天成象)의 〈성상(成象)〉을 달리 말함이고, 〈유(柔)〉는 재지성형(在地成形)의 〈성형(成形)〉을 달리 말함이다. 이러한 강(剛)과 유(柔)가 상쟁(相爭) 즉 서로[相] 다투지[爭] 않고 서로[相] 갈고 닦아[摩], 천지(天地)가 자리잡고 만물(萬物)이 나고 자란다. 강유상마(剛柔相摩)의 〈마(摩)〉는 〈갈고 닦을 절(切)〉과 같아 절마(切摩)의 줄임말이다. 강유상마(剛柔相摩)의 상마(相摩)는 음양(陰陽)의 상마(相摩)이고, 그 상마(相摩)란 지극한 상화(相和) 즉 지극하게 서로[相] 어울림[和]이다.

八卦相盪(팔괘상탕)

짓을[象] 이룸은[成] 하늘에[天] 있고[在], 모양을[形] 이룸은[成] 땅에[地] 있기[在] 때문에[故] 팔괘(八卦)는 서로[相] 움직여 옮겨가[盪] 64괘(卦)를 이루게 됨을 나타낸다. 이러한 팔괘(八卦)의 상탕(相盪)은 다음 단락에 나오는 〈강유상추(剛柔

相推) 이생변화(而生變化)〉를 천착(穿鑿)하게 한다. 팔괘(八卦)가 서로[相] 움직여 옮겨가야[盪] 대성괘(大成卦)가 이루어진다.

鼓之以雷霆(고지이뢰정)

〈뇌정(雷霆)〉 즉 우레[雷]와 번개[霆]는 하늘[天]의 성상(成象)을 말하고, 동시에 땅[地]의 성형(成形)을 말한다. 뇌정(雷霆)은 자연이 이루어내는[成] 짓[象]이며 동시에 자연이 이루어내는 모습[形]이다. 이러한 뇌정(雷霆)을 이용하여[以] 음양(陰陽)-강유(剛柔)가 팔괘(八卦)의 상탕(相盪)을 〈뇌정(雷霆)의 고동(鼓動)〉을 들어 밝힌다.

潤之以風雨(윤지이풍우)

앞 〈고지이뢰정(鼓之以雷霆)〉을 풀이한다. 〈뇌정(雷霆)의 고지(鼓之)〉를 〈풍우(風雨)의 윤지(潤之)〉로 풀이한 셈이다. 우레[雷]와 번개[霆]는 그냥 고동침이[鼓之] 아니다. 바람을 불게 하고[風] 비가 내려[雨] 만물(萬物)을 살아나게 하여, 온 세상을 생명들로 넘쳐나게 하여 윤택(潤澤)하게 함이 건곤(乾坤)의 대덕(大德)이요 대업(大業)임을 여기 〈윤지(潤之)〉가 헤아리게 한다.

日月運行(일월운행) 一寒一署(일한일서)

일월(日月)과 한서(寒暑)를 들어 팔괘상탕(八卦相盪)의 상탕(相盪)이 자연(自然)을 본받은[法] 것임을 밝힌다. 이로써 성인(聖人)의 작역(作易) 즉 역[易]을 만들어 낸[作] 것은 천지(天地)-음양(陰陽)-강유(剛柔)를 본받은[法] 것임을 밝힌다. 일월(日月)이 운행(運行)하여 일한일서(一寒一署)의 변화가 생기듯이, 강유(剛柔)가 상마(相摩)하여 일음일양(一陰一陽)의 변화 즉 생생(生生)이 이루어지는 것임을 밝힌 말씀이 〈일월운행(日月運行) 일한일서(一寒一署)〉이다.

乾道成男(건도성남) 坤道成女(곤도성녀)

건괘(乾卦 : ☰)의 양기(陽氣 : ⚊)가 강건(剛健)한 것을 생성하는 공리(公理) 즉 만물(萬物)에 두루 통하는 이치[理]이며 가르침[教]이고 방편[方]임을 밝힌다. 성남(成男)의 〈남(男)〉은 음양(陰陽)의 〈양(陽)〉과 강유(剛柔)의 〈강(剛)〉을 나타내고,

나아가 위에서 아래로 뻗치는 신기(伸氣)의 천기(天氣)를 나타낸다. 곤도성녀(坤道成女)는 곤괘(坤卦 : ☷)의 음기(陰氣 : --)가 유순(柔順)한 것을 생성하는 공리(公理)로 통하는 이치[理]이며 가르침[教]이고 방편[方]임을 밝힌다. 성녀(成女)의 〈여(女)〉는 음양(陰陽)의 〈음(陰)〉과 강유(剛柔)의 〈유(柔)〉를 나타내고, 나아가 아래에서 위로 솟는 굴기(屈氣)의 지기(地氣)를 나타낸다.

乾知大始(건지대시) 坤作成物(곤작성물)

건지대시(乾知大始)의 대시(大始)는 앞서 살핀 재천성상(在天成象)의 성상(成象)을 풀이하고, 곤작성물(坤作成物)의 성물(成物) 역시 앞서 살핀 재지성형(在地成形)의 성형(成形)을 풀이한다. 현대물리학은 우주의 시작을 일 초의 대폭발[Bigbang]이라고 말하지만, 역(易)을 지은[作] 성인(聖人)은 우주의 시작을 음양(陰陽)이란 암수(雌雄)의 교미(交尾)로 생각했다. 대시(大始)와 성물(成物)은 음양(陰陽)의 교류(交流)인 일음일양(一陰一陽)을 떠올린다면 간파된다.

乾以易知(건이이지) 坤以簡能(곤이간능)

건이이지(乾以易知)는 건괘(乾卦 : ☰)로 건도(乾道)가 성상(成象)-대시(大始)를 차지하여[知] 천기(天氣) 즉 양기(陽氣)가 짓는 변화의 짓[象]을 쉽게 살필 수 있음을 말한다. 그리고 곤이간능(坤以簡能)은 곤괘(坤卦 : ☷)로 곤도(坤道)가 성형(成形)-작성물(作成物)을 잘하여[能] 지기(地氣) 즉 음기(陰氣)가 짓는 변화의 짓[象]을 쉽게 살필 수 있음을 말한다. 왜 자연(天地)이 짓는 변화는 간이(簡易)하다는 것인가? 천지(天地)의 짓[象]을 밝히는 건도(乾道)의 건괘(乾卦 : ☰)와 곤도(坤道)의 곤괘(坤卦 : ☷)가 관상(觀象)하여 살펴보게 하는 변화는 오로지 무사(無思)-무위(無爲)의 것인 까닭이다.

易則易知(이즉이지) 簡則易從(간즉이종)

이즉이지(易則易知)의 〈이(易)〉는 건도(乾道)를 본받아[法] 마음가기[志]를 쉽게 하라[易] 함이고, 간즉이종(簡則易從)의 〈간(簡)〉은 곤도(坤道)를 본받아[法] 마음가기[志]를 쉽게 하라[簡] 함이다. 그러니 이즉(易則)의 〈이(易)〉와 간즉(簡則)의 〈간(簡)〉은 마음가기[志]를 무위(無爲)-무사(無思)하게 하라는 것임을 알 수 있다.

즉 마음가기[志]에서 사욕(私欲)이 제거된다면 그 〈지(志)〉에는 〈어려움[難]〉이란 없어진다는 것이 이즉(易則)의 〈이(易)〉와 간즉(簡則)의 〈간(簡)〉이 뜻하는 것이다.

易知則有親(이지즉유친) 易從則有功(이종즉유공)

〈이지(易知)〉는 〈건이이지를[乾以易知] 안다[知]〉는 뜻이다. 말하자면 이지즉유친(易知則有親)의 〈이지(易知)〉는 〈건도가[乾] 쉬운 것[易]으로[以] {대시(大始)를} 차지함[知]〉을 안다[知]는 것이다. 그리고 이종즉유공(易從則有功)의 〈이종(易從)〉은 〈곤이간능을[坤以簡能] 따른다[從]〉는 것을 뜻해, 〈곤도가[坤] 쉬운 것[簡]으로[以] {물(物)의 작성(作成)을} 잘함[能]〉을 따른다[從]는 것이다.

有親則可久(유친즉가구) 有功則可大(유공즉가대)

〈유친(有親)의 친(親)〉은 〈건도지친(乾道之親)〉의 줄임이다. 건도(乾道)는 상도(常道) 즉 한결같은[常] 도[道]이다. 건도의[乾道之] 친밀함이[親] 있음[有]이란 소위(所爲)와 심지(心志) 즉 하는 바[所爲]와 마음가기[心志]가 건도(乾道)와 같아, 무사(無思)-무위(無爲)하여 무사(無私)-무욕(無欲)-무아(無我)의 명백함을 떠나지 않음을 뜻한다. 곤도(坤道) 또한 상도(常道)이다. 곤도의[坤道之] 공이[功] 있음[有]이란 소위(所爲)와 심지(心志) 즉 하는 바[所爲]와 마음가기[心志]가 곤도(坤道)와 같아, 무사(無思)-무위(無爲)하여 무사(無私)-무욕(無欲)-무아(無我)의 명백함을 떠나지 않음을 뜻한다.

可久則賢人之德(가구즉현인지덕)

〈유친(有親)〉이 〈가구(可久)〉하다 함은 건곤(乾坤) 즉 천지(天地)의 〈유친(有親)〉을 밝힘이지 인간의 유친(有親)을 말하는 것이 아니다. 이에 천지(天地)는 만물일야(萬物一也)로써 품어줌이 천지(天地)의 덕(德)임을 〈가구(可久)의 구(久)〉가 암시한다. 인덕(人德)은 변덕스럽지만 천지(天地)의 덕(德)은 항상 여일(如一)하다는 것이 여기 〈가구(可久)의 구(久)〉이다. 현인(賢人)은 항상 천지(天地)를 본받아 천지(天地)의 덕(德)을 본받고 따르지, 인덕(人德)에 구애받지 않음을 〈가구(可久)〉가 암시한다.

可大則賢人之業(가대즉현인지업)

〈유공(有功)〉이 〈가대(可大)〉하다 함은 건곤(乾坤) 즉 천지(天地)의 〈유공(有功)〉을 밝힘이지 인간의 유공(有功)을 말함이 아니다. 이에 천지(天地)는 만물(萬物)을 포일(抱一)로써 저마다의 생사(生死)를 누리게 함이 천지(天地)의 공(功)임을 〈가대(可大)의 대(大)〉가 암시한다. 인공(人功)은 자벌(自伐) 즉 제[自] 자랑[伐]을 앞세우지만, 천지(天地)는 만물(萬物)을 하나로 품어주는 공업(功業)은 항상 여일(如一)하다는 것이 여기 〈가대(可大)의 대(大)〉이다. 현인(賢人)은 항상 천지(天地)를 본받아 천지(天地)의 공(功)을 본받고 따르지, 인공(人功)에 구애받지 않음을 〈가대(可大)〉가 암시한다.

易簡而天下之理得矣(이간이천하지리득의)

건도(乾道)와 곤도(坤道)가 온 세상의[天下之] 이치[理]임을 밝힌다. 건지대시(乾知大始) 즉 건도가[乾] 차지하는[知] 대시(大始)가 곧 온 세상의[天下之] 이치[理]이고, 곤작성물(坤作成物) 즉 곤도가[坤] 작용하는[作] 성물(成物)이 곧 온 세상의[天下之] 이치[理]임을 밝히는 말씀이 〈이간이천하지리득의(易簡而天下之理得矣)〉이다. 여기서 〈건도(乾道)의 이(易)〉가 뜻하는 것이 〈천하지리득(天下之理得)〉이고, 〈곤도(坤道)의 간(簡)〉이 뜻하는 것 또한 〈천하지리득(天下之理得)〉임을 알 수 있다.

天下之理得而成位乎其中矣(천하지리득이성위호기중의)

〈천하지리득(天下之理得)〉은 사람이 천도(天道)가 건도(乾道)의 대시(大始)를 음양(陰陽)으로 쉽게[易] 차지하는[知] 이치[理]를 본받아[法] 천하지리(天下之理)를 터득하고[得], 동시에 지도(地道)가 곤도(坤道)의 성물(成物)을 강유(剛柔)로 쉽게[簡] 짓는[作] 이치[理]를 본받아[法] 천하지리(天下之理)를 터득함[得]을 뜻한다.

계사전상(繫辭傳上) 2단락(段落)

聖人設卦하고 觀象繫辭焉한다 而明吉凶하고 剛柔相
성인설괘 관상계사언 이명길흉 강유상

推한다 而生變化한다 是故로 吉凶者는 失得之象也요
추 이생변화 시고 길흉자 실득지상야

悔吝者는 憂虞之象也요 變化者는 進退之象也요 剛柔
회린자 우우지상야 변화자 진퇴지상야 강유

者는 晝夜之象也요 六爻之動은 三極之道也이다 是故
자 주야지상야 육효지동 삼극지도야 시고

로 君子所居而安者는 易之序也요 所樂而玩者는 爻之
군자소거이안자 역지서야 소락이완자 효지

辭也이다 是故로 君子居則觀其象而玩其辭한다 動則
사야 시고 군자거즉관기상이완기사 동즉

觀其變而玩其占한다 是以自天祐之하여 吉无不利이다
관기변이완기점 시이자천우지 길무불리

성인이 괘(卦)를 베풀고 짓을 살펴 그 괘에다 말[辭]을 매었다. 그리고 {성인은 계사언(繫辭焉)으로} 좋을 것과 나쁠 것을 밝히고 굳셈과 부드러움을 서로 옮긴다. 그리고 {강유(剛柔)가} 바뀌어 새로 됨을 낸다. 이 때문에 길흉이란 것은 (변화를) 잃거나 취함의 짓이다. 뉘우침과 부끄러워함이란 것은 {실득지변화(失得之變化)를} 근심하고 각징하는 짓이다. 바뀌어서 새로 되는 것이란 나아감과 물러감의 짓이다. 강(剛)과 유(柔)라는 것은 낮과 밤의 짓이다. {대성괘(大成卦)에서} 여섯 효(爻)의 옮김은 삼극(三極)의 도(道)이다. 이 때문에 군자가 머물면서 편안한 바인 것은 역(易)의 순서이다. (군자가) 즐기면서 새겨 익힐 바인 것은 효(爻)의 말씀이다. 이 때문에 군자는 집안에 머물면 바로 육효(六爻)의 짓을 살피면서 육효의 말을 새김질한다. (군자가) 움직이려면 바로 육효의 변화를 살피면서 육효의 점을 익혀 새긴다. 이 때문에 하늘로부터 군자를 도와주어 (군자는) 길하여 이롭지 않음이 없다.

【탐독(探讀)】

성인이[聖人] 괘를[卦] 베풀고[設] 짓을[象] 살펴[觀] 그 괘에다[焉] 말을[辭] 매었다[繫]. 그리고[而] {성인(聖人)은 계사언(繫辭焉)으로} 좋을 것과[吉] 나쁠 것을[凶] 밝히고[明] 굳셈과[剛] 부드러움을[柔] 서로[相] 옮긴다[推]. 그리고[而] {강유(剛柔)가} 바뀌어[變] 새로 됨을[化] 낸다[生]. 이[是] 때문에[故] 길흉이란[吉凶] 것은[者] {변화(變化)를} 잃거나[失] 취함[得]의[之] 짓[象]이다[也]. 뉘우침과[悔] 부끄러워함이란[吝] 것은[者] {실득지변화(失得之變化)를} 근심하고[憂] 걱정하는[虞之] 짓[象]이다[也]. 바뀌어서[變] 새로 되는[化] 것이란[者] 나아감과[進] 물러감[退]의[之] 짓[象]이다[也]. 강과[剛] 유라는[柔] 것은[者] 낮과[晝] 밤[夜]의[之] 짓[象]이다[也]. {대성괘(大成卦)에서} 여섯[六] 효(爻)의[之] 옮김은[動] 삼극(三極)의[之] 도(道)이다[也]. 이[是] 때문에[故] 군자가[君子] 머물면서[居而] 편안한[安] 바인[所] 것은[者] 역(易)의[之] 순서[序]이다[也]. {군자(君子)가} 즐기면서[樂而] 새겨 익힐[玩] 바인[所] 것은[者] 효(爻)의[之] 말씀[辭]이다[也]. 이[是] 때문에[故] 군자는[君子] 집안에 머물면[居] 바로[則] 육효의[其] 짓을[象] 살피면서[觀而] 육효의[其] 말을[辭] 새김질한다[玩]. {군자(君子)가} 움직이려면[動] 바로[則] 육효의[其] 변화를[變] 살피면서[觀而] 육효의[其] 점을[占] 익혀 새긴다[玩]. 이[是] 때문에[以] 하늘[天]로부터[自] 군자를[之] 도와주어[祐] {군자(君子)는} 길하여[吉] 이롭지 않음이[不利] 없다[无].

【지남(指南)】

聖人設卦(성인설괘)

성인(聖人)의 성(聖)은 작자(作者)를 뜻한다. 맨 처음 만들어낸 사람을 성인(聖人)이라 한다. 성인(聖人)이란 오로지 하늘땅[天地] 즉 자연이 변화하게 하는 짓[神]을 살펴 일어날 일[來事]을 살펴보게 하는 괘(卦)를 베푼[設] 최초의 작자(作者) 즉 창자(創者)를 말한다. 성인(聖人)은 자연[天地]을 본받아[法] 그 천지(天地)의 짓[神]이 하는 바를 알아채고, 변화의[變化之] 도(道)를 좇아 역(易)의 괘효(卦爻)를 최초로 만들어낸 분이다.

觀象繫辭焉(관상계사언)

성인(聖人)이 설괘(設卦)한 까닭을 밝힌다. 성인(聖人)이 관상(觀象)한 것을 말씀[辭]으로 매어[繫] 두고자 설괘(設卦)한 것임을 관상계사(觀象繫辭)로써 알 수 있다. 관상(觀象)은 〈관괘효지상(觀卦爻之象)〉을 줄임이다. 물론 관상(觀象)의 〈상(象)〉을 〈신지상(神之象)〉의 줄임으로 보아도 된다. 괘효(卦爻)란 천지가 변화하는 짓[神]을 나타내도록 성인(聖人)이 창작한 신물(神物) 즉 변화하게 하는 짓[神]을 획(劃)으로 밝힌다. 괘효(卦爻)의[之] 짓[象] 즉 신의[神之] 짓[象]을 살핌[觀]을 줄여 〈관상(觀象)〉이라 한다. 계사(繫辭)는 〈유계관상지사(維繫觀象之辭)〉를 줄임이다. 〈관상(觀象)의[之] 말을[辭] 매었다[維繫]〉 이를 〈말을[辭] 매었다[繫]〉고 줄인 것이다. 성인(聖人)이 관상(觀象)한 것을 밝힌 말씀[言]이 〈계사언(繫辭焉)의 말[辭]〉이다. 계사언(繫辭焉)의 말[辭]은 논란(論難)하여 시비(是非)를 가리자[辨]는 말씀[語]이 아니라, 직언(直言) 즉 자신이 자신에게 말해보라는 말씀[言]임을 늘 명심해야 한다.

而明吉凶(이명길흉)

〈길흉(吉凶)〉이란 시작한[始] 일[事物]이 끝나서[終] 드러남[形]이다. 하늘땅[天地]이 하는 일[事物]이 있고 사람[人]이 하는 일[事物]이 있다. 사람의 일이 하늘땅의 일을 본받기[法]만 한다면 길흉(吉凶)을 밝힐 것도 없을 터이다. 그러나 인간의 사물(事物)은 사욕(私欲)을 벗어나지 못하기 때문에 길흉(吉凶)이 빚어지게 마련이다. 만사(萬事)의 종시(終始)를 위해서 성인(聖人)이 밝혀둔 계사(繫辭)이므로, 그 말씀[辭]이 길흉(吉凶)을 직언(直言)으로 밝혀준다[明].

剛柔相推(강유상추)

〈강유(剛柔)〉는 음양(陰陽)-인의(仁義)를 달리 말한 것이다. 온갖 것에서 왜 변화가 일어나는가? 음양(陰陽)이 서로[相] 옮겨가고[推] 강유(剛柔)가 상추(相推)하며 인의(仁義)가 상추(相推)하여, 생변화(生變化) 즉 변화를[變化] 이루는[生] 것이다. 음양(陰陽)의 상추(相推)는 일음일양(一陰一陽)으로 풀이되고, 강유(剛柔)의 상추(相推)는 일강일유(一剛一柔)로 풀이되며, 인의(仁義)의 상추(相推)는 일인일의

(一仁一義)로 풀이된다. 음양(陰陽)-강유(剛柔)-인의(仁義)는 만사(萬事)에서 변화하게 하는 힘[氣]이다.

而生變化(이생변화)

〈강유상추(剛柔相推)의 상추(相推)〉를 〈생변화(生變化)〉라고 풀이하는 말씀이다. 왜 음양(陰陽)-강유(剛柔)-인의(仁義)가 서로[相] 옮기는[推] 것인가? 이에 대한 해답이 곧 생변화(生變化)이다. 〈명길흉(明吉凶)〉으로 말미암아 〈생변화(生變化)〉 즉 변화가[變化] 생김[生]이라 함은 한 일[事]의 길흉(吉凶)으로만 변화가 생기는 것이 아니라, 그 길흉(吉凶)에 따라서 사람[人]도 변화하기 때문이다.

吉凶者(길흉자) 失得之象也(실득지상야)

길자(吉者) 즉 길이란[吉] 것[者]은 변화를 얻는[得之] 짓[象]이고[也], 흉자(凶者) 즉 흉이란[凶] 것은[者] 변화를 잃는[失之] 짓[象]이다[也]. 이 말씀을 새기자면 실득지상(失得之象)의 〈상(象)〉을 숙지하고 천착(穿鑿)해야 한다. 〈상(象)〉이란 저마다의 마음가기[志]로 하여금 새롭게 살피게[觀] 하고 새롭게 새기게[玩] 하고 새롭게 헤아리게[擬] 하고 새롭게 따져보게[議] 하여, 새롭게 판단하게[斷] 하는 낌새[徵兆]이며 동시에 모습[形象]이다. 이러한 징조(徵兆)와 형상(形象)을 묶어서 〈짓[象]〉이라 한다. 상사(象事)하여 〈일[事]〉을 새롭게 판단하게 한다. 상사(象事)는 짓[象]으로 나타내는 지사(指事)이다. 그 상사(象事)는 〈지나간 일[去事]의 가리킴[指]〉이 아니라 〈다가올 일[來事]의 지(指)〉가 상사(象事)의 〈상(象)〉 즉 〈새롭게 가리키는 짓[象]〉이다.

悔吝者(회린자) 憂虞之象也(우우지상야)

회린(悔吝)의 짓[象]이 뜻함을 터득하자면 무엇을 우우(憂虞)하냐에 따라 회린(悔吝)하기도 하고 회린(悔吝)하지 않기도 함을 먼저 알아채야 한다. 강유상추(剛柔相推)의 이치[理]-가르침[敎]-이끎[導]-방편[方]-말씀[言]의 도(道)를 본받아[法] 명길흉(明吉凶)하고, 생변화(生變化)를 이루지 못할까봐 우우(憂虞)함이 곧 회린(悔吝)의 우우지상(憂虞之象)이다. 회린자(悔吝者)의 〈회(悔)〉란 일[事]을 끝낸 뒤에서야 잘못[過]이 있었음을 알아채고[知] 한스러워함[恨]이다. 그래서 〈회(悔)〉는 지과(知過)하고 구저기(求諸己)한다. 허물을[過] 알아채고[知] 자신에게서[己] 잘못을[諸] 찾아낸[求] 다음에야 심지(心志)가 뉘우침[悔]이다.

變化者(변화자) 進退之象也(진퇴지상야)

〈생변화(生變化)의 생(生)〉을 풀이한다. 〈{강유(剛柔)가} 바뀌어[變] 새로 됨을[化] 낸다[生]〉고 할 때 어떻게 변화를[變化] 내느냐[生]에 대한 해답이 곧 〈진퇴지상(進退之象)〉이다. 나아감[進]과 물러감[退]의 짓[象]으로써 생변화(生變化)하는 것임을 여기서 알 수 있다. 진퇴지상(進退之象)에서 진퇴(進退)의 〈진(進)〉과 〈퇴(退)〉는 변화(變化)의 〈변(變)〉을, 진퇴(進退)의 〈진(進)〉은 변화(變化)의 〈화(化)〉를 뜻함을 주목해야 한다. 물론 진퇴(進退)의 〈진(進)〉을 취하고 〈퇴(退)〉를 버린다는 것은 결코 아니다. 진퇴(進退)의 〈진(進)〉은 〈새것[新]으로 올 것[來]〉이고, 〈퇴(退)〉는 〈헌것[故]으로 갈 것[往]〉으로 새겨 헤아리고 가늠할 수 있기 때문이다.

剛柔者(강유자) 晝夜之象也(주야지상야)

강유자(剛柔者)의 〈강(剛)〉은 하늘[天]의 도(道)를 뜻해 양(陽)-인(仁)-동(動)을 뜻하고 밝음[明]을 뜻한다. 그래서 강(剛)은 낮[晝]의 짓[象]으로써 살펴 새길 수 있다. 강건(剛健)하라. 이는 위에서 아래로 뻗치는 천기(天氣) 즉 신(神)의 짓[象]을 본받아라[法] 함이다. 강유자(剛柔者)의 〈유(柔)〉는 땅[地]의 도(道)를 뜻해 음(陰)-의(義)-정(靜)을 뜻하고 어둠[暗]을 뜻한다. 그래서 유(柔)는 밤[夜]의 짓[象]으로써 살펴 새길 수 있다. 유순(柔順)하라. 이는 아래에서 위로 뻗치는 지기(地氣) 즉 귀(鬼)의 짓[象]을 본받아라[法] 함이다.

六爻之動(육효지동) 三極之道也(삼극지도야)

〈육효(六爻)〉는 대성괘(大成卦)를 이루는 여섯 개의 효(爻)를 말한다. 육효지동(六爻之動)의 〈동(動)〉은 앞서 살핀 〈변화자진퇴지상(變化者進退之象)〉을 한 자(字)로 밝힌 것이다. 이러한 육효(六爻)의 동(動)을 〈누천(屢遷)〉이라고도 한다. 대성괘(大成卦) 육효(六爻)에서 맨 아래의 초효(初爻)는 그 〈동(動)의 시(始)〉이고, 맨 위의 상효(上爻)는 그 〈동(動)의 종(終)〉이란 뜻을 〈누천(屢遷)〉이 담고 있다. 그러므로 매효(每爻)는 아래[下]로부터 위[上]로 누차(屢次)로 옮겨감[遷]을 육효지동

(六爻之動)으로 밝혔고, 그 동(動)을 삼극(三極)의 도(道)라고 밝힌다. 삼극지도(三極之道)에서 삼극(三極)이란 천지인(天地人) 즉 삼재(三才)를 말한다.

君子所居而安者(군자소거이안자) 易之序也(역지서야)

군자(君子)가 거안(居安)하는 까닭을 밝힌다. 군자가[君子] 사는 곳마다[居而] 편안함[安]은 〈역지서(易之序)〉를 따라 순응(順應)하기 때문이다. 역지서(易之序)의 〈서(序)〉는 〈육효지동(六爻之動)〉을 말해 육효지소저(六爻之所著) 즉 육효가[六爻之] 드러내는[著] 바[所]를 뜻한다. 그러므로 역지서(易之序) 즉 역의[易之] 차서(次序)란 곧 육효(六爻)의 누천(屢遷) 즉 육효(六爻)가 여러 번[屢] 옮김[遷]을 뜻한다. 육효(六爻)가 차서(次序)에 따라 누천(屢遷)하듯이 군자(君子)는 사명(俟命)하면서 순역(順易)한다. 군자(君子)의 거안(居安)이란 사명(俟命)의 삶이다. 자연[天地]의 가르침과 시킴[命]을 기다리는[俟] 삶이란, 자의(恣意)가 없고[毋意] 고집이 없고[毋固] 기필이 없고[毋必] 독존이 없는[毋我] 삶이니 삶 자체가 역지서(易之序)이다. 그러므로 군자(君子)는 〈변화자진퇴지상(變化者進退之象)〉을 살펴 자신의 삶을 누리므로 사는 곳마다[居] 편안하다[安].

所樂而玩者(소락이완자) 爻之辭也(효지사야)

효사(爻辭)를 본받아[法] 살펴 따르는[順] 방도(方道)이다. 〈낙(樂)〉 없이는 〈완(玩)〉할 수 없고 〈완(玩)〉 없이는 역의[易之] 도(道)를 본받아[法] 좇아 따를[順] 수 없다. 여기서 〈낙(樂)〉은 〈즐길 열(說)-열(悅)〉 등과 같고 열락(說樂)의 줄임으로 여기고, 〈완(玩)〉은 〈좋아할 애(愛)-호(好)〉 등과 같고 애완(愛玩)의 줄임으로 여긴다. 낙자(樂者)는 즐기는 것이고 완자(玩者)는 좋아하는 것이다. 즐거워[樂] 좋아함[玩]이란 곧 새김질함이다. 새김질 이는 곧 유수(游受) 즉 〈체험(體驗)〉이다. 지금 널리 쓰는 체험(體驗)-경험(經驗)은 〈experience〉를 역(譯)한 일식조어(日式造語)이다. 무엇을 즐겨야[樂] 그 무엇을 사랑해 익혀야[玩] 새김질할 수 있고, 새김질해야 그 무엇의 은밀(隱密)한 표상(表象)을 살펴[觀] 본받아[法] 찾아낼[見] 수 있는 것[賾]과 마주할 수 있게 하는 말씀이 효사(爻辭)이다.

君子居則觀其象而玩其辭(군자거즉관기상이완기사)

군자(君子)란 선성(善性)을 떠나지 않는 주인(主人)이다. 〈선(善)〉이란 역지도(易之道) 즉 역(易)의[之] 도리[道]를 계승함[繼]인지라 그 〈선(善)〉을 떠날 수 없고, 〈성(性)〉이란 역지도(易之道)를 이룸[成]인지라 그 〈성(性)〉을 떠날 수 없다. 군자(君子)는 어떤 학식을 얻기 위하여 〈관기상(觀其象)-완기사(玩其辭)〉 즉 괘효(卦爻)의[其] 모습을[象] 살피거나[觀] 괘효(卦爻)의[其] 말씀을[辭] 완상하지[玩] 않는다. 오로지 군자(君子)는 자신의 삶에서 〈선(善)〉을 취하고 〈성(性)〉을 엄수(嚴守)하기 위하여 〈기상(其象)〉을 관찰하고[觀] 〈기사(其辭)〉를 완상하여[玩], 역수(逆數) 즉 앞일을 미리미리 거슬러[逆] 헤아려[數] 다가올 일을 마주하여 삶의 미래를 누리고자, 〈관기상(觀其象)-완기사(玩其辭)〉를 일상으로 삼는다 함이다.

動則觀其變而玩其占(동즉관기변이완기점)

군자(君子)는 왜 괘효(卦爻)의 짓을[象] 살피는가[觀]? 괘효(卦爻)의 상(象)에서 갈 것[變]과 올 것[化]을 미리미리 살펴두고자 함이다. 군자(君子)는 왜 괘효(卦爻)의 말씀을[辭] 완상하는가[玩]? 괘효(卦爻)의 사(辭)에서 역시 갈 것[變]과 올 것[化]을 미리미리 듣고자 함이다. 군자(君子)는 결코 점쟁이를 찾아 점쳐 받지 않는다. 『주역(周易)』은 오로지 스스로 역수(逆數)하라 함을 군자(君子)는 각인(刻印)하고 있는 주인이다. 복채(卜債)를 들고 점쟁이를 찾아가는 사람을 『주역(周易)』은 결코 용납하지 않음을 군자(君子)가 〈관기변(觀其變)-완기점(玩其占)〉으로써 단언하면서, 오로지 스스로 역수(逆數)하라고 강청(强請)하는 말씀이 〈동즉관기변이완기점(動則觀其變而玩其占)〉이다.

自天祐之(자천우지) 吉无不利(길무불리)

자천우지(自天祐之)라는 말씀이 낡은 말씀일 수도 없고 미신일 수도 없다. 여기서 하늘[天]이란 자연(自然) 즉 천지(天地)를 뜻하고, 나아가 자연[天地]이란 〈무사(無思)-무위(無爲)하여 무아(無我)함〉을 밝히는 말씀이기 때문이다. 이에 따라서 〈천(天)〉은 천하지민(天下之民) 즉 온 세상의[天下之] 사람들[民]을 밝혀주는 〈천(天)〉이기 때문이다. 민심(民心)은 천심(天心)이라고 할 때 천심(天心)의 〈천(天)〉은 민심(民心)의 〈민(民)〉이다. 그러니 〈자천우지(自天祐之)〉를 〈온 세상 사람들[天]이[自] 그를[之] 돕는다[祐]〉고 새기면 된다. 군자(君子)가 온 세상 사람으로부터 환호받는 까닭은 성인(聖人)을 본받아[法] 무사(無思)-무위(無爲)하여 무아(無我)의 삶을 누리고자 신독(愼獨) 즉 자신을 스스로 삼가기[愼獨] 때문이다. 내 몫이 없고[無己]-공치사가 없고[無功]-명성이 없는[無名] 무아(無我)의 삶을 누리려는 사람이라면 그가 바로 군자(君子)이다. 그래서 군자(君子)는 인간세(人間世)에서 결코 낡을 수 없는 인간의 모습[象]이다.

계사전상(繫辭傳上) 3단락(段落)

彖者는 言乎象者也요 爻者는 言乎變者也요 吉凶者는
단자 언호상자야 효자 언호변자야 길흉자
言乎其失得也요 悔吝者는 言乎其小疵也요 无咎者는
언호기실득야 회린자 언호기소자야 무구자
善補過也이다 是故로 列貴賤者는 存乎位하고 齊小大
선보과야 시고 열귀천자 존호위 제소대
者는 存乎卦하다 辨吉凶者는 存乎辭하고 憂悔吝者는
자 존호괘 변길흉자 존호사 우회린자
存乎介하다 震无咎者는 存乎悔하다 是故로 卦有小大
존호개 진무구자 존호회 시고 괘유소대
하고 辭有險易하다 辭也者는 各指其所之니라
사유험이 사야자 각지기소지

단(彖)이란 짓을 말한다. 효(爻)란 변화하는 것을 말한다. 좋다 나쁘다는 것은 길흉을 잃게 됨과 얻게 됨을 말한다. 뉘우치고 부끄러워한다는 것은 회린(悔吝)이 허물을 작게 함을 말한다. 허물이 없다는 것은 잘못을 선량하게 수선함이다. 이렇기 때문에 {대성괘(大成卦)가} 귀함과 천함을 진열하는 것은 {육효(六爻)의} 자리에 있고, 작은 것과 큰 것을 밝혀주는 것은 괘(卦)에 있다. 좋음과 나쁨을 밝혀 말하는 것은 말씀에 있고, 뉘우치고서 수치스러움을 걱정하는 것은 (길흉의) 경계에 있다. (허물을) 막아 허물이 없다는 것은 뉘우침에 있다. 이렇기 때문에 괘에는 작은 것과 큰 것이 있고, 말[辭]에는 흉험함과 평이함이 있다. {괘효에 매인 험이(險易)의} 말씀이란 것은 저마다 그 말씀이 나아갈 바를 가리킨다.

【탐독(探讀)】

단이란[彖] 것은[者] 짓[象]이라는 것[者]을[乎] 말하는 것[言]이다[也]. 효란[爻] 것은[者] 변화하는[變] 것[者]을[乎] 말하는 것[言]이다[也]. 좋다[吉] 나쁘다는[凶] 것은[者] 길흉(吉凶)을[其] 잃게 됨과[失] 얻게 됨[得]을[乎] 말하는 것[言]이다[也].

뉘우치고[悔] 부끄러워한다는[吝] 것은[者] 회린(悔吝)이[其] 허물을[疵] 작게 함[小]을[乎] 말하는 것[言]이다[也]. 허물이[咎] 없다는[无] 것은[者] 잘못을[過] 선량하게[善] 수선함[補]이다[也]. 이렇기[是] 때문에[故] {대성괘(大成卦)가} 귀함과[貴] 천함을[賤] 진열하는[列] 것은[者] {육효(六爻)의} 자리[位]에[乎] 있고[存], 작은 것과[小] 큰 것을[大] 밝혀주는[齊] 것은[者] 괘(卦)에[乎] 있다[存]. 좋음과[吉] 나쁨을[凶] 밝혀 말하는[辯] 것은[者] 말씀[辭]에[乎] 있고[存], 뉘우치고서[悔] 수치스러움을[吝] 걱정하는[憂] 것은[者] {길흉(吉凶)의} 경계[介]에[乎] 있다[存]. (허물[過]을) 막아[震] 허물이[咎] 없다는[无] 것은[者] 뉘우침[悔]에[乎] 있다[存]. 이렇기[是] 때문에[故] 괘에는[卦] 작은 것과[小] 큰 것이[大] 있고[有], 말에는[辭] 흉험(凶險)함과[險] 평이(平易)함이[易] 있다[有]. {괘효(卦爻)에 매인[繫] 험이(險易)의} 말씀[辭]이란[也] 것은[者] 저마다[各] 그 말씀이[其] 나아갈[之] 바를[所] 가리킨다[指].

【지남(指南)】

彖者(단자) 言乎象者也(언호상자야)

단자(彖者)는 효상(爻象)의 상(象) 즉 짓[象]을 풀이한다. 그 짓[象]이란 변화의 조짐[兆]을 드러낸다. 그 조짐을 판단하게 하는 것을 단(彖)이라 한다. 그래서 단자(彖者)를 단사(彖辭)라 하고 단사(彖辭)를 괘사(卦辭)라고도 한다. 괘효사(卦爻辭)란 괘(卦)와 효(爻)의 상(象)을 본받게[法] 하는 말씀[辭]이다. 단자(彖者)의 〈단(彖)〉은 〈판단할 단(斷)〉과 같다. 그러므로 단자(彖者)=단사(彖辭)=괘사(卦辭)는 일[事]이 변해서[變] 새로 됨[化]을 살펴보고 판단하게 하는 말씀[辭]이다. 언호상자(言乎象者)의 〈언(言)〉은 사물(事物)에 미치는 변화를 짓함[象]을 저마다 나름대로 스스로 살펴 즐겨 판단하게 함을 말한다. 언(言)은 논란(論難)하지 않는 말하기이고, 어(語)는 논란(論難)하여 변별(辨別)하는 말해보기이다. 그러므로 무엇을 언지(言之)한다 함은 사물을 스스로 새겨 헤아리는 침묵으로 통한다. 그래서 언(言)을 직언(直言)의 말하기[言之]라 한다. 상자(象者)는 괘효지상자(卦爻之象者)를 줄임이다. 물론 상자(象者)의 상(象)은 괘효(卦爻)의 짓[象]을 뜻하고, 그 짓[象]이란 온갖 것[萬物]-온갖 일[萬事]에 미치는 변화의 조짐[兆]을 살펴 새기게 한다. 그러한 조짐[兆]-낌새[徵]를 판단하게 함이 단(彖)이다. 그러므로 단자언호상자야(彖者言

乎象者也)에서 〈언(言)〉을 주목하게 된다. 〈어(語)〉가 아니라 〈언(言)〉임을 주목해야 한다. 말나누기[語]는 논란(論難)하여 시비(是非)의 변(辨)을 요구하지만, 말하기[言]는 직언(直言)이므로, 논란(論難)의 시비(是非) 가림[辨]을 문제 삼지 않음을 언왈직언(言曰直言)이라 한다. 그러니 단(彖)을 판단함이라고 해서 시비(是非)의 가림이 아니고, 나로 하여금 변화(變化) 즉 〈갈 것[變]과 올 것[化]〉을 스스로 깊이 새겨 헤아리게 함이 언호상자(言乎象者)의 〈언(言)〉이다. 이에 상자(象者)는 내가 해야 할 일의 미래가 어떻게 드러날 것인지 역수(逆數) 즉 미리 살펴[逆] 헤아려보게 하는[數] 말씀[辭]이다. 그러므로 단자(彖者)는 올 일[來事]을 미리 점쳐보게 하므로 점사(占事)의 말씀[辭] 즉 점사(占辭)로 새겨도 된다.

爻者(효자) 言乎變者也(언호변자야)

효자(爻者)는 음효(陰爻 : --)와 양효(陽爻 : —)를 말한다. 효자(爻者)는 음양(陰陽)의 기호(記號)로 여긴다. 64괘(卦)를 일러 대성괘(大成卦)라 하고, 64괘를 이루는 8괘(卦)를 소성괘(小成卦)라 한다. 소성괘(小成卦)를 자승(自乘)하여 64개의 대성괘(大成卦)를 이룬다. 효자(爻者) 셋이 하나의 소성괘(小成卦)가 된다. 대성괘(大成卦)는 소성괘(小成卦) 둘로 이루어지므로 효자(爻者) 여섯으로 이루어진다. 대성괘(大成卦)마다 괘사(卦辭)가 있고, 여섯 개의 효(爻)마다 사(辭)가 있다. 이 괘효사(卦爻辭)를 묶어 계사(繫辭)라 한다. 그래서 효상(爻象)과 효사(爻辭)를 묶어 효자(爻者)로 여긴다. 효자(爻者)는 〈궁(窮)〉을 말하지 않고 〈변(變)〉을 말한다. 이에 효자(爻者)를 변자(變者)라 한다. 궁(窮)은 변화(變化)를 그친 것이고 변은[變] 새로 됨[化]으로 이어진다. 변화(變化)가 다하여 그친[窮] 일[事]을 왕사(往事) 또는 왕자(往者)라 하고, 변화(變化)할 일[事]을 내사(來事) 또는 내자(來者)라 한다.

吉凶者(길흉자) 言乎其失得也(언호기실득야)

길흉자(吉凶者)는 먼저 대성괘(大成卦)에서 효(爻)의 자리[位]를 살펴보게 한다. 이는 곧 효상(爻象)을 관상(觀象)하라 함이다. 대성괘(大成卦)의 6효(爻)는 아래[下]에서 위[上]로 자리를 옮겨간다. 이를 〈누천(屢遷)〉이라 한다. 대성괘(大成卦)에는 일삼오(一三五)의 자리를 양위(陽位)라 하고, 이사륙(二四六)의 자리를 음위

(陰位)라 한다. 대성괘(大成卦)에서 양효(陽爻)가 일삼오(一三五) 즉 홀수[奇數] 자리[位]에 있으면 길상(吉象)이고, 음효(陰爻)가 이사륙(二四六) 즉 짝수[偶數] 자리[位]에 있으면 길상(吉象)이다. 음효(陰爻)가 일삼오(一三五) 자리에 있으면 흉상(凶象)이고, 양효(陽爻)가 이사륙(二四六) 자리에 있으면 흉상(凶象)이다. 여기서 언호기실득(言乎其失得)의 〈기(其)〉가 〈효지정위(爻之正位)〉 즉 〈효(爻)의[之] 바른[正] 자리[位]〉를 나타낸다. 대성괘(大成卦)에서 효(爻)가[之] 제자리[正位]를 얻고 있다[得]면 길(吉)한 효상(爻象)이고, 대성괘(大成卦)에서 효(爻)가[之] 제자리[正位]를 잃고 있다[失]면 흉(凶)한 효상(爻象)임을 알아차릴 수 있다. 그러므로 대성괘(大成卦)를 관상(觀象)하여 관변(觀變)하자면 그 효위(爻位)가 매우 긴요함을 알 수 있다.

효(爻)의 자리는 아래에서부터 초효(初爻)-이효(二爻)-삼효(三爻)-사효(四爻)-오효(五爻)-상효(上爻) 등으로 부르고, 수(數)를 써서 양효(陽爻)는 구(九)로 음효(陰爻)는 육(六)으로 나타내기에, 초구(初九)이면 초양(初陽)의 효(爻 : ━)가 아래 첫 자리에 있음을 뜻하고, 초륙(初六)이면 초음(初陰)의 효(爻 : --)가 아래 첫 자리에 있음을 뜻한다. 그러므로 제자리를 잡으면 길(吉)하고 제자리를 벗어나면 흉(凶)하다고 하는 것은 모든 일을 천지(天地)의 정위(正位)를 본받아[法] 정(貞)한 마음[心]으로 행하라 한다.

悔吝者(회린자) 言乎其小疵也(언호기소자야)

회린자(悔吝者)의 〈회(悔)〉란 일을 끝낸 뒤에야 마음가짐[意]에 잘못[過]이 있었음을 알아채고[知] 한스러워함[恨]이다. 그래서 〈회(悔)〉는 지과(知過)하여 개과지심(改過之心)한다는 것이다. 허물을[過] 알아채고[知] 허물을 범한[過之] 마음을[心] 고침[改]이 곧 뉘우침[悔]이다. 그러므로 〈회(悔)〉는 〈개과(改過)〉를 뜻한다. 선사자(善事者)는 일을 마주할 때마다 일이 끝났을 때 뉘우치지[悔] 않고자 하기 때문에 〈회(悔)〉는 곧 흠을[疵] 작게 함[小]이다. 흠을 작게 함이란 개과(改過) 즉 허물을[過] 빨리 고침[改]을 말한다. 대성괘(大成卦)에서 관상(觀象)하고 관변(觀變)함이란 소자(小疵) 즉 허물을 재빨리 고침으로 이어진다. 그래서 하괘(下卦)의 효상(爻象)을 일러 회(悔)의 상(象)이라 일컫고, 상괘(上卦)의 효상(爻象)을 일러 인

(吝)의 상(象)이라 일컫는다. 대성괘(大成卦)를 관상하여 관변할 때면 늘 하괘(下卦)의 초효(初爻)-이효(二爻)-삼효(三爻)로부터 관상-관변을 시작하여, 상괘(上卦)의 사효(四爻)-오효(五爻)-상효(上爻)로 관상-관변을 한다. 그러므로 먼저 뉘우치는[悔] 마음가기[志]가 앞서야[先] 하고 부끄러워하는[吝] 마음가기[志]가 뒤따라야[後] 소자(小疵)로 이어짐을 알 수 있다. 회린(悔吝)하라. 〈인(吝)〉이란 일[事]이 끝난 뒤에야 마음가짐[意]에 잘못[過]이 있었음을 알아차리고[知] 부끄러워함[恥]이다. 그래서 회린(悔吝)하면 흠[疵]이 작아지고[小], 회린(悔吝)하지 않으면 그 흠[疵]이 커져 흉(凶)하다. 회린(悔吝)하느냐 안하느냐에 따라 하는 일의 성패(成敗) 대소(大小)가 길흉(吉凶)으로 드러난다.

无咎者(무구자) 善補過也(선보과야)

무구자(无咎者)는 밝고[明] 맑아[淸] 빈방[虛室] 같은 마음가기[志]라고 여긴다. 깨끗한 거울 속에 든 풍경처럼 하는 일을 그냥 그대로 마주하고 정성껏 할 수 있는 마음가기[志]라면 그 심지(心之)가 곧 무구자(无咎者)라 할 수 있다. 그러나 무구자(无咎者)가 곧 무과자(無過者)는 아니다. 성인(聖人)이 아니고서는 허물[過] 없는[無] 사람이란 없다. 현자(賢者)께도 과(過)가 있을 수 있는데, 하물며 허물[過] 없는 인간이 어디 있겠는가? 다만 범한 허물을 뉘우쳐[悔] 부끄러워[吝] 그 과오(過誤)를 고쳐 선(善)하게 바뀌는 사람이 있을 뿐이다. 이를 개과천선(改過遷善)이라 한다. 허물을[過] 고쳐[改] 선으로[善] 옮겨간다[遷]. 천선(遷善)하는 사람의 마음가기[志]를 두고 무구자(无咎者)라 한다. 그래서 무구자(无咎者)를 선보과(善補過)라 한다. 잘못을[過] 잘[善] 보수한다[補]는 것은 선(善)으로 옮겨감[遷]을 뜻한다. 이는 곧 스스로 짓고 부린 사욕(私欲)을 회린(悔吝)함이다. 무구자(无咎者)는 대성괘(大成卦)의 효상(爻象)을 살펴 길흉(吉凶)의 실득(失得)을 절로 새김질하여 잘[善] 관변(觀變)하고, 따라서 범했거나 범하는 허물[咎]을 잘[善] 보수(補修)하여 천선(遷善) 즉 선으로[善] 옮겨감[遷]이 곧 삶의 길(吉) 즉 행복이다.

列貴賤者(열귀천자) 存乎位(존호위)

열귀천자(列貴賤者)의 〈열(列)〉은 존호위(存乎位)의 위(位)로써 풀이한다. 열귀천자(列貴賤者)는 육효지열귀천자(六爻之列貴賤者)에서 보충할 수 있는 내용이므로 〈육효지(六爻之)〉를 생략한 셈이고, 존호위(存乎位)는 존호육효지위(存乎六爻之位)에서 보충할 수 있는 내용이므로 〈육효지(六爻之)〉를 생략한 셈이다. 대성괘(大成卦)의 육효(六爻)가 귀천(貴賤)을 나열함[列]이란[者] 육효(六爻)의 자리[位]에 있다. 이는 온갖 것[萬物]-온갖 일[萬事]에 귀천(貴賤)이 결정되어 있지 않음을 밝힌다. 왜냐하면 대성괘(大成卦)에서 육효(六爻)의 자리[位]란 고정된 자리[位]가 아니라 누천(屢遷)할 자리이기 때문이다. 말하자면 초효(初爻)는 새로 등장하는 자리에 있고 상효(上爻)는 사라져갈 자리에 있다. 양효(陽爻)가 일삼오(一三五) 자리에 있다면 귀(貴)함을 나열하고[列], 음효(陰爻)가 이사륙(二四六) 자리에 있다면 귀(貴)함을 열(列)하며, 음효가 일삼오(一三五) 자리에 있다면 천(賤)한 자리이고, 양효(陽爻)가 이사륙(二四六) 자리에 있다면 천(賤)한 자리이다. 그러므로 옮겨간 자리에 따라 그 효(爻)가 천(賤)하기도 하고 귀(貴)하기도 함을 열귀천자(列貴賤者)의 열(列)이 뜻한다.

齊小大者(제소대자) 存乎卦(존호괘)

제소대자(齊小大者)에서 〈제(齊)〉는 여기선 〈분별할 변(辨)〉과 같고, 〈소대(小大)〉는 여기선 소성괘(小成卦)와 대성괘(大成卦)를 줄여 나타낸다. 소대(小大)를 분변한다[齊]는 것은 소대(小大)를 차별함이 아니라 같이함을 뜻한다. 대성괘(大成卦)는 소성괘(小成卦) 둘로 이루어져 대성괘(大成卦)에 소대(小大)가 분변(分辨)됨을 제소대(齊小大)라고 한다. 대성괘(大成卦)는 하나이면서도 하괘(下卦)-상괘(上卦)로 나누어져[分辨] 있다. 소성괘(小成卦) 둘이 대성괘(大成卦) 하나를 이루는 것을 일러 〈제소대자(齊小大者)의 제(齊)〉라고 한다. 여기서 〈제(齊)〉는 〈같을 동(同)이면서 나눌 변(辨)〉이란 뜻이다. 〈괘(卦)〉란 음양(陰陽)이 짓는 변화를 보여주는 걸개처럼 여긴다. 괘(卦)는 그 변화를 반복하지 않고 쉼 없이 보여준다. 그래서 대성괘(大成卦)에서는 변화가 분변된다[齊]는 것이지 둘로 나누어진다는 것은 아니다. 『서경(書經)』「홍범(洪範)」 칠(七)에 나오는 〈왈정왈회(曰貞曰悔)〉가 제소대자(齊小大者)를 환기시킨다. 정이라[貞] 하고[曰] 회라[悔] 한다[曰]고 함은 하괘(下卦)를 정(貞)으로 상괘(上卦)를 회(悔)로 분변(分辨)하되, 그 정회(貞悔)는 다같이 변화의 이름 즉 연특(衍忒)을 말할 뿐이다. 그리고 존호괘(存乎卦)의 〈존(存)〉 역시 〈있을 재(在)-살필 찰(察)〉로 여기고 존호위(存乎位)를 새김하면 문의(文意)가 더 잘 드러난다.

辯吉凶者(변길흉자) 存乎辭(존호사)

변길흉자(辯吉凶者)의 〈변(辯)〉은 〈밝혀줄 명(明)〉과 같고, 〈길흉(吉凶)〉은 일[事]의 종시(終始)가 드러남[顯著]이다. 무엇이 길(吉)이고 무엇이 흉(凶)이라고 밝힐[辨] 뿐이지 길흉(吉凶)을 괘효(卦爻)가 결정해주는 것은 아니기 때문에, 괘효사(卦爻辭)를 절로 즐겨 새김질해야 함을 밝혀 〈변(辯)〉이라 말한다. 물론 여기서의 〈변(辯)〉은 논란(論難)의 논변(論辯)이 아니라 직언(直言)의 명변(明辯)이다. 괘효사(卦爻辭)는 성인(聖人)의 말씀[言]이다. 성인(聖人)의 언(言)을 법어지언(法語之言)이라 한다. 본받게[法] 말해주는[語之] 말씀[言]을 스스로 풀이하여[繹] 밝힘[明]이 명변(明辯)이다. 그래서 변길흉자(辯吉凶者)의 변(辯)은 자명(自明)의 명(明)과 같다. 스스로[自] 밝혀[明] 가름함[辯]이 변길흉자(辯吉凶者)의 변(辯)이다. 그러므로 명변(明辯)이 왜 논변(論辯)과 다른지부터 새겨둘 일이다. 명변(明辯)의 변(辯)은 관변(觀變)하여 그 변(變)을 스스로[自] 밝히는[明] 가림[辯]이고, 논변(論辯)의 변(辯)은 시비(是非)의 논란(論難)을 타인(他人)과 함께 가림[辨]이다. 괘효사(卦爻辭)는 결코 길흉(吉凶)을 미리 가름해주지[辯] 않고 오로지 명변(明辯)하게 할 뿐이다. 말하자면 괘효사(卦爻辭)는 정(貞)하게 변(辯)하면 길흉(吉凶)을 명변(明辯)하게 하고, 부정(不貞)하게 변(辯)하면 길흉(吉凶)을 명변(明辯)할 수 없게 할 뿐이다. 명변(明辯)하라 함은 무욕(無欲)으로 역수(逆數)하라 함을 암시하는 것이 〈변길흉자(辯吉凶者)의 변(辯)〉이다.

존호사(存乎辭)는 존호괘효지사(存乎卦爻之辭)에서 괘효지(卦爻之)를 생략한 셈이다. 괘효(卦爻)의[之] 말씀[辭]을[乎] 살펴라[存]. 존호사(存乎辭)의 존(存) 역시 있을 재(在)-살필 찰(察) 두 뜻을 함께 지닌다. 물론 존호사(存乎辭)의 사(辭)는 괘(卦)와 효(爻)에 붙여둔 성인지언(聖人之言)을 말한다. 성인(聖人)은 늘 지래(知來)하게 말하지 왕사(往事)를 두고 시비(是非) 가림을 하게[辯] 말하지 않는다. 그러므로 존호사(存乎辭)의 사(辭)는 미래를 살펴 절로 새겨보라는 말씀이지 과거를 논란하라는 말씀은 아니다. 그 사(辭)는 성인께서 나로 하여금 내가 하는 일의 미래를 미리 내다보고 어쩌면 일이 길(吉)하고 어쩌면 일이 흉(凶)할지 미리미리 살펴보게 하는 등대의 불빛 같은 말씀[辭]이다. 역(易)의 괘사(卦辭)와 효사(爻辭)는 모두 성인이 밝혀둔 지래(知來)의 말씀이다. 그지없이 공평무사(公平無私)하고 무엇 하나 편애(偏愛)하지 않는 성인(聖人)의 말씀을 그대로 따라 명변(明辯)한다면, 누구나 온갖 것[萬物]-온갖 일[萬事]에 숨어 있는 변화의 짓[象]을 살펴[觀] 절로 즐겨 새길[玩] 수 있다. 그러나 성인(聖人)의 말씀이 지래(知來)하게 하지만 이래라저래라 교시(教示)하지 않는다. 성인(聖人)은 도모(圖謀)하지도 않고 쟁론(爭論)하지도 않는다. 어찌하면 길(吉)하고 어찌하면 흉(凶)할지 스스로 살펴 헤아려 스스로 지래(知來)하게 말해둘 뿐이다. 그래서 변길흉(辯吉凶)의 변(辯)이 말씀[辭]에[乎] 있다[存]고 한다.

憂悔吝者(우회린자) 存乎介(존호개)

우회린자(憂悔吝者)의 〈우(憂)〉는 회린(悔吝)하지 않았는지 우려(憂慮)하라 함이다. 이는 해온 일을 되돌아보기를 꺼리거나[忌] 싫어하지[厭] 말라는 것이다. 일[事]을 잘하는[善] 사람은 해온 일[往事]을 되돌아보고 앞일[來事]을 새로 마주하고[臨] 살펴[觀] 절로 새길[玩] 줄 안다. 왕사(往事)를 회린(悔吝)하지 않았는지 걱정하고[憂], 내사(來事)를 회린(悔吝)하게 될세라 두려워하라[懼] 함이 우회린자(憂悔吝者)의 우(憂)이다. 왜 대성괘(大成卦)의 하괘(下卦)를 일컬어 〈정(貞)〉이라 하는지 환기한다면 우회린자(憂悔吝者)의 우(憂)를 더 잘 간파할 수 있다. 정(貞)이란 정성껏 복문(卜問)하라 함이다. 미리미리[卜] 묻기[問]를 정성껏 함이 복문(卜問) 즉 정(貞)이다. 이는 하괘(下卦)의 효사(爻辭)를 두려워하고[畏] 정성껏 계의(稽疑)하라 함이다. 의심나는 것을 묻기를 정성껏 함이 계의(稽疑)이다. 효사(爻辭)를 정성껏 새김하여[玩] 관변(觀變)해서 점쳐보기를 친밀히 했는지[玩] 걱정할[憂]수록 후회(後悔)하지 않아도 된다. 늘 후회할세라 두려워함이 우회린자(憂悔吝者)의 우(憂)이다.

존호개(存乎介)의 〈개(介)〉는 여기선 〈사이 제(際)〉와 같다. 그 사이[介]란 변별(辨別)의 실마리[端]를 말한다. 대성괘(大成卦)에는 그 단(端)이 육효(六爻)가 갖는 서로의 관계인 중(中)-정(正)-비(比)-응(應) 등을 말한다. 회린(悔吝)을 걱정함[憂]이란 길흉(吉凶)의 경계를 살펴보기 때문이다. 흉(凶)해서 회린(悔吝)하지 않으려면 일[事]의 경계[介]를 살펴라[存]. 마음대로 해도 되는 일이란 없다. 어떤 일이든 길흉(吉凶)으로 이어지는 그 경계[介]가 있는[存] 까닭이다. 그래서 매사성전(每事誠全)이면 후회(後悔)할 것이 없다. 일[事]마다[每] 진실로[誠] 온전하다[全]면 걱정할 것[憂]이 없다.

震无咎者(진무구자) 存乎悔(존호회)

진무구자(震无咎者)는 앞서 인용한『서경(書經)』「홍범(洪範)」칠(七)에 나오는 〈왈정왈회(曰貞曰悔)〉를 다시금 환기시킨다. 왈정왈회(曰貞曰悔)의 〈정(貞)〉은 대성괘(大成卦)의 내괘(內卦) 즉 하괘(下卦)를 말하고, 〈회(悔)〉는 외괘(外卦) 즉 상괘(上卦)를 말함을 알아챈다면, 특히 외괘(外卦)의 효상(爻象)을 더없이 살피고 그 효사(爻辭)를 더없이 새김질하라 함이 진무구자(震无咎者)임을 간파할 수 있다. 그래서 존호회(存乎悔)라고 밝힌다. 진무구자(震无咎者)의 〈진(震)〉은 하늘을 우러러 한 점 부끄러울 것이 없는 그런 경우이다. 여기서 〈진(震)〉은 하늘[天]이 벌주고자 벼락 친다는 말씀으로 새김한다. 그러니 허물[咎]을 조금도 숨기지 않고 뉘우침[悔]이 곧 진무구자(震无咎者)이다. 진무구자(震无咎者)는 진무린자(震无吝者)로 통한다. 허물[咎]이 없다면[无] 부끄러울 것[吝]이란 없다[无]. 허물이란 부표(浮標) 같아 감추어 둘 수 없다. 허물은 한 일을 통해서 떠오르고 만다. 그러면 감추었던 허물[咎]을 세상이 보게 되고 세상의 눈총을 피해갈 수 없다. 일을 정성껏 하지 않는다면 그것이 곧 허물[咎]이다. 구(咎)란 사람과 일 사이에서 빚어지지, 천지(天地)가 허물[咎]을 마련하는 것은 아니다. 건성건성 일한다면 그것이 허물[咎]이고 온 정성으로 일한다면 허물[咎]이 생겨날 리 없다. 그래서 증자(曾子)가 〈십목소시(十目所視) 십수소지(十手所指)〉라 했다. 열[十] 눈이[目] 보는[示] 바[所]이고 열[十] 손이[手] 가리키는[指] 바[所]이니 감출 수 없는 것이 허물[咎]이다. 여기서 존호회(存乎悔)의 〈회(悔)〉는 부정(不貞)으로 빚어지는 것이다. 부정(不貞)이 온갖 것[萬物]-온갖 일[萬事]을 정성껏 관상(觀象)-관변(觀變)하지 못함을 말한다. 존호회(存乎悔)의 〈회(悔)〉는 지래(知來)를 막는 부정(不貞)을 뉘우침[悔]이다.

卦有小大(괘유소대)

역(易)의 이치[理]와 가르침[命]을 일러 강유(剛柔)-인의(仁義)-소대(小大) 등으로 일컬으니 괘유소대(卦有小大)를 괘유음양(卦有陰陽)-괘유강유(卦有剛柔)-괘유인의(卦有仁義)로 귀담아들어도 된다. 괘(卦)에는 삼재지도(三才之道)가 아울러 있기 때문이다. 물론 괘유소대(卦有小大)의 소(小)는 8괘(卦) 즉 소성괘(小成卦)를 말하기도 하고, 대(大)는 64괘(卦) 즉 대성괘(大成卦)를 말하기도 한다. 뿐만 아니라 괘유소대(卦有小大)를 괘유천지도(卦有天之道)-괘유지지도(卦有地之道)-괘유인지도(卦有人之道) 등으로 새겨듣는다. 삼라만상(森羅萬象)의 변화를 하늘의 이치[天道]로 말함이 음양(陰陽)이고, 땅의 이치[地道]로 말함이 강유(剛柔)이며, 인간의 이치[人道]로 말함이 인의(仁義)라 함을 상기하면서, 괘유소대(卦有小大)란 말을 새겨들어야 길흉(吉凶)의 실득(失得)을 절실하게 새길 수 있다. 물론 괘유소대(卦有小大)의 소(小)를 인간사(人間事)로 대(大)를 천하사(天下事)로 새겨 헤아려도 되고, 부자(父子)-장유(長幼)의 질서를 말한다고 새겨도 되는 경우가 있다. 그러므로 괘(卦)가 만사(萬事)의 변자(變者)를 정언(正言)함을 간추려 괘유소대(卦有小大)로 밝힌다.

辭有險易(사유험이)

사유험이(辭有險易)는 사유험(辭有險) 이사유이(而辭有易)를 하나로 묶은 셈이다. 사유험이(辭有險易)의 〈사(辭)〉는 괘사(卦辭)와 효사(爻辭)를 말하고, 괘사(卦辭)와 효사(爻辭)를 새김에는 선(善)과 악(惡)이 드러남을 일러 사유험이(辭有險易)라 할 수 있다. 물론 그 험이(險易)를 음양(陰陽)이 결정해준다는 것은 아니다. 인간의 마음가기[志]에 달려 있음을 밝히는 말씀[辭]으로 사유험이(辭有險易)를 새김질해야 한다. 선악(善惡)을 뒤집어 악선(惡善)이라 말하는 경우가 험이(險易)라고 여긴다. 음양(陰陽)이 짓는 변화는 오로지 간이(簡易)할 뿐이지 험난(險難)이란 없다. 오로지 인간의 지(志)에만 험이(險易)가 얽혀 있다. 험악(險惡)은 인간의 허물[咎]이고, 이선(易善)은 인간이 자연[天地]의 짓[神]을 좇아 따라야 하는 도(道)이다. 이를 사유험이(辭有險易)라고 밝힌 셈이다. 그래서 〈천작얼유가위(天作孼猶可違) 자작얼불가활(自作孼不可活)〉이라 한다. 하늘이[天] 짓는[作] 재앙은[孼] 그래도[猶] 피해 볼 수 있지만[可違], 제가[自] 짓는[作] 재앙은[孽] 모면할 수 없다[不可活]. 이 말씀은『서경(書經)』「태갑(太甲)」에도 나오고,『맹자(孟子)』「이루장구(離婁章句)」에도 나온다. 자작얼(自作孽)은 자작험(自作險)이고 자작구(自作咎)이다. 스스로[自] 어려움을[險] 짓고[作], 스스로[自] 허물을[咎] 짓기[作]를 마다 않음을 일러 사욕(私欲)이라 한다.

사유험이(辭有險易)의 〈험이(險易)〉는 인간의 마음짓[心象]으로 말미암지 천지(天地) 때문은 아니다. 여기서 괘효(卦爻)의 말[辭]은 사람을 향한 성인(聖人)의 법어지언(法語之言)이지 천문(天文)을 풀이해주려는 성인지언(聖人之言)이 아님을 잊지 말아야 한다. 천지(天地)가 선(善)-악(惡)을 인간에게 매기는 것이 아니라, 인간이 선(善)-악(惡)을 짓고 범할 뿐이다. 풀밭에 숨은 독사(毒蛇)를 악(惡)이라고 하는 것은 사람의 생각이지 천지(天地)는 인간이나 독사나 다 같은 목숨으로 볼 뿐임을 장자(莊子)가 〈만물일마(萬物一馬)〉라고 갈파한 셈이다. 그러니 산들바람은 선(善)한 바람[風]이고 폭풍(暴風)은 악풍(惡風)이라고 생각하지 말 일이다. 천지(天地)를 따라 살라 함은 자연(自然)만을 따르는 하늘땅[天地]은 언제 어디서나 상선(上善)이기 때문이다. 상선(上善)이란 악(惡)이 없음이니 선(善)이랄 것도 없다는 말씀이다. 인간으로 하여금 상선(上善)의 길[道]을 터주고자 괘효(卦爻)가 정언(正言)함이 곧 사유험이(辭有險易)이다.

辭也者(사야자) 各指其所之(각지기소지)

사야자(辭也者)는 괘효(卦爻)의 사(辭)를 힘주어 강조하는 어투이다. 괘사(卦辭)는 대성괘(大成卦) 상하괘(上下卦)의 짓[象]을 관상(觀象)-완사(玩辭)하여 관변(觀變)-완점(玩占)하게 하고, 효사(爻辭)는 아래서 위로 누천(屢遷)하면서도 유기시물(唯其時物)의 변자(變者)를 정언(正言)하고 서로 중(中)-정(正)-응(應)-비(比)로써 짓[象]을 살펴[觀] 새기게[玩] 하고, 그 상(象)에서 관변(觀變)하게 하여 지래(知來)를 새김질[玩]하게 한다. 그러므로 육효(六爻)가 서로 관계를 갖는 중(中)-정(正)-응(應)-비(比)의 관계를 따라 효사(爻辭)의 상(象)을 살피면서 관심(觀心)해가야 효사(爻辭)의 지기소지(指其所之)를 따라 일[事]을 지극하게 성지(誠之)할 수 있다. 그러므로 지기소지(指其所之)의 〈기(其)〉는 〈사지(辭之)〉와 동시에 관상(觀

象)-완사(玩辭)하는 이의 마음가기[志] 즉 〈심지(心之)〉를 나타내는 대명사 노릇을 한다. 기소지(其所之)에서 〈지(之)〉는 〈나아갈 지(之)〉를 뜻한다. 말씀[辭]이[其] 나아갈[之] 바를[所] 가리킨다[指] 함이란 앞에서 살핀 사유험이(辭有險易)의 〈험이(險易)〉를 상기한다면, 효사(爻辭)마다 인간의 마음가기[志]가 겪어가야 할 험난함[險]과 평이함[易]을 가리키는[指] 성인(聖人)의 법어지언(法語之言)이 괘효사(卦爻辭)임을 알 수 있다. 법어(法語)란 본받게[法] 해주는 말씀[語]이고 이 말씀[法語]을 두고 논란(論難)하지 말라 함이 법어지언(法語之言)의 언(言)이다.

계사전상(繫辭傳上) 4단락(段落)

易與天地準이다 故로 能彌綸天地之道한다 仰以觀於
역 여 천 지 준 고 능 미 륜 천 지 지 도 앙 이 관 어

天文하고 俯以察於地理한다 是故로 知幽明之故한다
천 문 부 이 찰 어 지 리 시 고 지 유 명 지 고

原始反終이라 故로 知死生之說한다 精氣爲物하며 游
원 시 반 종 고 지 사 생 지 설 정 기 위 물 유

魂爲變이라 是故로 知鬼神之情狀한다 與天地相似라
혼 위 변 시 고 지 귀 신 지 정 상 여 천 지 상 사

故로 不違한다 知周乎萬物而道濟天下라 故로 不過한
고 불 위 지 주 호 만 물 이 도 제 천 하 고 불 과

다 旁行而不流하여 樂天知命이라 故로 不憂한다 安土하
방 행 이 불 류 낙 천 지 명 고 불 우 안 토

여 敦乎仁이라 故로 能愛하니라 範圍天地之化而不過하
돈 호 인 고 능 애 범 위 천 지 지 화 이 불 과

고 曲成萬物而不遺한다 通乎晝夜之道而知라 故로 神
곡 성 만 물 이 불 유 통 호 주 야 지 도 이 지 고 신

无方而易无體하니라
무 방 이 역 무 체

자연과 역(易)은 같기 때문에 {역(易)은} 자연의 도(道)를 (인간이 찢으면) 꿰매서 감쌀 수 있다. (성인은) 우러러 (하늘이 짓을) 이용하여 하늘의 문장을 살피고, 굽혀서 (지세를) 이용하여 땅의 상태를 살폈다. 이렇기 때문에 {성인은 역(易)이} 유(幽)와 명(明)의 일임을 알았다. 처음을 원래로 삼아 끝으로 돌아오기 때문에 (성인은) 죽음과 삶을 설명할 줄 안다. 정기가 온갖 것을 이루며, {원시반종(原始反終)으로 말미암아} 흩어진 혼은 (정기의) 변화를 이룬다. 이렇기 때문에 (성인은) 귀(鬼)와 신(神)의 참모습을 안다. (성인은) 자연과 서로 같기 때문에 {귀신지정상(鬼神之情狀)은 자연과} 어긋나지 않는다. (귀신의 참모습이) 온갖 것에 두루 해서 온 세상을 다스리고 구제함을 (성인은) 알기 때문에 (천지를) 어기지 않는다. {귀신지정상(鬼神之情狀)은} 두루 행해도

어지럽히지 않아, (성인은) 자연의 도를 즐기고 자연의 시킴과 가르침을 알기 때문에 걱정하지 않는다. (성인은 만물이 깃든) 터를 편안히 하여 어짊을 도탑게 하기 때문에 (온 세상의 온갖 것을) 아껴 사랑할 수 있다. (성인이) 하늘땅의 변화를 본받아 두루 갖추어서 (온갖 일을) 그르치지 않고, 온갖 것을 변화에 따라 응하고 이루면서도 (무엇 하나) 버리지 않는다. (성인은) 밤낮의 도(道)를 통달해서 {주야지도(晝夜之道)를} 알기 때문에 귀신에는 방소가 없고 역(易)에는 형체가 없음을 (안다).

【탐독(探讀)】

자연[天地]과[與] 역은[易] 같기[準] 때문에[故] {역(易)은} 자연[天地]의[之] 도를[道] (인간이 찢으면) 꿰매서[彌] 감쌀[綸] 수 있다[能]. {성인(聖人)은} 우러러[仰] {하늘의 짓[象]을} 이용하여[以] 하늘의[天] 문장[文]을[於] 살피고[觀], 굽혀서[俯] {지세(地勢)를} 이용하여[以] 땅의[地] 상태[理]를[於] 살폈다[察]. 이렇기[是] 때문에[故] {성인(聖人)은 역(易)이} 유와[幽] 명(明)의[之] 일임을[故] 알았다[知]. 처음을[始] 원래로 삼아[原] 끝으로[終] 돌아오기[反] 때문에[故] {성인(聖人)은} 죽음과[死] 삶[生]을[之] 설명할 줄[說] 안다[知]. 정기가[精氣] 온갖 것을[物] 이루며[爲], {원시반종(原始反終)으로 말미암아} 흩어진[游] 혼은[魂] {정기(精氣)의} 변화를[變] 이룬다[爲]. 이렇기[是] 때문에[故] {성인(聖人)은} 귀와[鬼] 신(神)의[之] 참[情]모습을[狀] 안다[知]. {성인(聖人)은} 자연[天地]과[與] 서로[相] 같기[似] 때문에[故] {귀신지정상(鬼神之情狀)은 자연[天地]과} 어긋나지 않는다[不違]. {귀신(鬼神)의 참모습[情狀]이} 온갖 것[萬物]에[乎] 두루 해서[周而] 온 세상을[天下] 다스리고[道] 구제함을[濟] {성인(聖人)은} 알기[知] 때문에[故] {천지(天地)를} 어기지 않는다[不過]. {귀신지정상(鬼神之情狀)은} 두루[旁] 행해도[行而] 어지럽히지 않아[不流], {성인(聖人)은} 자연의 도를[天] 즐기고[樂] 자연의 시킴과 가르침을[命] 알기[知] 때문에[故] 걱정하지 않는다[不憂]. {성인(聖人)은 만물이 깃든} 터를[土] 편안히 하여[安] 어짊[仁]을[乎] 도탑게 하기[敦] 때문에[故] {온 세상[天下]의 온갖 것[萬物]을} 아껴 사랑할[愛] 수 있다[能]. {성인(聖人)이} 하늘땅[天地]의[之] 변화를[化] 본받아[範] 두루 갖추어서[圍而] {온갖 일[萬事]을} 그르치지 않고[不過], 온갖 것을 [萬物] 변화에 따라 응하고[曲] 이루면서도[成而] (무엇 하나) 버리지 않는다[不遺]. {성인(聖人)은} 밤낮의[晝夜之] 도(道)를[乎] 통달해서[通而] {주야지도(晝夜之道)를} 알기[知] 때문에[故] 귀신에는[神] 방소(方所)가[方] 없고[无而] 역에는[易] 형체(形體)가[體] 없음을[无] (안다).

【지남(指南)】

易與天地準(역여천지준)

〈준(準)〉은 온갖 것에[於萬物] 행함[行]이 고루고루 같음[均一]을 뜻한다. 〈역(易)〉과 〈천지(天地)〉가 균일(均一)함을 말한다. 역지도(易之道)와 천지지도(天地之道)가 평준(平準)하다고 함은 역지도(易之道)와 천지지도(天地之道)가 다같이 변화지도(變化之道)라는 것이다. 순역(順易) 즉 역지도(易之道)를 따름[順]은 곧 천지지도(天地之道)를 순(順)이기 때문에 〈역여천지준(易與天地準)의 준(準)〉이라고 밝힌다.

能彌綸天地之道(능미륜천지지도)

작역(作易)한 성인(聖人)의 깊은 뜻을 지성(至誠)으로 살펴[觀] 새기고[玩] 헤아리게[擬] 한다. 성인(聖人)이 작역(作易)한 까닭이 〈능미륜천지지도(能彌綸天地之道)〉에서 드러나는 까닭이다. 자연의[天地之] 도(道)는 그 본연(本然)이 자연(自然) 즉 그냥 그대로일 뿐이기 때문에 오로지 〈성자(誠者)〉 즉 온전할 뿐이고, 〈성전(誠全)〉 즉 진실로 완전할 뿐이니 불완전할 것이 없다. 그러므로 〈능미륜천지지도(能彌綸天地之道)〉가 〈역지도능사인미륜천지지도(易之道能使人彌綸天地之道)〉를 밝힌 말씀이다. 역의[易之] 도(道)가 인간으로[人] 하여금[使] 스스로 어긴 천지지도(天地之道)를 스스로 어기지 않게 함[彌綸]을 밝혀둔 말씀이 곧 〈능미륜천지지도(能彌綸天地之道)〉이다. 이를 알아채야 성인(聖人)이 역을[易] 지은[作] 참뜻을 〈능미륜천지지도(能彌綸天地之道)〉에서 찾아내 새겨 헤아릴 수 있다.

仰以觀於天文(앙이관어천문)

성인(聖人)의 작역(作易)이 어떻게 이루어졌는지 그 연원(淵源)을 짚어보게 한다. 천상(天象)을 이용하여[以] 천문(天文)을 살핀다[觀]고 함은 양기지상(陽氣之象) 즉 양상(陽象)을 살핀다[觀]는 뜻으로 새긴다. 하늘[天]을 우러러[仰] 살핀[觀] 천문(天文)이란 하늘[天]에 있는 현상(懸象) 즉 하늘에 걸려있는[懸] 짓[象]들을 살핀 하늘의 문장(文章)을 뜻한다. 천(天)의 현상(懸象) 즉 천상(天象)이란 하늘[天]에 걸린[懸] 일월(日月)-성신(星辰)들이 운행(運行)하는 짓[象]을 말한다. 천문(天文) 즉 하늘[天]의 문장(文章)이란 하늘이 보여주는 빛깔[彩]을 뜻해, 〈문(文)〉은 청여적(青與赤) 즉 푸른색[靑]과 붉은색[赤]을 말하고, 〈장(章)〉은 백여적(白與赤) 즉 흰색[白]과 붉은색[赤]을 말한다. 그러니 〈관어천문(觀於天文)〉이란 하늘에서[於天] 일월(日月)-성신(星辰)의 움직임[運行]을 색깔[文章]로써 살피고[觀] 동시에 일월성신(日月星辰)이 내는 빛깔[青白赤]을 관(觀)함을 뜻한다.

俯以察於地理(부이찰어지리)

성인(聖人)의 작역(作易)이 어떻게 이루어졌는지 그 연원(淵源)을 짚어보게 한다. 지세(地勢)를 이용하여[以] 지리(地理)를 살핀다[察]고 함은 음기지상(陰氣之象) 즉 음상(陰象)을 살핀다[察]는 뜻으로 새긴다. 땅[地]을 굽혀[俯] 살핀[察] 지리(地理)란 땅[地]에 드러난 형세(形勢)들을 살핀 땅의 상태를 뜻한다. 지리(地理)의 〈이(理)〉란 여기서 〈지세지태(地勢之態)〉를 말한다. 고저(高低)의 지세(地勢)-광협(廣狹)의 지세(地勢) 등 지형(地形)의 상태를 지리(地理)라 한다. 지리(地理) 즉 땅[地]의 문리(文理)란 지세(地勢)가 보여주는 모습이다. 그러니 〈찰어지리(察於地理)〉란 땅에서[於地] 고저(高低)-광협(廣狹)의 지세(地勢)를 살핌[察]을 뜻한다. 지리(地理)를 살폈다[察]는 것 또한 〈천명(天命)〉 즉 자연[天地]의 시킴-가르침[命]을 인간이 사유하기 시작했음을 뜻한다. 그러므로 찰어지리(察於地理)도 작역(作易)의 시작이다. 이어서 이역(以易) 즉 역을[易] 이용하여[以] 인간의 사유가 끝없이 새롭게 되어 문화(文化)가 자라온 셈이다.

知幽明之故(지유명지고)

천문(天文)과 지리(地理)를 관찰하여 유형(有形)-무형(無形)의 짓[象]을 알게 되었음[知]을 밝힌다. 이는 곧 천문(天文)-지리(地理)에서 견색(見賾) 즉 찾아낸[見]

것[賾]을 묶어서 〈유명지고(幽明之故)〉라고 밝힌다. 유명지고(幽明之故)의 〈고(故)〉는 여기선 〈일 사(事)〉와 같다. 통변지위사(通變之謂事)-사유종시(事有終始)를 환기한다면 〈유명지고(幽明之故)〉란 곧 〈유명지통변(幽明之通變)〉임을 알 수 있다. 통변(通變)이란 상생(相生)-상계(相繼)를 뜻한다. 〈유(幽)〉는 통(通)하여 〈명(明)〉으로 이어지고[變], 〈명(明)〉은 통하여 〈유(幽)〉로 이어짐을 〈유명지고(幽明之故)의 고(故)〉가 뜻한다. 그러므로 〈유명(幽明)〉은 둘로 나눈 〈유대명(幽對明)〉이 아니라, 〈유역명(幽亦明)-명역유(明亦幽)〉의 통변(通變)의 상계(相繼)-상생(相生)을 일[故]로 삼는다. 유(幽)는 음(陰)-회(晦)-야(夜)이고, 명(明)은 양(陽)-광(光)-주(晝)라고 이분(二分)한다면, 그것은 유명지고(幽明之故)의 〈고(故)〉가 아니다. 밤[夜]은 밤이고 낮[晝]은 낮이란 생각은 역지도(易之道)에 어긋나는 생각이다.

原始反終(원시반종) 故(고) 知死生之說(지사생지설)

그 무엇을 살펴 생각하고 헤아려 터득해 깨치자면 원찰시초(原察始初) 즉 그 무엇의 시초(始初)를 지극하게 살펴야 하고, 그 살핌을 돌이켜 반종(反終) 즉 그 끝[終]을 고찰하여 추리하지 않고서는 사물(事物)을 격물(格物)하여 지래(知來)할 수 없다. 원시반종(原始反終)은 대성괘(大成卦) 매효(每爻)의 누천(屢遷)을 관상(觀象)-완사(玩辭)-관변(觀變)-완점(玩占)해 가는 상도(常道)이다. 원시반종(原始反終)은 대성괘(大成卦) 매효(每爻)의 누천(屢遷)이 은닉(隱匿)한 이치[理]를 생각하게 하고, 그 가르침[教]을 생각하게 하며, 그 이끌어줌[導]을 생각하게 하고, 그 방도[方]를 생각하게 하며, 그 말씀[言]을 생각하게 하기 때문이다. 원시반종(原始反終)은 성인(聖人)의 가르침[教]이고 인도(引導)이며 방도(方道)이고 말씀[言]이다. 원시반종(原始反終)의 원시(原始)는 찰래(察來)를 살펴 창왕(彰往)을 살펴보라는 말씀이다. 이는 곧 격물(格物)하고 치지(致知)하여 지변(知變)-지래(知來)하라는 바로 그 말씀이다. 그래서 효상동호내(爻象動乎內)라고 한다. 효의[爻] 짓은[象] 안[內]을[乎] 움직인다[動]. 그 안[內]이란 천하지동(天下之動)의 동(動)과 아울러 심중(心中)을 말한다. 효상(爻象)-효사(爻辭)는 마음으로 하여금 원시반종(原始反終)하게 한다.

精氣爲物(정기위물)

만물(萬物)이 조성된 근원을 말한다. 정기(精氣)는 곧 원기(元氣)를 뜻한다. 원기(元氣)란 기지시(氣之始) 즉 기(氣)의 시초(始初)를 말한다. 물론 정기(精氣) 역시 성인(聖人)이 천문(天文)-지리(地理)를 관찰하여 견색(見賾)한다. 성인(聖人)이 천문(天文)을 살펴 천기(天氣)의 시초(始初)를 찾아내고, 지리(地理)를 살펴 지기(地氣)의 시초를 찾아내 작역(作易)할 수 있었음을 〈정기위물(精氣爲物)〉이 밝힌다.

游魂爲變(유혼위변)

〈유혼(游魂)〉은 〈정신유산(精神游散)〉 즉 흩어진 넋을 뜻해, 유혼(游魂)의 〈혼(魂)〉은 혼백(魂魄)이란 말을 상기시킨다. 혼백(魂魄)에서 〈혼(魂)〉은 정신(精神)이고 〈백(魄)〉은 육신(肉身)이다. 유혼(游魂)이란 정신(精神)이 흩어짐[游]이고 죽음[死]을 뜻한다. 유혼(游魂)에서 〈흩어질 유(游)〉는 〈모일 취(聚)〉가 변(變)함이다. 음양(陰陽)의 정기(精氣)가 모이면[聚] 온갖 것[物]의 〈생(生)〉이 되고, 그 모임[聚]이 다하면[極] 그 정기(精氣)가 흩어져[游] 온갖 것[物]의 〈사(死)〉가 된다. 여기서 사생지설(死生之說)이란 정기(精氣)의 취산(聚散)으로 통함을 알 수 있다. 유혼(游魂)은 정기(精氣)의 유산(游散) 즉 죽음[死]이니, 삶[生]이란 정기(精氣)의 취합(聚合)임을 알 수 있다. 그러므로 정기(精氣)의 취(聚)는 생(生)이고 유(有)인 셈이고, 정기(精氣)의 유(游) 즉 유혼(游魂)은 사(死)이고 무(無)인 셈이다. 그래서 정기(精氣)가 모여 있음[有]을 삶[生]이라 하고, 정기(精氣)가 흩어져 없음[無]을 죽음[死]이라 한다. 그러니 유혼(游魂)이란 생(生)이 사(死)로 변화함[變]이다. 정기(精氣)가 목숨의 삶을 말한다면 유혼(游魂)은 목숨의 죽음을 말한다. 그래서 유혼(游魂)을 산화(散化)라고도 부른다. 모였던 정기(精氣)가 산산이 흩어진 기운[氣]으로 떠돎이 유혼(游魂)의 〈변(變)〉이다.

知鬼神之情狀(지귀신지정상)

귀신(鬼神)은 음양지정기(陰陽之精氣)를 말한다. 귀신(鬼神)의 〈귀(鬼)〉는 지지정기(地之精氣) 즉 지기(地氣)로서 음기(陰氣) 즉 〈음(陰)〉을 나타낸다. 유명(幽明)의 〈유(幽)〉와 소대(小大)의 〈소(小)〉 또한 〈귀(鬼)-음(陰)〉을 밝힌다. 귀신(鬼神)의

〈신(神)〉은 천지정기(天之精氣) 즉 천기(天氣)로서 양기(陽氣) 즉 〈양(陽)〉을 나타낸다. 유명(幽明)의 〈명(明)〉과 소대(小大)의 〈대(大)〉 또한 〈신(神)-양(陽)〉을 밝힌다. 그러므로 귀신지정상(鬼神之情狀)의 앎[知]이란 곧 음양지정상(陰陽之情狀)의 앎[知]이고 따라서 지역(知易)이다.

與天地相似(여천지상사) 故(고) 不違(불위)

〈여천지상사(與天地相似) 고(故) 불위(不違)〉는 성인여천지상사고(聖人與天地相似故) 성인여귀신지정상불위(聖人與鬼神之情狀不違)에서 되풀이되는 내용인 성인(聖人)과 성인여귀신지정상(聖人如鬼神之情狀)을 생략한 말투인 셈이다. 땅[地]의 기운[氣]이 귀(鬼)이니 지(地)를 따라 하고, 하늘[天]의 기운[氣]이 신(神)이니 천(天)을 따라 한다. 그래서 성인(聖人)이 자연[天地]과 서로 같다 함은 성인(聖人)은 오로지 귀신(鬼神) 즉 천지음양(天地陰陽)의 짓을 좇음을 말한다. 자연(自然)이 무사(无思)-무위(无爲)하므로 성인(聖人) 역시 그러하다. 이를 성인(聖人)의 불위(不違)라 한다. 자연[天地]의 짓인 귀신(鬼神)에는 길흉(吉凶)이 없다. 그래서 자연은 나쁜 것[凶]과 좋은 것[吉]을 나누어 결정하지 않는다. 오로지 인간의 심기(心機)에 따라 길흉(吉凶)은 만사(萬事)에서 빚어질 뿐임을 성인(聖人)이 알았다. 여기서 나만 잘되게 해달라고 귀신(鬼神)에게 빌수록 하는 일마다 잘될 리 없음을 알아챌 수 있다. 그러나 우리 모두가 잘되게 해달라고 귀신(鬼神)에게 빌면 하는 일마다 잘못될 리 없음이 곧 성인(聖人)의 불위(不違)이다. 소인은 천지(天地)-귀신(鬼神)을 향해 저만 길(吉)하게 해달라고 빌고, 성인(聖人) 군자(君子)는 천지(天地)-귀신(鬼神)을 향해 온 정성을 다해 온 세상-온 사람이 길(吉)하기를 빈다. 미래는 인간에게 두 모습으로 드러난다. 한 모습은 길(吉)이고 또 한 모습은 흉(凶)이다. 그래서 인간이 마주할 미래의 참모습[精狀]을 일러 길흉(吉凶)이라고 한다. 이는 일한 끝이 성공할 수도 있고 실패할 수도 있다는 말로 들어도 된다. 사람은 성공을 길(吉)로 실패를 흉(凶)으로 치지만 천지(天地)-귀신(鬼神)에게는 그런 길흉(吉凶)이란 없다. 성지(誠之)로 일했다면 길(吉)할 것이고, 불성지(不誠之)로 일했다면 흉(凶)할 것이다. 성지(誠之)란 성(誠)을 본받아[法] 순종(順從)함이고, 성(誠)이란 자연의 이치[天之道]를 한마디로 밝힌 것이다. 왜 호사다마(好事多魔)라 하겠는가?

왜 좋은[好] 일에[事] 귀신의 해코지가[魔] 많다[多]고 하겠는가? 이는 소인(小人)이 하는 일[事] 때문이다. 마(魔)는 인간이 하늘땅[天地]과 어긋난다[不違]면 오는 탈이므로 사람에게 있는 흉(凶)이지 천지-귀신이 짓는 흉(凶)이 아니다. 〈여천지상사(與天地相似) 고(故) 불위(不違)〉를 군자(君子)는 알고 소인(小人)은 모른다.

知周乎萬物而道濟天下(지주호만물이도제천하) 故(고) 不過(불과)

주호만물(周乎萬物)은 귀신지정상(鬼神之情狀)의 〈도(道)〉를 말한다. 주호만물(周乎萬物)은 곧 행어만물(行於萬物)이기 때문이다. 온갖 것[萬物]에[乎] 두루 함[周]이란 곧 온갖 것[萬物]에[於] 행함[行]이다. 만물에[於萬物] 두루두루[周] 행함[行]이 도(道)이다. 그러니 주호만물(周乎萬物)은 귀신지도(鬼神之道) 즉 음양지도(陰陽之道)를 밝힌다. 귀신지정상(鬼神之情狀)이 천지지정상(天地之情狀)과 서로[相] 같아[似] 만물에[於萬物] 두루 하면서[周而] 온 세상[天下]을 도제(道濟)함에 그르치지 않는다[不過]고 함은 곧 천하백성(天下百姓)으로 하여금 천지지도(天地之道)를 미봉(彌縫)하게 하고 경륜(經綸)하게 하는 데 한 점의 과오(過誤)도 없음을 일러 간명하게 줄여 〈불과(不過)〉라고 밝힌다.

旁行而不流(방행이불류)

귀신지정상(鬼神之情狀)의 〈불과(不過)〉를 거듭해 풀이하여 밝힌다. 여기서 〈방행(旁行)〉은 〈주호만물이도제천하(周乎萬物而道濟天下)〉를 달리 말함이고, 〈불류(不流)〉는 〈불과(不過)〉를 달리 말함이다. 〈방행(旁行)〉은 주행(周行)으로 두루[旁] 행함[行]이고, 〈불류(不流)〉는 무엇을 한들 흐트러지지 않아 어지럽힘[流]이 없음[不]이다. 물론 그 까닭은 귀신(鬼神)의 정상(情狀)이 천지(天地)의 정상(情狀)과 같기[準] 때문이다. 여기서 왜 성인(聖人)이 자연[天地]을 본받아[法] 따르는지[順] 그 까닭을 알 수 있고, 성인(聖人)의 종천(從天)-종지(從地)가 곧 역지도(易之道)를 좇아[從] 따름[順]임을 또한 알 수 있다.

樂天知命(낙천지명) 故(고) 不憂(불우)

자연[天地]을 본받는[法] 성인(聖人)의 수기(修己)를 밝힌다. 낙천(樂天) 즉 자연

[天地]을 즐김[樂]이 성인(聖人)께는 법천지(法天地)의 수기(修己)이고, 지명(知命) 즉 천명(天命)을 앎[知] 또한 천지(天地)를 본받는[法] 성인(聖人)의 수기(修己)이다. 성인(聖人)의 낙천(樂天)이란 종천(從天)-종지(從地)를 즐김[樂]이고, 무사(無思)-무욕(無欲)-무아(無我)-무사(無私)-무기(無己) 등을 즐김[樂]이며, 이는 곧 성지자(誠之者)의 즐김[樂]이다. 이렇듯 낙천(樂天)에는 걱정할 것이란 없다[不憂].

安土(안토) 敦乎仁(돈호인) 故(고) 能愛(능애)

자연[天地]을 본받는[法] 성인(聖人)의 치세(治世)를 밝힌다. 안토(安土)-돈호인(敦乎仁)-능애(能愛)란 이정치국(以正治國) 즉 〈바름을[正] 이용하여[以] 나라를[國] 다스림[治]〉으로써 이루어진다. 〈안토(安土)〉는 안거(安居)의 땅[土] 즉 거선지(居善地)의 선지(善地)이다. 종천(從天)-종지(從地)하여 온 사람을 사랑하고[仁] 온갖 것을 아끼며[愛] 살아가는 세상을 안토(安土)-안거(安居)-거선지(居善地)라 한다. 이러한 안토(安土)는 〈인(仁)이 돈독하여 능애(能愛)해야〉 이루어진다. 〈돈호인(敦乎仁)〉이 없는 〈능애(能愛)〉는 이루어질 수 없고, 〈능애(能愛)〉가 없는 〈안토(安土)〉는 이루어질 수 없다. 돈호인(敦乎仁)을 저버린 안토(安土)는 이루어질 수 없다. 능애만물(能愛萬物)은 돈호인(敦乎仁) 다음에라야 이루어진다. 그러므로 성인(聖人)의 능애(能愛)는 오로지 돈호인(敦乎仁) 다음이다.

範圍天地之化而不過(범위천지지화이불과)

자연[天地]을 본받는[法] 성인(聖人)의 화신(化神)을 밝힌다. 자연의[天地之] 정상(情狀)과[與] 성인은[聖人] 서로[相] 같음[似]을 뜻한다. 성인(聖人)이 자연이 되어버림[化神]은 천지(天地)를 본받아 본떠[範] 그렇게 된다. 이는 곧 천지(天地)가 변화(變化)하게 하는 귀신(鬼神)을 범법(範法)해서 성인(聖人)이 자연과 같아지기도 해 이를 〈명신(明神)〉이라 한다. 화신(化神)-명신(明神)이란 성인(聖人)이 자연(自然) 즉 천지(天地)가 되어버림이다. 변해서[變而] 새로 됨[化]이 곧 귀신(鬼神)의 짓[象]이며 성인(聖人)은 그 짓[象]을 본받아 본떠서[範] 두루 갖추기[圍] 때문에, 성인(聖人)의 성변화(成變化)는 자연[天地]의 성변화(成變化)와 같고[準], 성인(聖人)의 행귀신(行鬼神)은 자연의 행귀신(行鬼神)과 준(準)하며, 성인(聖人)의 화신

(化神)은 천지(天地)와 준(準)하여 만물(萬物)에 두루 하며[周] 온 세상[天下]을 다스리고[道] 구제해도[濟] 그르치지 않는다[不過]는 것이다.

曲成萬物而不遺(곡성만물이불유)

성인(聖人)의 〈지(知)〉를 밝힌다. 성인(聖人)은 만물(萬物)을 자세하게 마주하지 가볍게 대하지 않는다. 온갖 것[萬物]에 위곡(委曲)하다고 함은 온갖 것[萬物]을 승변(乘變) 즉 변화(變化)에 따라[乘] 응함[應]을 뜻한다. 그러므로 성인(聖人)의 성물(成物)은 치곡(致曲)의 지(知) 바로 그것이다. 아무리 사소한 것[曲]일지라도 정성을 다하여[致] 알아냄[知]이 성인(聖人)의 앎[知]이다. 곡성만물(曲成萬物) 즉 온갖 것[萬物]-온갖 일[萬事]을 변화에 따라[應] 이루어냄[成]이란 무사(無私)-무욕(無欲)-무위(無爲) 즉 상선(常善)의 성물(成物)임을 뜻한다. 이러한 성인(聖人)의 곡성만물(曲成萬物) 때문에 성인(聖人)은 무엇 하나 버리지 않고[不遺] 자연[天地]이 밝히는 것[明]처럼 변화(變化)를 따라 응(應)하면서 온갖 것[萬物]을 이룬다[成]는 것이다.

通乎晝夜之道而知(통호주야지도이지) 故(고) 神无方而易无體(신무방이역무체)

자연[天地]의 도(道)를 통달(通達)하여 천명(天命) 즉 자연[天地]의 시킴[令]-가르침[敎]을 꿰뚫어[通] 알게[知] 되었음을 밝힌다. 주야지도(晝夜之道)의 〈주야(晝夜)〉는 음양(陰陽)-귀신(鬼神)-생사(生死)-강유(剛柔)-유명(幽明) 등을 몰아서 밝히는 말씀이다. 주야(晝夜)로 천지(天地)의 운행(運行)을 살펴[觀] 음양지도(陰陽之道)를 꿰뚫어[通] 알고[知], 귀신지도(鬼神之道)를 꿰뚫어 알고, 생사지도(生死之道)를 꿰뚫어 알고, 강유지도(剛柔之道)를 꿰뚫어 알고, 유명지도(幽明之道)를 꿰뚫어 알아, 성인(聖人)이 화신(化神) 즉 천지(天地)와 같아짐[準]을 밝힌 말씀이 곧 〈통호주야지도(通乎晝夜之道)〉이다. 신무방(神无方)-역무체(易无體)는 서로 다른 말씀이 아니라 같은 말씀이다. 다만 강조하려고 거듭해 같은 뜻을 달리 말하고 있다. 신무방(神无方)의 〈신(神)〉은 귀신지도(鬼神之道)를 일컫고, 역무체(易无體)의 〈역(易)〉은 음양지도(陰陽之道)를 일컬음이니, 같은 뜻의 말씀이고 따라서 무방(无

方)-무체(无體) 또한 한뜻을 달리 밝힌 것이다. 무방(无方) 즉 방소[方]가 없음[无]이란 무주(無住) 즉 머묾[住]이 없음[無]이고, 무체(无體) 즉 형체[體]가 없음[无]이란 무상(無常) 즉 정해짐[常]이 없음[無]이니, 생생(生生)의 역(易)이 무사(无思)-무위(无爲)함을 밝힌다.

계사전상(繫辭傳上) 5단락(段落)

一陰一陽之謂道니 繼之者善也이고 成之者性也요 仁
일 음 일 양 지 위 도 계 지 자 선 야 성 지 자 성 야 인

者見之謂之仁하고 知者見之謂之知요 百姓日用而不
자 견 지 위 지 인 지 자 견 지 위 지 지 백 성 일 용 이 부

知라 故로 君子之道鮮矣이다 顯諸仁하고 藏諸用한다
지 고 군 자 지 도 선 의 현 저 인 장 저 용

鼓萬物而不與聖人同憂한다 盛德大業至矣哉라 富有
고 만 물 이 불 여 성 인 동 우 성 덕 대 업 지 의 재 부 유

之謂大業이요 日新之謂盛德이요 生生之謂易이요 成
지 위 대 업 일 신 지 위 성 덕 생 생 지 위 역 성

象之謂乾이요 效法之謂坤이요 極數知來之謂占이요
상 지 위 건 효 법 지 위 곤 극 수 지 래 지 위 점

通變之謂事요 陰陽不測之謂神이라
통 변 지 위 사 음 양 불 측 지 위 신

한번 음이면 양이 되고 한번 양이면 음이 되는 그것을 {역(易)의} 도(道)라 하니 그것을 이어받는 것이 선(善)이고, 그것을 이룬 것이 본성이다. 어진 사람은 그것을 보매 그것을 어짊이라 하고, 슬기로운 사람은 그것을 보매 그것을 앎이라 한다. 일반 사람들이 날마다 (온갖 것을) 쓰면서도 {역(易)의 이치-가르침을} 모른다. 그래서 군자의 도(道)가 드문 것이다. {군자의 도(道)는} 어짊으로 그 도(道)를 드러내고, {성물(成物)의 것을} 씀으로 그 도(道)를 간직한다. (군자는) 온갖 것을 고무시켜서 성인과 같아지니 걱정하지 않는다. 덕(德)을 성대하게 함은 크나큰 일이고 지극함이로다. {성덕(盛德)이} 풍부하게 있음을 대업(大業)이라 한다. 날마다 새로움을 성덕(盛德)이라 한다. 생기고 생김을 역(易)이라 한다. (변화하게 하는) 짓을 이룸을 건(乾)이라 한다. {건(乾)을} 본받음을 곤(坤)이라 한다. {역(易) 즉 변화의} 수를 남김없이 다 살피고 새기고 헤아려 다가옴을 앎을 점치기라 한다. 변화를 추진하여 열어감을 일[事]이라 한다. 음양이 재어지지 않음을 신(神)이라 한다.

【탐독(探讀)】

한번 음이면 양이 되고[一陰] 한번 양이면 음이 되는[一陽] 그것을[之] {역(易)의} 도라[道] 하니[謂] 그것을[之] 이어받는[繼] 것이[者] 선(善)이고[也], 그것을[之] 이룬[成] 것이[者] 본성[性]이다[也]. 어진[仁] 사람은[者] 그것을[之] 보매[見] 그것을[之] 어짊이라[仁] 하고[謂], 슬기로운[知] 사람은[者] 그것을[之] 보매[見] 그것을[之] 앎이라[知] 한다[謂]. 일반 사람들이[百姓] 날마다[日] {온갖 것[萬物]을} 쓰면서도[用而] {역(易)의 이치-가르침[道]을} 모른다[不知]. 그래서[故] 군자(君子)의[之] 도가[道] 드문 것[鮮]이다[矣]. {군자(君子)의 도(道)는} 어짊으로[仁] 그 도를[諸] 드러내고[顯], {성물(成物)의 것[物]을} 씀으로[用] 그 도를[諸] 간직한다[藏]. {군자(君子)는} 온갖 것을[萬物] 고무시켜서[鼓而] 성인(聖人)과[與] 같아지니[同] 걱정하지 않는다[不憂]. 덕을[德] 성대하게 함은[盛] 크나큰[大] 일이고[業] 지극함[至]이로다[矣哉]. {성덕(盛德)이} 풍부하게[富] 있음[有]을[之] 대업이라[大業] 한다[謂]. 날마다[日] 새로움[新]을[之] 성덕이라[盛德] 한다[謂]. 생기고[生] 생김[生]을[之] 역이라[易] 한다[謂]. {변화(變化)하게 하는} 짓을[象] 이룸[成]을[之] 건이라[乾] 한다[謂]. {건(乾)을} 본받음[效法]을[之] 곤이라[坤] 한다[謂]. {역(易) 즉 변화(變化)의} 수를[數] 남김없이 다 살피고 새기고 헤아려[極] 다가옴을[來] 앎[知]을[之] 점치기라[占] 한다[謂]. 변화를[變] 추진하여 열어감[通]을[之] 일이라[事] 한다[謂]. 음양이[陰陽] 재어지지 않음[不測]을[之] 신이라[神] 한다[謂].

【지남(指南)】

一陰一陽之謂道(일음일양지위도)

일음일양(一陰一陽)은 역지도(易之道) 즉 역의[易之] 도(道)를 뜻한다. 일음일양(一陰一陽)의 〈일(一)〉이 음양(陰陽)의 〈불이(不貳)〉를 뜻한다. 그래서 일음일양(一陰一陽)을 〈한번[一] 음(陰)이면 한번[一] 양(陽)이고, 한번[一] 양(陽)이면 한번[一] 음(陰)이다〉라고 풀이할 수 있다. 음(陰)이 변(變)하여 양(陽)으로 화(化)하기도 하고, 양(陽)이 변(變)하여 음(陰)으로 화(化)하기도 함을 〈한번 일(一)〉로 밝힌 말씀이 곧 일음일양(一陰一陽)이다. 변화(變化)의 〈변(變)〉에는 〈왕자(往者)와 내자(來者)〉가 함께한다. 음(陰)이 갈 것[往者]이면 양(陽)이 오는 것[來者]으로 화(化)가 되고, 양(陽)이 갈 것[往者]이면 음(陰)이 오는 것[來者]으로 화(化)가 됨을 일러 〈생생(生生)〉이라고 하는 것 역시 〈일음일양(一陰一陽)〉을 밝힌다.

繼之者善也(계지자선야)

〈계지자(繼之者)의 지(之)〉는 일음일양(一陰一陽)이다. 일음일양(一陰一陽)이란 곧 역지도(易之道)이다. 역지도(易之道)는 곧 귀신지도(鬼神之道)-유명지도(幽明之道)이다. 이는 모두 천지지도(天地之道)를 달리 말한 것이다. 그러므로 역지도(易之道)를 계승함을 선(善)이라 한다. 이는 천지지도(天地之道)-귀신지도(鬼神之道)-유명지도(幽明之道) 등도 역시 선(善)을 말한다. 순천(順天)-사천(事天)-사천(師天)-사명(俟命)-대명(待命) 등의 말씀도 오로지 종선(從善) 즉 선을[善] 따르라[從] 한다. 〈계지자선(繼之者善)〉은 순천(順天)과 역천(逆天)을 가늠하게 하며, 순역(順易)과 배역(背易)을 또한 판단하게 한다. 일음일양(一陰一陽)의 역지도(易之道) 즉 천지(天地)가 변화하게 하는 기운인 귀신지도(鬼神之道)를 계승하면 선(善)이고, 그 도(道)를 단절하면 불선(不善) 즉 악(惡)임을 알 수 있다.

成之者性也(성지자성야)

〈성지자(成之者)의 지(之)〉는 〈계지자(繼之者)〉이다. 이에 〈성지자(成之者)〉를 〈성선자(成善者)〉로 새기고 헤아려 가늠해도 된다. 왜냐하면 성지자(成之者) 즉 성선자(成善者)의 〈선(善)〉이란 자연지선(自然之善) 즉 무사(無思)-무위(無爲)의 선(善)이기 때문이다. 이러한 선(善)을 좇아야[循] 온갖 것[物]은 그 본성(本性)을 이룰[成] 수 있다. 성선(成善) 즉 일음일양(一陰一陽)의 생생(生生)을 성취함을 일러 〈성(性)〉이라 한다. 이는 곧 일음일양(一陰一陽)-생생(生生)의 도(道) 즉 역지도(易之道)를 좇음[循]이 만물(萬物)의 〈성(性)〉임을 밝힌다.

仁者見之謂之仁(인자견지위지인)

인자(仁者)는 역지도(易之道)를 〈인(仁)〉 즉 어짊[仁]으로 살핌을 말한다. 따라서 인자(仁者)에게는 온갖 것[萬物]-온갖 일[萬事]이 곧 〈인(仁)〉이다. 인자(仁者)는 만사(萬事)-만물(萬物) 즉 삼라만상(森羅萬象)을 천지지도(天地之道)-역지도(易之道)의 선(善)-성(性)을 완성해가는 것[物]으로 여긴다. 성인(聖人)을 인자(仁

者)라고 칭할 때는 〈일음일양(一陰一陽)의 역지도(易之道)〉를 양(陽)의 쪽에서 밝힌 것이고, 그 역지도(易之道)를 음(陰)의 쪽에서 밝히면 지자(知者)라 함을 늘 명심해야 한다. 일음일양(一陰一陽)의 생생(生生)인 만물(萬物)은 인자(仁者)로 하여금 성기(成己)하게 하고, 성선(成善)-성성(成性)하게 하여 역무사(易无思)-역무위(易无爲)를 본받게[法] 한다.

知者見之謂之知(지자견지위지지)

지자(知者)가 역지도(易之道)를 잇는[繼] 선(善)의 살핌[見]과 역지도(易之道)를 이루는[成] 성(性)의 살핌[見]을 〈지(知)〉 즉 앎[知]이라고 밝힌다. 따라서 지자(知者)에게는 온갖 것[萬物]-온갖 일[萬事]이 곧 〈지(知)〉이다. 군자(君子)는 일기일예(一技一藝)를 전문으로 하는 직능공(職能工) 노릇을 하지 않음[不器]을 떠올린다면 〈성물지야(成物知也)의 물(物)〉이 일반적인 기물(器物)이 아님을 알아챌 수 있다. 따라서 지자견지위지지(知者見之謂之知)의 〈지(知)〉가 어떤 기물(器物) 즉 물건에 관한 지식이 아님을 간파할 수 있다. 성물지야(成物知也)의 〈물(物)〉이란 천지지도(天地之道)-역지도(易之道)를 계승하는 선(善)과 성취하는 성(性)을 남김없이 다하는[盡] 것[物]을 뜻한다. 치인(治人)-인인(仁人)-애물(愛物)과 예악문물(禮樂文物) 등이 선(善)-성(性)을 남김없이 다하는[盡] 것[物]이다. 여기서도 인자(仁者)와 지자(知者)는 둘이 아니라 하나가 되어야 〈성인(聖人)의 지(知)〉가 된다.

百姓日用而不知(백성일용이부지) 故(고) 君子之道鮮矣(군자지도선의)

백성일용이부지(百姓日用而不知)는 백성일용이부지인자견지여지자견지(百姓日用而不知仁者見之與知者見之)에서 앞 문맥으로 보충될 수 있으므로, 〈지(知)〉의 목적구문인 〈인자견지여지자견지(仁者見之與知者見之)〉를 생략한 셈이다. 백성은 인자(仁者)가 찾아낸 것[見之]과 지자(知者)가 찾아낸 것[見之]을 날마다 쓰면서도 그런 줄을 모른다. 이는 곧 세상 사람들[百姓]이 인자(仁者)-지자(知者)를 멀리함을 뜻한다. 성인(聖人)을 순종(順從)하는 군자(君子)는 어느 것 하나 일음일양(一陰一陽)의 이치-가르침[道]을 떠나지 않는다. 물 한 모금, 쌀 한 톨, 김치 한 조각

마저도 모두 일음일양(一陰一陽)의 도(道)를 떠날 수 없는 이치-가르침[道]임을 인자(仁者)와 지자(知者)는 알지만, 백성(百姓)은 그 이치-가르침[道]을 모르고 먹고 마시고 싸면서 산다. 숨 쉬면서 나로 하여금 살게 해주는 모든 것들이 천지(天地)의 것이 아님이란 하나도 없다. 모든 사람[百姓]이 이를 모르고 내 힘으로 내가 산다고 외치면서 천명(天命)을 두려워할 줄 모른다. 이런 자만(自慢)은 불인(不仁)-부지(不知)에서 온다.

무엇을 몰라[不知] 어질지 못하다는[不仁] 것인가? 일음일양(一陰一陽)의 도(道)를 떠날 수 없는 자연의 가르침[天命]을 몰라[不知] 지금 우리는 불인(不仁)을 두려워하지 않는 것이다. 군자(君子)는 자연[天地]의 이치-가르침[道]을 좇는 성인(聖人)을 두려워할 줄 안다. 군자는 성인을 받들고 따르면서 산다. 군자지도(君子之道)는 『논어(論語)』「계씨(季氏)」에 나오는 〈군자유삼외(君子有三畏)〉를 떠올리면 살필 수 있다. 외천명(畏天命)-외대인(畏大人)-외성인지언(畏聖人之言) 이것이 군자지도(君子之道)의 원시(原始)이다. 하늘의[天] 가르침[命]을 두려워하고[畏] 성인[大人]을 두려워하며[畏] 성인의[聖人之] 말씀[言]을 두려워한다[畏]. 이러한 삼외(三畏)를 외면하면서 오만하게 사는 세상을 향한 질책이 군자지도선(君子之道鮮)의 〈선(鮮)〉 이 한마디에 담겨 있다. 〈선(鮮)〉은 찾아보기 힘들어 없어짐[鮮]을 뜻한다.

顯諸仁(현저인)

〈현저인(顯諸仁)의 현(顯)〉은 안[內]에서 밖[外]으로 저절로 드러남이다. 〈현(顯)〉은 드러내고자 드러남이 아니라 저절로 드러남이니, 〈현(顯)〉은 마음에서 절로 우러남[發]이다. 물론 현저인(顯諸仁)의 〈인(仁)〉은 〈성기인야(成己仁也)의 인(仁)〉 바로 그 〈어짊[仁]〉이다. 〈인(仁)〉은 조화(造化) 즉 새로움을[化] 이루어내는[造] 공(功)이기 때문에 〈성기(成己)의 어짊[仁]〉이란 곧 〈수기지덕(修己之德)〉이다. 덕(德)이란 자연에[於天地] 두루 통하는[通] 것[者]이니 다름 아닌 일음일양(一陰一陽)-생생(生生)인 역지도(易之道) 바로 그것을 계승하고 성취함을 완성하는 것이 곧 성기(成己)의 인(仁)이다.

藏諸用(장저용)

〈장저용(藏諸用)의 장(藏)〉은 밖[外]에서 안[內]으로 저절로 간직됨이다. 〈장(藏)〉

은 간직하고자 간직함이 아니라 저절로 간직하여[藏] 품음[懷]이다. 〈장저용(藏諸用)〉은 〈장저용지(藏諸用知)〉의 줄임이다. 물론 장저용지(藏諸用知)에서 〈지(知)〉는 성물지야(成物知也)의 〈지(知)〉 바로 그 〈앎[知]〉이다. 군자(君子)는 일기일예(一技一藝)를 전문으로 하는 직능공(職能工) 노릇을 하지 않음이 〈불기(不器)〉이다. 이러한 〈불기(不器)〉를 떠올린다면 군자(君子)의 용지(用知)가 기물(器物) 등을 활용하는 지식이 아니라 〈성물(成物)의 지(知)〉를 활용하는 것임을 알아챌 수 있다. 〈성물(成物)〉은 〈물진기성(物盡其性)〉 즉 어떤 것이[物] 제[其] 천성을[性] 다함[盡]이다. 그러므로 장저용(藏諸用)의 〈용(用)〉이란 치인지지(治人之知)-인인지지(仁人之知)-애물지지(愛物之知) 나아가 예악지지(禮樂之知) 등을 활용(活用)함이다.

鼓萬物而不與聖人同憂(고만물이불여성인동우)

고만물(鼓萬物)은 군자(君子)가 〈현저인(顯諸仁)-장저용(藏諸用)〉으로 만물(萬物) 즉 온갖 것을 고동(鼓動)치게 함을 말한다. 고만물(鼓萬物)의 〈고(鼓)〉가 뜻하는 바를 살피자면 〈고지무지이진신(鼓之舞之以盡神)〉이란 말씀을 상기시킨다. 그러면 진신(盡神)하고자 고만물(鼓萬物)함을 깨칠 수 있기 때문이다. 진신(盡神)의 〈신(神)〉은 변화지도(變化之道)를 알게 한다. 변화(變化)의 도(道)를 알게 하는 신(神)을 다하기[盡] 위하여 고만물(鼓萬物) 즉 만물을[萬物] 고동침[鼓]이란 곧 만물(萬物)을 변화(變化)시킴이다. 이렇기 때문에 고만물(鼓萬物)은 곧 만물(萬物)을 변화(變化)하게 함이다. 그러므로 군자(君子)는 여성인동(與聖人同) 즉 성인(聖人)과[與] 동일(同一)하게 되어 석성하지 않음[不憂]을 밝힌다.

盛德大業至矣哉(성덕대업지의재)

앞서 살핀 현저인(顯諸仁)으로 군자지도(君子之道)를 드러내고[顯] 장저용(藏諸用)으로 군자지도(君子之道)를 간직함[藏]을, 끊임없이 군자(君子)가 성행(盛行)함을 묶어서 풀이한 말씀이다. 군자(君子)의 인인(仁人)-용지(用知)보다 더한 성덕(盛德) 곧 대덕지성행(大德之盛行) 즉 대덕을[大德之] 왕성히[盛] 행함[行]이란 없다. 성덕(盛德)은 곧 대업(大業)이다. 대업(大業)이란 성대덕지업(盛大德之業)을 뜻한다. 대덕(大德)을 충만(充滿)하게 하고, 대덕(大德)을 많고[多] 크게[大] 하여 무성(茂盛)하게 함을 성덕(盛德)-대업(大業)이라 한다.

富有之謂大業(부유지위대업)

〈부유(富有)〉는 〈부유성덕(富有盛德)〉의 줄임이다. 부유성덕(富有盛德)은 곧 자연[天地]의 온갖 목숨을 생육(生育)함을 밝힌다. 입춘(立春)이 오면 성덕(盛德)이 온갖 초목에 있다[在] 함을 상기한다면 〈부유(富有)의 대업(大業)〉을 새겨 헤아리고 가늠할 수 있다. 생육(生育)보다 더한 대업(大業)은 없다.

日新之謂盛德(일신지위성덕)

〈일신(日新)〉은 〈부유(富有)한 대업(大業)〉을 거듭해 풀이한다. 일신(日新)은 일일행덕(日日行德)을 뜻한다. 왜 날마다[日] 덕을[德] 행하여[行] 쌓는다면[盛] 날마다[日] 새롭다[新]고 하는가? 자연의[天地之] 덕(德) 즉 상덕(上德)은 〈통어천지자(通於天地者)〉이기 때문이다. 자연[天地]에서[於] 두루 통하는[通] 것[者]이 상덕(上德)이다. 그러므로 상덕(上德)은 곧 변화지도(變化之道)이다. 변하여[變] 새로 되는[化之] 이치[理]가 덕(德)이고 변화(變化)의 가르침[教]도 덕(德)이고 변화(變化)의 방편[方]도 덕(德)이며 변화(變化)의 이끎[導]도 덕(德)이고 변화(變化)의 말씀[言]도 덕(德)이기 때문에, 덕(德)은 자연에서[於天地] 통하는[通] 것[者]이라 한다. 일신(日新)-대업(大業)-성덕(盛德)-신통(神通)은 다 같은 행덕(行德)의 말씀이다. 날마다[日] 만사(萬事)를 변화(變化)하게 함이 곧 행덕(行德)이다. 날마다[日] 덕(德)을 행한다면 그 행덕(行德)이 곧 성덕(盛德)이다.

生生之謂易(생생지위역)

〈생생(生生)〉은 일신성덕(日新盛德)을 간명히 풀이한다. 일신성덕(日新盛德)도 쉼 없는 변화를 뜻하고, 〈생생(生生)〉도 쉼 없는 변화를 뜻한다. 여기서 생생(生生)이란 변화를 낳고[生] 낳음[生]이란 말씀이고, 이는 곧 변화불식(變化不息) 즉 〈변화가[變化] 쉼이 없음[不息]〉을 뜻한다. 이러한 생생(生生)이란 천지지도(天地之道)-천지지덕(天地之德)인 역(易) 그것이다. 그래서 역(易)을 일러 생생(生生)이라 한다. 역(易)이란 〈변화(變化)의 생생(生生)〉이라고 각인한다.

成象之謂乾(성상지위건)

성상(成象)의 상(象)은 변화지상(變化之象)의 줄임이다. 변해서[變] 새로이 되게 하는[化之] 짓[象]을 이루어냄[成]을 〈건(乾)〉이라 한다. 건(乾)의 성상(成象)을 천도(天道) 즉 자연[天]의 짓[象]으로 새긴다. 그 짓[象]으로 온갖 것[萬物]-온갖 일[萬事]이 생사(生死)를 누린다. 성상(成象)의 〈성(成)과 상(象)〉의 풀이는 『노자(老子)』 2장(章)에 나오는 〈유무상생(有無相生)-난이상성(難易相成)-장단상형(長短相形)-고하상경(高下相傾)-음성상화(音聲相和)-전후상수(前後相隨)〉가 바로 〈성상(成象)〉을 살펴 헤아리고 터득하게 해주는 풀이이다. 있고[有] 없음이[無] 서로[相] 생긴다[生]-어렵고[難] 쉬움이[易] 서로[相] 이룬다[成]-길고[長] 짧음이[短] 서로[相] 드러난다[形]-높고[高] 낮음이[下] 서로[相] 기댄다[傾]-심음[音] 육성이[聲] 서로[相] 어울린다[和]-앞[前] 뒤가[後] 서로[相] 따른다[隨]. 여기서 〈유무(有無)-난이(難易)-장단(長短)-고하(高下)-음성(音聲)-전후(前後)〉 등은 성상(成象)의 〈상(象)〉이고, 〈상생(相生)-상성(相成)-상형(相形)-상경(相傾)-상화(相和)-상수(相隨)〉 등은 성상(成象)의 〈성(成)〉이다. 이와 같은 『노자(老子)』 2장(章)의 말씀을 〈육상(六相)〉이라고 줄여 새긴다면, 성상지위건(成象之謂乾)의 〈성상(成象)〉을 헤아려 새기는 길잡이가 된다.

건(乾)의 짓[象]을 강건(剛健)하다 한다. 이는 성상지위건(成象之謂乾)의 〈성상(成象)〉이 강건(剛健)함을 말한다. 건(乾)의 성상(成象)은 건실(健實)하고 건전(健全)하다. 건(乾)이 끊임없고 쉼 없이 온전하게 온갖 것의 짓[象]을 이룸[成]이 곧 건(乾)이 짓는[象] 변화(變化)이다. 이는 곧 자연[天]이 하는 일[事]이다. 이렇게 자연의 행사(行事)를 이룸[成]을 일러 건(乾)이라 하고, 그 이룸[成]이 건(健)하고 강(剛)하다는 것이다. 쉼 없이 변화(變化)하되 변덕스럽지 않음을 일러 강건(剛健)하다는 것을 새겨야 한다. 이를 따라 사람의 성상(成象)도 건건(乾健)하라는 것이다. 이는 인간이 갖추어야 하는 문화(文化)-문명(文明)의 정신을 헤아리게 하고, 자연[天]의 가르침[命]에는 요행(僥行)이란 없음을 일깨워 깨우쳐준다.

效法之謂坤(효법지위곤)

효법(效法)의 법(法)은 성상지법(成象之法)의 줄임이다. 그러므로 건(乾)의 짓을[象] 본받기[法]를 본받음[效]을 〈곤(坤)〉이라 한다. 효법(效法)의 〈법(法)〉은 〈건(乾)의 성상(成象)〉을 말한다. 곤(坤)의 효법(效法)을 지도(地道) 즉 자연[地]의 짓

[象]으로 새겨도 된다. 그 짓[象]으로 온갖 것[萬物]-온갖 일[萬事]이 생사(生死)를 누린다. 효법(效法)의 〈효(效)〉는 〈본받을 법(法)〉과 같다. 곤(坤)-효법(效法)의 풀이 역시 『노자(老子)』 2장(章)에서 찾아볼 수 있다. 〈유무상생(有無相生)-난이상성(難易相成)-장단상형(長短相形)-고하상경(高下相傾)-음성상화(音聲相和)-전후상수(前後相隨)〉가 바로 〈효법(效法)〉을 살펴 헤아려 터득하게 하는 풀이이다. 곤(坤)은 건(乾)의 성상(成象)을 본받음[效]을 〈효법지위곤(效法之謂坤)〉이라고 밝힌다. 다만 여기서 효법(效法)의 〈효(效)〉는 곤(坤) 역시 건(乾)이 자연[天]을 본받듯이 땅[地]이란 자연을 본받음을 말하는 것뿐이다. 곤(坤)의 짓[象]을 유순(柔順)하다 한다. 이는 효법지위곤(效法之謂坤)의 〈효법(效法)〉이 유순(柔順)함을 말한다. 곤(坤)이 효법(效法)하는 상(象)은 유순(柔順)하다. 곤(坤)이 건(乾)이 짓는[象] 변화(變化)를 부드럽게[柔] 좇음[順]이다. 이 또한 자연[地]이 하는 짓[象]이다. 이렇게 자연의 행사(行事)를 따름[順]을 일러 곤(坤)이라 하고 그 따름[順]이 유(柔)하다는 것이다. 쉼 없이 변화(變化)하되 변덕스럽지 않음을 일러 유순(柔順)함이라 함을 새겨야 한다. 이를 따라 사람[人]의 효법(效法)도 유순(柔順)하라 함이다. 이 역시 인간이 갖추어야 하는 문화(文化)-문명(文明)의 정신을 삼가 헤아리게 하고, 자연[地]의 가르침[命]에는 요행(僥行)이란 없음을 일깨워 깨우쳐준다.

極數知來之謂占(극수지래지위점)

극수지래(極數知來)에서 극수(極數)의 〈극(極)〉은 〈다할 진(盡)〉과 같고 극진(極盡)의 줄임말로 여긴다. 〈수(數)〉는 사상(四象)의 수(數)를 얻어내기까지의 사영(四營)-삼변(三變)을 거치는 서죽(筮竹) 즉 점대의 개수(箇數)가 갖는 이치(理致)를 담고 있는 〈수리(數理)〉의 줄임말로 여긴다. 극수(極數)의 〈수(數)〉는 『노자(老子)』 5장(章)에 나오는 〈다언삭궁(多言數窮)〉을 상기하면 그 뜻이 분명해진다. 많이[多] 말하면[言] 빨리[數] 궁해 막힌다[窮]. 극수지래(極數知來)의 〈지래(知來)〉는 〈지래물(知來物)〉의 줄임으로 여기고 새긴다. 그러니 지래(知來)하여 점(占)치자면 극수(極數)해야 한다. 미리 알아채기[占]란 내사(來事)의 여하(如何)를 판단함[斷]이다. 앞일[來事]이 어떻게 될까[如何]를 미리 단(斷)해 봄이 곧 점(占)이다. 극수(極數)해야 지래(知來)하여 점(占)칠 수 있다는 것이 곧 역명(易命)이다. 그러므로 미리 알아채기[占]란 역(易)의 가르침[命]이다. 이러한 역명(易命)을 지성(至誠)으로 따름[順]을 일러 〈극수(極數)〉라 한다. 〈극수(極數)의 수(數)〉는 사상(四象)의 수(數)인 육(六)-칠(七)-팔(八)-구(九)로 얻어지는 육효(六爻)와 변효(變爻)를 나타냄을 상기한다면, 〈극수(極數)의 수(數)〉가 대성괘(大成卦)와 더불어 변효(變爻)로 얻어지는 지괘(之卦)를 나타냄을 간파할 수 있다. 사상(四象)의 수(數)를 숙지하자면 〈본서법(本筮法)〉을 잘 천착(穿鑿)해야 한다. 그러므로 대성괘(大成卦) 내지 지괘(之卦)의 괘효상(卦爻象)과 괘효사(卦爻辭)를 극진히 지성(至誠)으로 관완(觀玩)-의의(擬議)하여 단(斷)함이 곧 극수지래(極數知來)의 극수(極數)임을 알아챌 수 있다. 극수지래(極數知來)의 〈수(數)〉는 〈이치 이(理)-점칠 복(卜)〉과 같은 뜻을 내고 변화하게 하는 온갖 변수(變數)가 대성괘(大成卦)의 괘효상(卦爻象)-괘효사(卦爻辭)에 서려 있음을 암시한다.

通變之謂事(통변지위사)

통변지위사(通變之謂事)의 〈통(通)〉은 〈추이행지(推而行之)〉로 풀이한다. 추진해서[推而] 그것을[之] 실행함[行]이 곧 열어감[通]이다. 변화를 추진해서 그 변화를 실행함이 일[事]이다. 통변(通變)의 〈변(變)〉은 〈정기지취극즉산(精氣之聚極則散)〉을 한마디로 한 것이다. 〈음양[精氣]의[之] 모임이[聚] 다하면[極] 곧[則] {그 음양(陰陽)은} 흩어진다[散]〉 함이 〈변(變)〉이다. 음양[精氣]의 모임이[聚] 다함[極]을 갈 것[往者]이라 하고, 음양(陰陽)의 흩어짐[散]을 올 것[來者]이라 한다. 그래서 변(變)에는 신구(新舊)가 함께한다. 헌것[舊]인 왕자(往者)를 보내고 새것[新]인 내자(來者)를 오게 함이 통변(通變)의 〈통(通)〉임을 알 수 있고 이를 열림[開]이라 한다. 열림 즉 개통(開通)이 없다면 새로 되는 것[化]이란 불가능하다. 이러한 〈통변(通變)〉이란 음양(陰陽)-강유(剛柔)-인의(仁義)를 벗어나지 말아야 이루어지는 열림임을 깨우친다면, 통변이란 자연[天地]이 변화하게 하는 짓[命]을 따라 한다[順]는 말씀으로 새길 수 있다. 덕(德)도 통변의 일이고, 선(善)도 통변의 일이며, 따라서 성(性)도 통변의 일이다. 덕(德)-선(善)-성(性)은 모두 하늘땅[天地]이 하는 일[事]이라 일마다 궁색함이 없고 통변한다. 이러한 통변은 변화(變化)의 이치-가르침[道] 즉 역리(易理)를 순종(順從)하는 것이다. 자연[天地]이 하는 일은 늘 변화하여[變] 통할[通] 뿐이지 결코 막히거나[窮] 멈추지[滯] 않는다. 통변함은 자연의 짓[象]이고 궁색함은 인간의 꾀[謀]에 비롯되는 짓이다. 그래서 성인(聖人)은 불모(不謀)한다고 한다.

陰陽不測之謂神(음양불측지위신)

음양불측(陰陽不測)의 〈불(不)〉을 〈아니 불(不)〉로 여기고 〈음양은[陰陽] 의도하지 않는다[不測]〉고 새겨도 되지만, 여기서 〈불(不)〉을 〈없을 무(無)〉와 같다 여기고 〈의도(意度) 즉 헤아림이[測] 없다[不]〉고 새기는 편이 문의(文意)가 더 잘 드러난다. 음양은[陰陽] 헤아려지지 않는다[不測]고 해도 되고, 음양을[陰陽] 헤아리지 못한다[不測]고 해도 되며, 음양에는[陰陽] 헤아림이 없다[不測]고 새겨도 된다. 음양(陰陽)이라는 변화의 깊이[深度]는 자로 재듯이 측정되는 것이 아님을 뜻한다. 이는 음양(陰陽)의 유심(唯深)-유기(唯幾)를 인간이 헤아려 결정할 수 없다는 말이다. 음양(陰陽)의 변화(變化)는 언제 어디서 왜 그렇게 시작해서, 언제 어디서 왜 그렇게 그칠지 알아낼 방도가 인간에게 없다. 그래서 음양불측(陰陽不測)을 달리 신지소위(神之所爲) 즉 〈신(神)이[之] 하는[爲] 바[所]〉를 일러 신기(神奇)-신묘(神妙)-신통(神通)하다 하며, 이를 한마디로 줄여 그냥 〈신(神)〉이라 한다. 그래서 음양불측(陰陽不測)은 지자불언(知者不言)이라는 『노자(老子)』에 나오는 말을 떠올린다. 음양불측(陰陽不測)인 〈신(神)〉을 아는[知] 사람[者]은 자연이 짓는 변화(變化)를 함부로 말하지 않는다. 다만 침묵하여 화신(化神)하고자 할 뿐이다. 음양불측(陰陽不測)-일음일양(一陰一陽)-생생(生生)-변화(變化) 등은 다 같은 말씀이고, 이를 한마디로 〈신(神)〉이라 함을 명심해야 한다. 조화(造化)가 곧 신(神)임을 알고[知], 온갖 것[萬物]은 변하여[變] 새로 됨[化]을 그치지 않음을 알며[知], 그 끝[終]이 길흉(吉凶)으로 드러남도 알지만[知], 인간이 바라는 대로 생생(生生)하지 않기 때문에, 그런 줄 알면서도 그 깊은 뜻[深意]을 말하지 못할 것이 바로 〈신(神)〉이다. 그러므로 역(易)의 신(神)은 자연[天地]이 변화하게 하는 기운(氣運)의 짓을 뜻하는 귀신(鬼神)의 줄임말로 여긴다.

계사전상(繫辭傳上) 6단락(段落)

夫易廣矣大矣요 以言乎遠則不禦하고 以言乎邇則靜而正하며 以言乎天地之間則備矣라 夫乾其靜也專하고 其動也直이라 是以大生焉이다 夫坤其靜也翕하고 其動也闢이라 是以廣生焉이다 廣大配天地하고 變通配四時하며 陰陽之義配日月하고 易簡之善配至德하니라

부역광의대의 이언호원즉불어 이언호이즉정 이정 이언호천지지간즉비의 부건기정야전 기동야직 시이대생언 부곤기정야흡 기동야벽 시이광생언 광대배천지 변통배사시 음양지의배일월 이간지선배지덕

무릇 역(易)은 넓은 것이고 크나큰 것이다. {역(易)이 광대(廣大)를} 써 먼 것을 말하면 바로 (먼 것에는) 다함이 없고, {역(易)이 광대(廣大)를} 써 가까운 것을 말하면 바로 (가까운 것은) 안정해서 단정하며, {역(易)이 광대(廣大)를} 써 하늘땅의 사이를 말하면 바로 {천지의 사이에 원이(遠邇)가} 갖추어지는 것이다. 무릇 건(乾) 그것의 정(靜)이란 전일함이고, 그것의 동(動)이란 바르고 곧음이다. 이 때문에 {건(乾)에서} 크나큰 일이 생기는 것이다. 무릇 곤(坤) 그것의 정(靜)이란 거둬들임이고, 그것의 동(動)이란 열기이다. 이 때문에 {곤(坤)에서} 넓은 일이 생기는 것이다. 넓음과 크나큼은 하늘과 땅과 짝하고, 변하여 통함은 네 철과 짝하며, 음(陰)과 양(陽)의 이치는 해와 달과 짝하고, 쉬움과 간명함의 선(善)은 지극한 덕(德)과 짝한다.

【탐독(探讀)】

무릇[夫] 역은[易] 넓은 것[廣]이고[矣] 크나큰 것[大]이다[矣]. {역(易)이 광대(廣大)를} 써[以] 먼 것[遠]을[乎] 말하면[言] 바로[則] {먼 것[遠]에는} 다함이[禦] 없고[不], {역(易)이 광대(廣大)를} 써[以] 가까운 것[邇]을[乎] 말하면[言] 바로[則] {가까운 것[邇]은} 안정해서[靜而] 단정하며[正], {역(易)이 광대(廣大)를} 써[以] 하늘땅

[天地]의[之] 사이[間]를[乎] 말하면[言] 바로[則] {천지(天地)의 사이[間]에 원이(遠邇)가} 갖추어지는 것[備]이다[矣]. 무릇[夫] 건(乾) 그것의[其] 정(靜)이란[也] 전일함이고[專], 그것의[其] 동(動)이란[也] 바르고 곧음이다[直]. 이[是] 때문에[以] {건(乾)에서} 크나큰 일이[大] 생기는 것[生]이다[焉]. 무릇[夫] 곤(坤) 그것의[其] 정(靜)이란[也] 거둬들임이고[翕], 그것의[其] 동(動)이란[也] 열기이다[闢]. 이[是] 때문에[以] {곤(坤)에서} 넓은 일이[廣] 생기는 것[生]이다[焉]. 넓음과[廣] 크나큼은[大] 하늘과[天] 땅과[地] 짝하고[配], 변하여[變] 통함은[通] 네 철과[四時] 짝하며[配], 음과[陰] 양(陽)의[之] 이치는[義] 해와[日] 달과[月] 짝하고[配], 쉬움과[易] 간명함[簡]의[之] 선은[善] 지극한[至] 덕과[德] 짝한다[配].

【지남(指南)】

夫易廣矣大矣(부역광의대의)

부역광(夫易廣)은 지도(地道)를 본받음[法]을 뜻하고, 부역대(夫易大)는 천도(天道)를 본받음[法]을 뜻한다. 천(天)은 크고[大] 지(地)는 넓다[廣]. 천지(天地)는 광대(廣大)하다. 자연[天地]이 광대(廣大)하다 함은 만유(萬有)를 포일(抱一)함을 말한다. 역(易)은 이러한 자연의[天地之]의 도(道)를 효법(效法)하여 삼라만상(森羅萬象) 즉 만유(萬有)가 누리는 변화(變化)의 짓[象]을 끊임없이 짓기 때문에 역(易) 또한 광(廣)-대(大)하다. 이러한 역(易)을 천지도(天之道)로서 음양(陰陽)이라 하고 지지도(地之道)로서 강유(剛柔)라 하며 인지도(人之道)로서 인의(仁義)라 한다. 그 역(易)의 변화지도(變化之道)를 풀이하여 일음일양(一陰一陽)-생생(生生)-행귀신(行鬼神)-신(神)이라 한다. 그러므로 역(易)의 도(道)는 넓은 것[廣]이고[矣] 큰 것[大]이다[矣]. 그러니 광대(廣大)는 음양(陰陽)이 짓는 변화를 풀이한다.

以言乎遠則不禦(이언호원즉불어)

역(易)이 광대(廣大)를 이용하여[以] 천문(天文)의 상(象)을 밝히는 말씀이다. 이언호원(以言乎遠)의 〈원(遠)〉이란 원자(遠者) 즉 먼[遠] 것[者] 곧 천(天)을 말한다. 멀고[遠] 큰[大] 것[者]은 하늘[天]을 비유한다. 여기서 광대(廣大)의 대(大)란 천도(天道)-천기(天氣)-양기(陽氣)-신(神) 등을 묶은 것이다.

以言乎邇則靜而正(이언호이즉정이정)

역(易)이 광대(廣大)를 이용하여[以] 지리(地理)의 상(象)을 밝히는 말씀이다. 이언호이(以言乎邇)의 〈이(邇)〉란 이자(邇者) 즉 가까운[邇] 것[者]을 말한다. 가깝고[邇] 넓은[廣] 것[者]은 땅[地]을 비유한다. 여기서 광대(廣大)의 광(廣)이란 지도(地道)-지기(地氣)-음기(陰氣)-귀(鬼) 등을 묶어 비유한다. 그러므로 이언호이(以言乎邇)의 〈이(邇)〉는 〈땅[地]이 실어주는[載] 만물(萬物)〉을 알아차리게 한다. 〈지(地)〉는 〈곤(坤)의 체(體)〉이고 그 성질은 〈유순(柔順)〉이다. 광대(廣大)를 써[以] 가까운 것을[邇乎] 말함[言]은 곧 지리(地理)를 써[以] 온갖 것[萬物]을 말함[言]을 살펴[觀] 새기고[玩] 헤아려[擬] 가늠할[斷] 수 있다. 역(易)이 광대(廣大)를 써[以] 말함[言]이란 만물(萬物)의 이치[理]가 안정하여 단정함이고, 그 이(理)란 땅[地]의 성질인 〈순승천(順承天)〉을 만물(萬物)이 누림을 간파할 수 있다.

以言乎天地之間則備矣(이언호천지지간즉비의)

역(易)이 광대(廣大)를 이용하여[以] 천지의[天地之] 사이[間]에 갖추어진 만물(萬物)의 자시(資始) 즉 시원(始源)의 바탕[資]을 밝히는 말씀이다. 말하자면 〈천지지비만물(天地之備萬物)의 비(備)〉를 〈만물육(萬物育)〉이라고 살펴[觀] 새기고[玩] 헤아려[擬] 가늠하게[斷] 한다. 그러므로 역(易)이 광대(廣大)를 이용하여[以] 〈천지지간(天地之間)을 말함[言]〉은 만물(萬物)의 화육(化育)을 〈비(備)〉로써 밝히고, 나아가 성인(聖人)이 이러한 〈광대(廣大)〉를 본받아[法] 작역(作易) 즉 역을[易] 만든[作] 것이다. 천지(天地)가 만물(萬物)을 갖춤[備]이란 천지지기(天地之氣)의 사덕(四德)인 〈원형리정(元亨利貞)〉이 온 세상에 충만(充滿)함을 밝힌다.

夫乾其靜也專(부건기정야전)

〈부건(夫乾)의 건(乾)〉은 건괘(乾卦 : ☰)를 말하고, 〈정(靜)〉은 건괘(乾卦 : ☰)의 짓[象]이 본질로서 강건(剛健)함을 뜻하며, 건지상(乾之象) 즉 건의[乾之] 짓[象]이 오로지 무잡(無雜) 즉 섞임이[雜] 없음[無]을 〈전(專)〉이라고 밝힌다. 건(乾)의 본질이 순전(純全)하여 전일(專一)함이다. 건괘(乾卦 : ☰)에는 양효(陽爻)만 있음을 상기한다면, 건(乾)의 본체인 정(靜)이 다른 것과 섞임 없이[無雜] 순일(純一)하여 전일(專一)함을 새겨[玩] 헤아릴[擬] 수 있다. 그리고 건(乾)의 〈정(靜)〉이란 〈드러날 양기(陽氣)의 체(體)〉를 뜻한다. 위에서 아래로 내려오는 기운[氣]인 양기(陽氣)의 〈고요[靜]〉가 드러나지 않음을 일러 양기(陽氣)의 〈정(靜)〉이라 한다. 이러한 양기(陽氣)의 정(靜)이 갖는 성질을 〈전(專)〉이라고 풀이한다.

其動也直(기동야직)

〈기(其)〉는 건괘(乾卦 : ☰)를 나타내 〈기동(其動)〉은 건괘(乾卦 : ☰)의 짓[象]이 작용으로서 강건(剛健)함을 뜻하며, 건지상(乾之象) 즉 건의[乾之] 짓[象]이 오로지 무잡(無雜) 즉 섞임이[雜] 없음[無]을 〈직(直)〉이라고 밝혀, 건괘(乾卦 : ☰)로써[以] 건(乾)의 작용 또한 순전(純全)하여 강직(剛直)함을 밝힌다. 건괘(乾卦 : ☰)에는 양효(陽爻)만 있음을 상기한다면, 그 작용 즉 동(動)이 다른 것과 섞임 없이[無雜] 순일(純一)하여 강직(剛直)함을 밝힌다.

是以大生焉(시이대생언)

건(乾)의 정동(靜動)이 짓는 일[事]을 밝힌다. 건(乾)의 정동(靜動)이란 건원(乾元) 즉 천기(天氣)의 체용(體用)을 말한다. 건(乾)의 정(靜)은 건원(乾元)의 체(體)이고, 건(乾)의 동(動)은 건원(乾元)의 용(用)이다. 건(乾)의 정(靜)으로 말미암아 비롯되는 건(乾)의 동(動) 즉 양기(陽氣)의 작용이 곧 〈대생(大生)〉이다. 대생(大生)의 〈대(大)〉는 대업(大業)을 뜻한다.

夫坤其靜也翕(부곤기정야흡)

〈부곤(夫坤)의 곤(坤)〉은 곤괘(坤卦 : ☷)를 말하고, 〈정(靜)〉은 곤괘(坤卦 : ☷)의 짓[象]이 본질로서 유순(柔順)함을 뜻하며, 곤지상(坤之象) 즉 곤의[坤之] 짓[象]이 오로지 유순(柔順)하여 거둬들임을 〈흡(翕)〉이라고 밝혀, 곤괘(坤卦 : ☷)로써[以] 곤(坤)의 본질이 유순(柔順)하여 거둬들임[翕]을 밝힌다. 곤괘(坤卦 : ☷)에는 음효(陰爻)만 있음을 상기한다면, 곤(坤)의 본체인 정(靜)이 더없이 유순(柔順)함을 새겨[玩] 헤아릴[擬] 수 있다. 그리고 곤(坤)의 〈정(靜)〉이란 〈드러날 음기(陰氣)의 체(體)〉를 뜻한다. 아래에서 위로 솟는 기운[氣]인 음기(陰氣)의 〈고요[靜]〉가 드러나지 않음을 일러 음기(陰氣)의 〈정(靜)〉이라 한다. 이러한 음기(陰氣)의 정(靜)이 갖는 성질을 〈흡(翕)〉이라고 풀이한다. 물론 곤(坤)에도 정동(靜動)이 있다. 여기서 〈흡(翕)〉은 〈거둬들여 간직함[收斂]〉과 같다.

其動也闢(기동야벽)

〈기(其)〉는 곤괘(坤卦 : ☷)를 나타내 〈기동(其動)〉은 곤괘(坤卦 : ☷)의 짓[象]이 작용으로서 유순(柔順)함을 뜻하며, 곤지상(坤之象) 즉 곤의[坤之] 짓[象]이 오로지 유순(柔順)하여 열림을 〈벽(闢)〉이라고 밝혀, 곤괘(坤卦 : ☷)로써[以] 곤(坤)의 작용 또한 유순(柔順)함을 밝힌다. 곤괘(坤卦 : ☷)에는 음효(陰爻)만 있음을 상기한다면, 그 작용 즉 동(動)이 더없이 유순(柔順)하여 열림[開闢]을 새겨[玩] 헤아릴[擬] 수 있다. 그리고 곤(坤)의 〈동(動)〉이란 〈드러난 음기(陰氣)의 용(用)〉을 뜻함을 알 수 있다. 아래에서 위로 솟는 기운[氣]인 음기(陰氣)의 작용이 드러남을 일러 음기(陰氣)의 〈동(動)〉이라 한다. 여기서 〈벽(闢)〉은 〈열릴 개(開)〉와 같고 개벽(開闢)의 줄임말로 여기면 되고, 이 또한 유순(柔順)함이다.

是以廣生焉(시이광생언)

곤(坤)의 정동(靜動)이 짓는 일[事]을 밝힌다. 곤(坤)의 정동(靜動)이란 곤원(坤元) 즉 지기(地氣)의 체용(體用)을 말한다. 곤(坤)의 정(靜)은 지기(地氣)의 체(體)이고, 곤(坤)의 동(動)은 지기(地氣)의 용(用)이다. 곤(坤)의 정(靜)으로 말미암아 비롯되는 곤(坤)의 동(動) 즉 음기(陰氣)의 작용이 곧 〈광생(廣生)〉이다. 광생(廣生)의 〈광(廣)〉은 광업(廣業)을 뜻한다.

廣大配天地(광대배천지)

〈광대(廣大)의 광(廣)〉은 곤지정동(坤之靜動)을 환기시키고, 〈대(大)〉는 건지정동(乾之靜動)을 떠올리게 한다. 건(乾)의 정동(靜動)이 〈한결같이[專] 곧음[直]〉을 〈크나큼[大]〉이라 하고, 곤(坤)의 정동(靜動)이 〈거둬들이고[翕] 열림[闢]〉을 〈넓음[廣]〉이라고 밝힌다. 하늘[天]이 짝하는[配] 〈대(大)〉는 건(乾)의 정동(靜動)이 전직(專直)함을 뜻하고, 땅[地]이 짝하는[配] 〈광(廣)〉은 곤(坤)의 정동(靜動)이 흡벽(翕闢)함을 뜻한다. 이처럼 천지(天地)가 광대(廣大)하여 자시(資始)로서 천(天)과 자생(資生)으로서 지(地)가 만유(萬有)를 생생(生生)한다.

變通配四時(변통배사시)

〈변통(變通)〉은 변화이개통(變化而開通)이고, 사시(四時)는 춘하추동(春夏秋冬)이다. 물론 변통(變通)은 〈음양지변통(陰陽之變通)〉 즉 음양의[陰陽之] 변통(變通)을 뜻하므로 〈역배사시(易配四時)〉라 여겨도 되고, 일음일양배사시(一陰一陽配四時)라고 여기고 새겨도 된다. 여기서 변통(變通)이란 천명(天命) 즉 자연[天地]의 가르침[命]을 따라[順] 본받음[法]이다. 역(易)을 이음[繼]을 선(善)이라 하고 역(易)을 이룸[成]을 성(性)이라 함도 변통(變通)을 따름[順]이다. 덕(德)-선(善)-성(性)은 모두 자연(自然)이 하는 일[事]이라 자연의 일치고 변통(變通)하지 않는 것이란 없다. 자연의 일은 늘 변화하여[變] 통하지[通] 결코 막히거나[塞] 멈추지[滯] 않는다.

陰陽之義配日月(음양지의배일월)

여기 〈의(義)〉는 이(理)이다. 바르고[正] 곧고[直] 고르고[平] 마땅함[宜]이 의리(義理)의 바탕이다. 양(陽)의 바르고 고르고 마땅한 이치[義]는 해[日]와 짝하고[配], 음(陰)의 바르고 고르고 마땅한 이치[義]는 달[月]과 짝한다[配]. 만물을 이루어[化] 낳는[生] 두 기운[二氣]은 오로지 평정(平正)하여 의당(宜當)할 뿐이다. 햇빛[日光]과 달빛[月光]의 비춤을 살핀다면 왜 음양(陰陽)이 일월(日月)과 짝한다[配]고 밝히는지 헤아릴 수 있고, 나아가 음(陰)을 유(柔)라 하고 양(陽)을 강(剛)이라고 하는지 그 까닭을 알아챌 수도 있다. 밝고 맑되 부시는 햇빛은 강강(剛强)의 양기(陽氣)를 살펴[觀] 새기고[玩] 헤아려[擬] 가늠하게[斷] 하고, 밝고 맑되 부드러운 달빛은 유약(柔弱)의 음기(陰氣)를 관완(觀玩)하여 의단(擬斷)하게 한다. 천지(天地)-일월(日月)-건곤(乾坤)-주야(晝夜)-한난(寒暖)-자웅(雌雄) 등이 음양(陰陽)의 이치[義]와 짝함[配]이다.

易簡之善配至德(이간지선배지덕)

〈선(善)〉은 「계사전상(繫辭傳上)」 1단락(段落)에 나오는 〈건이이지(乾以易知) 곤이간능(坤以簡能) 이즉이지(易則易知) 간즉이종(簡則易從)〉과 「계사전상(繫辭傳上)」 5단락(段落)에 나오는 〈일음일양지위도(一陰一陽之謂道) 계지자선(繼之者善)〉을 상기한다면, 이간지선(易簡之善)이 이지선(易之善)과 간지선(簡之善)을 합

(合)하고 있음을 살펴[觀] 새기고[玩] 헤아려[擬] 가늠할[斷] 수 있다. 따라서 이지선(易之善)은 건이이지(乾以易知)하여 이즉이지(易則易知)함을 계승하여, 건원(乾元) 즉 천기(天氣)의 강건(剛健)함의 본받기[法]를 뜻함을 간파할 수 있다. 그리고 간지선(簡之善)은 곤이간능(坤以簡能)하여 간즉이종(簡則易從)함을 계승하여, 곤원(坤元) 즉 지기(地氣)의 유순(柔順)함의 본받기[法]를 뜻함을 간파할 수 있다.

계사전상(繫辭傳上) 7단락(段落)

子曰 易其至矣乎라 夫易聖人所以崇德而廣業也이다
자 왈 역 기 지 의 호 부 역 성 인 소 이 숭 덕 이 광 업 야

知崇禮卑이니 崇效天이고 卑法地이다 天地設位而易
지 숭 례 비 숭 효 천 비 법 지 천 지 설 위 이 역

行乎其中矣이다 成性存存道義之門이다
행 호 기 중 의 성 성 존 존 도 의 지 문

공자가 말했다. 역(易) 그것은 지극한 것이로다! 무릇 역(易)은 성인이 이용하여 덕(德)을 받들면서 (숭덕하는) 일을 넓힌 것이다. (성인의) 앎은 {덕(德)을} 받듦이고, 예(禮)는 (자기를) 낮춤이니, 받듦은 하늘을 본받음이고, 낮춤은 땅을 본받음이다. 하늘과 땅이 자리를 잡아서 역(易)은 그 안에서 행해지는 것이다. (만물이) 제 본성을 얻고 제 존재를 간수함은 도덕이란 이치의 문이다.

【탐독(探讀)】

공자가[子] 말했다[曰]. 역(易) 그것은[其] 지극한 것[至]이로다[矣乎]! 무릇[夫] 역은[易] 성인이[聖人] 이용하여[以] 덕을[德] 받들면서[崇而] {숭덕(崇德)하는} 일을[業] 넓힌[廣] 것[所]이다[也]. {성인(聖人)의} 앎은[知] {덕(德)을} 받듦이고[崇], 예는[禮] {자기(自己)를} 낮춤이니[卑], 받듦은[崇] 하늘을[天] 본받음이고[效], 낮춤은[卑] 땅을[地] 본받음이다[法]. 하늘과[天] 땅이[地] 자리를[位] 잡아서[設而] 역은[易] 그[其] 안[中]에서[乎] 행해지는 것[行]이다[矣]. {만물(萬物)이} 제 본성을[性] 얻고[成] 제 존재를[存] 간수함은[存] 도덕이란[道] 이치[義]의[之] 문이다[門].

【지남(指南)】

易其至矣乎(역기지의호)

역(易)의 이치-가르침[道]을 생생(生生)으로 새기고, 그 생생(生生)을 일음일양(一陰一陽)으로 새기면서, 음양(陰陽)으로 변통(變通)을 짓는 천지(天地)가 만물(萬

物)의 어버이[父母]란 생각에 이른다면, 어찌 역(易) 앞에서 〈지극하다[至]〉는 찬탄(讚嘆)을 멈추겠는가라고 강조한다.

夫易聖人所以崇德而廣業也(부역성인소이숭덕이광업야)

성인(聖人)이 이역(以易) 즉 역을[易] 이용하여[以] 〈숭덕(崇德)〉 즉 덕(德)을 숭상(崇尙)함을 밝히고, 동시에 〈광업(廣業)〉 즉 덕(德)을 숭상(崇尙)하는 일[業]을 넓힘[廣]을 밝힌다. 성인(聖人)이 역(易)을 이용하여[以] 숭덕(崇德)함이란 천지지도(天地之道)를 본받는[法] 역지도(易之道)를 따라[順] 덕(德)을 왕성(旺盛)하게 함이고, 따라서 상선(上善)을 넓힘[廣]이다. 이는 곧 사물(事物)을 정성껏[誠之] 마주하여[臨] 자연[天地]과 통(通)함을 뜻한다. 이를 신통(神通)-신묘(神妙)-신기(神奇)-명신(明神)이라 하고 한마디로 〈신(神)〉이라 한다. 이러한 〈신(神)〉은 자연[天地]이 변화하게 하는 짓을 뜻하니 숭덕(崇德)-광업(廣業)이 왜 이역(以易)인지 알아챌 수 있다.

知崇禮卑(지숭례비)

성인(聖人)이 이역(以易) 즉 역을[易] 써서[以] 이룩한 〈지(知)〉와 〈예(禮)〉를 밝힌다. 지숭례비(知崇禮卑)의 〈지숭(知崇)〉은 성인(聖人)이 지천(知天)하여 숭덕(崇德)하고 입도(入道)하여 숭천(崇天) 즉 자연[天地]을 받듦[崇]을 앎[知]이다. 지금은 〈지(知)〉하면 〈식(識)〉만을 주로 생각하지만 20세기 전까지만 해도 〈지(知)〉는 곧 〈숭(崇)〉이었다. 요즈음 지식(知識)이란 낱말은 알지만 지숭(知崇)이란 낱말은 잊어버린 셈이다. 지식(知識)은 말하자면 〈knowledge〉를 옮긴 일본식 조어(造語)인 셈이다. 하늘[天]을 안다[知]고 믿지 않았고, 천(天)을 받든다[崇]고 믿었다.

崇效天(숭효천)

성인(聖人)의 숭덕(崇德)이란 성인(聖人)이 〈효천지도(效天之道)〉임을 밝힌다. 여기서 〈숭(崇)〉이란 곧 효천(效天) 즉 〈하늘을[天] 본받는 것[效]〉임을 알 수 있다. 그러니 성인(聖人)의 지숭덕(知崇德)은 숭천(崇天)-효천(效天)-법천(法天)-상천(象天)-종천(從天)-응천(應天)-순천(順天)-사천(事天)-사천(師天) 등의 말씀들을 포괄함을 또한 알 수 있다. 〈숭(崇)의 효천(效天)〉은 곧 〈이역(以易)〉 즉 역을[易] 써서[以] 이루어진다는 것도 살펴[觀] 새기고[玩] 헤아려[擬] 가늠할[斷] 수 있다. 그리고 효천(效天)의 〈천(天)〉은 〈천지도(天之道)-건원(乾元)-건지정동(乾之靜動)-건지강건(乾之剛健)〉 등을 상기시키는 말씀이다.

卑法地(비법지)

성인(聖人)의 〈비(卑)〉란 성인(聖人)의 〈법지(法地)〉임을 밝힌다. 여기서 성인(聖人)의 〈비(卑)〉가 곧 법지(法地) 즉 〈땅을[地] 본받는 것[法]〉임을 밝히므로, 성인(聖人)의 〈예(禮)〉 또한 법지(法地)임을 알 수 있다. 그러니 성인(聖人)의 〈예비(禮卑)〉는 법지(法地)-종지(從地)-배지(配地) 등의 말씀들을 포괄함을 또한 알 수 있다. 〈비(卑)의 법지(法地)〉 또한 이역(以易) 즉 역을[易] 써서[以] 이루어진다는 것도 살펴[觀] 새기고[玩] 헤아려[擬] 가늠할[斷] 수 있다.

天地設位而易行乎其中矣(천지설위이역행호기중의)

하늘땅[天地]이 제자리를[位] 잡게 되어[設] 역(易)이 행해짐을 풀이한다. 이는 천지(天地)가 서로 제자리를 잡기 이전을 생각하게 한다. 혼성(混成)으로부터 천지(天地)가 제자리를 잡아 생겨났고, 따라서 〈역(易)〉도 생겼음을 살펴[觀] 새기고[玩] 헤아려[擬], 생각하기[思之]의 시원(始源)을 〈혼성(混成)의 혼(混)〉으로 가늠하게[斷] 한다. 천지설위(天地設位)는 천지위일(天地爲一)로 풀이할 수 있다. 설위(設位)-위일(爲一)이란 질서(秩序)를 갖춤[得]이고, 질서의 갖춤이 곧 제자리를 마련함[設]이다. 그러니 천지(天地)의 설위(設位)란 천지(天地)가 하나[一]로 됨[爲]이니 이를 천지지화(天地之和) 즉 하늘땅의[天地之] 어울림[和]이라 하고, 역(易)이란 그 어울림 가운데서[中] 행해진다는 것이다.

成性存存道義之門(성성존존도의지문)

〈성성(成性)〉은 만물성기성(萬物成其性)의 줄임이다. 온갖 것은[萬物] 저마다[其] 본성을[性] 얻어[成] 저마다 생사(生死)를 누린다. 〈성성(成性)〉은 자연[天地]이 온갖 것[萬物]으로 하여금 태어나게[生] 하여 제[其] 본성을[性] 잃지 않고[不失] 살게 함이다. 〈성성(成性)〉은 〈품성(稟性)〉과 같은 말씀이다. 그리고 〈성성(成性)〉은 자연[天地]이 내린[稟] 명(命) 즉 시킴[命]이며 동시에 우리 본래의 생사관(生死

觀)을 밝히는 말씀이다. 〈존존(存存)〉은 만물존기존(萬物存其存)으로 여기고 〈온갖 것은[萬物] 제[其] 존재를[存在] 보존한다[保存]〉라고 새긴다. 〈성성(成性)〉을 줄곧 보존(保存)함이 〈존존(存存)〉이다. 존존(存存)에서 앞의 〈존(存)〉은 〈보살필 보(保)〉와 같아 보존(保存)의 줄임말로 동사 노릇을 하고, 뒤의 〈존(存)〉은 〈있을 재(在)〉와 같아 존재(存在)의 줄임말로 명사 노릇을 한다. 천지(天地)라는 만물(萬物)의 부모(父母)가 이루어준 〈목숨[性]의 이룸[成]을 마지막까지 잘 간직함[保存]〉이 〈존존(存存)〉이다. 그러므로 〈존존(存存)〉은 〈생사(生死)의 완수(完遂)〉를 뜻한다. 도의지문(道義之門)은 도덕의리지문(道德義理之門)의 줄임말이고, 〈문(門)〉은 여기서는 〈들 입(入)〉과 같아 입문(入門)의 줄임말로 여기고 새긴다. 도덕의리지문(道德義理之門)이란 온갖 것[萬物]이 들어가[入] 도덕(道德)이란 의리(義理)를 이룸[成]을 뜻한다. 도의(道義) 즉 도덕의리(道德義理)에서 〈의리(義理)〉란 도덕(道德)을 풀이한 말씀이다.

계사전상(繫辭傳上) 8단락(段落)

聖人有以見天下之賾하다 而擬諸其形容하다 象其物
성 인 유 이 견 천 하 지 색 이 의 저 기 형 용 상 기 물

宜라 是故로 謂之象이다 聖人有以見天下之動하다 而
의 시 고 위 지 상 성 인 유 이 견 천 하 지 동 이

觀其會通하고 以行其典禮하며 繫辭焉하니라 以斷其吉
관 기 회 통 이 행 기 전 례 계 사 언 이 단 기 길

凶이라 是故로 謂之爻니라 言天下之至賾而不可惡也
흉 시 고 위 지 효 언 천 하 지 지 색 이 불 가 오 야

이고 言天下之至動而不可亂也이다 擬之而後言하고
언 천 하 지 지 동 이 불 가 란 야 의 지 이 후 언

議之而後動하니 擬議以成其變化하니라
의 지 이 후 동 의 의 이 성 기 변 화

성인께는 세상이 그윽이 깊게 숨긴 것들을 역(易)으로 찾아냄이 있다. 그리고 세상이 드러내는 모습에서 세상이 깊이 숨긴 것을 헤아린다. (성인께는) 온 세상에 드러나는 모습의 사물이 마땅함을 본뜸이 있다. 이렇기 때문에 그것을 형상이라 한다. 성인께는 (온 세상 사물의 짓을) 이용하여 세상의 변동을 찾아냄이 있다. 그리고 온 세상 변동의 (이치를) 모아 통용함을 살핌이 있다. 이로써 그 회통의 전법과 예(禮)의 요목을 행하며, 괘효(卦爻)에 말씀을 매어둔 것이다. 계사언(繫辭焉)으로 그 길흉을 가늠한다. 이렇기 때문에 그것을 효(爻)라 한다. {괘효사(卦爻辭)가} 온 세상의 지색을 말함이야 싫어할 수 없는 것이고, 온 세상의 지극한 움직임을 말함이야 어지럽힐 수 없는 것이다. (성인은) 온 세상의 지색(至賾)과 지동(至動)을 (살피고 새겨) 헤아린 뒤에야 말하고, 온 세상의 지색과 지동을 (살피고 새겨 헤아려) 따져본 뒤에야 행하니, (온 세상의 지색과 지동을) 헤아리고 따져봄으로 온 세상의 변화를 성취한다.

【탐독(探讀)】

성인께는[聖人] 세상[天下]이[之] 그윽이 깊게 숨긴 것들을[賾] 역(易)으로[以]

찾아냄이[見] 있다[有]. 그리고[而] 세상이[其] 드러내는[形] 모습에서[容] 세상이 깊이 숨긴 것을[諸] 헤아린다[擬]. {성인(聖人)께는} 온 세상에 드러나는 모습의[其] 사물이[物] 마땅함을[宜] 본뜸이 있다[象]. 이렇기[是] 때문에[故] 그것을[之] 형상이라[象] 한다[謂]. 성인께는[聖人] (온 세상 사물의 짓[象]을) 이용하여[以] 세상[天下]의[之] 변동을[動] 찾아냄이[見] 있다[有]. 그리고[而] 온 세상 변동의[其] (이치를) 모아[會] 통용함을[通] 살핌이 있다[觀]. 이로써[以] 그 회통(會通)의[其] 전법과[典] 예의 요목을[禮] 행하며[行], 괘효(卦爻)에 말씀을[辭] 매어둔 것[繫]이다[焉]. 계사언(繫辭焉)으로[以] 그[其] 길흉을[吉凶] 가늠한다[斷]. 이렇기[是] 때문에[故] 그것을[之] 효라[爻] 한다[謂]. {괘효사(卦爻辭)가} 온 세상의[天下之] 지색을[至賾] 말함[言]이야[而] 싫어할[惡] 수 없는 것[不可]이고[也], 온 세상의[天下之] 지극한[至] 움직임을[動] 말함[言]이야[而] 어지럽힐[亂] 수 없는 것[不可]이다[也]. {성인(聖人)은} 온 세상의 지색(至賾)과 지동(至動)을[之] (살피고 새겨) 헤아린[擬] 뒤에야[而後] 말하고[言], 온 세상의 지색(至賾)과 지동(至動)을[之] (살피고 새겨 헤아려) 따져본[議] 뒤에야[而後] 행하니[動], {온 세상의 지색(至賾)과 지동(至動)을} 헤아리고[擬] 따져봄[議]으로[以] 온 세상의[其] 변화를[變化] 성취한다[成].

【지남(指南)】

聖人有以見天下之賾(성인유이견천하지색)

성인(聖人)이 도의(道義)를 이용하여[以] 지변자(知變者)가 되어 지래자(知來者)가 되는 까닭을 밝힌다. 견색(見賾)할 수 없다면 변화를 전지(前知)하지 못하고, 변화를 앞서서[前] 알지[知] 못하면 미래[來]를 전지할 수 없다. 천하지색(天下之賾)의 〈색(賾)〉은 〈유심난견(幽深難見)〉을 뜻하고, 동시에 온 세상 사물이 복잡하고 혼란하기 때문에 변화의 낌새[徵]를 찾기 어려움을 뜻한다. 난견(難見)의 색(賾)을 찾아내는[見] 방법이 곧 성인(聖人)이 설괘(設卦)한 64괘(卦) 바로 그것이다. 이도의(以道義)란 이역(以易)으로 이어진다. 온 세상[天下]에 그윽이[幽] 깊게[深] 숨어 있어서[隱] 찾아내기[見] 어려운[難] 〈색(賾)〉은 도의(道義)를 써[以] 찾아냄[見]이고, 이는 역을[易] 써[以] 찾아냄[見]과 다를 것이 없다. 도의(道義) 즉 도(道)를 통하게 하는 올바른[義] 이치[理]를 본받는[法] 역(易)이기 때문에 무사(無

思)-무위(無爲)하다. 무사(無思)-무위(無爲)하면 그것이 곧 도의(道義)이다. 왜 〈색(賾)〉은 난견(難見)의 것인가? 〈색(賾)〉은 오로지 무사(無思)-무위(無爲)해야만 드러나는 변화지기(變化之機) 즉 변화(變化)의 낌새[徵]이기 때문이다. 말하자면 무사(無私)-무욕(無欲)하지 못한 인간에게는 생생(生生)의 낌새[徵]는 찾아내기[見] 어려운 것[難]일 뿐이다.

而擬諸其形容(이의저기형용)

성인(聖人)이 이도의(以道義) 즉 도의를[道義] 이용하여[以] 견색(見賾)하는 방법을 밝힌다. 성인(聖人)은 세상에 숨겨져 찾기 어려운 것[賾] 즉 변화의 꼬투리[賾]가 드러나는[形] 모습[容]에서 찾아내고[見], 그렇게 찾아낸 바로 그것[賾]을 살펴[觀] 새겨서[玩] 헤아리고[度] 견주고[比] 적용함[適]이 곧 성인(聖人)의 〈의(擬)〉임을 〈의저기형용(擬諸其形容)〉이 밝힌다. 여기서 성인(聖人)의 견색(見賾)-의색(擬賾)은 오로지 무사(無思)-무위(無爲)로 행(行)해지기 때문에 〈천하지형용(天下之形容)〉을 살피는[見] 성인(聖人)의 헤아림[擬]이 지변(知變)-지래(知來)로 이어지는 연유(緣由)가 드러난다. 천지지형용(天地之形容)이라 않고 천하지형용(天下之形容)이라 함을 주목해야 한다. 자연이[天地之] 드러내는[形] 모습[容]이 아니라 인간세가[人間世之] 드러내는[形] 모습[容]을 위주로 성인(聖人)이 살펴[見] 헤아리는[擬] 점을 주목해야 한다. 천하지형용(天下之形容)의 〈형용(形容)〉 즉 드러나는[形] 모습[容]이란 〈멈춘[止] 모습[容]의 드러남[形]〉이 아니라 〈움직이는[動] 모습[容]의 드러남[形]〉이기 때문에 천하지형용(天下之形容)-천하지동(天下之動)-천하지상(天下之象) 등은 같은 말씀이다.

象其物宜(상기물의)

성인(聖人)이 어떻게 설괘(設卦)한 것인지를 밝힌다. 나아가 64괘(卦)를 베풀어[設] 괘효(卦爻)에 매어둔[繫] 성인(聖人)의 말씀[辭] 또한 어떻게 마련되었는지 밝힌다. 물론 상기물의(象其物宜)의 〈물(物)〉은 〈천하지형용(天下之形容)〉 바로 그것이다. 64괘(卦)에는 괘사(卦辭)와 6효(爻)마다 효사(爻辭)가 있다. 64괘(卦)의 괘효사(卦爻辭)는 성인(聖人)이 마음대로 지어낸 말씀이 아니라 세상이 드러내는 사물(事物)의 마땅함[宜]을 본떠[象] 즉 형상(形象)하여 마련된 말씀[辭]임을 알 수 있다.

謂之象(위지상)

〈위지상(謂之象)의 상(象)〉은 사물(事物)의 본말(本末)-종시(終始)-선후(先後)의 마땅함[宜]을 본받아[法] 짓는[象] 것[物]이다. 그렇게 본받아[法] 형상한[象] 것으로 성인(聖人)이 설괘(設卦) 즉 괘를[卦] 베풀었기[設] 때문에 괘(卦)를 〈상(象)〉이라고 일컫는다. 사물(事物)의 형상(形象)에 깊이 숨은 것[賾]은 멈춰 있는 것[物]이 아니라 궁즉변(窮則變)의 것[物]이다. 다하면[窮] 곧[則] 변하는[變] 실마리가 색(賾)이다. 그렇기 때문에 〈견색(見賾)의 색(賾)〉은 〈마땅한 것[宜者]〉이 된다. 〈궁(窮)〉한 것은 결코 〈의(宜)〉일 수 없다. 그래서 〈상기물의(象其物宜)의 상(象)〉은 곧 〈변화(變化)의 짓[象]〉이라고 여겨도 된다. 따라서 물의(物宜)의 짓[象]을 변화(變化)의 형상(形象)이라고 새겨도 된다.

聖人有以見天下之動(성인유이견천하지동)

성인(聖人)이 〈상기물의(象其物宜)의 상(象)〉 즉 기상(其象)을 이용하여[以] 지변자(知變者)가 되어 지래자(知來者)가 되는 까닭을 밝힌다. 견천하지색(見天下之賾)할 수 없다면 견천하지동(見天下之動)할 수 없다. 견천하지동(見天下之動)-견천하지형용(見天下之形容)-견천하지상(見天下之象) 등은 모두 견천하지변동(見天下之變動)을 뜻한다. 천하(天下)는 이 땅의 만물과 더불어 인간이 삶을 누리는 세상을 말한다. 그러므로 〈견천하지동(見天下之動)〉이란 인간세(人間世)에서 드러나는[形] 변동(變動)을 살펴 찾아낸다는 말씀이다. 견천하지색(見天下之賾)을 줄여 견색(見賾)이라 하고, 견천하지동(見天下之動)을 줄여 견동(見動)이라 한다. 견동(見動)해야 지변(知變)하여 내자(來者) 즉 미래[來]를 전지(前知)해 지래자(知來者)가 될 수 있다.

而觀其會通(이관기회통)

『장자(莊子)』「천도(天道)」에 나오는 〈통어천지자덕야(通於天地者德也)〉와 〈행어만물자도야(行於萬物者道也)〉를 상기시킨다. 〈행어만물자(行於萬物者)-통어천지자(通於天地者)〉로써 앞서 살핀 도의지문(道義之門)이 풀이될 수 있기 때문이다. 견색(見賾)-의색(擬賾)-견동(見動)함은 성성존존(成性存存)이란 도덕(道德)의 바른[義] 이치[理]를 벗어나지 않기 때문에 성인(聖人)은 천하지동(天下之動) 즉 온 세상[天下之] 변동[動]의 회통(會通)을 관찰할[觀] 수 있다. 그러므로 관기회통(觀其會通)의 〈회(會)〉는 성인(聖人)이 천하지형용(天下之形容)에서 변동(變動)을 살필[見] 때 도의(道義)를 빠짐없이 취합(聚合)함을 뜻하고, 관기회통(觀其會通)의 〈통(通)〉은 도의(道義)가 막히지 않고 통행(通行)함을 뜻한다.

註 통어천지자덕야(通於天地者德也) 행어만물자도야(行於萬物者道也) : 자연에[於天地] 두루 통하는[通] 것이[者] 덕(德)이고[也], 온갖 것에[於萬物] 두루 행하는[行] 것이[者] 도(道)이다[也].

以行其典禮(이행기전례)

성인(聖人)의 행(行)을 살펴[觀] 새기고[玩] 헤아려[擬] 가늠하게[斷] 한다. 이행기전례(以行其典禮)에서 〈이(以)〉가 〈이천하지동지회통(以天下之動之會通)〉의 줄임이란 것을 상기한다면, 성인(聖人)이 시행하는 전례(典禮)는 성인(聖人)의 뜻에 따른 전법(典法)과 예의(禮儀)가 아니고, 천하지동(天下之動)의 회통(會通)을 준수하는 전법(典法) 즉 상법(常法)이고 예의(禮儀) 또한 그 회통(會通)을 준수하는 상례(常禮)임을 〈이행기전례(以行其典禮)〉가 밝힘을 알아챌 수 있다. 성인지행(聖人之行)이 범인지행(凡人之行)과 서로 다른 까닭을 알아챌 수도 있다. 성인(聖人)은 오로지 철저하게 세상[天下]의 변동(變動)이 회통(會通)하는 전법(典法)과 예의(禮儀)를 관찰하여 시행함에 지성(至誠)을 다한다.

繫辭焉(계사언)

성인(聖人)이 64괘(卦)의 괘효(卦爻)마다 말씀을[辭] 매어두었음[繫]을 뜻한다. 계사언(繫辭焉)의 〈사(辭)〉는 성인(聖人)께서 도의(道義)로 세상의 그윽이 깊게 숨겨진 것들[賾]을 찾아낸[見天下之賾] 말씀[辭]이고, 성인(聖人)께서 도의(道義)로 세상의 형용(形容)에서 세상에 깊이 숨겨진 것들[賾]을 헤아리고 견주어 적용한[擬賾於天下之形容] 말씀[辭]이며, 성인(聖人)께서 도의(道義)로 온 세상에 드러난 사물(事物)이 마땅함[宜]을 본뜬[象其物宜] 말씀[辭]이고, 성인께서(聖人) 온 세상

사물의 짓[象]을 이용하여 온 세상의 변동(變動)을 찾아낸[見天下之動] 말씀[辭]이며, 성인(聖人)께서 천하지동(天下之動)을 이용하여 그 이치를 모아 통용함을 살펴낸[觀其會通] 말씀[辭]이고, 성인(聖人)께서 천하지동(天下之動)을 이용하여 그 회통(會通)의 전법과 예의 요목을 행한[行其典禮] 말씀[辭]이다.

以斷其吉凶(이단기길흉)

성인(聖人)이 괘효(卦爻)에 매어둔[繫] 말씀[辭]으로[以] 온 세상 변동의[其] 길흉이[吉凶] 판단됨[斷]을 밝힌다. 〈이단기길흉(以斷其吉凶)의 단(斷)〉은 지성(至誠)으로 사물(事物)을 마주하기를 요구한다. 지성(至誠)은 사성(思誠)하게 하고 사성(思誠)은 관심(觀心)하게 한다. 제 마음[心]을 살피기[觀]란 오로지 제 자신만 할 수 있고, 따라서 지성(至誠) 또한 마음가기[志]를 자명(自明)하게 한다. 자명(自明)은 자신[自]을 명백(明白)하게 함이니 무자기(毋自欺) 즉 자신을[自] 속임이[欺] 없는[毋] 바로 그 마음이다. 괘효사(卦爻辭)를 이용하여[以] 사물(事物)의 길흉(吉凶)을 판단하라[斷] 함은 자명(自明)하여 지성(至誠)으로 완사(玩辭)하여 관변(觀變)해서 완점(玩占)하라 함이다. 완점(玩占)의 〈점(占)〉은 사물(事物)의 길흉(吉凶)이 그 사물(事物)의 미래(未來)로 드러남을 스스로 새김질하라[玩] 함이다.

謂之爻(위지효)

〈위지효(謂之爻)의 효(爻)〉란 계사(繫辭)로[以] 온 세상[天下] 변동(變動)의 길흉(吉凶)을 가늠함[斷]을 밝힌다. 그래서 효(爻)를 〈단(斷)-난(彖)〉 즉 〈가늠함[彖]〉이라 하고, 〈효사(爻辭)〉를 〈상사(象辭)〉 즉 〈짓하는[象] 말씀[辭]〉이라고 한다. 효(爻)는 교(交)-효(效)-변(變) 등으로 그 짓들[象]의 뜻이 넓혀진다. 효사(爻辭)만으로 길흉(吉凶)을 가늠하는[彖] 것은 아니다. 먼저 관상(觀象) 즉 효상(爻象)을 살펴서[觀] 완사(玩辭) 즉 효사(爻辭)를 새겨[玩] 길흉(吉凶)을 가늠하게[彖] 된다. 효상(爻象)은 육효(六爻)가 서로[相] 사귀어[交] 짓하기[象] 때문에 효(爻) 사이의 상교(相交)를 살피게 한다. 효(爻)의 상교(相交)를 〈중-정-응-비(中-正-應-比)〉라고 한다. 그러므로 육효(六爻)의 사귐[交]인 〈중-정-응-비(中-正-應-比)〉를 살펴[觀] 효사(爻辭)를 새겨[玩] 길흉(吉凶)을 가늠하는[彖] 것이다.

言天下之至賾而不可惡也(언천하지지색이불가오야)

〈언천하지지색(言天下之至賾)〉은 『주역(周易)』 64괘(卦)의 괘효상(卦爻象)과 괘효사(卦爻辭)를 밝힌 말씀이다. 물론 이는 곧 성인지언(聖人之言) 즉 성인의[聖人之] 말씀[言]을 말한다. 왜 성인의 말씀을 두려워하라는가? 그 해답이 곧 언천하지지색(言天下之至賾)이다. 자연[天地]이 만물(萬物)로 하여금 쉼 없이 변화하게 하듯이 인간의 세상[天下]에서도 만사(萬事)가 쉼 없이 변동(變動)하게 하는 기미(機微)를 드러낸다. 이러한 낌새[機微]를 일러 〈색(賾)〉이라 한다. 그 〈색(賾)〉을 더욱 강조하여 〈지색(至賾)〉이라 한다. 〈색(賾)〉은 〈유심난견(幽深難見)〉을 한 자(字)로 묶은 것이다. 그윽하고[幽] 깊어[深] 찾아내기가[見] 어려운[難] 것을 일러 〈색(賾)〉이라 한다. 이에 왜 천하지지색(天下之至賾)을 말하는[言] 효상(爻象)-효사(爻辭)를 싫어할 수 있느냐[不可惡]고 반문하는 참뜻을 늘 새겨야 한다.

言天下之至動而不可亂也(언천하지지동이불가란야)

『주역(周易)』 64괘(卦)의 괘효(卦爻)가 짓하고[象] 말하는[言] 뜻을 밝힌 말씀이다. 이는 성인(聖人)이 이역(以易) 즉 역을[易] 이용하여[以] 말하는[言] 까닭을 헤아리게 하는 말씀도 된다. 그러므로 언천하지지동(言天下之至動) 또한 『논어(論語)』「계씨(季氏)」에 나오는 〈외성인지언(畏聖人之言)〉을 환기시킨다. 왜 성인의 말씀을 두려워해야 하는가? 그 해답이 또한 언천하지지동(言天下之至動)이다. 자연[天地]이 만물(萬物)로 하여금 쉼 없이 변화(變化)하게 하듯이 인간의 세상[天下]에서도 만사(萬事)가 쉼 없이 변동(變動)하게 하는 기미(幾微)가 드러난다. 이를 〈천하지동(天下之動)〉이라 하고, 그 〈동(動)의 기(機)〉 즉 변화(變化)의 기미(機微)가 드러남[形]을 일러 〈동(動)〉이라 한다. 그 〈동(動)〉을 더욱 강조하여 〈지동(至動)〉이라 한다. 〈동(動)〉은 〈천하변동(天下變動)〉을 한 자(字)로 묶은 것이라고 새겨도 된다. 천하만사(天下萬事)는 온 세상[天下]의 변동(變動)인 셈이다. 이러한 〈동(動)〉을 살펴[觀] 새기게[玩] 하는 짓[象] 또한 괘효(卦爻)의 상(象)이고, 말씀[辭] 역시 괘효(卦爻)의 사(辭)이다. 내사(來事)의 길흉(吉凶)을 가늠하게[斷] 하는 말씀[辭]을 또한 지동지언(至動之言)이라고 함을 늘 명심하고 있는 심지(心志)라야 또한 괴지(怪志)-신사(神思)로 드러난다.

擬之而後言(의지이후언)

성인(聖人)이 괘효(卦爻)에 맨[繫] 괘효사(卦爻辭)를 다시 밝힌다. 64괘(卦)의 괘효(卦爻)에 성인(聖人)이 맨[繫] 말씀[辭]은 천수상(天垂象) 즉 자연이[天] 드리워주는[垂] 짓[象]을 본받아[法] 그 상(象)을 살피고[觀] 새겨[玩] 헤아린[擬] 뒤에[而後] 밝힌 말씀[辭]이 괘효사(卦爻辭)임을 말한다. 그러므로 의지이후언(擬之而後言)에서 〈의지(擬之)의 지(之)〉는 온 세상[天下]의 지색(至賾)-지동(至動)을 줄여 밝힌 것이다. 그리고 여기서 〈의지(擬之)의 의(擬)〉는 육효(六爻)의 중-정-응-비(中-正-應-比)의 상교(相交)를 지성(至誠)으로 살펴[觀] 새긴[玩] 다음[而後]의 헤아림[擬]이다.

議之而後動(의지이후동)

의지이후언(擬之而後言)의 〈언(言)〉은 성인(聖人)이 행동(行動)함을 밝힌다. 64괘(卦)의 괘효(卦爻)에 성인(聖人)이 맨[繫] 말씀[辭]이 곧 의지이후언(擬之而後言)의 〈언(言)〉이다. 물론 그 말씀[言]은 천수상(天垂象) 즉 자연이[天] 드리워주는[垂] 짓[象]을 본받은[法] 괘효사(卦爻辭)이다. 그래서 관상(觀象)하고 완사(玩辭)하여 온 세상의 지색(至賾)-지동(至動)의 짓[象]을 살핌[觀]으로 말미암아 비롯된 헤아림[擬]이 괘효사(卦爻辭)이다. 이어서 괘효사(卦爻辭)를 새김[玩]으로 말미암아 비롯된 헤아림[擬]을 따져봄[議]이 의지이후동(議之而後動)의 〈의지(議之)〉이다. 물론 〈의지(議之)의 지(之)〉 역시 온 세상[天下]의 지색(至賾)-지동(至動)을 줄여 밝힌다. 그러므로 의지(擬之)를 따져보기[議]란 헤아린[擬] 천하지색(天下之賾)-지동(至動)을 사색(思索)하여 논(論)하여 평(評)하고, 평(評)한 것을 택(擇)하여 정(定)하고, 정(定)한 것을 의견(意見)을 마련할 수 있게 되어, 관변(觀變)-완점(玩占)을 행(行)함이 〈의지이후동(議之而後動)의 동(動)〉이다.

擬議以成其變化(의의이성기변화)

성인(聖人)의 사색(思索)을 본받아[法] 관상(觀象)하고 완사(玩辭)하여 관변(觀變)하고 완점(玩占)하는 방편을 밝힌다. 〈의의이(擬議以)의 의의(擬議)〉는 물론 성인지의의(聖人之擬議) 즉 성인의[聖人之] 헤아림[擬]과 따져봄[議]을 뜻해 성인(聖

人)의 사색(思索)을 뜻한다. 괘효(卦爻)의 짓[象]을 살피고[觀] 괘효(卦爻)에 매인[繫] 말씀[辭]을 새김[玩]은 관변(觀變)하여 완점(玩占)하고자 함이다. 이러한 관상(觀象)-완사(玩辭)가 곧 성인(聖人)의 사색(思索)인 〈의의(擬議)〉를 본받는[法] 사색(思索)이고, 따라서 관변(觀變)-완점(玩占) 또한 성인(聖人)의 의의(擬議)를 본받는[法] 사색(思索)이다. 관변(觀變)이란 〈온 세상[天下]의 지색(至賾)과 지동(至動)〉을 살펴[觀] 변화(變化)를 가늠해[斷] 지변(知變)함이고, 완점(玩占)이란 그 변화(變化)를 단(斷)하여 사물(事物)의 길흉(吉凶)을 새김하여[玩] 지래(知來)함이다. 관상(觀象)-완사(玩辭)하여 관변(觀變)-완점(玩占)하기가 성인(聖人)의 의의(擬議)를 본받아야[法] 한다는 것은 오로지 무사(無思)-무위(無爲)의 사색(思索)이어야 지변(知變)-지래(知來)할 수 있기 때문이다.

계사전상(繫辭傳上) 9단락(段落)

鳴鶴在陰이어늘 其子和之로다 我有好爵하니 吾與爾靡
명학재음 기자화지 아유호작 오여이미

之한다 子曰 君子居其室하여 出其言善이면 則千里之
지 자왈 군자거기실 출기언선 즉천리지

外應之하나니 況其邇者乎아 居其室하여 出其言不善이
외응지 황기이자호 거기실 출기언불선

면 則千里之外違之하나니 況其邇者乎아 言出乎身하면
즉천리지외위지 황기이자호 언출호신

加乎民하고 行發乎邇하여 見乎遠하나니 言行君子之樞
가호민 행발호이 현호원 언행군자지추

機이며 樞機之發榮辱之主也라 言行君子之所以動天
기 추기지발영욕지주야 언행군자지소이동천

地也니 可不愼乎라
지야 가불신호

소리하며 학이 응달에 있다. 그 새끼가 어미에게 화답한다. 나에게 좋은 벼슬이 있으니 너와 내가 그것을 함께한다. 공자가 말했다. 군자가 자기 방에 있으면서 자기의 말을 냈을 때 선(善)하다면 곧바로 천 리의 밖에서도 그의 말을 따른다. 하물며 군자와 가까운 사람들이야! (군자가) 자기 방에 있으면서 자기의 말을 냈을 때 불선(不善)하다면 곧바로 천 리의 밖에서도 그의 말을 거스른다. 하물며 군자와 가까운 사람들이야! 말은 저에게서 나오면 사람들에게서 보태지고, 가까운 데서 퍼져 나가 먼 데까지 드러난다. 말과 행실은 군자의 지도리[樞]이고 노아[機]이며 추기의 발동은 영욕의 주축이다. 언행은 군자가 자신의 언행을 써 하늘땅을 감동시키는 바이니, (군자가 자신의 언행을) 삼가지 않을 수 있겠는가?

【탐독(探讀)】

소리하며[鳴] 학이[鶴] 응달에[陰] 있다[在]. 그[其] 새끼가[子] 어미에게[之] 화답한다[和]. 나에게[我] 좋은[好] 벼슬이[爵] 있으니[有] 너[爾]와[與] 내가[吾] 그것을[之] 함께한다[靡]. 공자가[子] 말했다[曰]. 군자가[君子] 자기[其] 방에[室] 있으면서[居] 자기의[其] 말을[言] 냈을 때[出] 선하다면[善] 곧바로[則] 천리(千里)의[之] 밖에서도[外] 그의 말을[之] 따른다[應]. 하물며[況] 군자와[其] 가까운[邇] 사람들[者]이야[乎]! {군자(君子)가} 자기[其] 방에[室] 있으면서[居] 자기의[其] 말을[言] 냈을 때[出] 불선하다면[不善] 곧바로[則] 천리(千里)의[之] 밖에서도[外] 그의 말을[之] 거스른다[違]. 하물며[況] 군자와[其] 가까운[邇] 사람들[者]이야[乎]! 말은[言] 저에게서[乎身] 나오면[出] 사람들에게서[乎民] 보태지고[加], 가까운 데서[乎邇] 퍼져 나가[行發] 먼 데까지[乎遠] 드러난다[見]. 말과[言] 행실은[行] 군자(君子)의[之] 지도리이고[樞] 노아(弩牙)이며[機] 추기(樞機)의[之] 발동은[發] 영욕(榮辱)의[之] 주축[主]이다[也]. 언행은[言行] 군자(君子)가[之] 자신의 언행을 써[以] 하늘땅을[天地] 감동시키는[動] 바[所]이니[也], {군자(君子)가 자신의 언행(言行)을} 삼가지[愼] 않을[不] 수 있겠는가[可乎]?

【지남(指南)】

鳴鶴在陰(명학재음) 其子和之(기자화지)

64괘(卦) 중에서 61번째 중부괘(中孚卦 : ䷼) 구이(九二)의 효사(爻辭) 첫째 둘째 계사(繫辭)이다. 괘효사(卦爻辭)는 성인(聖人)이 64괘(卦)의 괘효(卦爻)마다 매어둔[繫] 말씀[辭]이다. 이러한 효사(爻辭)를 완사(玩辭)하는 도(道) 즉 이치(理致)와 방법을 터득하게 하고자 공자(孔子)가 중부괘(中孚卦 : ䷼) 구이(九二)의 효사(爻辭)를 지남(指南) 즉 길잡이[指南]로 삼아 예(例)를 들고 있다. 괘효사(卦爻辭)를 새기는[玩] 이치[理]로서의 도(道)뿐만 아니라 괘효사(卦爻辭)가 가르치고[教]-이끌어주고[導]-말하는[言] 도(道)를 〈어미가[鶴] 소리 내면[鳴] 새끼가[子] 알아듣고 화답함[和]〉으로 새기고[玩] 헤아려[擬] 가늠해야[斷] 함을 중부괘(中孚卦 : ䷼) 구이(九二)의 효사(爻辭)를 실례로 들어 밝힌다.

我有好爵(아유호작) 吾與爾靡之(오여이미지)

〈아유호작(我有好爵)〉은 〈명학재음(鳴鶴在陰)〉을 헤아려[擬] 따져보게[議] 하고, 〈오여이미지(吾與爾靡之)〉는 〈명학재음(鳴鶴在陰)의 명(鳴)〉을 의의(擬議)하게 하면서 〈기자화지(其子和之)〉를 이어서 의의하게 한다. 이처럼 괘효사(卦爻辭)의 사구(辭句)는 시(詩)에서처럼 상(象)들이 달라질 뿐 마음가기[志]와 말하기[言]는 이어간다. 그러므로 〈아유호작(我有好爵) 오여이미지(吾與爾靡之)〉는 〈명학재음(鳴鶴在陰) 기자화지(其子和之)〉와 이어지는 말[辭]로 듣고 시(詩)의 언지(言志)를 새기듯이 은밀히 통화(通話)해야 한다. 효사(爻辭)는 일맥(一脈)으로 관류(貫流)하며 말한다[言].

子曰(자왈) 君子居其室(군자거기실) 出其言善(출기언선) 則千里之外應之(즉천리지외응지) 況其邇者乎(황기이자호)

중부괘(中孚卦 : ䷼) 구이(九二)의 효사(爻辭) 〈명학재음(鳴鶴在陰) 기자화지(其子和之) 아유호작(我有好爵) 오여이미지(吾與爾靡之)〉를 완사(玩辭)하여, 〈길(吉)한 본보기[事例]〉를 공자(孔子)가 의의(擬議)한 것이다. 명학재음(鳴鶴在陰)에서 명학(鳴鶴)의 〈학(鶴)〉을 〈군자(君子)〉로 삼고, 명학(鳴鶴)의 〈명(鳴)〉을 군자(君子)의 〈언(言)〉으로 삼고, 〈재음(在陰)〉을 〈거기실(居其室)〉로 견주어 새겨[玩] 헤아리고[擬], 아유호작(我有好爵)의 〈호작(好爵)〉을 〈선(善)〉으로 견주어 새겨 헤아렸고, 기자화지(其子和之)의 〈화지(和之)〉와 오여이미지(吾與爾靡之)의 〈미지(靡之)〉를 〈응(應)〉으로 견주어 새겨 헤아려 〈천리지외응지(千里之外應之)〉라고 따져[議], 공자(孔子)가 군자(君子)의 〈언(言)〉은 〈선(善)〉 바로 그것이기 때문에 군자(君子)의 〈언(言)〉과 어울리고[和] 함께할[靡] 수밖에 없음을 밝혀 〈황기이자호(況其邇者乎)〉라고 중부괘(中孚卦 : ䷼) 구이(九二)의 효사(爻辭)를 완사(玩辭)한 것이다.

居其室(거기실) 出其言不善(출기언불선) 則千里之外違之(즉천리지외위지) 況其邇者乎(황기이자호)

중부괘(中孚卦 : ䷼) 구이(九二)의 효사(爻辭) 〈명학재음(鳴鶴在陰) 기자화지(其子和之) 아유호작(我有好爵) 오여이미지(吾與爾靡之)〉를 완사(玩辭)하여, 〈흉(凶)한 본보기[事例]〉를 공자(孔子)가 헤아려[擬] 토의한[議] 것이다. 명학재음(鳴鶴在陰)에서 명학(鳴鶴)의 〈학(鶴)〉을 〈거짓군자[僞君子]〉로 삼고, 명학(鳴鶴)의 〈명

鳴)〉을 위군자(僞君子)의 〈언(言)〉으로 삼고, 〈재음(在陰)〉을 거짓군자[僞君子]의 〈거기실(居其室)〉로 견주어 새겨[玩] 헤아리고[擬], 아유호작(我有好爵)의 〈호작(好爵)〉을 위군자(僞君子)의 〈불선(不善)〉으로 견주어 새겨 헤아렸고, 기자화지(其子和之)의 〈화지(和之)〉와 오여이미지(吾與爾靡之)의 〈미지(靡之)〉를 〈위(違)〉로 견주어 새겨 헤아려 〈천리지외위지(千里之外違之)〉라고 따져[議], 공자(孔子)가 위군자(僞君子)의 〈언(言)〉은 〈불선(不善)〉 바로 그것이라고 밝힌다. 그렇기 때문에 거짓군자[僞君子]의 〈언(言)〉은 어울리지 못하고[不和] 함께하지 못할[不靡] 수밖에 없음을 밝혀 〈황기이자호(況其邇者乎)〉라고 중부괘(中孚卦) 구이(九二)의 효사(爻辭)를 〈흉(凶)한 경우〉를 상정(想定)하여 완사(玩辭)하고 있다.

言出乎身(언출호신) 加乎民(가호민) 行發乎邇(행발호이) 見乎遠(현호원)

말[言]의 본질을 공자(孔子)가 간명하게 밝힌다. 이는 중부괘(中孚卦 : ䷼) 구이(九二)의 효사(爻辭)를 통해 발언(發言)의 두려움[畏]을 깨우치게 한다. 선(善)한 말이든 불선(不善)한 말이든 입에서 나온[出乎身] 말[言]은 온 세상으로 퍼져 일파만파(一波萬波)로 번져 나간다. 〈언사충(言思忠)〉이라 함은 군자(君子)의 구사(九思) 중 하나이다. 〈말할 때는[言] 지극히 정성되어 거짓이 없음을[忠] 생각하라[思]〉는 것이다. 한 점 거짓이 없는 말이라도 온 사람에게 미치면 달라지고 온 세상에 퍼지면 부풀려지게 마련이다. 달변(達辯)을 일삼는 사람은 제 입이 호구(虎口)인 줄 모르고 지껄이다 탈이 난다. 세상에서 말하기가 얼마나 두려운 일인지 사무치라고 위와 같이 밝힌다.

言行君子之樞機(언행군자지추기) 樞機之發榮辱之主也(추기지발영욕지주야)

군자(君子)의 도(道)는 군자(君子)의 언행(言行)에 달려 있음을 밝힌다. 추기(樞機)의 〈추(樞)〉는 문(門)의 지도리를 뜻하고, 〈기(機)〉는 여기선 큰 활인 노(弩)의 노리쇠[牙]를 뜻한다. 지도리[樞]가 없다면 문(門)이 열리고 닫힐 수 없어 문(門)이 제구실을 못하고, 쇠뇌[機]가 없다면 큰 돌덩이를 쏘아 날리는 노(弩)가 쓸모없게 된다. 군자(君子)의 언행(言行)이 곧 군자(君子)가 되는 추기(樞機)가 된다. 그 추기(樞機)의 발동(發動) 즉 군자(君子)가 제 언행(言行)을 실행함이 〈선(善)하다〉면 진정한 군자(君子)이므로 영화(榮華)로 드러날 것이고, 그 실행함이 〈불선(不善)하다〉면 거짓군자[僞君子]이므로 치욕(恥辱)으로 드러날 것임을 밝힌다.

言行君子之所以動天地也(언행군자지소이동천지야) 可不愼乎(가불신호)

언행(言行) 즉 말[言]과 행동[行]이 〈선(善)해야 하는 까닭〉을 밝힌다. 언행(言行)이 선(善)하면 동천지(動天地) 즉 천지(天地)를 감동(感動)시키고, 언행(言行)이 불선(不善)하면 위천지(違天地) 즉 천지(天地)를 어김[違]이다. 언행(言行)이 선(善)한 사람은 〈선(善)〉함이 곧 〈계역(繼易)〉임을 알기 때문에 지변화지도자(知變化之道者) 즉 지변자(知變者)가 됨이니 말하기는 지극히 신중해야[愼] 한다는 것이다.

계사전상(繫辭傳上) 10단락(段落)

同人이 先號咷而後笑리라 子曰 君子之道는 或出或處
동인 선호도이후소 자왈 군자지도 혹출혹처
하고 或黙或語한다 二人同心하니 其利斷金한다 同心之
혹묵혹어 이인동심 기리단금 동심지
言이 其臭如蘭이로다
언 기취여난

같이하는 사람들이 먼저는 울었으나 뒤에는 웃으리라. 공자가 말했다. 군자의 도(道)는 때로는 (세상으로) 나가고 때로는 (집안에) 머물며 때로는 말하지 않기도 하고 때로는 말해주기도 한다. 두 사람이 마음을 하나로 하니 그 예리함(이로움)은 쇠도 끊는다. 마음을 하나로 하는 말 그 말의 향기가 난향 같다.

【탐독(探讀)】

같이하는[同] 사람들이[人] 먼저는[先] 울었으나[號咷而] 뒤에는[後] 웃으리라[笑]. 공자가[子] 말했다[曰]. 군자(君子)의[之] 도는[道] 때로는[或] (세상으로) 나가고[出] 때로는[或] (집안에) 머물며[處] 때로는[或] 말하지 않기도 하고[黙] 때로는[或] 말해주기도 한다[語]. 두[二] 사람이[人] 마음을[心] 하나로 하니[同] 그[其] 예리함(이로움)은[利] 쇠도[金] 끊는다[斷]. 마음을[心] 하나로 하는[同之] 말[言] 그 말의[其] 향기가[臭] 난향[蘭] 같다[如].

【지남(指南)】

同人(동인) 先號咷而後笑(선호도이후소)

64괘(卦) 중에서 13번째 동인괘(同人卦 : ䷌) 구오(九五)의 효사(爻辭) 앞부분이다. 효사(爻辭)를 완사(玩辭)하는 도(道) 즉 이치(理致)와 방법을 터득하게 하고자 공자(孔子)가 동인괘(同人卦 : ䷌) 구오(九五)의 효사(爻辭)를 지남(指南) 삼아 예를 들고 있다. 괘효사(卦爻辭)를 새기는[玩] 이치[理]로서의 도(道)뿐만 아니라 괘효사(卦爻辭)가 가르치고[教]-이끌어주고[導]-말하는[言] 도(道)를 〈같이하는[同] 사람들이[人] 먼저는[先] 울었으나[號咷而] 뒤에는[後] 웃으리라[笑]〉라고 새기고[玩] 헤아려[擬] 가늠해야[斷] 함을 동인괘(同人卦 : ䷌) 구오(九五)의 효사(爻辭)를 실례로 들어 밝힌다.

子曰(자왈) 君子之道(군자지도) 或出或處(혹출혹처) 或默或語(혹묵혹어)

동인괘(同人卦 : ䷌) 구오(九五)의 효사(爻辭)인 〈동인(同人) 선호도이후소(先號咷而後笑)〉를 완사(玩辭)하여 〈흉(凶)하다 길(吉)한 본보기[事例]〉를 공자(孔子)가 의의(擬議)한 것이다. 〈동인(同人) 선호도이후소(先號咷而後笑)〉에서 〈동인(同人)〉을 〈군자지도(君子之道)〉로 삼고, 〈호도(號咷)〉를 〈군자지도(君子之道)의 처(處)-묵(默)〉으로 삼고, 〈소(笑)〉를 〈군자지도(君子之道)의 출(出)-어(語)〉로 견주어 새겨[玩] 헤아리고[擬], 〈선호도(先號咷)의 호도(號咷)〉를 〈흉(凶)〉으로 견주어 군자지도(君子之道)를 새겨 헤아렸고, 〈이후소(而後笑)의 소(笑)〉를 〈길(吉)〉로 견주어 군자지도(君子之道)를 새겨 헤아려, 군자지도(君子之道)가 세상으로부터 외면당하거나 환영받기도 함을 밝힌다.

二人同心(이인동심) 其利斷金(기리단금)

동인괘(同人卦 : ䷌) 구오(九五)의 효사(爻辭)인 〈동인(同人) 선호도이후소(先號咷而後笑)〉를 완사(玩辭)하는 예(例)로 든 자왈(子曰)이다. 〈이인동심(二人同心)〉이란 〈이인(二人)〉이 〈동인(同人)〉으로 변화했음을 뜻한다. 두[二] 사람[人]을 한[同] 사람[人]으로 되게 한 동심(同心) 즉 한마음[同心]이 된 변화가 불선(不善)한 것이면 그 동심(同心)은 〈호도(號咷)〉 즉 울음으로 드러나 흉(凶)할 것이고, 두[二] 사람[人]을 한[同] 사람[人]으로 되게 한 동심(同心)이 선(善)한 것이면 그 동심(同心)은 〈소(笑)〉 즉 웃음으로 드러나 길(吉)할 것임을 새겨 헤아려 보라는 것이다.

同心之言(동심지언) 其臭如蘭(기취여란)

동인괘(同人卦 : ䷌) 구오(九五)의 효사(爻辭)인 〈동인(同人) 선호도이후소(先號咷而後笑)〉에서 〈호도(號咷)에서 소(笑)〉로 변화함을 밝힌 자왈(子曰)이다. 〈효자

언호변자(爻者言乎變者)〉이므로 〈효사자언호변자(爻辭者言乎變者)〉이게 마련이다. 효라는[爻] 것은[者] 변하는[變] 것[者]을[乎] 말함[言]이니, 효사라는[爻辭] 것도[者] 변하는[變] 것[者]을[乎] 말함[言]이다. 동심(同心)의 말이 선(善)하다면 난초의 향(香)과 같다는 것이다.

계사전상(繫辭傳上) 11단락(段落)

初六이 藉用白茅니 无咎이다 子曰 苟錯諸地而可矣어늘
초륙 자용백모 무구 자왈 구조저지이가의

藉之用茅하니 何咎之有리오 愼之至也라 夫茅之爲物은
자지용모 하구지유 신지지야 부모지위물

薄而用可重也이다 愼斯術也以往이면 其无所失矣리라
박이용가중야 신사술야이왕 기무소실의

초륙이 깔개로 흰 띠풀을 쓰니 허물이 없다. 공자가 말했다. 진실로 땅에다 자리를 깔아도 좋을 것이다. 깔개를 폄에 띠풀을 쓰는데 어찌 허물이 있을 것인가? 삼감이 지극한 것이다. 무릇 띠풀이 물건이 됨은 하찮지만 쓰임은 소중할 수 있는 것이다. 이 술법의 신중함을 써 (그 삼감이) 다함이다. 그렇게 하면 (길함을) 잃을 바가 없는 것이다.

【탐독(探讀)】

초륙이[初六] 깔개로[藉] 흰[白] 띠풀을[茅] 쓰니[用] 허물이[咎] 없다[无]. 공자가[子] 말했다[曰]. 진실로[苟] 땅에다[地] 자리를[諸] 깔아도[錯而] 좋을 것[可]이다[矣]. 깔개를 폄에[藉之] 띠풀을[茅] 쓰는데[用] 어찌[何] 허물[咎]이[之] 있을 것인가[有]? 삼감[愼]이[之] 지극한 것[至]이다[也]. 무릇[夫] 띠풀[茅]이[之] 물건이[物] 됨은[爲] 하찮지만[薄而] 쓰임은[用] 소중할[重] 수 있는 것[可]이다[也]. 이[斯] 술법의[術] 신중함을[愼] 써[以] (그 삼감이) 다함[往]이다[也]. 그렇게 하면[其] {길(吉)함을} 잃을[失] 바가[所] 없는 것[无]이다[矣].

【지남(指南)】

初六(초륙) 藉用白茅(자용백모) 无咎(무구)

64괘(卦) 중에서 28번째 대과괘(大過卦 : ䷛) 초륙(初六)의 효사(爻辭)이다. 여기서 초륙(初六)이란 대과괘(大過卦) 하괘(下卦)의 첫 번째 효(爻)가 음효(陰爻 : --)

임을 뜻한다. 초륙(初六)의 효사(爻辭)는 〈자용백모(藉用白茅) 무구(无咎)〉이다. 효사(爻辭)의 사구(辭句)란 시언지(詩言志)의 언지(言志)와 같다. 언지(言志)란 사물(事物)의 상(象) 즉 짓[象]을 살펴[觀] 새기고[玩] 헤아려[擬] 가늠하여[斷] 스스로 사지(思之) 즉 생각하라[思之]는 직언(直言)이다. 효사(爻辭)의 사구(辭句)는 어구(語句)가 아니어서 무엇을 진술하지 않는다. 괘효사(卦爻辭)의 사구(辭句)는 지난 일[去事]이 아니라 앞일[來事]을 살펴 새김하게 한다. 효사(爻辭)의 사구(辭句)는 스스로 살피고 새기고 헤아려 따져서 가늠하게 함을 명심해야 한다. 남의 말을 기웃거려서는 효사(爻辭)와 상교(相交) 즉 서로[相] 사귈[交] 수 없다.

子曰(자왈) 苟錯諸地而可矣(구조저지이가의) 藉之用茅(자지용모) 何咎之有(하구지유)

대과괘(大過卦 : ䷛) 초륙(初六)의 효사(爻辭)인 〈자용백모(藉用白茅) 무구(无咎)〉를 완사(玩辭)하여 〈무구(无咎)한 본보기[事例]〉를 공자(孔子)가 의의(擬議)해 풀이한다. 〈자용백모(藉用白茅) 무구(无咎)〉를 그대로 받아들여 〈자용백모(藉用白茅)〉를 〈무구(无咎)〉로 새겨[玩] 헤아려[擬] 〈가(可)함〉을 밝혀, 〈하구지유(何咎之有)〉라고 가늠해[斷] 대과괘(大過卦 : ䷛) 초륙(初六)의 효사(爻辭)를 완사(玩辭)하고 있다.

愼之至也(신지지야)

대과괘(大過卦 : ䷛) 초륙(初六)의 효사(爻辭)인 〈자용백모(藉用白茅) 무구(无咎)〉를 완사(玩辭)-의의(擬議)하여 〈무구(无咎)〉함이 비롯되는 까닭을 공자(孔子)가 밝힌다. 삼가지 않고 조심하지 않으면 허물[咎]을 짓고 만다. 유구(有咎)할세라 군자는[君子] 제[其] 자신을[獨] 삼가는 것[愼]이다[也]. 남의 눈이 무서워 삼간다면 그런 삼감은 자기(自欺)일 뿐이다. 거짓[欺]으로 삼감[愼]이란 드러나지 않은 자만(自慢)이다. 자신을[自] 속임[欺]이 가장 흉(凶)한 허물[咎]이다. 여기서 〈자지용모(藉之用茅)〉가 근신(謹愼)으로 새겨지고 검박(儉樸)으로 새겨져 공자(孔子)가 〈신지(愼之至)〉라고 밝힌 뜻[志]을 〈무구(无咎)하기 위함〉이라고 저마다 헤아려[擬] 가늠해[斷] 볼 수 있다.

夫茅之爲物(부모지위물) 薄而用可重也(박이용가중야)

대과괘(大過卦 : ䷛) 초륙(初六)의 효사(爻辭)인 〈자용백모(藉用白茅) 무구(无咎)〉를 본받아[法] 〈물(物)의 제(諸)-용(用)〉을 풀이한다. 띠풀[茅] 자체는 대수롭지 않은[薄] 물건[物]이다. 본래 띠풀[茅]이란 것[物]은 박(薄)하지 귀(貴)하지는 않다. 여기서 박(薄)이란 흔한 잡초(雜草)를 뜻한다. 띠풀은 잡초일 뿐이고 그 자체로 본다면 하찮은[薄] 물건[物]이다. 그러나 띠풀이 잡초일지라도 그 띠풀을 〈결정(潔淨)-유연(柔軟)의 상(象)〉으로 삼아 군자지도(君子之道)를 말하는[言] 짓[象]으로 삼는다면, 그 띠풀[茅]은 지신(至愼)의 무구(無咎)로 이어주는 상(象)이 되어 귀중(貴重)한 것이 된다.

愼斯術也以往(신사술야이왕) 其无所失矣(기무소실의)

대과괘(大過卦 : ䷛) 초륙(初六)의 효사(爻辭)인 〈자용백모(藉用白茅)의 용(用)〉을 풀이한다. 신사술야이왕(愼斯術也以往)은 신사술야이(愼斯術也以) 사술왕(斯術往)에서 되풀이되는 내용이므로 〈사술(斯術)〉을 생략한 구문이다. 그러므로 〈신사술야이(愼斯術也以)〉까지를 조건절로 삼고, 〈왕(往)〉을 주절로 삼아 문맥을 잡으면 문의(文意)가 잡힌다. 신사술야이왕(愼斯術也以往)에서 〈신(愼)〉은 부사 노릇을 하고, 〈사술(斯術)〉은 주어 노릇을 하며, 〈야(也)〉는 구말어조사이지만 주격 토씨쯤으로 여기면 되고, 〈이(以)〉는 여기선 〈써 용(用)〉과 같아 피동사로 여기고 〈쓰일 이(以)〉로 새기면 된다. 신사술야이왕(愼斯術也以往)에서 〈왕(往)〉은 사술왕(斯術往)에서 주어 노릇을 할 〈사술(斯術)〉이 생략되고 동사인 〈왕(往)〉만 남은 구(句)임을 알아채면, 신사술야이왕(愼斯術也以往)이 복문(複文)의 구(句)로 문맥을 잡아 〈신사술야이(愼斯術也以)한다면 이런[斯] 용법은[術] 향한다[往]〉라고 새길 수 있다. 여기서 〈왕(往)〉은 〈향할 향(向)〉과 같다.

기무소실의(其无所失矣)에서 〈기(其)〉는 〈신사술야이왕(愼斯術也以往)〉을 나타내는 지시대명사 노릇을 하고, 〈무(无)〉는 〈없을 무(無)〉와 같아 주어를 뒤에 두기 때문에 〈소실(所失)〉이 주부(主部)로서 주자구(主子句) 노릇을 하고, 〈의(矣)〉는 구(句)의 서술이 마쳤음을 나타내는 구말어조사이다. 〈그것에[其] 잃을[失] 바가[所] 없는 것[无]이다[矣]〉라고 문맥을 잡으면 전체 문의(文意)가 드러난다. 신사술야이왕(愼斯術也以往)에서 〈왕(往)〉을 잘 새겨야 문의를 건질 수 있다. 대개 〈왕(往)〉이 〈향할 왕(往)〉의 뜻을 낼 때는 『대학(大學)』에 나오는 〈사유종시(事有終始)의 종시(終始)〉를 떠올리게 한다. 처음부터 물건[物]을 무구(无咎)하게 쓰면[以] 그 끝[終]도 그 처음[始]을 무구(无咎)하게 향(向)한다는 뜻을 냄이 여기 〈향할 왕(往)〉이다. 시(始)가 자용백모(藉用白茅)이면 그 종(終) 또한 자용백모(藉用白茅)를 향(向)한다는 뜻을 신사술야이왕(愼斯術也以往)의 〈왕(往)〉이 담고 있음을 〈자용백모(藉用白茅)〉가 헤아리게 함을 강조한다.

계사전상(繫辭傳上) 12단락(段落)

勞謙하다 君子有終이니 吉하다 子曰 勞而不伐하고 有
노겸 군자유종 길 자왈 노이불벌 유

功而不德이니 厚之至也이다 語以其功下人者也라 德
공이부덕 후지지야 어이기공하인자야 덕

言盛이고 禮言恭이다 謙也者致恭以存其位者也이다
언성 예언공 겸야자치공이존기위자야

(군자는) 수고로워도 겸손하다. 군자에게 끝마침이 있어 길하다. 공자가 말했다. {노겸(勞謙)은} 애쓰고도 공치사하지 않고, 일한 공적이 있어도 (그 공적을) 차지하지 않음이니, 도타움이 지극함이다. {노겸(勞謙)은} 자신의 공을 가지고 남들에게 (스스로를) 낮춤을 밝히는 것이다. 덕(德)은 성대함을 말하고, 예(禮)는 공경함을 말한다. 겸양이란 것은 공경을 다함으로써 군자의 자리를 보존하는 것이다.

【탐독(探讀)】

{군자(君子)는} 수고로워도[勞] 겸손하다[謙]. 군자에게[君子] 끝마침이[終] 있어[有] 길하다[吉]. 공자가[子] 말했다[曰]. {노겸(勞謙)은} 애쓰고도[勞而] 공치사하지 않고[不伐], 일한 공적이[功] 있어도[有而] (그 공적을) 차지하지 않음이니[不德], 도타움[厚]이[之] 지극함[至]이다[也]. {노겸(勞謙)은} 자신의[其] 공을[功] 가지고[以] 남들에게[人] (스스로를) 낮춤을[下] 밝히는[語] 것[者]이다[也]. 덕은[德] 성대함을[盛] 말하고[言], 예는[禮] 공경함을[恭] 말한다[言]. 겸양[謙]이란[也] 것은[者] 공경을[恭] 다함[致]으로써[以] 군자의[其] 자리를[位] 보존하는[存] 것[者]이다[也].

【지남(指南)】

勞謙(노겸) 君子有終(군자유종) 吉(길)

64괘(卦) 중에서 15번째 겸괘(謙卦 : ䷎) 구삼(九三)의 효사(爻辭)이다. 겸괘(謙

卦 : ䷎) 구삼(九三)의 효사(爻辭)는 3구(句)로 되어 있다. 효사(爻辭)의 사구(辭句)란 시언지(詩言志)의 언지(言志)와 같다. 언지(言志)란 사물(事物)의 상(象) 즉 짓[象]을 살펴[觀] 새기고[玩] 헤아려[擬] 가늠하여[斷] 스스로 사지(思之) 즉 생각하라[思之]는 직언(直言)이다. 효사(爻辭)의 사구(辭句)는 어구(語句)가 아니어서 무엇을 진술하지 않는다. 괘효사(卦爻辭)의 사구(辭句)는 지난 일[去事]이 아니라 앞일[來事]을 살펴 스스로 새김해보며 앞일을 역수(逆數) 즉 미리미리[逆] 헤아려보라[數] 한다.

子曰(자왈) 勞而不伐(노이불벌) 有功而不德(유공이부덕) 厚之至也(후지지야)

겸괘(謙卦 : ䷎) 구삼(九三)의 효사(爻辭) 첫째 사구(辭句)인 〈노겸(勞謙)의 겸(謙)〉을 풀이한 자왈(子曰)이다. 〈노이불벌(勞而不伐)〉이 비록 자왈(子曰)이지만 『노자(老子)』 22장(章)에 나오는 〈부자벌고유공(不自伐故有功)〉을 상기시킨다. 논공행상(論功行賞)하자면 자벌(自伐)할 수밖에 없고 제 자랑을 하자[自伐]면 어쩔 수 없이 상대와 견주어[敵] 다툴[爭] 수밖에 없다. 그래서 자벌(自伐)이란 논공(論功)의 공치사로 이어져 자만(自慢)으로 드러나고 만다. 군자(君子)는 겸괘(謙卦 : ䷎) 구삼(九三)의 〈노겸(勞謙)〉을 본받아[法] 공치사 따위로 공 다툼을 결코 하지 않음을 밝힌다.

語以其功下人者也(어이기공하인자야)

겸괘(謙卦 : ䷎) 구삼(九三)의 효사(爻辭) 〈노겸(勞謙)〉을 〈어하인(語下人)〉이라고 풀이한다. 어이기공하인자야(語以其功下人者也)에서 〈하인(下人)〉은 『논어(論語)』「안연(顔淵)」에 나오는 〈부달야자여이하인(夫達也者慮以下人)〉을 환기시킨다. 달자(達者) 즉 군자(君子)가 밝히는 〈하인(下人)〉이란 〈자하어인(自下於人)〉을 뜻한다. 군자(君子)는 〈자비어인(自卑於人)〉을 그냥 〈하인(下人)〉이라고 밝힌다. 그러나 소인(小人)은 〈하인(下人)〉을 〈비인(卑人)-압인(狎人)-모인(侮人)-경인(輕人)〉 등으로 여기고 자현(自見)-자시(自是)-자벌(自伐)-자긍(自矜)하기를 마다하지 않는다. 군자(君子)는 하인(下人)의 〈하(下)〉를 〈자비(自卑)〉 즉 〈자신을[自]

낮추기[卑]〉로 삼지만, 소인(小人)은 하인(下人)의 〈하(下)〉를 〈비인(卑人)〉 즉 〈남[人]을 낮추기[卑]〉로 삼고 〈자존(自尊)〉 즉 〈자신을[自] 높이기[尊]〉로 삼는다. 이렇게 군자(君子)의 〈하인(下人)〉과 소인(小人)의 〈하인(下人)〉은 그 뜻하는 바가 다름을 헤아려보게 한다.

德言盛(덕언성)

겸괘(謙卦 : ䷎) 구삼(九三)의 효상(爻象)을 본받아[法] 성인(聖人)이 〈노겸(勞謙)〉을 밝힌다. 겸괘(謙卦 : ䷎)에서 구삼(九三)의 효(爻)는 유일(唯一)한 양효(陽爻)이니 건괘(乾卦)의 상(象)을 대신하는 효(爻)이다. 역(易)에서 〈덕(德)〉은 건괘지상(乾卦之象) 즉 건괘의[乾卦之] 짓[象]을 주로 말한다. 여기선 겸괘(謙卦 : ䷎) 구삼(九三)의 양효지상(陽爻之象)을 말한다. 겸괘(謙卦 : ䷎)에서 구삼(九三)은 제자리[其位]도 길(吉)할 뿐만 아니라 구삼(九三)의 상교(相交)인 비(比)-응(應)도 길(吉)함을 밝힌다.

禮言恭(예언공)

겸괘(謙卦 : ䷎) 구삼(九三)의 효상(爻象)의 상교(相交)를 본받아[法] 성인(聖人)이 〈노겸(勞謙)〉을 밝힌다. 겸괘(謙卦 : ䷎)에서 구삼(九三)의 효(爻)는 겸괘(謙卦 : ䷎) 육사(六四)와 상교(相交)하여 즉 〈서로[相] 사귐[交]의 비(比)〉가 길(吉)하고, 겸괘(謙卦 : ䷎) 상륙(上六)과도 상교(相交)하여 즉 〈서로[相] 사귐[交]의 응(應)〉이 길(吉)함을 밝힌다.

謙也者致恭以存其位者也(겸야자치공이존기위자야)

〈겸야자(謙也者)〉는 겸괘(謙卦 : ䷎) 구삼(九三)의 효사(爻辭)인 노겸(勞謙)의 〈겸(謙)〉을 강조하고자 〈겸야자(謙也者)〉라 한 번 더 밝힌다. 이어서 군자(君子)는 치공(致恭)의 겸(謙)으로써[以] 자신의[其] 자리[位]를 보존(保存)할 수 있음을 〈존기위자(存其位者)〉가 밝힌다. 치공(致恭)은 여기선 치공인(致恭人)의 줄임이다. 남을[人] 받들기를[恭] 다함[致]이 없이는 노겸(勞謙)의 〈겸(謙)〉이 이룩될 수 없고, 치공(致恭)의 겸(謙)을 갖추어야 군자(君子)가 군자로서 제 자리를 보존(保存)함을 아울러 밝힌다.

계사전상(繫辭傳上) 13단락(段落)

亢龍이니 有悔리라 子曰 貴而无位하고 高而无民하며
항룡 유회 자왈 귀이무위 고이무민

賢人在下位而无輔라 是以 動而有悔也니라
현인재하위이무보 시이 동이유회야

더 오를 데 없이 오른 용(龍)이라 뉘우침이 있으리라. 공자가 말했다. 고귀해도 (벼슬) 자리가 없고, 고귀해도 백성이 없으며, 현명한 사람이 아랫자리에 있어도 그들의 도와줌이 없다. 이렇기 때문에 {항룡(亢龍)이} 거동하면 뉘우침이 있는 것이다.

【탐독(探讀)】

더 오를 데 없이 오른[亢] 용이라[龍] 뉘우침이[悔] 있으리라[有]. 공자가[子] 말했다[曰]. 고귀해도[貴而] (벼슬) 자리가[位] 없고[无], 고귀해도[高而] 백성이[民] 없으며[无], 현명한[賢] 사람이[人] 아랫자리에[下位] 있어도[在而] 그들의 도와줌이[輔] 없다[无]. 이렇기[是] 때문에[以] {항룡(亢龍)이} 거동하면[動而] 뉘우침이[悔] 있는 것[有]이다[也].

【지남(指南)】

亢龍(항룡) 有悔(유회)

64괘(卦) 중에서 첫 번째 건괘(乾卦 : ☰) 상구(上九)의 효사(爻辭)이다. 건괘(乾卦 : ☰) 상구(上九)의 효사(爻辭)는 2구(句)로 되어 있다. 효사(爻辭)의 사구(辭句)란 시언지(詩言志)의 언지(言志)와 같다. 언지(言志)란 사물(事物)의 상(象) 즉 짓[象]을 살펴[觀] 새기고[玩] 헤아려[擬] 가늠하여[斷] 스스로 사지(思之) 즉 생각하라[思之]는 직언(直言)이다. 효사(爻辭)의 사구(辭句)는 어구(語句)가 아니어서 무엇을 진술하여 시비(是非)하지 않는다. 괘효사(卦爻辭)의 사구(辭句)는 지난 일[去

事]이 아니라 앞일[來事]을 살펴 새김하여 역수(逆數)하라 한다.

子曰(자왈) 貴而无位(귀이무위) 高而无民(고이무민) 賢人在下位而无輔(현인재하위이무보)

건괘(乾卦 : ䷀) 상구(上九)의 효사(爻辭) 첫째 사구(辭句)인 〈항룡(亢龍)의 항(亢)〉을 풀이하여, 건괘(乾卦 : ䷀) 상구(上九)의 〈항룡(亢龍)〉이 뉘우치지 않으면 안 되는 까닭을 밝힌다. 귀인(貴人)이라지만 그에 합당한 지위가[位] 없다[无]면 그런 귀인은 뉘우침[悔]이 없는[无] 항룡(亢龍)인 꼴이고, 왕(王)이나 대통령인데도 백성[民]이 따르지 않는다면 그들 또한 무회(无悔)의 항룡(亢龍)인 꼴이며, 현명한 신하를 밑에 두고서도 그 신하의 보좌(補佐)를 받지 못한다면 역시 무회(无悔)의 항룡(亢龍)인 꼴이다. 그러므로 귀이무위(貴而无位)의 〈귀(貴)〉가 뉘우침[悔]이 있다[有]면 다시 귀(貴)해질 것이고, 뉘우침[悔]이 없다[无]면 귀(貴)하다 한들 천(賤)해지고 마는 까닭을 헤아리게 한다.

動而有悔也(동이유회야)

건괘(乾卦 : ䷀) 상구(上九)의 효사(爻辭) 〈항룡(亢龍) 유회(有悔)〉를 빌려 〈항룡(亢龍)의 동(動)〉이 길(吉)할 수도 있고 흉(凶)할 수도 있음을 살펴[觀] 새기고[玩] 헤아려[擬] 가늠하게[斷] 하는 자왈(子曰)이다. 건괘(乾卦 : ䷀) 상구(上九)의 〈항룡지상(亢龍之象)〉이란 지나치게 치우치고[極] 굳세기만[强] 하려고 해 크나큰 허물[太過]을 범하고 마는 짓[象]을 살펴보게 한다. 극(極)-강(强)의 치우침으로 빚어지는 태과(太過)의 항(亢)을 뉘우친다[悔]면 크게[太] 허물짓는[過] 거동(擧動)은 되풀이되지 않을 터임을 밝힌다.

계사전상(繫辭傳上) 14단락(段落)

不出户庭이라 无咎리라 子曰 亂之所生也면 則言語以爲階한다 君不密하면 則失臣하고 臣不密하면 則失身하며 幾事不密이면 則害成한다 是以 君子愼密而不出也하니라
불출호정 무구 자왈 난지소생야 즉언어이위 계 군불밀 즉실신 신불밀 즉실신 기 사불밀 즉해성 시이 군자신밀이불출야

방 밖 뜰을 나가지 않는다. 허물이 없다. 공자가 말했다. 분란이 생기는 것이면 곧 말로써 섬돌로 삼는다. 임금이 비밀로 하지 못하면 바로 신하를 잃고, 신하가 비밀로 하지 못하면 바로 제 몸을 잃고, 무릇 일이 비밀로 지켜지지 못하면 바로 성사를 그르친다. 이 때문에 군자는 (말을) 삼가고 간수하면서 드러내지 않는 것이다.

【탐독(探讀)】

방 밖 뜰을[戶庭] 나가지 않는다[不出]. 허물이[咎] 없다[无]. 공자가[子] 말했다[曰]. 분란[亂]이[之] 생기는[生] 것[所]이면[也] 곧[則] 말[言語]로써[以] 섬돌로[階] 삼는다[爲]. 임금이[君] 비밀로 하지 못하면[不密] 바로[則] 신하를[臣] 잃고[失], 신하가[臣] 비밀로 하지 못하면[不密] 바로[則] 제 몸을[身] 잃고[失], 무릇[幾] 일이[事] 비밀로 지켜지지 못하면[不密] 바로[則] 성사를[成] 그르친다[害]. 이[是] 때문에[以] 군자는[君子] (말을) 삼가고[愼] 간수하면서[密而] 드러내지 않는 것[不出]이다[也].

【지남(指南)】

不出戶庭(불출호정) 无咎(무구)

64괘(卦) 중에서 60번째 절괘(節卦 : ䷻) 초구(初九)의 효사(爻辭)이다. 절괘(節卦 : ䷻) 초구(初九)의 효사(爻辭)는 2구(句)로 되어 있다. 효사(爻辭)의 사구(辭句)란 시언지(詩言志)의 언지(言志)와 같다. 언지(言志)란 사물(事物)의 상(象) 즉 짓

[象]을 살펴[觀] 새기고[玩] 헤아려[擬] 가늠하여[斷] 스스로 사지(思之) 즉 생각하라[思之]는 직언(直言)이다. 효사(爻辭)의 사구(辭句)는 어구(語句)가 아니어서 무엇을 진술하여 시비(是非)하는 것이 아니다. 괘효사(卦爻辭)의 사구(辭句)는 지난 일[去事]이 아니라 앞일[來事]을 살펴 새김하게 한다. 효사(爻辭)의 사구(辭句)는 스스로 살피고 새기고 헤아려 따져서 스스로 역수(逆數)하라 한다.

子曰(자왈) 亂之所生也(난지소생야) 則言語以爲階(즉언어이위계)

절괘(節卦 : ䷻) 초구(初九)의 〈불출호정(不出戶庭) 무구(无咎)〉를 풀이하여 〈불출호정(不出戶庭)〉의 까닭을 밝힌다. 말[言語]이란 것이 씨가 되어 일[事]에 분란(紛亂)을 가져오는 〈말꼬리 잡기〉가 곧 언어이위계(言語以爲階)의 〈계(階)〉이다. 언어(言語)의 〈언(言)〉은 직언(直言)으로 시비(是非)의 가림[辨]을 떠난 말하기[言之]이고, 〈어(語)〉는 논란(論難)으로 시비(是非)를 변(辨)하려는 말해보기[語之]이지만, 말꼬리 잡기로 들면 직언(直言)도 말꼬리의 사다리[階]가 되고, 논란(論難)도 말꼬리 잡기의 계(階)가 된다. 절괘(節卦 : ䷻) 초구(初九)의 효사(爻辭) 〈불출호정(不出戶庭)의 불출(不出)〉을 절괘(節卦 : ䷻) 초구(初九)의 흉상(凶象)을 본받아[法] 〈불언(不言)-불어(不語)〉로 새기고[玩] 헤아려[擬] 가늠하게[斷] 밝힌다.

君不密(군불밀) 則失臣(즉실신) 臣不密(신불밀) 則失身(즉실신) 幾事不密(기사불밀) 則害成(즉해성)

절괘(節卦 : ䷻) 초구(初九)의 효사(爻辭)인 〈불출호정(不出戶庭)의 불출(不出)〉을 〈어김[違]〉을 밝힌다. 여기서 〈불밀(不密)〉은 〈출호정(出戶庭)〉을 살펴[觀] 새겨보라[玩] 함이다. 이는 〈욕눌어언(欲訥於言)-치기언(恥其言)〉을 잊고 매사에 경망스럽게 말[言語]이 앞서버려 흉(凶)하게 함을 뜻한다. 욕눌어언(欲訥於言)의 〈눌(訥)〉은 곧 〈밀언어(密言語)〉에 담겨진 뜻을 잊지 않음이다. 심중(心中)에 있는 말[言語]이 입 안에서 맴돌다 입 밖으로 나오지 않음이 눌(訥)이니, 〈눌(訥)〉은 곧 〈밀(密)〉이다. 이는 곧 언불출(言不出)이 곧 어불출(語不出)로 이어짐을 뜻한다. 이를 두고 내밀(內密)하다 한다.

君子愼密而不出也(군자신밀이불출야)

절괘(節卦 : ䷻) 초구(初九)의 효사(爻辭)인 〈불출호정(不出戶庭) 무구(无咎)〉를 완사(玩辭)하여 군자(君子)가 신언어(愼言語)-밀언어(密言語)-불출언어(不出言語) 하는 까닭을 밝힌다. 그래서 〈군자신밀이불출야(君子愼密而不出也)〉는 『논어(論語)』「헌문(憲問)」에 나오는 〈군자치기언이과기행(君子恥其言而過其行)〉을 헤아려[擬] 가늠하게[斷] 하고, 「이인(里仁)」에 나오는 〈군자욕눌어언(君子欲訥於言) 이민어행(而敏於行)〉을 헤아려 가늠하게 한다. 「팔일(八佾)」에 나오는 〈군자무소쟁(君子無所爭)〉을 헤아려 가늠하게 하며, 『대학(大學)』에 나오는 〈군자필신기독야(君子必愼其獨也)〉의 까닭을 헤아려 가늠하게 한다.

註 군자치기언이과기행(君子恥其言而過其行) : 군자는[君子] 자신의[其] 말이[言而] 자신의[其] 행동을[行] 넘쳐남을[過] 부끄러워한다[恥].

註 군자욕눌어언(君子欲訥於言) 이민어행(而敏於行) : 군자는[君子] 말[言]에서는[於] 무디고자 하되[欲訥而] 행동[行]에서는[於] 민첩하고자 한다[敏].

註 군자무소쟁(君子無所爭) : 군자에게는[君子] 다투는[爭] 바가[所] 없다[無].

註 군자필신기독야(君子必愼其獨也) : 군자는[君子] 반드시[必] 제[其] 자신을[獨] 삼가는 것[愼]이다[也].

계사전상(繫辭傳上) 15단락(段落)

子曰 作易者其知盜乎인저 易曰 負且乘하면 致寇至이
자왈 작역자기지도호 역왈 부차승 치구지

다 負也者小人之事也이고 乘也者君子之器也이라 小
부야자소인지사야 승야자군자지기야 소

人而乘君子之器면 盜思奪之矣이다 上慢下暴면 盜思
인이승군자지기 도사탈지의 상만하포 도사

伐之矣요 慢藏誨盜하고 冶容誨淫하니 易曰 負且乘하
벌지의 만장회도 야용회음 역왈 부차승

면 致寇至이니 盜之招也이다
치구지 도지초야

공자가 말했다. 역(易)을 맨 처음 지은 이 그분은 도적을 아셨구나! 역(易)이 말해준다. 등짐을 지고 또 수레를 타면, 도둑이 됨을 자초함이다. 등짐이란 것은 소인의 일이고, 수레란 것은 군자의 기물이다. 소인이면서 군자의 기물을 탄다면 도둑이 그 기물을 뺏으려고 생각하는 것이다. 윗사람에게 교만하고 아랫사람에게 포악하면 도적이 그자를 치려고 생각하는 것이다. 간수할 것을 오만하게 함은 도적질을 가르쳐주고, 얼굴을 꾸밈은 음탕한 짓을 가르쳐주니, 역(易)이 부차승(負且乘)하면 치구지(致寇至)라고 말했는데 도적을 불러온다는 것이다.

【탐독(探讀)】

공자가[子] 말했다[曰]. 역을[易] 맨 처음 지은[作] 이[者] 그분은[其] 도적을[盜] 아셨구나[知乎]! 역이[易] 말해준다[曰]. 등짐을 지고[負] 또[且] 수레를 타면[乘], 도둑이[寇] 됨을[至] 자초함이다[致]. 등짐[負]이란[也] 것은[者] 소인(小人)의[之] 일[事]이고[也], 수레[乘]란[也] 것은[者] 군자(君子)의[之] 기물[器]이다[也]. 소인(小人)이면서[而] 군자(君子)의[之] 기물을[器] 탄다면[乘] 도둑이[盜] 그 기물을[之] 뺏으려고[奪] 생각하는 것[思]이다[矣]. 윗사람에게[上] 교만하고[慢] 아랫사람에게

[下] 포악하면[暴] 도적이[盜] 그자를[之] 치려고[伐] 생각하는 것[思]이다[矣]. 간수할 것을[藏] 오만하게 함은[慢] 도적질을[盜] 가르쳐주고[誨], 얼굴을[容] 꾸밈은[冶] 음탕한 짓을[淫] 가르쳐주니[誨], 역이[易] 부차승하면[負且乘] 치구지라고[致寇至] 말했는데[曰] 도적[盜]을[之] 불러온다는 것[招]이다[也].

【지남(指南)】

子曰(자왈) 作易者其知盜乎(작역자기지도호)

64괘(卦) 중에서 40번째 해괘(解卦 : ䷧) 육삼(六三)의 효사(爻辭) 1~2구(句)인 〈부차승(負且乘) 치구지(致寇至)〉를 완사(玩辭)하여 감탄해 마지않아 효사(爻辭)보다 탄사(歎辭)부터 먼저 밝힌 자왈(子曰)이다. 〈부차승(負且乘) 치구지(致寇至)〉를 〈지도(知盜)〉라고 풀이한다. 여기서 〈지도(知盜)의 도(盜)〉는 남의 집 담을 넘나드는 밤도둑이 아니고, 온갖 내사(來事)를 흉(凶)이게 하는 온갖 궁인욕(窮人欲)의 화신(化身) 즉 불선(不善)-부덕(不德)의 소인(小人)을 살펴[觀] 새기고[玩] 헤아리고[擬] 따져[議] 판단하게[斷] 하는 〈상(象)〉이다. 그러므로 지도(知盜)의 〈도(盜)〉는 〈궁인욕(窮人欲)의 상(象)〉이고 〈인화물(人化物)의 상(象)〉임을 밝힌다.

易曰(역왈) 負且乘(부차승) 致寇至(치구지)

해괘(解卦 : ䷧) 육삼(六三)의 효사(爻辭)인 〈부차승(負且乘) 치구지(致寇至) 정린(貞吝)〉의 구(句)이다. 효사(爻辭)는 비록 한 자(字)일지라도 사구(辭句)로 여기고 새김해야[玩] 하는 언지(言志)의 말씀[言]이다. 효사(爻辭)의 사구(辭句)란 시언지(詩言志)의 언지(言志)와 같기 때문이다. 언지(言志)란 사물(事物)의 상(象) 즉 짓[象]을 살펴[觀] 새기고[玩] 헤아려[擬] 가늠하여[斷] 스스로 사지(思之) 즉 생각하라[思之]는 직언(直言)이다. 효사(爻辭)의 사구(辭句)는 어구(語句)가 아니어서 무엇을 진술하라거나 논란하라 하지 않는다. 괘효사(卦爻辭)의 사구(辭句)는 지난 일[去事]이 아니라 앞일[來事]을 살펴 새김하여 스스로 역수(逆數)하라 한다.

負也者小人之事也(부야자소인지사야)

해괘(解卦 : ䷧) 육삼(六三)의 효사(爻辭) 〈부차승(負且乘)〉에서 〈부(負)〉를 〈소

인지사(小人之事)〉 즉 소인(小人)의 일[事]로 새겨[玩] 헤아리고[擬] 가늠한[斷] 것이다. 여기서 〈부(負)〉는 〈등짐 진 꼴[相]〉을 진술하여 묘사함이 아니라, 〈등짐 지는 일[事]〉을 완의(玩擬)하여 따져 가늠하게 하는 짓[象]의 사(辭)이다. 상(相)은 눈에 보이는 모습[貌]이고, 상(象)은 마음가기[志]로 하여금 살펴 헤아리고 따져 변화를 가늠하게 하는 신의(神意)를 나게[生] 한다. 다시 말하지만 〈부차승(負且乘)〉의 〈부(負)〉는 등짐 진 광경을 묘사(描寫)해주는 진술이 아니라, 묘사(妙思)하여 신의(神意)를 누리게 하는 상(象)이다. 상모(相貌)는 신의(神意)를 일으키지 못한다. 그러나 상조(象兆)는 늘 지(志)로 하여금 변하여[變] 새로 되는[化] 뜻[意]을 유발한다. 말하자면 상(象)은 늘 변화지의(變化之意) 즉 신의(神意)를 재촉한다. 신의(神意)는 창의(創意)를 낳는다[生].

乘也者君子之器也(승야자군자지기야)

해괘(解卦 : ䷧) 육삼(六三)의 효사(爻辭) 〈부차승(負且乘)〉에서 〈승(乘)〉을 〈군자지기(君子之器)〉 즉 군자(君子)의 기물[器]로 새겨[玩] 헤아리고[擬] 가늠한[斷] 것이다. 여기서 〈승(乘)〉은 〈수레의 꼴[相]〉을 진술하여 묘사함이 아니라, 〈수레를 이용하는 일[事]〉을 완의(玩擬)하여 따져 가늠하게 하는 짓[象]의 사(辭)이다. 짓[象]은 신의(神意)를 나게[生] 한다. 거듭 말하지만 〈부차승(負且乘)〉의 〈승(乘)〉은 수레를 타고 있는 광경을 묘사(描寫)하는 진술이 아니라, 묘사(妙思)하여 신의(神意)를 누리게 하는 짓[象] 즉 징조(徵兆)이다. 상조(象兆)는 늘 지(志)로 하여금 변하여[變] 새로 되는[化] 뜻[意]을 유발하여, 변화지의(變化之意) 즉 신의(神意)를 재촉한다.

小人而乘君子之器(소인이승군자지기) 盜思奪之矣(도사탈지의)

해괘(解卦 : ䷧) 육삼(六三)의 효사(爻辭) 〈부차승(負且乘)〉의 〈승(乘)〉이 〈치구지(致寇至)〉로 이어져 소인지사(小人之事)가 흉(凶)하게 마련임을 새기고[玩] 헤아려[擬] 가늠하게[斷] 한다. 도사탈지의(盜思奪之矣)의 〈탈지(奪之)〉는 〈치구지(致寇至)의 지(至)〉를 풀이하고, 동시에 온갖 아욕(我欲) 즉 내 욕심[我欲]의 심술(心術)

을 풀이한다. 〈도(盜)〉 즉 아욕(我欲)의 심술(心術)은 오로지 남의 것을 빼앗고자 [欲奪] 함이다. 탈지(奪之)의 〈지(之)〉는 〈남이 좋아하는 것〉을 나타내는 지시어로 여기고 새기면 된다.

上慢下暴(상만하포) 盜思伐之矣(도사벌지의)

해괘(解卦 : ䷧) 육삼(六三)의 효사(爻辭) 〈부차승(負且乘) 치구지(致寇至)〉를 완사(玩辭)하여 소인(小人)의 행실[行]이 흉(凶)하게 마련임을 새기고[玩] 헤아려[擬] 가늠하게[斷] 한다. 소인(小人)의 〈상만(上慢)〉은 윗사람을 벌지(伐之) 즉 내치고자 하는 흉(凶)한 속셈[盜思]이고, 〈하포(下暴)〉는 아랫사람을 벌지(伐之)하고자 하는 흉(凶)한 속셈[盜思]이다. 물론 흉한 속셈은 모두 〈치구지(致寇至)〉로써 풀이될 수 있고, 따라서 〈상만하포(上慢下暴)〉는 〈치구지(致寇至)〉를 불러옴을 새기고 헤아려 가늠하게 한다.

慢藏誨盜(만장회도) 冶容誨淫(야용회음) 易曰(역왈) 負且乘(부차승) 致寇至(치구지) 盜之招也(도지초야)

해괘(解卦 : ䷧) 육삼(六三)의 효사(爻辭) 〈부차승(負且乘) 치구지(致寇至)〉에서 〈부차승(負且乘)〉을 〈만장(慢藏)-야용(冶容)〉을 사례로 들어 소인(小人)의 자벌(自伐) 즉 제 자랑[自伐]이 〈치구지(致寇至)〉하게 함을 풀이한다. 〈만장(慢藏)-야용(冶容)〉은 소인(小人)의 과시욕(誇示欲)을 말한다. 이는 곧 소인(小人)의 불근(不謹) 즉 건방져 경솔함[不謹]을 말한다. 만장(慢藏)이란 탐욕이 빚어내는 과시이다. 장물(臟物)을 과시함은 회도(誨盜) 즉 도둑질하라고[盜] 가르쳐줌[誨]이다. 야용(冶容)이란 허세의 과시이다. 용모를 과시함은 회음(誨淫) 즉 음탕하라고[淫] 가르쳐줌[誨]이다. 만장(慢藏)이 초도(招盜)하고 야용(冶容)이 초음(招淫)함은 예나 지금이나 다를 바 없다.

계사전상(繫辭傳上) 16단락(段落)

天一地二 天三地四 天五地六 天七地八 天九地十이
천 일 지 이 천 삼 지 사 천 오 지 륙 천 칠 지 팔 천 구 지 십
니 天數五요 地數五이다 五位相得하고 而各有合하니 天
천 수 오 지 수 오 오 위 상 득 이 각 유 합 천
數二十有五요 地數三十이다 凡天地之數五十有五라
수 이 십 유 오 지 수 삼 십 범 천 지 지 수 오 십 유 오
此所以成變化而行鬼神也이다 大衍之數五十이나 其
차 소 이 성 변 화 이 행 귀 신 야 대 연 지 수 오 십 기
用四十有九이다 分而爲二以象兩한다 掛一以象三한
용 사 십 유 구 분 이 위 이 이 상 양 괘 일 이 상 삼
다 揲之以四하여 以象四時한다 歸奇於扐以象閏한다 五
설 지 이 사 이 상 사 시 귀 기 어 륵 이 상 윤 오
歲再閏故로 再扐而後掛한다 乾之策二百一十有六이
세 재 윤 고 재 륵 이 후 괘 건 지 책 이 백 일 십 유 륙
고 坤之策百四十有四라 凡三百有六十이니 當期之日한
곤 지 책 백 사 십 유 사 범 삼 백 유 륙 십 당 기 지 일
다 二篇之策萬有一千五百二十이니 當萬物之數也한다
이 편 지 책 만 유 일 천 오 백 이 십 당 만 물 지 수 야
是故로 四營而成易하고 十有八變而成卦하니 八卦而小
시 고 사 영 이 성 역 십 유 팔 변 이 성 괘 팔 괘 이 소
成한다 引而伸之하고 觸類而長之하여 天下之能事畢矣
성 인 이 신 지 촉 류 이 장 지 천 하 지 능 사 필 의
이니라 顯道하고 神德行이라 是故로 可與酬酌이고 可與祐
현 도 신 덕 행 시 고 가 여 수 작 가 여 우
神矣이다 子曰 知變化之道者 其知神之所爲乎인저
신 의 자 왈 지 변 화 지 도 자 기 지 신 지 소 위 호

하늘은 일 땅은 이, 하늘은 삼 땅은 사, 하늘은 오 땅은 육, 하늘은 칠 땅은 팔, 하늘은 구 땅은 십이니, 천수(天數)가 다섯 개이고 지수(地數)가 다섯 개이다. (천수와 지수는) 다섯 방위를 서로 얻는다. 그리고 (천수와 지수를) 나누어 또 합하면 천수가 25이고 지수는 30이다. 무릇 천지의 수 55는 이것을 써서 변하

여 새로 됨을 이루고 변화하게 하는 기운을 행하는 것이다. 대연(大衍)의 수는 50이지만 그 쓰임은 (하나를 뺀) 49이다. (49개를) 나누어서 둘로 되고 그리하여 둘을 본받는다. (왼손 소지와 무명지 사이에 점대) 하나를 끼움을 써 {상양(象兩)의 양과 괘일(掛一)의 일을 삼재로 삼아} 삼재를 본받는다. {천책(天策)과 지책(地策)에서} 넷으로 (덜어내) 그것을 셈하고 그렇게 하여 네 계절을 본받는다. 설지(揲之)하여 손가락 사이 끼워 있는 나머지로 돌아옴은 윤년을 본받는다. 오 년에 다시 윤달이 차기 때문에 (본서법의 제일-제이-제삼-제사영을) 다시 거쳐 손가락 사이에 끼운 뒤에 걸어둔다. 건(乾)의 책(策)은 216이고 곤(坤)의 책은 144이니, 건곤(乾坤)의 책은 360인지라 한해의 일수에 해당한다. (주역의) 상-하 두 편의 (음효와 양효의) 책수는 11,520이니 온갖 것의 가지 수에 해당하는 것이다. 이와 같기 때문에 (점대를) 네 번 운영해서 역(易)을 완성하고 열 번에 또 여덟 번 바꾸어서 대성괘를 완성하니, 팔괘인 소성괘가 이루어진다. 그것을 끌어서 널리 펴고 끼리를 붙여서 그것을 늘려 온 세상의 가능한 일들이 다 되는 것이다. (64괘는 변화의) 도(道)를 드러내고 신통한 덕(德)을 행한다. 이렇기 때문에 {대성괘에서 괘(卦)와 효(爻)는} 더불어 응대하여 보답할 수 있고, 더불어 천지의 도움을 받아 신통할 수 있는 것이다. 공자가 말했다. 변화의 도(道)를 아는 것 그것은 천지가 변화하게 하는 짓이 하는 바를 아는 것이로다!

【탐독(探讀)】

하늘은[天] 일(一) 땅은[地] 이(二), 하늘은[天] 삼(三) 땅은[地] 사(四), 하늘은[天] 오(五) 땅은[地] 육(六), 하늘은[天] 칠(七) 땅은[地] 팔(八), 하늘은[天] 구(九) 땅은[地] 십이니[十], 천수가[天數] 다섯 개이고[五] 지수가[地數] 다섯 개이다[五]. {천수(天數)와 지수(地數)는} 다섯[五] 방위를[位] 서로[相] 얻는다[得]. 그리고[而] {천수(天數)와 지수(地數)를} 나누어[各] 또[有] 합하면[合] 천수가[天數] 25이고[二十有五] 지수는[地數] 30이다[三十]. 무릇[凡] 천지(天地)의[之] 수(數) 55는[五十有五] 이것을[此] 써서[以] 변하여[變] 새로 됨을[化] 이루고[成而] 변화하게 하는 기운을[鬼神] 행하는[行] 것[所]이다[也]. 대연(大衍)의[之] 수는[數] 50이지만[五十] 그[其]

쓰임은[用] (하나를 뺀) 49이다[四十有九]. (49개를) 나누어서[分而] 둘로[二] 되고[爲] 그리하여[以] 둘[天地]을[兩] 본받는다[象]. {왼손 소지(小指)와 무명지(無名指) 사이에 점대} 하나를[一] 끼움을[掛] 써[以] {상양(象兩)의 양(兩)과 괘일(掛一)의 일(一)을 삼재로 삼아} 삼재를[三] 본받는다[象]. {천책(天策)과 지책(地策)에서} 넷[四]으로[以] (덜어내) 그것을[之] 셈하고[揲] 그렇게 하여[以] 네 계절을[四時] 본받는다[象]. 설지(揲之)하여[以] 손가락 사이 끼워 있는[於扐] 나머지로[奇] 돌아옴은[歸] 윤년을[閏] 본받는다[象]. 오 년에[五歲] 다시[再] 윤달이 차기[閏] 때문에[故] {본서법(本筮法)의 제일(第一)-제이(第二)-제삼(第三)-제사영(第四營)을} 다시 거쳐[再] 손가락 사이에 끼운[扐而] 뒤에[後] 걸어둔다[掛]. 건(乾)의[之] 책은[策] 216이고[二百一十有六] 곤(坤)의[之] 책은[策] 144이니[百四十有四], 건곤(乾坤)의 책(策)은[凡] 360인지라[三百有六十] 한해[期]의[之] 일수에[日] 해당한다[當]. {주역(周易)의} 상(上)-하(下) 두[二] 편(篇)의[之] (음효와 양효의) 책수는[策] 11,520이니[萬有一千五百二十] 온갖 것[萬物]의[之] 가지 수에[數] 해당하는 것[當]이다[也]. 이와 같기[是] 때문에[故] (점대를) 네 번[四] 운영해서[營而] 역을[易] 완성하고[成] 열 번에[十] 또[有] 여덟 번[八] 바꾸어서[變而] 대성괘를[卦] 완성하니[成], 팔괘인[八卦而] 소성괘가[小] 이루어진다[成]. 그것을[之] 끌어서[引而] 널리 펴고[伸] 끼리를[類] 붙여서[觸而] 그것을[之] 늘려[長] 온 세상[天下]의[之] 가능한[能] 일들이[事] 다 되는 것[畢]이다[矣]. {64괘(卦)는 변화(變化)의} 도를[道] 드러내고[顯] 신통한[神] 덕을[德] 행한다[行]. 이렇기[是] 때문에[故] {대성괘(大成卦)에서 괘(卦)와 효(爻)는} 더불어[與] 응대하여[酬] 보답할[酌] 수 있고[可], 더불어[與] 천지의 도움을 받아[祐] 신통할[神] 수 있는 것[可]이다[矣]. 공자가[子] 말했다[曰]. 변화(變化)의[之] 도를[道] 아는[知] 것[者] 그것은[其] 천지가 변화하게 하는 짓[神]이[之] 하는[爲] 바를[所] 아는 것[知]이로다[乎]!

【지남(指南)】

天一地二(천일지이) 天三地四(천삼지사) 天五地六(천오지륙) 天七地八(천칠지팔) 天九地十(천구지십)

〈하도(河圖)〉를 살펴 읽은 것이다. 이는 곧 〈하도(河圖)〉를 통하여 자연[天地]

의 운수(運數)를 천착(穿鑿)하게 한다. 〈하도(河圖)〉는 복희씨(伏羲氏) 때 황하(黃河)에 나타난 용마(龍馬)의 등에 그려져 있었다는 그림[圖]으로 상고시대(上古時代)의 〈신물(神物)〉을 말한다. 〈신물(神物)〉이란 올 것[來者]의 조짐으로 천지(天地)가 변화(變化)하게 하는 짓[神]을 보여주는 것[物]이다. 그 〈하도(河圖)〉에는 아래쪽[北] 안쪽[內]에 일점(一點 : ○)이 있고 바깥쪽[外]에 육점(六點 : ●●●●●●)이 있다. 위쪽[南] 안쪽[內]에 이점(二點 : ●●)과 칠점(七點 : ○○○○○○○)이 있다. 왼쪽[東] 내(內)에 삼점(三點 : ○○○)과 외(外)에 팔점(八點 : ●●●●●●●●)이 있다. 오른쪽[西] 내(內)에 사점(四點 : ●●●●)과 외(外)에 구점(九點 : ○○○○○○○○○)이 있다. 그리고 가운데[中央]에 있는 오점(五點 : ○○○○○)을 생수(生數)라 하고, 십점(十點 : ●●●●●●●●●●)을 성수(成數)라 한다. 중앙(中央)에 있는 생수(生數)라는 오점(五點)은 부연(敷衍)된 수(數)의 어미이고, 성수(成數)라 하는 십점(十點)은 부연(敷衍)된 수(數)의 아들이며, 일점(一點 : ○)-이점(二點 : ●●)-삼점(三點 : ○○○)-사점(四點 : ●●●●)의 자리는 〈사상(四象)의 자리[位]〉이고, 육점(六點 : ●●●●●●)-칠점(七點 : ○○○○○○○)-팔점(八點 : ●●●●●●●●)-구점(九點 : ○○○○○○○○○)은 〈사상(四象)의 수(數)〉이다. 그 수(數)는 각각 동류(同類)끼리 바깥쪽[外側]에 교착(交錯)하여 있다. 그리고 흑점(黑點 : ●)을 음점(陰點)이라 하고, 백점(白點 : ○)을 양점(陽點)이라 한다. 양점(陽點 : ○)을 천수(天數)라 하고, 음점(陰點 : ●)을 지수(地數)라 한다. 〈일(一)-삼(三)-오(五)-칠(七)-구(九)〉의 기수(奇數) 즉 홀수를 천수(天數)라 하고, 〈이(二)-사(四)-육(六)-팔(八)-십(十)〉의 우수(耦數) 즉 짝수를 지수(地數)라 한다. 이를 밝힌 말씀이 곧 〈천일지이(天一地二) 천삼지사(天三地四) 천오지륙(天五地六) 천칠지팔(天七地八) 천구지십(天九地十)〉이다.

天數五(천수오) 地數五(지수오)

〈하도(河圖)〉에 나타나 있는 양점(陽點 : ○)과 음점(陰點 : ●)들의 자리[位]가 각각 다섯 위(位)임을 밝힌다. 〈하도(河圖)〉에 나타난 흑백(黑白)의 점(點)들을 이수(以數) 즉 수를[數] 가지고[以] 음양(陰陽) 즉 음기(陰氣)와 양기(陽氣)를 밝힌다. 천수오(天數五)의 〈오(五)〉란 〈하도(河圖)〉의 오방위(五方位)에 백점(白點)이 있는 각각의 개수를 말한다. 그 개수는 일(一)-삼(三)-오(五)-칠(七)-구(九)의 기수(奇數) 즉 홀수 자리가 된다. 지수오(地數五)의 〈오(五)〉란 하도(河圖)〉의 오방위(五方位)에 흑점(黑點)이 있는 각각의 개수를 말한다. 그 개수는 이(二)-사(四)-육(六)-팔(八)-십(十)의 우수(耦數) 즉 짝수 자리가 된다.

五位相得(오위상득)

이 역시 〈하도(河圖)〉에 나타나 있는 흑(黑 : ●)-백(白 : ○)점(點)들의 자리[方位]를 풀이한 말씀이다. 오위상득(五位相得)에서 〈오위(五位)〉라 함은 중앙(中央)-동(東)-서(西)-남(南)-북(北) 등의 방위(方位)를 말하고, 〈상득(相得)〉이란 그 오방위(五方位)마다 백점(白點)-흑점(黑點) 즉 천수(天數)인 양수(陽數)의 점(點)들과 지수(地數)인 음수(陰數)의 점(點)들이 한 곳에 각각 제자리를 잡고 있음을 뜻한다.

而各有合(이각유합) 天數二十有五(천수이십유오) 地數三十(지수삼십)

이 역시 〈하도(河圖)〉에 나타나 있는 흑(黑 : ●)-백(白 : ○)점(點)들을 천수(天數)와 지수(地數)로 나누어[各], 흑(黑 : ●)점(點)의 합(合)과 백(白 : ○)점(點)의 합(合)을 풀이한 말씀이다. 여기서 〈각유합(各有合)〉이란 천수(天數)의 합(合)과 지수(地數)의 합(合)을 밝힌다. 천수(天數)의 합(合)이란 천수(天數)인 홀수 〈1+3+5+7+9〉의 합(合)을 말한다. 이는 곧 〈하도(河圖)〉에 나타난 백점(白點)들의 합(合)을 말한다. 지수(地數)의 합(合)이란 지수(地數)인 짝수 〈2+4+6+8+10〉의 합(合)을 말한다. 이는 곧 〈하도(河圖)〉에 나타난 흑점(黑點)들의 합(合)을 말한다. 천수(天數)는 생수(生數)로 풀이되고, 지수(地數)는 성수(成數)로 풀이된다. 〈천수이십유오(天數二十有五)〉 즉 〈천수(天數)-25〉란 〈1+3+5+7+9=25〉에서 비롯된 것이고, 〈지수삼십(地數三十)〉 즉 〈지수(地數)-30〉이란 〈2+4+6+8+10=30〉에서 비롯된 것이다. 그리고 천수(天數)를 생수(生數)라 하고 지수(地數)를 성수(成數)라 함은, 각유합(各有合)의 〈합(合)〉이 〈생-성(生-成)의 운수(運數)〉를 뜻함을 알아챌 수 있고, 운수(運數)란 이수(以數) 즉 셈하기를[數] 써[以] 온갖 〈생-성(生成)〉을 관완(觀玩)-의의(擬議)하여 가늠한[斷] 것임을 간파할 수 있다.

凡天地之數五十有五(범천지지수오십유오) 此所以成變化而行鬼神也(차소이성변화이행귀신야)

이 역시 〈하도(河圖)〉에서 흑(黑 : ●)점(點)-백(白 : ○)점(點)들로 나타나 있는 〈천수(天數)-25와 지수(地數)-30〉을 합(合)한 수(數) 오십오(五十五)의 쓰임새를 풀이한 말씀이다. 오십오(五十五)의 합수(合數)를 이루는 〈천수(天數 : 1-3-5-7-9)와 지수(地數 : 2-4-6-8-10)〉에다 오행설(五行說)을 도입해 풀이하는 것이 통례로 되어 있지만, 반드시 성변화(成變化)-행귀신(行鬼神)이란 성인(聖人)의 말씀을 그렇게 풀이해야만 하는 것은 아니다. 왜냐하면 오행설(五行說)이란 추연(鄒衍) 등이 주창한 〈성변화(成變化)-행귀신(行鬼神)〉을 풀이한 하나의 설(說)이지, 작역(作易)한 성인(聖人)의 것이 아니기 때문이다. 물론 성변화(成變化)는 천지성변화(天地成變化)의 줄임이고, 행귀신(行鬼神) 또한 천지행귀신(天地行鬼神)의 줄임이다. 천지(天地)가 변화(變化)를 이루고[成] 천지(天地)가 귀신(鬼神)을 오고 가게[行] 함을 일러 성변화(成變化)-행귀신(行鬼神)이라고 한다.

大衍之數五十(대연지수오십) 其用四十有九(기용사십유구)

이 역시 〈하도(河圖)〉에서 흑(黑 : ●)점(點)-백(白 : ○)점(點)들로 나타나 있는 〈천수(天數)-25와 지수(地數)-30〉을 합(合)한 수(數) 오십오(五十五)에서 완전수(完全數)인 십(十) 다섯만 택하고 나머지 오(五)를 뺀 〈오십(五十)〉이 대연지수(大衍之數)가 되고, 그 오십(五十)에서 〈하나를 뺀 사십구(四十九)〉가 본서법(本筮法)에서 쓰임을 풀이한 말씀이다. 대연지수(大衍之數)에서 〈대연(大衍)의 대(大)〉는 〈천(天)〉을 뜻하고, 〈대연(大衍)의 연(衍)〉은 넓음[廣]을 뜻하며 〈지(地)〉를 뜻한다. 여기서 대연(大衍)이란 대광(大廣) 즉 천지지광(天地之廣)을 뜻한다. 대연(大衍)이란 하늘땅[天地]이 크고[大] 넓음[廣]을 뜻한다. 그러므로 대연지수(大衍之數)란 천수(天數 : 1-3-5-7-9)의 합수(合數)인 〈25〉와 지수(地數 : 2-4-6-8-10)의 합수(合數)인 〈30〉을 합(合)한 〈오십오(五十五)〉를 천지지수(天地之數)라 한다. 천지지수(天地之數) 오십오(五十五)에서 〈거대수이작오십(擧大數而作五十)〉을 일컬어 대연지수(大衍之數)라고 한다. 말하자면 〈큰 수를[大數] 들어서[擧而] 오십을[五十] 만듦[作]〉이 곧 〈대연지수오십(大衍之數五十)〉이다. 이러한 〈대연지수오십(大衍之數

五十)〉을 〈사십구(四十九)〉로 쓴다[用]고 함은 그 오십(五十)에서 하나를 빼 태극(太極 : ☯)으로 삼음을 뜻한다. 그리하여 사십구(四十九)의 씀[用]이란 그 사십구(四十九)를 무심(無心)히 지성(至誠)으로 분이(分二) 즉 둘로[二] 나누어[分] 음-양(陰-陽)으로 삼아, 상양(象兩)-상삼(象三)-귀기(歸奇)를 거쳐 사상(四象)을 얻어내기[得]를 말한다. 이렇게 대연지수(大衍之數) 사십구(四十九)를 써서[用] 〈사영(四營)-십팔변법(十八變法)〉을 거쳐 괘효(卦爻)를 얻는다[得]. 이를 〈본서법(本筮法)〉이라고 한다. 그래서 대연지수(大衍之數)의 활용은 〈사십구(四十九)〉가 된다.

分而爲二以象兩(분이위이이상양)

〈기용사십유구(其用四十有九)의 용(用)〉을 상설(詳說)하고 있는 말씀으로 〈본서법(本筮法)〉의 제일영(第一營)을 밝힌다. 분이위이이상양(分而爲二以象兩)에서 〈분(分)〉은 대연지수(大衍之數) 오십(五十)에서 하나를 빼 그 일(一)을 태극(太極)으로 삼고, 〈분이위이(分而爲二)의 분(分)과 이(二)〉는 남은 사십구(四十九)를 양분(兩分) 즉 둘로 나눔을 뜻한다. 〈상양(象兩)의 양(兩)〉은 음수(陰數)-양수(陽數)의 둘로 생각해도 되고, 천책(天策)-지책(地策)의 둘로 생각해도 되며, 천수(天數)-지수(地數)의 둘로 생각해도 된다. 그러므로 〈상양(象兩)은 천수(天數)와 지수(地數)를 본받는다[象]〉라고 새기면 된다. 이와 같이 대연지수(大衍之數) 사십구(四十九)를 둘로 나누어 음기(陰氣)-양기(陽氣)의 양쪽[兩]을 본받음[象]을 일러 〈상양(象兩)〉이라고 한다.

掛一以象三(괘일이상삼)

〈기용사십유구(其用四十有九)의 용(用)〉을 상설(詳說)하고 있는 말씀으로 〈본서법(本筮法)〉의 제이영(第二營)을 밝힌다. 괘일이상삼(掛一以象三)에서 괘일(掛一)의 〈괘(掛)〉는 왼손 무명지(無名指)와 소지(小指) 사이에 점대 하나를 끼워둠을 뜻하고, 〈일(一)〉은 상(床) 위에 놓인 지책(地策)에서 택한 점대 하나[一]를 뜻한다. 왼손 약손가락[無名指]과 새끼손가락[小指] 사이에 끼워둔 점대 하나[一]를 인책(人策)이라 한다. 인책(人策)으로 삼은 점대 하나[一]를 상양(象兩)의 양(兩)과 합(合)쳐 〈삼재(三才)〉라 한다. 그 〈삼재(三才)〉 즉 천책(天策)-지책(地策)-인책(人策)

을 본받음[象]을 일러 〈상삼(象三)〉이라고 한다. 그러므로 〈상삼(象三)의 삼(三)〉은 〈천책(天策)-지책(地策)-인책(人策)〉을 뜻하는 삼극(三極) 또는 삼재(三才)를 말하므로, 〈상삼(象三)〉은 〈상삼재(象三才)〉를 줄여 상삼(象三)이라 한 셈이다.

揲之以四(설지이사) 以象四時(이상사시)

〈설지이사(揲之以四)〉는 〈사십구(四十九)〉를 둘로 나누어 얻어진 천책(天策)과 지책(地策)의 점대(筮竹) 개수에서 네 개씩[以四] 덜어내 셈하기[數]를 뜻한다. 여기서 〈설(揲)〉은 〈셈할 수(數)〉이다. 천책(天策)과 지책(地策)의 점대들을 각각 넷씩 덜어내 셈함[揲]이 곧 〈상사시(象四時)〉이다. 천책(天策)과 지책(地策)의 점대들을 넷씩 덜어내 셈하기[揲]란 천지(天地)의 운행(運行)인 사시(四時) 즉 사계(四季)를 본받음[象]이다. 〈상사시(象四時)〉 이는 천지(天地) 운행(運行)의 변화를 본받음[象]이다. 이러한 〈상사시(象四時)〉는 본서법(本筮法)에서 제삼영(第三營)의 전후(前後)와 제사영(第四營)의 전후를 말한다. 삼영(三營)-사영(四營)의 전후는 다음과 같이 실행된다.

왼손에 있는 천책(天策)의 점대들에서 네 개씩 거듭해 덜어낸다. 천책(天策)의 점대를 덜어내기가 〈본서법(本筮法)〉 제삼영(第三營)의 전반(前半)이다. 그렇게 덜어내고 나면 나머지가 남는다. 만일 천책(天策)이 넷으로 나누어져 나머지가 없을 때는 나머지를 넷으로 친다. 천책(天策)의 나머지를 왼손의 장지(長指)와 무명지(無名指) 사이에 끼워둠이 제사영(第四營)의 전반이다. 그리고 다시 상(床) 위에 놓아둔 지책(地策)의 점대들에서 네 개씩 거듭해 덜어낸다. 지책(地策)의 점대를 덜어내기가 제삼영(第三營)의 후반(後半)이다. 그렇게 덜어내고 나면 나머지가 남는다. 만일 지책(地策)이 넷으로 나누어져 나머지가 없을 때는 나머지를 넷으로 친다. 지책(地策)의 나머지를 왼손의 검지(檢指)와 장지(長指) 사이에 끼워둠이 제사영(第四營)의 후반이다. 그러므로 〈설지(揲之)〉의 설(揲)〉은 〈천책(天策)-지책(地策)〉의 점대를 넷씩 덜어내는 셈하기[數]뿐만 아니라 덜어내 넷 이하로 남은 나머지를 왼손 손가락 사이에 끼기[扐]까지를 뜻하는 편이다. 이렇게 〈본서법(本筮法)〉 제삼사영(第三四營)의 전(前)-후(後)를 밝힌 말씀이 〈설지이사(揲之以四) 이상사시(以象四時)〉이다.

歸奇於扐以象閏(귀기어륵이상윤) 五歲再閏故(오세재윤고) 再扐而後掛(재륵이후괘)

〈귀기(歸奇)의 기(奇)〉는 소지(小指)와 무명지(無名指) 사이에 끼워둔 인책(人策) 하나[一]와 천책(天策)을 넷씩 덜어내고[四損] 남은 나머지 점대를 무명지(無名指)와 장지(長指) 사이에 끼운[扐] 개수와, 지책(地策)을 사손(四損)하여 남은 나머지 점대를 장지(長指)와 검지(檢指) 사이에 끼워둔 개수를 합(合)친 점대(筮竹)의 개수를 말한다. 그리고 어륵(於扐)의 〈늑(扐)〉은 인책(人策)의 하나[一]는 〈소지(小指)-무명지(無名指) 사이에 끼워둠[扐]〉과 천책(天策)의 나머지[餘]는 〈무명지(無名指)-장지(長指) 사이에 끼워둠[扐]〉과 지책(地策)의 여(餘)는 〈장지(長指)-검지(檢指) 사이에 끼워둠[扐]〉을 한 자(字)로 나타낸 것이다. 그러므로 〈귀기(歸奇)의 기(奇)〉를 숙지하자면 〈귀기(歸奇)의 기(奇)〉를 구체적인 서죽(筮竹)의 합수(合數)를 뜻함을 기억하고 있어야 한다. 삼변(三變)을 거쳐 얻어진 서죽(筮竹)의 수(數)를 합(合)하면 반드시 〈이십오(二十五)-이십일(二十一)-십칠(十七)-십삼(十三)〉 중의 어느 것이 된다. 말하자면 〈귀기(歸奇)의 기(奇)〉가 삼변(三變)을 거쳐 얻어진 합수(合數 : 25-21-17-13)임을 기억해 두어야 한다. 이러한 〈기(奇)〉를 귀환(歸還)함이 곧 〈귀기(歸奇)의 귀(歸)〉이다. 그래서 귀기(歸奇)란 〈효(爻)의 책(策)〉으로 돌아가는 것[歸]임을 명심하면서 숙지해야 한다. 이 귀기(歸奇)의 〈귀(歸)〉는 아래와 같은 구체적인 뜻[義]을 지닌다.

대연지수(大衍之數) 오십(五十)에서 태극(太極)으로 삼은 하나[一]를 뺀 〈사십구(四十九)〉에서 삼변(三變)을 거쳐 얻은 합수(合數 : 25-21-17-13)를 각각 사십구(四十九)에서 뺀다면 〈24-28-32-36〉이 되고, 〈이십사(二十四)-이십팔(二十八)-삼십이(三十二)-삼십륙(三十六)〉을 〈효(爻)의 책(策)〉이라고 한다. 이 〈효(爻)의 책(策)〉을 사(四)로 나눈다면 〈육(六)-칠(七)-팔(八)-구(九)〉가 된다. 이 〈육(六)-칠(七)-팔(八)-구(九)〉가 〈사상(四象)〉이 된다. 〈육(六)〉은 〈노음(老陰 : ⚏)〉이 되고, 〈칠(七)〉은 〈소양(少陽 : ⚎)〉이 되고, 〈팔(八)〉은 〈소음(少陰 : ⚍)〉이 되고, 〈구(九)〉는 〈노양(老陽 : ⚌)〉이 된다. 이와 같은 귀기(歸奇)의 〈귀(歸)〉가 왜 상윤(象閏)하는가? 상윤(象閏)은 상윤년(象閏年)의 줄임이다. 윤년(閏年)이란 일 년(一年)의 사시(四時)를 네 번 거치면서 남는 일수(日數)의 나머지가 모여 한 달 즉 윤월

(閏月)이 있는 해[年]이다. 대연지수(大衍之數) 오십(五十)에서 태극(太極)을 삼는 하나[一]를 뺀 사십구(四十九)를 분이(分二)한 천책(天策)-지책(地策)의 점대(筮竹)를 사영(四營)-삼변(三變)을 거쳐 수(數 : 25-21-17-13)를 얻고, 다시 점대(筮竹) 사십구(四十九)에서 수(數 : 25-21-17-13)를 제(除)하여 수(數 : 24-28-32-36)를 얻어낸다. 이 수(數 : 24-28-32-36)를 사(四)로 나눔을 〈상윤(象閏)〉 즉 〈윤년(閏年)을 본받기[象]〉라고 한다. 상윤(象閏)하여 얻어진 수(數)가 〈6-7-8-9〉로서 〈사상(四象)의 수(數)〉가 된다. 서죽(筮竹) 사십구(四十九)로 사영(四營)-삼변(三變)을 거쳐 다시 서죽(筮竹) 사십구(四十九)로 돌아가[歸] 사상(四象)의 수(數 : 6-7-8-9)를 얻어내기까지를 묶어서 〈귀기(歸奇)의 귀(歸)〉라고 한다. 이를 천착(穿鑿)하여 숙지해 두어야 〈운수(運數)가 대통(大通)한다〉는 진의(眞義)를 저마다 나름대로 살펴[觀] 새기고[玩] 헤아리고[擬] 따져[議] 가늠하여[斷] 매사의 끝[終]이 즉 미래(未來)가 길흉(吉凶)으로 드러남을 깨우칠 수 있게 하는 말씀이 〈귀기어륵이상윤(歸奇於扐以象閏)〉이다.

乾之策二百一十有六(건지책이백일십유륙)

건괘(乾卦 : ䷀)의 육효(六爻)를 양효(陽爻)의 책(策) 즉 양효(陽爻)의 수(數)로 나타낸다. 건괘(乾卦 : ䷀)는 양효(陽爻 : ⚊) 여섯[六]으로 되어 있다. 양효(陽爻)의 책(策)을 말할 때에는 〈이십팔(二十八)과 삼십륙(三十六)〉 중에서 많은 쪽인 〈삼십륙(三十六)〉만을 택하므로, 건괘(乾卦 : ䷀) 육효(六爻)의 책(策)은 〈36X6=216〉이 건괘(乾卦 : ䷀)의 책수(策數)가 된다. 이를 〈건지책이백일십유륙(乾之策二百一十有六)〉이라고 밝힌다.

坤之策百四十有四(곤지책백사십유사)

곤괘(坤卦 : ䷁)의 육효(六爻)를 음효(陰爻)의 책(策) 즉 음효(陰爻)의 수(數)로 나타낸다. 곤괘(坤卦 : ䷁)는 음효(陰爻 : ⚋) 여섯[六]으로 되어 있다. 음효(陰爻)의 책(策)을 말할 때에는 〈이십사(二十四)와 삼십이(三十二)〉 중에서 적은 쪽인 〈이십사(二十四)〉만을 택하므로, 곤괘(坤卦 : ䷁) 육효(六爻)의 책(策)은 〈24X6=144〉가 곤괘(坤卦)의 책수(策數)가 된다. 이를 〈곤지책백사십유사(坤之策

百四十有四)〉라고 밝힌다.

凡三百有六十(범삼백유륙십) 當期之日(당기지일)

건(乾)의 책(策)과 곤(坤)의 책(策)을 합치면 일년(一年)의 일수(日數)에 해당함을 밝힌 것이 〈범삼백유육십(凡三百有六十) 당기지일(當期之日)〉이다. 건괘(乾卦 : ☰) 육효(六爻)의 책수(策數) 〈216〉과 곤괘(坤卦 : ☷) 육효(六爻)의 책수(策數) 〈144〉를 합친 책수(策數 : 216+144=360)를 말한다. 일 년은 365일인데 왜 360이냐고 꼬집을 것은 없다. 일 년(一年) 365일이란 양력(陽曆)의 월력(月曆)에서 나온 일수(日數)이고, 한해를 음력(陰曆)의 월력(月曆)에서 나온 일수(日數)로는 360일 남짓하다. 그래서 음력(陰曆)에서는 윤달[閏月]이 사 년(四年)마다 생긴다. 본서법(本筮法)에서 〈귀기(歸奇)의 기(奇)〉가 일 년마다 남는 일수(日數)를 사 년(四年) 동안 모아서 이루어지는 나머지[奇] 일수(日數)를 뜻하게 됨을 여기서 알 수 있다. 그렇기 때문에 〈귀기(歸奇)〉를 〈윤년(閏年)의 윤월(閏月)을 본받기[象]〉라고 새겨[玩] 헤아리는[擬] 것이다. 그리고 사영(四營)-삼변(三變)으로 효(爻)를 얻어내는 과정에서 넷[四]씩 덜어내기[損]도 하고 넷[四]으로 나누기[分]도 하여 책수(策數)를 얻어내는 까닭도 〈상윤(象閏)〉에서 비롯된 것임을 살펴 새기고 헤아리게 하는 말씀이 〈당기지일(當期之日)〉이다.

二篇之策萬有一千五百二十(이편지책만유일천오백이십) 當萬物之數也(당만물지수야)

이편지책(二篇之策)의 〈이편(二篇)〉은 『주역(周易)』이 「상(上)-하(下)」 이편(二篇)으로 되어 있고, 그 속에 대성괘(大成卦) 64괘(卦)가 있음을 밝히고, 이편지책(二篇之策)의 〈책(策)〉은 64괘의 총효(總爻)의 효수(爻數)를 밝힌 말씀이다. 대성괘(大成卦)마다 여섯 개의 효가 있으니 그 64괘(卦) 총효(總爻)의 개수는 〈64X6=384개〉이다. 음효(陰爻)의 총개수(總箇數)는 192개이고 양효(陽爻)의 총개수(總箇數)도 192개이다. 64괘(卦) 총효(總爻)의 총책수(總策數)를 알자면, 양효(陽爻)의 책수(策數)가 〈삼십륙(三十六)〉이고 음효(陰爻)의 책수(策數)가 〈이십사(二十四)〉임을 상기하면 된다. 대성괘(大成卦) 64괘(卦)는 육효(六爻)로 이루어진다. 그러므로 64

괘에서 모든[總] 양효(陽爻)의 책수(策數)는 〈192X36=6,912책(策)〉이고, 총(總) 음효(陰爻)의 책수(策數)는 〈192X24=4,608책(策)〉이다. 그래서 64괘(卦)의 음효(陰爻)와 양효(陽爻)의 책수(策數)를 합(合)한다면 그 총효(總爻)의 총책수(總策數)는 〈6,912+4,608=11,520책(策)〉이 된다. 이 〈만천오백이십 책(11,520策)〉이란 수가 만물(萬物)의 수(數)를 나타낸다는 말씀이 〈당만물지수(當萬物之數)〉이다. 그렇다고 이 〈만천오백이십 책(11,520策)의 만물지수(萬物之數)〉가 만물(萬物)의 개수를 결정한 수치를 뜻하는 것은 아니다. 만물지수(萬物之數)의 〈수(數)〉는 생생지수(生生之數)를 뜻하는 까닭이다. 생생(生生)의[之] 수(數)를 줄여 책수(策數) 또는 수(數)라고 한다. 그러므로 64괘(卦) 총효(總爻)의 총책수(總策數)는 천지(天地)의 생생(生生)이란 역(易)을 수(數)를 가지고[以] 살펴[觀] 새기고[玩] 헤아려[擬] 따져보게[議] 하는 것이다. 생생지위역(生生之謂易) 즉 생생(生生)을[之] 역이라[易] 한다[謂]고 할 때 그 〈생생(生生)〉이란 〈그침 없이 나고[生] 남[生]〉을 뜻하니 삼라만상(森羅萬象)이란 헤아릴 수 없게 끊임없이 생기고[生] 생겨남[生]의 짓[象]을 수(數)를 들어 밝힌다.

四營而成易(사영이성역) 十有八變而成卦(십유팔변이성괘)

〈본서법(本筮法)〉을 간명하게 밝히는 말씀이다. 사영(四營)을 거쳐 사상지역(四象之易) 즉 사상의[四象之] 역(易)이 이룩되고[成] 18변(變)을 거쳐 대성괘(大成卦)의 여섯 효[六爻]가 이룩됨[成]을 밝힌다. 사영(四營)이란 대연지수(大衍之數) 오십(五十)에서 하나[一]를 빼 태극(太極)으로 삼고, 남는 사십구(四十九)를 분이(分二)하여 천책(天策)과 지책(地策)으로 삼고, 지책(地策)에서 괘일(掛一)하여 인책(人策)으로 삼아, 삼재(三才) 즉 삼극(三極)을 삼아 설사(揲四)하고 귀기(歸奇)하여 사상지역(四象之易)이 이루어진다. 이처럼 사영(四營)은 자연[天地]의 성변화(成變化)-행귀신(行鬼神)을 본받아[法] 사상(四象)을 이룩하여[成] 효책(爻策)을 얻기[得]까지 이어진다. 그러니 사영이성역(四營而成易)은 사상(四象)을 얻기까지의 과정을 밝힌 말씀이다.

십유팔변이성괘(十有八變而成卦)는 〈본서법(本筮法)〉의 사영(四營)을 거쳐 삼변(三變)을 여섯 번 거듭해 여섯[六] 효(爻)를 얻어내[得] 대성괘(大成卦) 하나를 완성함[成]을 말한다. 대성괘(大成卦) 하나를 얻자면 여섯[六] 효(爻)를 얻어야[得] 한다. 매효(每爻)마다 사영(四營)을 거쳐 삼변(三變)을 거쳐야 하므로, 사영(四營)인 분이(分二)-괘일(掛一)-설사(揲四)-귀기(歸奇)를 여섯 번 되풀이하고, 제일변(第一變)-제이변(第二變)-제삼변(第三變)을 여섯 번 되풀이해서야 여섯[六] 효(爻)를 얻어낼 수 있다. 성괘(成卦)의 괘(卦)는 여기선 대성괘(大成卦)를 말한다. 그러므로 십팔변(十八變)에서 먼저 세 번의 사영(四營)-삼변(三變)을 거쳐야 효(爻) 세 개를 얻어내 내괘(內卦) 즉 하괘(下卦)가 이룩된다[成]. 다시 또 세 번의 사영(四營)-삼변(三變)을 거쳐야 효(爻) 세 개를 얻어내 외괘(外卦) 즉 상괘(上卦)가 이룩된다[成]. 이렇게 〈본서법(本筮法)〉으로 소성괘(小成卦) 두 개로 대성괘(大成卦) 하나를 이룩함[成]을 밝힌 말씀이 〈십유팔변이성괘(十有八變而成卦)〉이다.

八卦而小成(팔괘이소성)

하나의 소괘(小卦) 즉 소성괘(小成卦)가 성립(成立)되는 〈본서법(本筮法)〉에서의 사영(四營)-구변(九變)을 밝힌 말씀이다. 사영(四營)-삼변(三變)을 거치면 효(爻) 하나가 성립된다[成]. 즉 효(爻) 한 개를 얻자면[得] 사영(四營)-삼변(三變)을 거치게 된다. 사영(四營)-삼변(三變)을 세 번 거듭하면 효(爻) 셋이 성립(成立)되어 소괘(小卦) 하나가 이룩된다[成]. 소괘(小卦)를 소성괘(小成卦)라 하고, 소성괘(小成卦)를 팔괘(八卦) 즉 여덟[八] 괘(卦)라 한다. 그러므로 〈본서법(本筮法)〉으로 팔괘(八卦)인 소괘(小卦) 즉 소성괘(小成卦) 한 개가 성립(成立)되자면 사영(四營)-삼변(三變)을 세 번 거쳐야 하기 때문에 사영(四營)-구변(九變)이라 한다. 〈팔괘이소성(八卦而小成)〉은 사영(四營)-구변(九變)을 거쳐 소성괘(小成卦) 하나를 얻었음을 말한다. 팔괘(八卦)는 건(乾 : ☰)-태(兌 : ☱)-이(離 : ☲)-진(震 : ☳)-손(巽 : ☴)-감(坎 : ☵)-간(艮 : ☶)-곤(坤 : ☷) 등의 소성괘(小成卦)를 말한다.

引而伸之(인이신지) 觸類而長之(촉류이장지) 天下之能事畢矣(천하지능사필의)

음양(陰陽)에서 예인(曳引)되고 신장(伸長)된 사상(四象), 사상(四象)에서 예인되고 신장된 팔괘(八卦), 팔괘(八卦)에서 다시 예인되고 신장되어 64괘(卦)로 늘

려짐[長]을 살펴[觀] 새기고[玩] 헤아려[擬] 따져[議] 가늠하게[斷] 하는 말씀이다. 〈인이신지(引而伸之)〉의 〈지(之)〉는 태극(太極)에서 보면 음양(陰陽)이고, 음양(陰陽)에서 보면 사상(四象)이고, 사상(四象)에서 보면 팔괘(八卦)이고, 팔괘(八卦)에서 보면 64괘(卦)이고, 64괘에서 보면 64의 자승(自乘) 즉 〈64X64〉의 신장(伸長)이고, 그침도 없고 쉼도 없는 생생(生生)일 터이다. 이러한 신장(伸長)의 생생(生生)은 궁즉변(窮則變)이어서 무궁(無窮) 즉 끝남[窮]이 없음[無]이니, 이는 곧 무궁(無窮)한 예인(曳引)의 생생(生生)이고 신장(伸長)의 생생(生生)이다. 음양(陰陽)에서 양(陽 : ⚊)이 양(陽 : ⚊)을 끌어당겨서[引] 노양(老陽 : ⚌)으로 널려지고[伸], 음(陰 : ⚋)을 끌어당겨서 소음(少陰 : ⚍)으로 널려지니[伸] 이 경우 인이신지(引而伸之)의 지(之)는 〈음양(陰陽)〉일 터이다. 음양을[之] 끌어당겨[引] 널리면[伸] 사상(四象)이 된다. 이처럼 음양(陰陽)에서 사상(四象)이 이루어지는 것[成]이다. 그러므로 사상(四象)에서 본다면 〈촉류이장지(觸類而長之)〉의 〈촉류(觸類)〉는 〈촉음양지류(觸陰陽之類)〉를 뜻하고, 촉류이장지(觸類而長之)에서 〈장지(長之)의 지(之)〉는 〈사상(四象)〉을 뜻한다. 팔괘(八卦)에서 보면 〈촉류이장지(觸類而長之)〉의 〈촉류(觸類)〉는 〈촉사상지류(觸四象之類)〉를 뜻하고, 촉류이장지(觸類而長之)에서 〈장지(長之)의 지(之)〉는 〈팔괘(八卦)〉를 뜻한다. 64괘(卦)에서 본다면 〈촉류이장지(觸類而長之)〉의 〈촉류(觸類)〉는 〈촉팔괘지류(觸八卦之類)〉를 뜻하고, 촉류이장지(觸類而長之)에서 〈장지(長之)의 지(之)〉는 〈64괘(卦)〉를 뜻한다. 이를 밝힌 말씀이 〈인이신지(引而伸之) 촉류이장지(觸類而長之)〉이다. 음양(陰陽)은 둘[二]로 따로 나누어지지 않고 서로 구족(具足)해주는 끼리[類]가 되고, 사상(四象)도 넷[四]으로 따로 나누어지지 않고 서로 구족해주는 끼리가 되고, 팔괘(八卦) 또한 여덟[八]으로 나누어지지 않고 서로 구족해주는 끼리가 되어 64괘(卦)로 늘려진다[長].

사상(四象)에서 노양(老陽 : ⚌)은 양(陽 : ⚊)을 끌어당겨서[引] 건(乾 : ☰)으로 널려지고[伸] 음(陰 : ⚋)을 끌어당겨서[引] 태(兌 : ☱)로 널려진다[伸]. 소음(少陰 : ⚍)은 양(陽 : ⚊)을 끌어당겨서[引] 이(離 : ☲)로 널려지고[伸] 음(陰 : ⚋)을 끌어당겨서[引] 진(震 : ☳)으로 널려진다[伸]. 소양(少陽 : ⚎)은 양(陽 : ⚊)을 끌어당겨서[引] 손(巽 : ☴)으로 널려지고[伸] 음(陰 : ⚋)을 끌어당겨서[引] 감(坎 : ☵)으로 널려진다[伸]. 노음(老陰 : ⚏)은 양(陽 : ⚊)을 끌어당겨서[引] 간(艮 : ☶)으로 널려지고[伸] 음(陰 : --)을 끌어당겨서[引] 곤(坤 : ☷)으로 널려지니[伸], 이 경우 〈인이신지(引而伸之)〉의 〈지(之)〉는 사상(四象)일 터이다. 음양을[之] 끌어당겨서 널리면[伸] 팔괘(八卦)가 된다. 이처럼 사상(四象)에서 팔괘(八卦)가 이루어진 것[成]이다. 이렇게 팔괘(八卦)의 이루어짐[成]을 풀이하여 〈촉류이장지(觸類而長之)〉라고 밝힌다. 그러니 여기서 촉류이장지(觸類而長之)의 〈장(長)〉은 〈늘릴 신(伸)〉으로 신장(伸長)의 줄임말이고, 지(之)는 여기선 64괘(卦)일 터이다. 팔괘(八卦)가 끼리끼리[類] 감촉해서[觸] 64괘(卦)로 늘어난 것[長]이 곧 64괘(卦)의 〈인이신지(引而伸之)-촉류이장지(觸類而長之)이다.

〈천하지능사필의(天下之能事畢矣)〉는 팔괘(八卦)가 서로 당겨[引] 널려[伸] 소괘(小卦)끼리[類] 감촉하여[觸] 64괘(卦)를 늘려낸[長] 〈64괘(卦)의 짓[象]〉을 밝힌다. 왜 음양(陰陽)은 촉류(觸類)하여 사상(四象)을 길러내고 사상(四象)이 촉류(觸類)하여 팔괘(八卦)를 길러내고[長] 팔괘(八卦)가 촉류(觸類)하여 64괘(卦)를 길러냄[長]인가? 이에 대한 해답이 〈천하지능사필의(天下之能事畢矣)〉이다. 온 세상[天下]의 가능한 일[能事]을 다하기[畢] 위하여 음양(陰陽)이 촉류(觸類)하여 사상(四象)을 길러내고[長], 사상(四象)이 촉류(觸類)하여 팔괘(八卦)를 길러내며[長], 팔괘(八卦)가 촉류(觸類)하여 64괘(卦)를 길러내는 것[長]이다. 어찌 8괘(卦)가 촉류(觸類)하여 64괘(卦)만을 길러냄[長]으로써 그치겠는가? 64괘(卦)는 다시 촉류(觸類)하여 음양(陰陽)을 당겨[引] 널리 길러내[長] 갈 뿐이니 일음일양(一陰一陽)-생생(生生)은 무한대로 촉류(觸類)하고 신장(伸長)할 뿐이다. 음양(陰陽)이란 효(爻)의 신장(伸長)이 어찌 〈64X6=384효(爻)〉의 촉류(觸類)만으로 그치겠는가? 64괘(卦)로 온 세상 능사(能事)의 길흉(吉凶)을 다한다[畢] 함은 음양(陰陽)이 무궁(無窮)히 촉류(觸類)하여 온 세상 능사(能事)를 살펴[觀] 새기고[玩] 헤아리고[擬] 따져[議] 판단하게[斷] 다해주는 것[畢]이다. 그러므로 일음일양(一陰一陽)의 촉류(觸類)는 쉼 없이 일어난다. 천하지능사필의(天下之能事畢矣)에서 〈능사(能事)〉란 왕사(往事)가 아니라 내사(來事)이며, 내사(來事)의 끝남[畢竟]은 길흉(吉凶)으로 드러나고 다시 또 앞일[來事]은 일어난다. 그래서 천하지능사필의(天下之能事畢矣)에서 〈필(畢)〉은 〈궁즉변(窮則變)〉을 환기시킨다. 다함[窮]의 마침[畢]이 곧 〈변(變)〉이고 새로 되게 함[化]의 필(畢)이 곧 〈궁(窮)〉임을 떠올리면, 〈능사(能事)의 필(畢)〉은 역(易)의 생생(生生)으로 관완(觀玩)-의의(擬議)하여 가늠할 수 있게 하는 말씀이 〈천하지능사필의(天下之能事畢矣)〉이다.

顯道(현도) 神德行(신덕행)

64괘(卦)가 〈천하지능사필(天下之能事畢)〉 즉 온 세상에[天下之] 일어날 일[能事]을 다하는[畢] 까닭을 밝힌다. 현도(顯道)의 〈도(道)〉는 「계사전(繫辭傳)」이 밝혀준 대로 〈일음일양지위도(一陰一陽之謂道)〉 즉 〈일음일양(一陰一陽) 그것을[之] 도라[道] 함[謂]〉을 상기하면 된다. 쉼도 없고 그침도 없는 〈변이통지(變而通之)〉 즉 〈바꿔서[變而] 그 바뀜을[之] 통하게 함[通]〉이 〈일음일양(一陰一陽)〉이니, 현도(顯道)의 〈도(道)〉는 변화지도(變化之道)-생생지도(生生之道)인 〈역지도(易之道)〉이다. 그러니 〈현도(顯道)〉는 〈변화(變化)의[之] 이치와 가르침을[道] 드러낸다[顯]〉라고 새겨 헤아리면 될 터이다. 그 역지도(易之道)는 변화지도(變化之道)로서 〈행어만물자(行於萬物者)〉로 풀이된다. 온갖 것[萬物]에[於] 베풀어지는[行] 역지도(易之道)를 64괘(卦)가 밝힌다는 말씀이 〈현도(顯道)〉이다.

현도(顯道)의 〈현(顯)〉은 곧 〈신덕행(神德行)〉으로 풀이된다. 64괘(卦)가 신덕(神德)의 실행으로 변화의[變化之] 도(道)를 나타낸다[顯]. 신덕행(神德行)의 〈신(神)〉은 〈음양불측지위신(陰陽不測之謂神)〉이다. 음양(陰陽)이 짓는 변화(變化)는 무한하여 잴 수 없다[不測]. 그래서 천지(天地)가 변화하게 하는 짓[神]을 〈신기하고[神]-신묘하고[神]-신통하다[神]〉고 한다. 음양불측(陰陽不測)이란 쉼 없는 일음일양(一陰一陽)의 역(易) 즉 그침 없는 변화(變化)이니, 〈신덕(神德)〉은 〈신시덕(神是德)〉 즉 〈신은[神] 덕(德)이다[是]〉를 줄임이다. 그러니 〈신덕행(神德行)〉은 〈신(神)〉 즉 덕을[德] 베풂[行]이다. 신덕(神德)의 〈덕(德)〉이란 〈통어천지자(通於天地者)〉 바로 그것이다. 하늘땅[天地]에[於] 두루 통하는[通] 것[者]이 덕(德)이요 신(神)이요 선(善)이요 나아가 성(性)이다. 그 덕선(德善)이 만물(萬物)에 베풀어짐[行]이 〈신덕행(神德行)〉이다. 온갖 것[萬物]에[於] 두루 베풀어지는[行] 것[者]이 도(道)이니, 역지도(易之道)의 실행(實行)을 64괘(卦)가 더 없이 다함을 밝힌 말씀이 〈현도(顯道) 신덕행(神德行)〉이다.

可與酬酌(가여수작) 可與祐神矣(가여우신의)

〈가여수작(可與酬酌)〉의 〈수(酬)〉는 응대함이고 〈작(酌)〉은 보답함이다. 대성괘(大成卦)에서 괘(卦)는 내괘(內卦)와 외괘(外卦)가 서로 수작(酬酌)하고, 대성괘(大成卦)에서 육효(六爻)가 상교(相交)하여 수작(酬酌)한다. 수작(酬酌)의 〈수(酬)〉는 주인[主]이 손님[客]을 응접함이고, 〈작(酌)〉은 객(客)이 주인[主]의 응접에 보답함이다. 대성괘(大成卦)에서 내괘(內卦)와 외괘(外卦)가 수작(酬酌)하고 육효(六爻)가 수작(酬酌)하여 대성괘(大成卦)가 신물(神物)이 된다. 육효(六爻)는 자리[位]를 정(定)해서 멈추지 않고 아래서부터 위로 누천(累遷)한다. 육효(六爻)는 중(中)-정(正)-응(應)-비(比) 등으로 상교(相交)하면서 서로 수작(酬酌)하여 천지(天地)가 변화하게 하는 짓[神]을 본받는다[法]. 물론 육효(六爻)는 상교(相交)하여 서로 수작(酬酌)하지 〈수(酬)하는 주(主)의 효(爻)〉 〈작(酌)하는 객(客)의 효(爻)〉가 따로 나누어지는 것은 아니다. 육효(六爻)의 자하지상(自下至上) 즉 아래서부터[自下] 위까지[至上]의 누천(屢遷)이란 육효(六爻)가 서로 주객(主客)이 되어 사귐[交]을 뜻한다. 그러므로 대성괘(大成卦)에서 육효(六爻)는 서로 주(主)이면서 객(客)이지 주객(主客)으로 이분(二分)되지 않고, 상교(相交) 즉 서로[相] 사귀어서[交] 수작(酬酌)한다. 다만 대성괘(大成卦)에서 양효(陽爻)는 양효(陽爻)로서 위에서 아래로 뻗치는[伸] 기운(氣運) 즉 행신(行神)의 짓[象]으로 수작(酬酌)하고, 음효(陰爻)는 음효(陰爻)로서 아래서 위로 굽히는[屈] 기운(氣運) 즉 행귀(行鬼)의 상(象)으로 수작(酬酌)한다. 양(陽)의 신기(伸氣) 즉 신(神)만으로 성변화(成變化)할 수 없고, 음(陰)의 굴기(屈起) 즉 귀(鬼)만으로 성변화(成變化)할 수 없다. 반드시 내외괘(內外卦)와 육효(六爻)가 상교(相交)하여 수작(酬酌)해야 성변화(成變化)하여 행귀신(行鬼神)할 수 있다.

知變化之道者(지변화지도자) 其知神之所爲乎(기지신지소위호)

변화의[變化之] 도를[道] 안다는[知] 것[者]은 신이[神之] 하는[爲] 바를[所] 앎[知]이라고 밝힌 말씀이다. 변화지도(變化之道)란 곧 신지소위(神之所爲)이다. 신지소위(神之所爲)는 곧 귀신지소위(鬼神之所爲)를 말하고, 귀신지소위(鬼神之所

爲)는 음양지소위(陰陽之所爲)를 말하며, 음양지소위(陰陽之所爲)는 역지소위(易之所爲)를 말하고, 역지소위(易之所爲)는 천지지소위(天地之所爲)를 본받는[法] 신물(神物)인 괘효(卦爻)로써[以] 드러난다. 그러므로 대연지수(大衍之數) 오십(五十)으로[以] 〈성변화(成變化)-행귀신(行鬼神)〉함을 앎[知]이 지변화지도자(知變化之道者)이고, 상양(象兩)으로[以] 〈성변화(成變化)-행귀신(行鬼神)〉함을 앎[知]이 지변화지도자(知變化之道者)이다. 상삼(象三)으로[以] 〈성변화(成變化)-행귀신(行鬼神)〉함을 앎[知]이 지변화지도자(知變化之道者)이고, 상사시(象四時)로[以] 〈성변화(成變化)-행귀신(行鬼神)〉함을 앎[知]이 지변화지도자(知變化之道者)이며, 상윤(象閏)으로[以] 〈성변화(成變化)-행귀신(行鬼神)〉함을 앎[知]이 지변화지도자(知變化之道者)이고, 팔괘(八卦)에서 비롯한 64괘(卦)의 괘효(卦爻)가 현도(顯道)하여 신덕행(神德行)하려고 〈수작(酬酌)-우신(祐神)〉함을 앎[知]이 지변화지도자(知變化之道者) 즉 변화의[變化之] 도를[道] 아는[知] 것[者]이다.

그리하여 지변화지도자(知變化之道者)는 지일음일양지도자(知一陰一陽之道者)-지생생자(知生生者)이고 따라서 지역자(知易者)이다. 변화의[變化之] 이치를[道] 아는[知] 것[者]은 또한 왕래(往來)의 이치[道]를 아는[知] 것[者]이다. 가는[往] 것이[者] 지나면[過] 오는[來] 것이[者] 잇는다[續]. 그래서 지변화지도자(知變化之道者)는 신지소위(神之所爲)를 본받아[法] 지왕래(知往來)하고 지변(知變)하여 지래(知來)하는 전지자(前知者)가 되는 말씀이 〈지변화지도자(知變化之道者) 지신지소위(知神之所爲)〉이다. 신지소위(神之所爲)는 천지지소위(天地之所爲)를 본받는[法] 음양지소위(陰陽之所爲)-역지소위(易之所爲)로 새기면 된다. 음양(陰陽)이[之] 하는[爲] 바[所] 즉 역(易)이[之] 하는[爲] 바[所]-신(神)이[之] 하는[爲] 바[所] 등은 같은 말씀으로, 지변(知變)하여 지래(知來)함을 말한다. 변화(變化)를 알아채야[知] 미래를[來] 알아챈다[知].

신(神)이 하게 되는 바[所爲]를 일러 도덕(道德)이라 한다. 행어만물자(行於萬物者)를 일러 〈도(道)〉라 하고, 통어천지자(通於天地者)를 일러 〈덕(德)〉이라 한다. 도덕(道德) 즉 도(道)를 통하게 함[德]이 곧 신지소위(神之所爲)이다. 자연[天地]에 두루 통하는 덕(德)도 귀신(鬼神) 즉 음양(陰陽)의 소위(所爲)이고, 온갖 것[萬物]에 두루 행하는 도(道) 역시 귀신(鬼神)-음양(陰陽)이 하는 바[所爲]이다. 『중용(中

庸)』에 나오는 〈지성여신(至誠如神)〉이란 말씀을 상기한다면 〈지신지소위(知神之所爲)〉를 살펴[觀] 새겨[玩] 헤아리고[擬] 따져[議] 가늠할[斷] 수 있다. 지성(至誠)이란 사성자(思誠者)를 말한다. 더없이 자연의 시킴-가르침[命]을 좇아 따름을 일러 진실로[思] 정성스러운[誠] 것[者]이라 한다. 이러한 지성(至誠) 즉 사성자(思誠者)가 없이는 신(神)이 하는 바[所爲]를 알[知] 수 없다. 사성(思誠)하자면 무엇보다 먼저 외천명(畏天命)해야 한다. 자연의[天] 가르침을[命] 두려워함[畏]을 떠나서는 귀신(鬼神)이 하는 바[所爲]를 알기[知]가 불가능함을 의심치 말아야 한다. 무사(無私)-무욕(無欲)-무아(無我)하라 함이 곧 천명(天命)이다. 이런 천명(天命)을 저버리면 온갖 것[萬物]-온갖 일[萬事]에서 일음일양(一陰一陽)의 생생(生生)을 살펴[觀] 새기고[玩] 헤아려[擬] 따져서[議] 가늠할[斷] 수 없다.

성인(聖人)은 왕자(往者)를 붙들지 않고[不着] 내자(來者)를 두려워하지 않는다[不懼]. 이른바 지도자(指導者)라면 반드시 먼저 지변자(知變者)가 되어야 하는 까닭을 여기서 알 수 있다. 왜 치자(治者)는 현자(賢者)-군자(君子)이어야 하는가? 치자(治者)는 〈지변화지도자(知變化之道者)〉로서 지래자(知來者)이어야 하기 때문이다. 변화(變化)의[之] 이치를[道] 아는[知] 치자(治者)를 왕자(王者)라 하고, 부지변화지도자(不知變化之道者)를 패자(覇者)라고 한다. 왕자(王者)는 온 세상이 변화(變化)하면서 어울리기를 바라고, 패자(覇者)는 온 세상이 자기 손아귀 안에서 머물러 있기를 바란다. 왕자(王者)는 변화(變化)를 받아들여 늘 세상을 새롭게 하고자 하고, 패자(覇者)는 변화(變化)를 거부하여 세상을 그대로 붙잡아 두고자 한다. 그래서 세상은 언제나 변화지도(變化之道)를 아는[知] 사람[者]인 왕자(王者) 즉 백성을 하늘로 모시는 자[王者]를 받들고자 한다.

계사전상(繫辭傳上) 17단락(段落)

易有聖人之道四焉이다 以言者尙其辭하고 以動者尙
역 유 성 인 지 도 사 언 이 언 자 상 기 사 이 동 자 상
其變하며 以制器者尙其象하고 以卜筮者尙其占한다
기 변 이 제 기 자 상 기 상 이 복 서 자 상 기 점
是以로 君子將有爲也이고 將有行也이라 問焉而以言
시 이 군 자 장 유 위 야 장 유 행 야 문 언 이 이 언
하면 其受命也라 如嚮에 无有遠近幽深하여 遂知來物
기 수 명 야 여 향 무 유 원 근 유 심 수 지 래 물
한다 非天下之至精이면 其孰能與於此리오 參伍以變
비 천 하 지 지 정 기 숙 능 여 어 차 참 오 이 변
하고 錯綜其數한다 通其變하여 遂成天地之文한다 極其
착 종 기 수 통 기 변 수 성 천 지 지 문 극 기
數하여 遂定天下之象한다 非天下之至變이면 其孰能
수 수 정 천 하 지 상 비 천 하 지 지 변 기 숙 능
與於此리오 易无思也이고 无爲也이다 寂然不動하고 感
여 어 차 역 무 사 야 무 위 야 적 연 부 동 감
而遂通天下之故한다 非天下之至神이면 其孰能與於
이 수 통 천 하 지 고 비 천 하 지 지 신 기 숙 능 여 어
此리오 夫易聖人之所以極深而硏幾也니 唯深也라 故
차 부 역 성 인 지 소 이 극 심 이 연 기 야 유 심 야 고
로 能通天下之志하고 唯幾也라 故로 能成天下之務하
능 통 천 하 지 지 유 기 야 고 능 성 천 하 지 무
며 唯神也라 故로 不疾而速하고 不行而至한다 子曰 易
유 신 야 고 부 질 이 속 불 행 이 지 자 왈 역
有聖人之道四焉者는 此之謂也라
유 성 인 지 도 사 언 자 차 지 위 야

역(易)에는 성인의 가르침이 네 가지가 있는 것이다. 역(易) 즉 변화지도(變化之道)를 써서 말하는 사람은 괘효(卦爻)의 말씀을 받들고, 변화지도를 써서 행동하는 사람은 괘효의 변화를 받들며, 변화지도를 써서 기물을 만드는 사람은 괘효의 본뜸을 받들고, 변화지도를 써서 점대로 길흉을 묻는 사람은 괘

효의 점치기를 받든다. 이렇기 때문에 군자에게는 장차 할 일이 있는 것이고, 장차 (할 일을) 거행함이 있는 것이다. (군자가) 괘효에서 점쳐서 이용하여 말하는 것 그것은 (역의) 시킴과 가르침을 받은 것이다. {수명(受命)의 말은} 소리의 울림과 같아 (그 말에는) 원근(遠近)과 유심(幽深)의 있음이 없어서 마침내 다가올 일들을 알려준다. (그 수명의 말에) 세상의 지극한 정성됨이 없다면 그 누가 이를 능히 함께하겠는가? {천하지정(天下之情)은 천지지수(天地之數)의} 뒤섞음을 써 변화시키고, 그 수(數)를 이리저리 엇갈려 뒤섞어 합쳐 모은다. {서죽(筮竹)의 수(數)는} 참오착종(參伍錯綜)의 변화를 통해 마침내 자연의 드러난 짓을 이룬다. {설시(揲蓍)가} 그 셈을 다하여 마침내 온 세상의 조짐을 정해준다. {기수(其數)를 다하는 것에} 세상의 지극한 변화가 없다면 그 누가 이를 능히 함께하겠는가? 역에는 사려가 없는 것이고, 작위가 없는 것이다. (역은) 고요 그대로라 동요하지 않고, 온 세상의 일을 감응해서 사무치고 열어준다. (역이) 온 세상의 지극한 신통함이 아닌 것이라면 그 무엇이 이것과 능히 함께하겠는가? 무릇 역은 성인이 역을 가지고 심오한 것을 더없이 살펴 알아내서 기미를 살펴 알아내는 것이니, 오로지 심오한 것이기 때문에 온 세상의 뜻을 능히 통달하고, 오로지 기미한 것이기 때문에 온 세상의 일을 능히 이루며, 오로지 신통한 것이기 때문에 서둘지 않아도 재빠르고 움직이지 않아도 이른다. 공자가 말했다. 역에는 성인의 가르침이 네 가지가 있는 것이다라는 것은 이를 밝힘이다.

【탐독(探讀)】

역에는[易] 성인(聖人)의[之] 가르침이[道] 네 가지가[四] 있는 것[有]이다[焉]. 역(易) 즉 변화지도(變化之道)를 써서[以] 말하는[言] 사람은[者] 괘효(卦爻)의[其] 말씀을[辭] 받들고[尙], 변화지도(變化之道)를 써서[以] 행동하는[動] 사람은[者] 괘효의[其] 변화를[變] 받들며[尙], 변화지도(變化之道)를 써서[以] 기물을[器] 만드는[制] 사람은[者] 괘효의[其] 본뜸을[象] 받들고[尙], 변화지도(變化之道)를 써서[以] 점대로[筮] 길흉(吉凶)을 묻는[卜] 사람은[者] 괘효의[其] 점치기를[占] 받든다[尙].

이렇기[是] 때문에[以] 군자에게는[君子] 장차[將] 할 일이[爲] 있는 것[有]이고[也], 장차[將] (할 일[爲]을) 거행함이[行] 있는 것[有]이다[也]. {군자(君子)가} 괘효(卦爻)에서[焉] 점쳐서[問而] 이용하여[以] 말하는 것[言] 그것은[其] {역(易)의} 시킴과 가르침을[命] 받은 것[受]이다[也]. {수명(受命)의 말[言]은} 소리의 울림과[嚮] 같아[如] (그 말에는) 원근과[遠近] 유심의[幽深] 있음이[有] 없어서[无] 마침내[遂] 다가올[來] 일들을[物] 알려준다[知]. {그[其] 수명(受命)의 말[言]에} 세상[天下]의[之] 지극한[至] 정성됨이[精] 없다면[非] 그[其] 누가[孰] 이[此]를[於] 능히[能] 함께하겠는가[與]? {천하지정(天下之情)은 천지지수(天地之數)의} 뒤섞음을[參伍] 써[以] 변화시키고[變], 그[其] 수를[數] 이리저리 엇갈려 뒤섞어[錯] 합쳐 모은다[綜]. {서죽(筮竹)의 수(數)는} 참오착종(參伍錯綜)의[其] 변화를[變] 통해[通] 마침내[遂] 자연[天地]의[之] 드러난 짓을[文] 이룬다[成]. {설시(揲蓍)가} 그[其] 셈을[數] 다하여[極] 마침내[遂] 온 세상[天下]의[之] 조짐을[象] 정해준다[定]. {기수(其數)를 다하는[極] 것[者]에} 세상[天下]의[之] 지극한[至] 변화가[變] 없다면[非] 그[其] 누가[孰] 이[此]를[於] 능히[能] 함께하겠는가[與]? 역에는[易] 사려(思慮)가[思] 없는 것[无]이고[也], 작위가[爲] 없는 것[无]이다[也]. {역(易)은} 고요[寂] 그대로라[然] 동요하지 않고[不動], 온 세상[天下]의[之] 일을[故] 감응해서[感而] 사무치고[遂] 열어준다[通]. {역(易)이} 온 세상[天下]의[之] 지극한[至] 신통함이[神] 아닌 것이라면[非] 그[其] 무엇이[孰] 이것[此]과[於] 능히[能] 함께하겠는가[與]? 무릇[夫] 역은[易] 성인(聖人)이[之] 역[易]을 가지고[以] 심오한 것을[深] 더없이 살펴 알아내서[極而] 기미를[幾] 살펴 알아내는[硏] 것[所]이니[也], 오로지[唯] 심오한 것[深]이기[也] 때문에[故] 온 세상[天下]의[之] 뜻을[志] 능히[能] 통달하고[通], 오로지[唯] 기미한 것[幾]이기[也] 때문에[故] 온 세상[天下]의[之] 일을[務] 능히[能] 이루며[成], 오로지[唯] 신통한 것[神]이기[也] 때문에[故] 서둘지 않아도[不疾而] 재빠르고[速] 움직이지 않아도[不行而] 이른다[至]. 공자가[子] 말했다[曰]. 역에는[易] 성인(聖人)의[之] 가르침이[道] 네 가지가[四] 있는 것[有]이다[焉]라는 것은[者] 이[此]를[之] 밝힘[謂]이다[也].

【지남(指南)】

易有聖人之道四焉(역유성인지도사언)

역지도(易之道) 즉 변화(變化)의 도(道)를 알게[知] 하는 네 가지 도(道)를 『주역(周易)』이 마련해 두었음을 성인(聖人)께서 밝힌다. 성인지도(聖人之道)의 〈도(道)〉는 〈이치[理]의 도(道)-가르침[教]의 도(道)-이끌어줌[導]의 도(道)-방편[方]의 도(道)-말씀[言]의 도(道)〉 등으로 늘 살펴[觀] 새기고[玩] 헤아려[擬] 가늠해야[斷] 한다. 역(易)에 성인지도(聖人之道)가 넷[四]이 있다[有]고 함은 역을[易] 써[以] 변화(變化)의 도(道)를 성인(聖人)께서 네 가지로 가르쳐주고[教] 말씀해줌[言]을 간파하게 된다. 물론 성인지도(聖人之道)의 〈도(道)〉를 천지(天地)가 짓는[象] 변화지도(變化之道)를 본받는[法] 도(道) 즉 법도(法道)로 완의(玩擬)해도 된다. 여기서 성인지도사(聖人之道四)는 성인지교사(聖人之教四)-성인지언사(聖人之言四)를 뜻하는 셈이다. 이역(以易) 즉 역을[易] 써[以] 〈변화지도(變化之道)-신지소위(神之所爲)〉를 깨우치자면 성인(聖人)이 마련해둔 〈도사(道四)〉로써 〈역지도(易之道)의 이-교-도-방-언(理-教-導-方-言)〉 등을 저마다 스스로 관완(觀玩)하여 의단(擬斷)할 수 있음을 밝힌 말씀이 〈역유성인지도사언(易有聖人之道四焉)〉이다.

以言者尙其辭(이언자상기사)

성인(聖人)을 본받아[法] 역(易) 즉 변화지도(變化之道)를 이용하여[以] 말하는[言] 사람[者]이란 곧 군자(君子)를 말한다. 군자(君子)는 역지사(易之辭) 즉 역의[易之] 말씀[辭]을 받들어[尙] 말한다[言]. 그래서 군자(君子)는 상기사(尙其辭)하기 때문에 욕눌어언(欲訥於言)하는 것이다. 군자(君子)가 말함[言之]에 어눌함[訥]은 역지사(易之辭)를 두려워하기[畏] 때문이다. 상기사(尙其辭)의 〈상(尙)〉 즉 받듦[尙]이란 지성(至誠)을 모으고[會] 더하여[加] 절로[好] 기우(祈祐) 즉 천지(天地)의 도움[祐]을 구함[祈]이다. 그러자면 〈무사(無思)-무위(無爲)〉 즉 〈무사(無私)-무욕(無欲)-무아(無我)〉로써[以] 관심사(關心事)를 마주하여 그 관심사의 본말(本末)-종시(終始)-선후(先後)를 지성(至誠)으로 살피고[觀], 그 살핌[觀]을 지성으로 새기고[玩], 그 새김[玩]을 지성으로 헤아리고[擬], 그 헤아림[擬]을 지성으로 따져보고[議], 그 따져봄[議]을 지성으로 가늠해야[斷], 저마다 역수(逆數)하여 지래(知來)할 수 있다.

以動者尙其變(이동자상기변)

성인(聖人)을 본받아[法] 역(易) 즉 변화지도(變化之道)를 이용하여[以] 행동하는[動] 사람[者]이란 곧 군자(君子)를 말한다. 군자(君子)는 역지변(易之變) 즉 역의[易之] 변화[變]를 받들어[尙] 행동한다[動]. 그래서 군자(君子)는 필신기독(必愼其獨)한다. 물론 지성(至誠)으로 상기변(尙其變)하자면 상기사(尙其辭)가 뒷받침되어야 한다. 군자(君子)가 행동함[動]에 그[其] 자신을[獨] 반드시[必] 삼감[愼]은 역지변(易之變)을 두려워하기[畏] 때문이다. 군자(君子)는 자신의 행동이 천지(天地)로부터 도움 받고자[祐] 역(易)의 변화(變化)를 삼가 받든다[尙]. 그래서 군자(君子)는 〈무사(無思)-무위(無爲)〉 즉 〈무사(無私)-무욕(無欲)-무아(無我)〉로써[以] 관심사(關心事)를 마주하여 그 관심사의 본말(本末)-종시(終始)-선후(先後)를 지성(至誠)으로 살피고[觀], 그 살핌[觀]을 지성으로 새기고[玩] 그 새김[玩]을 지성으로 헤아리고[擬] 그 헤아림[擬]을 지성으로 따져보고[議] 그 따져봄[議]을 지성으로 가늠하면서[斷] 삼가 행동한다[動].

以制器者尙其象(이제기자상기상)

성인(聖人)을 본받아[法] 역(易) 즉 변화지도(變化之道)를 이용하여[以] 기물을[器] 만드는[制] 사람[者]이란 곧 군자(君子)를 말한다. 군자(君子)는 역지변(易之變) 즉 역의[易之] 변화[變]를 받들어[尙] 제기(制器)한다. 그래서 군자(君子)는 상기상(尙其象)하기 때문에 또한 필신기독(必愼其獨)한다. 따라서 지성(至誠)으로 상기상(尙其象)하자면 상기사(尙其辭)-상기변(尙其變)이 뒷받침되어야 한다. 군자(君子)가 제기(制器)함에 그[其] 자신을[獨] 반드시[必] 삼감[愼]은 역지변(易之變)을 두려워하기[畏] 때문이다. 군자(君子)가 제기(制器)함은 천지(天地)로부터 도움 받고자[祐] 역(易)의 변화(變化)를 삼가 받든다[尙]. 그래서 군자(君子)는 〈무사(無思)-무위(無爲)〉 즉 〈무사(無私)-무욕(無欲)-무아(無我)〉로써[以] 관심사(關心事)를 마주하여 그 관심사의 본말(本末)-종시(終始)-선후(先後)를 지성(至誠)으로 살피고[觀], 그 살핌[觀]을 지성으로 새기며[玩], 그 새김[玩]을 지성으로 헤아리고[擬], 그 헤아림[擬]을 지성으로 따져보고[議], 그 따져봄[議]을 지성으로 가늠하면서[斷] 삼가 제기(制器)한다.

以卜筮者尙其占(이복서자상기점)

성인(聖人)을 본받아[法] 역(易) 즉 변화지도(變化之道)를 이용하여[以] 점대로[筮] 길흉(吉凶)을 묻는[卜] 사람[者]이란 곧 군자(君子)를 말한다. 군자(君子)는 역지변(易之變) 즉 역의[易之] 변화[變]를 받들어[尙] 복서(卜筮)한다. 그래서 군자(君子)는 상기점(尙其占)하기 때문에 또한 필신기독(必愼其獨)한다. 물론 뒤따라서 지성(至誠)으로 상기점(尙其占)하자면 상기사(尙其辭)-상기변(尙其變)-상기상(尙其象)이 뒷받침되어야 한다. 군자(君子)가 복서(卜筮)함에 그[其] 자신을[獨] 반드시[必] 삼감[愼]은 역지변(易之變)을 두려워하기[畏] 때문이다. 군자(君子)가 복서(卜筮)함은 천지(天地)로부터 도움 받고자[祐] 역(易)의 변화(變化)를 삼가 받든다[尙]. 그래서 군자(君子)는 〈무사(無思)-무위(無爲)〉 즉 〈무사(無私)-무욕(無欲)-무아(無我)〉로써[以] 관심사(關心事)를 마주하여 그 관심사의 본말(本末)-종시(終始)-선후(先後)를 지성(至誠)으로 살피고[觀], 그 살핌[觀]을 지성으로 새기며[玩], 그 새김[玩]을 지성으로 헤아리고[擬], 그 헤아림[擬]을 지성으로 따져보고[議], 그 따져봄[議]을 지성으로 가늠하면서[斷] 삼가 복서(卜筮)하며 역수(逆數)하여 지래(知來)한다.

君子將有爲也(군자장유위야)

군자(君子)가 성인(聖人)의 도사(道四)를 받들어[尙] 본받기[法] 때문에 장차[將] 할 일[爲]이 있음을 밝힌다. 이 말씀은『논어(論語)』「안연(顔淵)」에 나오는 〈군자지덕풍(君子之德風)〉을 환기시키고,『논어(論語)』「이인(里仁)」에 나오는 〈군자유어의(君子喩於義)〉를 떠올린다. 군자(君子)가 할 일[爲]이란 위민(爲民)의 시덕(施德)인 까닭이다. 온 사람을[民] 위하여[爲] 덕을[德] 베풂[施]이 곧 군자(君子)가 하고자 하는 일[爲]이다. 여기서 군자(君子)가 지난 일[去事]에 매달리지 않고 앞일[來事]을 위해 신독(愼獨)함을 알 수 있다. 그래서 군자(君子)는 성인(聖人)의 도사(道四)를 본받는[法] 이역자(以易者) 즉 역을[易] 활용하는[以] 자(者)가 된다.

註 군자지덕풍(君子之德風) 소인지덕초(小人之德草) 초상지덕필언(草尙之德必偃) : 군자의[君子之] 덕은[德] 바람이고[風] 소인의[小人之] 덕은[德] 풀이다[草]. 풀은[草] 바람의[之] 덕을[德] 더하면[尙] 반드시[必] 따른다[偃]. 상지덕(尙之德)의 〈상(尙)〉은 여기선 〈더할 가(加)〉와 같고,

〈언(偃)〉은 여기선 〈따를 순(順)〉과 같다.

註 군자유어의(君子喩於義) 소인유어리(小人喩於利) : 군자는[君子] 의로움[義]을[於] 밝히고[喩] 소인은[小人] 사리[利]를[於] 밝힌다[喩]. 〈유(喩)〉는 여기선 〈밝힐 효(曉)〉와 같고, 〈어(於)〉는 목적격 토씨(~을) 노릇을 하는 어조사이며, 〈의(義)〉는 여기선 대의(大義)-정의(正義)를 뜻하고, 〈이(利)〉는 사리(私利)를 뜻한다.

將有行也(장유행야)

군자(君子)가 자신이 할 일[爲]을 반드시 거행하여 실행함을 밝힌다. 이 말씀 역시 『논어(論語)』「안연(顔淵)」에 나오는 〈군자지덕풍(君子之德風)〉을 환기시키고, 『논어(論語)』「이인(里仁)」에 나오는 〈군자유어의(君子喩於義)〉를 떠올린다. 온 사람을[民] 위하여[爲] 덕을[德] 베풂[施]이 곧 군자(君子)가 하고자 하는 행위(行爲) 즉 일을[爲] 거행함[行]이다. 군자(君子)가 지난 일[去事]에 매달리지 않고 앞일[來事]을 위해 신독(愼獨)함을 또한 알 수 있다. 그래서 군자(君子)는 성인(聖人)의 도사(道四)를 본받는[法] 이역자(以易者) 즉 역을[易] 활용하는[以] 자[者]가 된다.

問焉而以言(문언이이언) 其受命也(기수명야)

군자지언(君子之言) 즉 군자(君子)의 말[言]을 밝힌다. 군자(君子)는 문언(問焉)하여 역(易)을 이용한다[以]. 물론 문언(問焉)의 〈언(焉)〉은 〈어시(於是) 언(焉)〉으로 〈이에 언(焉)〉이다. 문언(問焉)이란 문어시(問於是)이다. 이것[是]에서[於] 점친다[問] 함이 〈문언(問焉)〉이다. 여기서 문어시(問於是)의 〈시(是)〉란 괘효지상(卦爻之象)-괘효지사(卦爻之辭)-괘효지변(卦爻之變)을 나타낸다. 그러므로 〈문언(問焉)〉이 〈문어괘효지상사변(問於卦爻之象辭變)〉을 줄여 밝히는 셈이다. 군자(君子)가 이역(以易)하여 점친다[問]고 함은 괘효(卦爻)에서[於] 점치기[問] 함을 말한다. 괘효에서(於卦爻) 관상(觀象)하고 완사(玩辭)하며 관변(觀變)하여 완점(玩占)함을 밝혀 〈문언(問焉)〉이라 함을 명심해야 한다. 이러한 점문(占問)을 지성(至誠)으로 완수하고자 〈문언(問焉)〉에 앞서 군자(君子)는 〈본서법(本筮法)〉의 사영(四營)-십팔변법(十八變法)을 지성으로 거쳐 대성괘(大成卦) 하나를 손수 얻어야 한다. 그러므로 〈문언(問焉)〉에 앞서서 군자(君子)는 손수 대성괘(大成卦) 하나를 얻고자 〈대연지수(大衍之數) 오십(五十)〉을 지성껏 운수(運數)함을 일러 〈문언(問焉)〉 즉

〈문어괘효지상사변(問於卦爻之象辭變)〉이라고 한다.

如嚮(여향) 无有遠近幽深(무유원근유심) 遂知來物(수지래물)

군자(君子)가 수명(受命)하여 밝히는 말[言]을 풀이한다. 여기서 〈여향(如嚮)〉은 군자(君子)가 성인지도사(聖人之道四)의 가르침[命]을 받아들임[受]을 비유한다. 〈울림하는 대로 응함과[嚮] 같다[如]〉고 함은 지극하게 순명(順命)함을 나타낸다. 여기서 순명(順命)은 〈순성인지명(順聖人之命)〉의 줄임이다. 성인(聖人)은 순천지지명(順天地之命)하고 군자(君子)는 순성인지명(順聖人之命) 즉 성인의[聖人之] 시킴[命]을 따른다[順]. 군자(君子)는 성인지도(聖人之道)의 시킴[命]을 어김없이 받들어[尙] 받아들임[受]을 〈여향(如嚮)〉이라고 말해 놓았다. 군자(君子)가 성인(聖人)을 본받아[法] 밝히는 수명지언(受命之言) 즉 시킴의 가르침을[命] 받는[受之] 말[言]은 간이(簡易)하고 간명(簡明)할 뿐이다. 역(易)을 본받게[法] 하는 성인(聖人)의 가르침[命]을 받는[受] 군자(君子)의 말[言]은 언제 어디서나 친소(親疎)를 두지 않는다. 이를 〈무유원근(无有遠近)〉이라 한다. 원근(遠近)은 멀고[遠] 가까움[近]을 분별함이다. 또한 군자(君子)가 사람과 사물을 어렵게 말하지 않고 쉽고 간명하게 말함을 〈무유유심(无有幽深)〉이라고 한다. 유심(幽深)은 여기선 알아듣기가 간난(艱難) 즉 어렵고[艱] 어려워[難] 무슨 말인지 알아들을 수 없음을 뜻한다. 수명(受命)하는 군자(君子)의 말[言]은 『논어(論語)』「위정(爲政)」에 나오는 〈주이불비(周而不比)〉란 말씀을 상기시킨다. 군자(君子)의 말[言]이 친소(親疎)를 떠나 두루 통하고[周] 간명(簡明)하여 수명지언(受命之言)인 까닭이다. 수명(受命)의 〈명(命)〉은 천지명(天之命)-역지명(易之命)-성지명(聖之命)을 하나로 묶은 말씀이다. 그러니 명을[命] 받은[受之] 말[言]은 무사(無私)-무욕(無欲)-무아(無我)로 온갖 것[萬物]을 견색(見賾)하게 하기 때문에 〈지래물(知來物)〉 즉 앞일[來物]을 알게[知] 하는 것임을 밝힌 말씀이 〈여향(如嚮) 무유원근유심(无有遠近幽深) 수지래물(遂知來物)〉이다.

非天下之至精(비천하지지정) 其孰能與於此(기숙능여어차)

군자(君子)의 수명지언(受命之言)이 더없는[至極] 정성(精誠)으로 말미암은 말[言]임을 밝힌다. 동시에 『중용(中庸)』 5장(章)에 나오는 〈지성여신(至誠如神)〉이란 말씀을 상기시킨다. 여기서 명을[命] 받은[受之] 군자(君子)의 말[言]이 왜 지래물(知來物)하게 하는지 그 까닭을 알 수 있다. 지성(至誠)이어야 변화(變化)하게 하는 짓[神]을 알[知] 수 있다. 지신(知神)할 수 있어야 지변(知變)할 수 있고 지변(知變)할 수 있어야 지래(知來) 즉 지래물(知來物)할 수 있다. 이렇기 때문에 군자(君子)가 정성(精誠)을 다하여 사영(四營)-십팔변법(十八變法)으로 대성괘(大成卦) 하나를 스스로 얻어내, 괘효상(卦爻象)을 통해 천지명(天之命)을 본받고[法] 괘효사(卦爻辭)를 통해 성지명(聖之命)을 본받아[法], 관변(觀變)하고 완점(玩占)하게 되어 역지명(易之命)을 본받게[法] 되어 수명(受命)한다.

註 지성여신(至誠如神) : 지극한[至] 정성은[誠] 자연이 변화하게 하는 짓과[神] 같다[如].

參伍以變(참오이변)

천하지지정(天下之至精)이 설시(揲蓍) 즉 서죽(筮竹)의 점대[蓍]를 손으로 셈하여[揲] 구괘(求卦)함을 밝힌다. 여기서 〈참오(參伍)〉는 수(數)를 뜻하는 〈삼오(三五)〉가 아니라, 〈참(參)〉은 세 번 셈함이고 〈오(伍)〉는 다섯 번 셈함을 뜻해 〈본서법(本筮法)〉의 사영(四營)-십팔변법(十八變法)을 말한다. 따라서 서죽(筮竹) 오십개(五十箇)에서 태극(太極) 하나[一]를 제(除)한 〈사십구개(四十九箇)의 착잡(錯雜)〉 즉 〈사십구개(四十九箇)의 뒤섞음〉의 뜻임을 주목해야 한다. 이러한 〈참오(參伍)〉는 〈본서법(本筮法)〉의 실행을 뜻한다.

錯綜其數(착종기수)

설시(揲蓍) 즉 점대[蓍]를 손으로 집어 셈하여[揲] 괘(卦)를 구(求)하는 법식(法式)을 밝힌다. 착종(錯綜)의 〈착(錯)〉은 〈본서법(本筮法)〉에서 구효(求爻)의 셈[揲]인 삼변(三變)의 수(數)를 교착(交錯) 즉 엇갈려[交] 섞음[錯]을 말한다. 〈착종기수(錯綜其數)의 기수(其數)〉는 삼변(三變)의 수(數)를 말한다. 이 삼변(三變)의 수(數)를 얻자면 대연지수(大衍之數) 오십(五十)에서 태극(太極) 하나[一]를 제(除)한 다음 남은 사십구(四十九)를 양분(兩分)하고, 이런 양분(兩分)을 일좌(一左)-일우(一右)라 하여 왼손[左]의 수(數)를 천책(天策) 오른손[右]의 수(數)를 지책(地策)이라 한다. 지책(地策)에서 하나[一]를 뽑아 인책(人策)으로 삼은 다음 천책(天策)의 수

(數)에서 넷[四]씩 덜어내면 나머지가 생기고 지책(地策)의 수(數)에서도 넷씩 덜어내면 나머지가 생긴다. 양책(兩策)에서 넷씩 덜어내 나머지가 없으면 나머지를 사(四)로 하게 된다. 이런 셈[揲]을 세 번 걸침을 삼변(三變)이라 한다. 이런 삼변(三變)의 수(數)를 〈기수(其數)〉라고 한다.

通其變(통기변) 遂成天地之文(수성천지지문)

〈통기변(通其變)〉은 대연지수(大衍之數)를 나타내는 서죽(筮竹) 사십구개(四十九箇)가 참오착종(參伍錯綜)의 설(揲) 즉 셈[揲]을 거쳐[通] 사상(四象)의 수(數)를 얻어 음양(陰陽)의 효(爻)로 변화(變化)함을 밝힌다. 〈통기변(通其變)의 기변(其變)〉이란 〈본서법(本筮法)〉의 사영(四營)을 거쳐서 참오(參伍)의 설(揲)과 착종(錯綜)의 설(揲) 곧 삼변(三變)을 거치면 서죽(筮竹)이 한 개의 효(爻)로 변하는 수(數)가 됨을 뜻한다. 참오(參伍)와 착종(錯綜)의 설(揲)을 거쳐 얻어진 수(數)가 〈육(六)-칠(七)-팔(八)-구(九)〉이다. 이 넷의 수(數)는 서죽(筮竹) 사십구개(四十九箇)가 변화한 수(數)이며, 그 넷의 수(數) 육(六)은 노음(老陰 : ⚏)이 되고, 팔(八)은 소음(少陰 : ⚎)이 되며, 칠(七)은 소양(少陽 : ⚍)이 되고, 구(九)는 노양(老陽 : ⚌)이 됨 또한 〈통기변(通其變)의 기변(其變)〉이며, 육(六)의 노음(老陰 : ⚏)과 칠(七)의 소양(少陽 : ⚍)이 음효(陰爻)가 되고, 구(九)의 노양(老陽 : ⚌)과 팔(八)의 소음(少陰 : ⚎)이 양효(陽爻)가 됨 또한 〈통기변(通其變)의 기변(其變)〉이다. 이러한 〈통기변(通其變)의 기변(其變)〉을 다시금 〈수성천지지문(遂成天地之文)〉이라고 풀이하여, 천지지상(天地之象)의 〈상(象)〉이 천지지문(天地之文)의 〈문(文)〉으로 바뀌었음[變]을 밝힌다. 여기서 〈문(文)〉은 〈상(象)〉의 〈형(形)〉 즉 〈몸[形]〉이다. 천지지상(天地之象)의 〈상(象)〉은 눈으로 볼 수 없는 〈자연[天地]이 변화(變化)하게 하는 짓[象]〉이지만 천지지문(天地之文)의 〈문(文)〉은 눈으로 볼 수 있는 〈자연[天地]이 변화(變化)하게 하는 짓[文]〉이다. 따라서 〈상(象)〉이 드러나지 않은 조리(條理)의 짓[象]이라면 〈문(文)〉은 드러난 조리(條理)인 셈이다.

極其數(극기수) 遂定天下之象(수정천하지상)

지성(至誠)으로 설시(揲蓍)해 구효(求爻)하여 구괘(求卦)한 대성괘(大成卦)의 일[事]을 말한다. 설시(揲蓍) 즉 시죽(蓍竹)을 셈하기[揲]란 시죽(蓍竹) 49개를 가지고 사영(四營)-삼변(三變)을 여섯 차례 거듭해 사상(四象)의 수(數) 〈육(六)-칠(七)-팔(八)-구(九)〉를 구(求)하여 육(六)-구(九)만을 택하여, 음양(陰陽)의 효(爻) 여섯 개를 구(求)해 대성괘(大成卦) 하나를 구(求)함을 말한다. 그러므로 〈극기수(極其數)〉는 〈극수사십구지시죽(極數四十九之蓍竹)〉으로 새겨도 되는 말씀이다. 49개의 점대[蓍竹]를 극진하게[極] 셈함[數]이 곧 〈극기수(極其數)〉이다.

非天下之至變(비천하지지변) 其孰能與於此(기숙능여어차)

〈본서법(本筮法)〉의 사영(四營)-십팔변법(十八變法)을 정성껏 거쳐 대성괘(大成卦) 하나를 구(求)하는 까닭을 밝힌다. 천지지수(天地之數) 오십오(五十五)에서 오(五)를 제(除)한 대연지수(大衍之數) 오십(五十)에서 태극(太極) 하나[一]를 제한 사십구(四十九)를 나타내는 시죽(蓍竹) 즉 점대[蓍竹] 49개를 가지고 사영(四營)-삼변(三變)의 설시(揲蓍)를 정성껏 거쳐 사상(四象)의 수(數) 〈육-칠-팔-구(六-七-八-九)〉 중에서 하나를 얻어 효(爻) 하나를 얻을 수 있다. 이러한 사영(四營)-삼변(三變)의 설시(揲蓍) 즉 점대[蓍]의 셈하기[揲]를 여섯 번 거쳐서야 효(爻) 여섯을 구(求)해 대성괘(大成卦) 하나를 구(求)하게 된다. 이러한 사영(四營)-십팔변법(十八變法)을 묶어서 〈극기수(極其數)〉라고 밝힌 것임을 상기해야 〈비천하지지변(非天下之至變) 기숙능여어차(其孰能與於此)〉의 반문(反問)을 살펴[觀] 새기고[玩] 헤아려[擬] 따져[議] 가늠할[斷] 수 있다.

易无思也(역무사야)

〈역무사야(易无思也)의 역(易)〉은 음양(陰陽)-사상(四象)-팔괘(八卦)-64괘(卦)를 포괄하는 〈역(易)〉을 말한다. 물론 〈역무사(易无思)의 역(易)〉은 생생지위역(生生之謂易)의 바로 그 〈역(易)〉이다. 그리고 역무사야(易无思也)의 〈무사(无思)〉는 역명(易命) 즉 역의[易] 가르침[命]이 어떠한지를 살펴[觀] 새기고[玩] 헤아려[擬] 가늠하게[斷] 한다. 이는 곧 〈본서법(本筮法)〉의 사영(四營)-십팔변법(十八變法)을 정성껏 거쳐 얻어지는 괘효(卦爻)는 결코 사람의 바람[願-慕]의 것이 아님을 밝힌다. 역(易)은 누구의 염원을 들어주기 위해서 말하지[言] 않는다. 그러니 점쟁이의 손에 들린 점괘(占卦)를 복채(卜債)를 주고 산들 성인지도(聖人之道) 즉 성인(聖人)의 가르침[道]을 살 수 있는 것은 결코 아니다. 〈역무사(易无思)의 사(思)〉는 〈생각하고 꾀하고 바라고 그리워하는 나머지 걱정하는 여(慮)〉와 같다.

无爲也(무위야)

〈무위야(无爲也)의 위(爲)〉는 여기선 인욕(人欲)-인모(人謀) 등이 지어내는 작위(作爲)를 말한다. 역무위야(易无爲也)의 〈무위(无爲)〉는 역명(易命) 즉 역의[易] 가르침[命]이다. 작위(作爲)-도모(圖謀)란 〈순성명(順性命)〉을 어기고 〈극기변(極其變)〉을 외면함을 말한다. 자연대로[性] 가르침을[命] 따름[順]이란 지성(至誠)으로 무사(無私)-무욕(無欲)-무아(無我)함이다. 성명(性命)의 성(性)이란 〈일음일양지위도(一陰一陽之謂道)의 도(道)〉를 이룸[成]이다. 그래서 〈성역지도자성(成易之道者性)〉이라 한다. 역의[易之] 가르침[道]을 따라 이룸[成]이 곧 〈성명(性命)〉이다. 순성명(順性命) 즉 성명을[性命] 따른다[順] 함은 역지도(易之道) 즉 역명(易命)을 순종(順從)함이다. 이는 자연대로 하는 것 즉 무위(无爲)를 말한다. 사(私)를 떠나 일[事]을 살펴 마주한다[臨]면 그것이 곧 무위(无爲)요 역명(易命)을 좇음[從]이다.

寂然不動(적연부동)

〈적연부동(寂然不動)〉은 역무사(易无思)의 〈무사(无思)〉와 역무위(易无爲)의 〈무위(无爲)〉를 풀이한다. 역(易)에는 사려(思慮)함[思]도 조작(造作)함[爲]도 없으니[无] 역(易)은 오로지 적연(寂然)하고 부동(不動)할 뿐이다. 그러니 적연부동(寂然不動)은 인위(人爲)로부터 영향을 받지 않고 생생(生生)-변화(變化)함을 말한다.

感而遂通天下之故(감이수통천하지고)

역(易)이 무사(无思)-무위(无爲)하는 까닭을 밝힌다. 역(易)이 무사(无思)-무위(无爲)하기 때문에 역(易)이 온 세상의[天下之] 일[故]을 감응하고[感] 온 세상의[天下之] 일[故]을 사무치고[遂] 온 세상의[天下之] 일[故]을 열어줌[通]을 알 수 있다. 적연(寂然)하고 부동(不動)한 역(易)이 감응하고[感] 사무치고[遂] 열어줌[通]이란 역(易)의 체(體)가 발휘하는 역(易)의 용(用)이다. 비유해 말한다면 광원(光源)은 빛[光]의 체(體)이고 빛의 밝음이 광원(光源)의 용(用)이듯, 역(易)의 적연부동

(寂然不動)은 역(易)의 체(體)이고 역(易)의 감수통(感遂通)은 역(易)의 용(用)이라는 말이다. 〈체(體)〉는 절대(絶對)요 평등(平等)이지만, 〈용(用)〉은 상대(相對)요 차별(差別)이요 셀 수 없이 여러 결이다. 그리고 역(易)의 감수통(感遂通)은 역(易)의 체(體)인 적연부동(寂然不動)을 따라[順] 씀[用]이니, 역(易)의 용(用)은 역(易)의 체(體)를 순응(順應)함이다. 나아가 체(體)를 따른[順] 용(用)을 〈중용(中庸)〉이라 할 수 있고, 어긋난[背] 용(用)을 〈반중용(反中庸)〉이라 할 수 있으니, 〈중용(中庸)〉이란 것도 하나의 〈역명(易命)〉인 셈이다.

非天下之至神(비천하지지신) 其孰能與於此(기숙능여어차)

역(易)이 지신(至神)함을 강조하여 밝힌다. 〈지신(至神)〉은 〈지지신(至之神)〉의 줄임이고 지극지신통(至極之神通)〉의 줄임이다. 〈지극한[至極之] 신통(神通)〉이다. 물론 지극지신통(至極之神通)은 역(易)이 온갖 것[萬物]에 두루 미침을 뜻한다. 이는 곧 어느 것 하나 자연[天地]이 변화하게 하는 짓[神]을 떠날 수 없음을 말한다. 있는 것이면 그 무엇이든 천지지신(天地之神)을 벗어날 수 없다. 지신(至神)이란 지극(至極)한 생생(生生)과 같은 말이다. 생생(生生)이 곧 신(神)인 까닭이다. 신(神)을 일러 신비(神祕)-신기(神奇)-신통(神通)하다 함은 천지(天地)가 변화(變化)하게 하는 짓[神]이 비밀(祕密)이고 기묘(奇妙)하며 형통(亨通)하기 때문이다. 그래서 군자(君子)는 〈본서법(本筮法)〉을 통해서 천하(天下)의 지극한 신비(神祕)-신기(神奇)-신통(神通)한 생생(生生)을 짓하는[象] 괘효(卦爻)를 얻고자 지성(至誠)을 다한다. 그 괘효(卦爻)가 적연(寂然)-부동(不動)하여 공평(公平)-무사(無私)하게 세상일들[天下之故]을 짓하고[象] 말하고[辭] 있을 뿐 결코 사친(私親)하거나 편애(偏愛)하지 않아 누구라도 역(易)과 함께할 수 있는[能與] 것이다.

夫易聖人之所以極深而研幾也(부역성인지소이극심이연기야)

성인(聖人)의 이역(以易) 즉 역의[易] 이용[以]을 밝힌 말씀이다. 성인(聖人)은 역을[易] 이용하여[以] 극심(極深)하고 연기(研幾)한다. 극심(極深)은 〈깊은 것을[深] 극진히함[極]〉이고, 연기(研幾)는 〈기미(幾微)를 연구(研究)함〉이다. 극심(極深)의 〈심(深)〉은 적연부동(寂然不動)하여 무사(无思)-무위(无爲)한 역(易)의 체(體)를 밝힌다. 극심(極深)의 〈심(深)〉은 〈미형지리(未形之理)〉를 한마디로 밝힌다. 드러나지 않는[未形之] 이치[理]를 살펴 밝혀냄[極]이 〈극심(極深)〉이다. 심오(深奧)하여 난견(難見)-난지(難知)의 이치[理]를 남김없이 살펴[觀] 새기고[玩] 헤아려[擬] 따져[議] 판단하여[斷] 밝혀냄[明]을 일러 〈극심(極深)〉이라 한다. 온 세상을 관류(貫流)하는 민심(民心)이 곧 〈극심(極深)의 심(深)〉이고 〈지신(至神)의 신(神)〉이며 〈지변(至變)의 변(變)〉이다. 민심(民心)이란 드러나지 않지만[未形] 장차 드러나[形] 변화(變化)할 신기(神奇)-신통(神通)하여 심오(深奧)한 것이다. 성인(聖人)은 극심(極深)의 심(深)을 역을[易] 써[以] 밝혀낸다[極]. 이를 성인(聖人)의 극심(極深)이라 한다. 여기서 상기사(尙其辭)-상기변(尙其變)-상기상(尙其象)-상기점(尙其占)의 〈상(尙)〉을 〈극심(極深)의 극(極)〉으로 새겨도[玩] 될 터이고, 괘효(卦爻)의 〈사(辭)-변(變)-상(象)-점(占)〉 등을 〈극심(極深)의 심(深)〉으로 완(玩)해도 될 터이다.

唯深也故(유심야고) 能通天下之志(능통천하지지)

〈유심(唯深)〉은 역(易)의 체(體)를 다시 밝히고, 〈통천하지지(通天下之志)〉는 그 역(易)의 체(體) 즉 역(易)의 본체(本體)가 무사(无思)-무위(无爲)하기 때문임을 밝힌다. 물론 여기서 〈유심(唯深)〉이란 역(易)이 〈적연(寂然) 부동(不動)〉함을 밝힌다. 그리고 역(易)의 〈통천하지지(通天下之志)〉란 역(易)이 무사(無私)-무욕(無欲)-무아(無我)하기 때문임을 밝혀 백성심(百姓心)을 통달(通達)할 수 있는 것임을 밝힌다. 왜냐하면 천하지지(天下之志)란 백성심(百姓心)이고, 백성심(百姓心) 즉 민심(民心)은 곧 천심(天心)이다. 민심(民心)이 천심(天心)이라 함을 두고 〈통천하지지(通天下之志)〉라고 한다.

唯幾也故(유기야고) 能成天下之務(능성천하지무)

〈유기(唯幾)〉는 역(易)의 용(用)을 다시 밝히고, 〈성천하지무(成天下之務)〉는 그 역(易)의 용(用) 즉 역(易)의 작용(作用) 또한 무사(无思)-무위(无爲)하기 때문임을 밝힌다. 여기서 다시금 성인(聖人)이 이역(以易) 즉 역을[易] 이용하여[以] 역(易)을 연기(硏幾)하는 까닭이 밝혀진다. 연기(硏幾)의 〈기(幾)〉는 역(易)의 용(用)인 감수통(感遂通)으로 드러나는[形] 짓[象]이다. 그러므로 성인(聖人)의 연기(硏幾)는 드러나지 않은[未形] 심오한[深] 체(體)를 극진히 관완(觀玩)-의의(擬議)하여 드러나는[形] 기미[幾]의 용(用)을 궁구하는[硏] 까닭이 〈성천하지무(成天下之務)〉로써 밝혀진다. 천하지무(天下之務)란 백성심(百姓心)을 떠나서는 이루어질 수 없다. 민심(民心)이 모여[會] 이루어진 대사(大事)는 역(易)의 유기(唯幾)로 밝혀질 수 있다. 백성심(百姓心) 즉 민심(民心)은 드러나지 않아[未形] 심미(深微)하지만 백성의 일[事]은 세상으로 드러나는 기미(幾微)로 짓한다.

唯神也故(유신야고) 不疾而速(부질이속) 不行而至(불행이지)

〈유신(唯神)〉은 역(易)이 〈유심(唯深)〉으로 천하(天下)의 뜻[志]과 통(通)하고, 〈유기(唯幾)〉로 천하(天下)의 일[務]을 이룰[成] 수 있는 까닭을 밝힌다. 역(易)을 밝히는 괘효(卦爻)의 상(象)-사(辭)-변(變)-점(占)은 누구에게는 이루어지고[成] 누구에게는 이루어지지 않음[不成]이란 없기 때문에 신묘(神妙)하고 신기(神奇)하며 신통(神通)하다. 그러니 괘효(卦爻)의 상(象)-사(辭)-변(變)-점(占)은 신지소위(神之所爲) 바로 그것으로 이끌어주기 때문에 온 세상의 뜻[志]과 통(通)하게 하고, 온 세상의 일[務]을 이루게[成] 함을 밝힘이 곧 역(易)의 〈유신(唯神)〉이다. 온 세상의 뜻[志]을 두루 통하여[通] 온 세상의 일[務]을 두루 이루게 함[成]을 〈부질이속(不疾而速) 불행이지(不行而至)〉라고 풀이한다. 무사(無私)-무욕(無欲)-무아(無我)하기 때문에 천하(天下)의 뜻[志]과 일[務]은 서둘지 않아도[不疾] 민첩하게[速] 통하고[通] 이루어지며[成], 의도적으로 행동하지 않아도[不行] 절로 영향을 미쳐 통하게 되고 이루게 됨을 일러 〈이를 지(至)〉라고 간명하게 한 자(字)로 밝힌다. 오로지[唯] 신묘(神妙)-신기(神奇)-신통(神通)함으로 온 세상의 뜻[志]과 온 세상의 일[務]을 통-성(通-成)함을 한 자(字)로 밝힌 것이 〈지(至)〉이다.

子曰(자왈) 易有聖人之道四焉者(역유성인지도사언자) 此之謂也(차지위야)

성인(聖人)이 역을[易] 이용하여[以] 심오한 것을[深] 더없이 살펴 알아내서[極而] 기미를[幾] 살펴 알아내고[硏], 무릇 역(易)이 오로지[唯] 심오하기[深] 때문에

[故] 온 세상[天下]의[之] 뜻을[志] 능히[能] 통달하고[通], 동시에 역(易)이 오로지 [唯] 기미하기[幾] 때문에[故] 온 세상[天下]의[之] 일을[務] 능히[能] 이룰[成] 수 있음은 역지유신(易之唯神) 즉 역이[易之] 오로지[唯] 자연이 변화하게 하는 것[神]이기 때문임을 공자(孔子)가 밝힌다. 그러므로 역지유신(易之唯神)은 곧 신지소위(神之所爲)와 같은 말씀으로 살펴[觀] 새기고[玩] 헤아려[擬] 가늠하게[斷] 한다. 성인(聖人)의 사도(四道)란 역(易) 즉 변화지도(變化之道)를 극연(極硏)하게 해주는 정도(正道)의 관문(關門)인 셈이다. 관문을 통과해야 성내(城內)로 들어갈 수 있듯이, 그 네 가지[四]의 가르침[道]을 이용해야[以] 역(易)의 변화(變化)를 관상(觀象)하여 완사(玩辭)할 수 있고, 역(易)의 유심(唯深)을 극구(極究)하고 역(易)의 유기(唯幾)를 연구(硏究)하여 천하지지(天下之志)-천하지무(天下之務)를 관변(觀變)하여 완점(玩占)할 수 있음을 밝힌 말씀이 〈성인지도사(聖人之道四)〉이다.

계사전상(繫辭傳上) 18단락(段落)

子曰 夫易何爲者也오 夫易開物成務하고 冒天下之道
자왈 부역하위자야 부역개물성무 모천하지도

하니 如斯而已者也라 是故로 聖人以通天下之志하고
여사이이자야 시고 성인이통천하지지

以定天下之業하며 以斷天下之疑하니라 是故로 蓍之德
이정천하지업 이단천하지의 시고 시지덕

圓而神하고 卦之德方以知하며 六爻之義易以貢한다 聖
원이신 괘지덕방이지 육효지의역이공 성

人以此洗心하여 退藏於密하고 吉凶與民同患한다 神
인이차세심 퇴장어밀 길흉여민동환 신

以知來하고 知以藏往하니 其孰能與於此哉리요 古之聰
이지래 지이장왕 기숙능여어차재 고지총

明하여 叡知하니 神武而不殺者夫인저 是以明於天之道
명 예지 신무이불살자부 시이명어천지도

而察於民之故한다 是興神物하여 以前民用한다 聖人以
이찰어민지고 시흥신물 이전민용 성인이

此齋戒한다 以神明其德夫인저 是故로 闔戶謂之坤이
차재계 이신명기덕부 시고 합호위지곤

요 闢戶謂之乾이라 一闔一闢謂之變이요 往來不窮謂
벽호위지건 일합일벽위지변 왕래불궁위

之通이요 見乃謂之象이요 形乃謂之器요 制而用之謂
지통 현내위지상 형내위지기 제이용지위

之法이요 利用出入하여 民咸用之謂之神이라 是故로 易
지법 이용출입 민함용지위지신 시고 역

有太極이고 是生兩儀하고 兩儀生四象하며 四象生八卦
유태극 시생양의 양의생사상 사상생팔괘

한다 八卦定吉凶하고 吉凶生大業하니라 是故로 法象莫
팔괘정길흉 길흉생대업 시고 법상막

大乎天地하고 變通莫大乎四時하다 縣象著明莫大乎
대호천지 변통막대호사시 현상저명막대호

日月하고 崇高莫大乎富貴하다 備物致用하고 立成器하
일월 숭고막대호부귀 비물치용 입성기

여 以爲天下利莫大乎聖人하고 探賾索隱하며 鉤深致
이 위 천 하 리 막 대 호 성 인 탐 색 색 은 구 심 치

遠하여 以定天下之吉凶하고 成天下之亹亹者莫大乎
원 이 정 천 하 지 길 흉 성 천 하 지 미 미 자 막 대 호

蓍龜하니라 是故로 天生神物을 聖人則之하고 天地變化
시 구 시 고 천 생 신 물 성 인 칙 지 천 지 변 화

를 聖人效之한다 天垂象하여 見吉凶을 聖人象之하고 河
성 인 효 지 천 수 상 현 길 흉 성 인 상 지 하

出圖洛出書를 聖人則之한다 易有四象은 所以示也이
출 도 낙 출 서 성 인 칙 지 역 유 사 상 소 이 시 야

다 繫辭焉은 所以告也이다 定之以吉凶은 所以斷也이
계 사 언 소 이 고 야 정 지 이 길 흉 소 이 단 야

다 易曰 自天祐之라 吉无不利이다 子曰 祐者助也니 天
역 왈 자 천 우 지 길 무 불 리 자 왈 우 자 조 야 천

之所助者順也요 人之所助者信也니라 履信思乎順하고
지 소 조 자 순 야 인 지 소 조 자 신 야 이 신 사 호 순

又以尙賢也니라 是以로 自天祐之라 吉无不利也니라
우 이 상 현 야 시 이 자 천 우 지 길 무 불 리 야

공자가 말했다. 무릇 역(易)은 무엇을 하는 것인가? 무릇 역(易)은 온갖 것을 개통하게 하여 일을 이루게 하고 온 세상의 도(道)를 덮어두니 이와 같을 뿐인 것이다. 이렇기 때문에 성인은 {역의 개물(開物)-성무(成務)를} 써 온 세상의 뜻을 통하게 하고, (역의 개물-성무를) 써 온 세상의 사업을 정하며, (역의 개물-성무를) 써 온 세상의 의문을 가늠한다. 이렇기 때문에 서죽의 덕(德)은 두루두루 걸림 없이 통하고, 괘(卦)의 덕(德)은 방정-방직함을 써 알려주며, 육효(六爻)의 뜻은 변화를 써 알려준다. 성인은 이를 써서 마음을 다하여 {괘지덕(卦之德)의 알림과 육효지의(六爻之義)의 알림을} 은밀에 물려두고 간직하여 길흉을 백성과 더불어 같이하고 걱정한다. (성인은) 자연이 변화하게 하는 짓을 써서 다가올 것을 알아채고, (다가옴을) 알기 때문에 갈 것을 간직하니, (성인의 세심이 아니라면) 그 무엇이 이에 미칠 수 있을 것인가? 옛 성인은 마음의 귀가 밝고 마음의 눈이 밝아 깊고 밝게 사무쳐 아니, 신통하게 하고 굳세게 해서 해치지 않는 분이로다! 이 때문에 자연의 도(道)에서 (만물을) 밝히면서 백성의 일에서 (백성을) 살핀다. 이것이 신통한 물건을 일으켜, 신물을 흥작함에 백성이 활용하기를 앞장선다. 성인은 신물을 백성이 쓰게 앞장섰기

때문에 마음을 다스리고 삼갔다. 재계하여 신물의 덕(德)을 신통하게 하면서 밝힘이로다! 이렇기 때문에 문이 닫힘 그것을 곤(坤)이라 하고, 문이 열림 그것을 건(乾)이라 한다. 한번 닫히기도 하고 한번 열리기도 함 그것은 변(變)이라 하고, 가고 옴이 막히지 않음 그것을 통(通)이라 한다. {일합일벽(一闔一闢)을} 드러냄 곧 그것을 짓이라 하고, (변통의 짓을 드러내는) 몸 곧 그것을 신기라 한다. (신기를) 만들어서 이를 이용함 그것을 (천명을) 본받음이라 하고, (그 신물이) 쓰임을 편리하게 하여 나고 들면서 백성이 모두 그것을 사용함 이를 신물이라 한다. 이렇기 때문에 역(易)에는 태극이 있고, 태극이 양의를 낳고, 양의가 사상을 낳으며, 사상이 팔괘를 낳는다. 팔괘는 길흉을 가늠케 하고, 길흉이 대업을 낳는다. 이렇기 때문에 변화의 조짐을 본받기로는 천지보다 더 좋은 것은 없고, 변통에는 사철보다 더 좋은 것은 없다. 짓을 걸어 드러내 밝힘에 일월보다 더 좋은 것은 없고, 높음을 받듦에는 부귀보다 더 좋은 것은 없다. 신물을 갖추어 쓰임을 베풀고 신물의 기물을 확립하여 완성함으로써 천하의 이로움을 본받기에는 성인보다 더 좋은 것이 없고, 깊고 그윽해 찾아내기 어려운 것을 찾아내 곧 색은하여 깊은 뜻을 낚아내 원대함을 더없이 깨침으로 온 세상의 길흉을 결정하고 온 세상의 근면함을 이루는 것은 시구보다 더 좋은 것이 없다. 이렇기 때문에 자연이 신물을 내고 성인은 그것을 본받고, 자연이 변하고 화하며 성인은 그것을 본받는다. 자연이 (변화의) 조짐을 베풀어 길흉을 드러내고 성인은 그 조짐을 본받고, 하수에서 그림을 내고 낙수에서 글을 내고, 성인은 그것들을 본받는다. 역(易)에는 사상(四象)이 있고 {성인은 효(爻)를} 가지고 (사상을) 표시한 것이다. (역에는) 괘효에 매어둔 말씀이 있고 (역은) 그 계사를 가지고 (길흉을) 고시해주는 것이다. (성인이) 길흉을 생각하여 계사언의 말씀을 정했고 그 말씀을 가지고 (길흉을) 판단하게 하는 것이다. 역(易)이 말해준다. 스스로 하늘이 그것을 도우면 길함에는 이로움이 아닌 것이 없다. 공자가 말했다. 우(祐)라는 것은 돕는 것이니, 하늘이 돕는 바라는 것은 (하늘을) 순종하는 것이고, 사람이 돕는 바라는 것은 (사람을) 믿는 것이다. 믿음을 이행함은 (하늘을) 따름을 생각함이고 또한 순천으로 어진이를 숭상함이다. 이렇기 때문에 스스로 하늘이 그것을 도우면 길함에는 이로움이 아닌 것이 없음이다.

【탐독(探讀)】

공자가[子] 말했다[曰]. 무릇[夫] 역은[易] 무엇을[何] 하는[爲] 것[者]인가[也]? 무릇[夫] 역은[易] 온갖 것을[物] 개통하게 하여[開] 일을[務] 이루게 하고[成] 온 세상[天下]의[之] 도를[道] 덮어두니[冒] 이와[斯] 같을 뿐인[如而已] 것[者]이다[也]. 이렇기[是] 때문에[故] 성인은[聖人] {역(易)의 개물(開物)-성무(成務)를} 써[以] 온 세상[天下]의[之] 뜻을[志] 통하게 하고[通], {역(易)의 개물(開物)-성무(成務)를} 써[以] 온 세상[天下]의[之] 사업을[業] 정하며[定], {역(易)의 개물(開物)-성무(成務)를} 써[以] 온 세상[天下]의[之] 의문을[疑] 가늠한다[斷]. 이렇기[是] 때문에[故] 서죽[蓍]의[之] 덕은[德] 두루두루[圓而] 걸림 없이 통하고[神], 괘(卦)의[之] 덕은[德] 방정-방직함을[方] 써[以] 알려주며[知], 육효(六爻)의[之] 뜻은[義] 변화를[易] 써[以] 알려준다[貢]. 성인은[聖人] 이를[此] 써서[以] 마음을[心] 다하여[洗] {괘지덕(卦之德)의 알림[知]과 육효지의(六爻之義)의 알림[貢]을} 은밀[密]에[於] 물려두고[退] 간직하여[藏] 길흉을[吉凶] 백성과[民] 더불어[與] 같이하고[同] 걱정한다[患]. {성인(聖人)은} 자연이 변화하게 하는 짓을[神] 써서[以] 다가올 것을[來] 알아채고[知], (다가옴[來]을) 알기[知] 때문에[以] 갈 것을[往] 간직하니[藏], {성인(聖人)의 세심(洗心)이 아니라면} 그[其] 무엇이[孰] 이에[此於] 미칠 수 있을 것[能與]인가[哉]? 옛 성인은[古之] 마음의 귀가 밝고[聰] 마음의 눈이 밝아[明] 깊고 밝게 사무쳐[睿] 아니[知], 신통하게 하고[神] 굳세게 해서[武而] 해치지 않는[不殺] 분[者]이로다[夫]! 이[是] 때문에[以] 자연[天]의[之] 도[道]에서[於] {만물(萬物)을} 밝히면서[明而] 백성[民]의[之] 일[故]에서[於] (백성을) 살핀다[察]. 이것이[是] 신통한[神] 물건을[物] 일으켜[興], 신물(神物)을 흥작(興作)함에[以] 백성이[民] 활용하기를[用] 앞장선다[前]. 성인은[聖人] 신물(神物)을 백성이 쓰게 앞장섰기[此] 때문에[以] 마음을 다스리고[齋] 삼갔다[戒]. 재계(齋戒)하여[以] 신물의[其] 덕을[德] 신통하게 하면서[神] 밝힘[明]이로다[夫]! 이렇기[是] 때문에[故] 문이[戶] 닫힘[闔] 그것을[之] 곤이라[坤] 하고[謂], 문이[戶] 열림[闢] 그것을[之] 건이라[乾] 한다[謂]. 한번[一] 닫히기도 하고[闔] 한번[一] 열리기도 함[闢] 그것을[之] 변이라[變] 하고[謂], 가고[往] 옴이[來] 막히지 않음[不窮] 그것을[之] 통이라[通] 한다[謂]. {일합일벽(一闔一闢)을} 드러냄[見] 곧[乃] 그것을[之] 짓이라[象] 하고[謂], {변통(變通)의 짓[象]

을 드러내는} 몸[形] 곧[乃] 그것을[之] 신기(神器)라[器] 한다[謂]. {신기(神器)를} 만들어서[制而] 이를[之] 이용함[用] 그것을[之] {천명(天命)을} 본받음이라[法] 하고[謂], {그 신물(神物)이} 쓰임을[用] 편리하게 하여[利] 나고[出] 들면서[入] 백성이[民] 모두[咸] 그것을[之] 사용함[用] 이를[之] 신물이라[神] 한다[謂]. 이렇기[是] 때문에[故] 역에는[易] 태극이[太極] 있고[有], 태극이[是] 양의를[兩儀] 낳고[生], 양의가[兩儀] 사상을[四象] 낳으며[生], 사상이[四象] 팔괘를[八卦] 낳는다[生]. 팔괘는[八卦] 길흉을[吉凶] 가늠케 하고[定], 길흉이[吉凶] 대업을[大業] 낳는다[生]. 이렇기[是] 때문에[故] 변화의 조짐을[象] 본받기로는[法] 천지보다[天地] 더[乎] 좋은 것은[大] 없고[莫], 변통에는[變通] 사철보다[四時] 더[乎] 좋은 것은[大] 없다[莫]. 짓을[象] 걸어[縣] 드러내[著] 밝힘에[明] 일월보다[日月] 더[乎] 좋은 것은[大] 없고[莫], 높음을 받듦에는[崇高] 부귀보다[富貴] 더[乎] 좋은 것은[大] 없다[莫]. 신물(神物)을[物] 갖추어[備] 쓰임을[用] 베풀고[致] 신물(神物)의 기물(器物)을[器] 확립하여[立] 완성함[成]으로써[以] 천하의[天下] 이로움을[利] 본받기에는[爲] 성인보다[聖人] 더[乎] 좋은 것이[大] 없고[莫], 깊고 그윽해 찾아내기 어려운 것을[賾] 찾아내[探] 곧 색은하여[索隱] 깊은 뜻을[深] 낚아내[鉤] 원대함을[遠] 더없이 깨침[致]으로[以] 온 세상의[天下之] 길흉을[吉凶] 결정하고[定] 온 세상의[天下之] 근면함을[亹亹] 이루는[成] 것은[者] 시구보다[蓍龜] 더[乎] 좋은 것이[大] 없다[莫]. 이렇기[是] 때문에[故] 자연이[天] 신물을[神物] 내고[生] 성인은[聖人] 그것을[之] 본받고[則], 자연이[天地] 변하고[變] 화하며[化] 성인은[聖人] 그것을[之] 본받는다[效]. 자연이[天] {변화(變化)의} 조짐을[象] 베풀어[垂] 길흉을[吉凶] 드러내고[見] 성인은[聖人] 그 조짐을[之] 본받고[象], 하수에서[河] 그림을[圖] 내고[出] 낙수에서[洛] 글을[書] 내고[出], 성인은[聖人] 그것들을[之] 본받는다[則]. 역에는[易] 사상이[四象] 있고[有] {성인(聖人)은 효(爻)를} 가지고[以] {사상(四象)을} 표시한[示] 것[所]이다[也]. {역(易)에는} 괘효(卦爻)에[焉] 매어둔[繫] 말씀이 있고[辭] {역(易)은} 그 계사(繫辭)를 가지고[以] {길흉(吉凶)을} 고시해주는[告] 것[所]이다[也]. {성인(聖人)이} 길흉을[吉凶] 생각하여[以] 계사언(繫辭焉)의 말씀[辭]을[之] 정했고[定] 그 말씀을 가지고[以] {길흉(吉凶)을} 판단하게 하는[斷] 것[所]이다[也]. 역이[易] 말해준다[曰]. 스스로[自] 하늘이[天] 그것을[之] 도우면[祐] 길함에는[吉] 이로움이[利] 아닌 것이[不] 없다[无]. 공자가[子] 말했다[曰]. 우라는[祐] 것은[者] 돕는 것[助]이니[也], 하늘[天]이[之] 돕는[助] 바라는[所] 것은[者] (하늘을) 순종하는 것[順]이고[也], 사람[人]이[之] 돕는[助] 바라는[所] 것은[者] (사람을) 믿는 것[信]이다[也]. 믿음을[信] 이행함은[履] (하늘을) 따름[順]을[乎] 생각함이고[思] 또한[又] 순천(順天)으로[以] 어진이를[賢] 숭상함[尙]이다[也]. 이렇기[是] 때문에[以] 스스로[自] 하늘이[天] 그것을[之] 도우면[祐] 길함에는[吉] 이로움이[利] 아닌 것이[不] 없음[无]이다[也].

【지남(指南)】

夫易何爲者也(부역하위자야) 夫易開物成務(부역개물성무) 冒天下之道(모천하지도) 如斯而已者也(여사이이자야)

〈부역하위자야(夫易何爲者也)〉는 역지소위(易之所爲) 즉 역이[易之] 하는[爲] 바[所]를 묻고 있다. 이는 다시 거듭해 무릇 역(易)은 〈유심(唯深)〉하기 때문에 〈능통천하지지(能通天下之志)〉 즉 〈온 세상[天下]의[之] 뜻을[志] 능히[能] 통달하고[通]〉, 무릇 역(易)은 〈유기(唯幾)〉하기 때문에 〈능성천하지무(能成天下之務)〉 즉 〈온 세상[天下]의[之] 일을[務] 능히[能] 이룸[成]〉을 상기시키고자 한다. 물론 여기서 역(易)은 일음일양(一陰一陽)의 생생지도(生生之道)를 관완(觀玩)-의단(擬斷)하게 성인(聖人)이 베푼[設] 64괘(卦)의 괘효상(卦爻象)-괘효사(卦爻辭)를 말하기도 한다. 그 역(易)이란 무엇[何]을 하는[爲] 것[者]인가? 이에 대한 해답이 곧 〈개물성무(開物成務)〉이고 〈모천하지도(冒天下之道)〉이다. 그리하여 역(易)이란 〈개물자(開物者)〉이고 〈성무자(成務者)〉이며 〈모천하지도자(冒天下之道者)〉라고 풀이한다. 물론 역(易)의 〈개물(開物)〉은 〈역지유심고(易之唯深故) 능통천하지지(能通天下之志)〉를 줄여 밝힌 것이고, 역(易)의 〈성무(成務)〉는 〈역지유기고(易之唯幾故) 능통천하지무(能通天下之務)〉를 줄여 밝힌 것이다. 이로써 군자(君子)가 〈본서법(本筮法)〉의 사영(四營)-십팔변법(十八變法)을 지성(至誠)으로 거쳐 대성괘(大成卦) 지괘(之卦)를 얻어[得] 성인(聖人)을 본받고[法] 성인(聖人)의 말씀[言]을 두려워하는[畏] 까닭도 분명해진다.

聖人以通天下之志(성인이통천하지지)

성인(聖人)이 작역(作易)하여 이역(以易)한 까닭을 밝힌다. 역(易)의 개물(開物)과 성무(成務)를 이용하여[以] 온 세상의[天下之] 뜻[志]을 통하게[通] 하고자 성인(聖人)이 역(易)을 만들어[作] 이용함[以]이 곧 성인(聖人)의 〈극심(極深)-연기(硏幾)하는 것〉임을 알 수 있다. 천하지지(天下之志)란 무기(無己)-무공(無功)-무명(無名)의 뜻[志]이다. 역(易)은 무사(无思)-무위(无爲)하여 유심(唯深)-유기(唯幾)-유신(唯神)하기 때문에 성인(聖人)의 도사(道四)가 〈괘효(卦爻)의 상(象)-괘효(卦爻)의 사(辭)-괘효(卦爻)의 변(變)-괘효(卦爻)의 점(占)을 받들어[尙]〉 온 세상의[天下之] 뜻[志]을 통(通)하게 한다. 괘효(卦爻)에 덮어둔[冒] 천하지도(天下之道)는 괘효(卦爻)의 상사(象辭)를 받들어서[尙] 살펴[觀] 새기고[玩] 헤아리고[擬] 따져[議] 판단해야[斷] 밝혀진다[明]. 이러한 명도(明道)로써 온 세상의[天下之] 뜻[志]은 온 세상의 이치[理]가 되고 온 세상의 가르침[敎]이 되며 온 세상의 이끎[導]이 되고 온 세상의 방편[方]과 말씀[言]이 된다.

以定天下之業(이정천하지업)

이 또한 성인(聖人)이 작역(作易)하여 이역(以易)한 까닭을 밝힌다. 역(易)의 개물(開物)과 성무(成務)를 이용하여[以] 온 세상의[天下之] 일[業]을 안정하게[定] 하고자 성인(聖人)이 역(易)을 만들어[作] 이용함[以]이 곧 성인(聖人)의 〈극심(極深)-연기(硏幾)하는 것〉임을 알 수 있다. 천하지업(天下之業)이란 민자화(民自化)의 업(業)이고 민자정(民自正)의 업(業)이며 민자부(民自富)의 업(業)이고 민자박(民自樸)의 업(業)이기 때문이다. 천하지업(天下之業)을 일러 대업(大業)이라 한다. 성인(聖人)은 이러한 대업(大業)을 안정시키고자 역(易)이 숨겨두는[冒] 천하지도(天下之道)를 역(易)의 개물성무(開物成務)를 이용하여[以] 견색(見賾)하려고, 괘효(卦爻)의 상사(象辭)를 받들어[尙] 살펴[觀] 새기고[玩] 헤아리고[擬] 따져[議] 판단하여[斷] 온 세상의[天下之] 일[業]을 안정시킨다.

以斷天下之疑(이단천하지의)

이 역시 성인(聖人)이 작역(作易)하여 이역(以易)한 까닭을 밝힌다. 역(易)의 개물(開物)과 성무(成務)를 이용하여[以] 온 세상의[天下之] 의문[疑]을 결단하게[斷] 하고자 성인(聖人)이 역(易)을 만들어[作] 이용함[以]이 곧 성인(聖人)의 〈극심(極深)-연기(硏幾)하는 것〉임을 알 수 있다. 온 세상에 두루 통하는[天下之] 의혹[疑]이란 불선자(不善者)로 말미암아 생기고 불신자(不信者)로 말미암아 생기며, 따라서 온 세상을 휘젓는 의혹(疑惑)들이 끊이지 않는[不斷] 것이다. 천하(天下)를 휘젓는 의혹이란 사람들의 몸가짐[汝形]이 부정(不正)해서이고, 사람들의 시선[汝視]이 불일(不一)해서이며, 사람들의 알음알이[汝知]가 불섭(不攝)해서이고, 사람들의 태도[汝度]가 불일(不一)해서이다. 왜 사람들의 몸가짐[形]이 바르지 않고[不正] 사람들의 시선이[視] 혼란스럽고[不一] 사람들의 알음알이[知]가 난장판[不攝]이고 사람들의 태도[度]가 혼란스러운[不一] 세상[天下]이 펼쳐지는가? 불선자(不善者)-불신자(不信者) 때문에 천하지의(天下之疑)가 끊이지 않기[不斷] 때문이다.

蓍之德圓而神(시지덕원이신)

성인(聖人)이 작역(作易) 즉 설괘(設卦)한 까닭을 밝힌다. 〈시지덕원이신(蓍之德圓而神)〉에서 〈시(蓍)〉는 대연지수(大衍之數)를 나타내는 책(策) 즉 수(數)로서 점대[筮竹] 50개 중에서 태극(太極) 하나를 제(除)한 49개를 말하고, 그 49개를 가지고 사영(四營)-십팔변법(十八變法)을 지성(至誠)으로 거쳐 성괘(成卦)함을 상기한다면, 성인(聖人)의 설괘(設卦)를 〈시지덕(蓍之德)〉이라고 밝히는 까닭을 간파할 수 있다. 시지덕(蓍之德)은 괘(卦)를 이룸[成]을 뜻한다. 이러한 시지덕(蓍之德)의 〈시(蓍)〉는 서죽(筮竹)의 줄임으로 점치기로 이어진다. 여기서 점치기[蓍]란 점쟁이를 통한 점치기를 말하는 것이 아니라, 자신이 직접 점대[筮竹] 49개로 사영(四營)-십팔변법(十八變法)을 거쳐 괘효(卦爻)를 손수 이루어[成] 얻어내[得] 역수(逆數)하여 지래(知來)함을 말한다. 그 점치기[蓍]로 얻어낸 대성괘(大成卦) 하나가 64괘(卦) 중의 어느 하나일 것임에는 틀림없지만, 〈본서법(本筮法)〉으로 어떤 괘(卦)를 얻게 될 것인지는 그 자신도 알 수 없다. 그래서 정성껏 하는 점치기[蓍]에는 〈사(私)〉가 개입될 수 없으니, 오로지 무사(无思)-무위(无爲)할 뿐이므로 점치기[蓍]를 덕(德)이라 한다. 점치기[蓍]가 곧 〈통어천지자(通於天地者)〉임을 밝힌다.

卦之德方以知(괘지덕방이지)

성인(聖人)이 괘(卦)에 계사(繫辭)할 수 있게 한 근거를 밝힌다. 괘지덕(卦之德)의 〈괘(卦)〉는 시지덕(蓍之德)을 괘상(卦象)으로[以] 천수상(天垂象)의 상(象)을 살피게[觀] 한다. 성인(聖人)은 괘(卦)를 이용하여[以] 천수상(天垂象)의 상(象)을 살펴[觀] 본받아[法] 말씀[辭]을 괘(卦)에 매어둘[繫] 수 있었음을 알 수 있다. 천수상(天垂象)의 〈상(象)〉이란 천지(天地) 즉 자연[天地]이 변화하게 하는 것[神]을 살피게[觀] 하는 조짐[兆]이다. 괘(卦)가 이러한 천수상(天垂象)의 상(象)을 살펴[觀] 헤아려[擬] 가늠하라[斷]고 알려주기[知] 때문에 대성괘(大成卦)를 신물(神物)이라고 한다. 이러한 괘(卦)를 이용하여[以] 성인(聖人)이 온 세상의[天下之] 뜻[志]을 통하게[通] 하고, 온 세상의 일[務]을 이루게[成] 하며, 온 세상의 의심[疑]을 결단하게[斷] 함을 밝혀 괘지덕(卦之德) 즉 괘의[卦之] 덕(德)이라고 밝힌다.

六爻之義易以貢(육효지의역이공)

이 또한 성인(聖人)이 효(爻)에 계사(繫辭)할 수 있게 한 근거를 밝힌다. 육효지의(六爻之義)의 〈육효(六爻)〉는 시지덕(蓍之德)을 효상(爻象)으로[以] 천수상(天垂象)의 상(象)을 살피게[觀] 한다. 성인(聖人)은 효(爻)를 이용하여[以] 천수상(天垂象)의 상(象)을 살펴[觀] 본받아[法] 말씀[辭]을 효(爻)에 매어둘[繫] 수 있었음을 알 수 있다. 천수상(天垂象)의 〈상(象)〉이란 천지(天地) 즉 자연[天地]이 변화하게 하는 것[神]을 살피게[觀] 하는 조짐[兆]이다. 육효(六爻)가 이러한 천수상(天垂象)의 상(象)을 살펴[觀] 헤아려[擬] 가늠하라[斷]고 알려주기[貢] 때문에 육효(六爻)를 신물(神物)이라고 한다.

聖人以此洗心(성인이차세심)

성인(聖人)이 어떻게 이역(以易) 즉 괘효(卦爻)를 활용하는지 밝힌다. 성인(聖人)이 이역(以易)하여 세심(洗心)함이란 역무사(易无思)-무위(无爲)를 본받아[法] 무사(无思)-무위(无爲)로써 마음쓰기[心事]를 다함[盡]이다. 이는 이역(以易)하여 수명(受命)함이고 수명(守命)함이다. 왜냐하면 여기서 세심(洗心)이란 자연[天地]의 시킴[命]과 가르침[命]을 지성(至誠)으로 물려받아[受] 지키는[守] 심사(心事)이기 때문이다. 그리하여 성인(聖人)의 세심(洗心)이란 무사(无思)-무위(无爲)하여 무기(無己)-무공(無功)-무명(無名)함을 말한다. 동시에 성인(聖人)이 화신(化神)하게 되는 연유를 살펴[觀] 새기고[玩] 헤아려[擬] 가늠하게[斷] 한다. 성인(聖人)의 이러한 세심(洗心)은 곧 자연[天]이 드리워[垂] 보여주는 짓[象]들이 〈방이지(方以知)하고 역이공(易以貢)함〉을 성인(聖人)이 본받는[法] 심사(心事)임을 일깨운다. 군자(君子)가 성인(聖人)의 말씀[言]을 두려워함[畏]도 성인(聖人)의 이러한 세심(洗心)을 두려워함이다.

退藏於密(퇴장어밀)

성인(聖人)이 괘지덕(卦之德)의 방이지(方以知)와 육효지의(六爻之義)의 역이공(易以貢)을 결코 전시(展示)하지 않음을 밝힌다. 성인(聖人)은 괘지덕(卦之德)이 방정(方正)하게 알려주는 것[知]과 육효지의(六爻之義)가 변화(變化)로써 알려주는 것[貢]을 드러내 말하지 않는다[不言]. 이러한 성인(聖人)의 불언(不言)은 성인(聖人)이 화신(化神)하게 되는 연유를 살펴[觀] 새기고[玩] 헤아려[擬] 가늠하게[斷] 한다. 성인(聖人)의 이러한 퇴장(退藏)은 곧 자연[天]이 드리워[垂] 보여주는 짓[象]들이 〈방이지(方以知)하고 역이공(易以貢)함〉을 성인(聖人)이 본받는[法] 심사(心事)임을 일깨운다. 군자(君子)가 성인(聖人)의 말씀[言]을 두려워함[畏]도 성인(聖人)의 이러한 퇴장(退藏)을 두려워함이다.

吉凶與民同患(길흉여민동환)

성인(聖人)이 괘지덕(卦之德)의 알림[知]과 육효지의(六爻之義)의 알림[貢]을 왜 퇴장(退藏)하는지 그 까닭을 밝힌다. 작역(作易)하여 설괘(設卦)한 성인(聖人)은 어느 한 사람을 위하여 세심(洗心) 즉 마음쓰기를 다하지 않는다. 이러한 성인(聖人)의 동환(同患)은 작역(作易)한 성인(聖人)이 군왕(群王)과 동환함이 아니라 백성과 동환함을 알 수 있다. 그렇다고 성인(聖人)은 백성을 이용하지 않음을 성인(聖人)의 〈퇴장어밀(退藏於密)〉이 살펴[觀] 새기게[玩] 한다. 그래서 성인(聖人)은 백성이 괴로우면 당신도 괴로워하고 백성이 즐거우면 당신도 즐거워한다.

神以知來(신이지래)

성인(聖人)이 〈지래(知來)하는 방편(方便)〉을 밝힌다. 그 방편(方便)이 곧 〈신이(神以)〉 즉 〈이신(以神)〉이다. 〈신이(神以)〉는 이신지소위(以神之所爲)의 줄임이다. 신이[神之] 하는[爲] 바를[所] 이용함[以]이 곧 〈이신(以神)〉이고, 이는 곧 지변화지도(知變化之道)의 이용[以]을 뜻해, 신이(神以)란 결국 진퇴지상(進退之象)의 이용[以]을 뜻하게 된다. 왜냐하면 변화자(變化者) 즉 변화라는[變化] 것[者]은 진퇴의[進退之] 짓[象]이기 때문이다. 〈신이(神以)의 신(神)〉은 자연[天地]이 은밀(隱密)하게 온갖 것[萬物]에 미치는 변화(變化)의 짓을 한 자(字)로 밝힌다. 그래서 〈신(神)〉을 조화지용(造化之用)이라 풀이하고 〈제(帝)〉를 조화지체(造化之體)라고 풀이한다. 그러니 〈신이(神以)〉를 〈생생(生生)함 즉 신기(神奇)-신묘(神妙)-신통(神通)함을[神] 이용하여[以]〉로 새기고[玩] 헤아리면[擬] 된다. 물론 여기서 〈신(神)〉은 천(天)의 양기(陽氣)의 짓[神]만을 뜻함은 아니다. 지(地)의 음기(陰氣)의 짓[鬼]을 함께 뜻함을 잊어서는 안 된다.

知以藏往(지이장왕)

이 또한 성인(聖人)이 〈지래(知來)하는 방편(方便)〉을 밝힌다. 그 방편(方便)이 곧 〈장왕(藏往)〉 즉 〈갈 것을[往] 간직함[藏]〉이다. 〈장왕(藏往)〉 또한 지변화지도(知變化之道)의 이용[以]을 뜻해 진퇴지상(進退之象)의 이용[以]을 뜻한다. 왜냐하면 변화자(變化者) 즉 변화라는[變化] 것[者]은 진퇴의[進退之] 짓[象]이기 때문이다. 여기서 내자(來者)는 〈진지상(進之象)〉 즉 나타날[進之] 짓[象]이고, 왕자(往者)는 〈퇴지상(退之象)〉 즉 물러갈[退之] 짓[象]임을 알아 장왕(藏往)함을 알 수 있다. 변화(變化)란 〈변이화(變而化)〉이다. 변이화(變而化)의 〈변(變)〉은 왕자(往者)와 내자(來者)가 공존함이고, 〈화(化)〉는 왕자(往者) 즉 갈 것[往者]은 퇴자(退者) 즉 물러날 것[退者]이 되어 물러나고[退], 내자(來者) 즉 올 것[來者]은 진자(進者) 즉 나타날 것[進者]이 되어 나타남[進]이다. 왕자(往者)를 간직하여[藏] 지래(知來)함이 곧 지변화지도(知變化之道)이고 지변화지상(知變化之象)이다. 지변화지상(知變化之象)의 〈지(知)〉는 장왕(藏往)으로 말미암아 지래(知來)하게 되는 앎[知]이다.

其孰能與於此哉(기숙능여어차재)

〈시지덕원이신(蓍之德圓而神)의 원이신(圓而神)〉을 지성(至誠)으로 본받고[法], 〈괘지덕방이지(卦之德方以知)의 방이지(方以知)〉를 지성으로 본받고, 〈육효지의역이공(六爻之義易以貢)의 역이공(易以貢)〉을 지성으로 본받는 성인(聖人)의 〈세심(洗心)〉을 한 번 더 강조한 말씀이다. 성인(聖人)의 이러한 세심(洗心) 즉 진심(盡心)이 아니고서는 〈퇴장어밀(退藏於密)〉에 미칠 수도 없고[不能與], 〈길흉여민동환(吉凶與民同患)〉에 미칠 수도 없으며, 〈신이지래(神以知來)〉에 미칠 수도 없고, 〈지이장왕(知以藏往)〉에 미칠 수도 없음을 단언(斷言)하는 말씀이다.

古之聰明(고지총명)

작역(作易)하여 이역(以易)하게 한 성인(聖人)을 칭송함이다. 작역(作易)하여 이역(以易)한 성인(聖人)의 총명(聰明)은 『중용(中庸)』에 나오는 〈구불고총명성지달천덕자(苟不固聰明聖知達天德者) 기숙능지지(其孰能知之)〉를 상기하게 한다. 〈총명(聰明)의 총(聰)〉은 괘지덕(卦之德)의 방이지(方以知)를 본받고[法] 육효지의(六爻之義)의 역이공(易以貢)을 법(法)하여, 온 세상의[天下之] 지(志)를 밝게[聰] 들어[聽] 통하게[通] 함이고, 온 세상의 일[務]을 밝게[聰] 들어[聽] 이루게[成] 함이며, 온 세상의 의문[疑]을 밝게[聰] 들어[聽] 가늠하게[斷] 함이다. 그리고 〈총명(聰明)의 명(明)〉 또한 괘지덕(卦之德)의 방이지(方以知)를 본받고[法] 육효지의(六爻之義)의 역이공(易以貢)을 법(法)하여, 온 세상의[天下之] 지(志)를 밝게[明] 보아[視] 통하게[通] 함이고, 온 세상의 일[務]을 밝게[明] 보아[視] 이루게[成] 함이며, 온 세상의 의문[疑]을 밝게[明] 보아[視] 가늠하게[斷] 함이다.

睿知(예지)

이는 〈고지성인(古之聖人) 예지자부(睿知者夫)〉의 줄임이다. 〈예지(睿知)〉 또한 작역(作易)하여 이역(以易)하게 한 성인(聖人)을 칭송함이다. 여기서 〈예지(睿知)〉는 〈성지(聖知)〉와 같은 말씀이다. 〈예지(睿知)의 예(睿)〉는 괘지덕(卦之德)의 방이지(方以知)를 본받고[法] 육효지의(六爻之義)의 역이공(易以貢)을 법(法)하여, 온 세상의[天下之] 지(志)를 깊고[深] 밝게[明] 사무쳐[達] 통하게[通] 함이고, 온 세상의 일[務]을 깊고[深] 밝게[明] 사무쳐[達] 이루게[成] 함이며, 온 세상의 의문[疑]을 깊고[深] 밝게[明] 사무쳐[達] 가늠하게[斷] 함이다. 그리고 〈예지(睿知)의 지(知)〉 또한 괘지덕(卦之德)의 방이지(方以知)를 본받고[法] 육효지의(六爻之義)의 역이공(易以貢)을 법(法)하여, 온 세상의[天下之] 지(志)를 깊고 밝게 사무쳐[知] 통하게[通] 함이고, 온 세상의 일[務]을 그러한 마음가기[志]로 이루게[成] 함이며, 온 세상의 의문[疑]을 그러한 마음가기[志]로 가늠하게[斷] 함이다.

神武而不殺者夫(신무이불살자부)

이는 〈고지성인(古之聖人) 신무이불살자부(神武而不殺者夫)〉의 줄임이다. 이 또한 작역(作易)하여 이역(以易)하게 한 성인(聖人)을 칭송함이다. 성인(聖人)은 온 세상의 지(志)-무(務)-의(疑)를 새롭게[化] 하여 다스리기[治] 때문에 〈성내신(聖乃神)〉 즉 성은[聖] 곧[乃] 신이라[神] 한다. 신무(神武)의 〈신(神)〉은 화신(化神)-신치(神治)를 상기하면 살펴 새기고 헤아릴 수 있다. 신무(神武)의 〈무(武)〉는 위무(威武) 즉 〈굳셈[武]〉이다. 성인(聖人)의 〈무(武)〉는 고겁(苦怯)-협약(脅弱)의 무력(武力)이 아니라 호겁(護怯)-보약(保弱)의 위무(威武)이어서 복만물(服萬物) 즉 온갖 것[萬物]을 따르게[服] 하되 위엄(威嚴)을 드러내지 않는다. 성인(聖人)의 〈무(武)〉는 온갖 것[萬物]과 더불어 백성[民]을 설복(說服)시키는 덕선(德善)-덕신(德信) 즉 신치(神治)의 무(武)이다. 신무(神武)는 자연에 두루 통하는[德] 선(善)과 믿음[信]의 무(武)이므로 괴롭힘[苦]이나 짓밟음[脅] 등을 멈추게 하는[止] 부쟁(不爭)-불기(不棄)-불살(不殺)의 무(武)이다. 다투지도 않고[不爭] 버리지도 않고[不棄] 죽이지도 않는[不殺] 무(武)가 신무(神武)이다. 신무(神武)의 무(武)는 온갖 싸움[戈]을 멈추게[止] 하는 무(武)이다.

是以明於天之道而察於民之故(시이명어천지도이찰어민지고)

이 또한 작역(作易)하여 이역(以易)하게 한 성인(聖人)을 칭송함이다. 성인(聖人)은 자연의[天之] 이치[理]와 가르침[教]-이끎[導]-방편[方]-말씀[言] 등을 좇아[順] 본받아[法] 자명(自明) 즉 (자신의 내면을) 스스로[自] 밝히면서[明] 온 세상의

[天下之] 지(志)-무(務)-의(疑)를 밝히는[明] 분[者]이다. 이러한 명어천지도(明於天之道)-찰어민지고(察於民之故)를 천착(穿鑿)하게 되면 〈통천하지지(通天下之志)의 통지(通志)-성천하지무(成天下之務)의 성무(成務)-단천하지의(斷天下之疑)의 단의(斷疑)〉 등을 살펴[觀] 새기고[玩] 헤아려[擬] 가늠해[斷] 볼 수 있고, 따라서 성인(聖人)이 총명(聰明)-예지(睿知)-달천덕(達天德)하여 신무(神武)하다는 뜻도 살펴 새기고 헤아려 가늠해 볼 수 있다. 성인(聖人)의 명어천지도(明於天之道)와 찰어민지고(察於民之故)를 별개로 떼어서 생각할 수 없다.

是興神物(시흥신물)

성인(聖人)이 작역(作易) 즉 설괘(設卦)한 연유를 밝힌다. 성인(聖人)이 천지도(天之道)를 밝히고[明] 민지고(民之故)를 살피고자[察] 작역(作易)하게 되었음을 〈시흥신물(是興神物)〉이란 말씀으로 알 수 있다. 신물(神物)을 일으켰다[興]고 함은 설괘(設卦)하였음을 뜻한다. 신물(神物)이란 곧 이역(以易) 즉 역을[易] 이용하게[以] 하는 괘효(卦爻)를 말한다. 괘지덕(卦之德)의 〈덕(德)〉도 신통(神通)함이고 육효지의(六爻之義)의 〈의(義)〉 또한 신통(神通)함 즉 변화(變化)하게 함이니, 괘효(卦爻)를 일러 신통지물(神通之物) 즉 〈신물(神物)〉이라고 한다.

以前民用(이전민용)

이 또한 성인(聖人)이 작역(作易) 즉 〈흥신물(興神物)〉한 연유를 밝힌다. 성인(聖人)이 흥작(興作)한 신물(神物)은 일상에서 쓰는 도구가 아니나. 오로지 총명(聰明)하여 무사(无思)-무위(无爲)해야만 쓸 수 있는 신기(神奇)-신묘(神妙)-신통(神通)한 물건이다. 일상의 용기는 그 소용(所用) 즉 쓰이는[用] 바[所]가 변화(變化)를 거듭하지 않고 정해져 있다. 정해진 것은 신물(神物)이 아니다. 신물(神物)은 늘 성변화(成變化)하여 지변(知變)하게 하고 지래(知來)하게 한다. 성인(聖人)이 작흥(作興)한 신물(神物)인 〈괘효(卦爻)〉란 내자(來者) 즉 다가올[來] 것[者]을 마주하게[遇] 하는 물건이다. 그래서 신물(神物)은 〈우신(遇新) 즉 내자(來者)를 만나게[遇] 한다. 내자(來者)는 늘 인간에게 길흉(吉凶)으로 드러난다.

聖人以此齋戒(성인이차재계)

성인(聖人)이 역무사(易无思)-무위(无爲)를 본받아[法] 신물(神物)의 민용(民用)을 앞장섰음[前]을 밝힌다. 이는 백성[民]이 신물(神物)을 이용하기를 성인(聖人)이 지성(至誠)으로 바랐음을 〈재계(齋戒)〉가 밝힌다. 재계(齋戒)의 〈재(齋)〉는 재심(齋心) 즉 마음을[心] 다스림[齋]이고, 〈계(戒)〉는 계심(戒心) 즉 마음을[心] 삼감[戒]이다. 〈재계(齋戒)함〉이란 곧 지성(至誠)함이다. 지성(至誠)함이란 더없이 사천(事天)함 즉 자연을[天] 받듦[事]이고, 외천명(畏天命) 즉 자연의[天] 시킴-가르침을[命] 더없이 두려워함[畏]이다.

以神明其德夫(이신명기덕부)

이 또한 성인(聖人)이 재계(齋戒)하는 연유를 밝힌다. 신물지덕(神物之德) 즉 괘효의[卦爻之] 덕(德)을 신통하게[神] 하고, 그 덕(德)을 밝히고자 성인(聖人)이 재심(齋心)하고 계심(戒心)한다. 이 때문에 성인(聖人)을 두려워하고[畏] 성인(聖人)의 말씀[言]을 두려워하며[畏] 성인(聖人)을 본받는[法] 것이다. 성인(聖人)이 신물(神物) 즉 역(易)을 일으킴[興]이란 백성[民]이 그 신물(神物)을 사용해 다가올 길흉(吉凶)을 미리 살펴보게 하고자 함이지 사사로운 참언(讖言)을 비장(祕藏)해 두려는 것이 아님을 〈신기덕(神其德)-명기덕(明其德)〉이라고 밝힌다.

闔戶謂之坤(합호위지곤) 闢戶謂之乾(벽호위지건)

〈신명기덕(神明其德)의 기덕(其德)〉을 밝힌다. 신명기덕(神明其德)의 〈기덕(其德)〉은 〈신물지덕(神物之德)〉이고, 신물지덕(神物之德)은 괘지덕(卦之德)-육효지의(六爻之義)를 포괄한다. 괘지덕(卦之德)-육효지의(六爻之義)에서 괘(卦)-육효(六爻)는 모두 곤-건(坤-乾) 즉 음(陰 : --)과 양(陽 : —)으로 이루어지는 신물(神物)이다. 그[其] 덕을[德] 신통히하여[神] 밝힘[明]을 합호(闔戶)의 곤(坤)과 벽호(闢戶)의 건(乾)을 들어 풀이한다. 여기서 곤건(坤乾)은 음양(陰陽)을 말하고, 합호(闔戶)는 곤(坤)-음(陰)을 비유하고, 벽호(闢戶)는 건(乾)-양(陽)을 비유한다. 합호(闔戶)-벽호(闢戶)의 〈호(戶)〉는 만물(萬物)의 생생(生生)을 비유해서 밝힌 〈문(門)〉이다. 곤(坤)의 합호(闔戶)를 한마디로 〈정(靜)〉이라 하고, 건(乾)의 벽호(闢戶)를 한

마디로 〈동(動)〉이라 한다.

一闔一闢謂之變(일합일벽위지변)

〈곤(坤)-건(乾)의 합(闔)-벽(闢)〉을 〈변(變)〉이라고 밝힌다. 곤(坤)-건(乾) 즉 음(陰)-양(陽)을 왕래(往來)-출입(出入)하는 문[戶]을 빌려, 일음일양(一陰一陽)의 생생(生生)을 풀이한다. 닫히고[闔] 열림[闢]이 왕래(往來)-출입(出入)이고, 열리고[闢] 닫힘[闔] 또한 왕래(往來)-출입(出入)이다. 왕래(往來) 그것은 곧 일합일벽(一闔一闢)이고 일음일양(一陰一陽)이며 생생(生生)이고, 이를 〈변(變)〉이라 한다. 가고[往] 오고[來]가 변(變)이고, 오고[來] 가기[往] 또한 변(變)이다. 왕(往)이 먼저고[先] 내(來)가 뒤[後]라 해서 선후(先後)가 둘[二]로 나뉘어 정해진다는 것은 아니다. 〈일합일벽(一闔一闢) 일음일양(一陰一陽)〉이란 누천(屢遷)함을 뜻한다. 말하자면 초효(初爻)는 늘 초효(初爻)의 자리[位]에 정주(定住)하지 않고 상효(上爻)까지 잇달아[屢] 옮겨감[遷]이니, 선(先)은 늘 선(先)이고 후(後)는 늘 후(後)가 아니라 선역후(先亦後)-후역선(後亦先)이다.

往來不窮謂之通(왕래불궁위지통)

일합일벽위지변(一闔一闢謂之變)을 다시 밝힌다. 〈일합일벽(一闔一闢)〉을 〈왕래(往來)〉라고 풀이하고, 〈변(變)〉을 〈통(通)〉이라고 풀이한다. 그러니 〈곤(坤)-건(乾)의 합(闔)-벽(闢)〉을 〈통(通)〉이라고 밝힌다. 왕래불궁위지통(往來不窮謂之通) 역시 곤(坤)-건(乾) 즉 음(陰)-양(陽)을 왕래(往來)-출입(出入)하는 문[戶]을 빌려, 일음일양(一陰一陽)의 생생(生生)을 풀이한다.

見乃謂之象(현내위지상)

일합일벽(一闔一闢) 즉 변(變)-통(通)의 드러남[見]을 밝힌다. 현내위지상(見乃謂之象)의 〈상(象)〉은 천수상(天垂象)의 〈상(象)〉 바로 그것이고, 괘효상(卦爻象)의 〈상(象)〉 바로 그것이다. 일음일양(一陰一陽)-생생(生生)의 역(易)은 비장(祕藏)되어 불현(不見) 즉 드러나지 않음[不見]이 아니라 은밀(隱密)히 드러난다[見]. 그 〈현(見)〉을 〈상(象)〉 즉 〈짓[象]〉이라 한다.

形乃謂之器(형내위지기)

현내위지상(見乃謂之象)의 〈상(象)〉을 밝힌다. 형내위지기(形乃謂之器)의 〈기(器)〉는 시흥신물(是興神物)의 〈신물(神物)〉 바로 그것이고, 역지상(易之象)을 형체(形體)로 드러내는 〈괘-효(卦-爻)〉 바로 그것이다. 일음일양(一陰一陽)-생생(生生)의 역(易)은 비장(祕藏)되어 불현(不見) 즉 드러나지 않음[不見]이 아니라, 괘(卦)와 효(爻)하는 것[物]이 역지상(易之象)의 〈상(象)〉 즉 변통(變通)의 짓[象]을 몸[形]으로 드러나게[見] 하는 것[物]을 〈기(器)〉라고 한다.

制而用之謂之法(제이용지위지법)

성인(聖人)이 어떻게 작역(作易)하여 어떻게 이역(以易)하는지를 밝힌다. 〈제이용지(制而用之)〉에서 〈제(制)〉는 〈성인제기(聖人制器)〉의 줄임이고, 〈용지(用之)〉는 〈성인용기(聖人用器)〉의 줄임이다. 성인제기(聖人制器)의 〈기(器)〉는 장인제기(匠人制器)의 〈기(器)〉와 다르다. 성인(聖人)이 만든[制] 기(器)는 입덕(入德)의 기물(器物)이고, 장인(匠人)이 만든 기(器)는 일용(日用)의 기물(器物)인 까닭이다. 입덕(入德)의 기물(器物)은 신기(神器) 즉 신물(神物)이라 한다. 신물(神物)이란 쓸[用] 때마다 변화(變化)를 짓하는[神] 물건(物件)을 말한다. 대성괘(大成卦) 64괘(卦)가 바로 그런 신물(神物) 즉 신기(神器)이다.

利用出入(이용출입) 民咸用之謂之神(민함용지위지신)

성인(聖人)이 법천명(法天命) 즉 자연[天地]의 시킴-가르침[命]을 본받아[法] 작역(作易)한 깊은 뜻을 밝힌다. 그리고 성인(聖人)이 이역(以易) 즉 역의[易] 씀[以]을 비장(祕藏)의 참(讖) 즉 비결(祕訣)로 한 것이 아님을 〈민함용지(民咸用之)〉로써 알 수 있다. 〈민함용지(民咸用之)〉로써 민(民) 즉 온 세상 사람이 그 역(易)을 〈언제 어디서나[出入] 편리하게 쓰게[利用] 함〉이 곧 성인(聖人)의 이역(以易)임을 알 수 있다. 따라서 역(易)의 괘효상(卦爻象)-괘효사(卦爻辭)가 숨겨 두고 혼자만 쓰는[祕訣] 짓[象]도 아니고 말씀[辭]도 아님을 알 수 있다.

易有太極(역유태극) 是生兩儀(시생양의)

성인(聖人)이 어떻게 작역(作易)했는지 그 근거를 살펴[觀] 새기고[玩] 헤아려

[擬] 가늠하게[斷] 한다. 성인작역(聖人作易)이라고 할 때 그 〈작역(作易)〉이란 성인(聖人)이 자의(自意)로 역(易)을 만들었음[作]이 아니라, 천수상(天垂象) 즉 자연이[天] 드리운[垂] 상(象) 즉 〈짓[象]〉을 본받아[法] 역(易)을 지었음[作]을 또한 알 수 있다. 나아가 역유태극(易有太極)의 〈태극(太極)〉과 시생양의(是生兩儀)의 〈양의(兩儀)〉는 변화(變化)로 이어지는 까닭으로 〈생생(生生)한다〉고 하는 것임을 헤아리게 한다. 그래서 역유태극(易有太極) 즉 역에는[易] 태극이[太極] 있다[有]. 이는 태극(太極)으로부터 역(易)이 비롯됨을 말한다. 역(易)의 시원(始原)인 태극(太極)은 묘(妙)하다. 〈묘(妙)〉란 드러나지 않음[不顯]이다. 태극(太極)은 〈관기묘(觀其妙)〉의 것이므로 〈태극(太極)〉을 살펴[觀] 새기고[玩] 헤아려[擬] 가늠하는데[斷] 드러나기를 바라지 말라 함이 〈관이상무욕(觀以常無欲)〉이다. 그러나 태극(太極)이 낳는[生] 양의(兩儀)는 〈관기요(觀其徼)〉의 것이다. 〈요(徼)〉는 〈도생일(道生一)의 일(一)〉 즉 태극(太極)〉으로 말미암아 생기는[生] 〈일생이(一生二)-이생삼(二生三)-삼생만물(三生萬物)〉은 드러남[顯]이다. 〈일생이(一生二)-이생삼(二生三)-삼생만물(三生萬物)〉로 드러나는 순환(循環)을 한 자(字)로 밝힘이 곧 〈요(徼)〉이다. 여기서 〈시생천지(是生天地)〉라 않고 〈시생양의(是生兩儀)〉라고 밝힌 것은 천지(天地)가 사상(四象)을 낳는 몸[體]임을 살펴[觀] 새기고[玩] 헤아려[擬] 가늠하게[斷] 함이고, 동시에 태극(太極)이 짓는 첫 번째 역(易) 즉 〈생생(生生)의 변화(變化)〉를 밝힌 말씀이 〈역유태극(易有太極) 시생양의(是生兩儀)〉이다.

兩儀生四象(양의생사상)

음양(陰陽)의 생생(生生) 즉 변화(變化)를 말한다. 음양(陰陽)의 변화(變化)를 성인(聖人)이 견색(見賾)하여 사상(四象)이 생(生)함을 찾아냈음[見]을 뜻한다. 물론 〈양의생사상(兩儀生四象)〉은 〈천지품사상(天地稟四象)〉으로 새겨 헤아려도 된다. 양의(兩儀)란 천지(天地)를 말하기 때문이다. 천지(天地)가 내려준[稟] 것이 사상(四象)인지라 그 사상(四象)을 〈금목수화(金木水火) 또는 음양강유(陰陽剛柔)〉로 일컫기도 한다. 그러나 역유사상(易有四象)이라고 할 때 그 사상(四象)이란 음(陰)이 변화(變化)하여 낳은[生] 노음(老陰)-소양(少陽)과 양(陽)이 변화(變化)하여 생(生)한 노양(老陽)-소음(少陰)을 보임[象]이다. 이를 본받아[法] 성인(聖人)이 노음(老陰)의 상(象 : ☷)을 지었고, 소양(少陽)의 상(象 : ☴)을 지었으며, 노양(老陽)의 상(象 : ☰)을 지었고, 소음(少陰)의 상(象 : ☱)을 지었다. 사상(四象)은 곧 〈사시(四時)〉이다. 그리고 〈노음(老陰)은 육(六)-소양(少陽)은 칠(七)-소음(少陰)은 팔(八)-노양(老陽)은 구(九)〉라 하여 사상(四象)을 수(數)로 밝히기도 하고, 〈소양(少陽)-노양(老陽)-소음(少陰)-노음(老陰)〉을 봄(春)-여름(夏)-가을(秋)-겨울(冬) 사계(四季)의 순환으로 밝히기도 한다.

四象生八卦(사상생팔괘)

사상(四象)의 생생(生生) 즉 변화(變化)를 말한다. 사상(四象)의 변화(變化)를 성인(聖人)이 견색(見賾)하여 팔괘(八卦)가 생(生)함을 찾아냈음[見]을 뜻한다. 물론 〈사상생팔괘(四象生八卦)〉는 〈사상품팔괘(四象稟八卦)〉로 새겨 헤아려도 된다. 양의(兩儀)-사상(四象)은 물상(物象)을 보여주지 않지만 팔괘(八卦)는 물상을 보여준다. 생팔괘(生八卦)의 〈생(生)〉이란 노양(老陽)이 변화하여 건(乾)-태(兌)를 낳고[生], 소음(少陰)이 변화하여 이(離)-진(震)을 낳고[生], 소양(少陽)이 변화하여 손(巽)-감(坎)을 낳고[生], 노음(老陰)이 변화하여 간(艮)-곤(坤)을 낳음[生]을 뜻한다. 팔괘(八卦)의 〈괘(卦)〉는 〈걸어 보일 게(揭)〉와 같다. 그래서 팔괘(八卦)란 음(陰)-양(陽)의 의표(儀表)인 효(爻)를 셋씩 하여 음의(陰儀 : --)는 땅[地]의 기운[氣] 즉 귀(鬼)로 하고, 양의(陽儀 : —)는 하늘[天]의 기운[氣] 즉 신(神)으로 하며, 남은 하나로는 음의(陰儀)이든 양의(陽儀)이든 사람[人]의 것으로 하여 삼재(三才)를 나타내 팔괘(八卦)가 된다. 팔괘(八卦)는 〈물(物)-인(人)-덕(德)-방(方)〉을 나타내기도 한다.

八卦定吉凶(팔괘정길흉) 吉凶生大業(길흉생대업)

〈팔괘정육십사괘(八卦定六十四卦)〉를 새겨 헤아리게 하는 말씀이다. 팔괘(八卦)가 자승(自乘)되어 64괘(卦)가 정해진다. 그래서 팔괘(八卦)를 신괘(神卦)라고 한다. 길흉(吉凶)을 살펴[觀] 새기고[玩] 헤아려[擬] 가늠하게[斷] 하는 64괘(卦)가 팔괘(八卦)로써 정(定)해진 신물(神物)이기 때문에 팔괘정길흉(八卦定吉凶)이라고 밝힐 수 있다. 팔괘정길흉(八卦定吉凶)으로써 양의(兩儀)-사상(四象)은 천지(天地)의 일[事]이어서 길흉(吉凶)이 없지만, 팔괘(八卦) 즉 소성괘(小成卦)를 이루는 삼효(三爻)가 천지인(天地人)의 일[事]을 게시(揭示)하고 있어 사람의 일[人事]이 끼어듦으로 말미암아 길흉(吉凶)이 가늠됨[定]을 알 수 있다. 따라서 천지(天地)의 일[事]에는 인간의 길흉(吉凶)이 없지만, 천지(天地)의 일[事]과 인간사(人間事)가 함께하는 소성괘(小成卦)의 괘효상(卦爻象)이 길흉(吉凶)을 정(定)한다. 하지만 〈팔괘정길흉(八卦定吉凶)의 정(定)〉을 저마다 스스로 새겨 헤아리고 가늠해야 한다. 〈팔괘(八卦)가 길흉(吉凶)을 정(定)한다〉고 함은 〈팔괘(八卦)가 인간에게 길흉(吉凶)을 정(定)해준다〉는 것이 아니고, 〈인간이 팔괘(八卦)의 도(道)를 좇아 따르면[順] 길(吉)이 정(定)해지고 외면하고 어기면[逆] 흉(凶)이 정(定)해진다〉는 말씀이다.

法象莫大乎天地(법상막대호천지)

길흉생대업(吉凶生大業)의 〈대업(大業)〉을 살펴 새기고 헤아려 가늠하게 하는 말씀이다. 〈길생(吉生)의 대업(大業)〉을 바란다면 천지(天地) 즉 자연의 짓[象]을 본받으라[法] 함이 법상막대호천지(法象莫大乎天地)이다. 천지(天地)의 짓[象]을 본받는다[法] 함은 무사(无思)-무위(无爲)의 짓[象]을 본받고[法] 따라서 대동(大同)의 짓[象]을 본받음[法]이다. 그렇기 때문에 길생대업(吉生大業)의 짓[象]을 본받기[法]로는 천지보다[天地] 더 좋은 것이[大] 없다[莫]고 한다. 자연[天地]의 무사(无思)-무위(无爲)를 본받는다[法]면 대업(大業)을 길(吉)하게 할 것이고 그렇지 않다면 흉(凶)하게 할 것이다.

變通莫大乎四時(변통막대호사시)

천지(天地)가 드리워주는[垂] 변통(變通)의 짓[象]을 〈사시(四時)〉 즉 춘하추동(春夏秋冬)을 들어 풀이한다. 여기서 변통(變通)이란 변화지통(變化之通)의 줄임이다. 변하고[變] 화하는[化之] 열림[通]을 줄여 변통(變通)이라 한다. 변화(變化)의 변(變)은 왕자(往者)와 내자(來者)가 함께함이고, 화(化)는 갈 것[往者]은 가버리고 올 것[來者]만 드러나[顯] 새로 되어[化] 열림[通]이다. 본래 좋은 일[吉事]이란 쉼없이 변하여[變] 새로 되는[化] 열림[通]이다. 꽉 막혀[窮] 멈춰[滯] 있으면 변통(變通)이 없다. 이처럼 궁색(窮塞)한 일을 두고 흉(凶)하다 한다.

縣象著明莫大乎日月(현상저명막대호일월)

이 또한 천지(天地)가 드리워주는[垂] 변통(變通)의 짓[象]을 〈일월(日月)〉 즉 일월성신(日月星辰)을 들어 풀이한다. 현상저명(縣象著明)의 〈상(象)〉은 물론 〈변통지상(變通之象)〉의 줄임이다. 천지(天地)가 보여주는 변하고[變] 화하는[化之] 열림[通]의 짓[象]을 일월(日月)로 들어 풀이한다.

崇高莫大乎富貴(숭고막대호부귀)

인간이 숭고(崇高) 즉 높이 받드는[崇高] 것을 숨김없이 밝힌다. 부귀(富貴)가 곧 인간에게 숭고(崇高)한 것이다. 물론 현인(賢人)은 부귀(富貴)를 초개(草芥)처럼 여기지만 인간에게 부귀(富貴)는 숭고(崇高)한 것으로 받들어진다. 부귀(富貴)의 〈부(富)〉는 가재(家財)가 풍요(豊饒)함을 말하고, 〈귀(貴)〉는 녹위(祿位)가 창성(昌盛)함을 말한다. 숭고(崇高)는 귀현(貴顯)을 뜻한다. 귀함이[貴] 드러남[顯]이 곧 숭고(崇高)이다. 숭고(崇高)의 짓[象]을 본받으면[法] 부귀보다[富貴] 더 좋은 것[大]이란 없다[莫]는 말씀은 그 부귀(富貴)가 반드시 〈불교(不驕)의 부귀(富貴)〉이어야 한다. 교만(驕慢)의 부귀(富貴)라면 그것은 숭고(崇高)할 수 없고 오로지 비천(鄙賤)할 뿐이다. 무구(无咎) 즉 허물[咎]이 없는[无] 부귀(富貴)라야 숭고(崇高)의 짓[象]을 본받는[法] 부귀(富貴)임을 밝힌 말씀이 〈숭고막대호부귀(崇高莫大乎富貴)〉이다.

備物致用(비물치용) 立成器(입성기) 以爲天下利莫大乎聖人(이위천하리막대호성인)

온 세상이 성인(聖人)을 본받는[法] 까닭을 밝힌다. 성인(聖人)은 오로지 온 세상의 편리를 위하여 비물(備物)하여 치용(致用)하고 때에 맞춰 즉각 기물(器物)을 완성할 뿐이다. 성인(聖人)은 사리(私利)-사욕(私欲)으로 사용하고자 비물(備物)하지도 않고 치용(致用)하지 않으며 입성기(立成器)하지도 않는다. 예를 들자면 성인(聖人)의 작역(作易)과 같은 것이 곧 성인(聖人)의 비물(備物)-치용(致用)이다. 성인(聖人)이 자신만 쓰려고 천수상(天垂象)의 상(象) 즉 변화하게 하는 짓[象]을 본받아[法] 설괘(設卦)하고 괘사(卦辭)한 것은 아니다. 오로지 천하리(天下利)

즉 온 세상[天下]의 이익[利]을 위하여 괘(卦)를 베풀고[設] 효(爻)를 베풀고[設] 나아가 그 괘효(卦爻)에 천수상(天垂象)의 〈상(象)〉을 살펴[觀] 새기고[玩] 헤아려[擬] 가늠하게[斷] 하고자 말[辭]을 메어둔[繫] 것을 상기한다면, 왜 성인(聖人)의 비물치용(備物致用)을 본받아야[法] 하는지 그 까닭을 간파할 수 있다.

探賾索隱(탐색색은) 鉤深致遠(구심치원) 以定天下之吉凶(이정천하지길흉) 成天下之亹亹者莫大乎蓍龜(성천하지미미자막대호시구)

시구(蓍龜)가 신물(神物)임을 밝힌다. 신물(神物)이란 복문(卜問)하여 변화지도(變化之道)를 알게[知] 하는 것[物]을 말한다. 〈시구(蓍龜)〉는 지성지도(至誠之道)를 갖추게 하는 신물(神物)을 뜻하므로 미신(迷信)의 것[物]이 아니다. 점(占)친다고 함은 곧 복문(卜問)함이다. 복문(卜問)이란 변화(變化)를 물어[問] 미래(未來)를 전지(前知) 즉 앞서[前] 알아봄[知]이다. 오로지 성지자(誠之者)로서 탐색색은(探賾索隱)하고 구심치원(鉤深致遠)해야 정길흉(定吉凶)-성미미(成亹亹)하여 전지자(前知者)가 된다. 〈탐색색은(探賾索隱)의 색은(賾隱)〉은 깊숙이 그윽하게 숨겨져 있어 난견지물(難見之物) 즉 찾아내기[見] 어려운[難之] 것[物]을 뜻하고, 〈탐색(探索)〉은 그 〈색은(賾隱)〉을 찾아내기[見]를 뜻하므로 〈견(見)〉을 풀이한 말이다. 그러니 〈탐색색은(探賾索隱)〉은 다름 아닌 〈견색(見賾)〉을 밝힌 말이다. 구심치원(鉤深致遠)은 탐색색은(探賾索隱)하여 〈색은(賾隱)〉을 인취(引取) 즉 낚아챘음[引取]을 뜻하니, 이 또한 〈견색(見賾)〉 즉 〈깊숙이 숨은 것[賾]을 찾아냈음[見]〉을 밝힌 말이다. 구심(鉤深)이란 인취심오지의(引取深奧之義) 즉 깊고 그윽한[深奧之] 뜻[義]을 낚아챔[引取]을 뜻하고, 치원(致猿)이란 궁극원대지의(窮極遠大之義) 즉 크나큰[遠大之] 뜻[義]을 더없이 이룸[窮極]을 뜻한다. 그러므로 〈탐색색은(探賾索隱) 구심치원(鉤深致遠)〉은 온 세상의[天下之] 길흉(吉凶)을 가늠하게[定] 하는 근거를 찾아내고, 나아가 그러기 위해서는 〈미미(亹亹)〉 즉 〈지성으로 애써야 함[亹亹]〉을 이루게[成] 함을 밝힌 말씀이 〈탐색색은(探賾索隱) 구심치원(鉤深致遠) 이정천하지길흉(以定天下之吉凶) 성천하지미미자막대호시구(成天下之亹亹者莫大乎蓍龜)〉이다.

天生神物(천생신물) 聖人則之(성인칙지)

〈시구(蓍龜)〉를 〈신물(神物)〉이라고 풀이하면서 동시에 성인(聖人)이 작역(作易)한 까닭을 살펴[觀] 새기고[玩] 헤아려[擬] 가늠하게[斷] 밝힌다. 성인(聖人)은 성지인(聖之人)을 줄인 말씀이다. 그러므로 성인(聖人)의 작역(作易)을 관완(觀玩)하여 의단(擬斷)하자면 〈성인(聖人)의 성(聖)〉을 천착(穿鑿)하여 숙지해야 한다. 그러자면 먼저 양가(兩家) 즉 유가(儒家)와 도가(道家)가 〈성인(聖人)의 성(聖)〉을 서로 달리 풀이함을 숙지해야 한다.

유가(儒家)의 〈성(聖)〉은 『서경(書經)』「대우모(大禹謨)」에 나오는 〈제덕광운(帝德廣運) 내성내신(乃聖乃神)〉과 『서경(書經)』「주서(周書)」 [홍범(洪範)]에 나오는 〈예작성(睿作聖)〉을 상기시키고, 『맹자(孟子)』「진심장구(盡心章句) 하(下)」에 나오는 〈대이화지위지성(大而化之謂之聖)〉을 떠올리게 한다.

도가(道家)의 〈성(聖)〉은 『노자(老子)』 27장(章)에 나오는 〈선행무철적(善行無轍迹) 선언무하적(善言無瑕讁) 선수불용주책(善數不用籌策) 선폐무관건이불가개(善閉無關楗而不可開) 선결무승약이불가해(善結無繩約而不可解) 시이(是以) 성인상선구인(聖人常善救人) 고(故) 무기인(無棄人) 상선구물(常善救物) 고(故) 무기물(無棄物) 시위습명(是謂襲明)〉을 상기시키고, 『장자(莊子)』「소요유(逍遙遊)」 7단락(段落)에 나오는 〈지인무기(至人無己) 신인무공(神人無功) 성인무명(聖人無名)〉과 「덕충부(德充符)」 19단락(段落)에 나오는 〈성인불모(聖人不謀) 오용지(惡用知) 불착(不斲) 오용교(惡用膠) 무상(無喪) 오용덕(惡用德) 불화(不貨) 오용상(惡用商) 사자천륙야(四者天鬻也) 천륙야자천사야(天鬻也者天食也) 기수사어천(旣受食於天) 우오용인(又惡用人)〉을 떠올리게 한다.

위와 같은 양가(兩家)의 성관(聖觀)을 관완(觀玩)하여 의단(擬斷)해 보면 유가(儒家)의 〈성(聖)〉은 인지성(人之聖) 즉 인간의[人之] 성스러움[聖]으로 성인(聖人)을 밝히고, 도가(道家)의 〈성(聖)〉은 천지성(天之聖) 즉 자연의[天之] 성스러움[聖]으로 성인(聖人)을 밝힘을 알 수 있다. 나아가 『노자(老子)』 19장(章)에 나오는 〈절성기지(絶聖棄智)-절인기의(絶仁棄義)〉란 말씀을 환기한다면 도가(道家)가 유가(儒家)의 〈성(聖)〉을 부정(否定)함을 알 수 있다.

이 같은 양가(兩家)의 〈성(聖)〉을 살펴[觀] 새기고[玩] 헤아려[擬] 가늠하게[斷]

되면 〈천생신물(天生神物) 성인칙지(聖人則之)〉에서 〈천생신물(天生神物)의 생(生)〉은 양가(兩家)가 같이 풀이하게 되지만, 〈성인칙지(聖人則之)의 칙(則)〉은 양가(兩家)가 달리 풀이하게 됨을 간과해서는 안 된다. 말하자면 성인(聖人)의 작역(作易)인 설괘(設卦)에서 〈괘(卦)의 육효(六爻)〉를 유가(儒家)는 〈삼재(三才 : 天地人)의 도(道)-위(位)〉로 풀이하지만, 도가(道家)는 이를 부정(否定)한다. 성인(聖人)의 작역(作易)을 밝히는 〈칙신물(則神物)의 칙(則)〉을 도가(道家)는 천지지도(天地之道)를 그대로 본받는다[則]고 본다. 그 때문에 유가(儒家)는 〈천지도(天之道)의 음양(陰陽)-지지도(地之道)의 강유(剛柔)-인지도(人之道)의 인의(仁義)〉를 들어 효위(爻位)를 풀이하지만, 도가(道家)는 그런 괘효(卦爻)의 풀이를 부정(否定)하는 셈이다. 그러므로 〈성인칙지(聖人則之)〉라고 할 때 이런 점을 간과하고 〈성인(聖人)의 칙신물(則神物)〉을 살펴서는 안 된다.

註 익왈(益曰) 도(都) 제덕광운(帝德廣運) 내성내신(乃聖乃神) 내무내문(乃武乃文) : 익이[益] 말했다[曰]. 아아[都]! 요임금의[帝] 덕은[德] 널리[廣] 퍼져[運] 곧[乃] 성스럽고[聖] 곧[乃] 신묘하고[神], 곧[乃] 위무하고[武] 곧[乃] 문아했다[文]. 『서경(書經)』「대우모(大禹謨)」

註 이(二) 오사(五事) 일왈모(一曰貌) 이왈언(二曰言) 삼왈시(三曰視) 사왈청(四曰聽) 오왈사(五曰思) 모왈공(貌曰恭) 언왈종(言曰從) 시왈명(視曰明) 청왈총(聽曰聰) 사왈예(思曰睿) 공작숙(恭作肅) 종작예(從作乂) 명작철(明作哲) 총작모(聰作謀) 예작성(睿作聖) : 두 번째는[二] 다섯 가지 일이다[五事]. 하나는[一] 몸가짐[貌]이고[曰] 둘은[二] 말하기[言]이고[曰] 셋은[三] 보기[視]이고[曰] 넷은[四] 듣기[聽]이고[曰] 다섯은[五] 생각하기[思]이다[曰]. 몸가짐은[貌] 공손함[恭]이고[曰] 말하기는[言] 따라줌[從]이고[曰] 보기는[視] 눈밝음[明]이고[曰] 듣기는[聽] 귀밝음[聰]이고[曰] 생각하기는[思] 슬기로움[睿]이다[曰]. 공손함은[恭] 엄숙함을[肅] 이루고[作] 따라줌은[從] 조리를[乂] 이루고[作] 눈밝음은[明] 분명한 앎을[哲] 이루고[作] 귀밝음은[聰] 헤아림을[謀] 이루고[作] 슬기로움은[睿] 성스러움을[聖] 이룬다[作]. 『서경(書經)』「주서(周書)」[홍범(洪範)]

註 욕지위선(欲之謂善) 유제기지위신(有諸己之謂信) 충실지위미(充實之謂美) 충실이유광휘지위대(充實而有光輝之謂大) 대이화지지위성(大而化之之謂聖) : {순천(順天)을} 바람[欲]을[之] 선이라[善] 하고[謂], 자기[己]에게 선이[諸] 있음[有]을[之] 믿음이라[信] 하고[謂], 가득히[充] 채움[實]을[之] 미라[美] 하고[謂], 가득히[充] 채워서[實而] 빛남이[光輝] 있음[有]을[之] 크나큼이라[大] 하고[謂], 크나커서[大而] 감화시킴[化之] 그것을[之] 성스러움이라[聖] 한다[謂].

『맹자(孟子)』「진심장구(盡心章句) 하(下)」

註 성인자도지극야(聖人者道之極也) : 성인이란[聖人] 분은[者] 도의[道之] 극치[極]이다[也].

『순자(荀子)』「예론(禮論)」

註 선행무철적(善行無轍迹) 선언무하적(善言無瑕讁) 선수불용주책(善數不用籌策) 선폐무관건이불가개(善閉無關楗而不可開) 선결무승약이불가해(善結無繩約而不可解) 시이(是以) 성인상선구인(聖人常善救人) 고(故) 무기인(無棄人) 상선구물(常善救物) 고(故) 무기물(無棄物) 시위습명(是謂襲明) : 자연의 행위에는[善行] 지나간 자국이[轍迹] 없고[無] 자연의 말씀에는[善言] 흔집이[瑕跡] 없으며[無] 자연의 셈은[善數] 산대를[籌策] 쓰지 않고[不用] 자연의 닫음에는[善閉] 빗장이[關楗] 없어도[無而] 열[開] 수 없고[不可] 자연의 맺음에는[善結] 노끈이[繩約] 없어도[無而] 풀[解] 수 없다[不可]. 이를[是] 따라[以] 성인은[聖人] 늘[常] 자연대로[善] 사람을[人] 구제하기[救] 때문에[故] 사람을[人] 버리지[棄] 않고[無] 늘[常] 자연대로[善] 사물을[物] 구제하기[救] 때문에[故] 사물을[物] 버리지[棄] 않는다[無]. 이를[是] 자연이 물려준[襲] 밝음이라[明] 한다[謂]. 선행(善行)-선언(善言)-선수(善數)-선폐(善閉)-선결(善結)의 〈선(善)〉은 〈천지지(天地之)〉로 여기고 옮기면 문의(文意)가 드러난다. 선(善)이란 계천(繼天)이기 때문에 〈선(善)〉을 〈자연대로〉라고 풀이하면 된다. 시위습명(是謂襲明)의 〈습(襲)〉은 〈천지습(天之襲)〉의 줄임으로 여기고 옮겨 새기면 된다. 『노자(老子)』 27장(章)

註 지인무기(至人無己) 신인무공(神人無功) 성인무명(聖人無名) : 지인께는[至人] 자기가[己] 없고[無] 신인께는[神人] 공적이[功] 없고[無] 성인께는[聖人] 명성이[名] 없다[無]. 지인(至人)-신인(神人)-성인(聖人) 등은 다 같은 말씀이다. 『장자(莊子)』 「소요유(逍遙遊)」 7단락(段落)

註 성인불모(聖人不謀) 오용지(惡用知) 불착(不斲) 오용교(惡用膠) 무상(無喪) 오용덕(惡用德) 불화(不貨) 오용상(惡用商) 사자천륙야(四者天鬻也) 천륙야자천사야(天鬻也者天食也) 기수사어천(旣受食於天) 우오용인(又惡用人) : 성인은[聖人] 꾀하지 않는데[不謀] 어찌[惡] 지식을[知] 쓰겠나[用]? 깎아 다듬지 않는데[不斲] 어찌[惡] 갓풀을[膠] 쓰겠나[用]? 잃을 것이[喪] 없는데[無] 어찌[惡] 인덕을[德] 쓰겠나[用]? 사고팔지 않는데[不貨] 어찌[惡] 상술을[商] 쓰겠나[用]? 네 가지는[四者] 자연이 준 먹거리[天鬻]이다[也]. 천륙(天鬻)이란[也] 것은[者] 자연이 준 먹거리[天食]이다[也]. 이미[旣] 자연[天]으로부터[於] 먹거리를[食] 받았는데[受] 또[又] 어찌[惡] 인간의 것을[人] 쓰겠나[用]? 〈天食〉의 발음은 먹을 식(食)의 〈천식〉이 아니라 먹거리 사(食)의 〈천사〉이다. 〈오용인(惡用人)〉을 〈오용인사(惡用人食)〉로 여기고 옮겨 새기면 문의(文意)가 드러난다.

『장자(莊子)』 「덕충부(德充符)」 19단락(段落)

註 절성기지(絶聖棄智) 민리백배(民利百倍) 절인기의(絶仁棄義) 민복효자(民復孝慈) : 성스러움을[聖] 끊고[絶] 슬기로움을[智] 버리니[棄] 백성의[民] 이로움은[利] 백배가 되고[百倍], 인을[仁] 끊고[絶] 의를[義] 버리니[棄] 백성이[民] 효성과[孝] 자애를[慈] 회복했다[復]. 성지(聖智)는 재지선(才之善) 즉 인간 능력의 선(善)을 말하고, 인의(仁義)는 인지선(人之善) 즉 인간이 정한 선(善)을 말한다. 『노자(老子)』 19장(章)

天地變化(천지변화) 聖人效之(성인효지)

〈신물(神物)〉을 〈변화(變化)〉라고 풀이하면서 성인(聖人)의 〈칙신물(則神物)〉을 살펴[觀] 새기고[玩] 헤아려[擬] 가늠하게[斷] 밝히고, 동시에 성인(聖人)이 작역(作易)한 까닭을 살펴 새기고 헤아려 가늠하게 밝힌다. 성인(聖人)은 천지(天地) 즉 자연[天地]이 내는[生] 신물(神物)을 본받는다[則]고 함은 곧 천지(天地)가 내는[生] 변화(變化)를 본받음[效]이다. 생신물(生神物)-생변화(生變化)-생생(生生) 등은 다 같은 말이다. 만물(萬物)이란 천지변화(天地變化)의 것[物]이다. 천지변화(天地變化)의 〈변화(變化)〉는 〈법자연(法自然)〉 바로 그것이고, 성인효지(聖人效之)의 〈효(效)〉 또한 〈법지(法地)-법천(法天)-법자연(法自然)의 법(法)〉 그것이기 때문이다. 이는 곧 〈천지변화(天地變化)〉란 자연(自然)이 짓는 변화(變化)를 본받기[法]가 곧 성인(聖人)의 본받기[效]임을 살펴 새기고 헤아려 가늠하게 한다. 이는 곧 성인(聖人)은 천지(天地)의 변(變)을 효(效)하여 천지(天地)의 화(化)를 본받음[效]을 관완(觀玩)-의단(擬斷)하게 한다. 천지(天地)가 변화(變化)함이란 만물(萬物)로 하여금 변(變)하여 화(化)하게 함이다. 성인(聖人)은 자연[天地]의 변화(變化)를 본받기[效] 때문에 늘[常] 자연대로[善] 사람을[人] 구제하여[救] 사람을[人] 버리지[棄] 않고[無], 늘[常] 자연대로[善] 사물을[物] 구제하여[救] 사물을[物] 버림이[棄] 없다[無].

天垂象(천수상) 見吉凶(현길흉) 聖人象之(성인상지)

천생신물(天生神物)의 신물(神物)과 천지변화(天地變化)의 변화(變化)를 살펴[觀] 새기고[玩] 헤아려[擬] 가늠하게[斷] 하면서, 성인(聖人)이 천생신물(天生神物)의 신물(神物)을 본받고[則] 천지변화(天地變化)의 변화(變化)를 본받는[效] 까닭을 밝히고, 동시에 성인(聖人)이 작역(作易)한 까닭을 살펴 새기고 헤아려 가늠하게 밝힌다. 천수상(天垂象)의 〈상(象)〉은 〈변화지상(變化之象)〉의 줄임이다. 자연이[天] 베푸는[垂] 변화(變化)의[之] 조짐[象]을 성인(聖人)이 본받음[象]은 그 조짐[象]이 길흉(吉凶)을 드러내기[見] 때문임을 알 수 있다. 이에 따라 〈천생신물(天生神物)〉은 〈천지변화(天地變化)〉로 풀이되고 〈천지변화(天地變化)〉는 〈천수상(天垂象) 현길흉(見吉凶)〉으로 풀이됨도 알 수 있다. 그리고 성인(聖人)이 천생신물(天生神物)의 신물(神物)을 본받고[則]-천지변화(天地變化)의 변화(變化)를 본받고[效]-천수상(天垂象)의 상(象)을 본받는[象] 것이란 신물(神物)-변화(變化)-상(象) 등이 모두 현길흉(見吉凶) 즉 길흉(吉凶)을 나타내기[見] 때문임도 알 수 있다. 여기서 성인(聖人)이 현길흉(見吉凶)의 길흉(吉凶)을 남김없이 찾아냄이 성인(聖人)의 〈탐색색은(探賾索隱)〉이고, 그렇게 찾아낸 길흉(吉凶)을 남김없이 밝혀냄이 〈구심치원(鉤深致遠)〉이다. 따라서 성인(聖人)이 천생신물(天生神物)의 신물(神物)-천지변화(天地變化)의 변화(變化)-천수상(天垂象)의 상(象)을 본받음[法]은 〈현길흉(見吉凶)〉이기 때문임을 밝힌 말씀이 〈천수상(天垂象) 현길흉(見吉凶) 성인상지(聖人象之)〉이다.

河出圖洛出書(하출도낙출서) 聖人則之(성인칙지)

천생신물(天生神物)의 〈신물(神物)〉-천지변화(天地變化)의 〈변화(變化)〉-천수상(天垂象)의 〈상(象)〉 등이 〈하도(河圖)와 낙서(洛書)〉로써 계몽되었고, 동시에 성인(聖人)이 천지(天地)가 낸[出] 신물(神物)-변화(變化)-상(象) 등을 본받게 계몽하였음을 풀이한다. 자연[天地]이 신물(神物)을 생(生)하고 자연[天地]이 변화(變化)를 내고[生] 상(象)을 드리움[垂]이 하도(河圖)와 낙서(洛書)를 들어 구체적으로 풀이된다. 성인(聖人)이 하출도(河出圖)의 〈도(圖)〉와 낙출서(洛出書)의 〈서(書)〉를 통해서 천생신물(天生神物)의 〈신물(神物)〉-천지변화(天地變化)의 〈변화(變化)〉-천수상(天垂象)의 〈상(象)〉 등을 본받았다[則]고 함은 성인(聖人)의 작역(作易)이 자의(恣意)로 이루어진 것이 아니라 오로지 천명(天命) 즉 자연[天地]의 시킴-가르침[命]을 따라[順] 무사(无思)-무위(无爲)로 이루어졌음을 알 수 있다.

易有四象(역유사상) 所以示也(소이시야)

성인(聖人)이 하출도(河出圖)의 〈도(圖)〉와 낙출서(洛出書)의 〈서(書)〉를 견색(見賾) 즉 살펴[見] 찾아낸 것[賾]과 그 〈도(圖)-서(書)〉를 어떻게 〈본받은 것[則]〉인지를 밝힌다. 생생지위역(生生之謂易)이라고 할 때 그 〈생생(生生)〉이란 천생신물(天生神物)의 신물(神物)-천지변화(天地變化)의 변화(變化)-천수상(天垂象)의 상(象)을 살펴[觀] 새기고[玩] 헤아려[擬] 가늠해[斷], 정길흉(定吉凶) 즉 길흉(吉凶)을 판정하게[定] 성인(聖人)이 작역(作易)한 것은 〈태극(太極 : ☯)이 음양(陰陽)을 생(生)하고〉 이어서 〈음양(陰陽)이 사상(四象)을 생(生)함〉을 성인(聖人)이 깨우쳤기 때문이다. 이에 따라서 성인(聖人)이 〈사상(四象)으로[以] 팔괘(八卦)를 표시하고[示] 팔괘(八卦)로 64괘(卦)를 베풀어[設] 작역(作易)함〉도 하출도(河出圖)의 〈도(圖)〉와 낙출서(洛出書)의 〈서(書)〉가 성인(聖人)으로 하여금 〈천지(天地)의 신물(神物)-변화(變化)-상(象)〉을 본받게[法] 사상(四象)을 계몽(啓蒙) 즉 일깨워준[啓蒙] 것임을 밝힌 말씀이 〈역유사상(易有四象) 소이시야(所以示也)〉이다.

繫辭焉(계사언) 所以告也(소이고야)

작역(作易)한 성인(聖人)이 베푼[設] 괘효(卦爻)에 성인(聖人)이 계사(繫辭)하여 길흉(吉凶)을 고(告)하였음을 밝힌다. 작역(作易)의 성인(聖人)은 〈복희씨(伏羲氏)〉로 전(傳)해지고, 계사언(繫辭焉)의 성인(聖人)은 주(周)나라 〈문왕(文王)〉이란 것이 통설이다. 작역(作易)한 성인(聖人)도 〈천생신물(天生神物)-천지변화(天地變化)-천수상(天垂象)의 신물(神物)-변화(變化)-상(象)〉을 본받아[法] 작역(作易)했고, 계사언(繫辭焉)한 성인(聖人) 또한 그 신물(神物)-변화(變化)-상(象)을 본받아[法] 계사(繫辭)한 것이지, 자의(恣意)로 작역(作易)-계사(繫辭)한 것은 아니다. 다만 계사언(繫辭焉)한 성인(聖人)은 천지(天地)의 것만 본받은[法] 것이 아니라 작역(作易)한 성인(聖人)을 본받아[效] 계사언(繫辭焉)한 것으로 헤아려[擬] 가늠할[斷] 수 있다. 나아가 계사언(繫辭焉)의 〈사(辭)〉 즉 말씀[辭]은 문왕(文王)의 말씀[言]이고, 계사전(繫辭傳)의 〈전(傳)〉은 작역(作易)한 성인(聖人)의 뜻과 계사언(繫辭焉)한 성인(聖人)의 뜻을 전하려는[傳] 공자(孔子)의 말씀[言]이라고 유념해 두어야 한다.

定之以吉凶(정지이길흉) 所以斷也(소이단야)

성인(聖人)이 계사언(繫辭焉)한 연유를 밝힌다. 성인(聖人)이 온 세상의 길흉(吉凶)을 생각하여[以] 계사언(繫辭焉)의 〈사(辭)〉를 결정하기[定]까지 천지(天地)의 신물(神物)-변화(變化)-상(象)을 본받아[法], 색은(賾隱) 즉 깊고 그윽해 찾아내기 어려운 것을[賾] 찾아내[探] 깊은 뜻을[深] 낚아내[鉤] 원대함을[遠] 더없이 깨쳤다[致]. 그런 다음에야 온 세상의[天下之] 길흉을[吉凶] 결정하여[定] 계사언(繫辭焉)한 것이다. 그러므로 길흉(吉凶)을 결정(決定)하는 말씀[辭]은 성인(聖人)이 지어낸 것이 아니라 성인(聖人)이 천지(天地)의 〈신물(神物)-변화(變化)-상(象)〉에서 견색(見賾)하여 그것[賾]을 본받아[法] 말한 것이다. 여기서 성인(聖人)이 구심치원(鉤深致遠)하여 찾아낸[見] 것[賾]이란 온 세상의 길흉(吉凶)을 결정(決定)하여 가늠하게[斷] 하는 길흉(吉凶)임을 간파할 수 있다.

易曰(역왈) 自天祐之(자천우지) 吉无不利(길무불리)

64괘(卦) 중에서 14번째인 대유괘(大有卦 : ䷍) 상구(上九)의 효사(爻辭)이다. 어느 대성괘(大成卦)이든 상효(上爻)는 좋지 않은[不吉] 자리[位]이다. 변화(變化)의 추이(推移)가 더는 없어져버린 자리[位]이므로 궁(窮)해서 퇴거(退去)할 위(位)가 상효(上爻)이다. 상효(上爻)와 달리 초효(初爻)는 길위(吉位) 즉 좋은[吉] 자리[位]가 된다. 초효(初爻)의 위(位)란 변화(變化)해 나아갈[推移] 시작의 자리인 까닭이다. 대유괘(大有卦) 상구(上九)의 자리는 흉위(凶位)인데도 그 상구(上九)의 효사(爻辭)가 왜 〈길무불리(吉无不利)〉라고 소단(所斷) 즉 단정된[斷] 것[所]인가? 〈자천우지(自天祐之)〉로 정(定)해졌기 때문이다. 상구(上九)의 자리가 흉(凶)할지라도 〈천우(天祐)〉 즉 하늘[天]의 도움[祐]을 받는다면 길(吉)함을 밝힌 말씀[辭]이 대유괘(大有卦 : ䷍) 상구(上九)의 효사(爻辭)이다. 여기서 효사(爻辭)는 길흉(吉凶)으로[以] 정(定)해지고 그 길흉(吉凶)은 천우(天祐)로[以] 가늠됨[斷]을 새기고[玩] 헤아리게[擬] 하는 실례를 든 것이 〈자천우지(自天祐之) 길무불리(吉无不利)〉이다.

子曰(자왈) 祐者助也(우자조야)

〈자천우지(自天祐之)의 우(祐)〉를 공자(孔子)가 〈조(助)〉와 같은 말이라고 풀이한다. 〈우(祐)〉는 〈신조(神助)〉이다. 하늘이[神] 도와줌[助]이 〈우(祐)〉이다. 인간이 도와줌을 〈범조(凡助)〉라 한다. 그 범조(凡助)를 한 자(字)로는 〈우(佑)〉라 하듯이, 신조(神助)를 한 자(字)로 〈우(祐)〉라 한다. 도울 우(右)와 귀신 신(神)을 합친 뜻이 〈우(祐)〉이다. 우(祐)와 조(助)는 같다. 그래서 순천(順天)하면 천우(天祐)한다고 한다. 하늘을[天] 따르면[順] 하늘이[天] 돕는다[祐]. 여기서 지성감천(至誠感天)이란 말이 생긴 것이다.

天之所助者順也(천지소조자순야) 人之所助者信也(인지소조자신야)

하늘[天]의 도와줌[助]과 사람[人]의 도와줌[助]을 풀이한다. 하늘[天]의 도움[助]은 〈유순천(由順天) 즉 하늘[天]을 따름[順]으로 말미암음[由]이고, 사람[人]의 도움[助]은 〈유신인(由信人) 즉 사람[人]을 믿음[信]으로 말미암음[由]이다. 여기서 〈순(順)〉은 순천(順天)-순명(順命)을 환기할 일이다. 무엇을 순종(順從)한다는 것인가? 자연[天地]을 순종(順從)한다 함이다. 이는 곧 무사(无思)-무위(无爲)하라 함이다. 나만 위하려는 기-공-명(己-功-名)이 없음[無]을 일러 순천(順天)-종천(從天)-응천(應天)이라 한다. 〈신(信)〉은 〈충신(忠信)〉을 떠올린다. 충신(忠信)이란 무자기(毋自欺)를 말한다. 자신을[自] 속임이[欺] 없다[毋]. 이것이 충신(忠信)이다. 자신을[自] 속이지[欺] 말라[毋]. 이 역시 충신(忠信)이다. 무자기(毋自欺)라면 그것이 곧 지성(至誠)으로 통하는 믿음[忠]이고 믿음[信]이다. 이러한 충신(忠信)으로 말미암아 인간이 인간을 서로 돕는다[助]. 이러한 인간의 도움[助]은 곧 천우(天祐)를 본받음이다.

履信思乎順(이신사호순) 又以尙賢也(우이상현야)

천조(天助)의 〈순(順)〉과 인조(人助)의 〈신(信)〉을 풀이하여 상현(尙賢)으로 이어짐을 밝힌다. 믿음[信]이란 그 믿음[信]이 실행되어야지 말만의 신(信)이란 사위(詐僞)임을 〈이신(履信)〉이 환기시킨다. 이신(履信)함이란 오로지 무자기(毋自欺)로 행하라 함이다. 성인(聖人)의 총명(聰明)-예지(睿知)-신무(神武)의 가르침[道]을 본받아[法] 대명(待命)하고 순명(順命)하는 군자(君子)가 곧 현자(賢者)이다. 그러므로 이신(履信)하며 사호순(思乎順)함은 절로 상현(尙賢)으로 이어진다. 〈상현(尙賢)〉이란 다름 아닌 군자의 삼외(三畏)를 이행하는 현자(賢者)가 대유괘(大有卦 : ䷍) 상구(上九)의 처지에 있다고 한다면, 그 현자(賢者)는 길(吉)해서 이로움[利] 아닌 것[不]이 생길 까닭이 없는 것[无]이다. 현자(賢者)는 이신사호순(履信思乎順)하여 순천(順天)하기 때문이다.

是以(시이) 自天祐之(자천우지) 吉无不利也(길무불리야)

흉(凶)한 처지에 있음에도 천우(天祐) 즉 하늘[天]의 도움[祐]을 받아 길(吉)할 수 있는 연유를 거듭해 밝힌다. 여기서 〈시이(是以)〉는 〈이이신(以履信)〉이다. 〈사호순(思乎順)〉 즉 순천(順天)을 생각하며[思] 나아가 〈상현(尙賢)〉 즉 어진 이[賢]를 받들어[尙] 〈무자기(毋自欺)〉 즉 스스로[自] 거짓이[欺] 없다면[毋], 설령 궁(窮)하여 흉(凶)한 처지일지라도 하늘[天]의 도움[祐]을 받아 길(吉)하여 이로울[利] 수 있음을 대유괘(大有卦 : ䷍) 상구(上九)의 효(爻)를 실례로 들어 거듭해 밝힌다. 여기서 이로움[利]이란 통(通)함-화(和)함-선(善)함-의(宜)함-편(便)함 등을 포용한다.

계사전상(繫辭傳上) 19단락(段落)

子曰 書不盡言하고 言不盡意한다 然則聖人之意를 其
자 왈 서 부 진 언 언 부 진 의 연 즉 성 인 지 의 기

不可見乎인가 子曰 聖人立象以盡意하고 設卦以盡情
불 가 견 호 자 왈 성 인 립 상 이 진 의 설 괘 이 진 정

僞하며 繫辭焉以盡其言하고 變而通之以盡利하며 鼓之
위 계 사 언 이 진 기 언 변 이 통 지 이 진 리 고 지

舞之以盡神한다 乾坤其易之蘊邪로다 乾坤成列而易立
무 지 이 진 신 건 곤 기 역 지 온 야 건 곤 성 열 이 역 립

乎其中矣라 乾坤毁면 則无以見易하고 易不可見면 則
호 기 중 의 건 곤 훼 즉 무 이 견 역 역 불 가 견 즉

乾坤或幾乎息矣라 是故로 形而上者謂之道요 形而下
건 곤 혹 기 호 식 의 시 고 형 이 상 자 위 지 도 형 이 하

者謂之器요 化而裁之謂之變이요 推而行之謂之通이요
자 위 지 기 화 이 재 지 위 지 변 추 이 행 지 위 지 통

擧而措之天下之民謂之事業이다 是故로 夫象聖人有
거 이 조 지 천 하 지 민 위 지 사 업 시 고 부 상 성 인 유

以見天下之賾하여 而擬諸其形容하고 象其物宜라 是故
이 견 천 하 지 색 이 의 저 기 형 용 상 기 물 의 시 고

로 謂之象이다 聖人有以見天下之動하고 而觀其會通以
위 지 상 성 인 유 이 견 천 하 지 동 이 관 기 회 통 이

行其典禮하며 繫辭焉以斷其吉凶한다 是故로 謂之爻이
행 기 전 례 계 사 언 이 단 기 길 흉 시 고 위 지 효

다 極天下之賾者存乎卦하고 鼓天下之動者存乎辭한다
극 천 하 지 색 자 존 호 괘 고 천 하 지 동 자 존 호 사

化而裁之存乎變하고 推而行之存乎通한다 神而明之存
화 이 재 지 존 호 변 추 이 행 지 존 호 통 신 이 명 지 존

乎其人하고 黙而成之하며 不言而信存乎德行한다
호 기 인 묵 이 성 지 불 언 이 신 존 호 덕 행

공자가 말했다. 글은 (성인의) 말씀을 다 밝히지 못하고, 말은 (성인의) 뜻을 다 밝히지 못한다. 그렇다면 성인의 뜻 그것은 살펴질 수 없는 것인가? 공자가 말했다. 성인은 짓을 베풂을 써 뜻을 남김없이 다하고, 괘(卦)를 베풂을 써

천지의 것과 인간의 것을 남김없이 다하며, 괘효에 매어둔 말씀을 써 정위(情僞)의 말하기를 남김없이 다하고, {기언(其言)이} 변하여 통함을 써 (어울림의) 이로움을 남김없이 다하며, {계사언(繫辭焉)은 변이통지(變而通之)인} 그것을 고무함을 써 자연이 변화하게 하는 짓을 남김없이 다 밝힌다. 건괘와 곤괘 그것은 역(易)의 쌓음이 아닌가. 건(乾)과 곤(坤)이 열을 이루면서 그 이름의 안에서 역(易)이 베풀어지는 것이다. 건(乾)과 곤(坤)이 허물어지면 바로 그로써 역(易)을 살필 수 없고, 역(易)을 살필 수 없다면 바로 건(乾)과 곤(坤)은 그만 (변화를) 그치고 마는 것이다. 이렇기 때문에 몸으로 드러나지 않는 것 그것을 도리라 하고, 몸으로 드러나는 것 그것을 기물이라 한다. 새로 됨을 마름질함 그것을 변(變)이라 하고, {변(變)의 재화(裁化)를} 추진함을 실행함 그것을 열림이라 한다. 온 세상의 사람들에게 (변통을) 말해서 베풂 그것을 사업이라 한다. 이렇기 때문에 성인께는 무릇 (자연이 드리워주는) 조짐을 이용하여 온 세상의 깊숙한 기미를 찾아냄이 있다. 그리고 (성인은) 자연이 드리우는 짓의 모습에서 세상이 깊숙이 숨긴 기미를 헤아리고, 세상이 깊숙이 숨긴 기미를 헤아린 것의 마땅함을 본받는다. 이렇기 때문에 그것을 상(象)이라 한다. 성인께는 {그 상(象)을} 써 온 세상의 움직임을 살핌이 있다. 그래서 (성인은) 온 세상의 변동이 통함을 모아 살펴서 그 회통의 전법과 예의를 시행케 하고, 괘효에 매어둔 말을 써서 온 세상의 길흉을 판단케 한다. 이렇기 때문에 그것을 효(爻)라 한다. 온 세상이 깊숙이 숨긴 변화의 기미를 남김없이 밝혀내는 것은 괘(卦)에 있고, 온 세상의 변동을 (가늠하게) 고무하는 것은 (괘효에 매어둔) 말씀에 있다. 새로 됨이라 그것을 헤아려 마름질함은 변(變)에 있고, {변(變)의 재화(裁化)를} 추진함이라 그것을 실행함은 통(通)에 있다. 자연이 변화하게 하는 짓이라 그것을 분별하여 밝힘은 그 사람에게 있고, 침묵이라 그것을 이룩하고 말하지 않으면서 믿음은 덕을 시행함에 있다.

【탐독(探讀)】

공자가[子] 말했다[曰]. 글은[書] (성인의) 말씀을[言] 다 밝히지 못하고[不盡], 말은[言] (성인의) 뜻을[意] 다 밝히지 못한다[不盡]. 그렇다면[然則] 성인(聖人)의[之]

뜻[意] 그것은[其] 살펴질 수 없는 것[不可見]인가[乎]? 공자가[子] 말했다[曰]. 성인은[聖人] 짓을[象] 베풂을[立] 써[以] 뜻을[意] 남김없이 다하고[盡], 괘를[卦] 베풂을[設] 써[以] 천지의 것과[情] 인간의 것을[僞] 남김없이 다하며[盡], 괘효에[焉] 매어둔[繫] 말씀을[辭] 써[以] 정위(情僞)의[其] 말하기를[言] 남김없이 다하고[盡], {기언(其言)이} 변하여 통함을[變而通之] 써[以] {어울림[和]의} 이로움을[利] 남김없이 다하며[盡], {계사언(繫辭焉)은 변이통지(變而通之)인} 그것을[之] 고무함을[鼓舞之] 써[以] 자연이 변화하게 하는 짓을[神] 남김없이 다 밝힌다[盡]. 건괘와[乾] 곤괘[坤] 그것은[其] 역(易)의[之] 쌓음이[蘊] 아닌가[邪]. 건과[乾] 곤이[坤] 열을[列] 이루면서[成而] 그 이룸의[其] 안[中]에서[乎] 역이[易] 베풀어지는 것[立]이다[矣]. 건과[乾] 곤이[坤] 허물어지면[毁] 바로[則] 그로써[以] 역을[易] 살필 수[見] 없고[无], 역을[易] 살필[見] 수 없다면[不可] 바로[則] 건과[乾] 곤은[坤] 그만[或] (변화를) 그치고[息乎] 마는 것[幾]이다[矣]. 이렇기[是] 때문에[故] 몸으로 드러나지 않는[形而上] 것[者] 그것을[之] 도리라[道] 하고[謂], 몸으로 드러나는[形而下] 것[者] 그것을[之] 기물이라[器] 한다[謂]. 새로 됨을[化而] 마름질함[裁之] 그것을[之] 변이라[變] 하고[謂], {변(變)의 재화(裁化)를} 추진함을[推而] 실행함[行之] 그것을[之] 열림이라[通] 한다[謂]. 온 세상의[天下之] 사람들에게[民] {변통(變通)을} 말해서[擧而] 베풂[措之] 그것을[之] 사업이라[事業] 한다[謂]. 이렇기[是] 때문에[故] 성인께는[聖人] 무릇[夫] {자연(天地)이 드리워주는} 조짐을[象] 이용하여[以] 온 세상[天下]의[之] 깊숙한 기미를[賾] 찾아냄이[見] 있다[有]. 그리고[而] (성인은) 자연이 드리우는 짓의[其] 모습에서[形容] 세상이 깊숙이 숨긴 기미를[諸] 헤아리고[擬], 세상이 깊숙이 숨긴 기미를 헤아린[其] 것의[物] 마땅함을[宜] 본받는다[象]. 이렇기[是] 때문에[故] 그것을[之] 상이라[象] 한다[謂]. 성인께는[聖人] {그 상(象)을} 써[以] 온 세상의[天下之] 움직임을[動] 살핌이[見] 있다[有]. 그래서[而] (성인은) 온 세상의 변동이[其] 통함을[通] 모아[會] 살펴서[觀以] 그 회통의[其] 전법과[典] 예의를[禮] 시행케 하고[行], 괘효에[焉] 매어둔[繫] 말을[辭] 써서[以] 온 세상의[其] 길흉을[吉凶] 판단케 한다[斷]. 이렇기[是] 때문에[故] 그것을[之] 효라[爻] 한다[謂]. 온 세상[天下]이[之] 깊숙이 숨긴 변화의 기미를[賾] 남김없이 밝혀내는[極] 것은[者] 괘(卦)에[乎] 있고[存], 온 세상[天下]의[之] 변동을[動] (가늠하게)

고무하는[鼓] 것은[者] (괘효에 매어둔) 말씀[辭]에[乎] 있다[存]. 새로 됨이라[化而] 그것을[之] 헤아려 마름질함은[裁] 변(變)에[乎] 있고[存], {변(變)의 재화(裁化)를} 추진함이라[推而] 그것을[之] 실행함은[行] 통(通)에[乎] 있다[存]. 자연이 변화하게 하는 짓이라[神而] 그것을[之] 분별하여 밝힘은[明] 그[其] 사람[人]에게[乎] 있고[存], 침묵이라[黙而] 그것을[之] 이룩하고[成] 말하지 않으면서[不言而] 믿음은[信] 덕을[德] 시행함[行]에[乎] 있다[存].

【지남(指南)】

子曰(자왈) 書不盡言(서부진언) 言不盡意(언부진의) 然則聖人之意(연즉성인지의) 其不可見乎(기불가견호)

성인(聖人)의 뜻[意]을 〈가견(可見)〉 즉 살필 수 있음[可見]을 강조하여 밝힌다. 성인(聖人)의 말씀[言]을 적어놓은 글[書]일지라도 그 글[書]이 성인(聖人)의 말씀[言]을 남김없이 모조리 다 밝혀줄 수 없다. 그래서 서부진언(書不盡言)이라 한다. 나아가 성인(聖人)이 밝힌 말씀[言]일지라도 그 말[言]이 성인(聖人)의 뜻[意]을 남김없이 모조리 다 밝혀줄 수 없다. 그래서 언부진의(言不盡意)라 한다. 성인(聖人)의 뜻[意]은 왜 서(書)-언(言)으로 남김없이 밝혀지지 않는가? 오로지 자연[天地]을 본받아[法] 온 세상[天下]이 한결로 바라는 바의 뜻[意]을 포일(抱一) 즉 아울러 두루 하나로[一] 끌어안아[抱] 받아들이기 때문이다. 성인의[聖人之] 뜻[意]은 청명한 거울[鏡] 같아 내[我]가 서면 그 아(我)를 남김없이 비춰주고 네[爾]가 서면 그 이(爾)를 남김없이 비춰주어 늘 스스로의 뜻[意]을 남김없이 스스로 살펴[觀] 새기고[玩] 헤아려[擬] 스스로 가늠케[斷] 하는 말씀이 곧 성인지언(聖人之言)이다. 역(易)의 괘효사(卦爻辭)가 바로 그런 성인지언(聖人之言)이다. 성인지언(聖人之言)은 성인(聖人)의 뜻[意]을 일방적으로 전하는 말[語]이 아니라 성인(聖人)의 뜻[意]을 마주하고 더불어 자신의 뜻[意]을 관완(觀玩)-의단(擬斷)하여 〈자화(自化)〉 즉 스스로[自] 새로 되라[化] 함이다. 성인지언(聖人之言)은 성인(聖人)이 성인지의(聖人之意)를 우리에게 전해주는 말씀[言] 아니라 우리로 하여금 우리의 뜻[意]을 펴내게 하는 말씀[言]이기 때문이다.

子曰(자왈) 聖人立象以盡意(성인립상이진의)

역(易)의 괘효사(卦爻辭)를 마주할 때 반드시 먼저 스스로 관상(觀象) 즉 괘효(卦爻)의 상(象)을 살피는[觀] 방편(方便)을 공자(孔子)가 밝힌다. 성인(聖人)이 이립상(以立象) 즉 괘효(卦爻)의 짓을[象] 베풂을[立] 가지고[以] 진의(盡意)하기 때문에, 괘효상(卦爻象)을 어떻게 베푼 것[立]인지를 내 스스로 지성껏 살펴야 괘효(卦爻)의 상(象)이 온 세상 사람의 뜻[意]을 남김없이 다 들어주게[盡] 된다. 그러므로 입상이진의(立象以盡意)에서 진의(盡意)의 〈의(意)〉는 성인지의(聖人之意)가 아니라 천하지의(天下之意) 즉 온 세상 사람의 뜻[意]을 말한다. 이렇게 진의(盡意)하는 입상(立象)의 〈입(立)〉이란 곧 대성괘(大成卦)에서 육효(六爻)의 상교(相交)를 베풀었음[立]을 말한다.

設卦以盡情僞(설괘이진정위)

〈입상이진의(立象以盡意)의 입상(立象)〉을 〈설괘(設卦)〉로 풀이하고, 〈진의(盡意)의 의(意)〉를 〈정위(情僞)〉로 풀이하여, 관상(觀象) 즉 괘효상(卦爻象)의 살핌[觀]을 거듭해 밝힌다. 물론 정위(情僞)의 〈정(情)〉을 〈길(吉)-선(善)〉으로 새기고 〈위(僞)〉를 〈흉(凶)-악(惡)〉으로 여기고 새겨 헤아려도 되겠지만, 여기서 〈정위(情僞)〉의 〈정(情)〉은 〈천지지정(天地之情)〉 즉 천지의[天地之] 뜻[情]을 본받는[法] 〈진정(眞情)〉을 말하고, 〈위(僞)〉는 〈인위(人爲)〉 즉 인간의[人之] 짓[爲] 즉 천지지정(天地之情)을 속이려는[詐] 〈허위(虛僞)〉를 뜻한다.

繫辭焉以盡其言(계사언이진기언)

괘효상(卦爻象)이 짓[象]으로 정위(情僞)를 남김없이 다함[盡]을 계사언(繫辭焉)의 〈사(辭)〉가 말로써[以言] 남김없이 다함[盡]을 밝힌다. 계사언(繫辭焉)의 〈계사(繫辭)〉는 천지(天地)의 신물(神物)-변화(變化)-상(象)을 본받아[效] 성인(聖人)이 밝힌 말씀[辭]이다. 물론 계사(繫辭)의 〈계(繫)〉는 천수상(天垂象)의 〈수(垂)〉를 본받음[效]이고, 계사언(繫辭焉)의 〈사(辭)〉는 천수상(天垂象)의 〈짓[象]〉을 본받음[法]이다. 그러므로 계사언(繫辭焉)이란 하늘이[天] 짓을[象] 드리운 것[垂]처럼 역(易)의 괘효(卦爻)에 말을[辭] 매어둔 것[繫]이라고 새겨 헤아려 가늠할 수 있고, 따라서 괘효상(卦爻象)을 괘효사(卦爻辭)로 옮겨놓음이 곧 계사언(繫辭焉)임을 알 수 있다.

變而通之以盡利(변이통지이진리)

〈입상이진의(立象以盡意)-설괘이진정위(設卦以盡情僞)-계사언이진기언(繫辭焉以盡其言)〉을 묶어서 정리한다. 〈입상(立象)〉도 변이통지(變而通之)하여 진리(盡利)하게 함이고, 〈설괘(設卦)〉도 변이통지하여 백성으로 하여금 진리하게 함이며, 〈계사언(繫辭焉)〉도 백성으로 하여금 진리하게 함이다. 여기서 진리(盡利)의 〈이(利)〉 즉 〈이로움[利]〉이란 통(通)함-화(和)함-선(善)함-의(宜)함-편(便)함 등의 뜻[義]을 포용하여 낸다. 왜 성인(聖人)이 백성으로 하여금 역(易)을 이용하게 설괘(設卦)하고 계사언(繫辭焉)한 것인지 그 연유를 〈변이통지이진리(變而通之以盡利)〉가 밝힌다.

鼓之舞之以盡神(고지무지이진신)

〈계사언(繫辭焉)의 사(辭)〉가 변이통지(變而通之)하여[以] 진리(盡利)하는 연유를 밝힌다. 변(變)이 통(通)함을 이용하여[以] 〈진리(盡利)하기〉를 계사언(繫辭焉)의 〈사(辭)〉가 남김없이 다함[盡]을 거듭 강조하여 〈고지무지(鼓之舞之)〉라 한 것이다. 변이통지(變而通之) 즉 통변(通變)을 정성껏 하여 고무(鼓舞) 즉 쉼 없이 활발하게 한다[鼓舞]면 그것이 곧 〈진신(盡神)〉 즉 자연[天地]이 변화하게 하는 짓[神]을 남김없이 다함[盡]이다. 지성(至誠)껏 〈행귀신(行鬼神)-화신(化神)〉함이 곧 〈진신(盡神)〉이다. 자연[天地]의 짓[象]을 본받아[法] 행(行)함이 행귀신(行鬼神)-화신(化神)이고, 이러한 행(行)을 풀이하여 〈상덕불리(常德不離)〉라 한다. 천지(天地)의 덕(德)을 상덕(常德)이라 하고 천지(天地)에[於] 두루 통하는[通] 것[者]이 상덕(常德)이므로, 그 상덕(常德)을 〈천하계(天下谿)〉 즉 온 세상 모든 냇물이 모여드는 크나큰 내[谿]로 비유할 수 있다. 이처럼 계사언(繫辭焉)의 〈사(辭)〉가 온 세상 온갖 것에 두루 통하는 진신(盡神)의 〈신(神)〉을 남김없이 다함[盡]을 밝힌 말씀이다.

乾坤其易之蘊邪(건곤기역지온야)

역(易)의 소유(所有) 즉 역(易)이 가진[有] 바[所]를 밝힌다. 천수상(天垂象)의

〈상(象)〉을 본받아[法] 성인(聖人)이 사람으로 하여금 행귀신(行鬼神)-성변화(成變化)를 다하게[盡] 입상(立象)-설괘(設卦)-계사언(繫辭焉)을 이용하여[以] 진리(盡利)하고 따라서 진신(盡神)할 수 있게 하는 역(易)은, 가진 것이라곤 음(陰)-양(陽) 그것뿐이다. 건곤(乾坤)의 역지온(易之蘊) 때문이다. 군자(君子)가 외성인지언(畏聖人之言)함이 성인(聖人)의 행귀신(行鬼神)-화신(化神)을 본받아[法] 자연[天地]이 변화(變化)하게 하는 것[神]을 더없이 좇고자[順] 함 역시, 건곤(乾坤)의 〈역지온(易之蘊)〉을 살펴 새기고 헤아려 따지고 판단함에 지성(至誠)하기 때문이다. 역지온(易之蘊)의 〈온(蘊)〉은 〈깊이 쌓아둘 축(蓄)-장(藏)〉과 같아 온축(蘊蓄)-온장(蘊藏)의 줄임말이니 이는 곧 설괘(設卦)를 밝힘도 된다. 64괘(卦)의 모든 양효(陽爻)는 무릇 건(乾)으로 이어지고, 64괘(卦)의 모든 음효(陰爻)는 무릇 곤(坤)으로 이어짐을 밝힌 말씀이다.

乾坤成列而易立乎其中矣(건곤성열이역립호기중의)

사상(四象)의 노양(老陽 : ⚌)에 양효(陽爻)가 하나 더 진열(陳列)되어 건(乾)의 소성괘(小成卦)가 베풀어지고[立], 사상(四象)의 노음(老陰 : ⚏)에 음효(陰爻)가 하나 더 진열되어 곤(坤)의 소성괘(小成卦)가 베풀어지며[立], 나아가 건(乾)의 소성괘(小成卦) 둘을 진열하여 대성괘(大成卦)의 건괘(乾卦 : ䷀)가 이루어져[成] 역(易)이 베풀어지고[立], 곤(坤)의 소성괘(小成卦) 둘을 진열하여 대성괘(大成卦)의 곤괘(坤卦 : ䷁)가 이루어져[成] 역(易)이 베풀어짐[立]을 밝힌다. 건곤성열(乾坤成列)의 〈건곤(乾坤)〉은 여기선 건괘(乾卦 : ䷀)와 곤괘(坤卦 : ䷁)를 말한다. 성인(聖人)이 대성괘(大成卦)를 베풂[設]은 음양(陰陽)이 사상(四象)을 이루고[成], 사상(四象)이 팔괘(八卦)를 이루고[成], 팔괘(八卦)의 자승(自乘)으로 64괘(卦)를 이루어[成], 비로서 역(易)이 베풀어진[立] 것이다. 이에 성인(聖人)의 설괘(設卦)란 팔괘(八卦)를 베풀어[設] 그 팔괘(八卦)를 자승(自乘)하여 64괘(卦)를 이루었음[成]을 뜻한다.

乾坤毁(건곤훼) 則无以見易(즉무이견역)

괘획(卦畫)이 불립(不立) 즉 베풀어지지 않았다[不立]면 견역(見易)할 수 없음을 밝힌다. 대성괘(大成卦)가 설립(設立)되어 그것을 이용하여 천수상(天垂象) 즉 천지가[天] 드리운[垂] 조짐[象]을 살펴 정길흉(定吉凶) 즉 길흉(吉凶)을 가늠할[定] 수 있다. 그러므로 〈건곤(乾坤)이 훼(毁)하면 견역(見易)할 수 없음[无]〉이란 건괘(乾卦 : ☰)와 곤괘(坤卦 : ☷)의 불립(不立) 즉 베풀어지지 못함을 뜻한다. 물론 건곤훼(乾坤毁)의 〈훼(毁)〉는 오로지 인간이 범하는 짓일 뿐이다. 건곤(乾坤) 즉 음양(陰陽)의 무너짐[毁]이란 천지(天地)에는 없다. 자연[天]에는 변화(變化)의 불식(不息)이란 없다. 건곤훼(乾坤毁)란 〈음양생사상(陰陽生四象)-사상생팔괘(四象生八卦)-팔괘생륙십사괘(八卦生六十四卦)-육십사괘생만물(六十四卦生萬物)〉이란 생생(生生)의 역(易)이 인간에 의해서 훼양(毁壤)될 수 있음을 밝힌다.

易不可見(역불가견) 則乾坤或幾乎息矣(즉건곤혹기호식의)

견역(見易) 즉 역을[易] 살핌[見]이 불가(不可)하다면 변화(變化)가 이행되지 못함을 밝힌다. 대성괘(大成卦)가 베풀어지지 않아 역(易)을 살필 수 없다면 천수상(天垂象) 즉 천지가[天] 드리운[垂] 조짐[象]을 살펴 정길흉(定吉凶) 즉 길흉을[吉凶] 가늠할[定] 수 없다. 그러므로 〈역불가견(易不可見)〉 즉 역이[易] 살펴질[見] 수 없어[不可] 건곤(乾坤)의 식(息) 즉 그침[息]이 가깝다[幾]고 함은 〈역유태극(易有太極)-시생양의(是生兩儀)-양의생사상(兩儀生四象)-사상생팔괘(四象生八卦)-팔괘정길흉(八卦定吉凶)-길흉생대업(吉凶生大業)〉을 살펴[觀] 새기고[玩] 헤아려[擬] 가늠할[斷] 수 없게 되어 천수상(天垂象)의 〈상(象)〉을 본받지[法] 못하게 된다. 그러면 변화지도(變化之道)를 알지 못해 지변(知變)-지래(知來)할 수 없게 됨을 밝힌다.

形而上者謂之道(형이상자위지도) 形而下者謂之器(형이하자위지기)

〈역불가견(易不可見) 즉건곤혹기호식(則乾坤或幾乎息)〉 즉 〈역을[易] 살필[見] 수 없다면[不可] 바로[則] 건과[乾] 곤은[坤] 그만[或] (변화를) 그치고[息乎] 마는 것[幾]〉을 형이상자(形而上者)와 형이하자(形而下者)로 나누어 정리한다. 형이상자(形而上者)는 〈무형자(無形者)〉 즉 〈몸[形]이 없는[無] 것[者]〉을 말하고, 형이하자(形而下者)는 〈유형자(有形者)〉 즉 〈몸[形]이 있는[有] 것[者]〉을 말한다. 몸이 없는 것[無形者]을 한 마디로 〈도(道)〉라 하고, 몸이 있는 것[有形者]을 한 마디로 〈기(器)〉라 한다. 그러므로 역불가견(易不可見) 즉 〈역이[易] 살펴질[見] 수 없다[不可]〉고 할 때 역지도(易之道)로서의 역(易)과 역지기(易之器)로서의 역(易)을 살필 수 없음[不可見]을 뜻한다. 역지도(易之道)의 역(易)을 살필 수 없다고 함은 역(易)의 일음일양(一陰一陽)-생생(生生)을 살필 수 없음을 말한다. 왜냐하면 일음일양(一陰一陽)-생생(生生) 즉 쉼 없는 변화(變化)가 역(易)의 형이상자(形而上者) 즉 역(易)의 도(道)이기 때문이다. 역지기(易之器)의 역(易)을 살필 수 없다고 함은 역(易)의 괘효(卦爻)를 살필 수 없음을 말한다. 왜냐하면 사상(四象)-팔괘(八卦)의 소성괘(小成卦)-64괘(卦)의 대성괘(大成卦)는 역(易)을 몸[形]으로 살필 수 있게 하는 역(易)의 기(器)이기 때문이다.

化而裁之謂之變(화이재지위지변)

〈변(變)〉에서 〈화(化)〉가 비롯됨을 밝힌다. 〈변(變)〉이란 왕래(往來)가 공존함을 말한다. 그러므로 〈변(變)〉은 갈 것[往者]과 올 것[來者]을 알아내어[識] 가려보게[別] 한다. 왕자(往者)는 물러가고[去] 내자(來者)가 등장함[顯]을 식별하게 함이 곧 〈변(變)〉의 재화(裁化)이다. 재화(裁化)란 곧 새것[來者]의 등장을 말한다. 이러한 〈변(變)〉과 〈화(化)〉를 살펴 새기고 헤아려 가늠할 수 있어야 지변화지도(知變化之道) 즉 변화(變化)의 이치[道]를 따라 알[知] 수 있게 된다. 〈변(變)〉을 스스로 살필[觀] 수 있어야 〈지이장왕(知以藏往)-신이지래(神以知來)하여 지변(知變)할 수 있다〉는 것이다. 변화(變化)를 앎[知]으로[以] 갈 것[往]을 간직하고[藏] 변화(變化)하게 하는 짓[神]으로[以] 올 것을[來] 알[知] 수 있음은 곧 변(變)의 재화(裁化) 때문이다.

推而行之謂之通(추이행지위지통)

〈변(變)〉의 재화(裁化)를 쉼 없이 추진하여 실행을 밝힌다. 쉼 없는 변화(變化)를 한 자(字)로 〈통(通)〉이라 한다. 이러한 〈통(通)〉을 강조하여 〈신통(神通)〉이라 한다. 진언(盡言) 즉 말씀을[言] 남김없이 다함[盡]도 행추(行推)의 통(通)을 살펴 새기고 헤아려 관변(觀變)하여 지래(知來)하기 위함이고, 진의(盡意) 즉 뜻을[意] 남김없이 다함[盡]도 행추(行推)의 통(通)을 살펴 새기고 헤아려 관변하여 지래하기 위함이며, 진정위(盡情僞) 즉 참과[情] 거짓을[僞] 남김없이 다함[盡]도 행추(行推)의 통(通)을 살펴 새기고 헤아려 관변하여 지래하기 위함이고, 진리(盡利) 즉 어울림을[利] 남김없이 다함[盡]도 행추(行推)의 통(通)을 살펴 새기고 헤아려 관변하여 지래하기 위함이며, 진신(盡神) 즉 자연[天地]이 변화(變化)하게 하는 짓을[神] 남김없이 다함[盡]도 행추(行推)의 통(通)을 살펴 새기고 헤아려 관변하여 지래하기 위함이다. 변화(變化)를 쉼 없이 추진(推進)하는 열림[通]이란 이치(理致)를 남김없이 다 밝혀 진언(盡言)-진의(盡意)-진정위(盡情僞)-진리(盡利)-진신(盡神)임을 간파하게 된다.

擧而措之天下之民謂之事業(거이조지천하지민위지사업)

성인(聖人)의 사업(事業)을 밝힌다. 온 세상 사람들로 하여금 역(易)을 활용하게 함이 곧 성인(聖人)의 사업(事業)이다. 사업(事業)이란 행사(行事) 즉 일을[事] 행함[行]이다. 일[事]이란 무엇인가? 통변지위사(通變之謂事)이다. 통하여[通] 변화함[變]이 곧 일[事]이다. 〈거천하지민(擧天下之民)〉 즉 온 세상의[天下之] 백성에게[民] 역(易)을 들어[擧] 즉 말하여[擧] 베풂[措]이 성인(聖人)이 행하는 사업(事業)임을 살펴 새기고 헤아려 가늠하게 된다. 왜 성인(聖人)이 작역(作易)하고 계사언(繫辭焉)하였는지 그 까닭이 분명해진다.

夫象聖人有以見天下之賾(부상성인유이견천하지색)

성인(聖人)의 사업(事業)을 풀이한다. 성인(聖人)께서 진언(盡言)-진의(盡意)-진정위(盡情僞)-진리(盡利)-진신(盡神)하는 천수상(天垂象)의 〈상(象)〉 즉 자연이[天] 드리워주는[垂] 조짐[象]을 이용하여 찾아내기 어려운 변통(變通)의 심오지리(深奧之理) 즉 깊고[深] 그윽한[奧之] 이치[理]인 〈색(賾)〉을 살펴 찾아내는 신물(神物)을 만들어낸[作] 것이다. 성인(聖人)이 작역(作易)한 〈설괘(設卦)의 괘(卦)〉와 성인(聖人)이 계사언(繫辭焉)한 〈사(辭)〉란 온 세상 사람들이 이용하여 성인(聖人)을 본받아[效] 천하지색(天下之賾)을 찾아내게 하는 역지기(易之器) 즉 역의[易之] 기물

[器]임을 알 수 있어 이역(以易) 즉 역을[易] 이용함[以]이 밝혀진다.

而擬諸其形容(이의저기형용)

성인(聖人)의 〈의색(擬賾)〉을 밝힌다. 성인(聖人)은 천수상(天垂象)의 상(象)을 본받고[法] 그 조짐[象]의 형용(形容)인 괘효(卦爻)를 통하여 역(易)의 이치[道]를 살펴 새기고 헤아린 다음, 온 세상의[天下之]의 〈색(賾)〉을 살폈다[見]. 성인(聖人)의 견색(見賾)은 역지기(易之器) 즉 역(易)의 괘효(卦爻)를 통하여 역지도(易之道) 즉 역(易)의 이치[道]를 살핌[見]이고, 따라서 성인(聖人)은 〈천하지색(天下之賾)〉을 살펴 새기고 헤아릴 뿐이다. 그러므로 성인(聖人)은 세상이 보여주는 변화(變化)의 조짐[象]을 자신의 뜻[意]대로 헤아려 가늠하지 않는다. 오로지 천수상(天垂象)의 〈상(象)〉이 짓하는[象] 형용(形容) 즉 조짐[象]의 모습[形容]을 본받아[法] 의단(擬斷)할 뿐이다.

象其物宜(상기물의)

성인(聖人)의 의색(擬賾)이란 오로지 무사(无思)-무위(无爲)로 이루어짐을 〈물의(物宜)〉라고 밝힌다. 이는 곧 순명(順命)에 따라 천하지색(天下之賾)을 헤아리기 때문에 불의(不宜)할 리 없음을 말한다. 물의(物宜)란 무사(無私)-무욕(無欲)-무아(無我)라야 이루어진다. 통변지위사(通變之謂事)라고 할 때 그 통변(通變)이란 바로 〈의(宜)〉 즉 마땅함[宜]을 뜻한다. 마땅치 않거나 못하다면 어떤 일이든 불변(不變)하여 불통(不通)하게 되고 따라서 궁색(窮塞)해지고 만다. 매사가 무사(无思)-무위(无爲)로 헤아려져 통변(通變)하게 되면 일마다 마땅하여[宜] 길(吉)하다. 그러나 매사가 사욕(私欲)으로 헤아려져 불통(不通)하게 되면 일마다 마땅치 못해[不宜] 흉(凶)하다. 그러므로 천명(天命) 즉 자연[天]의 시킴과 가르침[命]을 본받아[法] 매사에 통변(通變)의 마땅함[宜]을 헤아려 가늠해야 매사가 길(吉)하다.

是故(시고) 謂之象(위지상)

작역(作易)한 성인(聖人)이 설괘(設卦)한 까닭이 〈상기물의(象其物宜)의 상(象)〉에 있음을 밝힌다. 그러므로 위지상(謂之象)의 〈상(象)〉은 천수상(天垂象)의 〈상(象)〉이 아니라 괘상(卦象)의 〈상(象)〉을 말한다. 위지상(謂之象)의 〈상(象)〉은 성인(聖人)이 천수상(天垂象)의 〈상(象)〉을 본받아[法] 마땅히[宜] 헤아린[擬] 것[物]의 상(象) 즉 괘상(卦象)을 말한다. 64괘(卦)의 괘사(卦辭)를 단사(彖辭) 이외에도 상사(象辭)라고 하는 까닭이 여기서 밝혀진다. 뿐만 아니라 입상(立象)의 〈상(象)〉 또한 성인(聖人)이 천수상(天垂象)의 〈상(象)〉을 본받아 마땅히 헤아린 것이고, 계사언(繫辭焉)의 〈사(辭)〉 또한 성인(聖人)이 천수상(天垂象)의 〈상(象)〉을 본받은 괘상(卦象)을 본받아 마땅히 헤아려 육효(六爻)의 매효(每爻)에 매어준[繫] 말씀[辭]이다.

聖人有以見天下之動(성인유이견천하지동)

성인(聖人)이 괘상(卦象)을 이용하여 온 세상의 변동[天下之動]을 살핌을 밝힌다. 천하지동(天下之動)은 천하지색(天下之賾)을 풀이한다. 온 세상이 깊숙이 숨긴 것[賾]이란 곧 변동(變動)의 기미(機微)임을 알 수 있다. 따라서 성인(聖人)이 세상의[天下之] 깊숙한 기미(幾微) 즉 〈색(賾)〉을 살펴 찾아 헤아리는데 천수상(天垂象)과 마땅하게[宜] 하는 까닭이 여기서 밝혀진다. 성인(聖人)이 찾아내는 천하지색(天下之賾)은 온 세상이 숨긴 변화(變化)의 기미(機微)이고, 그 기미가 늘 마땅함[宜]은 천수상(天垂象) 즉 자연이[天] 드리운[垂] 짓[象]을 오로지 본받는 괘상(卦象)을 본받아 헤아려 가늠하게 하기 때문이다. 성인(聖人)은 천명(天命)을 본받아[象] 온 세상[天下]의[之] 움직임을[動] 살피지[見] 자의(恣意)로 살피지 않음을 〈상기물의(象其物宜)〉가 뜻함을 거듭해 간파할 수 있다.

而觀其會通以行其典禮(이관기회통이행기전례)

성인(聖人)이 〈상기물의(象其物宜)〉 즉 세상이 깊숙이 숨긴 기미를 헤아린[其] 것의[物] 마땅함을[宜] 본받는[象] 까닭을 밝힌다. 성인(聖人)은 세상의[天下之] 변통(變通)을 모아[會] 살핀다[觀]. 성인(聖人)은 이역(以易) 즉 역을[易] 써서[以] 세상일[物]들의 마땅함[宜]을 살펴 온 세상 길흉(吉凶)의 의식(儀式)을 시행한다. 왜냐하면 성인(聖人)은 천지(天地)가 보여주는[垂] 〈조짐[象]〉을 본받아[法] 세상 모든 일[物]의 마땅함[宜]을 헤아려 가늠해 온 세상의 회통(會通)을 살피기[觀] 때문이다. 따라서 성인(聖人)이 시행하는 전례(典禮) 또한 마땅할[宜] 뿐이다. 전례(典

禮)란 온 세상의 길흉(吉凶)에 관한 의식(儀式)을 말한다. 치세(治世) 즉 세상을[世] 다스리는[治] 전례(典禮)란 예악(禮樂)을 시행하는 요목(要目)이다.

繫辭焉以斷其吉凶(계사언이단기길흉)

성인(聖人)이 대성괘(大成卦)의 여섯 효(爻)마다 말씀을[辭] 매어둔[繫] 까닭을 밝힌다. 인간의 세상[天下]에서 일어나는 모든 변동(變動)은 자연[天地] 때문에 빚어지는 것이 아니라 인간 때문에 빚어진다. 그러므로 〈단기길흉(斷其吉凶)〉의 〈단(斷)〉은 자연[天地]이 온 세상의 길흉(吉凶)을 단정(斷定)해주는 것이 아니라, 사람이 저마다 스스로 지성(至誠)으로 살펴 새기고 헤아려 가늠해야 한다. 그렇기 때문에 성인(聖人)은 세상의 모든 사람들[天下之民]에게 세상이[天下之] 깊숙이 숨긴 기미[賾]를 헤아리는[擬] 것[物]을 자연의[天地之] 가르침[命]과 마땅한지[宜] 살피면서[觀] 세상에서 일어나는 변동(變動)의 기미[賾]를 살폈고[見], 그렇게 찾아낸 〈색(賾)의 동(動)〉을 온 세상 사람들로 하여금 살펴 새기고 헤아려 따져서 가늠하게 대성괘(大成卦)의 여섯 효(爻)에 말씀을[辭] 매어둔[繫] 것이다.

是故(시고) 謂之爻(위지효)

〈계사언이단기길흉(繫辭焉以斷其吉凶) 위지효(謂之爻)〉는 성인(聖人)이 계사언(繫辭焉)한 까닭이 〈단기길흉(斷其吉凶)의 효(爻)〉에 있음을 밝힌다. 그러므로 위지효(謂之爻)의 〈효(爻)〉는 천수상(天垂象)의 〈상(象)〉이 아니라 괘상(卦象)의 〈상(象)〉을 본받아[效] 누천(屢遷)함을 살펴 새기고 헤아려 가늠하게 하는 역지기(易之器)이다. 위지효(謂之爻)의 〈효(爻)〉는 성인(聖人)이 괘상(卦象)의 〈상(象)〉을 본받아[法] 온 세상의[天下之] 길흉(吉凶)을 가늠하게[斷] 하는 신물(神物)이다. 그래서 효(爻)마다 매어둔[繫] 효사(爻辭)를 상사(象辭)라고 한다. 효라는[爻] 것은[者] 변화하는[變] 것[者]을[乎] 말하는[言] 신물(神物)이다. 계사언(繫辭焉)의 사(辭) 즉 효사(爻辭)는 지기(知幾)하게 하여 지변(知變)하게 하고 지변하게 하여 지래(知來)하게 하는 말씀[辭]이지, 지나간 것[往者]을 되풀이하여 반복시키는 말[辭]이 아니다.

極天下之賾者存乎卦(극천하지색자존호괘)

성인(聖人)이 설괘(設卦)한 〈괘(卦)〉를 정리하여 밝힌다. 역지기(易之器)인 〈괘

(卦)〉란 무엇인가? 이에 대한 해답이 곧 〈극천하지색자(極天下之賾者)〉이다. 온 세상의[天下之] 색(賾)을 극진(極盡)히 탐색하게 하는 것이 곧 괘(卦) 즉 대성괘(大成卦)이다. 그러므로 〈괘(卦)〉란 사민극천하지색자(使民極天下之賾者) 즉 사람들로[民] 하여금[使] 온 세상의[天下之] 색을[賾] 남김없이 밝히게 하는[極] 신물(神物)이다. 물론 대성괘(大成卦)라는 신물(神物)은 천수상(天垂象)의 상(象)을 본받아[法] 천하지동(天下之動)을 극색(極賾)하게 하는 짓[象]을 이룬다[成]. 이를 괘상(卦象)이라고 한다.

鼓天下之動者存乎辭(고천하지동자존호사)

성인(聖人)이 계사언(繫辭焉)한 〈사(辭)〉를 정리하여 밝힌다. 역지기(易之器)인 〈사(辭)〉란 무엇인가? 이에 대한 해답이 곧 〈고천하지동자(鼓天下之動者)〉이다. 온 세상의[天下之] 변동[動]을 극진(極盡)히 탐색하게 고무(鼓舞)하는 것이 〈사(辭)〉 즉 효사(爻辭)이다. 그러므로 〈사(辭)〉란 사민고천하지동자(使民鼓天下之動者) 즉 사람들로[民] 하여금[使] 온 세상의[天下之] 변동을[動] 남김없이 밝히게 고무하는[鼓] 신물(神物)이다. 물론 대성괘(大成卦) 여섯 효(爻)에 성인(聖人)이 매어둔[繫] 〈사(辭)〉란 천하지동(天下之動)을 남김없이 밝히도록 고무(鼓舞)하는 말씀이다. 이를 효사(爻辭)라고 한다.

化而裁之存乎變(화이재지존호변)

〈변(變)〉에서 〈화(化)〉가 비롯됨을 밝힌다. 〈변(變)〉이란 왕래(往來)가 공존함을 말한다. 그러므로 〈변(變)〉은 갈 것[往者]과 올 것[來者]을 알아내어[識] 가려보게[別] 한다. 왕자(往者)는 물러가고[去] 내자(來者)가 등장함[顯]을 식별하게 함이 곧 〈변(變)〉의 재화(裁化)이다. 재화(裁化)란 곧 새것[來者]의 등장을 말한다. 이러한 〈변(變)〉과 〈화(化)〉를 살펴 새기고 헤아려 가늠할 수 있어야 지변화지도(知變化之道) 즉 변화(變化)의 이치[道]를 따라 알[知] 수 있다.

推而行之存乎通(추이행지존호통)

〈변(變)〉에서 〈화(化)〉가 비롯됨이 〈통(通)〉임을 밝힌다. 여기서 행추(行推)란 변화(變化)를 그침 없게 함이고, 그것을 한 자(字)로 〈통(通)〉이라 한다. 이러한 〈통

(通)〉을 강조하여 〈신통(神通)〉이라 한다. 변화(變化)를 쉼 없이 추진(推進)하는 열림[通]이란 이치(理致)를 남김없이 다 밝혀, 진언(盡言)-진의(盡意)-진정위(盡情僞)-진리(盡利)-진신(盡神) 역시 행추(行推)의 〈통(通)〉을 지성(至誠)으로 관완(觀玩)-의단(擬斷)해야 이루어짐을 간파할 수 있다.

神而明之存乎其人(신이명지존호기인)

〈명신(明神)〉은 이역(以易) 즉 역을[易] 이용하는[以] 자신[其人]에게 있음을 밝힌다. 이 말씀을 천착(穿鑿)하여 숙지하자면 먼저 신이명지(神而明之) 즉 명신(明神)의 〈신(神)〉과 존호기인(存乎其人)에서 기인(其人)의 〈기(其)〉를 주목해야 한다. 〈신(神)〉은 〈귀신(鬼神)〉이고 〈음양불측(陰陽不測)〉이라 한다. 음양불측(陰陽不測)의 〈불측(不測)〉은 〈일음일양(一陰一陽)〉을 상기하면 되고, 일음일양(一陰一陽)은 〈생생(生生)〉을 상기하면 되며, 생생(生生)은 쉼 없는 〈재화(裁化)-행추(行推)의 변통(變通)〉을 상기한다면, 여기서 〈신(神)〉이란 자연[天地]이 만물로 하여금 변화하게 하는 〈음양지소위(陰陽之所爲)〉 즉 음양이[陰陽之] 하는 바[所爲]를 뜻하는 자(字)이다. 〈신(神)〉은 천지(天地)의 기운인 귀신(鬼神)의 줄임말이다. 말하자면 하늘[天]의 힘[氣]인 신(神)과 땅[地]의 기(氣)인 귀(鬼)를 한 자(字)로 〈신(神)〉이라 한다. 지변화지도(知變化之道) 즉 변화의[變化之] 이치를[道] 안다[知]고 함은 지신(知神) 즉 〈신을[神] 안다[知]〉는 말이고 〈변통(變通)의 화(化)를 안다[知]〉는 말이다. 그러므로 〈명신(明神)〉이란 〈변화지도(變化之道)를 분별하여 밝힘[明]〉이라 하고, 명신(明神)-행덕(行德) 즉 신명(神明)-덕행(德行)은 같은 말씀이다. 그리고 존호기인(存乎其人)의 〈기인(其人)〉은 입상(立象)한 성인(聖人)을 지성(至誠)으로 본받아[法] 그 〈상(象)〉을 이용하여 변화(變化)의 뜻[意]을 남김없이 다[盡] 밝히려는[明] 충서(忠恕)의 인간을 말한다.

默而成之(묵이성지) 不言而信存乎德行(불언이신존호덕행)

〈입상(立象)으로써[以]의 진의(盡意)-설괘(設卦)로써[以]의 진정위(盡情僞)-계사언(繫辭焉)으로써[以]의 진기언(盡其言)-변통(變通)으로써[以]의 진리(盡利)-고무(鼓舞)로써[以]의 진신(盡神)〉은 〈성묵(成默)〉 즉 불언(不言)-불어(不語)의 성취(成

就)가 곧 〈덕행(德行)〉에 있음을 밝힌다. 덕(德)을 행(行)함에는 말[辭]이 필요 없다. 말 없이도[不言] 믿어짐[信]은 행덕(行德)에 있다[存]. 묵이성지(黙而成之) 즉 성묵(成黙)의 〈묵(黙)〉은 〈불언(不言)-불어(不語)〉를 뜻한다. 불어(不語)란 논란(論難)하지 않음을 뜻한다. 논란하지 않음이란 시비(是非)하지 않음을 뜻한다. 이는 곧 이역(以易)이란 결코 논란거리가 아님을 밝힌다. 여기서 명신(明神)의 〈명(明)〉이 〈분별하여 밝힘[明]〉 즉 명변(明辨)일지라도 오로지 덕행(德行)으로 이루어짐을 깨우칠 수 있다. 덕행(德行)이란 불언지교(不言之教) 즉 말하지 않는[不言之] 가르침[教]일 뿐이다.

계사전하
繫辭傳下

계사전하(繫辭傳下) 1단락(段落)

八卦成列하니 象在其中矣요 因而重之하니 爻在其中
팔 괘 성 렬 상 재 기 중 의 인 이 중 지 효 재 기 중

矣요 剛柔相推하니 變在其中矣요 繫辭焉而命之하니
의 강 유 상 추 변 재 기 중 의 계 사 언 이 명 지

動在其中矣요 吉凶悔吝者生乎動者也이다 剛柔者立
동 재 기 중 의 길 흉 회 린 자 생 호 동 자 야 강 유 자 립

本者也이다 變通者趣時者也이다 吉凶者貞勝者也이
본 자 야 변 통 자 취 시 자 야 길 흉 자 정 승 자 야

다 天地之道貞觀者也이다 日月之道貞明者也이다 天
천 지 지 도 정 관 자 야 일 월 지 도 정 명 자 야 천

下之動貞夫一者也이다 夫乾確然하니 示人易矣요 夫
하 지 동 정 부 일 자 야 부 건 확 연 시 인 이 의 부

坤隤然하니 示人簡矣요 爻也者效此者也이다 象也者
곤 퇴 연 시 인 간 의 효 야 자 효 차 자 야 상 야 자

像此者也이다 爻象動乎內하고 吉凶見乎外한다 功業
상 차 자 야 효 상 동 호 내 길 흉 현 호 외 공 업

見乎變하고 聖人之情見乎辭한다 天地之大德曰生이고
현 호 변 성 인 지 정 현 호 사 천 지 지 대 덕 왈 생

聖人之大寶曰位이다 何以守位인가 曰仁이라 何以聚
성 인 지 대 보 왈 위 하 이 수 위 왈 인 하 이 취

人인가 曰財라 理財 正辭 禁民爲非는 曰義라
인 왈 재 이 재 정 사 금 민 위 비 왈 의

팔괘(八卦)가 진열을 이루니 (팔괘의) 상(象)은 그 안에 있는 것이다. (팔괘를) 말미암아서 그 팔괘를 제곱하니 효(爻)가 그 안에 있는 것이다. 강(剛)과 유(柔)가 서로 옮겨가니 그 안에 변함이 있는 것이다. 괘효(卦爻)에 말씀을 매어 두고서 그 말씀을 알려주니 그 말씀 안에도 변동이 있는 것이다. 좋고 나쁘고 뉘우치고 부끄러운 것은 (여섯 효의) 움직임에서 생기는 것이다. 강(剛)과 유(柔)란 것은 근본을 세우는 것이다. 변하여 통하는 것이란 시의를 맞춰 향하는 것이다. 길흉이란 것은 늘 한결같이 서로 없애는 것이다. 자연의 도(道)

는 한결같이 늘 바르게 살펴보라는 것이다. 해와 달의 가르침은 한결같이 늘 바르게 밝음이란 것이다. 온 세상의 움직임은 한결같이 늘 바르게 무릇 하나란 것이다. 무릇 건(乾)은 굳센 모양이라 사람에게 보임도 간명한 것이다. 무릇 곤(坤)은 유순한 모양이라 사람에게 보임도 간명한 것이다. 효(爻)라는 것은 {건곤(乾坤)의 강유(剛柔)-간이(簡易)한 내보임인} 이것을 본받는 것이다. (효의) 짓이라는 것도 (효가 본받는) 이것을 본뜨는 것이다. 효(爻)의 짓은 (대성괘의) 안에서 움직이고, 길흉은 (대성괘의) 밖으로 드러난다. 보람찬 일은 변(變)으로 드러나고, 성인의 참뜻은 (괘효에 매어둔) 말씀으로 드러난다. 자연의 대덕(大德)을 생(生)이라 하고, 성인의 대보(大寶)를 위(位)라 한다. (성인은) 무엇을 써 자리를 지키는가? (성인이 성인의 자리를 지킴을) 어짊이라 한다. (성인은) 무엇으로 사람들을 모으는가? (사람들이 모여들게 하는 것을) 재(財)라 한다. (성인이) 재물을 다스림과 말을 바르게 함과 백성이 부정을 범하지 않게 함을 의(義)라 한다.

【탐독(探讀)】

팔괘가[八卦] 진열을[列] 이루니[成] {팔괘(八卦)의} 상은[象] 그[其] 안에[中] 있는 것[在]이다[矣]. {팔괘(八卦)를} 말미암아서[因而] 그 팔괘를[之] 제곱하니[重] 효가[爻] 그[其] 안에[中] 있는 것[在]이다[矣]. 강과[剛] 유가[柔] 서로[相] 옮겨가니[推] 그[其] 안에[中] 변함이[變] 있는 것[在]이다[矣]. 괘효에[焉] 말씀을[辭] 매어두고서[繫而] 그 말씀을[之] 알려주니[命] 그 말씀[其] 안에도[中] 변동이[動] 있는 것[在]이다[矣]. 좋고[吉] 나쁘고[凶] 뉘우치고[悔] 부끄러운[吝] 것은[者] {여섯 효(爻)의} 움직임[動]에서[乎] 생기는[生] 것[者]이다[也]. 굳셈과[剛] 부드러움[柔]이란 것은[者] 근본을[本] 세우는[立] 것[者]이다[也]. 변하여[變] 통하는[通] 것이란[者] 시의를[時] 맞춰 향하는[趣] 것[者]이다[也]. 길흉(吉凶)이란 것은[者] 늘 한결같이[貞] 서로 없애는[勝] 것[者]이다[也]. 자연[天地]의[之] 도는[道] 한결같이 늘 바르게[貞] 살펴보라는[觀] 것[者]이다[也]. 해와[日] 달[月]의[之] 가르침은[道] 한결같이 늘 바르게[貞] 밝음이란[明] 것[者]이다[也]. 온 세상[天下]의[之] 움직임은[動] 한결같이 늘 바르게[貞] 무릇[夫] 하나란[一] 것[者]이다[也]. 무릇[夫] 건은[乾] 굳센 모양[確]이라[然] 사람에게[人] 보임도[示] 간명한 것[易]이다[也]. 무릇[夫] 곤은[坤] 유순한 모양[隤]이라[然] 사람에게[人] 보임도[示] 간명한 것[簡]이다[也]. 효(爻)라는[也] 것은[者] {건곤(乾坤)의 강유(剛柔)-간이(簡易)한 내보임[示]인} 이것을[此] 본받는[效] 것[者]이다[也]. {효(爻)의} 짓[象]이라는[也] 것도[者] {효(爻)가 본받는[效]} 이것을[此] 본뜨는[像] 것[者]이다[也]. 효의[爻] 짓은[象] {대성괘(大成卦)의} 안[內]에서[乎] 움직이고[動], 길흉은[吉凶] {대성괘(大成卦)의} 밖[外]으로[乎] 드러난다[見]. 보람찬[功] 일은[業] 변(變)으로[乎] 드러나고[見], 성인(聖人)의[之] 참뜻은[情] {괘효(卦爻)에 매어둔} 말씀[辭]으로[乎] 드러난다[見]. 자연[天地]의[之] 대덕을[大德] 생이라[生] 하고[曰], 성인(聖人)의[之] 대보를[大寶] 위라[位] 한다[曰]. {성인(聖人)은} 무엇을[何] 써[以] 자리를[位] 지키는가[守]? {성인(聖人)이 성인(聖人)의 자리[位]를 지킴[守]을} 어짊이라[仁] 한다[曰]. {성인(聖人)은} 무엇[何]으로[以] 사람들을[人] 모으는가[聚]? (사람들[人]이 모여들게[聚] 하는 것을) 재라[財] 한다[曰]. {성인(聖人)이} 재물을[財] 다스림과[理] 말을[辭] 바르게 함과[正] 백성이[民] 부정을[非] 범하지[爲] 않게 함을[禁] 의라[義] 한다[曰].

【지남(指南)】

八卦成列(팔괘성렬) 象在其中矣(상재기중의)

팔괘(八卦)가 사상(四象)에서 비롯됨을 〈성렬(成列)〉로써 밝힌다. 〈성렬(成列)〉은 〈생성진열(生成陳列)〉의 줄임말로 여기고 새겨서 헤아린다. 〈팔괘(八卦)가 생성(生成)되어 진열(陳列)되다〉가 〈팔괘성렬(八卦成列)〉이다. 사상(四象)에서 팔괘(八卦)가 생겨[生] 이루어짐[成]을 뜻함이 팔괘성렬(八卦成列)이다. 사상(四象)에서 팔괘(八卦)가 생성(生成) 즉 생겨[生] 이루어짐[成]이란 노양(老陽 : ⚌)에서 건(乾 : ☰)-태(兌 : ☱)가 생기고, 소음(少陰 : ⚍)에서 이(離 : ☲)-진(震 : ☳)이 생기며, 소양(少陽 : ⚎)에서 손(巽 : ☴)-감(坎 : ☵)이, 노음(老陰 : ⚏)에서 간(艮 : ☶)-곤(坤 : ☷)이 생겨[生] 이루어짐[成]을 말한다. 그리고 팔괘성렬(八卦成列)의 〈열(列)〉이란 건(乾 : ☰)-태(兌 : ☱)-이(離 : ☲)-진(震 : ☳)-손(巽 : ☴)-감(坎 : ☵)-간(艮 : ☶)-곤(坤 : ☷)이라는 진열(陳列)로 벌여짐[列]을 말한다. 그리고 팔괘(八卦)에서 음괘(陰卦)와 양괘(陽卦)가 이루어져 〈건(乾 : ☰)-진(震 : ☳)-감(坎 : ☵)-간(艮 : ☶)〉 등 양효(陽爻)가 홀수인 괘(卦)는 양괘(陽卦)이고, 〈곤(坤 : ☷)-태(兌 : ☱)-이(離 : ☲)-손(巽 : ☴)〉 등 음효(陰爻)가 홀수인 괘(卦)는 음괘(陰卦)이다.

因而重之(인이중지) 爻在其中矣(효재기중의)

소성괘(小成卦) 팔괘(八卦)를 제곱하여[重] 이루어진[成] 대성괘(大成卦) 64괘(卦) 안에[中] 〈효(爻)〉가 있는 것[在]임을 밝힌다. 그리고 〈효재기중(爻在其中)〉은 대성괘(大成卦)를 이루는 여섯 효(爻)의 성렬(成列)을 말하는 것이다. 대성괘(大成卦)의 육효(六爻)가 대성괘(大成卦) 안[中]에서 멈춰[止] 있는 것[在]이 아니고 누천(屢遷)하며 있는 것[在]이다. 대성괘(大成卦)에서 맨 아래의 효(爻)를 초효(初爻)라 하고, 맨 위의 효(爻)를 상효(上爻)라 한다. 초효(初爻)가 초효(初爻)로서 늘 머물러 있음이 아니고 순차에 따라[屢] 옮겨[遷] 상효(上爻)의 자리[位]로 옮겨감[遷]을 늘 명심하면서, 〈효재기중(爻在其中)〉의 〈효(爻)〉를 살펴 새기고 헤아려 가늠해야 한다.

剛柔相推(강유상추) 變在其中矣(변재기중의)

대성괘(大成卦)의 효(爻)가 〈언호변자(言乎變者)〉 즉 〈변을[變乎] 말하는[言] 것[者]〉임을 밝힌다. 강유상추(剛柔相推)의 〈강유(剛柔)〉를 살펴 새기고 헤아려 가늠하자면 『주역(周易)』「십익(十翼)의 설괘전(說卦傳)」에 나오는 〈입천지도왈음여양(立天之道曰陰與陽) 입지지도왈유여강(立地之道曰柔與剛) 입인지도왈인여의(立人之道曰仁與義) 겸삼재이양지(兼三才而兩之)〉를 상기시킨다. 그러면 팔괘(八卦)의 소성괘(小成卦)를 신괘(神卦)라 하고, 64괘(卦)의 대성괘(大成卦)를 삼재지괘(三才之卦) 즉 삼재의[三才之] 괘(卦)로 불림도 알 수 있으며, 대성괘(大成卦) 육효(六爻)의 자리[位]가 삼재지위(三才之位) 즉 삼재의[三才之] 자리[位]로 성렬(成列)되어 있음도 알 수 있다. 대성괘(大成卦)의 초효(初爻)-이효(二爻)의 자리[位]를 지위(地位)-지도(地道)의 위(位)라 하고, 삼효(三爻)-사효(四爻)의 자리[位]를 인위(人位)-인도(人道)의 위(位)라 하며, 오효(五爻)-상효(上爻)의 자리[位]를 천위(天位)-천도

(天道)의 위(位)라 한다. 그러므로 강유상추(剛柔相推)의 〈강유(剛柔)〉란 대성괘(大成卦) 초효(初爻)의 위(位)를 일컬어 〈강(剛)〉이라 하고, 이효(二爻)의 위(位)를 일컬어 〈유(柔)〉라고 함을 간파할 수 있으며, 강유상추(剛柔相推)의 〈상추(相推)〉는 강(剛)과 유(柔)가 서로[相] 인위(人位)로 옮겨감[推]을 뜻함도 간파할 수 있다. 물론 인위(人位)의 삼효(三爻)-사효(四爻) 역시 천위(天位)의 오효(五爻)-상효(上爻)의 자리[位]로 상추(相推)하게 되고, 천위(天位)의 맨 윗자리[上位]인 상효(上爻)의 위(位)는 퇴거(退去) 즉 물러가게[退去] 된다. 이처럼 대성괘(大成卦)의 육효(六爻)는 제자리에 멈춰 있지 않고 순차로 자리를 옮겨가고 이를 누천(屢遷) 또는 순천(順遷)이라 한다.

繫辭焉而命之(계사언이명지) 動在其中矣(동재기중의)

성인(聖人)이 계사언(繫辭焉)한 까닭은 〈명지(命之)〉로써 드러난다. 여기서 〈명(命)〉은 〈알려줌[告]〉이고, 그 고명(告命)은 〈일깨움[曉]〉으로 이어진다. 이는 곧 성인(聖人)이 계사언(繫辭焉)의 〈사(辭)〉로 온 사람[民]에게 알려[告] 일깨움[曉]이다. 무엇을 알림[命]인가? 변(變)의 재화(裁化)-통(通)의 행추(行推)-이상(以象)의 견색(見賾)과 견동(見動)-회통(會通)의 관(觀)-전례(典禮)의 행(行) 등을 알림[告]이고, 극색(極賾)의 괘효(卦爻)를 고(告)하고, 명신(明神) 즉 성묵(成默)의 덕행(德行)을 명(命)한다. 이러한 알림[命]들이 성인(聖人)이 괘효(卦爻)에 매어둔[繫] 말씀[辭] 안[中]에 있다[在].

吉凶悔吝者生乎動者也(길흉회린자생호동자야)

성인(聖人)의 계사언(繫辭焉)으로 말미암은 〈명(命)〉과 〈동(動)〉을 〈길(吉)-흉(凶)-회(悔)-인(吝)〉을 들어 밝힌다. 여기서 계사언(繫辭焉)의 〈사(辭)〉가 길자(吉者)-흉자(凶者)-회자(悔者)-인자(吝者) 등을 일깨움이 〈명계사언(命繫辭焉)의 명(命)〉임을 간파할 수 있다. 동시에 계사언(繫辭焉)의 〈사(辭)〉 안에[中] 있다[在]는 〈동(動)〉이 〈명계사언(命繫辭焉)의 명(命)〉을 받은[受] 이의 〈심지동(心之動)〉임을 또한 알아챌 수 있다. 따라서 〈생호동자(生乎動者)의 동(動)〉이란 〈길자(吉者)-흉자(凶者)-회자(悔者)-인자(吝者)〉 등으로 밝혀진다. 이처럼 육효(六爻)의 〈동(動)〉

은 심지(心志)를 움직인다[動]. 그 육효(六爻)의 〈동(動)〉은 정지(貞志)로 하여금 지변(知變)하게 하여 지래(知來)하게 하는 움직임[動]이다. 왜 성인(聖人)이 괘효(卦爻)에 매어둔[繫] 말씀[辭]을 완사(玩辭)하게 하여 관변(觀變)하게 하는가? 육효(六爻)의 〈동(動)〉을 관상(觀象)하여 관변(觀變)함이란 〈길(吉)〉을 살펴 새기고 헤아려 가늠하게 하고, 〈흉(凶)〉을 살펴 새기고 헤아려 가늠하게 하기 때문이다.

剛柔者立本者也(강유자립본자야)

대성괘(大成卦)의 초효(初爻)와 이효(二爻)가 설괘(設卦)의 뿌리[本]임을 밝힌다. 대성괘(大成卦)에서 초효(初爻)는 〈강(剛)의 자리[位]〉이고, 이효(二爻)는 〈유(柔)의 위(位)〉이다. 이러한 자리[位]에서 〈강(剛)〉은 자유(自柔) 즉 유(柔)로부터[自] 변동(變動)의 때[時]를 좇고, 〈유(柔)〉는 자강(自剛) 즉 강(剛)으로부터[自] 변동(變動)의 때[時]를 좇아, 대성괘(大成卦)에서 순천(順天)이 시작되는 대성괘(大成卦)의 기틀이 마련된다. 여기서 〈강유(剛柔)〉는 굳센-굳셈[剛]과 부드러운-부드러움[柔]을 뜻하는 형용사-보통명사가 아니라, 삼재지도(三才之道)의 하나인 지지도(地之道)의 강유(剛柔)를 말한다.

變通者趣時者也(변통자취시자야)

대성괘(大成卦)에서 여섯 효(爻)가 짓하는[象] 변통(變通)은 변통(變通)의 때[時]를 맞춰[趣] 이루어짐을 밝힌다. 변통자(變通者)의 〈변통(變通)〉은 변(變)이 화(化)로 열림[通]이다. 왕자(往者) 즉 갈 것은 가고[去] 내자(來者) 즉 올 것이 드러남[顯]을 일러 〈통(通)〉이라 한다. 그리고 취시(趣時)의 〈시(時)〉란 갈 것[往者]이 물러갈[去] 때와 올 것[來者]이 드러날[顯] 때를 말하고, 〈취(趣)〉란 물러갈 때가 되면 가고 드러날 때가 되면 오는 왕래(往來)의 때[時]를 따름을 뜻해, 〈취(趣)〉는 〈쏠릴 향(向), 따를 종(從)〉 등과 같아 〈변통(變通)의 때[時]를 향해 따름[趣]〉으로 새겨 헤아리면 된다.

吉凶者貞勝者也(길흉자정승자야)

길흉(吉凶)이란 언제나 공존할 수 없음을 밝힌다. 길한 것[吉者]이 흉자(凶者)로 될 수 없고 흉한 것[凶者]이 길자(吉者)로 될 수 없다. 〈정승자(貞勝者)의 정승(貞

勝)〉은 〈상상승(常相勝)〉을 뜻한다. 〈늘[常] 서로[相] 이김[勝]〉이 〈한결로 바른[貞] 이김[勝]〉이다. 길(吉)이 흉(凶)으로 된다면 그것은 정승(貞勝)이 아니고, 흉(凶)이 길(吉)로 된다면 그 또한 정승(貞勝)이 아니다. 길(吉)하면 반드시 길(吉)해야 하고, 흉(凶)하면 반드시 흉(凶)해야 함이 정승(貞勝)이다. 그러므로 정승(貞勝)의 〈정(貞)〉은 여기선 〈늘 상(常)-하나 일(一)〉 등과 같다. 정승(貞勝)이란 일상지승(一常之勝) 즉 한결[一] 변함없는[常之] 이김[勝]이다.

天地之道貞觀者也(천지지도정관자야)

자연[天地]의 이치-가르침-방편-말씀이란 무사(无思)-무위(无爲)의 짓[象]으로 드리움[垂]을 밝히며, 천수상(天垂象)을 상기시킨다. 자연의[天地之] 도(道)가 정관자(貞觀者)란 말씀이 비록 자왈(子曰)이지만, 정관자(貞觀者)란 말씀은 『노자(老子)』 5장(章)에 나오는 〈천지불인(天地不仁)〉 즉 〈자연은[天地] 어질지 않다[不仁]〉를 떠올린다. 천지(天地)는 만물(萬物)을 분별하여 차별하지 않는다 함이 여기서의 〈불인(不仁)〉이다. 천지불인(天地不仁)의 〈불인(不仁)〉을 『장자(莊子)』「제물론(齊物論)」에서는 〈도통위일(道通爲一)〉이라고 풀이한다. 자연의 도를[道] 깨치면[通] (모든 것은) 하나가[一] 된다[爲]는 것이다. 생사(生死)를 왕래(往來)하는 변통(變通)의 목숨으로 본다면 인확(人蠖)이 다를 바 없다. 자연[天地]은 사람[人]이나 자벌레[蠖]나 가리지 않는다. 천지(天地)의 입장에서 본다면 인간이나 돌멩이나 다를 것이 없음을 한결같이 살펴보게 함이 곧 정관자(貞觀者)이다. 이러한 정관(貞觀)은 자연의[天地之] 도(道)란 정관(正觀)-일관(一觀)-상관(常觀)하게 하는 것이고, 이 또한 오로지 무사(无思)-무위(无爲)로 살펴[觀] 지변(知變)하여 지래(知來)하라 함이니, 천지지도(天地之道)의 정관자(貞觀者)란 곧 복문지관(卜問之觀) 즉 다가올 것[卜]을 묻는[問之] 관찰[觀]임을 밝힌다.

日月之道貞明者也(일월지도정명자야)

일월(日月)의 이치-가르침-방편-말씀이란 무사(无思)-무위(无爲)의 짓[象]으로 밝음[明]을 드리워줌[垂]을 밝힌다. 이 또한 천수상(天垂象)을 상기시킨다. 천지불인(天地不仁)이듯이 〈일월불인(日月不仁)〉이다. 일월은[日月] (어느 것에만) 어질지 않다[不仁]. 일월(日月)은 만물(萬物)을 두루 차별없이 한결같이 늘 비춰준다[明]. 그래서 일월지도(日月之道)의 정명(貞明)은 〈정명(正明)-일명(一明)-상명(常明)〉이다. 일월(日月)은 인간이나 돌멩이나 지렁이나 다름없이 비춰준다. 일월(日月)이 바로 자연(自然)이니 일월(日月) 또한 무사(无思)-무위(无爲)의 상(象)일 뿐이고, 그 짓[象]을 풀이하여 정명(貞明)이라 한다. 정승(貞勝)-정관(貞觀)도 정지(貞志)로 이어지고 정명(貞明) 또한 곧고 바른[貞] 마음가기[志]로 이어진다.

天下之動貞夫一者也(천하지동정부일자야)

천하지동(天下之動) 즉 세상의 변동(變動) 또한 무사(无思)-무위(无爲)의 짓[象]으로 바르게[正] 한결로[一] 늘[常] 드리워줌[垂]을 밝힌다. 이 또한 천수상(天垂象)을 상기시킨다. 천지불인(天地不仁)이듯이 천하지동(天下之動) 역시 불인(不仁)이다. 세상[天下] 역시 천지(天地)처럼 (어느 것에만) 어질지 않다[不仁]. 세상[天下]의 변동(變動)은 어느 누구를 편들지 않고, 무사(无思)-무위(无爲)로 상추(相推) 즉 서로[相] 옮겨질[推] 뿐이다. 두루 차별없이 한결같이 늘 변동(變動)하므로 천하지동(天下之動)을 〈정일한[貞一] 것[者]〉이라고 한다. 인간이 자연[天地]의 이치-가르침[道]을 어길지라도 천하(天下)는 천지지도(天地之道)를 결코 어기지 않는다.

夫乾確然(부건확연) 示人易矣(시인이의)

건(乾)의 짓[象]을 밝힌다. 무릇[夫] 건(乾)의 짓[象]은 굳센 모양[確]이다. 〈확연(確然)의 확(確)〉은 강모(剛貌) 즉 굳센[剛] 모양[貌]이라 숨기고 감춤이 하나도 없는 모양[貌]이다. 건(乾)은 천(天)이고 양(陽)이며 강(剛)이요 건(健)이다. 그러한 건(乾)이니 내보임[示]도 그냥 그러하다[易]는 것이다.

夫坤隤然(부곤퇴연) 示人簡矣(시인간의)

곤(坤)의 짓[象]을 밝힌다. 무릇[夫] 곤(坤)의 짓[象]은 부드러운 모양[隤]이다. 〈퇴연(隤然)의 퇴(隤)〉는 유모(柔貌) 즉 부드러운[柔] 모양[貌]이라 숨기고 감춤이 하나도 없는 모양[貌]이다. 곤(坤)은 지(地)이고 음(陰)이며 유(柔)요 순(順)이다. 그러한 곤(坤)이니 내보임[示]도 그냥 그러하다[簡]는 것이다.

爻也者效此者也(효야자효차자야)

대성괘(大成卦)에서 육효(六爻)의 일[事]을 밝힌다. 효(爻)란 무엇인가? 그것은 건곤의[乾坤之] 강유지모(剛柔之貌)와 이간지시(易簡之示)를 본받는[效] 일[事]을 한다. 양효(陽爻 : ━)는 〈건(乾)의 확연(確然)한 이시(易示)〉를 본받고[效], 음효(陰爻 : --)는 〈곤(坤)의 퇴연(隤然)한 간시(簡示)〉를 본받는다[效]. 그러니 양효(陽爻)는 확연(確然)하여 강건(剛健)하고, 음효(陰爻)는 퇴연(隤然)하여 유순(柔順)하다. 따라서 성인(聖人)이 자의(恣意)로 효사(爻辭)를 효(爻)에 매어두지[繫] 않았음을 알 수 있다.

象也者像此者也(상야자상차자야)

대성괘(大成卦)에서 육효(六爻)가 짓는[象] 일[事]을 밝힌다. 효지상(爻之象) 즉 효의[爻之] 짓[象]이란 무엇인가? 그것은 효의[爻之] 본받기[效]를 본뜨는[像] 일[事]이다. 건(乾)의 확연(確然)한 이시(易示)를 본받고[效] 곤(坤)의 퇴연(隤然)한 간시(簡示)를 본받기[效]를 본뜸[像]이 곧 효상(爻象) 즉 효의[爻] 짓[象]이다. 따라서 계사언(繫辭焉)의 사(辭) 또한 효상(爻象)을 본떠[像] 확연(確然)하여 강(剛)한 건(乾)을 본받아[法] 쉽게[易] 내보이게[示] 말하고[言之], 퇴연(隤然)하여 유(柔)한 곤(坤)을 본받아[法] 간명하게[簡] 내보이게[示] 언지(言之)한다.

爻象動乎內(효상동호내)

대성괘(大成卦) 안의 육효(六爻)가 짓는[象] 일하기[事之]를 밝힌다. 효상동호내(爻象動乎內)의 〈동(動)〉이란 길흉회린자생호동자야(吉凶悔吝者生乎動者也)의 〈생호동자(生乎動者)〉를 상기한다면, 살펴 새기고 헤아려 효상동호내(爻象動乎內)의 〈동(動)〉을 가늠할 수 있다. 동호내(動乎內)의 〈동(動)〉 역시 건(乾)의 확연(確然)한 이시(易示)를 본받고[效] 곤(坤)의 퇴연(隤然)한 간시(簡示)를 본받는[效] 짓[象]의 본뜨기[像]로 드러나는 움직임[動]이다. 따라서 동호내(動乎內)의 〈동(動)〉은 건곤(乾坤)의 강유(剛柔)를 본받은[效] 본뜸[像]이다. 이러한 동호내(動乎內)의 〈동(動)〉이 대성괘(大成卦)의 내괘(內卦)에서 그치는 것이 아니라 대성괘(大成卦)의 외괘(外卦)로 옮겨져 이어진다. 이러한 동호내(動乎內)의 〈동(動)〉이란 남과 논란(論難)하여 시비(是非)를 가늠하게[斷] 함이 아니라, 자명(自明) 즉 자신의 심지(心志)를 스스로[自] 밝혀[明] 가늠하게[斷] 하는 심동(心動)으로 이어지게 된다. 자명(自明)하여 가늠하게[斷] 함이란 정지(貞志)로 단(斷)하게 함이다.

吉凶見乎外(길흉현호외)

대성괘(大成卦)에서 육효(六爻)가 드러내는[見] 일하기[事之]를 밝힌다. 길흉현호외(吉凶見乎外)의 〈현(見)〉 역시 길흉회린자생호동자야(吉凶悔吝者生乎動者也)의 〈생호동자(生乎動者)〉를 상기한다면, 살펴 새기고 헤아려 길흉현호외(吉凶見乎外)의 〈현(見)〉을 가늠할 수 있다. 생호동(生乎動)의 〈동(動)〉은 〈육효지동(六爻之動)〉이다. 물론 현호외(見乎外)의 〈현(見)〉 또한 건(乾)의 확연(確然)한 이시(易示)를 본받고[效] 곤(坤)의 퇴연(隤然)한 간시(簡示)를 본받는[效] 짓[象]의 본뜨기[像]로 드러나는 드러냄[見]이다. 현호외(見乎外)의 〈현(見)〉이 대성괘(大成卦)의 외괘(外卦)로써만 이루어지는 것이 아니라, 내괘(內卦)로부터 말미암아 대성괘(大成卦)의 외괘(外卦)에서 드러난다. 이러한 현호외(見乎外)의 〈현(見)〉이란 남과 논란(論難)하여 시비(是非)를 가늠하게[斷] 함이 아니라, 자명(自明) 즉 자신의 심지(心志)를 스스로[自] 밝혀[明] 가늠하게[斷] 하는 심동(心動)의 드러남[見]으로 이어진다.

功業見乎變(공업현호변)

성인(聖人)의 작역(作易)을 밝힌다. 그 작역(作易)은 설괘(設卦)로 드러나고[見], 그 설괘(設卦)는 육효지동(六爻之動)으로 드러나며[見], 그 육효지동(六爻之動)은 진퇴지상(進退之象)으로 드러난다[見]. 그러므로 공업현호변(功業見乎變)의 〈변(變)〉은 역지변(易之變)을 뜻한다. 설괘(設卦)는 소성괘(小成卦) 팔괘(八卦)를 자승(自乘)하여 대성괘(大成卦) 64괘(卦)를 이루었고[成], 그리하여 세 효(三爻)의 소성괘(小成卦) 둘[二]을 상하(上下)로 두어 여섯 효(爻)의 대성괘(大成卦)를 이루어[成] 변화지도(變化之道)를 짓하는[象] 괘(卦)를 베풀었다[設].

聖人之情見乎辭(성인지정현호사)

계사언(繫辭焉)한 성인(聖人)의 참뜻[情]을 밝힌다. 그 정(情)은 계사언(繫辭焉)

의 〈사(辭)〉로 드러나고[見], 그 사(辭)는 괘사(卦辭)와 효사(爻辭)로 드러나며[見], 괘사(卦辭)는 변괘상(辯卦象)하게 드러나고[見], 효사(爻辭)는 변길흉(辯吉凶)하게 드러난다[見]. 그러므로 성인지정현호사(聖人之情見乎辭)의 〈사(辭)〉는 괘사(卦辭)와 효사(爻辭)를 뜻한다. 물론 계사언(繫辭焉)의 〈사(辭)〉 즉 말씀[辭]은 성인지언(聖人之言)이므로 무사(無私)-무욕(無欲)-무아(無我)의 말씀[言]이다. 〈언(言)〉은 자명(自明)-자성(自省)하게 하는 말[辭]이고, 〈어(語)〉는 시비(是非)-논란(論難)하게 하는 말[辭]이다.

天地之大德曰生(천지지대덕왈생)

천지(天地)의 일[事]을 밝힌다. 천지(天地)가 곧 대덕(大德)이고, 그 대덕(大德)이 짓는 일[事]이 곧 생(生)이다. 이러한 〈대덕(大德)의 생(生)〉은 〈변화자진퇴지상(變化者進退之象)〉을 상기시킨다. 〈진퇴지상(進退之象)〉은 변화자(變化者)를 풀이하고, 〈변화자(變化者)〉는 곧 덕(德)을 풀이한다. 나아가 이러한 대덕(大德)이란 곧 〈생(生)〉 즉 생생(生生)의 대통(大通)임을 풀이한다. 대덕(大德)이란 곧 〈생(生)〉을 풀이한다. 대덕(大德) 즉 크나큰[大] 덕(德)이란 〈덕(德)〉을 강조함이고, 대덕(大德)-대보(大寶)-대통(大通) 등은 다 덕(德)을 강조하는 말씀이다. 대덕(大德) 그것은 크나큰[大] 통함[通]이고 변화(變化)의 무궁(無窮)함이다. 변화(變化)가 통하여 막힘[窮]이 없음[無]을 일러 덕(德) 즉 대덕(大德)이라 한다. 그래서 통어천지자(通於天地者)가 곧 덕(德)이다. 덕(德)이란 통(通)이고 무궁(無窮)한 통함[通] 즉 걸림없이 통함이 곧 대덕(大德)이다. 이러한 대덕(大德)을 일러 〈생(生)〉이라 한다. 날마다[日] 새로운[新] 삶[生]을 일러 일신(日新)이라 하고, 그 일신(日新)을 일러 성덕(盛德)이라 한다.

聖人之大寶曰位(성인지대보왈위)

성인(聖人)의 일[事]을 밝힌다. 성인(聖人)은 곧 대보(大寶)이고, 그 대보(大寶)가 짓는 일[事]이 곧 위(位)이다. 이러한 〈대보(大寶)의 위(位)〉는 〈성인(聖人)이 설괘(設卦)하여 관상(觀象)하게 하고, 성인(聖人)이 계사언(繫辭焉)하여 명길흉(明吉凶)하게 함을 상기한다면, 이역(以易) 즉 역을[易] 이용하여[以] 변화지도(變化之道)

즉 변화의[變化之] 이치-가르침-방법-말씀을[道] 넓힘[弘]을 〈위(位)〉 한 자(字)로 밝힌 것임을 간파할 수 있다.

何以守位(하이수위) 曰仁(왈인)

성인지사(聖人之事) 즉 성인(聖人)의 일[事]을 밝힌다. 성인(聖人)은 천지지대덕(天地之大德)을 지켜[守] 천지지도(天地之道)를 넓히는 일[事]을 하여 성인(聖人)의 자리[位]를 지킨다. 이 때문에 성인(聖人)의 위(位)를 〈유용이홍도자(有用而弘道者)〉라고 한다. 성인(聖人)은 홍도(弘道) 즉 천지지도(天地之道)를 본받아[法] 인지도(人之道)를 넓히기[弘] 위하여 어짊[仁]을 이용한다[以]. 여기서 〈인(仁)〉이란 천지지대덕(天地之大德)을 본받아[法] 비롯된 선(善)한 인덕(人德)임을 알 수 있다. 인(仁)은 선(善)-덕(德) 그것이니 천명(天命)을 이음[繼]이고 천지지대덕(天地之大德)을 통(通)하게 함이다. 그러므로 이인(以仁) 즉 인을[仁] 이용함[以]이란 천지지대덕(天地之大德)을 지킴[守]이고, 나아가 천지지도(天地之道)를 수호(守護)함이다. 여기서 성인(聖人)의 수위(守位)란 사천(事天)-사천(師天)-종천(從天)-순천(順天)-응천(應天)임을 알 수 있다.

何以聚人(하이취인) 曰財(왈재)

이 또한 성인지사(聖人之事) 즉 성인(聖人)의 일[事]을 밝힌다. 성인(聖人)은 천지지대덕(天地之大德)을 본받아[法] 인지도(人之道)의 근본인 〈어짊[仁]〉을 지키고[守] 인지도(人之道)의 말단인 재화(財貨)를 넓혀[弘] 백성[民]을 모으는[聚] 일[事]을 다해 성인(聖人)의 자리[位]를 지킨다. 그러므로 하이취인(何以聚人)의 〈취인(聚人)〉은 대덕(大德)-대보(大寶)의 체용(體用) 중에서 〈용(用)〉을 밝힌다. 취인(聚人)의 〈인(人)〉은 〈민(民)〉이다.

理財(이재) 正辭(정사) 禁民爲非(금민위비) 曰義(왈의)

천지지대덕(天地之大德)을 본받는[法] 성인(聖人)의 모든 일[事]들이 옳음[義]을 밝힌다. 성인(聖人)의 〈이재(理財)〉의 〈이(理)〉는 〈다스릴 치(治)〉와 같아 재물(財物)의 다스림[理]이다. 성인(聖人)의 이재(理財)의 〈이(理)〉란 오로지 의(義)로써 행해질 뿐이기 때문에 안백성(安百姓)으로 이어지고 이백성(利百姓)으로 이어진다.

그래서 『논어(論語)』 「헌문(憲問)」에 〈견리사의(見利思義)〉란 말씀이 나온다. 이는 곧 성인(聖人)의 이재(理財)를 생각하라는 말씀이다. 성인(聖人)의 〈정사(正辭)〉는 오로지 〈지어지선(止於至善)의 말씀[言]〉이다. 오로지 천명(天命)을 본받는[法] 정직지언사(正直之言辭)의 줄임이다. 그래서 성인(聖人)의 정사(正辭)는 『논어(論語)』 「계씨(季氏)」에 나오는 〈외성인지언(畏聖人之言)〉을 상기시킨다. 정직(正直)의 〈정(正)〉은 공정(公正)의 줄임말이고, 〈직(直)〉은 강직(剛直)의 줄임말이다. 공정(公正)하여 강직(剛直)한 언사(言辭)란 불편불사(不偏不邪) 즉 치우지지 않고[不偏] 사악하지 않는[不邪] 말하기[言辭]이다. 이러한 성인(聖人)의 정사(正辭)는 〈무자기(无自欺)〉 즉 스스로를[自] 속이지[欺] 말라[无]는 말씀[辭]이다. 자신을[自] 속이지[欺] 말아야[无] 성인(聖人)의 정사(正辭)와 통화(通話)가 된다.

註 견리사의(見利思義) : 이익을[利] 보면[見] 의로운지[義] 생각하라[思].

계사전하(繫辭傳下) 2단락(段落)

古者 包犧氏之王天下也이다 仰則觀象於天하고 俯則
고자 포희씨지왕천하야 앙즉관상어천 부즉

觀法於地한다 觀鳥獸之文與地之宜하고 近取諸身하
관법어지 관조수지문여지지의 근취저신

며 遠取諸物한다 於是에 始作八卦하고 以通神明之德
원취저물 어시 시작팔괘 이통신명지덕

하며 以類萬物之情한다 作結繩而爲網罟하여 以佃하고
이류만물지정 작결승이위망고 이전

以漁하니 蓋取諸離하니라 包犧氏沒하거늘 神農氏作하
이어 개취저이 포희씨몰 신농씨작

여 斲木爲耜하고 揉木爲耒하며 耒耨之利以敎天下하
착목위사 유목위뢰 뇌누지리이교천하

니 蓋取諸益하니라 日中爲市하여 致天下之民하고 聚天
개취저익 일중위시 치천하지민 취천

下之貨하여 交易而退하고 各得其所하니 蓋取諸噬嗑하
하지화 교역이퇴 각득기소 개취저서합

니라 神農氏沒하거늘 黃帝堯舜氏作하여 通其變使民不
신농씨몰 황제요순씨작 통기변사민불

倦하고 神而化之使民宜之하니 易窮則變하고 變則通하
권 신이화지사민의지 역궁즉변 변즉통

며 通則久라 是以로 自天祐之하여 吉无不利이다 黃帝
통즉구 시이 자천우지 길무불리 황제

堯舜垂衣裳而天下治하니 蓋取諸乾坤하니라 刳木爲
요순수의상이천하치 개취저건곤 고목위

舟하고 剡木爲楫하여 舟楫之利以濟不通하여 致遠以
주 염목위즙 주즙지리이제불통 치원이

利天下하니 蓋取諸渙하니라 服牛乘馬하여 引重致遠以
리천하 개취저환 복우승마 인중치원이

利天下하니 蓋取諸隨하니라 重門擊柝以待暴客하니 蓋
리천하 개취저수 중문격탁이대포객 개

取諸豫하니라 斷木爲杵하고 掘地爲臼하여 臼杵之利로
취저예 단목위저 굴지위구 구저지리

萬民以濟하니 蓋取諸小過하니라 弦木爲弧하고 剡木爲
만 민 이 제 개 취 저 소 과 현 목 위 호 염 목 위
矢하여 弧矢之利以威天下하니 蓋取諸睽하니라 上古穴
시 호 시 지 리 이 위 천 하 개 취 저 규 상 고 혈
居而野處하다 後世聖人易之以宮室하여 上棟下宇以
거 이 야 처 후 세 성 인 역 지 이 궁 실 상 동 하 우 이
待風雨하니 蓋取諸大壯하니라 古之葬者厚衣之以薪
대 풍 우 개 취 저 대 장 고 지 장 자 후 의 지 이 신
하고 葬之中野하여 不封不樹하고 喪期无數하여 後世聖
장 지 중 야 불 봉 불 수 상 기 무 수 후 세 성
人易之以棺槨하니 蓋取諸大過하니라 上古結繩而治하
인 역 지 이 관 곽 개 취 저 대 과 상 고 결 승 이 치
다 後世聖人易之以書契한다 百官以治하고 萬民以察
후 세 성 인 역 지 이 서 계 백 관 이 치 만 민 이 찰
하니 蓋取諸夬하니라
개 취 저 쾌

옛적에 포희씨가 세상에서 왕 노릇을 했던 것이다. (포희씨가 하늘을) 우러러 곧장 하늘에서 (하늘이 보여주는) 징을 살폈고, (땅으로) 굽혀 곧장 땅에서 (땅이 보여주는) 본받음을 살폈다. (포희씨가) 새짐승의 구별과 지리의 마땅함을 살폈고, 가까이는 자신에게서 그 살핌을 취하였고 멀리는 온갖 것에서 그 살핌을 취하였다. 이에 (포희씨가) 팔괘(八卦)를 비로소 만들었고, 팔괘를 이용하여 신명(神明)이란 덕(德)을 통달했으며, 팔괘를 이용하여 온갖 것의 정상을 견주어 갈래지었다. 노끈 맺기를 창작해서 새 잡는 그물과 물고기 잡는 그물을 만들어, 망(網)을 이용하여 새를 잡았고 고(罟)를 이용하여 물고기를 잡았다. 대개는 이괘에서 앞의 일들을 취했다. 포희씨가 죽자 신농씨가 나와 나무를 깎아 보습을 만들었고, 나무를 휘어 굽정이를 만들었으며, 굽정이로 김매기의 편리함을 이용하여 온 세상을 교화했다. 대개는 익괘에서 앞의 일들을 취했다. (신농씨가) 한낮에는 시장을 열어 온 세상의 사람들을 모여들게 하고 온 세상의 재화를 모이게 하여, 물물교환하고서 집으로 돌아가 저마다 제 자리를 얻었다. 대개는 서합괘에서 그런 일들을 취했다. 신농씨가 죽자 황제 요순씨가 나와 백성으로 하여금 그 변화를 통달케 함을 게을리하지 않게 하

였고, 백성으로 하여금 마땅히 변화하게 하는 짓을 가르치고 행하게 하였다. 바꿈이 다하게 되면 바로 변하고 변하면 바로 통하며 통하면 바로 오래 간다. 이렇기 때문에 하늘로부터 요순씨를 도와 길하여 이롭지 않음이 없었다. 황제 요순은 의상을 입어 보이면서 세상을 다스렸다. 대개는 건괘-곤괘에서 그런 일들을 취했다. (황제 요순은 백성으로 하여금) 나무를 파내 배를 만들게 하고 나무를 깎아 다듬어 노를 만들게 하여, 배와 노의 편리함을 이용하여 (물을) 건너지 못함을 다스리게 하였고, 멀리까지 이르게 됨을 이용하여 세상을 편리하게 했다. 대개는 환괘에서 그런 일들을 취했다. (요순은 백성으로 하여금) 소를 길들이게 하고 말을 타게 하여무거운 짐을 실어 끌고 멀리까지 갈 수 있음을 이용하여 세상을 편리하게 했다. 대개는 수괘에서 그런 일들을 취했다. (요순은 백성으로 하여금) 문을 거듭 내고 목탁을 침을 이용하여 사나운 손을 대비하게 했다. 대개 예괘에서 그런 일들을 취했다. (요순은 백성으로 하여금) 나무를 잘라 공이를 만들고 흙을 파서 절구를 만들게 하여, 확(臼)과 절굿공이의 편리함을 이용하여 온 사람이 잘 살게 했다. 대개 소과괘에서 그런 일들을 취했다. (요순은 백성으로 하여금) 나무를 구부려 나무활을 만들게 하고 나무를 깎아 화살을 만들게 했고, 활집과 화살의 예리함을 이용하여 온 세상을 위엄 있게 했다. 대개 규괘에서 그런 것들을 취했다. 옛날에는 굴에서 살거나 들판에서 머물렀다. 뒷날 성인이 그런 거처를 집으로 바꾸었고, 마룻대를 올리고 지붕과 처마를 내림을 이용하여 비바람을 대비하게 했다. 대개 대장괘에서 그런 일들을 취했다. 옛날의 장사지내는 일은 섶을 이용하여 시신을 두껍게 입혀서 들판에 시신을 묻고 무덤을 쌓지 않았고 나무도 심지 않았으며 상기(喪期)에도 (정해진) 일수가 없었다. 뒷날에 성인이 섶장(薪葬)을 관곽(棺槨)으로 바꾸게 했다. 대개 대과괘에서 그런 일들을 취했다. 옛날에는 노끈을 맺어서 (그것을 이용하여 세상을) 다스렸다. 뒷날에 성인이 글자로 된 문서를 이용하여 매듭진 노끈을 바꾸었다. 백관이 그 서계(書契)를 이용하여 다스렸고 온 백성은 그 서계를 이용하여 (온갖 것을) 살폈다. 대개 쾌괘에서 그런 일들을 취했다.

【탐독(探讀)】

옛적에[古者] 포희씨(包犧氏)가[之] 세상에서[天下] 왕 노릇을 했던 것[王]이다[也]. (포희씨가 하늘을) 우러러[仰] 곧장[則] 하늘[天]에서[於] (하늘이 보여주는) 짓을[象] 살폈고[觀], (땅으로) 굽혀[俯] 곧장[則] 땅[地]에서[於] (땅이 보여주는) 본받음을[法] 살폈다[觀]. (포희씨가) 새짐승[鳥獸]의[之] 구별[文]과[與] 지리[地]의[之] 마땅함을[宜] 살폈고[觀], 가까이는[近] 자신[身]에게서 그 살핌을[諸] 취하였고[取] 멀리는[遠] 온갖 것[物]에서 그 살핌을[諸] 취하였다[取]. 이에[於是] (포희씨가) 팔괘를[八卦] 비로소[始] 만들었고[作], 팔괘(八卦)를 이용하여[以] 신명(神明)이란[之] 덕을[德] 통달했으며[通], 팔괘(八卦)를 이용하여[以] 온갖 것[萬物]의[之] 정상을[情] 견주어 갈래지었다[類]. 노끈[繩] 맺기를[結] 창작해서[作而] 새 잡는 그물과[網] 물고기 잡는 그물을[罟] 만들어[爲], 망(網)을 이용하여[以] 새를 잡았고[佃] 고(罟)를 이용하여[以] 물고기를 잡았다[漁]. 대개는[蓋] 이괘에서[離] 앞의 일들을[諸] 취했다[取]. 포희씨가[包犧氏] 죽자[沒] 신농씨가[神農氏] 나와[作] 나무를[木] 깎아[斲] 보습을[耜] 만들었고[爲], 나무를[木] 휘여[揉] 굽정이를[耒] 만들었으며[爲], 굽정이로[耒] 김매기의[耨之] 편리함을[利] 이용하여[以] 온 세상을[天下] 교화했다[教]. 대개는[蓋] 익괘에서[益] 앞의 일들을[諸] 취했다[取]. (신농씨가) 한낮에는[日中] 시장을[市] 열어[爲] 온 세상[天下]의[之] 사람들을[民] 모여들게 하고[致] 온 세상[天下]의[之] 재화를[貨] 모이게 하여[聚], 물물교환하고서[交易而] 집으로 돌아가[退] 저마다[各] 제[其] 자리를[所] 얻었다[得]. 대개는[蓋] 서합괘에서[噬嗑] 그런 일들을[諸] 취했다[取]. 신농씨가[神農氏] 죽자[沒] 황제(黃帝) 요순씨가[堯舜氏] 나와[作] 백성으로[民] 하여금[使] 그[其] 변화를[變] 통달케 함을[通] 게을리하지 않게 하였고[不倦], 백성으로[民] 하여금[使] 마땅히[宜之] 변화하게 하는 짓을[神而] 가르치고 행하게 하였다[化之]. 바꿈이[易] 다하게 되면[窮] 바로[則] 변하고[變] 변하면[變] 바로[則] 통하며[通] 통하면[通] 바로[則] 오래 간다[久]. 이렇기[是] 때문에[以] 하늘[天]로부터[自] 요순씨(堯舜氏)를[之] 도와[祐] 길하여[吉] 이롭지 않음이[不利] 없었다[无]. 황제(黃帝) 요순은[堯舜] 의상을[衣裳] 입어 보이면서[垂而] 세상을[天下] 다스렸다[治]. 대개는[蓋] 건괘-곤괘에서[乾坤] 그런 일들을[諸] 취했다[取]. (황제 요순은 백성으로 하여금) 나무를[木] 파내[刳] 배를[舟] 만들게 하고[爲] 나무를[木] 깎아 다듬어[剡] 노를[楫] 만들게 하여[爲], 배와[舟] 노[楫]의[之] 편리함을[利] 이용하여[以] (물을) 건너지 못함을[不通] 다스리게 하였고[濟], 멀리까지[遠] 이르게 됨을[致] 이용하여[以] 세상을[天下] 편리하게 했다[利]. 대개는[蓋] 환괘에서[渙] 그런 일들을[諸] 취했다[取]. (요순은 백성으로 하여금) 소를[牛] 길들이게 하고[服] 말을[馬] 타게 하여[乘] 무거운 짐을[重] 실어 끌고[引] 멀리까지[遠] 갈 수 있음을[致] 이용하여[以] 세상을[天下] 편리하게 했다[利]. 대개는[蓋] 수괘에서[隨] 그런 일들을[諸] 취했다[取]. (요순은 백성으로 하여금) 문을[門] 거듭 내고[重] 목탁을[柝] 침을[擊] 이용하여[以] 사나운[暴] 손을[客] 대비하게 했다[待]. 대개[蓋] 예괘에서[豫] 그런 일들을[諸] 취했다[取]. (요순은 백성으로 하여금) 나무를[木] 잘라[斷] 공이를[杵] 만들고[爲] 흙을[地] 파서[掘] 절구를[臼] 만들게 하여[爲], 확과[臼] 절굿공이[杵]의[之] 편리함을[利] 이용하여[以] 온[萬] 사람이[民] 잘 살게 했다[濟]. 대개[蓋] 소과괘에서[小過] 그런 일들을[諸] 취했다[取]. (요순은 백성으로 하여금) 나무를[木] 구부려[弦] 나무활을[弧] 만들게 하고[爲] 나무를[木] 깎아[剡] 화살을[矢] 만들게 했고[爲], 활집과[弧] 화살[矢]의[之] 예리함을[利] 이용하여[以] 온 세상을[天下] 위엄 있게 했다[威]. 대개[蓋] 규괘에서[睽卦] 그런 것들을[諸] 취했다[取]. 옛날에는[上古] 굴에서[穴] 살거나[居而] 들판에서[野] 머물렀다[處]. 뒷날[後世] 성인이[聖人] 그런 거처를[之] 집[宮室]으로[以] 바꾸었고[易], 마룻대를[棟] 올리고[上] 지붕과 처마를[宇] 내림을[下] 이용하여[以] 비바람을[風雨] 대비하게 했다[待]. 대개[蓋] 대장괘에서[大壯] 그런 일들을[諸] 취했다[取]. 옛날의[古之] 장사지내는[葬] 일은[者] 섶을[薪] 이용하여[以] 시신을[之] 두껍게[厚] 입혀서[衣] 들판에[中野] 시신을[之] 묻고[葬] 무덤을 쌓지 않았고[不封] 나무도 심지 않았으며[不樹] 상기에도[喪期] (정해진) 일수가[數] 없었다[无]. 뒷날에[後世] 성인이[聖人] 섶장(薪葬)을[之] 관곽(棺槨)으로[以] 바꾸게 했다[易]. 대개[蓋] 대과괘에서[大過] 그런 일들을[諸] 취했다[取]. 옛날에는[上古] 노끈을[繩] 맺어서[結而] (그것을 이용하여 세상을) 다스렸다[治]. 뒷날에[後世] 성인이[聖人] 글자로 된 문서를[書契] 이용하여[以] 매듭진 노끈을[之] 바꾸었다[易]. 백관이[百官] 그 서계를 이용하여[以] 다스렸고[治] 온 백성은[萬民] 그 서계를 이용하여[以] (온갖 것을) 살폈다[察]. 대개[蓋] 쾌괘에서[夬] 그런 일들을[諸] 취했다[取].

【지남(指南)】

古者(고자) 包犧氏之王天下也(포희씨지왕천하야)

성인(聖人)이 작역(作易)한 뜻을 밝힌다. 포희씨(包犧氏)는 전설로 내려오는 태호(太昊) 복희씨(伏羲氏)를 말한다. 태호(太昊)란 백왕(百王)의 선수(先首) 즉 우두머리 제왕(帝王)을 말한다. 포희씨(炮犧氏)로 불리기도 하는 복희씨(伏羲氏)가 작역(作易)한 것으로 알려져 있다. 왕천하(王天下)의 〈왕(王)〉이 작역(作易)한 뜻을 살펴 새기고 헤아려 가늠하게 한다. 삼획(三劃)의 가운데[中]를 하나[一]로 잇는[連] 자(字)가 〈왕(王)〉이다. 삼획(三劃)은 천지인(天地人)이다.

仰則觀象於天(앙즉관상어천)

성인(聖人)의 작역(作易)이 어떻게 시작되었는지를 밝힌다. 관상어천(觀象於天)의 〈관(觀)〉은 재천성상(在天成象)의 〈성상(成象)〉을 상기시키고, 관상어천(觀象於天)의 〈상(象)〉은 관어천문(觀於天文)의 〈천문(天文)〉을 떠올린다. 관상어천(觀象於天)의 〈관(觀)〉은 하늘의[天] 짓[象]이 이루어짐[成]을 살핌[觀]이고, 관상어천(觀象於天)의 〈상(象)〉은 하늘[天]이 일월성신(日月星辰)과 빛깔[文]로 보여주는[垂] 짓[兆]이다. 관상(觀象)의 〈상(象)〉 즉 짓[象]은 곧 천문(天文)으로 보여줌[垂]을 말한다. 천문(天文)이란 〈천유력상이성문장(天有曆象而成文章)〉을 줄인 말이니, 앙천(仰天)하여 살핀[觀] 천문의[天文之] 짓[象]이란 하늘에[於天] 있는 역상(曆象)과 문장(文章)을 뜻한다. 천문(天文)의 역상(曆象)은 하늘[天]의 일월(日月)과 성신(星辰) 즉 별들[星辰]의 운행을 말하고, 천문(天文)의 문장(文章) 즉 〈문(文)〉과 〈장(章)〉은 하늘에서[於天] 일월성신(日月星辰)이 보여주는 빛깔[彩]을 뜻해, 〈문(文)〉은 청여적(青與赤) 즉 푸른색[青]과 붉은색[赤]을 말하고, 〈장(章)〉은 백여적(白與赤) 즉 흰색[白]과 붉은색[赤]을 말한다. 그러니 〈관어천문(觀於天文)〉이란 하늘에서[於天] 일월(日月)-성신(星辰)의 움직임[運行]을 살피고[觀] 동시에 일월성신(日月星辰)이 내는 빛깔[青白赤]을 관(觀)함을 뜻한다. 관어천문(觀於天文)과 관상어천(觀象於天)은 같은 말이다. 포희씨(包犧氏)가 맨 처음 천문(天文)의 짓[象]을 우러러[仰] 살폈다[觀]는 것은 포희씨(包犧氏)로 말미암아 인간이 〈천지도(天之道)〉를 사유하기 시작했음을 뜻한다. 그 사유가 어떻게 넓혀지게 되었는지를 〈앙(仰)〉

이 암시한다. 앙천(仰天)의 〈앙(仰)〉은 〈존(尊)-고(高)-숭(崇)-강(剛)-건(建)-신(伸)〉 등으로 양기(陽氣) 즉 양(陽)의 사유(思惟)를 넓혀가게 하였고, 인간이 누리는 문화(文化)의 시원(始源)이 바로 천명(天命)을 생각하면서부터임을 간파할 수 있다.

俯則觀法於地(부즉관법어지)

이 또한 성인(聖人)의 작역(作易)이 어떻게 시작되었는지를 밝힌다. 관법어지(觀法於地)의 〈관(觀)〉은 재지성형(在地成形)의 〈성형(成形)〉을 상기시키고, 관법어지(觀法於地)의 〈법(法)〉은 부이찰어지리(俯以察於地理)의 〈지리(地理)〉를 떠올린다. 관법어지(觀法於地)의 〈관(觀)〉은 땅의[地] 이치[理]가 이루어짐[成]을 살핌[觀]이고, 관법어지(觀法於地)의 〈법(法)〉은 땅의 형세와 형상이 사계(四季)를 따라 보여주는[垂] 이치[理]를 본받음[法]을 말한다. 이처럼 땅[地]의 이치[理]는 성형(成形)으로 드러남[顯]을 알 수 있다. 지리(地理)는 땅의 고저(高低)-광협(廣狹)-옥박(沃薄) 등의 지질(地質)을 말한다. 나아가 작역(作易)의 유래가 지리(地理)의 법(法)을 살핌[觀]에 있음을 간파한다. 그리고 포희씨(包犧氏)가 맨 처음 지리(地理)의 본받기[法]를 굽혀[俯] 살폈다[觀]는 것은 포희씨(包犧氏)로 말미암아 인간이 〈지지도(地之道)〉를 사유하기 시작했음을 뜻한다. 동시에 땅[地]의 이치-가르침-방편 등을 사유(思惟)함이 어떻게 넓혀지게 되었는지를 〈부(俯)〉가 암시한다. 부어지(俯於地)의 〈부(俯)〉는 〈순(順)-비(卑)-하(下)-자(慈)-유(柔)-약(弱)-굴(屈)〉 등으로 음기(陰氣) 즉 음(陰)의 사유를 넓혀가게 하였고, 인간이 누리는 문화(文化)의 시원(始源)이 바로 지명을 생각하기 시작하면서부터임을 간파할 수 있다. 이 또한 이역(以易) 즉 역을[易] 이용하여[以] 지리(地理)의 관찰이 시작되었으니 인간의 사유를 끝없이 넓혀오게 하였음을 알 수 있다.

觀鳥獸之文與地之宜(관조수지문여지지의)

이 역시 성인(聖人)의 작역(作易)이 어떻게 시작되었는지를 밝힌다. 관조수지문(觀鳥獸之文)과 지지의(地之宜)의 〈관(觀)〉은 〈방이류취(方以類聚)-물이군분(物以羣分)〉 즉 〈(삶의) 방식[方]으로[以] 끼리끼리[類] 모이고[聚] 생김새[物]로[以] 떼를[羣] 가름[分]〉을 살핌[觀]이다. 물론 조수지문(鳥獸之文)은 새짐승[鳥獸]의 문리(文理)만이 아니고 온갖 생물(生物)의 문리(文理)를 말해 〈관조수지문(觀鳥獸之文)〉은『중용(中庸)』에 나오는 〈문리밀찰(文理密察) 족이유별야(足以有別也)〉를 상기시킨다. 조수지문(鳥獸之文)의 〈문(文)〉은 〈문리(文理)〉의 줄임이고 문리(文理)는 〈문장조리(文章條理)〉의 줄임이니, 조수지문(鳥獸之文)의 〈문(文)〉이 온갖 생물의 본성이 드러나는 모양[文]이고, 온갖 생물의 모양은 지지의(地之宜) 즉 땅의[地之] 마당함[宜]에 따름[順]이다. 물속에 사는 것-땅속에 사는 것-땅 위에 사는 것 등등 모든 목숨의 구별을 관찰했다는 것이 관조수지문여지지의(觀鳥獸之文與地之宜)이다.

近取諸身(근취저신) 遠取諸物(원취저물)

성인(聖人)이 먼저 〈신(身)〉을 살피고[觀] 따라서 〈물(物)〉을 관(觀)하여 성인(聖人)의 작역(作易)이 이루어졌음을 밝힌다. 여기서 〈신(身)〉은 〈나[我]와 더불어 온 사람[人]〉을 뜻하고 〈물(物)〉은 〈천지(天地)와 더불어 온갖 것[萬物]〉을 뜻한다. 그래서 성인(聖人)의 살핌[觀]을 〈무대불극(無大不極) 무미불구(無微不究)〉라 한다. 남김없이 탐구하지 않은[不極] 큰 것[大]이란 없고[無] 남김없이 탐구하지 않은[不究] 작은 것[微]이란 없음[無]이 성인(聖人)의 견색(見賾)인 살핌[觀]이다. 이를 살펴 새기고 헤아리고 따져 가늠한다면 인간의 사유가 형성된 연원을 간파할 수 있고, 나아가 역(易)이 만들어진 연원 또한 알아챌 수 있다. 포희씨(包犧氏)가 맨 처음 하늘의 짓[象於天]과 땅의 본받기[法於地]를 살펴내[觀] 자신과 사물에[於身與物] 취함[取]으로 말미암아 인간의 사유가 문치교화(文治敎化) 즉 문화로 넓혀지기 시작한다.

於是(어시) 始作八卦(시작팔괘)

포희씨(包犧氏)가 팔괘(八卦)를 시작(始作)하였음을 밝힌다. 동시에 작역(作易)이란 〈하도낙서(河圖洛書)〉의 판독만으로 시작된 것이 아니라, 관상어천(觀象於天)-관법어지(觀法於地)-관조수지문여지(觀鳥獸之文與地)〉를 거쳐서야 팔괘(八卦)가 만들어진 것임을 간파하게 된다. 물론 팔괘(八卦)는 사상(四象)에서 비롯된

신괘(神卦) 즉 천지(天地)가 변화(變化)하게 하는 짓[神]을 지닌 괘(卦)이다. 이는 포희씨(包犧氏)가 사상(四象)을 살펴[觀] 팔괘(八卦)를 시작(始作)하였음을 알려준다.

以通神明之德(이통신명지덕)

성인(聖人)의 팔괘(八卦)의 이용[以]을 밝힌다. 신명(神明)의 〈신(神)〉은 천지(天地)가 만물로 하여금 변화하게 하는 짓[神]을 뜻하고, 〈명(明)〉은 그 짓[神]을 밝힘[明]을 뜻한다. 이는 곧 『대학(大學)』에 나오는 〈재명명덕(在明明德)〉을 상기시킨다. 하늘[天]이 만물로 하여금 변화하게 함을 〈신(神)〉이라 하고, 땅[地]이 만물로 하여금 변화하게 함을 〈귀(鬼)〉라 한다. 그러니 신명(神明)은 귀신명(鬼神明)의 줄임말로 여기면 되고, 신명지덕(神明之德)이란 귀신명지덕(鬼神明之德)의 줄임임을 간파하면 왜 덕(德)을 〈통어천지자(通於天地者)〉라고 하는지 알아챌 수 있다. 덕(德)이란 곧 천지(天地)가 만물로 하여금 변화하게 하는 바로 그것이다. 덕(德)이라는 한 자(字)로 귀신명(鬼神明) 즉 명귀신(明鬼神)을 밝힌다.

以類萬物之情(이류만물지정)

이 또한 성인(聖人)의 팔괘(八卦)의 이용[以]을 밝힌다. 만물지정(萬物之情)의 〈정(情)〉은 정상(情狀) 즉 〈참모습[情]〉을 뜻한다. 예를 들자면 감괘(坎卦 : ☵)가 짓하는[象] 형태는 〈물[水]〉이고, 감괘(坎卦 : ☵)가 짓하는[象] 성질은 〈침착(沈着)-슬기[知慧]〉이며, 감괘(坎卦 : ☵)가 짓하는[象] 인간은 〈젊은 남자[靑年]〉이고, 감괘(坎卦 : ☵)가 짓하는[象] 신체는 〈귀[耳]〉이며, 감괘(坎卦 : ☵)가 짓하는[象] 사물은 〈술[酒]-약(藥)〉이고, 감괘(坎卦 : ☵)가 짓하는[象] 계절은 〈겨울[冬]〉이며, 감괘(坎卦 : ☵)가 짓하는[象] 시각은 〈24시(時)〉이고, 감괘(坎卦 : ☵)가 짓하는[象] 방위는 〈북쪽[北]〉이며, 감괘(坎卦 : ☵)가 짓하는[象] 동물은 〈돼지[豚]〉이다. 팔괘(八卦)의 하나인 감괘(坎卦 : ☵)를 이용하여 이와 같이 견주어 갈래짓기[類]함이 곧 〈유만물지정(類萬物之情)〉이다.

作結繩而爲網罟(작결승이위망고) 以佃(이전) 以漁(이어) 蓋取諸離(개취저이)

소성괘(小成卦)의 이괘(離卦 : ☲)를 중첩한 30번째 이괘(離卦 : ䷝)의 상(象) 즉 짓[象]을 본받아[法] 이역(以易)함을 밝힌다. 이괘(離卦 : ䷝)를 실례로 들어 〈이역(以易)〉 즉 역의[易] 이용[以]을 밝힌다. 여기서 〈통신명지덕(通神明之德)-유만물지정(類萬物之情)〉을 사유하게 한 〈이역(以易)〉이란 생활의 변화를 가져오게 한 것임을 알 수 있다. 〈이역(以易)〉은 곧 사유의 혁고정신(革故鼎新)을 이룸을 살펴 새기고 헤아려 따져 가늠하게 한다. 이괘(離卦 : ䷝)가 끈[繩]의 정(情)을 유(類)하여 즉 비교(比較)-품별(品別)하여 노끈[繩]을 만들어[作] 맺어[結] 망고(網罟)를 만들게 하는 사유를 낳아[生] 삶을 변화하게 한 것이 곧 〈통신명지덕(通神明之德)〉이다. 〈노끈[繩]〉이란 사물을 〈결승(結繩)〉으로 변화시켜 이망(以網)-이고(以罟)로 통(通)해서, 새사냥[佃]을 하고 고기잡이[漁]를 할 수 있다는 사색의 변화가 생겨 문화(文化)가 생성된다. 문화(文化)란 치화(治化) 즉 변화[化]의 다스림[治]이다. 작결승(作結繩)은 위망고(爲網罟)로 통(通)하고 위망고(爲網罟)는 전(佃)-어(漁)로 통(通)하는 사색의 변화로 말미암아 문화(文化) 즉 변화의 다스림이 이루어지기 시작했다.

包犧氏沒(포희씨몰) 神農氏作(신농씨작) 斲木爲耜(착목위사) 揉木爲耒(유목위뢰) 耒耨之利以教天下(뇌누지리이교천하) 蓋取諸益(개취저익)

이역(以易) 즉 역의[易] 이용[以]이 신농씨(神農氏)로 이어짐을 밝힌다. 소성괘(小成卦) 손괘(巽卦 : ☴)를 위로 소성괘(小成卦) 진괘(震卦 : ☳)를 아래로 합친 42번째 익괘(益卦 : ䷩)의 상(象) 즉 짓[象]을 본받아[法] 이역(以易)함을 밝힌다. 익괘(益卦 : ䷩)를 실례로 들어 〈이역(以易)〉 즉 역의[易] 이용[以]을 밝힌다. 여기서도 〈통신명지덕(通神明之德)-유만물지정(類萬物之情)〉을 사유하게 한 〈이역(以易)〉이란 생활의 변화를 가져오게 한 것임을 알 수 있다. 물론 여기서도 〈이역(以易)〉이란 사유의 혁고정신(革故鼎新)을 이룸을 살펴 새기고 헤아려 따져 가늠하게 한다. 〈착목위사(斲木爲耜)-유목위뢰(揉木爲耒)〉는 익괘(益卦 : ䷩)가 나무[木]의 정(情)을 유(類)하여 즉 비교(比較)-품별(品別)하여 〈뇌(耒)-사(耜)〉를 만들게[爲] 하는 사유를 낳아[生], 삶을 변화하게 한 것이 곧 〈통신명지덕(通神明之德)〉이다. 천지(天地)의 것인 〈나무[木]〉란 사물을 〈쟁기[耒]-보습[耜]〉이란 사람의 것으로 농기구의 편리함을 이용하여[以] 세상을 교화시키게 할 수 있는 사색의 변화가 생겨 문화(文化)가 생성된다. 문화(文化)란 치화(治化) 즉 변화[化]의 다스림[治]이다.

日中爲市(일중위시) 致天下之民(치천하지민) 聚天下之貨(취천하지화) 交易而退(교역이퇴) 各得其所(각득기소) 蓋取諸噬嗑(개취저서합)

소성괘(小成卦) 이괘(離卦 : ☲)를 위로 소성괘(小成卦) 진괘(震卦 : ☳)를 아래로 합친 21번째 서합괘(噬嗑卦 : ䷔)의 상(象) 즉 짓[象]을 본받아[法] 이역(以易)함을 밝힌다. 서합괘(噬嗑卦 : ䷔)를 실례로 들어 〈이역(以易)〉 즉 역의[易] 이용[以]을 밝힌다. 여기서도 〈통신명지덕(通神明之德)-유만물지정(類萬物之情)〉을 사유하게 한 〈이역(以易)〉이란 생활의 변화를 가져오게 한 것임을 알 수 있다. 물론 여기서도 〈이역(以易)〉이란 사유의 혁고정신(革故鼎新)을 이룸을 살펴 새기고 헤아려 따져 가늠하게 한다. 〈일중위시(日中爲市) 치천하지민(致天下之民) 취천하지화(聚天下之貨) 교역이퇴(交易而退) 각득기소(各得其所)〉는 서합괘(噬嗑卦 : ䷔)가 온 세상[天下]의 정(情)을 유(類)하여 즉 비교(比較)-품별(品別)하여 〈위시(爲市)〉 즉 시장[市]을 열게[爲] 하고 〈취화(聚貨)〉 즉 재물[貨]을 모여들게[聚] 하고 〈교역(交易)〉 즉 물물교환하게 하여 저마다 생활할 수 있게[取所居] 하는 사유를 낳아[生] 삶을 변화하게 한 것이 곧 서합괘(噬嗑卦 : ䷔)가 일깨운 〈통신명지덕(通神明之德)〉이다.

神農氏沒(신농씨몰) 黃帝堯舜氏作(황제요순씨작) 通其變使民不倦(통기변사민불권) 神而化之使民宜之(신이화지사민의지)

포희씨(包犧氏)-신농씨(神農氏)를 거쳐 요순씨(堯舜氏)의 시대에 이르러 이역(以易)하여 생활의 변화가 쉼 없이 이루어지게 하는 치세(治世)가 시작되었음을 밝힌다. 이는 곧 요순(堯舜)이 백성[民]으로 하여금 게을리하지 않게 하고[不倦] 마땅히[宜] 교행(敎行)하게 한 〈통기변(通其變)-화신(化神)의 치천하(治天下)〉란 것은 〈포희씨(包犧氏)-신농씨(神農氏)의 교천하(敎天下)〉를 본받았음[法]을 뜻한다. 나아가 역(易)의 유신(唯神)을 본받아[法] 백성으로 하여금 화신(化神)하도록 온 세상을 다스려[治] 요순씨(堯舜氏)가 문치교화(文治敎化) 즉 문화(文化)의 천하(天下)를 열기 시작했음을 〈통기변사민불권(通其變使民不倦)-신이화지사민의지(神而化之使民宜之)〉가 밝힌다.

易窮則變(역궁즉변) 變則通(변즉통) 通則久(통즉구)

역지도(易之道)의 생생(生生)-유신(唯神)을 밝힌다. 궁즉변(窮則變)의 〈궁(窮)〉은 〈색(塞)〉 즉 막힘[塞]이다. 막힘[窮]이란 왕자(往者) 즉 갈 것[往者]이 내자(來者) 즉 올 것[來者]을 막아 변(變)이 없다. 변(變)이 없음은 내자(來者) 즉 새것[新]이 드러나지 못함이다. 왕자(往者)는 헌것[故]이고 내자(來者)는 새것[新]이다. 역(易)이 〈궁(窮)〉 즉 막힘[窮]을 〈변(變)〉 즉 〈바꾼다[變]〉고 함은 드러나지 못한 〈새것[新]〉을 드러나게[顯] 한다는 것이다. 이렇게 함이 역지변(易之變)이다. 역지변(易之變)의 〈변(變)〉이란 이러한 왕자(往者)와 내자(來者)가 함께함[共]이다. 갈 것[往者]을 물리고[退] 올 것[來者]이 등장하게[顯] 함이 역(易)의 변즉통(變則通) 즉 〈통변(通變)〉이다. 역(易)이 막혔던 〈변(變)〉을 열어줌이 곧 변즉통(變則通)의 〈통(通)〉이다. 역(易)의 이러한 변통(變通)을 한 자(字)로 〈화(化)〉라 한다. 그래서 〈화(化)〉를 〈혁고정신(革故鼎新)〉 즉 〈헌것을[故] 버리거나 고쳐[革] 새것을[新] 취함[鼎]〉이라 한다. 그리하여 역(易)은 〈통즉구(通則久)〉 즉 구통(久通)하여 생생(生生)한다.

自天祐之(자천우지) 吉无不利(길무불리)

요순씨(堯舜氏)가 이역(以易)한 까닭을 밝힌다. 하늘[天]이 요순씨(堯舜氏)를 도왔다[祐]고 함은 요순씨(堯舜氏)가 오로지 자연[天]을 본받아[法] 이역(以易)하여 온 세상[天下]을 다스렸음[治]을 말한다. 〈천우지(天祐之)의 천(天)〉은 온 세상[天下]의 사람들[人]이 천지지도(天地之道)를 따름을 뜻한다. 그러므로 천하유도(天下有道)란 사람들이 순천(順天)함이고, 순천(順天)함은 순천명(順天命)함이다. 순천명(順天命)함이란 곧 순역(順易)함이다. 요순씨(堯舜氏)는 오로지 지성으로 순역(順易)하였음을 밝힌 것이 곧 〈천우지(天祐之)〉이다. 이는 곧 역(易)을 따르는[順之] 사람[人]이라면 하늘[天]이 그 사람[之]을 돕고[祐], 역(易)을 따르는[順之] 일[事]이라면 하늘[天]이 그 일[之]을 돕는다[祐]고 함이 곧 〈자천우지(自天祐之)〉이다. 이러한 천우지(天祐之)의 〈천(天)〉이란 순역하는[順易之] 사람[人]이나 일[事]을 편애해서 그렇게 하는 것이 아니다. 오로지 역지도(易之道)를 좇는다[順]면 절로 궁(窮)함이 변(變)하고 그 변(變)함이 통(通)하고 그 통(通)함이 끊임없이 통(通)하여, 〈변통(變通)의 구(久)〉를 누림이 곧 〈무불리(无不利)의 길(吉)〉이다. 순천(順天)-순역(順易)한다면 통즉구(通則久)의 길(吉) 즉 무불리(无不利)의 길(吉)이고, 역천(逆天)-배역(背易)한다면 유불리(有不利)의 흉(凶)일 뿐이다.

黃帝堯舜垂衣裳而天下治(황제요순수의상이천하치) 蓋取諸乾坤(개취저건곤)

대성괘(大成卦) 건괘(乾卦 : ䷀)와 곤괘(坤卦 : ䷁)의 상(象) 즉 짓[象]을 본받아[法] 이역(以易)함을 밝힌다. 말하자면 건괘(乾卦 : ䷀)와 곤괘(坤卦 : ䷁)를 실례로 들어 〈이역(以易)〉 즉 역의[易] 이용[以]을 밝힌다. 여기서도 〈통신명지덕(通神明之德)-유만물지정(類萬物之情)〉을 사유하게 한 〈이역(以易)〉이란 치천하(治天下)를 이루게 한 것임을 알 수 있다. 물론 여기서도 〈이역(以易)〉이란 사유의 혁고정신(革故鼎新)을 이룸을 살펴 새기고 헤아려 따져 가늠하게 한다. 〈수의상이천하치(垂衣裳而天下治)〉는 건괘(乾卦 : ䷀)와 곤괘(坤卦 : ䷁)의 〈원형리정(元亨利貞)의 덕(德)〉을 지성으로 본받아[法] 천하(天下)를 통변(通變)-화신(化神)으로 다스리게[治] 하는 사유를 낳아 삶을 변화하게 한 것을 말한다. 요순(堯舜)이 황제(黃帝)의 옷만 입고 있어도 온 세상[天下]이 다스려졌다[治]고 함은 오로지 건괘(乾卦 : ䷀)와 곤괘(坤卦 : ䷁)의 〈원형리정(元亨利貞)의 덕(德)〉으로써 치천하(治天下)했음을 취상(取象)한 것이 〈수의상(垂衣裳)〉이다.

刳木爲舟(고목위주) 剡木爲楫(염목위즙) 舟楫之利以濟不通(주즙지리이제불통) 致遠以利天下(치원이리천하) 蓋取諸渙(개취저환)

59번째 대성괘(大成卦) 환괘(渙卦 : ䷺)의 상(象) 즉 짓[象]을 본받아[法] 이역(以易)함을 밝힌다. 환괘(渙卦 : ䷺)를 실례로 들어 〈이역(以易)〉 즉 역의[易] 이용[以]을 밝힌다. 여기서도 〈통신명지덕(通神明之德)-유만물지정(類萬物之情)〉을 사유하게 한 〈이역(以易)〉이란 생활의 변화를 가져오게 한 것임을 알 수 있다. 물론 여기서도 〈이역(以易)〉이란 사유의 혁고정신(革故鼎新)을 이룸을 살펴 새기고 헤아려 따져 가늠하게 한다. 〈고목위주(刳木爲舟) 염목위즙(剡木爲楫) 주즙지리이제불통(舟楫之利以濟不通) 치원이리천하(致猿以利天下)〉는 환괘(渙卦 : ䷺)가 온 세상[天下]의 정(情) 즉 참모습[情狀]을 유(類) 즉 비교(比較)-품별(品別)하여 〈위주(爲舟) 즉 배[舟]를 만들게[爲] 하고 위즙(爲楫) 즉 노[楫]를 만들게[爲] 하여 그 편리함[利]을 이용해[以] 물길 따라 먼 곳[遠]까지 이르게[致] 하여 온 세상[天下]을 편리하게[利]〉 할 수 있다는 사유를 낳아 삶을 변화하게 한 것이 곧 환괘(渙卦 : ䷺)가 일깨운 〈통신명지덕(通神明之德)〉이다. 즉 환괘(渙卦 : ䷺)로 말미암아 세상을 변화하게 한 혁고정신(革故鼎新)의 사유가 생생(生生)한 것이다. 이는 곧 역을[易] 이용하여[以] 세상을 교화시키게 할 수 있는 사색의 변화가 생겨 문화(文化)가 생성되었음을 말해준다.

服牛乘馬(복우승마) 引重致遠以利天下(인중치원이리천하) 蓋取諸隨(개취저수)

17번째 대성괘(大成卦) 수괘(隨卦 : ䷐)의 상(象) 즉 짓[象]을 본받아[法] 이역(以易)함을 밝힌다. 수괘(隨卦 : ䷐)를 실례로 들어 〈이역(以易)〉 즉 역의[易] 이용[以]을 밝힌다. 여기서도 〈통신명지덕(通神明之德)-유만물지정(類萬物之情)〉을 사유하게 한 〈이역(以易)〉이란 생활의 변화를 가져오게 한 것임을 알 수 있다. 물론 여기서도 〈이역(以易)〉이란 사유의 혁고정신(革故鼎新)을 이룸을 살펴 새기고 헤아려 따져 가늠하게 한다. 〈복우승마(服牛乘馬) 인중치원이리천하(引重致遠以利天下)〉는 수괘(隨卦 : ䷐)가 온 세상[天下]의 정(情) 즉 참모습[情狀]을 유(類) 즉 비교(比較)-품별(品別)하여 〈복우(服牛) 즉 소를[牛] 길들게[服] 하고 승마(乘馬) 즉 말을[馬] 타게[乘] 하여, 온 세상[天下]을 편리하게[利]〉 할 수 있다는 사유를 낳아 삶을 변화하게 한 것이 곧 수괘(隨卦 : ䷐)가 일깨운 〈통신명지덕(通神明之德)〉이다. 즉 수괘(隨卦 : ䷐)로 말미암아 세상을 변화하게 한 혁고정신(革故鼎新)의 사유가 생생(生生)한 것이다. 이는 곧 역을[易] 이용하여[以] 세상을 교화시키게 할 수 있는 사색의 변화가 생겨 문화(文化)가 생성되었음을 말해준다.

重門擊柝以待暴客(중문격탁이대포객) 蓋取諸豫(개취저예)

16번째 대성괘(大成卦) 예괘(豫卦 : ䷏)의 상(象) 즉 짓[象]을 본받아[法] 이역(以易)함을 밝힌다. 예괘(豫卦 : ䷏)를 실례로 들어 〈이역(以易)〉 즉 역의[易] 이용[以]을 밝힌다. 여기서도 〈통신명지덕(通神明之德)-유만물지정(類萬物之情)〉을 사유하게 한 〈이역(以易)〉이란 생활의 변화를 가져오게 한 것임을 알 수 있다. 물론 여기서도 〈이역(以易)〉이란 사유의 혁고정신(革故鼎新)을 이룸을 살펴 새기고 헤아려 따져 가늠하게 한다. 〈중문격탁이대포객(重門擊柝以待暴客)〉은 예괘(豫卦 : ䷏)가 온 세상[天下]의 정(情) 즉 참모습[情狀]을 유(類) 즉 비교(比較)-품별(品別)하여 〈중문(重門) 즉 문을[門] 거듭 내게[重] 하고 밤이면 격탁(擊柝) 즉 목탁을[柝] 치게[擊] 하여 포객(暴客)을 대비하게[待]〉 할 수 있다는 사유를 낳아 삶을 변화하게 한 것이 곧 예괘(豫卦 : ䷏)가 일깨운 〈통신명지덕(通神明之德)〉이다. 즉 예괘(豫卦 : ䷏)로 말미암아 세상을 변화하게 한 혁고정신(革故鼎新)의 사유가 생생(生生)한 것이다. 이는 곧 역을[易] 이용하여[以] 세상을 교화시키게 할 수 있는 사색의 변화가 생겨 문화(文化)가 생성되었음을 말해준다.

斷木爲杵(단목위저) 堀地爲臼(굴지위구) 臼杵之利萬民以濟(구저지리만민이제) 蓋取諸小過(개취저소과)

62번째 대성괘(大成卦) 소과괘(小過卦 : ䷽)의 상(象) 즉 짓[象]을 본받아[法] 이역(以易)함을 밝힌다. 소과괘(小過卦 : ䷽)를 실례로 들어 〈이역(以易)〉 즉 역의[易] 이용[以]을 밝힌다. 여기서도 〈통신명지덕(通神明之德)-유만물지정(類萬物之情)〉을 사유(思惟)하게 한 〈이역(以易)〉이란 생활의 변화를 가져오게 한 것임을 알 수 있다. 물론 여기서도 〈이역(以易)〉이란 사유의 혁고정신(革故鼎新)을 이룸을 살펴 새기고 헤아려 따져 가늠하게 한다. 〈단목위저(斷木爲杵) 굴지위구(堀地爲臼) 구저지리만민이제(臼杵之利萬民以濟)〉는 소과괘(小過卦 : ䷽)가 온 세상[天下]의 정(情) 즉 참모습[情狀]을 유(類) 즉 비교(比較)-품별(品別)하여 〈나무를[木] 잘라[斷] 공이를[杵] 만들고[爲] 흙을[地] 파서[掘] 절구를[臼] 만들게 하여[爲] 확과[臼] 절굿공이[杵]의[之] 편리함을[利] 이용하여[以] 온[萬] 사람이[民] 잘 살게[濟]〉 할 수 있다는 사유를 낳아 삶을 변화하게 한 것이 곧 소과괘(小過卦 : ䷽)가 일깨운 〈통신명지덕(通神明之德)〉이다. 즉 소과괘(小過卦 : ䷽)로 말미암아 세상을 교화시키게 할 수 있는 사색의 변화가 생겨 문화(文化)가 생성되었음을 말해준다.

弦木爲弧(현목위호) 剡木爲矢(염목위시) 弧矢之利以威天下(호시지리이위천하) 蓋取諸睽(개취저규)

38번째 대성괘(大成卦) 규괘(睽卦 : ䷥)의 상(象) 즉 짓[象]을 본받아[法] 이역(以易)함을 밝힌다. 규괘(睽卦 : ䷥)를 실례로 들어 〈이역(以易)〉 즉 역의[易] 이용[以]을 밝힌다. 여기서도 〈통신명지덕(通神明之德)-유만물지정(類萬物之情)〉을 사유하게 한 〈이역(以易)〉이란 생활의 변화를 가져오게 한 것임을 알 수 있다. 물론 여기서도 〈이역(以易)〉이란 사유의 혁고정신(革故鼎新)을 이룸을 살펴 새기고 헤아려 따져 가늠하게 한다. 규괘(睽卦 : ䷥)가 온 세상[天下]의 정(情) 즉 참모습[情狀]을 유(類) 즉 비교(比較)-품별(品別)하여 〈나무를[木] 구부려[弦] 나무활을[弧] 만들게 하고[爲] 나무를[木] 깎아[剡] 화살을[矢] 만들게 하고[爲] 활집과[弧] 화살[矢]의[之] 예리함을[利] 이용하여[以] 온 세상을[天下] 위엄 있게[威]〉 할 수 있다는 사유를 낳아 삶을 변화하게 한 것이 곧 규괘(睽卦 : ䷥)가 일깨운 〈통신명지덕(通神明之德)〉이다. 즉 규괘(睽卦 : ䷥)로 말미암아 세상을 변화하게 한 혁고정신(革故鼎新)의 사유가 생생(生生)한 것이다. 이는 곧 역을[易] 이용하여[以] 세상을 교화시키게 할 수 있는 사색의 변화가 생겨 문화(文化)가 생성되었음을 말해준다.

上古穴居而野處(상고혈거이야처) 後世聖人易之以宮室(후세성인역지이궁실) 上棟下宇以待風雨(상동하우이대풍우) 蓋取諸大壯(개취저대장)

34번째 대성괘(大成卦) 대장괘(大壯卦 : ䷡)의 상(象) 즉 짓[象]을 본받아[法] 이역(以易)함을 밝힌다. 대장괘(大壯卦 : ䷡)를 실례로 들어 〈이역(以易)〉 즉 역의[易] 이용[以]을 밝힌다. 여기서도 〈통신명지덕(通神明之德)-유만물지정(類萬物之情)〉을 사유하게 한 〈이역(以易)〉이란 생활의 변화를 가져오게 한 것임을 알 수 있다. 물론 여기서도 〈이역(以易)〉이란 사유의 혁고정신(革故鼎新)을 이룸을 살펴 새기고 헤아려 따져 가늠하게 한다. 〈상고혈거이야처(上古穴居而野處) 후세성인역지이궁실(後世聖人易之以宮室) 상동하우이대풍우(上棟下宇以待風雨)〉는 대장괘(大壯卦 : ䷡)가 온 세상[天下]의 정(情) 즉 참모습[情狀]을 유(類) 즉 비교(比較)-품별(品別)하여 〈굴에서[穴] 살거나[居而] 들판에서[野] 머물렀다[處]. 뒷날[後世] 성인이[聖人] 그런 거처를[之] 집[宮室]으로[以] 바꾸었고[易] 마룻대를[棟] 올리고[上] 지붕과 처마를[宇] 내림을[下] 이용하여[以] 비바람을[風雨] 대비하게[待]〉 할 수 있다는 사유를 낳아 삶을 변화하게 한 것이 곧 대장괘(大壯卦 : ䷡)가 일깨운 〈통신명지덕(通神明之德)〉이다. 즉 대장괘(大壯卦 : ䷡)로 말미암아 세상을 변화하게 한 혁고정신(革故鼎新)의 사유(思惟)가 생생(生生)한 것이다. 이는 곧 역을[易] 이용하여[以] 세상을 교화시키게 할 수 있는 사색의 변화가 생겨 문화(文化)가 생성되었음을 말해준다.

古之葬者厚衣之以薪(고지장자후의지이신) 葬之中野(장지중야) 不封不樹(불봉불수) 喪期无數(상기무수) 後世聖人易之以棺槨(후세성인역지이관곽) 蓋取諸大過(개취저대과)

28번째 대성괘(大成卦) 대과괘(大過卦 : ䷛)의 상(象) 즉 짓[象]을 본받아[法] 이역(以易)함을 밝힌다. 대장괘(大壯卦 : ䷛)를 실례로 들어 〈이역(以易)〉 즉 역의[易] 이용[以]을 밝힌다. 여기서도 〈통신명지덕(通神明之德)-유만물지정(類萬物之情)〉을 사유하게 한 〈이역(以易)〉이란 생활의 변화를 가져오게 한 것임을 알 수 있다. 물론 여기서도 〈이역(以易)〉이란 사유(思惟)의 혁고정신(革故鼎新)을 이룸을 살펴 새기고 헤아려 따져 가늠하게 한다. 〈고지장자후의지이신(古之葬者厚衣之以薪) 장지중야(葬之中野) 불봉불수(不封不樹) 상기무수(喪期无數) 후세성인역지이관곽(後世聖人易之以棺槨)〉은 대과괘(大過卦 : ䷛)가 온 세상[天下]의 정(情) 즉 참모습[情狀]을 유(類) 즉 비교(比較)-품별(品別)하여 〈옛날의[古之] 장사지내는[葬] 일은[者] 섶을[薪] 이용하여[以] 시신을[之] 두껍게[厚] 입혀서[衣] 들판에[中野] 시신을[之] 묻고[葬] 무덤을 쌓지 않았고[不封] 나무도 심지 않았으며[不樹] 상기에도[喪期] (정해진) 일수가[數] 없었다[无]. 뒷날에[後世] 성인이[聖人] 섶장(薪葬)을[之] 관곽(棺槨)으로[以] 바꾸게[易]〉 할 수 있다는 사유를 낳아 삶을 변화하게 한 것이 곧 대과괘(大過卦 : ䷛)가 일깨워준 〈통신명지덕(通神明之德)〉이다. 즉 대과괘(大

過卦 : ䷛)로 말미암아 세상을 변화하게 한 혁고정신(革故鼎新)의 사유가 생생(生生)한 것이다. 이는 곧 역을[易] 이용하여[以] 세상을 교화시키게 할 수 있는 사색의 변화가 생겨 문화(文化)가 생성되었음을 말해준다.

上古結繩而治(상고결승이치) 後世聖人易之以書契(후세성인역지이서계) 百官以治(백관이치) 萬民以察(만민이찰) 蓋取諸夬(개취저쾌)

43번째 대성괘(大成卦) 쾌괘(夬卦 : ䷪)의 상(象) 즉 짓[象]을 본받아[法] 이역(以易)함을 밝힌다. 쾌괘(夬卦 : ䷪)를 실례로 들어 〈이역(以易)〉 즉 역의[易] 이용[以]을 밝힌다. 여기서도 〈통신명지덕(通神明之德)-유만물지정(類萬物之情)〉을 사유하게 한 〈이역(以易)〉이란 생활의 변화를 가져오게 한 것임을 알 수 있다. 물론 여기서도 〈이역(以易)〉이란 사유의 혁고정신(革故鼎新)을 이룸을 살펴 새기고 헤아려 따져 가늠하게 한다. 〈상고결승이치(上古結繩而治) 후세성인역지이서계(後世聖人易之以書契) 백관이치(百官以治) 만민이찰(萬民以察)〉은 쾌괘(夬卦 : ䷪)가 온 세상[天下]의 정(情) 즉 참모습[情狀]을 유(類) 즉 비교(比較)-품별(品別)하여 〈옛날에는[上古] 노끈을[繩] 맺어서[結而] (그것을 이용하여 세상을) 다스렸다[治]. 뒷날에[後世] 성인이[聖人] 글자로 된 문서를[書契] 이용하여[以] 매듭진 노끈을[之] 바꾸었다[易]. 백관이[百官] 그 서계를 이용하여[以] 다스렸고[治] 온 백성은[萬民] 그 서계를 이용하여[以] (온갖 것을) 살피게[察]〉 할 수 있다는 사유를 낳아 삶을 변화하게 한 것이 곧 쾌괘(夬卦 : ䷪)가 일깨운 〈통신명지덕(通神明之德)〉이다. 즉 쾌괘(夬卦 : ䷪)로 말미암아 세상을 변화하게 한 혁고정신(革故鼎新)의 사유가 생생(生生)한 것이다. 이는 곧 역을[易] 이용하여[以] 세상을 교화시키게 할 수 있는 사색의 변화가 생겨 문화(文化)가 생성되었음을 말해준다.

계사전하(繫辭傳下) 3단락(段落)

是故로 易者象也요 象也者像也요 彖者材也요 爻也者效天下之動者也니라 是故로 吉凶生而悔吝著也니라
시고 역자상야 상야자상야 단자재야 효야자효천하지동자야 시고 길흉생이회린저야

이렇기 때문에 역(易)이란 것은 {변화의 도(道)를 본받아 지변(知變)하여 지래(知來)하게 하는} 짓[象]이다. (천지가 변화하게 하는 짓[神]을 본받게 하는 역의) 짓[象]이란 것은 {그 신(神)을} 본뜸이다. 단(彖)이란 것은 (천지가 변화하게 하는 짓[神]을 살피게 하는) 재질이다. 효(爻)란 것은 온 세상의 변동을 본받는 것이다. 이 때문에 {육효(六爻)에서} 좋음과 나쁨이 생기며 그리고 뉘우침과 한스러움이 드러나는 것이다.

【탐독(探讀)】

이렇기[是] 때문에[故] 역이란[易] 것은[者] {변화(變化)의 도(道)를 본받아[法] 지변(知變)하여 지래(知來)하게 하는} 짓[象]이다[也]. {천지(天地)가 변화(變化)하게 하는 짓[神]을 본받게 하는 역(易)의} 짓[象]이란[也] 것은[者] {그 신(神)을} 본뜸[像]이다[也]. 단이란[彖] 것은[者] {천지(天地)가 변화(變化)하게 하는 짓[神]을 살피게[觀] 하는} 재질[材]이다[也]. 효(爻)란[也] 것은[者] 온 세상[天下]의[之] 변동을[動] 본받는[效] 것[者]이다[也]. 이[是] 때문에[故] {육효(六爻)에서} 좋음과[吉] 나쁨이[凶] 생기며[生] 그리고[而] 뉘우침과[悔] 한스러움이[吝] 드러나는 것[著]이다[也].

【지남(指南)】

易者象也(역자상야)

성인(聖人)이 어떻게 이역(以易)하여 변화를 이루었는지 밝힌다. 따라서 〈역자상야(易者象也)〉는 성인(聖人)을 본받아[效] 관변(觀變)하여 지래(知來)하는 이치-

방편의 가르침[道]을 살펴 새기고 헤아려 따져 가늠할 수 있게 한다. 역(易)이란 천지(天地)가 변화하게 하는 힘[神]의 짓[象]이다. 물론 여기서 〈신(神)〉이란 귀신(鬼神)을 말하고, 귀신(鬼神)은 곧 음양(陰陽)을 말한다. 역(易)이란 무엇인가? 유신(唯神)이다. 유신(唯神)이란 무엇인가? 오로지[唯] 변화하게 하는 힘이요 짓[神]이다. 천지(天地)의 그러한 신(神)을 본받는[法] 역(易)의 짓을 상(象)이라 한다. 역(易)의 〈상(象)〉이란 〈본받을 상(象)-짓할 상(象)〉의 두 뜻을 아우름을 늘 명심하고 살펴 새김하고 헤아려 스스로 가늠하게 하는 것이다. 〈상(象)〉은 결코 정의되지 않는다. 〈상(象)〉의 이러함을 일러 일음일양(一陰一陽)-생생(生生)-유신(唯神)-신통(神通)-신묘(神妙)-신비(神祕)-신기(神奇)-신기(神氣) 등으로 말하고 한 자(字)로 줄여 〈신(神)〉이라 한다.

象也者像也(상야자상야)

역지상(易之象)의 상(象)이 천지(天地)가 변화하게 하는 짓[神]을 어떻게 본받는[法]지를 밝힌다. 따라서 역(易)이라는 변화(變化)의 짓[象]은 천수상(天垂象) 즉 자연이[天] 드리워 보여주는[垂] 짓[象]을 본받아[法], 역(易)이 변화의 짓[象]을 생생(生生)하는 것임을 상야자상(象也者像)의 〈상(像)〉이 뜻해 상(象)의 모효(摹效)와 같다. 〈상(象)〉을 그대로 뒤따라[摹] 본받음[效]이 〈상(像)〉 즉 〈꼴[像]〉을 본떠 따라함이다. 그래서 상통여상(像通與象)이라고 한다. 짓[象] 따로 꼴[像] 따로 있을 리 없다. 그래서 〈꼴[像]〉은 〈수상(隨象)-효상(效象)-의상(擬象)-모상(摹象)〉으로 말미암아 비롯된다. 상(象)을 뒤따름[隨]이 상(像)이고, 상(象)을 본받음[效]이 상(像)이며, 상(象)을 본뜸[擬]이 상(像)이고, 상(象)을 그대로 베낌[摹]이 상(像)이다.

彖者材也(단자재야)

천지(天地)가 변화하게 하는 짓[神]을 본받는[法] 역지상(易之象)의 바탕[材]을 밝힌다. 따라서 천수상(天垂象) 즉 천지가[天] 드리워 보여주는[垂] 짓[象]을 일괘(一卦)로써 살펴보게 하는 바탕[材]이 곧 〈단(彖)〉임을 알 수 있고, 나아가 〈단일괘지의(斷一卦之義)〉 즉 대성괘(大成卦) 하나가 짓하는[象] 뜻[義]을 가늠하게[斷] 하는 괘사(卦辭)가 곧 〈단(彖)〉이기 때문에, 〈단단야(彖斷也)〉라 함은 〈단단괘사야

(彖斷卦辭也)〉 즉 〈단(彖)〉은 괘사(卦辭)를 가늠함[斷]이다[也]. 그래서 〈단자언호상자(彖者言乎象者)〉라 한다. 괘사(卦辭)는 단사(彖辭)이고, 단사(彖辭)를 줄여 〈단(彖)〉이라 한다. 그러므로 〈단자재야(彖者材也)〉는 먼저 〈단자언호상자야(彖者言乎象者也)〉를 떠올리게 한다. 이처럼 〈단(彖)〉은 〈상지의(象之義)〉 즉 짓의[象之] 뜻[義]을 가늠케[彖] 말하는[言] 괘사(卦辭)임을 알 수 있다. 상사(象辭)란 효사(爻辭)이므로 단사(彖辭)란 상사(象辭) 즉 효사(爻辭)를 가늠하게[斷] 하는 재질(材質)임을 〈단자재야(彖者材也)〉라고 밝힌다.

爻也者效天下之動者也(효야자효천하지동자야)

대성괘(大成卦) 하나를 이루는 여섯 효(爻)의 일[事]을 밝힌다. 대성괘(大成卦)에서 여섯 효(爻)는 서로 사귀기[交] 때문에 효자(爻者)는 교자(交者)이고, 육효(六爻)는 온 세상[天下]의 변(變)을 말하기[言] 때문에 효자(爻者)는 변자(變者)이며, 육효(六爻)는 온 세상[天下]의 변(變)을 본받기[效] 때문에 효자(爻者)는 효자(效者)이다. 이러한 효자(爻者) 즉 효라는[爻] 것[者]은 자하지상(自下至上) 즉 아래[下]로부터[自] 즉 초효(初爻)로부터 위[上]까지[至] 즉 상효(上爻)까지 자리를 바꾸면서 온 세상의 변동을 본받아[效] 말하는[言] 것[者]이다. 이렇기 때문에 누천(屢遷) 즉 순차로[屢] 옮겨가는[遷] 〈효자(爻者)〉를 교자(交者)-변자(變者)라고 칭한다. 교자(交者)로서의 효자(爻者)는 여섯 효(爻)의 상교(相交) 즉 〈중-정-응-비(中-正-應-比)〉를 상기시키고, 변자(變者)로서의 효자(爻者)는 천하지동(天下之動) 즉 온 세상의 변동을 환기시켜 살피고 새겨 헤아리고 따져 가늠하게 하여 지변(知變)-지래(知來)하게 한다. 물론 효자(爻者)는 교자(交者)이고 동시에 변자(變者)이지 둘로 나누어 생각해야 하는 것은 아니다.

吉凶生而悔吝著也(길흉생이회린저야)

대성괘(大成卦)의 육효(六爻)를 관상(觀象)하고 완사(玩辭)함을 밝힌다. 온 세상[天下]의 변동(變動)-사변(事變)을 주고받고[交] 바꾸고[變] 본받는[效] 효상(爻象)을 살피고[觀] 그 효상(爻象)을 본받아[效] 말하는[言] 효사(爻辭)를 새기게[玩] 되면, 매사(每事)에서 길흉(吉凶)이 나타나고[生] 따라서 관상(觀象)-완사(玩辭)하는 심중(心中)에 회린(悔吝)이 드러나게[著] 된다. 그 관상과 완사가 『대학(大學)』에 나오는 〈물유본말(物有本末) 사유종시(事有終始) 지소선후(知所先後) 즉근도의(則近道矣)〉를 환기하고, 『맹자(孟子)』「고자장구(告子章句) 하(下)」 첫 단락(段落)에 나오는 〈불췌기본이제기말(不揣其本而齊其末)〉을 상기시킨다. 그러면 매사에서 어떻게 관상하고 어떻게 완사해야 나타나는[生] 길흉(吉凶)을 헤아려 가늠할 수 있고, 따라서 회린(悔吝)이 드러나는[著] 까닭을 헤아려 가늠할 수 있다. 변동에는 그럴 만한 본말(本末)이 있고 따라서 종시(終始)가 있음을 안다면 매사에서 무엇이 선후인지 알 수 있다. 이러한 선후를 무시하고 천하지동(天下之動)의 효상(爻象)을 살피고 효사(爻辭)를 새긴다면 길흉생(吉凶生)의 기미(機微)를 관완(觀玩)하지 못하여 회린(悔吝)이 드러나고[著] 말 것이다.

註 물유본말(物有本末) 사유종시(事有終始) 지소선후(知所先後) 즉근도의(則近道矣) : 물건에는[物] 근본과[本] 말단이[末] 있고[有] 일에는[事] 끝과[終] 처음이[始] 있어[有], 먼저 하고[先] 뒤에 할[後] 바를[所] 안다면[知] 곧[則] 도에[道] 가까운 것[近]이다[矣]. 근도(近道)의 도(道)를 역지도(易之道) 즉 변화지도(變化之道)로 여기고 새겨도 된다.

註 불췌기본이제기말(不揣其本而齊其末) 방촌지목가사고어잠루(方寸之木可使高於岑樓) : 그[其] 근본을[本] 헤아리지 않고서[不揣而] 그[其] 말단을[末] 다룬다면[齊], 사방 한치의[方寸之] 나무로[木] 하여금[使] 산봉우리[岑樓]보다[於] 더 높게 할 수 있다[可高]. 뿌리[根]를 무시하고 가지[末]만 생각하다간 흉(凶)하게 마련이다.

계사전하(繫辭傳下) 4단락(段落)

陽卦多陰하고 陰卦多陽하니라 其故何也인고 陽卦奇요
양괘다음 음괘다양 기고하야 양괘기

陰卦耦라 其德行何也인저 陽一君而二民이니 君子之
음괘우 기덕행하야 양일군이이민 군자지

道也이고 陰二君而一民이니 小人之道也라
도야 음이군이일민 소인지도야

양괘에는 (양효의 수보다) 음효가 많고, 음괘에는 (음효의 수보다) 양효가 많다. 그 까닭은 무엇인가? 양괘는 홀이고 음괘는 짝이다. 그 덕행은 어떤 것인가? 양괘의 일은 임금이고 이는 백성이니 (양괘의 덕행은) 군자의 도리이고, 음괘의 이는 임금이고 일은 백성이니 (음괘의 덕행은) 소인의 도리이다.

【탐독(探讀)】

양괘에는[陽卦] {양효(陽爻)의 수(數)보다} 음효가[陰] 많고[多] 음괘에는[陰卦] {음효(陰爻)의 수(數)보다} 양효가[陽] 많다[多]. 그[其] 까닭은[故] 무엇[何]인가[也]? 양괘는[陽卦] 홀이고[奇] 음괘는[陰卦] 짝이다[耦]. 그[其] 덕행은[德行] 어떤 것[何]인가[也]? 양괘의[陽] 일은[一] 임금[君]이고[而] 이는[二] 백성이니[民] (양괘의 덕행은) 군자(君子)의[之] 도리[道]이고[也], 음괘의[陰] 이는[二] 임금[君]이고[而] 일은[一] 백성이니[民] (음괘의 덕행은) 소인(小人)의[之] 도리[道]이다[也].

【지남(指南)】

陽卦多陰(양괘다음) 陰卦多陽(음괘다양)

팔괘(八卦) 즉 소성괘(小成卦)를 풀이한다. 소성괘(小成卦)는 삼효(三爻)로 이루어진다. 이 삼효(三爻)에서 같은 효(爻) 둘[二]을 제외하고 남은 한 개의 효(爻)가 음효(陰爻)이면 그 소성괘(小成卦)는 음괘(陰卦)이고, 남은 한 개의 효(爻)가 양효(陽爻)이면 그 소성괘(小成卦)는 양괘(陽卦)이다. 〈양괘다음(陽卦多陰) 음괘다양(陰

卦多陽)〉은 소성괘(小成卦) 팔괘(八卦)가 음괘(陰卦) 넷[四]과 양괘(陽卦) 넷[四]으로 나누어져 있음을 밝힌다. 소성괘(小成卦) 팔괘(八卦)는 사상(四象)에서 나온다[生]. 사상(四象)의 노양(老陽 : ⚌) 위에 〈양(陽 : ⚊)〉이 한 개 놓이면 소성괘(小成卦) 건괘(乾卦 : ☰)가 되고, 〈음(陰 : ⚋)〉이 한 개 놓이면 소성괘(小成卦) 태괘(兌卦 : ☱)가 된다. 사상(四象)의 소음(少陰 : ⚍) 위에 〈양(陽 : ⚊)〉이 한 개 놓이면 소성괘(小成卦) 이괘(離卦 : ☲)가 되고, 〈음(陰 : ⚋)〉이 한 개 놓이면 소성괘(小成卦) 진괘(震卦 : ☳)가 된다. 사상(四象)의 소양(少陽 : ⚎) 위에 〈양(陽 : ⚊)〉이 한 개 놓이면 소성괘(小成卦) 손괘(巽卦 : ☴)가 되고, 〈음(陰 : ⚋)〉이 한 개 놓이면 소성괘(小成卦) 감괘(坎卦 : ☵)가 된다. 사상(四象)의 노음(老陰 : ⚏) 위에 〈양(陽 : ⚊)〉이 한 개 놓이면 소성괘(小成卦) 간괘(艮卦 : ☶)가 되고, 〈음(陰 : ⚋)〉이 한 개 놓이면 소성괘(小成卦) 곤괘(坤卦 : ☷)가 된다. 소성괘(小成卦) 팔괘(八卦) 중에서 〈건(乾 : ☰)-진(震 : ☳)-감(坎 : ☵)-간(艮 : ☶)〉은 양괘(陽卦)이고, 〈곤(坤 : ☷)-손(巽 : ☴)-이(離 : ☲)-태(兌 : ☱)〉는 음괘(陰卦)이다.

其故何也(기고하야) 陽卦奇(양괘기) 陰卦耦(음괘우)

양(陽)-음(陰)으로써 팔괘(八卦)를 밝힌다. 양괘기(陽卦奇)의 〈기(奇)〉는 양(陽)을 말하고, 음괘우(陰卦耦)의 〈우(耦)〉는 음(陰)을 말한다. 양괘(陽卦) 〈진(震 : ☳)-감(坎 : ☵)-간(艮 : ☶)〉은 양(陽)이 홀수[奇]이고 음(陰)이 짝수[耦]라 양괘(陽卦)가 되고, 〈손(巽 : ☴)-이(離 : ☲)-태(兌 : ☱)〉는 양(陽)이 짝수[耦]이고 음(陰)이 홀수[奇]라 음괘(陰卦)가 된다. 그래서 팔괘(八卦)에서 양괘(陽卦)는 한 개인 양(陽)으로써 알 수 있고, 팔괘(八卦)에서 음괘(陰卦)는 한 개인 음(陰)으로써 알 수 있다. 이는 곧 일음일양(一陰一陽)으로 통한다. 양(陽)은 음(陰)을 맞이하고 음(陰)은 양(陽)을 맞이해야 생생(生生)의 이치가 이루어지기 때문이다. 양괘(陽卦)는 하나[一]인 음(陰)과 짝해야 궁즉변(窮則變)을 이루고, 음괘(陰卦)는 둘[二]인 양(陽)과 짝해야 궁즉변(窮則變)을 이루기 때문임을 밝힌 말씀이 〈양괘기(陽卦奇) 음괘우(陰卦耦)〉이다.

其德行何也(기덕행하야) 陽一君而二民(양일군이이민) 君

子之道也(군자지도야) 陰二君而一民(음이군이일민) 小人之道也(소인지도야)

팔괘(八卦)의 〈양(陽 : ⚊)〉은 〈군(君)〉과 〈군자지도(君子之道)〉를 나타내고, 〈음(陰 : ⚋)〉은 〈민(民)〉과 〈소인지도(小人之道)〉를 나타냄을 밝힌다. 양일군이이민(陽一君而二民)에서 〈일(一)〉은 〈진(震 : ☳)-감(坎 : ☵)-간(艮 : ☶)〉의 양괘(陽卦)에 있는 양(陽)의 수(數)를 말하고, 〈이(二)〉는 〈진(震 : ☳)-감(坎 : ☵)-간(艮 : ☶)〉의 양괘(陽卦)에 있는 음(陰)의 수(數)를 말한다. 음이군이일민(陰二君而一民)에서 〈이(二)〉는 〈손(巽 : ☴)-이(離 : ☲)-태(兌 : ☱)〉의 음괘(陰卦)에 있는 양(陽)의 수(數)를 말하고, 〈일(一)〉은 〈손(巽 : ☴)-이(離 : ☲)-태(兌 : ☱)〉의 음괘(陰卦)에 있는 음(陰)의 수(數)를 말한다. 이는 팔괘(八卦)에서 양(陽)의 덕행을 군자(君子)의 도리[道]로 삼고, 음(陰)의 덕행을 소인(小人)의 도리[道]로 삼음을 나타낸다. 여기서 〈덕행(德行)〉은 〈성변화(成變化)〉를 뜻한다. 변화(變化)를 이룩함[成]이 곧 덕행(德行)이다. 왜냐하면 〈덕야자통어천지자(德也者通於天地者)이기 때문이다. 〈덕(德)이란[也] 것은[者] 자연[天地]에서[於] 통하는[通] 것[者]〉이므로 덕(德)을 행(行)함이란 곧 변화(變化)를 이룩함[成]이다. 따라서 팔괘(八卦)에서 양(陽)의 덕행(德行)을 군자(君子)의 도(道)로 삼고, 음(陰)의 덕행(德行)을 소인(小人)의 도(道)로 삼음이란, 팔괘(八卦)의 음-양(陰-陽)을 상(象)으로 밝힌다. 팔괘(八卦)의 양(陽)을 〈군(君)-군자(君子)〉의 상(象) 즉 짓[象]으로 밝히고, 음(陰)을 〈민(民)-소인(小人)〉의 상(象)으로 밝힌다.

계사전하(繫辭傳下) 5단락(段落)

易曰：憧憧往來면 朋從爾思라 子曰：天下何思何慮
역 왈 동동왕래 붕종이사 자 왈 천하하사하려
리요 天下同歸而殊塗하고 一致而百慮라 天下何思何
천하동귀이수도 일치이백려 천하하사하
慮리요 日往則月來하고 月往則日來하여 日月相推而
려 일왕즉월래 월왕즉일래 일월상추이
明生焉한다 寒往則暑來하고 暑往則寒來하여 寒暑相
명생언 한왕즉서래 서왕즉한래 한서상
推而歲成焉한다 往者屈也요 來者信也라 屈信相感而
추이세성언 왕자굴야 내자신야 굴신상감이
利生焉하니라 尺蠖之屈以求信也요 龍蛇之蟄以存身
리생언 척확지굴이구신야 용사지칩이존신
也요 精義入神以致用也요 利用安身以崇德也라 過
야 정의입신이치용야 이용안신이숭덕야 과
此以往未之或知也라 窮神知化德之盛也니라
차이왕미지혹지야 궁신지화덕지성야

易曰：困于石하고 據于蒺藜라 入于其宮하여 不見其
역 왈 곤우석 거우질려 입우기궁 불견기
妻니 凶이라 子曰：非所困而困焉하니 名必辱하고 非所
처 흉 자왈 비소곤이곤언 명필욕 비소
據而據焉하니 身必危하다 旣辱且危하여 死期將至이니
거이거언 신필위 기욕차위 사기장지
妻其可得見邪아
처기가득견야

易曰：公用射隼于高墉之上하여 獲之니 无不利라 子
역 왈 공용사준우고용지상 획지 무불리 자
曰：隼者禽也요 弓矢者器也요 射之者人也라 君子藏
왈 준자금야 궁시자기야 사지자인야 군자장
器於身하여 待時而動하면 何不利之有리요 動而不括이
기어신 대시이동 하불리지유 동이불괄
라 是以로 出而有獲하나니 語成器而動者也라
시이 출이유획 어성기이동자야

子曰：小人不恥不仁하고 不畏不義하며 不見利不勸하
자왈 소인불치불인 불외불의 불견리불권

고 不威不懲하다 小懲而大誡면 此小人之福也라 易曰
불위부징 소징이대계 차소인지복야 역왈

履校하여 滅趾니 无咎라 하니 此之謂也라 善不積不足
이교 멸지 무구 차지위야 선부적부족

以成名이요 惡不積不足以滅身이다 小人以小善爲无
이성명 악부적부족이멸신 소인이소선위무

益而弗爲也하고 以小惡爲无傷而弗去也라 故로 惡積
익이불위야 이소악위무상이불거야 고 악적

而不可掩이고 罪大而不可解니라
이불가엄 죄대이불가해

易曰：何校하여 滅耳니 凶이라 子曰：危者安其位者也
역왈 하교 멸이 흉 자왈 위자안기위자야

요 亡者保其存者也요 亂者有其治者也라 是故로 君子
망자보기존자야 난자유기치자야 시고 군자

安而不忘危하고 存而不忘亡하며 治而不忘亂이라 是
안이불망위 존이불망망 치이불망란 시

以로 身安而國家可保也니라
이 신안이국가가보야

易曰： 其亡其亡이라 繫于苞桑이라 子曰：德薄而位
역왈 기망기망 계우포상 자왈 덕박이위

尊하고 知小而謀大하여 力小而任重하면 鮮不及矣하나
존 지소이모대 역소이임중 선불급의

니 易曰 鼎折足하여 覆公餗하니 其形渥이라 凶이라 하니
역왈 정절족 복공속 기형악 흉

言不勝其任也니라
언불승기임야

子曰：知幾其神乎인저 君子上交不諂하고 下交不瀆하
자왈 지기기신호 군자상교불첨 하교부독

나니 其知幾乎인저 幾者動之微이고 吉之先見者也니라
기지기호 기자동지미 길지선현자야

君子見幾而作하여 不俟終日이니라
군자견기이작 불사종일

易曰：介于石이라 不終日하니 貞吉이라 介如石焉寧用
역왈 개우석 부종일 정길 개여석언령용

終日리요 斷可識矣로다 君子知微知彰하며 知柔知剛하
종일 단가식의 군자지미지창 지유지강

나니 萬夫之望이라 子曰：顔氏之子가 其殆庶幾乎인저
만부지망 자왈 안씨지자 기태서기호

有不善이면 未嘗不知하고 知之면 未嘗復行也하나니 易
유불선 미상부지 지지 미상복행야 역

曰 不遠復이라 无祇悔니 元吉이라 하니 天地絪縕萬物
왈 불원복 무지회 원길 천지인온만물

化醇하고 男女構精萬物化生하나니 易曰 三人行則損
화순 남녀구정만물화생 역왈 삼인행즉손

一人하고 一人行則得其友라 하니 言致一也니라
일인 일인행즉득기우 언치일야

子曰：君子安其身而後動하고 易其心而後語하며 定
자왈 군자안기신이후동 이기심이후어 정

其交而後求하나니라 君子脩此三者라 故로 全也하나니 危
기교이후구 군자수차삼자 고 전야 위

以動則民不與也하고 懼以語則民不應也하며 无交而
이동즉민불여야 구이어즉민불응야 무교이

求則民不與也하나니 莫之與則傷之者至矣니라 易曰
구즉민불여야 막지여즉상지자지의 역왈

莫益之라 或擊之하리니 立心勿恒이니 凶이라 하니라
막익지 혹격지 입심물항 흉

역(易)이 말해준다. (어린이들처럼 무심하게) 가고 오고 가고 오면 벗이 너의 생각을 좇으리라. 이에 공자가 말했다. 온 세상이 무엇을 생각하고 무엇을 걱정하랴! 온 세상이 돌아감을 같이해도 길을 달리하고 (온 세상이) 하나 같지만 생각은 백 갈래이다. 온 세상이 무엇을 생각하고 무엇을 걱정하랴! 해가 가면 바로 달이 오고 달이 가면 바로 해가 온다. 해와 달이 서로 밀고 끌어서 밝음이 생기는 것이다. 추위가 가면 바로 더위가 오고 더위가 가면 바로 추위가 온다. 추위와 더위가 서로 밀고 끌어서 세월이 이루어지는 것이다. 가는 것이 굽힘이면 오는 것은 펼침이다. 굽힘과 펼침이 서로 느껴서 이에 이로움이 생기는 것이다. 자벌레는 굽힘을 이용하여 펼침을 얻는 것이다. 용과 뱀은 겨울잠을 이용하여 제 몸을 보존하는 것이다. 척확지구신(尺蠖之求信)과 용사지존신(龍蛇之存身)을 이용하여 (음양의) 뜻을 정미하게 밝혀 신묘한 경지로 들어감은 (굴신의) 활용을 다하려는 것이다. 정의입신(精義入神)을 이용하여 (굴신의) 활용을 이롭게 해 제 몸을 편안히 함은 (음양의) 덕을 숭상하려는 것이다. 숭덕하기를 그르쳐서 지나가버리면 그르쳤음을 간혹 알지 못하는 것이다. 자연이 변화하게 하는 짓을 더없이 살펴내서 변해서 새로 됨을 알아챔은 덕의 쌓임이다.

역(易)이 말해준다. 곤궁하기가 돌과 같고, 질려풀에 주저앉는다. 제 집에 들어가 제 아내를 만나보지도 못하니 흉하다. 이에 공자가 말했다. 곤란할 바가 아닌 것인데 곤란한 것이니 이름이 반드시 욕되고, 주저앉을 곳이 아닌 것인데 주저앉은 것이니 몸이 반드시 위태롭다. 이미 욕되고 또 위태로워 죽을 때가 곧 이를 터인데 그자가 아내를 만나 볼 수 있을 것인가?

역(易)이 말해준다. 공후가 화살을 써서 높은 성곽의 위에서 매를 쏘아 그 매를 잡았으니, 이롭지 않음이 없다. 이에 공자가 말했다. 새매라는 것은 날짐승이고 활과 화살이란 것은 기구이며 그것을 쏘는 것은 사람이다. 군자가 기물을 몸에 간직해두고 때를 기다려서 움직인다면 어찌 이롭지 않음이 있을 것인가? 나아가도 거치적거릴 것이 없다. 이렇기 때문에 나아가서도 얻는 것이 있으니, (이를) 기물을 익혀서 움직인다고 밝히는 것이다.

공자가 말했다. 소인은 어질지 못함을 부끄러워하지 않고 의롭지 못함을 두려워하지 않으며 이익을 보지 않으면 좋아하지 않아 따르지 않고 위협받지 않으면 응징되지 않는다. (소인이) 작게 벌 받고서 크게 삼가 조심한다면 이는 소인의 복이다. 역(易)이 말하기를 고랑을 발목에 채워 발꿈치를 잘라내도 허물이 없다 하니, 소징이대계(小懲而大誡)란 소인지복(小人之福)임을 밝힌 것이다. 선함을 쌓지 않기를 한다면 이름을 이룰 리 없고, 악함을 쌓지 않기를 한다면 제 몸을 망칠 리 없다. 소인은 소소한 선을 가지고 이익이 없다고 여기면서 (소선을) 행하지 않는 것이고, 소소한 악을 가지고 해로움이 없다고 여기면서 (소악을) 버리지 않는 것이다. 그래서 악이 쌓여져서 숨겨질 수 없고 죄가 커져서 풀려날 수 없다.

역(易)이 말해준다. 고랑을 목에 차고 귀를 잘리니 흉하다. 이에 공자가 말했다. 위태함이란 것은 그 처지를 안전하게 하는 것이고, 멸망이란 것은 그 존재를 보전하게 하는 것이며, 혼란이란 것은 그 다스림을 갖추는 것이다. 이렇기 때문에 군자는 안전해도 위태함을 잊지 않고 보존되어도 멸망을 잊지 않으며 다스려져도 혼란을 잊지 않는다 이 때문에 자신을 보전하면서 나라를 보전할 수 있는 것이다.

역(易)이 말해준다. 그건 망하리라 그건 망하리라. 무리지어 있는 뽕나무에 매어둔다. 이에 공자가 말했다. 덕은 엷은데 직위는 높고, 지략은 작은데 큰 일을 꾀하고, 힘은 작은데 맡은 일이 막중하다면 (흉함이) 닥치지 않기란 적은 것이다. 역(易)이 말하기를 솥이 발을 부러트려 임금의 진찬을 엎질러 그 몸이 땀에 젖어 흉하다 하니, (이 효사는) 제 임무를 잘할 수 없음을 말하는 것이다.

공자가 말했다. 기미를 아는 그것이 신묘하구나! 군자가 윗사람과 사귀어도 아첨하지 않고 아랫사람과 사귀어도 거만하지 않는다. 그것은 기밀을 아는 것이구나! 기미란 것은 변동의 낌새이고 길함이 미리 드러나는 것이다. 군자는 기밀을 알아채고 작정하면 해 지기를 기다리지 않는다.

역(易)이 말해준다. 확고하기가 돌과 같아 하루를 보내지 않으니, 마음이 곧고 바르고 길하리라. 확고하기가 돌과 같은 것인데 어찌 (그런 확고함이) 하루 내내 가겠는가. (그런 확고함이란) 결단을 알 수 있는 것이다. 군자는 드러나지 않는 것도 알고 드러나는 것도 알며 부드러움도 알고 굳건함도 알아 모든 사람의 선망이다. 이에 공자가 말했다. 안씨의 아들 그는 거의 도에 가깝도다! 불선함이 있으면 일찍이 모르지 않고 불선함을 알면 일찍이 다시 범하지 않는 것이다. 역(易)이 말하기를 머지않아 회복한다. 후회함에 이름이 없으니 크고 길하다 하니, 천지가 기운덩이를 교밀하여 온갖 것이 변화하여 순일하고, 수컷과 암컷이 정기를 맺어 온갖 것이 변화하여 생긴다. 역(易)이 말하기를 세 사람이 가면 곧 한 사람을 덜고, 한 사람이 가면 곧 제 짝을 얻는다 하니, (이는) 하나를 더없이 이루어냄을 말한 것이다.

공자가 말했다. 군자는 그 자신의 몸을 편안히 한 뒤에야 (백성을) 움직이고, 그 자신의 마음을 쉬이한 뒤에야 (백성에게) 말해주며, 그 자신이 (백성과) 사귐을 결정한 뒤에야 구한다. 군자는 이 세 가지를 닦기 때문에 온전한 것이다.

위태롭게 움직이면 곧 백성은 함께하지 않을 것이고, 두렵게 말하면 곧 백성은 불응할 것이며, 사귐이 없으면서 구하면 곧 백성은 함께하지 않을 것이다. (백성이) 그와 함께하지 않으면 곧 그를 해치는 일이 올 것이다. 역(易)이 말하길 그것을 유익하게 말라. 그것을 혹시 칠지 모른다. 마음을 세우되 항심하지 말라. 흉(凶)하리라 함이다.

【탐독(探讀)】

역이[易] 말해준다[曰]. (어린이들처럼 무심하게) 가고 오고[憧憧] 가고[往] 오면[來] 벗이[朋] 너의[爾] 생각을[思] 좇으리라[從]. 이에 공자가[子] 말했다[曰]. 온 세상이[天下] 무엇을[何] 생각하고[思] 무엇을[何] 걱정하랴[慮]! 온 세상이[天下] 돌아감을[歸] 같이해도[同而] 길을[塗] 달리하고[殊] (온 세상이) 하나 같지만[一致而] 생각은[慮] 백 갈래이다[百]. 온 세상이[天下] 무엇을[何] 생각하고[思] 무엇을[何] 걱정하랴[慮]! 해가[日] 가면[往] 바로[則] 달이[月] 오고[來] 달이[月] 가면[往] 바로[則] 해가[日] 온다[來]. 해와[日] 달이[月] 서로[相] 밀고 끌어서[推而] 밝음이[明] 생기는 것[生]이다[焉]. 추위가[寒] 가면[往] 바로[則] 더위가[暑] 오고[來] 더위가[暑] 가면[往] 바로[則] 추위가[寒] 온다[來]. 추위와[寒] 더위가[暑] 서로[相] 밀고 끌어서[推而] 세월이[歲] 이루어지는 것[成]이다[焉]. 가는[往] 것이[者] 굽힘[屈]이면[也] 오는[來] 것은[者] 펼침[信]이다[也]. 굽힘과[屈] 펼침이[信] 서로[相] 느껴서[感而] 이에 이로움이[利] 생기는 것[生]이다[焉]. 자벌레[尺蠖]는[之] 굽힘을[屈] 이용하여[以] 펼침을[信] 얻는 것[求]이다[也]. 용과[龍] 뱀[蛇]은[之] 겨울잠을[蟄] 이용하여[以] 제 몸을[身] 보존하는 것[存]이다[也]. 척확지구신(尺蠖之求信)과 용사지존신(龍蛇之存身)을 이용하여[以] {음양(陰陽)의} 뜻을[義] 정미하게 밝혀[精] 신묘한 경지로[神] 들어감은[入] {굴신(屈信)의} 활용을[用] 다하려는 것[致]이다[也]. 정의입신(精義入神)을 이용하여[以] {굴신(屈信)의} 활용을[用] 이롭게 해[利] 제 몸을[身] 편안히 함은[安] {음양(陰陽)의} 덕을[德] 숭상하려는 것[崇]이다[也]. 숭덕(崇德)하기를[此] 그르쳐서[過以] 지나가버리면[往] 그르쳤음을[之] 간혹[或] 알지[知] 못하는 것[未]이다[也]. 자연이 변화하게 하는 짓을[神] 더없이 살펴내서[窮]

변해서 새로 됨을[化] 알아챔은[知] 덕(德)의[之] 쌓임[盛]이다[也].

역이[易] 말해준다[曰]. 곤궁하기가[困] 돌과[石] 같고[于], 질려풀[蒺藜]에[于] 주저앉는다[據]. 제[其] 집[宮]에[于] 들어가[入] 제[其] 아내를[妻] 만나보지도 못하니[不見] 흉하다[凶]. 이에 공자가[子] 말했다[曰]. 곤란할[困] 바가[所] 아닌 것[非]인데[而] 곤란한 것[困]이니[焉] 이름이[名] 반드시[必] 욕되고[辱], 주저앉을[據] 곳이[所] 아닌 것[非]인데[而] 주저앉은 것[據]이니[焉] 몸이[身] 반드시[必] 위태롭다[危]. 이미[既] 욕되고[辱] 또[且] 위태로워[危] 죽을[死] 때가[期] 곧[將] 이를 터인데[至] 그자가[其] 아내를[妻] 만나 볼[見] 수 있을 것[可得]인가[邪]?

역이[易] 말해준다[曰]. 공후가[公] 화살을 써서[用] 높은[高] 성곽[墉]의[之] 위[上]에서[于] 매를[隼] 쏘아[射] 그 매를[之] 잡았으니[獲], 이롭지 않음이[不利] 없다[无]. 이에 공자가[子] 말했다[曰]. 새매라는[隼] 것은[者] 날짐승[禽]이고[也] 활과[弓] 화살이란[矢] 것은[者] 기구[器]이며[也] 그것을[之] 쏘는[射] 것은[者] 사람[人]이다[也]. 군자가[君子] 기물을[器] 몸[身]에[於] 간직해두고[藏] 때를[時] 기다려서[待而] 움직인다면[動] 어찌[何] 이롭지 않음[不利]이[之] 있을 것인가[有]? 나아가도[動而] 거치적거릴 것이[括] 없다[不]. 이렇기[是] 때문에[以] 나아가서도[出而] 얻는 것이[獲] 있으니[有], (이를) 기물을[器] 익혀서[成而] 움직인다고[動] 밝히는[語] 것[者]이다[也].

공자가[子] 말했다[曰]. 소인은[小人] 어질지 못함을[不仁] 부끄러워하지 않고[不恥] 의롭지 못함을[不義] 두려워하지 않으며[不畏] 이익을[利] 보지 않으면[不見] 좋아하지 않아 따르지 않고[不勸] 위협받지 않으면[不威] 응징되지 않는다[不懲]. (소인이) 작게[小] 벌 받고서[懲而] 크게[大] 삼가 조심한다면[誡] 이는[此] 소인(小人)의[之] 복(福)이다[也]. 역이[易] 말하기를[曰] 고랑을[校] 발목에 채워[履] 발꿈치를[趾] 잘라내도[滅] 허물이[咎] 없다[无] 하니, 소징이대계(小懲而大誡)란 소인지복(小人之福)임을[此之] 밝힌 것[謂]이다[也]. 선함을[善] 쌓지 않기를[不積] 한다면[以] 이름을[名] 이룰[成] 리 없고[不足], 악함을[惡] 쌓지 않기를[不積] 한다면[以] 제 몸을[身] 망칠[滅] 리 없다[不足]. 소인은[小人] 소소한[小] 선을[善] 가지고[以] 이익이[益] 없다고[无] 여기면서[爲而] {소선(小善)을} 행하지 않는 것[弗爲]이고[也], 소소한[小] 악을[惡] 가지고[以] 해로움이[傷] 없다고[无] 여기면서[爲而]

{소악(小惡)을} 버리지 않는 것[弗去]이다[也]. 그래서[故] 악이[惡] 쌓여져서[積而] 숨겨질[掩] 수 없고[不可] 죄가[罪] 커져서[大而] 풀려날[解] 수 없다[不可].

역이[易] 말해준다[曰]. 고랑을[校] 목에 차고[何] 귀를[耳] 잘리니[滅] 흉하다[凶]. 이에 공자가[子] 말했다[曰]. 위태함이란[危] 것은[者] 그[其] 처지를[位] 안전하게 하는[安] 것[者]이고[也], 멸망이란[亡] 것은[者] 그[其] 존재를[存] 보전하게 하는[保] 것[者]이며[也], 혼란이란[亂] 것은[者] 그[其] 다스림을[治] 갖추는[有] 것[者]이다[也]. 이렇기[是] 때문에[故] 군자는[君子] 안전해도[安而] 위태함을[危] 잊지 않고[不忘] 보존되어도[存而] 멸망을[亡] 잊지 않으며[不忘] 다스려져도[治而] 혼란을[亂] 잊지 않는다[不忘]. 이[是] 때문에[以] 자신을[身] 보전하면서[安而] 나라를[國歌] 보전할 수 있는 것[可保]이다[也].

역이[易] 말해준다[曰]. 그건[其] 망하리라[亡] 그건[其] 망하리라[亡]. 무리지어 있는[苞] 뽕나무[桑]에[于] 매어둔다[繫]. 이에 공자가[子] 말했다[曰]. 덕은[德] 엷은데[薄而] 직위는[位] 높고[尊], 지략은[知] 작은데[小而] 큰 일을[大] 꾀하고[謀], 힘은[力] 작은데[小而] 맡은 일이[任] 막중하다면[重] {흉(凶)함이} 닥치지 않기란[不及] 적은 것[鮮]이다[矣]. 역이[易] 말하기를[曰] 솥이[鼎] 발을[足] 부러트려[折] 임금의[公] 진찬을[餗] 엎질러[覆] 그[其] 몸이[形] 땀에 젖어[渥] 흉하다[凶] 하니, {이 효사(爻辭)는} 제[其] 임무를[任] 잘할 수 없음을[不勝] 말하는 것[言]이다[也].

공자가[子] 말했다[曰]. 기미를[幾] 아는[知] 그것이[其] 신묘[神妙]하구나[乎]! 군자가[君子] 윗사람과[上] 사귀어도[交] 아첨하지 않고[不諂] 아랫사람과[下] 사귀어도[交] 거만하지 않는다[不瀆]. 그것은[其] 기밀을[幾] 아는 것[知]이구나[乎]! 기미란[幾] 것은[者] 변동[動]의[之] 낌새이고[微] 길함[吉]이[之] 미리[先] 드러나는[見] 것[者]이다[也]. 군자는[君子] 기밀을[幾] 알아채고[見而] 작정하면[作] 해 지기를[終日] 기다리지 않는다[不俟].

역이[易] 말해준다[曰]. 확고하기가[介] 돌과[石] 같아[于] 하루를[日] 보내지 않으니[不終], 마음이 곧고 바르고[貞] 길하리라[吉]. 확고하기가[介] 돌과[石] 같은 것[如]인데[焉] 어찌[寧] (그런 확고함이) 하루 내내[終日] 가겠는가[用]. (그런 확고함이란) 결단을[斷] 알[識] 수 있는 것[可]이다[矣]. 군자는[君子] 드러나지 않는 것도[微] 알고[知] 드러나는 것도[彰] 알며[知] 부드러움도[柔] 알고[知] 굳건함도[剛]

알아[知] 모든 사람[萬夫]의[之] 선망이다[望]. 이에 공자가[子] 말했다[曰]. 안씨(顔氏)의[之] 아들[子] 그는[其] 거의[殆] 도에[幾] 가깝도다[庶乎]! 불선함이[不善] 있으면[有] 일찍이[嘗] 모르지[不知] 않고[未] 불선함을[之] 알면[知] 일찍이[嘗] 다시[復] 범하지[行] 않는 것[未]이다[也]. 역이[易] 말하기를[曰] 머지않아[不遠] 회복한다[復]. 후회함에[悔] 이름이[祗] 없으니[无] 크고[元] 길하다[吉] 하니, 천지가[天地] 기운덩이를 교밀하여[絪縕] 온갖 것이[萬物] 변화하여[化] 순일하고[醇], 수컷과[男] 암컷이[女] 정기를[精] 맺어[構] 온갖 것이[萬物] 변화하여[化] 생긴다[生]. 역이[易] 말하기를[曰] 세[三] 사람이[人] 가면[行] 곧[則] 한[一] 사람을[人] 덜고[損], 한[一] 사람이[人] 가면[行] 곧[則] 제[其] 짝을[友] 얻는다[得] 하니, (이는) 하나를[一] 더없이 이루어냄을[致] 말한 것[言]이다[也].

공자가[子] 말했다[曰]. 군자는[君子] 그 자신의[其] 몸을[身] 편안히 한[安] 뒤에야[而後] (백성을) 움직이고[動], 그 자신의[其] 마음을[心] 쉬이한[易] 뒤에야[而後] (백성에게) 말해주며[語], 그 자신이[其] (백성과) 사귐을[交] 결정한[定] 뒤에야[而後] 구한다[求]. 군자는[君子] 이[此] 세[三] 가지를[者] 닦기[脩] 때문에[故] 온전한 것[全]이다[也]. 위태롭게[危以] 움직이면[動] 곧[則] 백성은[民] 함께하지 않을 것[不與]이고[也], 두렵게[懼以] 말하면[語] 곧[則] 백성은[民] 불응할 것[不應]이며[也], 사귐이[交] 없으면서[无而] 구하면[求] 곧[則] 백성은[民] 함께하지 않을 것[不與]이다[也]. (백성이) 그와[之] 함께하지[與] 않으면[莫] 곧[則] 그를[之] 해치는[傷] 일이[者] 올 것[至]이다[矣]. 역이[易] 말하길[曰] 그것을[之] 유익하게[益] 말라[莫]. 그것을[之] 혹시[或] 칠지 모른다[擊]. 마음을[心] 세우되[立] 항심하지[恒] 말라[勿]. 흉하리라[凶] 함이다.

【지남(指南)】

易曰(역왈) 憧憧往來(동동왕래) 朋從爾思(붕종이사)

64괘(卦) 중에서 31번째인 함괘(咸卦 : ䷞) 구사(九四)의 효상(爻象)을 본받아[效] 성인(聖人)이 구사(九四)에 매어둔[繫] 말씀[辭]이 곧 〈정길(貞吉) 회무(悔亡) 동동왕래(憧憧往來) 붕종이사(朋從爾思)〉라는 효사(爻辭)이다. 효사(爻辭)는 논란(論難)하라는 어구(語句)가 아니라 직언(直言)하라는 언구(言句)이며, 시구(詩句)와 같은 사구(辭句)이다. 효사(爻辭)를 논란(論難)의 어구(語句)로 대하면 효사(爻辭)와 상통할 수 없다. 효사(爻辭)를 오로지 직언(直言)의 사구(辭句)로 마주하고 만나야 〈동동왕래(憧憧往來) 붕종이사(朋從爾思)〉를 새기고[玩] 견색(見賾)하여 개역하고 완점(玩占)할 수 있다. 〈동동왕래(憧憧往來)〉는 〈아이[童]들이 뛰고 놀며 가고오고 오고가는 짓[象]〉을 신사(神思)하여 개역하게 하는 사구(辭句)이지, 아이[童]들이 뛰고 놀며 가고오고 오고가는 광경을 서술하거나 진술하는 것은 아니다. 〈붕종이사(朋從爾思)〉 역시 〈벗[朋]이 네 생각[爾思]을 따른다[從]〉는 짓[象]을 신사(神思)하여 개역하게 하는 사구(辭句)이지, 그러한 사실을 서술하거나 진술하는 것은 아니다. 길(吉)한 짓[象]은 길(吉)한 꼴[像]로 드러난다[形]. 사구(辭句)는 시구(詩句)와 같아 짓[象]할 뿐 꼴[像]을 정(定)하여 논란(論難)하게 제시하지 않는다. 물론 함괘(咸卦 : ䷞) 구사(九四)의 효사(爻辭)만 사구(辭句)란 것은 아니다. 성인(聖人)이 64괘(卦)의 384효(爻)에 매어둔[繫] 효사(爻辭)는 모두 사구(辭句)이다.

子曰(자왈) 天下何思何慮(천하하사하려) 天下同歸而殊塗(천하동귀이수도) 一致而百慮(일치이백려)

함괘(咸卦 : ䷞) 구사(九四)의 효사(爻辭)를 새기고[玩] 견색(見賾)하여 개역한 자왈(子曰)이다. 세상에는 온갖 생각[思]도 많고 온갖 걱정[慮]도 많지만 함괘(咸卦 : ䷞) 구사(九四)의 효사(爻辭) 〈동동왕래(憧憧往來) 붕종이사(朋從爾思)〉를 완사(玩辭)한다면 즉 성인(聖人)이 효(爻)에 매어준[繫] 말씀[辭]을 새겨[玩] 헤아린다[擬]면 달리 생각할[思] 것도 없고 달리 걱정할[慮] 것도 없음을 밝힌다.

〈천하동귀이수도(天下同歸而殊塗) 일치이백려(一致而百慮)〉 또한 함괘(咸卦 : ䷞) 구사(九四)의 효사(爻辭)를 새기고[玩] 견색(見賾)하여 개역한 자왈(子曰)이다. 함괘(咸卦 : ䷞) 구사(九四)의 효사(爻辭) 〈동동왕래(憧憧往來) 붕종이사(朋從爾思)〉를 완사(玩辭)한다면 즉 성인(聖人)이 효(爻)에 매어둔[繫] 말씀[辭]을 새겨[玩] 헤아린다[擬]면, 온 세상 사람들이 〈수도(殊塗)하지만 동귀(同歸)함을 깨우칠 수 있음〉을 밝힌다. 죽음[死]-상도(常道)-상덕(常德)-상선(上善)-인의(仁義) 등이 곧 천하지정(天下之情)이다. 저마다 살아가는 길이 달라도 즉 수도(殊塗)일지라도 누구나 천하지정(天下之情)으로 다같이[同] 돌아오게[歸] 마련이다. 이러한 천하지정(天下之情)은 동동왕래(憧憧往來)의 정(情)이다. 거짓[僞]이란 없는[無] 참뜻[情]이라면 누구나 〈붕종이사(朋從爾思)〉를 이룰[成] 수 있으니, 서로 달리[殊] 흙탕길[塗]을 갈지라도 그 길[塗]을 떠나 동동왕래(憧憧往來)의 정(情)으로 하나같이[同] 돌아온다[歸]는 밝힘이 곧 〈동귀이수도(同歸而殊塗)〉이다. 〈동귀(同歸)-일치(一致)〉는 〈동동왕래(憧憧往來)〉로 〈붕종이사(朋從爾思)〉를 이룬다[成]는 풀이이고, 〈수도(殊塗)-백려(百慮)〉는 그 동동왕래(憧憧往來)를 잃어[亡] 〈붕종이사(朋從爾思)〉를 이루지 못함[不成]을 풀이한다.

天下何思何慮(천하하사하려) 日往則月來(일왕즉월래) 月往則日來(월왕즉일래) 日月相推而明生焉(일월상추이명생언)

〈일월상추이명생언(日月相推而明生焉)〉은 함괘(咸卦 : ䷞) 구사(九四)의 효사(爻辭)를 새기고[玩] 견색(見賾)하여 개역한 자왈(子曰)이다. 함괘(咸卦 : ䷞) 구사(九四)의 효사(爻辭) 〈동동왕래(憧憧往來) 붕종이사(朋從爾思)〉를 완사(玩辭)한다면, 〈일왕즉월래(日往則月來) 월왕즉일래(月往則日來)〉의 실례를 새기고[玩] 헤아려[擬] 〈일월상추(日月相推)〉가 〈명생(明生)함〉을 깨우치게 됨을 밝힌다. 〈일왕즉월래(日往則月來) 월왕즉일래(月往則日來)〉 역시 동귀(同歸)-수도(殊塗)를 천수상(天垂象) 즉 자연이[天] 드리운[垂] 짓[象]을 들어, 함괘(咸卦 : ䷞) 구사(九四)의 효사(爻辭)를 완사(玩辭)하여 어떻게 관변(觀變)할 수 있는지 보여준다. 해[日]가 가는 길[軌道]-달[月]이 가는 궤도(軌道)가 서로 다르지만[殊] 다같이[同] 돌아옴[歸]이란 〈명생(明生)〉이다. 여기서 함괘(咸卦 : ䷞) 구사(九四)의 효사(爻辭) 〈동동왕래(憧憧往來) 붕종이사(朋從爾思)〉를 스스로 관완(觀玩)-의의(擬議)하여 단(斷)할 수 있게 하여 〈명생(明生)의 참뜻[情]〉을 깨우칠 수 있다. 이처럼 모든 괘효사(卦爻辭)는 법어지언(法語之言) 즉 정언(正言)이며, 손여지언(巽與之言) 즉 진언(眞言)이다.

寒往則暑來(한왕즉서래) 暑往則寒來(서왕즉한래) 寒暑相推而歲成焉(한서상추이세성언)

〈한서상추이세성언(寒暑相推而歲成焉)〉은 함괘(咸卦 : ䷞) 구사(九四)의 효사(爻辭)를 새기고[玩] 견색(見賾)하여 개역한 자왈(子曰)이다. 함괘(咸卦 : ䷞) 구사

(九四)의 효사(爻辭) 〈동동왕래(憧憧往來) 붕종이사(朋從爾思)〉를 완사(玩辭)한다면, 〈한왕즉서래(寒往則署來) 서왕즉한래(署往則寒來)〉의 실례를 새기고[玩] 헤아려[擬] 〈한서상추(寒暑相推)〉가 〈세성(歲成)함〉을 깨우치게 됨을 밝힌다. 〈한왕즉서래(寒往則署來) 서왕즉한래(署往則寒來)〉 역시 동귀(同歸)-수도(殊塗)를 천수상(天垂象) 즉 자연이[天] 드리운[垂] 짓[象]을 들어, 함괘(咸卦 : ䷞) 구사(九四)의 효사(爻辭)를 완사(玩辭)하여 어떻게 관변(觀變)할 수 있는지 보여준다. 한서(寒暑) 즉 추위[寒]와 더위[署]가 서로[相] 다르지만[殊] 다같이[同] 〈세성(歲成)〉이 되게 한다. 여기서 함괘(咸卦 : ䷞) 구사(九四)의 효사(爻辭) 〈동동왕래(憧憧往來) 붕종이사(朋從爾思)〉를 완사(玩辭)하여 한서상추(寒署相推)를 관상(觀象)하게 되고, 그 상추(相推)를 들어서 수도(殊塗)의 수(殊)와 동귀(同歸)의 동(同) 즉 수(殊)-동(同)의 왕래(往來)를 밝히고, 일치(一致)의 일(一)과 백려(百慮)의 백(百) 즉 일(一)-백(百)의 왕래(往來)함을 들어 세성(歲成) 즉 세월[歲]이 생김[成]을 가늠하게 해준다.

往者屈也(왕자굴야) 來者信也(내자신야) 屈信相感而利生焉(굴신상감이리생언)

〈굴신상감이리생언(屈信相感而利生焉)〉은 함괘(咸卦 : ䷞) 구사(九四)의 효사(爻辭)를 새기고[玩] 견색(見賾)하여 개역한 자왈(子曰)이다. 함괘(咸卦 : ䷞) 구사(九四)의 효사(爻辭) 〈동동왕래(憧憧往來) 붕종이사(朋從爾思)〉를 완사(玩辭)한다면 즉 성인(聖人)이 효(爻)에 매어둔[繫] 말씀[辭]을 새겨[玩] 헤아린다[擬]면, 〈왕자굴야(往者屈也) 내자신야(來者信也)〉를 새기고[玩] 헤아려[擬] 〈굴신상감(屈信相感)〉이 〈이생(利生)함〉을 깨우치게 됨을 밝힌다. 이는 일월왕래(日月往來)-한서왕래(寒署往來)에서 〈왕래(往來)의 참뜻[情]〉을 〈굴신(屈信)〉으로 유(類)함 즉 비교(比較)하여 품별(品別)한다. 일월(日月)이 왕래(往來)하여 밝음[明]이 생기고[生] 한서(寒暑)가 왕래(往來)하여 세월[歲]이 생김[成]이 왕래(往來) 즉 굴신(屈信)으로 말미암은 〈참뜻[情]〉임을 관변(觀變)하게 된 것 역시 함괘(咸卦 : ䷞) 구사(九四)의 효사(爻辭)를 완사(玩辭)하여 이룬 것이다. 여기서 왕래(往來)-굴신(屈信)-생생(生生)-일음일양(一陰一陽)이 모두 역(易) 즉 변화(變化)를 뜻한다.

尺蠖之屈以求信也(척확지굴이구신야)

함괘(咸卦 : ䷞) 구사(九四)의 효사(爻辭)를 새기고[玩] 견색(見賾)하여 개역한 자왈(子曰)이다. 굴신(屈信)의 상추(相推)로 말미암은 이생(利生)의 〈이(利)〉를 자벌레[尺蠖]를 들어 풀이한다. 여기서 척확(尺蠖)은 굴신(屈信)을 통한 이생(利生)의 이로움[利]을 보여주는[垂] 것으로 풀이하여 자연의[天地之] 짓[象] 즉 천수상(天垂象)으로 삼는다. 굽힘을[屈] 이용하여[以] 뻗침을[信] 구해[求] 왕래(往來)하는 목숨인 자벌레[尺蠖]가 음양(陰陽)-귀신(鬼神)의 이치-가르침[道]을 일깨운다.

龍蛇之蟄以存身也(용사지칩이존신야)

역시 함괘(咸卦 : ䷞) 구사(九四)의 효사(爻辭)를 새기고[玩] 견색(見賾)하여 개역한 자왈(子曰)이다. 굴신(屈信)의 상추(相推)로 말미암은 이생(利生)의 〈이(利)〉를 뱀[龍蛇]의 겨울잠[蟄]으로 풀이한다. 여기서 용사(龍蛇) 즉 뱀의 칩(蟄)과 경칩(驚蟄)을 굴신(屈信)으로 풀이하여, 뱀[龍蛇]을 이생(利生)의 이로움[利]을 보여주는[垂] 자연의[天地之] 짓[象] 즉 천수상(天垂象)으로 삼는다. 뱀[蛇]의 〈칩(蟄)〉은 〈굴(屈)〉이며 음(陰)이고, 뱀의 경칩(驚蟄)은 〈신(信)〉 즉 〈신(伸)〉이며 양(陽)이다. 한서(寒暑)의 왕래(往來)를 본받아[法] 뱀[蛇]이란 것도 한서(寒暑)의 왕래(往來)를 따라 굴신(屈信)하여 제 몸을 보존한다. 그러니 뱀[蛇]에게 〈칩(蟄)-경칩(驚蟄)〉이야말로 굴신(屈信)-왕래(往來)의 이로움[利]이다.

精義入神以致用也(정의입신이치용야)

함괘(咸卦 : ䷞) 구사(九四)의 효사(爻辭)를 새기고[玩] 견색(見賾)하여 개역한 자왈(子曰)이다. 함괘(咸卦 : ䷞) 구사(九四)의 효사(爻辭) 〈동동왕래(憧憧往來) 붕종이사(朋從爾思)〉를 완사(玩辭)하여 유만물지정(類萬物之情)할 수 있게 되고, 나아가 온갖 것의[萬物之] 참뜻[情]을 개역함이 정의(精義)이고, 그 정의(精義)로 말미암아 이루어지는 깨우침이 입신(入神)이다. 물론 입신(入神)은 완점(玩占)으로 이어진다. 함괘(咸卦 : ䷞) 구사(九四)의 효사(爻辭)를 완사(玩辭)하여 척확지구신(尺蠖之求信)과 용사지존신(龍蛇之存身)의 뜻[義]을 세세히 밝혀[精] 입신(入神)함을 일러 〈정의입신(精義入神)〉이라고 한다. 정의입신(精義入神)의 〈정의(精義)〉란 유만물지정(類萬物之情)과 같은 말이다. 정의(精義)의 〈정(精)〉은 유만물지정(類萬物之情)의 〈유(類)〉와 같고, 정의(精義)의 〈의(義)〉는 척확(尺蠖)과 용사(龍蛇)가 보여주는 굴신(屈信)의 참뜻[情]과 같다.

利用安身以崇德也(이용안신이숭덕야)

함괘(咸卦 : ䷞) 구사(九四)의 효사(爻辭)를 새기고[玩] 견색(見賾)하여 개역한 자왈(子曰)이다. 함괘(咸卦 : ䷞) 구사(九四)의 효사(爻辭) 〈동동왕래(憧憧往來) 붕종이사(朋從爾思)〉를 완사(玩辭)하여 척확(尺蠖)과 용사(龍蛇)의 굴신(屈信)을 〈유(類)〉하게 되면, 왕래(往來)-굴신(屈信)의 참뜻[情]을 깨우쳐 〈안신(安身)함〉을 밝힌다. 굴신지용(屈信之用) 즉 굴신의[屈信之] 씀[用]을 이롭게 한다[利]면 삶이 편안함[安身]을 밝힌다. 그리고 굴신지용(屈信之用)을 이롭게 하여[利] 안신(安身)을 〈숭덕(崇德)〉이라고 밝힌다. 숭덕(崇德)은 숭역(崇易)을 뜻한다고 새겨도 된다. 숭덕(崇德)의 〈덕(德)〉이란 〈통어천지자(通於天地者)〉 바로 그것이기 때문이다. 자연[天地]에[於] 통함[通]이 덕(德)이니 그 덕(德)이란 음양지덕(陰陽之德) 즉 역지덕(易之德)이다. 그러므로 숭덕(崇德)이란 왕래(往來)의 이(利)-굴신(屈信)의 이(利) 즉 변화(變化)의 이로움[利]을 숭상(崇尙)함이다.

過此以往未之或知也(과차이왕미지혹지야)

함괘(咸卦 : ䷞) 구사(九四)의 효사(爻辭)를 새기고[玩] 견색(見賾)하여 개역한 자왈(子曰)이다. 굴신(屈信)의 이로움[利]을 활용하여[用] 안신(安身)하게 하는 〈숭덕(崇德)하기〉를 그르쳐[過] 잊어버리는[往] 경우를 밝힌다. 이는 성인(聖人)이 재계(齋戒)하는 연유를 헤아리지 못함을 뜻한다. 마음가짐을 청명하게 하고[齋] 마음을 더럽힘을 막고[戒] 지성(至誠)으로 완사(玩辭)하는 까닭을 망각(忘却)함을 〈과차이왕(過此以往)〉이라고 밝힌다. 만물지정(萬物之情) 즉 온갖 것의[萬物之] 참뜻[情]을 지성(至誠)으로 〈유(類)하여 스스로 개역해야〉, 관변(觀變) 즉 변화(變化)를 살펴[觀] 지변(知變) 즉 변화(變化)를 알아채[知] 지래(知來) 즉 새로 다가올 것[來]을 알[知] 수 있게 하는 완사(玩辭)에 따른 개역을 게을리하지 말 것임을 〈과차이왕(過此以往)〉이 환기시킨다.

窮神知化德之盛也(궁신지화덕지성야)

함괘(咸卦 : ䷞) 구사(九四)의 효사(爻辭)를 새기고[玩] 견색(見賾)하여 개역한 자왈(子曰)이다. 〈궁신지화(窮神知化)〉는 〈숭덕(崇德)〉을 풀이한다. 숭덕(崇德)은 곧 궁신(窮神)으로 이어지고 궁신(窮神)은 지변(知變)-지화(知化)로 이어지고 지화(知化)는 곧 지래(知來)로 이어진다. 물론 지래(知來)하자면 무엇보다 먼저 재계(齋戒)하고 지성(至誠)으로 완사(玩辭)하여 완점(玩占)해야 한다. 그러므로 궁신(窮神)은 변화지도(變化之道)를 궁구(窮究)함이다. 변화(變化)의[之] 이치[道]를 남김없이[窮] 살펴내야[究] 완점(玩占)할 수 있다. 이를 〈지화(知化)〉라 한다. 물론 지화(知化)는 지변(知變)으로부터 비롯된다. 〈지변(知變)-지화(知化)〉는 지래(知來)로 이어진다. 이러한 지래(知來)는 성덕(盛德) 즉 덕지성(德之盛)을 떠날 수 없다.

易曰(역왈) 困于石(곤우석) 據于蒺藜(거우질려) 入于其宮(입우기궁) 不見其妻(불견기처) 凶(흉)

효사(爻辭)를 완사(玩辭)하자면 그 효사(爻辭)를 매어둔[繫] 효(爻)의 상(象) 즉 효상(爻象)을 먼저 관상(觀象)해야 한다. 47번째 대성괘인 곤괘(困卦 : ䷮) 육삼(六三)의 효상(爻象)을 살피자면 먼저 곤괘(困卦 : ䷮)의 괘상(卦象)을 살펴야 한다. 그러므로 곤괘(困卦 : ䷮)의 괘상(卦象)을 살피고 육삼(六三)의 효상(爻象)을 살핀 다음에야 육삼(六三)의 효사(爻辭)인 〈곤우석(困于石) 거우질려(據于蒺藜) 입우기궁(入于其宮) 불견기처(不見其妻) 흉(凶)〉을 새기고[玩] 견색(見賾)하여 개역하고 완점(玩占)할 수 있다.

子曰(자왈) 非所困而困焉(비소곤이곤언) 名必辱(명필욕)

곤괘(困卦 : ䷮) 육삼(六三)의 효사(爻辭) 〈곤우석(困于石)〉의 흉(凶)함을 새기고[玩] 견색(見賾)하여 개역한 자왈(子曰)이다. 〈명필욕(名必辱)〉은 비소곤이곤언(非所困而困焉)을 유(類)한 다음 헤아려 따져 가늠한 것이다. 물론 〈비소곤이곤언(非所困而困焉)〉은 곤괘(困卦 : ䷮) 육삼(六三)의 효사(爻辭) 〈곤우석(困于石)〉의 흉(凶)함을 공자(孔子)가 개역한 것이라고 해서, 〈곤우석(困于石)의 흉(凶)함〉을 반드시 공자(孔子)를 따라 비소곤이곤언(非所困而困焉)이라고 암기해야 한다는 것은 아니다. 다만 〈비소곤이곤언(非所困而困焉)〉은 공자(孔子)가 완사(玩辭)하여 개역한 하나의 실례로 여기면 된다. 그러니 〈곤우석(困于石)의 흉(凶)함〉이라는 효사(爻辭)는 저마다 나름대로 개역하라고 요구하는 사구(辭句)일 뿐이다.

非所據而據焉(비소거이거언) 身必危(신필위)

곤괘(困卦 : ䷮) 육삼(六三)의 효사(爻辭) 〈거우질려(據于蒺藜)의 흉(凶)함〉을 새기고[玩] 견색(見賾)하여 개역한 자왈(子曰)이다. 〈신필위(身必危)〉는 비소거이거언(非所據而據焉)을 유(類)한 다음 헤아려 따져 가늠한 것이다. 물론 비소거이거언(非所據而據焉) 역시 곤괘(困卦 : ䷮) 육삼(六三)의 효사(爻辭) 〈거우질려(據于蒺藜)의 흉(凶)함〉을 공자(孔子)가 개역한 것이라고 해서, 〈거우질려(據于蒺藜)의 흉(凶)함〉을 반드시 공자(孔子)를 따라 비소거이거언(非所據而據焉)이라고 암기해야 한다는 것은 아니다. 다만 공자(孔子)가 완사(玩辭)하여 개역해 보여주는 한 실례로 여기면 된다. 그러므로 〈거우질려(據于蒺藜)의 흉(凶)함〉은 누구에게나 나름대로 개역하라고 요구하는 사구(辭句)일 뿐임을 명심해야 한다.

旣辱且危(기욕차위) 死期將至(사기장지) 妻其可得見邪(처기가득견야)

〈기욕차위(旣辱且危) 사기장지(死期將至)〉는 곤괘(困卦 : ䷮) 육삼(六三)의 효사(爻辭) 〈입우기궁(入于其宮) 불가견처(不可見妻)의 흉(凶)함〉을 새기고[玩] 견색(見賾)하여 개역한 자왈(子曰)이다. 〈처기가득견야(妻其可得見邪)〉는 〈기욕차위(旣辱且危) 사기장지(死期將至)〉를 유(類)한 다음 헤아려 따져 가늠한 것이다. 물론 〈기욕차위(旣辱且危) 사기장지(死期將至)〉는 곤괘(困卦 : ䷮) 육삼(六三)의 효사(爻辭) 〈입우기궁(入于其宮)-불견기처(不見其妻)의 흉(凶)함〉을 공자(孔子)가 개역한 것이라고 해서, 〈입우기궁(入于其宮)-불견기처(不見其妻)의 흉(凶)함〉을 반드시 공자(孔子)를 따라 기욕차위(旣辱且危)-사기장지(死期將至)라고 암기해야 한다는 것은 아니다. 다만 공자(孔子)가 완사(玩辭)하여 개역하여 보여주는 하나의 실례로 여기면 된다.

易曰(역왈) 公用射隼于高墉之上(공용사준우고용지상) 獲之(획지) 无不利(무불리)

40번째 대성괘(大成卦)인 해괘(解卦 : ䷧) 상륙(上六)의 효사(爻辭)이다. 효사(爻辭)를 새기자면[玩] 그 효(爻)의 상(象) 즉 효상(爻象)을 먼저 관상(觀象)해야 한다. 해괘(解卦 : ䷧) 상륙(上六)의 효상(爻象)을 살피자면 먼저 해괘(解卦 : ䷧)의 괘상(卦象)을 살펴야 한다. 그러므로 해괘(解卦 : ䷧)의 괘상(卦象)을 살피고 상륙(上六)의 효상(爻象)을 살핀 다음에야 상륙(上六)의 효사(爻辭)인 〈공용사준우고용지상(公用射隼于高墉之上) 획지(獲之) 무불리(无不利)〉를 새기고[玩] 견색(見賾)하여 개역하고 완점(玩占)할 수 있다.

子曰(자왈) 隼者禽也(준자금야) 弓矢者器也(궁시자기야) 射之者人也(사지자인야) 君子藏器於身(군자장기어신) 待時而動(대시이동) 何不利之有(하불리지유) 動而不括(동이불괄) 是以(시이) 出而有獲(출이유획) 語成器而動者也(어성기이동자야)

해괘(解卦 : ䷧) 상륙(上六)의 효사(爻辭)를 새기고[玩] 견색(見賾)하여 개역한 자왈(子曰)이다. 이 자왈(子曰)은 해괘(解卦 : ䷧) 상륙(上六)의 효사(爻辭) 〈공용사준우고용지상(公用射隼于高墉之上)〉을 완사(玩辭)한 것이다. 공용사준우고용지상(公用射隼于高墉之上)의 〈공(公)〉을 〈인(人)〉으로 새겼고[玩] 〈준(隼)〉을 〈금(禽)〉으로 새겼으며 〈사(射)〉를 〈기(器)〉로 새겼다. 궁시자기야(弓矢者器也)의 〈기(器)〉는 〈쓰일 것[道具]〉을 뜻하고, 장기어신(藏器於身)의 〈기(器)〉는 〈도구(道具)를 쓰는 솜씨[技術]〉를 뜻해 장기어신(藏器於身)은 여기선 〈기술연마(技術研磨)〉의 뜻으로 새기면 된다. 그리고 해괘(解卦 : ䷧) 상륙(上六)의 효사(爻辭) 〈획지(獲之)〉 즉 〈새매를[之] 잡았다[獲]〉는 〈군자가[君子] 궁술을 연마하여[藏器於身] 때를 기다리다가[待時] 매사냥을 나갔다[動]〉라고 새겼다. 그리고 해괘(解卦 : ䷧) 상륙(上六)의 효사(爻辭) 〈무불리(无不利)〉를 〈하불리지유(何不利之有)〉라고 새겼다. 이렇게 해괘(解卦 : ䷧) 상륙(上六)의 효사(爻辭)를 완사(玩辭)한 다음 이어서 〈동이불괄(動而不括)〉이라고 효사(爻辭)를 새김질하여[玩] 궁술을 연마하면서 대시(待時)하였으니, 〈매사냥을 나가도[動而] 거치적거릴 것이 없다[不括]〉라고 밝힌다.

子曰(자왈) 小人不恥不仁(소인불치불인) 不畏不義(불외불의) 不見利不勸(불견리불권) 不威不懲(불위부징) 小懲而大誡(소징이대계) 此小人之福也(차소인지복야)

〈소인불치불인(小人不恥不仁)〉은 21번째 대성괘(大成卦)인 서합괘(噬嗑卦 : ䷔) 초구(初九)의 효사(爻辭)를 새기고[玩] 견색(見賾)하여 개역한 자왈(子曰)이다. 〈불인(不仁)〉은 곧 비인(非人)을 뜻한다. 사람[人]이 아닌 짓[非]을 범하고서도 불치(不恥)하면 뉘우치질[悔] 못한다. 부끄러운 줄 안다면 회린(悔吝)할 일이 뒤따라 일어나지 않는다. 불인(不仁)을 불치(不恥)하기 때문에 소인(小人)은 극기(克己)를 비웃고[狎] 복례(復禮)를 얕본다[侮]. 그래서 소인(小人)은 뻔뻔해 낯가죽이 쇠가죽이란 욕(辱)을 먹는다.

〈불외불의(不畏不義)〉는 서합괘(噬嗑卦 : ䷔) 초구(初九)의 효사(爻辭)를 새기고[玩] 견색(見賾)하여 개역한 자왈(子曰)이다. 소인(小人)에게는 사나움만[勇] 있고[有] 의로움[義]이란 없다[無]고 함은 소인(小人)이 의롭지 않음[不義]을 두려워하지 않기[不畏] 때문이다. 그래서 소인(小人)은 위력 앞에선 비굴하면서도 고겁(苦怯)하기를 마다하지 않는다. 힘없는 자[怯者]를 괴롭힘[苦]은 의(義)를 얕보기[侮狎] 때문이다.

〈불견리불권(不見利不勸)〉은 서합괘(噬嗑卦 : ䷔) 초구(初九)의 효사(爻辭)를 새기고[玩] 견색(見賾)하여 개역한 자왈(子曰)이다. 소인(小人)은 이익에만[於利] 밝지[喩] 인의(仁義)-선덕(善德) 따위는 그림의 떡쯤으로 여기고 만다. 그래서 소인(小人)의 심중에는 재물[土]을 품고[懷] 이익[利]만을 좇아서 따를[勸] 뿐이다. 그래서 소인(小人)은 이(利)가 보이지 않으면[不見] 눈길조차 주려 않는다. 〈이를[利] 보면[見] 의를[義] 생각하라[思]〉는 말을 소인(小人)은 모압(侮狎)하기 때문에 흉허물을 자초하면서도 부끄러워하지도 않고[不恥] 두려워하지도 않는다[不畏].

〈불위부징(不威不懲)〉은 서합괘(噬嗑卦 : ䷔) 초구(初九)의 효사(爻辭)를 새기고[玩] 견색(見賾)하여 개역한 자왈(子曰)이다. 이는 소인(小人)의 만용(蠻勇)을 말한다. 불인(不仁) 따위로 부끄럽지 않고[不恥] 불의(不義) 따위로 두렵지 않기[不畏] 때문에 소인(小人)은 어질지 않다고[不仁] 해서 겁내지도 않고[不威] 옳지 않다고[不義] 해서 뉘우치지도 않는다[不懲].

〈소징이대계(小懲而大誡)〉는 서합괘(噬嗑卦 : ䷔) 초구(初九)의 효사(爻辭)를 새기고[玩] 견색(見賾)하여 개역한 자왈(子曰)이다. 〈소징이대계(小懲而大誡)〉를 왜 소인의[小人之] 복(福)이라고 할 수 있는지 자문(自問)하게 한다. 작게[小] 벌 받고[懲] 크게[大] 삼가 조심한다[誡]면 오형(五刑)을 면할 수 있기 때문이다. 소징(小懲)의 〈소(小)〉는 여기선 〈작다〉는 뜻도 되지만 〈몸[體]〉을 뜻하기도 하고, 대계(大誡)의 〈대(大)〉는 여기선 〈크다〉는 뜻도 되지만 〈마음[心]〉을 뜻하기도 한다. 체벌(體罰)을 받음이 소징(小懲)이고 체벌을 받고 삼가 조심하는 심중(心中)이 대계(大誡)이다. 벌(罰)을 받고 취불인(恥不仁)-외불의(畏不義) 즉 불인(不仁)을 부끄러워하게 되고[恥] 불의(不義)를 두려워하게 됨[畏]이 곧 〈대계(大誡)〉이다. 군자(君子)는 성인(聖人)을 본받아[效] 스스로 재계(齋戒)하지만, 소인(小人)은 성인(聖人)을 얕보고[狎] 스스로 재계하지 않고 자시(自是)-자벌(自伐)-자만(自慢)한다. 〈계(誡)〉는 형벌이나 경고나 훈계를 받고나서 삼가 조심하게 된다면 소인(小人)에게 복(福)이 된다는 것이다.

易曰(역왈) 履校(이교) 滅趾(멸지) 无咎(무구) 此之謂也(차지위야)

서합괘(噬嗑卦 : ䷔) 초구(初九)의 효상(爻象)을 본받아[效] 성인(聖人)이 초구(初九)에 매어둔[繫] 말씀[辭]이다. 효사(爻辭)는 논란(論難)하라는 어구(語句)가 아니라 직언(直言)하라는 언구(言句)이며, 시구(詩句)와 같은 사구(辭句)이다. 효사(爻辭)를 논란(論難)의 어구(語句)로 대하면 효사(爻辭)와 상통할 수 없다. 앞에서는 효사(爻辭)를 먼저 인용한 다음에 그 효의(爻義)를 새기고[玩] 견색(見賾)하여 개역하고 완점(玩占)할 수 있다. 그러나 여기서는 소인(小人)의 흉(凶)함을 먼저 제시하고 서합괘(噬嗑卦 : ䷔) 초구(初九)의 효사(爻辭)를 뒤에 적시하여 효의(爻義)를 신사(神思)하여 새롭게 풀이한다. 서합괘(噬嗑卦 : ䷔)의 짓[象]은 진(震)은 우레[雷]이고 이(離)는 불[火]이니 위의 불길과 아래의 우레가 서로 싸우는 짓[象]이라, 음양(陰陽)의 기운이 서로 으르렁대며 투쟁하는 상(象)이다. 진(震)은 소성괘(小成卦)의 성질로 보면 결단(決斷)-분발(奮發)이고, 이(離)는 소성괘(小成卦)의 성질로 보면 열(熱)-밝음-아름다움이라, 서로 겨루어 이겨야 하는 괘상(卦象)이 살벌하다.

이러한 괘상(卦象)을 본받아[效] 성인(聖人)이 서합괘(噬嗑卦 : ䷔)에 매어둔[繫] 괘사(卦辭)는 〈서합형(噬嗑亨) 이용옥(利用獄)〉 즉 〈서로 씹히면[噬嗑] 통한다[亨] 감옥을[獄] 써야[用] 이롭다[利]〉이다. 이렇듯 서합괘(噬嗑卦 : ䷔)의 괘상(卦象)은 살벌하다. 그래서 서합괘(噬嗑卦 : ䷔) 여섯 효(爻)에 성인(聖人)이 매어둔[繫] 효사(爻辭)는 저마다 잔혹한 사구(辭句)들로 되어 있다. 씹어 먹는 입속의 짓을 나타내는 서합(噬嗑)은 이리저리 물고 물리는 짓[象]이다. 이러한 서합괘(噬嗑卦 : ䷔)에서 초구(初九)의 효사(爻辭)를 들어 소인(小人)의 흉(凶)함을 새겨[玩] 헤아리고[擬] 따져[議] 가늠할[斷] 수 있다. 이와 같은 초구(初九)의 효상(爻象)을 본받아[效] 성인(聖人)이 서합괘(噬嗑卦 : ䷔) 초구(初九)에 매어둔[繫] 말씀[辭]이 〈이교(屨校) 멸지(滅趾) 무구(无咎)〉 등으로 〈흉(凶)해도 다행임〉을 수시(垂示)하는 사구(辭句)임을 알아채야, 〈이교(屨校)〉를 완사(玩辭)하여 〈흉(凶)해도 다행임〉을 개역할 수 있고, 〈멸지(滅趾)〉를 완사(玩辭)하여 〈흉(凶)해도 다행임〉을 개역할 수 있으며, 〈무구(无咎)〉를 완사(玩辭)하여 〈흉(凶)해도 다행임〉을 개역할 수 있다.

善不積不足以成名(선부적부족이성명) 惡不積不足以滅身(악부적부족이멸신) 小人以小善爲无益而弗爲也(소인이소선위무익이불위야) 以小惡爲无傷而弗去也(이소악위무상이불거야) 故(고) 惡積而不可掩(악적이불가엄) 罪大而不可解(죄대이불가해)

서합괘(噬嗑卦 : ䷔) 상구(上九)의 효사(爻辭)를 새기고[玩] 견색(見賾)하여 개역한 자왈(子曰)이다. 이는 소인(小人)의 삶을 밝힌다. 적선(積善)의 삶 즉 선을[善] 쌓는[積] 삶이란 성덕(盛德) 즉 덕을[德] 쌓는[盛] 삶과 같다. 적선(積善)-성덕(盛德)-화신(化神) 등은 다 뜻이 같은 말씀이다. 군자(君子)는 적선(積善)의 삶을 누리고 소인(小人)은 적선(積善)의 삶을 얕보고 비웃는다. 그래서 군자(君子)는 온 세상에 성명(成名)을 누리게 되고 소인(小人)은 성명(成名)을 누릴 수 없게 된다. 성명(成名)-존명(尊名) 등은 같은 말이고 숨기거나 감출 것 없이 떳떳이 살아감을 일러 〈성명(成名)〉이라 한다. 그래서 〈이적선(以積善)하면 족성명(足成名)한다〉 하고

〈이부적선(以不積善)하면 부족성명(不足成名)한다〉라고 한다.

〈악부적부족이멸신(惡不積不足以滅身)〉은 서합괘(噬嗑卦 : ䷔) 상구(上九)의 효사(爻辭)를 새기고[玩] 견색(見賾)하여 개역한 자왈(子曰)이다. 이는 군자(君子)의 삶을 밝힌다. 〈불이적악(不以積惡)〉의 삶은 곧 적선(積善)의 삶으로 통한다. 악을[惡] 쌓지[積] 않으면 곧 적선(積善)으로 통하기 때문이다. 군자(君子)는 적악(積惡)의 삶을 결코 범하지 않는다. 군자(君子)는 대명(待命)하여 거이(居易)하기 때문이다. 무사(無私)-무욕(無欲)한 삶을 거이(居易)라 한다. 적선(積善)에는 멸신(滅身)-망신(亡身)-몰신(歿身)이란 없다는 말씀이다.

〈소인이소선위무익이불위야(小人以小善爲无益而弗爲也)〉는 서합괘(噬嗑卦 : ䷔) 상구(上九)의 효사(爻辭)를 새기고[玩] 견색(見賾)하여 개역한 자왈(子曰)이다. 이는 소인(小人)이 불선(不善)한 까닭을 밝힌다. 소인(小人)은 적선(積善)의 선(善)이 곧 소선(小善)임을 모른다. 가랑비에 옷 젖는다고 소선(小善)이 쌓여[積] 대선(大善)-상선(常善)이 되는 것임을 소인(小人)은 모르고 군자(君子)는 안다. 소인(小人)은 오로지 회토(懷土)하여 유어리(喩於利)하기 때문에 무익하다고 생각하면 곧장 외면한다. 소선(小善) 즉 일상의 선(善)을 소인(小人)은 무익하다고 여겨 적선(積善)하지 못한다.

〈이소악위무상이불거야(以小惡爲无傷而弗去也)〉는 서합괘(噬嗑卦 : ䷔) 상구(上九)의 효사(爻辭)를 새기고[玩] 견색(見賾)하여 개역한 자왈(子曰)이다. 이는 소인(小人)이 사악(邪惡)한 까닭을 밝힌다. 적악(積惡) 즉 악을[惡] 쌓기[積]란 소악(小惡)으로 이루어진다. 자신의 이익(利益)을 위해서라면 남을 상(傷)하게 하고 괴롭히기[苦]를 마다 않는 일상의 삶이 곧 작은[小] 악을[惡] 쌓는[積] 삶이다. 그런 소악(小惡)이 남을 해치고[傷] 결국 자기를 상(傷)하게 함을 소인(小人)은 모른다. 그래서 소인(小人)은 오만하고 불손함이 소악(小惡)인 줄 모른다. 소인(小人)을 두고 거리낌[忌]도 없고[無] 삼감[憚]도 없어[無] 교만하면서도 교만한 줄 모르고 불손하면서 불손한 줄 몰라 회린(悔吝)할 줄 모른다는 것이다.

〈악적이불가엄(惡積而不可掩) 죄대이불가해(罪大而不可解)〉는 서합괘(噬嗑卦 : ䷔) 상구(上九)의 효사(爻辭)를 새기고[玩] 견색(見賾)하여 개역한 자왈(子曰)이다. 이는 쌓인[積] 악(惡)이란 결코 감출 수도 없고 숨길 수도 없음을 말한다. 그리고

〈죄대이불가해(罪大而不可解)〉는 악적(惡積)은 대죄(大罪)로 드러나고 대죄(大罪)는 형벌을 면할 수 없음을 밝힌다.

易曰(역왈) 何校(하교) 滅耳(멸이) 凶(흉)

서합괘(噬嗑卦 : ䷔)의 괘상(卦象)은 아래[下] 진괘(震卦 : ☳)와 위[上] 이괘(離卦 : ☲)로 이루어져 있다. 서합괘(噬嗑卦 : ䷔)의 짓[象]은 진(震)은 우레[雷]이고 이(離)는 불[火]이니 위의 불길과 아래의 우레가 서로 싸우는 짓[象]이라, 음양(陰陽)의 기운이 서로 으르렁대며 투쟁하는 상(象)이다. 진(震)은 소성괘(小成卦)의 성질로 보면 결단(決斷)-분발(奮發)이고, 이(離)는 소성괘(小成卦)의 성질로 보면 열(熱)-밝음-아름다움이라 서로 겨루어 이겨야 하는 괘상(卦象)이 살벌하다. 그래서 서합괘(噬嗑卦 : ䷔) 여섯 효(爻)에 성인(聖人)이 매어둔[繫] 효사(爻辭)는 저마다 잔혹한 사구(辭句)들로 되어 있다. 씹어 먹는 입속의 짓을 나타내는 서합(噬嗑)은 이리저리 물고 물리는 짓[象]이다. 이러한 서합괘(噬嗑卦 : ䷔)에서 상구(上九)의 효사(爻辭)를 들어 흉(凶)함을 새겨[玩] 헤아리고[擬] 따져[議] 가늠할[斷] 수 있다.

서합괘(噬嗑卦 : ䷔) 상구(上九)의 효사(爻辭)를 완사(玩辭)하자면 먼저 상구(上九)의 효상(爻象)부터 관상(觀象)해야 한다. 서합괘(噬嗑卦 : ䷔) 상구(上九)의 효상(爻象)을 관상(觀象)하자면 서합괘(噬嗑卦 : ䷔) 여섯 개의 효(爻)가 있는 자리[位]를 따져[議] 서로의 관계 즉 〈중(中)-정(正)-중정(中正)-정응(正應)-불응(不應)-비(比)〉 등을 가늠해[斷] 효상(爻象)을 살펴[觀] 헤아릴[擬] 수 있다. 서합괘(噬嗑卦 : ䷔)에서 상구(上九)는 양효(陽爻)이면서 음효(陰爻)의 자리[位]에 있으므로 〈부정(不正)의 자리[位]〉이니 흉(凶)한 자리[位]이다. 서합괘(噬嗑卦 : ䷔)에서 상구(上九)의 이웃 효(爻)는 육오(六五)인데 그 육오(六五)가 양위(陽位)를 차지하고 상구(上九)를 밀어내려는 음효(陰爻)이어서, 상구(上九)에게 〈비(比)의 자리[位]〉도 흉(凶)한 위(位)이다. 이처럼 서합괘(噬嗑卦 : ䷔) 상구(上九)의 효상(爻象)은 흉(凶)하고 흉(凶)할 뿐이라, 성인(聖人)이 서합괘(噬嗑卦 : ䷔) 상구(上九)에 매어둔[繫] 말씀[辭]이 〈하교(何校) 멸이(滅耳) 흉(凶)〉 등으로 〈흉(凶)하고 흉(凶)함〉을 수시(垂示)함을 알아채야, 〈하교(何校)〉를 완사(玩辭)하여 〈흉(凶)함〉을 저마다 개역할 수 있고, 〈멸이(滅耳)〉를 완사(玩辭)하여 〈흉(凶)함〉을 저마다 개역할 수 있다.

子曰(자왈) 危者安其位者也(위자안기위자야) 亡者保其存者也(망자보기존자야) 亂者有其治者也(난자유기치자야) 是故(시고) 君子安而不忘危(군자안이불망위) 存而不忘亡(존이불망망) 治而不忘亂(치이불망란) 是以(시이) 身安而國家可保也(신안이국가가보야)

이는 64괘(卦) 중에서 12번째 대성괘(大成卦)인 비괘(否卦 : ䷋) 구오(九五)의 효사(爻辭)를 새기고[玩] 견색(見賾)하여 개역한 자왈(子曰)이다. 비괘(否卦 : ䷋) 구오(九五)의 효사(爻辭) 〈기망기망(其亡其亡) 계우포상(繫于苞桑)〉이 〈위자(危者)〉로 완사(玩辭)되고 그 〈위자(危者)〉가 〈안기위자(安其位者)〉를 가르쳐주어[誨] 깨닫게[曉] 되었음을 밝히는 말씀이 〈위자안기위자야(危者安其位者也)〉이고, 〈망자(亡者)〉가 〈보기존자(保其存者)〉를 가르쳐주어[誨] 깨닫게[曉] 되었음을 밝히는 말씀이 〈망자보기존자야(亡者保其存者也)〉이며, 〈난자(亂者)〉가 〈유기치자(有其治者)〉를 가르쳐주어[誨] 깨닫게[曉] 되었음을 밝히는 말씀이 〈난자유기치자야(亂者有其治者也)〉이다. 위태한 것[危者]을 위자(危者)로만 알고[知] 만다면 부지위자(不知危者)이고, 위태로운[危] 것[者]을 알고[知] 따라서 안자(安者)를 깨우쳐[悟] 위태한 것[危者]을 안전한 것[安者]으로 변화하게 해야 함을 안다면 그가 곧 지위자(知危者) 즉 위태함을[危] 아는[知] 사람[者]이다. 멸망할 것[亡者]을 망자(亡者)로만 알고[知] 만다면 부지망자(不知亡者)이고, 멸망할[亡] 것[者]을 알고[知] 따라서 보자(保者)를 깨우쳐[悟] 멸망할 것[亡者]을 보전할 것[保者]으로 변화하게 해야 함을 안다면 그가 곧 지망자(知亡者) 즉 멸망함을[亡] 아는[知] 사람[者]이다. 혼란할 것[亂者]을 난자(亂者)로만 알고[知] 만다면 부지란자(不知亂者)이고, 혼란할[亂] 것[者]을 알고[知] 따라서 치자(治者)를 깨우쳐[悟] 혼란할 것[亂者]을 다스려질 것[治者]으로 변화하게 해야 함을 안다면 그가 곧 지치자(知治者) 즉 다스려짐을[治] 아는[知] 사람[者]이다. 위자(危者)로 말미암아 안자(安者)를 깨닫고[曉] 망자(亡者)로 말미암아 보자(保者)를 효(曉)하며 난자(亂者)로 말미암아 치자(治者)를 효(曉)함은 곧 유만물지정(類萬物之情)의 〈유(類)〉 즉 온갖 것의[萬物之] 참뜻[情]을 비교(比較)하고 품별(品別)하여 새로운 뜻을 스스로 찾아내 완점(玩占)해야 한다.

易曰(역왈) 其亡其亡(기망기망) 繫于苞桑(계우포상)

비괘(否卦 : ䷋) 구오(九五)의 효사(爻辭) 뒷부분이다. 아래[下] 곤괘(坤卦 : ☷)와 위[上] 건괘(乾卦 : ☰)로 이루어진 것이 비괘(否卦 : ䷋)의 괘상(卦象)이다. 비괘(否卦 : ䷋)의 짓[象]은 곤(坤)은 땅[地]이고 건(乾)은 하늘[天]이니, 하늘[天]의 힘[氣]이 위로 몰려 밀려가고 땅[地]의 힘[氣]이 아래로 몰려 내려와 막힌[否] 모습이다. 음양(陰陽)은 상생(相生)-상성(相成)-상형(象形)-상경(相傾)-상화(相和)-상수(相隨)해야 열린다[通]. 그러나 비괘(否卦 : ䷋)의 괘상(卦象)은 양기(陽氣)는 밀려가고 음기(陰氣)가 밀려오는 짓[象]이라, 건곤(乾坤)의 성질이 서로 따로 한다. 곤(坤)은 소성괘(小成卦)의 성질로 보면 온순(溫順)-정(靜)이고, 건(乾)은 소성괘(小成卦)의 성질로 보면 강건(剛健)-동(動)이라 서로 하지 않고 따로 하면 막힌다. 이러한 괘상(卦象)을 본받아[效] 성인(聖人)이 비괘(否卦 : ䷋)에 매어둔[繫] 괘사(卦辭)는 〈비지비인(否之匪人) 불리군자정(不利君子貞) 대왕소래(大往小來)〉이다. 이렇듯 비괘(否卦 : ䷋)의 괘상(卦象)은 대(大)가 밀려가고 소(小)가 밀려온다. 이러한 비괘(否卦 : ䷋)에서 구오(九五)의 효상(爻象)을 본받아[效] 성인(聖人)은 막힌[匪] 기운(氣運)을 틀[通] 수 있음을 새겨[玩] 헤아리고[擬] 따져[議] 가늠할[斷] 수 있는 효사(爻辭)를 구오(九五)에 매어두었다[繫].

비괘(否卦 : ䷋) 구오(九五)의 효사(爻辭)를 완사(玩辭)하자면 먼저 구오(九五)의 효상(爻象)부터 관상(觀象)해야 한다. 비괘(否卦 : ䷋)를 이루는 여섯 효(爻)가 있는 자리[位]를 따져[議] 서로의 관계를 가늠하기[斷] 위해서 효(爻) 사이의 관계 즉 〈중(中)-정(正)-중정(中正)-정응(正應)-불응(不應)-비(比)〉 등을 가늠해[斷] 효상(爻象)을 살펴[觀] 헤아릴[擬] 수 있다. 비괘(否卦 : ䷋)에서 구오(九五)는 양효(陽爻)이면서 양효(陽爻)의 자리[位]에 있으므로 〈정(正)의 자리[位]〉이니 길(吉)한 자리[位]이다. 비괘(否卦 : ䷋)에서 구오(九五)의 이웃 효(爻)는 구사(九四)-상구(上九)인데 그 모두가 양효(陽爻)이어서 구오(九五)에게 〈비(比)의 자리(位)〉는 흉(凶)하다. 비괘(否卦 : ䷋)에서 구오(九五)와 육이(六二)는 서로 〈중정(中正)의 자리[位]〉를 간직해서 구오(九五)의 상(象)은 길(吉)하다. 이처럼 비괘(否卦 : ䷋) 구오

(九五)의 효상(爻象)은 막힌[否] 괘상(卦象)에서도 길(吉)한 셈이다. 위와 같은 구오(九五)의 효상(爻象)을 본받아[效] 성인(聖人)이 비괘(否卦 : ䷋) 구오(九五)에 매어둔[繫] 말씀[辭]이 〈휴비(休否) 대인길(大人吉) 기망기망(其亡其亡) 계우포상(繫于苞桑)〉으로 수시(垂示)하는 사구(辭句)임을 알아채야, 〈기망(其亡)〉을 완사(玩辭)하여 개역할 수 있고 〈계우포상(繫于苞桑)〉을 완사(玩辭)하여 개역할 수 있다. 〈기망(其亡)〉을 〈그것은[其] 망한다[亡]〉고 옮기는 것만으로 완사(玩辭)하여 개역하는 것은 아니고, 〈계우포상(繫于苞桑)〉을 〈무더기로 난[苞] 뽕나무[桑]에[于] 매어둔다[繫]〉고 옮기는 것만으로 완사(玩辭)하여 개역하는 것으로 그치는 것이 아님을 공자(孔子)가 완사(玩辭)한 〈안위불망위(安而不忘危)-존이불망망(存而不忘亡)-치이불망란(治而不忘亂)〉이 깨우쳐 준다. 이처럼 비괘(否卦 : ䷋)의 계사(繫辭)가 공자(孔子)로 하여금 완사(玩辭)하여 개역하게 한 것이지, 비괘(否卦 : ䷋)의 계사(繫辭)가 공자(孔子)에게 전하여 진술해준 것은 아니다.

子曰(자왈) 德薄而位尊(덕박이위존) 知小而謀大(지소이모대) 力小而任重(역소이임중) 鮮不及矣(선불급의)

이는 64괘(卦) 중에서 50번째인 정괘(鼎卦 : ䷱) 구사(九四)의 효사(爻辭)를 완사(玩辭)하여 개역한 자왈(子曰)이다. 〈덕박이위존(德薄而位尊)〉은 탐욕이다. 덕(德)이 박(薄)하다면 따라서 벼슬[位]도 낮아야[卑] 한다. 덕박이위비(德薄而位卑)라면 지당하다. 덕(德)은 박(薄)하면서 높은[尊] 자리[位]를 차지함은 부당하다. 『중용(中庸)』에 나오는 〈소인무기탄(小人無忌憚)〉 즉 〈소인에게는[小人] 거리낌이[忌憚] 없다[無]〉라는 말씀을 떠올려준다. 탐욕이란 기탄(忌憚) 즉 늘 뻔뻔해[忌憚] 흉(凶)하기 마련이다. 덕(德)은 박약(薄弱)하면서 높은 자리[尊位]를 차지한다면 흉(凶)함이 필지(必至)한 터이니, 덕박이위존(德薄而位尊)을 두고 〈선불급(鮮不及)〉이라고 밝힌다.

〈지소이모대(知小而謀大)〉 역시 정괘(鼎卦 : ䷱) 구사(九四)의 효사(爻辭)를 완사(玩辭)하여 개역한 자왈(子曰)이다. 〈지소이모대(知小而謀大)〉도 탐욕이다. 앎[知]이 작다[小]면 따라서 꾀함[謀]도 작아야[小] 한다. 지소이모소(知小而謀小)라면 지당할 수 있다. 앎[知]은 소하면서[小] 꾀함[謀]이 크다면[大] 그것은 부당하다.

탐욕이란 늘 모험하게 마련이다. 지능(知能)은 협소(狹小)하면서 크게[大] 도모(圖謀)한다면 흉(凶)함이 필지(必至)한 터이니, 〈지소이모대(知小而謀大)〉를 두고 〈선불급(鮮不及)〉이라고 밝힌다.

역소이임중(力小而任重) 또한 정괘(鼎卦 : ䷱) 구사(九四)의 효사(爻辭)를 완사(玩辭)하여 개역한 자왈(子曰)이다. 〈역소이임중(力小而任重)〉도 탐욕이다. 역량(力量)이 작다[小]면 따라서 맡은 일[任]도 가벼워야[輕] 한다. 역소이임경(力小而任輕)이라면 지당하다. 힘[力]은 소(小)하면서 임무[任]가 무겁다면[重] 그것은 부당하다. 모험을 일삼는 탐욕이란 늘 탈이 나게 마련이다. 역량(力量)은 작으면서[小] 중책(重責)을 맡는다면 흉(凶)함이 필지(必至)한 터이니, 〈역소이임중(力小而任重)〉을 두고 〈선불급(鮮不及)〉이라고 밝힌다.

易曰(역왈) 鼎折足(정절족) 覆公餗(복공속) 其形渥(기형악) 凶(흉) 言不勝其任也(언불승기임야)

〈정절족(鼎折足) 복공속(覆公餗) 기형악(其形渥) 흉(凶)〉은 64괘(卦) 중에서 50번째인 정괘(鼎卦 : ䷱) 구사(九四)의 효사(爻辭)이고, 〈언불승기임야(言不勝其任也)〉는 구사(九四)의 효사(爻辭)를 마무리하는 자왈(子曰)이다. 〈언불승기임야(言不勝其任也)〉는 〈시언불승기임야(是言不勝其任也)〉에서 문맥으로 보충될 수 있는 내용이므로, 지시어이면서 주어 노릇할 〈시(是)〉를 생략한 말투의 구문이다. 생략된 〈시(是)〉는 바로 앞 구사(九四)의 효사(爻辭)를 나타낸다. 언불승기임야(言不勝其任也)에서 〈승(勝)〉은 〈잘해낼 선(善)〉과 같고 선승(善勝)의 줄임말로 여기고 새기면 된다. 정괘(鼎卦 : ䷱) 구사(九四)의 효사(爻辭)를 완사(玩辭)하자면 먼저 구사(九四)의 효상(爻象)부터 관상(觀象)해야 한다. 정괘(鼎卦 : ䷱) 구사(九四)의 효상(爻象)을 관상(觀象)하자면 정괘(鼎卦 : ䷱)를 이루는 여섯 효(爻)가 있는 자리[位]를 따져[議] 〈중(中)-정(正)-중정(中正)-정응(正應)-불응(不應)-비(比)〉 등을 가늠해[斷] 효상(爻象)을 살펴[觀] 헤아릴[擬] 수 있다. 정괘(鼎卦 : ䷱)에서 구사(九四)는 양효(陽爻)이면서 음효(陰爻)의 자리[位]에 있으므로 〈부정(不正)의 자리[位]〉이니 흉(凶)하다. 정괘(鼎卦 : ䷱)에서 구사(九四)의 이웃 효(爻)는 구삼(九三)-육오(六五)인데, 구삼(九三)과 서로 양효(陽爻)이어서 〈비(比)의 자리[位]〉가 흉(凶)

하지만 육오(六五)와는 양음(陽陰)으로 이웃해 〈비(比)의 자리[位]〉가 길(吉)하다. 정괘(鼎卦 : ䷱)에서 구사(九四)와 초육(初六)은 서로 〈응(應)하는 자리[位]〉를 간직해서 구사(九四)의 상(象)은 길(吉)하다. 이처럼 정괘(鼎卦 : ䷱) 구사(九四)의 효상(爻象)은 길(吉)하기보다 흉(凶)한 셈이다.

이와 같은 정괘(鼎卦 : ䷱) 구사(九四)의 효상(爻象)을 본받아[效] 작역(作易)한 성인(聖人)이 매어둔[繫] 말씀[辭]이 〈정절족(鼎折足) 복공속(覆公餗) 기형악(其形渥) 흉(凶)〉으로 수시(垂示)하는 사구(辭句)임을 알아채야, 〈정절족(鼎折足)〉을 완사(玩辭)하여 개역할 수 있고, 〈복공속(覆公餗)-기형악(其形渥)-흉(凶)〉을 완사(玩辭)하여 개역할 수 있다. 〈정절족(鼎折足)〉을 〈솥이[鼎] 발을[足] 부러트리다[折]〉라고 옮기는 것만으로 완사(玩辭)하여 개역하는 것은 아니고, 〈복공속(覆公餗)〉을 〈임금의[公] 진찬을[餗] 엎질렀다[覆]〉고 옮기는 것만으로 완사(玩辭)하여 개역하는 것은 아니며, 〈기형악(其形渥)〉을 〈그[其] 몸이[形] 땀에 젖었다[渥]〉고 옮기는 것만으로 완사(玩辭)하여 개역하는 것은 아니고, 〈흉(凶)〉을 〈흉(凶)하다〉고 옮기는 것만으로 완사(玩辭)하여 개역하는 것은 아니다. 여기서 정괘(鼎卦 : ䷱) 구사(九四)의 효사(爻辭)가 공자(孔子)로 하여금 〈덕박이위존(德薄而位尊)-지소이모대(知小而謀大)-역소이임중(力小而任重)〉이라고 개역하게 하였음을 알아챌 수 있다. 이는 정괘(鼎卦 : ䷱) 구사(九四)의 효사(爻辭)가 공자(孔子)로 하여금 완사(玩辭)하여 개역하게 한 것이지, 정괘(鼎卦 : ䷱) 구사(九四)의 효사(爻辭)가 공자(孔子)에게 진술해준 것은 아니다.

子曰(자왈) 知幾其神乎(지기기신호) 君子上交不諂(군자상교불첨) 下交不瀆(하교부독) 其知幾乎(기지기호) 幾者動之微(기자동지미) 吉之先見者也(길지선현자야) 君子見幾而作(군자견기이작) 不俟終日(불사종일)

〈지기기신호(知幾其神乎)의 기(幾)〉는 〈유리이무형(有理而无形)〉 즉 이치는 있지만[有理而] 모습이 드러남이[形] 없어[无] 찾아내기[見] 어려운 은밀한 것[賾]을 뜻한다. 그래서 〈기(幾)〉를 〈미(微)〉라 하여 〈기미(幾微)하다〉 한다. 여기서 지기(知幾)는 곧 지신(知神)으로 통함을 알 수 있다. 기미를[幾] 아는 것[知]은 곧 신묘함을[神] 앎[知]이다. 신묘(神妙)-신기(神奇)-신통(神通) 즉 〈신(神)〉이란 〈자연[天地]이 변화(變化)하게 하는 짓〉을 뜻한다. 〈지기기신(知幾其神)의 지기(知幾)〉는 〈궁신(窮神)하라〉 함이다. 〈신(神)〉을 더없이 궁구(窮究)함이 곧 지기(知幾)이다. 지기(知幾)는 지신(知神)함이다. 변화의 이치-가르침[道]을 깊이[深] 앎[知]이 곧 지기(知幾)이다. 지기(知幾)-지신(知神)은 곧 지래(知來)이다. 미래를[來] 알아차리고[知] 있는데 왜 윗사람에게 아첨하고 아랫사람에게 오만하겠는가? 그래서 군자(君子)의 〈지기(知幾)〉를 일러 〈기지기호(其知幾乎)〉라고 예찬한다. 이는 곧 군자(君子)가 지래자(知來者)임을 뜻한다.

기자동지미(幾者動之微)는 〈천수상(天垂象)의 상(象)〉을 상기한다면 〈동지미(動之微)〉를 더 잘 헤아릴 수 있다. 동지미(動之微)의 〈동(動)〉은 〈변할 변(變)〉과 같고, 〈미(微)〉는 〈유리이무형(有理而无形)〉 즉 〈있기는 있되[有理而] 몸이 없음[无形]〉이다. 다스림이[理] 있지만[有而] 몸이[形] 없음[无]이 기자(幾者)-미자(微者)-상자(象者)이다. 변동의 낌새[微]인 기자(幾者)는 미묘(微妙)해서 찾아내기가[見] 어렵다[難]. 군자(君子)에게 기자(幾者)는 길함[吉]이[之] 미리[先] 드러나는[見] 것[者]으로 다가온다. 그래서 군자(君子)는 그 기미(幾微)를 알아차리고 나면 서슴없이 작정하고 머뭇거리지 않고 행동으로 옮겨도 흉(凶)하지 않고 길(吉)하다고 확신한다. 마음 가는 바[志]가 무사(无思)-무위(无爲)하여 화신(化神)하기 때문이다. 화신(化神)의 심안(心眼)이라야 〈막현호은(莫見乎隱)하고 막현호미(莫顯乎微)함〉을 살펴볼 수 있어[可見] 견기(見幾)한다. 〈견기이작(見機而作) 불사종일(不俟終日)〉이라는 자왈(子曰)이 군자(君子)의 신기독(愼其獨)이란 〈견기(見幾)하여 지래자(知來者)〉가 되고자 함임을 새겨[玩] 헤아리고[擬] 따져[議] 가늠하게[斷] 한다.

易曰(역왈) 介于石(개우석) 不終日(부종일) 貞吉(정길)

이는 16번째 대성괘(大成卦)인 예괘(豫卦 : ䷏) 육이(六二)의 효사(爻辭)이다. 예괘(豫卦 : ䷏)의 괘체(卦體)는 아래[下] 곤괘(坤卦 : ☷)와 위[上] 진괘(震卦 : ☳)이다. 예괘(豫卦 : ䷏)의 짓[象]은 곤(坤)은 땅[地]이고 진(震)은 우레[雷]이니, 땅속에서 뇌(雷)가 울려나오는 모습이라 봄[春]이 멀지 않았음이다. 그러나 예괘(豫卦 : ䷏)의 괘상(卦象)은 땅과 뇌성(雷聲)이 서로 변화를 짓고 있다. 곤(坤)은 소성괘(小

成卦)의 성질로 보면 온순(溫順)-고요[靜]이고, 진(震)은 소성괘(小成卦)의 성질로 보면 결단(決斷)-분발(奮發)이다. 이러한 괘상(卦象)을 본받아[效] 성인(聖人)이 예괘(豫卦 : ䷏)에 매어둔[繫] 괘사(卦辭)는 〈예(豫) 이건후행사(利建侯行師)〉 즉 〈미리 단도리하라[豫] 제후를[侯] 세우고[建] 군사를[師] 활용함이[行] 이롭다[利]〉이다. 〈미리 단도리함[豫]〉이란 길(吉)하기 위함이니 〈예(豫)〉는 곧 안일(安逸)하기 위함이요 화락(和樂)하기 위함이다. 그래서 〈예(豫)〉를 〈안화열락지의(安和悅樂之義)〉니 〈화락(和樂)〉이니 〈일(逸)-태(怠)〉 등으로 풀이하지만, 그러기 위해선 예(豫)란 예비(預備) 즉 미리 준비하라 함이다. 이러한 예괘(豫卦 : ䷏)에서 육이(六二)의 효상(爻象)을 본받아[效] 작역(作易)한 성인(聖人)이 매어둔[繫] 〈개우석(介于石) 부종일(不終日) 정길(貞吉)〉을 새겨[玩] 헤아리고[擬] 따져[議] 가늠하자면[斷] 먼저 육이(六二)의 효상(爻象)부터 관상(觀象)해야 한다.

예괘(豫卦 : ䷏) 여섯 효(爻)의 〈중(中)-정(正)-중정(中正)-정응(正應)-불응(不應)-비(比)〉 등을 가늠해[斷] 효상(爻象)을 살펴[觀] 헤아릴[擬] 수 있다. 예괘(豫卦 : ䷏)에서 육이(六二)는 음효(陰爻)이면서 음효(陰爻)의 자리[位]에 있으므로 〈정(正)의 자리[位]〉이니 길(吉)하다. 예괘(豫卦 : ䷏)에서 육이(六二)의 이웃 효(爻)는 초륙(初六)-육삼(六三)인데 육이(六二)와 서로 음효(陰爻)이어서 〈비(比)의 자리[位]〉는 흉(凶)하다. 예괘(豫卦 : ䷏)에서 육이(六二)와 육오(六五)도 서로 음(陰)이라 〈불응(不應)하는 자리[位]〉를 간직해서 육이(六二)의 상(象)은 흉(凶)하다. 이처럼 예괘(豫卦 : ䷏) 육이(六二)의 효상(爻象)은 길(吉)하기보다 흉(凶)한 셈이지만, 예괘(豫卦 : ䷏)의 괘상(卦象)이 짓[象]하는 〈예(豫)〉 즉 안일(安逸)-열락(悅樂)을 누리자면 육이(六二)의 효상(爻象)은 확고히[介] 짓[象]해야 한다. 이와 같은 육이(六二)의 효상(爻象)을 본받아[效] 작역(作易)한 성인(聖人)이 예괘(豫卦 : ䷏) 육이(六二)에 매어둔[繫] 말씀[辭]이 공자(孔子)로 하여금 〈군자견기이작(君子見幾而作) 불사종일(不俟終日)〉이라고 개역하게 하였음을 알아챌 수 있다. 물론 공자(孔子)의 〈군자견기이작(君子見幾而作) 불사종일(不俟終日)〉이라는 풀이로 정의되어 예괘(豫卦 : ䷏) 육이(六二)의 효사(爻辭)가 〈마음 가는 바를 말하게 하기[令言志]〉를 그쳤다는 것은 아니다. 효사(爻辭)는 사구(辭句)이므로 누구에 의해서도 정의되지 않고 끊임없이 영언지(令言志)의 사구(辭句)일 뿐이다. 그런데 왜 육이(六二)

의 효사(爻辭) 〈개우석(介于石) 부종일(不終日) 정길(貞吉)〉로 말미암아 〈군자견기이작(君子見幾而作) 불사종일(不俟終日)〉이라고 공자(孔子)가 견색(見賾)할 수 있었던가? 이는 예괘(豫卦 : ䷏) 육이(六二)의 효상(爻象)을 본받아[效] 작역(作易)한 성인(聖人)이 밝힌 효사(爻辭)를 공자(孔子)가 지성(至誠)으로 완사(玩辭)하여 완점(玩占)했기 때문이다.

介如石焉寧用終日(개여석언령용종일) 斷可識矣(단가식의) 君子知微知彰(군자지미지창) 知柔知剛(지유지강) 萬夫之望(만부지망)

〈개여석언(介如石焉)〉은 예괘(豫卦 : ䷏) 육이(六二)의 효사(爻辭)인 〈개우석(介于石)의 우(于)〉를 〈여(如)〉로 하고, 단호한 종결어미 노릇을 하는 어조사 〈언(焉)〉을 더하여 〈개우석(介于石)〉을 강조하여 밝힌 자왈(子曰)이다. 〈확고하기가[介] 돌과[石] 같다[于]〉는 육이(六二)의 효사(爻辭)를 〈확고하기가[介] 돌과[石] 같은 것[如]이로다[焉]〉라고 단호하게 밝힌 자왈(子曰)이 〈개여석언(介如石焉)〉이다. 이로 말미암아 〈군자견기(君子見幾)의 작(作)〉이 단호함을 개역할 수 있었다. 깊숙한 것[賾]을 찾고[探] 은밀한 것[隱]을 찾아[索] 깊은 것[深]을 낚아[鉤] 멀리까지[遠] 이르고자[致] 군자(君子)가 견기(見幾)한다. 〈단가식의(斷可識矣)〉는 예괘(豫卦 : ䷏) 육이(六二)의 효사(爻辭) 〈부종일(不終日)〉을 개역한 것이다. 하루를[日] 보내지 않음[不終]이란 주저함 없이 견기(見幾)의 〈기(幾)〉를 실행함이다. 단가식(斷可識)의 〈식(識)〉은 〈견(見)-지(知)-인(認)〉 등을 한마디로 밝힌 것이므로, 군자(君子)는 기자(幾者)를 가늠하여[斷] 살펴서[見] 알고[知] 확인할 수 있다[認]. 〈지미지창(知微知彰)〉은 지변(知變)과 지화(知化)를 상기시킨다. 지미(知微)의 〈미(微)〉는 왕자(往者)와 내자(來者)가 함께하는 〈변(變)〉을 상기시키고, 지창(知彰)의 〈창(彰)〉은 갈 것[往者]이 물러가고[退] 올 것[來者]이 드러나는[顯] 〈화(化)〉를 상기시키므로 〈지미지창(知微知彰)〉은 〈지변지화(知變知化)〉를 새겨[玩] 헤아리고[擬] 다져[議] 가늠하게[斷] 한다.

子曰(자왈) 顔氏之子(안씨지자) 其殆庶幾乎(기태서기호)

有不善(유불선) 未嘗不知(미상부지) 知之(지지) 未嘗復行也(미상복행야)

〈안씨지자(顏氏之子)〉는 공자(孔子)의 문인(門人) 안연(顏淵)을 뜻한다. 이어서 공자(孔子)는 〈기태서기호(其殆庶幾乎)〉라고 더없이 안회(顏回)를 칭송한다. 기태서기호(其殆庶幾乎)의 〈기(其)〉는 안씨지자(顏氏之子) 즉 안연(顏淵)를 나타내는 〈그 기(其)〉이다. 〈안회(顏回) 그는[其] 거의[殆] 도에[幾] 가깝도다[庶乎]〉라고 더없이 안회(顏回)를 칭송한다. 〈가까울 서(庶)-가까울 기(幾)〉를 중복하여 안회(顏回)는 도(道)에 가깝다[庶幾]고 칭송함이다. 안회(顏回)는 〈군자지기(君子知幾)-군자견기(君子見幾)의 기(幾)에 가깝다[庶]〉고 칭송받음을 알 수 있다. 군자지기(君子知幾)-군자견기(君子見幾)의 〈기(幾)〉 즉 기자(幾者)란 〈거무입유자(去无入有者)이고 유리이무형자(有理而无形者)이며 불가이명심자(不可以名尋者)이고 불가이형도자(不可以形覩者)임〉을 한 자(字)로써 뜻을 냄이 지기(知幾)-견기(見幾)의 〈기(幾)〉임을 알아챈다면, 기태서기호(其殆庶幾乎)에서 〈서기(庶幾)〉를 〈근어도(近於道)〉로 새겨[玩] 풀이할 수 있다. 공자(孔子)가 안회(顏回)를 〈서기(庶幾)하다〉고 함은 안회(顏回)는 지변화지도자(知變化之道者)이고 견기자(見幾者)이며 지기자(知幾者)라고 칭송한 것이다. 〈유불선(有不善) 미상부지(未嘗不知)〉는 왜 안회(顏回)가 〈서기자(庶幾者)〉 즉 도(道)에[幾] 가까운[庶] 사람[者]인가를 밝힌다. 불선(不善)이란 선(善)이 아닌 것[非]이다. 안회(顏回)는 〈불선(不善)을 반드시 앎[知]〉을 〈미상부지(未嘗不知)〉라고 단언한 자왈(子曰)이다. 이는 곧 안회(顏回)는 지선자(知善者)임을 천명한 것이다. 지선(知善)의 〈선(善)〉이란 〈일음일양지위도(一陰一陽之謂道) 계지자선(繼之者善)〉을 상기한다면 새겨[玩] 헤아릴[擬] 수 있다. 안회(顏回)는 불선(不善)임을 알면[知] 결코 되풀이하여 행하지 않음을 밝힌 자왈(子曰)이 〈미상복행야(未嘗復行也)〉이다. 〈일찍이[嘗] 불선(不善)을 되풀이하지 않았다[未復行]〉고 단언한 것은 안회(顏回)가 〈언제나 복행선(復行善) 즉 선을[善] 되풀이하여[復] 행했음[行]〉을 밝힌 것이 〈미상복행야(未嘗復行也)〉라는 자왈(子曰)이다.

易曰(역왈) 不遠復(불원복) 无祇悔(무지회) 元吉(원길)

여기서도 효사(爻辭)를 새기고[玩] 신사(神思)하여 개역한 자왈(子曰)을 먼저 제시하고, 뒤이어 24번째 복괘(復卦 : ䷗) 초구(初九)의 효사(爻辭)를 적시하고 풀이한다. 복괘(復卦 : ䷗)의 괘상(卦象)은 진하곤상(震下坤上) 즉 아래[下] 진괘(震卦 : ☳)와 위[上] 곤괘(坤卦 : ☷)로 이루어진 괘상(卦象)이다. 복괘(復卦 : ䷗)의 짓[象]은 진(震)은 우레[雷]이고 곤(坤)은 땅[地]이니 땅속에서 뇌(雷)가 솟기 시작하는 모습이라, 유(柔)하고 약(弱)한 곤기(坤氣) 밑에서 강(剛)하고 굳센[建] 양기(陽氣)가 다시 움직여 변화하기 시작한다는 것이다. 그러나 복괘(復卦 : ䷗)의 괘상(卦象)은 곤기(坤氣)가 다시 건기(乾氣)와 변화를 짓고자 한다. 진(震)은 소성괘(小成卦)의 성질로 보면 결단(決斷)-분발(奮發)이고, 곤(坤)은 소성괘(小成卦)의 성질로 보면 온순(溫順)-고요[靜]이다. 이러한 괘상(卦象)을 본받아[效] 성인(聖人)이 복괘(復卦 : ䷗)에 매어둔[繫] 괘사(卦辭)는 〈복(復) 형(亨) 출입무질(出入无疾) 붕래무구(朋來无咎) 반복기도(反復其道) 칠일래복(七日來復) 이유유왕(利有攸往)〉이다. 〈되돌아온다[復]. 통하리라[亨]. 나고[出] 들어도[入] 탈이[疾] 없다[无]. 벗이[朋] 와도[來] 허물이[咎] 없다[无]. 그[其] 도를[道] 반복한다[反復]. 이레에[七日] 되돌아온다[來復]. 갈[往] 곳이[攸] 있다면[有] 이롭다[利].〉 복괘(復卦 : ䷗)에서 〈복(復)〉이란 양기(陽氣)가 다시 음기(陰氣)를 만남이니 변화(變化)가 이루어진다. 그래서 〈복(復)〉은 〈형(亨)〉 즉 통(通)함이다. 되돌아옴[復]이란 출입(出入) 즉 나고[出] 듦[入]이고, 그 출입(出入)이 통함이니[亨] 탈[疾]이 없음[无]이다. 무질(无疾)은 길(吉)함이다. 그러니 벗[朋]이 와도[來] 무구(无咎) 즉 허물[咎]이 없으니[无] 좋다[吉]. 변화(變化)하기 위하여 양기(陽氣)가 칠일(七日)만에 다시 와[來復] 음기(陰氣)와 만나 벗[朋]이 되니 길(吉)하다. 여기서 칠일(七日)이란 대성괘(大成卦) 초효(初爻)의 자리[位]에 다시 듦[入]을 말한다.

天地絪縕萬物化醇(천지인온만물화순) 男女構精萬物化生(남녀구정만불화생)

〈천지인온(天地絪縕)〉은 천기(天氣)와 지기(地氣)가 서로 부착(附著)함 즉 서로 딱 붙어버려[附著] 하나를 얻어냄[得一]이다. 천지(天地)가 교밀(交密)하는 모양[狀]이 천지인온(天地絪縕)이고, 그 인온(絪縕)으로 말미암아[由] 온갖 것[萬物]이 화순(化醇)된다. 〈만물화순(萬物化醇)〉의 〈화순(化醇)〉은 삼생만물(三生萬物)의

〈생(生)〉과 같다. 그리고 천지(天地)의 인온(絪緼)이 화순(和順)한 즉 낳은[生] 만물(萬物)이란 〈부음이포양자(負陰而抱陽者)〉이다. 음기를[陰] 지고[負而] 양기를[陽] 안은[抱] 것[者]이 곧 온갖 것[萬物]이다. 음양(陰陽)의 위화(爲和)를 절묘하게 밝힌 말이 곧 〈인온(絪緼)〉이다. 인온(絪緼)이란 어떤 둘이 서로 딱 붙어버림 즉 〈상부착(相附著)〉을 뜻한다. 천지인온(天地絪緼)에서 인(絪)은 마루(麻縷)이고 온(緼)은 면서(綿絮)로, 인온(絪緼)은 친밀한 화합 즉 교밀(交密)의 상(象)을 비유한 낱말이다. 암수[雌雄]가 교미하여 낳은 새끼가 곧 음양(陰陽)이란 기운덩이[元氣]의 어림[絪緼]인 셈이다. 만물화생(萬物化生)은 만물화순(萬物化醇)을 달리 말함이다. 그러니 천지인온(天地絪緼)-만물화순(萬物化醇)과 남녀구정(男女構精)-만물화생(萬物化生)은 결국 일음일양(一陰一陽)의 생생(生生)을 달리 말한 것이다. 암수[雌雄]가 교미함이 곧 인온(絪緼)이요 구정(構精)이며 삼생만물(三生萬物)이요 부음포양(負陰抱陽)이다.

易曰(역왈) 三人行則損一人(삼인행즉손일인) 一人行則得其友(일인행즉득기우) 言致一也(언치일야)

〈삼인행즉손일인(三人行則損一人) 일인행즉득기우(一人行則得其友)〉는 64괘(卦) 중에서 41번째인 손괘(損卦 : ䷨) 육삼(六三)의 효상(爻象)을 본받아[效] 성인(聖人)이 매어둔[繫] 말씀[辭]이다. 여기서도 효사(爻辭)를 새기고[玩] 신사(神思)하여 개역한 자왈(子曰)을 먼저 제시하고, 손괘(損卦 : ䷨) 육삼(六三)의 효사(爻辭)를 뒤에 적시하고 풀이한다. 손괘(損卦 : ䷨)의 괘상(卦象)은 태하간상(兌下艮上) 즉 아래[下] 태괘(兌卦 : ☱)와 위[上] 간괘(艮卦 : ☶)로 이루어진다. 손괘(損卦 : ䷨)의 짓[象]은 태(兌)는 연못[澤]이고 간(艮)은 뫼[山]이니, 산(山) 아래에 택(澤)이 있으니 못[澤]이 깊으면 깊을수록 산(山)도 따라서 높아진다. 그러나 손괘(損卦 : ䷨)의 괘상(卦象)은 손익(損益)의 변화를 짓고 있다. 태(兌)는 소성괘(小成卦)의 성질로 보면 기쁨[喜]-온화(溫和)함이고, 간(艮)은 소성괘(小成卦)의 성질로 보면 고요[靜]-멈춤[止]이다. 이러한 괘상(卦象)을 본받아[效] 성인(聖人)이 손괘(損卦 : ䷨)에 매어둔[繫] 괘사(卦辭)가 〈손유부(損有孚) 원길(元吉) 무구(无咎) 가정(可貞) 이유유왕(利有攸往) 갈지용(曷之用) 이궤가용향(二簋可用享)〉이다. 〈손실에[損] 믿음이[孚] 있다[有]. 크게[元] 길하다[吉]. 허물이[咎] 없다[无]. 진실로 미더울[貞] 수 있다[可]. 갈[往] 곳이[攸] 있으면[有] 이롭다[利]. 어떻게[曷] 그것을[之] 쓸까[用]? 제사에[享] 두 개의[二] 제기를[簋] 써도[用] 좋다[可].〉

손괘(損卦 : ䷨)에서 〈손(損)〉이란 손유부(損有孚)의 〈부(孚)〉를 깊이 새기고[玩] 헤아려[擬] 따져[議] 가늠해야[斷] 덜어냄[損]이 더해짐[益]으로 변화하는 손(損)의 이치를 깨닫게 된다. 손유부(損有孚)의 〈부(孚)〉는 〈믿어줄 신(信)〉으로 새겨 헤아릴 수 있다. 이는 곧 손괘(損卦 : ䷨)의 괘상(卦象)이 왜-어떻게 손(損)이 해(害)가 됨이 아니라 익(益)이 되는 것임을 손유부(損有孚)의 〈부(孚)〉로써 완의(玩擬)하게 하고, 따라서 〈손(損)〉이 〈원길(元吉)하여 무구(无咎)하자면 가정(可貞)해야 함〉을 새겨 헤아려 따져서 가늠하게 한다. 손괘(損卦 : ䷨) 육삼(六三)의 효상(爻象)은 부정(不正)-불비(不比)의 자리[位]라 흉(凶)하지만 육삼(六三)과 상구(上九)가 응(應)하여 길상(吉象)인지라, 손괘(損卦 : ䷨)의 괘상(卦象)을 본받아[效] 작역(作易)한 성인(聖人)이 매어둔[繫] 말씀[辭]이 〈삼인행즉손일인(三人行則損一人) 일인행즉득기우(一人行則得其友)〉로 수시(垂示)하는 사구(辭句)임을 알아채야, 이 효사(爻辭)를 저마다 완사(玩辭)하여 개역할 수 있다. 〈삼인행즉손일인(三人行則損一人)〉을 〈세[三] 사람이[人] 가면[行] 곧[則] 한[一] 사람을[人] 던다[損]〉고 옮기는 것만으로 완사(玩辭)하여 개역하는 것은 아니고, 〈일인행즉득기우(一人行則得其友)〉를 〈한[一] 사람이[人] 가면[行] 곧[則] 제[其] 짝을[友] 얻는다[得]〉고 옮기는 것만으로 완사(玩辭)하여 개역하는 것은 아니다. 여기서 손괘(損卦 : ䷨) 육삼(六三)의 효사(爻辭)가 공자(孔子)로 하여금 〈천지인온만물화순(天地絪縕萬物化醇) 남녀구정만물화생(男女構精萬物化生)〉이라고 개역하게 하였음을 알아챌 수 있다. 이는 손괘(損卦 : ䷨) 육삼(六三)의 효사(爻辭)가 공자(孔子)께 진술해준 것이 아님을 뜻한다. 오로지 손괘(損卦 : ䷨) 육삼(六三)의 효사(爻辭)를 공자(孔子)가 새로 풀이한 것이다. 그렇다고 육삼(六三)의 효사(爻辭)가 공자(孔子)의 〈천지인온만물화순(天地絪縕萬物化醇) 남녀구정만물화생(男女構精萬物化生)〉이라는 풀이로 정의되어 〈마음 가는 바를 말하게 하기[令言志]〉를 그쳤다는 것은 아니다. 효사[爻辭]는 사구(辭句)이므로 누구에 의해서도 정의되지 않고 끊임없이 영언지(令言志)의 사구(辭句)일 뿐임을 잊어서는 효사(爻辭)와 교밀(交密)할 수 없다. 그런데 왜 육삼

(六三)의 효사(爻辭) 〈삼인행즉손일인(三人行則損一人) 일인행즉득기우(一人行則得其友)〉로 〈천지인온만물화순(天地絪縕萬物化醇) 남녀구정만물화생(男女構精萬物化生)〉이라고 공자(孔子)가 견색(見賾)할 수 있었던가? 이는 손괘(損卦 : ䷨) 육삼(六三)의 효상(爻象)을 본받아[效] 작역(作易)한 성인(聖人)이 밝힌 효사(爻辭)를 공자(孔子)가 지성(至誠)으로 완사(玩辭)하여 완점(玩占)했기 때문이다. 이러한 육삼(六三)의 효사(爻辭)를 공자(孔子)가 신사(神思)하여 개역한 것이 곧 〈천지인온만물화순(天地絪縕萬物化醇) 남녀구정만물화생(男女構精萬物化生)〉이고, 여기서 손괘(損卦 : ䷨) 육삼(六三)의 효사(爻辭)를 〈언치일야(言致一也)〉라고 다시 마감하여 공자(孔子) 나름대로 새로 풀이한 것이다.

子曰(자왈) 君子安其身而後動(군자안기신이후동) 易其心而後語(이기심이후어) 定其交而後求(정기교이후구) 君子脩此三者(군자수차삼자) 故(고) 全也(전야) 危以動則民不與也(위이동즉민불여야) 懼以語則民不應也(구이어즉민불응야) 无交而求則民不與也(무교이구즉민불여야) 莫之與則傷之者至矣(막지여즉상지자지의)

〈군자(君子)〉는 치자(治者)를 말한다. 〈안기신(安其身)〉은 수신(修身)-수기(修己)하여 숭덕(崇德)함이다. 수신(修身)이란 사천(事天)-사천(師天)-지명(知命)을 떠나서는 이루어질 수 없기 때문에 수신(修身)-안신(安身)-숭덕(崇德)은 하나이다. 남[人]을 다스리기[治] 전에 수신(修身)-제가(齊家)를 다함이 곧 군자(君子)의 〈안기신(安其身)〉이다. 이러한 〈안기신(安其身)〉이란 오로지 숭덕(崇德) 즉 일신성덕(日新盛德)으로 통하기 때문에 유익할 뿐이므로 상민지사(傷民之事)와 같은 흉함이 닥칠 리가 없다. 그러나 위이동민(危以動民) 즉 위험하게[危以] 백성을[民] 움직인다[動]면 위험[危]을 이용해[以] 동민(動民)함을 백성[民]이 모를 리 없다. 그러면 백성은 치자(治者)를 곧장 외면한다. 이를 〈민불여(民不與)〉라고 한다. 이기심이후어(易其心而後語)에서 〈이기심(易其心)〉은 마음이 거짓 없어 맑고 밝아 곧고 바름이다. 이러한 심정(心正)으로써만이 어민(語民)한다. 여기서 어민(語民)이란 백성[民]에게 치세(治世)의 뜻[志]을 밝힘이다. 그러므로 어민(語民) 또한 치인(治

人)하여 치세(治世)함이다. 남[人]에게 말해주기[語] 전에 의성(意誠)-심정(心正)을 다함이 곧 군자(君子)의 〈이기심(易其心)〉이다. 그러나 구이어민(懼以語民) 즉 두렵게[懼以] 백성에게[民] 말해준다[語]면 두려움[懼]을 이용해[以] 어민(語民)함을 백성[民]이 모를 리 없다. 그러면 백성은 치자(治者)를 곧장 외면한다. 이를 〈민불응(民不應)〉이라고 한다.

〈정기교이후구(定其交而後求)〉는 〈필성기의(必誠其意)〉를 떠나서는 결정될 수 없다. 자신의[其] 뜻[意]을 반드시[必] 정성되게[誠] 하고서야 군자(君子)는 치자(治者)로서 백성과 사귀는[交] 것이다. 왜 성의(誠意)는 곧 〈무자기(无自欺)〉라고 하는지 살펴보게 함이 곧 정기교(定其交)이다. 그러나 〈무교이구(无交而求)〉 즉 백성과 사귐 없이[无交] 동민(動民)-어민(語民)을 추구한다면[求] 책략(策略)의 선동(煽動)임을 백성[民]이 모를 리 없다. 그러면 백성은 치자(治者)를 곧장 외면한다. 이를 〈민불여(民不與)〉라고 한다. 군자수차삼자(君子脩此三者)의 〈차삼자(此三者)〉란 〈안기신(安其身)-이기심(易其心)-정기교(定其交)〉를 말한다. 이[此] 세 가지[三者]를 닦음[脩]이란 수덕(脩德)이고 이는 곧 〈자겸(自謙)〉을 떠날 수 없다는 것이다.

易曰(역왈) 莫益之(막익지) 或擊之(혹격지) 立心勿恒(입심물항) 凶(흉)

여기서도 효사(爻辭)를 새기고[玩] 신사(神思)하여 개역한 자왈(子曰)을 먼저 제시하고, 42번째 익괘(益卦 : ䷩) 상구(上九)의 효사(爻辭)를 뒤에 적시하고 풀이한다. 진하손상(震下巽上) 즉 아래[下] 진괘(震卦 : ☳)와 위[上] 손괘(巽卦 : ☴)로 이루어진 대성괘(大成卦)가 익괘(益卦 : ䷩)의 괘상(卦象)이다. 익괘(益卦 : ䷩)의 짓[象]은 진(震)은 우레[雷]이고 손(巽)은 바람[風]이니, 바람 속으로 우레가 치솟아 우레와 바람소리가 함께 섞여 서로 돕는 상(象)이다. 손(巽)은 소성괘(小成卦)의 성질로 보면 우유부단함이고, 진(震)은 소성괘(小成卦)의 성질로 보면 결단-분발이다. 이러한 괘상(卦象)을 본받아[效] 성인(聖人)이 익괘(益卦 : ䷩)에 매어둔[繫] 괘사(卦辭)는 〈익(益) 이유유왕(利有攸往) 이섭대천(利涉大川)〉이다. 〈유익함은[益] 갈[往] 곳이[攸] 있어[有] 이롭다[利]. 큰[大] 내를[天] 건너도[涉] 이롭다[利].〉 익괘(益卦 : ䷩)에서 〈익(益)〉이란 〈섭대천(涉大川)〉을 깊이 새기고[玩] 헤아려[擬] 따져

[議] 가늠해야[斷] 이로움[利]이 더해짐[益]으로 변화하는 익(益)의 이치[道]를 깨닫게 된다. 이러한 익괘(益卦 : ䷩)의 괘상(卦象)에서 상구(上九)의 효상(爻象)을 본받아[效] 작역(作易)한 성인(聖人)이 〈막익지(莫益之) 혹격지(或擊之) 입심물항(立心勿恒) 흉(凶)〉을 새겨[玩] 헤아리고[擬] 따져[議] 가늠할[斷] 수 있는 효사(爻辭)를 상구(上九)에 매어두었다[繫].

익괘(益卦 : ䷩) 상구(上九)의 효사(爻辭)를 완사(玩辭)하자면 먼저 상구(上九)의 효상(爻象)부터 관상(觀象)해야 한다. 익괘(益卦 : ䷩) 상구(上九)의 효상(爻象)을 관상(觀象)하자면 여섯 효(爻)가 있는 자리[位]를 따져[議] 서로의 관계 즉 〈중(中)-정(正)-중정(中正)-정응(正應)-불응(不應)-비(比)〉 등을 가늠해[斷] 효상(爻象)을 살펴[觀] 헤아릴[擬] 수 있다. 익괘(益卦 : ䷩)에서 상구(上九)는 양효(陽爻)이면서 음효(陰爻)의 자리[位]에 있으므로 흉(凶)하다. 익괘(益卦 : ䷩)에서 상구(上九)의 이웃 효(爻)인 구오(九五)와는 서로 양(陽)의 사이인지라 〈비(比)의 자리[位]〉는 흉(凶)하다. 그리고 익괘(益卦 : ䷩)에서 상구(上九)와 육삼(六三)은 음양(陰陽)의 사이인지라 〈응(應)하는 자리[位]〉를 간직해 길(吉)하다. 이처럼 익괘(益卦 : ䷩) 상구(上九)의 효상(爻象)은 정(正)-비(比)-응(應)의 자리[位]로 볼 때 흉상(凶象)이다. 익괘(益卦 : ䷩)의 괘상(卦象)을 본받아[效] 작역(作易)한 성인(聖人)이 익괘(益卦 : ䷩) 상구(上九)의 효상(爻象)을 〈막익지(莫益之) 혹격지(或擊之) 입심물항(立心勿恒) 흉(凶)〉이라고 매어둔[繫] 효사(爻辭)에서 〈흉(凶)〉을 지성(至誠)으로 완사(玩辭)하게 한다.

계사전하(繫辭傳下) 6단락(段落)

子曰 乾坤其易之門邪인저 乾陽物也이고 坤陰物也이
자 왈 건 곤 기 역 지 문 야 건 양 물 야 곤 음 물 야

며 陰陽合德하여 而剛柔有體라 以體天地之撰하고 以
음 양 합 덕 이 강 유 유 체 이 체 천 지 지 찬 이

通神明之德한다 其稱名也雜而不越이라 於稽其類其
통 신 명 지 덕 기 칭 명 야 잡 이 불 월 어 계 기 류 기

衰世之意邪인저 夫易彰往而察來하고 而微顯闡幽한다
쇠 세 지 의 야 부 역 창 왕 이 찰 래 이 미 현 천 유

開而當名하고 辨物하며 正言하고 斷辭하여 則備矣니라
개 이 당 명 변 물 정 언 단 사 즉 비 의

其稱名也小하나 其取類也大하다 其旨遠하나 其辭文
기 칭 명 야 소 기 취 류 야 대 기 지 원 기 사 문

하다 其言曲而中하며 其事肆而隱하다 因貳하여 以濟民
기 언 곡 이 중 기 사 사 이 은 인 이 이 제 민

行하고 以明失得之報니라
행 이 명 실 득 지 보

공자가 말했다. 건괘와 곤괘 그것은 역(易)의 문(門)이로다! 건(乾)은 양기라는 것이고, 곤(坤)은 음기라는 것이며, 음(陰)과 양(陽)이 덕(德)을 합친다. 그리고 강(剛)과 유(柔)에 형상이 있다. 강유(剛柔)를 써 자연의 일을 형상하고, 강유를 써 (음양은) 자연이 변화하게 하는 짓을 밝히는 덕(德)과 통한다. 그 명목을 일컫기란 잡다하지만 {건곤(乾坤)이란 역지문(易之門)을} 벗어나지 못한다. 그 분류를 살펴봄에 그것은 쇠해가는 세상의 뜻이리라! 무릇 역(易)이란 갈 것이 나타나게 하면서 올 것이 살펴지게 한다. 그리고 미묘한 것이 드러나게 하고 깊숙한 것이 밝혀지게 한다. {무릇 역(易)이란} 열어서 이름에 합당케 하고 물건을 가리게 하며 말하기를 곧게 하고 {언지(言志)의} 말을 가늠케 하여 바로 {역(易)의 괘(卦)가} 구비되는 것이다. 괘의 이름을 일컫기란 작지만 그 괘명이 여러 가지를 간직함이란 크다. 그 뜻은 심원하지만 그 말씀은 아름답다. 그 말함은 막막해도 적중하며 그 일은 펼쳐져도 은밀하다. 의심하기

때문에 (성인은) 역(易)으로 백성의 행위를 건지고, 역(易)으로 얻고 잃음의 갚음을 밝힌다.

【탐독(探讀)】

공자가[子] 말했다[曰]. 건괘와[乾] 곤괘[坤] 그것은[其] 역(易)의[之] 문(門)이로다[邪]! 건은[乾] 양기라는[陽] 것[物]이고[也], 곤은[坤] 음기라는[陰] 것[物]이며[也], 음과[陰] 양이[陽] 덕을[德] 합친다[合]. 그리고[而] 강과[剛] 유에[柔] 형상이[體] 있다[有]. 강유(剛柔)를 써[以] 자연[天地]의[之] 일을[撰] 형상하고[體], 강유(剛柔)를 써[以] {음양(陰陽)은} 자연이 변화하게 하는 짓을[神] 밝히는[明之] 덕과[德] 통한다[通]. 그[其] 명목을[名] 일컫기[稱]란[也] 잡다하지만[雜而] {건곤(乾坤)이란 역지문(易之門)을} 벗어나지 못한다[不越]. 그[其] 분류를[類] 살펴봄[稽]에[於] 그것은[其] 쇠해가는[衰] 세상[世]의[之] 뜻[意]이리라[邪]! 무릇[夫] 역이란[易] 갈 것이[往] 나타나게 하면서[彰而] 올 것이[來] 살펴지게 한다[察]. 그리고[而] 미묘한 것이[微] 드러나게 하고[顯] 깊숙한 것이[幽] 밝혀지게 한다[闡]. {무릇 역(易)이란} 열어서[開而] 이름에[名] 합당케 하고[當] 물건을[物] 가리게 하며[辨] 말하기를[言] 곧게 하고[正] {언지(言志)의} 말을[辭] 가늠케 하여[斷] 바로[則] {역(易)의 괘(卦)가} 구비되는 것[備]이다[矣]. 괘의[其] 이름을[名] 일컫기[稱]란[也] 작지만[小] 그 괘명이[其] 여러 가지를[類] 간직함[取]이란[也] 크다[大]. 그[其] 뜻은[旨] 심원하지만[遠] 그[其] 말씀은[辭] 아름답다[文]. 그[其] 말함은[言] 막막해도[曲而] 적중하며[中] 그[其] 일은[事] 펼쳐져도[肆而] 은밀하다[隱]. 의심하기[貳] 때문에[因] (성인은) 역(易)으로[以] 백성의[民] 행위를[行] 건지고[濟], 역(易)으로[以] 얻고[得] 잃음[失]의[之] 갚음을[報] 밝힌다[明].

【지남(指南)】

子曰(자왈) 乾坤其易之門邪(건곤기역지문야)

64괘(卦) 중에서 건괘(乾卦 : ☰)와 곤괘(坤卦 : ☷)는 다른 62괘(卦)가 출입하는 관문(關門)과 같다. 그래서 건곤(乾坤)을 역지문(易之門)이라 한 것이다. 역지문(易

之門)의 〈역(易)〉은 일음일양(一陰一陽)-생생(生生)이니, 건곤(乾坤)은 일음일양의[一陰一陽之] 문(門)이고 생생의[生生之] 문(門)이다. 이는 곧 변화지문(變化之門)을 말한다. 건괘(乾卦 : ☰)는 늘 건괘(乾卦 : ☰)로만 멈춰 있는 것은 아니다. 건괘(乾卦 : ☰)를 이루는 여섯 개의 양효(陽爻 : ⚊)들이 정위(定位)에 멈춰 있지 않고 누천(屢遷)하는 변위(變位)에 있을 뿐이다. 누천(屢遷)이란 대성괘(大成卦)를 이루는 여섯 효(爻)들이 아래[下]로부터 위[上]로 옮겨가기[遷]를 한다는 뜻이다. 그렇게 누천(屢遷)하는 관문(關門)이 건괘(乾卦 : ☰)-곤괘(坤卦 : ☷)이다. 이러한 역지문(易之門)은 〈원형리정(元亨利貞)〉이란 역명(易命) 즉 〈크게[元] 통하고[亨] 진실로 미더워야[貞] 이롭다[利]〉는 천지지덕(天地之德)이 들고나는[往來] 관문(關門)이다.

乾陽物也(건양물야)

〈건(乾)〉이 양물(陽物) 즉 양(陽 : ⚊)의 것[物]임을 밝힌다. 양물(陽物)은 양기지신물(陽氣之神物)의 줄임이다. 신물(神物)은 변화하게 하는 짓[神]의 것[物] 즉 물건(物件)을 말한다. 그러니 신물(神物)은 일상에서 도구로 상용하는 물건(物件) 즉 용도가 고정된 기물(器物)이 아니다. 그러니 건양물야(乾陽物也)는 〈건괘(乾卦)는 양기(陽氣)의[陽] 신물[物]이다[也]〉라고 새기면 된다.

坤陰物也(곤음물야)

〈곤(坤)〉이 음물(陰物) 즉 음(陰 : ⚋)의 것[物]임을 밝힌다. 음물(陰物)은 음기지신물(陰氣之神物)의 줄임이다. 신물(神物)은 변화하게 하는 짓[神]의 것[物] 즉 물건(物件)을 말한다. 그러니 신물(神物)은 일상에서 도구로 상용하는 물건(物件) 즉 용도가 고정된 기물(器物)이 아니다. 그러니 곤음물야(坤陰物也)는 〈곤괘(坤卦)는 음기(陰氣)의[陰] 신물[物]이다[也]〉라고 새기면 된다.

陰陽合德(음양합덕)

음양(陰陽)이 함께 천지(天地)에 두루 통(通)함이다. 음양합덕(陰陽合德)은 천지인온(天地絪縕)-남녀구정(男女構精)과 다름 아니다. 그러므로 음양합덕(陰陽合德)의 〈합덕(合德)〉은 곧 천지인온(天地絪縕)의 〈인온(絪縕)〉을 상기하면 새겨 헤아릴 수 있다.

而剛柔有體(이강유유체)

음양합덕(陰陽合德)을 달리 밝힌 것이다. 역무체(易無體) 즉 음양무체(陰陽無體)의 음양(陰陽)을 유체(有體)로써 밝힘이 곧 강유(剛柔)이다. 그러니 강유유체(剛柔有體)의 강유(剛柔)는 천지(天地)를 말한다. 천(天)은 양(陽)이고 강(剛)이며 건(健)이다. 지(地)는 음(陰)이며 유(柔)이고 순(順)이다.

以體天地之撰(이체천지지찬)

음양합덕(陰陽合德)을 다시 풀이한 자왈(子曰)이다. 역무체(易無體) 즉 역에는[易] 체가[體] 없음[無]이니, 강유(剛柔)를 이용하여[以] 자연의[天地之] 일[撰]을 드러나게[形] 함을 밝힘이 곧 이체천지지찬(以體天地之撰)이다. 천지지찬(天地之撰)의 〈찬(撰)〉이란 천지(天地)가 하는 일[事]을 뜻한다. 그 일[撰]이란 만물(萬物)이 화순(化醇)-화생(化生)하게 하는 일[事]이다. 음양(陰陽)의 변화인 일음일양(一陰一陽)-생생(生生)에는 눈[目]으로 보고[視] 귀[耳]로 듣고[聽] 손[手]으로 만져[觸] 찾아낼[見] 수 있는 형상이란 것[物]이 없다[無]. 말하자면 역(易)에는 형이하(形而下)의 물체(物體)가 없다. 강유(剛柔)란 형이상(形而上) 즉 무체(無體)의 음양(陰陽)을 형이하(形而下)의 유체(有體)로 밝힘임을 상기한다면, 온갖 것[萬物]이란 강유유체(剛柔有體)임을 새겨 헤아릴 수 있다. 만물(萬物)이란 음양(陰陽)이 강유(剛柔)로 드러난[形] 몸[體]이라는 것[物]이다.

以通神明之德(이통신명지덕)

이 또한 음양합덕(陰陽合德)을 거듭해 풀이한 자왈(子曰)이다. 신명(神明) 즉 명신(明神)에서 〈신(神)〉이란 무체(無體)의 역(易)을 말하는 셈이다. 천지(天地)가 변화하게 하는 짓[神]이란 곧 음양(陰陽)의 역(易)이기 때문이다. 천수상(天垂象)하는 괘(卦)를 신물(神物)이라 함 역시 명신(明神)을 뜻한다. 그러므로 신명지덕(神明之德)은 무체(無體)의 역(易)과 다름 아니다. 역에는[易] 체가[體] 없음[無]이니 강유(剛柔)를 이용하여[以] 자연[天地]이 변화하게 하는 짓[神]을 밝히는[明] 덕(德)과 통하게[通] 함이 곧 이통신명지덕(以通神明之德)이다.

其稱名也雜而不越(기칭명야잡이불월) 於稽其類其衰世之意邪(어계기류기쇠세지의야)

강유유체(剛柔有體)의 〈체(體)〉를 풀이한다. 만물(萬物)이 부음포양(負陰抱陽)을 불월(不越)하듯이 64괘(卦) 역시 건곤(乾坤)이란 그 역지문(易之門)을 〈벗어나지 못하는[不越]〉 것이다. 그런데 왜 〈기칭명(其稱名)이 잡(雜)하다〉고 하는가? 소성괘(小成卦)인 팔괘(八卦)를 칭명(稱名)하기는 간편하다. 팔괘(八卦)의 건괘(乾卦 : ☰)는 그냥 〈건(乾)〉이라고 칭명하니 간편하다. 그러나 대성괘(大成卦)의 건괘(乾卦 : ䷀)는 〈건하건상(乾下乾上) 건위천(乾爲天)〉이라 칭명하게 되니 잡다하다. 이처럼 소성괘(小成卦)의 칭명과 대성괘(大成卦)의 칭명을 상기한다면 〈잡이불월(雜而不越)〉이라고 밝힌 자왈(子曰)을 새겨 헤아릴 수 있게 된다.

〈어계기류기쇠세지의야(於稽其類其衰世之意邪)〉는 대성괘(大成卦) 64괘(卦)의 칭명의 분류를 살펴볼 때 그 분류란 것은 쇠세(衰世)의 의도에서 비롯된 것이지 성세(聖世) 즉 요순(堯舜) 시대의 것은 아니라는 생각을 밝힌 자왈(子曰)이다. 여기서 대성괘(大成卦) 64괘(卦)에 매어준[繫] 괘효사(卦爻辭)가 요순(堯舜)의 성대(聖代)에 완성된 것이 아니라 흥망성쇠(興亡盛衰)를 거듭하는 오랜 시대 적어도 은(殷)나라 주왕(紂王)과 주(周)나라 문왕(文王) 시대를 거치면서 64괘(卦)의 칭명 즉 괘명(卦名)과 그 분류가 이루어지고 따라서 괘효사(卦爻辭)도 매어지게[繫] 된 것임을 새겨[玩] 헤아리고[擬] 따져[議] 가늠하게[斷] 하는 자왈(子曰)이 곧 〈어계기류기쇠세지의야(於稽其類其衰世之意邪)〉이다.

夫易彰往而察來(부역창왕이찰래) 而微顯闡幽(이미현천유)

〈부역창왕이찰래(夫易彰往而察來)〉는 역(易) 즉 64괘(卦)의 요체(要諦)를 풀이하는 자왈(子曰)이다. 무릇[夫] 역(易)이란 64괘(卦)를 묶어 말한다. 역(易)의 64괘(卦)는 갈 것[往者]을 밝히는[彰] 것이 아니라 왕자(往者)가 밝혀지게[彰] 하는 것이다. 그래서 〈부역창왕(夫易彰往)〉을 〈부역사왕자창(夫易使往者彰)〉으로 여기고 살펴[觀] 새기고[玩] 헤아려[擬] 따져[議] 가늠할[斷] 수 있다. 물론 〈찰래(察來)〉 역시 〈부역사래자찰(夫易使來者察)〉로 여기고 〈찰래(察來)〉의 문맥을 잡아야, 마땅한 문의(文意)를 건져 관완(觀玩)하고 의의(擬議)하여 가늠할[斷] 수 있다. 그리고 역

(易)의 창왕(彰往)-찰래(察來)는 여섯 효(爻)의 누천(屢遷)을 상기시킨다. 초효(初爻)가 찰래(察來)의 〈내(來)〉 즉 올 것[來者]을 짓한다[象]면 상효(上爻)는 창왕(彰往)의 〈왕(往)〉 즉 갈 것[往者]을 짓한다[象].

〈미현천유(微顯闡幽)〉는 앞에서 살핀 〈천수상(天垂象)〉을 환기시킨다. 미현천유(微顯闡幽)의 〈현(顯)-천(闡)〉은 천수상(天垂象)의 〈수(垂)〉를 새겨[玩] 헤아리게[擬] 하고, 〈미(微)-유(幽)〉는 천수상(天垂象)의 〈상(象)〉을 완의(玩擬)하게 하는 까닭이다. 〈미현(微顯)〉은 〈현미(顯微)〉를 도치한 말투이다. 현미(顯微)-천유(闡幽)는 같다. 〈현(顯)-천(闡)〉은 은자(隱者) 즉 숨은[隱] 것[者]을 밝혀냄[明]을 뜻하고, 〈미(微)-유(幽)〉는 바로 은자(隱者)를 나타낸다. 여기서 미유(微幽) 즉 은자(隱者)란 무엇인가? 이는 곧 창왕찰래(彰往察來)의 〈왕(往)-래(來)〉를 말한다.

開而當名(개이당명) 辨物(변물) 正言(정언) 斷辭(단사) 則備矣(즉비의)

〈개이당명(開而當名)〉은 괘명(卦名)의 밝힘을 말한 자왈(子曰)이다. 말하자면 〈☰〉 이것을 〈건위천(乾爲天)〉이라고 개시하고 〈건괘(乾卦)〉라고 칭명하여, 그 괘명(卦名)을 합당하게 하였음을 밝혀 〈개이당명(開而當名)〉이라 한다. 〈변물(辨物)의 물(物)〉은 〈효(爻)〉를 말하고, 〈변(辨)〉은 효위(爻位)를 변별(辨別)함을 뜻한다. 대성괘(大成卦)에서 여섯 효(爻)들은 저마다의 자리[位]를 따라 〈중(中)-정(正)-중정(中正)-정응(正應)-불응(不應)-비(比)〉 등의 관계를 서로 갖는다. 이러한 관계를 변별하는 것 역시 〈변물(辨物)〉에 든다. 〈정언(正言)의 언(言)〉은 괘효사(卦爻辭)의 〈사(辭)〉가 논란의 어지(語之) 즉 시비(是非)-정오(正誤)-진위(眞僞)의 논란하여 말나누기[語之]가 아니라, 내가 나에게 말하기[言之]를 뜻한다. 정언(正言)은 곧 직언(直言)이다. 직언(直言)이란 논란하지 않고 마음 가는 바[志]를 스스로 밝힌다. 그래서 정언(正言)은 〈나[吾]〉로 하여금 시비(是非)-정오(正誤)-진위(眞僞) 등을 떠나 회린(悔吝) 즉 뉘우치고[悔] 부끄럽게[吝] 한다. 그러므로 〈정어(正語)〉라 않고 〈정언(正言)〉이라고 밝힌다. 〈단사(斷辭)의 사(辭)〉는 괘효사(卦爻辭) 즉 괘사(卦辭)와 효사(爻辭) 곧 계사(繫辭)를 말한다. 괘효사(卦爻辭)의 〈사(辭)〉는 〈정언(正言)하라〉는 말씀[辭]이지 〈정어(正語)하라〉는 사(辭)가 아님을 늘 명심해야 단사(斷辭)의 〈단(斷)〉을 새겨 헤아릴 수 있다. 귀동냥해서 판단하지[斷] 말라 함이 곧 단사(斷辭)의 〈단(斷)〉이다.

其稱名也小(기칭명야소) 其取類也大(기취류야대)

〈기칭명야소(其稱名也小)〉는 괘명(卦名)이 단소(短小)함을 밝힌다. 괘명(卦名)은 외 자(字)이거나 두 자(字)를 넘지 않는다. 예를 들자면 습감괘(習坎卦)처럼 두 글자로 된 괘명도 있지만 건괘(乾卦)처럼 대부분 외 자(字)로 칭명되어 있다. 괘명(卦名)의 풀이도 넉 자(字)를 넘지 않는다. 곤괘(坤卦)를 풀이하여 〈곤위지(坤爲地)〉라 하여 석 자(字)이고, 괘명(卦名)이 서합괘(噬嗑卦)처럼 두 자(字)일 경우 수뢰서합(水雷噬嗑)이라 하여 그 풀이가 넉 자(字)일 뿐이다. 그래서 괘(卦)의 칭명은 짧다[小]고 밝힌다.

〈기취류야대(其取類也大)〉는 짧은 괘명(卦名)일지라도 함유(含有)하는 뜻[義]은 다대(多大)함을 밝힌다. 취류(取類)란 중의(衆義)를 품음[含]을 뜻한다. 중의(衆義)란 어떤 한 가지 의미로 단정되거나 정리될 수 없다. 괘명(卦名)은 괘효사(卦爻辭)의 길잡이[指南]로서 괘명(卦名)이 괘효상(卦爻象)과 더불어 괘효사(卦爻辭)를 수취(受取)함을 〈취류(取類)〉가 밝힌다. 취류(取類)는 취군(取羣)이니 여럿[類]을 취함[取]이다. 그 여럿[類]이란 곧 중의(衆義) 즉 여러[衆] 뜻[義]을 취하여 알림이다. 괘효(卦爻)는 짓[象]으로 취류(取類)하고 이에 따라서 성인(聖人)이 매어준[繫] 말씀[辭]이 괘효사(卦爻辭)이다. 물론 성인(聖人)의 계사(繫辭) 또한 취류(取類)하게 하는 말씀[辭]이다.

其旨遠(기지원) 其辭文(기사문)

〈기지원(其旨遠)의 기지(其旨)〉 즉 〈괘지지(卦之旨)〉란 하늘[天]의 이치-가르침[道]으로 보면 음양(陰陽)의 지(旨)이고, 땅[地]의 이치-가르침[道]으로 보면 강유(剛柔)의 지(旨)이며, 사람[人]의 이치-가르침[道]으로 보면 인의(仁義)의 지(旨)이다. 이러한 삼극(三極) 즉 천지인(天地人)의 뜻[旨]을 아우르는 괘지지(卦之旨) 즉 괘의[卦之] 뜻[旨]이기 때문에 깊고 멀다. 왜 괘(卦)의 지(旨)는 심원(深遠)한가? 자연[天地]의 시킴[命]과 가르침[命]을 본받는[法] 성인(聖人)의 지(旨) 즉 의지(意志)

가 간직되어 있기 때문이다.

〈기사문(其辭文)의 사(辭)〉는 심원한 뜻[旨]을 말하게[言之] 하는 말씀[辭]이지 무엇을 말해주는[語之] 사(辭)가 아니다. 어떤 지식을 알려주거나 전달해주는 말씀[語辭]이 아니라, 〈나[吾]〉로 하여금 마음 가는 바[志]를 밝히게 하는 말씀[言辭]이다. 스스로 말하게 하는 언사(言辭)가 〈아름답다[文]〉고 밝힌 것이 〈기사문(其辭文)〉이다. 문(文)이 사(辭)를 결정하지 않고 다만 문(文)은 사(辭)를 다듬어 꾸며주기 때문에 〈기사문(其辭文)〉이다. 글자[文]로[以] 말을[辭] 해치지 않는다[不害]. 말[言]이[之] 글로 되는데[成文], 글[文字]이 말하기[言]를 해쳐서는[害] 안 되는 것이 글[文]의 아름다움[美]이다.

其言曲而中(기언곡이중) 其事肆而隱(기사사이은)

〈기언곡이중(其言曲而中)〉은 기사문(其辭文)의 〈사(辭)〉를 한 번 더 강조한 것이다. 여기서 기언(其言) 즉 괘의[卦之] 말[言]이란 괘효(卦爻)의 사(辭) 즉 괘사(卦辭)와 효사(爻辭)를 말한다. 그 괘효사(卦爻辭)의 〈사(辭)〉가 〈힐굴(詰屈)의 언(言)〉임을 〈곡(曲)〉 한 자(字)로 밝힌다. 마음 가는 바[志]를 어렵게 하여 새기기[玩]가 매우 어렵고 거북한 말[辭]이 곧 괘효사(卦爻辭)이다. 일반적인 글을 대하듯이 괘효(卦爻)의 사구(辭句)를 마주해서는 그만 사색(辭塞) 즉 말[辭]이 막히고[塞] 만다. 그래서 〈언곡(言曲)함〉이 흘(吃)하다고 한다. 즉 언곡(言曲)의 말[辭]은 말 더듬게 한다[吃]는 것이다. 그래서 기언곡(其言曲)의 〈곡(曲)〉은 괘효사(卦爻辭)를 마주할 때 치힐(致詰) 즉 더없이 묻기를[詰] 끝없이 하게[致] 하는 말[言]이 괘효(卦爻)에 성인(聖人)이 매어준[繫] 말씀[辭]이다.

〈기사사이은(其事肆而隱)의 기사(其事)〉는 괘지사(卦之事)이다. 괘(卦)에서 일[事]을 말하는 것[物]이 괘효사(卦爻辭)이다. 괘효사(卦爻辭)는 일[事]을 곡진(曲盡)하게 말하고[言之] 적중(的中)하게 언지(言之)한다. 괘효사(卦爻辭)가 일[事]을 어떻게 언지(言之)하는가? 일[事]을 〈사(肆)하게〉 말하고[言之] 〈은(隱)하게〉 언지(言之)한다. 〈사(肆)〉는 〈펼쳐냄[振]〉이니 드러나고, 〈은(隱)〉은 〈숨김[閉]〉이니 드러나지 않는다. 그러니 괘효사(卦爻辭)가 〈사(事)를 언지(言之)함〉이란 드러낼 것은 드러내 말함[言之]이 기사사이은(其事肆而隱)의 〈사(肆)〉이고, 숨길 것은 숨겨 언지(言之)함이 기사사이은(其事肆而隱)의 〈은(隱)〉이다. 괘효사(卦爻辭)에는 사상(事象)만 드러나 있지 사지본말(事之本末)-사지종시(事之終始)-사지연유(事之緣由) 등은 나타나지 않는다. 그러니 괘효사(卦爻辭)는 일의[事之] 짓[象]은 펼치되[肆] 일의[事之] 본말(本末)-종시(終始)-연유(緣由)는 펼치지 않는다[不肆]. 짓[象]이란 조짐[兆]이니 펼쳐[肆] 드러날[形]지라도 숨김[隱]이 있다. 이러한 사상(事象)을 말하는[言之] 괘효사(卦爻辭)이므로 그 말씀[辭]이 힐굴언(詰屈言)이 되어, 괘효사(卦爻辭)를 마주할 때 흘(吃)하면서 치힐(致詰)하게 하여 견색(見賾) 즉 숨긴 일들을[賾] 찾아냄[見]을 저마다 치열하게 하라 한다.

因貳(인이) 以濟民行(이제민행) 以明失得之報(이명실득지보)

〈인이(因貳)의 이(貳)〉는 〈민지이사(民之貳事)〉의 줄임이다. 일[事]이란 결정되지 않고 늘 통변(通變)하기 때문에 사람들은[民] 일을[事] 두고 의심하는[貳] 것이다. 이사(貳事)하면서도 자신의 뜻대로 매사가 이루어지기를 탐하기 때문에 더욱더 통변(通變)하는 일[事]을 두고 의심한다[貳]. 그래서 지성(至誠)으로 일하는 사람은 임사(臨事) 즉 일을[事] 마주함[臨]에 있어서 결코 의심하지[貳] 않는다.

〈이제민행(以濟民行)〉은 괘효사(卦爻辭)의 〈사(辭)〉가 정언(正言)-단사(斷辭)의 말씀[辭]임을 상기시킨다. 일[事]을 두고 의심함[貳]을 이용하여[以] 의심하지 않게[不貳] 함을 〈제민행(濟民行)〉이라고 밝힌다. 사람들이[民之] 일을[事] 의심하는[貳之] 행위[行]를 괘효사(卦爻辭)가 구제해준다[濟] 함이 〈제민행(濟民行)〉이다. 이 점을 간파한다면 제민행(濟民行)의 〈제(濟)〉를 저마다 나름대로 새겨 헤아릴 수 있게 된다. 괘효사(卦爻辭)가 〈나[吾]〉로 하여금[使] 정언(正言)하게 하고 단사(斷辭)하게 하여 일[事]을 의심하는[貳] 행위[行]를 의심하지 않는[不貳] 행위[行]로 개선해줌이 곧 제민행(濟民行)의 〈제(濟)〉임을 알아챌 수 있다.

〈이명실득지보(以明失得之報)〉는 이제민행(以濟民行)을 거듭해 풀이한다. 괘효사(卦爻辭)가 일을 의심하는 사람들의 행위[行]를 어떻게 구제하는가[濟]? 실득지보(失得之報)가 바로 그 해답이다. 매사에는 실득(失得)이 있게 마련이다. 손실(損失)의 일[事]과 이득(利得)의 일[事]이 별개(別個)로 있는 것은 아니다. 만사(萬事)는 모두 실득(失得)을 함께 지닐 뿐이다. 그래서 〈손유부(損有孚)〉라고 한다. 손

(損)이 해(害)가 되지 않고 오히려 익(益)이 됨을 일컬어 〈손유부(損有孚)〉라고 한다. 손유부(損有孚)의 〈부(孚)〉는 먼저 상대를 믿어줌[信]을 뜻한다. 가정(可貞)하여 맞게 되는 〈손(損)〉이란 오히려 〈익(益)〉이 되는 것임을 손유부(損有孚)의 〈부(孚)〉가 말한다. 무욕(無欲)해서 손실(損失)을 보았다면 그 손실이 이득이 되어 갚아옴[報]이 길(吉)함이고, 탐욕(貪欲)으로 이득(利得)을 보았다면 그 이득이 손해가 되어 갚아옴[報]이 흉(凶)함이다. 이러한 길흉(吉凶)이 곧 〈명실득지보(明失得之報)〉이다.

계사전하(繫辭傳下) 7단락(段落)

易之興也其於中古乎인저 作易者其有憂患乎인저 是故로 履德之基也요 謙德之柄也요 復德之本也요 恒德之固也요 損德之修也요 益德之裕也요 困德之辨也요 井德之地也요 巽德之制也이다 履和而至하고 謙尊而光하며 復小而辨於物하고 恒雜而不厭하며 損先難而後易하고 益長裕而不設하며 困窮而通하고 井居其所而遷하며 巽稱而隱하니라 履以和行하고 謙以制禮하며 復以自知하고 恒以一德하며 損以遠害하고 益以興利하며 困以寡怨하고 井以辨義하며 巽以行權하니라

역지흥야기어중고호 작역자기유우환호 시고 이덕지기야 겸덕지병야 복덕지본야 항덕지고야 손덕지수야 익덕지유야 곤덕지변야 정덕지지야 손덕지제야 이화이지 겸존이광 복소이변어물 항잡이불염 손선난이후이 익장유이불설 곤궁이통 정거기소이천 손칭이은 이이화행 겸이제례 복이자지 항이일덕 손이원해 익이흥리 곤이과원 정이변의 손이행권

역(易)의 흥함이란 그것은 중고(中古) 때이리라! 역(易)을 지었던 분 그분께는 근심과 걱정이 있었을 것이리라! 이렇기 때문에 이괘(履卦)는 덕(德)의 바탕이고, 겸괘(謙卦)는 덕(德)의 자루이며, 복괘(復卦)는 덕(德)의 근본이고, 항괘(恒卦)는 덕(德)의 확고함이며, 손괘(損卦)는 덕(德)의 다스림이고, 익괘(益卦)는 덕(德)의 넉넉함이며, 곤괘(困卦)는 덕(德)의 변별이고, 정괘(井卦)는 덕(德)의 처지이며, 손괘(巽卦)는 덕(德)의 마름질이다. 이괘(履卦)는 어울림을 지극하게 하고, 겸괘(謙卦)는 존귀함을 빛나게 하며, 복괘(復卦)는 사물에서 작은 것을 가름하게 하고, 항괘(恒卦)는 번잡함을 싫지 않게 하며, 손괘(損卦)는 처음엔 어렵지만 뒤에는 쉽게 하고, 익괘(益卦)는 길이길이 넉넉하게 함을 늘어놓지 않게 하며, 곤괘(困卦)는 막힘을 통하게 하고, 정괘(井卦)는 제 곳에

살게 하되 옮기게 하며, 손괘(巽卦)는 칭찬하게 하면서도 은밀히 하게 한다. 이괘(履卦)로써 행동을 화합하고, 겸괘(謙卦)로써 예(禮)를 마름질하며, 복괘(復卦)로써 스스로 알아차리고, 항괘(恒卦)로써 덕(德)을 한결같이 하며, 손괘(損卦)로써 해되는 일을 멀리하고, 익괘(益卦)로써 이로운 일을 흥하게 하며, 곤괘(困卦)로써 원망할 일을 줄이고, 정괘(井卦)로써 올바름을 밝히며, 손괘(巽卦)로써 권변(權變)을 실행한다.

【탐독(探讀)】

역의[易之] 흥함[興]이란[也] 그것은[其] 중고(中古) 때[於]이리라[乎]! 역을[易] 지었던[作] 분[者] 그분께는[其] 근심과[憂] 걱정이[患] 있었을 것[有]이리라[乎]! 이렇기[是] 때문에[故] 이괘는[履] 덕(德)의[之] 바탕[基]이고[也], 겸괘는[謙] 덕(德)의[之] 자루[柄]이며[也], 복괘는[復] 덕(德)의[之] 근본[本]이고[也], 항괘는[恒] 덕(德)의[之] 확고함[固]이며[也], 손괘는[損] 덕(德)의[之] 다스림[修]이고[也], 익괘는[益] 덕(德)의[之] 넉넉함[裕]이며[也], 곤괘는[困] 덕(德)의[之] 변별[辨]이고[也], 정괘는[井] 덕(德)의[之] 처지[地]이며[也], 손괘는[巽] 덕(德)의[之] 마름질[制]이다[也]. 이괘는[履] 어울림을[和而] 지극하게 하고[至], 겸괘는[謙] 존귀함을[尊而] 빛나게 하며[光], 복괘는[復] 사물[物]에서[於] 작은 것을[小而] 가름하게 하고[辨], 항괘는[恒] 번잡함을[雜而] 싫지 않게 하며[不厭], 손괘는[損] 처음엔[先] 어렵지만[難而] 뒤에는[後] 쉽게 하고[易], 익괘는[益] 길이길이[長] 넉넉하게 함을[裕而] 늘어놓지 않게 하며[不設], 곤괘는[困] 막힘을[窮而] 통하게 하고[通], 정괘는[井] 제[其] 곳에[所] 살게 하되[居而] 옮기게 하며[遷], 손괘는[巽] 칭찬하게 하면서도[稱而] 은밀히 하게 한다[隱]. 이괘[履]로써[以] 행동을[行] 화합하고[和], 겸괘[謙]로써[以] 예를[禮] 마름질하며[制], 복괘[復]로써[以] 스스로[自] 알아차리고[知], 항괘[恒]로써[以] 덕을[德] 한결같이 하며[一], 손괘[損]로써[以] 해되는 일을[害] 멀리하고[遠], 익괘[益]로써[以] 이로운 일을[利] 흥하게 하며[興], 곤괘[困]로써[以] 원망할 일을[怨] 줄이고[寡], 정괘[井]로써[以] 올바름을[義] 밝히며[辨], 손괘[巽]로써[以] 권변(權變)을[權] 실행한다[行].

【지남(指南)】

易之興也其於中古乎(역지흥야기어중고호)

역(易)이 중고(中古) 때에 흥해졌음[興]을 밝힌다. 이는 중고(中古) 이전에는 역(易)이 쇠미(衰微)해 있었음을 짐작하게도 한다. 여기서 중고(中古)란 역력삼고(易歷三古)의 중고(中古)를 말한다. 〈복희위상고(伏羲爲上古) 문왕위중고(文王爲中古) 공자위하고(孔子爲下古)〉 이를 역력삼고(易曆三古)라 한다. 역(易)의 역사를 보면 복희씨(伏羲氏)가 상고(上古)이고[爲] 문왕(文王)이 중고(中古)이며[爲] 공자(孔子)가 하고(下古)이다[爲] 함은 복희씨(伏羲氏)가 팔괘(八卦)를 짓고[作] 문왕(文王)이 64괘(卦)를 짓고[作] 공자(孔子)가 십익(十翼)을 지었음[作]을 뜻한다. 이로 미루어 〈중고(中古)에[於] 역이[易] 흥했다[興]〉고 함은 〈주(周) 문왕(文王) 때에[於] 역(易)이 부흥(復興)하게 되었다〉고 새겨[玩] 헤아릴[擬] 수 있다. 상(商)나라 말기 주왕(紂王)의 난세(亂世)에 이르기까지 역(易)이 쇠미(衰微)해져 왔었는데, 문왕(文王)이 상고(上古)부터 내려오던 역(易)을 보완하여 다시[復] 흥(興)하게 하였음을 밝힌 자왈(子曰)이 〈역지흥야기어중고호(易之興也其於中古乎)〉이다.

作易者其有憂患乎(작역자기유우환호)

작역자(作易者)가 작역(作易)한 까닭을 분명하게 밝힌다. 여기서 우환(憂患)을 건지기[濟] 위하여 작역했음을 간파할 수 있다. 그리고 중고(中古)에 역(易)이 흥(興)했다고 지적한 다음 이어서 〈작역자유우환(作易者有憂患)〉이라고 밝힌 자왈(子曰)로 미루어, 여기서 〈작역자(作易者)〉란 〈주(周) 문왕(文王)〉을 지칭함을 알아챌 수 있다. 나아가 작역자유우환(作易者有憂患)의 〈우환(憂患)〉이란 상(商)나라 말기의 난세(亂世)에 이르러 주(周) 문왕(文王)이 유리(羑里)에 구속당했던 설(說)을 따라 작역자유우환(作易者有憂患)의 〈우환(憂患)〉을 문왕(文王)이 구속된 사건을 뜻한다고 생각해 볼 수도 있다. 왜냐하면 문왕(文王)이 구속당해서 단사(彖辭)를 지어 64괘(卦)에 매어두게[繫] 되어 쇠미(衰微)해졌던 역(易)이 다시 흥(興)하게 되었다는 설(說)이 있기 때문이다. 단사(彖辭)란 괘상(卦象)을 가늠하게 하는[彖] 말씀[辭]이다. 단사(彖辭)의 〈단(彖)〉은 〈가늠할 단(斷)〉과 같다. 작역자유우환(作易者有憂患)은 주(周) 문왕(文王)이 유리(羑里)에 구속되었던 사실을 암시한다고 볼 수도 있겠지만 반드시 그렇게 단정할 것은 없다. 주(周) 문왕(文王)의 우환(憂患)이라면 그것은 분명 상(商)나라 주(紂)의 학정(虐政) 탓으로 빚어진 여민동환(與民同患)의 우환이기 때문이다. 〈작역자유우환(作易者有憂患)의 우환(憂患)〉은 한 개인의 것이 아니라 시대의 것이리라.

是故(시고) 履德之基也(이덕지기야)

작역자(作易者)가 이괘(履卦 : ☰)를 관상(觀象)하고 본받아[法] 〈우환(憂患)〉을 극복할 수 있는 〈이치와 가르침[道]〉을 견색(見賾)하였음을 새로 풀이한 자왈(子曰)이다. 〈이덕지기(履德之基)〉 이는 곧 이괘(履卦 : ☰)의 괘사(卦辭)를 〈덕지기(德之基)〉 즉 〈덕의[德之] 바탕[基]〉이라고 개역한 것이다. 이괘(履卦 : ☰)는 64괘(卦)에서 10번째 태하건상(兌下乾上)의 대성괘(大成卦)로 〈천택이(天澤履)〉라고 불린다. 〈하늘[天]-못[澤] 이괘(履卦)〉의 괘사(卦辭)는 〈이호미(履虎尾) 부질인(不咥人) 형(亨) : 호랑이의[虎] 꼬리를[尾] 밟는다[履]. 사람을[人] 물지[咥] 않는다[不]. 통하리라[亨].〉와 같이 삼구(三句)의 사구(辭句)이다.

이괘(履卦 : ☰)의 괘상(卦象)은 양괘(陽卦)의 자리[位]인 윗자리[上位]에 양괘(陽卦)인 건괘(乾卦 : ☰)가 있고, 음괘(陰卦)의 자리[位]인 아랫자리[下位]에 음괘(陰卦)인 태괘(兌卦 : ☱)가 자리를 잡아, 정위(正位)의 괘상(卦象)이면서 육삼(六三)과 상구(上九)가 호응하여 다른 양효(陽爻)들이 반발하지 못하는 길상(吉象)이다. 이러한 이괘(履卦 : ☰)의 길상을 관상(觀象)하여 작역자(作易者)는 꼬리[尾]를 밟힌[所履] 호랑이[虎]와 그 꼬리[其尾]를 밟은[履] 사람[人]으로 형상한 것이 이괘(履卦 : ☰)의 괘사(卦辭)이다. 작역자(作易者)가 괘상(卦象)을 드러낸 괘사(卦辭)의 말씀을 다시 공자(孔子)가 완사(玩辭)하여 개역해 말한 것[言之]이 〈이덕지기(履德之基)〉이다. 덕(德)의 바탕[基]이 굳건한 사람이 호랑이 꼬리를 밟아도 호랑이가 그 사람을 물지 않는다는 것이다.

謙德之柄也(겸덕지병야)

작역자(作易者)가 겸괘(謙卦 : ☷)를 관상(觀象)하고 본받아[法] 〈우환(憂患)〉을 극복할 수 있는 〈이치와 가르침[道]〉을 견색(見賾)하고 〈덕지병(德之柄)〉이라고 새로 풀이한 자왈(子曰)이다. 이는 곧 겸괘(謙卦 : ䷎)의 괘사(卦辭)를 〈덕지병(德之柄)〉 즉 〈덕의[德之] 자루[柄]〉라고 개역한 것이다. 겸괘(謙卦 : ䷎)는 64괘(卦)에서 15번째 간하곤상(艮下坤上)의 대성괘(大成卦)로 〈지산겸(地山謙)〉이라 불린다. 겸괘(謙卦 : ䷎)의 괘사(卦辭)는 〈겸형(謙亨) 군자유종(君子有終) : 겸허하면[謙] 통한다[亨]. 군자에게는[君子] 끝냄이[終] 있다[有].〉와 같이 이구(二句)의 사구(辭句)로 되어 있다.

겸괘(謙卦 : ䷎)의 괘상(卦象)은 일양(一陽) 오음(五陰)으로 되어 있다. 구삼(九三)을 육이(六二)와 육사(六四)가 이웃하여 모시고, 상륙(上六) 또한 구삼(九三)과 응(應)하여 다섯 음기(陰氣)가 하나의 양기(陽氣)를 감싸고 있다. 그리고 양괘(陽卦)인 간괘(艮卦 : ☶)가 아랫자리[下位]를 잡고 음괘(陰卦)인 곤괘(坤卦 : ☷)가 윗자리[上位]를 잡아, 뫼[山]가 땅[地]에 숙인 상(象)이라 겸손(謙遜)해 허물이 없는 길상(吉象)을 겸괘(謙卦 : ䷎)가 수시(垂示)한다. 이러한 길상(吉象)을 관상(觀象)하여 작역자(作易者)는 겸허하면[謙] 통해[亨] 군자에게는[君子] 끝냄이[終] 있다[有]고 형상(形象)의 사(辭) 즉 되풀이[復]의 짓[象]을 나타낸[形] 말씀[辭]이 겸괘(謙卦 : ䷎)의 괘사(卦辭)이다. 작역자(作易者)가 괘상(卦象)을 드러낸[形] 괘사(卦辭)의 말씀을 다시 공자(孔子)가 완사(玩辭)하여 개역한 것이 〈겸덕지병(謙德之柄)〉이다. 겸손(謙遜)함보다 덕(德)을 더 잘 활용할 수 없다. 겸손(謙遜) 그것은 덕(德)의 자루[柄] 즉 권병(權柄)이요 근간(根幹)이라, 겸괘(謙卦 : ䷎)를 덕의[德之] 자루[柄]라고 개역한 것이다.

復德之本也(복덕지본야)

작역자(作易者)가 복괘(復卦 : ䷗)를 관상(觀象)하고 본받아[法] 〈우환(憂患)〉을 극복할 수 있는 〈이치와 가르침[道]〉을 견색(見賾)하고, 그 〈색(賾)〉을 새로 풀이한 자왈(子曰)이다. 〈복덕지본(復德之本)〉 이는 곧 복괘(復卦 : ䷗)의 괘사(卦辭)를 〈덕지본(德之本)〉 즉 〈덕의[德之] 근본[本]〉이라고 개역한 것이다. 복괘(復卦 : ䷗)는 64괘(卦)에서 24번째 진하곤상(震下坤上)의 대성괘(大成卦)로 〈지뢰복(地雷復)〉이라 불린다. 복괘(復卦 : ䷗)의 괘사(卦辭)는 〈복형(復亨) 출입무질(出入无疾) 붕래무구(朋來无咎) 반복기도(反復其道) 칠일래복(七日來復) 이유유왕(利有攸往)

: 되돌아오니[復] 통한다[亨]. 나고[出] 들어도[入] 질주란[疾] 없다[无]. 벗이[朋] 와도[來] 허물이[咎] 없다[无]. 그[其] 도를[道] 되풀이한다[反復]. 이레에[七日] 되돌아온다[來復]. 갈[往] 데가[攸] 있다면[有] 이롭다[利].〉이다.

복괘(復卦 : ䷗)의 괘상(卦象)은 일양(一陽) 오음(五陰)으로 되어 있다. 그 일양(一陽)이 양위(陽位)인 초효(初爻)의 자리[位]로 들어와 정위(正位)를 잡아, 드디어 음양(陰陽)이 서로 상관(相關)하여 왕래(往來) 즉 변화가 되풀이되기 시작한다. 초구(初九)와 육사(六四) 또한 응(應)하여 다른 다섯 음기(陰氣)에 하나의 양기(陽氣)가 들고 있다. 그리고 양괘(陽卦)인 진(震 : ☳)이 아랫자리[下位]를 잡고 음(陰)인 곤(坤 : ☷)이 윗자리[上位]를 잡아, 우뢰[雷]가 땅[地]속에 숨어 있다 치솟을 상(象)이라 허물[咎] 없는[无] 길상(吉象)을 복괘(復卦 : ䷗)가 수시(垂示)한다. 이러한 복괘(復卦 : ䷗)의 길상(吉象)을 관상(觀象)하여 작역자(作易者)는 〈되풀이하면[復] 통해[亨] 왕래해도[往來] 질주가[疾] 없다[无]〉라고 괘사(卦辭)한 것이다. 〈되풀이[復]의 짓[象]〉은 곧 〈생생(生生)〉을 말한다. 복괘(復卦 : ䷗)의 초구(初九)가 한줄기 작은 미광(微光) 같아 다섯 음기(陰氣)의 매암(昧暗) 즉 어둠[昧暗]이 변화하기 시작한다. 작역자(作易者)가 괘상(卦象)을 드러낸[形] 괘사(卦辭)의 말씀을 다시 공자(孔子)가 완사(玩辭)하여 개역한 것이 〈복덕지본(復德之本)〉이다. 되풀이되는[復] 왕래(往來) 즉 쉼 없는 변화야말로 더없는 덕(德)의 기본[本]이란 것이다.

恒德之固也(항덕지고야)

작역자(作易者)가 항괘(恒卦 : ䷟)를 관상(觀象)하고 본받아[法] 〈우환(憂患)〉을 극복할 수 있는 〈이치와 가르침[道]〉을 견색(見賾)하고, 그 〈색(賾)〉을 새로 풀이한 자왈(子曰)이다. 〈항덕지고(恒德之固)〉 이는 곧 항괘(恒卦 : ䷟)의 괘사(卦辭)를 〈덕지고(德之固)〉 즉 〈덕의[德之] 확고함[固]〉이라고 개역한 것이다. 항괘(恒卦 : ䷟)는 64괘(卦)에서 32번째 손하진상(巽下震上)의 대성괘(大成卦)로 〈뇌풍항(雷風恒)〉이라 불린다. 항괘(恒卦 : ䷟)의 괘사(卦辭)는 〈항형(恒亨) 무구(无咎) 이정(利貞) 이유유왕(利有攸往) : 한결같아[恒] 통한다[亨]. 허물이[咎] 없다[无]. 마음이 곧고 바르면[貞] 이롭다[利]. 갈[往] 데가[攸] 있다면[有] 이롭다[利].〉이다.

항괘(恒卦 : ䷟)의 괘상(卦象)은 육효(六爻)가 서로 호응하는 상(象)이다. 초륙

(初六)과 구사(九四)가 호응하고, 구이(九二)와 육오(六五)가 호응하며, 구삼(九三)과 상륙(上六)이 호응한다. 그러나 서로 이웃하는 효상(爻象) 즉 〈비(比)〉로 본다면, 초륙(初六)과 구이(九二)는 〈비(比)〉로서 어울리고 있지만, 구이(九二)와 구삼(九三) 그리고 구삼(九三)과 구사(九四) 등은 양(陽)끼리 이웃하여 〈불비(不比)〉로서 어울리지 못하고, 육오(六五)와 상륙(上六) 또한 음(陰)끼리 이웃하여 〈불비(不比)〉로서 어울리지 못해 효상(爻象)이 흉(凶)하다. 그리고 삼효(三爻)와 상효(上爻)를 제하고서는 효위(爻位) 또한 모두 〈부정(不正)〉의 효상(爻象)이 주(主)가 되어 흉(凶)하다. 이처럼 여섯 효(爻)의 자리[位]로 보면 흉(凶)하지만 전체의 괘상(卦象)으로 보면 여섯 효(爻)들이 모두 호응하고 있어서, 항괘(恒卦 : ䷟)는 길(吉)한 괘상(卦象)을 간직한다. 이러한 항괘(恒卦 : ䷟)의 괘상(卦象)이 보여주는 〈호응〉의 길상(吉象)을 관상(觀象)하여 작역자(作易者)는 〈한결같아[恒] 통해[亨] 허물이[咎] 없다[无]〉고 괘사(卦辭)한 것이다. 이를 다시 공자(孔子)가 완사(玩辭)하여 개역한 것이 〈항덕지고(恒德之固)〉이다.

損德之修也(손덕지수야)

작역자(作易者)가 손괘(損卦 : ䷨)를 관상(觀象)하고 본받아[法] 〈우환(憂患)〉을 극복할 수 있는 〈이치와 가르침[道]〉을 견색(見賾)하고, 그 〈색(賾)〉을 새로 풀이한 자왈(子曰)이다. 〈손덕지수(損德之修)〉 이는 손괘(損卦 : ䷨)의 괘사(卦辭)를 〈덕지수(德之修)〉 즉 〈덕의[德之] 닦음[修]〉이라고 개역한 것이다. 손괘(損卦 : ䷨)는 64괘(卦)에서 41번째 태하간상(兌下艮上)의 대성괘(大成卦)로 〈산택손(山澤損)〉이라 불린다. 손괘(損卦 : ䷨)의 괘사(卦辭)는 〈손유부(損有孚) 원길(元吉) 무구(无咎) 가정(可貞) 이유유왕(利有攸往) 갈지용(曷之用) 이궤가용향(二簋可用享) : 손해에[損] 믿음이[孚] 있어[有] 크게[元] 길하다[吉]. 허물이[咎] 없다[无]. 마음이 곧고 발라[貞] 좋다[可]. 갈[往] 데가[攸] 있다면[有] 이롭다[利]. 어떻게[曷] 그것을[之] 쓸까[用]? 두 개의[二] 제기를[簋] 제사에[享] 써도[用] 좋다[可].〉이다.

손괘(損卦 : ䷨)의 괘상(卦象)은 육효(六爻)가 서로 호응하는 상(象)이다. 초구(初九)와 육사(六四)가 호응하고, 구이(九二)와 육오(六五)가 호응하며, 육삼(六三)과 상구(上九)가 호응한다. 또한 〈역이곤상기(易以坤象基)〉 즉 〈역은[易] 곤괘를

[坤] 가지고[以] 바탕을[基] 짓함[象]〉을 상기한다면, 손괘(損卦 : ䷨)의 하괘(下卦)인 태(兌 : ☱)는 곤(坤 : ☷)이 음효(陰爻) 둘[二]을 덜고[損] 양효(陽爻) 둘[二]을 얻어[得] 음양(陰陽)의 왕래(往來)가 이루어지고, 상괘(上卦)인 간(艮 : ☶)은 음효(陰爻) 하나[一]를 덜고[損] 양효(陽爻) 하나[一]를 얻어[得] 음양(陰陽)의 왕래(往來)가 이루어져, 손괘(損卦 : ䷨)의 괘상(卦象)은 성변화(成變化)의 길상(吉象)을 띠고 있다. 이러한 손괘(損卦 : ䷨)의 괘상(卦象)이 보여주는 〈호응〉의 길상(吉象)을 관상(觀象)하여 작역자(作易者)는 〈덜어내도[損] 믿음이[孚] 있어[有] 크게[元] 길하다[吉]〉고 괘사(卦辭)한 것이다. 이를 공자(孔子)가 완사(玩辭)하여 개역한 것이 〈손덕지수(損德之修)〉이다. 손실(損失)을 당하면서도 믿어줌[孚]이 있으니 그보다 더 잘 덕(德)을 닦을[修] 수 없다.

益德之裕也(익덕지유야)

작역자(作易者)가 익괘(益卦 : ䷩)를 관상(觀象)하고 본받아[法] 〈우환(憂患)〉을 극복할 수 있는 〈이치와 가르침[道]〉을 견색(見賾)하고, 그 〈색(賾)〉을 새로 풀이한 자왈(子曰)이다. 〈익덕지유(益德之裕)〉 이는 익괘(益卦 : ䷩)의 괘사(卦辭)를 〈덕지유(德之裕)〉 즉 〈덕의[德之] 넉넉함[裕]〉이라고 개역한 것이다. 익괘(益卦 : ䷩)는 64괘(卦)에서 42번째 진하손상(震下巽上)의 대성괘(大成卦)로 〈풍뢰익(風雷益)〉이라 불린다. 〈바람[風]-우뢰[雷] 익괘(益卦)〉의 괘사(卦辭)는 〈익(益) 이유유왕(利有攸往) 이섭대천(利涉大川) : 유익하다[益]. 갈[往] 데가[攸] 있다면[有] 이롭다[利]. 큰[大] 내를[川] 건너도[涉] 이롭다[利].〉와 같이 삼구(三句)의 사구(辭句)로 되어 있다.

익괘(益卦 : ䷩)의 괘상(卦象)은 바람[風]과 우레[雷]가 서로 도와 이로움이 더해지는 상(象)이다. 익괘(益卦 : ䷩) 또한 육효(六爻)가 서로 호응하는 상(象)이다. 초구(初九)와 육사(六四)가 호응하고, 육이(六二)와 구오(九五)가 호응하며, 육삼(六三)과 상구(上九)가 호응한다. 익괘(益卦 : ䷩)에서 또한 〈역이곤상기(易以坤象基)〉 즉 〈역은[易] 곤괘를[坤] 가지고[以] 바탕을[基] 짓함[象]〉을 상기한다면, 익괘(益卦)의 하괘(下卦)인 진(震 : ☳)은 〈곤(坤 : ☷)〉이 음효(陰爻) 하나[一]를 덜고[損] 양효(陽爻) 하나[一]를 얻어[得] 음양(陰陽)의 왕래(往來)가 이루어지고, 상괘

(上卦)인 손(巽 : ☴)은 음효(陰爻) 둘[二]을 덜고[損] 양효(陽爻) 둘[二]을 얻어[得] 음양(陰陽)의 왕래(往來)가 이루어져, 익괘(益卦 : ䷩)의 괘상(卦象)은 성변화(成變化)의 길상(吉象)을 띄고 있다. 이러한 익괘(益卦 : ䷩)의 괘상(卦象)이 보여주는 〈호응〉의 길상(吉象)은 서로 고무(鼓舞)하고 진작(振作)하는 짓[象]이다. 이를 관상(觀象)하여 작역자(作易者)가 〈익(益) 이유유왕(利有攸往) 이섭대천(利涉大川)〉이라고 괘사(卦辭)한 것이다. 작역자(作易者)가 괘상(卦象)을 〈익(益)〉이라고 드러낸[形] 괘사(卦辭)의 말씀을 다시 공자(孔子)가 완사(玩辭)하여 개역한 것이 〈익덕지유(益德之裕)〉이다. 유익함[益]이니 그보다 더 덕(德)이 넉넉할[裕] 수 없다. 그래서 익괘(益卦 : ䷩)를 덕의[德之] 넉넉함[裕]이라고 개역한 것이다.

困德之辨也(곤덕지변야)

작역자(作易者)가 곤괘(困卦 : ䷮)를 관상(觀象)하고 본받아[法] 〈우환(憂患)〉을 극복할 수 있는 〈이치와 가르침[道]〉을 견색(見賾)하고, 그 〈색(賾)〉을 새로 풀이한 자왈(子曰)이다. 〈곤덕지변(困德之辨)〉 이는 곧 곤괘(困卦 : ䷮)의 괘사(卦辭)를 〈덕지변(德之辨)〉 즉 〈덕의[德之] 변별[辨]〉이라고 개역한 것이다. 곤괘(困卦 : ䷮)는 64괘(卦)에서 47번째 감하태상(坎下兌上)의 대성괘(大成卦)로 〈택수곤(澤水困)〉이라 불린다. 곤괘(困卦 : ䷮)의 괘사(卦辭)는 〈곤형(困亨) 정(貞) 대인길(大人吉) 무구(无咎) 유언불신(有言不信) : 곤괘는[困] 통한다[亨]. 마음이 곧고 바르다[貞]. 대인은[大人] 길하다[吉]. 허물이[咎] 없다[无]. 말이[言] 있으면[有] 믿지 못한다[不信].〉와 같이 오구(五句)의 사구(辭句)이다.

곤괘(困卦 : ䷮)의 괘상(卦象)을 보면 상괘(上卦 : ☱)에는 두 양기(陽氣) 위에 하나의 음기(陰氣)가 있고, 하괘(下卦 : ☵)에는 하나의 양기(陽氣)가 음위(陰位)에 있으면서 두 음기(陰氣) 사이에 끼어 있어 흉(凶)한데다, 음괘(陰卦)인 태(兌 : ☱)가 양괘(陽卦)인 감(坎 : ☵) 위에 있어서 또한 흉(凶)한 상(象)이다. 이러한 곤괘(困卦 : ䷮)의 흉상(凶象)을 관상(觀象)하여 작역자(作易者)는 〈곤궁하면[困] 통하고[亨] 마음이 곧고 바른[貞] 대인은[大人] 길하며[吉] 허물이[咎] 없고[无] 말이[言] 있으면[有] 믿지 못한다[不信]〉고 형상한 것이 곤괘(困卦 : ䷮)의 괘사(卦辭)이다. 이 괘사(卦辭)의 말씀을 다시 공자(孔子)가 완사(玩辭)하여 개역한 것이 〈곤덕지변(困德之辨)〉이다. 곤덕지변(困德之辨)의 〈변(辨)〉은 덕(德)-비덕(非德)을 분변(分辨)하게 한다. 덕(德)이 아닌 것[非]이면 아무리 곤궁(困窮)해도 군자(君子)는 탐(貪)하지 않는다. 곤괘(困卦 : ䷮)로써[以] 덕(德)을 분변(分辨)함은 군자(君子)의 신독(愼獨)과도 통한다.

井德之地也(정덕지지야)

작역자(作易者)가 정괘(井卦 : ䷯)를 관상(觀象)하고 본받아[法] 〈우환(憂患)〉을 극복할 수 있는 〈이치와 가르침[道]〉을 견색(見賾)하고, 그 〈색(賾)〉을 새로 풀이한 자왈(子曰)이다. 〈정덕지지(井德之地)〉 이는 곧 정괘(井卦 : ䷯)의 괘사(卦辭)를 〈덕지지(德之地)〉 즉 〈덕의[德之] 곳[地]〉이라고 개역한 것이다. 정괘(井卦 : ䷯)는 64괘(卦)에서 48번째 손하감상(巽下坎上)의 대성괘(大成卦)로 〈수풍정(水風井)〉이라 불린다. 정괘(井卦 : ䷯)의 괘사(卦辭)는 〈정개읍(井改邑) 불개정(不改井) 무상무득(无喪无得) 왕래정정(往來井井) 흘지(汔至) 역미율정(亦未繘井) 이기병(羸其瓶) 흉(凶) : 정괘는[井] 읍을[邑] 바꾸지[改] 우물을[井] 바꾸지 않는다[不改]. 잃을 것도[喪] 없고[无] 얻을 것도[得] 없다[无]. 가고[往] 오나[來] 우물은[井] 우물이다[井]. 거의[汔] 이르러도[至] 역시[亦] 우물에서[井] 물을 긷지 못한다[未繘]. 그[其] 두레박을[瓶] 약하게 동여맸다[羸]. 흉하다[凶].〉와 같이 팔구(八句)의 사구(辭句)로 비교적 긴 괘사(卦辭)이다.

정괘(井卦 : ䷯)의 괘상(卦象)은 상괘(上卦 : ☵)에는 하나의 양기(陽氣)가 양위(陽位)에 있으면서 두 음기(陰氣) 사이에 끼어 있고, 하괘(下卦 : ☴)에는 두 양기(陽氣) 밑에 하나의 음기(陰氣)가 눌려 있으면서, 여섯 효(爻) 중에서 구삼(九三)과 상륙(上六)만 서로 호응할 뿐이고 다른 효(爻)들은 서로 〈불응(不應)〉하고, 구오(九五)가 비록 정위(正位)에 있으나 〈중(中)〉을 이루지 못하고 있어서 흉상(凶象)을 면치 못한다. 이러한 정괘(井卦 : ䷯)의 흉상(凶象)을 관상(觀象)하여 작역자(作易者)는 〈정개읍(井改邑) 불개정(不改井) 무상무득(无喪无得) 왕래정정(往來井井) 흘지(汔至) 역미율정(亦未繘井) 이기병(羸其瓶) 흉(凶)〉이라고 형상한 것이다. 작역자(作易者)가 괘상(卦象)을 드러낸[形] 괘사(卦辭)의 말씀을 다시 공자(孔子)가 완사(玩辭)하여 개역한 것이 〈정덕지지(井德之地)〉이다. 개읍(改邑)의 〈읍(邑)〉이란 사람의 것이니 개변(改變)될 수 있지만, 불개정(不改井)의 〈정(井)〉은 천지 자연의 것이라 사람 뜻대로 개변될 수 없다. 땅에 있는 〈우물[井]〉은 물[水]의 원천으로 마르지 않음이 그 의리(義理)이다. 사람의 것들[邑]이 왕래해도 즉 생멸(生滅)해도 자연[天地]의 것인 우물[井]은 〈정정(井井)〉이다. 우물은[井] 늘 우물로 쓴다[井]. 여기서 〈정(井)〉이 지상(地象) 즉 땅의[地] 짓[象]임을 알아챌 수 있고, 〈정정(井井)〉이 곧 역(易)의 〈생생(生生)〉으로 통함을 간파할 수 있다.

巽德之制也(손덕지제야)

작역자(作易者)가 손괘(巽卦 : ䷸)를 관상(觀象)하고 본받아[法] 〈우환(憂患)〉을 극복할 수 있는 〈이치와 가르침[道]〉을 견색(見賾)하고, 그 〈색(賾)〉을 새로 풀이한 자왈(子曰)이다. 〈손덕지제(巽德之制)〉 이는 곧 손괘(巽卦 : ䷸)의 괘사(卦辭)를 〈덕지제(德之制)〉 즉 〈덕의[德之] 마름질[制]〉이라고 개역한 것이다. 손괘(巽卦 : ䷸)는 64괘(卦)에서 57번째 손하손상(巽下巽上)의 대성괘(大成卦)로 〈손위풍(巽爲風)〉이라 불린다. 손괘(巽卦 : ䷸)의 괘사(卦辭)는 〈손소형(巽小亨) 이유유왕(利有攸往) 이견대인(利見大人) : 손괘는[巽] 조금[小] 통한다[亨]. 갈[往] 곳이[攸] 있으면[有] 이롭다[利]. 대인을[大人] 만나봄이[見] 이롭다[利].〉와 같이 삼구(三句)의 사구(辭句)이다.

손괘(巽卦 : ䷸)의 괘상(卦象)은 상괘(上卦 : ☴)에는 하나의 음기(陰氣)가 음위(陰位)에 있으면서 두 양기(陽氣)에 눌려 있고, 하괘(下卦 : ☴)에도 하나의 음기(陰氣)가 양위(陽位)에 있으면서 두 양기(陽氣)에 눌려 있어 여섯 효(爻)들이 호응하지도 못하고, 초륙(初六)과 구이(九二), 구삼(九三)과 육사(四六) 그리고 육사(六四)와 구오(九五)가 〈비(比)〉로서 이웃하지만 나머지 효(爻)들은 이웃하지 않는다. 그러나 아래 위가 다 같이 바람[風]의 상(象)이어서 막히지[塞] 않아 세(勢)를 따라서 간다면 조금은 통할 수도 있다는 것이 손괘(巽卦 : ䷸)의 괘상(卦象)이다. 이러한 손괘(巽卦 : ䷸)의 괘상(卦象)을 관상(觀象)하여 〈손소형(巽小亨) 이유유왕(利有攸往) 이견대인(利見大人)〉이라고 형상한 것이다. 작역자(作易者)가 괘상(卦象)을 드러낸 괘사(卦辭)의 말씀을 다시 공자(孔子)가 완사(玩辭)하여 개역한 것이 〈손덕지제(巽德之制)〉이다. 〈손소형(巽小亨)의 손(巽)〉 역시 〈겸손히 넘겨줄 양

(讓)〉과 같다. 물론 여기서 〈손(巽)〉은 〈낮추어[卑] 따르는[順] 손(遜)〉과도 같다. 그래서 손괘(巽卦 : ☴)의 상(象)을 일러 나무[木]요 바람[風]이라 이른다. 쉽사리 사람을 포용할 수 있어서 들지 못할 곳이 없는 바람[風]같이, 태어난 자리를 따라 자라는 나무[木]같이 비순(卑順)하고 공손(恭遜)하다면 무엇이든 포용할 수 있다. 덕(德)을 제재(制裁)할 수 있는 이는 대인(大人)밖에 없다.

履和而至(이화이지)

이괘(履卦 : ☰)를 앞에서 〈덕지기(德之基)〉라고 풀이한 까닭을 다시 풀이한 자왈(子曰)이다. 왜 이괘(履卦 : ☰)는 〈덕의[德之] 바탕[基]〉인가? 이괘(履卦 : ☰)가 이괘(履卦 : ☰)를 관상(觀象)-완사(玩辭)-관변(觀變)-완점(玩占)하는 사람[人]으로 하여금[使] 〈화이지(和而至)하게 하기〉 때문이다. 그러므로 이괘(履卦 : ☰)가 덕의[德之] 바탕[基]이 되는 것은 사람으로 하여금 〈화이지(和而至)하게 하기 때문〉임을 알 수 있다. 이괘(履卦 : ☰)의 〈이(履)〉는 〈신을 신고 밟다〉라는 뜻이다. 답보(踏步)를 생각함이 아니라 밟기[踏步]를 실천함이 〈이(履)〉이다. 그래서 〈이(履)〉는 〈예(禮)〉와 서로 통하고 〈예(禮)〉는 또 〈다스릴 이(理)〉와 서로 통한다. 삶을 인의(仁義)에 어긋남 없이 즉 마땅히 삶을 다스림이니 〈이(履)〉는 곧 예(禮)의 실행으로 통한다. 예(禮)는 오로지 〈지화(至和)〉를 누리기 위하여 극기(克己)하라 한다.

謙尊而光(겸존이광)

겸괘(謙卦 : ䷎)를 앞에서 〈덕지병(德之柄)〉이라고 풀이한 까닭을 다시 풀이한 자왈(子曰)이다. 왜 겸괘(謙卦 : ䷎)는 〈덕의[德之] 자루[柄]〉인가? 겸괘(謙卦 : ䷎)가 겸괘(謙卦 : ䷎)를 관상(觀象)-완사(玩辭)-관변(觀變)-완점(玩占)하는 사람[人]으로 하여금[使] 〈존이광(尊而光)하게 하기〉 때문이다. 그러므로 겸괘(謙卦 : ䷎)가 덕의[德之] 자루[柄] 즉 덕(德)의 근간(根幹)이 되는 것은 사람으로 하여금 〈존이광(尊而光)하게 하기 때문〉임을 알 수 있다. 겸괘(謙卦 : ䷎)의 〈겸(謙)〉은 〈자신을 낮춤〉을 뜻한다. 자비(自卑)-공손(恭遜)함이 〈겸(謙)〉이다. 그래서 〈겸(謙)〉 또한 〈예(禮)〉의 〈이(理)〉 즉 예(禮)의 다스림[理]으로 통한다. 자비(自卑) 즉 자신[自]을 낮춤[卑]이란 곧 자기(自己)를 다스림[理]이다. 자비(自卑)하여 하심(下心)하기란 스스로 자신을 다스려야[理] 이루어지고, 따라서 남들[人]이 자비(自卑)-하심(下心)하는 〈나[吾]〉를 존귀(尊貴)하게 대한다. 〈겸(謙)〉 역시 삶을 인의(仁義)에 어긋남 없이 즉 마땅히 삶을 다스림이니 〈겸(謙)〉 또한 예(禮)의 실행으로 통한다.

復小而辨於物(복소이변어물)

복괘(復卦 : ䷗)를 앞에서 〈덕지본(德之本)〉이라고 풀이한 까닭을 다시 풀이한 자왈(子曰)이다. 왜 복괘(復卦 : ䷗)는 〈덕의[德之] 기본[本]〉인가? 복괘(復卦 : ䷗)가 복괘(復卦 : ䷗)를 관상(觀象)-완사(玩辭)-관변(觀變)-완점(玩占)하는 사람[人]으로 하여금[使] 〈소이변어물(小而辨於物)하게 하기〉 때문이다. 그러므로 복괘(復卦 : ䷗)가 덕의[德之] 근본[本]이게 하는 것은 사람으로 하여금 〈소이변어물(小而辨於物)하게 하기 때문〉임을 알 수 있다. 복괘(復卦 : ䷗)의 〈복(復)〉은 〈돌아옴[歸]〉 즉 복귀(復歸)를 뜻한다. 복괘(復卦 : ䷗)를 관상(觀象)한다면 양기(陽氣) 하나가 곤괘(坤卦 : ䷁)로 돌아오는 상(象)을 마주할 수 있다. 복괘(復卦 : ䷗)에서 음효(陰爻) 다섯에 비해서 양효(陽爻) 하나는 수적으로 작은 것[小]이다. 소이변어물(小而辨於物)의 〈소(小)〉는 복괘(復卦 : ䷗)의 〈초구(初九)〉를 나타내고, 〈물(物)〉은 복괘(復卦 : ䷗)를 나타냄을 알아챌 수 있다. 복괘(復卦 : ䷗)에는 음효(陰爻)가 다섯[五]이고 양효(陽爻)는 하나[一]이니 초구(初九)인 양효(陽爻)는 수적으로 작은 것[小]이고 미미하다[微]. 비록 하나의 양기(陽氣)가 미소(微小)하지만 다섯의 음기(陰氣)가 하나의 양기(陽氣)를 엄폐(掩蔽) 즉 감출 수 없다. 복괘(復卦 : ䷗)의 초구(初九) 일양(一陽)은 마치 암흑(暗黑) 속 미광(微光)이요 각미반정(覺迷反正)의 미명(微明) 같다. 어리석음을[迷] 깨닫고[覺] 올바름으로[正] 되돌아오게[反] 하는 새벽의 작은[微] 밝음[明]은 암흑에 쌓였던 온갖 것[萬物]을 밝혀주니 이것은 곧 덕(德)이다. 이처럼 복괘(復卦 : ䷗)는 온갖 사물에서 미소(微小)한 것들이 간직한 이치를 분변(分辨)하게 한다.

恒雜而不厭(항잡이불염)

항괘(恒卦 : ䷟)를 앞에서 〈덕지고(德之固)〉라고 풀이한 까닭을 다시 풀이한 자왈(子曰)이다. 왜 항괘(恒卦 : ䷟)는 〈덕의[德之] 확고함[固]〉인가? 항괘(恒卦 : ䷟)

가 항괘(恒卦 : ䷟)를 관상(觀象)-완사(玩辭)-관변(觀變)-완점(玩占)하는 사람[人]으로 하여금[使] 〈잡이불염(雜而不厭)하게 하기〉 때문이다. 항괘(恒卦 : ䷟)의 〈항(恒)〉은 〈한결같음[常]〉 즉 항상(恒常)-항구(恒久)를 뜻한다. 항괘(恒卦 : ䷟)를 관상(觀象)한다면 음양(陰陽)이 착거(錯居) 즉 섞여[錯] 있는[居] 상(象)을 마주할 수 있다. 여기서 잡이불염(雜而不厭)의 〈잡(雜)〉은 하괘(下卦)와 상괘(上卦)의 음(陰)과 양(陽)이 호응함을 말한다. 항괘(恒卦 : ䷟)의 괘상(卦象)은 온갖 것[萬物]이 분잡(紛雜)하지만, 저마다 변화를 호응하지 않는 것이란 하나도 없어 효(爻)마다 기변(機變) 즉 임기응변(臨機應變)함을 관상(觀象)하게 한다. 만물(萬物)이 저마다의 변화를 호응함을 잡이불염(雜而不厭) 즉 불염잡(不厭雜)이라고 밝힌다. 분잡하되[雜] 저마다 변화를 호응하므로 만물은 따라서 변화를 싫어하지 않는 것[不厭]임을 관변(觀變)하게 된다.

損先難而後易(손선난이후이)

손괘(損卦 : ䷨)를 앞에서 〈덕지수(德之修)〉라고 풀이한 까닭을 다시 풀이한 자왈(子曰)이다. 왜 손괘(損卦 : ䷨)는 〈덕의[德之] 닦음[修]〉인가? 손괘(損卦 : ䷨)가 손괘(損卦 : ䷨)를 관상(觀象)-완사(玩辭)-관변(觀變)-완점(玩占)하는 사람[人]으로 하여금[使] 〈선난이후이(先難而後易)하게 하기〉 때문이다. 그러므로 손괘(損卦 : ䷨)가 덕의[德之] 닦음[修] 즉 수덕(修德)하게 하는 것은 사람으로 하여금 〈선난이후이(先難而後易)하게 하기 때문〉임을 알 수 있다. 손괘(損卦 : ䷨)의 〈손(損)〉은 〈줄임[減]〉 즉 감손(減損)-감소(減少)를 뜻한다. 손괘(損卦 : ䷨)를 관상(觀象)한다면 여섯 효(爻)가 서로 호응하여 산(山)이 못[澤]을 품고 있는 상(象)을 마주할 수 있다. 택(澤)이 넓어지고 깊어질수록 산(山)이 자리를 내주어야 하니 산(山) 쪽에서 손(損)이 앞서야[先] 못[澤]에 익(益)이 생기는 짓[象]을 손괘(損卦 : ䷨)의 괘사(卦辭)가 〈손유부(損有孚)〉라고 말한다. 손(損)이 익(益)으로 돌아옴을 믿어주는 것[孚]이야말로 덕(德)을 닦는[修] 짓[象]이다.

益長裕而不設(익장유이불설)

익괘(益卦 : ䷩)를 앞에서 〈덕지유(德之裕)〉라고 풀이한 까닭을 다시 풀이한 자왈(子曰)이다. 왜 익괘(益卦 : ䷩)는 〈덕의[德之] 넉넉함[裕]〉인가? 익괘(益卦 : ䷩)가 익괘(益卦 : ䷩)를 관상(觀象)-완사(玩辭)-관변(觀變)-완점(玩占)하는 사람[人]으로 하여금[使] 〈장유이불설(長裕而不設)하게 하기〉 때문이다. 그러므로 익괘(益卦 : ䷩)가 덕의[德之] 넉넉함[裕] 즉 유덕(裕德)하게 하는 것은 사람으로 하여금 〈장유이불설(長裕而不設)하게 하기 때문〉임을 알 수 있다. 익괘(益卦 : ䷩)의 〈익(益)〉은 〈더할 가(加)-증(增)〉 즉 증가(增加)-홍유(弘裕)를 뜻한다. 익괘(益卦 : ䷩)를 관상(觀象)한다면 여섯 효(爻)가 호응하여 우레[雷]와 바람[風]이 서로 돕는 상(象)을 마주할 수 있다. 이러한 상(象)을 본받아 군자(君子)는 선(善)을 보면 선(善)으로 옮기고 허물[過]이 있으면 곧장 고친다. 개과천선(改過遷善)보다 더 유익(有益)함이란 없음이 장유(長裕) 즉 길이길이[長] 넉넉함[裕]이다.

困窮而通(곤궁이통)

곤괘(困卦 : ䷮)를 앞에서 〈덕지변(德之辨)〉이라고 풀이한 까닭을 다시 풀이한 자왈(子曰)이다. 왜 곤괘(困卦 : ䷮)는 〈덕의[德之] 변별[辨]〉인가? 곤괘(困卦 : ䷮)가 곤괘(困卦 : ䷮)를 관상(觀象)-완사(玩辭)-관변(觀變)-완점(玩占)하는 사람[人]으로 하여금[使] 〈궁이통(窮而通)하게 하기〉 때문이다. 그러므로 곤괘(困卦 : ䷮)가 덕의[德之] 변별[辨] 즉 변덕(辨德)하게 하는 것은 사람으로 하여금 〈궁이통(窮而通)하게 하기 때문〉임을 알 수 있다. 곤괘(困卦 : ䷮)의 〈곤(困)〉은 〈궁색할 궁(窮)〉 즉 곤궁(困窮)-궁색(窮塞)을 뜻한다. 곤괘(困卦 : ䷮)를 관상(觀象)한다면 여섯 효(爻) 중에서 구오(九五)와 상륙(上六)만 정위(正位)를 갖출 뿐이고 다 제 자리를 벗어났고, 초륙(初六)과 구사(九四)만이 호응할 뿐 다 불응(不應)하여 쪼들리는 상(象)을 마주할 수 있다. 이러한 상(象)을 두고 〈택무수(澤無水)〉라 한다. 연못에서 물이 다 아래로 흘러 빠져버려 연못[澤]에 물[水]이 없는[無] 상(象)이니 곤궁(困窮)하다. 곤궁(困窮)할수록 덕(德)과 부덕(不德)을 분변(分辨)하라 함이 곤괘(困卦 : ䷮)의 괘사(卦辭)인 〈곤형(困亨) 정(貞)〉이다. 〈곤괘는[困] 통한다[亨]. 진실로 미덥다[貞].〉 이는 〈정(貞)하다면 곤궁(困窮)해도 통(通)한다〉라는 말씀이다. 곤하면[困] 막힘[塞]은 곧 부덕(不德)하기 때문이다. 부덕(不德)은 곧 불통(不通)-곤색(困塞)함이다. 군자(君子)는 막힌다[困]면 통(通)하게 한다. 그래서 군자고궁(君子固

窮)이라고 한다. 이는 군자(君子)가 궁(窮)함을 고집한다는 것이 아니라 궁(窮)함을 피하지 않고 통(通)하게 함을 뜻한다.

井居其所而遷(정거기소이천)

정괘(井卦 : ䷯)를 앞에서 〈덕지지(德之地)〉라고 풀이한 까닭을 다시 풀이한 자왈(子曰)이다. 왜 정괘(井卦 : ䷯)는 〈덕의[德之] 곳[地]〉인가? 정괘(井卦 : ䷯)가 정괘(井卦 : ䷯)를 관상(觀象)-완사(玩辭)-관변(觀變)-완점(玩占)하는 사람[人]으로 하여금[使] 〈거기소이천(居其所而遷)하게 하기〉 때문이다. 그러므로 정괘(井卦 : ䷯)가 덕의[德之] 곳[地]인 것은 사람으로 하여금 〈거기소이천(居其所而遷)하게 하기 때문〉임을 알 수 있다. 정괘(井卦 : ䷯)의 〈정(井)〉은 〈유상지상(有常之象)〉을 뜻한다. 한결같음[常]이 있는[有之] 짓[象]이란 곧 상덕(常德)을 말한다. 늘 물이 샘솟는 샘[井]은 곧 상덕(常德)의 짓[象]이다. 정괘(井卦 : ䷯)를 관상(觀象)한다면 구삼(九三)과 상륙(上六)이 호응할 뿐이지만 손하감상(巽下坎上)이라 물[水] 아래서 바람[風]이 솟구쳐 물이 샘솟는 상(象)을 마주할 수 있다. 이러한 상(象)은 고정된 땅에 활수(活水)가 흐를지라도 땅과 물은 서로 잃음[喪]도 얻음[得]도 없이[無] 샘솟음을 새겨 헤아리게 하는 우물[井]을 마주하게 한다. 물을 길어 써도 마르지 않는 우물[井]이야말로 덕(德)이 샘솟는 곳[地]이다.

巽稱而隱(손칭이은)

손괘(巽卦 : ䷸)를 앞에서 〈덕지제(德之制)〉라고 풀이한 까닭을 다시 풀이한 자왈(子曰)이다. 왜 손괘(巽卦 : ䷸)는 〈덕의[德之] 마름질[制]〉인가? 손괘(巽卦 : ䷸)가 손괘(巽卦 : ䷸)를 관상(觀象)-완사(玩辭)-관변(觀變)-완점(玩占)하는 사람[人]으로 하여금[使] 〈칭이은(稱而隱)하게 하기〉 때문이다. 그러므로 손괘(巽卦 : ䷸)가 덕의[德之] 마름질[制]인 것은 사람으로 하여금 〈칭이은(稱而隱)하게 하기 때문〉임을 알 수 있다. 손괘(巽卦 : ䷸)의 〈손(巽)〉은 〈손순(遜順)〉을 뜻한다. 스스로 낮추어[遜] 따름[順]이 곧 덕(德)의 제(制)이다. 칭이은(稱而隱)은 덕(德)을 과시하지 않음이다. 덕(德)을 마름질하여 절제하고 드러내지 않는 덕(德)이 곧 은덕(隱德)이다. 칭덕(稱德)이란 미소(微笑)로써 충분하다. 손괘(巽卦 : ䷸)를 관상(觀象)한다면 상하(上下)로 바람이 부딪쳐 부는 상(象)을 마주할 수 있다. 서로 호응하지는 못하지만 두 양기(陽氣) 밑에 음기(陰氣)가 있어서 크게 부딪치지는 않고 솔솔 부는 바람의 상(象)을 살핀[觀]다면 〈칭(稱)과 은(隱)〉을 새겨[玩] 헤아릴[擬] 수 있다.

履以和行(이이화행)

이괘(履卦 : ䷉)를 이용하면[以] 〈행동을[行] 화합한다[和]〉는 것이다. 〈이이(履以) 즉 이이(以履)〉는 이괘(履卦 : ䷉)를 이용함[以]이니 이는 곧 이역(以易) 즉 역의[易] 이용[以]을 말한다. 이괘(履卦 : ䷉)는 덕지기(德之基) 즉 덕의[德之] 바탕[基]이므로 이이화행(履以和行)의 〈이이(履以)〉란 곧 〈덕지기(德之基)의 활용(活用)〉을 뜻한다. 그리고 이이(履以)의 〈이(以)〉는 〈역유성인지도사(易有聖人之道四)〉로서 〈관상(觀象)-완사(玩辭)-관변(觀變)-완점(玩占)〉 등의 활용임을 반드시 숙지해야 한다. 물론 이이(履以) 즉 이괘(履卦 : ䷉)의 씀[以] 역시 예외가 아니다. 이괘(履卦 : ䷉)를 씀[以]이란 〈덕의[德之] 바탕[基]〉을 활용하라 함이다. 이괘(履卦 : ䷉)의 〈이(履)〉가 〈예(禮)〉와 통한다고 하는 것은 이괘(履卦 : ䷉)가 덕지기(德之基)인 까닭이고, 예(禮) 역시 덕(德)의 바탕[基]이기 때문이다. 〈수사합경(殊事合敬)〉 즉 하는 바를[事] 달리해도[殊] 다 〈경(敬)〉과 합(合)함이 예(禮)이고, 이런 예(禮)를 실천함이 곧 이괘(履卦 : ䷉)의 〈이(履)〉가 뜻하는 것이다. 그래서 이괘(履卦 : ䷉)가 〈어울림을[和而] 지극하게 한다[至]〉라고 풀이된다.

謙以制禮(겸이제례)

겸괘(謙卦 : ䷎)를 이용하면[以] 〈예를[禮] 마름질한다[制]〉는 것이다. 〈겸이(謙以) 즉 이겸(以謙)〉은 겸괘(謙卦)를 이용함[以]이니 이는 곧 이역(以易) 즉 역의[易] 이용[以]을 말한다. 겸괘(謙卦 : ䷎)는 덕지병(德之柄) 즉 덕의[德之] 자루[柄]이므로 겸이제례(謙以制禮)의 〈겸이(謙以)〉란 곧 〈덕지병(德之柄)의 활용(活用)〉을 뜻한다. 그리고 겸이(謙以)의 〈이(以)〉는 〈역유성인지도사(易有聖人之道四)〉로서 〈관상(觀象)-완사(玩辭)-관변(觀變)-완점(玩占)〉 등의 활용임을 반드시 숙지해야 한다. 물론 겸이(謙以) 즉 겸괘(謙卦 : ䷎)의 씀[以] 역시 예외가 아니다. 겸괘(謙卦 : ䷎)를 씀[以]이란 〈덕의[德之] 자루[柄]〉를 활용하라 함이다. 겸괘(謙卦 : ䷎)의

〈겸(謙)〉 역시 〈예(禮)〉와 통한다고 하는 것은 겸괘(謙卦 : ䷎)가 덕지병(德之柄)인 까닭이고, 예(禮) 역시 덕(德)의 자루[柄]이기 때문이다. 도끼도 자루[柄]가 없다면 쓸 수 없다. 〈수사합경(殊事合敬)〉 즉 하는 바를[事] 달리해도[殊] 다 〈경(敬)〉과 합(合)함이 예(禮)이고, 이런 예(禮)를 실천함이 곧 겸괘(謙卦 : ䷎)의 〈겸(謙)〉이 뜻하는 것이다. 그래서 겸괘(謙卦 : ䷎)가 〈존귀함을[尊而] 빛나게 한다[光]〉라고 풀이된다.

復以自知(복이자지)

복괘(復卦 : ䷗)를 이용하면[以] 〈스스로[自] 알아챈다[知]〉는 것이다. 〈복이(復以) 즉 이복(以復)〉은 복괘(復卦 : ䷗)를 이용함[以]이니 이는 곧 이역(以易) 즉 역의[易] 이용[以]을 말한다. 복괘(復卦 : ䷗)는 덕지본(德之本) 즉 덕의[德之] 근본[本]이므로 복이자지(復以自知)의 〈복이(復以)〉란 곧 〈덕지본(德之本)의 활용(活用)〉을 뜻한다. 그리고 복이(復以)의 〈이(以)〉는 〈역유성인지도사(易有聖人之道四)〉로서 〈관상(觀象)-완사(玩辭)-관변(觀變)-완점(玩占)〉 등의 활용임을 반드시 숙지해야 한다. 물론 복이(復以) 즉 복괘(復卦 : ䷗)의 씀[以] 역시 예외가 아니다. 복괘(復卦 : ䷗)를 씀[以]이란 〈덕의[德之] 근본[本]〉을 활용하라 함이다. 복괘(復卦 : ䷗)의 〈복(復)〉은 반복하라 함이니 덕(德)의 근본을 벗어나지 말라 함이 곧 복괘(復卦 : ䷗)의 〈복(復)〉이 뜻하는 것이다. 그래서 복괘(復卦 : ䷗)가 〈물건[物]에서[於] 작은 것을[小而] 가름하게 한다[辨]〉라고 풀이된 것이다. 복괘(復卦 : ䷗)의 소이변어물(小而辨於物) 즉 변소어물(辨小於物)에서 〈소(小)를 어떻게 분변(分辨)해야 하는 것[辨]〉인지 복이자지(復以自知)의 〈자지(自知)〉가 밝힌다. 물론 덕(德)의 근본은 은미(隱微)하다. 은미(隱微)한 것은 스스로[自] 알아채야[知] 한다.

恒以一德(항이일덕)

항괘(恒卦 : ䷟)를 이용하면[以] 〈덕을[德] 한결같이 한다[一]〉는 것이다. 〈항이(恒以) 즉 이항(以恒)〉은 항괘(恒卦 : ䷟)를 이용함[以]이니 이는 곧 이역(以易) 즉 역의[易] 이용[以]을 말한다. 항괘(恒卦 : ䷟)는 덕지고(德之固) 즉 덕의[德之] 확고함[固]이므로 항이일덕(恒以一德)의 〈항이(恒以)〉란 곧 〈덕지고(德之固)의 활용

活用)〉을 뜻한다. 그리고 항이(恒以)의 〈이(以)〉는 〈역유성인지도사(易有聖人之道四)〉로서 〈관상(觀象)-완사(玩辭)-관변(觀變)-완점(玩占)〉 등의 활용임을 반드시 숙지해야 한다. 물론 항이(恒以) 즉 항괘(恒卦 : ䷟)의 씀[以] 역시 예외가 아니다. 항괘(恒卦 : ䷟)를 씀[以]이란 〈덕의[德之] 확고함[固]〉을 활용하라 함이다. 항괘(恒卦 : ䷟)의 〈항(恒)〉은 시종여일(始終如一) 즉 처음과[始] 끝이[終] 한결같게[如一] 함이니, 덕(德)의 확고함[固]을 순일(純一)하게 함이 곧 항괘(恒卦 : ䷟)의 〈항(恒)〉이 뜻하는 것이다. 그래서 항괘(恒卦 : ䷟)가 〈번잡함을[雜而] 싫지 않게 한다[不厭]〉라고 풀이된다.

損以遠害(손이원해)

손괘(損卦 : ䷨)를 이용하면[以] 〈해될 일을[害] 멀리한다[遠]〉는 것이다. 〈손이(損以) 즉 이손(以損)〉은 손괘(損卦 : ䷨)를 이용함[以]이니 이는 곧 이역(以易) 즉 역의[易] 이용[以]을 말한다. 손괘(損卦 : ䷨)는 덕지수(德之修) 즉 덕의[德之] 닦음[修]이므로 손이원해(損以遠害)의 〈손이(損以)〉란 곧 〈덕지수(德之修)의 활용(活用)〉을 뜻한다. 그리고 손이(損以)의 〈이(以)〉는 〈역유성인지도사(易有聖人之道四)〉로서 〈관상(觀象)-완사(玩辭)-관변(觀變)-완점(玩占)〉 등의 활용임을 반드시 숙지해야 한다. 물론 손이(損以) 즉 손괘(損卦 : ䷨)의 씀[以] 역시 예외가 아니다. 손괘(損卦 : ䷨)를 씀[以]이란 〈덕의[德之] 닦음[修]〉을 활용하라 함이다. 손괘(損卦 : ䷨)의 〈손(損)〉은 소사과욕(少私寡欲) 즉 사욕(私欲)을 줄이고[少] 줄여라[寡] 함이니 덕(德)의 닦음[修]이 뜻하는 바를 알 수 있고, 사욕(私欲)을 덜어내라[損] 함이 곧 손괘(損卦 : ䷨)의 〈손(損)〉이 뜻함을 알 수도 있다. 그래서 손괘(損卦 : ䷨)가 〈처음엔[先] 어렵지만[難而] 뒤에는[後] 쉽게 한다[易]〉라고 풀이된다.

益以興利(익이흥리)

익괘(益卦 : ䷩)를 이용하면[以] 〈이로운 일을[利] 흥하게 한다[興]〉는 것이다. 〈익이(益以) 즉 이익(以益)〉은 익괘(益卦 : ䷩)를 이용함[以]이니 이는 곧 이역(以易) 즉 역의[易] 이용[以]을 말한다. 익괘(益卦 : ䷩)는 덕지유(德之裕) 즉 덕의[德之] 넉넉함[裕]이므로 익이흥리(益以興利)의 〈익이(益以)〉란 곧 〈덕지유(德之裕)의 활용(活用)〉을 뜻한다. 그리고 익이(益以)의 〈이(以)〉는 〈역유성인지도사(易有聖人之道四)〉로서 〈관상(觀象)-완사(玩辭)-관변(觀變)-완점(玩占)〉 등의 활용임을 반드시 숙지해야 한다. 물론 익이(益以) 즉 익괘(益卦 : ䷩)의 씀[以] 역시 예외가 아니다. 익괘(益卦 : ䷩)를 씀[以]이란 〈덕의[德之] 넉넉함[裕]〉을 활용하라 함이다. 익괘(益卦 : ䷩)의 〈익(益)〉은 더욱더 소사과욕(少私寡欲) 즉 사욕(私欲)을 줄이고[少] 줄임[寡]을 더할수록 덕(德)의 넉넉함[裕]이 이루어짐을 알 수 있고, 사욕(私欲)을 덜어냄[損]이 곧 익괘(益卦 : ䷩)의 〈익(益)〉이 됨을 알 수도 있다. 그래서 익괘(益卦 : ䷩)가 〈길이길이[長] 넉넉하게 하면서[裕而] 늘어놓지 않게 한다[不設]〉라고 풀이된다.

困以寡怨(곤이과원)

곤괘(困卦 : ䷮)를 이용하면[以] 〈원망할 일을[怨] 줄인다[寡]〉는 것이다. 〈곤이(困以) 즉 이곤(以困)〉은 곤괘(困卦 : ䷮)를 이용함[以]이니 이는 곧 이역(以易) 즉 역의[易] 이용[以]을 말한다. 곤괘(困卦 : ䷮)는 덕지변(德之辨) 즉 덕의[德之] 분변함[辨]이므로 곤이과원(困以寡怨)의 〈곤이(困以)〉란 곧 〈덕지변(德之辨)의 활용(活用)〉을 뜻한다. 그리고 곤이(困以)의 〈이(以)〉는 〈역유성인지도사(易有聖人之道四)〉로서 〈관상(觀象)-완사(玩辭)-관변(觀變)-완점(玩占)〉 등의 활용임을 반드시 숙지해야 한다. 물론 곤이(困以) 즉 곤괘(困卦 : ䷮)의 씀[以] 역시 예외가 아니다. 곤괘(困卦 : ䷮)를 씀[以]이란 〈덕의[德之] 분변함[辨]〉을 활용하라 함이다. 곤괘(困卦 : ䷮)의 〈곤(困)〉은 곤궁(困窮)할수록 덕(德)과 부덕(不德)을 분변(分辨)하여 부덕(不德)을 범하지 말라는 것임을 알 수 있다. 그래서 곤괘(困卦 : ䷮)가 〈막히면[窮而] 통하게 한다[通]〉라고 풀이된다. 〈궁(窮)함〉이란 〈막힘[塞]〉이니 불통(不通) 즉 통하지 못함[不通]이다. 곤괘(困卦 : ䷮)의 〈곤(困)〉은 불통(不通)을 통(通)하게 하라는 것이다. 그래서 곤괘(困卦 : ䷮)를 일러 〈궁이통(窮而通)〉이라 한다. 〈궁(窮)〉은 부덕(不德)이고 〈통(通)〉은 곧 〈덕(德)〉이다.

井以辨義(정이변의)

정괘(井卦 : ䷯)를 이용하면[以] 〈정의를[義] 밝힌다[辨]〉는 것이다. 〈정이(井以)

즉 이정(以井)〉은 정괘(井卦 : ䷯)를 이용함[以]이니 이는 곧 이역(以易) 즉 역의[易] 이용[以]을 말한다. 정괘(井卦 : ䷯)는 덕지지(德之地) 즉 덕의[德之] 땅[地]이므로 정이변의(井以辨義)의 〈정이(井以)〉란 곧 〈덕지지(德之地)의 활용(活用)〉을 뜻한다. 그리고 정이(井以)의 〈이(以)〉는 〈역유성인지도사(易有聖人之道四)〉로서 〈관상(觀象)-완사(玩辭)-관변(觀變)-완점(玩占)〉 등의 활용임을 반드시 숙지해야 한다. 물론 정이(井以) 즉 정괘(井卦 : ䷯)의 씀[以] 역시 예외가 아니다. 정괘(井卦 : ䷯)를 씀[以]이란 〈덕의[德之] 곳[地]〉을 활용하라 함이다. 정괘(井卦 : ䷯)의 〈정(井)〉은 덕지시생(德之始生)을 새겨[玩] 헤아리게[擬] 한다. 샘[井]이란 물[水]이 샘솟는 곳[地]이다. 그래서 정괘(井卦 : ䷯)가 〈제[其] 곳에[所] 있게 하되[居而] 옮기게 한다[遷]〉라고 풀이된다. 거기소이천(居其所而遷)에서 〈거기소(居其所)〉란 우물이 있는 곳이다. 여기서 거기소이천(居其所而遷)의 〈천(遷)〉이 〈인천어정지소거(人遷於井之所居)〉를 줄인 것으로 완의(玩擬)할 수 있게 된다. 정지소거(井之所居) 즉 우물이[井之] 있는[居] 곳[所]을 사람이[人之] 사는[居] 곳[所]으로 삼는 것이 곧 〈변의(辨義)〉임도 간파할 수 있다. 물이 샘솟는 우물[井]을 버리고 사람의 거처(居處)를 옮겨가[遷] 천정(穿井) 즉 우물[井] 파기[穿]를 하지 말라 함이다.

巽以行權(손이행권)

손괘(巽卦 : ䷸)를 이용하면[以] 〈권변을[權] 시행한다[行]〉는 것이다. 〈손이(巽以) 즉 이손(以巽)〉은 손괘(巽卦 : ䷸)를 이용함[以]이니 이는 곧 이역(以易) 즉 역의[易] 이용[以]을 말한다. 손괘(巽卦 : ䷸)는 덕지제(德之制) 즉 덕의[德之] 마름질[制]이므로 손이행권(巽以行權)의 〈손이(巽以)〉란 곧 〈덕지제(德之制)의 당용(當用)〉을 뜻한다. 덕지제(德之制)의 〈제(制)〉는 손이행권(巽以行權)의 〈행권(行權)〉을 마땅히 시행하게 함을 뜻한다. 물론 손이(巽以)의 〈이(以)〉 역시 〈역유성인지도사(易有聖人之道四)〉로서 〈관상(觀象)-완사(玩辭)-관변(觀變)-완점(玩占)〉 등의 활용임을 반드시 숙지해야 한다. 손괘(巽卦 : ䷸)를 씀[以]이란 〈덕의[德之] 마름질[制]〉을 활용하라 함이다. 손괘(巽卦 : ䷸)를 보면 위아래[上下]로 바람[風]이 부는 괘상(卦象)이고 여섯 효(爻)끼리는 전혀 호응하지 못하는 상(象)이다. 이는 질풍(疾風)-돌풍(突風)-태풍(颱風) 등을 두려워해야 할 상(象)일 수 있다. 이러한 상(象)을 덕(德)으로 마름하지[制] 못한다면 흉(凶)할 상(象)임을 짚을 수 있다. 그래서 〈손소형(巽小亨)〉이라고 괘사(卦辭)가 시작된다. 이는 〈바람[風]이 작다면[小] 통한다[亨]〉는 말씀[辭]이다. 미풍(微風)-순풍(淳風)-순풍(順風)이면 통한다[亨]는 말씀[辭]이다. 여기서 손이행권(巽以行權)의 〈행권(行權)〉을 새겨[玩] 헤아릴[擬] 수 있다. 권세(權勢)-권력(權力)의 세력을 덕(德)이 제재(制裁)한다면 질풍(疾風)-돌풍(突風)-태풍(颱風)의 권세-권력일지라도 미풍(微風)-순풍(淳風)-순풍(順風)의 권세-권력으로 변통(變通)될 수 있다.

계사전하(繫辭傳下) 8단락(段落)

易之爲書也不可遠이요 爲道也屢遷이라 變動不居하
역 지 위 서 야 불 가 원 위 도 야 루 천 변 동 불 거

여 周流六虛하고 上下无常하며 剛柔相易하여 不可爲
주 류 륙 허 상 하 무 상 강 유 상 역 불 가 위

典要요 唯變所適이니 其出入以度하여 外內使知懼하고
전 요 유 변 소 적 기 출 입 이 도 외 내 사 지 구

又明於憂患與故라 无有師保나 如臨父母하다 初率其
우 명 어 우 환 여 고 무 유 사 보 여 임 부 모 초 솔 기

辭而揆其方하면 旣有典常이라 苟非其人이어도 道不虛
사 이 규 기 방 기 유 전 상 구 비 기 인 도 불 허

行이리라
행

역(易)이 글로 됨이란 멀리할 수 없음이고, 도(道)가 됨이란 늘 언제나 바뀜이다. 변화하고 이동하여 머물지 않으며, 육허(六虛)를 두루두루 유행하고, 위아래에 상주함이 없으며, 굳셈과 부드러움이 서로 바뀌어, 법칙의 모음이 될 수 없으며, 오로지 마땅해지는 바의 변함이니, 그 나감과 듦을 이용하여 {누천(屢遷)을} 꾀하며, 외괘(外卦)와 내괘(內卦)로써 (사람들로) 하여금 두려움을 알게 하고, 또 일에 미칠 우환을 분변하게 한다. 스승의 보살핌이 있지 않고, 어버이를 뵈는 것과 같다. (어떤 사람이) 처음으로 괘효(卦爻)의 말씀을 좇아서 괘효의 방도를 헤아린다면, 이미 (그 사람은) 법의 일정함을 취한다. 진실로 이미 전상(典常)을 취한 사람이 아니라도 (그에게 역의) 도(道)는 헛되이 되지 않는다.

【탐독(探讀)】

역(易)이[之] 글로[書] 됨[爲]이란[也] 멀리할 수 없음이고[不可遠], 도가[道] 됨[爲]이란[也] 늘 언제나[屢] 바뀜이다[遷]. 변화하고[變] 이동하여[動] 머물지 않으며[不居], 육허를[六虛] 두루두루[周] 유행하고[流], 위[上]아래에[下] 상주함이[常]

없으며[无], 굳셈과[剛] 부드러움이[柔] 서로[相] 바뀌어[易], 법칙의[典] 모음이[要] 될[爲] 수 없으며[不可], 오로지[唯] 마땅해지는[適] 바의[所] 변함이니[變], 그[其] 나감과[出] 듦을[入] 이용하여[以] {누천(屢遷)을} 꾀하며[度], 외괘와[外] 내괘[內]로써 (사람들로) 하여금[使] 두려움을[懼] 알게 하고[知], 또[又] 일[故]에[於] 미칠[與] 우환을[憂患] 분변하게 한다[明]. 스승의[師] 보살핌이[保] 있지[有] 않고[无], 어버이를[父母] 뵈는 것과[臨] 같다[如]. (어떤 사람이) 처음으로[初] 괘효(卦爻)의[其] 말씀을[辭] 좇아서[率而] 괘효(卦爻)의[其] 방도를[方] 헤아린다면[揆], 이미[旣] (그 사람은) 법의[典] 일정함을[常] 취한다[有]. 진실로[苟] 이미 전상(典常)을 취한[其] 사람이[人] 아니라도[非] {그에게 역(易)의} 도는[道] 헛되이[虛] 되지 않는다[不行].

【지남(指南)】

易之爲書也不可遠(역지위서야불가원)

역(易)의 음양(陰陽)이 기호(記號)와 언사(言辭)로 기재되었음[爲書]을 나타낸다. 특히 〈역(易)〉을 글[書]로써 괘효(卦爻)에 말씀[辭]을 매어둔[繫] 까닭을 밝힌다. 그러므로 역지위서(易之爲書)의 〈역(易)〉은 대성괘(大成卦)의 괘효사(卦爻辭)로써[以] 드러난다고 여겨도 된다. 역(易)의 서(書) 즉 글[書]이라 함은 괘효(卦爻)의 사(辭)를 뜻하기 때문이다. 역(易) 즉 대성괘(大成卦)의 괘효(卦爻)란 〈불가원(不可遠)〉의 신물(神物) 즉 변화지용(變化之用)의 물건[神物]이다. 여기서 불가원(不可遠)의 〈원(遠)〉은 〈불가이(不可離)〉의 〈이(離)〉와 같은 뜻으로 새길 수 있다. 〈역지위서(易之爲書)〉는 〈역(易)이[之] 글자로[書] 기록되어 있음[爲]〉을 뜻한다. 이는 많은 사람들이 〈역(易)〉과 소원(疎遠)하지 않고 친근하게 하기 위함임을 역지위서야불가원(易之爲書也不可遠)이 밝힌다. 〈역(易)〉은 멀리할 수도 없고 떨어질 수도 없으며 등한히할 수도 없음을 〈불가원(不可遠)〉이라고 밝힌다.

爲道也屢遷(위도야루천)

역지도(易之道)가 〈누천(屢遷)함〉을 밝힌다. 여기서 〈위도야(爲道也)〉 즉 〈역지위도야(易之爲道也)〉란 대성괘(大成卦)의 육효(六爻)들이 〈누천(屢遷)함〉을 밝힌다. 그러므로 위도야루천(爲道也屢遷)은 〈육효지도야루천(六爻之道也屢遷)〉을 말한다. 물론 역지도(易之道)의 〈도(道)〉는 〈이치 이(理)-가르칠 교(敎)-이끌 도(導)-방도(方道) 방(方)-말할 언(言)〉 등을 묶고 있는 자(字)이다. 역지도(易之道) 즉 육효(六爻)의 〈도(道)〉는 〈누천(屢遷)의 이(理)〉를 상여사(象與辭)로써 개역(改繹)하라 하고, 〈누천(屢遷)의 교(敎)〉를 상여사로써 개역하라 하며, 〈누천(屢遷)의 도(導)〉를 상여사로써 개역하라 하고, 〈누천(屢遷)의 방(方)〉을 상여사로써 개역하라 하며, 〈누천(屢遷)의 언(言)〉을 상여사로써 새로 다시 경청하게 하여 새 뜻으로 새겨 경청하라 한다. 이처럼 육효(六爻)의 도(道)는 〈늘 언제나[屢] 바뀜[遷]〉을 다스리고[理]-가르치고[敎]-이끌고[導]-방도하고[方]-말함[言]을 묶고 있는 〈도(道)〉임을 명심해야 한다. 역지위도(易之爲道)의 〈도(道)〉란 〈누천(屢遷)의 이(理)-교(敎)-도(導)-방(方)-언(言)〉 등을 한 자(字)로 묶고 있는 것임을 늘 명심하고 천착(穿鑿)해야, 저마다 나름대로 이역(以易) 즉 역을[易] 이용하여[以] 지변(知變)하여 지래(知來)할 수 있다.

變動不居(변동불거)

역지도(易之道) 즉 〈육효(六爻)의 도(道) : 이-교-도-방-언(理-敎-導-方-言)〉을 풀이한 〈누천(屢遷)〉을 다시 구체적으로 풀이한다. 역(易)의 도(道)는 〈매양[屢] 바뀜[遷]〉이다. 역(易)의 도(道)가 어떻게 누천(屢遷)하는가? 이에 대한 주역(紬繹)이 곧 〈변동(變動)〉이며 〈불거(不居)〉이다. 〈불거(不居)〉란 멈추지 않음이다. 변동불거(變動不居)의 〈변동(變動)〉은 〈변이동(變而動)〉 즉 〈변해서[變而] 움직인다[動]〉의 줄임이다. 무엇이 변(變)하는가? 궁(窮)한 것이 변(變)하게 한다. 그러므로 변이동(變而動)은 〈시어궁(始於窮)〉 즉 궁(窮)에서[於] 비롯한다[始]. 그렇기 때문에 〈궁즉변(窮則變)〉 즉 〈막히면[窮] 곧[則] 변한다[變]〉고 한다. 이를 출입(出入)-외내(外內)-왕래(往來) 등으로 밝힌다. 특히 〈변동(變動)함〉을 〈왕래(往來)함〉으로 밝힌다. 〈왕래(往來)〉는 〈왕자여래자(往者與來者)〉의 줄임말이다. 갈[往] 것[者]과[與] 올[來] 것[者]을 일러 궁즉변(窮則變)이라고 한다. 왕자(往者)로 머물면[居] 그것이 곧 〈궁(窮)함〉이고, 왕자(往者)로 머물지 않음[不居]이 곧 〈변(變)함〉이다. 〈변(變)함〉이란 갈 것[往者]과 올 것[來者]이 공존(共存)함이다. 여기서 변이동(變而動)의

〈동(動)〉 즉 〈움직임[動]〉이란 갈 것이 물러가고[退] 올 것이 드러남[顯]을 뜻함을 간파할 수 있다. 이에 변동(變動) 즉 변이동(變而動)의 〈동(動)〉은 〈옮길 이(移)〉와 같아 이동함이 곧 〈화(化)〉 즉 〈새로됨[化]〉임을 새겨[玩] 헤아려[擬] 가늠할[斷] 수 있다.

周流六虛(주류륙허)

역(易) 즉 육효(六爻)의 변동(變動)-불거(不居)를 대성괘(大成卦)로 풀이하여 밝힌다. 즉 주류륙허(周流六虛)의 〈주류(周流)〉는 대성괘(大成卦)의 육효(六爻)가 상괘(上卦)와 하괘(下卦)를 두루[周] 유행함[流]을 밝힌다. 주류(周流)의 〈주(周)〉는 누천(屢遷)의 〈누(屢)〉를 달리 말함이고, 〈유(流)〉는 누천(屢遷)의 〈천(遷)〉을 달리 말함이다. 그리하여 〈주류(周流)〉로써 역지위도(易之爲道)의 변동(變動)-불거(不居)를 거듭해 풀이한다. 〈육허(六虛)〉란 상하좌우전후(上下左右前後)를 뜻하고, 태허(太虛) 즉 우주(宇宙)를 뜻한다. 여기서 대성괘(大成卦)를 하나의 변동하는 우주로 삼음을 간파할 수 있다. 그래서 대성괘(大成卦)의 육효(六爻)가 변동(變動)-불거(不居)-주류(周流)함이다. 이를 무시하고 대성괘(大成卦)를 관상(觀象)-완사(玩辭)-관변(觀變)-완점(玩占)할 수 없다. 대성괘(大成卦) 육효(六爻)의 누천(屢遷)이란 효(爻)마다 아래서[下] 위로[上] 변동(變動)-불거(不居)-주류(周流)함임을 명심해야 한다.

上下无常(상하무상)

대성괘(大成卦) 육효(六爻)의 누천(屢遷)-변동(變動)-불거(不居)를 보다 구체적으로 풀이한다. 즉 상하무상(上下无常)의 〈상(常)〉은 항구(恒久)-불변(不變)을 뜻해 〈상하무불천(上下无不遷)〉임을 나타낸다. 이는 곧 대성괘(大成卦)에는 불천(不遷)-부동(不動)-불변(不變)하는 효(爻)란 없음을 통해 역지위도(易之爲道)가 무상(无常)함을 밝힌다. 상하무상(上下无常)의 〈상하(上下)〉는 대성괘(大成卦)의 상괘(上卦) 즉 외괘(外卦)와 하괘(下卦) 즉 내괘(內卦)를 나타낸다. 물론 대성괘(大成卦) 육효(六爻)의 자리[位]가 변동(變動)-불거(不居)하는 〈누천(屢遷)의 위(位)〉이지 〈상주(常住)하는 자리[位]〉가 아님을 〈상하무상(上下无常)〉이라고 밝힌다. 이를 무시하고 대성괘(大成卦)를 관상(觀象)-완사(玩辭)-관변(觀變)-완점(玩占)할 수 없다.

剛柔相易(강유상역)

대성괘(大成卦)의 육효(六爻)가 서로[相] 바뀜[易]을 밝힌다. 강유상역(剛柔相易)의 〈강(剛)〉은 양효(陽爻)의 이칭이고, 〈유(柔)〉는 음효(陰爻)의 이칭이다. 물론 강유상역(剛柔相易)은 일음일양(一陰一陽)-생생(生生)을 풀이하는 셈이다. 강유상역(剛柔相易)의 〈강유(剛柔)〉는 천도(天道)를 정립하여 성립함이 음(陰)과[與] 양(陽)이고, 지도(地道)를 정립하여 성립함이 유(柔)와[與] 강(剛)이며, 인도(人道)를 정립하여 성립함이 인(仁)과[與] 의(義)임을 상기한다면, 역지위도(易之爲道)의 누천(屢遷)-변동(變動)-불거(不居)-주류(周流)-무상(无常)은 강유상역(剛柔相易)-음양상역(陰陽相易)-인의상역(仁義相易)을 살펴[觀] 새기고[玩] 헤아려[擬] 가늠하게[斷] 한다. 음양(陰陽)이 둘이되 따로 있을 수 없고, 강유(剛柔)가 둘이되 따로 있을 수 없으며, 인의(仁義)가 둘이되 따로 있을 수 없음이 곧 〈상역(相易)〉임을 또한 살펴 새기고 헤아려 가늠하게 한다.

不可爲典要(불가위전요)

〈전요(典要)〉는 〈전상요회(典常要會)〉의 줄임말로 정준(定準) 즉 정해진[定] 준칙(準則)들의 모음[要]을 뜻한다. 여기서 전요(典要)의 〈전(典)〉은 정법(定法)과 통하고, 〈요(要)〉는 〈모을 회(會)〉와 같아 전십(全集)을 뜻하는 셈이다. 말하사면 역(易)의 64괘(卦)의 괘효상(卦爻象)과 괘효사(卦爻辭)는 〈전요(典要)〉가 아니란 것이다. 역(易)의 도(道)란 정해진 준칙(準則)의 도(道)일 수 없음을 밝힌 것이 〈불가위전요(不可爲典要)〉이다. 역(易)의 도(道)란 정(定)해진 도(道)가 아니며 정법(定法)의 도(道)도 아니다. 나아가 대성괘(大成卦)에서 〈한 효(爻)의 상(象)과 사(辭)〉로써 대성괘(大成卦) 전체를 살피게[觀] 할 수도 없고, 새기게[玩] 할 수도 없기 때문에 〈효불가위전요(爻不可爲典要)〉이다.

唯變所適(유변소적)

대성괘(大成卦)에서 한 효(爻)가 〈불가위전요(不可爲典要)〉인 까닭을 분명하게 밝힌다. 역지도(易之道)를 살펴[觀] 새기게[玩] 하는 효(爻)란 〈전요(典要)〉가 아니라, 〈유변소적(唯變所適)〉 즉 〈오로지[唯] 마땅해지는[適] 바의[所] 변함[變]〉일 뿐임을 밝힌다. 말하자면 역(易)의 64괘(卦)에서 괘효상(卦爻象)의 모든 〈상(象)〉은 〈유변(唯變)의 짓[象]〉이고, 괘효사(卦爻辭)의 모든 〈사(辭)〉도 〈유변(唯變)의 말씀[辭]〉임을 유변소적(唯變所適)이 밝힌다. 역(易)의 64괘(卦)에는 〈정해진 준칙(準則)의 전(典)〉이란 결코 있을 수 없음을 〈유변(唯變)〉이 증거한다.

其出入以度(기출입이도)

하나의 대성괘(大成卦)에서 육효(六爻)가 어떻게 〈누천(屢遷)-변동(變動)-불거(不居)-주류(周流)-무상(无常)〉 등을 꾀하는지[度] 〈이기출입(以其出入)〉을 들어 밝힌다. 이기출입(以其出入)에서 〈기출(其出)〉은 〈유내괘이외괘위출괘(由內卦而外卦爲出卦)〉를 줄인 것이고, 〈기입(其入)〉은 〈유외괘이내괘위입괘(由外卦而內卦爲入卦)〉를 줄인 것이다. 대성괘(大成卦)에서 내괘(內卦)로 말미암아[由而] 외괘(外卦)는 출괘(出卦)가 된다[爲]. 나가는[出] 한 효(爻)가 외괘(外卦)의 상효(上爻)이다. 그리고 대성괘(大成卦)에서 외괘(外卦)로 말미암아[由而] 내괘(內卦)는 입괘(入卦)가 된다[爲]. 들어오는[入] 한 효(爻)가 내괘(內卦)의 초효(初爻)이다. 상효(上爻)가 나가고[出] 초효(初爻)가 들어와[入] 나머지 네 효(爻)들도 하위(下位)에서 상위(上位)로 따라서 옮겨간다[遷]. 이를 대성괘(大成卦) 여섯 효(爻)들의 누천(屢遷)이라 하고, 그 누천(屢遷)을 풀이하는 〈변동(變動)-불거(不居)-주류(周流)-무상(无常)〉 등을 기출입이도(其出入以度)의 〈도(度)〉 즉 〈꾀한다[度]〉고 밝힌다.

外內使知懼(외내사지구)

하나의 대성괘(大成卦)에서 육효(六爻)가 왜 〈누천(屢遷)-변동(變動)-불거(不居)-주류(周流)-무상(无常)〉 등을 꾀하는지[度] 그 까닭을 살펴[觀] 새기고[玩] 헤아려[擬] 가늠하게[斷] 한다. 외내사지구(外內使知懼)에서 〈외내(外內)〉는 〈외괘여내괘(外卦與內卦)〉를 뜻하고 나아가 〈출입(出入)〉을 말한다. 말하자면 외출내입(外出內入)을 줄인 말씀으로 완의(玩擬)하여 의단(議斷)하면 된다. 물론 외출내입(外出內入)이란 대성괘(大成卦) 여섯 효(爻)들이 짓는[象之] 〈누천(屢遷)〉 즉 〈변동

(變動)-불거(不居)-주류(周流)-무상(无常)〉을 견색(見賾)하게 하는 신물(神物)임을 밝힌다. 말하자면 다가오는 매사도 누천(屢遷)함을 대성괘(大成卦)의 육효(六爻)가 깨우쳐준다.

又明於憂患與故(우명어우환여고)

대성괘(大成卦)가 지구(知懼)하게 하는 연유를 살펴[觀] 새기고[玩] 헤아려[擬] 가늠하게[斷] 한다. 대성괘(大成卦)의 내외괘(內外卦)가 외출내입(外出內入)하는 누천(屢遷) 즉 〈변동(變動)-불거(不居)-주류(周流)-무상(无常)〉을 관상(觀象)하여 여섯 효(爻)들의 〈정(正)-중(中)-응(應)-비(比)〉의 상관(相關)을 지성(至誠)으로 관완(觀玩)-의단(擬斷)하게 된다면, 일[故]에 미칠[與] 우환(憂患) 즉 우려(憂慮)와 환란(患亂)을 밝힐[明] 수 있다. 역(易)이 지구(知懼)하게 함은 일[事]을 겁내 피하라 함이 아니라, 임사(臨事) 즉 일[事]을 마주할[臨] 때는 만용(蠻勇)을 부리지 말라 함이다. 포호풍하(暴虎馮河)란 멸구(蔑懼) 즉 두려움[懼]을 업신여기는[蔑] 만용을 부린다면 〈우환여고(憂患與故)〉를 명변(明辨)하지 못한다. 그러면 지변(知變)할 수 없다. 지변(知變)할 수 없다면 지래(知來)할 수 없다. 왜 역(易)은 우리로 하여금 지구(知懼)하게 하여 우환여고(憂患與故)를 명변(明辨)하게 하는가? 우리로 하여금 지변(知變)하게 하여 지래(知來)하게 하기 위함이다.

无有師保(무유사보) 如臨父母(여임부모)

대성괘(大成卦)의 역지위도(易之爲道)를 절실하게 밝힌다. 왜냐하면 중부괘(中孚卦 : ䷼) 구이(九二)의 효사(爻辭) 〈명학재음(鳴鶴在陰) 기자화지(其子和之)〉를 환기시키기 때문이다. 역지도(易之道)의 〈도(道)〉란 〈여임부모(如臨父母)〉와 같은 다스림[理]이고 가르침[教]이며 이끌어줌[導]이고 방도[方]이며 말씀[言]이다. 역지도(易之道)란 〈유사보(有師保)〉로써 견색(見賾)되는 것이 아니라, 〈여임부모(如臨父母)〉 같아야 〈찾아지는[見] 깊고 그윽한 것[賾]〉임을 〈무유사보(无有師保) 여임부모(如臨父母)〉가 밝힌다. 대성괘(大成卦)가 효(爻)들의 외출내입(外出內入)으로써[以] 지구(知懼)하게 하고 명변(明辨)하게 함은 사보(師保) 즉 스승의[師] 보살핌[保]으로써는 만족되지 못한다. 임부모(臨父母) 같아야[如] 즉 부모를 뵈는 것[臨]

과 같아야 지변(知變)하여 지래(知來)할 수 있게 하는 것이 곧 역(易)의 도(道)이다. 〈임부모(臨父母)〉를 거듭 천착(穿鑿)하게 한다.

初率其辭而揆其方(초솔기사이규기방) 旣有典常(기유전상)

괘효사(卦爻辭)를 어떻게 새기고[玩] 괘효상(卦爻象)을 어떻게 살필지[觀]를 밝힌다. 괘효(卦爻)의 상(象)을 살피면서[觀] 괘효(卦爻)에 매어둔[繫] 성인(聖人)의 말씀[辭]을 스스로 좇고[循]-스스로 본받고[效]-스스로 따름[從]이 〈완사(玩辭)〉 즉 〈괘효(卦爻)의 말씀[辭]을 새김[玩]〉이다. 괘효(卦爻)의 짓[象]을 남이 살펴줄[觀] 수 없듯이 새김[玩] 역시 남이 해줄 수 없다. 풀밭에서 소들이 풀을 함께 뜯어도 새김질은 오로지 저 홀로 스스로 해야 하듯이 〈관상(觀象)의 관(觀)〉과 〈완사(玩辭)의 완(玩)〉 등은 오로지 스스로 다해야 한다. 〈솔기사(率其辭)의 솔(率)〉은 스스로 새김하여[玩] 괘효사(卦爻辭)를 스스로 순(循)-효(效)-종(從)하라 함이다. 그러나 괘효사(卦爻辭)만을 솔(率)하라는 것은 아니다. 왜냐하면 괘효상(卦爻象)을 헤아리면서[揆] 괘효(卦爻)의 말씀[辭]을 좇아[循]-본받고[效]-따라야[從] 한다.

그렇기 때문에 관상(觀象)을 떠나서 완사(玩辭)하지 말라 함이 곧 〈규기방(揆其方)〉이다. 〈규기방(揆其方)의 기방(其方)〉 즉 〈괘효(卦爻)의 방도(方道)〉란 대성괘(大成卦)를 이루는 여섯 효(爻)들의 누천(屢遷)을 상기한다면, 그 방도(方道)를 스스로 헤아려[揆] 스스로 마땅하게 가늠해[斷] 볼 수 있다. 〈기유전상(旣有典常)의 기(旣)〉는 〈이미 기(旣)〉로 괘효사(卦爻辭)를 〈솔(率)하고〉 괘효상(卦爻象)을 〈규(揆)하기〉를 거치는 동안을 뜻한다. 그래서 〈이미 기(旣)〉를 〈그렇게 하는 동안[旣]〉이라고 새기면 문의(文意)가 더 잘 드러난다. 괘효상(卦爻象)을 헤아리면서[揆] 괘효사(卦爻辭)를 스스로 〈좇아 본받고 따라가다[率]〉 보면 스스로 효사(爻辭)와 효상(爻象)을 상관(相關)시켜 〈유전상(有典常)〉 즉 전상(典常)을 취하게[有] 된다. 전상(典常)이란 상전(常典) 즉 상법(常法)이다. 비록 역(易)이 천변만화(千變萬化)의 생생(生生)인지라 전요(典要) 즉 정법집(定法集)일 수는 없을지라도, 완사(玩辭)함으로써 매사의 시(始)와 종(終)은 〈유변(唯變)〉 즉 오로지[唯] 변함[變]임을 알아챌 수 있다.

苟非其人(구비기인) 道不虛行(도불허행)

〈구비기인(苟非其人)의 기인(其人)〉은 지성(至誠)으로 관상(觀象)하고 완사(玩辭)하여 효상(爻象)을 살피고[觀] 효사(爻辭)를 새겨[玩] 전상(典常)을 헤아려[擬] 가늠하는[斷] 그[其] 사람[人]을 말한다. 여기서 기인(其人)은 유변소적(唯變所適)을 관완(觀玩)하고 의단(擬斷)하여 변화를 읽어낸 사람이다. 대성괘(大成卦)에서 육효(六爻)가 유변소적(唯變所適) 즉 〈오로지[唯] 마땅해지는[適] 바의[所] 변함[變]〉이라고 함은 누천(屢遷)의 전상(典常)을 말한다. 그 전상(典常)을 대성괘(大成卦)의 육효(六爻)가 은닉(隱匿)하고 있기 때문에 효(爻)의 상(象)과 사(辭)를 견색(見賾)의 〈색(賾)〉으로 여기고, 지성(至誠)으로 살피고[觀] 새겨야[玩] 육효(六爻)가 은닉하고 있는 〈전상(典常)의 유변소적(唯變所適)〉을 찾아낼 수 있다. 그러므로 구비기인(苟非其人)의 〈비(非)〉란 효상(爻象)과 효사(爻辭)를 치곡(致曲)하여 견색(見賾)하지 않아 유변소적(唯變所適)의 〈변(變)〉을 관완(觀玩)하여 의단(擬斷)하지 못해, 변화를 알지 못하는 사람 즉 부지변자(不知變者)를 뜻한다. 〈비기인(非其人)의 비(非)〉는 부지변자(不知變者)를 말한다. 변화를[變] 알지 못하는[不知] 사람[者]에게는 도(道)가 불허행(不虛行) 즉 허(虛)하게 행해지지 않는 것[不行]이다.

계사전하(繫辭傳下) 9단락(段落)

易之爲書也原始要終以爲質也요 六爻相雜唯其時
역 지 위 서 야 원 시 요 종 이 위 질 야 육 효 상 잡 유 기 시

物也요 其初難知이고 其上易知이니 本末也라 初辭擬
물 야 기 초 난 지 기 상 이 지 본 말 야 초 사 의

之하고 卒成之終하니라 若夫雜物하고 撰德하고 辨是與
지 졸 성 지 종 약 부 잡 물 찬 덕 변 시 여

非하여 則非其中爻면 不備하리라 噫라 亦要存亡吉凶이
비 즉 비 기 중 효 불 비 희 역 요 존 망 길 흉

면 則居可知矣요 知者觀其彖辭면 則思過半矣리라 二
즉 거 가 지 의 지 자 관 기 단 사 즉 사 과 반 의 이

與四同功而異位하고 其善不同하다 二多譽四多懼近
여 사 동 공 이 이 위 기 선 부 동 이 다 예 사 다 구 근

也이다 柔之爲道不利遠者건만 其要无咎요 其用柔中
야 유 지 위 도 불 리 원 자 기 요 무 구 기 용 유 중

也라 三與五同功而異位하고 三多凶五多功은 貴賤之
야 삼 여 오 동 공 이 이 위 삼 다 흉 오 다 공 귀 천 지

等也이니 其柔危其剛勝耶인저
등 야 기 유 위 기 강 승 야

역(易)이 글이 됨이란 시초를 살펴 마침을 살핌으로 (대성괘의) 바탕을 삼는 것이다. 여섯 효(爻)가 서로 섞임은 오로지 그 때의 일이다. 그 처음은 알기 어렵고 그 위는 알기 쉬우니, (이는) 본(本)과 말(末)이다. 처음에는 (괘효의) 말씀 그것을 헤아리고 마침내 그 종결을 완성한다. 만약 무릇 (대성괘가) 물건들을 섞고 {대성괘는 중인(衆人)의} 덕(德)을 셈하여 헤아리고 옳음과 그름을 가름하는데 곧 그 가운데 효(爻)가 없다면 {대성괘가 잡물(雜物)-찬덕(贊德)-변시여비(辨是與非)를} 다 갖추지 못하리라. 아아! (사람들이) 또한 존망과 길흉을 살핀다면 바로 삶을 알 수 있는 것이다. (존망과 길흉을) 아는 사람이 그 단사(彖辭)를 살핀다면 곧 생각이 반을 넘은 것이다. 둘째 효(爻)와 넷째 효(爻)는 (음위의) 일을 같이 하지만 (원근의) 자리를 달리하고, 두 효(爻)의 선

(善)은 같지 않다. 둘째 효(爻)에는 기릴 것이 많고 넷째 효(爻)에는 두려운 것이 많음은 가깝다는 것이다. 부드러움이 도(道)가 됨은 먼 것을 이롭게 못 한다. (그러나) 그것은 허물이 없기를 바란다. (그래서) 그것은 어울려 부드러운 속마음을 쓰는 것이다. 셋째 효(爻)와 다섯째 효(爻)는 (양위의) 일을 같이 하지만 (원근의) 자리를 달리하고 {물론 두 효(爻)의 선(善)은 같지 않아} 셋째 효(爻)에는 흉함이 많고 다섯째 효(爻)에는 보람이 많음은 귀함과 천함의 동등함이니, 그 유(柔)함은 위태하고 그 강(剛)함은 수승함이로다!

【탐독(探讀)】

역(易)이[之] 글이[書] 됨[爲]이란[也] 시초를[始] 살펴[原] 마침을[終] 살핌[要]으로[以] {대성괘(大成卦)의} 바탕을[質] 삼는 것[爲]이다[也]. 여섯[六] 효가[爻] 서로[相] 섞임은[雜] 오로지[唯] 그[其] 때의[時] 일[物]이다[也]. 그[其] 처음은[初] 알기[知] 어렵고[難] 그[其] 위는[上] 알기[知] 쉬우니[易], (이는) 본과[本] 말[末]이다[也]. 처음에는[初] {괘효(卦爻)의} 말씀[辭] 그것을[之] 헤아리고[擬] 마침내[卒] 그[之] 종결을[終] 완성한다[成]. 만약[若] 무릇[夫] {대성괘(大成卦)가} 물건들을[物] 섞고[雜] {대성괘(大成卦)는 중인(衆人)의} 덕을[德] 셈하여 헤아리고[撰] 옳음[是]과[與] 그름을[非] 가름하는데[辨] 곧[則] 그[其] 가운데[中] 효가[爻] 없다면[非] {대성괘(大成卦)가 잡물(雜物)-찬덕(贊德)-변시여비(辨是與非)를} 다 갖추지 못하리라[不備]. 아아[噫]! (사람들이) 또한[亦] 존망과[存亡] 길흉을[吉凶] 살핀다면[要] 바로[則] 삶을[居] 알[知] 수 있는 것[可]이다[矣]. (존망과 길흉을) 아는[知] 사람이[者] 그[其] 단사를[彖辭] 살핀다면[觀] 곧[則] 생각이[思] 반을[半] 넘은 것[過]이다[矣]. 둘째 효[二]와[與] 넷째 효는[四] {음위(陰位)의} 일을[功] 같이 하지만[同而] {원근(遠近)의} 자리를[位] 달리하고[異], 두 효(爻)의[其] 선은[善] 같지 않다[不同]. 둘째 효(爻)에는[二] 기릴 것이[譽] 많고[多] 넷째 효에는[四] 두려운 것이[懼] 많음은[多] 가깝다는 것[近]이다[也]. 부드러움[柔]이[之] 도가[道] 됨은[爲] 먼[遠] 것을[者] 이롭게 못 한다[不利]. (그러나) 그것은[其] 허물이[咎] 없기를[无] 바란다[要]. (그래서) 그것은[其] 어울려 부드러운 속마음을[柔中] 쓰는 것[用]이다[也]. 셋째 효

[三]와[與] 다섯째 효는[五] {양위(陽位)의} 일을[功] 같이 하지만[同而] {원근(遠近)의} 자리를[位] 달리하고[異] {물론 두 효(爻)의 선은(善) 같지 않아} 셋째 효에는[三] 흉함이[凶] 많고[多] 다섯째 효에는[五] 보람이[功] 많음은[多] 귀함과[貴] 천함[賤]의[之] 동등함[等]이니[也], 그[其] 유함은[柔] 위태하고[危] 그[其] 강함은[剛] 수승함[勝]이로다[邪]!

【지남(指南)】

易之爲書也原始要終以爲質也(역지위서야원시요종이위질야)

역서(易書)가 지닌 본질을 밝힌 자왈(子曰)이다. 역지위서(易之爲書)는 역(易)의 음양(陰陽)이 기호(記號)와 언사(言辭)로 기재되었음[爲書]을 나타낸다. 성인(聖人)이 작역(作易)한 까닭의 본질이 〈원시요종(原始要終)〉으로 밝혀진다. 원시요종(原始要終)은 대성괘(大成卦) 육효(六爻)의 누천(屢遷)을 풀이한다. 원시요종(原始要終)은 앞에서 살폈던 원시반종(原始反終)과 같은 말이다. 원시요종(原始要終)-원시반종(原始反終)이란 격물(格物)하여 치지(致知)하는 요체(要諦)이다. 무엇을 살펴 생각하고 헤아려 터득해 깨치자면 원찰시초(原察始初) 즉 그 무엇의 시초(始初)를 지극하게 살펴야 하고, 그 살핌을 돌이켜 요종(要終) 즉 그 끝[終]을 고찰하여 추리하지 않고서는 사물을 격물(格物)할 수 없다. 남김없이 탐구해야[格物] 지극한 앎에[知] 이를[致] 수 있음을 〈원시요종(原始要終)〉이 밝힌다. 특히 원시요종(原始要終)은 대성괘(大成卦) 육효(六爻)의 〈누천(屢遷)〉을 관상(觀象)-완사(玩辭)-관변(觀變)-완점(玩占)해가는 상도(常道)이다. 원시요종(原始要終)은 대성괘(大成卦) 육효(六爻)가 은닉(隱匿)한 누천(屢遷)-변동(變動)-불거(不居)-주류(周流)-무상(無常) 등의 이치[理]를 생각하게 하고, 그 가르침[敎]을 생각하게 하며, 그 이끌어줌[導]을 생각하게 하고, 그 방도[方]를 생각하게 하며, 그 말씀[言]을 생각하게 하기 때문이다.

원시요종(原始要終)의 원시(原始)는 대성괘(大成卦)의 초효(初爻)를 상기하면 그 참뜻을 살펴 헤아릴 수 있다. 대성괘(大成卦)에서 초효(初爻)는 〈찰래(察來)〉 즉 〈올 것[來]〉을 맨 처음 살펴[察] 가늠하게 하는 효(爻)임을 상기한다면 〈원시(原始)〉를 새길 수 있다. 초효(初爻)부터 상효(上爻)까지 여섯 효(爻)들은 모두 다 찰래(察來)를 가늠하게 하면서 창왕(彰往)해가는 효(爻)들임을 늘 헤아리면서, 효상(爻象)과 효사(爻辭)를 격물(格物)하여 치지(致知)하라 함이 원시요종(原始要終)이라는 격물치지(格物致知)의 상도(常道)이다. 역(易)은 지난 것을[往] 드러내[彰]서[而] 올 것을[來] 살피게 한다[察]. 원시요종(原始要終)의 원시(原始)는 찰래(察來)를 살펴 창왕(彰往)을 살펴보라는 말씀으로, 격물(格物)하고 치지(致知)하여 지변(知變)-지래(知來)하라는 바로 그 말씀이다. 그러므로 역지위서(易之爲書)의 〈서(書)〉는 원시요종(原始要終)하게 효상(爻象)을 음양(陰陽)의 부호(符號)로 기록하고, 괘효(卦爻)에 말씀을[辭] 매어두었음[繫]을 뜻한다. 동시에 괘효(卦爻)의 상(象)과 사(辭)를 가지고 육효(六爻)가 누천(屢遷)하는 대성괘(大成卦)의 〈질(質)〉 즉 체질(體質)을 삼는다.

六爻相雜唯其時物也(육효상잡유기시물야)

〈원시요종(原始要終)에서 시(始)와 종(終)〉의 〈질(質)〉 즉 본질(本質)을 어떻게 살피고[原] 추리할[要]지를 밝힌다. 특히 육효(六爻)의 누천(屢遷)이 지닌 본질을 육효(六爻)가 상잡(相雜)하는 당시(當時)의 일[物]을 하는 효(爻)에서 누천(屢遷)의 시초(始初)를 살피고[原], 그 살핌[原]을 추리하여 그로 말미암을 끝[終] 즉 종국(終局)을 살펴[要] 지변(知變)하여 지래(知來)할 수 있음을 밝힌다. 육효상잡(六爻相雜)의 〈상잡(相雜)〉은 육효(六爻)가 한 자리에 멈춰 있지 않고 서로[相] 사귐[交]을 〈잡(雜)〉 즉 섞임[雜]이라고 밝힌다. 본래 〈효(爻)〉란 〈교(交)〉 즉 사귐[交]을 뜻한다. 따지고 보면 효(爻)의 누천(屢遷)도 〈중정응비(中正應比)〉로써 상교(相交) 즉 서로[相] 사귐[交]으로 이루어진다. 〈늘 언제나[屢] 변천해감[遷]〉을 살펴 새기고 헤아려 가늠하게 한다. 그리고 육효상잡(六爻相雜)의 〈상잡(相雜)〉이란 하나의 대성괘(大成卦) 안에서 육효(六爻)가 〈중(中)-정(正)-응(應)-비(比)〉로써 쉼없이 상관(相關)됨을 뜻한다. 그러므로 늘 육효(六爻)의 상관(相關)과 더불어 괘효(卦爻)의 상(象)을 살피고 새겨 헤아려 가늠해야 한다.

육효(六爻)가 한 대성괘(大成卦) 안에서 상잡(相雜)함에 따라 〈유기시물(唯其時物)〉로서 누천(屢遷)하기 때문에 효상(爻象)-효사(爻辭)가 같을 수 없다. 이런 까닭을 〈유기시물(唯其時物)〉이라고 밝힌다. 그러므로 유기시물(唯其時物)의 〈기시

(其時)〉란 〈상잡지시(相雜之時)〉로서 〈효(爻)가 서로[相] 섞이는[雜] 당시(當時)〉를 말하고, 유기시물(唯其時物)의 〈물(物)〉은 〈그 당시(當時)의 변통(變通)〉을 말한다. 〈물(物)〉은 〈일 사(事)〉이고 〈사(事)〉는 곧 〈변통(變通)함〉이니, 여기서 〈유기시물(唯其時物)〉이란 〈유기시변통(唯其時變通)〉을 뜻한다. 이처럼 괘효(卦爻)의 상(象)과 사(辭)는 한 대성괘(大成卦) 안에서 오로지[唯] 서로 섞이는[其] 때의[時] 변통[物]만을 살펴[觀] 새기고[玩] 헤아려[擬] 가늠하게[斷] 한다. 그러므로 〈유기시물(唯其時物)〉은 『대학(大學)』에 나오는 〈물유본말(物有本末) 사유종시(事有終始)〉를 상기시킨다. 이를 깊이 새겨 원시(原始)하고 요종(要終)해야 지래(知來)하여 지변(知變)할 수 있다.

其初難知(기초난지) 其上易知(기상이지) 本末也(본말야)

〈기초난지(其初難知)〉는 원시요종(原始要終)의 〈원시(原始)〉를 풀이한다. 기초난지(其初難知)에서 〈기초(其初)〉는 〈시물지초(時物之初)〉를 줄임이다. 시물(時物)은 시사(時事)이다. 시사(時事)란 때에 일어나는[時] 일[事]이다. 대성괘(大成卦)로 말한다면 시물지초(時物之初)는 주로 초효(初爻)의 상잡(相雜)을 뜻한다. 초효(初爻)가 짓는[象] 상잡(相雜)은 시물(時物)의 초(初)이기 때문에 난지(難知) 즉 알기[知] 어렵다[難]. 〈상잡(相雜)의 초(初)〉란 계사전하(繫辭傳下) 앞에서 살폈던 〈창왕이찰래(彰往而察來)〉의 〈내(來)〉를 뜻하는 까닭이다. 처음의[初] 상잡(相雜)이란 올 것[來者]이기 때문에 은밀(隱密)하고 세미(細微)하여 알아내기[知] 어렵다[難]. 그렇기 때문에 원시(原始) 즉 처음[始]을 살핌[原]이란 난지(難知)로 통한다.

〈기상이지(其上易知)〉는 원시요종(原始要終)의 〈요종(要終)〉을 풀이한다. 기상이지(其上易知)에서 〈기상(其上)〉은 〈시물지상(時物之上)〉을 줄임이다. 대성괘(大成卦)로 말한다면 시물지상(時物之上)은 주로 상효(上爻)의 상잡(相雜)을 뜻한다. 상효(上爻)가 짓는[象] 상잡(相雜)은 시물(時物)의 종(終)이기 때문에 이지(易知) 즉 알기[知] 쉽다[易]. 〈상잡(相雜)의 상(上)〉 즉 종(終)이란 〈창왕이찰래(彰往而察來)〉의 〈왕(往)〉을 뜻하는 까닭이다. 상효(上爻)의 상잡(相雜)이란 갈 것[往者]이기 때문에 드러나서[彰] 알아내기[知] 쉽다[易]. 그렇기 때문에 요종(要終) 즉 끝[終]을 살핌[要]이란 이지(易知)로 통한다.

〈본말야(本末也)의 본(本)〉을 대성괘(大成卦) 초효(初爻)의 상잡(相雜)으로 여기고, 〈말(末)〉을 대성괘(大成卦) 상효(上爻)의 상잡(相雜)으로 여길 수 있다. 대성괘(大成卦) 초효(初爻)의 상잡(相雜)은 누천(屢遷)의 시초(始初)이고, 상효(上爻)의 상잡(相雜)은 누천의 종국(終局)이기 때문이다. 대성괘(大成卦) 육효(六爻)가 상잡(相雜)하는 누천의 본시(本始)는 초효(初爻)의 누천으로써 시작되고, 그 종말(終末)은 상효(上爻)의 누천으로써 끝난다. 어느 일[物]에서든 지변(知變)하여 지래(知來)하자면 그 일[物]은 원시(原始)-요종(要終)으로 견색(見賾)되어야 한다. 이는 어느 일[物]이든 통변(通變)의 시종(始終)을 떠날 수 없음이 곧 매사에 은닉(隱匿)된 역지도(易之道)이다.

初辭擬之(초사의지) 卒成之終(졸성지종)

〈초사의지(初辭擬之)〉는 대성괘(大成卦)에서 육효(六爻)가 상잡(相雜)하는 누천(屢遷)의 상(象) 즉 짓[象]을 살피자면 초효(初爻)의 사(辭)를 초의(初擬) 즉 먼저[初] 살펴 헤아려야[擬] 함을 나타낸다. 대성괘(大成卦)에서 초효(初爻)는 상잡(相雜)하는 누천(屢遷)의 시작이므로 초효(爻)의 효사(爻辭)는 곧 〈원시지사(原始之辭)〉 즉 〈시초를[始] 지극하게 살펴야 할[原之] 말씀[辭]〉이다. 그리고 초효(初爻)의 효사(爻辭)는 찰래(察來) 즉 다가올 것[來]을 살피게[察] 하는 말씀[辭]이기 때문에 헤아려[擬] 알기[知]가 어려움[難]을 깨달아야 초효(初爻)의 말씀[辭]을 지성(至誠)으로 새겨[玩] 헤아릴[擬] 수 있다.

〈졸성지종(卒成之終)〉은 대성괘(大成卦)에서 육효(六爻)가 상잡(相雜)하는 누천(屢遷)의 상(象) 즉 짓[象]을 살펴 마감하자면, 상효(上爻)의 사(辭)를 졸의(卒擬) 즉 끝으로[卒] 살펴 헤아림[擬]을 마무리해야[終] 함을 나타낸다. 대성괘(大成卦)에서 상효(上爻)는 상잡(相雜)하는 누천(屢遷)의 종말(終末)이므로 상효(上爻)의 효사(爻辭)는 곧 〈요종지사(要終之辭)〉 즉 〈끝냄을[終] 지극하게 살펴야 할[要之] 말씀[辭]〉이다. 그리고 상효(上爻)의 효사(爻辭)는 창왕(彰往) 즉 갈 것[往]을 드러내는[彰] 말씀[辭]이기 때문에 헤아려[擬] 알기[知]가 쉽다[易]. 그러나 상효(上爻)의 말씀[辭]을 지성(至誠)으로 반종(反終) 즉 끝내기[終]를 돌이켜 되짚어야[反] 이역(以易)하여 지래(知來)할 수 있다.

若夫雜物(약부잡물) 撰德(찬덕) 辨是與非(변시여비) 則非其中爻(즉비기중효) 不備(불비)

대성괘(大成卦)는 잡물(雜物)한다. 〈잡물(雜物)함〉이란 〈각진물건(各陳物件)〉 즉 〈물건(物件)을 여러 가지로[各] 펼침[陳]〉이다. 대성괘(大成卦)가 물건(物件)을 여러 가지로[各] 펼친다[陳]고 할 때의 그 물건(物件)이란 육효(六爻)를 뜻해 〈잡물(雜物)〉은 곧 〈잡신물(雜神物)〉을 뜻한다. 왜냐하면 대성괘(大成卦)를 이루는 육효(六爻)는 신물(神物) 즉 변화하게 하는[神] 누천(屢遷)의 물건(物件)이기 때문이다. 대성괘(大成卦)가 관상(觀象)하고 완사(玩辭)하는 사람으로 하여금 잡물(雜物)하게 함은 대성괘(大成卦)를 이루는 육효(六爻)를 모두 이용하게 한다. 즉 육효(六爻)의 상관(相關)을 따라 괘효(卦爻)의 상(象)을 살피고[觀] 괘효(卦爻)의 사(辭)를 새겨[玩] 온갖 사건[物]을 펼칠[雜] 수 있다.

대성괘(大成卦)는 찬덕(撰德)한다. 〈찬덕(撰德)함〉이란 덕을[德] 헤아려 갖추게 함[撰]이다. 〈찬덕(撰德)함〉이란 〈수강유지덕(數剛柔之德)〉 즉 강유의[剛柔之] 덕을[德] 헤아림[數]이다. 대성괘(大成卦)가 덕을[德] 갖춘다[撰]고 할 때의 그 찬덕(撰德)이란 육효(六爻)의 누천(屢遷)을 본받게[效] 됨을 뜻한다. 왜냐하면 대성괘(大成卦)를 이루는 육효(六爻)는 신물(神物) 즉 변화하게 하는[神] 누천(屢遷)의 물건(物件)이기에, 덕을[德] 짓게도[撰] 하고 갖추게도[撰] 하며 헤아리게도[撰] 하기 때문이다.

대성괘(大成卦)가 관상(觀象)하고 완사(玩辭)하는 사람으로 하여금 찬덕(撰德)하게 함은 대성괘(大成卦)를 이루는 육효(六爻)를 모두 이용하게 한다. 즉 육효(六爻)의 상관(相關)을 따라 괘효(卦爻)의 상(象)을 살피고[觀] 괘효(卦爻)의 사(辭)를 새겨[玩] 강유(剛柔)의 덕(德)을 짓고 셈하여 헤아릴[撰] 수 있다. 〈찬덕(撰德)〉이란 여섯 효(爻)의 상관(相關) 즉 〈중(中)-정(正)-응(應)-비(比)〉를 떠나서는 불가능하기 때문에 〈비기중효(非其中爻)라면 불비(不備)한다〉고 밝힌다. 대성괘(大成卦)의 중효(中爻)가 없다면[非] 덕(德)의 찬술(撰述)-찬수(撰數)를 다 갖추지 못한다[不備]고 함은 대성괘(大成卦)는 중효(中爻)로써 잡물(雜物)하고 찬덕(撰德)하여 사람들로 하여금 찬덕(撰德)하게 함을 뜻한다.

〈변시여비(辨是與非)〉는 대성괘(大成卦)가 변시여비(辨是與非)함을 말한다.

〈변시여비(辨是與非)함〉이란 〈시(是)와[與] 비(非)를 변별함[辨]〉이다. 이는 〈옳음[是]과[與] 그름을[非] 가려냄[辨]〉이다. 대성괘(大成卦)가 시(是)와 비(非)를 가림한다[辨]고 할 때의 그 시여비(是與非)란 육효(六爻)의 누천(屢遷)을 본받게[效] 됨을 뜻한다. 왜냐하면 대성괘(大成卦)를 이루는 육효(六爻)는 신물(神物) 즉 변화하게 하는[神] 누천(屢遷)의 물건(物件)이기 때문에 시(是)와 비(非)를 변별(辨別)하게 한다.

대성괘(大成卦)가 관상(觀象)하고 완사(玩辭)하는 사람으로 하여금 변시여비(辨是與非)하게 함은 대성괘(大成卦)를 이루는 육효(六爻)를 모두 이용하게 한다. 즉 육효(六爻)의 상관(相關)을 따라 괘효(卦爻)의 상(象)을 살피고[觀] 괘효(卦爻)의 사(辭)를 새겨[玩] 시(是)와 비(非)를 변별할[辨] 수 있다. 〈변시여비(辨是與非)〉란 여섯 효(爻)의 상관(相關) 즉 〈중(中)-정(正)-응(應)-비(比)〉를 떠나서는 불가능함을 일러 〈비기중효(非其中爻)라면 불비(不備)한다〉고 밝힌다. 대성괘(大成卦)의 중효(中爻)가 없다면[非] 시여비(是與非)의 변(辨)을 다 갖추지 못한다[不備]고 함은 대성괘(大成卦)는 주로 중효(中爻)로써 변시여비(辨是與非)하여 사람들로 하여금 시(是)와 비(非)를 변별(辨別)하게 함을 뜻한다. 물론 변시여비(辨是與非)를 〈변길여흉(辨吉與凶)〉으로 여기고, 대성괘(大成卦) 괘효(卦爻)의 상(象)을 살피고[觀] 사(辭)를 새겨[玩] 누천(屢遷)의 시(是)와 비(非) 즉 길여흉(吉與凶)을 변별(辨別)하게 된다.

〈즉비기중효(則非其中爻) 불비(不備)〉는 대성괘(大成卦)가 중효(中爻)로써 잡물(雜物)하고 찬덕(撰德)하며 변시여비(辨是與非)함을 밝힌다. 여기서 〈불비(不備)〉는 대성괘(大成卦)에 특히 중효(中爻)의 누천(屢遷)이 없다[非]면 대성괘(大成卦)는 잡물(雜物)하지 못하고 찬덕(撰德)하지 못하며 변시여비(辨是與非)하지 못함을 뜻한다.

噫(희) 亦要存亡吉凶(역요존망길흉) 則居可知矣(즉거가지의)

이역(以易) 즉 역을[易] 이용함[以]을 밝힌다. 왜 대성괘(大成卦)를 이용하여[以] 관상(觀象)하고 완사(玩辭)하라고 하는가? 대성괘(大成卦)의 괘효상(卦爻象)과 괘효사(卦爻辭)가 매사에 은닉(隱匿)되어 있을 수 있는 존망(存亡)을 요찰(要察)하게 하고 길흉(吉凶)을 요찰하게 하기 때문이다. 물론 존망(存亡)과 길흉(吉凶)은 앞서 살핀 시여비(是與非)를 환기시킨다. 존(存)-길(吉)이 〈시(是)〉이고, 이는 소망(所望) 즉 인간이 바라는[望] 바[所]이며, 망(亡)-흉(凶)은 〈비(非)〉이고, 이는 소불망(所不望) 즉 인간이 바라지 않는[不望] 것[所]이다. 선(善)-덕(德)-통(通)이면 살아남아[存] 길(吉)할 것이고, 불선(不善)-부덕(不德)-불통(不通)이면 망해서[亡] 흉(凶)할 터이다.

〈즉거가지의(則居可知矣)〉는 〈거(居)〉를 강조한다. 〈거가지(居可知)의 거(居)〉는 매사에 도사리고 있는 존망(存亡)-길흉(吉凶)을 살피면서[觀] 신독(愼獨)하는 사람의 〈거(居)〉이지, 포호풍하(暴虎馮河)하려는 자(者)의 〈거(居)〉는 결코 아니다. 〈즉거가지의(則居可知矣)의 거(居)〉는 곧 모험을 감행하지 않고 거이(居易) 즉 평이함에[易] 처신함[居]이고, 이역(以易)의 삶[居]이다. 역(易)을 이용하는 삶[居]이란 매사에서 지변(知變)하여 지래(知來)하려는 삶[居]이다. 매사를 살펴[觀] 전지길흉(前知吉凶) 즉 길흉(吉凶)을 앞서서[前] 알아채는[知] 삶[居]은 이역(以易)하여 지존망(知存亡)하고 지길흉(知吉凶)할 수 있다.

知者觀其彖辭(지자관기단사) 則思過半矣(즉사과반의)

대성괘(大成卦)를 관상(觀象)하고 완사(玩辭)할 때의 지남(指南) 즉 길잡이가 단사(彖辭)임을 알린다. 지자관기단사(知者觀其彖辭)의 〈지자(知者)〉는 온갖 일[萬事]에는 존망(存亡) 즉 성패(成敗)가 뒤따르고 길흉(吉凶)이 따름을 알고[知] 임사(臨事)하는 사람이다. 그런 지자(知者)는 대성괘(大成卦)로써 살피고 새겨 헤아릴 수 있는 잡물(雜物)-찬덕(撰德)-변시여비(辨是與非)의 뜻을 새겨 일을[事] 마주한다[臨]. 그래서 지자(知者)는 육효(六爻)의 단사(彖辭)를 살피고자[觀] 한다. 단사(彖辭)란 대성괘(大成卦)의 육효(六爻) 전체를 관류(貫流)하는 뜻을 가늠하게[彖]하는 말씀[辭]이다. 단사(彖辭)를 살피면 〈잡물(雜物)의 상잡(相雜)〉을 살펴[觀] 새기고[玩] 헤아려[擬] 가늠할[斷] 수 있는 실마리를 찾아낼 수 있고, 따라서 대성괘(大成卦)의 찬덕(撰德)-변시여비(辨是與非)를 살펴 새기고 헤아려 가늠할 수 있는 실마리를 찾아낼 수 있다. 지자(知者)는 단사(彖辭)를 지성(至誠)으로 살핀다[觀]. 단사(彖辭)를 지성(至誠)으로 살피는[觀] 지자(知者)는 언제나 괘효(卦爻)의 짓[象]

과 말씀[辭]을 열이역(說而繹)하고 종이개(從而改)하는 지변자(知變者)이다.

〈사과반의(思過半矣)의 사(思)〉는 관기단사(觀其彖辭) 즉 괘효(卦爻)의[其] 단사(彖辭)를 살펴[觀] 천수지상(天垂之象) 즉 자연이[天] 드리운[垂之] 짓[象]을 본받는[法] 괘효상(卦爻象)을 관상(觀象)하고, 성인(聖人)도 천수지상(天垂之象)을 본받아[效] 괘효(卦爻)에 매어둔[繫] 괘효사(卦爻辭)를 완사(玩辭)하여 터득된 생각[思]을 뜻한다. 단사(彖辭)를 살핀[觀] 지자(知者)는 괘효(卦爻)를 관상(觀象)하고 완사(玩辭)함은 결코 귀동냥하지[聞] 않는다. 지성(至誠)으로 단사(彖辭)를 살피는[觀] 지자(知者)는 스스로 괘효(卦爻)의 상(象)-사(辭)와 인접한다. 그 지자(知者)는 〈무유사보(无有師保) 여임부모(如臨父母)〉 즉 〈스승의[師] 보살핌이[保] 있지[有] 않고[无] 어버이를[父母] 뵈는 것과[臨] 같음[如]〉을 안다. 사보(師保) 즉 스승[師]의 보살핌[保]은 한마디로 〈문(聞)〉이라 하고, 임부모(臨父母) 즉 어버이[父母]를 뵘[臨]을 한마디로 〈인(粼)〉이라 한다. 사과반(思過半)의 〈사(思)〉는 습학(習學)으로 얻어지는 것[思]이 아니라, 오히려 절학(絶學)으로 터득되는 것[思]이다. 그래서 〈사과반(思過半)〉이란 말씀이 자왈(子曰)이지만 오히려 『노자(老子)』 48장(章)에 나오는 〈위학일익(爲學日益) 위도일손(爲道日損)〉이란 말씀을 상기시킨다. 사과반의(思過半矣)의 〈반(半)〉은 괘효(卦爻)에서 스스로 관상(觀象)하여 스스로 완사(玩辭)하기를 다했음을 뜻한다. 그 〈반(半)〉을 넘었으니[過] 관기단사(觀其彖辭)의 지자(知者)는 남은 〈반(半)〉을 향하여 나아갈 수 있다. 그 지자(知者)에게 남은 〈반(半)〉이란 괘효(卦爻)에서 스스로 관변(觀變)하여 스스로 완점(玩占)하게 될 반(半)이다.

二與四同功而異位(이여사동공이이위) 其善不同(기선부동) 二多譽四多懼近也(이다예사다구근야)

〈이여사동공이이위(二與四同功而異位)의 이여사(二與四)〉는 대성괘(大成卦)의 중효(中爻)로서 이효(二爻)와 사효(四爻)를 말하고, 이는 곧 음효(陰爻)의 중효(中爻)들을 밝힘이지, 육효(六爻) 즉 대성괘(大成卦) 여섯 효(爻)의 자리[位]를 나타내는 둘째 넷째의 효(爻)를 말하는 것은 아니다. 대성괘(大成卦)에서 중효(中爻)는 이효(二爻)-삼효(三爻)-사효(四爻)-오효(五爻)로 나타내고 그 이삼사오(二三四五)의 수(數)에서 짝수 즉 우수(偶數)인 〈이(二)-사(四)〉는 음효(陰爻)의 중효(中爻)임을 말하고, 홀수 즉 기수(奇數)인 〈삼(三)-오(五)〉는 양효(陽爻)의 중효(中爻)임을 말한다. 그래서 대성괘(大成卦)에서 여섯 효(爻)의 자리[位]로 말할 때는 혼동하지 않기 위하여, 둘째 효(二爻)가 음효(陰爻)이면 육이(六二)로, 양효(陽爻)이면 구이(九二)라 하여 효(爻)의 순위를 표시하게 된다. 음양(陰陽)을 수로 표기할 때는 〈육(六)〉을 음수(陰數)로 하고 〈구(九)〉를 양수(陽數)로 친다. 그러므로 이여사동공이이위(二與四同功而異位)의 〈이여사(二與四)〉는 대성괘(大成卦)의 중효(中爻)로 두 음효(陰爻)를 말한다.

〈이여사동공이이위(二與四同功而異位)〉에서 〈동공(同功)의 공(功)〉은 이효(二爻)-사효(四爻)의 일[事]을 말한다. 이효(二爻)-사효(四爻)가 음효(陰爻)로서 짓는[象] 생생지사(生生之事)가 곧 동공(同功)의 〈공(功)〉이다. 그 〈일[功]이 같다[同]〉고 함은 이효(二爻)-사효(四爻)가 다 중효(中爻)의 음효(陰爻)이기 때문이다. 음효(陰爻)의 공(功)이란 유(柔)의 생생(生生)이요, 의(義)를 위주(爲主)로 하는 생생(生生)이다. 왜냐하면 음기(陰氣)의 공(功)은 의롭되[義] 유한[柔] 생생(生生) 즉 변화(變化)의 일[事]이기 때문이다. 그러나 이효(二爻)-사효(四爻)의 일[功]이 다 같이 유(柔)-의(義)하되, 이효(二爻)가 하는 일[功]의 유(柔)-의(義)와 사효(四爻)가 하는 일[功]의 유(柔)-의(義)는 같지 않다. 이효(二爻)와 사효(四爻)가 대성괘(大成卦)에서 서로 다른[異] 자리[位]에 있는 중효(中爻)이기 때문이다.

〈기선부동(其善不同)〉은 이효(二爻)-사효(四爻)가 음효(陰爻)로서 이위(異位)의 중효(中爻)이기 때문에 저마다 생생(生生)의 공(功)이 상이(相異) 즉 서로[相] 다름[異]을 밝힌다. 여기서 〈기선(其善)의 선(善)〉이란 「계사전상(繫辭傳上)」 5단락(段落)에서 살폈던 〈일음일양지위도(一陰一陽之謂道) 계지자선(繼之者善)〉을 상기하게 한다. 그러면 대성괘(大成卦)에서 중효(中爻)로서 이효(二爻)가 일음일양(一陰一陽)의 도(道)를 잇는[繼] 일[功]과 중효(中爻)로서 사효(四爻)가 일음일양(一陰一陽)의 도(道)를 잇는[繼] 일[功]이 〈부동(不同)〉함을 헤아려[擬] 가늠할[斷] 수 있다. 효지선(爻之善) 즉 효(爻)의 선(善)이란 일음일양(一陰一陽)의 도(道) 즉 역지도(易之道)의 계승(繼承)을 뜻함을 늘 명심해야 한다. 물론 효(爻)의 불선(不善)이란 없다.

〈이다예사다구근야(二多譽四多懼近也)〉는 〈기선부동(其善不同)〉을 풀이한다.

대성괘(大成卦)에서 중효(中爻)로서 이효(二爻)의 〈선(善)〉과 사효(四爻)의 〈선(善)〉이 부동(不同)한 까닭을 〈근(近)〉이라고 밝힌다. 중효(中爻)로서 둘째 음효(陰爻)가 하는 일[功]의 선(善)은 〈다예(多譽)의 예(譽)〉로 풀이되고, 중효(中爻)로서 넷째 음효(陰爻)가 하는 일[功]의 선(善)은 〈다구(多懼)의 구(懼)〉로 풀이되는 까닭은 〈이다예사다구근야(二多譽四多懼近也)의 근(近)〉에 있다. 그 〈근(近)〉은 이효(二爻)는 초효(初爻)와 가깝고[近] 사효(四爻)는 상효(上爻)와 가까움[近]을 뜻한다. 대성괘(大成卦)에서 이효(二爻)는 하괘(下卦)의 중효(中爻)이면서 초효(初爻)와 이웃[比]이면서 음위(陰位)에 있고 중정(中正)의 자리[位]이므로 길(吉)한 위(位)이니, 이효(二爻)에는 기릴 것[譽]이 많다[多]. 그러나 대성괘(大成卦)에서 사효(四爻)는 중효(中爻)이지만 상효(上爻)와 가까워 두려워할 것[懼]이 많다[多]. 상효(上爻)와 가까울수록 변화(變化)의 변(變)이 쇠(衰)해지기 때문이다. 초효(初爻)와 가까운 자리[位]는 생생(生生)이 성(盛)하고 상효(上爻)와 가까운 위(位)는 생생(生生)이 쇠(衰)한다. 이러함을 살펴[觀] 새기고[玩] 헤아려[擬] 가늠한다면[斷] 이효(二爻)가 다예(多譽)하고 사효(四爻)가 다구(多懼)함을 간파할 수 있다. 이효(二爻)는 초효(初爻)와 가까워[近] 생생(生生)함 즉 〈변(變)〉이 성(盛)하니 기릴 것[譽]이 많고[多], 사효(四爻)는 상효(上爻)와 근(近)하여 생생(生生)함이 쇠(衰)하니 두려울 것[懼]이 많다[多] 함이 곧 〈이다예사다구근(二多譽四多懼近)의 근(近)〉이다.

柔之爲道不利遠者(유지위도불리원자) 其要无咎(기요무구) 其用柔中也(기용유중야)

음효(陰爻)로서 중효(中爻)의 도(道)를 밝힌다. 유지위도(柔之爲道)는 여기서 〈음지위도(陰之爲道)〉로 새겨도 된다. 『주역(周易)』「설괘전(說卦傳)」에 나오는 〈입천지도왈음여양(立天之道曰陰與陽) 입지지도왈유여강(立地之道曰柔與剛) 입인지도왈인여의(立人之道曰仁與義)〉를 상기한다면 유지위도(柔之爲道)의 〈유(柔)〉가 〈유여강(柔與剛)의 유(柔)〉로 가늠할 수 있고, 따라서 〈음여양(陰與陽)의 음(陰)과 인여의(仁與義)의 의(義)〉로 새겨 헤아릴 수 있는 까닭이고, 나아가 〈음취기정(陰取其靜)의 유(柔)〉로 새길 수 있기 때문이다. 음기(陰氣)가 고요[靜]를 취함[取]을 일러 〈유(柔)〉라고 한다. 그러므로 부드러움[柔]이 도(道)가 된다[爲]는 것은 유(柔)

로써 성명(性命)의 이치[理]를 순종함을 밝힌다. 그런데 유지위도(柔之爲道)가 불리원자(不利遠者)라고 함은 유지위도(柔之爲道)의 〈유(柔)〉가 〈이근자(利近者)〉임을 헤아려 가늠하게 한다. 음효(陰爻)의 선공(善功)이 먼 것[遠者]에는 불리(不利)할지라도 가까운 것[近者]에는 이롭다[利]는 것을 〈불리원자(不利遠者)〉가 새겨 헤아리고 가늠하게 하기 때문이다.

〈기요무구(其要无咎)〉는 〈유지위도(柔之爲道)가 무구(无咎)를 바란다[要]〉이다. 허물을 탓하지 않음이 무구(无咎)이고, 재앙을 없앰이 무구(无咎)이며, 우환을 없앰이 무구(无咎)이고, 책망하지 않음이 또한 무구(无咎)이다. 왜 유지위도(柔之爲道)는 무구(无咎)함을 바라는가[要]? 그 해답이 곧 〈기용유중(其用柔中)〉이다. 유지위도(柔之爲道)가 〈유중(柔中)을 쓰기[用]〉 때문에 무구(无咎)함을 바란다[要]. 〈기용유중(其用柔中)의 유중(柔中)〉은 〈중심화명(中心和明)〉 즉 〈속마음이[中心] 어울려[和] 밝음[明]〉이다. 속마음[中心]이 화명(和明)하다 함은 무자기(无自欺) 즉 자신을[自] 속임이[欺] 없음[无]이다. 그래서 유중(柔中)은 충신(忠信)과 통한다. 여기서 앞서 살폈던 〈이다예(二多譽)의 예(譽)〉와 〈사다구(四多懼)의 구(懼)〉를 새기고 헤아려 가늠할 수 있게 된다. 〈유중(柔中)의 공(功)〉이라면 예찬(譽讚)할 일[功]이고, 〈유중(柔中)의 공(功)〉이 아니라면 공구(恐懼)할 일[功]이다. 여기서 유지위도(柔之爲道) 즉 음효지위도(陰爻之爲道)가 〈용유중(用柔中)〉으로써 밝혀진다.

三與五同功而異位(삼여오동공이이위) 三多凶五多功(삼다흉오다공) 貴賤之等也(귀천지등야)

〈삼여오동공이이위(三與五同功而異位)의 삼여오(三與五)〉는 대성괘(大成卦)의 중효(中爻)로서 삼효(三爻)와 오효(五爻)를 말하고, 이는 곧 양효(陽爻)의 중효(中爻)들을 밝힘이지, 육효(六爻) 즉 대성괘(大成卦) 여섯 효(爻)의 자리[位]를 나타내는 셋째 다섯째의 효(爻)를 말하는 것은 아니다. 대성괘(大成卦)에서 중효(中爻)는 이효(二爻)-삼효(三爻)-사효(四爻)-오효(五爻)로 나타내고, 그 이삼사오(二三四五)의 수(數)에서 짝수 즉 우수(偶數)인 〈이(二)-사(四)〉는 음효(陰爻)의 중효(中爻)임을 말하고, 홀수 즉 기수(奇數)인 〈삼(三)-오(五)〉는 양효(陽爻)의 중효(中爻)임을 말한다. 그래서 대성괘(大成卦)에서 여섯 효(爻)의 자리[位]로 말할 때는 혼동하지 않기 위하여, 둘째 효(二爻)가 음효(陰爻)이면 육이(六二)로, 양효(陽爻)이면 구이(九二)라 하여 효(爻)의 순위를 표시하게 된다.

〈삼여오동공이이위(三與五同功而異位)〉에서 〈동공(同功)의 공(功)〉은 삼효(三爻)-오효(五爻)의 일[事]을 말한다. 삼효(三爻)-오효(五爻)가 양효(陽爻)로서 짓는[象] 생생지사(生生之事)가 곧 동공(同功)의 〈공(功)〉이다. 그 〈일[功]이 같다[同]〉고 함은 삼효(三爻)-오효(五爻)가 다 중효(中爻)의 양효(陽爻)이기 때문이다. 양효(陽爻)의 공(功)이란 강(剛)의 생생(生生)이요 인(仁)을 위주(爲主)로 하는 생생(生生)이다. 삼효(三爻)-오효(五爻)의 일[功]이 다 같이 강(剛)-인(仁)하되 삼효(三爻)가 하는 일[功]의 강(剛)-인(仁)과 오효(五爻)가 하는 일[功]의 강(剛)-인(仁)은 같지 않다. 삼효(三爻)-오효(五爻)가 대성괘(大成卦)에서 서로 다른[異] 자리[位]에 있는 중효(中爻)이기 때문이다.

〈삼다흉오다공(三多凶五多功)에서 삼다흉(三多凶)〉은 삼효(三爻)가 하는 일[功] 즉 생생(生生)의 짓[象]에는 길(吉)함이 적음[少]을 나타내고, 〈오다공(五多功)〉은 오효(五爻)가 하는 생생(生生)의 짓[象]에는 흉(凶)함이 소(少)함을 나타낸다. 다흉(多凶)이란 일한[功] 끝[終]이 흉(凶)함이 많음[多]이고, 다공(多功)이란 일한[功] 끝[終]이 길(吉)함이 많음[多]이다.

대성괘(大成卦)에서 중효(中爻)로서 삼효(三爻)의 위(位)는 비록 양효(陽爻)의 자리[位]이지만, 하괘(下卦)에서 상괘(上卦)로 누천(屢遷)해야 하기 때문에 강(剛)해야 함에도 음효(陰爻)인 이효(二爻)-사효(四爻)의 틈바구니여서 강(剛)해지기 어려운 자리[位]이다. 강(剛)함이 강건치 못하고 나약해지면 매사에 통변(通變)이 궁색해진다. 어떤 일에서든 궁색해지면 그것은 흉(凶)하기 때문에 〈삼다흉(三多凶)〉이라고 밝힌다.

대성괘(大成卦)에서 중효(中爻)로서 오효(五爻)의 위(位)는 양효(陽爻)의 자리[位]이면서 상괘(上卦)의 중효(中爻)로 하괘(下卦)의 중효(中爻)인 이효(二爻)와 중정(中正)의 사이를 이루어, 비록 상효(上爻)와 이웃하고[比] 있지만 오효(五爻)의 위(位)는 생생(生生)의 짓[象]을 강건히 마무리할 수 있어서 매사에 통변(通變)이 활발한 자리[位]이다. 어떤 일에서든 통변(通變)이 활발하면 그것은 길(吉)하기 때문에 〈오다공(五多功)〉이라고 밝힌다.

〈귀천지등(貴賤之等)의 귀(貴)〉는 다공(多功)의 위(位)인 오효(五爻)의 자리[位]를 밝히고, 〈천(賤)〉은 다흉(多凶)의 자리[位]인 삼효(三爻)의 위(位)를 밝힌다. 오효(五爻)가 누리는 중정(中正)의 위(位)는 귀(貴)한 등류(等類)의 자리이고, 삼효(三爻)가 처한 궁색(窮塞)한 위(位)는 천(賤)한 등류의 자리이다. 이처럼 누천(屢遷)하는 중효(中爻)들은 그 자리에 따라 귀천(貴賤)의 등류가 뒤따라 누천(屢遷) 즉 늘 언제나[屢] 옮겨지는[遷] 생생(生生)의 공(功)이 길흉(吉凶)을 달리한다.

其柔危其剛勝耶(기유위기강승야)

〈기유위기강승야(其柔危其剛勝耶)의 기유위(其柔危)〉는 삼지위(三之位) 즉 삼효지위(三爻之位)가 〈천지등(賤之等)〉이어서 〈삼다흉(三多凶)〉인 까닭을 풀이하고, 〈기강승(其剛勝)〉은 오지위(五之位) 즉 오효지위(五爻之位)가 〈귀지등(貴之等)〉이어서 〈오다공(五多功)〉인 까닭을 풀이한다.

대성괘(大成卦)의 중효(中爻)로서 삼효(三爻)는 하괘(下卦)의 상효(上爻)이어서 찰래(察來)하게 하는 하괘(下卦)에서 장왕(藏往)하게 하는 상괘(上卦)로 옮겨가는[遷] 자리[位]에 처하기 때문에 삼효(三爻)의 자리[位]는 궁색(窮塞)하여, 양효(陽爻)이면서도 승강(勝剛)하지 못해 천(賤)한 등급(等級) 내지 등류(等類)의 자리[位]이다. 양효(陽爻)가 〈불승강(不勝剛)〉 즉 강건함[剛]을 남김없이 활용하지 못한다[不勝]면 유약하다. 양효(陽爻)의 짓[象]이 강건치 못해 유약하다면 그런 짓[象]이란 위태롭다. 이를 〈기유위(其柔危)〉라고 밝힌다.

대성괘(大成卦)의 중효(中爻)로서 오효(五爻)는 상괘(上卦)의 중효(中爻)로서 비록 상효(上爻)의 바로 밑자리이지만, 하괘(下卦)의 중효(中爻)인 이효(二爻)와 중정(中正)의 자리[位]에 처하기 때문에 오효(五爻)의 자리[位]는 변통(變通)하여, 양효(陽爻)로서 승강(勝剛)하는 귀(貴)한 등급(等級) 내지 등류(等類)의 자리[位]이다. 양효(陽爻)가 〈승강(勝剛)〉 즉 강건함[剛]을 남김없이 활용한다[勝]면 강건하다. 양효(陽爻)의 짓[象]이 강건하다면 그런 짓[象]이란 수승(殊勝)하다. 이를 〈기강승(其剛勝)〉이라고 밝힌다.

계사전하(繫辭傳下) 10단락(段落)

易之爲書也廣大悉備이라 有天道焉이고 有人道焉이
역 지 위 서 야 광 대 실 비 유 천 도 언 유 인 도 언

며 有地道焉이다 兼三才而兩之이라 故 六이라 六者非
유 지 도 언 겸 삼 재 이 양 지 고 육 육 자 비

他也이고 三才之道也요 道有變動이라 故 曰爻요 爻有
타 야 삼 재 지 도 야 도 유 변 동 고 왈 효 효 유

等이라 故 曰物이요 物相雜이라 故 曰文이요 文不當이라
등 고 왈 물 물 상 잡 고 왈 문 문 부 당

故 吉凶生焉이니라
고 길 흉 생 언

역(易)이 글로 만들어짐이란 넓고 커서 모두 다 갖추었다. 역서(易書)에는 하늘의 도(道)가 있고, 역서에는 사람의 도(道)가 있으며, 역서에는 땅의 도(道)가 있다. (대성괘는) 삼재(三才)를 겸했으며 그리고 그 삼재를 곱했다. 그래서 (대성괘에는) 육효(六爻)가 있다. 육효란 것은 다른 것이 아닌 것이고 삼재의 도(道)이다. (삼재의) 도(道)에는 변동이 있다. 그래서 효(爻)라 한다. 효(爻)에는 합당함이 있다. 그래서 물건이라 한다. 물건은 서로 섞인다. 그래서 문(文)이라 한다. 문(文)은 합당하지 않다. 그래서 길흉이 생기는 것이다.

【탐독(探讀)】

역(易)이[之] 글로[書] 만들어짐[爲]이란[也] 넓고[廣] 커서[大] 모두 다[悉] 갖추었다[備]. 역서(易書)에는[焉] 하늘의[天] 도가[道] 있고[有], 역서(易書)에는[焉] 사람의[人] 도가[道] 있으며[有], 역서(易書)에는[焉] 땅의[地] 도가[道] 있다[有]. {대성괘(大成卦)는} 삼재를[三才] 겸했으며[兼] 그리고[而] 그 삼재를[之] 곱했다[兩]. 그래서[故] {대성괘(大成卦)에는} 육효(六爻)가 있다[六]. 육효란[六] 것은[者] 다른 것이[他] 아닌 것[非]이고[也] 삼재(三才)의[之] 도(道)이다[也]. {삼재(三才)의} 도에는[道] 변동이[變動] 있다[有]. 그래서[故] 효라[爻] 한다[曰]. 효에는[爻] 합당함이

[等] 있다[有]. 그래서[故] 물건이라[物] 한다[曰]. 물건은[物] 서로[相] 섞인다[雜]. 그래서[故] 문이라[文] 한다[曰]. 문은[文] 합당하지 않다[不當]. 그래서[故] 길흉이[吉凶] 생기는 것[生]이다[焉].

【지남(指南)】

易之爲書也廣大悉備(역지위서야광대실비)

〈역지위서야광대실비(易之爲書也廣大悉備)〉에서 〈역지위서(易之爲書)〉는 역(易)이[之] 육효(六爻)로 기재된[爲書] 64괘(卦)의 괘효상(卦爻象)과 괘효사(卦爻辭)를 밝힌다. 그래서 「설괘전(說卦傳)」이 〈역륙획이성괘(易六畫而成卦) 분음분양(分陰分陽) 질용유강(迭用柔剛) 고(故) 역륙위이성장(易六位而成章)〉이라고 밝힌다. 그 〈서(書)〉가 넓고[廣] 커서[大] 모두 다 갖춘다[悉備]고 함은 대성괘(大成卦)를 이루는 육효(六爻)가 역(易)의 일음일양(一陰一陽)-생생(生生)을 관상(觀象)하게 하고 완사(玩辭)하게 하며 관변(觀變)하게 하여 완점(玩占)하게 남김없이 다하기 때문이다. 말하자면 대성괘(大成卦)의 육효(六爻)가 〈신지소위(神之所爲)〉 즉 자연[天地]이 변화하게 하는 짓[神]이[之] 하는[爲] 바[所]를 살피게[觀] 하고 새기게[玩] 하고 헤아리게[擬] 하고 따져보게[議] 하여 가늠하게[斷], 대성괘(大成卦)는 광대(廣大)하게 실비(悉備)하는 〈서(書)〉이다.

有天道焉(유천도언)

대성괘(大成卦)의 육효(六爻)마다 천도(天道)가 있음을 말한다. 〈천도(天道)〉는 음양(陰陽)을 말한다. 대성괘(大成卦)를 이루는 육효(六爻)에는 모두 천도(天道)가 있다[有]. 이는 양효(陽爻)는 양기(陽氣)로서의 변화만을 짓[象]하고 음효(陰爻)는 음기(陰氣)로서의 변화만을 짓[象]한다는 것이 아님을 뜻한다. 효상(爻象) 즉 효의[爻] 짓[象]이란 곧 일음일양(一陰一陽)의 상잡(相雜)이기 때문이다. 그러므로 음효(陰爻)이든 양효(陽爻)이든 천도(天道)의 이치[理]-천도의 가르침[教]-천도의 이끎[導]-천도의 방편[方]-천도의 말씀[言] 등을 본받아[法] 변화를 짓[象]한다.

有人道焉(유인도언)

대성괘(大成卦)의 육효(六爻)마다 인도(人道)가 있음을 말한다. 〈인도(人道)〉는 인의(仁義)를 말한다. 대성괘(大成卦)를 이루는 육효(六爻)에는 모두 인도(人道)가 있다[有]. 이는 양효(陽爻)는 인(仁)으로서의 변화만을 짓[象]하고 음효(陰爻)는 의(義)로서의 변화만을 짓[象]한다는 것이 아님을 뜻한다. 효상(爻象) 즉 효의[爻] 짓[象]이란 곧 일음일양(一陰一陽)의 상잡(相雜)이기 때문이다. 그러므로 음효(陰爻)이든 양효(陽爻)이든 인도(人道)의 이치[理]-인도의 가르침[教]-인도의 이끎[導]-인도의 방편[方]-인도의 말씀[言] 등을 본받아[法] 변화를 짓[象]한다.

有地道焉(유지도언)

대성괘(大成卦)의 육효(六爻)마다 지도(地道)가 있음을 말한다. 〈지도(地道)〉는 강유(剛柔)를 말한다. 대성괘(大成卦)를 이루는 육효(六爻)에는 모두 지도(地道)가 있다[有]. 이는 양효(陽爻)는 강(剛)으로서의 변화만을 짓[象]하고 음효(陰爻)는 유(柔)로서의 변화만을 짓[象]한다는 것이 아님을 뜻한다. 효상(爻象) 즉 효의[爻] 짓[象]이란 곧 일음일양(一陰一陽)의 상잡(相雜)이기 때문이다. 그러므로 음효(陰爻)이든 양효(陽爻)이든 지도(地道)의 이치[理]-지도의 가르침[教]-지도의 이끎[導]-지도의 방편[方]-지도의 말씀[言] 등을 본받아[法] 변화를 짓[象]한다.

兼三才而兩之(겸삼재이양지) 故(고) 六(육)

성인(聖人)이 대성괘(大成卦) 하나를 어떻게 만든 것인지를 밝힌다. 겸삼재(兼三才)의 〈겸(兼)〉은 대성괘(大成卦)의 매효(每爻)에 삼재(三才) 즉 천도(天道)-지도(地道)-인도(人道)가 따로따로 나누어져 있는 것이 아니라, 효(爻)마다에 삼재(三才)의 도(道)가 있음을 뜻한다. 나아가 그 삼재(三才)를 〈양지(兩之)함〉이란 소성괘(小成卦) 둘을 이용하여[以] 대성괘(大成卦) 하나를 지었음[作]을 뜻하기도 하고, 동시에 초효(初爻)-이효(二爻)는 지도(地道)이고 삼효(三爻)-사효(四爻)는 인도(人道)이며 오효(五爻)-상효(上爻)는 천도(天道)임을 뜻하기도 한다. 그렇기 때문에 대성괘(大成卦)에서 육효(六爻)가 중-정-응-비(中-正-應-比)로 상교(相交)하면서 누천(屢遷)한다. 그리고 〈육효(六爻)의 누천(屢遷)〉은 삼재(三才)를 겸(兼)하고서

늘 언제나[屢] 자리[位]를 옮겨감[遷]을 뜻한다. 그러므로 효상(爻象)을 살피고[觀] 효사(爻辭)를 새겨[玩] 관변(觀變)하고 완점(玩占)할 때 삼재(三才)의 이치[理]-가르침[教]-이끎[導]-방편[方]-말씀[言] 등을 떠나서 육효(六爻)로써[以] 길(吉)-흉(凶)을 헤아려[擬] 가늠할[斷] 수 없다. 천도(天道)-지도(地道)-인도(人道)를 좇음[順]이 곧 성명(性命)의 이(理) 즉 성명(性命)의 다스림[理]을 좇음[順]이다. 이에 따라서 음여양(陰與陽)-유여강(柔與剛)-인여의(仁與義)를 좇는[順] 짓[象]을 계승함이 곧 선(善)이다. 여기서 매사에 선(善)하게 임한다면 매사의 시종(始終)이 길(吉)하고, 불선(不善)하게 임한다면 매사의 시종(始終)이 흉(凶)함을 알아챌 수 있다. 이처럼 삼재(三才) 즉 천도(天道)-지도(地道)-인도(人道)의 선(善)을 살피게[觀] 하고 새기게[玩] 하여 변(變)을 살펴[觀] 점(占)을 새기게[玩] 하는 것이 대성괘(大成卦)의 육효(六爻)들이고, 이를 〈양지(兩之) 고(故) 육(六)〉이라고 밝히고, 따라서 육효(六爻)를 〈광대(廣大)하고 실비(悉備)하다〉고 말할 수 있다.

六者非他也(육자비타야) 三才之道也(삼재지도야)

대성괘(大成卦)의 육효(六爻)가 삼재지도(三才之道) 바로 그것임을 강조하여 거듭 밝힌다. 이제 「계사전상(繫辭傳上)」 5단락(段落)에서 밝힌 〈일음일양지위도(一陰一陽之謂道) 계지자선야(繼之者善也) 성지자성야(成之者性也)〉라는 말씀이 〈일유일강지위도(一柔一剛之謂道) 계지자선야(繼之者善也) 성지자성야(成之者性也)〉와 〈일인일의지위도(一仁一義之謂道) 계지자선야(繼之者善也) 성지자성야(成之者性也)〉를 겸(兼)함을 일깨워준다. 따라서 대성괘(大成卦)의 육효(六爻)로써[以] 삼재지도(三才之道)를 살펴[觀] 새기고[玩] 헤아려[擬] 가늠하라[斷]는 이치[理]-가르침[教]-이끎[導]-방편[方]-말씀[言]임을 구체적으로 깨우치게 된다. 대성괘(大成卦)에서 육효(六爻)의 누천(屢遷)을 어떻게 관상(觀象)하고 완사(玩辭)하여 관변(觀變)하고 완점(玩占)할 것인가? 이에 대한 해답이 곧 〈육자비타야(六者非他也) 삼재지도야(三才之道也)〉이다. 매사를 임할 때 그 심지(心志)가 삼재지도(三才之道)를 지성(至誠)으로 이어받아[繼] 선(善)하고, 삼재지도(三才之道)를 이룩하는[成] 성명(性命)을 좇아야[順] 육효(六爻)로써[以] 지변(知變)하여 지래자(知來者)가 될 수 있음을 또한 깨우치게 된다.

道有變動(도유변동) 故(고) 曰爻(왈효)

〈효(爻)〉 이 한 자(字)가 〈도유변동(道有變動)〉을 뜻함을 밝힌다. 〈효(爻)〉란 바로 〈교(交)〉 즉 〈사귐[交]〉이고 〈변동(變動)〉이다. 효상(爻象)과 효사(爻辭)가 〈도유변동(道有變動)의 〈변동(變動)〉을 효상(爻象) 즉 효의[爻] 짓[象]으로써[以] 살피게[觀] 하고, 효사(爻辭) 즉 효(爻)의 말씀[辭]으로써[以] 새겨[玩], 효(爻)의 누천(屢遷) 즉 늘 언제나[屢] 옮김[遷]으로 삼재지도(三才之道)를 짓함[象之]이 효(爻)라는 것을 알 수 있다. 도유변동(道有變動)의 〈변동(變動)〉이란 〈변이동(變而動)〉이고, 변이동(變而動)의 〈동(動)〉이란 곧 〈화(化)〉 즉 〈새로 됨[化]〉이다. 바로 이 〈화(化)로써〉 찰래(察來)할 수 있다. 이러한 삼재지도(三才之道)의 변동(變動)을 관상(觀象)-완사(玩辭)-관변(觀變)-완점(玩占)하게 하는 것 즉 변동(變動)과의 사귐[交]을 〈왈효(曰爻)〉 즉 효라고[爻] 한다[曰].

爻有等(효유등) 故(고) 曰物(왈물)

대성괘(大成卦)에서 효(爻)가 따로따로 일하지 않고 다른 효(爻)들과 끼리[等]를 지어 일하는 것을 밝힌다. 그래서 효유등(爻有等)의 〈등(等)〉은 앞서 살폈던 〈육효상잡유기시물야(六爻相雜唯其時物也)〉의 〈육효상잡(六爻相雜)〉을 한 자(字)로 밝히고, 육효상잡(六爻相雜)의 〈상잡(相雜)〉을 〈등(等)〉이라고 풀이한다. 효유등(爻有等)은 하나의 대성괘(大成卦) 안에서 육효(六爻)가 〈중(中)-정(正)-응(應)-비(比)〉로써 어떻게 쉼 없이 상관(相關)되고 있는지를 살펴 헤아리게 한다. 왜냐하면 육효(六爻)의 상관(相關)인 〈중(中)-정(正)-응(應)-비(比)〉로 육효(六爻)가 무리[類]를 지어 누천(屢遷)함을 효유등(爻有等)의 〈등(等)〉이 밝히기 때문이다. 따라서 효유등(爻有等)은 〈대성괘유효지등(大成卦有爻之等)〉 즉 〈대성괘에는[大成卦] 효지등이[爻之等] 있다[有]〉로 새겨질 수 있다. 효지등(爻之等)은 곧 효지류(爻之類)를 뜻한다. 이렇게 헤아리게[擬] 되면 효유등(爻有等)의 〈등(等)〉은 대성괘(大成卦)의 육효(六爻)가 〈중(中)-정(正)-응(應)-비(比)〉로써 끼리끼리[等] 시물(時物)함을 알 수 있다. 이러한 효유등(爻有等)을 관상(觀象)-완사(玩辭)-관변(觀變)-완점(玩占)하게 하는 것을 〈왈물(曰物)〉 즉 물이라고[物] 한다[曰].

物相雜(물상잡) 故(고) 曰文(왈문)

「계사전하(繫辭傳下)」 앞에서 살핀 〈육효상잡(六爻相雜)〉을 환기하면 된다. 또한 물상잡(物相雜)은 대성괘(大成卦)의 육효(六爻)가 〈유기시물(唯其時物)의 짓[象]임〉을 상기시킨다. 오로지[唯] 그 자리[其] 그때의[時] 일[物]만을 짓함[象]이 효(爻)이므로 〈효(爻)는 물(物)이다〉라고 새길 수 있다. 물상잡(物相雜)은 효(爻)의 상(象)을 풀이한다. 물상잡(物相雜)의 〈물(物)〉을 〈물변(物變)〉이란 말로 새겨도 되고, 〈상잡(相雜)〉을 〈상교(相交)〉 즉 서로[相] 사귐[交]이라고 새기면 된다. 물상잡(物相雜)의 〈물(物)〉은 신물(神物)인 효(爻)가 하는 일[物]을 말하고, 〈상잡(相雜)〉은 그 일[物]을 풀이하여 효(爻)의 누천(屢遷)을 뜻한다. 늘 변화하게 하는[神] 일[物]이 곧 물상잡(物相雜)의 〈물(物)〉이다. 일[物]이란 왜 서로[相] 섞이는가[雜]? 〈물변무궁(物變無窮)〉이란 말을 상기한다면 저마다 나름대로 헤아려[擬] 가늠할[斷] 수 있다. 나아가 일[物]이란 시처인(時處人)에 따라 변통(變通)한다는 말을 상기해도 육효(六爻)가 상잡(相雜)하는 일[物]이란 한 가지로 정의될 수 없음을 알 수 있다. 육효(六爻)가 누천(屢遷)으로 짓하는[象] 물상잡(物相雜)을 환기한다면 매사를 지성(至誠)으로 임하게 된다. 이러한 물상잡(物相雜)을 두려워한다[畏]면 그 일[物]이 길(吉)하게 될 것이고, 업신여긴다[狎]면 흉(凶)하게 될 것이다. 이러한 일[物]의 상잡(相雜)은 통변(通變)으로 드러난다. 그래서 〈물상잡(物相雜) 고(故) 왈문(曰文)〉이라고 밝힌다. 왈문(曰文)의 〈문(文)〉은 〈물상잡(物相雜)〉을 한 자(字)로 밝힌다. 〈문(文)〉은 〈착획(錯劃)〉 즉 섞이게[錯] 그었음[劃]을 뜻한다. 그러므로 여기서 〈문(文)〉은 대성괘(大成卦)의 모양을 말한다.

文不當(문부당) 故(고) 吉凶生焉(길흉생언)

〈문부당(文不當)〉은 대성괘(大成卦)에서 육효(六爻)가 정위(定位) 즉 자리[位]를 고정(固定)하고 있지 않음[不]을 뜻한다. 물론 〈문부당(文不當)의 문(文)〉은 〈물상잡(物相雜)〉을 한마디로 나타낸 것이고, 동시에 육효(六爻)가 아래[下]에서 위[上]로 착획(錯劃)되는 모양을 말한다. 그 육효(六爻)의 착획(錯劃)이 고정된 자리[位]를 뜻하지 않음을 밝혀 〈부당(不當)하다〉 즉 〈부정(不定)하다〉고 한다. 대성괘(大成卦)의 효(爻)는 초효(初爻)에서 상효(上爻)로 누천(屢遷)하기 때문에 효(爻)의 자리[位]가 정(定)해져 있지 않다. 이를 〈부당(不當)하다〉고 한다. 효(爻)는 쉼 없이 변동(變動)하면서도 그 변동을 정하지 않음이 문부당(文不當)의 〈부당(不當)〉이다. 효(爻)의 위(位)가 이렇기 때문에 〈길흉생언(吉凶生焉)〉이라고 밝힌다. 효(爻)가 길(吉)이냐 흉(凶)이냐를 기필(期必)하지도 않고 결정하지도 않음이라 곧 문부당(文不當)하다고 한다. 일[物]이 길흉(吉凶)을 정(定)하는 것이 아니라 임사(臨事)하는 인간에 따라 길흉(吉凶)이 생겨남[生]을 깨달아 뉘우칠 수 있다. 역(易)이 길흉(吉凶)을 결정하는 것이 아니라 길흉(吉凶)을 짓할[象] 뿐이다. 여기서 왜 〈생생지위역(生生之謂易)〉이라고 하는지 헤아려 가늠할 수 있다. 만사(萬事)의 길흉(吉凶)을 생기게 함[生]은 역(易)이 그렇게 하는 것이 아니라 임사(臨事)하는 인간에게 달려 있는지라, 〈역(易)의 생생(生生)이 짓함[象之]〉을 잊지 말라 함을 〈문부당(文不當)고(故) 길흉생언(吉凶生焉)〉이 밝힌다.

계사전하(繫辭傳下) 11단락(段落)

易之興也其當殷之末世와 周之盛德耶인저 當文王與
역 지 흥 야 기 당 은 지 말 세 　 주 지 성 덕 야 　 당 문 왕 여

紂之事耶인저 是故로 其辭危하여 危者使平하고 易者
주 지 사 야 　 시 고 　 기 사 위 　 위 자 사 평 　 이 자

使傾한다 其道甚大하여 百物不廢한다 懼以終始면 其
사 경 　 기 도 심 대 　 백 물 불 폐 　 구 이 종 시 　 기

要无咎하다 此之謂易之道也라
요 무 구 　 차 지 위 역 지 도 야

역(易)이 일어남이란 그것은 은나라의 말세와 주나라의 성덕에 해당함인가! 문왕(文王)과 주(紂)의 일에 해당함인가! 이렇기 때문에 그 말씀은 준엄하여, 두려워하는 사람으로 하여금 평안하게 하고, 얕보는 사람으로 하여금 넘어지게 한다. 그 도(道)는 몹시 광대해서 온갖 것을 폐하지 않는다. 삼가 두려움으로써 시종한다면 그 말씀을 소중히 함에는 허물이 없다. 이를 역(易)의 도(道)라 하는 것이다.

【탐독(探讀)】

역(易)이[之] 일어남[興]이란[也] 그것은[其] 은나라[殷]의[之] 말세와[末世] 주나라[周]의[之] 성덕에[盛德] 해당함[當]인가[耶]! 문왕(文王)과[與] 주(紂)의[之] 일에[事] 해당함[當]인가[耶]! 이렇기[是] 때문에[故] 그[其] 말씀은[辭] 준엄하여[危], 두려워하는[危] 사람으로[者] 하여금[使] 평안하게 하고[平], 얕보는[易] 사람으로[者] 하여금[使] 넘어지게 한다[傾]. 그[其] 도는[道] 몹시[甚] 광대해서[大] 온갖 것을[百物] 폐하지 않는다[不廢]. 삼가 두려움[懼]으로써[以] 시종한다면[終始] 그 말씀[辭]을[其] 소중히 함에는[要] 허물이[咎] 없다[无]. 이[此]를[之] 역(易)의[之] 도라[道] 하는 것[謂]이다[也].

【지남(指南)】

易之興也其當殷之末世(역지흥야기당은지말세) 周之盛德

耶(주지성덕야) 當文王與紂之事耶(당문왕여주지사야)

〈역지흥(易之興)의 흥(興)〉은 〈길흉생(吉凶生)〉을 한 자(字)로 나타낸다. 은지말세(殷之末世)에서 역(易)의 길흉생(吉凶生)과 주지성덕(周之盛德)에서 역(易)의 길흉생(吉凶生)이 같지 않음을 〈역지흥야기당은지말세(易之興也其當殷之末世) 주지성덕야(周之盛德耶)〉의 〈당(當)〉 한 자(字)가 살펴[觀] 새겨[玩] 헤아려서[擬] 가늠하게[斷] 한다. 은지말세(殷之末世)라면 난세(亂世)의 표본이고, 주지성덕(周之盛德)은 치세(治世)의 본보기가 된다. 난세(亂世)란 흉(凶)한 세상이고, 치세(治世)란 길(吉)한 세상이다. 그러므로 역지흥당은지말세(易之興當殷之末世)에서의 〈당(當)〉은 〈흉지흥(凶之興)〉 즉 흉함이[凶之] 일어남[興]이 마땅한[當] 변동(變動)임을 뜻하고, 역지흥당주지성덕(易之興當周之盛德)에서의 〈당(當)〉은 〈길지흥(吉之興)〉 즉 길함이[吉之] 일어남[興]이 마땅한[當] 변동(變動)임을 뜻한다. 난세(亂世)라면 흉(凶)해야 의당하고, 치세(治世)라면 길(吉)해야 당연하다. 따라서 문왕지사(文王之事)는 성왕지사(聖王之事)이니 길지흥(吉之興)이라야 의당한 도유변동(道有變動)이고, 주왕지사(紂王之事)는 폭군지사(暴君之事)이니 흉지흥(凶之興)이라야 당연한 도유변동(道有變動)이다. 이처럼 길흉생(吉凶生)에는 우연도 없고 요행도 없으며 오로지 길흉(吉凶)은 당연하게 생(生)함이 곧 역지흥(易之興)의 마땅함[當]이다.

其辭危(기사위)

기사위(其辭危)는 길흉(吉凶)의 생(生)이란 오로지 당연할 뿐임을 환기시키는 괘효사(卦爻辭)가 위구(危懼)함을 밝힌다. 길흉(吉凶)의 생(生)을 살펴[觀] 새기고[玩] 헤아려[擬] 가늠하게[斷] 하는 대성괘(大成卦) 괘효(卦爻)의 말씀[辭]이란 오로지 〈위(危)하다〉이다. 성인(聖人)의 말씀[言]이므로 괘효사(卦爻辭)는 오로지 고답(高踏)하고 준엄(峻嚴)하다. 성인의[聖人之] 말씀[言]은 오로지 화신(化神)하고 신명(神明)하기 때문에 〈성인지언(聖人之言)을 두려워하라[畏]〉고 한다. 괘효사(卦爻辭)야말로 성인지언(聖人之言)이다. 괘효사(卦爻辭)에는 한 점 〈사욕(私欲)〉이란 없으니 오로지 〈무사(無私)함〉 바로 그뿐이기 때문에 괘효사(卦爻辭)는 유위(唯危) 즉 오로지[唯] 준엄(峻嚴)할 뿐이다. 주충신(主忠信)하고 지성(至誠)으로 완사(玩辭)하지 않으면 괘효사(卦爻辭)는 통화(通話)를 끊는다.

危者使平(위자사평) 易者使傾(이자사경)

〈위자사평(危者使平)의 위자(危者)〉는 성인(聖人)이 대성괘(大成卦) 괘효(卦爻)에 매어둔[繫] 말씀[辭]을 두렵게[懼] 새기고[玩] 헤아려[擬] 가늠해가는[斷] 사람[者]이다. 괘효(卦爻)에 매인[繫] 사구(辭句) 하나하나가 오로지 구하무사(句下無私)한 말씀[言]임을 깨닫고, 완사(玩辭)하여 관변(觀變)하고 완점(玩占)하는 사람을 위자(危者)라고 밝힌다. 이러한 위자(危者)는 성인(聖人)의 말씀[言]을 두려워하는[懼] 군자(君子)를 본받아[效], 성인(聖人)의 말씀[言]인 괘효사(卦爻辭)를 경청(敬聽) 즉 받들어[敬] 귀담아듣는다[聽]. 그렇게 하여 지래(知來)하고자 성의(誠意) 즉 정성껏[誠] 생각하기[意]를 다한다. 그러므로 여기서 위자(危者)는 〈구사자(懼辭者)〉이다. 괘효사(卦爻辭)를 성인지언(聖人之言)으로 받들어[尊] 두려워하고[懼] 준엄(峻嚴)한 말씀[辭]으로 경청(敬聽)하는 사람은 매사의 기미(機微)를 살펴[觀] 새기기[玩] 때문에 평안해질 수 있음을 일러 〈위자사평(危者使平)〉이라고 밝힌다.

〈이자사경(易者使傾)의 이자(易者)〉는 성인(聖人)이 대성괘(大成卦) 괘효(卦爻)에 매어둔[繫] 말씀[辭]을 얕보기[狎] 때문에 계사(繫辭)를 경멸하는 사람[者]이다. 이러한 이자(易者)는 성인(聖人)의 말씀[言]을 이만(易慢) 즉 업신여기면서[易慢] 자벌(自伐)하고 서슴없이 행험(行險)하며 요행(徼倖)을 일삼는 소인배(小人輩)를 말한다. 소인(小人)이란 무사(無私)-무욕(無欲)을 혐오하기 때문에 성인(聖人)의 말씀 따위는 서슴없이 팽개쳐버린다. 괘효사(卦爻辭)를 업신여기는[易] 사람은 매사의 기미(機微)를 살펴[觀] 새기기[玩]를 마다하기 때문에 무너질 수밖에 없음을 일러 〈이자사경(易者使傾)〉이라고 밝힌다.

其道甚大(기도심대) 百物不廢(백물불폐)

〈기도심대(其道甚大)의 기도(其道)〉는 〈역지도(易之道)〉이고, 역지도(易之道)에서 〈도(道)〉란 〈이치[理]-가르침[教]-이끌어감[導]-방편[方]-말씀[言]〉 등을 하나로 묶어 밝힌다. 그러므로 〈역지도(易之道)가 심대(甚大)하다〉고 함은 일음일양(一陰一陽)-생생(生生)의 이치[理]가 심대하고, 일음일양(一陰一陽)-생생(生生)의 가르침[教]이 심대하고, 일음일양(一陰一陽)-생생(生生)의 이끌어감[導]이 심대하고, 일음일양(一陰一陽)-생생(生生)의 방편[方]이 심대하고, 일음일양(一陰一陽)-생생

(生生)의 말씀[言]이 심대함을 뜻한다. 이러한 역지도(易之道)의 변동을 떠나서 존재할 수 있는 것이란 없다. 그러므로 〈백물불폐(百物不廢)〉라고 밝힌다.

懼以終始(구이종시) 其要无咎(기요무구) 此之謂易之道也(차지위역지도야)

〈구이종시(懼以終始)〉는 〈위자(危者)〉가 두려움[懼]으로[以] 괘효(卦爻)를 관상(觀象)하고 완사(玩辭)하여 관변(觀變)하고 완점(玩占)함을 밝힌다. 이는 늘 한결같이 초심(初心)으로 일[事]을 지성껏 하라 함이다. 이구(以懼)의 〈구(懼)〉는 〈신지소위(神之所爲)〉를 두려워함[懼]이다. 자연[天地]이 변화하게 하는 짓이[神之] 하는[爲] 바[所]를 두려움[懼]으로[以] 임하는 사람은 누구나 위자(危者)가 된다. 괘효(卦爻)를 마주하는 위자(危者)와 같이 일상에서도 매사를 시종(始終) 삼가 두려움[懼]으로[以] 마주한다면 누구이든 신독(愼獨) 즉 자신[獨]을 삼가고[愼] 자겸(自謙) 즉 스스로[自] 기꺼워하며[謙] 자신의 삶을 누릴 수 있다.

〈기요무구(其要无咎)의 기요(其要)〉는 〈그것[其]을 소중히하라[要]〉 함이다. 즉 〈두려움으로[以懼] 괘효사(卦爻辭)를 소중히 살펴보라〉 함이 〈기요(其要)〉이다. 매사를 두려운 마음으로 시종(始終) 소중히 살펴보라[要]. 이는 곧 원시요종(原始要終)하라 함이다. 일[事]을 정성스럽게 마주함이란 무사(無私)-무사(無邪)함을 말한다. 사욕(私欲)-사악(邪惡)을 두려워하라[懼]. 그렇게 처음[始]부터 끝[終]까지 정성스럽게 하라 함이 구이종시(懼以終始)이다. 두려워하는 마음은 공경하는 마음이라야 한다. 이는 곧 건곤훼(乾坤毁)를 범하지 말고 행귀신(行鬼神)하여 성변화(成變化)하라 함이다.

〈차지위역지도야(此之謂易之道也)〉는 〈구이종시(懼以終始) 기요무구(其要无咎)〉가 괘효(卦爻)의 역(易)을 관상(觀象)하고 완사(玩辭)하여 관변(觀變)하고 완점(玩占)하는 방도(方道)임을 밝힌다. 역지도(易之道)는 역의[易之] 이치[理]로 새길 수도 있고, 역의 가르침[教]으로 새길 수도 있으며, 나아가 역의 이끌어감[導]으로도 새길 수 있고, 역의 방도[方]로도 새길 수 있고, 역의 말씀[言]으로도 새길 수 있다. 여기서 역지도(易之道)는 역지방(易之方) 즉 역의[易之] 방편(方便)으로서의 역지도(易之道)이다.

계사전하(繫辭傳下) 12단락(段落)

夫乾天下之至健也니 德行恒易以知險한다 夫坤天下
부 건 천 하 지 지 건 야 덕 행 항 이 이 지 험 부 곤 천 하
之至順也니 德行恒簡以知阻한다 能說諸心하고 能研
지 지 순 야 덕 행 항 간 이 지 조 능 열 저 심 능 연
諸侯之慮한다 定天下之吉凶하고 成天下之亹亹者이다
저 후 지 려 정 천 하 지 길 흉 성 천 하 지 미 미 자
是故로 變化云爲한다 吉事有祥이라 象事知器하고 占
시 고 변 화 운 위 길 사 유 상 상 사 지 기 점
事知來한다 天地設位에 聖人成能하니 人謀鬼謀라 百
사 지 래 천 지 설 위 성 인 성 능 인 모 귀 모 백
姓與能하니라 八卦以象告하고 爻彖以情言한다 剛柔雜
성 여 능 팔 괘 이 상 고 효 단 이 정 언 강 유 잡
居라 而吉凶可見矣라 變動以利言하고 吉凶以情遷한
거 이 길 흉 가 견 의 변 동 이 리 언 길 흉 이 정 천
다 是故로 愛惡相攻而吉凶生하고 遠近相取而悔吝生
시 고 애 오 상 공 이 길 흉 생 원 근 상 취 이 회 린 생
하며 情僞相感而利害生한다 凡易之情近而不相得하면
정 위 상 감 이 리 해 생 범 역 지 정 근 이 불 상 득
則凶하니 或害之하면 悔且吝하니라 將叛者其辭慙하고
즉 흉 혹 해 지 회 차 린 장 반 자 기 사 참
中心疑者其辭枝하며 吉人之辭寡하고 躁人之辭多하며
중 심 의 자 기 사 지 길 인 지 사 과 조 인 지 사 다
誣善之人其辭游하고 失其守者其辭窟하다
무 선 지 인 기 사 유 실 기 수 자 기 사 굴

무릇 건(乾)은 온 세상의 지극한 굳셈이라 덕(德)을 실행하면 항상 평이함으로써 험난함을 알아챈다. 무릇 곤(坤)은 온 세상의 지극한 유순함이라 덕(德)을 실행하면 항상 간이함으로써 어려움을 알아챈다. {건-곤(乾-坤)의 건-순(健-順)을 본받는다면} 마음에서 덕행을 능히 즐기게 되고, 깊은 생각으로 덕행을 능히 연마하게 된다. {열저심(說諸心)의 열(說)과 연저려(研諸慮)의 연(研)은} 온 세상의 길흉을 단정해주고, 온 세상의 지성으로 근면함을 이루는

것이다. 이렇기 때문에 {길사(吉事)의} 변화를 밝힌다. 좋은 일에도 길흉의 기미가 있다. 사물을 살피면 기물을 알고, 사물을 점치면 다가옴을 안다. 천지가 자리를 베풀어 성인이 공능을 이루니, 인간이 꾀함이고 땅이 변화하게 하는 짓도 꾀함이라, 백성도 (성인의) 공능을 따라 함께한다. 팔괘(八卦)는 {천수상(天垂象)의} 짓을 이용하여 {인모귀모(人謀鬼謀)를} 알리고, 효(爻)의 판단은 실정으로 말한다. {괘(卦)에는} 굳셈과 부드러움이 섞여 있다. 그래서 {그 잡거(雜居)에서} 길흉이 살펴질 수 있는 것이다. 변동은 의로움의 어울림을 이용하여 말하고, 길흉은 역(易)의 참뜻을 이용하여 옮겨진다. 이렇기 때문에 좋아함과 싫어함이 서로 부딪쳐서 좋고 나쁨이 생기고, 먼 것과 가까운 것이 서로 취해져서 뉘우침과 한스러움이 생기며, 참과 거짓이 서로 느껴져서 이로움과 해로움이 생긴다. 무릇 역(易)의 참을 가까이하기를 서로 못한다면 곧장 흉해지니, 어떤 이라도 역(易)의 참뜻을 해치면 뉘우치고 또 한스럽게 된다. {역지정(易之情)을} 배반하려는 사람 그런 자의 말은 구차스럽고, 마음속으로 의심하는 사람 그런 자의 말은 구구하며, 길(吉)한 사람의 말은 적고, 조급한 사람의 말은 많으며, 선(善)을 속이는 사람 그런 자의 말은 부질없이 뜨고, 역지정(易之情)을 지키지 못한 사람 그런 자의 말은 너절하다.

【탐독(探讀)】

무릇[夫] 건은[乾] 온 세상[天下]의[之] 지극한[至] 굳셈[健]이라[也] 덕을[德] 실행하면[行] 항상[恒] 평이함[易]으로써[以] 험난함을[險] 알아챈다[知]. 무릇[夫] 곤은[坤] 온 세상[天下]의[之] 지극한[至] 유순함[順]이라[也] 덕을[德] 실행하면[行] 항상[恒] 간이함[簡]으로써[以] 어려움을[阻] 알아챈다[知]. {건-곤(乾-坤)의 건-순(健-順)을 본받는다면} 마음[心]에서 덕행을[諸] 능히[能] 즐기게 되고[說], 깊은 생각으로[慮] 덕행을[諸侯之] 능히[能] 연마하게 된다[硏]. {열저심(說諸心)의 열(說)과 연저려(硏諸慮)의 연(硏)은} 온 세상의[天下之] 길흉을[吉凶] 단정해주고[定], 온 세상의[天下之] 지성으로 근면함을[亹亹] 이루는[成] 것이다[者]. 이렇기[是] 때문에[故] {길사(吉事)의} 변화를[變化] 밝힌다[云爲]. 좋은[吉] 일에도[事] 길흉(吉凶)

의 기미가[祥] 있다[有]. 사물을[事] 살피면[象] 기물을[器] 알고[知], 사물을[事] 점치면[占] 다가옴을[來] 안다[知]. 천지가[天地] 자리를[位] 베풀어[設] 성인이[聖人] 공능을[能] 이루니[成], 인간이[人] 꾀함이고[謀] 땅이 변화하게 하는 짓도[鬼] 꾀함이라[謀], 백성도[百姓] {성인(聖人)의} 공능을[能] 따라 함께한다[與]. 팔괘는[八卦] {천수상(天垂象)의} 짓을[象] 이용하여[以] {인모귀모(人謀鬼謀)를} 알리고[告], 효의[爻] 판단은[彖] 실정[情]으로[以] 말한다[言]. {괘(卦)에는} 굳셈과[剛] 부드러움이[柔] 섞여[雜] 있다[居]. 그래서[而] {그 잡거(雜居)에서} 길흉이[吉凶] 살펴질 수 있는 것[可見]이다[矣]. 변동은[變動] 의로움[義]의 어울림을[利] 이용하여[以] 말하고[言], 길흉은[吉凶] 역(易)의 참뜻을[情] 이용하여[以] 옮겨진다[遷]. 이렇기[是] 때문에[故] 좋아함과[愛] 싫어함이[惡] 서로[相] 부딪쳐서[攻而] 좋고[吉] 나쁨이[凶] 생기고[生], 먼 것과[遠] 가까운 것이[近] 서로[相] 취해져서[取而] 뉘우침과[悔] 한스러움이[吝] 생기며[生], 참과[情] 거짓이[僞] 서로[相] 느껴져서[感而] 이로움과[利] 해로움이[害] 생긴다[生]. 무릇[凡] 역(易)의[之] 참을[情] 가까이하기를[近而] 서로[相] 못한다면[不得] 곧장[則] 흉해지니[凶], 어떤 이라도[或] 역(易)의 참뜻[情]을[之] 해치면[害] 뉘우치고[悔] 또[且] 한스럽게 된다[吝]. {역지정(易之情)을} 배반하려는[將叛] 사람[者] 그런 자의[其] 말은[辭] 구차스럽고[慙], 마음속으로[中心] 의심하는[疑] 사람[者] 그런 자의[其] 말은[辭] 구구하며[枝], 길한[吉] 사람[人]의[之] 말은[辭] 적고[寡], 조급한[躁] 사람[人]의[之] 말은[辭] 많으며[多], 선을[善] 속이는[誣之] 사람[人] 그런 자의[其] 말은[辭] 부질없이 뜨고[游], 역지정(易之情)을[其] 지키지[守] 못한[失] 사람[者] 그런 자의[其] 말은[辭] 너절하다[屈].

【지남(指南)】

夫乾天下之至健也(부건천하지지건야)

천(天)의 체(體)와 그 체(體)의 성질을 풀이한다. 부건(夫乾)의 〈건(乾)〉은 하늘[天]의 체(體)이고, 지건(至健)의 〈건(健)〉은 〈건(乾)〉의 성질을 풀이한다. 건(乾)은 곧 천기지행(天氣之行) 즉 천행(天行)을 말한다. 하늘의[天] 운동[行]이 〈지건(至健)함〉이니 군자(君子)는 그 〈건(健)〉을 본받아[法] 쉼 없이 자신을 굳세게 한다. 〈지극히[至] 굳셈[健]〉이란 그 소행(所行)이 무난함을 뜻한다. 건(乾)이 운동하는

[行] 바에[所] 어려움[難]이란 없다[無]. 그러나 매사에는 험난함이 있게 마련이다. 그러므로 건(乾)의 〈지건(至健)〉을 본받는 군자(君子) 즉 위자(危者)는 어려움을 마주하면 그 어려움이 평이함을 이루어내는 변화를 살펴[觀] 새기고[玩] 헤아려[擬] 가늠해[斷] 난이상성(難易相成)함을 깨우친다. 그런 깨우침이란 강건(剛健)함이다. 강건함이란 늘 자반(自反) 즉 자신을[自] 돌이켜[反] 수중(守中) 즉 정도를 따름을[中] 지키게[守] 한다.

德行恒易以知險(덕행항이이지험)

천(天)의 용(用)과 그 용(用)의 성질을 풀이한다. 덕행(德行)의 〈덕(德)〉은 하늘[天]의 용(用)이고, 이이(易以)는 〈건지덕행(乾之德行)〉의 성질을 풀이한다. 〈덕행항이이지험(德行恒易以知險)〉에서 〈덕행(德行)의 덕(德)〉은 〈건(乾)의 지건(至健)〉을 뜻하고, 〈덕행(德行)의 행(行)〉은 〈건(乾)의 지건(至健)을 실행(實行)함〉을 뜻한다. 〈덕행항이이지험(德行恒易以知險)의 덕행(德行)〉이란 건도(乾道)를 본받아[法] 지건(至健) 즉 지극히[至] 굳셈[健]을 득중(得中) 즉 정도를 따름을[中] 취하여[得] 실행함이다. 험난(險難)한 일일지라도 쉽게[易] 풀릴 수 있음을 앎[知]이 곧 〈이이지험(易以知險)〉이다. 이러한 앎[知]은 오로지 덕행(德行)으로부터 비롯된다. 덕행(德行)의 덕(德)이란 통어천지자(通於天地者)인 까닭이다. 하늘땅[天地]에서[於] 통함[通]이 덕(德)이기 때문에 덕(德)을 행한다[行]면 매사가 궁(窮)해지지 않는다. 〈이이지험(易以知險)의 험(險)〉이란 통하지 못하고 막힘[窮]에서 비롯되는 어려움[險]이다. 덕(德)은 오로지 통(通)하게 하기 때문에 〈막힘[險]〉이란 없다. 덕(德)이란 무엇인가? 궁즉변(窮則變)-변즉통(變則通)-통즉구(通則久)의 역(易) 또한 천지(天地)의 행덕(行德)인 셈이고, 그 행덕(行德)을 본받는[法] 군자(君子)의 덕행(德行) 또한 그와 같기 때문에 덕행은 매사를 평이하게 할 뿐이지 험난하게 하지 않는다.

夫坤天下之至順也(부곤천하지지순야)

지(地)의 체(體)와 그 체(體)의 성질을 풀이한다. 부곤(夫坤)의 〈곤(坤)〉은 땅[地]의 체(體)이고, 지순(至順)의 〈순(順)〉은 〈곤(坤)〉의 성질을 풀이한다. 곤(坤)은 곧 지기지행(地氣之行) 즉 지행(地行)을 말한다. 땅의[地] 형세[勢]가 〈지순(至順)함〉

이니 군자(君子)는 그 〈순(順)〉을 본받아[法] 쉼 없이 자신을 유순하게 한다. 〈지극히[至] 유순함[順]〉이란 그 소행(所行)이 무난함을 뜻한다. 곤(坤)이 행하는[行] 바에[所] 어려움[難]이란 없다[無]. 그러나 인간의 매사에는 어려움이 있게 마련이다. 그러므로 곤(坤)의 〈지순(至順)〉을 본받는 군자(君子) 즉 위자(危者)는 어려움을 마주하면 그 어려움이 간명함을 이루어내는 변화를 살펴[觀] 새기고[玩] 헤아려[擬] 가늠해[斷] 조간상성(阻簡相成)함을 깨우친다. 이러한 깨우침이란 지세(地勢) 즉 땅[地]의 형세[勢]를 초목(草木)이 생장(生長)하듯이 군자(君子)는 〈재물(載物)해야 함〉을 알아챈다. 땅의 형세(形勢)를 본받아[法] 지극하게 순종(順從)하기 때문에 물품[物]을 실어도[載] 어려움 없이 군자는 늘 후덕(厚德)하다. 유순(柔順)함 역시 늘 자반(自反) 즉 자신을[自] 돌이켜[反] 수중(守中) 즉 정도를 따름을[中] 지키게[守] 한다. 수중(守中)이야말로 지극히[至] 유순(柔順)함이다.

德行恒簡以知阻(덕행항간이지조)

지(地)의 용(用)과 그 용(用)의 성질을 풀이한다. 덕행(德行)의 〈덕(德)〉은 땅[地]의 용(用)이고, 간이(簡易)는 〈곤지덕행(坤之德行)〉의 성질을 풀이한다. 〈덕행항간이지조(德行恒簡以知阻)〉에서 〈덕행(德行)의 덕(德)〉은 〈곤(坤)의 지순(至順)〉을 뜻하고, 〈덕행(德行)의 행(行)〉은 〈곤(坤)의 지순(至順)을 실행(實行)함〉을 뜻한다. 진실로 덕행(德行)이라면 그것은 곧 늘[恒] 수중(守中) 즉 정도를 따름을[中] 지키기[守] 때문이다. 〈덕행항간이지조(德行恒簡以知阻)의 덕행(德行)〉이란 곤도(坤道)를 본받아[法] 지순(至順) 즉 지극히[至] 유순함[順]을 실행함이다. 이처럼 군자(君子)는 언제나 늘 수중(守中)하여 지덕(地德)을 좇아 실행함이 지순(至順)의 덕(德)을 행(行)함이다. 어려운[阻艱] 일일지라도 간명하게[簡] 풀릴 수 있음을 앎[知]이 곧 간이지조(簡以知阻)이다. 이러한 앎[知]은 오로지 덕행(德行)으로부터 비롯된다. 덕행(德行)의 덕(德)이란 통어천지자(通於天地者)인 까닭이다. 하늘땅[天地]에서[於] 통함[通]이 덕(德)이기 때문에 덕(德)을 실행한다면 매사가 막히지 않는다. 〈간이지조(簡以知阻)의 조(阻)〉란 통하지 못하고 막힘[窮]에서 비롯되는 어려움[阻]이다. 덕(德)은 오로지 통(通)하게 하기 때문에 〈막힘[險]〉이란 없다. 덕(德)이란 무엇인가? 궁즉변(窮則變)-변즉통(變則通)-통즉구(通則久)의 역(易) 또한 천지(天地)의 행덕(行德)인 셈이고, 그 행덕(行德)을 본받는[法] 군자(君子)의 덕행(德行) 또한 그와 같기 때문에 덕행(德行)은 매사를 간명(簡明)히 할 뿐이지 조간(阻艱) 즉 어렵게 하지 않는다. 그러나 소인(小人)은 한사코 덕행(德行)을 외면하기에 〈간이지조(簡以知阻)〉의 이치를 모른다.

能說諸心(능열저심)

건(乾)의 지건(至健)과 곤(坤)의 지순(至順)을 본받아[法] 득중(得中)으로 실행 즉 천덕(天德)과 지덕(至德)의 실행을 풀이한다. 덕행(德行)의 행(行)이란 스스로 즐겨[說] 행(行)함이지 시켜서 행(行)해지는 것은 결코 아니다. 덕행(德行)이란 덕(德)을 스스로 즐겁게 행(行)해야 하는 이치[道]를 터득하지[會] 않고서는 누구도 덕열(德說) 즉 덕의[德] 기쁨[說]을 누리지 못한다. 그러므로 열저심(說諸心)의 〈열(說)〉이란 천행건(天行乾)의 지건(至健)과 지세곤(地勢坤)의 지순(至順)이란 이치[道]를 깨달았음을 말한다. 이치를 깨닫지 못하고서는 지건(至健)-지순(至順)을 마음으로 즐길 수 없다. 천행(天行)의 건(乾)이 지극히[至] 굳세고[健] 지세(地勢)의 곤(坤)이 지극히[至] 유순함[順]을 즐길[說] 수 있음은 천행(天行)의 이치[道]를 본받아[法] 이이지험(易以知險)으로 천덕(天德)을 실행하는 즐거움[說]이고, 지세(地勢)의 이치[道]를 본받아[法] 간이지조(簡以知阻)로 지덕(至德)을 실행하는 열(說)이다.

能硏諸侯之慮(능연저후지려)

건(乾)의 지건(至健)과 곤(坤)의 지순(至順)을 본받아[法] 깊은 생각으로[於慮] 건-곤(乾-坤)의 도(道)를 연구(硏究)할 수 있음을 풀이한다. 〈능연저후지려(能硏諸侯之慮)의 여(慮)〉는 심사(深思)하고 숙고(熟考)함이다. 무사(無私)-무욕(無欲)하게 탐색색은(探賾索隱)의 사려(思慮)를 다하는지 염려(念慮)함이 곧 〈연저려(硏諸慮)의 여(慮)〉이다. 깊이[深] 생각하고[思] 골똘히[熟] 살피지[考] 않고서는 천행(天行)의 지건(至健)과 지세(地勢)의 지순(至順)의 이치와 가르침을 탐색할 수 없음을 능연저후지려(能硏諸侯之慮)가 밝힌다. 천행(天行)의 건(乾)이 지극히[至] 굳세고[健] 지세(地勢)의 곤(坤)이 지극히[至] 유순함[順]을 탐구하자면 깊게 생각해봄[慮]이 없이는 불가능하다. 깊고 그윽해 찾아내기 어려운 것을[賾隱] 찾아내[探索] 깊고

면 속내를[深遠] 터득해감[鉤致]이 곧 〈연저려(硏諸慮)〉이다. 건도(乾道)와 곤도(坤道)란 색은(賾隱)의 것이므로 지성으로 탐색하지 않는다면 결코 살펴 새기고 헤아릴 수 없는 이치이고 가르침이다. 그러므로 〈연저려(硏諸慮)의 연(硏)〉 없이는 〈열저심(說諸心)의 열(說)〉을 누릴 수 없음을 살펴[觀] 새기고[玩] 헤아려[擬] 가늠하게[斷] 하는 말씀이 곧 〈능연저후지려(能硏諸侯之慮)〉이다.

定天下之吉凶(정천하지길흉)

왜 열저심(說諸心)하고 연저려(硏諸慮)하는가를 밝힌다. 천행(天行)의 건(乾)을 본받아[法] 지건(至健) 즉 지극히[至] 굳셈[健]이란 반드시 굳셈[健]을 수중(守中) 즉 정도를 따름을[中] 지킴[守]이고, 지세(地勢)의 곤(坤)을 본받아[法] 지순(至順) 즉 지극히[至] 유순함[順] 또한 유순함[順]의 수중(守中)이기 때문에, 매사에 지건(至健)-지순(至順)을 시중(時中) 즉 때맞춰 알맞게 하여[時中] 열저심(說諸心)-연저려(硏諸慮)한다면 매사의 길(吉)과 흉(凶)을 단정할 수 있다. 건도(乾道)를 본받는[法] 지건(至健)을 적중(的中)하게 널리 쓰고[庸] 곤도(坤道)를 본받는[法] 지순(至順)을 적중(的中)하게 널리 쓴다[庸]면, 온 세상의[天下之] 가능한 일[能事]을 끝낼[畢] 수 있다. 능사(能事)를 필(畢)함이 곧 현도(顯道)하게 되고 신덕행(神德行)하게 된다. 그러므로 열저심(說諸心)의 열(說)이란 현도(顯道)를 즐김[說]이고 신덕행(神德行)을 즐김[說]이다. 현도(顯道)란 역지도(易之道)의 드러남[顯]이니 변화지도(變化之道) 즉 변화의[變化之] 도(道)가 드러남[顯]이고, 신덕행(神德行)이란 행덕(行德)을 신(神)함이니 덕(德)의 행(行)함을 천지(天地)와 같이함[神]이다. 이처럼 열저심(說諸心)의 열(說)이란 현도(顯道)와 신덕행(神德行)을 누리는 즐거움[說]이고, 연저려(硏諸慮)의 연(硏)이란 현도(顯道)와 신덕행(神德行)을 탐구(探究)함이기 때문에 열저심(說諸心)의 열(說)과 연저려(硏諸慮)의 연(硏)은 온 세상의[天下之] 길흉(吉凶)을 단정할 수 있는 즐거움[說]이요 탐구함[硏]이다.

成天下之亹亹者(성천하지미미자)

이 또한 왜 열저심(說諸心)-연저려(硏諸慮)하는가를 밝힌다. 열저심(說諸心)-연저려(硏諸慮)란 곧 〈미미자(亹亹者)〉 바로 그것임을 알 수 있다. 미미자(亹亹者)

란 지성(至誠)으로 면면(勉勉)함이다. 열저심(說諸心)의 〈열(說)〉도 지성(至誠)으로 열심히 누려 즐김이고, 연저려(硏諸慮)의 연(硏) 또한 지성(至誠)으로 열심히 탐구함이다. 성인(聖人)이 왜 재계(齋戒)하는가? 이러한 미미자(亹亹者)를 이루고자 함이다. 무사(无思)-무위(无爲)의 심지(心志)로 행귀신(行鬼神)하려 함이다. 이러한 심지(心志)를 더없이 다함이 곧 〈성천하지미미자(成天下之亹亹者)〉이다. 이는 은밀한 것[賾]을 탐색함을 게을리하지 말라 함이요, 무사(无思)-무위(无爲)의 심지(心志)를 잃지 말라 함이다. 그래서 성미미자(成亹亹者)는 시귀(蓍龜)와 통한다. 자연[天地]의 이치와 가르침[道]을 찾아[索] 좇음[成]에 스스로 온 정성을 다하라 함이 〈성미미자(成亹亹者)〉이다.

變化云爲(변화운위)

〈변화(變化)〉는 건(乾)의 덕행(德行)과 곤(坤)의 덕행(德行)을 말한다. 건곤(乾坤)의 덕행(德行)이 길흉(吉凶)-화복(禍福)-선악(善惡) 등으로 나누어 드러날 리는 없다. 그러나 인사(人事)에는 그것들이 끼어들어 상(祥)스럽기도 하고 불상(不祥)스럽기도 하다. 〈상(祥)〉이란 생(眚)과 더불어 살펴야 하는 상조(象兆)이다. 생(眚)과 상(祥)은 길사(吉事)의 선조(先兆)일 수도 있고, 동시에 흉사(凶事)를 미리[先] 짓함[兆]일 수도 있다. 길흉(吉凶)이 안[內]으로부터[自] 생김[生]이 생(眚)이고, 밖[外]으로부터[自] 생김[生]이 상(祥)이란 것을 유념해야, 매사의 변화(變化)를 운위(云爲)함이란 화(禍)-복(福)과 선(善)-악(惡) 그리고 길(吉)-흉(凶)의 낌새[兆]가 선현(先見) 즉 먼저[先] 드러나는 것[見]임을 살펴 알아챌 수 있다.

吉事有祥(길사유상)

〈길사(吉事)〉 즉 좋은[吉] 일[事]에 화복(禍福)-선악(善惡)이 함께하는 이교(理教) 즉 이치[理]와 가르침[教]을 밝힌다. 그 이치와 가르침을 간파하자면 길사유상(吉事有祥)의 〈상(祥)〉을 상심(詳審) 즉 세밀하게[詳] 살펴[審] 천착(穿鑿)해 숙지해야 한다. 왜냐하면 유상(有祥)의 〈상(祥)〉이 〈길흉지선조(吉凶之先兆)-길흉지징(吉凶之徵)〉을 뜻하기 때문이다. 길흉의[吉凶之] 낌새[徵]를 선현(先見) 즉 미리[先] 드러냄[見]을 〈상(祥)〉이라 한다. 이러한 〈상(祥)〉을 복(福)-선(善)의 길조(吉兆)라고 함은 길흉(吉凶)의 선조(先兆)를 살펴[觀] 새기고[玩] 헤아려[擬] 가늠했음[斷]이고, 화(禍)-악(惡)의 흉조(凶兆)라고 함은 그 또한 길흉이(吉凶之) 먼저[先] 보이는 낌새[兆]를 살펴 새기고 헤아려 가늠했음이다. 따라서 길흉지선현자(吉凶之先見者)를 모두 일컬어 〈상(祥)〉 또는 〈생상(眚祥)〉이라고 밝힌다. 그래서 매사를 임할 때는 상(祥)과 생(眚)을 늘 지성(至誠)으로 살펴야 한다. 〈생(眚)〉은 자내(自內) 즉 안[內]으로부터[自] 생기는 길흉(吉凶)의 낌새[象兆]이고, 〈상(祥)〉은 자외(自外) 즉 밖[外]으로부터[自] 생기는 길흉(吉凶)의 상조(象兆)이다. 물론 자내(自內)의 〈내(內)〉는 마음속[心中]을 뜻하고, 자외(自外)의 〈외(外)〉는 마음 밖의 것들 즉 온갖 일[萬事]을 말한다. 이렇기 때문에 상(祥)과 생(眚)을 선악지징(善惡之徵)이라고 한다.

象事知器(상사지기)

〈상사(象事)〉는 〈관사지상(觀事之象)〉을 뜻하고, 〈지기(知器)〉는 〈지기지형(知器之形)〉을 뜻한다. 상사(象事)의 〈상(象)〉은 「계사전상(繫辭傳上)」 18단락(段落)에서 살핀 〈현내위지상(見乃謂之象)〉을 상기하면 되고, 상사(象事)의 〈사(事)〉는 「계사전상(繫辭傳上)」 5단락(段落)에서 살핀 〈통변지위사(通變之謂事)〉를 환기하면 된다. 상사(象事)의 〈상(象)〉은 〈드러난 현(見)〉을 뜻하고 〈사(事)〉는 〈통하여[通] 변함[變]〉을 뜻하므로, 〈상사(象事)〉는 〈드러난[象] 통변(通變)을 살핌[觀]〉이다. 드러나는[象] 통변(通變)의 사물(事物)을 살핀다[觀]면 통변이 끝나서[已] 드러나게 될[象] 것[物]을 알 수 있음이 곧 〈지기(知器)〉이다. 말하자면 지기(知器)의 〈기(器)〉란 〈형적이저지사물(形跡已著之事物)〉 즉 〈형적(形跡)이 그쳐[已] 드러난[著之] 사물(事物)〉을 뜻한다.

占事知來(점사지래)

〈상사지기(象事知器)〉하는 까닭을 밝힌다. 왜 상사(象事)하여 지기(知器)하는가? 점사(占事)하고자 그렇게 한다. 점사(占事)의 〈점(占)〉이란 〈극수지래(極數知來)〉이다. 점(占)이란 극수(極數) 즉 더없이[極] 헤아려서[數] 사지상(事之祥)을 살펴[觀] 새기고[玩] 헤아려[擬] 따져[議] 가늠함[斷]이다. 극수(極數)란 변화(變化)를 조짐해주는[象] 괘효상(卦爻象)과 괘효사(卦爻辭)를 지성(至誠)으로 관완(觀玩)하고 의의(擬議)하여 역수(逆數) 즉 미리미리 거슬러[逆] 헤아려[數] 가늠함[斷]이다. 이러한 점(占)이란 정성을 다하는 연저려(硏諸慮)인 셈이고, 나아가 점사(占事)의 〈사(事)〉는 상사지기(象事知器)의 〈사(事)〉이다. 〈점(占)〉이란 매사의 길흉(吉凶)-화복(禍福)-선악(善惡)을 지성(至誠)으로 살펴내고자 역수(逆數)하여 지래(知來)하려는 심려(深慮)이다. 점사(占事)의 점(占)은 무사(無私)-무욕(無欲)-무아(無我)로써 역수(逆數)함이다.

天地設位(천지설위) 聖人成能(성인성능)

〈천지설위(天地設位)〉는 「계사전상(繫辭傳上)」 첫머리에 이미 〈천존지비(天尊地卑) 천고지하(天高地下)〉라고 풀이되었다. 천존지비(天尊地卑)는 천고지하(天高地下)와 같은 말씀이다. 천(天)의 자리[位]는 높고[尊] 지(地)의 위(位)는 낮다[卑] 함이 곧 천지설위(天地設位)의 〈설위(設位)〉이다. 이 설위(設位)로써 천기(天氣) 즉 양기(陽氣)인 〈신(神)〉은 위에서[上] 아래로[下] 뻗치고[伸], 지기(地氣) 즉 음기(陰氣)인 〈귀(鬼)〉는 하(下)에서 상(上)으로 굽힌다[屈]. 이러한 천지설위(天地設位)를 본받아[法] 성인(聖人)이 작역(作易)했다.

〈성인성능(聖人成能)〉은 성인(聖人)의 작역(作易)을 밝힌 말씀이다. 이는 천지(天地)의 설위(設位)를 본받아[法] 역(易)을 만들어낸[作] 성인(聖人)의 공능(功能)을 밝힌다. 왜 성인(聖人)이 역(易)을 짓는[作之] 선한[能] 일[事]을 완성했을까? 자연[天地]의 설위(設位)를 본받아[法] 작역(作易)한 까닭은 〈천하지능사필의(天下之能事畢矣)〉에 분명히 나타난다. 온 세상[天下]의 가능한 일[能事]을 다하기[畢] 위하여 음양(陰陽)이 촉류(觸類)하여 사상(四象)을 길러내고[長] 사상(四象)이 촉류하여 팔괘(八卦)를 길러내며 팔괘(八卦)가 촉류하여 64괘(卦)를 길러낸다. 어찌 8괘(卦)가 촉류하여 64괘(卦)만을 길러냄으로써 그치겠는가? 64괘(卦)는 음양(陰陽)의 효(爻)를 당겨[引] 널리 길러내[長] 갈 뿐이니, 일음일양(一陰一陽)-생생(生生)은 무한대로 촉류하고 신장(伸長)할 뿐이다. 이러한 능사(能事)를 천지설위(天地設位)를 본받아[法] 완성했음을 〈성인성능(聖人成能)〉이라고 밝힌다.

人謀鬼謀(인모귀모)

〈성인성능(聖人成能)의 능(能)〉을 인간이 따라서 본받음[法]을 풀이한다. 따라서 〈인모(人謀)〉와 〈귀모(鬼謀)〉는 성인(聖人)이 작역(作易)한 역(易)을 풀이한다. 왜냐하면 〈성인성능(聖人成能)의 능(能)〉이란 역(易)의 괘효(卦爻)를 만들어낸[作] 일[能]을 뜻하기 때문이다. 그러므로 인모귀모(人謀鬼謀)는 〈인모어괘효(人謀於卦爻)이귀모어괘효(而鬼謀於卦爻)〉로써 살펴 새길 수 있는 말씀이다. 성인(聖人)은 팔괘(八卦)를 만들어 천수상(天垂象)의 상(象)이 꾀함[謀]을 관상(觀象)하게 하고, 나아가 괘효(卦爻)에 사(辭)를 매어[繫] 완사(玩辭)하게 하여 관변(觀變)하고 완점(玩占)하게 함이 곧 성인(聖人)의 공능(功能)이다. 〈인모(人謀)〉는 성인(聖人)을 본받아 범인(凡人)들도 그 공능(功能)을 도모하고, 〈귀모(鬼謀)〉 역시 성인(聖人)과 마찬가지로 천수상(天垂象)의 상(象)을 본받아[法] 변화의 공능(功能)을 땅마저도 도모한다.

百姓與能(백성여능)

백성(百姓)의 이역(以易)을 말한다. 성인(聖人)이 만들어놓은 역(易)을 백성(百姓)이 이역(以易) 즉 역의[易] 이용함[以]을 〈여능(與能)〉이라고 밝힌다. 여능(與能)의 〈여(與)〉는 〈따를 종(從)〉과 같고 〈능(能)〉은 성인(聖人)의 작역(作易)을 뜻하는 일[事]이니, 〈여능(與能)〉이란 〈종사(從事)〉와 같은 말씀이다. 그러므로 백성여능(百姓與能)은 〈백성종성인지사(百姓從聖人之事)〉를 뜻한다. 성인지도(聖人之道)의 네 가지는 〈이언자상기사(以言者尙其辭)-이동자상기변(以動者尙其變)-이제기자상기상(以制器者尙其象)-이복서자상기점(以卜筮者尙其占)〉이다. 이와 같은 사도(四道)를 살펴 헤아려 따져본다면 백성여능(百姓與能)의 〈여능(與能)〉은 풀이된다. 역(易)에 간직되어 있는 이 사도(四道)를 좇아 백성(百姓)도 역(易)의 64괘(卦)를 이용하여[以] 관상(觀象)하고 완사(玩辭)하며 관변(觀變)하고 완점(玩占)하여 매사의 상생(祥眚) 즉 길흉지징(吉凶之徵)을 깊은 생각으로 궁구할 수 있다.

八卦以象告(팔괘이상고)

팔괘(八卦)는 소성괘(小成卦)를 말하고, 이상(以象)의 〈상(象)〉은 소성괘(小成卦)를 이루는 괘획(卦畫) 즉 삼재(三才)의 효(爻)인 〈삼효(三爻)〉를 말한다. 소성괘(小

成卦)의 삼효(三爻)는 삼재(三才) 즉 천지인(天地人)의 상(象)이다. 삼재(三才)의 짓[象]을 이용하여[以] 인모귀모(人謀鬼謀)를 팔괘(八卦)가 알려준다[告]. 그러나 팔괘이상고(八卦以象告)의 〈고(告)〉는 결코 경고하지 않음을 명심하게 한다. 왜냐하면 팔괘이상고(八卦以象告)의 〈고(告)〉란 오로지 유상(有祥)의 고(告)이기 때문이다. 유상(有祥)의 〈상(祥)〉은 〈길흉지징(吉凶之徵)〉 즉 길흉(吉凶)의 낌새[徵]이지 결코 진술하지 않는다. 그러므로 유상(有祥)의 고(告)는 진술하여 말해주지[語之] 않고 오로지 낌새[徵]를 말할[言之] 뿐이다. 어지(語之)는 진술하여 알려주는 말[辭]이지만 언지(言之)는 스스로 생각해보라는 사(辭)이다. 여기서 이상(以象) 즉 〈짓[象]을 이용함[以]〉이란 오로지 스스로 관상(觀象)하여 역수(逆數)하여 지래(知來)하라 함이다.

爻象以情言(효단이정언)

대성괘(大成卦)의 효사(爻辭)를 밝힌다. 왜냐하면 〈이정언(以情言)〉은 괘효사(卦爻辭)를 뜻하므로 대성괘(大成卦)를 일컫기 때문이다. 팔괘(八卦)는 천지지상(天地之象)을 이용하여[以] 이정(以情)의 짓[象]을 고(告)할 뿐이지, 팔괘(八卦)에는 이정(以情)의 말[言] 즉 괘효사(卦爻辭)가 없다. 그러나 대성괘(大成卦)에는 이상(以象)의 고(告)와 더불어 이정(以情)의 언(言)도 갖추어져 있다. 여기서 이정(以情)의 〈정(情)〉은 〈사지진상(事之眞相)〉 즉 〈일의[事之] 참모습[眞相]〉을 뜻한다. 대성괘(大成卦)가 갖추고 있는 이정(以情)의 언(言)이 곧 성인(聖人)이 매어둔[繫] 괘효사(卦爻辭)이다. 괘효사(卦爻辭)가 진술(陳述)의 어지(語之)가 아니라 여향(如嚮)의 언지(言之)라고 함은 대성괘(大成卦)의 괘효사(卦爻辭)가 〈이정(以情)의 언(言)〉이기 때문이다. 성인(聖人)이 매어둔[繫] 괘효사(卦爻辭)란 사지진상(事之眞相)을 써서[以] 말할[言] 뿐이다. 이렇기 때문에 괘효사(卦爻辭)를 청사(聽辭)하라 하지 않고 완사(玩辭)하라 한다. 말씀[辭]을 귀로 듣지[聽] 말고 사려(思慮)로 말씀[辭]을 스스로 새김하라[玩]는 뜻을 살펴 헤아리고 따져 가늠해야 한다.

剛柔雜居(강유잡거)

「계사전하(繫辭下)」 9단락(段落)에서 살핀 〈육효상잡(六爻相雜)〉을 상기시킨다.

물론 여기선 팔괘(八卦)의 강유잡거(剛柔雜居)와 대성괘(大成卦)의 강유잡거(剛柔雜居)를 아울러 밝힘을 간파해야 한다. 소성괘(小成卦)에는 삼효(三爻)가 잡거(雜居)하지만, 대성괘(大成卦)에는 육효(六爻)가 잡거한다. 소성괘(小成卦) 즉 팔괘(八卦)의 삼효(三爻)는 삼재(三才)를 밝히고, 대성괘(大成卦)의 육효(六爻) 또한 삼재(三才) 즉 천지인(天地人)을 밝힌다. 역(易)에서 그 삼재(三才)가 천도(天道)의 음양(陰陽)-지도(地道)의 강유(剛柔)-인도(人道)의 인의(仁義)이다. 〈강유잡거(剛柔雜居)〉라 함은 음양잡거(陰陽雜居)를 암시하고 또한 인의잡거(仁義雜居)를 포함하는 말씀임을 명심해야 한다. 강유잡거(剛柔雜居)의 〈잡거(雜居)〉는 상주(常住)하는 잡거가 아니라 누천(屢遷)하는 잡거임을 상기한다면, 강유잡거(剛柔雜居)란 일음일양(一陰一陽)-생생(生生)을 뜻함을 간파할 수 있고, 대성괘(大成卦)에서 육효(六爻)가 중-정-응-비(中-正-應-比)로써 상관함도 알아채야 한다.

而吉凶可見矣(이길흉가견의)

대성괘(大成卦)의 잡거(雜居)하는 괘효상(卦爻象)을 관상(觀象)하고 따라서 괘효사(卦爻辭)를 완사(玩辭)한다면 길흉지사(吉凶之事)를 살펴 찾아낼 수 있음을 밝힌다. 길흉가견(吉凶可見)의 〈견(見)〉은 「계사전상(繫辭傳上)」 3단락(段落)에서 살핀 〈변길흉자존호사(辯吉凶者存乎辭)〉를 상기한다면, 변길흉(辯吉凶)의 〈변(辯)〉이며 동시에 존호사(存乎辭)의 〈존(存)〉을 함께 뜻함을 간파할 수 있다. 길흉(吉凶)이란 득실지상(得失之象) 즉 얻거나[得] 잃는[失之] 짓[象]이므로 그 득실(得失)을 밝힘[辯]은 성인(聖人)이 괘효(卦爻)에 매어둔[繫] 사(辭)에 있음[存]을 살펴 찾아냄이 곧 길흉가견(吉凶可見)의 〈견(見)〉이다. 물론 길흉가견(吉凶可見)의 〈견(見)〉은 무사(無私)-무욕(無欲)-무아(無我)의 관상(觀象)과 완사(玩辭)로써만 변길흉(辯吉凶)할 수 있다.

變動以利言(변동이리언)

괘효사(卦爻辭)가 길흉(吉凶)을 어떻게 말하는지 밝힌다. 여기서 괘효사(卦爻辭)가 이리(以利) 즉 〈이를[利] 이용하여[以]〉 변길흉(辯吉凶) 즉 길흉을[吉凶] 밝혀줌[辯]을 새겨 헤아려볼 수 있다. 여기서 이리(以利)의 〈이(利)〉 즉 〈이로움[利]〉이

무사(無私)-무욕(無欲)-무아(無我)의 사려(思慮)에서 비롯한 〈이(利)〉라면 괘효사(卦爻辭)가 말하는[言] 변동(變動)을 완사(玩辭)하여 지래(知來)할 수 있고, 그렇지 않고 행험(行險)-요행(徼倖)의 모사(謀事)에서 비롯한 〈이(利)〉라면 괘효사(卦爻辭)가 말하는[言] 변동(變動)을 완사(玩辭)할 수 없어서 지래(知來)할 수 없다. 매사에서 길흉(吉凶)의 득실은 언제나 공평(公平)하고 무사(無私)하게 드러남이 이리(以利)의 〈이(利)〉 즉 〈의지화(義之和)〉이기 때문에, 괘효사(卦爻辭)가 길흉(吉凶)의 변동을 이리(以利) 즉 화의(和義)의 이로움을[利] 이용하여[以] 말함[言]이다.

吉凶以情遷(길흉이정천)

「계사전상(繫辭傳上)」 18단락(段落)에서 살핀 〈팔괘정길흉(八卦定吉凶) 길흉생대업(吉凶生大業)〉을 환기한다면 대성괘(大成卦)가 길흉(吉凶)을 밝힘을 알 수 있다. 길흉이정천(吉凶以情遷)에서 이정(以情)의 〈정(情)〉은 〈역지정(易之情)〉 즉 〈역(易)의 참뜻[情]〉을 말한다. 그리고 길흉이정천(吉凶以情遷)의 〈이정(以情)〉을 살펴 새긴다면 〈길흉(吉凶)의 옮김[遷]〉에는 결코 인간의 사정(私情)이 깃들 수 없음을 간파할 수 있다. 사(事) 그 자체에서 길흉(吉凶)이 생기는 것이 아니라, 사람의 〈사욕(私欲)〉 탓으로 매사에서 길흉(吉凶)이 생길 뿐이다. 그렇게 생기는 길흉(吉凶)을 인간의 소욕(所欲)대로 조정될 수 없고 조작될 수도 없음을 〈팔괘정길흉(八卦定吉凶)〉으로써 밝힌다. 이렇기 때문에 〈팔괘정길흉(八卦定吉凶)의 정(定)〉을 저마다 스스로 새겨 헤아리고 가늠해야 한다. 〈팔괘(八卦)가 길흉(吉凶)을 정(定)한다〉고 함은 〈팔괘(八卦)가 인간에게 길흉(吉凶)을 정해준다〉는 것이 아니고, 〈인간이 팔괘(八卦)의 도(道)를 좇아 따르면[順] 길(吉)이 정(定)해지고, 외면하고 어기면[逆] 흉(凶)이 정(定)해진다〉는 말씀이다.

愛惡相攻而吉凶生(애오상공이길흉생)

마음속[心中]에서 일어나는[起] 길흉지사(吉凶之事)이다. 애오(愛惡)는 늘 심중(心中)에서 상공(相攻)한다. 그 〈상공(相攻)〉은 〈상마(相摩)-상충(相衝)〉 등과 같다. 좋아함[愛]과 싫어함[惡]이 서로[相] 부딪침[攻]이란 심중(心中)의 갈등(葛藤)을 말한다. 이러한 애오상공(愛惡相攻)을 살펴 터득하자면 군자지도(君子之道)와 소인지도(小人之道)를 견주어 상찰(詳察)하여 애오상공(愛惡相攻)이 〈길흉생(吉凶生)〉으로 이어지는 연유를 새겨 헤아려 가늠할 수 있다.

『중용(中庸)』에 나오는 〈군자지도암연이일장(君子之道闇然而日章) 소인지도적연이일망(小人之道的然而日亡)〉을 상기한다면, 군자(君子)는 늘 신독(愼獨)하여 애오상공(愛惡相攻)을 진압(鎭壓)하고자 하고, 소인(小人)은 그 상공(相攻)을 치열하게 자초함을 알아챌 수 있다. 군자(君子)는 늘 성인(聖人)의 삶을 본받아[效] 무욕(無欲)-무사(無私)-무아(無我)의 삶을 좇아 대명(待命)하여 〈애오상공(愛惡相攻)〉을 벗어나고자 한다. 성인(聖人)의 삶은 『노자(老子)』 29장(章)에 나오는 〈거심(去甚) 거사(去奢) 거태(去泰)〉의 삶이고, 이런 성인(聖人)의 삶을 본받는[法] 삶이란 『노자(老子)』 67장(章)에 나오는 〈검(儉) 자(慈) 불감위천하선(不敢爲天下先)〉이란 삼보(三寶)의 삶이다. 이러한 성인(聖人)의 삶을 본받아[效] 일구어가는 삶을 일러 〈거이(居易)〉라 한다. 편안한 마음으로 산다[居易] 함은 애오상공(愛惡相攻)을 벗어난 삶이고 그런 삶에서는 길흉지사(吉凶之事)가 생기지 않는다. 일망(日亡)의 삶에 길흉(吉凶)이 생기지만 일장(日章)의 삶은 〈길흉생(吉凶生)〉을 벗어난 평정한 삶이다. 군자(君子)의 삶이 평정함은 애오상공(愛惡相攻)하면 길흉생(吉凶生)함을 깨우쳤기 때문이다.

註 군자지도암연이일장(君子之道闇然而日章) 소인지도적연이일망(小人之道的然而日亡) : 군자(君子)의[之] 도는[道] 어둑해도[闇然而] 날로[日] 밝아지고[章], 소인(小人)의[之] 도는[道] 뚜렷해도[的然而] 날로[日] 어둡다[亡].

註 성인거심(聖人去甚) 거사(去奢) 거태(去泰) : 성인은[聖人] 격심함을[甚] 버리고[去] 사치함을[奢] 버리고[去] 교만함을[泰] 버린다[去].

遠近相取而悔吝生(원근상취이회린생)

〈원근상취(遠近相取)〉는 마음속[心中]에서 생기는[生] 회린지사(悔吝之事)이고, 〈회린생(悔吝生)〉은 흉사(凶事)를 깨우침으로 말미암음이다. 원사(遠事) 즉 멀리할[遠] 일[事]과 근사(近事) 즉 가까이할[近] 일[事]을 변별(辨別)하지 못했음을 깨우치고, 회린(悔吝)함은 과이불개(過而不改)의 허물을 벗어날 수 있음을 말한다. 멀리할 것[遠者]을 멀리하고[遠] 가까이할 것[近者]을 가까이한다[近]고 하면 원근(遠

近)의 것들이 상취(相取)할 리 없다. 멀리 할 것을 멀리하고 가까이할 것을 가까이 한다면 원근상리(遠近相離)일 터이지 원근상취(遠近相取)일 리 없기 때문이다. 원자(遠者)를 가까이했고[近] 근자(近者)를 멀리했기[遠]에 원근(遠近)이 서로[相] 취(取)해 회린지사(悔吝之事)가 생긴다. 원자(遠者)를 원(遠)하고 근자(近者)를 근(近)했다면 뉘우치고[悔] 한스러워하지[吝] 않아도 된다. 원(遠)해야 할 것을 가까이하고[近] 근(近)해야 할 것을 멀리했기[遠]에 회린(悔吝)하는 일이 빚어진다. 원근(遠近)을 변별(辨別)하여 원자(遠者)를 멀리하고[遠] 근자(近者)를 가까이[近]한다면 회자(悔者)가 생길 리 없다. 다만 무엇이 원자(遠者)이고 무엇이 근자(近者)인지 아느냐[知] 모르느냐[不知]에 달려 있을 뿐이다. 분명한 것은 순역(順易)을 근자(近者)로 삼고 배역(背易)을 원자(遠者)로 삼아 역(易)을 따름[順]을 좋아하고[愛] 역(易)을 어김[背]을 싫어한다[惡]면 회자(悔者)가 생길 리 없다. 뉘우칠 일[悔者]이 없다면 인자(吝者) 즉 한스러워할[吝] 것[者]도 없다. 그러나 회린(悔吝)이 생긴다[生]면 멀리할 것[遠者]인 배역(背易)을 가까이했음[近]이고 가까이할 것[近者]인 순역(順易)을 멀리했음[遠]이다.

情僞相感而利害生(정위상감이리해생)

〈정위상감(情僞相感)〉은 원근상취(遠近相取)를 풀이한 말씀이다. 정위상감(情僞相感)은 원근상취(遠近相取)의 〈원근(遠近)〉을 〈정위(情僞)〉로 헤아려 살펴보게 한다. 정위상감(情僞相感)의 〈상감(相感)〉은 원근상취(遠近相取)의 상취(相取)를 거듭 분명하게 풀이한다. 서로 취함[相取]이란 서로 느낌[相感]이다. 이러한 상취(相取)-상감(相感)은 인간의 마음속[心中]에서 생기지[生] 일[事] 자체에서 생기는 것은 아니다. 나아가 원근상취(遠近相取)로 말미암은 회린생(悔吝生)이 정위상감(情僞相感)으로 말미암은 이해생(利害生)을 이용하여[以] 보다 분명하게 풀이된다. 그러므로 정위상감(情僞相感)은 일[事]의 길흉(吉凶)이 회린(悔吝)으로 드러나면 무엇이 참뜻[情]이고 무엇이 인위(人爲)의 거짓[僞]인지 터득하게 해준다. 정위(情僞)의 〈정(情)〉을 가까이할수록 길(吉)로 이어지고, 〈위(僞)〉는 멀리할수록 길(吉)로 이어지며, 정위(情僞)의 〈정(情)〉을 멀리할수록 흉(凶)으로 이어지고, 〈위(僞)〉를 가까이할수록 흉(凶)으로 이어진다. 정위(情僞)의 〈정(情)〉을 〈길(吉)-선(善)〉

으로 새기고 〈위(僞)〉를 흉(凶)-악(惡)〉으로 여기고 새겨 헤아려도 되겠지만, 〈정위(情僞)〉의 〈정(情)〉은 〈천지지정(天地之情)〉 즉 천지의[天地之] 뜻[情]을 말하고 〈위(僞)〉는 〈인지위(人之爲)〉 즉 인간의[人之] 짓[爲]을 뜻하므로, 여기서 〈위(僞)〉는 〈거짓 위(僞)〉가 아니라 〈인위(人爲)의 위(僞)〉를 말한다.

凡易之情近而不相得(범역지정근이불상득) 則凶(즉흉)

〈길흉생(吉凶生)〉의 까닭을 풀이한다. 〈범역지정근이불상득(凡易之情近而不相得) 즉흉(則凶)〉은 곧 〈득근범역지정(得近凡易之情) 즉길(則吉)〉을 살펴 헤아려 가늠하게 한다. 〈범역지정근이불상득(凡易之情近而不相得)〉에서 〈부득(不得)〉은 〈획득하고자 노력하지 않음〉을 뜻한다. 역지정(易之情)을 가까이하기를 애쓰지 않는다면 매사에 흉(凶)함이 생기고 만다. 역지정(易之情)의 〈정(情)〉 즉 〈역(易)의 참뜻[情]〉은 「계사전상(繫辭傳上)」 5단락(段落)에서 살핀 〈일음일양지위도(一陰一陽之謂道) 계지자선야(繼之者善也) 성지자성야(成之者性也)〉를 상기하고, 17단락(段落)에서 살핀 〈역무사야(易无思也) 무위야(无爲也)〉를 떠올린다면 살펴[觀] 새기고[玩] 헤아려[擬] 가늠할[斷] 수 있다. 성(性)-선(善)-무사(无思)-무위(无爲) 이 네 말씀은 역지정(易之情) 즉 〈역의[易之] 참뜻[情]〉을 밝힌 말씀이다. 물론 역지정(易之情)이란 애써 얻지 않으면 획득되지 않는다. 그 정(情)이란 선(善)-성(性)-무사(无思)-무위(无爲)인 까닭이다. 그래서 자연[天地]은 역지정(易之情)을 쉽사리 드러내지 않고 덮어둔다[冒]. 「계사전상(繫辭傳上)」 18단락(段落)에서 살핀 〈부역개물성무(夫易開物成務) 모천하지도(冒天下之道)〉를 상기한다면 〈역지정(易之情)을 애써 획득해야 하는 까닭〉을 간파할 수 있다. 나아가 천하지도(天下之道)를 성인(聖人)이 견색(見賾)하여 온 세상의 뜻[天下之志]을 통하게 하고 온 세상의 일[天下之業]을 정하고 온 세상의 의심[天下之疑]을 판단하게 하는 역(易)을 지었음[作] 또한 〈역지정(易之情)〉을 애써 획득하게 함이다.

或害之(혹해지) 悔且吝(회차린)

〈혹해지(或害之)〉는 애오상공(愛惡相攻)의 〈상공(相攻)〉과 원근상취(遠近相取)의 〈상취(相取)〉 그리고 정위상감(情僞相感)의 〈상감(相感)〉 등이 결국 〈득근역지정(得近易之情)〉을 해(害)함을 헤아려 가늠하게 한 말씀이다. 왜 애오(愛惡)가 서로[相] 공격하면[攻] 길흉(吉凶)이 생겨[生] 뉘우치고[悔] 또[且] 한스럽게 되는가[吝]? 원근(遠近)이 서로[相] 취하면[取] 그 또한 뉘우치고[悔] 또[且] 한스럽게 되는가[吝]? 정위(情僞)가 서로[相] 느끼면[感] 그 역시 뉘우치고[悔] 또[且] 한스럽게 되는가[吝]? 그 까닭을 〈혹해지(或害之)〉라고 밝힌다. 누구이든 역지정(易之情) 즉 역(易)의 참뜻[情]을 해(害)하면 매사에 회차린(悔且吝) 즉 후회하고[悔] 또[且] 한스럽게 되는[吝] 까닭을 군자(君子)는 사무쳐 알기 때문에, 외성인지언(畏聖人之言) 즉 성인의 말씀[聖人之言]을 두려워하고[畏] 거이(居易)하며 천명(天命)을 받잡아 기다린다[待]. 그러나 소인(小人)은 역지정(易之情)을 해(害)하면 매사에 후회하고[悔] 또[且] 한스럽게 되는[吝] 까닭을 모르기 때문에, 압성인지언(狎聖人之言) 즉 성인의 말씀[聖人之言]을 업신여기고[狎] 행험(行險)하며 요행(僥倖)을 바란다[徼]. 그러므로 득근역지정(得近易之情)한다면 매사에 회린(悔吝)하지 않음을 반어적으로 〈혹해지(或害之) 회차린(悔且吝)〉이라고 밝힌다.

將叛者(장반자) 其辭慙(기사참)

〈장반자(將叛者)〉는 장반역지정자(將叛易之情者)를 말한다. 역(易)의 참뜻[情]을 배반하는 자(者)란 불선(不善)-부덕(不德)하여 본성(本性)을 지키지[守] 못하는 자(者)이다. 역지정(易之情)을 배반하려는[將叛] 사람[者]은 애오상공(愛惡相攻)-원근상취(遠近相取)-정위상감(情僞相感)하여 역(易)의 참뜻[情]을 가까이할[近] 줄 모르는[不知] 소인(小人)이다. 불선(不善)하고 부덕(不德)하기 때문에 배역(背易)하면서도 그런 줄 모르고 거짓말[詐]을 일삼아, 장반자(將叛者)의 말[辭]은 성인(聖人)의 말씀[言]을 얕보고[侮] 무기탄(無忌憚) 즉 거리낌[忌憚] 없이[無] 거짓부렁[僞]을 일삼는다. 이를 두고 〈소인반중용(小人反中庸)〉이라고 한다. 소인(小人)은 중용(中庸)을 어긴다[反]. 왜냐하면 장반자(將叛者) 같은 소인(小人)은 선(善)하고 후덕(厚德)함이 곧 궁즉변(窮則變)-변즉통(變則通)-통즉구(通則久)가 되게 하는 역지정(易之情)임을 알지 못하기 때문이다. 그래서 역지정(易之情)을 어기려는 장반자(將叛者)의 말[辭]은 불선(不善)하고 부덕(不德)하여 구차스럽다[慙]. 〈참(慙)〉이란 언제나 흉(凶)하다.

中心疑者(중심의자) 其辭枝(기사지)

〈중심의자(中心疑者)〉는 역지정(易之情)을 의심하는 사람이다. 역지정(易之情)을 의심하는[疑] 사람[者]은 선(善)-성(性)을 의혹(疑惑)하여 천명(天命)을 모압(侮狎)하기를 마다하지 않는다. 이런 중심의자(中心疑者) 역시 장반자(將叛者)와 같이 애오상공(愛惡相攻)-원근상취(遠近相取)-정위상감(情僞相感)하여 역(易)의 참뜻[情]을 가까이할[近] 줄 모르는[不知] 소인(小人)이다. 선(善)-성(性)을 불신(不信)하기 때문에 불선(不善)-부덕(不德)을 망설이지 않으면서 이래저래 변덕을 일삼는다. 궁즉변(窮則變)-변즉통(變則通)-통즉구(通則久)가 되게 하는 역지정(易之情)임을 의혹(疑惑)하는 사람은 궁색(窮塞)함과 통변(通變)함을 나누어 생각할 줄 모른다. 그래서 중심의자(中心疑者) 역시 거리낌 없이 반중용(反中庸)을 범하면서 배역(背易)을 일삼으면서 자기(自欺)를 부끄러워할 줄 모른다. 이 핑계 저 핑계 대면서 모면하기를 일삼고 하늘이 무서운 줄 모르는 중심의자(中心疑者)는 스스로 자신[自]을 속이고[欺] 사는 줄 몰라 늘 말[辭]이 흩어져[枝] 줄기를 잡지 못해 자신을 흉(凶)하게 한다.

吉人之辭寡(길인지사과)

〈길인(吉人)〉은 〈득근역지정자(得近易之情者)〉 즉 역의[易之] 참뜻을[情] 가까이할 수 있는[得近] 사람[者]이다. 길인(吉人)은 곧 선인(善人)이고 따라서 군자(君子)이다. 이런 길인(吉人)은 천명(天命)을 두려워하고[畏] 대인(大人)을 외(畏)하여 성인(聖人)의 말씀[言]을 두려워해야[畏] 하는 까닭을 안다. 그래서 길인지사(吉人之辭)의 〈과(寡)〉는 『논어(論語)』「이인(里仁)」에 나오는 〈군자욕눌어언(君子欲訥於言)〉과 「계씨(季氏)」에 나오는 〈언사충(言思忠)〉을 상기시키고, 『노자(老子)』 56장(章)에 나오는 〈지자불언(知者不言) 언자부지(言者不知)〉를 일깨운다. 길인(吉人)일수록 말수가 적다[寡]. 길인(吉人)은 늘 역(易)의 참뜻[情]을 가까이하기[近] 때문에 길사(吉事)가 뒤따르고 세상의 마음을 얻는다. 왜냐하면 길인(吉人)은 길사유상(吉事有祥)의 참뜻[情]을 사무치기 때문이다. 좋은 일[吉事]에도 상(祥) 즉 길흉지징(吉凶之徵)이 있음을 길인(吉人)은 늘 알고 매사를 연저려(硏諸慮) 즉 깊은 생각[慮]으로 길흉의 낌새[吉凶之徵]를 연구하기[硏]를 게을리하지 않아 늘 무거운 길인(吉人)의 입을 〈과(寡)〉라 한다.

躁人之辭多(조인지사다)

〈조인(躁人)〉은 〈부득근역지정자(不得近易之情者)〉 즉 역의[易之] 참뜻을[情] 가까이하지 않는[不得近] 사람[者]이다. 조인(躁人)은 곧 소인(小人)이다. 이런 조인(躁人)은 천명(天命)을 얕보고[侮] 대인(大人)을 모(侮)하여 성인(聖人)의 말씀[言]을 두려워해야[畏] 하는 까닭을 몰라 그 입이 경박(輕薄)하다. 그래서 조인지사다(躁人之辭多)의 〈다(多)〉는 『논어(論語)』「계씨(季氏)」에 나오는 〈언미급지이언위지조(言未及之而言謂之躁)〉를 상기시킨다. 조인(躁人)은 경박(輕薄)해 말수가 많다[多]. 조인(躁人)은 늘 조급(躁急)해 역(易)의 참뜻[情]을 가까이하지[近] 못해, 길사유상(吉事有祥)의 참뜻[情]을 사무치지 못해 입이 늘 가볍다. 좋은 일[吉事]에도 상(祥) 즉 길흉지징(吉凶之徵)이 있음을 조인(躁人)은 알지 못해, 매사(每事)를 연저려(硏諸慮) 즉 깊은 생각[慮]으로 길흉의 낌새[吉凶之徵]를 연구하기[硏]는커녕 그런 생각조차 낼 줄 몰라 가볍게 입놀림이 자자해, 조인(躁人)의 가벼운 입을 〈다(多)〉라 한다. 조인(躁人)의 〈다(多)〉는 흉(凶)하다.

誣善之人(무선지인) 其辭游(기사유)

〈무선지인(誣善之人)〉은 〈부득근역지정자(不得近易之情者)〉 즉 역의[易之] 참뜻을[情] 가까이하지 않는[不得近] 사람[者]이다. 무선지인(誣善之人)은 사악(邪惡)한 소인(小人)이다. 무선지인(誣善之人)이란 선(善)을 속이는[誣之] 인간이니 천명(天命)을 속이고[誣] 대인(大人)을 속이며[誣] 성인(聖人)의 말씀[言]을 욕(辱)되게 하면서 역지도(易之道)를 속이는[誣] 사악(邪惡)한 인간이다. 그래서 무선지인(誣善之人)의 말[辭]이란 세 치 혀가 난세의 화근이 되게 하기 마련이다. 왜냐하면 무선(誣善)이란 궁색(窮塞)함을 변통(變通)함이라고 속이고 부덕(不德)을 후덕(厚德)이라 속이고 불선(不善)을 선(善)이라고 속임수를 범하기 때문이다. 이런 무선지인(誣善之人)을 일러 불성지인(不誠之人)이라 한다. 그래서 무선지인(誣善之人)은 『중용(中庸)』에 나오는 〈성자(誠者) …… 종용중도(從容中道) 성인야(聖人也) 성지자(誠之者) 택선이고집지자야(擇善而固執之者也)〉라는 말씀을 비웃고 얕본다. 무선(誣善)은 기선(棄善) 즉 선(善)을 버리면서[棄] 선(善)을 택(擇)한다고 속이고[誣] 지극히 불성(不誠)하면서 지성(至誠)하다고 속임[誣]이니, 무선지인(誣善之人)이란 세상을 도둑질하는 사악(邪惡)한 소인(小人)이다. 이런 무선지인(誣善之人)의 말[辭]을 〈유(游)〉라고 한다. 세상을 속이는 세 치 혀의 말[辭]이란 늘 부질없이 떠돌아[游] 흉(凶)할 뿐이다.

失其守者(실기수자) 其辭屈(기사굴)

〈실기수자(失其守者)〉는 〈부득근역지정자(不得近易之情者)〉 즉 역의[易之] 참뜻을[情] 가까이하려고[近] 애쓰지 않는[不得] 〈장반자(將叛者)-중심의자(中心疑者)-조인(躁人)-무선지인(誣善之人)〉 등과 같이 배역(背易)하려는 모든 부류의 인간상을 묶어서 밝힌다. 장반자(將叛者)의 참사(慙辭)도 사욕(私欲)에 굴복(屈伏)한 굴사(屈辭) 즉 비굴(卑屈)한 말[辭]이고, 중심의자(中心疑者)의 지사(枝辭)도 사욕에 굴복한 굴사이며, 조인(躁人)의 다사(多辭)도 사욕에 굴복한 비굴한 말이고, 무선지인(誣善之人)의 유사(游辭)도 사욕에 굴복한 굴사이다. 실기수자기사굴(失其守者其辭屈)은 『맹자(孟子)』「이루장구(離婁章句) 하(下)」에 나오는 〈인유불위야(人有不爲也) 이후가이유위(而後可以有爲)〉란 말씀을 상기시킨다. 물론 인유불위야(人有不爲也)의 〈불위(不爲)〉는 불인(不仁)-불의(不義)를 범하는 부당한 일을 말하고, 〈위(爲)〉는 인의(仁義)를 행하는 정당한 일을 말한다. 인의(仁義)란 삼재지도(三才之道)이기 때문에 인의를 행함은 순역(順易)함이고, 불인(不仁)-불의(不義)를 범함은 배역(背易)함이다. 역지정(易之情)을 실수(失守) 즉 지키지[守] 못함[失]이란 선(善)-성(性)을 실수함이고, 따라서 인(仁)과 의(義)를 실수함이다. 불인(不仁)-불의(不義)도 사욕 탓이고 역지정(易之情)을 어김도 사욕 때문이다. 무사(无思)-무위(无爲)의 말[辭]이라야 언제 어디서나 정대(正大)하여 당당할 뿐이지 사욕의 말[辭]이란 언제 어디서나 비굴하다. 비굴해진 인간은 택선(擇善)하지 못한다. 선하기[善]를 택하지 못하면[不擇] 불선(不善)을 택(擇)하는 사욕을 좇게 된다. 불선의 사욕이 곧 역지정(易之情)을 어김이고 따라서 배역(背易)함이다. 배역(背易)의 말[辭]이란 모두 비굴하다. 이를 묶어 〈실기수자(失其守者) 기사굴(其辭屈)〉이라고 밝힌다.

註 인유불위야(人有不爲也) 이후가이유위(而後可以有爲) : 사람에게는[人] 하지 않아야 할 것이[不爲] 있는 것[有]이다[也]. 그런 뒤에야[而後] 그로써[以] 할 것이[爲] 있을 수 있다[可有].

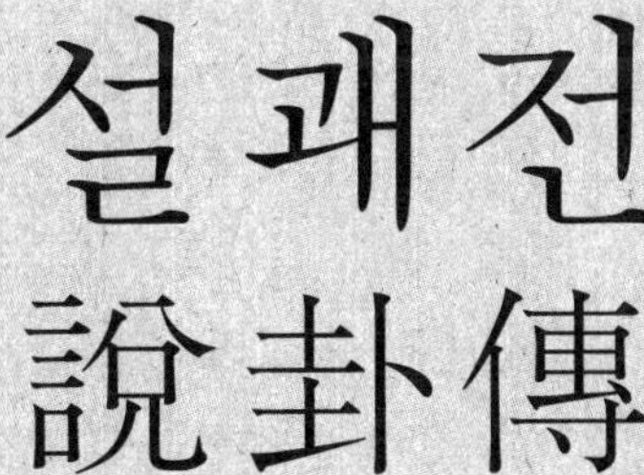
설괘전
說卦傳

【1단락(段落)】

昔者聖人之作易也라 幽贊於神明而生蓍하고 參天兩地
석 자 성 인 지 작 역 야 유 찬 어 신 명 이 생 시 삼 천 량 지
而倚數하며 觀變於陰陽而立卦하고 發揮於剛柔而生爻하
이 의 수 관 변 어 음 양 이 립 괘 발 휘 어 강 유 이 생 효
니 和順於道德而理於義하고 窮理盡性하여 以至於命한다
화 순 어 도 덕 이 리 어 의 궁 리 진 성 이 지 어 명

옛날[昔者] 성인이[聖人之] 역을[易] 지었음[作]이란[也] 신명(神明)께[於] 가만히[幽] 도움을 받아서[贊而] 시초를[蓍] 내었고[生], 하늘을[天] 셋으로[三] 땅을[地] 둘로 하여[兩而] 수를[數] 세우고[倚], 음양(陰陽)에서[於] 변화함을[變] 살펴서[觀而] 괘를[卦] 세웠고[立], 강유(剛柔)에서[於] 발휘해[發揮而] 효를[爻] 내니[生], 도덕(道德)에[於] 화순하고[和順而] 의(義)를[於] 다스리며[理], 이치를[理] 궁구하고[窮] 본성을[性] 다함[盡]으로써[以] 천명[命]에[於] 이른다[至].

【2단락(段落)】

昔者聖人之作易也라 將以順性命之理니 是以로 立天之
석 자 성 인 지 작 역 야 장 이 순 성 명 지 리 시 이 입 천 지
道曰陰與陽이요 立地之道曰柔與剛이요 立人之道曰仁
도 왈 음 여 양 입 지 지 도 왈 유 여 강 입 인 지 도 왈 인
與義니 兼三才而兩之라 故로 易六劃而成卦하고 分陰分
여 의 겸 삼 재 이 양 지 고 역 륙 획 이 성 괘 분 음 분
陽하여 迭用柔剛이라 故로 易六位而成章한다
양 질 용 유 강 고 역 육 위 이 성 장

옛날[昔者] 성인이[聖人之] 역을[易] 지었음[作]이란[也] 그로써[以] 본성과[性] 천명의[命之] 이치를[理] 따르려 했다[將順]. 이[是]로써[以] 하늘의[天之] 도리를[道] 세움을[立] 양(陽)과[與] 음(陰)이라 하고[曰], 땅의[地之] 도리를[道] 세움을[立] 강(剛)과[與] 유(柔)라 하며[曰], 사람의[人之] 도리를[道] 세움을[立] 의(義)와[與] 인(仁)이라 하니[曰], 삼재를[三才] 겸해서[兼而] 그 삼재를[之] 곱했다[兩]. 그래서[故] 역이[易] 여섯 획이어서[六劃而] 괘를[卦] 이루고[成], 음을[陰] 나누고[分] 양을[陽] 나누어[分] 유와[柔] 강을[剛] 서로[迭] 쓴다[用]. 그래서[故] 역이[易] 여섯[六] 자리가 되어서[位而] 온 세상 온갖 밝힘을[章] 이룬다[成].

【3단락(段落)】

天地定位하여 山澤通氣하고 雷風相薄하며 水火不相射하여 八
천 지 정 위 산 택 통 기 뇌 풍 상 박 수 화 불 상 사 팔
卦相錯한다 數往者順이요 知來者逆이다 是故로 易逆數也이다
괘 상 착 수 왕 자 순 지 래 자 역 시 고 역 역 수 야

하늘땅이[天地] 자리를[位] 정하여[定], 산과[山] 못이[澤] 기운을[氣] 통하고[通] 우레와[雷] 바람이[風] 서로[相] 부딪치며[薄] 물과[水] 불이[火] 서로[相] 해치지 않아[不射], 팔괘가[八卦] 서로[相] 섞인다[錯]. 간 것을[往] 헤아림[數]이란[者] 따름이고[順], 올 것을[來] 앎[知]이란[者] 미리미리 거스름이다[逆]. 이렇기[是] 때문에[故] 역은[易] 미리미리 거슬러[逆] 헤아림[數]이다[也].

【4단락(段落)】

雷以動之하고 風以散之하며 雨以潤之하고 日以烜之하며
뇌 이 동 지 풍 이 산 지 우 이 윤 지 일 이 훤 지
艮以止之하고 兌以說之하며 乾以君之하고 坤以藏之한다
간 이 지 지 태 이 열 지 건 이 군 지 곤 이 장 지

우레[雷]로써[以] 움직이고[動之] 바람[風]으로써[以] 흩어지며[散之] 비[雨]로써[以] 적시고[潤之] 해[日]로써[以] 말리며[烜之], 간(艮)으로써[以] 머물고[止之] 태(兌)로써[以] 기뻐하며[說之] 건(乾)으로써[以] 임금 노릇하고[君之] 곤(坤)으로써[以] 저장한다[藏之].

【5단락(段落)】

帝出乎震하여 齊乎巽하고 相見乎離하며 致役乎坤하고 說
제 출 호 진 제 호 손 상 견 호 리 치 역 호 곤 열
言乎兌하며 戰乎乾하고 勞乎坎하며 成言乎艮한다 萬物出
언 호 태 전 호 건 노 호 감 성 언 호 간 만 물 출
乎震하니 震東方也이다 齊乎巽하니 巽東南也이다 齊也者
호 진 진 동 방 야 제 호 손 손 동 남 야 제 야 자
는 言萬物之潔齊也이다 離也者明也이고 萬物皆相見하니
언 만 물 지 결 제 야 이 야 자 명 야 만 물 개 상 현
南方之卦也이다 聖人南面而聽天下하여 嚮明而治하니 蓋
남 방 지 괘 야 성 인 남 면 이 청 천 하 향 명 이 치 개

取諸此也이다 坤也者地也니 萬物皆致養焉이다 故로 曰
취저차야 곤야자지야 만물개치양언 고 왈

致役乎坤이라 兌正秋也니 萬物之所說也이다 故로 曰說
치역호곤 태정추야 만물지소열야 고 왈열

言乎兌라 戰乎乾은 乾西北之卦也니 言陰陽相薄也라 坎
언호태 전호건 건서북지괘야 언음양상박야 감

者水也니 正北方之卦也니 勞卦也라 萬物之所歸也이다
자수야 정북방지괘야 노괘야 만물지소귀야

故로 曰勞乎坎이라 艮東北之卦也니 萬物之所成終而所
고 왈노호감 간동북지괘야 만물지소성종이소

成始也이다 故로 曰成言乎艮이라
성시야 고 왈성언호간

하느님이[帝] 진방(震方)에서[乎震] 나와서[出] 손방(巽方)에서[乎巽] 가지런히 하고[齊] 이방(離方)에서[乎離] 서로[相] 보며[見] 곤방(坤方)에서[乎坤] 부역을[役] 다하고[致] 태방(兌方)에서[乎兌] 기뻐서[說] 말하며[言] 건방(乾方)에서[乎乾] 싸우고[戰] 감방(坎方)에서[乎坎] 수고하며[勞] 간방(艮方)에서[乎艮] 이룬다[成] 한다[言]. 만물이[萬物] 진방(震方)에서[乎震] 나오니[出] 진은[震 : ☳] 동방(東方)이다[也]. 손방(巽方)에서[乎巽] 가지런하니[齊] 손은[巽 : ☴] 동남(東南)이다[也]. 가지런함[齊]이란[也] 것은[者] 만물이[萬物之] 깨끗이[潔] 가지런함을[齊] 말함[言]이다[也]. 이(離 : ☲)란[也] 것은[者] 밝음[明]이고[也] 만물이[萬物] 모두[皆] 서로[相] 드러나니[見] 남방의[南方之] 괘(卦)이다[也]. 성인이[聖人] 남쪽으로[南] 향해서[面而] 온 세상을[天下] 듣고[聽] 밝음을[明] 울려서[嚮而] 다스리니[治] 대개[蓋] 이[此]에서 다스림을[諸] 취함[取]이다[也]. {<저차(諸此)>는 <치어리(治於離)>의 줄임이고, <저(諸)>는 <어차(於此)>의 줄임이고, 여기 <차(此)>는 앞의 <이(離)>를 나타내는 지시어이다.} 곤(坤 : ☷)이란[也] 것은[者] 땅[地]이니[也] 온갖 것이[萬物] 모두[皆] 땅에서 더없이[致] 양육됨[養]이다[焉]. 그래서[故] 곤방(坤方)에서[乎坤] 더없이[致] 역사함이라[役] 한다[曰]. {<언(焉)>은 <어시(於是)>의 줄임이고, 여기선 <어지야(於地也)>를 줄임이다.} 태는[兌 : ☱] 한가을[正秋]이니[也] 온갖 것이[萬物之] 기뻐하는[說] 바[所]이다[也]. 그래서[故] 태방(兌方)에서[乎兌] 기뻐[說] 말한다[言]고 한다[曰]. 건방(乾方)에서[乎乾] 싸움은[戰] 건은[乾 : ☰] 서북의[西北之] 괘(卦)이니

[也] 음양이[陰陽] 서로[相] 부딪침을[薄] 말함[言]이다[也]. 감(坎 : ☵)이란[者] 물[水]이니[也] 정북방의[正北方之] 괘(卦)이니[也] 수고로운[勞] 괘(卦)라[也] 만물이[萬物之] 돌아가는[歸] 곳[所]이다[也]. 그래서[故] 감방(坎方)에서[乎坎] 수고한다[勞]고 한다[曰]. 간은[艮 : ☶] 동북의[東北之] 괘(卦)이니[也] 온갖 것이[萬物之] 끝을[終] 이루는[成] 곳이며[所而] 시작을[始] 이루는[成] 곳[所]이다[也]. 그래서[故] 간방(艮方)에서[乎艮] 이룸을[成] 말한다[言]고 한다[曰].

【6단락(段落)】

神也者妙萬物而爲言者也이다 動萬物者莫疾乎雷요 撓
신 야 자 묘 만 물 이 위 언 자 야 동 만 물 자 막 질 호 뢰 요
萬物者莫疾乎風이요 燥萬物者莫熯乎火요 說萬物者莫
만 물 자 막 질 호 풍 조 만 물 자 막 한 호 화 열 만 물 자 막
說乎澤이요 潤萬物者莫潤乎水요 終萬物始萬物者莫盛
열 호 택 윤 만 물 자 막 윤 호 수 종 만 물 시 만 물 자 막 성
乎艮이다 故로 水火相逮하고 雷風不相悖하며 山澤通氣然
호 간 고 수 화 상 체 뇌 풍 불 상 패 산 택 통 기 연
後에야 能變化旣成萬物也이다
후 능 변 화 기 성 만 물 야

신(神)이란[也] 것은[者] 온갖 것을[萬物] 미묘하게 해서[妙而] 위함이[爲] 말해지는[言] 것[者]이다[也]. 온갖 것을[萬物] 움직임[動]이란[者] 우레보다[乎雷] 더 빠름은[疾] 없다[莫]. 온갖 것을[萬物] 어지럽힘[撓]이란[者] 바람보다[乎風] 더 빠름은[疾] 없다[莫]. 온갖 것을[萬物] 말림[燥]이란[者] 불보다[乎火] 더 뜨거움은[熯] 없다[莫]. 온갖 것을[萬物] 기쁘게 함[說]이란[者] 못보다[乎澤] 더 즐거움은[說] 없다[莫]. 온갖 것을[萬物] 적심[潤]이란[者] 물보다[乎水] 더 적시게 함은[潤] 없다[莫]. 온갖 것을[萬物] 끝내고[終] 온갖 것을[萬物] 시작함[始]이란[者] 간(艮)보다[乎] 더 왕성함은[盛] 없다[莫]. 그러므로[故] 물과[水] 불이[火] 서로[相] 건져주고[逮] 우레와[雷] 바람이[風] 서로[相] 거슬리지 않고[不悖] 산과[山] 못이[澤] 기운을[氣] 통한[通] 연후에야[然後] 능히[能] 변화하고[變化] 비로소[旣] 온갖 것을[萬物] 이룸[成]이다[也].

【7단락(段落)】

乾健也요 坤順也요 震動也요 巽入也요 坎陷也요 離麗也요 艮止也요 兌說也라

건건야 곤순야 진동야 손입야 감함야 이려야 간지야 태열야

건(乾 : ☰)은[乾] 건실함[健]이다[也]. 곤(坤 : ☷)은[坤] 따름[順]이다[也]. 진(震 : ☳)은[震] 움직임[動]이다[也]. 손(巽 : ☴)은[巽] 듦[入]이다[也]. 감(坎 : ☵)은[坎] 함정[陷]이다[也]. 이(離 : ☲)는[離] 붙음[麗]이다[也]. 간(艮 : ☶)은[艮] 머묾[止]이다[也]. 태(兌 : ☱)는[兌] 기쁨[說]이다[也].

【8단락(段落)】

乾爲馬이고 坤爲牛이며 震爲龍이고 巽爲鷄이며 坎爲豕이고 離爲雉이며 艮爲狗이고 兌爲羊이다

건위마 곤위우 진위룡 손위계 감위시 이위치 간위구 태위양

건(乾 : ☰)은[乾] 말[馬]이다[爲]. 곤(坤 : ☷)은[坤] 소[牛]이다[爲]. 진(震 : ☳)은[震] 용(龍)이다[爲]. 손(巽 : ☴)은[巽] 닭[鷄]이다[爲]. 감(坎 : ☵)은[坎] 돼지[豕]이다[爲]. 이(離 : ☲)는[離] 꿩[雉]이다[爲]. 간(艮 : ☶)은[艮] 개[狗]이다[爲]. 태(兌 : ☱)는[兌] 양(羊)이다[爲].

【9단락(段落)】

乾爲首이고 坤爲腹이며 震爲足이고 巽爲股이며 坎爲耳이고 離爲目이며 艮爲手이고 兌爲口이다

건위수 곤위복 진위족 손위고 감위이 이위목 간위수 태위구

건(乾 : ☰)은[乾] 머리[首]이다[爲]. 곤(坤 : ☷)은[坤] 배[腹]이다[爲]. 진(震 : ☳)은[震] 발[足]이다[爲]. 손(巽 : ☴)은[巽] 정강이[股]이다[爲]. 감(坎 : ☵)은[坎] 귀[耳]이다[爲]. 이(離 : ☲)는[離] 눈[目]이다[爲]. 간(艮 : ☶)은[艮] 손[手]이다[爲]. 태(兌 : ☱)는[兌] 입[口]이다[爲].

【10단락(段落)】

乾天也라 故로 稱乎父이고 坤地也라 故로 稱乎母이다 震
건 천 야 고 칭 호 부 곤 지 야 고 칭 호 모 진

一索而得男이라 故로 謂之長男이고 巽一索而得女라 故
일 색 이 득 남 고 위 지 장 남 손 일 색 이 득 녀 고

로 謂之長女이다 坎再索而得男이라 故로 謂之中男이고 離
위 지 장 녀 감 재 색 이 득 남 고 위 지 중 남 이

再索而得女라 故로 謂之中女이다 艮三索而得男이라 故로
재 색 이 득 녀 고 위 지 중 녀 간 삼 색 이 득 남 고

謂之少男이고 兌三索而得女라 故로 謂之少女이다
위 지 소 남 태 삼 색 이 득 녀 고 위 지 소 녀

건(乾 : ☰)은[乾] 하늘[天]이다[也]. 그러므로[故] 아버지[父]라[乎] 한다[稱]. 곤(坤 : ☷)은[坤] 땅[地]이다[也]. 그러므로[故] 어머니[母]라[乎] 한다[稱]. 진(震 : ☳)은[震] 첫 번[一] 구하여[索而] 남자를[男] 얻음이다[得]. 그래서[故] 그 사내를[之] 장남(長男)이라 한다[謂]. 손(巽 : ☴)은[巽] 첫 번[一] 구하여[索而] 딸을[女] 얻음이다[得]. 그래서[故] 그 딸을[之] 장녀(長女)라 한다[謂]. 감(坎 : ☵)은[坎] 두 번[再] 구하여[索而] 남자를[男] 얻음이다[得]. 그래서[故] 그 사내를[之] 중남(中男)이라 한다[謂]. 이(離 : ☲)는[離] 두 번[再] 구하여[索而] 여자를[女] 얻음이다[得]. 그래서[故] 그 딸을[之] 중녀(中女)라 한다[謂]. 간(艮 : ☶)은[艮] 세 번[三] 구하여[索而] 남자를[男] 얻음이다[得]. 그래서[故] 그 사내를[之] 소남(少男)이라 한다[謂]. 태(兌 : ☱)는[兌] 세 번[三] 구하여[索而] 여자를[女] 얻음이다[得]. 그래서[故] 그 딸을[之] 소녀(少女)라 한다[謂].

【11단락(段落)】

乾은 爲天이고 爲圜이며 爲君이고 爲父이며 爲玉이고 爲金
건 위 천 위 환 위 군 위 부 위 옥 위 금

이며 爲寒이고 爲冰이며 爲大赤이고 爲良馬이며 爲老馬이고
위 한 위 빙 위 대 적 위 양 마 위 노 마

爲瘠馬이며 爲駁馬이고 爲木果이다
위 척 마 위 박 마 위 목 과

건(乾 : ☰)은[乾] 하늘[天]이고[爲] 둥긂[圜]이며[爲] 임금[君]이고[爲] 아버지[父]이며[爲] 옥(玉)이고[爲] 금(金)이며[爲] 추움[寒]이고[爲] 얼음[冰]이며[爲]

큰[大] 적색[赤]이고[爲] 좋은[良] 말[馬]이며[爲] 늙은[老] 말[馬]이고[爲] 여윈[瘠] 말[馬]이며[爲] 얼룩[駁] 말[馬]이고[爲] 나무[木] 열매[果]이다[爲].

坤은 爲地이고 爲母이며 爲布이고 爲釜이며 爲吝嗇이고 爲
곤 위지 위모 위포 위부 위린색 위
均이며 爲子母牛이고 爲大輿이며 爲文이고 爲衆이며 爲柄이
균 위자모우 위대여 위문 위중 위병
고 其於地也에선 爲黑이다
기어지야 위흑

곤(坤 : ☷)은[坤] 땅[地]이고[爲] 어미[母]이며[爲] 베[布]이고[爲] 가마[釜]이며[爲] 인색함[吝嗇]이고[爲] 균등함[均]이며[爲] 새끼 딸린[子] 어미[母]소[牛]이고[爲] 큰[大] 수레[輿]이며[爲] 무늬[文]이고[爲] 무리[衆]이며[爲] 자루[柄]이고[爲] 그것이[其] 땅[地]에서[於]란[也] 검음[黑]이다[爲].

震은 爲雷이고 爲龍이며 爲玄黃이고 爲旉이며 爲大塗이고
진 위뢰 위룡 위현황 위부 위대도
爲長子이며 爲決躁이고 爲蒼筤竹이며 爲萑葦이고 其於馬
위장자 위결조 위창랑죽 위추위 기어마
也에선 爲善鳴이고 爲馵足이며 爲作足이고 爲的顙이며 其
야 위선명 위주족 위작족 위적상 기
於稼也에선 爲反生이고 其究爲健이며 爲蕃鮮이다
어가야 위반생 기구위건 위번선

진(震 : ☳)은[震] 우레[雷]이고[爲] 용(龍)이며[爲] 검푸른[玄] 황색[黃]이고[爲] 펼침[旉]이며[爲] 큰[大] 길[塗]이고[爲] 맏아들[長子]이며[爲] 돌진함[決躁]이고[爲] 푸른[蒼筤] 대나무[竹]이며[爲] 갈대[萑葦]이고[爲] 그것이[其] 말[馬]에서[於]란[也] 잘[善] 욺[鳴]이고[爲] 하얀 왼쪽 뒷다리[馵足]이며[爲] 들린 다리[作足]이고[爲] 흰 이마[的顙]이며[爲] 그것이[其] 농사[稼]에서[於]란[也] 새싹[反生]이고[爲] 그것의[其] 궁극은[究] 건실함[健]이며[爲] 우거져[蕃] 고음[鮮]이다[爲].

巽은 爲木이고 爲風이며 爲長女이고 爲繩直이며 爲工이고
손 위목 위풍 위장녀 위승직 위공

爲白이며 爲長이고 爲高이며 爲進退이고 爲不果이며 爲臭이
위백 위장 위고 위진퇴 위불과 위취
고 其於人也에선 爲寡髮이며 爲廣顙이고 爲多白眼이며 爲
기어인야 위과발 위광상 위다백안 위
近利市三倍이고 其究爲躁卦이다
근리시삼배 기구위조괘

손(巽 : ☴)은[巽] 나무[木]이고[爲] 바람[風]이며[爲] 맏딸[長女]이고[爲] 먹줄의[繩] 곧음[直]이며[爲] 직공[工]이고[爲] 흰 색[白]이며[爲] 긺[長]이고[爲] 높음[高]이며[爲] 나아감과[進] 물러감[退]이고[爲] 과감하지 않음[不果]이며[爲] 냄새[臭]이고[爲] 그것이[其] 사람[人]에서[於]란[也] 적은[寡] 모발[髮]이며[爲] 넓은[廣] 이마[顙]이고[爲] 흰자가[白] 많은[多] 눈[眼]이며[爲] 이익이[利] 거의[近] 저자의[市] 세[三] 배(倍)이고[爲] 그[其] 궁극은[究] 성급한[躁] 괘(卦)이다[爲].

坎은 爲水이고 爲溝瀆이며 爲隱伏이고 爲矯輮이며 爲弓輪
감 위수 위구독 위은복 위교유 위궁륜
이고 其於人也에선 爲加憂이며 爲心病이고 爲耳痛이며 爲
기어인야 위가우 위심병 위이통 위
血卦이고 爲赤이며 其於馬也에선 爲美脊이고 爲亟心이며
혈괘 위적 기어마야 위미척 위극심
爲下首이고 爲薄蹄이며 爲曳이고 其於輿也에선 爲多眚이며
위하수 위박제 위예 기어여야 위다생
爲通이고 爲月이며 爲盜이고 其於木也에선 爲堅多心이다
위통 위월 위도 기어목야 위견다심

감(坎 : ☵)은[坎] 물[水]이고[爲] 개천[溝瀆]이며[爲] 숨어[隱] 엎드림[伏]이고[爲] 굽음을[輮] 곧게 함[矯]이며[爲] 활과[弓] 수레바퀴[輪]이고[爲] 그것이[其] 사람[人]에서[於]란[也] 근심을[憂] 더함[加]이며[爲] 마음의[心] 병(病)이고[爲] 귀[耳] 앓음[痛]이며[爲] 피의[血] 괘(卦)이고[爲] 적색[赤]이며[爲] 그것이[其] 말[馬]에서[於]란[也] 멋진[美] 척추[脊]이고[爲] 조급한[亟] 마음[心]이며[爲] 숙인[下] 머리[首]이고[爲] 엷은[薄] 발굽[蹄]이며[爲] 끎[曳]이고[爲] 그것이[其] 수레[輿]에서[於]란[也] 고장이[眚] 많음[多]이며[爲] 통함[通]이고[爲] 달[月]이며[爲] 도둑[盜]이고[爲] 그것이[其] 나무[木]에서[於]란[也] 속심이[心] 단단히[堅] 많음[多]이다[爲].

離는 爲火이고 爲日이며 爲電이고 爲中女이며 爲甲胄이고 爲戈
이 위화 위일 위전 위중녀 위갑주 위과
兵이며 其於人也에선 爲大腹이고 爲乾卦이며 爲鱉이고 爲蟹이
병 기어인야 위대복 위건괘 위별 위해
며 爲蠃이고 爲蚌이며 爲龜이고 其於木也에선 爲科上槁이다
위라 위방 위귀 기어목야 위과상고

이(離 : ☲)는[離] 불[火]이고[爲] 낮[日]이며[爲] 전기[電]이고[爲] 가운데 딸[中女]이며[爲] 갑옷[甲胄]이고[爲] 방패와[戈] 병기[兵]이며[爲] 그것이[其] 사람[人]에서[於]란[也] 큰[大] 배[腹]이고[爲] 건괘(乾卦)이며[爲] 자라[鱉]이고[爲] 게[蟹]이며[爲] 소라[蠃]이고[爲] 조개[蚌]이며[爲] 거북[龜]이고[爲] 그것이[其] 나무[木]에서[於]란[也] 우듬지가[科上] 마름[槁]이다[爲].

艮은 爲山이고 爲徑路이며 爲小石이고 爲門闕이며 爲果蓏
간 위산 위경로 위소석 위문궐 위과라
이고 爲閽寺이며 爲指이고 爲狗이며 爲鼠이고 爲黔喙之屬이
위혼시 위지 위구 위서 위검훼지속
며 其於木也에선 爲堅多節이다
기어목야 위견다절

간(艮 : ☶)은[艮] 산(山)이고[爲] 지름길[徑路]이며[爲] 작은 돌[小石]이고[爲] 궁궐문[門闕]이며[爲] 과일과[果] 오이[蓏]이고[爲] 문지기[閽寺]이며[爲] 손가락[指]이고[爲] 개[狗]이며[爲] 쥐[鼠]이고[爲] 검은[黔] 부리의[喙之] 무리[屬]이며[爲] 그것이[其] 나무[木]에서[於]란[也] 굳고[堅] 마디가[節] 많음[多]이다[爲].

兌는 爲澤이고 爲少女이며 爲巫이고 爲口舌이며 爲毁折이고
태 위택 위소녀 위무 위구설 위훼절
爲附決이며 其於地也에선 爲剛鹵이고 爲妾이며 爲羊이다
위부결 기어지야 위강로 위첩 위양

태(兌 : ☱)는[兌] 못[澤]이고[爲] 작은딸[少女]이며[爲] 무당[巫]이고[爲] 입과[口] 혀[舌]이며[爲] 헐어[毁] 꺾임[折]이고[爲] 붙었다[附] 결렬함[決]이며[爲] 그것이[其] 땅[地]에서[於]란[也] 굳셈과[剛] 짠맛[鹵]이고[爲] 첩(妾)이며[爲] 양(羊)이다[爲].

문언전
文言傳

【건괘(乾卦) 문언(文言)】

元者는 善之長也이고 亨者는 嘉之會也이다 利者는 義之
원 자 선 지 장 야 형 자 가 지 회 야 이 자 의 지

和也이고 貞者는 事之幹也이다
화 야 정 자 사 지 간 야

으뜸[元]이란[者] 선함의[善之] 으뜸[長]이고[也], 통함[亨]이란[者] 아름다움의[嘉之] 모임[會]이다[也]. 이로움[利]이란[者] 의로움의[義之] 어울림[和]이고[也], 진실로 미더움[貞]이란[者] 일함의[事之] 기둥[幹]이다[也].

君子體仁하여 足以長人하고 嘉會하여 足以合禮하며 利物
군 자 체 인 족 이 장 인 가 회 족 이 합 례 이 물

하여 足以和義하고 貞固는 足以幹事하니 君子行此四德者
족 이 화 의 정 고 족 이 간 사 군 자 행 차 사 덕 자

이다 故曰 乾, 元亨利貞이다
고 왈 건 원 형 리 정

군자는[君子] 어짊을[仁] 체득하여[體] 그로써[以] 사람을[人] 성장시킬[長] 수 있고[足], 모임을[會] 아름답게 하여[嘉] 그로써[以] 예를[禮] 화합할[合] 수 있으며[足], 물건을[物] 이롭게 하여[利] 그로써[以] 의를[義] 화합할[和] 수 있고[足], 미더움이[貞] 확고함은[固] 그로써[以] 일을[事] 주간할[幹] 수 있으니[足], 군자는[君子] 이[此] 사덕을[四德] 실행하는[行] 사람이다[者]. 그래서[故] 건을[乾] 원형리정이라[元亨利貞] 한다[曰].

初九曰 : 潛龍勿用은 何謂也오 子曰 : 龍德而隱者也라 不
초 구 왈 잠 룡 물 용 하 위 야 자 왈 용 덕 이 은 자 야 불

易乎世하고 不成乎名하며 遯世无悶하고 不見是而无悶하며
역 호 세 불 성 호 명 둔 세 무 민 불 견 시 이 무 민

樂則行之하고 憂則違之하여 確乎其不可拔이 潛龍也라
낙 즉 행 지 우 즉 위 지 확 호 기 불 가 발 잠 룡 야

초구에[初九] 이르길[曰], 잠긴[潛] 용이니[龍] 쓰지[用] 말지어다 함은[勿] 무엇을[何] 말합니까[謂也]? 공자[子] 가로되[曰], 용의[龍] 덕이 있음[德]인데[而] 숨어 있는[隱] 것[者]이다[也]. 세상에서[乎世] (뜻을) 바꾸지 않고[不易] 이름을[乎名] 이루지 않으면서[不成], 세상을[世] 피하면서도[遯] 걱정이[悶] 없고

[无] 옳게[是] 봐주지 않아도[不見而] 걱정이[悶] 없으며[无], 즐거우면[樂] 곧[則] 행하고[行之] 걱정스러우면[憂] 곧[則] 피하면서[違之], 확실히[確乎] 그것을[其] 뽑아버릴[拔] 수 없음이[不可] 잠긴[潛] 용(龍)이다[也].

九二曰 : 見龍在田이니 利見大人은 何謂也오 子曰 : 龍德
구 이 왈 현 룡 재 전 이 견 대 인 하 위 야 자 왈 용 덕

而正中者也라 庸言之信하고 庸行之謹하며 閑邪存其誠하
이 정 중 자 야 용 언 지 신 용 행 지 근 한 사 존 기 성

고 善世而不伐하며 德博而化하니 易曰 見龍在田 利見大
선 세 이 불 벌 덕 박 이 화 역 왈 현 룡 재 전 이 견 대

人은 君德也이다
인 군 덕 야

구이에[九二] 이르길[曰], 나타난[見] 용이[龍] 논에[田] 있으니[在] 대인을[大人] 만나야[見] 이롭다 함은[利] 무엇을[何] 말합니까[謂也]? 공자[子] 가로되[曰], 용의[龍] 덕이 있음[德]인데[而] 곧바르게[正] 꿰뚫어봄인[中] 것[者]이다[也]. 평범한[庸] 말이[言之] 미덥고[信], 평범한[庸] 행동이[行之] 공손하며[謹], 간사함을[邪] 막고[閑] 그[其] 성실함을[誠] 보존하며[存], 세상을[世] 선하게 하면서도[善而] 자랑하지 않고[不伐], 덕이[德] 넓어서[博而] (세상을) 감화하니[化], 역경이[易] "나타난[見] 용이[龍] 논에[田] 있으니[在] 대인을[大人] 만나야[見] 이롭다[利]." 함은[曰] 임금의[君] 덕(德)이다[也].

九三曰 : 君子終日乾乾하고 夕惕若厲하나 无咎는 何謂也
구 삼 왈 군 자 종 일 건 건 석 척 약 려 무 구 하 위 야

오 子曰 : 君子進德修業하니 忠信所以進德也이고 修辭立
자 왈 군 자 진 덕 수 업 충 신 소 이 진 덕 야 수 사 립

其誠하니 所以居業也이다 知至至之이라 可與幾也이고 知
기 성 소 이 거 업 야 지 지 지 지 가 여 기 야 지

終終之라 可與存義也이다 是故로 居上位而不驕하고 在下
종 종 지 가 여 존 의 야 시 고 거 상 위 이 불 교 재 하

位而不憂한다 故로 乾乾因其時而惕하면 雖危无咎矣이다
위 이 불 우 고 건 건 인 기 시 이 척 수 위 무 구 의

구삼에[九三] 이르길[曰], 군자가[君子] 온종일[終日] 씩씩한 모습으로[乾乾] 저

녁에[夕] 근심하면[惕若] 위태로우나[厲] 허물이[咎] 없다 함은[无] 무엇을[何] 말합니까[謂也]? 공자[子] 가로되[曰], 군자는[君子] 덕을[德] 진작하여[進] 과업을[業] 닦으니[修] 진실한[忠] 믿음이[信] 덕을[德] 진작하는[進] 까닭[所以]이고[也], 말씀을[辭] 닦아[修] 그[其] 본성을[誠] 세우니[立] 과업에[業] 거하는[居] 까닭[所以]이다[也]. 지극함을[至] 알아서[知] 더없이 다함이라[至之] 더불어[與] 가까이할[幾] 수 있음[可]이고[也], 마칠 데를[終] 알아[知] 그것을[之] 끝냄이라[終] 더불어[與] 의를[義] 보존할[存] 수 있음[可]이다[也]. 이러하므로[是故] 윗자리에[上位] 있어도[居而] 교만하지 않고[不驕] 아랫자리에[下位] 있어도[在而] 걱정하지 않는다[不憂]. 그래서[故] 건실하고 씩씩하여[乾乾] 그[其] 때를[時] 따라서[因而] 걱정하면[惕] 비록[雖] 위태할지라도[危] 허물은[咎] 없음[无]이다[矣].

九四曰 : 或躍在淵하니 无咎는 何謂也오 子曰 : 上下无常
구사왈 혹약재연 무구 하위야 자왈 상하무상

이 非爲邪也이고 進退无恒이 非離群也라 君子進德修業
비위사야 진퇴무항 비리군야 군자진덕수업

은 欲及時也니 故로 无咎니라
욕급시야 고 무구

구사에[九四] 이르길[曰], 혹[或] 뛰놀기도 함이[躍] 연못[淵]에 있어[在] 허물이[咎] 없음은[无] 무엇을[何] 말합니까[謂也]? 공자[子] 가로되[曰], 위아래에[上下] 한결같음이[常] 없음은[无] 간사함을[邪] 행함이[爲] 아닌 것[非]이고[也], 나아감과[進] 물러감에[退] 한결같음이[恒] 없음은[无] 무리를[群] 떠남이[離] 아닌 것[非]이다[也]. 군자가[君子] 덕을[德] 진작하여[進] 과업을[業] 닦음은[修] 제 때에[時] 미치고자 함[欲及]이다[也]. 그러므로[故] 허물이[咎] 없다[无].

九五曰 : 飛龍在天이니 利見大人은 何謂也오 子曰 : 同聲
구오왈 비룡재천 이견대인 하위야 자왈 동성

相應하고 同氣相求하며 水流濕하고 火就燥하며 雲從龍하고
상응 동기상구 수류습 화취조 운종룡

風從虎라 聖人作而萬物覩하니 本乎天者親上하고 本乎
풍 종 호 성 인 작 이 만 물 도 본 호 천 자 친 상 본 호
地者親下하니 則各從其類也이다
지 자 친 하 즉 각 종 기 류 야

구오에[九五] 이르길[曰], 나는[飛] 용이[龍] 하늘에[天] 있으니[在] 대인을[大人] 만나야[見] 이롭다 함은[利] 무엇을[何] 말합니까[謂也]? 공자[子] 가로되[曰], 같은[同] 소리가[聲] 서로[相] 호응하고[應] 같은[同] 기운이[氣] 서로[相] 추구하며[求], 물은[水] 흘러[流] 습하고[濕] 불은[火] 좇아[就] 말리며[燥], 구름은[雲] 용을[龍] 따르고[從] 바람은[風] 호랑이를[虎] 따른다[從]. 성인이[聖人] 작용하여[作而] 온갖 것이[萬物] 보이니[覩], 하늘에[乎天] 바탕을 둠[本]이란[者] 위를[上] 친근히하고[親] 땅에[乎地] 바탕을 둠[本]이란[者] 아래를[下] 친근히하니[親] 곧[則] 저마다[各] 제[其] 끼리끼리를[類] 따름[從]이다[也].

上九曰：亢龍有悔는 何謂也오 子曰：貴而无位하고 高而
상 구 왈 항 룡 유 회 하 위 야 자 왈 귀 이 무 위 고 이
无民하며 賢人在下位而无輔라 是以 動而有悔也이다
무 민 현 인 재 하 위 이 무 보 시 이 동 이 유 회 야

상구에[上九] 이르길[曰], 높은[亢] 용에[龍] 뉘우침이[悔] 있음은[有] 무엇을[何] 말합니까[謂也]? 공자[子] 가로되[曰], 존귀하되[貴而] 지위가[位] 없고[无] 높되[高而] 백성이[民] 없으며[无] 현인이[賢人] 아랫자리에[下位] 있으나[在而] 보필함이[輔] 없음이다[无]. 이[是] 때문에[以] 움직일수록[動而] 뉘우침이[悔] 있음[有]이다[也].

潛龍勿用은 下也이고 見龍在田은 時舍也이며 終日乾乾은
잠 룡 물 용 하 야 현 룡 재 전 시 사 야 종 일 건 건
行事也이고 或躍在淵은 自試也이며 飛龍在天은 上治也이
행 사 야 혹 약 재 연 자 시 야 비 룡 재 천 상 치 야
고 亢龍有悔는 窮之災也이며 乾元用九는 天下治也이다
항 룡 유 회 궁 지 재 야 건 원 용 구 천 하 치 야

잠긴[潛] 용이니[龍] 쓰지[用] 말라 함은[勿] 아래에 있음[下]이고[也], 나타난[見] 용이[龍] 논에[田] 있음은[在] 때맞춰[時] 머묾[舍]이며[也], 온종일[終日]

씩씩함은[乾乾] 일을[事] 행함[行]이고[也], 혹[或] 뛰놀기도 함이[躍] 연못에[淵] 있음은[在] 스스로[自] 시험함[試]이며[也], 나는[飛] 용이[龍] 하늘에[天] 있음은[在] 위에서[上] 다스림[治]이고[也], 높은[亢] 용에[龍] 뉘우침이[悔] 있음은[有] 곤궁함의[窮之] 재앙[災]이며[也], 건원이[乾元] 구를[九] 쓰은[用] 천하를[天下] 다스림[治]이다[也].

潛龍勿用은 陽氣潛藏이고 見龍在田은 天下文明이며 終日乾乾은 與時偕行이고 或躍在淵은 乾道乃革이며 飛龍在天은 乃位乎天德이고 亢龍有悔는 與時偕極이며 乾元用九는 乃見天則이다
(잠룡물용 양기잠장 현룡재전 천하문명 종일건건 여시해행 혹약재연 건도내혁 비룡재천 내위호천덕 항룡유회 여시해극 건원용구 내견천칙)

잠긴[潛] 용이니[龍] 쓰지[用] 말라 함은[勿] 양기가[陽氣] 잠기어[潛] 간직됨이고[藏], 나타난[見] 용이[龍] 논에[田] 있음은[在] 온 세상이[天下] 아름답게[文] 밝음이며[明], 온종일[終日] 씩씩함은[乾乾] 때와[時] 더불어[與] 함께[偕] 행함이고[行], 혹[或] 뛰놀기도 함이[躍] 연못에[淵] 있음은[在] 건도가[乾道] 이에[乃] 변혁함이며[革], 나는[飛] 용이[龍] 하늘에[天] 있음은[在] 이에[乃] 천덕(天德)에서[乎] 자리잡음이고[位], 높은[亢] 용에[龍] 뉘우침이[悔] 있음은[有] 때와[時] 더불어[與] 함께[偕] 다함이며[極], 건원이[乾元] 구를[九] 쓰은[用] 이에[乃] 하늘의[天] 법칙을[則] 봄이다[見].

乾元者는 始而亨者也이고 利貞者는 性情也이며 乾始能以美利利天下이나 不言所利하니 大矣哉라 大哉라 乾乎여 剛健中正이 純粹精也이고 六爻發揮는 旁通情也이며 時乘六龍은 以御天也이고 雲行雨施는 天下平也이다
(건원자 시이형자야 이정자 성정야 건시능이미리리천하 불언소리 대의재 대재 건호 강건중정 순수정야 육효발휘 방통정야 시승륙룡 이어천야 운행우시 천하평야)

건원(乾元)이란[者] 시작에서[始而] 통하는[亨] 것[者]이고[也], 이정(利貞)이란

[者] 본성의[性] 참다움[情]이며[也], 건은[乾] 시작부터[始] 능히[能] 아름다운[美] 이로움[利]으로써[以] 온 세상을[天下] 이롭게 하면서도[利] 이로운[利] 바를[所] 말하지 않으니[不言] 크나큼[大]이로다[矣哉]! 크도다[大哉]! 건(乾)이여[乎]. 굳세고[剛] 건실하며[健] 정도를[正] 따름이[中] 순수한[純粹] 정밀함[精]이고[也], 육효가[六爻] 발휘함은[發揮] 참다움에[情] 널리[旁] 통함[通]이며[也], 때맞춰[時] 여섯[六] 용을[龍] 탐은[乘] 그로써[以] 하늘을[天] 주름잡음[御]이고[也], 구름이[雲] 운행하여[行] 비를[雨] 내림은[施] 온 세상이[天下] 평화로움[平]이다[也].

君子以成德爲行하니 日可見之行也이고 潛之爲言也이며
군자이성덕위행 일가견지행야 잠지위언야

隱而未見하여 行而未成이라 是以 君子弗用也이다
은이미견 행이미성 시이 군자불용야

군자는[君子] 덕을[德] 성취함[成]으로써[以] 행동을[行] 삼으니[爲] 군자의[之] 행동을[行] 대낮같이[日] 볼 수 있음[可見]이고[也], 잠복한다고[潛之] 말해짐[爲言]이며[也], 숨어서[隱而] 보이지 않아[未見] 행하되[行而] 아직 이루지 못함이다[未成]. 이[是] 때문에[以] 군자는[君子] {잠룡(潛龍)을} 이용하지 않음[弗用]이다[也].

君子學以聚之하고 問以辨之하며 寬以居之하고 仁以行之
군자학이취지 문이변지 관이거지 인이행지

하니 易曰 見龍在田 利見大人은 君德也이다
역왈 현룡재전 이견대인 군덕야

군자는[君子] 배움[學]으로써[以] (학식을) 모으고[聚之] (배운 것을) 물음[問]으로써[以] 분변하며[辨之], 너그러움[寬]으로써[以] 살아가고[居之] 어짊[仁]으로써[以] 행동하니[行之], 역경이[易] "나타난[見] 용이[龍] 논에[田] 있으니[在] 대인을[大人] 만나야[見] 이롭다[利]." 함은[曰] 임금의[君] 덕(德)이다[也].

九三은 重剛而不中하여 上不在天하고 下不在田이라 故로
구삼 중강이부중 상부재천 하부재전 고

乾乾因其時而惕하면 雖危无咎矣이다
건 건 인 기 시 이 척 수 위 무 구 의

구삼은[九三] 거듭한[重] 굳셈에[剛而] 적중하지 않아[不中] 위는[上] 하늘에[天] 없음이고[不在] 아래는[下] 논에[田] 없음이다[不在]. 그래서[故] 건실하면서[乾乾] 제[其] 때에[時] 따라서[因而] 걱정하면[惕] 비록[雖] 위태로워도[危] 허물은[咎] 없음[无]이다[矣].

九四는 重剛而不中하여 上不在天하고 下不在田하며 中不在人이라 故로 或之或之者는 疑之也이다 故로 无咎이다
구 사 중 강 이 부 중 상 부 재 천 하 부 재 전 중 부 재 인 고 혹 지 혹 지 자 의 지 야 고 무 구

구사는[九四] 거듭한[重] 굳셈에[剛而] 적중하지 않아[不中] 위는[上] 하늘에[天] 없음이고[不在] 아래는[下] 논에[田] 없음이며[不在] 가운데가[中] 사람에게[人] 없음이다[不在]. 그러므로[故] 하는 듯하고[或之] 하는 듯함[或之]이란[者] 의심함[疑之]이다[也]. 그러므로[故] (의심해도) 허물은[咎] 없다[无].

夫大人者는 與天地合其德하고 與日月合其明하며 與四時合其序하고 與鬼神合其吉凶하며 先天而天弗違하고 後天而奉天時한다 天且弗違이니 而況於人乎아 況於鬼神乎아
부 대 인 자 여 천 지 합 기 덕 여 일 월 합 기 명 여 사 시 합 기 서 여 귀 신 합 기 길 흉 선 천 이 천 불 위 후 천 이 봉 천 시 천 차 불 위 이 황 어 인 호 황 어 귀 신 호

무릇[夫] 대인(大人)이란[者] 하늘땅과[與天地] 그[其] 덕을[德] 화합하고[合], 해와 달과[與日月] 그[其] 밝음을[明] 화합하며[合], 네 계절과[與四時] 그[其] 순서를[序] 화합하고[合], 귀신과[與鬼神] 그[其] 길흉을[吉凶] 화합하며[合], 하늘을[天] 앞서도[先而] 하늘이[天] (그 화합을) 어기지 못하고[弗違], 하늘을[天] 뒤처져도[後而] 천시를[天時] 받든다[奉]. 하늘[天]조차도[且] 어기지 못하거늘[弗違] 하물며[而況] 사람[人]에서랴[於乎]! 하물며[況] 귀신(鬼神)에서랴[於乎]!

亢之爲言也는 知進而不知退하고 知存而不知亡하며 知得而不知喪이다 其唯聖人乎아 知進退存亡而不失其正者, 其唯聖人乎이라
항지위언야 지진이부지퇴 지존이부지망 지득이부지상 기유성인호 지진퇴존망이불실기정자 기유성인호

높음이라[亢之] 말해짐[爲言]이란[也] 나아감을[進] 알되[知而] 물러남을[退] 모르고[不知], 생존함을[存] 알되[知而] 죽음을[亡] 모르며[不知], 얻음을[得] 알되[知而] 잃음을[喪] 모른다[不知]. 오로지[唯] 성인만이[聖人] 그러함을 아는[其]구나[乎]! 나아감과[進] 물러남[退], 살고[存] 죽음을[亡] 알아서[知而] 그[其] 올바름을[正] 잃지 않는[不失] 분[者] 그분이[其] 오로지[唯] 성인(聖人)이로다[乎]!

【곤괘(坤卦) 문언(文言)】

坤은 至柔而動也剛하고 至靜而德方하다 後得하여 主而有常하고 含萬物而化光하니 坤道其順乎로다 承天而時行하니라
곤 지유이동야강 지정이덕방 후득 주이유상 함만물이화광 곤도기순호 승천이시행

곤은[坤] 더없이[至] 부드럽게[柔而] 움직임[動]이며[也] 굳세고[剛], 더없이[至] 고요하면서[靜而] 덕이[德] 방정하다[方]. 뒤에 하면[後] 얻으니[得] 위주가 되어[主而] 상도가[常] 있고[有] 만물을[萬物] 품고서[含而] 변화가[化] 빛나니[光] 곤의 도[坤道] 그것은[其] 순응함[順]이로다[乎]! 하늘을[天] 이어받아서[承而] 때맞춰[時] 행함이다[行].

積善之家는 必有餘慶이고 積不善之家는 必有餘殃이니 臣弑其君하고 子弑其父함은 非一朝一夕之故이다 其所由來者漸矣니 由辯之不早辯也이다 易曰 履霜堅冰至는 蓋言順也라
적선지가 필유여경 적불선지가 필유여앙 신시기군 자시기부 비일조일석지고 기소유래자점의 유변지부조변야 역왈 이상견빙지 개언순야

선을[善] 쌓는[積之] 집안에는[家] 반드시[必] 남아도는[餘] 경사가[慶] 있고[有], 불선을[不善] 쌓는[積之] 집안에는[家] 반드시[必] 남아도는[餘] 재앙이[殃] 있으니[有], 신하가[臣] 제[其] 임금을[君] 시해하고[弑] 아들이[子] 제[其] 아비를[父] 시해함은[弑] 일조일석의[一朝一夕之] 변고가[故] 아님이다[非]. 그런 짓이[其] 빚어진[由來] 바[所]란[者] 점차적임[漸]이니[矣] 밝혀야 함을[辯之] 미리[早] 밝히지 않음에서[不辯] 비롯됨[由]이다[也]. 역경이[易] "서리를[霜] 밟다가[履] 단단한[堅] 얼음에[冰] 이름이다[至]." 함은[曰] 대개[蓋] 순리를[順] 말함[言]이다[也].

直其正也이고 方其義也이다 君子敬以直內하고 義以方外하여 敬義立而德不孤이다 直方大하여 不習无不利하니 則不疑其所行也이다
직기정야 방기의야 군자경이직내 의이방외 경의립이덕불고 직방대 불습무불리 즉불의기소행야

정직함은[直] 그[其] 올바름[正]이고[也] 방정함은[方] 그[其] 옳음[義]이다[也]. 군자는[君子] 공경[敬]으로써[以] 마음을[內] 곧게 하고[直] 옳음[義]으로써[以] 몸가짐을[外] 방정하게 하여[方] 공경과[敬] 의리가[義] 서서[立而] 덕이[德] 외롭지 않음이다[不孤]. 정직하고[直] 방정하며[方] 커서[大] 익히지 않아도[不習] 이롭지 않음이[不利] 없으니[无] 곧[則] (세상은) 그[其] 행하는[行] 바를[所] 의심치 않음[不疑]이다[也].

陰雖有美이나 含之以從王事하여 弗敢成也니 地道也이고 妻道也이며 臣道也이니 地道는 无成而代有終也이다
음수유미 함지이종왕사 불감성야 지도야 처도야 신도야 지도 무성이대유종야

음에[陰] 비록[雖] 아름다움이[美] 있으나[有] 그 아름다움을[之] 품음[含]으로써[以] 임금의[王] 일을[事] 따르면서도[從] 감히[敢] 이루지 못함[弗成]이니[也] 땅의[地] 도리[道]이고[也], 아내의[妻] 도리[道]이며[也], 신하의[臣] 도리[道]이니[也], 땅의[地] 도리는[道] 이룸이[成] 없어도[无而] 대신하여[代] 마침이[終] 있음[有]이다[也].

天地變化하면 草木蕃하고 天地閉하면 賢人隱한다 易曰 括
천 지 변 화 초 목 번 천 지 폐 현 인 은 역 왈 괄
囊하면 无咎无譽이니 蓋言謹也라
낭 무 구 무 예 개 언 근 야

천지가[天地] 변화하면[變化] 초목이[草木] 번성하고[蕃] 천지가[天地] 닫히면[閉] 현인이[賢人] 숨는다[隱]. 역경이[易] "주머니를[囊] 여미듯이 하면[括] 허물도[咎] 없고[无] 명예도[譽] 없다[无]." 하니[曰] 대개[蓋] 근신함을[謹] 말함[言]이다[也].

君子黃中通理하고 正位居體한다 美在其中하고 而暢於四
군 자 황 중 통 리 정 위 거 체 미 재 기 중 이 창 어 사
支하여 發於事業하니 美之至也이다
지 발 어 사 업 미 지 지 야

군자는[君子] 사방이[黃] 따르고[中] 이치를[理] 통하여[通] 자리를[位] 바로잡고[正] 몸을[體] 둔다[居]. 아름다움이[美] 그[其] 가운데[中] 있고[在而] 사지(四支)에[於] 유창하여[暢] 하는 일[事業]에[於] 발현되니[發] 아름다움의[美之] 지극함[至]이다[也].

陰疑於陽必戰하니 爲其嫌於无陽也이다 故로 稱龍焉이다
음 의 어 양 필 전 위 기 혐 어 무 양 야 고 칭 룡 언
猶未離其類也라 故로 稱血焉이다 夫玄黃者는 天地之雜
유 미 리 기 류 야 고 칭 혈 언 부 현 황 자 천 지 지 잡
也이니 天玄而地黃이니라
야 천 현 이 지 황

음이[陰] 양에[陽] 의해서[於] 의심받으면[疑] 반드시[必] 싸우니[戰] 그것은[其] 양이[陽] 없음에[无] 의해서[於] 의심되어짐[爲嫌]이다[也]. 그러므로[故] 용이라[龍] 일컬음[稱]이다[焉]. 그[其] 무리를[類] 아직 떠나지 않음[未離] 같음[猶]이다[也]. 그러므로[故] 피라[血] 일컬음[稱]이다[焉]. 무릇[夫] 검푸르고[玄] 누렇다 함[黃]이란[者] 천지가[天地之] 섞임[雜]이니[也] 하늘은[天] 검푸르고[玄而] 땅은[地] 누렇다 함이다[黃].

서괘전
序卦傳

有天地然後에야 萬物生焉이다 盈天地之間者는 唯萬物이
유천지연후 만물생언 영천지지간자 유만물

다 故로 受之以屯한다
고 수지이준

천지가[天地] 있은[有] 연후에[然後] 만물이[萬物] 생김[生]이다[焉]. 천지의[天地之] 사이를[間] 채움[盈]이란[者] 오로지[唯] 만물이다[萬物]. 그러므로[故] 준괘(屯卦 : ䷂)로써[以] 건괘(乾卦 : ䷀)와 곤괘(坤卦 : ䷁)를[之] 받는다[受].

屯者盈也니 屯者物之始生也이고 物生必蒙이다 故로 受
준자영야 준자물지시생야 물생필몽 고 수

之以蒙한다
지이몽

준(屯)이란[者] 가득 참[盈]이니[也] 준(屯)이란[者] 만물이[物之] 태어나기[生] 시작함[始]이고[也], 만물이[物] 태어남은[生] 반드시[必] 어림이다[蒙]. 그러므로[故] 몽괘(蒙卦 : ䷃)로써[以] 준괘(屯卦 : ䷂)를[之] 받는다[受].

蒙者蒙也이고 物之穉也라 物穉不可不養也이다 故로 受
몽자몽야 물지치야 물치불가불양야 고 수

之以需한다
지이수

몽(蒙)이란[者] 어린 것[蒙]이고[也] 물건이[物之] 어림[穉]이라[也] 어린[穉] 것은[物] 양육할[養] 수밖에 없음[不可不]이다[也]. 그러므로[故] 수괘(需卦 : ䷄)로써[以] 몽괘(蒙卦 : ䷃)를[之] 받는다[受].

需者는 飮食之道也이다 飮食必有訟이다 故로 受之以訟한다
수자 음식지도야 음식필유송 고 수지이송

수(需)란[者] 음식의[飮食之] 도리[道]이다[也]. 음식에는[飮食] 반드시[必] 소송이[訟] 있다[有]. 그러므로[故] 송괘(訟卦 : ䷅)로써[以] 수괘(需卦 : ䷄)를[之] 받는다[受].

訟必有衆起라 **故**로 **受之以師**한다
송 필 유 중 기　고　수 지 이 사

소송에는[訟] 반드시[必] 무리의[衆] 일어남이[起] 있다[有]. 그러므로[故] 사괘(師卦 : ䷆)로써[以] 송괘(訟卦 : ䷅)를[之] 받는다[受].

師者衆也니 **衆必有所比**라 **故**로 **受之以比**한다
사 자 중 야　중 필 유 소 비　고　수 지 이 비

사(師)란[者] 무리[衆]이니[也] 무리에는[衆] 반드시[必] 친근한[比] 바가[所] 있다[有]. 그러므로[故] 비괘(比卦 : ䷇)로써[以] 사괘(師卦 : ䷆)를[之] 받는다[受].

比者比也니 **比必有所畜**이라 **故**로 **受之以小畜**한다
비 자 비 야　비 필 유 소 축　고　수 지 이 소 축

비(比)란[者] 친근함[比]이니[也] 친근함에는[比] 반드시[必] 저축하는[畜] 바가[所] 있다[有]. 그러므로[故] 소축괘(小畜卦 : ䷈)로써[以] 비괘(比卦 : ䷇)를[之] 받는다[受].

物畜然後에 **有禮**라 **故**로 **受之以履**한다
물 축 연 후　유 례　고　수 지 이 리

물건은[物] 저축된[畜] 연후에[然後] 예의가[禮] 있다[有]. 그러므로[故] 이괘(履卦 : ䷉)로써[以] 소축괘(小畜卦 : ䷈)를[之] 받는다[受].

履而泰然後에 **安**이라 **故**로 **受之以泰**한다
이 이 태 연 후　안　고　수 지 이 태

예의가 있어서[履而] 태평한[泰] 연후에[然後] 편안하다[安]. 그러므로[故] 태괘(泰卦 : ䷊)로써[以] 이괘(履卦 : ䷉)를[之] 받는다[受].

泰者通也니 **物不可以終通**이라 **故**로 **受之以否**한다
태 자 통 야　물 불 가 이 종 통　고　수 지 이 비

태(泰)란[者] 통함[通]이니[也] 물건은[物] 끝끝내[終] 통할[通] 수는 없다[不可以]. 그러므로[故] 비괘(否卦 : ䷋)로써[以] 태괘(泰卦 : ䷊)를[之] 받는다[受].

物不可以終否라 **故**로 **受之以同人**한다
물 불 가 이 종 비 고 수 지 이 동 인

물건은[物] 끝끝내[終] 막힐[否] 수는 없다[不可以]. 그러므로[故] 동인괘(同人卦 : ䷌)로써[以] 비괘(否卦 : ䷋)를[之] 받는다[受].

與人同者는 **物必歸焉**이라 **故**로 **受之以大有**한다
여 인 동 자 물 필 귀 언 고 수 지 이 대 유

사람[人]과[與] 같이함[同]이란[者] 물건이[物] 반드시[必] 돌아옴[歸]이다[焉]. 그러므로[故] 대유괘(大有卦 : ䷍)로써[以] 동인괘(同人卦 : ䷌)를[之] 받는다[受].

有大者는 **不可以盈**이라 **故**로 **受之以謙**한다
유 대 자 불 가 이 영 고 수 지 이 겸

크나큼이[大] 있음[有]이란[者] 채울[盈] 수가 없다[不可以]. 그러므로[故] 겸괘(謙卦 : ䷎)로써[以] 대유괘(大有卦 : ䷍)를[之] 받는다[受].

有大而能謙은 **必豫**라 **故**로 **受之以豫**한다
유 대 이 능 겸 필 예 고 수 지 이 예

크나큼이[大] 있어서[有而] 겸허할[謙] 수 있음은[能] 반드시[必] 기뻐한다[豫]. 그러므로[故] 예괘(豫卦 : ䷏)로써[以] 겸괘(謙卦 : ䷎)를[之] 받는다[受].

豫必有隨라 **故**로 **受之以隨**한다
예 필 유 수 고 수 지 이 수

기뻐함에는[豫] 반드시[必] 따름이[隨] 있다[有]. 그러므로[故] 수괘(隨卦 : ䷐)로써[以] 예괘(豫卦 : ䷏)를[之] 받는다[受].

以喜隨人者는 **必有事**라 **故**로 **受之以蠱**한다
이 희 수 인 자 필 유 사 고 수 지 이 고

기쁨[喜]으로써[以] 사람을[人] 따름[隨]이란[者] 반드시[必] 일이[事] 있다[有]. 그러므로[故] 고괘(蠱卦 : ䷑)로써[以] 수괘(隨卦 : ䷐)를[之] 받는다[受].

蠱者事也라 有事而後에 可大라 故로 受之以臨한다
고 자 사 야 유 사 이 후 가 대 고 수 지 이 임

고(蠱)란[者] 사건[事]이다[也]. 사건이[事] 있은[有] 뒤에는[而後] 커질[大] 수 있다[可]. 그러므로[故] 임괘(臨卦 : ䷒)로써[以] 고괘(蠱卦 : ䷑)를[之] 받는다[受].

臨者大也라 物大然後에 可觀이라 故로 受之以觀한다
임 자 대 야 물 대 연 후 가 관 고 수 지 이 관

임(臨)이란[者] 크나큼[大]이다[也]. 물건이[物] 큰[大] 뒤에야[然後] 살필[觀] 수 있다[可]. 그러므로[故] 관괘(觀卦 : ䷓)로써[以] 임괘(臨卦 : ䷒)를[之] 받는다[受].

可觀而後에 有所合이라 故로 受之以噬嗑한다
가 관 이 후 유 소 합 고 수 지 이 서 합

살필[觀] 수 있는[可] 뒤에[而後] 합할[合] 바가[所] 있다[有]. 그러므로[故] 서합괘(噬嗑卦 : ䷔)로써[以] 관괘(觀卦 : ䷓)를[之] 받는다[受].

嗑者合也이니 物不可以苟合而已이다 故로 受之以賁한다
합 자 합 야 물 불 가 이 구 합 이 이 고 수 지 이 비

합(嗑)이란[者] 합함[合]이니[也] 물건은[物] 정말로[苟] 합칠[合] 수 없을[不可以] 뿐이다[而已]. 그러므로[故] 비괘(賁卦 : ䷕)로써[以] 서합괘(噬嗑卦 : ䷔)를[之] 받는다[受].

賁者飾也니 致飾然後에 亨則盡矣라 故로 受之以剝한다
비 자 식 야 치 식 연 후 형 즉 진 의 고 수 지 이 박

비(賁)란[者] 꾸밈[飾]이니[也] 더없이[致] 꾸민[飾] 뒤에야[然後] 통하면[亨] 곧[則] 다함[盡]이다[矣]. 그러므로[故] 박괘(剝卦 : ䷖)로써[以] 비괘(賁卦 : ䷕)를[之] 받는다[受].

剝者剝也니 物不可以終盡이라 剝窮上反下한다 故로 受
박 자 박 야 물 불 가 이 종 진 박 궁 상 반 하 고 수

之以復한다
지 이 복

박(剝)이란[者] 박탈함[剝]이니[也] 물건은[物] 끝끝내[終] 다할[盡] 수 없음이라[不可以] 박탈은[剝] 위에서[上] 다하면[窮] 아래로[下] 돌아온다[反]. 그러므로[故] 복괘(復卦 : ䷗)로써[以] 박괘(剝卦 : ䷖)를[之] 받는다[受].

復則不妄矣라 **故**로 **受之以无妄**한다
복 즉 불 망 의 　고 　수 지 이 무 망

되돌아오면[復] 곧[則] 망령되지 않음[不妄]이다[矣]. 그러므로[故] 무망괘(无妄卦 : ䷘)로써[以] 복괘(復卦 : ䷗)를[之] 받는다[受].

有无妄然後에 **可畜**이라 **故**로 **受之以大畜**한다
유 무 망 연 후 　가 축 　고 　수 지 이 대 축

망령 없음이[无妄] 있은[有] 연후에[然後] 저축할[畜] 수 있다[可]. 그러므로[故] 대축괘(大畜卦 : ䷙)로써[以] 무망괘(无妄卦 : ䷘)를[之] 받는다[受].

物畜然後에 **可養**이라 **故**로 **受之以頤**한다
물 축 연 후 　가 양 　고 　수 지 이 이

물건이[物] 비축된[畜] 연후에[然後] 양육할[養] 수 있다[可]. 그러므로[故] 이괘(頤卦 : ䷚)로써[以] 대축괘(大畜卦 : ䷙)를[之] 받는다[受].

頤者養也니 **不養則不可動**이다 **故**로 **受之以大過**한다
이 자 양 야 　불 양 즉 불 가 동 　고 　수 지 이 대 과

이(頤)란[者] 키움[養]이니[也] 키우지 않으면[不養] 곧[則] 활동할[動] 수 없다[不可]. 그러므로[故] 대과괘(大過卦 : ䷛)로써[以] 이괘(頤卦 : ䷚)를[之] 받는다[受].

物不可以終過라 **故**로 **受之以坎**한다
물 불 가 이 종 과 　고 　수 지 이 감

물건은[物] 끝끝내[終] 지나칠[過] 수 없다[不可以]. 그러므로[故] 감괘(坎卦 : ䷜)로써[以] 대과괘(大過卦 : ䷛)를[之] 받는다[受].

坎者陷也니 陷必有所麗라 故로 受之以離한다 離者麗也라
감 자 함 야 함 필 유 소 려 고 수 지 이 리 이 자 려 야

감(坎)이란[者] 구덩이[陷]이니[也] 구덩이에는[陷] 반드시[必] 붙을[麗] 데가[所] 있다[有]. 그러므로[故] 이괘(離卦 : ䷝)로써[以] 감괘(坎卦 : ䷜)를[之] 받는다[受]. 이(離)란[者] 들러붙음[麗]이다[也].

有天地然後에 有萬物하고 有萬物然後에 有男女하며 有
유 천 지 연 후 유 만 물 유 만 물 연 후 유 남 녀 유
男女然後에 有夫婦하고 有夫婦然後에 有父子하며 有父
남 녀 연 후 유 부 부 유 부 부 연 후 유 부 자 유 부
子然後에 有君臣하고 有君臣然後에 有上下하며 有上下
자 연 후 유 군 신 유 군 신 연 후 유 상 하 유 상 하
然後에 禮義有所錯니라
연 후 예 의 유 소 조

천지가[天地] 있은[有] 연후에[然後] 만물이[萬物] 있고[有], 만물이[萬物] 있은[有] 연후에[然後] 남녀가[男女] 있고[有], 남녀가[男女] 있은[有] 연후에[然後] 부부가[夫婦] 있고[有], 부부가[夫婦] 있은[有] 연후에[然後] 부자가[父子] 있고[有], 부자가[父子] 있은[有] 연후에[然後] 군신이[君臣] 있고[有], 군신이[君臣] 있은[有] 연후에[然後] 상하가[上下] 있고[有], 상하가[上下] 있은[有] 연후에[然後] 예의에[禮義] 조치되는[錯] 바가[所] 있다[有].

夫婦之道는 不可以不久也라 故로 受之以恒한다
부 부 지 도 불 가 이 불 구 야 고 수 지 이 항

부부의[夫婦之] 도리란[道] 오래지 않을[不久] 수 없음[不可以]이다[也]. 그러므로[故] 항괘(恒卦 : ䷟)로써[以] 그 도리를[之] 받는다[受].

恒者久也니 物不可以久居其所라 故로 受之以遯한다
항 자 구 야 물 불 가 이 구 거 기 소 고 수 지 이 둔

항(恒)이란[者] 오래감[久]이니[也] 물건은[物] 제[其] 자리에서[所] 오래[久] 머물[居] 수 없다[不可以]. 그러므로[故] 둔괘(遯卦 : ䷠)로써[以] 항괘(恒卦 : ䷟)를[之] 받는다[受].

遯者退也니 物不可以終遯이다 故로 受之以大壯한다
둔 자 퇴 야 물 불 가 이 종 둔 고 수 지 이 대 장

둔(遯)이란[者] 물러남[退]이니[也] 물건은[物] 끝끝내[終] 물러날[遯] 수 없다[不可以]. 그러므로[故] 대장괘(大壯卦 : ䷡)로써[以] 둔괘(遯卦 : ䷠)를[之] 받는다[受].

物不可以終壯이니 故로 受之以晉한다
물 불 가 이 종 장 고 수 지 이 진

물건은[物] 끝끝내[終] 장성할[壯] 수 없다[不可以]. 그러므로[故] 진괘(晉卦 : ䷢)로써[以] 대장괘(大壯卦 : ䷡)를[之] 받는다[受].

晉者進也니 進必有所傷이다 故로 受之以明夷한다
진 자 진 야 진 필 유 소 상 고 수 지 이 명 이

진(晉)이란[者] 나아감[進]이니[也] 나아감에는[進] 반드시[必] 상처 날[傷] 바가[所] 있다[有]. 그러므로[故] 명이괘(明夷卦 : ䷣)로써[以] 진괘(晉卦 : ䷢)를[之] 받는다[受].

夷者傷也니 傷於外者는 必反其家라 故로 受之以家人한다
이 자 상 야 상 어 외 자 필 반 기 가 고 수 지 이 가 인

이(夷)란[者] 상처받음[傷]이니[也] 밖[外]에서[於] 상처받은[傷] 이는[者] 반드시[必] 제[其] 집으로[家] 돌아온다[反]. 그러므로[故] 가인괘(家人卦 : ䷤)로써[以] 명이괘(明夷卦 : ䷣)를[之] 받는다[受].

家道窮必乖라 故로 受之以睽한다
가 도 궁 필 괴 고 수 지 이 규

가도가[家道] 궁하면[窮] 반드시[必] 어긋난다[乖]. 그러므로[故] 규괘(睽卦 : ䷥)로써[以] 가인괘(家人卦 : ䷤)를[之] 받는다[受].

睽者乖也니 乖必有難이다 故로 受之以蹇한다
규 자 괴 야 괴 필 유 난 고 수 지 이 건

규(睽)란[者] 어긋남[乖]이니[也] 어긋남에는[乖] 반드시[必] 어려움이[難] 있다

[有]. 그러므로[故] 건괘(蹇卦 : ䷦)로써[以] 규괘(睽卦 : ䷥)를[之] 받는다[受].

蹇者難也니 物不可以終難이다 故로 受之以解한다
건 자 난 야 물 불 가 이 종 난 고 수 지 이 해

건(蹇)이란[者] 어려움[難]이니[也] 물건은[物] 끝끝내[終] 어려울[難] 수는 없다[不可以]. 그러므로[故] 해괘(解卦 : ䷧)로써[以] 건괘(蹇卦 : ䷦)를[之] 받는다[受].

解者緩也니 緩必有所失이다 故로 受之以損한다
해 자 완 야 완 필 유 소 실 고 수 지 이 손

해(解)란[者] 완만함[緩]이니[也] 완만함에는[緩] 반드시[必] 잃는[失] 바가[所] 있다[有]. 그러므로[故] 손괘(損卦 : ䷨)로써[以] 해괘(解卦 : ䷧)를[之] 받는다[受].

損而不已면 必益이다 故로 受之以益한다
손 이 불 이 필 익 고 수 지 이 익

손해를[損而] 그치지 않으면[不已] 반드시[必] 이익을 보게 된다[益]. 그러므로[故] 익괘(益卦 : ䷩)로써[以] 손괘(損卦 : ䷨)를[之] 받는다[受].

益而不已면 必決한다 故로 受之以夬한다
익 이 불 이 필 결 고 수 지 이 쾌

이익이[益而] 그치지 않으면[不已] 반드시[必] 결판난다[決]. 그러므로[故] 쾌괘(夬卦 : ䷪)로써[以] 익괘(益卦 : ䷩)를[之] 받는다[受].

夬者決也니 決必有所遇한다 故로 受之以姤한다
쾌 자 결 야 결 필 유 소 우 고 수 지 이 구

쾌(夬)란[者] 결판남[決]이니[也] 결판남에는[決] 반드시[必] 만나는[遇] 바가[所] 있다[有]. 그러므로[故] 구괘(姤卦 : ䷫)로써[以] 쾌괘(夬卦 : ䷪)를[之] 받는다[受].

姤者遇也이다 物相遇而後에 聚한다 故로 受之以萃한다
구 자 우 야 물 상 우 이 후 취 고 수 지 이 췌

구(姤)란[者] 만남[遇]이다[也]. 물건은[物] 서로[相] 만난[遇] 뒤에는[而後] 모인다[聚]. 그러므로[故] 췌괘(萃卦 : ䷬)로써[以] 구괘(姤卦 : ䷫)를[之] 받는다[受].

萃者聚也이다 聚而上者는 謂之升이다 故로 受之以升한다
췌 자 취 야 취 이 상 자 위 지 승 고 수 지 이 승

췌(萃)란[者] 모임[聚]이다[也]. 모여서[聚而] 올라감[上]이란[者] 그것을[之] 상승[升]이라 한다[謂]. 그러므로[故] 승괘(升卦 : ䷭)로써[以] 췌괘(萃卦 : ䷬)를[之] 받는다[受].

升而不已면 必困한다 故로 受之以困한다
승 이 불 이 필 곤 고 수 지 이 곤

오르기가[升而] 그치지 않으면[不已] 반드시[必] 곤궁해진다[困]. 그러므로[故] 곤괘(困卦 : ䷮)로써[以] 승괘(升卦 : ䷭)를[之] 받는다[受].

困乎上者必反下한다 故로 受之以井한다
곤 호 상 자 필 반 하 고 수 지 이 정

위[上]에서[乎] 곤궁해짐[困]이란[者] 반드시[必] 아래로[下] 돌아온다[反]. 그러므로[故] 정괘(井卦 : ䷯)로써[以] 곤괘(困卦 : ䷮)를[之] 받는다[受].

井道不可不革이다 故로 受之以革한다
정 도 불 가 불 혁 고 수 지 이 혁

우물의[井] 도리는[道] 혁신하지[革] 않을 수 없다[不可不]. 그러므로[故] 혁괘(革卦 : ䷰)로써[以] 정괘(井卦 : ䷯)를[之] 받는다[受].

革物者莫若鼎이다 故로 受之以鼎한다
혁 물 자 막 약 정 고 수 지 이 정

물건을[物] 혁신함[革]이란[者] 솥[鼎]만함이[若] 없다[莫]. 그러므로[故] 정괘(鼎卦 : ䷱)로써[以] 혁괘(革卦 : ䷰)를[之] 받는다[受].

主器者莫若長子이다 故로 受之以震한다
주 기 자 막 약 장 자 고 수 지 이 진

기물을[器] 주관함[主]이란[者] 맏아들[長子]만함이[若] 없다[莫]. 그러므로[故] 진괘(震卦 : ䷲)로써[以] 정괘(鼎卦 : ䷱)를[之] 받는다[受].

震者動也이다 **物不可以終動**하니 **止之**한다 **故**로 **受之以艮**한다
진 자 동 야 물 불 가 이 종 동 지 지 고 수 지 이 간

진(震)이란[者] 움직임[動]이다[也]. 물건은[物] 끝끝내[終] 움직일[動] 수 없다[不可以]. 그러므로[故] 간괘(艮卦 : ䷳)로써[以] 진괘(震卦 : ䷲)를[之] 받는다[受].

艮者止也이다 **物不可以終止**이다 **故**로 **受之以漸**한다
간 자 지 야 물 불 가 이 종 지 고 수 지 이 점

간(艮)이란[者] 멈춤[止]이다[也]. 물건은[物] 끝끝내[終] 멈출[止] 수 없다[不可以]. 그러므로[故] 점괘(漸卦 : ䷴)로써[以] 간괘(艮卦 : ䷳)를[之] 받는다[受].

漸者進也이다 **進必有所歸**한다 **故**로 **受之以歸妹**한다
점 자 진 야 진 필 유 소 귀 고 수 지 이 귀 매

점(漸)이란[者] 나아감[進]이다[也]. 나아감에는[進] 반드시[必] 돌아올[歸] 바가[所] 있다[有]. 그러므로[故] 귀매괘(歸妹卦 : ䷵)로써[以] 점괘(漸卦 : ䷴)를[之] 받는다[受].

得其所歸者必大이다 **故**로 **受之以豐**한다
득 기 소 귀 자 필 대 고 수 지 이 풍

그[其] 돌아올[歸] 바를[所] 얻음[得]이란[者] 반드시[必] 다대하다[大]. 그러므로[故] 풍괘(豐卦 : ䷶)로써[以] 귀매괘(歸妹卦 : ䷵)를[之] 받는다[受].

豐者大也이다 **窮大者必失其居**한다 **故**로 **受之以旅**한다
풍 자 대 야 궁 대 자 필 실 기 거 고 수 지 이 려

풍(豐)이란[者] 다대함[大]이다[也]. 다대함을[大] 다함[窮]이란[者] 반드시[必] 제[其] 거처를[居] 잃는다[失]. 그러므로[故] 여괘(旅卦 : ䷷)로써[以] 풍괘(豐卦 : ䷶)를[之] 받는다[受].

旅而无所容이다 故로 受之以巽한다
여 이 무 소 용 고 수 지 이 손

여행하면[旅而] 포용할[容] 데가[所] 없다[无]. 그러므로[故] 손괘(巽卦 : ☴)로써[以] 여괘(旅卦 : ䷷)를[之] 받는다[受].

巽者入也니 入而後說之한다 故로 受之以兌한다
손 자 입 야 입 이 후 열 지 고 수 지 이 태

손(巽)이란[者] 들어감[入]이니[也] 들어간[入] 뒤에는[而後] 기뻐한다[說之]. 그러므로[故] 태괘(兌卦 : ䷹)로써[以] 손괘(巽卦 : ䷸)를[之] 받는다[受].

兌者說也니 說而後散之한다 故로 受之以渙한다
태 자 열 야 열 이 후 산 지 고 수 지 이 환

태(兌)란[者] 기뻐함[說]이니[也] 기뻐한[說] 뒤에는[而後] 흩어진다[散之]. 그러므로[故] 환괘(渙卦 : ䷺)로써[以] 태괘(兌卦 : ䷹)를[之] 받는다[受].

渙者離也이다 物不可以終離한다 故로 受之以節한다
환 자 리 야 물 불 가 이 종 리 고 수 지 이 절

환(渙)이란[者] 떨어져나감[離]이다[也]. 물건은[物] 끝끝내[終] 떨어져나갈[離] 수 없다[不可以]. 그러므로[故] 절괘(節卦 : ䷻)로써[以] 환괘(渙卦 : ䷺)를[之] 받는다[受].

節而信之한다 故로 受之以中孚한다
절 이 신 지 고 수 지 이 중 부

절약하면[節而] 믿어진다[信之]. 그러므로[故] 중부괘(中孚卦 : ䷼)로써[以] 절괘(節卦 : ䷻)를[之] 받는다[受].

有其信者必行之한다 故로 受之以小過한다
유 기 신 자 필 행 지 고 수 지 이 소 과

그[其] 믿음이[信] 있음[有]이란[者] 반드시[必] 그 믿음을[之] 행한다[行]. 그러므로[故] 소과괘(小過卦 : ䷽)로써[以] 중부괘(中孚卦 : ䷼)를[之] 받는다[受].

有過物者必濟한다 故로 受之以旣濟한다
유 과 물 자 필 제 고 수 지 이 기 제

과한[過] 물건이[物] 있음[有]이란[者] 반드시[必] 다스려진다[濟]. 그러므로[故] 기제괘(旣濟卦 : ䷾)로써[以] 소과괘(小過卦 : ䷽)를[之] 받는다[受].

物不可窮也이다 故로 受之以未濟하여 終焉이다
물 불 가 궁 야 고 수 지 이 미 제 종 언

물건은[物] 다할[窮] 수 없음[不可]이다[也]. 그러므로[故] 미제괘(未濟卦 : ䷿)로써[以] 기제괘(旣濟卦 : ䷾)를[之] 받아[受] 마침[終]이다[焉].

잡괘전 雜卦傳

乾剛坤柔이다
건 강 곤 유

건괘(乾卦 : ䷀)는[乾] 굳세고[剛], 곤괘(坤卦 : ䷁)는[坤] 부드럽다[柔].

比樂師憂이다
비 락 사 우

비괘(比卦 : ䷇)는[比] 즐겁고[樂], 사괘(師卦 : ䷆)는[師] 근심한다[憂].

臨觀之義는 或與或求한다
임 관 지 의 혹 여 혹 구

임괘(臨卦 : ䷒)와[臨] 관괘(觀卦 : ䷓)의[觀之] 뜻은[義] 주기도 하고[或與] 구하기도 한다[或求].

屯見而不失其居한다
준 현 이 불 실 기 거

준괘(屯卦 : ䷂)는[屯] 드러나고[見而] 그[其] 거처를[居] 잃지 않는다[不失].

蒙雜而著이다
몽 잡 이 저

몽괘(蒙卦 : ䷃)는[蒙] 섞이지만[雜而] 뚜렷하다[著].

震起也이다
진 기 야

진괘(震卦 : ䷲)는[震] 기동함[起]이다[也].

艮止也이다
간 지 야

간괘(艮卦 : ䷳)는[艮] 멈춤[止]이다[也].

損益盛衰之始也이다
손 익 성 쇠 지 시 야

손괘(損卦 : ䷨)와[損] 익괘(益卦 : ䷩)는[益] 성쇠의[盛衰之] 시작[始]이다[也].

大畜時也이고 无妄災也이다
대 축 시 야　무 망 재 야

대축괘(大畜卦 : ䷙)는[大畜] 때[時]이고[也], 무망괘(无妄卦 : ䷘)는[无妄] 재앙[災]이다[也].

萃聚, 而升不來也이다
췌 취　이 승 불 래 야

췌괘(萃卦 : ䷬)는[萃] 모임이다[聚]. 그리고[而] 승괘(升卦 : ䷭)는[升] 오지 않음[不來]이다[也].

謙輕, 而豫怠也이다
겸 경　이 예 태 야

겸괘(謙卦 : ䷎)는[謙] 가뿐함이다[輕]. 그리고[而] 예괘(豫卦 : ䷏)는[豫] 게으름[怠]이다[也].

噬嗑食也이고 賁无色也이다
서 합 식 야　비 무 색 야

서합괘(噬嗑卦 : ䷔)는[噬嗑] 먹음[食]이고[也], 비괘(賁卦 : ䷕)는[賁] 빛깔이[色] 없음[无]이다[也].

兌見, 而巽伏也이다
태 현　이 손 복 야

태괘(兌卦 : ䷹)는[兌] 드러남이다[見]. 그리고[而] 손괘(巽卦 : ䷸)는[巽] 잠복함[伏]이다[也].

隨无故也이고 **蠱則飭也**이다
수 무 고 야　　고 즉 식 야

수괘(隨卦 : ䷐)는[隨] 변고가[故] 없음[无]이고[也], 고괘(蠱卦 : ䷑)는[蠱] 곧[則] 꾸밈[飭]이다[也].

剝爛也이고 **復反也**이다
박 난 야　　복 반 야

박괘(剝卦 : ䷖)는[剝] 문드러짐[爛]이고[也], 복괘(復卦 : ䷗)는[復] 돌아옴[反]이다[也].

晉晝也이고 **明夷誅也**이다
진 주 야　　명 이 주 야

진괘(晉卦 : ䷢)는[晉] 낮[晝]이고[也], 명이괘(明夷卦 : ䷣)는[明夷] 주살함[誅]이다[也].

井通, 而困相遇也이다
정 통　이 곤 상 우 야

정괘(井卦 : ䷯)는[井] 통함이다[通]. 그리고[而] 곤괘(困卦 : ䷮)는[困] 서로[相] 만남[遇]이다[也].

咸速也이고 **恒久也**이다
함 속 야　　항 구 야

함괘(咸卦 : ䷞)는[咸] 빠름[速]이고[也], 항괘(恒卦 : ䷟)는[恒] 오램[久]이다[也].

渙離也이고 **節止也**이다
환 이 야　　절 지 야

환괘(渙卦 : ䷺)는[渙] 떠남[離]이고[也], 절괘(節卦 : ䷻)는[節] 멈춤[止]이다[也].

解緩也이고 **蹇難也**이다
해 완 야　　건 난 야

해괘(解卦 : ䷧)는[解] 완만함[緩]이고[也], 건괘(蹇卦 : ䷦)는[蹇] 어려움[難]이다[也].

睽外也이고 家人內也이다
규 외 야 가 인 내 야

규괘(睽卦 : ䷥)는[睽] 밖[外]이고[也], 가인괘(家人卦 : ䷤)는[家人] 안[內]이다[也].

否泰反其類也이다
비 태 반 기 류 야

비괘(否卦 : ䷋)와[否] 태괘(泰卦 : ䷊)는[泰] 제[其] 끼리와[類] 상반됨[反]이다[也].

大壯則止이고 遯則退也이다
대 장 즉 지 둔 즉 퇴 야

대장괘(大壯卦 : ䷡)는[大壯] 곧[則] 멈춤이고[止], 둔괘(遯卦 : ䷠)는[遯] 곧[則] 물러감[退]이다[也].

大有衆也이고 同人親也이다
대 유 중 야 동 인 친 야

대유괘(大有卦 : ䷍)는[大有] 많음[衆]이고[也], 동인괘(同人卦 : ䷌)는[同人] 친근함[親]이다[也].

革去故也이고 鼎取新也이다
혁 거 고 야 정 취 신 야

혁괘(革卦 : ䷰)는[革] 낡음을[故] 버림[去]이고[也], 정괘(鼎卦 : ䷱)는[鼎] 새것을[新] 취함[取]이다[也].

小過過也이고 中孚信也이다
소 과 과 야 중 부 신 야

소과괘(小過卦 : ䷽)는[小過] 지나침[過]이고[也], 중부괘(中孚卦 : ䷼)는[中孚] 믿어줌[信]이다[也].

豐多故也이고 親寡旅也이다
풍 다 고 야　　친 과 려 야

풍괘(豐卦 : ䷶)는[豐] 옛 일들이[故] 많음[多]이고[也], 친함이[親] 적음이[寡] 여괘(旅卦 : ䷷)[旅]이다[也].

離上, 而坎下也이다
이 상　이 감 하 야

이괘(離卦 : ䷝)는[離] 위이다[上]. 그리고[而] 감괘(坎卦 : ䷜)는[坎] 아래[下]이다[也].

小畜寡也이고 履不處也이다
소 축 과 야　　이 불 처 야

소축괘(小畜卦 : ䷈)는[小畜] 적음[寡]이고[也], 이괘(履卦 : ䷉)는[履] 머물지 않음[不處]이다[也].

需不進也이고 訟不親也이다
수 부 진 야　　송 불 친 야

수괘(需卦 : ䷄)는[需] 나아가지 않음[不進]이고[也], 송괘(訟卦 : ䷅)는[訟] 친하지 않음[不親]이다[也].

大過顚也이고 姤遇也이니 柔遇剛也이다
대 과 전 야　　구 우 야　　유 우 강 야

대과괘(大過卦 : ䷛)는[大過] 뒤집힘[顚]이고[也], 구괘(姤卦 : ䷫)는[姤] 만남[遇]이니[也], 부드러움이[柔] 굳셈을[剛] 만남[遇]이다[也].

漸女歸하여 待男行也이다
점 여 귀　　대 남 행 야

점괘(漸卦 : ䷴)는[漸] 여자가[女] 돌아와[歸] 남자를[男] 기다려[待] 행함[行]이다[也].

頤養正也이고 旣濟定也이다
이 양 정 야 기 제 정 야

이괘(頤卦 : ䷚)는[頤] 양육이[養] 바름[正]이고[也], 기제괘(旣濟卦 : ䷾)는[旣濟] 확정함[定]이다[也].

歸妹女之終也이고 未濟男之窮也이다
귀 매 여 지 종 야 미 제 남 지 궁 야

귀매괘(歸妹卦 : ䷵)는[歸妹] 여자의[女之] 종착[終]이고[也], 미제괘(未濟卦 : ䷿)는[未濟] 남자의[男之] 궁색함[窮]이다[也].

夬決也이고 剛決柔也이니 君子道長이고 小人道憂也이다
쾌 결 야 강 결 유 야 군 자 도 장 소 인 도 우 야

쾌괘(夬卦 : ䷪)는[夬] 결단함[決]이고[也] 굳셈이[剛] 부드러움을[柔] 결단함[決]이니[也], 군자의[君子] 도리가[道] 장구함이고[長], 소인의[小人] 도리는[道] 근심스러움[憂]이다[也].

십익

펴낸곳 | 동학사
펴낸이 | 유재영
글쓴이 | 윤재근

기획 · 편집 | 이화진
교정 · 교열 | 박기화
디자인 | 임수미

1판 1쇄 | 2023년 11월 10일
1판 2쇄 | 2023년 12월 15일

출판등록 | 1987년 11월 27일 제10-149

주소 | 04083 서울 마포구 토정로 53 (합정동)
전화 | 324-6130, 324-6131 · 팩스 | 324-6135
E-메일 | dhsbook@hanmail.net
홈페이지 | www.donghaksa.co.kr
www.green-home.co.kr

ISBN 978-89-7190-871-6 03140
ISBN 978-89-7190-872-3 04140 (전3권)